imaginist

想象另一种可能

理
想
国

imaginist

杨奎松 著

国民党的“联共”与“反共”

上

广西师范大学出版社
·桂林·

图书在版编目(CIP)数据

国民党的“联共”与“反共”/杨奎松著.
—桂林：广西师范大学出版社，2016.3（2024.1重印）
ISBN 978-7-5495-7467-4
Ⅰ.①国… Ⅱ.①杨… Ⅲ.①中国国民党－关系－
中国共产党－研究－1921～1949 Ⅳ.①K265.190.7
②D613
中国版本图书馆CIP数据核字(2015)第270001号

广西师范大学出版社出版发行
广西桂林市五里店路9号　邮政编码：541004
网址：www.bbtpress.com

出 版 人：黄轩庄
出 品 人：刘瑞琳
责任编辑：孟凡礼　莫嘉靖
装帧设计：陆智昌
内文制作：韩　凝　张星宇

全国新华书店经销
发行热线：010-64284815
山东临沂新华印刷物流集团有限责任公司
临沂高新技术产业开发区新华路　邮政编码：276017

开本：670mm×960mm　1/16
印张：55.75　字数：774千字　插图：88幅
2016年3月第1版　2024年1月第6次印刷
定价：128.00元（全二册）

前　言

在大陆，已有的研究国共关系史的著作，至少应当在十几部以上。但是，翻遍已有的研究国共关系史的著作，可以发现一个现象，那就是，所有的研究都是基于同一角度，即站在中共角度所做的研究。与其叫国共关系史研究，不如叫共国关系史研究要准确些。

为什么说已有的研究著作几乎都是站在中共的角度来研究国共关系呢？这是因为，迄今为止大陆出版的这些研究国共关系史的著作，所利用的史料，基本上都是中共方面的，很少至少是较少利用到国民党方面的史料。

主要利用中共方面的史料来研究国共两党关系史，有什么不足吗？有。从中共保存下来的大量史料出发，来研究它与国民党关系的历史，对于了解中共在两党关系问题上政策策略形成的原因及中共推行贯彻这些政策策略的过程，无疑是十分必要的。它便于我们理解在不同时期、不同问题上，中共的认识、感受和它在处理两党关系问题上所依据的逻辑，以及由此所获得的成功或失败。但就研究国共两党关系史而言，这却是不够的。较少利用和了解国民党方面据以形成其政策策略，包括记述两党关系问题的种种史料，就不大容易理解国民党当时许多政策策略形成的原因，不大容易了解其政策策略推进的过程及国民党人对其政策策略实施过程和效果的认知情况，甚至还可能误把一方当年在不明了对方真实感受和意图情况下所做出的某些政治判断，简单地当成自己立论的基础。

我在1991年就写过一本叫《失去的机会？——战时国共谈判实录》的书，因为研究写作时还很少可能利用到台湾方面保存和出版的档案史料，因此也就决定了该书也只能是以中共方面保存和出版的相关史料为分析的依据与线索。尽管书出一年后即告脱销，加印时临时核对或补充了一些当时已经可以找到的台湾方面出版的史料，但整体上也仍旧没有多大变化。

当然，就国共两党谈判史而言，即使在过去了十多年，有机会大量查阅保存在台湾的国民党各种文献史料之后，笔者也没有发现更多地依据两方面史料来研究国共谈判历史的可能性。这是因为，在那个时期，与国民党的谈判关系着中共及其武装的生存与发展，是中共各项工作的重中之重。从而也就决定了中共中央及其相关部门，不能不集中主要精力和干部以应付和谋划，留下了各种形式的大量历史记录。相反，除在极个别情况下之外，国民党方面几乎从来不重视与中共的谈判问题。大多数的谈判几乎都是蒋介石直接授命个别人员秘密进行的，并不与党内高层协商办法。而蒋介石的个人日记虽多有记载，却又因为台北对外开放的日记多有删节改动，且经过摘编整理的日记片断也仅止于1940年代初。在这种情况下，要想在国民党保存下来的史料当中找到比较完整的史料，有系统地从国民党的角度来研究两党谈判问题，自然也没有可能。

但是，尽管是研究国共两党谈判的历史，我在写作《战时国共谈判实录》一书时，就已经意识到过多地利用单方面史料的严重不足了。因为，由于中共方面的资料相对丰富，国民党方面资料极度欠缺，我虽然可以很容易地根据中共中央开会讨论或电报来往的情况，具体了解中共方面谈判意图以及谈判方案形成变化的原因和经过，却无法清楚了解国民党方面对谈判的策略意图及导致其态度变化的原因何在。在这种情况下所做的研究，理解共产党易，理解国民党难，显而易见。

历史研究，贵在求真。而欲求历史之真，又非尽可能全面把握历史的各个侧面，努力深入到各方当事人的内心世界中，去了解他们的思想、情感和认识变化的情况及原因不可。只注重和相信源自一个方面、一种角度的史料，对历史的把握，难免会如同盲人摸象，使自己永远无法看清真实的历史是什么样子。正因为如此，国共谈判一书出版后，我始终感到还有许多问题没有厘清，还有许多工作必须要做。这也是我此后一直继续高度关注国共关系史的研究状况，并尽一切可能在海内外继续搜集有关国共关系史问题的各种档案文献史料和回忆口述史料的原因所在。

我今天能够完成此书，要特别感谢杨天石研究员对我的大力推动与督促。上个世纪末，杨公主持的“中国国民党史稿”研究课题，需要有人承担编写国民党对共产党政策一卷。他坚持要笔者来完成这项工作。当时，我虽然正在从事其他课题的研究工作，但在杨公的极力推动下，也是由于我有此夙愿，故还是答应了下来。几年下来，尽管写作断断续续，但今天毕竟完成了此书，也算是多少了了自己的一个心愿。

然而，本书写作虽已告竣，我却毫无轻松之感。

第一是因为以我目前所能找到的史料，在个别重要阶段仍旧不能充分解释国民党人政策策略形成的幕后原因，甚至无法清楚描述其对某些重大事件认识和处置的经过情形。在实在无法较充分地利用国民党方面的史料来分析其政策策略动因和形成实施过程的情况下，有时仍旧不能不较多地借助于中共方面或其他相关史料，来做分析立论的参考。这自然无助于完整全面地解读国民党对共产党政策形成和变化的历史。好在蒋介石日记等重要原始文献史料已经开放，假以时日，相信待本书做进一步修订时，我当能在相当程度上弥补这一缺憾。

第二是因为本书的体例和相关史料的局限性，使本书叙事的角度与重点前后会有些许差异。即前三分之一部分较多地以国民党内核心人物为中心来展开，而后面的部分则较多地侧重于事件经过的分析与说明。这主要是因为国民党史料的保存前后侧重不同，前三分之一时期有关事件史的资料保存欠缺较多，因而就使得有关核心人物个人方面的资料价值得以凸显出来。而以后的情况却恰恰相反，有关事件史的资料保存很多，有关核心人物个人方面的资料虽多，却因大量被加工修改，利用价值大大降低。当然，这里面也有我个人研究习惯的影响。我实在更乐于着眼于历史事件中的人物研究，而本书的主题和体例却要求我必须注重于事件的说明，结果我只好牺牲掉个人的这种偏好，尽可能服从本书体例的要求。

第三是因为受到我的兴趣点、对事件意义的个人判断，以及受到史料掌握情况等因素的影响，本书章节没有完全依循多数读者可能已经习惯的历史阶段划分或事件重要程度来设计。比如，我就没有用太多笔墨去说明分析国共最后成败的“三大战役”的经过，但却以一整章的篇幅分析叙述了 1946 年国共两党在争取东北过程中的一次规模不是很大的四平战役。这当然与我驾驭宏大课题的能力不足有关系，但在另一方面，我也实在不愿意去做那种面面俱到的尝试，而更乐于让读者能够由点到线、由小到大地从具体的个案中去体会历史本身的复杂性。

第四是因为本书仍有个别章节会涉及两党谈判的问题，在实在无法回避不谈，又缺少更多新资料的情况下，我只能利用上一本书中利用过的一些基础史料。对此，凡可能重新研究处，笔者均尽量重新做过研究。但是，即便如此，读过笔者前一本《战时国共谈判实录》的读者，在这样的章节里仍旧难免会有些似曾相识的感觉。

第五是本书虽然写国民党与共产党的关系，我也尽可能在一些章节中努力尝试较全面地反映国民党内部自下而上和自上而下的互动情形及其政策策略形成的深层次原因，但实际上，本书目前的写法仍旧较多地停留在上层政治史的层面上，未能充分展现国民党基层组织和普通党员在国共两党关系史当中的地位和作用。这无疑是本书的又一个不足之处。

最后是在种种因素的影响下，我虽然试图尽量客观地去分析和描述国民党人在对共产党问题上的复杂心理及情感变化，但无论是相关概念的使用，还是论说方式，以笔者的生长环境和教育背景，加上现实政治的局限，要想做到绝对客观，也不现实。对此，笔者亦有自知之明。

但无论如何，在这里想要重申的是，对于本书，笔者是努力尝试了用陈寅恪先生关于要“与立说之古人，处于同一境界，而对于其持论所以不得不如是之苦心孤诣，表一种之同情”[1]的这样一种态度来研究的。如果说这样一种努力在一些地方做得还不够到位，绝非是笔者的本意之所在。

杨奎松

2005 年 9 月 12 日于上海虹桥怡景园

[1] 陈寅恪：《冯友兰〈中国哲学史〉上册审查报告》，载《陈寅恪集·金明馆丛稿二编》，生活·读书·新知三联书店 2001 年版，第 279 页。

目 录

第三章　蒋介石走向“三二〇”之路／111

第四章　从“三二〇”到“四一二”／145

第五章　武汉国民党的“联共”和“分共”／199

第六章　南京国民党的“清党”运动／261

第一章

孙中山与国共合作

众所周知，国民党与共产党的关系，开始于孙中山的容共政策。表面上，孙中山的容共政策，来自于共产国际代表的建议，但实际上，将共产党人引入国民党，并授予重要职务的，到底是孙中山。因此，从孙中山如何制定并施行其容共政策，了解孙中山在与中共合作过程中的态度、作用及其认识的变化，理应是了解国民党与共产党关系及其政策的起点。许多年来，在涉及孙中山为什么会采取容共政策的问题上，一直存在着相当多的争议。简单地把孙中山接受共产国际代表的“容共”建议，看成是孙中山用以“联俄”的一种诱饵，或者简单地断言孙中山决定接纳共产党人加入国民党，并予以重用，纯粹是因为看重了共产党人的才干，显然都不是十分客观全面的看法。[1] 因此，准确地解读孙中山的言论，了解孙中山与共产党关系的状况，对于我们理解两者之间的关系，包括了解此后国共关系深入发展和破裂原因，都显得格外重要。

一、孙中山接纳中共的初衷

国民党人与共产党人就个人而言，历史上早有交往与合作。[2] 只不过，最初两部分人主要是意气相投，不存在组织之间的问题。正是由于意气相投，当中共最初成立时，国民党中的个别骨干或国民党前身老同盟会的成员，还积极协助，甚至参与其间。[3] 因此，即使中共初创，双方一些主要成员之

[1] 涉及这一问题的不同结论，可比较以下两种颇具代表性的著作：台湾方面者为李云汉的《从容共到清党》（台北：中国学术著作奖助委员会 1966 年版），大陆方面者为马齐彬主编的《国共两党关系史》（北京：中共中央党校出版社 1995 年版）。

[2] 中共主要创始人陈独秀早在辛亥革命时就曾与国民党（当时还是同盟会）人合作，做过革命后安徽省都督、同盟会会员柏文蔚的秘书长。中共另一创始人李大钊也早就与国民党人张继过从甚密，在李当年好友白坚武的日记中，我们可以发现李与张继曾常相来往的情形。参见中国社会科学院近代史研究所编：《白坚武日记》（1），江苏古籍出版社 1992 年版，第 33、42、44、54、56、77 页。

[3] 如沈玄庐、林伯渠、吴玉章、谭平山等，原本就曾是同盟会会员；参加过中共早期组建活动的邵力子、戴季陶等当时就是国民党党员。

间的良好关系也并未改变，相互交往、合作的事情也仍有发生。如 1920 年部分共产主义知识分子在上海筹建中国共产党后，国民党人即诚邀陈独秀前往广州担任广东政府教育委员长，陈独秀也欣然赴任，即是证明。同样的情况，1921 年 8 月，中国共产党甫告成立，就配合共产国际代表，主动邀请国民党人与中共等各个革命团体的代表一起，组成代表团，前往莫斯科参加远东人民代表大会，共同策划东亚的反帝革命运动。[1] 孙中山对此也慨然同意，指定张秋白为国民党代表，且授予正式委任状。[2] 说中共成立后即排斥国民党，与事实多少有些出入。[3]

从中共“一大”及其会后的表现看，中共内部对国民党的态度一度确实不尽一致。“一大”曾有决议主张“对现有各政党，应采取独立、攻击、排他的态度”，甚至要求党的各级组织和党员“不同其他党派建立任何关系”。[4] 然而，由会议报送给共产国际的报告却清楚地解释说：多数与会者相信，依据中国的现状，“我国的军阀就是社会上一切其他阶级的敌人”。共产党需要与其他党派共同行动，以反对共同敌人，这“并不违背我们党的原则”。[5] 因此，与国民党合作的想法，实际上又是共产党方面主动提出来的。这是因为，1921 年中共成立时，只有区区五十余人。一年之后，即当中共“二大”召开时，也仅有不足二百人。力量如此弱小，又处于秘密状态之中，要想切实推动中国革命和谋求自身组织发展都极端困难。曾经在爪哇

[1] 张太雷 1921 年 8 月回到上海，传达了共产国际邀请中国各革命团体参加伊尔库茨克会议的建议，并与共产国际代表马林一起承担起联络中、日、朝等国革命团体的任务。参见中国社会科学院马列所、近代史所编：《马林与第一次国共合作》，光明日报出版社 1989 年版，第 63 页；《张太雷文集》，人民出版社 1981 年版，第 329—330 页。

[2] 俄罗斯当代文献保管与研究中心（现易名为俄罗斯国家社会 / 政治史档案馆，Russian State Archive of Socio-Political History），全宗号 495，目录号 154，卷宗号 181，第 36 页。

[3] 多数中共党史著作依据中共一大通过的文件，均相信初期中共是严厉排斥国民党的。有些国共关系史著作并有专节说明此点。如王功安、毛磊《国共两党关系史》，武汉出版社 1988 年版，第 5—7 页。

[4] 《中国共产党第一个决议》，中央档案馆编：《中共中央文件选集》，第 1 册，中共中央党校出版社 1989 年版，第 8 页。

[5] 《中国共产党第一次代表大会》，《共产主义小组》（上），中央党史资料出版社 1987 年版，第 54 页。

从事过工人运动，有过统一战线工作经验的共产国际代表马林（H.Maring，又名 Sneevliet），在中共“一大”后听说共产国际有召集中国各个革命团体参加远东人民代表大会的消息，很快就萌生了联合并依靠民族主义力量的设想。他几乎马上就与上海的国民党人取得联系，并积极谋求会见孙中山。1921 年 12 月，马林得到孙中山同意，在张太雷的陪同下前往桂林孙中山大本营所在地，在那里停留了九天，与孙三次长谈，并广泛接触国民党的其他一些领导人。[1] 随后，马林又进一步赴国民党的根据地广州访问，与更多的国民党人沟通。此次考察，使他最终确定了要推动国共两党合作的想法。无独有偶，几乎就在同一时间，俄共领导人列宁（V. I. Lenin）也向在莫斯科参加远东人民代表大会的国共两党代表表达了同样的意愿。[2] 这种情况清楚地显示，就共产党方面而言，争取与国民党合作实在是大势所趋。

有关这时孙中山对马林建议的态度，留下来的资料不多，但孙中山对自己的信念和力量充满自信，无意与共产党联合的情况显而易见。在桂林，孙中山明确告诉马林：他对苏俄革命的经验很感兴趣，但对中国一些青年知识分子刻意模仿苏俄的做法不以为然，因为这些年轻人只对社会主义感兴趣，他们的小集团“对于中国的政治生活却毫无用处”。[3] 他甚至直截了当地表示不赞成从西方引进马克思主义。他直率地对为马林做翻译的中共党员张太雷说：“为什么青年要从马克思那里寻求灵丹妙药，从中国的古典著作中不是也能找到马克思主义的基本思想吗？”[4] 在几年后马林公开回忆的这些只言片语的对话当中，我们可以清楚地看出孙中山对五四运动之后在全国各地出现的各种倾向于社会主义的激进小组织的看法。而他在这里特别批评的所谓小集团，无疑也包括中国共产党在内。

---

[1] 有关马林与孙中山会面的一些情况，可参见邓家彦：《马丁谒总理纪实》，中国国民党党史会编印：《革命文献》，第九辑，第 203—207 页。

[2] 张国焘：《我的回忆》，第 1 册，中国现代史料编刊社 1981 年版，第 198 页。

[3] 马林：《向共产国际执行委员会的报告》（1922 年 7 月 11 日），《马林与第一次国共合作》，第 72 页。

[4] 马林：《和孙中山在一起的日子》（1926 年 2 月），《马林与第一次国共合作》，第 373 页。

孙中山的数次长谈，以及国民党当时所显示出来的力量，显然对希望能够像在爪哇那样大干一场的马林，产生了影响。回到上海之后，他像发现新大陆一样兴奋不已。在给莫斯科的报告中，他对国民党的状况做了一番热情洋溢的描述，不仅强调在国民党中起主导作用的是“接触过社会主义，自称社会主义者”，同情马克思主义的知识分子，而且断定“孙中山同工人已经有了长期的联系，党的领导人在广州支持工会组织，在罢工中总是站在工人一边”，强调国民党的军官和士兵都非常向往俄国，说国民党虽得到少数华侨资本家的支持，但国民党在政治上从未反映过资产阶级的要求。他的结论是：共产国际应当与孙中山的国民党建立密切的联系，而不是全力去帮助中国共产党。至于力量弱小，又与工人运动毫无关系的中国共产党，最好的出路也许就是加入国民党，因为在那里他们才可能发挥自己的作用。在他看来，国民党的纲领“为各种不同派别的人入党提供了可能性”。[1]

马林是如何向共产党和国民党具体提出这一建议的，目前还不得而知。但首先提议让共产党员加入国民党的，无疑是马林，而不是孙中山。已有资料显示，他回到上海后不久，就接连同中共中央和国民党在上海的领导人，就共产党员加入国民党的可能性问题进行商谈。让共产党员加入国民党，这在时任国民党宣传部部长的张继等人看来无疑是一件好事，因此他们明确表示欢迎。但当马林转过来建议中共中央移往广州，“改变对国民党的排斥态度并在国民党内部开展工作”时，却遇到了阻力。陈独秀得知马林将前往莫斯科做游说工作，于4月6日给共产国际东方部负责中国问题的维经斯基（G. N. Vojtinsky）写了一封态度强硬的信，详细说明不同意见。内称：

[1] 没有证据证明有过“青年国际代表达林来中国向国民党提出国民革命联合战线政策，国民党的总理孙中山严词拒绝”（陈独秀《告全党同志书》中语）的情况。达林在自己的回忆录从未提及此点，且马林此前早已向孙中山和国民党人表明了希望允许中共党员加入国民党的意见，达林亦难再提此议。马林：《向共产国际执行委员会的报告》（1922年7月11日），《马林与第一次国共合作》，第70—71页。

马林君提议中国共产党及社会主义青年团均加入国民党，余等则持反对之理由如左（下）：

（一）共产党与国民党革命之宗旨及所据之基础不同。

（二）国民党联美国、联张作霖、段祺瑞等政策和共产主义太不相容。

（三）国民党未曾发表党纲，在广东以外之各省人民视之，仍是一争权夺利之政党，共产党倘加入该党，则在社会上信仰全失（尤其是青年社会），永无发展之机会。

（四）广东实力派之陈炯明，名为国民党，实则反对孙逸仙派甚烈，我们倘加入国民党，立即受陈派之敌视，即在广东亦不能活动。

（五）国民党孙逸仙派向来对于新加入之分子，绝不能容纳其意见及假以权柄。

（六）广东、北京、上海、长沙、武昌各区同志对于加入国民党一事，均已开会议决，绝对不赞成，在事实上亦无加入之可能。

第三国际倘议及此事，请先生代陈上列六条意见为荷。[1]

尽管陈不愿在孙中山与陈炯明之间做出选择，但五十余天后，即 1922 年 6 月 16 日，陈炯明就炮轰总统府，发动兵变，中共中央不得不很快督令依靠陈炯明活动的广东共产党人站在孙中山的国民党一边，甚至不惜为此开除了不听命的广东党负责人陈公博。既然越飞（A. A. Joffe）、马林等来自共产国际和苏俄的代表正在积极谋求与孙中山的合作，中共中央也支持孙中山，赞同与国民党合作，实乃大势所趋。[2]

中共中央赞成国共合作，但基于意识形态的要求，坚持在这种合作中两党至少要平起平坐，并且理应由共产党来负政治指导之责。以个人身份

[1] 《陈独秀致吴廷康的信》（1922 年 4 月 6 日），《中共中央文件选集》，第 1 册，第 31—32 页。

[2] 吴相湘：《陈炯明与俄共中共关系初探》，转见李云汉：《从容共到清党》，第 152—156 页。

加入国民党来开展工作，这或多或少损害了共产党人的阶级优越感。马林刚一返回莫斯科，中共就召开第二次代表大会，专门通过了《关于“民主的联合战线”的议决案》，明确提出：以目前中国无产阶级的现状，扶助民主派起来共同打倒封建军阀和国际帝国主义确实必要，“然亦只是联合与援助，决不是投降附属与合并”。他们坚持，对与国民党的合作问题，应由自己“先行邀请国民党及社会主义青年团在适宜地点开一代表会议，互商如何加邀其他各革新团体，及如何进行”。[1]

俄共（布）中央政治局在了解到国共两党力量相差悬殊的状况之后，接受马林的观点，要求中共“应该在国民党内和工会内把拥护共产党的人组织成一些小组”[2]。8月12日，马林带着共产国际的“尚方宝剑”匆匆赶回上海，马上拉上张太雷会见张继，说明共产国际的上述指示精神。然后即开始做陈独秀等人的工作。中共中央为了等待北京的李大钊和张国焘到沪一同讨论，被迫将预定的会议延至月底举行。在此期间，孙中山恰好因军事失利由广东退回上海，马林遂向孙中山转达共产国际的决定，并与孙中山和张继等具体讨论共产党员加入国民党，以及改组国民党的相关问题。孙中山当场表示，赞成共产党员加入国民党，做国民党的党员。于是，马林立即与李大钊、张国焘、瞿秋白等中共领导人个别交谈，再做说服工作。28日至30日，马林与中共领导人集中到杭州西湖，举行秘密会议，“讨论与国民党合作问题”。尽管与会者中仍有人对以个人身份加入国民党一点持有异议，但当马林提出“中国党是否服从国际决议”，“于是中共中央为尊重国际纪律遂不得不接受国际提议”，再“没有遇到激烈反对”。“参加讨论的执委会委员们一致认为，

[1] 中共二大:《关于“民主的联合战线”的议决案》（1922年7月），《中共中央文件选集》，第1册，第65—66页。

[2] 《共产国际给中国共产党中央委员会的命令》（1922年7月18日），《共产国际和红色工会国际发给其派驻中国南方代表的委任书》（1922年7月），《共产国际执行委员会给其派驻中国南方代表的指令》（1922年8月），以上见《马林与第一次国共合作》，第77—80页。

通过积极参加这个民族主义运动可以为我们的工作创造最有利的条件”。[1] 会后决定：“以个人身份加入国民党，同时保存共产党，后者对于国民党内的工作发出指示并领导工会的组织工作。”[2]

在说服中共中央之后，马林相继与张继和孙中山等再度讨论，孙中山很痛快地表示愿意亲自接纳陈独秀、李大钊、张太雷等人入党。在孙中山委托张继等与在沪各负责人商议，并通电国民党相关支部后，国共两党终于就中共党员加入国民党问题达成协议。9月初，经张继介绍，孙中山“亲自主盟”，陈独秀、李大钊等先后正式加入国民党。[3] 随后，根据与马林商定的改组国民党的计划，孙中山很快指定陈独秀为国民党改进方略起草委员会九委员之一，参与国民党的改组工作。[4] 孙同时还任命与吴佩孚来往较多的李大钊，和张继一起担任同吴联络的代表。当李大钊等向孙说明自己不能退出共产党时，孙明确表示说：“这不要紧，你尽管一面作第三国际党员，一面加入本党帮助我。”[5]

孙中山为什么愿意吸收共产党员加入国民党？其一，与孙中山这时对党的认识有关。长期以来，孙中山始终认为，党不过是传播主义的工具，

---

[1] 关于这次会议讨论的情况，马林和陈独秀的说法存在着某种不一致的地方。马林在会后的笔记中和随后给共产国际的口头报告中，都明白地说明“这个问题没有遇到激烈反对”，“反对意见只是来自我们广州的地方组织，该组织支持陈炯明对孙逸仙的政策，因此该组织的领导人被我党开除”。但陈独秀和张国焘的回忆却强调会议当时有过激烈的争论，只是当马林“提出中国党是否服从国际决议为言，于是中共中央为尊重国际纪律遂不得不接受国际提议”。马林：《工作记录》（1922年8月12日—9月7日），《马林与第一次国共合作》，第82—83页；陈独秀：《告全党同志书》（1929年12月10日），转见中共中央党史研究室第一研究部编：《共产国际、联共（布）与中国革命档案资料丛书》（2），北京图书馆出版社1997年版，第341页；张国焘：《我的回忆》，第241—245页。

[2] 马林：《关于国共合作的笔记》（1922年11月底—12月初），《马林与第一次国共合作》，第91页。

[3] 李大钊加入国民党时间，李云汉根据国民党公务部交际日记，断定为1922年2月上旬。但据李大钊自述，当为1922年孙中山在沪期间。因据马林笔记，李大钊8—9月间曾来上海参加讨论决定与国民党党内合作的杭州西湖会议，会后即有陈独秀等人入党之事发生，故此判断李之入党当与陈独秀大约同时。参见李云汉：《从容共到清党》，第157页；李大钊：《狱中自述》，《李大钊文集》（下），人民出版社1984年版，第890页。

[4] 马林记为“国民党改组委员会”。马林：《关于杭州会议后活动的报告》（1922年10月14日），马林：《关于国共合作的笔记》，《马林与第一次国共合作》，第84、92页。

[5] 汪精卫：《中国国民党第二次代表大会政治报告》，《政治周报》第5期，第12页。

多一些人入党，就多一些主义的传播者和同情者。比较孙中山以往动辄宣布接受整队士兵入党，而毫不在意这些士兵实际上仍在军阀势力指挥、控制之下的做法，不难想象他对共产党员加入国民党，也会有同样心理。其二，与孙中山的现实需要有关。孙中山当然不会改变对中共的轻视，但他却不能不看到陈独秀这些人背后存在着共产国际和苏俄的支持。孙中山接纳陈独秀等人入党的时间，恰好在他再度遭受地方军阀排挤，被迫退出广州之后。自 1917 年依靠西南军阀在广州另立政府以来，这已是他两度遭遇排挤或叛变，被迫退回上海了。还在广州率海军舰艇坚持抵抗叛军之际，他就迫不及待地写信给苏俄外交人民委员契切林（G. V. Chicherin），明言苏俄“是我唯一的朋友”[1]。这再清楚不过地反映出，两度严重受挫的孙中山这时对苏俄的援助会抱以怎样一种期望。一方面想要得到苏俄的援助，另一方面从列宁开始，一直到来华的共产国际代表、青年共产国际代表，都再三提议国共合作，孙中山当然明白这里面的轻重关系。而联合苏俄，首先理顺与共产国际，特别是与共产国际下属支部中共的关系，也确属必要。毕竟，在这个时候的孙中山看来，让中共党员加入国民党受其约束，至少要比让中共置身于国民党之外，利用苏俄和共产国际的力量，与国民党竞争政治资源来得有利。[2]

十分明显，接受共产党员加入国民党，就孙中山而言，并不是一个简单的“容纳”问题。它与俄国因素密切相关。特别是两度严重受挫之后，孙中山也已经深切地感觉到“振兴国民党以振兴中国”之必要了。[3] 他接受共产党员，在一定程度上也多少含有想要借助于俄国革命的经验，振兴国民党的意图。这正是为什么他不仅“容共”，而且一上来就赋予共产党人相当职务和权力的重要原因之一。因为，从俄国人介绍的成功经验和自己革命

[1] 达林：《中国回忆录》，中国社会科学出版社 1981 年版，第 126 页。

[2] 李云汉在其书中曾引用于右任的一段谈话，颇能反映出孙中山及国民党中部分领导人这时愿意采取容共政策的一个出发点。针对张作霖对孙容共的疑惑，于右任解释说：“中山先生与你同一心理，但异其手段。有人驱逐共产党，共产党便想法独立存在，中山先生把共产党转变为国民党，即共产党自然不存在。”李云汉：《从容共到清党》，第 214 页。

[3] 据李大钊回忆，当时孙中山在接收他入党时曾与他详细讨论这个话题。见李大钊：《狱中自述》。

的种种教训中，他不能不意识到，单靠政治和军事的手段还不够。要振兴中国，就必须振兴国民党；要振兴国民党，就必须学俄国革命的经验，在组织和宣传方面下功夫。要做到这一点，仅靠国民党自身的干部显然没有可能。吸收共产党员加入国民党，正是孙中山试图利用共产党以汲取俄国经验的一种尝试。毕竟，在宣传组织方面，共产党人更具奋斗精神，更有才干些。[1] 孙中山后来在解释他将共产党员谭平山引入国民党中央执行委员会担任要职时就说过，他看重谭就是因为谭"有能力和有才智"[2]。用他的话来说："彼共产党成立未久，已有青年同志二百万人，可见其奋斗之成绩。"[3] 引入共产党员为我所用，理所当然。正是基于这样一种考虑，当马林建议说，国民党应仿照俄共（布）的形式，召开全国性代表大会，建立健全组织机构，通过决议和纲领，集中并贯彻党的意志时，他马上表示肯定。[4]

自 9 月初起，孙中山就开始了改进国民党组织的各项准备工作。4 日，孙召集在上海的胡汉民、汪精卫、张继和刚刚加入国民党的陈独秀等举行谈话会，一同讨论改进国民党的具体设想。6 日，他指定包括陈独秀在内的九人组成改进方略起草委员会。一个半月后，党纲及总章草案形成，交孙中山审阅后，再交国民党本部集议审查。11 月 15 日，孙中山召集范围更大的第二次谈话会，讨论和审议改进方略起草委员会起草的党纲与总章。12 月 16 日，他再度召开会议，进一步讨论和修改宣言草案。在随后任命的国民党本部重要干部名单中，共产党员陈独秀被指定为参议，林伯渠被指定为总务部副部长，张太雷则就任宣传部干事。[5]

经过几个月时间反复讨论修改，并经孙中山正式批准，《中国国民党宣

[1] 孙中山：《与石克士等的谈话》(1924 年 11 月 21 日)，《孙中山全集》，第十一卷，中华书局 1986 年版，第 357 页。

[2] 孙中山：《与〈顺天时报〉记者的谈话》（1925 年 1 月），郝盛潮主编：《孙中山集外集补编》，上海人民出版社 1994 年版，第 465 页。

[3] 《孙中山全集》，第十一卷，第 357 页。

[4] 参见马林《在共产国际执委会主席团会议上的报告》(1922 年 12 月 29 日)，《共产国际、联共（布）与中国革命档案资料丛书》(1)，第 182 页。

[5] 李云汉：《从容共到清党》，第 135—136、138 页。

言》及《中国国民党党纲》于1923年1月1日公开发表。其中扼要地阐述了国民党的政治理念和革命目标，明确提出：国民党是以谋求实现民族平等、民权平等和民生平等的三民主义为目标的革命政党。[1] 这是中国国民党自1919年由中华革命党改组以来，第一次公开具体说明自己的奋斗目标。[2] 孙中山就此解释说：

> 政治进行是靠不住的，随时可以失败。军事进行，现在也有了多年，靠着他来改造国家，还说不定成功与否。所以政、军两种进行，成败都未可必。只有党务进行，是确有把握的，有胜无败的。……党的进行，当以宣传为重。宣传的结果，便是要招致许多好人来和本党做事。宣传的效力，大抵比军队还大。古人说：“攻心为上，攻城为下。”宣传便是攻心。又说：“得其民者，得其心也。”我们能够宣传，使中国四万万人的心都倾向我党，那便是大成功了。……俄国五六年来，革命成功，也就是宣传得力。……我们要晓得宣传这种武器，折服一人便算得了一人，传入一地便算有了一地。不比军队夺了城池，取了土地，还是可被人推翻的，还是很靠不住的，所以我们要对宣传切实来下番工夫。不如此，这目的就难以达到。[3]

汲取俄国革命成功的经验，招致许多好人来和本党做事，扩张组织，扩大宣传，折服一人算一人，传入一地算一地，这就是孙中山决定吸收共产党员到国民党中来的一个相当重要的思想背景。

[1] 《中国国民党宣言》（1923年1月1日），《中国国民党党纲》（1923年1月1日），以上见《孙中山全集》，第七卷，第1—5页。

[2] 中国国民党改组以来，仅发表过一个组织规约，后于1920年11月做过一次修正，均极简略。《中国国民党通告及规约》（1919年10月10日），《中国国民党总章》（1920年11月9日），以上见《孙中山全集》，第五卷，第127—131、401—403页。

[3] 孙中山：《在上海中国国民党改进大会的演说》（1923年1月2日），《孙中山全集》，第七卷，第6—7页。

但汲取俄国经验也好，吸纳共产党员也好，在孙中山看来，一切都是为了革命，为了实现自己的政治理想。这个理想，就是《中国国民党宣言》中阐明的三民主义。它无疑与共产党所主张的阶级斗争和阶级专政大异其趣。孙的民族主义只注重改正条约，民权主义只追求人民直接权力的行使，民生主义只强调限制私营经济之规模。[1] 实际上，孙中山所期望的未来中国，仍旧是一个能够与现存国际政治经济秩序相适应的国家，而不是苏俄式的与国际资本主义体系相对立的国家。也正因为如此，孙中山虽然全力争取苏俄的援助与同情，并且不惜吸纳共产党员，却坚持不同意在中国另搞共产主义和试行苏维埃制度。就在孙接纳共产党员并通过宣言、党纲仅二十多天之后，他就在上海与苏联政府的外交代表越飞签订了《孙文越飞联合声明》。他坚持在声明中写入"共产组织，甚至苏维埃制度，事实均不能引用于中国"等字样，可见其必欲区别于苏俄态度之坚决。[2] 尽管孙此举多少含有想要避免刺激列强的成分，与联合张作霖的现实考量[3]，但以孙中山对三民主义之热衷与坚持，和他以往对共产主义与苏维埃制度之怀疑，此举绝非单纯为了掩人耳目，也是可想而知的。

孙中山对俄国式的共产主义和苏维埃制度的看法，言论很多。但最能典型地反映出他这时内心看法的，还是1922年6月陈炯明叛变之际他在广州与青年共产国际代表达林（A. S. Darlin）的一段谈话。在达林详细地说明苏维埃制度和无产阶级专政的优越性，以及共产党人为何认为在阶级社会中自由是相对的等问题之后，孙中山表示了他的意见。他认为，俄国实行的，其实就是中国传统的均平主张，或者说更接近于太平天国洪秀全搞的那一套。他怀疑，在现代文明的条件下，这样一种方式多半会与现代人的理念

[1] 见《中国国民党宣言》。

[2] 《孙文越飞联合声明》，《孙中山全集》，第七卷，第51—52页。

[3] 有关孙中山因担心列强敌视苏俄而牵连自己，不愿与苏俄太过接近的情况，在马林和达林等人的笔记和回忆当中，以及在给契切林等苏俄领导人的信中，都有所记载。比如，孙中山就曾告诉达林说："请你不要忘记了，香港就在旁边，如果我现在承认苏俄，英国人将采取行动反对我。"见达林：《中国回忆录》，第113页。

背道而驰。他坦率地承认，自己的三民主义起源于美国，与林肯（Abrabam Lincoln）总统所谓“民有、民治、民享”（of the people，by the people，and for the people）的口号意义相通。而中国的问题更与西方不同，外国是患不均，中国是患贫，因此，中国只有大贫与小贫之分，还不存在西方社会那样的阶级斗争。在这种情况下，中国的问题是如何用温和的和建设的方法，预防西方资本主义弊病的问题，而不是用共产主义去提倡阶级斗争，用苏维埃制度去实行阶级专政。鉴于达林等再三宣传共产主义和苏维埃制度的好处，他的建议是，如果俄国人能够证明这一点，也只能到容易接受均平思想的落后地区去，而不要在城市里直接做试验。他慷慨地表示：“我给你一个山区，一个最荒凉的没有被现代文明所教化的县。那儿住着苗族人。他们比我们的城里人更能接受共产主义，因为在城里，现代文明使城里人成了共产主义的反对者。你们就在这个县组织苏维埃政权吧，如果你们的经验是成功的，那么我一定在全国实行这个制度。”[1]

二、“马林路线”的失败

孙中山的目标说起来很简单，就是想要建立一个独立的主权国家，努力创造一个比西方在政治上和经济上更公平一些的改良社会。他与共产党人的相同点主要在于，他们当前所面临的主要敌人和决心用激烈革命的方式取得政权的观念；而他们之间的最大区别在于，孙中山没有特定的依靠对象，因此也不存在固定的敌人，一切取决于人们是否赞成和接受他的政治主张。共产党人却坚持以阶级划线，相信社会上存在着压迫与被压迫、有产与无产等相互对立的不同阶级，自己是被压迫阶级和无产阶级的代表，只能依靠被压迫阶级和无产阶级，并在革命中实行真正反映被压迫阶级和无产阶级的政策，坚决与压迫阶级和有产阶级为敌。从共产党人的角度出

[1] 达林：《中国回忆录》，第103—108页。

发，当然不会接受孙中山和国民党的政策主张。恰恰相反，在理论上以及内心深处，共产党人充其量不过把孙中山和国民党看成是俄国二月革命的领袖及其资产阶级、小资产阶级政党，相信或迟或早，都必须发动十月革命，造成自己的政权。因为共产党人坚信自己是当今世界最先进的阶级的代表，是人类的未来命运的主宰，最具远见卓识且最能反映全体人民利益，因而具有强烈的阶级优越感和政治使命感。[1] 由此不难想象，共产党加入国民党，除了民主革命的纲领基本相同这一点以外，最主要的还是基于实力原则的策略考量，是为了便于推进革命和自身力量的发展壮大。建立在这样一种基础上的共产党和孙中山的关系，自然会存在矛盾甚至冲突。

陈独秀已是中共党内这时比较看重孙中山和支持加入国民党的一派领导人了。即使是陈独秀，刚刚加入国民党，也明白提出：对国民党既要联合，也要斗争。他在写给共产国际的一份文件中这样写道：

> 国民党虽然有许多缺点与错误，然终为中国唯一革命的民主派，自然算得民主的联合战线中重要分子。在国民党为民主政治及统一政策斗争时期，无产阶级不但要和他们合作参加此争斗，而且要在国民党中提出反对帝国主义及为工人阶级利益与自由的口号，以扩大其争斗，更要向国民党中工人分子宣传，促进他们阶级的觉悟，使他们了解国民党终非为无产阶级利益争斗的政党。若国民党与最反动的黑暗势力（如张作霖、段祺瑞、曹锟等）携手，或与帝国主义者妥协时，吾人即宜反对之，绝不容顾忌。[2]

---

[1] 陈独秀等共产党人这时曾多次发表文章阐述类似的观点。参见陈独秀：《怎么打倒军阀》，《向导》第 21 期，1923 年 4 月 18 日；陈独秀：《资产阶级的革命与革命的资产阶级》，《向导》第 22 期，1923 的 4 月 25 日；陈独秀：《中国国民革命与社会各阶级》，《前锋》第 2 号，1923 年 12 月 1 日。

[2] 陈独秀：《中国共产党对于目前实际问题之计划》（1922 年 11 月），《中共中央文件选集》，第 1 册，第 121 页。

在莫斯科的俄国领导人，毫无疑问比陈独秀等更具政治上的优越感。这不仅仅因为共产国际是中国共产党的当然上级，更重要的是因为自信已经革命成功的社会主义俄国，是世界各国共产党的思想源泉和力量源泉。特别是在刚刚取得了革命的胜利，战胜了十四国武装干涉的情况下，俄共领导人明显地对推动中国革命也充满热情。按照共产国际二大《关于民族与殖民地问题的决议》，俄共领导人认为有必要帮助中国国民党领导的民族主义运动，但理所当然地应当将在中国发展共产党视为情感上和政策上都必须争取的目标。更何况基于俄国革命的经验以及列宁关于民族殖民地革命的理论，俄共领导人也深信，作为几个阶级联合的国民党，终将随着中国阶级分化的加剧而走向分裂。推动这种分化，迎接这种分裂，就成为对国共关系的一种理所当然的期待与政策。共产国际再三告诫中国共产党人，一定要把促进中国阶级斗争作为他们在国民党内工作的一项基本任务，实在是再自然不过的事情。[1] 而推动阶级分化，促进阶级斗争，国共关系纷扰不断自不可免。

就在马林 1922 年夏天从莫斯科拿到共产国际支持建立国共“党内合作”关系的八月指示不久，共产国际第四次代表大会就通过了一个明显有些不同的较为激进的决议，以强调共产党的独立地位。决议告诫说 :“中国共产党不应该屈从于中国资产阶级所建立的”任何一个中心，不论是张作霖的中心，吴佩孚的中心，还是孙中山的中心，都是一样。“中国共产党的任务就在于，要以在民主基础上实现中国统一的倡导者的身份开展活动。”要在建立统一国家和争取与苏俄结盟的斗争中，“支持那些给予工人阶级以发展和建立组织的充分自由，并拒绝与内外反革命势力联合的集团”，“应该将自己的主要注意力用于组织工人群众、成立工会和建立坚强的群众性共产党方面”。[2] 受到这种观念的影响，无论是共产国际内部，还是中共中央内部，

---

[1] 《共产国际给中国共产党中央委员会的命令》(1922 年 7 月 18 日)。

[2] 《共产国际第四次代表大会决议：中国共产党的任务》(1922 年 12 月 5 日),《共产国际、联共（布）与中国革命档案资料丛书》(1)，第 162—163 页。

对马林不满的倾向迅速升高，甚至很快就出现了指责马林右倾的声音。[1] 这种批评自然使马林的工作遇到阻力。

1922 年 12 月 23 日，马林为了证明自己的方针正确有效，再度返回莫斯科申诉意见。他对中共党员加入国民党以来四个月间的两党关系，做了十分乐观和充满希望的描述。在他看来，不仅中共从此有了更便利的宣传条件，而且可以经常性地自由批评国民党的某些缺点，这种方式已经在国民党内得到了认可。马林坚持，任何试图修改几个月前共产国际关于国共关系的指令，“希望把我们的力量集中在建立自己的群众性共产党的人，在我看来是完全不顾现实情况的”。他认为在这个问题上，我们不能像在其他地方那样，“把我们的在中国的策略建立在我们的一般方针和我们的一般立场上”。他认为，应当采取“革命的机会主义”的态度，因为现实的情况是中国并不存在真正的共产主义运动，即使存在，也只有与民族主义运动密切合作的情况下才能发展。马林说明，他在中国与国民党人密切接触后所得到的切身体会是：“在民族主义运动中和国民党领导层中有一些具有马克思主义素养的人，他们决不比我们共产主义团体中工作的马克思主义者逊色。”即使从这一点也可以看出，“共产主义团体的活动只有在民族主义运动内部进行才可能得到发展”。[2]

马林的报告明显受到部分与会者的质疑。1920 年 4 月最早受命前往中国帮助推动建立了共产主义小组的维经斯基，坚持必须根据共产国际二大《关于民族与殖民地问题的决议》中的要求，把教育落后国家共产党开展对本国资产阶级民主运动的斗争，和发展无产阶级运动作为共产国际特别重要的任务。而在以往的指令中，对此强调得不够。加入国民党之后，中共有丧失自身独立性的严重危险。马林对此坚决否认，他坚持过去的指令没有修改的必要。他断言，在中国，应当把革命民族主义，而不是把共产主

[1] 转见马林《致共产国际执行委员会东方部拉狄克和萨法罗夫的信》（1923 年 5 月 30 日），前引《马林与第一次国共合作》，第 180 页。

[2] 马林：《在共产国际执委会主席团会议上的报告》（1922 年 12 月 29 日）。

义作为一切政策的出发点。应当认识到：“全部问题只在于如何调整同民族主义政党的关系。”只有民族主义运动取得了顺利的发展，才有可能“在将来建立具有共产主义内容的真正的工人政党”。[1]

对于马林与维经斯基等人的争论，共产国际领导人布哈林这时采取了“和稀泥”的策略。这是因为，就在共产国际执委会召开的前两天，俄共（布）中央政治局刚刚开过会议，不仅作出赞同越飞关于“全力支持国民党”的建议的决定，而且要求从共产国际的后备基金里支付援助国民党的费用。[2] 在这种情况下，刚刚参加过俄共（布）中央政治局会议的布哈林，自然必须努力在共产国际的工作中贯彻上述决定的精神。但即便如此，他也十分清楚共产国际不能单纯从苏联政府的角度考虑问题，因此，布哈林既不反对维经斯基提出的建议，也不反对马林的观点。他的说法是：在目前，“最重要的任务是中国的民族革命”，但“具有特殊重要意义的任务是成立工人政党”，二者不可偏废。[3] 会议最后形成的文件事实上是妥协的产物。决议肯定国民党是中国唯一重大的民族革命集团，强调国民党是由工人、知识分子、华侨和商人四种人组成，工人运动尚不强大，中共党员应当留在国民党，这大都符合马林的看法。[4] 但是，指出国共党内合作“不能以取消中国共产党独特的政治面貌为代价，党必须保持自己原有的组织和严格集中的领导机构。中国共产党重要而特殊的任务，应当是组织和教育工人群众，建立工会，以便为强大的群众性的共产党准备基础”，却无疑是维经斯基等人的意见。[5] 两种意见糅合，需要高度的政治艺术，马林在中国的工作注定会遇到不少困难。

---

[1] 《共产国际执委会会议速记记录》（1923 年 1 月 6 日），《共产国际、联共（布）与中国革命资料档案丛书》（1），第 188—190 页。

[2] 《俄共（布）中央政治局会议第 42 号记录》（1923 年 1 月 4 日），《共产国际、联共（布）与中国革命资料档案丛书》（1），第 186—187 页。

[3] 《共产国际执委会会议速记记录》（1923 年 1 月 6 日）。

[4] 关于“中国共产党党员留在国民党组织内是适宜的”一句，马林曾建议使用更为明确的语言，比如“他们应该留在国民党内”，但没有被维经斯基接受。

[5] 《共产国际执行委员会关于中国共产党与国民党的关系问题的决议》（1923 年 1 月 12 日），前引《共产国际、联共（布）与中国革命档案资料丛书》（2），第 436—437 页。

一方面强调“全力支持国民党”，“立即着手把中国最大的、真正的政党国民党建设成为一个群众性的政党”[1]，准备向国民党提供大笔援助；一方面坚持独立地开展共产党的工作，强调共产党要大力组织和争取工人群众，争取“建立强大的群众性的共产党”，这明显是一个自相矛盾的任务。如同莫斯科对越飞与孙中山签订声明，只承认它所想要的有关孙中山承诺的那一半，却不支持越飞承认的孙中山想要的另一半一样[2]，它所带来的麻烦难免造成莫斯科政策本身的紊乱。因为，从苏联自身利益的角度“全力支持国民党”，着手将国民党建设成为一个群众性政党的努力，必然导致国民党中心地位和发展势头的迅速增强。与此同时，又让本来就坚信代表最先进阶级、最反映人民利益的共产党也把争取建立强大群众性政党作为自己“重要而特殊的任务”，结果必然会使国共两党因争夺群众而陷入纠纷，以致出现相互抑制的情况。

对于这种情况，共产国际工作人员也或多或少地有所意识。马林离开莫斯科后不久，维经斯基等人就开始隐晦地批评“全力支持国民党”的方针。他们对马林把中共中央搬到孙中山身边去不以为然，断言中共中央设在广州，“可能造成我们党对孙逸仙党的过多依赖性”，并不得不通过政治上的种种让步而交换国民党政府所给予的种种“好处”。他们甚至明确主张，绝不能无条件地支持孙中山，除非孙声明赞同中共中央提出的政治原则，并与张作霖等军阀划清界限。在此基础上，他们强烈地希望共产国际明令马林，“指示他不要无条件地支持国民党，而要向孙逸仙提出条件”。[3]

事情很明显，孙中山为争取苏援而接纳共产党，想要借此发展、壮大

[1] 越飞、马林：《关于我们在殖民地和半殖民地尤其是在中国的工作问题》（1922 年 12 月），《马林与第一次国共合作》，第 100—101 页。

[2] 莫斯科在发表《孙文越飞联合声明》时，有意将声明中谈及共产组织和苏维埃制度的一段删去，只保留了对其有利的内容。

[3] 《维经斯基给共产国际执委会东方部主任萨法罗夫的信》（1923 年 3 月 8 日）、《维经斯基给萨法罗夫的电报》（1923 年 3 月 27 日），《共产国际、联共（布）与中国革命资料档案丛书》（1），第 228—229、238 页。

国民党，便利革命。而共产国际和中共内部却更指望中共自身迅速发展，对要不要“全力支持国民党”意见冲突。这种情况难免不会对本来就极其微妙的国共关系产生负面影响。

虽然共产国际向国民党和共产党同时提出了发展为群众性政党的目标，但这样一种目标距离当时的中共毕竟还十分遥远。马林对此更不以为然，声称：“我们的团体还一直这么小，谈不上是一个政党。几乎没有工人党员，党组织只是在一些大城市的工会里与工人有些联系。党员人数还不足250名，大部分是学生。知识分子中间产生了许多问题，组织得不到发展。”中国如此之落后，“要在当前建立一个（真正意义上的）共产党，只能是一种乌托邦”。[1]

1923年2月7日，被中国共产党人引为骄傲的京汉铁路工会领导的罢工运动遭到了直系军阀吴佩孚的武力镇压，一度颇具声势的北方工人运动一朝倾覆。这种情况，对一心希望独立发展并且坚信中国必须学习俄国十月革命一哄而起、不能走军事阴谋或军事革命道路的共产党领导人震动极大，开始意识到孙中山的国民党及其广东革命根据地的价值。于是，马林的观点在党内得到了广泛的同情。正因为如此，马林回到中国不久，就可以理直气壮地批评共产国际一些人“想入非非”了。他异常坦率地宣称：“在中国建立群众性政党，今后许多年内都只是一种幻想。”“如果要在中国采取建立独立的共产主义政党的政策，既和国民党一道工作，但又对其保持独立，这必然会使这个小团体的人们成为一个毫无意义的小宗派。”他认为，当前中国唯一重要的工作，只有国民革命运动，也“只有在国民运动进一步发展时才能产生共产党”。[2]

---

[1] 马林：《致共产国际执行委员会、红色工会国际、共产国际执行委员会东方部和东方部远东局——关于中国形势和1923年5月15日至31日间的工作报告》（1923年5月31日）、《马林致布哈林的信》（1923年5月31日），《马林与第一次国共合作》，第190—191、196页。

[2] 《马林致拉夫斯坦的信》（1923年2月26日，4月3日）、《马林致布哈林的信》（1923年5月31日），《马林与第一次国共合作》，第131、146、196页。

1923年6月，中共召开第三次代表大会。负责指导会议工作的马林与中共部分领导人之间再度发生争论。陈独秀开始赞同马林观点，在他起草的决议案中承认：中国产业落后，劳动阶级还在极幼稚时代，工人运动尚不强大，“自然不能发生一个强大的共产党”。因此，“我们须努力扩大国民党的组织于全中国，使全中国革命分子集中于国民党，以应目前中国国民革命之需要”。但是，负责党的理论宣传工作的蔡和森和负责工会组织工作的张国焘，以及北方工会组织的代表都持不同意见。他们坚持：“在中国没有哪一支力量的发展速度能与工人力量的发展相比，海员和铁路工人的罢工显示了他们的重要作用。”“在许多地方我们可以控制工会工作，那里没有国民党的影响”，“我们完全有机会发展我们自己的组织”。而“国民党是资产阶级的政党，是我们的敌人，我们不能帮助他们，不能扩大他们的影响”。无论如何“不要把工会运动从我们手中转到国民党手中”去。[1]

问题是，“二七”惨案发生之后，党内的激进情绪已大为软化。蔡和森和张国焘等人的主张没有能够得到与会者的积极响应。马林的理由很有说服力，既然中共几年之内很难在秘密工作的条件下成为一个群众性政党，无论如何不能等到中共有条件发展壮大之后再来进行国民革命。既然国民党有充足的政治资源，又具有国民革命的明显倾向，苏联也决定全力支持国民党，中共当然责无旁贷地应当加入国民党，利用自己的政治智慧，协助苏联帮助国民党改组并推动它走向反帝革命。总不能因为“怕加入国民党有危险，而留在党外”。更没有必要担心工人群众会因为加入国民党而被扼杀了革命精神。恰恰相反，要想推动国民党走向革命，就必须在国民党大量充实革命分子，培养强有力的国民党左派，从而克服国民党的种种错误倾向。马林最终促使中共三大作出决议：不仅正式批准中共党员加入国

[1] 马林：《中国共产党第三次代表大会关于国共两党关系的讨论》（1923年6月12—20日），《马林与第一次国共合作》，第227—242页；《张国焘给维经斯基和莫辛同志的信》（1923年11月16日），中共中央党史资料征集委员会等编：《中共党史资料》1982年第3辑，第5—8页。

民党，而且没有直接提到任何旨在争取建立群众性共产党的实际目标。[1]

马林对通过共产党来发展、推动国民党充满了热情。他为此甚至不惜写信给共产国际领导人，尖锐批评那些对他说三道四的人。他说：“我不懂，为什么共产国际执行委员会的策略是阻止国民革命的发展？”“莫斯科的意向是让党在共产主义旗帜下进行独立的政治活动吗？”实际上，中国“党是个早产儿”，“是有人过早地制造出来的”，它的“整个工作几乎都是依靠外国经费”，多数党员没有职业，所以党同在职的工人、职员、教师等几乎没有联系。在这种情况下，“我们要鼓励同志们到国民党中去，并把用这个办法支持国民革命看作是中国共产党人的主要任务”，“不应凭想象去工作”。“绝对不要为此打出共产党的旗帜，在很长一段时间内也不能在工会的宣传中利用这面旗帜”。因为第一，许多人“害怕共产主义”；第二，它会“削弱俄国同中国国民党人的合作”，“那些希望我们集中全力去建设群众性共产党的人”，恐怕“是完全忽略了事情的实际情况”。[2]

马林的热情未能够得到孙中山的配合。1923 年年初，广州克复，孙中山回到广州，设立大本营，重新埋头于军政事务之中，国民党的改组工作因此逐渐停顿。这不能不让马林倍感沮丧。马林到底还是一位共产党人，在他的观念中，革命只能像法国以及俄国革命那样，在中心城市宣传和组织群众来进行。为此，自与孙中山接触以来，马林始终都在强调党的组织和宣传的意义，反对任何利用军阀夺取地盘的“革命”方式。他甚至不止一次地在中共的刊物上化名发表文章，批评国民党的这种做法只会使自己日益背离下层民众的意愿和需要。[3] 由于 1922 年夏天以后孙中山丢掉了广州，马林的这些批评意见确实很少引起国民党人的反感。但在 1923 年初孙中山

[1] 《马林与第一次国共合作》，第 227—242 页；中共三大：《关于国民运动及国民党问题的议决案》（1923 年 6 月），《中共中央文件选集》，第 1 册，第 147—148 页。

[2] 马林：《致共产国际执行委员会的信》（1923 年 6 月 20 日），《马林与第一次国共合作》，第 243—250 页。

[3] 孙铎：《国民运动、革命军和革命宣传》，《向导》第 9 期，1922 年 11 月 8 日；孙铎：《吴佩孚与国民党》，《向导》第 24 期，1923 年 5 月 9 日，等等。

重新回到广州之后，马林就无法再用过去的方式向国民党提意见了。一个最明显的例子就是，5月6日山东临城发生土匪抢劫火车，打死一名英国人，劫掠二十六名外国人。事后，孙中山委任负责外交事务的伍朝枢起草电报，以国民党中央名义致电北京外交使团，要求各国撤销对应负此事责任的北京政府的外交承认，以便给予中国人民另行建设全国公认政府的机会。马林对国民党请求列强帮助的做法极感不满。他除了写文章在中共机关刊物《向导》周报上公开批评以外[1]，还当面向孙中山提出异议。结果，孙中山不仅无动于衷，而且对他重提加紧改组国民党工作和加强政治宣传问题，干脆也一口回绝，坚持一切必须等到军事问题基本上解决之后。[2]

马林对孙中山态度的变化感到十分焦虑。他终于不能不转而注视中共的作用，企图通过国民党内的共产党员，引导国民党去执行“国民革命的政策”。他提出，只有像陈独秀这样的人物，才能在国民党内部展开宣传，“促进国民党的新生”。[3] 马林据此推动中共中央通过决定，以中央委员会诸委员的名义，联名致函孙中山，要求他在华南停止军事行动，到上海去，组织工、商、学界的国民会议，把现有的各联合会组织成为自治政府。[4] 他建议，如果孙中山不能接受，“李大钊在北京和其他城市的其他同志，就要着手去把国民党的地方支部争取过来，采取党的这个新策略”。[5]

按照马林的建议和中共中央的决定，陈独秀等五名中央执行委员起草并向孙中山提交了建议信。信中强调，由于曹锟逼走黎元洪，试图取得总统地位，遭到上海乃至整个北方民众的强烈反对，上海各马路商会已经公开要求组织国民会议解决问题。国民党应当利用这个机会，公开站出来领

[1] 孙铎：《临城案件与国民党》，《向导》第28期，1923年5月23日。
[2] 《马林致越飞、达夫谦的信》（1923年6月20日），《马林与第一次国共合作》，第261—262页。
[3] 同上，第263页。
[4] 马林：《向共产国际执行委员会、工会国际和共产国际执行委员会东方部远东局的报告》（1923年6月25日），《马林与第一次国共合作》，第265页。
[5] 《马林致季诺维也夫、布哈林、越飞和达夫谦同志的信》（1923年6月25日），《马林与第一次国共合作》，第266页。

导民众斗争，并乘机宣传自己的主张。为此，“我党当前的主要任务是结束广州的战事，这样我们才能在国家政局危急之时去胜任我们的主要任务。我们不能囿于一方的工作而忽略全国的工作。我们要求先生离开广州，前往舆论的中心地上海，到那里去召开国民会议”，以便争取在国民会议的基础上，组成一个新的政府，进而建立一支解决全国问题的国民革命的新军队。但是，孙中山在与陈独秀等人的谈话中明白表示，他既不会与曹锟等人合作，也不会按照各方建议，将国会召来广州，同时也不会支持上海商人的行动，因为他看不出这会有什么结果。孙中山坚持，当前关键的问题，还是要争取建立一支自己的革命军队。据陈独秀报告说：当他询问孙中山，在国民党尚未成功改组并扩大自己的阵地之前，如何能够建立这样一支军队的问题时，孙的回答是：“党只有到紧急关头才能一马当先。现在我们必须发展我们的军事力量，在南方的广东可以建立根据地，然后我们必须设法在东北或西北得到一支军事力量。靠这些力量的协作将使革命取得胜利。召开国民会议是不可能的。”[1]

在西北或东北建立一支军事力量，是孙中山久已有之的梦想。为此，他坚持与张作霖保持密切关系，同时极力劝说苏联政府的代表，支持他在中国西北地区，如新疆和蒙古边境等地建立军事基地。1923 年 5 月，莫斯科同意提供 200 万金卢布援助，并愿意与孙的代表讨论西北军事计划，孙明显地对坚持广州根据地和发展自己的军事力量给予了更多的关注。[2] 这时，马林在极力协助苏联外交代表越飞，为孙中山争取到俄国的援助之后，突然发现自己犯了一个致命的错误。

注意到孙中山在军事上的进展、广州根据地的巩固和苏联的支持，马林开始失去耐心。在他看来，只要孙中山仍然身在南方，他所关心的唯一

[1] 《陈独秀、李大钊、蔡和森、谭平山和毛泽东同志致孙中山的信》（1923 年 6 月）、《马林致达夫谦和越飞的信》（1923 年 7 月 13 日）、《马林向共产国际执行委员会的报告》（1923 年 7 月 15 日），《马林与第一次国共合作》，第 267—268、281—282、288 页。

[2] 有关情况可参见杨奎松：《孙中山的西北军事计划及其夭折》，《历史研究》1996 年第 3 期。

问题就是控制广东，而军事上越有利，孙就会越满足于政治谋略，“而更不乐意与我们接近”。马林在给越飞的信中承认：“现在，我对他毫无办法。”因此，他尖锐批评越飞不该为孙中山争取到财政援助，断言“拿钱支持国民党是不负责任的”，“从经济上支持孙在南方的军事计划并无益处，那些计划其实并没有革命意义”。他说：过去这200万元对孙中山也许至关重要，但对一个已在广东立足并能驾驭局势的统治者来说，就远不是那么重要了。如果莫斯科继续“让孙保持控制权，那对于整个运动将是有害的”。马林提出，与其为了帮助孙中山控制广东，把200万元塞进南方将领的腰包，真不如用2万元帮助为数不多的共产党人，从事国民党的宣传，看看他们在这方面会有什么作为。[1]

但到这个时候再来鼓励共产党进一步展开对国民党的批评与竞争，已经太晚了，它反而会让正在期待苏联援助的孙中山怀疑共产党人蓄意拆台。随着陈独秀、蔡和森等人在中共中央机关刊物《向导》杂志上一再发表文章，批评国民党幻想占据广州一隅之地，利用军阀实行北伐来成就中国革命的作法不切实际，孙中山很激烈地表示了他的不满。7月18日，在马林最后一次与孙中山等人进行谈话时，孙突然用英语愤愤地说：

> 像陈独秀那样在他的周报上批评国民党的事再也不许发生。如果他的批评里有支持一个比国民党更好的第三个党的语气，我一定开除他。如果我能自由地把共产党开除出国民党，我就可以不接受财政援助。[2]

据马林后来报告说，孙中山说到这个问题时，情绪非常激动，以致廖仲恺和胡汉民等人一个个噤若寒蝉，都悄悄地溜走。只有马林还留在那里，

---

[1] 《马林致达夫谦和越飞的信》（1923年7月13日）、《马林致越飞和达夫谦的信》（1923年7月18日）、《马林致达夫谦和越飞的信》（1923年7月20日），以上见《马林与第一次国共合作》，第283、293、295、297、299页。

[2] 《马林致越飞和达夫谦的信》（1923年7月18日）。

努力为陈独秀做些辩护。但无论如何，孙中山坚决维护国民党，不允许身为国民党员的中共领导人公开批评国民党的态度，是再清楚不过了。为此，中共中央在第二天就紧急召开会议讨论。根据各方汇集的情况可知，不仅孙中山对中共的批评强烈反感，而且上海和广州的国民党人都表现出同样的情绪。他们甚至怀疑陈独秀等人只是想利用国民党，孙中山委任他为大本营宣传委员长，他却在利用这一职务做同国民党决裂的事情。身为国民党员的中共领导人面对这种情况，深感为难。按照共产国际的决议和共产党自身的观点，他们无法对国民党在政治上的问题和不足视而不见，否则就不足以显示其组织上的独立性；但基于共产国际必须留在国民党内的决议，他们又不能轻易破裂与国民党的关系。讨论来讨论去，最后的决定是，继续过去的路线，在批评上避免激烈词句，同时加强有利于国民党的宣传。[1]这样一种方针，显然不可能解决问题。

其实，国共关系中的麻烦，也并不仅仅是国民党人的感受问题，中共自身也困惑不已。仅以中共中央驻地问题为例，马林千方百计把中共中央弄到广州来，经过几个月的时间，连马林自己都发现这是一个馊主意。在孙中山身边，任何与孙中山意见分歧的言论都难免会引起纠纷，孙中山严厉批评陈独秀，就是因为得知香港英文报纸不满国民党在广州不能管束陈独秀等人言论的消息所致。而与此同时，把中央搬到广州来，原本是马林想要更有效地通过中共中央来推动国民党改组工作的进行。事实上几个月来，中共领导人在这方面几乎无事可做。相反，北方政治出现危机，中共反而没有力量去领导和组织强有力的政治宣传。

到 1923 年 7 月，马林不仅自己灰心丧气，而且也失去了共产国际的信任。眼见在马林的影响下，中共中央以国民革命为中心任务，自身的发展宣传工作受到影响，共产国际东方部对这位荷兰人有理由强烈不满。一位在北京的共产国际工作人员的报告尤其能反映出这种不满情绪。报告称：由于

---

[1] 《马林致达夫谦和越飞的信》（1923 年 7 月 20 日）。

党员全部加入了国民党，"党的工作这里进行得很少。本来它的规模就不大，而近来由于这个倒霉的国民党奸党，工作几乎完全停止了。大家都被套在孙逸仙的马车上，对其他的一切都不屑一顾"[1]。这样，马林成了东方部官员嘴里的"右派"的代名词，自然不足为奇。当得知马林终于要被调离中国之后，一位东方部工作人员愤愤不平地表达了这些人的心情：

> 但愿任何贯彻越飞的观点或外交人民委员部其他代表的观点的马林们，不要使党陷入一会儿向这位将军点头，一会儿向另一位将军点头的变化不定的窘境。外交人民委员部需要这样，但不要把党牵连到这种事情里去。即使国民党目前确实是所有党派中最优秀的，更接近于国民革命运动，但也决不意味着我们应当做它的尾巴，同它一起经受种种冒险、病痛、阴谋、欺诈等。[2]

三、孙中山的希望与两难

马林在 1923 年 7 月下旬离开中国。步其后尘，莫斯科很快派来了另一位"马林"。之所以这样说，是因为在莫斯科给这位名叫鲍罗廷（M. M. Borodin）的新代表的指令当中所提出的要求，与马林路线几乎毫无区别。

这份由中央书记斯大林（J. Stalin）签署的指令当中写道："鲍罗廷同志在与孙逸仙的工作中遵循中国民族解放运动的利益，决不要迷恋于在中国培植共产主义的目的。"[3] 这意思明明白白，就是鲍罗廷的工作还要像过去一样，以孙中山的国民党为中心。如果鲍罗廷只是像越飞那样，纯粹是苏联

[1]　《斯列帕克给维经斯基的信》（1923 年 8 月 25 日），《共产国际、联共（布）与中国革命资料档案丛书》（1），第 267 页。

[2]　《斯列帕克给维经斯基的信》（1923 年 8 月 25 日）。

[3]　《俄共（布）中央政治局会议第 21 号记录》（1923 年 8 月 2 日），《共产国际、联共（布）与中国革命资料档案丛书》（1），第 266 页。

外交人民委员部的工作人员倒也说得过去，问题是鲍罗廷同时也受命担任共产国际在华南的代表。过去马林只因为帮助越飞做了一些外交性质的工作，就受到共产国际东方部的强烈批评，如今鲍罗廷本身就是苏联驻华外交使团的正式成员，共产国际东方部却仍旧不得不接受他为自己的代表，其地位之尴尬显而易见。

当然，对于共产国际来说，鲍罗廷与马林还是有所不同的。这首先因为他是俄国人，16 岁就参加了俄国的社会主义运动，1903 年即加入俄国社会民主工党，站在多数派一边，是老资格的布尔什维克。他不仅政治上可靠，与包括列宁在内的众多俄共（布）领导人也都有很好的关系。鲍罗廷之所以被莫斯科看中并派往中国，一个原因是他的英语很好，曾在美国从事社会主义运动 12 年之久，而且自从共产国际于 1919 年成立以来，他就一直参与共产国际的工作，并负责指导过英国共产党加入英国工党的联合战线的工作。与此同时，他与苏联副外交人民委员加拉罕私交不错。当加拉罕受命前往中国，接替越飞担任驻华全权代表之后，加拉罕立即就想到了鲍罗廷，把他推荐给斯大林，建议由鲍罗廷担任孙中山的首席政治顾问，以便于他能够全面掌握中国南北方的情况，灵活协调对华外交。

鲍罗廷 8 月由中国东北入境，先后到达北京、上海，并在上海与张继及陈独秀交换看法。10 月 6 日，他持加拉罕的介绍信到达广州。鲍罗廷到达当天，孙中山就接见了他。而这个时候，恰值孙中山因军费窘困，强行截留广州海关的关税余款，正与以英国为首的列强发生冲突之际。几个月来，“广州几乎无日不在叛逆势力的围困之下与骄横军人的蹂躏之中”，“财政困难达于极点”[1]，广东根据地的这种危急形势使孙中山增加了争取苏联援助的紧迫感。与以往小心翼翼地不愿与莫斯科扯上关系的情况相比，孙中山这时的态度变得异常坚定。此外，孙之所以格外重视鲍罗廷，还因为他注意到鲍罗廷与马林有很大的不同。鲍罗廷不仅是老布尔什维克党员，在莫斯科有良好

---

[1]　李云汉：《从容共到清党》，第 164 页。

的人缘，而且是苏联驻华外交使团的正式成员，受到曾任副外交人民委员、现任驻华全权代表加拉罕的高度信任。对鲍罗廷给予高度礼遇，将有利于对苏联的对华政策施加影响。

孙中山久历政坛，深知欲寻求外援，实现政治抱负，非有所凭藉不可。1922 年 11 月 24 日，他在给蒋介石的信中就明白地表露了这种心态。他告诉当时急于取得苏联援助的蒋介石说：要想取得苏援，“必在吾人稍有凭藉，乃能有所措施。若毫无所凭，则虽如吾国之青年共产党，与彼主义完全相同矣，亦奚能为？所以彼都人士，只有劝共产党之加入国民党者，职是故也。此可知非先有凭藉不可，欲得凭藉，则非恢复广东不可”[1]。如今凭藉在手，又有苏联外交使团成员到来，他自然会不失时机寻求援助。他不仅要求苏联由海参崴（通过海路向广州）运送援助物资，而且明白告诉鲍罗廷，只要他还能守往广州，他就一定会与苏联建立起直接的联系。[2]

一方面，孙中山需要苏联的援助，另一方面，内外交困的局面也促使孙再度对俄国人的组织宣传方法发生兴趣。而在这后一方面，作为俄国布尔什维克老党员，鲍罗廷的现身说法尤其具有说服力。他用亲身的经历介绍俄国革命的经验，显然极大地触动了孙中山。仅仅两三天，孙中山就对鲍罗廷有了很好的印象，并对鲍罗廷所介绍俄国经验深以为然。鲍罗廷到后第四天，适逢双十节，国民党召开党务会议，孙中山首次以俄国革命为鉴，谈论起国民党的问题来了。次日，他即下令重启国民党的改组工作。他公开承认：“俄国革命六年，其成绩既如此伟大；吾国革命十二年，成绩无甚可述”，关键就在国民党缺乏组织，缺少革命精神和巩固基础，“故十年来党务不能尽量发展，观之俄国，吾人殊有愧色！”为此，他明确提出：以

[1] 《孙中山全集》，第九卷，第 616 页。

[2] 《鲍罗廷关于华南形势的札记》（1923 年 12 月 10 日），《共产国际、联共（布）与中国革命资料档案丛书》（1），第 366 页。

后当“效法俄人”，“以党治国”。[1] 马林在孙中山身边数月不能实现的目标，鲍罗廷到后几天便顺利推动，其魅力之大，不难想见。

鲍罗廷显然善于发现问题所在。过去，每有外人问到国民党党员人数时，孙中山都会以十万乃至二十万之数告之。[2] 鲍罗廷一来就发现，情况远非如此。广州国民党分部号称有党员三万，缴纳党费者仅有六千，待重新登记时，来登记者才不过三千。即使这三千党员，与党也缺少联系。党“没有在他们当中散发书刊，没有举行会议，没有说明孙在各个战线上的斗争目标，特别是同陈炯明的斗争目标”。它偶尔发表的由孙中山签署的有关三民主义目标的宣言，多半只是作为新闻刊登在几家报纸上，然后就一切照旧，党丝毫不能因此而得到发展。事实上，“国民党作为一支有组织的力量已经完全不存在”。再加上持续战争，或因军费巨额开支造成滥征捐税，或因战争需要大量强制征兵、征夫、征粮，致使“广东人民对孙的政府持强烈反对态度”，广州政权甚至得不到民众的支持。[3] 当鲍罗廷把这些问题一一分析给孙中山听之后，孙中山也承认问题之严重，因而更看出加强党的工作，以扩大群众影响的重要。[4]

必须集合有献身精神的党员个人的力量，革命才有希望，这是孙中山在与鲍罗廷交谈后得到的一个强烈的印象。受命前往上海的廖仲恺在解释孙中山所以必须改组的理由时，特别强调的就是这一点。他说：孙先生在广州已经历三次失败，“三次失败皆因军人持权，党员无力，故党之主张无力”。过去虽曾组织集体入党，但“当时以团体加入之党军，即为后日攻总

[1] 孙中山：《在广州国民党党务会议上的讲话》(1923 年 10 月 10 日)，《孙中山全集》，第八卷，第 267—268 页。

[2] 在达林与孙的一次谈话中，孙告诉达林，所谓十万之众是指那些公开声明支持他的上海学生会和承认国民党三民主义的各色军队。达林对此非常吃惊。达林 1922 年见孙中山时，曾特别问到孙如何运用党的力量及国民党员的人数，孙的回答让达林十分意外。因为“孙中山竟把这十万雇佣兵看作自己的党员！”参见达林前引书，第 111 页。

[3] 《鲍罗廷关于华南形势的札记》，《共产国际，联共（布）与中国革命档案资料丛书》(1)，第 367 页。

[4] 孙中山：《在广州中国国民党恳亲大会的演说》(1923 年 10 月 15 日)，《孙中山全集》，第八卷，第 280－286 页。

统府之人。可见入党者须以个人，不可用团体也。假使广州方面有相当数目（如有十万党员）之党员，何致得历次失败之结果？党员本在民众之内，果有多数党员，庶足制伏军队，因为徒恃军队必至为兵所制，不能制兵也”。[1]

党员多，则民众多；民众多，则足以制伏军队。这也是孙中山在与鲍罗廷谈话后所得到的一个重要的结论。而要有效地发展党员，聚拢人心，扩大宣传，实现以党治国的目标，也只能借助于俄国革命的经验。这也就是为什么孙中山很快就任命鲍罗廷为“国民党组织教练员”，并下令成立包括廖仲恺、汪精卫、张继、戴季陶和共产党员李大钊在内的国民党改组委员会的根本原因。显然，孙中山这回是真正下决心要模仿俄国共产党的组织模式，开始全面改组国民党了。

既然要改组国民党，扩大宣传，发展组织，共产党员的作用自然又显露出来。10 月 25 日，孙中山召开会议，正式宣告改组决定之后，马上就在鲍罗廷的建议下，指定包括中共领导人谭平山、李大钊在内的国民党临时中央执行委员会，并着手进行国民党党员重新登记和建立各地区党部的工作。有鲍罗廷的推举和孙中山的批准，更多的在广州的共产党员投身到改组工作中来了。

鲍罗廷不仅成功地争取到了孙中山的信任，同时也成功地与中共及社会主义青年团在广州的领导人建立起良好的工作关系。他不像马林那样毫不隐晦地贬低中共的作用，否定中共理想的目标，而是向中共党员反复解释他们在国民党内的决定性作用，说明壮大国民党就是为了壮大共产党的道理。他一边不断地与中共党、团领导人举行联席会议，共同商讨国民党改组事宜，充分发挥共产党人的作用，一边经常提醒党团领导人说：我们现在的任务“就是要使国民党的工作面向群众，面向人民”，使所有的工人、学生都迅速觉悟起来，加入国民党，参加国民革命，但这不妨碍我们同时

[1] 《中国国民党中央干部会议第十次会议会议记录》（1923 年 12 月 9 日），转见李云汉：《从容共到清党》，第 228 页。

把最革命的人吸收到共产党内来。只有我们才能把国民党变成革命的大熔炉，从这个熔炉中提取我们自己的党所需要的材料”，为将来建立群众性的共产党打基础。当然，他坚持共产党人必须步调一致听指挥。他明确提出：“党中央必须把关于纲领的准备好的发言稿发给它的代表，而为了不使我们的计划落空，我们的人必须有组织地发言。没有中央的书面指示，发言甚至不应有任何修改。”[1]

当然，鲍罗廷对国共两党同时具有影响力，并不意味着他能够使孙中山与共产党的关系发生根本性的改变。关于这一点，我们可以从孙中山这时的一段批示中得到清楚的印象。

11 月 29 日，华侨出身的国民党临时中央执行委员邓泽如领衔上书孙中山，指陈鲍罗廷时常与陈独秀等共产党人集会，讨论国民党的政纲、政策，于此似可见“俄人替我党订定之政纲政策，全为陈独秀之共产党所议定”，“为苏俄政府所给养”之共产党，正在“借国民党之躯壳，注入共产党之灵魂”。[2]

这时，孙中山确实在委托鲍罗廷代为起草制定国民党的政纲及党章等重要文件。他也清楚鲍罗廷与共产党人之间的来往甚至会议。但是，整个政纲、党章的讨论和修改，很大程度上是由孙中山指定的委员会在负责，最后还要经孙中山亲自审定批准，所谓“俄人替我党订定之政纲政策，全为陈独秀之共产党所议定”，自然纯属子虚。因此，孙中山对此明白解释说：政纲草案等“为我请鲍罗廷所起，我加审定，原为英文，廖仲恺译为汉文，陈独秀并未与闻其事，切不可疑神疑鬼”。“若我因疑陈独秀而连及俄国，是正中陈独秀之计，而助之得志矣”。这一段话，对邓泽如等有所批评，但“正中陈独秀之计”云云，却清楚地反映出孙中山对中共的不满。十分明显，注意到鲍罗廷与共产党人的关系，一心希望得到苏联全力帮助的孙中山，难免会对中共与俄国的关系心存芥蒂乃至醋意。他严厉地指出：以陈

[1] 《中国共产党与青年团联席会议记录》（1924 年 1 月 1 日）。

[2] 转见《革命文献》，第九辑，第 66 页。

独秀为首之“中国少年学生自以为是”，“初欲包揽俄国交际，并欲阻止俄国不与吾党往来，而彼得以独得俄助而自树一帜与吾党争衡也”。当然，孙中山并不认为这是俄国人的问题，他反对把俄人与中共相提并论，且因此愈加相信有吸收中共党员入党之必要。他为此特别解释说：“我国革命向为各国所不乐闻，故尝助反对我者以扑灭吾党，故资本国家断无表同情于我党，所望为同情只有俄国及受屈之国家及受屈之人民耳。此次俄人与我联络，非陈独秀之意也，乃俄国自动也。”“俄国欲与中国合作者只有与吾党合作，何有于陈独秀？”“俄国之革命党皆属有党政经验之人，不为此等少年所遇（遏），且窥破彼等伎俩，于是大不以彼为然，故为我纠正之，且要彼等必参加国民党，与我一致动作，否则当绝之；且又为我晓喻之，谓民族主义者，正适时之良药，并非过去之遗物，故彼等亦多觉悟而参加（对）吾党。”“不能以彼往时反对吾人，而绝其向善之路。”批示最后，孙中山强硬表示，他绝不会听任共产党人在国民党内自行其事，尽管陈独秀等已加入本党，但“陈如不服从吾党，吾亦必弃之”。[1]

从孙中山的上述表示，可以清楚地看出他与共产党的关系，多少有些无可奈何的味道。他之所以会接受俄国人的干预和劝说，吸收共产党员加入国民党，虽然有欣赏共产党人能力的因素，很大程度上却还是由于“所望为同情只有俄国”。倘若一方面允许共产党保持自身的组织独立性和批评自由，另一方面又要求共产党员像所有国民党员那样服从自己，这实在过于困难。如果说他开始时还没有能够清楚地意识到这一问题的严重性的话，那么他这时显然早有领教了。他之所以能够对马林脱口而出地表示：“如果我（因为）能自由地把共产党人开除出国民党（而要受到苏联的干预），我就可以不接受（苏联的）财政援助”，就是因为他已经意识到自己陷入到这样一种两难的境地。当然，在孙中山看来，事情还没有发展到必须做出抉择的地步。万一逼不得已，他还是能够做出壮士断腕的举动的。他曾经明

[1] 孙中山：《批邓泽如等的上书》（1923年11月29日），《孙中山全集》，第八卷，第458—459页。

白告诉共产国际代表说：“共产党既加入国民党，便应服从党纪，不应该公开的批评国民党，共产党若不服从国民党，我便要开除他们；苏俄若袒护中国共产党，我便要反对苏俄。”[1]

四、国共两党的困惑与尴尬

孙中山对中共态度两难，共产党员以个人身份加入国民党后，同样也陷入两难的境地中。

1924 年 1 月下旬，中国国民党召开了它历史上的第一次全国代表大会。这次会议的形式和规程都仿照俄共（布）。事先起草大会宣言和党章，组织宣言、党章、组织宣传、党务等议案审查委员会，成立大会主席团，最后选举中央执行委员会，并从此开始由中央执行委员会一事一决的议事制度。其党的总章关于会议制度、上下级关系、组织设置、各级职权范围及纪律制裁等项规定，几乎照搬俄共（布）党章的内容。[2]

尤为引人注目的是，大会通过的宣言对孙中山的三民主义做了与共产国际近乎一致的解释。共产国际的解释可见于在蒋介石为首的孙逸仙博士代表团离开莫斯科的前一天它的主席团在与代表团讨论之后所通过的一项决议。决议全面阐述共产国际对于在中国实现民族主义、民权主义和民生主义这三项革命目标的理解。其民族主义强调反对帝国主义，反对本国军阀，反对本国资产阶级的残酷剥削，同时承认国内各民族的自决权；其民权主义坚持区别于“天赋人权”说，强调只有那些真正拥护反帝斗争纲领的分子和组织，才能广泛享有自由权利；其民生主义主张把外国工厂、企业、

[1] 《马林与第一次国共合作》，第 294 页；陈独秀：《告全党同志书》（1929 年 12 月）；《中共广东地区委员会联席会议》（1924 年 10 月）。

[2] 参见《孙中山全集》，第九卷，第 152—162 页；《苏联共产党代表大会、代表会议和中央全会决议选辑》(1)，中国人民大学 1954 年版，第 594—599 页。

银行、铁路和水路交通收归国有，把土地直接分给农民。[1] 国民党代表大会所通过的宣言，除了在民生主义的解释上坚持“平均地权”“节制资本”的观点以外，民族主义和民权主义的解释明显地与共产国际决议的解释相一致，对民生主义的解释也突出强调了依靠工农和工农利益等问题。[2] 这种情况显然让俄国人极为满意。

加拉罕接到鲍罗廷的报告后，在写给契切林的信中不无得意地说：大会宣言“关于民族主义一条非常有意思，那里民族主义是按照共产国际的声明的精神解释的，而且还发挥了关于民族斗争的两个方面的思想，即一方面是同压制中国民族独立的帝国主义的斗争，另一方面是通过赋予中国境内各民族以自决权的办法实现各民族的解放”。“其民权主义也以共产国际的同一项决议为自己的根据”。“至于民生主义，它也是以共产国际决议为依据的，但是根据本地情况加以改头换面，以便使它能够为党的右派所接受”。[3] 信件还说，包括大会通过的国民党党章，也“与我们党即共产党的章程接近”。加拉罕感到尤为庆幸的是，那些年轻的共产党员表现“十分出色”，他们“有高度的纪律性，没有用任何左派共产主义者的言论给党的第一次代表大会的整个组织工作和给党纲、党章的制定制造麻烦”。显然，包括加拉罕在内，莫斯科的一些人对此曾经相当担心。[4]

---

[1] 《共产国际执行委员会主席团关于中国民族解放运动和国民党问题的决议》(1923 年 11 月 28 日)，《共产国际、联共（布）与中国革命档案资料丛书》（1），第 342—344 页。

[2] 其宣言关于民族主义内容的写法几乎可以说是共产国际决议的翻版，关于民权主义的说明在重申了孙中山过去所强调的选举、创制、复决、罢免诸权和立法、司法、行政、考试、监察五权分立原则外，也完全接受了共产国际决议关于民权主义区别于“天赋人权”，必适合于中国革命之需要的革命原则。《中国国民党第一次全国代表大会宣言》（1924 年 1 月 23 日），《孙中山全集》，第九卷，第 118—122 页。

[3] 有关民生主义的内容，加拉罕在给莫斯科报告中与他在给鲍罗廷的信中的评价明显不同。在给鲍罗廷的信中，他的说法是：“唯一令人不满的是孙逸仙对自己党内的‘地主’派所做的让步。我认为，对于这一点还是应该像以前那样给以谴责，以便使孙以最激进的方式贯彻执行土地法令。”参见《加拉罕给契切林的信》(1924 年 2 月 9 日)、《加拉罕给鲍罗廷的信》(1924 年 2 月 13 日)，《共产国际、联共（布）与中国革命档案资料丛书》（1），第 410—414、418 页。

[4] 《加拉罕给契切林的信》（1924 年 2 月 9 日），《共产国际、联共（布）与中国革命档案资料丛书》（1），第 414 页。

比较马林走前中共方面对国民党的激烈批评态度，不难看出共产党人此时对两党合作抱以怎样的期待。他们这时无疑对鲍罗廷的努力给予了相当的肯定，并尽力与之配合。也正是在这种情况下，中共中央在国民党一大前后都极力保持低调。即使在内部，他们也明确地规定了避免引起纠纷的方针。这包括对会议期间的人事安排，为了避免嫌疑，确定“共产党员不应该在各委员会中谋求职位”，同时，尽量不推荐自己人担任各级职务。对选举国民党中央执行委员，最初也只计划由鲍罗廷推荐两名自己的同志。在选举代表问题上，他们也采取消极做法，“拒绝当候选人，大家都选孙为代表，他们在选票上只写‘孙逸仙’，别的什么都不写”，“以便不给如此热衷于保护每个席位的国民党右派提供说闲话的任何借口”。[1] 共产党人的这种做法自然得到了孙中山的肯定。它反映在这次代表大会上，刚刚加入国民党不久的中共党员虽然尽力保持低调，其所得地位仍显得十分突出。中共及青年团这时总人数虽然只占国民党在册党员人数的百分之二，出席大会的代表人数却占到了全体代表人数的百分之十。代表大会上新产生的中央执行委员中，跨党的中共党团更占到了将近百分之二十五。[2] 出现这种情况，显然与对代表产生和推举委员拥有指定和最后决定之权的孙中山的态度有关。同样，在会后设立的国民党中央党部，跨党的中共党团员在一个秘书处和六个部中占据了两个部长（组织部、农民部）和三个实际为副部长的秘书（组织部、工人部、农民部）的席位[3],同时并在中央执行委员会常务委员会里还取得了三分之一的发言权[4]。特别是同意把秘书处和组织部交给中共党员来负责，虽然或多或少可能会有鲍罗廷建议的成分在内，它能够得到孙中山的首肯，也足以

[1] 《谭平山与鲍罗廷的谈话》（1924 年 1 月 10 日）、《中国共产党与青年团联席会议》（1924 年 1 月 1 日）、《鲍罗廷的札记和通报》（1924 年 2 月），《共产国际、联共（布）与中国革命档案资料丛书》（1），第 443、444—445 页。

[2] 在 25 名中央执行委员中，谭平山、李大钊、于树德为中共党员；在 17 名候补委员中，沈定一、林祖涵、毛泽东、于方舟、瞿秋白、韩麟符、张国焘为中共党员。

[3] 国民党一届一中全会决定设立一处八部，但调查部和军事部暂缓成立。秘书处及组织部部长谭平山、秘书杨匏安，农民部部长林祖涵、秘书彭湃，工人部秘书冯菊坡等为中共党员。

[4] 中央执行委员会常务委员共三人，廖仲恺、戴季陶为国民党员，谭平山为中共党员。

反映出孙中山有利用中共发展组织的想法。

孙中山改组国民党的一项重要议题，就是要让国民党人理解自己引进共产党员的良苦用心。因此，为了消除有关疑虑，孙中山在这次大会上曾两次发言释疑。

大会第二天，孙专门发表民生主义讲演，说明民生主义与共产主义其实并无不同。他说：过去“北京一班新青年非常崇拜新思想，及闻俄国共产之主义，便以此为世界极新鲜之主义，遂派代表往俄，拟与之联合，并代俄宣传主义，认定共产主义与民生主义为不同之二种主义。我们老同志，亦认定民生与共产为绝对不同之二种主义，于是群起排斥，暗潮便因之而生。然揆诸民生主义之真谛，双方均属误解”。“共产主义与民生主义毫无冲突，不过范围有大小耳”。“本党既服从民生主义，则所谓社会主义、共产主义与集产主义均包括其中”。故俄人极力称赞国民党所主张之三民主义，而中共亦悉心研究并认定救国非此不可，“于是诚心悦服本党三民主义，改共产党员为国民党员”。[1]

然而，与会的国民党人仍对孙中山的说法表示怀疑，声称既然共产党员服从本党三民主义，为何不退出共产党？来自上海的代表何世桢就明确提出，应当禁止国民党员跨党。对此，中共方面基于内定的原则，反映十分温和，回答亦力求诚恳。28 日，李大钊受中共党团会议委托，说明跨党原因，解释中共不能解散，是因为它是共产国际在中国的支部，并非纯粹中国人自己的组织，其党员要加入中国国民党，自然只能以个人名义，而不能解散这一国际的组织。况且中国革命也需要这样的组织在国民党与国际的组织中间做联络。中共党员加入国民党是基于国民革命的共同目标，并非想要借国民党的名义开展共产党的运动。李大钊还郑重保证：“我们留在本党一日，即当执行本党的政纲，遵守本党的章程及纪律；倘有不遵本

[1] 《总理关于民生主义之演说》（1924 年 1 月 21 日），中国第二历史档案馆编：《中国国民党第一、二次全国代表大会会议史料》（上），江苏古籍出版社 1986 年版，第 21—23 页。

党政纲、不守本党纪律者，理宜受本党的惩戒。”[1] 孙中山要的就是服从，有了中共的保证，国民党领导人廖仲恺、汪精卫和胡汉民都自动为容共的办法辩白，此事才不了了之。

中共组织新立，党员数量寥寥，却能利用国民党在各省组织欠缺又急谋发展的机会，在众多地方党部中取得支配地位，同时一举取得国民党中央重要职权，这自然会让许多老国民党员感到担心。因此，虽有孙中山的坚持和李大钊在大会上的保证，国民党内反对中共跨党的声浪依旧一拨强似一拨。国民党一大后，广州几位国民党老党员甚至组织秘密小团体以抵制共产党，各地部分老国民党人也纷纷拒绝与跨党人员合作，或拒不到任，或分庭抗礼。北京、上海、广州、汉口等地的国共两党人员之间，都存在着严重的对立，并导致受他们影响的工人和学生组织形成相互对立的不同派别。对此，力图巩固现有成果的中共中央不能不更加小心谨慎。它在国民党一大后专门召开三届二次会议，通过决议案，进一步告诫党员：“本党所以必须与国民党合作，因就中国眼前之经济状况，必须经过民主主义的国民革命，这是国民党对中国的历史使命”。“今以国民党明达领袖的决心，我们素所期待的改组国民党的理想，竟一一开始进行，这实是中国革命前途的幸福。我们在国民党改组以后更当以努力扶持他们，不可因他们以往的缺点，预存嫌恶藐视的心理”。“对他们中间极腐败的分子，亦宜取敬而远之的态度，须尽力避免不必要的冲突”；“对于国民党比较不接近我们的分子，应多方加以联络，以逐渐改变他们的态度”。决议案提出，“为求本党同志与国民党能圆满的合作”，要尽量避免国民党内发生左右之分歧，“我们的同志，应站在国民党立脚点上”，“以扶助督促其党务之进行，自为应尽之职务”，不可勉强援引我们的同志担任国民党内各种职务，尤不应包办其党务，以免“使国民党党务，及国民党对于本党的信任，俱受不良的影响”。

[1] 《北京代表李大钊意见书》（1924 年 1 月），《李大钊文集》（下），第 704—706 页；《中国国民党第一、二次全国代表大会会议史料》（上），第 50—54 页。

甚至，会议还特别提出，在发展本党组织时，亦须十分慎重，不应使国民党“误会我们有意拉去他们的党员”。今后一切工作均“用国民党名义，归为国民党的工作”，只有国民党不愿用其名义活动的，才可作为本党独立的活动。[1]

事实上，在国民党各级部门的中共党员最初也确是按照中共中央的要求去做的。国民党全面开始改组工作之后，中共党员全力投入，自身的组织发展因而受到影响。谭平山就报告说：我们在广州的干部总共只有30多人，国民党一大前，广州12个区只组织起12个支部，而现在已成立了9个区委，64个支部，拥有党员7780多人，我们在5个区委和13个支部中担任重要工作，而干部人数却没有增加，结果他们总是忙于大量事务性工作，抽不出时间做群众工作，使我们失去了同工人群众的联系，党员的发展几乎停顿。国民党一大召开后，据阮啸仙4月间的报告，广东的共产党人已经完全淹没在国民党的组织宣传工作之中了。在国民党内，虽有许多人害怕我们怀着什么阴谋来利用国民党，看见我们努力的成绩暗生嫉妒，或因我们影响其升官道路而攻击我们，我们都以“忍辱负重”之精神，“为革命家唯一的信条”，不与之纠纷。以至于今天，一般工人、农民只知我们是“好国民党”“新国民党”，而不知有共产党。鉴于国民党内状告中共的案件日渐增多，尤其众多国民党人对共产党员在国民党一大轻易取得中央及地方高位不满，经中共中央批准，谭平山和林伯渠等还主动请辞国民党中央执行委员会常务委员和国民党中央党部农民部部长等职，以示诚意。[2]

不过，国共终为两党，中共中央虽有不可勉强援引自己的同志担任国民党内各种职务，尤不应包办其党务的规定，贯彻起来到底十分不易。国民党上海执行部成立后，以胡汉民、汪精卫、叶楚伧为常务委员兼组织、

---

[1] 《同志们在国民党工作及态度决议案》（1924年2月），《中共中央文件选集》，第1册，第222—225页。

[2] 《谭平山与鲍罗廷的谈话》（1924年2月10日）；《阮啸仙关于团粤区一年来的工作概况和经验》（1924年4月4日），中央档案馆、广东省档案馆编：《广东革命历史文件汇集》（1922—1924年），第1辑，第223页。

宣传部部长等，日常工作实际上均由组织部秘书毛泽东、宣传部秘书恽代英等跨党人员负责处理，他们要想在上海执行部分管的江苏、浙江、安徽、江西和上海 4 省 1 市顺利开展党务工作，较多援引自己同志在所难免。北京执行部管辖范围更多达 15 省，从组织、教育宣传，到青年等各部部长及秘书、助理等，大半也都是李大钊、蔡和森、朱务善、于树德、张昆弟、王尽美等跨党人员。国民党原来在北方多数省份就缺少基础，唯一有些基础的北京地区的国民党组织又与共产党人格格不入，分庭抗礼，李大钊等要想进一步在各省党部开展工作，亦只能选派其熟悉的中共党员和青年团员，以及其他自己的同情者。汉口执行部管辖湖北、湖南、陕西三省党务，原委派老资格国民党人覃振、张知本主持，二人均因汉口执行部跨党人员太多而未到任，最后不得不改由中共党员林伯渠主持，结果汉口执行部自然也就成为中共人员及其同情者的阵地。这种情况进一步加剧两党人员之间的矛盾冲突。而国民党人不了解的是，如此大量地将为数有限的中共党员投入到国民党的组织发展中去，其实也并非中共中央所乐见。

一大后，国民党迅速在全国范围建立起区、省、市、县各级党部，大量发展党员，北京执行部一年时间就发展党员上万人。与此同时，中共组织的发展却陷于停滞。1921 年 7 月中共一大时，党员 50 余人；1922 年 7 月二大时，党员 195 人，一年增加近四倍；1923 年 6 月三大时，党员 432 人，一年增加两倍多。此后至 1924 年 5 月中央扩大执行委员会召开，即国民党改组前后一年时间，党员基本上没有增加，一些地方还明显减少。[1] 各地报告党员不见增加的原因：“一因同志现注意国民党的工作，所以对于一般人，都介绍进国民党去了；二因介绍本党同志，务在严格（原文如此），故新党

[1] 以上数字多根据王健英编：《中国共产党组织史资料汇编》，红旗出版社 1983 年版，第 2、8、17 页。关于 1924 年 5 月扩大执委会时的数字，根据执委会各区报告统计，可知上海区原有 56 人，现有 47 人；汉口区有 47 人；湘区略增达到 149 人；京区 75 人；山东区 17 人。这里虽缺少广东区的报告，但从谭平山与鲍罗廷的谈话中已知广东区这时也只有同志 30 余人。即使再加上江西、四川等地的少数党员，总的人数也不过 400 人左右。《中共中央文件选集》，第 1 册，第 256、262、266、275、277 页。

员人数自然不易骤增；三是同志宣传自亦有不曾用力的地方。”[1] 报告所称后两项原因过去就存在，并没有太多影响党的组织发展，因此受国民党工作影响，导致中共自身组织发展停滞，无疑是这时最主要的一个原因。

以牺牲中共自身的发展为代价，求得国民党的发展，这在苏联外交人民委员部看来，显然是一件值得肯定的事情。他们甚至或多或少地相信：“国民党所以必需共产党者，以其可以藉手共产党对于广大群众得以组织之、操持之”，“盖国民党之发展，纯恃共产党于其工作之中予以各种之协助也”。[2] 但是，以共产党发展的牺牲为代价，这在共产国际东方部的领导人看来却是难以接受的。他们明确提出：关于工人阶级究竟应当在国民党的旗帜下成为民族革命力量，还是应当直接组织在共产党的领导之下，这个长期争论的问题应当尽快得到解决。[3] 维经斯基注意到李大钊在国民党一大上的公开声明，更是感到不安。他并非不知道李大钊此举乃是中共党团为对付国民党内反对势力的一种策略，未必真有若何意义。[4] 但他在紧接着发表的文章中，仍旧批评鲍罗廷在这一问题上的指导和态度。有什么必要为国民党制定严格纪律和集权化的章程呢？他为此写道：考虑到国民党内存在着各种阶级的分子，包括部分地主、工业家和商业资本家的代表，“过于使党集权化的章程，可能在将来对国民党左派不利，如进一步发展，则可能使国民党变成纯资产阶级的民族主义政党”。而“我们中国共产党同志们的任务，就是要在国民党内争得更多的民主，俾使国民党左派有较大的回旋余地”。毕竟，共产党不是国民党，它需要实现无产阶级的具有不同于其他阶级的

[1] 《上海地方报告》（1924 年 5 月），《中共中央文件选集》，第 1 册，第 256 页。

[2] 《中国共产党简明历史》，京师警察厅编译会编：《苏联阴谋文证汇编》（民国十七年），转见沈云龙主编：《近代中国史料丛刊三编》，（台北）文海出版社，第 779、785 页。

[3] 《维经斯基关于共产国际执行委员会远东局的工作报告》，Tony Saich, *The Origns of the First United Front in China*, Netherlands, 1991, pp.864-866.

[4] 根据俄国公布的当时有鲍罗廷参加的中共党团会议记录可知，针对当时国民党改组过程中两党争论问题，中共党内存在着一种明显的倾向，即我们共产党员加入国民党本身只是“为了利用它”，因此大可不必过分坚持自己的观点而与国民党人进行争论。前引《共产国际、联共（布）与中国革命档案资料丛书》（1），第 468—469 页。

特殊使命，它不仅要促使国民党走上反帝和民主化的道路，而且还要担负共产国际所赋予的阶级斗争的任务，幻想在国民党内保持绝对的统一，而不发生左右派冲突，是不可能的。维经斯基根据俄国革命的经验，以及刚刚发生的土耳其革命的教训，明确认为，中共必须“善于把无产阶级的阶级斗争和国内的民族运动结合起来”[1]。

不难看出，以维经斯基为代表，共产国际东方部内部始终存在着一股反对让中共服从于国民党发展任务的力量。他们过去强烈地反对马林路线，如今进一步发现鲍罗廷其实也在妨碍中共发展。过去苏联大力援助土耳其凯末尔（Kemal）民族主义运动，结果凯末尔取得政权，而共产党成为阶下囚，这段历史时刻刺激着他们，让他们意识到，必须在帮助中国民族主义运动的同时，迅速壮大共产党的力量，以免重蹈历史的覆辙。但是，在加拉罕等人看来，维经斯基等人实在是有点庸人自扰。他声称：这些同志“被土耳其的牛奶烫过以后，在中国见到凉水也要吹一吹”。考虑到对孙中山的援助力度远大于当年援助凯末尔，并且有鲍罗廷等苏联政治和军事顾问直接介入和参加国民党的工作，中共又在国民党各级组织中占据重要地位，加拉罕根本不相信在中国会存在类似的危险。他坚持说：“国民党在中国的运动根本不同于土耳其，越飞当时非常正确地指出了这一点。土耳其的民族革命运动把共产党投入监狱，或者干脆将他们暗杀，它宣布共产党非法，还指责我们支持共产党，因此（同）我们的关系十分冷淡。我们同国民党则完全是另一种情况。”对土耳其，我们只提供了几万支步枪、大量火炮、机枪和一千多万元的金卢布。“在这里我们的顾问参加这个国民革命运动党的中央，我们在这里享有极大的威信，而我们的指示和建议对于党具有特殊的意义，共产党加入国民党，它在广东境内，在国民党执政的地区完全

[1] 维经斯基：《国民党和中国革命》（1924 年 4 月 1 日），（俄）《布尔什维克》1924 年第 1 期。转见中国社会科学院近代史研究所现代史研究室编译：《维经斯基在中国的有关资料》，中国社会科学出版社 1982 年版，第 31—32 页。

合法地开展自己的活动等等，等等。差别是不寻常的。”[1]

像任何一个庞大的官僚体系一样，尽管在莫斯科所有的一切，无论是苏联外交人民委员部，还是共产国际的政策，最终都由俄共（布）中央政治局里的几个人做出最后决定，但基于不同利益的不同工作系统之间，从来都难有有效的沟通机制。每个工作系统内部的工作人员抱着各为其主的心态，都难免从自己部门的角度考虑问题，并固执己见，除非最高决策层会做出有别于自己部门判断的决定。对中共比较有利的情况是，这个时候，由于苏联在外交上还受到大多数列强的孤立，无法施展自己的拳脚，因此，即使在政治局内部，也很少有人能够轻视共产国际的作用。这种情况自然加强了维经斯基等人发言的力量。不管苏联外交人民委员部说些什么，维经斯基等人还是照样我行我素。

1924 年 5 月，维经斯基受命来到上海，主持召开中共中央执行委员会扩大会议。在支持孙中山、肯定国民党一大重要意义等问题上，维经斯基没有提出不同的看法。但是，根据维经斯基的观点，会议对国民党的性质，以及国民党内的矛盾，得出了相当激进的结论。这包括：第一，国民党就其性质而言，是“资产阶级性的民族主义和民主主义的政党”，它必然趋于妥协，不能奋斗到底，故其内部的左右派斗争不可避免。“国民党的左派是孙中山及其一派和我们的同志”，而我们的同志实为左派的基本队伍，“因此所谓国民党左右派之争，其实是我们和国民党右派之争”。第二，为巩固国民党左翼，削弱国民党右翼势力，必须避免盲目扩大国民党的做法，并设法改变自己在国民党改组问题上过于强调集中与一致的缺点，必须了解“国民党依他的社会成分（阶级分子）及历史上的关系看来，客观上不能有严格的集中主义及明显的组织形式”。因此，应努力在各种场合开展对右派的公开斗争，“迫令国民党全体左倾”，绝不能“因为巩固扩大国民党起见

[1] 《加拉罕给契切林的信》（1924 年 2 月 9 日），《共产国际、联共（布）与中国革命档案资料丛书》（1），第 414—415 页。

而取调和左右派的政策”。第三，“产业的无产阶级，是我们党的基础”，帮助国民党组织上渗入产业无产阶级“是一个很大的错误”，它不但使先进的无产阶级内心掺入混乱的种子，而且使无产阶级自己的阶级斗争要发生很大的困难，因此，只能将半无产阶级和小资产阶级的群众用国民党的名义加以组织。在工会运动方面，必须由我们自己组织纯粹阶级斗争的工会，而不能帮助国民党设立各种工会或将已经建立起来的工会全体加入到国民党中去。第四，鉴于资产阶级的妥协性，必须将阶级斗争引入国民党，因为“民主主义的政党内，阶级利益的调和不但不能增加民族解放运动的力量，而且足以使之减少”。[1]

1924 年 5 月，中共中央执行委员会召开扩大会议，这是中共放弃自我约束的谨慎政策，重新采取积极发展政策的一个重要的转折点。虽然会议并没有否认继续扩展国民党的必要性，并且肯定孙中山与共产党人同属左派，但反对盲目扩大国民党，反对在工人中发展国民党，主张在国民党内开展左右派之间的斗争，这些都必然会使国共两党之间已有的隔阂与矛盾更为加剧。再加上中共本身的干部资源十分有限，又要肩负国民党的工作，又要把重心转到发展共产党方面来，结果必然会顾此失彼，引起国民党人更多的猜疑。其实，早在 1922 年年底，国共两党因共产党员跨党所引起的矛盾就已经显露出来，上海、北京、汉口等地都有相当多的纠纷发生。以北京为例，国民党人早就结社拒绝“二重党籍”者加入。李大钊被委为北京支部总干事后，依照国民党改组计划设立“青年国民俱乐部”，结果反而形成新的纠纷。至国民党一大推选代表，到北京执行部成立，选用干部，中共中央虽有明文要求避嫌，真正要想做到也相当困难。毕竟派往周边各省市组建党部的同志，大都是自己人或同情者，遴选范围十分有限。而愈

[1] 此会通过的《党内组织及宣传教育问题议决案》称国民党为“资产阶级性的民族主义和民主主义的政党”，而蔡和森在《中国共产党史的发展（提纲）》介绍此次会议时则称，此会“谓国民党是小资产阶级的政党”。分别见《中共中央文件选集》，第 1 册，第 230—233、237、243—244、253 页。

是这样，就愈会造成壁垒森严的局面，双方的隔阂也就愈深。[1]

孙中山对于国共两党之间的纠纷，通常总是扮演居中调停的角色。他的治党原则就是要求下属服从。他对党内任何担心和怀疑共产党作用的意见从来都是一句话：我自有办法。他最反感党员对他的决定提出异议，包括对接受共产党员入党一事，其态度也是："本总理受之在前，党人即不应议之于后"[2]。只要我、汪精卫、胡汉民等"综合派"居中调和、掌握，"定可支配大局无疑"[3]。这一心态，多少与他在思想上将人分成"先知先觉"、"后知后觉"和"不知不觉"有关。他一向自认革命要靠他这样极少数"先知先觉"者想出道理，想出办法，居中把握，同时取得相当一批"后知后觉"者的拥护扶助，身体力行，最后推动大批"不知不觉"者冲锋陷阵，才能成功。从这一认识出发，孙中山坚持党内一切都要由他独断独行，过去组织中华革命党，要入党者印手模宣誓效忠是如此，如今换了中国国民党，其对下属的要求也无多少改变。他显然对他的国民党充满自信。他曾不无骄傲地告诉那些满腹疑虑者说："某党不敢公然独行乃假冒本党之名者，足见本党牌子之老而能受人信仰。"他认为即使中共服从三民主义并非真心，也不要紧，只要其用国民党的名义活动，就对我有好处。"我意惟恐其不假冒，君不见今日市上老牌子之巨肆乎？假冒愈多，则彼牌子愈响，如此不花钱之宣传，吾等又何乐而不为哉？"[4]

那么，孙中山就真的毫无戒备之心吗？也并非如此。一个很典型的例子是，孙中山虽然在改组后的国民党内部任命了相当一批中共干部充任要职，他同时也指定明明对共产党人深怀疑惧之心的邓泽如、吴稚晖、李石

[1] 包括成立北京执行部，初亦因如何解决跨党人员与其他国民党人之间的配合问题，大伤脑筋。见《汪兆铭为整理北京党务致廖仲恺胡汉民函原件》（1924年4月17日），转见李云汉：《从容共到清党》，第277—278页。

[2] 孙中山：《通告党员释本党改组容共意义书》（1924年3月2日），转见李云汉：《从容共到清党》，第354页。

[3] 《谢张两监察委员与鲍罗廷问答纪要》（1924年6月25日）；孙中山：《与日人某君的谈话》（1924年2月），《孙中山全集》，第九卷，第536页。

[4] 孙中山：《与青年党员某君的谈话》（1924年11月20日），《孙中山全集》，第十一卷，第350页。

曾、张继和谢持五人充任中央监察委员[1]，并赞同严防共产党人不合于本党主义之活动[2]。因此，孙中山这时对那些纷纷告共产党状的老国民党人，不仅从来网开一面，而且每每相当坚定地告诉他们不必过虑。比如，国民党一大刚一结束，刘成禺、冯自由、徐清和、谢英伯等人就私下召集华侨及各省党员数十人，秘密集会，商议如何应付共产党问题。此事随即被人告发。鲍罗廷得知消息后，坚决要求孙中山对四人予以申斥。孙为此召四人当面询问。鲍罗廷记述当时情况说：他们几个在孙中山面前表现得像“胆小鬼”一样，都不敢承认自己有小集团活动。一个说自己是偶然参加进去的；一个说自己原打算向孙报告的；一个“张着嘴，什么也说不出来，话卡在嗓子里，脸在抽搐，脸色发青”；只有一个人表示不满：为什么共产党人可以有自己的党，“而我们这些忠于孙的老国民党员，连开会都不行”？[3]无论鲍罗廷所述是否真实，孙中山对四人显然没有任何惩戒的意思，只是循循开导而已。几天后，孙中山发出通告，宣称他对四人的解释“甚满足”，“此事当作了息”。[4]不久，汉口执行部国共两党成员因纠纷被停止活动，孙还特意选派对中共极端反感的刘成禺前往，“全权办理湘鄂豫军政大事”。据刘成禺记述，行前孙中山特别告诉刘说：要他去，就是因为知道他“与共产党人水火”，故让他远离党务。当时，刘成禺强调共产党跨党居心不良，孙当场表示：不必在意其真心与否，“只问我诚不诚”。“共产党能守吾党范围，吾默化之！不能，吾自有处理之法。”[5]

孙中山这里所说的“默化之”，指的就是希望能够使共产党人最终服膺三民主义的意思。将其概括为“溶共”，也并非不可。毕竟，孙中山从来相

---

[1] 蔡元培、许崇智、刘震寰、樊钟秀、杨庶堪五人为候补委员，也均为国民党老党员。

[2] 《中国国民党第一次全国代表大会会议录》（1924年1月20—30日），《中国国民党第一、二次代表大会会议史料》（上），第73页；邹鲁：《回顾录》，岳麓书社2000年版，第132—133页。

[3] 《鲍罗廷的札记和通报》（1924年2月），《共产国际、联共（布）与中国革命档案资料丛书》（1），第447页。

[4] 孙中山：《致国民党中央执行委员会函》（1924年3月1日），《孙中山全集》，第九卷，第538页。

[5] 转见李云汉：《从容共到清党》，第223—225页。

信只有他的三民主义才是最适合于中国国情的主张，其他一切主义，包括共产主义、社会主义，凡有符合三民主义内容的地方，都可概括于三民主义之内。孙虽有“共产主义与民生主义毫无冲突”的说法，却并不等于他相信二者毫无差别，否则他也就不必坚持要越飞公开声明承认“共产制度”不能引用于中国了。他在国民党一大之后，很快就全面阐述他的三民主义思想，详细说明二者的区别。从中可以了解，即使在国民党一大之后，孙中山对三民主义的解释多少接受了共产国际的一些说法，其基本理念却并未改变。

孙中山明确讲：社会主义、共产主义和民生主义都以解决人民生计问题为中心，在这一点上二者没有不同。不仅没有不同，而且还应该是“好朋友”。但孙中山认为：马克思的社会主义和共产主义强调阶级战争为因，社会进化为果，民生主义则相信“社会进化的定律，是人类求生存”。因为人类要求生存，便要为大多数谋利益。因为人类不断地基于生存的原因而努力使社会大多数人的经济利益相调和，才发生了社会进化的问题。在这里，阶级战争只是社会进化过程中发生的一种“病症”，并非社会进化的原因。马克思“倒果为因”，甚至断定资本制度一定要消灭，因而主张用农工专制和革命手段解决一切问题，结果许多事实与预想不符，造成无数纷争，这是二者的区别。所以，讲民生主义，也讲共产，但“我们所讲的共产，是共将来，不是共现在”，更不会用革命手段解决经济问题。“以前有了产业的人决不至吃亏，和欧美所谓收归国有，把人民已有了的产业都抢去政府里头，是大不相同。”

孙中山在谈到中国的情况时说得更明白。他说：在中国，“今天讲社会主义，极时髦的人是赞成马克思的办法”，尤其是“赞成马克思主义的那般青年志士”，更希望拿马克思主义在中国来实行，因此“便极力组织共产党，在中国来活动”。而他们不了解，中国现在的问题首先是贫穷，不能照共产党主张的那样马上来均贫富，而是应该在吸取欧美贫富悬殊的教训的情况下，一方面采取措施节制私人资本无限膨胀，另一方面却要赶快用国家力量来振兴工业，发达资本。孙中山特别举出俄国来做例子，说明落后的中国绝不能用马克思的社会主义来均贫富。他明确讲：

> 我们讲到民生主义，虽然是很崇拜马克思的学问，但是不能用马克思的办法到中国来实行。这个理由很容易明白，就是俄国实行马克思的办法，革命以后行到今日，对于经济问题还是要改用新经济政策。俄国之所以要改用新经济政策，就是由于他们的社会经济程度还比不上英国、美国那样的发达，还是不够实行马克思的办法。俄国的社会经济程度尚且比不上英国、美国，我们中国的社会经济程度怎么能够比得上呢？又怎么能够行马克思的办法呢？所以照马克思的党徒，用马克思的办法来解决中国的社会问题，是不可能的。[1]

孙中山详细阐述其主张与马克思主义之异同，目的很清楚。一方面是要消除国民党人对共产党人的疑惧，说明无论俄共，还是中共，他们的主张里面都有和三民主义相通的地方。三民主义的意思，“就是国家是人民所共有，政治是人民所共管，利益是人民所共享。照这样的说法，人民对于国家不只是共产，一切事权都是要共的”。因此，三民主义实际上比共产主义还要彻底。而另一方面，孙中山也是希望人们都能了解，他绝不是马克思主义者，既不赞同阶级斗争，也不赞成社会革命。不仅如此，他显然想要让中国的“马克思党徒”明白，马克思主义的很多观点是错误的，其强调用阶级斗争的办法解决社会进化问题，尤其错误。不仅在欧美不适用，在俄国不成功，马上拿来解决中国问题，就更是南辕北辙。中国距离欧美的发展水平几乎是天上地下，即使与俄国相比也差得甚远。俄国革命后都因经济程度太低而不得不转而改行新经济政策，中国又怎么能够照马克思的方法来进行呢？在中国，只能师马克思之意，而不能师马克思之法，因为中国的病症根本上是一个穷字，故解决中国的问题，应首重发展实业。这样，

[1] 孙中山：《三民主义·民生主义》（1924年8月3、10日），《孙中山全集》，第九卷，第391—392页。

他虽然也曾不止一次地表示过对马克思的肯定，但更欣赏美国人亨利·乔治 (Henry George) 的社会改良主张，希望通过“平均地权”“节制资本”，来防患于未然。这一观点与共产党人主张立即夺取富豪已有财产来实行共产或收归国有，有相当明显的区别。[1]

五、孙中山与弹劾共党案

知道孙中山内心的信念与愿望，就不难了解他在面对愈演愈烈的国共两党纠纷时为何会采取调和的立场了。事实上，无论是鲍罗廷，还是陈独秀，也越来越清楚地注意到孙中山其实并非他们所认为的那种“左派”。随着各地国共两党之间的组织人事纠纷越来越多，特别是 5 月 31 日苏联外交全权代表加拉罕不顾国民党人的一再抗议，坚持与北京政府正式签订《中俄解决悬案大纲》，相互承认对方为合法政府之后，鲍罗廷更明显地看出孙中山与共产党人距离之大。因为，无论是就苏联政府正式承认北京政府的问题，还是就苏联与北京政府围绕外蒙古地位问题的讨论，国共两党所表现出来的态度都完全相反。中共当时基本上以苏联的立场为立场，支持苏联承认北京政府为中国的中央政府，认为外蒙古人民有实行民族自决的权利；而国民党人却多半持激烈的批评态度，强烈不满苏联一面支持广州政府，一面却承认北京政府为中国的中央政府，不满苏联继续在外蒙古驻兵和享有特权，更不要说允许蒙古人民自治或自决了。

尤其让鲍罗廷感到不安的是，围绕《中俄解决悬案大纲》的签订所发生的一系列国民党人公开抨击苏联政府的言论，其实是得到孙中山某种程度的认可的。当身为国民党员的李大钊等共产党人，公开向北京政府请愿，要求正式承认苏联并支持苏军驻兵外蒙古的消息传出，孙中山明显地表示了不满。4 月，国民党员孙镜亚为此检控李大钊等“违反党纪承认北京政府”，

[1] 孙中山:《三民主义·民生主义》(1924 年 8 月 3、10 日),《孙中山全集》, 第九卷, 第 355—394 页。

孙中山明确批示：“着中央执行委员会查明有无其事，另行酌夺。”而对朱和中上书批评上海《民国日报》和《新青年》等在中苏条约及外蒙古问题上宣传共产党的主张，“出言不慎，招惹是非，影响本党甚巨”，孙更是严厉批示：“着中央执行委员会严颁纪律，禁止本党各报之狂妄。”[1]

孙中山的态度明显地鼓舞了过去因怀疑共产党人而受到压制的国民党老党员们。邓泽如迅速致函上海谢持，转达这一消息，并提议利用上海远离广州，“工于规避”的条件，深入调查李大钊等“不守党义事”。[2] 上海老党员因此积极搜集证据，终于在5月间从由巴黎返国的谢持女婿手里得到《中国社会主义青年团第二次大会议决案及宣言》一份，内中可以看出，共产党人确是以党团的方式在国民党内存在，并且有试图左右国民党政策和扩大自己组织的某种意图。内称：

> 本团团员加入国民党，当受本团各级执行委员会之指挥，但本团之各级执行委员会，当受中国共产党及其各级执行委员会对于团员加入国民党问题之种种指挥。本团团员在国民党中：(一)应赞助中国共产党党员之主张，与其言语行动完全一致；(二)本团应保存本团独立的严密的组织。
>
> ……
>
> 我们加入国民党，但仍旧保存我们的组织，并须努力从各工人团体中，从国民党左派中吸收真有阶级觉悟的革命分子，渐渐扩大我们的组织，谨严我们的纪律，以立强大的群众共产党之基础。
>
> ……
>
> 我们在国民党中须注意下列各事：(一)在政治的宣传上，保存我们不和任何帝国主义者任何军阀妥协之真面目；(二)阻止国民党集全

[1] 转见李云汉：《从容共到清党》，第300—302页。
[2] 转见谢幼田：《联俄容共与西山会议》(上)，香港集成图书公司2001年版，第142页。

力于军事行动，而忽视对于民众之政治宣传，并阻止国民党在政治运动上妥协倾向，在劳动运动上改良的倾向；（三）共产党党员及青年团团员之言语行动，都须团结一致；（四）须努力使国民党与苏俄接近，时时警醒国民党，勿为贪而狡的列强所愚。[1]

意外得到此一文件，了解到共产党党团活动的情况，使一直苦于无证据在手的谢持、居正、张继等老党员倍感振奋。他们迅速商议行动计划，决定由张继和谢持赶往广州，准备会同邓泽如等联名提案检控共产党人。

6月9日，张继、谢持到达广州，随后即与中央执监委等广泛接触详谈，最后决定“由监察委员会委员邓泽如、张继、谢持等提出弹劾案”[2]。惟考虑到“容共”政策不能触动，提案将只从纪律角度提出弹劾，且申明不反对“容共”政策。

6月18日，邓泽如等基本拟就弹劾共产党案，在中央执行委员会第三十九次会议上，他们的初稿遇到廖仲恺的有力阻击。[3]在经过修改后，7月初他们才得以再度提交中央执行委员会。弹劾案除附上《中国社会主义青年团第二次大会决议案及宣言》的内容以外，还着重提出四点：（一）此次中苏交涉，共产党人不顾本党党义，竟然公开承认北京政府；（二）有共产党人以国民党员名义在本党报纸上发表文章，断言“国民革命为资产阶级不彻底之革命”，如此“本党根本未有不动摇者”；（三）比较《中国社会主义青年团第二次大会决议案及宣言》，李大钊在国民党“一大”关于“我们加入本党，是一个一个加入的，不是把一个团体加入的”种种保证，实乃“不忠不德，险诈不信”，“欺蒙本党总理及全国代表”；（四）“《新青年》、《向导》两刊物，对于本党之不满言论，不胜枚举”。邓泽如等一面明白表示：

---

[1] 转见《中央监察委员会弹劾共产党案》，《革命文献》，第九辑，第72—74页。

[2] 《邵元冲日记》，上海人民出版社1990年版，第19—20页。

[3] 《国民党中央执行委员会第40次会议情况通报》（1924年7月3日），《共产国际、联共（布）与中国革命档案资料丛书》（1），第498页。

本委员“非反对共产党社会主义青年团之加入本党”，“非反对或排斥共产党员社会主义青年团员之加入本党为党员者之个人”，一面则突出强调共产党之党团作用、秘密行动，强调彼在暗、我在明，彼又坚持自身组织发展不能停止，结果是彼必利用“在本党中央执行委员会任重要职务”之机会，和多数由“本党派出组织党务之专员”，以及出而组织学生、青年、妇女、工人和农人各方面之工作的条件，为共产党服务。因为，“以跨党之人，同时办理两党同一之事，而其人偏重于固有之党，其结果可以想见”。[1]

弹劾案一经提出于中央执行委员会，即引起“颇多争执”。除共产党人谭平山提出质疑外，委员中其他成员对如何处理这一事件也意见不一。而谢持等把中央监委立案弹劾共产党的消息四散传播出去，更使整个事态复杂化。因为各地国民党人对共产党的敌视情绪不可避免地被刺激起来，不满共产党人跨党的国民党人因此纷纷集会，一时间联名提交检控信和弹劾案的国民党人就有2000人之多。上海国民党人内部甚至就此发生对立和冲突，赞成“容共”政策的党员黎磊和原有共产党籍的上海《民国日报》副刊《觉悟》版主编邵力子等，竟遭群殴。不仅如此，各地上书相当部分干脆直接挑战“容共”政策，强烈要求革除共产党员之国民党党籍。面对这一严重事态，国民党中央执行委员会不能不决定召开全体会议研究整个处置办法。与此同时，为尽快平息事态，执委会还委托汪精卫和邵元冲起草宣言，以表明中央的态度。然而，由于事情的发展已经涉及“容共”根本政策，执委会内部意见自然更加分歧。反复讨论结果，用邵元冲的话来说，就是“成为一不痛不痒之文字”[2]。所谓“不痛不痒”，就是内中不仅没有直接批评共产党，反而重申了“容共”政策，批评了反对派。宣言称：数月以来，党内有人误会“已加入本党之共产派党人，其言论行动尚有分道而驰之倾向。于是反对派得藉此而肆其挑拨。同志间遂由怀疑而发生隔阂”。“为解免党

[1] 《中央监察委员会弹劾共产党案》，《革命文献》，第九辑，第74—77页。

[2] 《邵元冲日记》，第26—28页。

内外之误会及隔阂起见，不能不再为郑重之声明，即本党既负有中国革命之使命，即有集中全国革命分子之必要，故对于规范党员，不问其平日属何派别，惟以言论行动，能否一依本党之主义政纲及党章为断。”[1]

国民党中央执行委员会的宣言，严格地说是反映了孙中山这时的态度的。孙针对共产党人承认北京政府和主张外蒙自决的言论的严厉批示，并不意味着他自己的“容共”政策发生了动摇。既然了解共产党的“第三国际”背景，而这恰恰又是实行“容共”政策的重要考量之一，孙中山当然清楚共产党人绝难不受苏联政策左右，完全与国民党同步调。强调党纪，表现不满，自属必然之举，但这绝不等于他试图鼓励党内反对派来推翻自己的“容共”政策。因为，“容共”政策的推行，明显地在全国范围内极大地推进了国民党的组织发展，而共产党人所表现出的魄力和锐气，更非那些国民党老同志的惰性和暮气可比。何况谢持等发现之《中国社会主义青年团第二次大会议决案及宣言》，恰好证明共产党是决心与国民党合作，不愿与国民党纠纷，并且明令其成员必须努力“扩大国民党的组织于全中国”，“使全中国革命的分子集中于国民党”的。[2] 这反而让孙中山感到一种安慰。与此相反，注意到党内纷争的白热化和各地反对派风起云涌，特别是张继、谢持来到广州后，中央执行委员会会议也难免发生争吵的情况，倒使孙中山感觉到进一步加强中央集权，从而摆脱那些或明或暗地反对新政策的老党员干扰的必要性。因此，在鲍罗廷的建议下，孙中山于 7 月 11 日干脆宣告设立一中央政治委员会，以辅助他来筹划大政方针和重要人事之任免。孙中山自任委员会主席，并聘鲍罗廷为高等顾问，另指派胡汉民、汪精卫、廖仲恺、谭平山（后由瞿秋白代）、伍朝枢和邵元冲为委员。在体制上，随后虽仍旧规定中央政治委员会在党务方面应对中央执行委员会负责，有关决定事后应请求追认，但政治及外交事务则明确权限归于孙中山。[3] 而事实

[1] 《中央执行委员会宣言》，《中国国民党周刊》第 30 期，1924 年 7 月 20 日。

[2] 前引《中国社会主义青年团第二大会议决案及宣言》。

[3] 转见李云汉：《从容共到清党》，第 457—458 页。

上，既然孙中山自任主席，政治委员会在党务方面的决定自然也就具有了最后决定的意义，所谓事后追认云云，不过形式而已。在中央执行委员会和监察委员会之外另设这样一个委员会，排除了这时中央执监委会议的主要参加者林森、邹鲁、邓泽如、于右任、柏文蔚、李烈钧、邓家彦，以及张继、谢持等人，清楚地反映出孙中山这时对国民党“一大”推举的中央执行委员会的职能，特别是对其中多数老党员的作用，有相当的不满。

过去国民党中央长期在上海，1923 年年底开始改组前夕已被孙中山迁到了广州。此举便利了孙中山将众多留在上海的老党员排除在决策圈外，而把权力集中于拥护其联俄容共主张的干部手中。随后孙又引入鲍罗廷来做高等顾问，直接参与中央决策过程；成立中央政治委员会，架空中央执行委员会，这一系列做法都使让张继等人极为不安。7 月 3 日，国民党举行的中央执行委员会第四十次会议，张继首先发难，表示反对。他自然不便直接反对政治委员会的设置，但将矛头首先指向鲍罗廷。张继称，他和谢持 6 月 25 日曾为弹劾共产党问题前往鲍罗廷寓所质询过鲍，得到的回答竟然是：“国民党已死，国民党已不成党”，“党中分派是不能免，党之中央执行委员会实际上不能做党之中心”，“加入新分子如共产党者，组织党团，可引起旧党员的竞争心，则党可复活”，“希望左派右派相争，发生一中央派作党之中心”。[1] 他认为，鲍罗廷这样的人绝不应当被聘为国民党的高等顾问。对此，谭平山与张继发生争论。汪精卫、廖仲恺都明显地站在谭平山一边。汪批评张继“说了许多多余的话”，“顾问是总统任命的，对此我们无可非议”。廖仲恺并且同意“国民党”已经死亡的说法，说是因为“如果党员不努力工作，不服从党规，就意味着这个党已死亡”，而“至今还有许多组织不赞同新党章”。[2]

---

[1] 《谢张两监察委员与鲍罗廷问答纪要》（1924 年 6 月 25 日），见北京师范学院政教系、上海师范学院政教系选编：《共产国际与中国革命资料选辑（1919—1924）》，人民出版社 1985 年版，第 310—311 页。

[2] 前引《国民党中央执行委员会第 40 次会议情况通报》。

政治委员会的组成以及7月3日会议上的争论结果，清楚地显示出邓泽如等人的弹劾案可能遭遇的命运。事实上，还在开会之前，中央政治委员会就已经决定通过“设联络部以解纠纷”。然后国民党、共产党和共产国际代表各一人，协同商议，提出方案经政治委员会报呈孙中山决定。[1] 孙则决定，在8月前后召开中央执行委员会全体会议，讨论弹劾共党案。

由国民党来讨论裁决共产党的问题，这对刚刚通过决议要求加强独立自主和阶级斗争的中共中央来说，无异于当头闷棍，顿时在上海的中共领导人当中激起强烈不满。他们深信，对孙中山此举只能反击，而国民党很可能会借机要求中共党员退出，两党关系难免破裂。因此，中共中央迅速发布党内通告，强调：虽然“我们为图革命的势力联合计，决不愿分离的言论与事实出于我方，须尽我们的力量忍耐与之合作”，但鉴于国民党右派对我们的攻击和排挤日甚一日，今后态度上必须更加坚定，不仅要公开谴责右派，在国民党内展开派别斗争，而且凡是表示左倾的分子，都不应再介绍其加入国民党。为预防万一，现在应努力争取指挥工人、农民、学生、市民各团体的实权，在可能时即发起国民对外协会，以便不得已时取代旧国民党而做“未来的新国民党之结合”。[2]

自从加入国民党以来无穷无尽的纷扰，早已让陈独秀对此种政策的正确性产生怀疑。孙中山决定受理弹劾案的态度，更进一步使他对孙中山的认识发生改变。在写给维经斯基的信中，他明确讲：所谓国民党内的右派，其实都是些反共分子。如果说还有一些左派，其实都是我们自己的同志。过去认为孙中山和一些领导人算是左派，现在看来，他们也都只能算是中派，并非左派。在这种情况下继续支持国民党，只能是支持国民党的中派乃至右派，因为他们控制着国民党的全部机构，在他们的国内政策中有许多反劳工的东西，在他们的对外政策中则有许多反苏联的东西。他断言：继续

[1] 转见李云汉：《从容共到清党》，第324页。

[2] 《中央通告第十五号》（1924年7月21日），《中共中央文件选集》，第1册，第282—283页。

这样支持国民党，必将给远东地区的革命带来严重影响。他强烈地希望共产国际据此制定新的政策，再“不应当毫无限制地支持国民党了”。[1]

陈独秀的反应不论在哪一部分俄国人看来，都是过于激烈了。甚至，几天前还在国民党中监委面前表现出强硬态度的鲍罗廷，都对孙中山的决定感到惶惶不安，担心继续对抗下去可能会导致“灾难性的”后果。[2] 因此，他立即对中共中央准备破裂的态度提出异议，并推动中共广东区委通过一项反对中央态度的决议。[3] 为缓解国民党人的疑虑，考虑到孙中山等人的主要担心是中共企图借助于垄断与共产国际的联系，来垄断中国革命，因此，鲍罗廷开始考虑在国民党政治委员会中提议成立一个“国际联络委员会”来处理共产国际与国共两党之间的有关事宜。据此，鲍罗廷开始缓和态度，并频频与孙中山等国民党领导人进行商谈，将上述建议提交国民党中央政治委员会讨论，主张以国民党与共产国际建立直接联络的办法来解决国民党对中共的不信任问题。应鲍罗廷之邀来到广州参加国民党中央政治委员会的瞿秋白得知这一情况后，立即通知在上海的中共中央。中共中央自然不能接受让国民党来监督自己与共产国际关系这样一种措施。因此，它迅速做出决定，强硬地提出：

> 一、禁止在国民党会议上进行任何有关共产党问题的辩论，并对此辩论不予承认，禁止瞿秋白以党的名义在国民党的会议上发言。
>
> 二、中共中央拒绝承认国民党下属的为解决国共两党间问题而设立的国际联络委员会。
>
> 三、责成我们的同志在全会上对反革命分子采取进攻态势，从防御转

---

[1] 《陈独秀致维经斯基信》（1924 年 7 月 13 日），《共产国际、联共（布）与中国革命档案资料丛书》（1），第 507 页。

[2] 《加拉罕给鲍罗廷的信》（1924 年 7 月 12 日），《共产国际、联共（布）与中国革命档案资料丛书》（1），第 503 页。

[3] 《中共广东组织就鲍罗廷的报告做出的决议》（1924 年 7 月 15 日），《共产国际、联共（布）与中国革命档案资料丛书》（1），第 508 页。

入进攻的时机已经到来。[1]

8月19日，国民党一届二中全会正式开始讨论弹劾共党案问题，相关提案达34件之多。与会中执监委总共20人，中共党员占五分之一。在摘要宣读相关提案后，张继首先说明两党纠纷情况。他分别从“共产派在党中为党团活动之实事及其刊物”、“海内外党人与共产派分子冲突之真相”、“共产派分子加入本党之始，原以信义为指归，现在发生纠纷，应负其责”、“第三国际、共产党是否适宜于中国社会情形”、“革命党人应有自尊精神，以俄为挚友则可，以俄为宗主则不可”，以及“主张实际的协同工作，名义上跨党益滋纷扰”几个方面做了冗长的说明。由于20日中央政治委员会已经最后内定解决方案，故21日国民党领导人决定迅速结束争论，就政治委员会的方案达成协议。会议主席胡汉民明确提出：“这次党内纠纷主要原因即在发见团刊之后，情感愈形险恶，但细察团刊内容，用语不当处固多，而内容确无其他恶意，不能即认为有一个阴谋的党团。现在惟一的解决方法比较的照政治委员会草案甚为适当。”[2] 结果，在8月23日的会议上，二中全会最终通过了政治委员会拟定的《国民党内共产党派问题》和《中国国民党与世界革命联络问题》两项决议草案。决议同意共产党员对于与中共之关系，及其与共产国际之关系，仍“有守秘密之必要”，但决定在国民党中央执行委员会政治委员会内设国际联络委员会，要求共产党人将其所进行的有关国民党之活动通报于该委员会，以便能为国民党人所了解。[3]

联络委员会如何就能够解决两党之隔阂与纠纷呢？这一决定与监察委员的弹劾案又有什么样的关系呢？为了具体回答这样一些疑问，汪精卫、

[1] 《中共中央致鲍罗廷、瞿秋白信》（1924年8月27日）。

[2] 《中央全体委员第二次会议录》（1924年8月16—23日），原件存台北中国国民党党史委员会，2.2/2。

[3] 转见荣孟源主编:《中国国民党历次代表大会及中央全会资料》（上），光明日报出版社1985年版，第74—75页。

覃振、丁惟汾、邹鲁四人受会议委托，最后起草了《中央执行委员会全体会议对于全体党员之训令》。其中特别解释了全会解决这一问题的设想。训令称：监察委员提交之《中国社会主义青年团第二次大会议决案及宣言》，所以引起争议，“实不外乎党团作用之一点”。“本会讨论结果，以为党内共产派所以有党团作用之嫌疑者，由于此等印刷品其性质非属于公开，而属于秘密。既属于秘密，则无论其对于本党怀有善意，抑怀有恶意，而常易被认为恶意。”因此，“中国共产党之活动，其有关国民革命者，本党实有周知之必要”；其对于加入本党之党员之指导，“本党更不能不过问”。“倘使中国共产党关于此等决议不付之秘密，本会敢信党团作用之嫌疑必无从发生。”惟鉴于“中国共产党员对于中国共产党之关系有守秘密之必要，而中国共产党对于第三国际之关系亦有守秘密之必要。本会有见于此，故决议在中央执行委员会政治委员会内设国际联络委员会”，以便与第三国际“直接协商中国共产党之活动与本党有关系者”，同时“一方面对于中国共产党负保守其秘密之义务；一方面对于本党党员负有了解本党与中国共产党之关系之义务”。[1]

用联络委员会的方式来解决国共两党之间的纠纷，至少在反对“容共”政策的国民党人看来是异想天开。因为一个基本的原因在于，他们不仅不相信共产党，而且也不相信苏联和共产国际。既不赞成“容共”，也不赞成联俄，他们自然不会赞成通过加强与共产国际联络的办法来解决两党纠纷。对于这种情况，孙中山自己也十分明白。他在本次全会最后一次会议的讲话，就突出强调了他的这种担心。他明确表示，他不相信这次风波能够轻易地平息下去。他读过了所有检控信和弹劾书后，发现根本的问题并不在于共产党人有错误或写了反对我们政策的文章，另外一些人为此与共产党人进行斗争。问题的关键在于，那些反对共产党员的人根本不了解我们自己的主义，根本反对联俄容共政策。他在再度解释了联俄容共的必要与意义之

[1] 《中央执行委员会全体会议对于全体党员之训令》（1924年8月），《中国国民党周刊》第40期，1924年9月28日。

后，十分生气地指出，有些老党员的做法是不能容忍的。他特别举出弹劾案发生后在广州十分活跃的冯自由为例，说："起初，当党做出决定，党要进行改组时，冯自由同志并不反对，两个月内他从未讲过任何反对改组的话，当时他是临时中央委员会委员。但是，当中央委员会刚选出，他因未能入选，就向我们的敌人（香港《大公报》）供出了他所知道的关于改组和党的全部情况。"他断言：冯自由不过是因为未被选为中央委员才起来煽动党员来反对共产党人的。他坦率地说明：冯自由一个人不可能煽动很多人，但他相信，正是因为冯自由是一个老党员，入党已二十多年，在同志们中有相当影响，因此问题就更加严重。考虑到这种情况，也是为了有力地平息党内的反对联俄容共的浪潮，孙中山当场宣布：他要以总理的身份，"开除冯自由出党"。他同时警告说："如果在全会以后还有同志说不了解我的主义，再无端挑起是非，我们就将采取对冯自由一样的方法来对待他们。"

对此，张继当场表示异议，提出："开除冯自由您有这个权力，但是不了解民权主义的党员大有人在，而且国外华侨都不了解。此外，我与冯自由持有同样的立场，因此我也请求处罚我。"孙尽力平和地答复张继，说："您只是不了解和不明白，您的立场与冯自由的立场是完全不同的……"但张继还是坚持己见，说："过去主席（总理）您宣传的思想是先统一中国，在此之后才开始实现三民主义，现在我们反对民生主义正是基于这个思想。"孙中山听了张继这段话后勃然发怒道：如果我们连党都统一不起来，还谈什么统一国家！"党员应绝对服从自己的领袖和他的领导"，如果所有的国民党员都只服从对他们有利的指示，否则就拒绝服从，"那我将抛弃整个国民党，自己去加入共产党"。孙中山的震怒，使张继再不敢有所争辩。用张继自己的话来说，就是："惟总理目已发红，久不退，余已不忍多辩"，被迫表示服从孙中山的决定。[1]

---

[1]　《孙逸仙在国民党中央全会最后一次会议上的讲话》（1924 年 8 月 30 日），《共产国际、联共（布）与中国革命档案资料丛书》（1），第 524—527 页；《张溥泉先生回忆录 · 日记》，见沈云龙主编：《近代中国史料丛刊》，三编第三辑，文海出版社有限公司，第 15 页。

一届二中全会的结果，显然不是国民党中监委所期望的，甚至也与孙中山原先的设想有相当的距离。这也就是为什么，“决议案一通过，中派（指孙中山等——引者）显然感到陷入了自欺欺人的境地，于是向全会提出还应该发布关于这一问题的训令以‘教育党员’”。结果，围绕着这个训令稿，又发生激烈争论，最终“中派”还是不得不做出妥协。所以会产生这样一种结果，十分明显地是因为会议召开时，正好出现了极端不利于国民党的严重局面。这次大会开幕之际，恰好是得到港英支持的广州商团为要求释放因走私入境被扣押的军火公开准备全面罢市之时。广州的形势在会议进行期间相当紧张。会议闭幕当天，商团已拒绝孙中山的告诫，提出一系列强硬要求，随时可能爆发严重事变。显而易见，这种严峻的形势对孙中山的心理产生一定的影响。再加上苏联的军火正在运往广州途中，会议自然也不便通过公开谴责共产党人，和明令约束共产党员言行的决议。

不过，即便如此，中共中央还是不能满意。听说国民党二中全会仍旧通过成立国际联络委员会的决议之后，陈独秀当即召回瞿秋白，斥责其“擅称代表”。瞿秋白虽依据鲍罗廷的解释，再三说明这种做法实“为哄骗右派之一种方法，事实上该项工作，殊难实现”，但中共中央仍以此为耻辱，并坚持认为瞿秋白等理应利用这种机会，公开地向国民党右派展开进攻。陈独秀在给维经斯基的信中抱怨说：国民党一届二中全会给了我们以沉重的打击，孙中山和其他领导人继续保持中派态度，他们既不能开除我们，又不敢得罪右派和反动派，反而利用反动派的压力和宣传来压制我们，鲍罗廷却要求我们向这种压力屈服，接受国民党的所谓国际联络委员会来解决两党关系问题。我们虽然为此致电鲍罗廷，说明其中的利害关系，以及我们的坚定态度，不幸的是，在这次会议上仍旧这样决定了下来。陈独秀显然对鲍罗廷最感失望。他在信中说：“象我们这样年轻的党，很难把工作做好。我们经常需要共产国际的好的建议和指示。”因此，我们“请建议共产国际提醒鲍罗廷同志，同孙中山打交道必须十分谨慎，否则他还会上圈套，还要提醒他始终要同我们党进行协商”。[1]

六、孙中山的去世及影响

国民党一届二中全会对共产党的伤害，毕竟只是形式上的，因此，中共中央的不满很快就告一段落了。但共产党人对孙中山国民党的批评不仅没有停止，反而因弹劾案导致感情恶化而开始变得更尖锐了。在共产党人看来，尽管召开了国民党一大，决定了一些激进的政策，事实上孙中山的主要精力依旧是用在军事和政治方面，一切还是以武力推翻北京政府为中心。中共中央重新注意到当年马林的那些意见，进而开始强调革命不能依靠军阀，诉诸武力，而要发动组织工农群众，一切以宣传和组织群众为中心。他们因此把自己领导下的工农运动受到压制的情况，也都归结成是孙中山为维系政权、军队和北伐所造成的结果。

国民党一届二中全会以后，一个显著的事实是国共两党人员之间的关系更加势同水火。不仅上海两党党团员之间互殴不断，广东两党掌控的工会之间也是无日不斗。国民党县长、工厂厂长乃至公安局长则频频拘捕中共领导下的工农、阻禁罢工、妨碍成立工会或农团军。再加上孙中山公开支持军阀内战，准备北伐，共产党人自然颇感愤愤然。5 月中执委扩大会议后决定要加强自身组织，并在国共合作中引入阶级斗争的中共中央，明显地认为已经到了非把自己与孙中山国民党之间的分歧公开不可的时候了。

共产党人对孙中山政策的不满，很大程度上与他们在国民党内动辄得咎的亲身经历有关。在共产党内部，广东的共产党人对鲍罗廷的意见应该说是最信服的，但谭平山也明确讲：只要共产党员仍然和国民党捆在一起，共产党就一事无成。他举例说：国民党的工人部长参与镇压工人罢工，农民部长

[1] 《陈独秀致维经斯基信》（1924 年 9 月 7 日），《共产国际、联共（布）与中国革命档案资料丛书》（1），第 529 页。

在工作时大抽其鸦片，你叫我们在工人部和农民部的党员怎么工作呢？我为此向中共中央多次报告过这种情况，中共中央的来信说得很坚决：共产党员无论如何不得同国民党中派一道去镇压罢工和压迫工人。当国民党中派领导人执意反对工农的时候，共产党员可以退出工人部和农民部，同工人农民一道进行反对中派的斗争。而事实上，不要说退出国民党，就是要退出国民党中央党部，又谈何容易？他在10月举行的广东区委联席会议上向鲍罗廷提出了这样的要求，马上就遭到鲍罗廷的反对。因为事情很明显，在俄国人看来，他们在中国工作的最主要成就，就是成功地树立苏联在国民党中的巨大影响。而他们很清楚，这种影响的造成，很大程度上必须依靠众多在国民党内的共产党员起作用，而不能只靠几个苏联顾问。因此，鲍罗廷明确表示：只要退出一个部，那就意味着退出国民党。而退出国民党，意味着共产党已经取得的大量阵地都会白白丧失掉。但问题是，这些阵地是否真的具有实在的价值呢？谭平山对此颇表怀疑。他强调，包括在黄埔军校，虽然有不少共产党人在里面担任职务，但都没有巩固的阵地，因为领导权完全掌握在国民党手中。为了反抗商团，工人纠察队和农民自卫军曾前往韶关，希望能够领到武器，但孙中山什么武器也没有给他们。因为孙中山和国民党人根本不愿武装将来可能成为国民党左派，即共产党人的力量。他抱怨说：

孙博士同我们的韩麟符同志谈话时公开讲，中国共产党人在共产国际面前破坏国民党的威信，说什么国民党是一个不好的党。博士说，列宁本来是想要他当共产党的创始人的，因为陈独秀在民众中没有多大的影响，而他过去和现在都有很大影响。可是，中国共产党人破坏了国民党的威信，结果陈独秀成了共产党的创始人。……在这样的情况下，真的还能够继续同国民党共事吗？博士曾对国民党人说，中国的共产党完全不值一提，都是些在政治上没有修养的年轻人，不值得重视，让他们去闯，不要管他们。国民党人，包括博士本人，都看不起共产党，根本不想同共产党人一道工作。这些事实表明，在不久的

> 将来，我们很难同国民党再继续合作下去。我要说，我们最终只有两条路：要么消灭反革命的右派，根据国民党的纪律把他们开除去，要么建立一个新的国民革命党。不这样，反动势力，即国民党右派不仅不会被消灭，而且会日益壮大，会拖着国民革命向后倒退。即使国民革命能够取得成功，也会出现土耳其那样的局面，那里的民族革命顺利地实现了，但是共产党也垮台了，因为国民党对共产党人的压迫并不比资本家好些，可以说是毫无区别。[1]

谭平山的说法，反映了相当多共产党人这时对国共党内合作的困惑与不满。

中共中央的态度远比广东共产党人更为强硬。在注意到鲍罗廷总是站在孙中山一边，或明或暗地支持孙中山的做法之后，中共中央连续召开会议，讨论对策。他们几乎一致认为，要想改变孙中山和国民党目前的错误方针，唯一的办法就是直接要求苏联停止在军事方面为国民党提供任何形式的援助。因为，只要孙中山继续坚持他的军事方针，继续从与军阀的各种形式的联盟中寻找出路，他就绝不可能真正左转，国民党也不可能走向革命。到头来，苏联的"军事援助等于是在武装右派和中派来反对工人、农民和我们"。在参加了中共中央的这一系列讨论之后，瞿秋白悄悄写信告诉鲍罗廷说：一些中共领导人甚至激烈地要求中共中央正式向共产国际控告您，"因为您的政治路线是错误的，更主要的是因为您一向不把中央放在眼里"。[2]

为了设法抵制鲍罗廷的"错误路线"，中共中央于9月下旬专门派高尚德前往广州坐镇，以便全面贯彻中共中央的有关决定。同时还要瞿秋白打电报"召请鲍罗廷同志前来上海进行政治磋商，如果鲍罗廷同志认为这是必需的而且他做得到的话"[3]。只是，中共中央的这一系列决定来得颇不是时

[1] 《中共广东区委联席会议记录》（1924年10月1日、3日、6日）。

[2] 《瞿秋白致鲍罗廷的信》（1924年9月）。

[3] 《瞿秋白致鲍罗廷的信》（1924年10月8日），《瞿秋白文集》（政治理论编），第2卷，人民出版社1988年版，第648页。

候。由于这时广州商团公开向国民党政府宣战，原本不赞成维系广东政权的共产党人马上陷入了进退两难的境地，最终也不得不站到国民党这边来。

商团事件的发生，本与广州商界，乃至相当多数市民对广东政府为维持庞大军政开支而征收苛捐杂税的积怨有关。再加上港英当局的挑拨和地方军阀作祟，广州商界领袖陈廉伯等由自行组织商民武装自保，渐至走到与政府公然对抗的地步。自其走私武器被扣之后，商团与广东政府之间的冲突更不能不日趋白热化。面对广州政府可能被推翻的严重危险，共产党人完全没有选择的余地。鲍罗廷说得好："现政府尽管依靠的是军阀，但它比以沙面、香港和伦敦为靠山的陈廉伯政府要好些。在许崇智支持的现政府下面，我们仍可以继续进行我们既定的必要的大量合法的工作。陈廉伯上了台，工会就将被消灭，我们的组织就将被消灭，我们自己也得转入地下。"[1] 于是，要不要退出国民党的问题，有没有必要维系广州政权的问题，统统都成为次要的了。在得到首批苏联武器之后[2]，鲍罗廷立即推动孙中山成立革命委员会，将实际上已经控制在右翼军阀势力手中的广州政权夺回来。同时，鲍罗廷力主任命黄埔军校校长蒋介石为联合的军事力量总司令，迅速发放武器，武装工人和农民，以展开对商团的进攻。

在国民党领导的军队与警察部队，和共产党领导的工人纠察队的配合下，商团事件被一举平定。这大概是孙中山去世前国共两党之间最值得提及的一次合作。孙中山对此相当满意。事件的平定也缓和了鲍罗廷与国民党领导人之间已经开始紧张的关系。过去，在政治委员会上，鲍罗廷提出的每一项激进的反帝、反军阀的主张，几乎都会受到反对。国民党领导人很明白地告诉他，苏联许诺援助武器，至今未曾见到一枪一弹，既不援助武器，又怂恿国民党到处得罪列强和国内各派势力，让人无法接受。而如今，这样的意见不见了。国民党不仅第一次有了自己的军队，第一次凭借自己的力量消灭了曾经不可

[1] 《中共广东区委联席会议记录》(1924 年 10 月 6 日)。

[2] 首批苏援武器 10 月 1 日抵港，7 日运抵黄埔，包括 8000 支配备刺刀的步枪和 400 万发子弹，及各种炮等。参见《广州民国日报》1924 年 10 月 3 日。

一世的商团武装，而且由于苏联公开提供武器装备国民党的学生军，使广州附近心怀鬼胎的各派军阀一下子变得恭敬多了，孙中山第一次感到扬眉吐气。

10月23日，冯玉祥发动“北京兵变”，成功地把曹锟赶下了台。他进而发出通电，呼吁孙中山、段祺瑞和张作霖共同进京，成立全国和解政府。面对这一突发性事变，一向希望孙中山能够在北京发挥作用，一举成就中苏同盟关系的加拉罕力主孙中山应该接受邀请。鲍罗廷因此极力劝说孙中山北上进京。对此，中共中央的态度却依旧是反对的。即使在商团事件发生以后，他们的观念也丝毫没有改变，依旧公开批评国民党，不相信国民党的任何政治路线或军事路线可能达成革命。他们声称：坚持军事行动和广州政权，只能不断地造成“战争、苛税、杂捐、开赌、拉夫……等等恶政”。“革命党不拿政权则已，要拿便得拿一个全的，部分的政权不仅于革命党无益，而且有害，前前后后的广州革命政府便是铁证”。[1] 在得知孙中山准备应冯玉祥之邀，前往北京共商国是的消息后，中共中央的看法依然是：北京发生的一切并无特别意义，那不过是帝国主义美国决定抛弃吴佩孚，代之以冯玉祥，孙中山不应当到北京去与军阀们搞在一起。[2] 总之，在中共中央的心目中，革命只能按照俄国的方式，即通过动员宣传民众，最后以群众暴动夺取全国政权，任何通过政治妥协或依靠军队逐步打败对手的办法，都不能算是革命，而且必然带来腐败和对群众运动的反动。

当然，中共中央的这种观点无论如何都过于机械了。孙中山对此不屑一顾，鲍罗廷更是积极推动孙中山北上。就连维经斯基也不同意中共中央的看法。毕竟，能有机会把革命的影响迅速扩散到全国范围来，这总是有利的。[3] 随着维经斯基在1924年年底再度来到中国，中共中央的这种机械

[1] 蔡和森：《商团击败后广州政府的地位》，《向导》第88期，1924年10月24日。

[2] 转见鲍罗廷：《关于国民党》（1924年12月），《共产国际、联共（布）与中国革命档案资料丛书》（1），第565页。

[3] 《维经斯基给季诺维也夫的电报》（1924年11月底），《共产国际、联共（布）与中国革命档案资料丛书》（1），第555—556页。

的论调开始消失。不过，这一时期，国共纠纷愈演愈烈，共产党却仍旧处于被动状态，半年多来，党的组织只发展了四百余人。在1924年12月初举行的中共中央与共产国际代表的联席会议上，中共领导人再三解释说，这是因为鲍罗廷总是一味地向孙中山妥协，妨碍了中共积极进攻。维经斯基却毫不客气地批评说：问题的关键不在鲍罗廷，而在于中共中央自己。因为不管鲍罗廷是否注意这些问题，中共自己都要能够坚持独立的阶级面貌，打出自己的旗帜。如今世界上绝大多数人都只知道国民党在反抗帝国主义者，甚至在俄国，在莫斯科的许多群众大会上，听众也只知道国民党是中国的革命的党，孙中山是中国唯一的爱国的革命者，在进行反对帝国主义者的斗争，却没有人问：中国是否有共产党，他们在干什么？为什么我们共产党自己不能在反帝斗争中公开登上政治舞台呢？[1]

中共中央受到维经斯基的鼓动，紧接着于1925年1月召开中共第四次代表大会上。会上，主张更加充满革命性，也更具有战斗精神，更加突出地强调无产阶级的地位和作用，强调中国革命与世界革命的密切联系，强调无产阶级政党参加民族运动时保持独立地位与阶级斗争目标的极端必要性，甚至更一步提出，要争取无产阶级在国民革命中的领导地位。据此，会议检讨了自国民党一大以来党所犯的各种“错误”，再度指出最危险的错误就是：“(一) 以为我们既然以国民运动为中心工作,便应集中全力于国民党的工作,不必同时进行我们党的工作”；“(二) 以为我们既然加入多阶级的国民党做国民运动，便只好采取劳资调协的政策，不便鼓动阶级争斗”；“(三) 以为我们应该帮助整个的国民党,不必助长左右派之分裂”。会议决定新的方针是：(1) 反对国民党内部的阶级调和倾向，加强阶级斗争观念；(2) 承认国民党

[1] 《中共中央与共产国际代表联席会议》(1924年12月5日)。维经斯基所谈到的情况，还可以从斯大林的谈话当中得到印证。斯大林随后在与维经斯基的谈话当中，坦率地对共产党人必须寄人篱下，遭受国民党的“虐待”表示遗憾。当他听维经斯基介绍说共产党有自己的组织，比国民党更团结，且比国民党人更有能力时，十分惊讶。《维经斯基给加拉罕的信》(1925年4月22日)，《共产国际、联共（布）与中国革命档案资料丛书》(1)，第607页。

的重要作用，但坚决反对国民党右派反革命的作用，并揭露国民党中派领袖的游移态度；(3) 加强国民党左派力量，扩展工农成分，推动中派左倾。[1]

让国共两党领导人都意想不到是，中共四大结束不久，孙中山就突然去世了。在此之前，国民党一切事务均由孙中山一手操持。对共产党员跨党问题，虽有众多国民党人再三再四地控告，孙中山也坚持他定的政策，下属无权置喙。特别到 1924 年年底，他已注意到共产党员在国民党组织、宣传等各级部门中，工作勤奋，成绩斐然，因而更坚信引入共产党员确有必要。他为此严辞斥责持异议者称："尔等不奋斗而妒他人之奋斗，殊属可耻。彼等破坏纪律，吾自有办法，与尔等何干？" 那意思分明是想说："十三年来，民国绝无起色，党务并不进步，皆由尔等不肯奋斗之过。"若尔等当初肯奋斗，我又何必引入共产党员呢？[2] 不难想见，以孙中山之独裁和他对共产党员工作的印象，只要不发生共产党方面公开挑战其权威并威胁到国民党基本利益的情况，他就能够把两党关系继续下去。在他的权威震慑之下，国共两党中的敌对情绪都不能不受到相当约束。如今孙突然撒手人寰，两党间的制约力量顿时不复存在，国共关系自然会陷入到一种极其微妙并且危险的境地中去。

还在孙中山病重之时，已被孙中山开除出党的冯自由就联络一批坚决排斥共产党员的国民党老同志，在北京成立"国民党海内外同志卫党同盟会"，并在明知孙中山不会同意的情况下，坚持提出七项要求：(1) 中央执行委员会及各部会的共产党员一律免职；(2) 与共党有关的党内印刷所、学校、杂志的津贴一概停止；(3) 有关一切现阶段的政治问题，请在共产党员以外指定三人处理并经办之；(4) 派往各省的宣传员，属于共产党籍者，一律撤换；(5) 二全大会应在北京召开，时间越早越好，剔除共产党员之代表；(6) 各地党员提出的弹劾共产党案件，应由纯粹国民党党员组织特

[1] 中共四大：《对于民族革命运动之议决案》(1925 年 1 月)，《中共中央文件选集》，第 1 册，第 329—341 页。

[2] 孙中山：《与石克士等的谈话》(1924 年 11 月 21 日)，《孙中山全集》，第十一卷，第 357 页。

别裁判委员会予以裁决；(7) 本党一切事情，今后不许外国人干涉。[1] 不仅如此，他们鉴于孙中山已进入弥留期，更进一步成立“国民党同志俱乐部”，公开打出排斥共产党的旗号。冯自由等人的做法，再明显不过地预示，孙中山去世后国民党内势必会因为共产党问题而发生分裂。

国民党正在出现的这种危机，同样也引起鲍罗廷和中共中央的高度重视。面对开始陷入群龙无首的国民党，鲍罗廷甚至颇为兴奋地报告莫斯科说：“我们还没有把孙逸仙送进坟墓，实际上在我们同国民党直接接触的整个时期已经不可避免的分裂就开始了。而且是国民党右派率先挑起的。”“当分裂真的发生时，国民党内的力量对比会是怎样的呢？对这个问题只能有一种回答：将对我们有利。”只要清除了右派，那么就“可以大胆地说，国民革命运动整个战线的实际工作，无论现在还是将来都会掌握在左派手中”。[2] 中共中央受此影响，迅速行动起来，明确主张立即“公开的征求党员”，“乘此时机将左派扩充有力”，以便“压迫中派使其必须与我们合作”，并争取“在第二次国民党全国代表大会中”“和右派竞争选举”。[3]

一方面国民党内排除共产党的倾向急剧发展，另一方面共产党内争取全面控制国民党的愿望与日俱增。十分明显，孙中山的去世，使两党间原有的矛盾与对立进一步释放和发展。国共两党最终走向破裂乃至全面对抗，在所难免。

---

[1] 据李云汉称，实际上冯自由等还在广州时就“不惜独树一帜，与广州（政府）立于对立地位”。见李云汉：《从容共到清党》，第 355 页。

[2] 《鲍罗廷的书面报告：孙逸仙之死与国民党》（1925 年 4 月 6 日），《共产国际、联共（布）与中国革命档案资料丛书》（1），第 597—602 页。

[3] 《中央通告第十九号》（1925 年 4 月 4 日），《中共中央文件选集》，第 1 册，第 404 页。

第二章

“容共”，还是“分共”？

1924 年，由于国民党成功改组，国民党的组织在全国范围内取得了前所未有的迅猛发展。这一发展，毫无疑问从孙中山坚持的“容共”政策中获益良多。但进入 1925 年，随着孙中山去世，国民党的领导层却在不到一年的时间里，接连遭遇严重的挑战与冲击。先是冯自由等在北京独树一帜，擅组“中国国民党同志俱乐部”，否认中央权威；接着是廖仲恺遭党内不满“容共”政策的分子刺杀，国民党最高领导层因此破裂，主要领导人胡汉民、许崇智被迫离开中央；最后是相当一批国民党中央执行委员和监察委员在北京西山集会，公开另立中央，与广州分庭抗礼。从 3 月“中国国民党同志俱乐部”成立，到 11 月北京西山会议召开，在不足 10 个月时间里，国民党自身组织竟然接连三度发生严重分化，其中固然存有种种特殊的原因与背景，而无可否认的是，它们也都与国民党内部在“容共”政策上久已存在的意见分歧，和国共两党内在矛盾日益加剧的政治情势直接相关。

一、党内分化之缘起

由于历史的以及其他种种原因，国民党的组织一向比较涣散，内部人事方面的纷扰与冲突，也时常发生。但是，1925 年国民党自身所发生的一系列分裂事件，却主要基于同一个原因，就是党内对孙中山“容共”政策由来已久的意见分歧。自从 1922 年秋天孙中山接受共产党人加入国民党以来，围绕着“容共”政策的利弊得失，国民党人之间就一直存在着不同意见。

刚一得知孙中山实行“容共”政策，并准备改组国民党，最先表示异议者即为在海外之华侨党员。据孙中山介绍说：“本党旧同志骤闻共产党员纷纷加入本党消息，顿起怀疑，盖恐本党名义被彼利用也。对于此事怀疑尤甚者，为海外同志。本总理曾接到海外华侨数次函电询问：此次改组是否为[改]国民党为共产党？如为改成共产党，则华侨同志决不赞成。”[1]

身为华侨商人党员，自同盟会时起即为革命在南洋积极筹款，对孙中山的事业帮助甚大的邓泽如，这时也怀有同一恐惧。他曾历任大元帅府大本营建设部长、参议、两广盐运使和广东省长等要职，这时则是孙中山委派的九名临时中央执行委员之一，并被授权与廖仲恺一同召集特别会议，参与负责改组事宜并兼任广东支部长。其地位之重要，可想而知。正是他，于1923年11月29日国民党“一大”召开前夕，领衔上书孙中山，历陈“容共”危险。这件事的直接起因是他得到消息说：“俄人替我党订定之政纲政策，全为陈独秀之共产党所议定。”深层次的原因则是因为他担心：共产党人加入国民党，乃“有系统的有组织的加入”，不仅要“利用我党”，而且欲“借国民党之躯壳，注入共产党之灵魂”，阴谋使国民党外结怨于国际，内断绝实力派之协助，“陷于孤立无援之地”。据此，邓泽如与林直勉、赵士觐等在上书中尖锐地提出：“奸人谋毁吾党，其计甚毒，不可不防。”[2]

国民党过去的组织几乎都在海外华侨当中，“在国内，毫不具基本组织，所谓活动，只有少数有知识有势力之人为高级之政治的活动”。“重要分子与在下层阶级之同志，永无见期，即相见亦树一阶级之墙壁，不相融合。”[3]换言之，国民党以往在国内之基础，主要是依靠少数有知识者或有恒产者，而无论海外华侨，还是国内少数有知识有势力之人，他们切身的经验都使他们绝难接受共产党人阶级革命理念。张继等人最初主动为国民党引进共产党人，除了多年与共产党领导人的相识和私谊在起作用外，还因为他、吴稚晖、李石曾等早年也都曾经是无政府主义者，后来也都加入了国民党，因此相信共产党人同样能为国民党所用。但自1922年秋共产党人先后开始

[1] 《总理关于民生主义之演说》（1924年1月21日），《中国国民党第一次代表大会会议录》，转见中国第二历史档案馆编：《中国国民党第一、二次全国代表大会会议史料》（上），江苏古籍出版社1986年版，第21—22页。

[2] 《邓泽如等呈总理检举共产党文》（1923年11月29日），中国国民党中央委员会党史史料编纂委员会编：《革命文献》，第九辑，第65—67页。

[3] 戴季陶：《国民党的继往开来》（1924年1月27日），转见《革命文献》，第八辑，第172页。

以个人身份加入国民党以来，他们却渐渐认为共产党另有一套，并不真心尊重国民党的领袖，也不真正信仰国民党的主义。甚至身为国民党员，却在共产党的杂志上动辄批评、规劝国民党，俨然以指导者自居。这种情况，在中华革命党时有过宣誓效忠孙中山个人经历的老党员眼里，是绝对不能接受的。[1] 基于对国民党特有的感情，国民党改组伊始，并非海外华侨出身的老党员,也纷纷表现出对无条件“容共”的怀疑态度。根据国民党“一大”前夕上海中央干部会议记录，张继、彭素民、张秋白、居正、吕志伊等人，已在会上不同程度地对共产党有组织有目的地加入国民党却不加防范的做法,表示疑问。他们强调:“社会党有社会党之精神,未必可以完全服从于我”，“若个人行动而跨入别党者，尚有可原，若改组时带有奖励别党情形，殊为可虑”。他们建议规定，“既进本党，自应遵奉本党主义，……其他团体不可仍存一党见”。无论如何，“党中不可有党”。[2]

国民党内部分歧，在改组前夕实际就已经发生。当时，在孙中山身边的重要干部，如胡汉民、汪精卫等，对“容共”政策明确抱理解和支持态度。当有党员鉴于共产党人极力争取国民党“一大”代表席位,因而怀疑“容共”作用时，胡汉民即直言批评说:“你这回的怀疑，我敢认为是无益有损的‘过虑’。你说有若干由共产党加入本党的同志……选举的时候，他们居然以少数竞选胜利，你甚为不安。我推测你的意思，大约是歧视他们，我以为不应该的。”“你研究过民生主义，你至少可以认共产党为友党。至现在已经加入本党的党员，就更是党中同志，还有什么可以歧视的地方？他们以少数人能竞选胜利，是他们对于党的热心，是他们能奋斗的结果，难道妒忌他，可以说他们不对么？”“你说他们还和共产党未断关系，这也不是什么大不

[1] 《广州民国日报》这时对共产党人此种做法的评论，即反映出这样的心态。内称近有所谓新青年者，好规人过失，辄不满于民国纪元前之革命运动，尽情嘲骂不留余地，徒震惊于俄国革命，认为创举,仅以成败论英雄,完全不把国人崇敬之先烈放在眼内,更何有于生存之老党友？见《广州民国日报》，1924 年 5 月 14 日。

[2] 转见李云汉:《中国国民党史述》,第 2 卷,中国国民党中央委员会党史委员会,1994 年,第 399 页；李云汉 :《从容共到清党》，第 227 页。

了的事。你知道当同盟会的时代，同志李石曾、吴稚晖、褚民意（谊）先生曾在巴黎入过无政府主义党吗？褚民意先生还和雷铁崖先生为政府问题大笔战一次。在他人说，或者疑惑这几位先生已经不做同盟会的党员，不和我们一起进行革命，谁知到了辛亥革命实现的时候，这几位先生同我们一样尽力，而且至今天还承认和我们是同志。无政府主义离我们比共产党更要远些，几位先生和无政府发生关系，尚且不必怕，他们和共产党不断关系又有什么可怕呢？这个先例或者你以为是最少数的人，这几位先生不是他人所能及。就请再看同盟会时代三点会、哥老会等会员加入本党，我们欢迎之下，并不迫他们断绝原有会党的关系，也不会发生什么问题。三点会等只是反清复明的宗旨，和同盟会的民族主义相近，也就如共产主义和我们的民生主义相近。我想这个先例，你不能不承认了。我劝你并劝各同志抛去彼此歧视见解，一致的向主义进行，努力于主义底下所应有的工作。到了大家一样的努力，那时什么猜疑都没有了。”[1]

国民党改组之初，共产党在国民党内影响及势力尚小，两党之间的纠纷亦不多，再加上孙中山的自信与权威，要想从根本上质疑“容共”政策，几乎没有可能。也正因为如此，在孙中山对邓泽如等人的上书详加驳复之后[2]，邓泽如等即不敢再提异议。原上海中央的干部在听取了廖仲恺代为解释的孙中山的意见之后，也不再有直接的反对意见提出。在 1924 年 1 月国民党第一次代表大会上，孙中山更于开会次日，即发言说明“共产主义与民生主义毫无冲突”，要求老同志不再排斥新同志。[3] 结果，在心存敬畏之下，会上全无表示怀疑孙“容共”政策之人，即使有所质疑，也仅止于双重党籍问题而已。

有关共产党人双重党籍问题的讨论，发生在 1924 年 1 月 24 日和 28 日审议中国国民党章程草案的会议上。先是章程草案审查委员会委员、上海大学教授何世桢在 24 日的审查草案会议上提出，应增加“国民党党员不得加入

[1] 胡汉民：《中国国民党批评之批评》，《中国国民党周刊》第 17 期，第 5—8 版，1924 年 4 月 20 日。
[2] 见《孙中山全集》，第八卷，中华书局 1986 年版，第 458—459 页。
[3] 同上，第 458—459 页。

他党”的条款。十七名审查委员中，除中共党员谭平山、李大钊、毛泽东和赞成并拥护孙中山“容共”政策的廖仲恺、汪精卫、戴季陶等六七人外，谢持、茅祖权、居正、石瑛、邓泽如、谢英伯、于右任等，大多都是已经或后来对“容共”政策表示怀疑甚或反对态度者。然而，何世桢的提议竟因多数反对而不得不撤回，足见当时会议的气氛。28 日，讨论章程草案，方瑞麟提出，应明文规定“本党党员不得加入他党”，附议者在十人以上，照规定，得交大会讨论，但公开发言附议者也仅两三人。不仅廖仲恺、汪精卫、胡汉民发言，为共产党人的双重党籍问题辩护，其他发言者也大都反对方瑞麟的提议。包括后来转为反对“容共”政策的叶楚伧，也极力主张：“今既有人来归，加入我们的团体，为甚又不要他？”叶强调说 ：“凡加入本党者，只要能行本党主义，能遵守本党党章，就是我们的同志。”在这种情况下，方瑞麟的提议自然不了了之。[1]

尽管国民党内原本怀疑“容共”政策的老党员，在国民党“一大”期间出于对孙中山的敬畏，没有发出不同的声音。但是，“一大”召开和国民党正式改组的结果，却再度刺激了他们。这是因为，新组成的国民党中央权力机构，即国民党中央执行委员会中，新入党的共产党人一举拥有将近四分之一的席次。[2] 而作为中央权力执行机关的中央党部不仅移驻广州，脱离了老党员聚集的上海，而且新选用的干部大都是支持“容共”政策的党员或共产党人，组织、工人、农民等部部务则基本上落入共产党人的掌控中。北京、上海等执行部中，支持“容共”政策的党员和共产党人也是身居要职，过去长期得到孙中山倚重的众多老党员突然间被搁置一旁，无所事事。[3] 各地新

[1] 参见李云汉 ：《中国国民党史述》，第 2 卷，第 443—444 页 ；前引《中国国民党第一、二次全国代表大会会议史料》（上），第 51—54 页。

[2] 国民党“一大”通过的中央执行委员及候补执行委员总共 41 名，共产党人占 10 名，即谭平山、李大钊、于树德、沈定一、林祖涵、毛泽东、于方舟、瞿秋白、韩麟符、张国焘。

[3] 据汪精卫 1924 年 4 月 17 日致戴季陶函，北京执行部中央执行委员李大钊、于树德、王法勤、丁惟汾、石瑛 ；候补执行委员韩麟符、于方舟、张国焘、傅汝霖九人，“除丁、石、傅三人外，皆社会主义青年团人物”。上海执行部中，执行委员胡汉民、汪精卫、叶楚伧三人虽为国民党人，但执行部下设之组织部、宣传部、工人部秘书，则分别为共产党人毛泽东、恽代英和邵力子。参见李云汉 ：《从容共到清党》，第 277、280 页。

成立的省党部中，亦因组织部及执行部掌握在共产党人手中，所派筹备员多为共产党人的缘故，有相当部分实际上为共产党人所控制。本来就不赞同把中央党部移往广州的一些老党员，眼看党权旁落，倍感失落和不满。自1914年中华革命党成立，到1919年中国国民党成立，一直分任总务及党务负责人的居正、谢持等人，或不辞而别，或去乡下务农，其态度之消极，不言而喻。[1] 曾备受孙中山倚重，协助发起组织中华革命党，并历任大元帅府参议、大本营宣传处长，长期协助孙中山从事党务和宣传活动的田桐，得知“一大”结果后，专程从上海赶去广州，向孙中山“抗争三次”，不得结果而归。[2] 更有甚者，“一大”刚一确定联俄、容共政策，广州和香港就开始有了国民党已经“赤化”的流言，此事使得部分根本反对共产主义的国民党人如坐针毡。邓泽如、刘成禺、谢英伯、萧佛成、徐清和、张秋白、王祺、凌毅、方瑞麟、江伟藩、谢良牧、冯自由诸人，连同各省及华侨党员参加者五十余人，在广州太平沙林宅集会，“通过警告李大钊等不得利用跨党机会以攘窃国民党党统案”，准备公告天下。廖仲恺等人得知后，深感此举有违党纲党纪，当即提出报告，经鲍罗廷提议，国民党中央执行委员会根据“一大”通过的章程，几乎立案革除领头的冯自由、谢英伯、刘禺生、徐清和四人党籍。惟孙中山念及四人均为追随自己多年的老党员，才允许他们“自行辩护”后加以告诫了事。[3]

中央执行委员会拟革除冯自由等党籍，足以显示广州国民党中央多数此时有以党纪维护孙中山“容共”政策之意。而同样值得注意的是，根据国民党“一大”后执监委首次全会的决定，留驻广州并经常出席中央会议者，恰

[1] 居正：《梅川谱偈》；谢幼田：《谢慧生事迹纪传》，（台北）近代中国出版社1991年版，第184页，转见谢幼田：《联俄容共与西山会议》（上），香港集成图书公司2001年版，第125页。

[2] 《逸经》第11期；冯自由：《革命逸史》，第二集，中华书局1981年版，第156—157页。

[3] 冯自由前引书，第三集，第216页；郝盛潮主编：《孙中山集外集》，上海人民出版社1990年版，第820页；《鲍罗廷的札记和通报》（1924年2月），《共产国际、联共（布）与中国革命档案资料丛书》(1)，北京图书馆出版社1997年版，第447页；孙中山：《致国民党中央执行委员会函》（1924年3月1日），《孙中山全集》，第九卷，第538页。

恰主要都是老党员。如林森、邹鲁、李烈钧、彭素民、柏文蔚、戴季陶、谭延闿、邓家彦、邓泽如、杨庶堪等，大都是自同盟会起便追随孙中山革命，并历任要职者。共产党人却只有谭平山和林祖涵两人。林祖涵2月底辞去农民部部长，前往汉口执行部之后，能够参加中央会议的共产党人，更只剩下谭平山一人。即便如此，广州中执监委维护“容共”政策的态度也并无动摇。

广州中央这时“容共”政策之坚定，在广州出版的国民党中央执行委员会机关报《中国国民党周刊》上的重要言论中也反映得很清楚。1924年4月20日，该刊登载中央执行委员胡汉民的一篇长文，其中就瞿秋白刊载在《新青年》的一篇引起部分国民党人不快的文章，进行剖析与解说。该刊发表此文的意图十分明显，就是希望能够引导国民党人正确解读共产党人的相关文章，不致发生误解。因为共产党人发表在中共中央机关刊物《向导》以及《新青年》等杂志上的批评文章，经常在国民党内引起激烈反响。像其他支持“容共”政策的国民党人一样，胡汉民也不赞同瞿秋白的某些批评，比如把过去的国民党与民族资产阶级划等号，断言中国共产党代表无产阶级，等等。他甚至提出，瞿秋白的那些阶级分析和强调国共两党终极目的不同的言论，会引起误解。因为强调什么“借重”、什么“策略”，就难免会被人误以为共产党只是想“利用”国民党，并“会一直误会到（共产党人）加入国民党不过是一个策略，差不多是以党团加入其他非党的社会里头的行动，会误会到多少党员是另外一个党团，在本党内另自造他的活动，时时另受他党暗里的指挥”。但是，胡汉民长篇大论地分析此文的目的，却是要国民党人了解：第一，这篇文字“是要叫国民党以外其他有革新思想主义的人，无论共产党及若何的党派——尤其是共产党——尽量加入国民党。主要的意思不在于对国民党的批评”。第二，因为要叫这些过去看不上国民党的人加入国民党，作者必须对国民党的过去加以批评，批评过去是为了肯定现在，因此作者“所批评的话多半是重视国民党，而期望甚切，看的人不可‘因词害意’”。[1]

[1] 前引胡汉民《中国国民党批评之批评》。

同样的情况，《中国国民党周刊》5 月 25 日还发表了老党员吴稚晖的一封公开信。这封信是答复无政府主义者华林的。华林在《时事新报》发表了给张继的一封信，其中谈到：原无政府主义者李石曾、吴稚晖与国民党发生关系之时，即不啻与无政府宣布脱离关系之日。“将两不相容之主义而强和之，岂非宣布李、吴人格破裂乎？”吴稚晖就此做了相当长的一篇答辩。其中在谈到无政府党、共产党和革命党的关系时，也具体解释说：无政府党、共产党和国民党，说到底都是革命党。它们的分别只在程度不同。无政府党最彻底，共产党其次，国民党则最现实。“只是无政府主义未成熟，就作成了较低主义的共产党了，去生吞活剥，然他们到底也还是未成熟，逼住了改成什么新经济。于是此次国民党慎重于先，又降低了招牌以就历程，乃是革命的适应环境，无所谓亿万年有道之长。到底是一个国民党，如果革命精神存在，我信什么国民党、共产党，将来终要共上无政府的途程的呀。”因此，“无政府党罢、共产党罢、革命党罢，不约而同的终混在一起”，实不可免。他尤其看好此次改组，称过去国民党“把同党看作朋友，党首看作主人”，如今已觉悟过来，知道应当把怀抱急进主义的党派，哪怕是意见参差者，一齐团结起来。因为它已明白“团结非做朋友也，做同党而已”。当日周刊的编者，为此还特意在吴稚晖的信开头加上了一个副标题：“劝急进派都进国民党”。[1]

二、党内反对派的首次抗争

孙中山及国民党中央对“容共”政策的坚持，毕竟不能阻止国共两党之间纠纷的发生和扩大，以及随之而来的国民党人在“容共”政策问题上的进一步分化。

国共两党间这时所以会发生种种纠纷，在某种程度上无疑与“党内合作”的这一特殊形式有关。尽管中共中央一度明确要求党员：“本党以后一切宣

[1] 《吴稚晖致华林书》，《中国国民党周刊》第 22 期，1924 年 5 月 25 日。

传、出版、人民组织，及其他实际运动，凡关于国民革命的，均应用国民党名义，归为国民党的工作”，只有“我们所认为必要事项，而国民党不愿用其名义活动的，仍作为本党独立的活动”。[1] 然而，共产党人并非真正以个人身份在国民党内工作和活动，而是结合成党团形式，按照共产国际和中共中央的指令行事。共产党人观念上又坚信自己在阶级地位上，因而在政治觉悟上优越于国民党人，必须担负起指导和监督国民党和国民革命的历史责任。再加上两个政党，必然会在利益上、价值观上，以及人事和情感上存在种种区别，党员干部之间难免会互相戒备，甚至格格不入。在这种情况下，国共关系弄出许多纠纷，实不以人的意志为转移。

国民党“一大”后，迅速引起国民党人强烈反感的，主要是两方面的问题。一是因为孙中山授权共产党员谭平山等负责组织发展，谭不能不依靠共产党人来推动地方党务的建立与拓展，从而使不少地方党部实际上为共产党人所掌控。如新建立的汉口执行部，完全由林祖涵、李立三、许白昊、林育南、项英、刘伯垂、于若愚、夏之栩等共产党人所控制。湖南新成立的省临时执行委员会，成员何叔衡、夏曦、李维汉、李达、郭亮、夏明翰、李六如、邱维震等，几乎全部都是共产党员。其他凡必须委派共产党人做筹备员的省份，情况亦复如此。这种现象显然触动了相关地区国民党人的利益，难免会引起强烈反感。二是前述部分共产党人三四月间，即在苏联与北京政府签订《中俄解决悬案大纲》期间的言论，与国民党人大相径庭，导致国民党人与共产党人公开争论，最终引发了国民党中监委联名检举和弹劾共产党人，并因此催生了一届二中全会的相关决议。

一届二中全会的结果，使国民党内怀疑和反对“容共”政策的势力受到相当大的打击，要求惩办共产党人和革除共产党员国民党党籍的风潮，迅速在各地平息下来。但是，国共之间的纠纷却丝毫没有减少的趋向。相反，

[1] 《同志们在国民党工作及态度决议案》（1924 年 2 月），见《中共中央文件选集》，第 1 册，中共中央党校出版社 1989 年版，第 224—225 页。

广州国民党即将实行“共产”的谣言此起彼伏，甚嚣尘上，迫使国民党不得不以各种形式进行辟谣。时任广东省省长的廖仲恺甚至不得不亲自发布辟谣布告，声称：“查共产主义虽以俄国革命成功之后尚不能实行”，“况中国现处产业落后之境遇，方当为国民谋发达实业之暇，而欲主张共产，此其人非愚即狂。本省长为国民党党人，非共产党党人，对于国民党之宗旨主义，二十年来未之有改。伏读大元帅手著《建国方略》，于实业计划条列至详。依实业之性质，分为国家经营与个人经营两种，对于个人企业由国家奖励，兼以法律保护之。且近数月来由中央执行委员会公布，与机关报之言论，及中央执行委员会之讲演，彰彰在人耳目，无可疑者。故不察是非，而贸然附和此种传说者，实为不智；藉以为构诬造谣之用，以冀淆惑人心者，实为不仁。”[1]

“共产”谣言的兴起，显示社会上确实存在着对共产党相当恐惧的情绪。廖仲恺一方面对孙中山联俄容共政策鼎力支持，一方面却不得不公开否认共产主义在当时中国之可行，显示执政的国民党人处境颇为尴尬。但是，由于国民党内原本就存在的对立情绪，已被弹劾案事件推向极端，以致在许多地区，反对共产主义的国民党人与共产党人事实上已经变成了敌人。不仅部分国民党人坚持敌视共产党，而且共产党方面也更进一步加强了同这一部分国民党人斗争的决心。

中共中央决心采取“强硬路线”，处于中间地位的国民党人就更显被动。在广州，孙中山及其拥护者仍占主导地位，但即便如此，当共产党人加强对国民党政策的公开批评以显示其强硬态度时，这些国民党人也仍旧不能不表示强烈的反感。《广州民国日报》为此公开发表社论，警告《向导》周报不得不顾事实，率意批评。称：“你们既然同情于国民党，尤其是那些已经加入国民党的同志，于未批评之前，总该审慎一些，并须了解国民党的内容，并

[1] 《广州民国日报》1924年9月12日临时特刊。

了解国民党执政者的真正主张”，不能“太不着实际”。[1] 国民党中央并且公开警告《向导》周报。[2] 在这种情况下，为了澄清自己的独立性，撇清与苏联以及共产党的关系，他们在同意组织纪念俄国十月革命活动的同时，甚至不得不公开声明：此“非赞成共产之实行，非媚外，更非讨好俄罗斯，乃庆祝被压迫阶级之成功，乃庆祝民族解放之实现，同时并鼓励国人对于革命之勇气”[3]。

广州国民党中央尚且如此，其他地区国共关系的情况就更是可想而知了。在这里，特别值得注意的是上海地区国共两党关系的形势变化。本来，上海执行部基本上控制在拥护改组、赞同“容共”的国民党人胡汉民、汪精卫等人手中。随着胡、汪相继回到广州中央，身为中央执行委员的上海《民国日报》总编辑叶楚伧不得不负起全责。但上海长期受到国民党老党员的影响，反对“容共”政策的势力在上海有较强的基础。而上海同时又是中共中央和共产党人长期活动的基地，《向导》《新青年》这些经常批评国民党的共产党刊物又都出版于上海。因此，上海地区的国共关系，以及国民党内部关系一向十分复杂。1924 年春针对苏联与北京政府的外交谈判，国民党人与共产党人在上海报刊上所发生的激烈论战，就清楚地显示出双方水火不相容的严峻态势。以叶楚伧个人之力，自然难以驾驭此种局面。更何况，像广州国民党中央的情况一样，叶本人对共产党人的强硬路线也颇难接受。至弹劾案发生，上海方面反对“容共”政策的国民党员迅速联合起来，形成强势，以致发生了邵力子等人被殴事件。反对“容共”政策的国民党人与共产党人之间，更成剑拔弩张之势。上海执行部组织秘书毛泽东、宣传部秘书恽代英等共产党人联名上书孙中山，要求惩处打人凶手，并且

[1] 文章起因是《向导》周报轻率断言广州商团事件背后有国民党右派分子主使。孚木：《告批评国民党的同志》，《广州民国日报》1924 年 11 月 4 日第二版。

[2] 《国民党再警告向导周报》，《广州民国日报》1924 年 11 月 11 日第六版。

[3] 孚木：《庆祝苏俄革命之真意义》，《广州民国日报》1924 年 11 月 8 日第二版。

要求追究叶楚伧的“主持不力，迹近纵容”的责任。[1] 上海执行部青年部秘书何世桢等亦上书孙中山，要求“命令该共产党员全数退出本党，并予倾向共产党者以严重制裁”[2]。

8 月 1 日邵力子等人被殴事件尚未处理，10 月 10 日在上海后宫召开的“双十”节庆祝大会上，反对“容共”的国民党人与跨党的共产党人因对当时正在进行的江浙战争[3] 态度不合而再度发生冲突，社会主义青年团团员黄仁竟被推下讲台，摔伤致死。此事在共产党方面引起极大震动，他们当即发动各区及分区党部要求惩戒凶手。上海执行部于 13 日召开执行委员会议，因执行部中共产党人居于多数地位，在瞿秋白、毛泽东等委员的坚持下，自然通过了惩凶、抚恤等各项办法。会议决定开除打人者童理璋、喻育之的党籍；明令在场之何世桢、周颂西、陈德征于三日内声明承认“此次国民大会凶殴同志者，为军阀及帝国主义者之奸细”，并说明他们当场却不加阻止及救护之原因。会议发表的宣言称：“上海双十节国民大会中，竟发现阻止反对军阀及帝国主义之演说，至凶殴此等演说者及赞成者之事。中国国民党中央执行委员会上海执行部认此等行为为帝国主义及军阀奸细卖国卖民之反革命行动。……当时负有会场秩序责任，及未能拥护宣讲主义者之国民党员，本党固认为不忠于党、对于阻止宣讲主义及参加或指使凶殴之人，则不论为党员与否，本执行部敢以国民党名义正式宣告其为国民之公敌，凡我国民其速起而讨之。”[4]

上海执行部 13 日会议的决定及宣言，自然遇到反对“容共”一派国民党人的强烈抵抗。宣言公布次日，国民党中央监察委员张继等人就激烈指责叶楚伧，同时并致电广州，强硬提出：“自八月大会以来，共产派肆行无忌，

[1] 转见李云汉：《从容共到清党》，第 323 页。

[2] 同上，第 322—323 页。

[3] 江浙战争，指这时爆发的浙江督军卢永祥反对直系江苏督军齐燮元的战争，孙中山国民党主张支持卢永祥，并准备据以发动讨伐直系军阀的北伐，而中共中央则公开反对利用一派军阀推倒另一派军阀的做法。

[4] 《上海执行委员会第十六次会议录》，《广州民国日报》1924 年 11 月 11 日。

继耻与为伍，请解继党职兼除党籍为叩。”[1] 面对来自两方面的巨大压力，叶楚伧不得不提出辞呈，拒绝继续负责上海执行部的工作。对此，中共中央却视为重要机会。因为上海各区分部情况复杂，不少组织掌握在反对“容共”的国民党人手中。而叶楚伧退出后，执行部中共产党人却占据了明显多数，仅担任国民党中央候补执行委员者就有三位之多。过去因叶楚伧、于右任等左右为难，态度暧昧，致出现反对派尾大不掉之势。如今叶去，完全可能利用执行部的权力对各区组织重加整合。因此，中共中央很自然地提出要将上海执行部“在一定程度上掌握在我们手中”的目标，并据此加紧活动，主张或使汪精卫回沪，或干脆将在上海的跨党中央候补执行委员瞿秋白、沈定一或毛泽东，择其一转为正式委员，负责主持上海执行部以及上海《民国日报》的工作。[2]

由于受到一届二中全会结果的打击，又眼见共产党进一步活跃与强硬，诸多在上海的国民党老党员开始感到心灰意冷。这时来上海不久的冯自由便与田桐等人积极活动，并广泛联络章太炎等老同盟会员，很快联络起大批同情者，决定“护党救国”。12 月，经反复磋商后，章太炎、田桐、居正、周震麟、马君武、管鹏、焦子静、谢良牧、茅祖权、刘成禺、冯自由等在上海章寓集会，群推章太炎撰稿领衔，拟就“护党救国公函”，以怀念同盟会革命精神为名，决定“重行集合”，“以竟往日未伸之志，而为将来匡扶之谋”。[3]

由于冯玉祥发动北京政变成功，孙中山此时应邀入京，刚刚经过上海北上，举国瞩目，且章太炎等与国民党久无利害关系，故公函中其实并未涉及共产党问题。惟以护党救国为号召，在上海反对“容共”政策的国民党人看来，实无异于主张“驱逐共产派”。这时在天津的江伟藩就公开响应称：

---

[1] 《张继请解职兼除党籍电》（1924 年 10 月 14 日），中国第二历史档案馆编 ：《中华民国史档案资料汇编》第四辑（上），江苏古籍出版社 1986 年版，第 33 页。

[2] 《中共中央给鲍罗廷的信》（1924 年 10 月 10 日），《共产国际、联共（布）与中国革命档案资料丛书》（1），第 535—536 页。

[3] 《章太炎等之护党救国公函》，转见冯自由 ：《革命逸史》，初集，第 61—62 页。

此乃“不得已之举”。其文称：

> 共产主义无论其好坏，是一种主义，人之信仰与否，各有自由，余无反对之必要。吾人所驱逐者，乃我国（民党内）共产之分子。因其宣言加入吾党者，而又藉以对吾党妄造左右派之名词，挑拨内讧。又以吾党党员地步，对吾党素亲睦之各方当局，信口谩骂，挑拨恶感。更或以吾党对国际间谋亲善，或以吾党用人材上之吸收，则造谣吾党主义如何、吾党总理如何。凡破坏吾党之阴谋，无所不用其极。故吾党多数同志，已提议惩办多次。以吾党孙总理中山先生多端告诫。此诚苦心，翼（冀）其悔悟，举行吾党主义，谨守吾党纪律，化恶为善。不忍其有所操纵，致入迷途，作无谓之牺牲，徒自扰乱社会。孰知竟有以此而挑拨之计，引为疑虑者，未免太不加察。更有藉为口实，多方攻击，此最为痛心之事也。而该分子近复多方破坏吾党政策，造谣更有甚焉者。此吾人不能不驱逐之，以免误党误国，贻祸无穷。[1]

但是，要想公开树立驱逐共产派的旗帜，也并不是一件容易的事情。12月下旬，部分国民党人在京组成“各省区国民党护党同志驻京办事处”，号称有成员四百余人。成立伊始，即把矛头首先指向被他们视为有袒护共产党人行为的汪精卫，却没有公开打出驱逐共产派的旗号。[2]1925年元旦，随着孙中山日前扶病入京，各地具有国会议员身份的国民党人，亦纷纷到京，经由田桐组织，大家齐集中央公园，举行民前同盟会旧友新年恳亲会。到会者洋洋二百余人，冯自由、刘揆一、刘成禺、谢良牧、周震麟、李煜瀛、丁惟汾等均到会捧场，并拍照纪念，却未能形成共识。

其实，这时国民党内部的分歧，并不纯粹是一个“容共”与否的问题。

---

[1] 《国民党内部之现状》，天津《大公报》1924年12月20日第四版。

[2] 《京津国民党左右派之冲突》，长沙《大公报》1925年1月7日第二版。

孙中山北上，并不放弃革命的主张，并且坚持“帝国主义列强加诸中国之不平等条约与协定，以及中国于经济奴役地位之各种契约应即废除”。为阻止皖系军阀段祺瑞重新上台，遏制“特别权力与特别势力”继续胡作非为，孙中山和国民党更明确反对用南北几大巨头开所谓善后会议的办法来组建统一政府，主张“准许人民就自身之所需而公决一切”，因而提议召开国民会议解决善后。[1] 然而，冯自由、马君武、彭养光等却认为孙中山要价过高，主张应当妥协，“对于现在时局主张接近政权”。在段祺瑞宣布建立临时执政府，并提出善后会议抵制孙中山的国民会议主张时，他们直接或间接地站在段祺瑞一边，极力劝说党内同志赞同善后会议的主张。对此，在京的张继、丁惟汾等从一开始就表示反对。孙中山在粤时，他们甚至曾致电建议暂缓北上。在孙中山到达天津之后，张继亦赶往天津，与汪精卫等国民党要人商定坚持国民会议的方针不动摇。[2] 由此不难看出，冯自由等人虽试图在党内组成“容共”政策的反对派，却难以在国民党老党员中取得一致的同情。

不过，国民党老党员内部的分歧，并不等于说冯自由等在北京的国民党人中就会陷于孤立。“各省区国民党护党同志驻京办事处”的成立，即说明了这一点。另外，北京是国民党人曾经致力于扩展影响的地区。还在1922年，谢持和邹鲁等就根据孙中山的指示，在北京各个大学联络了一批青年学生，“向他们宣传本党主义，并介绍他们入党”。他们还帮助这些青年学生组织了自己的团体，如中社和民治主义同志会等，以开展活动。还在共产党人加入国民党，开始在北京以国民党的名义进行活动之初，这些组织就表现出强烈的排斥共产党人的倾向。他们于1923年3月创设的民中俱乐部的简章中，就明确规定“本部以本（国民）党纯粹党员组织之”，“确

[1] 孙中山：《关于国民党最小纲领之宣言》（1924年12月22日），《孙中山全集》，第十一卷，第514—516页。

[2] 罗家伦主编：《国父年谱》（增订本），中国国民党中央委员会党史史料编纂委员会，1969年，第1149、1168页。

有二重党籍经人揭发者"，即予以除名。[1] 5月间李大钊以北京支部总干事资格，受命负责北方改组工作，按规定组织青年国民俱乐部，一度得以整合北京社会主义青年团和中社、民治主义同志会等组织。但由于双方原本立场各异，感情对立，很快便发生冲突。因民治主义同志会负责人指责李大钊半年中党务毫无进展，"徒借国民党来作共产运动"，双方发生口角，几至决裂。北京中社及民治主义同志会因此向当时设在上海的国民党本部提出，要求"北京总负责人务祈委不抱他种主义之人"。[2] 及至北京执行部成立，特别是在中苏条约谈判问题上观点的对立，更造成双方之间的纠纷不断。在这种情况下，任何以"护党""逐共"为号召的主张，都很容易在北京的部分国民党人当中取得的同情与支持。

1月7日，冯自由等在北京成立"国民党海内外同志卫党同盟会"。冯出身于侨商家庭，从孙中山发起兴中会开始，就随其父追随孙中山，投身革命。辛亥革命胜利后，冯曾出任孙中山的机要秘书。二次革命爆发后，他再度追随孙中山，相继参加中华革命党和中国国民党，并在党内担任要职，称得上是名副其实的老党员。冯自由这时对国民党改组怀有抵触心理，根本上其实还是对孙中山实行联俄容共政策不满。一届二中全会后，孙中山曾公开斥责冯自由对其联俄容共政策的对抗态度，使冯备受压力，也转趋反感。虽然在其他领导人的极力疏通之下，中央执行委员会实际上并没有做出开除冯自由的决定，但是冯自由还是很快离开了广东，转去上海，而后即来到了北京。

冯的"国民党海内外同志卫党同盟会"就国共关系问题通过了如下决议，提出：(一) 将加入共产党之国民党员，开除其国民党党籍；(二) 国民党党务，不信任汪精卫等包办，请孙中山另外指定公正党员三人以上，办理党务；(三) 共产党激烈分子谭平山到京，卫党同盟会应注意其行动；(四) 推举冯自由、

[1] 转见李云汉：《从容共到清党》，第253页。
[2] 同上，第254—257页。

费公侠、张德惠等五人为代表，向孙中山要求一切。该会次日复与“各省区国民党护党同志驻京办事处”共同集会，议定联合行动方针和应向孙中山要求的事项。双方决定，暂不直接提出根本否定“容共”政策，驱逐共产派的要求，分由两会各自依据护党目的，发布公开文电，争取全党同情，以确保党权不落入共产党人之手。[1]

1月10日，“各省区国民党护党同志驻京办事处”于城南某报社召开第七次委员会，不惜用演绎并加注文的方法，大张其鼓地披露谢持、张继等弹劾案所附之共产党秘密文件，并发布宣言。宣称：“自汪精卫等勾结共产党加入本党，一年以来，朋比为奸，党德人道，几至决荡无遗。外受敌党之挑拨，内遇党义之争执。风雨飘摇，朝不保暮。念我总理三十年缔造之艰难，不禁痛心。兹特将本党监察委员谢持、张继及各地同志去秋查获共产党人阴谋后向中央弹劾案内之文字要证，摘要披露，冀全党同志，奋起注意，共图挽救。”[2]

1月13日，“国民党海内外同志卫党同盟会”亦上书孙中山，提出七项反共要求。该会称，已公推冯自由、张德惠、张绍琦、简焕燮等为代表面陈。[3]

其实，比较一下中央监察委员弹劾共产党案所附之共产党秘密文件，即可知护党办事处等“披露”之“共产党议决案之一部分”，采取的是断章取义和演绎生造的做法，其目的仅在于夸张宣传。

如内中所引“认定国民党之各级党部，为共产党之团体活动之机关，故凡国民党之各级组合，吾人须以全力达到我党运动国民党之目的。（原注：共产党加入国民党之用心可知）”一句，弹劾案所附文件并无此句。

又如文中所引“凡国民党与任何国家发生外交上亲善之形势，我人须以全力推翻之。总之，须使国民党存在时之外交上，除亲俄外，别无第二之亲善国。（原注：其必欲消灭国民党，于此项条文上观之，尤为明显）”一句，

[1] 《国民党之纠纷》，《晨报》1924年1月7日第二版。
[2] 《国民派牺牲共产派》，《晨报》1924年1月13日第二版。
[3] 《晨报》1925年1月14日第二版，参见本书第67—68页。

查弹劾案所附文件亦仅有“在政治的宣传上，保存我们（按：共产党自称）不和任何帝国主义者任何军阀妥协之真面目”一句。

再如文中所引“我党对今社会之任何组织，均须设法加入，并求利用他人之组织，以为我党之宣传。重要之职务，须乘机发展，我人破坏社会现状之唯一目的：（一）对国民党改良工人生活之计划，我人须破坏之。（二）我党在各社会方面，因缺少团体之组织，故活动上缺少能力，此后除加入各团体利用之，须努力挂设各种团体名义，以为有力之活动”一句，查弹劾案所附文件同样没有。有的只是：“阻止国民党在政治运动上妥协的倾向，在劳动运动上改良的倾向”，和“对国民党中高级机关位置之竞争，对内既易发生不良之影响，对外又引起其他团体的反动，于不十分妨害本团活动范围之内，应采取容让的态度，而致全力于区分部或市党部等切实的工作”。[1]

由此不难看出冯自由等为达到自身的政治目的无所不用其极的心态。

这个时候，孙中山已在病中，国民党内反对派的要求，自然得不到回应。但孙中山病重，各反对派组织成立又未受到国民党中央的公开指责，这些情况，助长了国民党内反对“容共”倾向的进一步发展和组织上的结合。国民党这时在美国的代表马素不仅在内部与汪精卫等人的争论中坚决否认孙中山有“民生主义即是共产主义”这样的观点，而且还在英文《大陆报》上公开发表文章，委婉批评国民党的联俄容共政策。彭养光、冯自由等人甚至公然违背孙中山的意旨，出任段祺瑞组织的善后会议委员。江伟藩更发出快邮代电，针对汪精卫宣布奉孙中山令中央政治委员会移京一事，公开抨击，指责廖仲恺、汪精卫包庇袒护共产党，姑息养奸，声言：“对于该共产及败类分子所把持之中央执行委员会之颠倒谬行，大动公愤，指责弹劾，要求改组，早已不承认其有效。”江函提出：“总理尚未健康以前，党内又无合法及全党公意表现之中央执行委员会之时，则对内对外一切事体，应请纯真同志，以全党公意之结果，速即组织临时执行机关，一方挽救目前

[1] 参见《革命文献》，第九辑，第73—76页；《晨报》1925年1月13日第二版。

之危难，一方整策将来之进行。”[1]

江伟藩等人的倡议，与冯自由等不谋而合。3月8日，冯等经过一番紧张的准备与沟通，在北京大学第三院举行集会，宣告成立“中国国民党同志俱乐部”，公开准备取国民党中央执行委员会以代之。会议通过的“中国国民党同志俱乐部章程”规定:“本俱乐部以联络感情，拥护三民主义为宗旨”，“以创行三民主义之孙中山先生为总理”，设总部于北京，“由全国代表大会选举六十人为总理事，组织总部理事会，辅助总理执行总部一切事务”。凡前同盟会会员、民国元年国民党党员、民国三年中华革命党党员以及民国九年中国国民党党员者，均可加入。但“有跨党行为者”“有违反三民主义情形者”“有叛党事实者”，“不得为本俱乐部会员”。[2] 而其所谓理事会理事，事后仅由马君武、褚辅成、张知兢、丁象谦、刘揆一、冯自由、贺之才等人推举而生。根据国民党同志俱乐部一个月后公布的消息，共推举理事59人，名单为:章炳麟、彭养光、冯自由、伍朝枢、熊克武、王正廷、但懋辛、石青阳、褚辅成、易培基、田桐、张静江、刘揆一、李煜瀛、居正、马素、吕复、王用宾、程潜、林支宇、唐绍仪、孙科、于右任、高一涵、马君武、徐谦、吴敬恒、黄郛、谢持、薛笃弼、孔庚、范石生、杨希闵、石瑛、吴铁城、谭延鸿、凌毅、颜德基、石淑卿、杨庶堪、谭延闿、李烈钧、张知兢、柏文蔚、孙岳、张继、卢师谛、焦易堂、王星拱、吕超、徐绍桢、王世杰、陈少白、樊钟秀、岳维峻、林森、丁象谦、马叙伦、吕一峰。[3]

冯自由等人的分裂行动，在国民党内引起强烈反响。上海章太炎、唐绍仪亦组织辛亥同志俱乐部，公开声明对国民党同志俱乐部表示同情。章等虽不赞成马上“组党建纲”，但认为：“共产党假借外势，陵侮国民，诚当公同排斥。然其名在此而实在彼者，已据要津，必与争国民党正统之名，

[1] 《孙文病中之国民党》，《晨报》1925年2月16日第三版。

[2] 《国民党俱乐部章程》，天津《大公报》1925年3月10日第四版。

[3] 《国民党俱乐部开会》，《晨报》1925年4月21日第三版。

何如聚集旧时党员，同称民党？”[1]“各省区国民党护党同志驻京办事处”也改组为“中国国民党各省驻京护党委员联合会”，并发通电推波助澜。声称：“据本党总章第二十五条规定，全国代表大会每年举行一次。查本年一月二十日即为满足一年”，“总章第六十七条，中央执行委员任期定为一年，该会竟于任满后仍假借名义，淆乱视听”，“兹特郑重宣言，该中央执行委员会自本年一月二十日起，所有一切行为，经已完全失效”。[2] 而与此同时，北京特别市执行委员会及中央执行委员会北京执行部则登报声明：“该俱乐部并非本党同志所组织，与本党毫无关系。”国民党中央执行委员会更宣布开除冯自由、江伟藩、马素等人党籍，并且要求被列名理事者登报否认。[3]

这时，最值得注意的是那些国民党老党员的反应。从陆续发表的否认与国民党同志俱乐部有关系的公开声明中可以看出，大多数被列名理事者，其实并无所知，且反对冯自由等人的分裂行为。包括田桐也登报声明与俱乐部无关。[4] 中央监委弹劾共产党案主要提案人张继，在这一点上表现尤为激烈。当他得知反对派成立小组织后，即公开表示不同意见，称：“国民党之特性，即是于危急时，能一致行动，吾人今当化除意见，一致进行。”国民党同志俱乐部成立大会召开之日，他更亲至会场，“拍案大骂，直斥冯等叛党无耻，丧失人格”，然后扬长而去。至3月12日孙中山去世，眼见反对派更为活跃，无可阻遏，他甚至开始对自己当初反对“容共”的做法，有所反省。称：“先生在世时我虽曾主张与共产派分家，但是如今先生刚去世，我可不忍这样主张了。回想先生生前的主意有时与我们的主意不相同，固亦偶然有他错我们对了的时候，但大半是他对我们错。他主张新弟兄们来合伙，而我们不愿意，或许

[1] 《所谓民党大团结问题》，《晨报》1925年5月30日第三版。

[2] 《国民党裂痕已显著》，长沙《大公报》1925年4月10日第四版。

[3] 《冯自由等在京最近之叛党行动》，《广州民国日报》1925年3月27日第三版；《国民党开除冯自由等党籍经过》，《广州民国日报》1925年4月15日第三版；《国民党之重要通告》，《广州民国日报》1925年5月25日第三版。

[4] 陆续登报声明否认列名俱乐部者，有张继、柏文蔚、焦易堂、田桐、王用宾、孙科、熊克武、谭延闿、程潜、范石生、邓泽如、吴铁城、伍朝枢等。

是他对我们错了，亦未可定，现在决定和新弟兄们分家，我可很是怀疑。”[1]

冯自由等人的主张在国民党人当中之所以得不到多少响应，除了他们事实上已经站到段祺瑞北京政府一边以外，其对共产党作用不顾事实、无所不用其极的夸张、歪曲宣传，无疑也是原因之一。

三、戴季陶的转变与廖案的发生

1894年以来，国民党人之所以能够在变幻不定的政治风云中时散时聚，从兴中会，到同盟会，到国民党，到中华革命党，再到中国国民党，一直保持着相当的政治凝聚力，一个基本的原因，就在于有孙中山的政治威望和他的三民主义以为号召的旗帜。国民党改组之后，由于孙中山实行了联俄容共的政策，宣称其民生主义与共产主义并无二致，使相当部分党员对三民主义发生了疑惑。但有孙中山在，即足以维系其组织的凝聚力。如今孙中山去世，国民党在政治上和思想上的统一自然要受到空前严重的挑战。

孙中山去世后，国民党中央执行委员会内部愈加意见分歧。围绕着中央执行委员会的任期、召开第二次代表大会的地点及大会代表产生办法等问题，中执委们在北京争论不休，几乎不能达成一致意见。在这种情况下，孙中山生前成立的负责政治方针决策与重要人事任免的中央政治委员会自然会发生更多效力。而以中央政治委员会为核心，国民党中央权力自然也就主要集中在汪精卫、胡汉民、廖仲恺以及身为高等顾问的鲍罗廷几人身上。有鲍罗廷在其中起作用，再注意到汪、胡、廖等人一年多来极力维护孙中山联俄容共政策的鲜明态度，不难想象国民党的未来发展应能够继续孙中山既定的方向。

但是，明眼人一望即知，在没有孙中山权威的情况下继续孙中山的“容共”政策，无论如何都是困难的。冯自由等人的分裂行动已经清楚地预示

[1] 见《广州民国日报》1925年3月27日第三版；并见罗敬：《中山去世之前后》，《向导》第108期，1925年3月28日；罗敬：《革命与反革命》，《向导》第110期，1925年4月12日。

了这一点。而直接引起这一分裂后果的问题根源，即国共两党之间的矛盾与纠纷，却丝毫看不到缓和和解决的可能性。尽管面对党的分裂，张继等一些过去反对"容共"政策的老党员一时采取了委曲求全的态度，但如果这个问题得不到有效的解决，没有人会怀疑，新的甚至更大的分裂仍会发生。

如何才能使国民党人在失去自己领袖的情况下，继续保持它自身的政治凝聚力而不致进一步分裂呢？自改组以来历任国民党中央执行委员、中央常务委员、宣传部部长及黄埔军校政治部主任、大元帅大本营法制委员会委员长，且随侍孙中山经日本前往北京，作为孙中山遗嘱签字证明人之一的戴季陶，深信必须迅速将孙中山的三民主义确立为党的"思想中心"。为此，他在 1925 年年初国民党一届三中全会上极力宣传这一主张。不料，中央执监委中老党员反对者颇多，共产党人中也有异议。前者深恐孙中山"民生主义与共产主义毫无冲突"之类的观点和联俄容共政策会因此成为党的不易方针；后者则不愿意看到在党的文件和会议中过多地出现个人崇拜的迹象。对此，戴季陶显然深感不解。他尖锐地批评"所谓右派之同志，其愚诚不可及，以树立此政策为帮助共产党人之举，群起而反对之，会议以此破裂"。同时，他更怀疑共产党方面是"认为树立一思想之中心，则今后国民党将以一独立思想为基础，而不能为共产主义之思想所同化，欲将此一主张消灭之"。[1]

会议经数日争论，调和各方意见，最终通过几项决议，一方面声明孙中山乃"唯一的崇高伟大仁慈之父师"，遵从、继承"总理伟大之精神、主义、遗嘱"及其"未竟之工作"乃"最高原则"，一方面则继续高度肯定国民党"一大"改组的意义以及"容共"之必要与必然[2]，但在戴季陶看来，这些"不左不右之决议"还不足以使党内各派明了孙中山思想的精髓，达成思想的

[1] 《戴季陶致蒋介石先生书》（1925 年 12 月 22 日）。

[2] 《戴季陶致蒋介石先生书》（1925 年 12 月 22 日）；并见中国国民党第一届第三次中央全会：《接受总理遗嘱宣言》（1925 年 5 月 24 日）、《关于确定最高原则事训令全体党员》（1925 年 5 月 24 日），转见荣孟源主编：《中国国民党历次代表大会及中央全会资料》，光明日报出版社 1981 年版，第 76—81、87—91 页。

真正统一。他的观点是，现在对孙中山思想的解释，还存在着各说各话的情况，而“共信不立，互信不生，和衷共济之实不举，革命势力统一无望”。因此，国民党人必须了解孙中山的主张。如孙中山的三民主义与共产主义虽然目的相同，然而“哲学的基础和实行的方法，完全不同”。因为三民主义哲学的基础是中国道德文化继往开来之至圣法宝，和近代最新科学的结晶；实行方法“在以全民族之共同的努力，完成国民革命，集中国民革命的势力，以国家资本主义为建设民国之基础”。戴季陶在这时的文章当中并没有反对“容共”，他并且仍然承认：欧战以后，社会革命的潮流冲入中国，影响到后来的青年起而革命，将这些青年引入将要老衰的革命党，使它得着些新血液，“这确是中国的一个生机”。他认为，问题是简单地拿着马克思的方法来解剖中国社会问题的这些革命青年，由于不了解“马克斯（思）是社会病理家不是社会生理家”，甚至曲解孙中山的民生主义，难免“就生出一种新的革命幼稚病来”，从而造成一波又一波的纠纷。如果这个问题得不到解决，“演成国民党的自杀，那就可痛极了”。[1]

国共两党之间真的能够建立“共信”吗？戴季陶在随后撰写《国民革命与中国国民党》一文的过程中，进一步意识到这个问题的严重性。他因此一方面仍旧承认，共产党人多是“真为民族的幸福而奋斗的勇士”，他们利用国民党的“目的很纯粹，心情很高尚”，说用齐天大圣对付牛魔王的策略，“借中国国民党的躯壳，发展他自己本身组织”，以及用挑拨、离间和破坏国民党领袖威信的办法来造成国民党员厌弃国民党、怀疑三民主义，甚至排拒单纯的国民党员，“这不是 C.P. 的人全体的意思，而且不是多数的意思”。另一方面，他却开始公开主张：“凡是一个主义，必定具有独占性和排他性，同时也一定具有统一性和支配性。假如这几种性质不具备，这一个主义，一定生不出信仰，生不出力量。”他认为：主义如此，信奉一个主义的团体，更是如此。一个试图完善自己的组织、理论和策略，自成系

[1] 戴季陶：《民生哲学系统表》，《广州民国日报》1925 年 5 月 27 日第二版。

统的国民党，包着“一个很坚固而秘密的”，极具独占性、排他性、统一性和支配性的共产党，结果自然会使自己变得畸形且危险。他主张：“要图中国国民党的生存，一定要充分发挥三民主义的中国国民党之生存欲望所必须具备的独占性、排他性、统一性、支配性。”换言之，国共两党合作的最好方式，多半应“学从前奥匈的组织，和 C.P. 联合组织一个共同的最高干部，处理关于国际的问题，和对付共同敌人的问题”。至少，国民党应当有所规定：“在组织上，凡是高级的干部，不可跨党”；共产党人凡“已经加进了中国国民党做同志，至少在中国国民党里面，应该要停止他为 C.P. 或 C.Y. 吸收党员的工作，不得秘密的对中国国民党员，与以怀疑三民主义的暗示”。戴为此劝告共产党人：既然你们知道时代还不需要共产主义，因而不能把共产党的名义公开地拿出来，要借用国民党的名义工作，为什么不干脆实心实意地“把三民主义认为唯一的理论，把国民党认为唯一救国的政党”，何必“心里想的是共产革命，口里说的是半共产革命，手上作的是国民革命，让一般国民看不出真相，认不清需要”呢？[1]

戴季陶一向是孙中山政策的支持者。他对“容共”的结果虽早有杞忧，担心两党党员做不到水乳交融，将来一定没有好结果。但直至张继等提出弹劾共产党案时，他仍然相信国共两党“多无所区别，故不宜有界限存于其间”，为此受到张继等人责骂后，竟至拒绝出席讨论弹劾案的一届二中全会。[2] 他之走到怀疑“容共”政策的地步，根本上是因为他认为“党内合作”这种形式对国民党十分不利。在他的眼里，自改组以来，国民党的机关报从没有对共产党有过任何的中伤、挑拨，从不曾发表过使共产党丧失信用的话，作为国民党的朋友，并且身为国民党员，共产党却总是公开批评国民党的政策和国民党的领袖，败坏国民党的信誉。当然，更为重要的，是

[1] 戴季陶：《国民革命与中国国民党》（1925 年 7 月），转见《戴季陶主义研究资料选编》，中国人民大学出版社 1986 年版，第 35—43 页；戴季陶：《国民革命与中国国民党导言》（1925 年 7 月 23 日），时希圣编：《戴季陶言行录》，上海广益书局 1929 年版，第 201—204 页。

[2] 戴季陶：《国民革命与中国国民党》；《戴季陶致蒋介石先生书》；《邵元冲日记》，第 20 页。

戴季陶从根本上不赞成共产党的阶级斗争学说。戴深知孙中山虽然也主张革命，但主张的是国民革命、民族革命，而非阶级革命。孙中山的民生主义，如节制资本、平均地权等，意在消弥并调和可能发生的阶级斗争，而非像共产党那样推动和鼓励阶级斗争。反过来，站在共产党阶级斗争学说的角度来考虑问题，他就很自然地开始怀疑共产党人加入国民党，可能是因为“认中国国民党为 C.P. 将来之敌，所以取这一种”“‘将欲取之，必先与之，将欲弱之，必先强之’的老子的残忍策略”与“埋伏战术”。[1]

严格地说，戴季陶的初衷并不想反对共产党人，而是为救国民党。为此，他既反对“左倾”，也反对“右倾”，一切以孙中山的三民主义和国民党的利益为“最高原则”。[2] 但他公开发表其主张之际，正是国民党中央一方面极力压制党内反对派，一方面推动各地选举代表，准备召开第二次代表大会之时。对选举办法，党内本来就存在分歧。推举代表过程，又不可避免地加剧了国民党部分党员对共产党人的疑惧心理。只因冯自由一派人已受到严厉处分，国民党内持不同意见者多有畏惧，国共两党人员之间的纠纷明显少于过去。身为中央执行委员的戴季陶，突然以阐释“孙文主义”，主张在共信、互信基础上谋国民党的团结与生存的姿态，发表这种激烈批评共产党的政治见解，无异于在党内怀疑和反对“容共”政策的党员前面扬起了一面政治旗帜。一时间，戴季陶的文章被印成各种小册子，在国民党人当中广为流传。早先曾被廖仲恺制止过的，以反对跨党分子为主要议题的“中山主义研究会”[3]，很快就在各地以“孙文主义学会”的名义，堂而皇之地成立起来，并吸收了大批青年党员。众多激进地反对“容共”政策的年轻党员，也包括谢持等老党员，几乎无一例外地都把戴季陶的文章拿来做他们反对

---

[1] 戴季陶：《国民革命与中国国民党》。

[2] 戴季陶在浙江国民党省党部 8 月 5 日召开的会议上，对此有过明白的表示。会议通过的训令亦清楚地反映出此种态度。见《中国国民党浙江省临时执行委员会全体会议对全省党员指示宣传工作上对于阶级斗争应取之态度之训令》（1925 年 8 月），转见李云汉：《从容共到清党》，第 411—412 页；《浙江国民党部之重要会议》，《广州民国日报》1925 年 8 月 6 日第五版。

[3] 转见瞿秋白：《中国国民革命与戴季陶主义》，《向导》第 129—130 期合刊，1925 年 8 月 30 日。

共产党人的理论依据了。也正因为如此，戴季陶自然要遭到共产党方面的激烈抨击。陈独秀明确地把戴季陶与冯自由、马素、谢持等相提并论，而瞿秋白则干脆把戴季陶定性为“资产阶级的思想家”，断言“戴季陶的主张，根本上还是要 C.P. 完全退出国民党，根本上要消灭 C.P.，消灭无产阶级的政党”。[1] 更多的文章则对戴季陶口诛笔伐，把他列为与帝国主义、军阀同等罪恶的反革命右派，大加声讨。

这种情况的出现使戴季陶多少有些进退维谷。他不愿看到那些“真正之反革命者，欲利用我之理论，而达其目的”，认为这是曲解他的观点，只能给共产党人提供更多的批评口实。因此，他对谢持等人利用他的文章攻击共产党十分不满，抱怨说他本“欲为三民主义作一忠实的拥护者，其结果只为反革命者供资料、供谈助，事之伤心宁有甚于此者乎？”戴进而指责谢持他们“不顾大局，不明事理，不知时代之关系，不解革命之意义，更不听我苦心孤诣之劝告，与痛哭流涕之批评，反欲藉我彻底的为国民革命而发之理论与实际政策，达其反革命之目的”。[2]

与戴季陶私交甚好、观点相投的中央执行委员、中央政治委员会委员邵元冲，了解戴的想法，很快出面做了一篇《读〈国民革命与中国国民党〉书后》，加以解释。他表示说：戴季陶所言“句句都是我想说的话”，句句都是“真正爱中国历史，爱中国民族，希望把中国国民党组织好，以中国‘国民的党’，救‘中国国民的国’的同志想说的”。“季陶的这一个意见，是他在‘政治的负责者’的地位所应该发表的，他既不是要攻击谁，也不是要排斥谁。”“现在的纠纷，在 C. P. 的加入，和中国国民党允许 C. P. 的加入，都是好心，都是善因”，只是“在方法有了错误”。至少从国民党一方检讨来说，一方面是因为“从最初起，关于党员的活动，尤其是宣传的活动，太过放任，不严格的以最高原则为标准，取缔党员的言论和行动，在意思上，

[1] 陈独秀：《给戴季陶的一封信》，《向导》第 129—130 期合刊，1925 年 8 月 30 日；瞿秋白：《中国国民革命与戴季陶主义》。

[2] 转见谢幼田：《联俄容共与西山会议》（上），第 190 页。

渐渐失却集权的意义。在又一方面，中央关于组织和人才支配的事，完全和党的历史离开”。“以一个和本党历史毫不相干，而又在两重纪律（指国民党和共产党两重纪律——引者）下面……的人，担任组织的责任（指谭平山——引者），就种种关系上说，都容易制造不平均的现象”。[1]

不过，无论是戴季陶，还是邵元冲，他们的解释都无法取得共产党方面的谅解，因此自然也就无法得到这时还需要得到鲍罗廷和共产党人帮助的国民党中央主要领导人的公开同情。在共产党人的强烈要求下，国民党中央政治委员会不能不发出通告，予戴季陶以严厉批评，并下令销毁《国民革命与中国国民党》这本小册子。[2]

国民党中央的表态，并不能阻遏因戴季陶小册子而急剧升温的党内对共产党人的不满情绪。随着各地针对共产党人的组织相继成立，各种反对“容共”的刊物和小册子也纷纷出笼。一方面，国民党内反对共产党人的呼声愈来愈大；另一方面，国民党中央在汪精卫、廖仲恺等人的主持下，继续坚持“容共”。廖仲恺甚至公开批评那些反对“容共”的老党员名为老革命，实为反革命。[3]结果，一向反对“容共”的老党员朱卓文等人，竟于怨愤中将矛头指向廖仲恺，进而导致1925年8月20日刺杀廖仲恺的严重事件。[4]此一事件显示，国民党内因“容共”问题而引发的争论与对立，这时已经达到了白热化的程度。

廖仲恺被刺事件未能够改变国民党权力中心继续坚持“容共”的决心。而且，由于廖仲恺被杀，长期聚集在广州或明或暗地坚持反对“容共”政

---

[1] 邵元冲：《读〈国民革命与中国国民党〉书后》，《戴季陶主义研究资料选编》，第51页。

[2] 《广州民国日报》1925年10月19日第十一版。

[3] 李云汉：《从容共到清党》，第381页。

[4] 据朱卓文晚年回忆，当年因对共产党人愤恨不已，经常在广州南堤一俱乐部饮酒骂街。“后来诸人为抽薪止沸计，决议歼其渠魁。习知俄顾问鲍罗廷、加伦与汪精卫、廖仲恺等，每日必集东山百子路鲍公馆会议，乃密遣死士伺机以炸弹机枪击之，务使群凶同归于尽。下手前一日，余诫赴义诸死士，当熟勘地形，以利进退。”后因消息泄露，“遂亦作罢。然大家恨共之积忿迄未少消，而一时对鲍罗廷、加伦将军诸俄寇又无可奈何，乃转而埋怨亲共之汪廖诸人，大骂还是自家人不好，引狼入室。但亦止于口头谩骂，初无若何锄奸计划可言也。一星期后，某日余方午睡，陈瑞同志匆匆自外归来，言杀廖事，神色自若。余知事非寻常，必有大患，即探囊出港纸二百元与之，促其离穗”。转见李云汉：《从容共到清党》，第387页。

策的一批老国民党员受到牵连，以致逃的逃，躲的躲，力量受到削弱；与廖案多少扯上些关系的胡汉民、许崇智也因此被排挤出去，表现左倾、深得鲍罗廷信任的汪精卫成为党的最高政治领袖；而黄埔军校校长蒋介石，也因为设计绑架许崇智，将其逐出广州，取得了最高军事权力，而成为党的军事领袖。此举使整个国民党中央看起来甚至更加左倾，鲍罗廷以及共产党人在国民党内的地位似乎更为巩固了。只是，随着廖案而来的广州权力中心的这一连串剧烈变动，不仅没有消除党内旧有的分歧与矛盾，反而还造成了新的隔阂与对立。[1] 原本一直动摇于冯自由等分裂派与汪精卫等国民党权力中心之间的大批国民党人，眼见共产党人在国民党内的地位进一步加强，反而激起他们必欲排斥共产党人的强烈意志。1925 年 9 月 10 日，北京的国民党人王昆仑在《晨报》上发表长文，内中再清楚不过地反映了这样一些原本是中间派的国民党人的思想情绪和动向。

王昆仑开篇即承认，在国民党内确有“反革命派”，就是那些经不住权势的熏染、金钱的诱惑，“将中山的主义、革命的初衷、本党的纪律置之不顾，并且反而将计就计利用招牌到外面招摇撞骗做自己的卖身文书，投降于军阀门下”的官僚政客。但是，他相信，这些“丧失人格污辱党德”的“老同志”代表不了国民党，反对这些所谓“右派”的也绝不止是共产党人。他认为：目前国民党内，真正足以引起国民党剧烈内讧，摇动国民党的基础的“最大罪魁”却是信仰共产主义的那些“新同志”。因为在他看来，共产党人不仅以反“右派”名，把斗争矛头指向所有不赞成共产党的国民党同志，而且还把持民众团体、各地党务并包办国民党“二大”代表选举工作。他表明的观点是：“我自己不是反革命派和军阀的走狗，我当然不忍心肆口谩骂共产党”；“我们恭敬俄国和第三国际，我们对于共产主义也有相当的赞成”。甚至“平心而论，共产党努力的精神极可敬佩，而且他们也是革命

[1] 邵元冲日记中记述了因胡汉民之弟胡毅生涉嫌廖案，胡汉民受到排挤，引起党内高层议论纷纷，批评汪精卫“阴贼险狠，振古所希”的情况。《邵元冲日记》，第 193 页。

党，与国民党本居兄弟地位，尽可携手同行，外抗帝国主义，内除军阀官僚，合作之利极大”。但“我不解这些共产党为什么不独树一帜大吹大擂的做共产革命，而要藏在国民党——主义不同的国民党旗之下”，而且“入党之后还要拼着命排这个挤那个，想要夺得主人翁的地位”？为什么“偏只顾自己的功利，不惜国民党的破灭”，逼得国民党人迫于排挤，不得不结为党派，埋头内争，最后“弄到两败俱伤”？他为此公开劝告共产党人：“何不权衡利害顾全大局改变方针，别寻正路？”或者坚持共产主义，“即刻脱离国民党”；或者“抛弃你们原有的主义，脱离了你们原有的政党，以个人资格做中山主义的真信徒”；“至少也该光明磊落开诚布公的和真正国民党党员努力合作，不要再像以前结党把持，存心利用”。他最后强烈地警告说：“对外国帝国主义和本国军阀的确万不能妥协，对卖党求荣的官僚政客的确要打倒他们，但是对中国国民党真正正统派的党员却不该一律的不妥协，一律的要打倒。须知你们若以合理的态度对他们，他们是你们荆棘途中的伴侣；你们若始终持迷不悟，一味以敌人的态度相待，那么，朋友们，他们都是具有中山先生的精神的，对任何恶势力非扑灭不止。拿出国民党主人翁的资格，驱逐你们出党，倒是一件极平常的小事。”[1]

四、西山会议派的结合及影响

王昆仑，五四时期入北京大学学习，受到当时新文化和新思想的熏陶及民族主义运动的激励，开始倾向革命，于1922年作为学生代表赴上海见到孙中山后，加入国民党，是典型的激进青年学生的代表。其反帝反军阀的态度，与共产党人并无二致，他也相信共产党是革命党，愿意与之携手并进。正是在这种情况下，30年代以后，他甚至逐渐走上了与共产党合作的道路。像王昆仑这样的激进青年学生这时竟公开走上主张分离共产党的

[1]　王昆仑：《国民党内讧与共产党》（1925年8月30日、31日），《晨报》9月1日第四版。

道路，甚至激愤地号召“打倒共产党”，足以见部分国民党人这时排斥共产党人的情绪，已经达到了何等普遍和激烈的程度。

其实，自1924年5月会议后共产党人对国民党的态度越来越激烈，甚至开始谋求国民党中央和各地机关领导地位的情况，就连莫斯科这时也觉得不妥了。1925年9月，莫斯科方面已经注意到，中共许多领导人对国民革命的态度“有产生左倾的危险”。为此，共产国际执委会甚至给中共中央专门发出了指示，强调：“应赶紧重新审查同国民党的相互关系的性质”，“对国民党工作的领导应当非常谨慎地进行”，“党团不应发号施令”，“共产党不应要求必须由自己的党员担任国家和军队的领导职位”，“相反，共产党应当竭力广泛吸引（未加入共产党的）国民党员，而首先是左派分子参加民族解放斗争事业的领导工作”。[1] 10月初，当莫斯科得知鲍罗廷发动广州事变，胡汉民、许崇智相继被挤走之后，更是表示“绝对无法理解”，明确批评这种做法实际上是把共产党孤立起来，而且会使广州因左倾而陷入孤立和毁灭。[2]

然而，莫斯科距离中国千里之遥，其措施远水不救近火。就在莫斯科开始担心鲍罗廷和共产党人太过“左倾”的时候，鲍罗廷还在继续推行他的排挤国民党“右派”的行动。在他的推动下，汪精卫等人在挤走胡汉民、许崇智之后，很快把矛头指向一切有反对“容共”政策嫌疑的党内高级干部。“老右派”自然不能在广州立足。谢持刚到广州不久，就被要求马上离开广东。新的具有“右”的倾向的国民党中常委林森、邹鲁以及孙科等人，自然也不能允许他们继续存在于中央决策圈之中，故而被借故派遣北上。广州因此眼看就要成为清一色的左派阵地，所有受到排挤或深恐国民党中央落入鲍罗廷和共产党人之手的国民党人，不免会因此而极度不安与恐慌。

邵元冲的态度变化就是很好的一个例子。邵与廖仲恺、胡汉民、汪精

[1] 《瓦西里耶夫给季诺维也夫的信》（1925年9月21日）、《共产国际执委会给中共中央的指示草案》（1925年9月28日），《共产国际、联共（布）与中国革命档案资料丛书》（1），第678、695页。

[2] 《瓦西里耶夫给维经斯基的信》（1925年10月2日），《共产国际、联共（布）与中国革命档案资料丛书》（1），第704页。

卫一向感情不错，并受孙中山信任，因此虽一直看不惯共产党人，却始终坚持不左不右，维护国民党中央的立场。廖仲恺遇刺之日，他正在杭州，“闻之惊惋”，“冀其非确”。8月25日返回上海，“知仲恺被凶徒所戕之耗良确，且闻事涉展堂（即胡汉民——引者）、毅生（即胡毅生——引者）、卓文（即朱卓文——引者）、直勉（即林直勉——引者）诸人，展堂、直勉皆被拘，毅生、卓文已遁，现由（蒋）介石分逮多人，将兴大狱，且以电信迟滞，确信难得，犹为耿耿不安”。27日，邵元冲与叶楚伧、戴季陶在孙科上海家里开会，一同拟书致广州国民党中央政治委员会，主张各位主要负责同志应针对广州发生的事变切实加强联络。直至9月8日，邵等进一步听到从广州返回上海的刘芦隐说：“此次之大狱，实系精卫欲掊去展堂，故罗织种种罪名而成之”，戴季陶当场“为之大恸，同座相对，俱为唏嘘”。邵元冲等自然心情大坏，对“吾党努力之道”颇为惶惑。

9月11日，12日，13日，在上海的国民党老党员们接连聚会，对于广东事变拟有所讨论。13日从报上得知“粤拟派展堂、哲生（即孙科——引者）、子超（即林森——引者）、海滨（即邹鲁——引者）、季龙、友仁为外交委员北上”。根据多天议论之结果，邵元冲不能不相信林森等人皆汪精卫等所欲排挤者，因而愈信刘芦隐所传，认为汪精卫“剪伐异己之心益彰矣”。至此，邵元冲的态度明显发生改变。他开始与一向不赞成“容共”的谢持等频繁接触。待23日晚林森、邹鲁等到达上海之后，即与邹鲁、谢持、林森等共商“今后对于党务补救之办法”。两天后，几人便商定：由林森、谢持、邹鲁三人“分别邀各执行委员会及监察委员来沪筹商办法”。28日，邵元冲、林森、邹鲁、谢持、覃振、叶楚伧、孙科等在谢持家“会议党事”。决定一面派人秘密活动蒋介石、谭延闿等军事将领，争取同情，一面集合多数中央执行委员及监察委员，就党事及政治召开专门会议，决定补救办法。[1] 这个时候的邵元冲，和许多国民党老党员一样，已经下决心要与广州国民党中央分庭抗礼了。

---

[1] 《邵元冲日记》，第187—201页。

在一番紧锣密鼓的秘密联络之后，经由邹鲁起草，并有张继、林森、谢持、覃振、石瑛、茅祖权、傅汝霖等联合署名，于11月30日致书广州汪精卫、蒋介石等，公开说明他们的政治主张。函称：“总理之许共产党加入也，为其能实行吾党主义也；总理之联俄也，为其以平等待我也。今悉违反总理之期望，吾党员于此若不毅然决然与之划分，俾党国不为所灭，犹复拘文索义，以总理许共产党人加入本党之说以自误，则不惟失革命党之精神，且恐无以对总理在天之灵矣。”[1]11月16日，林森、邹鲁、邵元冲、居正、戴季陶、叶楚伧、石瑛、石青阳和张继、谢持、吴稚晖、茅祖权、傅汝霖等中央执监委联名发出铣电，通告各地执监委：“决定于本月梗（二十三）日在（北京香山碧云寺）总理灵前正式开中央执行委员会全体会议。”[2]

值得注意的是，铣电中列名的中监委，是否都征得过本人同意，尚属可疑。因为至少吴稚晖对谢持等人的做法是一向不赞成的。还在林森等发表铣电的当天，吴稚晖就曾发表答邓家彦书，一方面严辞回击邓家彦否认孙中山遗嘱的谬说，一方面公开为国民党联俄“联共产党”的政策辩护，断言“共产党鼓吹共产主义，乃是他们最后希望，未必即行共产政策”。况且“一个叫人可怕的共产党，竟能应时世的要求，降了格来进三民五权的国民党”，这无疑“要算知道中国国情，不负主义，亦不负祖国了”。[3] 吴稚晖见到林森等致广州的电文后，与李石曾等联名致函林森等人，进一步表示了不同意见。强调“广州汪、蒋诸君应付过当，先生等见之较真，爱之较挚……自应愤慨”。“惟目前牵涉方面太多，伺间以弄黑白者太众，万一三人成虎”，岂不正中他人下怀。[4] 在邵元冲、戴季陶、叶楚伧、沈定一等到北京后，吴稚晖也极力劝阻做分裂之举。他在谈话中间力持：即使广州汪精卫等做法有不当，宜“对精卫为劝告，而勿为弹劾，对共产党之同志，宜邀守常（即李大钊——

[1] 居正编：《清党实录》，中国国民党中央执行委员会1928年印行，第32—34页。

[2] 《决定在西山总理灵前开会通电》（1925年11月16日），居正编：《清党实录》，第19页。

[3] 《吴稚晖答邓家彦书》，《上海民国日报》1925年11月16日第三版。

[4] 《吴稚晖等致林子超等函》（1925年12月），《清党实录》，第34—35页。

引者）等为切实之协商，而勿使为片面分裂之行动”。[1]

邹鲁、谢持等人要在北京西山召开中央全会，还意想不到地受到了国民党同志俱乐部的反对。冯自由等反对的理由很简单，因为他们早已公开登报宣布“中国国民党中央执行委员会一切事项，暂由本俱乐部代行”。[2]虽然得知邹鲁等人意在排斥国民党内的共产党人，但当冯自由、邓家彦等要求联合开会被拒后，他们就深知两部分人其实仍旧是格格不入。为确立自己的正统形象，阻止国民党中央执行委员会继续行使职权，冯自由、邓家彦等17日特派江伟藩等前往邵元冲、戴季陶等下榻的旅社，当面质询并威胁，再遭“训斥”后，即于11月19日，由江伟藩等纠合数十人，浩浩荡荡再度赶往旅社，劈头即怒斥出面接待的戴季陶、沈定一“破坏国民党，扰乱中国，证据确凿，有目共睹”。几句不合，便当场群殴戴、沈二人。据邵元冲日记记载，当他听到喧闹声出来观看时，正见江伟藩指挥凶徒殴打戴季陶，并将沈定一强行拖上门外的汽车。戴季陶抱树痛哭，凶徒上前拖拉。邵勃然大怒，将戴救进屋内。凶徒等一部分追戴，一部分围殴邵元冲，将邵的眼镜打碎。凶徒并几次用杖打邵，迫使邵退到另外的房间。凶徒等遂挟持戴、沈二人而去。邵与同室的谢持商量，立即分别通知香山第五巡警分署及侦缉分队。[3]

国民党同志俱乐部发言人此后称：他们殴打、绑架戴、沈二人，纯粹是因为戴“反对‘反共产派’最力，曾拼命帮助共产党，出卖国民党，做股票交易所，大发其财”，而沈则根本就是共产党。孙中山去世后，戴、沈反对在北京召开代表大会最为坚决。戴不仅在北京召开的一届三次中央全会上力持反对意见，而且事后跑到上海，与沈定一等通电，大骂所有赞成在北京召开代表大会的委员，最终使代表大会流产。[4]因此，他们必须要让戴、

[1] 前引《戴季陶致蒋中正函》。

[2] 《国民党已分裂为二》，《晨报》1925年7月9日第四版。

[3] 《邵元冲日记》，第212—213页。数十年后邓家彦则回忆认为，当日去打人者，并未事先与他商量，为首的叫王亚樵。事后他才得知，并嘱彼等从速放人。见《邓家彦先生访问录》，台北“中央研究院”近代史研究所1990年版，第72页。

[4] 《国民党西山会议之真相》，《晨报》1925年11月22日第三版。

沈付出代价，公开悔过。直到他们得知这些人此次聚集北京西山，也是为了反对共产党人，才不再继续为难，将二人放回。但即便如此，同志俱乐部还是逼迫二人写下“悔过书”。这两份东西，与其视为戴、沈之作，毋宁看成同志俱乐部观点和主张的反映。从中可以发现，冯自由等这时事实上已经从主张分共，开始走上主张反共的道路了。如所谓“共产党日以‘反革命’詈及非反革命之中国国民党分子，以掩护其反革命之行为”；共产党“以工人为革命工具”，“非藉以献媚其首都之莫斯科，即驱使工人为共产党利益而牺牲”；“共产党累次发表反仁爱之主张”，皆“足以证明共产党为反革命团体者”云云，在在都表明了冯自由等人的政治态度。[1]

戴季陶、沈定一二人被放回后，次日即与邵元冲、叶楚伧等回到北京城内居住。戴“恐此后危险愈多，乃决定明日赴津”。邵也心有余悸，打算看第二天情况如何，决定去留。22 日，邵元冲与叶楚伧、沈定一、邹鲁、谢持五人碰头，讨论次日在香山开正式会议的事情。几个人只用了一两个小时，就初步确定了次日开会的主要议题：“（一）与共产派实行分离；（二）迁移中央党部于上海；（三）纠正政治委员会权限；（四）修改选举法等”。为防备再有国民党同志俱乐部的人前来捣乱，决定一早就前往香山孙中山灵前行礼，礼毕即至石青阳寓所开会。但到第二天要正式开会时，邵元冲却顾虑有再度遇险可能，没有到会。当晚即离开北京去天津，然后匆匆返回上海。[2]吴稚晖不仅自己不参加，而且劝告叶楚伧等也不要参加。结果，一届中央执行委员二十四人，除李大钊、谭平山、于树德、林祖涵四人为共产党人外，到会者实际上只有林森、邹鲁、石青阳、石瑛、覃振、沈定一等五六人，加

[1] 《国民党大演活剧》，《晨报》1925 年 11 月 20 日第二版。
[2] 《邵元冲日记》，第 214—215 页。

上监委谢持与两名候补监委茅祖权、傅汝霖，总共也不过十人。[1] 尽管后来有张继、居正同意列名其中，且会议当天就通电宣布“广州中央执行委员会应即日停止职权”[2]，但西山会议显然还是无法确立其合法性。[3]

相对于西山会议的合法性而言，西山会议的公开决议及其影响显然更为重要。8月30日和9月13日，国民党同志俱乐部曾发出两项公开通电，其一针对共产党，其二针对汪精卫等。两项通电不仅把矛头直接指向广州国民党和国民政府，而且直接声讨汪精卫、蒋介石等，言辞激烈。内称：“汪兆铭、胡汉民、廖仲恺、蒋中正等，勾结共产党徒陈独秀、李大钊、谭平山多人，破坏本党，违背主义，私受外国货（贿）赂，倡言屏弃外蒙，拱让俄人主权，窃分金佛朗款，诈骗工商赀货，似此种种反革命行为，至属罪无可逭。而汪兆铭等，又复伪造总理遗嘱，欺己欺人，坐使百粤名区，尽成赤化，引狼入室，为虎作伥，此天地之所不容，神人之所共愤”云云。通电宣称：“除廖仲恺已死外，汪兆铭、胡汉民、蒋中正等，著即革除中国国民党党籍。此外入寇本党之共产党徒陈独秀、李大钊、谭平山等，亦全数驱逐出党。”通电并进一步攻击国民党中央委员会“为共产党徒发号司令之机关”，国民政府为“揽权窃位之政府”，号召在粤各将领联合声讨，“救

---

[1] 居正编《清党实录》中有此次会议之会议录，但所记开会日期及出席者均不真实。其第一次会议日期记为11月21日，提前了两天，参加者多出居正、张继、戴季陶、邵元冲。已知戴、邵没有参加会议，居正和张继也没有参加会议。林森等发出铣电时，居正正在河南，因不知道广州发生变故，故对铣电未加理睬。直至数天后折回上海，“始知广州政变”。但此时西山会议已开始，后表示会议不去，“名可具名”。而张继当时因伤也不能参加会议，表示诸事“代签名可也”。另外，“会议录”虽写明11月26日会叶楚伧任记录，但因此会议录有造假之嫌，叶之参加程度也值得怀疑。因叶事后明确解释说他当时听从了吴稚晖不要参加西山会议的劝告，很快即离开了北京。参见《清党实录》，第50—51页；居正：《梅川谱偈》，转见谢幼田：《联俄容共与西山会议》，第273、286页；《张溥泉先生回忆录·日记》，第16页。

[2] 《清党实录》，第19页。

[3] 关于西山会议合法与非法的问题，讨论很多，肯定其具有合法性者多依据回忆和其他事后的资料来说明未参加者中有多少人曾暗中予以同情与支持，或同意列名。但这些事后资料的准确程度颇值得怀疑，且一届中央全会及其决议之效力，似应以实际到会者及有表决权者多少为准，而不能以暗中同情和愿否列名为准。

党讨贼”，“重造吾党”。[1]

比较之下，西山会议之决议，虽也有针对共产党和汪精卫者，但态度明显不同。

西山会议通过之取消共产派党籍之宣言称：

> 两年以来，凡共产党员之加入本党者，在本党中一切言论工作，皆系受共产党机关决议与指挥，完全为共产党之党团作用。本党党部及党员，曾再三以至诚之意，纠正劝告，劝其勿负加入之初衷，迄无结果，且益进行其妨碍本党之行为。盖其加入之意，系图利用本党，发展共产党势力，且藉以维持苏联。此不独事实昭然，抑且文字证据俱在。
>
> 共产党党员忠于共产主义，虽违信誓，原无足责。在本党则自有主义，自有工作，虽推倒帝制，扫除压迫，与共产党同其步趋，然中苏之历史不同，社会之情状亦异，国民革命与阶级革命，势不并行。若共产党员，长此隐混于本党之中，使两革命团体之党人，因内部问题而纷扰决裂，致妨碍国民革命之进展，不若分之，使两党之旗垒，崭然以明，各为其党之主义而努力奋斗，且于革命进程中有合作之机会，转得商洽并行，实为革命团体恒有之事实。
>
> 用是本党中央执行委员会第四次全体会议，以善意的决定，凡共产党之加入本党分子，尽数取消其在本党之党籍，免使两革命团体因内部问题而相消其革命力，益以促进国民革命之成功。[2]

而会议通过的开除汪精卫党籍之判决书，也只把矛头指向汪一人，声称：“汪精卫违反总理容纳共产派归化本党之本意，与顾问俄人鲍罗廷朋比为奸，

[1] 《国民党中反共派声讨共产党》，《晨报》1925 年 9 月 1 日第三版；《国民党革除汪兆铭等党籍》，《晨报》1925 年 9 月 14 日第三版。

[2] 《中国国民党取消共产派党籍宣言》（1925 年 11 月 23 日），上海《民国日报》1925 年 12 月 13 日第二版。

扰乱本党组织，破坏本党纪律，以致客卿专政，共产党入揽大权”，“决定开除汪精卫党籍六个月，予以自新”。[1] 不难看出，西山会议这时对共产党仍愿视为革命团体，主张“并行”“合作”，与国民党同志俱乐部的态度确有相当不同。

当然，由于会议宣布停止广州中央执行委员会的职权，同时决定停止“容共”政策，并且形成了另外几项重要议案，如开除中央执行委员之共产派谭平山等案、解雇鲍罗廷顾问职务案、取消凌驾于中央执行委员会之上的政治委员会案、宣布中央执行委员会暂移上海，修正代表大会选举法以及准备择期择地召开第二届全国代表大会案等，俨然与国民党同志俱乐部的做法同出一辙，事实上仍旧是在与广州国民党中央分庭抗礼。而他们这些元老级的中执监委的号召力又远较冯自由等人大得多。因此，西山会议刚一宣布召开，各地就陆续有党部公开登报，声明附和，并逐一开除各地跨党人员。上海执行部和《民国日报》也转而成为西山会议派的宣传阵地。该派并在上海执行部原址成立中央机关，号令全党，宣布要在上海召开第二届全国代表大会。[2] 面对这一形势，广州方面于 12 月 4 日公开发表通告否认，汪精卫、谭平山等进而发表谈话与报告，宣布其违法。[3] 一时间，广州、上海两个中央相互指摘、辩难，自诩正统，并且真的分别在 1926 年 1 月的广州和 3 月的上海弄出了两个代表大会。此举自然影响到各地国民党党部随之发生激烈冲突与对立，互相指责、互相开除，许多地区党部因之分裂。这种分裂与冲突，不可避免地进一步恶化了党员之间，特别是对共产党人的感情。

1926 年 3 月 29 日至 4 月 10 日，支持西山会议的国民党人齐集上海，

---

[1] 《开除汪精卫党籍案》（1925 年 12 月 4 日）、《开除汪精卫党籍案之判决书》（1925 年 12 月 4 日），《清党实录》，第 8—9 页。

[2] 《中国国民党全体中央执行委员会通告》，上海《民国日报》1925 年 12 月 18 日第一版。

[3] 《中国国民党对全国及海外全体同志之通告》，《广州民国日报》1925 年 12 月 4 日第二版；《汪精卫先生关于中央执行委员会人数之重要谈话》；《第八次纪念周谭平山部长之党务报告》，《广州民国日报》1925 年 12 月 9 日第三版、第十一版；《中央党部对邹鲁等违法通电》，《广州民国日报》1925 年 12 月 16 日第二版。

宣布召开中国国民党第二次全国代表大会，并另立中央。但无论西山会议，还是上海“二大”，与会者都还公开承认共产党为“革命友党”，而下层支持西山会议的党员却越来越多地开始将共产党视为“反革命”了。

仅以上海《民国日报》为例。12月14日，他们宣布共产党为友党，声称：“本党虽然和共产党解除抱合的形势，而仍不妨认他们为政见略有不同的友党。本党决不跟一般盲目地反对共产主义的，信口雌黄地诬蔑共产党的人们一样，与共产党以敌意的仇视。本党此次解除抱合共产党的形势，而仍主张此后在民族主义的工作上联合起来，共同作战，是完全出于善意的。”[1] 但到22日，该报文章即开始指责共产党人为“反革命分子”。理由是东征军第一师师长何应钦查获共产分子李侠公密信，其中写道：“我已随第一师到达石湾三日，尚未填具报告者，以四周都非同志，而又同居一室（师长参谋长等），政治部虽自成一处，亦以杂有外人，遂使我无有机会填具报告。”“军官方面，……我们工作尚无妨碍，可以暗中畅行，及藉机会宣传我们的主义。”该报藉此指责李视国民党党员为“非同志”，在党军内暗中宣传共产党主义，说：“我们只要看李侠公这种秘密的书信，便可知道共产派分子平日在国民党中所做的工作，是共产党底工作，而非国民党底工作了。”文章责问说：既不为国民党工作，又不认国民党人为同志，还要秘密地在国民党内宣传自己的主义，这种心口不一的共产党人，与陈炯明、冯自由、江维（伟）藩等人有何区别？文章由此宣判：“在国民党中，凡是不完全依据三民主义、五权宪法而号称革命的，便是国民党的叛徒，便是反革命。所以在这一个基础上看，陈炯明、冯自由、江维（伟）藩、谭平山、毛泽东、瞿秋白辈，同是国民党的叛徒，同是反革命分子。”[2]

不过，严格说来，西山会议虽然在组织上造成国民党内部的极大分裂，对于下层党员的影响颇为明显，而它对广州国民党中央内部的影响却十分

[1] 言论之作者为何人尚不清楚。《解除国民党和共产党抱合形势以后》（三），上海《民国日报》1925年12月14日第二版。

[2] 《“非同志”》，上海《民国日报》1925年12月22日第二版。

有限。让人意想不到的，反倒是那些一度反对西山会议，和部分介入了西山会议发起过程，随后又被共产国际、中共中央和广州国民党中央请回广州去的国民党老党员，在1927年国共分裂的过程中扮演了极其关键的角色。这既包括1925年始终不赞成强行分共的吴稚晖、李石曾、张静江等人，也包括这个时候一度赞成分共的戴季陶、邵元冲、叶楚伧等人。他们在1926年1月广州的国民党第二次代表大会上，都被推举为国民党中央监察委员和执行委员。但是，西山会议的准备、发动与召开，毕竟使他们更直接地卷入到党内斗争，特别是国共斗争的政治风波当中来了。他们对国共关系影响国民党命运的实际状况，有了更切肤更深入的了解。一年以后，他们不仅全都转向赞同分共，而且他们的言论和决心已远远超过西山会议派，完全彻底地转向政治反共。正是他们的存在，以及相当一部分本已附和西山会议，随后又以各种形式回归广州国民党的中下层党员，在相当程度上影响和推动了1927年蒋介石最终下决心走向“清党”。这应该是西山会议派始料未及的一种后果。

第三章

蒋介石走向“三二〇”之路

自从发生西山会议和另立中央的重大事件后，国共关系紧接着遭遇的另一个众所周知的剧变，就是 1926 年 3 月 20 日发生在广州的“中山舰事件”，又称“三二〇”事件。要了解这一事件的由来，包括要理解此后国共关系所发生的变化，就必须了解蒋介石在政治上崛起的经过，以及他何以会从苏联顾问眼里的“红人”，迅速变成共产党敌人。长期以来，除个别研究者外[1]，人们习惯于依据蒋介石自己的说法，把他对苏联及其俄国革命的看法，区分为两个阶段，即 1923 年蒋赴苏访问之前和之后。蒋介石自己说：他对俄国革命，“第一时期的感想是同情的，第二时期的感想是失望的！是反对的！这种变迁，乃是实地考察的结果”。[2] 由此出发，人们多半相信 1923 年秋天蒋介石访苏的结果，和 1924 年 3 月 14 日他给廖仲恺信中对苏联和中共的批评，已决定了他对孙中山联俄容共政策的基本态度。谈论此后的蒋介石，或者避而不提他当年也曾按照孙中山的意愿贯彻、宣传联俄容共政策的言论与事实，或者稍有触及，即用“伪装革命”，或“阳示进步”一语以概括。对于蒋发动“三二〇”事变，更被认为是“为了突破‘受制于人的现状’”，“表面上与汪（精卫）打得火热，亲爱无比，在言论上十分左倾，事实上早已把汪精卫、季山嘉以及共产党作为假想敌，形成被迫害的幻想而伺机发动”的。[3] 这种说法，合乎逻辑，但却未必合于历史事实。因为这其实是站在政治人物后来的立场和说法上所得出来的结论，与历史事实本身的情况有很大的差距。

---

[1] 杨天石、余敏玲对于蒋介石早年思想和发动“三二〇”（中山舰）事件原因的研究，是笔者所见目前相关研究当中唯一较少预设主观价值判断的论文。杨基本上认为蒋早年思想的主要倾向是“追求进步”的，“三二〇事件”的发生，亦属偶然，非蒋之蓄谋。余则相信蒋“既不是一个反共的先知先觉，也不是表里不一的反共阴谋家”。分别见杨天石：《从蒋介石的日记看他的早年》，《蒋氏秘档与蒋介石真相》，社会科学文献出版社 2002 年版；杨天石：《中山舰事件之谜》，《历史研究》1988 年第 2 期；余敏玲：《蒋介石与联俄政策之再思》，《近代史研究所集刊》（以下简称集刊）第三十四期，台北“中央研究院”近代史研究所，2000 年 12 月。

[2] 蒋介石：《本党国民革命和俄国共产革命的区别》，秦孝仪主编：《先总统蒋公思想言论总集》，第 10 卷，（台北）中国国民党中央委员会党史委员会 1984 年印行，第 390 页。

[3] 这里可以提及的较具代表性的中文研究著作有李云汉的《从容共到清党》（台北中华学术著作奖助委员会 1966），黄道炫的《蒋家王朝·民国兴衰》（中国青年出版社 2001 年版）以及汪荣祖、李敖的《蒋介石评传》（中国友谊出版公司 2000 年版）。

一、主张“师法”苏俄

国民党的容共政策由联俄政策发展而来，联合苏联又与孙中山“以俄为师”的思想密切相关。以往，人们通常会把国民党人的“以俄为师”主要看成是孙中山个人的主张和意志，并以不同方式把蒋介石看成是国民党内反对苏俄的始作俑者，却很少注意到，其实在国民党人当中，蒋介石还是“以俄为师”的最早主张者和坚持者，因而也曾经是孙中山“容共”政策的支持者。蒋介石态度的改变，恰恰典型地反映出早年相当多数国民党人在对共产党问题上态度变化的复杂经过。

根据已有史料记载，还在1918年国内只有少数知识分子公开欢迎俄国革命之际，蒋就已经有了学习俄文、留学俄国的想法。1919年1月1日，蒋在福建军事前线，就曾暗自决心：“今年拟学习俄语，预备赴俄考察一番，将来做些事业。”[1] 当年，蒋因人事纠纷坚持告假离闽后，再萌留学想法，仅因孙中山坚持要其留在国内而未成，但他还是一度尝试习读俄语，并密切注意俄国革命的进展。正是由于对国内政治的极度失望和对俄国革命的高度关注，使30岁出头的蒋介石在思想上受到了五四时期激进思潮的影响，明显地流露出同情社会主义和俄国革命的倾向。在他的日记中，动辄即可看出此种言论。他不仅经常表现出同情劳动阶级的态度，而且直截了当地把矛头指向资本家，称：“政客、武人、官僚以外，商人之狡猾势利，尤为可恶。如不节制资本，则劳动家终无享利自由之机会。”[2] 读俄国革命史，他会联系到中国革命的曲折艰难，发自内心地表示赞叹，“企仰靡已”。注意到苏俄红军越过乌拉尔山脉进入西伯利亚，他更会感到振奋，断言：“列宁政府之地位，更加巩固矣！”[3] 在这种情况下，久不得志的他对孙中山单纯依靠地方军阀势力革命的做法愈加难以忍受，以至对中国社会的黑暗现状

[1] 转见杨天石：《从蒋介石的日记看他的早年思想》。

[2] 同上。

[3] 同上。

倍感厌恶，再三提出要去俄国“考察政治”，寻找出路。当然，自诩为孙中山军事专家的蒋介石，不像这时国民党的其他领导人，动辄强调学习列宁及其党人“意志坚定，精神紧张，久而不懈”的作风，而是每每会强调苏俄军事强大的原因，主张军制上当“参考劳农兵制”，引入其适合于中国军队性质者。[1]

蒋介石对政治及社会的厌恶态度，和坚持要去俄国寻求革命出路，不愿继续与地方军阀敷衍纠缠的心理，还引起过其在国民党内挚友的强烈担心。邵元冲即曾批评蒋不应过生厌恶社会之心，而仅以赴俄为唯一志向。他说：“兄既谓中国宜大改革，宜彻底改革，则兄必已自任为负改革责任之一人，如是则兄无论赴粤、赴俄，实皆为欲完成此目的而起，兄之志在赴俄，既非预备在彼处作隐逸，则当然在彼处准备一部分力量，回国担任改革社会也。如是则兄必非厌恶中国社会之人，乃不满意现在中国社会之现象而已。如是则吾人所以要求学，要作事，要负责任，皆所以达此目的，以打破我等所不满意之社会现象，而造成一吾人所希望所满意之社会而已。”“真厌恶社会者，只厌世派、隐士、自杀者而已。故弟愿兄易厌恶中国社会之心理为爱社会，如慈母对于不肖之子，仍尽心力以谋感化之，此吾人应有之态度也。”[2]

蒋介石“素性暴躁”，好猜疑，易激愤，对人对事常常意气用事，事后自己也不能不反复检讨、忏悔。[3] 但蒋之性格又相当固执，认准的事通常很难改变看法。对于学习俄国革命一事，他就不顾他人非议，始终坚持己见。1920 年 3 月，他甚至借上书孙中山的机会，用俄国革命成功的例子，批评孙中山，劝他放弃对欧美、日本外交的期待。他在历数孙中山借重对日、对美外交屡屡失败的经过之后，明白指出：“列强各国对于俄国之压迫，可

[1] 中国第二历史档案馆编：《蒋介石年谱初稿》，中国档案出版社 1992 年版，第 48、55 页。
[2] 《蒋介石年谱初稿》，第 57 页。
[3] 蒋一生中批评自己性格及处世方法的文字甚多。此时较集中者可参见《蒋介石年谱初稿》，第 50—56 页。

谓无所不用其极，兵力压制之不已，继之以封锁，及其封锁之无效，又利用波兰及反劳农军以捣乱俄国。而俄国卒不为其所困者，亦以其内部之团结坚强，实力充足，乃有所恃而无恐耳。”他甚至认为，国民党的主张其实与苏俄相去不远，称：“吾党标榜显著，外人目中无不视吾党为劳农制之化身，故无论为美、为法，与吾党个人有极善之感情者，至一顾及其本国之政策，鲜有不为其所反对与阻梗者。故本党惟有团结内部，放弃外交，以苏俄自强自立为师法，以谭义金（即邓尼金——引者）等反动军凭藉外交之失败为殷鉴，则内部巩固，实力充足，自有发展之余地也。”[1] 显然，在蒋介石这时看来，无论政治、军事、外交，中国革命都只能“师法”苏俄，才有出路。因此，他坚持认为：“赴俄考察政治，为彻底解决国是之计。”[2] 对照三年后孙中山才决心派蒋介石赴苏考察，并明白提出“以俄为师”，蒋介石在这一点上走在孙中山和众多国民党领导人的前面，似显而易见。

二、一度赞成“阶级斗争”

在蒋介石坚持之下，并经历陈炯明叛变之后，孙中山 1922 年 8 月终于决定正式向苏俄求援。30 日，事情刚有眉目，孙中山就马上函告蒋介石称：“某事近已由其代表专人带函来，问远东大局问题及解决之法，予已一一答之。从此彼此已通问讯，凡事当易商量矣。”[3]

孙中山历经沧桑，他在联俄问题上自然要比蒋介石冷静许多。11 月，蒋因人事问题发生猜忌，再度决心离开福州前线，孙曾有长函对此详加解说。孙函称：

[1] 《蒋介石年谱初稿》，第 62 页。

[2] 转见杨天石：《从蒋介石的日记看他的早年思想》。

[3] 《孙中山复蒋中正函》（1922 年 8 月 30 日），《孙中山全集》，第六卷，中华书局 1985 年版，第 535—536 页。

吾不能亲身来闽，而托兄以讨贼之任，兄何能遽萌退志如此。夫天下之事，其不如人意者，固十常八九，总在能坚忍耐烦，劳怨不避，乃能期于有成。……兄前有志于西图，我近日在沪，已代兄行之矣，现已大得其要领，然其中情形之复杂，事体之麻烦，恐较之福州情形当过百十倍。此无怪吾国之志士，乘兴而往彼都者，悉皆败兴而返。吾幸而得彼津梁，从此可日为接近。然根本之办法，必在吾人稍有凭藉，乃能有所措施，若毫无所藉，则虽如吾国之青年共产党，与彼主义完全相同矣，亦奚能为。所以彼都人士，只有劝共产党之加入国民党者，职是故也。此可知非先得凭藉不可。欲得凭藉，则非恢复广东不可。此次广东一复，则西南必可统一，如是便可以西南数省为我凭藉，则大有办法矣。此次土耳其革命党之成功者，此也。故兄前志之成否，则全在福州之一着也。能即进而灭广州之贼固善，如其不能，则保守福州而坚持，亦为一进步也。盖有一日福州，则我有一日之凭藉，外交内应，皆可以此为背景，倘并此而无之，则我不过为一租界之亡命客耳，奚足轻重？[1]

由上函不难看出，孙中山这时很大程度上还只是把联俄看作取得外援之一种途径，因而格外强调自身要具有讨价还价之资本，即所谓“必在吾人稍有凭藉，乃能有所措施”。这与蒋介石关心借鉴俄国革命的经验问题，仍有相当距离。

蒋介石在 1923 年 8 月终于有了赴苏考察的机会。当时，孙中山委任蒋为代表团团长，前往苏联考察一切并接洽援助。蒋 8 月 5 日回到上海，当即约共产国际代表马林及国民党人张继、汪精卫等商组代表团等事宜。他先后起草了军事和宣传意见书及致苏俄党政负责人意见书，总计万余言。其中心在说明：中国革命至今不能完成，全由辛亥革命不彻底所造成。结果

[1] 《孙中山致蒋介石函》（1922 年 11 月 21 日），《孙中山全集》，第六卷，第 616—617 页。

使反革命势力得以在列强支持下以北京为巢穴，使革命军总难成功。限于中国工农之程度与现实环境，中国革命不能离开军队，必须军事与宣传同时并进。然南方之革命军势力弱小，备受南方军阀之牵制。“中国革命之根本计划，当在列强势力范围外之西北，得一根据地，训练有主义有精神之军队，备作革命军之中心势力，此为中国革命惟一方略也。”[1]

蒋介石此番苏联之行，对其思想到底产生了何种影响，是一个需要研究的问题。我们很难简单地根据蒋回国后于 3 月 14 日给廖仲恺的信，以及蒋自己后来的回忆为依据，认为蒋此行“非常失望”。[2]

蒋介石此次访苏有没有失望与不满？有。其突出原因在于苏联政府原本已经答应帮助孙中山在西北建立军事训练基地，蒋即因此受命前来提交军事计划书并商讨具体实施步骤。未承想，当蒋提出以库伦（今乌兰巴托）作为主要军事训练基地的计划之后，苏联方面却转而表示：“在今后几年内，（国民党）唯一的任务就是进行政治工作。开展军事行动的内在条件成熟之日，才是采取军事行动之时。依照提供的方案采取军事行动，无异于冒险，注定要失败。”苏方同时借口蒙古人害怕中国人，强调国民党无论如何不应在外蒙古进行军事行动，声称这会引起严重误解，这就在事实上拒绝了孙中山的西北军事计划。对此，具有强烈民族主义倾向的蒋介石，自然会敏感地意识到，俄国人醉翁之意不在酒。他们其实是害怕国民党的势力进入外蒙古，会妨碍他们实现使外蒙古脱离中国的企图。[3] 正是出于对苏联出尔反尔和在外蒙古问题上所表现出来的态度的极度不满，蒋介石在 1924 年 3 月 14 日给廖仲恺的信中才会激烈批评“俄党殊无诚意可言”，“其对中国之政策，在满、蒙、回、藏诸部，皆为其苏维埃之一，而对中国本部未始无染

[1] 《蒋中正致苏俄党政负责人意见书》（1923 年 8 月 5 日），台北“国史馆”藏，蒋中正档案，筹笔 2010.10/00001/001。

[2] 转见李云汉：《从容共到清党》，第 129—131 页。

[3] 有关孙中山西北军事计划提出及孙逸仙代表团赴苏接洽失败的经过，可参见拙作：《孙中山的西北军事计划及其夭折》，载蒋永敬、杨奎松：《中山先生与莫斯科》，（台北）中山学术文化基金会 2001 年版，第 177—226 页。

指之意”。蒋由此进而声称：“彼之所谓国际主义与世界革命者，皆不外凯撒之帝国主义，不过改易名称，使人迷惑于其间而已。”“所谓俄与英、法、美、日者，以弟视之，其利于本国而损害他国之心，则五十步与百步之分耳。”[1]

据致廖函，蒋在莫斯科期间，曾被强力动员参加共产党，蒋的回答是：“须请命孙先生”，因此，被讥刺为“个人忠臣”。[2] 具有极强自尊心的蒋介石十分敏感地注意到，他在莫斯科对留学生讲国民党革命史，极力推崇孙中山，却被议论为有“崇拜个人之弊”，留学生们更多讥讽孙中山身边“忠臣多而同志少”。与此相对照，多数留学青年“不知尊重祖国领袖”，却对苏联革命推崇备至，对苏联领导人言听计从。蒋因此不能不怀疑莫斯科为何放着革命的国民党不去全力帮助，反而必欲扶植一个弱小的中国共产党？结果，他从逻辑上推演出的结论就是：“俄党对中国之惟一方针，乃在造成中国共产党为其正统，决不信吾党可与之始终合作，以互策成功者也。”蒋称：中共党员“在俄国者，对于孙先生惟有诋毁与怀疑而已”，他们“骂他人为美奴、英奴与日奴，而不知其本身已完全成为一俄奴矣”。[3]

但是，即使我们相信目前被广泛征引的致廖函不存在后来加工修改的情况[4]，我们也不能忽略此信产生的特殊背景。即蒋介石写信时，恰在对孙中山的做法极度不满、辞职出走之际，其看法带有某种情绪化的成分。

蒋介石这时的不满，原因甚多。一是与国民党一大实行改组，自认跟随孙多年的蒋未能被孙引入国民党 41 名中央委员之列有关。这是因为，蒋虽理智上看重名节，时时以人臣自居，强调忠孝，自认不重权位，但依其

[1] 转见《蒋介石年谱初稿》，第 167 页。

[2] 《蒋介石年谱初稿》，第 168 页。

[3] 《蒋介石年谱初稿》，第 136、142、167—168 页。

[4] 目前所能见到的蒋介石日记、文稿，除美国斯坦福大学胡佛研究所、南京中国第二历史档案馆及台北“国史馆”、党史会原藏，确属当年亲笔者外，多应慎重使用并加考证。因蒋向有整理修订日记习惯，而录有大量重要日记、文稿的《蒋介石年谱初稿》、《民国十五年以前之蒋先生》、《总统蒋公大事长编》以及《事略稿本》、《困勉记》、《省克记》等，更常有经编纂者改动原文，致使各书引用同一文字，却各不相同的情况。

性格，他对自己在孙中山眼里和国民党内的地位，一向仍十分敏感[1]，如今，国民党改组，众多在蒋看来初出茅庐的青年学生，只因有共产党员的身份，就得以一跃而跻身于国民党中央，担任要职，他却连“一大”代表都当不上，这难免会让蒋心情不很愉快。二是认为孙中山、廖仲恺在广东的用人任事“不讲条理，不定次序”。这既包括廖任广东省长，用人行政一仍旧习，尤其把财政权力交给并无经验的孙中山儿子孙科办理，致百弊丛生；也包括让他办军校，却迟迟不解决经费和权限问题；而更重要者还在于，蒋属于那种有强烈抱负的人，访俄后自认颇有心得，对党事、国事更有发言权，不想报告交孙后石沉大海，杳无音信。孙中山对苏联的认识以及党政工作的设想，全由苏联顾问鲍罗廷设计，这让自尊心极强的蒋深以为辱，“自愧信用全失，人格扫地”。[2]

关于蒋当时的主要不满，我们也不难在蒋 3 月 2 日致孙长信中一窥究竟。他在信中直言批评孙不应喜新厌旧，称“吾党自去岁以来，不可谓非新旧过渡之时期，然无论将来新势力扩张至如何地步，皆不能抹杀此旧日之系统。何况新势力尚未扩张，且其成败犹在不可知之数，岂能置旧日系统于不顾乎！”他批评孙、廖“用人任事毫无系统，即能维持现状如今日者，虽成必败，虽得犹失”。[3] 这封信表面批评“中国人只崇拜外人，而抹杀本国人之人格”，实际暗示孙中山太过信任俄国人，而看不到他的智慧。他因此大胆提出：“如吾党同志果能深知中正，专任不疑，使其冥心独运，布展菲材，则虽不能料敌如神，决胜千里，然而进战退守，应变致方，自以为有一日之长，断不临时纷乱，以陷危境。”问题是：“先生今日之于中正，其果深信乎，抑

[1] 1920 年 3 月 31 日蒋日记曾记述胡汉民、廖仲恺等来电，对他受召前往福建漳州前线事“似有幸贺之意”，“余亦不乐”的情况，称“此皆资格与实力不足，为人另眼重视”，故深恨自己“实不副名”。这再清楚不过地反映出蒋对自己地位格外计较的心态。见美国胡佛研究所藏《将介石日记》原稿复印件，第 2 盒。

[2] 《蒋介石年谱初稿》，第 161、167—168 页。

[3] 同上，第 160—164 页。

未之深信乎，中正实不敢臆断。”[1] 由此不难看出，蒋 3 月 14 日给廖信批评苏联和中共，明显与其在党内的处境及其当时的恶劣心态有关，未必可以视为其思想上转折的表现。因为事实上，蒋介石这个时候在思想言论上所表现出来的倾向性，却是另外一种情况。

蒋介石刚到莫斯科不久，俄国人就得出印象：他“同我们很亲近”，尤其关注红军的政治工作及装备情况。9 月 16 日第一次参观军队，他就表现出强烈的兴趣和热诚，“说了许多夸奖和感到惊讶的话”。并一再要求向士兵讲话，以表达他的感受。他的讲话充满了革命的激情，声称“红军是世界上一支最勇敢、最强大的军队”，其秘密就在于“与人民的团结一致”。他说：“你们战胜了你们国内的帝国主义和资本主义，但你们还没有消灭世界的资本主义和帝国主义，你们要准备和他们决战。”他并且表示：我们来这里学习并与你们联合起来，“也准备在同帝国主义和资本主义的斗争中牺牲”。[2] 在随后写给共产国际的报告当中，他更进一步阐述了对世界革命的理念和对社会主义的向往。声称：“我们的目标就是同国际帝国主义及其工具——中国军阀做斗争。正是世界资本主义和帝国主义把中国变成了半殖民地。不推翻世界资本主义和帝国主义就不能指望中国取得真正的独立。由此得出，我们的任务就是推翻世界资本主义。所以我们的国民革命将具有国际性质。”他说：一旦中国革命取得胜利，“所有的大工业企业和所有土地都应属于国家并由国家管理，以便避免私人资本主义制度的危害”。他特别声明，尽管现实条件下在中国立即实行共产主义是不可能的，但我们的民生主义经济制度，“也是通向共产主义的第一步”。[3]

---

[1] 《蒋介石年谱初稿》，第 164—168 页。关于蒋介石这时出走之原因，汪荣祖、李敖分析蒋纯粹因为权力欲不得满足，并称其做致廖函乃为纠正其游俄报告书较正面的意见，似嫌简单化。见《蒋介石评传》（上册），中国友谊出版公司 2000 年版，第 93—94 页。

[2] 《杜霍夫斯基关于国民党代表情况的札记》（1923 年 9 月 10 日）、《关于国民党代表团访问第 144 步兵团情况的书面报告》（1923 年 9 月 17 日），《共产国际、联共（布）与中国革命档案资料丛书》（1），第 288、290—292 页。

[3] 《国民党代表团关于中国国民运动和党内状况的书面报告》（1923 年 10 月 18 日），《共产国际、联共（布）与中国革命档案资料丛书》（1），第 301 页。

蒋介石的这种激进观点，一直到他离开俄国前几天与共产国际领导人会晤时，仍旧毫无改变。他用共产国际式的语言明白解释说：我们既不为资产阶级，也不为小资产阶级的利益而斗争。我们在目前之所以还不能像苏联那样开始进行无产阶级革命，只是因为，第一，大多数中国人民不识字，所以在人民中开展宣传工作异常困难。第二，大多数中国人属于小农阶级、小资产阶级，但我们一旦取得了第一阶段的胜利，我们就可以进行合法的宣传共产主义原则的工作了。比较其他一些国家，“中国人民将更容易实现共产主义”。当然，中国革命要想取得成功，蒋明确认为必须借助于世界革命来对抗帝国主义。他也注意到，苏联要防止资本主义和帝国主义列强进犯，也需要帮助西面的德国和东方的中国取得革命的成功。因此，他建议说，俄、德、中三国“组成三大国联盟来同世界资本主义势力做斗争。借助于德国人民的科学知识、中国革命的成功、俄国同志的革命精神和该国的农产品，我们将能轻而易举地取得世界革命的成功，我们将能推翻全世界的资本主义制度”。[1]

蒋在莫斯科期间，又是读《马克思学说概要》，又是读《共产党宣言》，“久久领略真味，不忍掩卷”。他对苏联整体的印象，虽也时有批评，但更多的还是感慨与触动。称：“俄国人民，无论上下大小，皆比我国人诚笃恳挚，令人歆慕，此点各国所不及也！”“（苏俄军队）上下亲爱，出于自然，毫无专制气味，而政党代表与其团长亦无权限之见。”“俄国武器研究及其进步可与欧美各国相竞，非若我国之窳败也。”“苏俄各地各所，皆有少年共产党支部。对于青年，竭意培植。是其第一优良政策。厚农工而薄士商之制度，吾亦无间言矣！”他断言：“苏维埃政府对于人民已有相当基础，殊足以破帝国主义之胆，吾于苏俄无敢轻量。”[2]

---

[1] 《有国民党代表团参加的共产国际执行委员会会议速记记录》（1923 年 11 月 26 日），《共产国际、联共（布）与中国革命档案资料丛书》（1），第 330—338 页。

[2] 《困勉记》1923 年 9 月 9、17、21、22、23 日，10 月 10、13、16、18 日，11 月 4、7 日，台北“国史馆”藏蒋中正档案。

蒋在莫斯科如此，回国后又如何呢？我们注意到，即使在国民党一大之后，即使在他向孙中山和廖仲恺表示不满之际，他也不曾改变相信俄国革命理念的心态。最典型如他对阶级斗争问题所持的态度，他并非不知孙中山的观点[1]，却公开主张应当民族斗争与阶级斗争同时并举。[2]比如，他在 1924 年 2 月 17 日的讲演当中，就曾提出："现在世界只有二种斗争，一种是民族斗争，一种是阶级斗争。"被压迫民族一定要起来斗争，求独立，这是人类的天性。被压迫的劳动阶级一定要反抗资本阶级，不仅不再做资本阶级的奴隶，而且还要根本摧毁资本阶级不劳而食的社会基础。这两种斗争，最终事实上都要通过武装的办法来解决问题。为此，他公开主张："中国与外国的革命党，统统联合起来，解决世界一切不平等的问题。"认为"中国革命，不是中国一国的问题，是世界的问题，要联合世界各国的革命党，来促进我们中国革命的成功"。并声称"中国的革命，要在阶级斗争之中，来求民族独立；在民族独立之中，来求革命成功"。[3]

注意到以上的情况，我们自然也就能够理解，何以蒋在给廖仲恺的信中，会一面批评苏联与中共，一面明言："对俄党问题……应有事实与主义之别"，"我们不能因其主义之可信，而乃至事实于不顾。"[4]在这里，他虽不满于俄国党人的"事实"，但这一时期他对俄党"主义"之认同，却是十分明显。

三、从联俄到“联”共

蒋介石赞成联俄容共政策，从他 1924 年 5 月 3 日正式就任黄埔军校（即陆军军官学校）校长开始，就表现得很清楚。军校办校的形式、制度、人

[1] 参见孙中山：《三民主义 · 民生主义》（1924 年 8 月 3、10 日），《孙中山全集》，第九卷，第 355—394 页。

[2] 余敏玲断定蒋这时“认为三民主义是反对阶级斗争”，未能举出史实加以证明。余敏玲：《蒋介石与联俄政策之再思》，台北《近代史研究所集刊》，第三十四期，第 71 页。

[3] 《蒋介石言论集》，第一集，中华书局 1964 年内部刊印稿，第 197—200 页。

[4] 《蒋介石年谱初稿》，第 167 页。

事组织等，都是苏联式的。军事教官的核心实际上是来自苏联的军事顾问，政治教官的骨干也多选用共产党人。甚至连黄埔军校特别区党部，第一届包括蒋在内五名执、监委中，三人均为共产党员，第二届则除蒋一人以外，另外七名执、监委，全都用的是共产党员。他并且十分重视党代表和政治部的工作，说党代表制度是“救济中国军校的唯一的制度”，“宁可无军队，不可无党代表”。[1] 显然，只读过日本军事补习学校的蒋介石在军校的建设上，高度重视他在莫斯科所得到的经验，尤其看重苏联顾问的指导和共产党人的帮助。正是由于有了包括军校经费和武器装备在内的苏联援助，以及共产党人的倾力相助，黄埔军校才得以顺利建成和发展起来。仅一年的时间，军校就已经吸收了三期学员，发展成为一个拥有两千余名学生的重要军事单位，并作为学生军参加了平定商团之战及东征作战。蒋亦在此基础上，得以兼长洲要塞司令、东征军总司令，并由设立军校教导团、组成校军，最终建成国民革命军第一军，兼任军长，从而成功地创立了第一支真正属于国民党的“党军”，也使蒋第一次有了自己属下的并且是嫡出的部队。这种情况自然使蒋对“师法”苏俄的意义会有更深切的体会。蒋介石所以经常讲：“我们所要仿效的，是俄国的革命党。”“我们要党成功，主义实现，一定要仿效俄国共产党的办法”；之所以刚一开始组建自己的军队，就全力推行政治部和党代表制，并要求共产党员来出任主要的政工人员[2]，实在是因为联俄容共政策带给蒋介石、黄埔军校以及国民党的军事建设太多实惠。

正因为蒋介石在联俄容共问题上受益日多，我们不难注意到蒋介石在思想言论上也就愈来愈革命。建校之初，他几个月的讲演大都集中在如何做人，如何当兵，尤其是如何守纪律、讲卫生上。虽然经常讲到学习俄国革命，但也主要是讲中国的党员如何不如俄国的党员能奋斗能牺牲。几个

---

[1] 转见曾庆榴：《广州国民政府》，广东人民出版社 1996 年版，第 336 页。

[2] 蒋介石：《俄国党员活动的方法及其成效》（1924 年 6 月 29 日），《蒋介石言论集》，第一集，第 311—313 页；《黄埔丛书》，第二集，第 63 页；《加拉罕在联共（布）中央政治政治局使团会议上的报告》（1926 年 2 月 11 日），《共产国际、联共（布）与中国革命档案资料丛书》（2），第 77 页。

月之后，特别是孙中山基于“非以俄为师断无成就”的信念，视蒋介石为国民党内少数学习俄国的坚定派而任命其为“全权委员”，蒋的言论明显更为激进。

蒋这时不仅宣传反帝、反军阀的主张，而且注意用阶级斗争的观点来鼓动和教育官兵，他强调：中国的乱源在帝国主义，因为“外国帝国主义来压迫我们中国，夺取我们原料，垄断我们商场，所以使我中国地价与物价昂贵。帝国主义者，是我们最大的敌人”。“军阀勾结帝国主义者来压迫本国人民，保护帝国主义者来垄断市场。所以军阀就是帝国主义的走狗，亦就是卖国奴，所以我们认他是第二个敌人”。而“这地主与富商，是使得我们生计穷苦的原因，亦就是我们最后的敌人”。因为“地主操纵地价，弄得我们无地可种；富商操纵物价，百货昂贵，弄得我们衣食无着，所以生计穷苦”。“打不倒乡下的地主，你们的敌人仍旧不能够除去，你们仍旧要被人家压迫，没有出头的日子”。他声称：“惟其社会贫富如此不平，所以我们要革命，必定使得人人要劳动，人人可以安乐。”“革命是为全体人类求幸福，尤其是对于劳动阶级，如农人工人的幸福最为注意。”“不许有劳逸不平，贫富悬殊，也不许人民以劳工得来的钱，被大资本家和大地主暗中夺了去。”必须实行按劳分配，多劳多得。[1] 他甚至解释说：我们三民主义的民生主义，“就是‘节制资本，平均地权’，明白地说，就是打倒资本家，反对大地主。这明明白白是为无产阶级而奋斗的。……所以民生主义到最后一步，就是共产主义”。只是因为民生两个字足以代表社会主义、共产主义解决人类生活，谋求社会生存的要义，所以我们叫它做民生主义，而不再分为社会主义或共产主义。[2]

1925 年 8 月，廖仲恺被刺。原本并不十分信任蒋的鲍罗廷，经过一年

---

[1] 蒋介石：《中国现状及俄国革命成功之原因》（1924 年 9 月 25 日）、蒋介石：《新兵精神教育问答》（1924 年 10 月）、蒋介石：《当兵的意义和责任》（1924 年 11 月 30 日），以上见《蒋介石言论集》，第一集，第 368—371、391—401、485—488 页。

[2] 蒋介石：《主义不行，党员之耻》（1925 年 4 月 9 日），《蒋介石言论集》，第二集，第 69—72 页。

多的考察，认定蒋已成为广东国民党最可靠的左派将领，故全力把蒋推上前台，使其充任广州卫戍司令，与汪精卫、许崇智组成三人权力中心。因随后发现胡汉民胞弟卷入刺杀阴谋，许崇智属下的粤军将领中亦发现有谋反迹象，于是在鲍罗廷的支持下，胡汉民被送去莫斯科，蒋亦将许崇智强行解职，递解出境。此一行动，被人称为广州政变。它的直接后果就是使蒋更进一步跃入国民党的决策中心，成为除汪精卫以外的国民党第二号领袖人物。在这种情况下，蒋联俄容共的言论更趋激进。他不仅公开宣布要“与反共派的人为敌”，相信“国人相惊之赤化，在事实上确无根据，在理论上亦非恶名”。而且声言廖案的根子在帝国主义，激烈主张“对于帝国主义者唯一的方法，就是要直接和他开战”。[1]

蒋介石内心是怎样看待孙中山的联俄政策呢？他说：“本党不改组，苏俄同志不来指导我们革命的方法，恐怕国民革命军至今还不能发生。我们今天能够消灭叛逆，到达这个目的，大半可说是苏俄同志，本其民族精神，国际的势力，与其革命的使命，起来以至诚与本党合作，帮助我们中国革命的效力。”“帝国主义者所造的谣言，最有力量、最能动人的一句话，就是说‘中国人不应受俄国人指挥’。我们且不讲我们是否已受了俄国人指挥，但我敢老实说，叫革命先进国苏俄来指导我们中国革命，我们世界革命的中国革命党员，实是愿意接受的，而且是应该接受的。去年总理将要北上的时候，对我不但有面谕，而且是有手谕。总理的面谕是：‘鲍罗廷同志的主张，就是我的主张，凡是政治上的事情总要容纳他的主张；你听他的主张，要像听我的主张一个样才好。’……事实上，苏联同志并非居在指挥的地位，不过我们以世界革命党员自居，也很愿意受革命先进国同志的指挥。这并不是妄自菲薄、甘居人下的一件倒霉的事，实在是世界革命、联合被压迫民族的战线，指挥统一是现在对帝国主义者作战最要紧的一个战斗原则。”

---

[1] 蒋介石：《追悼廖党代表应努力实现三民主义》（1925 年 8 月 31 日），《蒋介石言论集》，第二集，第 201—202 页；蒋介石：《祭廖党代表文》（1925 年 8 月 31 日），《革命军》第 8 期；蒋介石：《真革命党必决心成仁》（1925 年），《蒋介石言论集》，第二集，第 210—212 页。

因为,“我们联俄,意在打倒一切帝国主义。只因为中国问题完全是世界问题,中国革命完全是世界革命，我们要中国革命成功，一定要联合世界的革命同志，才能打倒世界的帝国主义。”“总理毅然联俄，即在联合世界革命党，因为苏俄是世界革命的策源地，亦是世界革命的中心点。”[1]

蒋介石这时又是如何谈论容共政策呢？他的态度同样十分积极，不仅肯定过去的“容共”,而且干脆认为两党就是“联合”的和“合作”的关系。他说：“共产主义与三民主义的利害是完全相同，没有什么冲突的。除了共产党以外，其他团体肯同我们本党真正合作革命事业的，就很少了。所以去年当本党改组之始，虽有许多党员激烈地反对，而我们总理总是照着原定计划，同共产党联合起来，实行国民革命。总理下了这样决心，不是随便的事，自然另有眼光和主张的。”“总理认为现在的中国,除了共产党主张彻底革命,还可以同国民党合作之外，再没有第二个党派能够和我们合作的了。而且共产党真正革命的同志们，实在不比我们国民党少，加入了国民党，实在能替国民党求进步求发展,促进本党的革命精神。所以总理就下这个大决心,不为众论所摇动。”为有助于国共两党的合作，他甚至不惜向怀疑共产党员的国民党员担保：绝没有共产党员只做共产党的工作、不做国民党的工作这回事。声称：“据我看来，这桩事情，在外面或许有之。若说在本校决无这种事实。如果真有这种事实，本席便大有罪过！因为本席是本校党部第二届监察委员，都不能觉察到这种事实，这不是本席的罪过？”[2]

蒋讲这话有他个人的经历和体验在内，1925 年 12 月，他在《陆军军官学校第三期同学录序》中写道：

---

[1] 蒋介石：《汕头东征军总指挥部苏俄革命纪念宴会演讲辞》（1925 年 12 月 11 日），《蒋介石的革命工作》，上海太平洋书店 1926 年版，第 56—57 页；蒋介石：《再论联俄》（1926 年 1 月 10 日），《蒋介石言论集》，第二集，第 337—338 页。

[2] 蒋介石：《坚持最后五分钟是一切成功的要诀》（1925 年 9 月 9 日）、《团体训练的重要》（1925 年 9 月 13 日），《蒋介石言论集》，第二集，第 226、233—235 页。

今春孤军挺进潮梅，同志死伤者，六百余人，桂军袖手旁观于东江，滇军且通敌以谋袭我后；孟夏回师广州，讨伐叛逆之杨刘，死者伤者，以百数计；而沙基之役，至二十人之多，而伤者不计也。……十月奉命，重征东江，进攻惠州，世皆视为天险之老巢，人人以为难攻莫敌者，而本军将士，目无全牛，视若坦途，自刘团长尧宸以下，如耿泽生、谭鹿鸣、徐廷魁、但德芳、张忠熙、彭继儒、金鸣章、刘铭、陈作云、叶振南、王嵩、周德保诸子等，死者百三十余人。伤者如詹忠言、曾扩情、蒋先云、杜从戎、冷欣诸子，且四百余人。此其前赴后继，视死如归者，何哉？主义之所感，敌忾之所兴，亲爱之忱，油然勃发而不能自已耳。海丰之役，以三百之众，而敌三师之强寇；横江之战，林逆主力，悉数来犯，谋以三面包围我军者，反为我所各个击破。惜乎陈子厚、王步忠、侯吉文、范涛诸子，皆亡于是役。华阳一战，以三千初集之卒，而攻一万五千，背城借一，困守死斗以抗顽敌，殉难死者，自周团长保生，党代表姚世昌、周玉冠、车鸣骧诸子以下一百二十五员名。卒能转败为胜，扶危为安。呜呼，可谓荣而哀矣。……嗟乎，总理逝矣，先烈亡矣，而其神其灵，不昧不丧者，惟在其所遗本校后死而未亡同志一线之命脉耳。吾人之聊足告慰先烈者，亦惟此而已。此一线未绝之命脉，所造者为何？是乃总理一线相传之国民党内‘共产’与非‘共产’二者凝集而成之血统也。吾人至今，悔不问明当时先烈之死者，为‘共产’乎？抑为‘非共产’而三民乎？

对国共两党官兵能够在自己的率领下共同效命沙场，前赴后继，身为军校校长的蒋介石不能不感慨万端，更不能不深感国共合作的好处。他显然希望能够在三民主义旗帜下继续这样一种合作关系，而不愿看到两党之间有任何纷争，故明确表示：“吾愿与党内死者诸同志，同穴安眠于地下，吾愿本党后死诸同志，不分畛域，不生裂痕，终始生死，本我亲爱精诚之校训，团结精神，继续我先死者之事业，以完成我国民革命之责任，直接以实行我总理之三民主义，即间接以实行国际之共产主义也。”称：“三民主义之成功，与共产主义之发展，实相为用而不相悖者也。……未有中国之国民革命，而可不实行三民主义者也，亦未有今日之国际革命，而能遗忘共产主义者也。中国革命，不能不承认为世界革命中之一部，而实行三民主义则共产主义即在其中矣。吾辈死者，但知中国革命与国际革命不能分而为二，则三民主义与共产主义，岂有纷争之必要，而徒使吾辈死者痛哭于九泉乎？吾愿未忘之同志，由定静安虑，以臻于格致诚正，而求得革命之真理。”[1]

在这种情况之下，1925年虽有一部分国民党中执监委在北京召集西山会议，提出驱鲍、分共、惩汪的主张，在国民党内掀起和共产党分家的浪潮，蒋介石却丝毫不为所动。他不仅在日记中深表“痛恨”，而且很快就公开发表了《告国民党同志书》，批评西山会议，为三民主义与共产主义的关系，以及鲍罗廷、汪精卫和共产党人出面辩护。文称：“赤化也、共产也、俄人掌握政权也，帝国主义与军阀之所以诬陷我者，今岂将一一出于同志之口耶？容纳共产党，此总理于本党改组以前几经郑重考虑而后毅然决定者也。自改组迄今两年，成绩俱在。‘联合世界上以平等待我之民族’，犹总理于遗嘱中认为与‘唤起民众’同为完成国民革命所‘必须’者也。苏俄同志助成中国独立之国民革命，其诚意亦彰彰明甚。”“今日中国革命已为世界革命之一部分，中国革命成，则世界革命为之促进，亦世界革命成，中国革命始真正成功。总理自信三民主义可垂之百世，推之世界，岂在中国国民革命尚未完成之时，而已惧于何种主义之蚕食，总理有如许伟大之自信力，逝世未一年，而后死之同志惴惴焉惟被共产主义蚕食之是惧。其师大勇，其徒薄志弱行至此，亦可谓不肖之甚者矣。”[2] 这一告同志书亦清楚地显示了蒋这时坚定支持联俄、联共政策的政治态度。

---

[1] 上海《民国日报》1926年1月1日元旦增刊第一、二版。

[2] 《广州民国日报》1926年1月1日第十一版。

四、护党与联共的矛盾

蒋介石思想激进，支持并拥护联俄、联共，但这并不表明他对共产党或俄国人全无戒备心理。这种心理的产生，其重要原因是，蒋视国民党为中国革命的重心，也是他自己生存和发展的基础。正如他在莫斯科难以容忍留学生批评国民党及其领袖一样，他在 1924 年 3 月 14 日致廖仲恺函中所以强烈批评苏联与中共，其实也同样含有不希望外人左右国民党的思想情绪。

蒋介石究竟是更重视个人权位，还是更重视国民党的组织生命，这是一个颇难厘清的复杂话题。但毋庸置疑的是，蒋介石的个人权位及政治抱负，在相当程度上与国民党的组织生命结合在一起，不可须臾分开。从这个角度来分析蒋介石对联合共产党与戒备共产党问题的矛盾态度，应当不难发现，蒋的这种态度、心理和国民党组织生命的状况密切相关。当共产党人的言行有利于国民党的发展时，蒋就站在联共政策的一边；当蒋认为，共产党人的言行不利于国民党的发展时，他就戒备以至反对。[1]

如何保证国民党的团结与统一？基于中国传统的观念，自然需要一个不可逾越的政治权威和精神权威。而当时唯一能够统合国民党政治和精神的权威，当然就是孙中山和三民主义。以孙中山和三民主义为最高权威，以国民党为实现孙中山三民主义的组织载体，要求所有党员忠诚于三民主义和国民党，这在蒋介石看来天经地义。故蒋介石办校伊始，就准备将黄埔军校办成真正实现三民主义和党的意志的学校。为此，他在 1924 年 7 月 30 日对军校第一期学生训话时，就明白告诫说：“本校是为实施三民主义而创办的，除了按照三民主义的思想去实行外，没有别的事，也不许有别的主义侵犯到这个学校里来。以后我们党员对于三民主义，绝对要服从，不准有一毫怀疑，而且不许有批评三民主义的态度。如果有怀疑三民主义，

[1] 包括对西山会议派，蒋虽公开严厉批评，内心里却颇念旧情，基于不愿根本破裂和尽可能维护党内团结的角度出发，曾设想不把西山会议问题提交国民党二大做裁决。胡佛研究所藏《蒋介石日记》原稿复印本，第 4 盒，1926 年 1 月 11 日。

或变更三民主义的人，那都是我们的敌人，我们党员对于我们的三民主义，绝对不许批评与怀疑！”[1]

黄埔军校开办的最初几个月里，学生中虽然也有不同主义宣传的存在，主要却不是共产党的主义宣传，而是流行于社会上的无政府主义思想的散布。经过几个月的整顿和随后的军事行动，无政府主义的思想渐渐不再成气候，国共两党的矛盾却开始由校外渗入到校内。从国民党中监委的弹劾共党案发生之日起，黄埔军校内部学生乃至教员中间，也不可避免地开始发生具有派别斗争性质的分歧与磨擦，更渐次生出青年军人联合会和孙文主义学会两个思想上明显区别的学生组织。这种区别与磨擦，因国共分歧而逐渐扩大，到 1925 年孙中山逝世、“戴季陶主义”出现，乃至廖仲恺遇刺前后，已经形成相当规模，再难视而不见了。

国共两党之间因性质、目标和具体方针政策之不同，存在相当的隔阂与误解，在所难免，但共产党员跨党，以个人身份加入国民党，甚至跻身国民党中央和各省市权力中心，这种情况，却使部分国民党人不安。他们惴惴于共产党在国民党内暗中发展党员，划分左右派。在他们看来，这种划分的标准简单生硬。例如，凡参加孙文主义学会者一律拒之门外，凡同情工运农运者不论愿意参加与否，反复劝说。结果，黄埔军校军官学生贺衷寒因属于孙文主义学会的骨干成员，虽八次申请加入共产党，仍被拒之于门外[2]；而上海国民党人葛建时只因街头斗争表现激进，虽无意参加，却被反复动员。

“向来以左派自居”的葛建时这时曾公开说明过他对共产党人由接近到怀疑的情况。他说：“我确被 C. P. 分子拉过了五六次。”在说明经过之后，他进而表示疑问称：“（一） C. P. 在党内秘密宣传和组织，是不是为总理所

[1] 蒋介石：《军校学生应绝对信仰三民主义》（1924 年 7 月 30 日），《蒋介石言论集》，第二集，第 340—341 页。

[2] 《鲍罗廷在联共（布）中央政治局使团会议上的报告》（1926 年 2 月 15、17 日），《共产国际、联共（布）与中国革命档案资料丛书》（3），北京图书馆出版社 1998 年版，第 140 页。

许可。据恽代英君说：‘这是总理所许可的。’那么，总理当时为什么不叫我们放弃了三民主义去信仰共产主义，而悉数加入共产党？（二）据中国共产主义青年团的决议案，要吸收国民党中间的激进分子，证以我们同志被拉之经过，显然是见一种事实。试问，比较努力的分子如果完全拉了去，将来的国民党是不是只剩了一个空壳子？我们的好朋友——共产党呀！你们有什么法子，消释我们亡党的恐怖？（三）国民党的组织松懈，共产党的组织严密，是我们所承认的；但是你们既是国民党党员，为什么不提议整顿组织？为什么不设法整顿组织？而只是像东新桥的野鸡似的，死拉活扯的拼命拉客？”他同时批评说：有的 C. P. 同志一谈到三民主义，就批评民权主义和民生主义，表示不信仰。甚至有 C. P. 同志直截了当地表示说：“三民主义的革命是小资产阶级的革命，是不彻底的革命，我们是要一劳永逸地革命。”据此，葛建时问道：“（一）你们对于三民主义已不信仰，而口口声声仍以国民党自居，是什么道理？（二）我们所希望的是共产党的国民党化，而不是国民党的共产党化，现在我们既无法感化你们，使你们信仰三民主义，又无法阻止你们宣传共产主义，试问有什么方法可以防止国民党员的共产党化？国民党不致为共产党所吞并？”对此，葛深表困惑，称：“分家一法，当然是我们所不忍言而且不愿言的。但是强信仰不同主义不同的两派混在一个党里头，因为互相猜疑的缘故，发生钩心斗角互相抵制的结果，以致常常困于内争，无力对外，也决计不是好法子。”[1]

几乎就在葛建时发表上述言论的同时，蒋介石也发现这一问题已经到了非解决不可的地步了。12 月 3 日，十余学生因第一师政治部主任、共产党员李侠公的一封秘密信，与李拉拉扯扯地闹到蒋介石的办公室里来。次日，又有更多的学生闹到办公室来。原因是这些国民党员学生无意中发现李侠公致共产党上级的密函，据此指责李视国民党人为“非同志”，“暗中”工作，

[1] 葛建时：《忠告我们的好朋友——共产党》，上海《民国日报》1926 年 1 月 7 日“觉悟”副刊。

“藉机会宣传”共产党的主义。[1] 正当此际，军校中又发生共产党员学生公开批评孙中山的情况，这就激起部分国民党员学生的极大不满，齐声鼓噪，要求蒋“监视”共产党人。蒋对此十分震惊，开始担心：“近日共产与非共产之争，几使本校、本军内部分裂，后患正长也。”并且在日记中严厉批评共产党学生:“欲继承总理遗产而不认总理为总理,天下宁有是理耶？”但是，由于李侠公身为“政治部人员，带兵官不能干涉”，蒋当场亦只能口头表示必予“严办”[2]，几天后，蒋为此召集政治部与党代表讨论，建议并经会议通过：“一、校内准共产党员活动，凡有一切动作均得公开；二、总理准共产党员跨国民党，而未准国民党员跨共产党，然亦未明言不准，现在本校亦不禁止国民党员加入共产党，惟加入共产党者须向特别校党部声明请准也。”[3]

在这里，蒋介石内心对共产党员的不满显而易见，但在处理上的模棱两可与矛盾犹豫之状也一望即知。十分明显，蒋以其军人式的线性思维特点，不仅重视权威，而且强调服从。由于他自信为孙中山和三民主义最忠实的信徒和代言人，因此难免会把部下对自己的忠实与服从，与对孙中山和三民主义的忠实与服从混为一谈。孙文主义学会的成员在忠实于三民主义和服从于蒋的权威这方面，毫无疑问要较受共产党影响的青年军人联合会的成员好得多。蒋自然更容易同情孙文主义学会，并更容易听信其言论，实难避免。但这时蒋得益于联俄联共之处亦多，他也深知国民党就其即将展开的革命运动而言，需要苏联与共产党人帮助之处甚多。因此，他即使常常被孙文主义学会成员的种种不满言论所影响，对校内共产党员的做法不以为然，却也不能不考虑到两党合作的大局，不愿因校内问题而影响与共产党的关系，更不愿意将问题引至怀疑孙中山联俄联共的基本政策上去。

蒋介石这时最典型的做法就是各打五十大板。对孙文主义学会，了解到

---

[1] 《“非同志”》，上海《民国日报》1925 年 12 月 22 日第二版。

[2] 《“非同志”》，上海《民国日报》1925 年 12 月 22 日第二版；胡佛研究所藏《蒋介石日记》原稿复印本，第 4 盒，1925 年 12 月 4 日。

[3] 胡佛研究所藏《蒋介石日记》原稿复印本，第 4 盒，1925 年 12 月 8 日。

该会有同情西山会议之言行，他当即“严电阻止”，并下令如有胆敢公开响应游行者，则立即逮捕。他一面批评广东孙文主义学会骨干王茂如、惠东升、贺衷寒等。“操纵学会，藉图个人名利”，“大骂该会卖党并卖本军，不应与邹鲁等勾结，及痛责王茂如、惠东升、贺衷寒等不应操纵学会，藉图个人名利”，一面明白电示：上海孙文主义学会已“为反革命窟穴”，在粤之孙文主义学会必须与之断绝关系，并“切实驳正，免淆听闻”。[1] 他也力诫蒋先云等青年军人联合会骨干，对该会成员动辄批评国民党和三民主义的情况，表示期期以为不可。蒋这时的目的很明确，即无论如何要在维护孙中山和三民主义绝对权威地位的方针下，尽力维护党内及军校的团结与统一。为此，他不止一次地说明：“现在我们学校里，常常有共产党和国民党之争，我认为这种现象，适足以使我们总理在地下痛哭。我们总理的三民主义是革命思想的中心，千百年后也是不能变更的，所以我们中国国民党绝对要以他的三民主义做基础。无论共产党或是那一党，加入了国民党，就要信奉三民主义，要相信三民主义是我们中国的革命惟一的中心”。因为“军队之中，绝对不好有两个主张，应当要完全以三民主义来做中心”。“不可以有共产党来非难三民主义，亦不可以国民党来排斥共产主义的现象发生。”他再三告诫：“各共产党的同志要明白，诸位加入国民党，是信仰三民主义在中国革命上是惟一的主义，明白中国的革命就非实行三民主义不可，所以诸位来交换三民主义。对于总理的人格，尤其要尊重，不可有丝毫侮蔑的心思。……如果共产党真正能奉我们的总理为共产党的领袖，那末我相信国民党员决不会排斥共产党员的。”反过来，“国民党员也不可反对共产党，反对共产党就是背反了总理定下来的方针和主张”。[2]

---

[1] 《王懋功关于未从孙文主义学会勾结西山会议派反共遭恨和表示忠于蒋中正致张静江函》（1926年3月7日），《中华民国史档案资料汇编》，第四辑，江苏古籍出版社1986年版，第359页；蒋介石：《致广州孙文主义学会电》（1926年12月23日），《蒋介石言论集》，第二集，第315页。

[2] 蒋介石：《坚持最后五分钟是一切成功的要诀》（1925年9月9日）；蒋介石：《团体训练的重要》，《蒋介石言论集》，第二集，第226、233—235页。

在蒋介石的反复督导与告诫之下，黄埔军校孙文主义学会对联俄容共政策的态度，自然也不同于上海、北京等地区的其他孙文主义学会。对上海、北京等地孙文主义学会群起响应西山会议的举动，该会骨干、第三师党代表缪斌和军官学生贺衷寒等甚至不能不公开致函汪精卫予以谴责。缪函称：若辈不明现在反帝国主义时期，三民主义与共产主义实同在一轨行动，“致歧视共产派分子，必欲分离之而后已，此实可痛心矣”。该函引据蒋介石所云：欲根本打倒帝国主义，必要以无产阶级做基础，声称“吾人容纳无产阶级之政党，实天经地义也。今一般同志必欲将共产分子排去，此不特分散国民革命之力量，帝国主义亦永无打倒之日，中国之独立自主，亦永无希望”。贺函亦称，听了蒋校长的演说，益相信“今日之中国只有反帝国主义与军阀之革命党，没有其他纠纷之必要。就是帝国主义与军阀一日不消灭，甚么主义都是空谈，无补于实际的东西”。他表示：国共两党党员之闹出许多纠纷和误会，“两派都不能不承认有相当的过失。在争闹的最重要的地方，就是主义与组织。其实孙文主义与马克斯主义的理论和原则，把它分析起来，固然有多少差异，但是把它互证起来解释，却是一贯的精神。所以好的孙文主义信徒，应该本孙先生创造主义的精神，去详悉研究马克斯（思）主义；而好的马克斯主义信徒，亦应丢开客气去切实做孙文主义的工作”。[1]

五、“三二〇”事件的发生

1926 年 1 月 1 日，国民党召开了第二次全国代表大会。蒋介石的左派姿态表现得更加明显。除了继续宣传帝国主义、北洋军阀和一切“不耕而食，不织而衣”的资本家、大地主、土豪劣绅“是我们的敌人”这种阶级斗争的观点以外[2]，他更在宴请与会代表的演说中，明白阐述他对联俄容共政策

[1] 《关于党内问题之重要函》，《广州民国日报》1926 年 1 月 11 日第十一版。

[2] 蒋介石：《检阅教导师第二团训话》（1926 年 1 月 28 日）、《检阅教导师第一团训话》（1926 年 1 月 30 日），《蒋介石言论集》，第二集，第 373、377 页。

的看法。他说：我们有些同志“以为我们联俄，是欲借外国力量，来平内乱，这完全是弄错了”。他指出：中国的问题是要打倒军阀，但中国的军阀是帝国主义的工具，“打倒军阀，就是打倒一切的帝国主义”。因此，“中国革命完全是世界革命，我们要中国革命成功，一定要联合世界的革命同志”，“总理毅然联俄，即在联合世界革命党，因为苏俄是世界革命的策源地，亦是世界革命的中心点”。他甚至告诉那些担心俄国人会重蹈帝国主义覆辙、到中国来揽权窃柄的人说：只要注意到苏维埃宪法与制度，就可以肯定那是不会发生的，因为他俄国的党员和民众，万不能允许他政府有如此行动的。“所以我们对于俄国同志只怕他对于世界革命不肯负责任，而不要怕他来揽权窃柄。”同样，蒋也公开为共产党员进行辩护，强调：“共产分子是本校本军为最多，可是他们在本党是实行三民主义的。”他强烈批评党内反共产党的思潮和由此而生的种种纠纷，坚持必须“以总理之心为心，以总理之志为志，以总理之政策为政策，以总理之主张为主张”，一方面要整饬纪律，对于犯法的党员要严重处罚，一方面要安慰总理的灵魂，不使本党分裂。在他看来，“本党反对共产与拥护共产者，皆非主义之争，不过为私人的权利和意气之争”。故希望各位代表回去后，“对于反共产同志，可以问问他们，本党的共产分子现在所做的，有哪一件是行共产主义？哪一件不是实行三民主义？”“且看他们还有什么话来答复。”[1]

显而易见，在这样一种思想支配下，蒋对于国民党二大上共产党人地位的加强与上升，并无太多的反应。[2] 至少，在蒋介石这时的日记当中，我们看不到蒋对二大后共产党人在国民党内权力明显扩张这一点有什么样不

[1] 蒋介石：《再论联俄——在黄埔军校宴第二次全国代表大会代表及俄国同志演说》（1926 年 1 月 10 日），《蒋介石言论集》，第二集，第 337—340 页。

[2] 在国民党二大选举的结果中，中央执行委员 36 名中 8 名是中共党员，候补委员 24 名中 6 名是中共党员，约为 1/4 弱。在随后选举的中央常务委员当中，更取得了 1/3 的席位，即 9 名委员中 3 名为中共党员。而在国民党中央党部八部一秘九个部门中，则更进一步实际取得了 3 个部长，和 8 个部秘书（即副部长）、一个书记长的席位，可以说在相当程度上掌握了国民党中央的领导机关。详见李云汉：《从容共到清党》，第 474 页。

满的反应。在整个二大及二届一中全会召开期间，蒋的主要注意力其实更多地还是集中在北伐的问题上。

北伐是孙中山一贯的主张，也是完成孙中山遗愿的最主要的途径。但作为新成立的国民政府的北伐计划，最初却是由前苏联军事总顾问加伦（Galen，即布留赫尔，V. K. Bliukher）将军建议和主持制订的。早在1925年上半年，他就已经拟出初步计划，并分别提交给了国民党中央和莫斯科。蒋这时已有了相当的军事资本，且正在上升的势头上，雄心正大，因此对北伐由衷表示拥护，并很快也拟订了一个全面的北伐计划书。[1] 按照他的设想，1927年8月就应“克复武汉”。因此，从1926年1月初开始，他就在极力推动北伐的实行。无论在春酌演说中，还是在二大军事报告当中，他都不遗余力地鼓吹北伐的必要性。对此，鲍罗廷最初也曾给予了相当的支持。但蒋无论如何想不到，1925年7月间，即在广州国民政府宣告成立，并正式编就国民革命军之际，他最为信赖的加伦将军奉调回国了。1926年1月，支持北伐、对他也帮助最大的政治总顾问鲍罗廷也突然辞职回国了。接任军事总顾问不久，全面接替加伦和鲍罗廷工作的季山嘉（Kisanca，又名古比雪夫，N. V. Kuibyshev）竟然对北伐大加阻拦。

蒋介石当然不会了解，鲍罗廷的突然回国，很大程度上正是由于莫斯科听信了以季山嘉为首的部分军事顾问的意见。而苏联顾问对北伐行动的坚决反对，也纯粹是因为斯大林和共产国际东方部这时都有明确指示，要阻止广州进行北伐。[2] 因此，不明就里的蒋不会把账算到莫斯科的头上，他只会对季山嘉等人在北伐问题上的出尔反尔和不容商量的武断干涉，产生

[1] 加伦：《今后南方工作展望或曰1926年国民党军事规划》，转见卡尔图诺瓦：《加伦在中国》，中国社会出版社1983年版，第222—224页。

[2] 有关联共（布）中央这个时候反对北伐的具体情况，可参见拙作：《中共与莫斯科的关系（1920—1960）》，台北东大图书公司1997年版，第74—78页。汪荣祖、李敖书关于“俄顾问不过是觉得北伐尚非其时，蒋以此与季山嘉争论，不过是制造中山舰事变诸多借口之一”的说法，以及黄道炫关于季山嘉只是反对蒋北伐武汉，顺长江底定东南的计划不表赞成，主张由武汉挺进西北，与冯玉祥的国民军会合的说法，均与史实出入较大。参见汪荣祖、李敖：《蒋介石评传》，第127页；黄道炫：《蒋家王朝·民国兴衰》，第103页。

极大的不满甚至是猜疑。过强的自尊心使蒋难以接受把话放出来又吞回去的窘境，何况自陈炯明叛变以后，北伐早已成为检验国民党军事人员对孙中山忠诚程度的一项最重要的指标。在这种情况下，蒋难免会把季山嘉的反对看成是季山嘉与他之间的一种个人恩怨。一向疑心很重的蒋介石怀疑季山嘉是冲着自己来的。为此，他先是以脚痛心闷拒不出席国民党二大的闭幕式，愤愤然曰：“我以诚往，彼以诈来，非可共事也。”继而联系到党内各种问题与困难，慨叹“人才缺乏，精神涣散，同志不明事理，挑拨离间，尽其所能”，深感党内环境“可谓险矣”，心情渐坏以致难以名状。[1]

北伐之结尚未解开，军事委员会忽然又削减了已经定好的黄埔军校经费，平白无故把减下来的部分挪给了本来经费已经不少的第二师。该师是在蒋介石指挥下的第一军的主力之一，但师长王懋功自代理广州卫戍司令以来，与季山嘉和汪精卫走得较近，表现左倾，引起孙文主义学会的忌恨，早有许多流言，让蒋猜疑和不满。[2] 如今军委会的做法更不能不使蒋怀疑季山嘉想要把第二师从第一军中挖走。鲍罗廷等苏联顾问几个月前就曾利用蒋时任广州卫戍司令的便利，赶走许崇智，把蒋推上了权力巅峰。对此有过亲身经历的蒋介石自然记忆犹新，而且格外敏感。因此，蒋对季山嘉的疑心不免使其“意颇郁郁”，心里痛责苏联顾问“倾信不专”。再联系到季山嘉在北伐问题上的态度，蒋尤不能不怀疑季山嘉别有企图。以至与季山嘉谈政局与军队组织，也总是感觉季山嘉“语多规讽”，暗忖其“疑惧我之心，亦昭然若揭”。[3] 蒋的性格一向是，合则聚，不合则离。既然大权在季山嘉等人手里，你看不上我，我也不伺候你。于是，蒋不仅辞去第一军军长一职，不就国民革命军总监，而且鉴于“苏俄友人疑忌侮慢防范欺弄”，“环境恶劣有加无已，而各方怀疑渐集，积怨丛生，部下思想不能一致，个人意向亦难确定”等原因，更先后要求辞去广州卫戍司令和东征军总指挥的职务，

[1] 胡佛研究所藏《蒋介石日记》原稿复印本，第 4 盒，1926 年 1 月 8 日。

[2] 包惠僧：《包惠僧回忆录》，人民出版社 1983 年版，第 195—196 页。

[3] 转见杨天石：《中山舰事之谜》，《历史研究》1988 年第 2 期。

甚至向汪精卫提出要“赴俄休养”。[1]

蒋介石遭遇逆境时容易发脾气、使性子，甚至离队而去，有史可查。当年，蒋在跟随孙中山的不到八年时间里，动辄因为对人事问题不满，不管不顾，擅离职守，从前线返回上海或老家就曾多达十余次。即使孙中山或党内同仁反复劝诱批评，自己每每也反省脾气太坏，结果遇事还是照旧。[2] 足以见其暴躁、任性的本性根深蒂固。然而，蒋当年之所以总是旧病复发，一个重要原因在于他那时都是作为孙中山委派的军事参谋人员去军阀部队里做参谋或参预指挥工作，他手下没有一兵一卒。他之所以总是难以与前线的军事将领合作，一个基本原因也是因为多数手下有兵的将领或者不听调遣，或者对他的介入心存戒备和抵触。如今的情况则大不相同。蒋手下已有一军一校，并且是国民党最精锐的力量。对于这两支力量，尽管他理智上把它们视为党军、党校，并且真心想让它们为国民党的事业服务，但受传统和环境的影响，他从一开始其实就像其他将军们一样，在相当程度上把它们当成了自己安身立命的某种重要资本。如今无论遇到怎样的纠纷，他都断不会像过去那样轻易甩掉部队回家去了。恰恰相反，正因为他视这支军队和学校一如己出，一旦认为有人阴谋把它们拆散或夺走时，他注定会毫不犹豫地做出自卫的反应。

这种情况很快就发生了。2 月 24 日，国民政府组成两广统一委员会，在原有的六个军的基础上，不知何由，空出第七军的名义，而将广西军队改编为第八、九军。季山嘉等人这种奇怪的做法立即惹起蒋的强烈反弹。联系到将近两个月来种种可疑的情况，他断定此举一定是季山嘉等想通过把王懋功的第二师拉出去，另立为第七军，进而削弱自己力量，并夺取广

[1] 1926 年 1 月 15 日蒋上书辞第一军军长。2 月 1 日军委会任命蒋为国民革命军总监，蒋未就。2 月 22 日，蒋请军委会解除东征军总指挥职。2 月 7 日通电辞一切军职。2 月 9 日拟电准备辞军事委员及广州卫戍司令职务。分见李云汉主编：《中国国民党一百周年大事年表》，台北：国民党党史会，1994 年，第 198—199 页；《蒋介石言论集》，第二集，第 362、381—382 页；杨天石：《中山舰事件之谜》，《历史研究》1988 年第 2 期。

[2] 参见汪荣祖、李敖：《蒋介石评传》，第 59—87 页。

州控制权的一个重大阴谋。因此，他一不做，二不休，26 日即采取行动，重演驱逐许崇智的故伎，一举将王懋功扣押起来，随即遣送上海，同时任命自己的亲信刘峙接替了第二师师长一职。事后，他在日记中愤然写道：王懋功“狡悍恶劣，唯利是图”，有人则“用心险恶不可问，外人不察，思利用以倒我”，“故决心驱除之”。[1]

王懋功被除去，第一军得以巩固，蒋一度相信季山嘉等再难以向自己挑衅了，因而心情一时明显好转，相信已“稍获安定”。他在 27 日上午找到汪精卫，力陈季山嘉“专横矛盾，如不免去，不惟党国有害，且必牵动中俄邦交”。扬言“如不准我辞,就应令季山嘉回俄”。汪虽稍加劝慰,也“允即进行”。下午再见汪时，汪称季山嘉已自知其错误，并露辞去之意。蒋更为放心，暗自庆幸，估计季山嘉当不会再起什么作用了。[2]

自然，蒋多疑的性格不可能因为季山嘉一时的示弱而放松警惕。恰恰相反，注意到季山嘉并没有马上辞职回国的意思，蒋不能不担心季山嘉还会采取其他手段对他进行报复。3 月 4 日，军校教育长邓演达来谈国共纠纷和共产党在国民党内的扩张趋势，断言将来结果：“本党必归于乌有，而以共产派起而代之”，到时候惟有靠黄埔军“领导青年左倾，共图国民革命之成而已”。邓演达的说法使蒋重又感到担心，暗中哀叹：“单枪匹马，孤苦零丁，孤孽颠危，此吾今日之环境也。”[3] 而随后新任第二师师长刘峙和邓演达送来的油印反蒋传单，更进一步证实了蒋介石的猜疑，即共产党人很可能会被人利用来反对自己。尤为让蒋担心的是，共产党人在国民党内活动向不公开,这就更增添许多危险的因素与变数。不过,他依旧公开演讲称:“反对共产主义,就是反对三民主义,怀疑三民主义,亦就是反对共产主义。”“如果真正是三民主义者，决不反对共产主义；如果真正是共产主义者，亦决

---

[1] 杨天石：《中山舰事件之谜》,《历史研究》1988 年第 2 期。

[2] 参见杨天石：《中山舰事件之谜》；胡佛研究所藏《蒋介石日记》原稿复印件，第 4 盒，1926 年 2 月 27 日。

[3] 前引《蒋介石日记类钞 · 党政（一）》。

无怀疑三民主义之理。”他告诫军校学生一定不要“自家反对自家的主义，自家拆散自家的战线”。[1]

就这时的蒋汪关系而言，断言蒋表面上与汪打得火热，实际上把汪同样视为“假想敌”，似欠公允。[2]毕竟，蒋虽然极其暴躁任性，但严格说来，他到底还是那种受到旧式文化和教育影响，熟知纲常礼义，有一定自知之明的人。[3]在这里，一个最典型不过的例子是，1924年10月孙中山根据鲍罗廷的建议决心建立革命委员会，并决定吸收蒋加入而意欲排斥长期在孙身边且为孙所重用的胡汉民与汪精卫，蒋得鲍罗廷通知后不仅没有因为自己从此可以位居胡、汪二人之上而暗生欢喜并幸灾乐祸，相反倒诚惶诚恐，“期期以为不可”，与鲍罗廷当面争辩。他在随后给孙中山的信中更直言要孙重新考虑此一安排。函称:“中以为必须展堂（即胡汉民——引者）与季新（即汪精卫——引者）之名列入为妥，若列入之后，彼自不来，则为另一问题，而组织名单万不可无胡、汪，否则不如暂缓组织之为上也。”“若恐其主张不一或反对执行，则最后决定仍在先生，任何委员不能违反，何必先拒人于千里之外也？”[4]蒋自知自己资历上远浅于这时的国民党政治领袖汪精卫，汪对其迅速崛升又有相当帮助，汪在蒋与季山嘉的矛盾当中最初也并未明显地偏袒后者，故蒋这时亦仍把汪视为可与之交心的上峰与朋友，还在与汪切商各种问题。因心情不好未回答汪的问题，发现后还“甚为歉惶”，批评自己“固执太过，使人难堪而启衅隙”。得知汪一如既往，毫不介怀，更会心生“感动”。也正因为如此，与季山嘉的过节乃至整个政策的把握问题，如怎样避免大权旁落，既与共产国际一致行动，又不失自动地位等，他都

[1] 蒋介石:《中央军事政治学校第四期开学典礼训话》(1926年3月8日),《蒋介石言论集》,第二集,第387页。

[2] 汪荣祖、李敖 :《蒋介石评传》，第110页。

[3] 借用弗洛伊德的人格理论，人格可分为伊底（id），自我（ego）和超我（superego）三部分，即满足自我需要的欲望，对现实情境的权衡与道德意识的约束。每个健康人身上，这三者总是相互补充和相互对立的，只是何者更强的问题。可以肯定的是，蒋的道德感也未必弱于其自我放纵的部分。

[4] 《蒋介石年谱初稿》，第243页。

愿向汪精卫提出并讨论。有汪精卫的理解，即有国民党组织为后盾，他虽对共产党人有担心，这时也止于批评:“不能相见以诚，办世界革命之大事”，“貌合神离，则未有能成者”。[1]

让蒋再度意想不到的是，3 月 14 日，当他与汪精卫谈话时，他发现居然连汪也开始对他表现出不耐烦和轻视的态度。这表现在汪明显地相信季山嘉的话而听不进蒋的解释，且“有讽余离粤意”。这一情况显然使神经已经十分脆弱的蒋深受刺激，怀疑汪“受谗已深，无法自解”。蒋思想上由此更陷于极度焦虑之中。想到汪的地位和作用举足轻重，若汪亦不信任自己，再有季山嘉在旁怂恿策划，加上共产党从旁相助，后果岂堪设想？更为严重的是，多疑的蒋马上开始怀疑安排王懋功脱离第一军的计划中也有汪精卫的份，想到这一层，蒋自然变得更加神经质，15 日一整天坐卧不安，就连他自己也发觉自己“忧患疑惧已极”，难以自制了。他反复检讨，更后悔自己“缺乏政治知识，又少组织能力”，一向“以为政治组织完全（可以）信任同志，不必研究”，对汪竟“不能察言观色”，结果不但“为人之傀儡”，而且竟落到了坐以待毙的危险境地。[2]

分析蒋介石这些天的心理状态，我们不难看出蒋直到这时都还不是一个精明的政治家，依旧只是一介军人。其实，蒋更具军人特点这一点，在他刚到俄国时，苏联的陪同人员就敏锐地发现了，他们明确认为：蒋“在军人当中有点直言不讳，也不采取足够的防范措施。他们遵循的习惯和提出的问题说明他们是军人”[3]。职业军人考虑问题及处事直来直去的方式，加上其自身的多疑性格，在政治上和人事上稍遇复杂情况与变化，就难免会陷于极度疑惑乃至焦虑之中。何况在相信汪精卫已倒向季山嘉一边后，蒋自认已不再有国民党组织可以依靠，自然更会惶惶不可终日了。到 17 日晚，他已痛苦到“入地狱”一般，以至于在日记中痛陈：“不能说，不忍说，且

[1] 胡佛研究所藏《蒋介石日记》原稿复印本，第 4 盒，1926 年 3 月 9 日。
[2] 胡佛研究所藏《蒋介石日记》原稿复印本，第 4 盒，1926 年 3 月 15 日。
[3] 前引《关于国民党代表团访问第 114 步兵团情况的书面报告》。

非梦想所能及者，政治生活，宦海风波，至于此极，可谓历尽艰难矣！”[1]

就在这时，又一个看上去多少有些偶然的误会使蒋介石本来就绷得过紧的神经再也承受不住了。

3 月 18 日傍晚，因由上海开往广州的商轮定安号被匪抢劫，有人向黄埔军校求助，军校值班人员当即电请驻省办事处速派船来，以应急需。办事处主任随即向海军局请援，海军局当天夜里即令中山舰出动。次日晨 7 时，中山舰遂驶往黄埔。中山舰驶出不久，因俄国考察团上午提出要参观中山舰，海军局身为共产党员的代局长李之龙于是又打电话请示正在广州的蒋介石，告以俄国考察团要参观一事，询问可否将中山舰调回。这时又恰好汪精卫两三度问他是否或何时回黄埔，蒋正疑心汪的用意，一听说中山舰没有他的命令已开去黄埔，顿时怀疑其中有诈。他当即猜测：“为什么我既没有命令要中山舰开去，而他要开回来，为什么要来问我？”“中山舰到了黄埔，因为我不回黄埔在省里，他就开回来省。这究竟是什么事？”[2] 联系到他的赴俄护照刚好得到批准，本来就处于高度紧张当中的他马上就得出结论，相信多半是有人准备用他对付许崇智和王懋功的办法，把他架去苏联。[3]“欲摆布陷我也”。西山会议派这时散布的谣言，自然更加剧了蒋的紧张心理。

既如此，蒋介石像以往遇到此类事情的反应一样，一气之下，不顾一切，撂下工作马上走人。当然，这时的走，不过是“准备回汕（即汕头东征军司令部所在地——引者）休养”而已。走在路上，他一直处在极度愤怒之中，始终认定“对方设法陷害，必欲使我无地自容，不胜愤恨”。蒋这里所说的“对方”，显然是指汪精卫与季嘉山。但左思右想之后，蒋终于发现悄悄溜走绝非上策，反而容易给汪、季等打击自己进一步提供口实。结果，如蒋的日记所记，“下午五时，行至半途，自忖为何必欲微行予人以口实，志气何存？

[1] 胡佛研究所藏《蒋介石日记》原稿复印本，第 4 盒，1926 年 3 月 17 日。

[2] 蒋介石：《关于中山舰案》（1926 年 4 月 20 日），《蒋介石言论集》，第二集，第 447 页。

[3] 有关这一事件的详细考证，可参见杨天石：《中山航事件之谜》，《历史研究》1988 年第 2 期，黄道炫：《蒋家王朝 · 民国兴衰》第二章（三），及汪荣祖、李敖：《蒋介石评传》第二章第四节。

故决回寓，牺牲个人一切，以救党国也”。回到东山寓所后，蒋与部下连夜开会，“四时往经理处，下令镇压中山舰阴谋”。[1]

蒋介石所以会去而又返，并不惜动武，根本原因是因为他已有了武力的凭藉，大可不必像过去完全以消极的办法处之。对王懋功的断然处置，已经清楚地显示出这一做法的效力。但更重要的是，既然蒋相信汪、季意在打击自己，他自然会注意到微行出走的害处。事变发生后，汪精卫悄然遁迹，蒋介石自认为怀疑得到证实，因而断言：“为人不可有亏心事也”，“精卫如果避而不出，则其陷害之计，昭然若揭矣”。[2] 此足以证明蒋临机之际也必定会有一样的考虑与担心，害怕消极躲避反而会让汪、季怀疑自己做贼心虚。即如此，蒋不惜一搏以表明自己不愿任人摆布的态度，实属必然。

蒋介石爱使性子，容易走极端的性格自然也是重要原因。半年多来他正处于权力地位急速上升的态势，这使其心态上已远不同于孙中山时代。自负的心理和强烈的抱负心因此已变得更加亢奋，北伐的提出与坚持，就是明证。当年的党是孙中山的，蒋虽自认有许多宏大设计和长处，却苦于没有自己置喙的余地。而今党内蒋自恃已没有几位真有资本和威望可以承担孙中山重托的人选，在党面临如此重大的历史选择面前，是拱手把党让给汪精卫和季山嘉去摆布，最后像邓演达所预计的那样，使国民党“归于乌有，而以共产派起而代之”，还是不顾一切阻止党权旁落，自己冒险挺身而出，不惜犯错误以证明自己问心无愧呢？联系到蒋过去一向不撞南墙不回头的历史，我们也不难想象他一定会选择后者。

[1] 胡佛研究所藏《蒋介石日记》原稿复印本，第 4 盒，1926 年 3 月 19 日。

[2] 杨天石：《中山舰事件之谜》，《历史研究》1988 年第 2 期；胡佛研究所藏《蒋介石日记》原稿复印件，第 4 盒，1926 年 3 月 25 日、26 日。

第四章

从“三二〇”到“四一二”

1926年“三二〇”事件的直接后果，是国民党召开了二届二中全会，通过了著名的“整理党务案”，开始严格限制共产党在国民党中的地位与权力。但是，即使有“三二〇”事件及“整理党务案”，一年后是否注定要发生“四一二”事变呢？或者，这种和平限共方式是否必定会导向武力“清党”的结果呢？对此，已有研究多半都持肯定态度。其所以肯定，有以为政治分野不可调和者；有强调现实使然者；也有归结为蒋之权力欲者。[1]作为一种复杂的历史合力的逻辑作用，其必然性之存在或许毋庸置疑。然而，多数研究者在谈到蒋介石在这一过程中的思想变化时，似乎太过强调了其个人的权力欲及意识形态方面的作用，而未能深入讨论过陷于政治漩涡中心的蒋介石在湍流激荡下思想、心理乃至情感变化的过程。因此，这些研究其实并未能善用史料。当后来者细心地读过蒋介石这一时期公开和私下的种种言论之后，难免不会为蒋大量被已有研究忽视或摈弃的矛盾言论所困惑。系统地梳理蒋介石这一阶段的思想言论，深入考察蒋介石从“三二〇”走向“四一二”的心路历程，对我们了解这段历史发生发展的原因及背景，了解蒋从限共最终走向反共的必然与偶然，无疑会有相当的助益。

一、限共主张提出的背景

蒋介石发动“三二〇”事件，本意是在阻止汪精卫和季山嘉的所谓倒蒋阴谋，其形式是在广州部分地区实行戒严，占领中山舰，并逮捕海军局局长李之龙。而为配合这一行动，免生变故，他暂时拘押担任卫戍广州任务的第二师中的共产党员党代表，同时一度收缴了苏联顾问卫队的武器，

[1] 参见李云汉：《从容共到清党》；黄仁宇：《从大历史的角度读蒋介石日记》，（台北）时报出版社1994年版；汪荣祖、李敖：《蒋介石评传》，中国友谊出版公司2000年版，等。

包围了省港罢工委员会。[1] 但不过十几个小时之后，即事变当天的下午，在蒋意识到并不存在特别的危险和阴谋之后，他就取消戒严，下令交还收缴的武器，并放回被软禁的党代表，重新恢复常态。

就“三二〇”事件本身而言，它很大程度上是源于蒋极端猜疑和任性的性格，既非针对苏联和共产国际，亦并非针对共产党，未必有多少深谋远虑。还在事变发生前夕，尽管蒋对苏联军事总顾问季山嘉已恨之入骨，他也还是认为季的擅权与专横与苏联和共产国际无关，不仅“决非其当局者之意”，且任其发展反“必牵动中俄邦交”，对联俄政策不利。[2] 因此，当事变中因戒严需要，“士兵竟将苏俄客卿寓所守卫，形同监视，且缴其械”，蒋事后也“良用歉然”，百般道歉，并暗自提醒自己说：“军队不出动则已，如一出动，即不能事事制止，必有自由及不轨之行也，以后戒之。”苏联使馆参赞来问事件“系对人问题抑对俄问题”，他更是急忙说明是“对人问题”，以释其疑。[3]

同样，即是对人问题，蒋介石最初自然也不曾设想过通过事变来对付或打击共产党人。其包围省港罢工委员和暂时拘禁第二师中身为共产党员的党代表，不过是采取此一戒严行动的临时应变措施。因为他开始时毕竟无法了解，中山舰的异动背后是否还有更大的阴谋，特别是卫戍广州的第二师又为王懋功所部，王又与汪、季关系密切，该师中的共产党员当然难予信任。至于对省港罢工委员会的行动，则除了对工人纠察队武装的担心以外，还涉及对中山舰的占领需要在罢工委员门前一带实行戒严的具体需要问题。一旦顺利占领了中山舰，不见任何反抗，蒋就已经意识到自己的反应可能过当，不能不马上取消戒严，恢复常态。也正因为如此，即使在

[1] 有关这次行动的范围，可见《罗加乔夫关于广州 1926 年 3 月 20 日事件的书面报告》（1926 年 4 月 28 日）。目前国内有关蒋这次行动范围的说明，似有过事夸张渲染之处。中共中央党史研究室第一研究部编：《共产国际、联共（布）与中国革命运动档案资料丛书》（3），第 233 页。

[2] 胡佛研究所藏《蒋介石日记》原稿复印本，第 4 盒，1926 年 2 月 27 日。

[3] 胡佛研究所藏《蒋介石日记》原稿复印本，第 4 盒，1926 年 2 月 20、21 日。

事变过程中，蒋也不曾禁止第二师以外的共产党人的活动。当时在广州的第一军副党代表周恩来、教导师党代表包惠僧，以及广东中共党的领导机关，都没有受到过冲击。周恩来、包惠僧当天甚至还曾亲自到蒋介石及第二师师长刘峙等处询问情况，除周因见蒋，贴身卫兵被暂时解除了武装外，均可自由出入来往。[1]

正是因为这是基于个人猜忌而发动的严重事变，蒋才会感觉到极大的精神和思想压力。据说，事变当天下午，何香凝径直去见蒋介石，质问他派军队到处戒严，究竟想干什么？斥责他是不是发了疯，想投降帝国主义？蒋“竟像小孩子般伏在写字台上哭了”[2]。甚至这时在给黄埔军校的学生训话时，讲到“情况复杂，本校长处境困难”，他也抑制不住地会当众哭起来。[3]这种情况十分清楚地反映出蒋在事变时的心态极为复杂，他既因长期心情压抑而委屈和愤懑，又深恐自己的行动会造成不可预知的后果，更何况这一做法又与其内心愿望和思想趋向相当矛盾。这也就是为什么蒋发动如此严重的事变，却只满足于占领一个中山舰和逮捕一个李之龙，就匆忙取消了戒严。

事实上，直到一个月之后，蒋仍不能解释自己行动的正当理由，只能含含糊糊地告诉人们说 ：“这不过是局部的一二人的阴谋”，他们不仅根本推翻他的北伐主张，而且还要他的部下背叛他，甚至推倒他，不许他革命。

---

[1] 所谓事变当天逮捕第一军五十余名共产党员之说，源于上海中共中央事变后未得确切消息时的道听途说。周恩来回忆当天蒋在黄埔戒严，监视各师党代表，自己被软禁一天的说法，亦不准确。因当天戒严仅在广州部分地区，且当时蒋不可能也不曾有令监视分驻各地的各师党代表。另据包惠僧和聂荣臻回忆，第二师共产党员只是被临时软禁，且时间不长就取消了。周当天不仅见过蒋，而且还见过汪精卫，亦不可能被软禁一天。分见《张万和关于广州政变真实情况的报告》（1926 年 3 月 29 日）；金冲及主编 ：《周恩来选集》，上卷，人民出版社 1980 年版，第 120 页 ；包惠僧：《包惠僧回忆录》，人民出版社 1983 年版，第 210—211 页；聂荣臻：《聂荣臻回忆录》（上），解放军出版社 1983 年版，第 47 页。

[2] 浮海 ：《国民党三大秘案之一》（连载之七），《热风》第 74 期，（香港）创垦出版社 1956 年版，转见杨天石 ：《中山舰事件之谜》，《历史研究》1988 年第 2 期。

[3] 阳翰笙：《风雨五十年》，人民文学出版社 1986 年版，第 105 页，转见杨天石：《中山舰事件之谜》，《历史研究》1988 年第 2 期。

至于为什么要抓李之龙，夺中山舰，“现在这事情还没有十分明白”。“有人说，季山嘉阴谋，预定是日待我由省城乘船回黄埔途中，想要劫我到中山舰上，强逼我去海参崴的话，我也不能完全相信，不过有这样一回事就是了。”[1] 注意到蒋随后不仅释放了李之龙，而且对在事变中起过关键作用的欧阳格、吴铁城、陈肇英、伍朝枢等，或弃用，或免职，或拘捕拿办，我们不难看出其内心里也未必真的确信中山舰当日的调动真有什么劫持自己的图谋。如果蒋相信欧阳格等人并满意其所作所为，如此处置显然不合情理。

蒋不能确定中山舰异动与倒蒋阴谋有关，不等于他不能确定汪精卫和季山嘉有倒蒋的阴谋。对于自己发动事变的主要理由，事变后蒋曾明白告诉过汪精卫，即：(一)“弟由汕回省以来，即提议北伐，而吾兄当时且极端赞成之，并准备北伐款项，以示决心。不料经顾问季山嘉反对此议，而兄即改变态度，因之北伐之议，无形打消，坐失时机”；(二)“季山嘉提议，派兵由海道运往北方，此为其儿戏欺人之谈，实为其根本打消北伐之毒计，弟即知其无北伐之诚意。当时弟并以彼用意之毒，陈明于兄前，谓此计于吾总理北伐毕生之志完全相反。兄既知之，而复允之，此亦吾兄不能自主之一端也”；(三）季山嘉劝弟往北方练兵之计，实为“使弟离粤，以失去军中之重心，减少吾党之势力。乃兄不察，竟顺其意，且赞成之，惟恐不遑。及弟与季山嘉露意反脸，令赴俄休养，而兄恐触其怒，反催弟速行”；(四)“委任李、黄为第八、九军长，而季山嘉特留第七军长一缺，以待来者，此缺非其预备王懋功叛弟后，即以此为报酬乎？凡此诸大端，兄岂未曾察知乎？”总之，“自第二次全国代表大会以来，党务政治，事事陷于被动地位，弟无时不抱悲观，军事且无丝毫自动之余地，革命前途几至濒于绝境”。此明显“违反我总理联合苏俄之本旨与苏俄扶助中国革命独立之成约”。[2]

---

[1] 蒋介石：《宴退出第一军党代表及官长演说》(1926年4月20日)，《蒋介石言论集》，第二集，中华书局1964年校定稿，第439—446页。

[2] 蒋介石:《复汪精卫书》(1926年4月9日)，《蒋介石言论集》，第二集，中华书局1964年校定稿，第424—427页。

当然，上述不满到底不能成为自己擅权夺取中山舰行动的充足根据。因此，事变第二天，即21日早上起来，蒋就急于想拟函致汪解释自己发动事变的理由，只是“思虑再三，卒未能成”，因为他虽有种种怀疑，到底无法明言中山舰之异动与汪有关。结果困于我既“不愿以伪待友，（彼）又不能以诚示我”，只好作罢。当他意外得知汪精卫已因肝病卧床不起时，满怀这种矛盾和犹豫的心理匆匆前去探望，以示关切。不料见到汪对他“怒气勃发，感情冲动，不可一世”。原本自尊心极强且怀疑汪的蒋介石，深感受辱，内心里又不免平添了对汪的怨愤。蒋因此愤愤然。在这种情况下，他自然不会如一些学者所说，理当去想一想自己发动事变给汪造成了怎样的心理伤害，反倒是认为是汪对不起自己却毫无忏悔之意，因而怒不可遏地在内心里痛斥汪“几乎无道义之可言”。既然对汪再无幻想，蒋也就必然更加坚定了自救的决心。[1] 当然，在蒋看来，这并非完全是为了救自己，它也是使国民党恢复自动自主权力的一种必由之路。

“三二〇”事件性质之严重，蒋一清二楚。其所以严重，是因为苏联人当时在广州国民党人当中的影响，包括在国民党其他将领当中的影响力，远超过蒋介石个人。这也是蒋事变期间高度紧张的一个重要原因。但他没有想到，正是苏联人首先采取了退让的政策。

20日当天，苏联顾问季山嘉派助手面蒋，“稍加责言”，蒋当时不得不“百方道歉”。然而，一日之后，蒋意外地发现苏联顾问团不仅没有表现出任何抗议或反击的意思，而且这时正在广州视察的苏联军政代表团团长、时任苏共中央书记和苏联军政治部主任的布勃诺夫（A. C. Bobonov）还很痛快地决定答应蒋调走季山嘉等人的要求。这顿时让蒋如释重负，几天来的极度焦虑与压力一扫而光。据蒋日记：22日“上午，俄使馆参赞来见，问余系对人问题抑对俄问题，余答以对人问题，彼言只得此语，此心大安，今日可令季山嘉、罗克党夫各重要顾问离粤回国”。有此表示及承诺，蒋

[1] 胡佛研究所藏《蒋介石日记》原稿复印本，第4盒，1926年3月21日。

马上就提议在汪精卫病榻前召开政治委员会，并提出三点处置善后的建议：“令俄顾问主动引去，第二师党代表撤回，对不规军官查办”。由于苏联人已经表明了态度，汪精卫也没了头天晚上的“不可一世”的劲头，因而蒋的建议未受到任何阻力轻松通过。当天下午，几位军长再谈对俄顾问及共产党等各问题时，蒋更进一步发现，第一天对自己发动事变还明显不以为然的军长们，这时也都转而附和起他来。蒋原本对自己的行为并无多少把握，因而思想压力极大，如今一切如此轻易地得以实现，反而使蒋内心里生出了几分轻蔑感，不免暗自批评曰：“事前皆反对我出此举，事后奉余言为金科玉律，人心之变化其如此之速也？”[1]

如果说，“三二〇”事变对蒋的心理产生了什么重要的影响，那么，几乎可以肯定的是，蒋对以强力来解决内部纠纷，实现政治目的之便捷，留下了极为深刻的印象。

汪精卫一夜之间由震怒转为消极，无疑是失去苏联顾问团支持的结果。既然俄国人已向蒋表示屈服，无论共产党还是各军军长自然会紧随其后，汪便成了孤家寡人和空头司令，左右不是人。汪精卫实在咽不下这口气，一赌气于23日弃职而去，表达了自己消极抵抗的态度。

蒋介石决心自救，并非想过挤走汪。汪为一党之首，他心里可以看不上汪，表面上却必须做出种种姿态以示敬汪。汪不辞而别，并留信给张静江，直指蒋疑汪、厌汪，使其不能再负政治之责，给人印象，汪之出走，纯粹是蒋造次犯上，恶汪、逼汪的结果，这当然让格外看重颜面的蒋极为难堪。蒋本来就认为汪有倒蒋阴谋，汪此举更让蒋看不起汪的为人处世，反而在内心里自找台阶，认定汪一定“有亏心事”，因为如果不是害怕自己的“陷害之计”暴露出来，为何避而不出？[2] 但是，汪既然明言因蒋而去，蒋纵使衔恨在心，也绝不能给人印象，好像他在觊觎汪的位置。因此，蒋只好做

[1] 胡佛研究所藏《蒋介石日记》原稿复印本，第4盒，1926年3月22日。

[2] 胡佛研究所藏《蒋介石日记》原稿复印本，第4盒，1926年3月26日。

出姿态，也马上离开广州，并留书给张静江、汪精卫等，声明："事既至此，弟亦只可休养，以偿共同进退之约。"[1]

不过，汪可以坚持不出，蒋却不能真的与汪共同进退。“三二〇”事件尚未了结，蒋“甚恐夜长梦多”，以致前功尽弃。注意到汪坚持不出，蒋愈加认定汪别有用心，内心里对汪的厌恶与排斥进一步升级，称汪“始以利用王懋功背叛不成，继以利用教育长陷害又不成，毁坏余之名节，离间各军感情，鼓动空气谓余欲灭某党，欲叛政府。呜呼，抹杀余之事业，余所不计，而其抹杀总理人格，消灭总理系统，叛党卖国，一至此于，可不痛乎？”[2]

在左等右等不见汪精卫踪影，和张静江等人反复警告催促的情况下，蒋介石终于等不下去了。经过精心准备之后，他于4月3日正式提议，迅即召开中央执行委员会，了结“三二〇”之案。恰在这天，苏联顾问和周恩来等先后找到蒋，明确提出希望看到汪、蒋合作和党内团结的局面。[3] 汪精卫这时又正好有信给蒋，解释必须“迁地养疴”的原因，甚至声言想借机“学西文求学问”。这难免又让蒋暗中生疑。苏联顾问、共产党表示愿汪、蒋继续合作在前，汪精卫虚情假意表示在后，这一时间上的巧合，在多疑的蒋看来却很有相互呼应配合的痕迹。他因而断定，汪精卫“有急急出来之意”，实质是“欲为某派所利用，不惜断送党国也”。[4] 蒋这时已经下决心自行解决问题，原本就不希望汪出来搅局。因此他毫不客气地于4月9日复信给汪，劝汪三月之内不必想出来的事。称：三月内当“可不扰清神，以期速瘳厥疾”，三月后如汪仍不复出，“则待军事稍定，民心略安，弟必步兄后尘，以明心迹”。为阻止汪复出，蒋更是有意在信中直陈平日对汪怀疑各点，坦言汪助纣为虐，使汪难堪。由此，蒋既表明了决心自己出面收拾局面、贯彻主张的态度，

[1] 《蒋介石致张静江函》（1926年3月26日），转见杨天石：《中山舰事件之后》，《寻求历史的谜底》，首都师范大学出版社1993年版，第460页。

[2] 胡佛研究所藏《蒋介石日记》原稿复印本，第4盒，1926年3月28日。

[3] 《蒋介石年谱初稿》，第554页。

[4] 胡佛研究所藏《蒋介石日记》原稿复印本，第4盒，1926年4月7日。

也堵住了汪马上复出，“为某派所利用”的可能性。

蒋复汪函，虽然所列各点几乎都是直指季山嘉越俎攘权，但十分引人注目的是，蒋在最后第一次把他对汪精卫的怀疑，以及“三二〇”事件，公开与共产党的问题联系了起来。他指出：“当三月初旬，吾兄召集孙文主义学会及联合会员训话时，闻兄有土耳其革命成功，乃杀共产党，中国革命未成，又欲杀共产党乎？此言也，不知兄何所指？而军官听者，无不惊骇，皆认兄此语，是引起共产党与各军官之恶感，无异使本军本校自相残杀也。所以三月二十日之事，一触即发，以为共产党员闻兄之言，必有准备，所以各军官亦不得不出于自卫之一道。”[1]

说“三二〇”事变是各军官因受汪挑唆而引发的针对共产党人的自卫行动，自属托词。蒋此番言论道出的，其实恰恰是他在事变后的一种必然心态。事变后，蒋曾反复说明：虽然李之龙自称是个共产党员，但“如果有罪，也只是他一人的问题，不能牵涉到团体的身上”[2]。到这时，他开始频频举出共产党教官高语罕“要打倒北方段祺瑞，就要先打倒这里的段祺瑞”的说法，批评共产党人不该公开鼓动反蒋。由此不难发现，蒋介石在心态上已经发生了相当的改变。[3]

细查蒋之各种内外言论可知，对于汪精卫1925年底的这段演说词，纵使军官内部有过议论，蒋在当时的环境下也并未产生太多不安的联想。而一旦发生了“三二〇”事件，本来就多疑的蒋难免要对号入座，开始担心自己会被共产党人视为中国的凯末尔（M. Kemal)。高语罕的演讲，更刺激了蒋介石这根脆弱的神经。[4] 在苏联顾问和共产党势力如此之大的情况下，

[1] 前引蒋介石《复汪精卫书》。

[2] 蒋介石：《关于中山舰案对黄埔军校第四期学生训话》（1926年3月22日），《蒋介石言论集》，第二集，第399页。

[3] 前引《宴退出第一军党代表及官长演说》。

[4] 高语罕此番言论发表于何时，未查得出处。据包惠僧回忆，当发表于1926年1月黄埔军校欢迎国民党二大代表的大会上。有学者则断定高仅在4月3日广东各界反段示威大会的讲演中讲过这话。分见前引包惠僧书，第203页；曾庆榴：《广州国民政府》，广东人民出版社1996年版，第353页。

如果他被认定成为土耳其的凯末尔，那么可能的后果一望即知。所谓“不得不出于自卫之一道”，表面上是说各军官，其实正是蒋这时心理的写照。

当时，害怕共产党在国民党内部发展、壮大的国民党人不在少数。事变前夕，蒋之挚友戴季陶曾致蒋一长函，诉说国民党两个中心、两重纪律、两重理论危害之可怕。他坚持：“今日最能奋斗之青年，大多数皆为共产党”，“然今日中国之需要，则又为一有力之国民党”，事既如此，共产党人也承认这一点，何不牺牲其党籍，“而完全作成一纯粹之国民党，使国民党中，不致同时有两中心”，从而除去一切党内纷纠呢？[1] 他们认为，即使共产党人一时难以放弃其党籍，两党关系一时又难于改变，也不是完全没有妥协的办法可想。如已置身西山会议派中的邵元冲、叶楚伧和形式上中立的孙科等人，事变前夕在上海就曾与共产国际代表维经斯基有过谈判，他们的主张是：“C. P. 分子完全退出党、政、军、学各机关”。一向被蒋视为“良师”挚友的张静江，在上海也参预了相关的讨论，并愿意赴广州“与（蒋）介石商谈对党务办法”。[2] “三二〇”事变的发生，张虽未参预事前之策划，却参加了善后办法之讨论。特别是蒋退回虎门后，张随即跟至，蒋前述 4 月 3 日的提议，就是与张静江密切磋商的结果。[3]

正是在这样一种背景之下，本来把矛头指向汪精卫和季山嘉的蒋介石，思想上有了明显的改变。“三二〇”事变前，蒋虽有过夺权的想法，最初也仅止于政府之权力，即所谓“前此政府事事听命于外人”，而今“只要大权不旁落于外人之手，则其他事可以迁就也”。[4] 当时他所说的“外人”，不过是苏联顾问罢了。但事变后，特别是到 4 月初之后，蒋思想上已渐将消除汪、季阴谋以及政府中苏联顾问权力过大问题的目标，迅速转移到限制共产党、

[1] 戴季陶：《致蒋介石先生书》（1925 年 12 月 13 日），《戴季陶先生文存》，（台北）中国国民党中央党史委员会，1986 年，第 979—986 页。

[2] 邵元冲：《邵元冲日记》，上海人民出版社 1999 年版，第 222—224 页。

[3] 据蒋 1926 年 4 月 2 日日记，当日两人商议至晚 11 时。胡佛研究所藏《蒋介石日记》原稿复印本，第 4 盒。

[4] 胡佛研究所藏《蒋介石日记》原稿复印本，第 4 盒，1926 年 3 月 30 日。

确保国民党的领导权的方向上来了。造成这种变化的原因很简单，因为在蒋看来，与苏联顾问的问题相比，来自共产党人的可能的威胁实在要大得太多了。换言之，蒋认为，国民党内的跨党分子，很大程度上也是所谓“外人”的代表。如果只把旁落于苏联顾问之手的权力拿回来，而不能使共产党人在国民党内受到全面的约束和抑制，就不能根本解决问题。况且，蒋相信，国民党内部的种种麻烦与冲突正是由于共产党人跨党引起的，国民党二大之后，共产党人又几乎掌控了国民党的所有中央机关，若只限制苏联顾问，并抑制汪精卫，而不能解决共产党人权力过大的问题，不仅国民党仍然大权旁落，其个人的前途和命运也无从把握。因此，原本对汪、季发难，必欲收回苏联顾问的权力，到 4 月 3 日蒋提出召开二届二中全会的提案时，其限制苏联顾问权力的要求已变成了次要的内容，整个提议的主旨，已多在说明应如何限制共产党人的权力了。[1]

为了挽救广州出现的危局，鲍罗廷在1926年4月底奉命又赶回到广州来。鲍罗廷回粤之后，很快就发现蒋周围尽是疑惧共产党之人。张静江、吴铁城、孙科、伍朝枢、邵元冲、叶楚伧等同情西山会议派的党内骨干，几乎天天

[1] 根据蒋后来披露的这一提案五个部分的内容，谈及对苏俄顾问的要求，不过第四部分中之一点，且实质内容仅为两条，即一、“不得把持要职”，二、“辞去行政官职权”。而讨论共产党问题者占三部分，所提限制不仅多而且具体，且态度颇为严厉。其中心要求包括：(1)“对于共产党员之入本党者，须守本党纪律，实行三民主义之工作，更不许对总理之人格加以诬蔑，对于总理之历史有意抹煞，对于三民主义，尤不准其有批评与怀疑之行动。如有运动本党党员加入共产党者，一经检举，则处以严律”；(2)“共产党员在国民党内一切秘密团体及一切秘密行动，完全取消”；(3)“共产党对其党员一切训令及其策略，应通知国民党最高干部”；(4)“在国民党之共产党员，其名册应通知国民党最高干部”；(5)“共产党在国民党中央执行委员会内之人数不得过三分之一”；(6)“国民党与共产党应设联席会议，处置一切困难问题”。与此同时，蒋更针对军队问题提出：因第一军内本党党员与共产党员之关系几如水火之不能相容，考虑到“我军既以三民主义为主义，惟有以信仰三民主义者为干部”，故“凡跨党党员不宜任党代表之职”，“共产主义及无政府主义分子，应暂时退出”。惟对照台湾中国国民党中央党史馆保存的国民党二届二中全会记录稿中蒋于 5 月 15 日会上针对共产党问题正式提出之文字，出入甚大。除后来披露的 4 月 3 日提案文字过于严苛，不合于蒋当时心态外，原案明白提出限制共产党员在中央执行委员会中人数，而 5 月 15 日案中却没有此项内容，亦颇让人难于理解。故此本文仅将4月3日之提案简介于上，而仍以5月15日案为分析判断之依据。参见《整理党务军备案》(1926年 4 月 3 日)，《蒋介石言论集》，第二集，第 408—412 页。

在与蒋谈论党务问题。[1] 在这种情况下，蒋会日益坚决地想要提出整理党务方案，以限制共产党人的权力，十分自然。鲍认为：蒋介石并没有因此改变过去的革命态度和观念。汪去之后，没有任何人可以统御国民党，且莫斯科也没有倒蒋的意图，要想让国民党继续保持左倾态势，这时在国民党内也非暂时借助于蒋不可。故鲍罗廷仍不得不反复与之磋商，极力劝说蒋，使蒋看到过分限制共产党的不利影响。对鲍罗廷的意见，蒋亦并非毫不理会。他告诉鲍罗廷说：问题的关键其实在于两党目前的这种合作形式。“大党允小党在党内活动，无异自取灭亡”。以两党现状，共产党退出国民党最好，惟“总理策略既在联合各阶级，故余不敢主张违教分裂”，只好勉强作出一些限制之规定，实亦无可奈何。[2] 由于鲍罗廷相信不能没有蒋介石，而蒋亦深信目前还不能排斥共产党，双方最终还是达成了相当的妥协。

5 月 15 日，国民党二届二中全会正式召开。会议连续举行了七次，除汪精卫请假外，国共两党在广州的中央执行委员及候补执行委员等基本上自始至终都参加了会议。最为引人注目的是，包括谭平山、毛泽东、林伯渠、恽代英、许甦魂、江浩等与会的共产党员，对于整理党务案等的讨论，也都采取了相当合作的态度。关于成立两党联席会议以解决两党纠纷问题的提案，就是林伯渠与谭延闿、蒋介石等人联名提出的，该提案明确认为：改善两党关系、纠正跨党党员之轨外行动及言论、保障国民党党纲党章的统一权威，已经刻不容缓。而对蒋所提整理党务案，包括“共产党应训令其党员，改善对于国民党之言论态度，尤其对于总理三民主义，不许加以怀疑或批评”；“共产党应将国民党内之共产党员，全部名册交国民党中央执行委员会主席保管”；“中央党部部长须不跨党者方得充任”；“凡属于国民党籍者，不许在党的许可以外，有任何以国民党名义召集之党务集会”；“凡属于国民党籍者，非得有最高党部之命令，不得别有组织及行动”；“中国共产党

[1] 《邵元冲日记》，第 231—234 页。

[2] 胡佛研究所藏《蒋介石日记》原稿复印本，第 4 盒，1926 年 5 月 14 日。

及第三国际对于国民党内共产分子所发之一切训令及策略，应先交联席会议通过”；“国民党员未受准许脱离党籍以前，不得入其他党籍，如既脱离党籍而入共产党者，以后不得再入国民党”等各项规定，共产党员也没有提出任何颠覆性的意见。其建议的修改，多半只是文字上的修饰，即把太过批评跨党党员的条文修改得比较含蓄一点，和要求增加个别有利于保持平衡的条文而已。比如要求把条文中直接点名“共产党员”之处，统统改为“凡他党党员之加入本党者”；要求取消“跨党分子之违背纪律”这样的提法，改为“两党党员妨碍两党合作之行动言论”；同意共产党员不得担任国民党中央机关各部长，但要求规定可以充任国民党中央执行委员会委员，惟人数不得超过三分之一，以及建议“联席会议聘第三国际代表为顾问”等。[1]

国民党二届二中全会虽然通过了严重限制共产党的所谓整理党务案，但它远没有走向排斥和反对共产党的地步。甚至，二中全会的基调仍然是相当革命的。依据当年的会议记录，较为中立的孙科鉴于前此常有所谓国民党左右派之分，并因此引起极大争议，故曾“临时动议，为集中革命力量，免除内部纠纷起见，自此次整理党务案执行后，本党员在言论行动上不得再有左右派之分”，却遭到了与会者几乎一致的“否决”。同样，伍朝枢、李宗仁在会上提出扶助农工应有具体政策之规定，否则太过幼稚，容易造成误会的问题，会议也未予支持。会议的决议认为：“全体会议认本党已往之农工运动确有差误与幼稚之弊病，但本党对于党纲上所规定之扶助农工运动之发展，此原则是不能因噎废食的。况此种现象在中国的社会状况内与农工运动发生之初期为不可免，故本党应注意嗣后此种运动之正确，庶不违背总理所提倡之民生主义。至大多数之农工群众的运动，应如何改

[1] 参见《中国国民党第二次中央执行委员会全体会议记录》，台湾中国国民党党史馆藏档，2—2/2.2；《中国国民党第二届中执会第二次全会通过联席会议组织大纲案》（1926 年 5 月 17 日）、《中国国民党第二届中执会第二次全会通过整理党务决议案》（1926 年 5 月 17—23 日），中国第二历史档案馆编：《中国国民党第一、二次全国代表大会会议史料》（下），江苏古籍出版社 1986 年版，第 712—716 页。

正方法，着由常务委员会讨论之。”[1] 包括会议最后所通过的关于整理党务之训令，虽希望能够更加明白地提出党内问题之所在，也不能不肯定：国民党为代表各阶级从事国民革命运动之政党，“故凡属一切真正革命分子，不问其阶级的属性为何，本党皆应集中而包括之”。因此，国民党不能拒绝“正在发展之工业无产阶级自然的阶级斗争所涌现之政治组织”，即中国共产党的加入。“惟既加入本党，在取得本党党籍中，其责任与义务完全与一般党员无殊。党员之行动及言论，有不遵奉总理遗教者，本党皆得一律以纪律裁判之，而不因党员之成分不同动摇本党之最高原则即为三民主义。”[2]

二、继续两党“合作”的尝试

蒋介石提出整理党务案，目的是限制共产党的发展，确保自己的和国民党的政治生命与前途，而不是想要马上和共产党分手。一直在做军校校长并且带兵打仗的蒋，比较两年前和两年来的经历，比较国共两党军官、教员和学生的工作精神和工作能力，他的感受同孙中山、戴季陶等人一样，深知共产党青年“最能奋斗”。蒋以往所以在国共两党的争执和冲突中始终坚持对自己部下的共产党员不做公开批评的方针，包括对共产党人在国民党人中发展自己的党员也无意深究，一个很重要的原因即在于，他知道两党关系过于脆弱，不愿因为自己的过度反应而造成军队内部的破裂，逼走共产党人，削弱部队的战斗力。因此，当他在“三二〇”事变后开始考虑不得不让第一军中的共产党员党代表退出去的时候，他最突出的感触就是：“对于退出军队之共产分子甚难为怀也”，以后“军队政治工作无人”了。他为此不止一次地公开解释说：他这样做实在是不得已，“此退出本军全部

[1] 参见《中国国民党第二次中央执行委员会全体会议记录》，台湾中国国民党党史馆藏档，2—2/2.2。

[2] 《中国国民党第二届中执会第二次全会通过关于整理党务之训令案》（1926 年 5 月 22 日），《中国国民党第一、二次全国代表大会会议史料》（下），第 717—719 页。

之同学,其果人人诬蔑总理人格者乎？其果人人违反三民主义者乎？”相反，在他看来，这些干部一大半在做军校学生的时候，都“是最亲爱、最可宝贵的”，他们做党代表其实也“很努力，对于革命工作很能效力的”，“一个可以当十个用的，并且是有团结的，可以随时制服其他一切的”。但也正因为如此，不让他们退出第一军，威胁太大；让他们退出第一军，又“损失莫大焉”。“不惟革命前途上受一莫大之损失，即我诸同学凡为革命分子者之个人，无形中亦皆受极大之损失。而我团体之损失固不待言矣。”尤其从他个人的角度，其损失尤为巨大，因为“二年心血尽于此矣”。[1]

基于这样一种心态，蒋介石虽然对视为自己看家本钱的第一军，不得不采取断然处置，却并不愿意看到两党关系的根本破裂，因为这意味着这些“最能奋斗”的青年可能因为不能参加他的军校而永远无法参加他的军队。他因此还是反复宣传过去的观点，即国共两党应当在三民主义的基础上团结起来。他力图向共产党员说明，中国今天需要的首先是三民主义，然后才是共产主义。他在为退出第一军的党代表举行的宴会上明白讲：“共产分子尽管信仰共产主义，而他的环境的需要，一定是三民主义，所以一定要做三民主义工作才行。”用他的话来说，“现在中国革命情形，有利于三民主义的,亦必有利于共产主义”,“实行三民主义,就是实行共产主义”。[2]也正因为如此，蒋仍在试图根本消除军队内部两党党员的冲突。他取消了青年军人联合会和孙文主义学会，自己出面组织了一个黄埔同学会，既请了孙文主义学会的干部，也请了青年军人联合会的干部来参加筹备和组织，力图使两派同学慑于自己的权威而不再相互对立。在北伐开始之后，蒋更打破畛域，重新启用了一批共产党员进入第一军参加军事工作。如原第一军第三师第七团党代表、青年军人联合会负责人蒋先云，在被蒋指派为黄

[1] 蒋介石:《对黄埔军校官佐学生训话》(1926年4月9日),《蒋介石言论集》,第二集,第419页;《蒋介石日记》原稿复印本,第4盒,1926年4月10日;《蒋介石劝告军校同学书》(1926年4月14日),上海《民国日报》1926年4月26日第二版；前引《宴退出第一军党代表及官长演说》。

[2] 前引《宴退出第一军党代表及官长演说》。

埔同学会筹备委员后，更任命他为自己的侍从秘书，补充第五团团长。原第一军教导师党代表包惠僧，事变后改任黄埔军校高级政治训练班政治主任教官，后又被指派为国民革命军总司令部国民党特别党部执行委员。原第一军第一师第二团团长、党代表金佛庄，事变后调任黄埔军校第四期步兵军官第一团军事学主任、军校法规编审委员会委员长，北伐后又被任命为国民革命军总司令部参谋处副处长兼第三科科长、总司令部警卫团团长。原第一军第一师第一团团长郭俊，北伐后又被任命为第一军第二师第六团团长。原第一军第三师补充团党代表王逸常，北伐后又被任命为第一军政治部组织科长。原黄埔军校教导二团辎重队长梁锡古，北伐后又被任命为军校入伍生总队辎重教官。……蒋的心思还是一样："C. P. 分子退出了军队，如果永远不加入进去，终会使军队减少许多革命力量。"[1]

既不愿意看到共产党员统统退出军队，又深知整理党务案通过后，两党关系已成不进则退之势，再难将共产党员重新收到麾下来，蒋介石不得不开始设想最彻底的解决办法。很明显，他早就开始怀疑，中国革命是否需要有两个革命党了。就思想上而言，他在事变后已经逐渐地回到孙中山的观念上来，开始怀疑共产党人阶级斗争的主张在现时是否必要。过去他极力宣传国民革命不仅要反帝反军阀，而且还要反对地主资本家和土豪劣绅，否则不能完成革命。如今他悄悄地改变了说法，再三说明国共两党的区别，就在于它们所代表的阶级不同。事变后的第二天，他就讲："国民革命是带有国际性的，革命党是整个的，不能分国界省界，尤其是不能分阶级和派别，我们只可分革命不革命。"[2] 在二届二中全会闭幕会的演说当中，他更进一步提出：共产党主张阶级斗争，国民党自不必反对，因为阶级的存在是事实，有了阶级便免不了斗争。"不过阶级斗争此时应至如何程度，总以不妨碍国

[1]　蒋介石：《对军官学校高级训练班讲演词》（1926 年 5 月 27 日），《新闻报》1926 年 6 月 15 日。
[2]　前引《关于中山舰案对黄埔军校第四期学生训话》。

民革命为限。”[1] 用他的话来说，今天的国民革命之所以不需要共产党，而需要国民党，根本就在于共产党只是代表工农大多数的，国民党是代表各阶级的。而今天的国民革命，则是各个阶级共同的革命，不是单纯工农两个阶级的革命。[2]

既如此，蒋介石自然也就很容易接过戴季陶的观点，开始提出“入国民党之共产党员应退出共产党，以集中革命势力”的主张。[3] 5 月 27 日，在对被集中起来的共产党员军官讲演时，他就试图想要说出这样的观点，只是话到嘴边多少还有些觉得不大好张口，故转而强调说：以前我们的军队是整个的，学校也是整个的，现在却要把整个的团体分裂开来，对共产党并没有损失，但对国民党，对革命，特别是对黄埔军校，却是很大的损失。尤其是对我校长，那是几百个人的损失啊！但这实在是没有办法的事情。因为革命需要统一，只需要一个党，不应有两个党；只需要一个主义，而不应有两个主义。如何使共产党员加入国民党，而又不致引起国民党员的怀疑，这实在是一个极应研究的问题。[4] 10 天之后，蒋实在想不出一个既能留住那些能干的共产党员，又不会引起党内纠纷和将来危险的两全之策，终于不得不委婉地，却相当明白地公开表明了自己的意见，即要使我们的军队强固，只能一个党来领导。要一个党来领导，就要思想统一，意志一致，就必须由“一个主义一个党来专政”。他宣称：“如果我是一个共产党员，在现时纷纠的环境中，因为要求革命势力统一，早日成功，我必退出共产党，做一个纯粹的国民党员，以谋革命势力的集中。”他解释说：“这并不是要鼓动大家一律退出共产党，而是希望诸位不要离开了环境和事实来革命。”“所以我现在主张，凡是中国国民党里的共产党同志，暂时退出共产党，

[1] 蒋介石：《第二届中央执行委员会第二次全体会议闭会日演词》（1926 年 5 月 22 日），《蒋介石言论集》，第二集，第 467—469 页。

[2] 前引《对军官学校高级训练班讲演词》。

[3] 原文将“应退出共产党”误印为“应退出国民党”。胡佛研究所藏《蒋介石日记》原稿复印本，第 4 盒，1926 年 5 月 27 日。

[4] 前引《对军官学校高级训练班讲演词》。

做一个纯粹的国民党党员”，因为“如果党籍不纯粹，就一定会自相残杀”。而事实上，“等到国民革命成功，再加入 C. P.，并不会迟”。[1]

要说服共产党员相信，国民革命只要有国民党，暂时不需要共产党，在蒋看来，一个重要的理由就是，国共两党现阶段的革命目标是同一的，没有必要互争短长。而且中国革命是世界革命的一部分，“世界革命须统一，中国革命也须统一。世界革命有第三国际统一指挥，中国的国民革命是要由国民党统一指挥的”[2]。正是基于这样一种思想，蒋从 6 月初开始，一直在设想如何使国民党取代共产党而成为共产国际的一部分，接受共产国际的指导问题。[3] 因为事情很清楚，只要共产国际仍旧只承认中国共产党，而不承认中国革命必须要由国民党“一个党来专政和专制”，中国革命两个中心、两个主义的问题就仍然难以解决。相反，如果共产国际接受了国民党，承认了国民党对中国革命的领导地位，那么，作为第三国际党员的共产党人，退出共产党，做纯粹的国民党员，也不会存在任何党德方面的顾虑了，因为他们仍旧是第三国际的党员，丝毫不变其革命的属性。况且只有中国革命成功之后，共产党也才能提出共产主义的任务。因此，他开始公开宣传说：“因为中国革命指挥有统一的必要，更加感觉世界革命的指挥也有统一的必要。要是世界革命没有一个统一的机关，世界革命就不能成功，不能希望打倒帝国主义。”而现在能统一中国革命的指挥的，只有中国国民党；而能够统一世界革命的指挥的，则只有第三国际。[4] 蒋介石为此一方面专门派邵力子为代表，前往莫斯科与共产国际正式接洽要求加入共产国际，确认国民党对中国革命领导权的问题；一方面则不止一次地向鲍罗廷强烈地抱怨说：在同一支军队、同一所军校当中，怎么可以有两个党同时进行工作？“如

---

[1] 蒋介石：《关于设置革命军总司令之谈话》（1926 年 6 月 6 日）、《黄埔军校总理纪念周训话》（1926 年 6 月 7 日），《蒋介石言论集》，第二集，第 476、483 页。

[2] 前引《第二届中央执行委员会第二次全体会议闭会日演词》。

[3] 胡佛研究所藏《蒋介石日记》原稿复印本，第 4 盒，1926 年 6 月 12 日。

[4] 《关于置设革命军总司令之谈话》。

果还是这样，我就不担任总司令。”[1]

蒋介石号召跨党的共产党员退出共产党，不可避免地会引起共产党人的不满。广东共产党领导人张太雷针锋相对地发表了一篇《到底要不要国民党》的文章，绵里藏针地表示说：不要以为共产党对5月15日整理党务案的让步，是因为共产党要靠国民党来过寄生的生活。“如果国民党要共产分子退出，只要有正式的决议，我个人推想共产分子决没有硬赖着不肯走的道理。”反倒是“假定共产分子都遵令退出了国民党后，是否国民党就不会发生问题？这是一个很大的疑问。我想如果共产分子被攻击而退出后，国民党内有部分革命分子必将首当其冲受人攻击为‘袒护’共产分子或有共产倾向。如果这班革命分子退出后，较有革命认识的党员又不免受其排斥，其结果将重新恢复民国十三年改组以前的国民党的情形。那时国民党已不是一个革命的党，而只是一个古董店，或者是一个衙门而已。简单说一句，那时国民党已不是一个能领导国民革命的党了”。[2]

对此，蒋在6月28日的讲演中公开做了答复。他严厉地批评张太雷“不要这样轻侮国民党”，说张“简直看得国民党没有一个党员了”。而作为跨党分子“讲这些话，徒然丧失我们两党的感情，引起两党恶感，是不行的”。但他还是不得不解释说：他要C. P.同志做一个纯粹的党员，并没有压迫C. P.同志退出C. P.的意思。不过是“拿我个人的责任，在个人的地位要消除我们将来的自相残杀、冲突的种种恶因”，是我个人“所想出解决纠纷的一个具体办法”。既不是受人包围影响，也不是怀疑共产党参预了“三二〇”事件。“我可以明白(地讲)，三月二十日的事件，完全与共产党团体是没有关系的。”因此，“我们中国国民党同中国共产党，确定是要合作到底的。我现在确定的方针：第一，就要中国国民党的同志和中国共产党的同志，彼此先避免了一切的冲突；第二，避免了冲突之后，就要两党诚心诚意的团结起来；

[1] 有关内容可参见杨天石：《邵力子出使共产国际与国共两党争夺领导权》，《近代中国》第142期，2001年4月25日，第34—52页。

[2] 张太雷：《到底要不要国民党？》，《人民周刊》第14期，1926年6月10日。

第三，是要中国国民党领导革命，完成革命事业，如果中国国民党革命成功，中国共产党不患不发展，不患不成功的”。而要做到这三点，一定要党籍分明，或者是脱离 C. P. ，或者是脱离国民党，这样才能够消除两党将来关系破裂的祸根。[1]

既然相信“革命非由一个党来专政和专制，是不行的”[2]，蒋介石自然也很快地改变了过去关于军人不宜过多干预政治的观念。过去在孙中山时代与地方军阀合作的曲折经历，使蒋对军阀的危害深恶痛绝。故常说：军人“事权增大，具有造成军阀之危险”。考虑到自己的政治形象，他曾再三表示，身为军校校长，宜专力于军校事业，一心办学，训练党员，养成革命干部人才，而不宜身兼军职。“否则身兼军职，力破军阀，恐以养成其本身蹈军阀之覆辙而不知。”[3] 即使在“三二〇”事变之初，他也还是在讲 ：“要我带兵，将来环境一变，或是思想随到 [时] 变更，不期然而然的变成了一个军阀，亦未可知。所以我自带兵以来，无时不想交卸兵权，免除军阀的恶习。”[4] 但是，至二届二中全会时，蒋已不再以此为虑了。一方面有张静江等人在周围极力鼓吹打气，另一方面，汪离去日久，蒋已没有了僭越的顾虑。因此，他明显地开始满足于会议通过“以后本党完全信托余为革命重心，完成总理未竟之志”的决定。他虽然也自省对党事过去鲜有贡献，承担如此重担“对于党事实于心有愧”，实际上却因其雄心与抱负一朝而有实践之机会，对“事权增大”不仅不再担心，反而觉得正好实现“一个党来专政和专制”之主张。因此，从中央组织部长的职务开始，蒋毫不推辞地接连接受了中央军人部长、国民革命军总司令、国民政府委员、中央常务委员会主席等要职的任命，丝毫不感觉事权增多的危险了。相反，从一党专政和专制的理念出发，他

[1] 蒋介石 ：《黄埔军校总理纪念周训词》（1926 年 6 月 28 日），《蒋介石言论集》，第二集，第 511—517 页。

[2] 《关于设置革命军总司令之谈话》。

[3] 蒋介石 ：《上军事委员会再辞第一军军长职呈》（1926 年 1 月 15 日）、《辞军职通电》（1926 年 2 月 7 日），《蒋介石言论集》，第二集，第 362、381—382 页。

[4] 《关于中山舰案对黄埔军校第四期学生训话》。

甚至已经渐渐地开始害怕事权分散了。

蒋介石大权在握后的第一件事，自然是北伐。二届二中全会过后，国民党中央执行委员会即通过“迅速出师北伐”等提案。北伐既经提出，蒋立即提出党、政、军、民、财政等各项权力的集中统一与在后方实行总司令领导下的独裁体制的问题。尤其是注意到共产党领导和影响下的民众组织可能在后方造成麻烦，他明确要求在军政期间，应当规定一切团体的言论、宣传品都必须接受总司令部政治部的检查和监督，一切团体的组织言论，“都不准他们自由”。包括“阶级斗争及工农运动的罢工事件，在战时是破坏敌人的力量和方法，用来对付敌人是很好的；若是在本党和政府之下，战时随便罢工，就要算是反革命的行动”。因此，“在军事期间，所有工农团体，都应集中于革命势力之下，决不能随便自由的罢工”。[1] 据此，7 月 7 日，在蒋介石以北伐总司令的名义于 1 日下达了北伐部队总动员令后，国民党中央政治委员会即公布了《国民革命军总司令部组织大纲》，规定总司令统辖国民政府属下所有海、陆、空军，对国民政府与国民党在军事负完全责任；战时状态中国民政府所属军民财政各部机关，均受总司令节制。

蒋介石力主革命应由一个党来专政和专制，甚至劝告共产党员退出共产党，但这并不表明他这时已经决心反共，而是企图取消共产党的独立性，使共产党接受国民党，特别是他本人的领导。足以说明蒋此时思想状态的是 7 月 24 日他给张继的一封回信。张继是西山会议的重要支持者，并且是 1926 年 3 月底在上海举行的，公然与广州分庭抗礼的另一个国民党第二次代表大会的核心成员之一。国民党二届二中全会通过整理党务案后，张即致函蒋，说明仅以整理党务案决议而限共，不足以消除共产党谋代国民党计划之威胁，蒋回函称，共产党乃革命党，与革命党合作，为既定政策，不应变更。通过整理党务案后，亦不复存在共产党篡据取代国民党之可能。

---

[1] 蒋介石：《总司令部政治部战时工作会议训话》（1926 年 6 月 23 日），《蒋介石言论集》，第二集，第 495 页。

他说：“本党与共产党合作，为总理与仲恺兄在日所确定，革命势力必求团结，共产党主义虽与本党有别，其致力革命则人所共认。本党今日策略，既与其他革命势力合作，而仍欲排除，岂非矛盾。”他告诉张继，在通过“党务整理案”后，今日“无论共产党有否谋代国民党之计划，而弟以为必无可能之事，此弟所敢自信也。故本党所尚须讨论者，非与共产党应否合作之原则，而在与共产党如何合作之方法”。对于有人指责蒋卖党卖国，蒋亦坦率告之：“汝为（即许崇智——引者）在此时，苏俄同志，有为军事上之政务官者，今且无之矣。五月十五日以前，跨党同志有为中央党部部长者，今亦无之矣。是否卖党，弟无庸自辩也。”总之，“爱党必以其道，因革命势力必求团结，不能怀疑及于总理所定与共产党合作之政策。因革命手段必须彻底，不能稍违总理晚年严整纪律、改造本党之精神”。[1]

蒋此函系答复西山会议派张继之私函，其意乃希望能够尽可能取得部分国民党老同志的谅解，他显然没有必要隐瞒自己的真实观点，更用不着故意写下违心之论，来刺激这些反对容共政策的老同志。因此，可以肯定的是，蒋这时虽已大权在握，并在相当程度上改变了过去的某些看法，但尚未走到根本改变孙中山的容共政策这一步。他的基本观点依然是：“本党使命为谋全民革命，且必植基于农工也，且与共产党合作。”对于种种“赤化”之说，蒋介石的解释是：中国革命与俄国革命一样，乃世界革命之一部分，故中国革命被指为“赤化”毫不足怪，因为“夫讨赤，乃帝国主义者用以对抗全世界被压迫民族，破坏全世界革命联合战线之口号也。赤为何义？苏俄之白党与赤军。以赤帜表示其革命民众人民之利益，以及民众为基础，而推翻其帝制之白党，反对国际帝国主义，实行废除国际不平等条约，而为世界十二万万五千万被压迫人类谋解放者也。帝国主义口中之所谓赤化者，实则革命之民众化耳。政府为民众化之政府，军队为民众化

[1] 《蒋介石复张继函》（1926 年 7 月 23 日），转见中国第二历史档案馆编：《蒋介石年谱初稿》，中国档案出版社 1992 年版，第 624—625 页。

之军队，以民众化之军队，以民众化之国民革命军，拥护多数被压迫之人类，即使云赤，何嫌何疑”。[1]

基于这样的一种观点，蒋介石对共产党员在军队中的作用仍旧相当看重。对第一军中共产党员的政工人员和党代表的退出，也颇为遗憾。北伐开始，他就发现共产党员退出第一军后弊病丛生，尤其是部队“纪律日堕”，远非从前可比。蒋因此不仅连电“申斥其主帅”，而且严厉批评各级军官自己不会做政治工作，还看轻政治工作的人员，“弄得士兵的知识学问都不能进步”。他甚至痛骂自己的部下：“党代表存在的时候，军队多少还有些精神，党代表撤销了，弄得这样腐败，给人家笑骂，我在外面听见人家讲话，真是羞极了，不能做人！你们晓得不晓得？”[2] 正是因为注意到这样许多情况，注意到只靠国民党还无力完成北伐的革命目标，他一方面向中共及苏联顾问表示，希望退出第一军的共产党员回去工作，一方面再三公开强调总理联俄容共的两大政策不能动摇。因为“国内的革命同志只共产党，国外的革命同志只苏俄。所以要想革命早日成功，应联络共产党与苏俄共同奋斗”。在他看来，现在排除共产党，与其说共产党在革命工作上受到打击，倒不如说本党在领导民众地位方面所受到的打击会更大些。[3] 他为此亦不得不再三解释二届二中全会对共产党提出限制性措施绝非怀疑和反对国共合作，称：“前次所提整理党务案，及要求我同学各保持纯粹之党籍，皆仅考虑本党与共产党合作之方法，并非怀疑本党与共产党合作之原则。”他保证：“无论其退出 C. P.，而为纯粹之国民党员，或退出国民党而为纯粹 C. P. 分子，本校长皆一视同仁，无分畛域，各同学亦切勿稍有歧视。”他并且严厉告诫军校中非共产党之国民党员说：尤应切记着，“彼反革命者，不独仇视 C. P.，

[1] 蒋介石：《国民革命军总司令出师宣言》（1926 年 8 月 16 日），《蒋介石言论集》，第三集，第 137 页。
[2] 蒋介石：《检阅第一军对官长训话》（1926 年 8 月 15 日），《蒋介石言论集》，第三集，第 131 页。
[3] 蒋介石：《在湖南省党部执行委员会演讲词》（1926 年 8 月 14 日）、《在国民党湖南省第二次代表大会上报告政治党务情形》（1926 年 8 月 25 日），《蒋介石言论集》，第三集，第 109、163—164 页。

凡国民党努力之同志，亦概指为 C. P. 或加以卖党之罪，此种态度我同学万不宜效之。其秘密之小组织与任何小团体，皆宜悬为厉禁，视为亲爱精诚之大敌。近来部队中有仇视政治工作人员者，即为陷入反革命之渐”。[1]

但蒋介石所不了解的是，他所希望的那种国共合作，即共产党人既不能批评国民党，也不能超越三民主义做自己的宣传和工作，客观上是很难实现的。不要说在众多共产党人看来，这无异于要共产党为国民党做“苦力”甚或“走狗”[2]，就是在相当部分国民党人看来，整理党务案的通过事实上已经宣判了跨党分子为异类，非加防止和排斥不可。再加上蒋大权独揽，并厉行军事统治，更为国共两党基层党员间原本就存在的对立情绪提供了爆发全面冲突的温床。在这种情形下，蒋介石的一切表白、劝说和解释，都无济于事。

三、迎汪、拒汪之较量

共产党人在“三二〇”之后对蒋介石的认识，经历了一个变化的过程。事变初起，上海中央马上判断这是广州以孙文主义学会为中心的国民党右派的阴谋，“惹起了蒋介石之疑惧”。在得知苏联布勃诺夫使团的判断和处理意见之后[3]，陈独秀更公开发表文章肯定“蒋介石是中国民族革命运动中的一个柱石”，其言外之意，中共绝无倒蒋想法，且公开宣布：谁要想倒蒋，谁就是破坏革命势力的统一，谁就是反革命。[4] 但是，随着“五·一五”整理党务案通过和蒋大权独揽，并公开提出一党专制的主张，共产党方面对蒋

[1] 蒋介石：《留别黄埔军校全体官长学生书》(1926 年 7 月 26 日)，《蒋介石言论集》，第三集，第 70 页。

[2] 关于共产党人成了国民党“走狗”之类的评价，见陈延年在共产国际执委会远东局与中共广东区委联席会议上的发言。见《共产国际、联共（布）与中国革命档案资料丛书》(3)，第 377 页。

[3] 有关以联共（布）中央委员布勃诺夫为团长的联共（布）中央政治局使团这时在广州得出的判断及其处理意见，可详见亚·伊·切列潘诺夫著，中国社会科学院近代史研究室翻译室译：《中国国民革命军的北伐》，中国社会科学出版社 1981 年版，第 372—376 页。

[4] 陈独秀：《中国革命势力统一政策与广州事变》；执中：《广州事变之研究》，《向导》第 148 期，1926 年 4 月 3 日。

的疑惧之心也迅速形成。蒋介石自然被列入到“将来之敌人”的行列中去了。

确定蒋为“将来之敌人”，是1926年7月中共中央扩大会议的说法。会上，陈独秀在政治报告中明确提出，我们过去对蒋介石估计不足，实际上是对民族资产阶级的力量估计不足。原以为民族资产阶级没有力量，现在看蒋就是民族资产阶级的代表。“若妄信资产阶级可以革命到底，不预防将来之危险，不能从资产阶级夺取小资产阶级，让他们完全受资产阶级之统治，这便是右倾的错误；同时，若现在即否认资产阶级在民族运动中之作用，不能从帝国主义夺取中国的资产阶级，敌视他们过早，逼他们为帝国主义利用，这便是左倾的错误。”这也就是说，现在对蒋，即对民族资产阶级，不联合不行，不反对也不行。“‘推翻蒋介石’是左倾口号，‘拥护蒋介石独裁’则是右倾机会主义。”他的主张是：“明知其为将来之敌人，或者即是一年或三年后之敌人，而现在却不可不视为友军，且为有力之友军。”会议据此通过的决议强调：必须采取“扩大左派与左派密切的联合，和他们共同的应付中派，而公开的反对右派”的策略以此来争取国民运动的领导权。[1]

然而，既然相信以蒋介石为代表的民族资产阶级已经取得了统治地位，在反帝反军阀的北伐战争即将开展之际，提出“争取领导权”的任务，这是否适宜呢？与会者中有人提出：这“是否会导致将斗争重心从帝国主义和军阀身上转移到民族资产阶级身上？广大群众是否会将这个口号理解为民族资产阶级已经被列入反革命阵营？”而提出争取小资产阶级的任务，是否意味着要小资产阶级跟我们走？这样做“是否对国民党的作用估计不足？”这些意见显示，即使在共产党内部，不少人已经意识到新形势下国共关系的极端脆弱性了。只是，这样一些意见并未引起陈独秀和共产国际代表的重视。[2] 不仅如此，在共产国际代表的授意下，陈独秀这时还专门发

[1] 《中央政治报告》、《中国共产党与国民党关系问题议决案》（1926年7月），《中共中央文件选集》，第2册，中共中央党校出版社1989年版，第169、176页；陈独秀：《关于中共中央一九二六年七月全会的情况报告》（1926年7月21日）。

[2] 陈独秀：《关于中共中央一九二六年七月全会的情况报告》。

表文章，与蒋介石的北伐方针唱对台戏，并大泼冷水，暗中影射批评蒋之独裁做法。他写道：“北伐只是讨伐北洋军阀的一种军事行动，还说不上是和帝国主义者直接的武装冲突。”对于推倒军阀，也“不是唯一无二的方法”。更重要的是，如果其中还“夹杂有投机的军人政客个人权位欲的活动，即有相当的成功，也只是军事投机的胜利，而不是革命的胜利。至于因北伐增筹战费，而搜刮及于平民，因北伐而剥夺人民之自由，那更是牺牲了革命之目的，连吊民伐罪的意义都没有了”。在他看来，现时国民政府的责任，不仅不是北伐，反而应当是为巩固广东根据地而进行“防御战争”；全国民众的口号，也不应是响应北伐，而应是拥护革命根据地广东。[1]

陈独秀的这篇文章一出来，顿时在热火朝天地准备北伐和宣传北伐的广东引起大哗。黄埔军校的众多学生强烈地表示反感，黄埔特区党部上书中央党部提出控告，教育长邓演达不得不跑去找鲍罗廷，请他出面帮助平息校内的激愤情绪。北上途中的蒋介石也当即致电国民党中央执行委员会，指责陈独秀作为中共领袖，“反对本党北伐，阻止国民革命”，“破坏两党合作之精神，影响重大”，“应请中国共产党中央执行委员会负责答复，免致误会”。[2]对陈独秀的这篇文章，其实就连广州的鲍罗廷也不以为然。

鲍罗廷这时的心态十分复杂。就在“三二〇”事件发生前一个月，他刚刚在北京信誓旦旦地向布勃诺夫保证说，蒋介石是国民党中最可靠的“极左派”将领。[3]而一个月之后，布勃诺夫使团一到广州，就发生了“三二〇”事件。这不能不让鲍罗廷倍感沮丧。尽管他并没有因此受到责难，甚至布勃诺夫在听取蒋介石的抱怨之后，还相信只有鲍回来才能消除误解，修复与蒋的关系。但鲍罗廷回到广州后，清楚地发现他根本无法完成使命，甚至还必须曲意迎合，否则连自己都无法取得蒋之信任。在这种情况下，他

---

[1] 陈独秀：《论国民政府之北伐》，《向导》第161期，1926年7月7日。

[2] 转见《蒋介石年谱初稿》，第660—661页。

[3] 《鲍罗廷在联共(布)中央政治局使团会议上的报告》(1926年2月15、17日)，《共产国际、联共(布)与中国革命档案资料丛书》(3)，第116、140页。

当然不会坚持反对通过整理党务案，也不会赞成陈独秀等人在上海的做法。他告诫说：“3月20日以后，来自左派和共产党人的任何明确的和激烈的反蒋立场都会意味着‘三二〇事件’在更大范围内的重演。”明明莫斯科反对马上北伐，他却三缄其口，正是为此。他说得明白：“我不能让蒋介石觉得我是北伐的反对者，因为这会意味着我和所有俄国人都站在汪精卫一边。”不仅如此，为了让蒋不会怀疑他暗中站在汪精卫一边，他还要处处表现出支持蒋、推重蒋的样子，好让蒋放心。他的计划是，与其贸然出击，自成破裂之局，不如等着看国民党自身内部必然的分化，再如此这般地稍加运用，重演利用矛盾，各个击破的策略。因为他相信，只要蒋进入湖北，他与湖南将领唐生智之间就会爆发矛盾。蒋如果要去占据武汉，他就会遭到其他将军们的嫉妒和反对。蒋如果看出这种危险，转进江西，左派和共产党人就有理由发起迎汪运动并批评蒋介石退缩。而注意到这后一种可能，鲍罗廷已经与汪精卫取得密切的联系，以便当武汉被占领后好召开国民党代表会议，提出广泛的社会政治改革纲领。那个时候，只要打出汪精卫的名义，就足以把蒋介石所有的对手都联合起来。一旦通过新的纲领，就意味着蒋的失败和必然下台，就可以全面“恢复3月20日以前的局面，使国民党左派和共产党人联盟重新执政”。[1]

严格说来，鲍罗廷与陈独秀对蒋政治上的定性并无二致，都是坚持只能把蒋视为不久将来的敌人，他们都反对马上提出推翻蒋介石的口号。但点明蒋为一年或三年后的敌人，等于向所有共产党员宣示：蒋介石是共产党最危险的对手。何况，当蒋介石取得了个人独裁的地位，同时通过北伐对各地军民财政各机关取得节制之权后，共产党人除非照蒋的旨意中规中矩，不越雷池半步，否则，就是想要不与蒋介石等人发生冲突也没有可能。鲍罗廷这时曾经与共产国际远东局代表团有过一次争论，所涉及的正是这

[1] 上海《民国日报》1926年7月20日第二版；《鲍罗廷在同共产国际执行委员会远东局委员会会晤时的讲话》(1926年8月9日)，《共产国际、联共(布)与中国革命档案资料丛书》(3)，第369—372页。

样的问题。维经斯基等一方面批评中国共产党人对蒋的态度太过激进，说这样很可能会使共产党人和国民党左派孤立起来，并把蒋逼到右派一边去；但另一方面，他们却相信完全可以不刺激蒋介石来同反革命展开斗争。鲍罗廷明确地告诉维经斯斯等人说：中国的问题在于，这里的任何一个领袖都是和自己的学生、弟子及其各色各样的拥护者相互依存的。任何领袖都要对自己的下属负责，反过来，下属的任何言行都自认是拥护或代表其领袖的。因此，哪怕只是针对个别下属言行的做法，也都难免会被人看成是意在反对其领袖。具体到蒋介石，从“三二〇”事件开始，这里所发生的一切都是在他指使下进行的。你们除非说些不关痛痒、丝毫不会引起人们注意的话，否则，只要你们谈论到革命和反革命的问题，就注定“将被理解为是反对蒋介石的言论”。而“这是很严重的政治难题”。[1]

为了避免嫌疑，在鲍罗廷看来，共产党人应当退出国民党的各级领导机关，而且应当谨言慎行，然而，莫斯科所规定的，也是共产党人自信必须肩负的引导国民革命的责任如何来实行呢？俄国人几乎一致认为，可以借助于国民党左派来贯彻共产党人的意志。远东局的拉菲斯就提议说：“为什么我们现在不能找一些这样的学生，不是共产党人，而是国民党左派，他们还相信蒋介石但开始对他表示失望，让他们给蒋介石写一封大致如下内容的公开信。第一部分：我们知道并列数蒋介石以往的各种革命功劳，相信他有最好的动机。第二部分：我们看到，我们爱戴的领袖蒋介石在犯错误，被内部反革命利用。第三部分：我们希望蒋介石纠正所有这些错误，并考虑到前线的胜利，恢复国内的革命秩序。”[2] 鲍罗廷其实也是这样做的，只是，他所从事的是暗中支持少数不满蒋独裁做法的所谓国民党左派发起迎汪运动。

严格地说，蒋介石这时的地位和权力并不稳固。二届二中全会后共产党人虽然退出了中央党部，蒋依然无法掌握整个党务，因为他手下几乎没

---

[1]《共产国际执行委员会远东局委员会与鲍罗廷会议记录》（1926 年 8 月 16 日），《共产国际、联共（布）与中国革命档案资料丛书》（3），第 394—397、406 页。

[2] 同上。

有几个可用的党务干部，除了组织部等个别部门以外，中央党部中的其他各部门，包括宣传、劳工和农民等部，都因为没有得力干部好选，所用之人多非可信任者。有的与蒋若即若离，有的干脆就与共产党人打得火热。[1]结果是，“国民党中央表面上要比过去更加集权，但实际上各派都自行其事”，几乎失去了原有的工作热情和效能。[2]党务如此，军事也好不到哪去。蒋介石的总司令头衔其实也是名不副实。除了自己的第一军以外，要想指挥其他各路将领，远不那么容易。大家名义上都是国民革命军，相互关系仍是旧军阀那一套，多半还都要靠加官封地、许愿收买等种种私相授受的办法来维系。稍不如意，便会生出许多猜忌。在这种情况下，党内和军内自然多不愿意看到蒋一派独大和大权独揽，相反，对汪回却乐观其成。迎汪运动所以在各地迅速形成滚雪球的效应，直至影响到黄埔军校内部，与此不无关系。一些人甚至力主“说明本党现状及三月二十日事变真相”，根本就是想要取消蒋的政治资本，恢复汪精卫时期的路线，“与 C. P. 谅解合作”，“恢复党权”。[3]

8 月 21 日，黄埔军校第四期的学生公开通过了一项迎汪的决议[4]，而一直对此不动声色的汪精卫这回出人意外地做出了反应，表示愿意解除他过去的一切职务，专任党务。在一段时间里，蒋对偶尔出现的迎汪言论并不十分介意。一来他相信“三二〇”大局已定，汪精卫不敢贸然回来；二来二届二中全会通过了整理党务案，自己又取得了党政军大权，汪更是不便回来。这也是为什么二届二中全会闭幕式上及会后，他明明不想汪回，却

[1] 蒋在二届二中全会后在关键岗位选用干部的标准基本上都是找知根知底的江浙同乡，如张静江、邵元冲、陈果夫、叶楚伧等。其他如顾孟余、甘乃光、何香凝等非江浙系干部，虽得任用，却多与蒋不和。

[2] 《共产国际执行委员会远东局使团关于对广州政治关系和党派关系调查结果的报告》（1926 年 9 月 12 日），《共产国际、联共（布）与中国革命档案资料丛书》（3），第 454 页。

[3] 《中央对于国民党十月一日扩大会的意见》（1926 年 9 月 20 日），《中共中央文件选集》，第 2 册，第 321 页。

[4] 《广州民国日报》1926 年 8 月 23 日第二版。

仍旧公开声明赞成请汪复职的一个原因。[1] 如今的情况则明显有所不同。一是党内竟然出现如此高涨的迎汪声浪，甚至黄埔学生也卷入其中，这显示汪已有足够的回国资本；二是他已不如整理党务案通过后那样充满自信，眼看党内异己力量再度崛起，万一汪真的看准时机，乘势回国，几个月的努力难免会前功尽弃。鉴于此，蒋不得不设法阻止汪精卫回国。而要阻断迎汪运动，他深知非找共产党帮忙不可。[2] 刚听说黄埔军校学生联名迎汪时，他就断定“从中必有人操纵”，在日记中对“他党在内捣乱”恨得“切齿”。[3] 但得知汪确有回国可能后，他还是不得不去向共产党进行疏通。他秘密地托胡公冕赴上海去见陈独秀，同时也去电邀请在广州的共产国际远东局负责人维经斯基前来汉口见面，声称请其“指导党务政治”。其意图简单明了：“请 C. P. 勿赞成汪回”，因为“汪回后将为小军阀所利用和他捣乱，分散了国民革命的势力”。他甚至要胡转告陈独秀说，“汪回则彼决不能留”。[4]

蒋介石求上门来，中共中央却不能给蒋这个台阶，因为它无法接受蒋以不许妨碍北伐为由压制工农运动的态度。而根据共产党人的报告，整理党务案通过之后，大批孙文主义学会分子取代共产党人和部分左派国民党员的位置，广东许多地方的“贪官污吏和土豪劣绅”都得以扬眉吐气。故中共中央明确认为：“我们要不反对中派政权，只有停止发展民众运动。”[5] 更何况蒋握有对地方党政官员的委任大权，如不打破此种局面，把党政权力从蒋手中夺回来，随着北伐军的推进，全国各地的党政权力多半也会落

[1] 《蒋介石年谱初稿》，第 591 页；《（林祖涵签署）中央执行委员会常务委员会致汪精卫先生函》（1926 年 6 月 3 日），台北中国国民党党史会藏档，汉 3036。

[2] 8 月 20 日蒋已得知“后方共党有迎汪之谋”。《蒋介石年谱初稿》，第 655 页。

[3] 《蒋介石日记》原稿复印本，第 5 盒，1926 年 8 月 25 日；参见杨天石主编：《中华民国史》第二编第五卷，中华书局 1996 年版，第 126—127 页。

[4] 参见《中央给广东的信》（1926 年 9 月 22 日），《中共中央文件选集》，第 2 册，第 325 页；《蒋中正致鲍尔廷顾问电》（1926 年 9 月 16 日），台北“国史馆”藏蒋中正档案，筹笔，0056 号。

[5] 共产党人认为“三二〇”事件的最突出后果就是：“（1）地主豪绅在地方当局的参预和军队的纵容下向农民组织和农民发起攻势；（2）地方政权机构转到与豪绅相勾结的卖身求荣的官吏手中；（3）企图取消工人组织的自由和反对进行阶级斗争的自由”。《共产国际执行委员会远东局使团关于广州政治关系和党派关系调查结果的报告》。

到那些敌视共产党的势力手中，要想顺利开展民众运动，以确立革命的基础，几乎没有可能。因此，中共中央决定，虽然不赞成分散革命势力，但也不赞成权力集中于蒋一人手中，因为这“更有右倾的危险”。他们提出了一个“汪蒋合作”的方针。其目的在于要使左派在广东重新“取得政治上的指导”，同时“打破总司令的委任制度”，便利在全国范围内推进革命运动的展开。据此，9月21日晚，经过与维经斯基磋商，双方一致决定，以保证“维持蒋之中央军事领袖地位”为条件，换取蒋同意汪回和交出党权。[1]

四、“扶助农工”问题上的分歧

蒋介石对工农运动的态度，无疑是导致他与共产党关系恶化的一个重要原因。但值得注意的是，在北伐开始后的一段时间里，广东的工人运动，特别是农民运动虽然出现回潮的现象，但北伐军北上所过之境，包括蒋介石指挥的部队所过之江西、福建等省，工农运动仍旧取得了相当的发展。这种情况至少说明，蒋介石对工农运动的态度其实颇为矛盾。

应当了解的是，蒋介石与共产党人在工农运动问题上的分歧，根本上并不是要不要坚持“扶助农工”政策。几乎在整个北伐期间，蒋都是高唱“扶助农工”的，并且反复宣传国民党的这一政策是先总理的既定方针，不可改变。[2] 但问题是，蒋对究竟应当扶助什么样的农工，以及应当如何扶助农工取得自身的利益，却与共产党人有认识上的不同。在蒋介石看来，农工问题的关键有两个，一是操之在谁，工农运动断不能操纵在反对国民党

[1] 《中央通告第十七号》(1926年9月16日)；《中央致粤区的信》(1926年9月17日)、《中央局报告(九月份)》(1926年9月20日)、《中央给广东的信》(1926年9月22日)，《中共中央文件选集》，第2册，第311—312、315、325—326、339页。

[2] 蒋介石1927年以后经常在讲演中谈到“扶助农工”的问题。他始终强调这是绝不能稍有变动的孙总理“三个政策”（反帝、联俄、扶助农工）或“四个政策”（反帝、反军阀、联俄、扶助农工）之一。参见蒋介石：《总司令部特别党部成立大会演讲词》(1927年2月29日)、《对第一二师同学训话》(1927年4月4日)，《蒋介石言论集》，第四集，第129、216页。

(尤其反对蒋)的党派分子手里；一是尺度适宜，即工农运动应当控制在适当的范围内，战争时期尤其要以保持军事胜利为限度。总而言之，就是“应当承认领导中国国民革命的国民党是领导者，并采取措施，避免产生致使统一战线削弱国民革命力量的各种麻烦和分歧”。[1]

基于这样一种观点，蒋对农民运动的态度比较积极。即使北伐开始后，蒋仍在关心如何解决农民的土地问题。他不仅对留苏的邓文仪搜集的俄国革命解决土地问题的资料颇为看重，而且与鲍罗廷不止一次深入探讨过国民党对土地问题的具体政策。[2] 北伐中，农民为国民革命军运粮食、抬担架、作侦探，第一军的指挥官们“异口同声地肯定农民给广州军队提供了巨大的帮助”，相信“没有农民的帮助我们就不能取得胜利”，蒋对农民运动也更加重视。他一面向国民党中央提议起草土地法[3]，一面公开发布命令，“通令我党军全体将校士卒，今后无论在何地方，对于农民利益，须与保护；农民运动，须与扶持，务使我国民政府治内之农民，能得优裕生活，能成有主义有组织之民众”。[4] 年底，当国民党开中央政治会议时，他也是“对工人运动主缓和，对农民运动主积极进行，以为解决土地问题之张本”[5]。据第三军政治部主任朱克靖称，会议强调“农工群众是国民革命的重力军”，说“求国民革命成功，必须解决农民生活”。为此应“速制定土地法，减轻农民负担”，“消除贪官污吏土豪劣绅，使无反革命派”。总之，会议主张号召“劳动保险的群众准备与一切残余的反革命势力作最后之决战”，即使因此可能

[1] 《邵力子给共产国际执行委员会的报告》(1926 年 9 月)、《邵力子给共产国际执行委员会的补充报告》(1926 年 9 月),《共产国际、联共(布)与中国革命档案资料丛书》(3),第 514—515、522—523 页。

[2] 胡佛研究所藏《蒋介石日记》原稿复印本，第 5 盒，1926 年 7 月 23 日、24 日；《邵力子给共产国际执行委员会的报告》。

[3] 《共产国际执行委员会远东使团关于广州政治关系和党派关系调查结果的报告》。

[4] 《饬将士保护农民利益扶持农民运动令》(1926 年 9 月 9 日),《蒋介石言论集》,第三集,第 202 页。

[5] 胡佛研究所藏《蒋介石日记》原稿复印本，第 5 盒，1926 年 12 月 7 日。

带来一时的痛苦，也应当敢于承受。[1] 进入 1927 年年初，蒋仍旧公开声称国民革命的根本目的在于“解决农民”，革命军前仆后继，“都是为的百分之八十以上的农民求解放而牺牲”。因此，“很盼望农民同志，有自觉的精神，快起来参加农民协会，组织自卫军，作革命的后盾”。[2]

相对于农民运动来说，蒋介石在对工人运动的态度上就表现得复杂多了。北伐开始后，广东以外的共产党人一度感到蒋对工人运动是同情的。湖南区委书记称：蒋“到安源时，在群众大会上极力称赞安源工人，说要把萍矿收回交给工人办；他到袁州枪毙了去年破坏俱乐部之工贼王某；他发表告全国民众书，十分之七以上是从我们中局及湘区对时局主张上抄下来的”。因此他甚至认为“蒋之实行左派政策已有可能”。[3] 但广东地区共产党领导人的感觉明显不同。这是因为，自北伐伊始，蒋就明令在北伐期间禁止广州工人自由罢工。当然，第一，这种做法在国民党中蒋并非始作俑者。1924 年孙中山准备北伐时，就出现过这种情况。当时任工人部长的廖仲恺也曾不顾共产党人的抗议，采取了坚决禁止罢工的做法。第二，罢工是双刃剑。在敌占区罢工，是打击敌人；在后方罢工，却可能影响生产、流通和社会稳定，扰乱的是自己。后来中共在苏区，就绝不允许罢工。在这一点上，其实当时连俄国人也有过大致相同的意见。当北伐军逐渐推进到英国势力范围所在的长江流域之际，苏联首席军事顾问加伦将军就明白建议：国民党应当改变过去革命党的一些习惯，做全面执政的准备，为此，目前应当尽快结束省港大罢工，“好好理顺国际关系”[4]。言外之意，如果能够结束持续一年多的省港罢工，缓和与港英当局的关系，将有利于避免在军事上遭遇英国人的干涉。

蒋介石之所以在北伐伊始就特意下令禁止广州工人自由罢工，也不仅

[1] 《蒋介石日记》（二）原稿复印件。另据上海《民国日报》1926 年 12 月 19 日第二版报道，蒋这时主持的庐山会议还有过北伐期间要着重解决农民问题的内容。

[2] 蒋介石：《江西全省农民代表大会讲演词》（1927 年 1 月），《蒋介石言论集》，第四集，第 108 页。

[3] 《湘区书记报告》（1926 年 10 月 22 日），《中共中央文件选集》，第 2 册，第 297 页。

[4] 《中共中央执行委员会关于布留赫尔对国民政府的性质和任务的看法的通报》（1926 年 10 月 7 日），《共产国际、联共（布）与中国革命档案资料丛书》（3），第 570 页。

仅是因为战争的关系。实际上，蒋对广州工运确实久有担心与不满。其主要原因有二，一是担任广州卫戍司令期间，他就已经发现省港罢工委员会及其武装的工人纠察队，任意查禁和捕人，几乎有成为第二政府之可能，对执政者颇具威胁。“三二〇”事件当天，其士兵先行围省港罢工委员会和工人纠察队的住地，就反映出当时身为广州卫戍司令的蒋对这支治外武装存在着某种戒备的心理。二是广州的工人，一派在共产党人领导的工人代表大会的影响之下，一派由保守的广州总工会指挥，还有一派则是受到国民党右翼的影响，联合在广州机器工会的周围。三派工会常常因为意见相左而剑拔弩张，直至大打出手。每逢重大事件或节日，当局就不得不预为戒备，甚至动用军队以震慑。而就在蒋北上前夕，工人代表大会的工人与总工会的工人也还是上演了一出全武行。双方街头械斗断断续续持续了几周时间，一些工人被打死打伤。蒋虽亲自出面调停，亦未见成效。[1]

由于蒋这时的统治重心在城市，而城市的经济生产、生活状况及其民众心理对战争结果影响甚大，故蒋介石对工人运动相当敏感和戒备，也可想而知。在提议限制后方工人罢工自由之后，他又进一步从统一治权、稳定人心的角度开始限制工人纠察队“私擅逮捕”[2]。后来又注意到占领区内工人群起罢工，要求增加工资，进而产生种种扣货、没收、阻运、封厂，和捉店主、厂主插标戴帽游街示众之类的越轨行动，转而劝说劳资双方应急谋妥协，要求商人体谅工人痛苦，努力提高工资水平，要求工友接受政府调解，不要歧视商人。[3]

不仅蒋介石，这时不少国民党地方军政大员都对工人运动深感头痛。一个最基本的原因是，军政当局政治上必须要依照孙中山遗嘱，坚持扶助

[1] 胡佛研究所藏《蒋介石日记》原稿复印本，第 5 盒，1926 年 7 月 24 日；《共产国际执行委员会远东局使团关于对广州政治关系和党派关系调查结果的报告》。

[2] 蒋介石：《禁止私擅逮捕布告》（1926 年 11 月 12 日），《蒋介石言论集》，第三集，第 425 页。

[3] 《蒋总司令忠告武汉工商界》，上海《民国日报》1926 年 12 月 21 日第三版；长沙《大公报》1927 年 1 月 18 日第二版，1927 年 1 月 23 日第二版。

工人的政策，但它同时又必须确保社会安定以及经济生产的正常运行，因为只有如此，才能得到足够的税费收入，维持战费和地方军政的各项开支。而工人运动一旦兴起，往往无以控制其要求，以致商人、厂主不仅利益大受损失，就连人身及财产安全都难保证，社会安定和生产经营自然难以维系。如何能够既使工人得利，又使商人、厂主保有财产，不失去经营生产的积极性呢？一向对广州工人运动抱有成见的李济深等人，在1926年12月以广州以省政府的名义颁布罢工法，就进行了这样的尝试。

这个罢工法限制工会的某些自由，如规定未经政府许可不得自行成立工会，工会不得滥捕工人、商人或侵犯他人身体；罢工之际不得自行没收商店、工厂之商品及器物；不得封锁工厂或妨害商人自行作业；不得携带武器棍棒等示威游行；不得以武力或他种胁迫手段募集会员。但它同时也顾及到工人的一些权益，对店主或厂主加以约束。如规定商人或厂主不得组织自卫工会，以期破坏；不得无故解雇店员、工人；不得禁止其店员或工人参加工会运动；不得收买部分工人及不良分子对抗工人；可加入工会，享有选举权和发言权，但不能有被选举权和表决权；关闭工厂必须提前一月通知工人，若突然关闭或解雇，须发给薪资两月；遇有店员或工人罢工时，可以自行作业，惟不得临时雇用店员、工人，以破坏罢工；要求加薪罢工解决之际，应照新商妥之赁银率补发罢工期内之工资，如此，等等。[1]

在这种时候，无论出于何种考虑，只要是意在保护商人、厂主，都难以得到激烈分子的赞同。随着北伐的胜利进行，共产国际执委会第七次扩大会议于1926年11月通过了一个关于中国问题的决议，开始提出更加激进的革命主张。要求中国共产党人必须使革命“超出资产阶级民权范围之外”，主张为造成无产阶级、农民和城市小资产阶级的联合专政，应当准备没收外国在华大企业，进而将铁路、交通及土地收归国有，等等。[2] 这一决议使

[1] 上海《民国日报》1926年12月31日第三版。

[2] 《共产国际执行委员会第七次扩大全体会议关于中国问题决议案》（1926年11月底），《中共中央文件选集》，第2册，第670—673、676—678页。

得原先对过多损害社会富裕阶层利益的做法感到担心的共产党人，大大解除了思想上的顾虑。但是，要想让大批早已习惯于上下尊卑的旧秩序的工人、农民都起来造有钱人的反，也并不是一件轻而易举的事情。为了最大限度地动员群众，以便深入革命，鲍罗廷等人明确提出，发动农民非用痞子、流氓做先锋不可。受到这种观点的影响，再加上工农运动发展迅速，懂得群众运动必须以正确的政策和策略为指导的党员干部人数极其有限，以致各地工农运动兴起之际，或多或少都出现了靠“踏烂鞋皮的、挟烂伞的、打闲的、穿绿长褂子的、赌钱打牌四业不居的”做“革命先锋”的现象。[1]不计后果，过分要求，甚至罔顾法纪，随意侵害人身及财产的现象，自然会不断出现。

仅以江西赣州店员工会的情况为例。其店员工会成立伊始，即通过章程规定：凡本会会员每日工作时间应自上午 9 时起至下午 5 时止，休息时间店主不得过问；休假当与各机关同，春节并应放假半月；每年还应准假三个月以探亲，外省店员则应准假四个月，最长者可达五个月，店员不愿回家者，此期间工资还应照原工资加倍发放；在店供职满一年者还应分享该店全年利润十分之二之分红；另凡本会会员月薪还应增加三至四倍，即原有薪水不足 20 元者应加至 120 元，不足 30 元者加至 140 元；不足 40 元者加至 160 元，等。累计各项收益，店员们要求的收入增长实不止十倍。[2]

之所以会出现许多过分要求，明显与其会员素质较差和成分复杂有关。据当地妇女解放协会报称，1926 年年底，该会会员为宣传民众，在二女师排练新剧，谢绝参观。该县洋货绸缎布匹罢工店员多人得知后欲强入排练场，被学校职员婉言劝阻后，竟“在校门照墙上涂写打倒二女师、男女不平等、男子睡上女子睡下及污辱妇女等种种龌龊不堪之语，并图画男女生

[1] 长沙《大公报》1927 年 2 月 22 日第七版。参见毛泽东：《湖南农民运动考察报告》，《战士》第 35—36 期合刊，1927 年 4 月。

[2] 《赣州洋货绸缎布疋店员工会章程及决议案》（1926 年 11 月初八），（台北）中国国民党中央委员会党史会藏档，汉 11361。

殖器种种龌龊不堪入目之图。被本校职员李同志瞥见，将店员责备。彼等复纠合罢工店员七八十人，将李同志捉去随拖随打，众拳交加，声言捆绑游街。拖至七姑庙门首，将李同志推跌在地，痛殴一顿。演剧会员闻讯追至，始救李同志出险”[1]。仅此一例，既可看出这个店员工会中确有一些具有痞子流氓风气之人。对于这一事实，共产党方面也不否认，只不过评论说，这是一些“无知店员”所为罢了。[2]

一方基于战争、财政等种种需要意图适度保护工商，一方力图改天换地，最大限度地争取工农，拓展自身革命基础，蒋介石等人与共产党人之间的利益冲突，随着双方各种矛盾的交集，日渐浮出水面了。

五、权力斗争的全面发酵

不过，坦率地说，蒋介石与共产党人的冲突，更多地还并不是表现在对工农运动的不同态度上面。至少在蒋介石的各种言辞记录当中，其责难共产党人的原因，主要还是怀疑共产党人暗中挑动民众，制造倒蒋风潮。他显然不了解，中共中央这时其实曾一再叮嘱各地党部，要设法维系与蒋的关系，包括迎汪，也“必以蒋同意或前敌战事大胜为条件，万万不可鲁莽从事”。如蒋坚不让步，也可以实行“汪暂不回，以广东省政府权交给左派”的策略以为妥协。[3] 问题是，无论中共中央和共产国际代表怎样向蒋许诺保证，基层组织依旧还是把迎汪同倒蒋混为一谈。甚至还在 1926 年 11 月间，就已经出现“打倒蒋介石”的呼声。

蒋介石注意到的最早的反蒋宣传，是 11 月上旬末发生在武昌的一次军民集会上的事。当时场内的工人群众竟有意当着蒋任校长的中央军事学校

[1] 《赣州妇女解放协会执行委员会主任载源清呈中央党部函》(1927 年 1 月 3 日)，台北：中国国民党中央委员会党史会藏档，汉 11462。

[2] 赵幼侬：《赣州总工会横遭摧残的情形》(1927 年 2 月 15 日)，《向导》周报第 191 期。

[3] 《中央给粤区信》(1926 年 10 月 3 日)，《中共中央文件选集》，第 2 册，第 371 页。

分校学生的面，公开呼喊“打倒蒋介石”的口号。双方因此发生激烈的肢体冲突。这一消息很快传到江西九江，让蒋大为恼火。只是由于武汉在唐生智的实际控制之下，唐对蒋原本就不大服气，因此他才没有马上把这件事与共产党人的挑拨联系到一起去。可是就在他电告分校学生，遇有工友幼稚时，“只能以理喻之，切不可与之争斗”[1]。不过十天之后，他竟再度得到消息说，就连黄埔军校第四期学生当中也出现类似武昌工友那样的言论。这一消息对蒋刺激之大，使他“不胜愤慨”到“暴躁怨恨形诸口舌”，就连他自己在怒气发泄之后都不能不深觉反应过激。而他之所以如此暴怒，恰恰是因为他强烈地怀疑：“从中 C. P. 或有作用”。[2]

如果说对武汉工人和黄埔军校学生中的反蒋言论，还只能怀疑是共产党挑唆的话，那么，随着鲍罗廷借迁都之争公开批评斥责，却让蒋砸实了自己的猜测。

将党政中心从广州北迁的问题，是随着占领汉口后逐渐提上议事日程的。蒋 9 月上旬考虑到武汉地理位置重要，实际控制权却落在湘军领袖唐生智手中，“非有政府委员及中央委员先来数人，其权恐不能操之于中央”，故建议谭延闿等先行来汉“主持一切”。[3] 此议虽未能得到 10 月国民党中央委员与各省区代表联席会议的赞同，11 月中旬却因鲍罗廷改变主意，致使中央政治会议临时会议于 26 日正式同意迁都武汉的方针。很快，鲍罗廷就于 12 月 10 日率领部分国民党党政领导人先行抵达武昌。

鲍罗廷一行动身不久，广州中央党部和国民政府就于 12 月 5 日宣布停止办公，也开始分批北上。鉴于这种情况，鲍罗廷于到达武汉的第二天，即 13 日马上召集谈话会，提议在中央执行委员会政治会议未迁到武昌开会之前，先由国民党中央执行委员和国民政府委员组织临时联席会议，“执行最高职权”。此一提议当即得到通过，会议并决定以国民政府司法部长徐谦

[1] 《蒋介石告武昌学兵团电》(1926 年 11 月 13)，《蒋介石言论集》，第三集，第 413 页。
[2] 胡佛研究所藏《蒋介石日记》原稿复印本，第 5 盒，1926 年 11 月 22 日。
[3] 《蒋介石年谱初稿》，第 677 页。

为联席会议的主席。[1] 注意到蒋介石实际上身为国民党党政军最高领袖，蒋委托战时暂行代理其中央常务委员会主席职务的张静江，因此也被排除在“最高职权”之外，蒋再度处于可能任人摆布的地位，不难了解他对此会产生怎样一种感想。

蒋最初对这种联席会议的设置，可能带来怎样严重的权力挑战，尚未十分了然。因此，他开始虽有不满，但并没有公开反对。经过短暂的犹豫之后，他终于发现同意联席会议可以代行最高职权，势必等于重新让苏联顾问说了算。即使这只是一个暂时的过渡形态，一旦它通过决议推翻二届二中全会以来的种种军政体制，“三二〇”以来的所有努力都将化为泡影。据此，蒋不得不于 1927 年 1 月 3 日乘张静江、谭延闿等中央执行委员路过南昌北上武汉之际，召集中央政治会议第六次临时会议，劝说与会者同意将最高权力机关暂时设置于他直接掌控的南昌，迁都问题以后再议。[2]

蒋介石对联席会议的抵制态度使鲍罗廷进退维谷。无论是鲍罗廷，还是中共中央，最初都不同意蒋的迁都建议，原因就是担心刚刚可以乘蒋北上不在广州而对国民党的最高权力中心施加一些影响，万一把它迁到军事占领区去，又会落入到蒋的直接掌控之中。即使是后来鲍罗廷注意到蒋无法在武汉亲政，因而改变了态度，中共中央也一直固执地表示怀疑。如今若向蒋妥协，同意中央党部和国民政府暂驻南昌，鲍罗廷不仅将颜面尽失，更重要的是等于拱手把中央权力送到蒋介石手上去。鲍罗廷早就设想北伐军到武汉后，可利用蒋介石与唐生智等地方派系的矛盾，逼蒋交权。他乘中央党部和国民政府北上之机迅速成立联席会议，接管“最高职权”，即含有此意。如今在北伐期间军政权力已经相当分散的情况下，竟因自己一个算计错误而导致蒋轻易地重掌党政大权，鲍罗廷对此难以善罢甘休。

鲍罗廷首先致电莫斯科，声称在迁都问题上不能对蒋妥协，否则不仅

---

[1] 《广州民国日报》1926 年 12 月 17 日第二版。

[2] 《广州民国日报》1927 年 1 月 8 日第二版。

会大大加强蒋的独裁地位，而且难免会被北方军阀和帝国主义看成是广州软弱的表现，进而导致对方转入攻势，自己也将会因此而无法在现在的岗位上继续留任，非辞职不可。莫斯科回电反对鲍罗廷因为任何理由离开国民党中央的领导岗位，它也赞同鲍罗廷的担心，但同时仍建议鲍罗廷应亲赴南昌劝蒋，争取妥协解决争端。[1]

既然莫斯科基本赞同他的意见，鲍罗廷遂横下一条心，不惜把自己推上第一线，与蒋介石摊牌。意在利用国民党领导层多数坚持联俄，并不愿国民党再生分裂的心理，促使南昌方面的国民党领导人离开蒋介石，使蒋陷于孤立而被迫屈服。据此，他在1月12日欢迎蒋介石一行来武汉的宴会上，直言不讳地批评有军人摧残党权、欺压C. P.和妨碍工农运动的发展。进而指名道姓地对蒋说：“蒋介石同志，我们三年以来共事在患难之中，所做事情，你应该晓得，如果有压迫农工、反对C. P.的这种事情，我们无论如何要想法子来打倒他的。”[2]

用蒋介石的话来说：“我校长教学生还没教得这样子严重。乃在宴会场中几百人的中间，把我一个国民革命军的领袖，又是中国民党里面的一个领袖，来给他一个外国顾问苏俄代表当奴隶一样教训，这是怎么一回事？”“你不止是欺负我个人，不止是压迫我一个人，你完全是欺负我们中国国民党，欺负我们中国人。我那里可以放过你！”[3]

“三二〇”事件就是因为苏联军事总顾问季山嘉过于忽视了蒋的自尊心所引起，在蒋成功地通过这一事件打击了俄国人的威信，并限制了顾问们的权力之后，鲍罗廷却再蹈覆辙，自己出面来向蒋的自尊心挑战，这多少让人有些难于理解。鲍罗廷这时的撒手锏，多半有三个，一是在武汉的财政部长

---

[1] 《联共（布）中央政治局会议第78号（特字第59号）记录》（1927年1月13日），《共产国际、联共（布）与中国》（4），第66页。

[2] 蒋对鲍罗廷当时这段谈话内容，在不同的演讲词当中，文字均有不同，但大意相差不多。此段文字见于蒋介石：《在庆祝国民政府建都南京欢宴席上的讲演词》（1927年4月18日），《蒋介石言论集》，第四集，第243—244页。

[3] 蒋介石：《黄埔同学会会员大会训词》（1927年4月20日），《蒋介石言论集》，第四集，第280页。

宋子文掌握着蒋所需的大笔军费；二是留在南昌的其他中央执行委员，如谭延闿、何香凝等亦不愿随蒋破裂；三是唐生智等相当一批北伐将领已在武汉方面领导之下。而与此同时，鲍罗廷同样相信各地工农运动正在广泛兴起，它势必会对国民党及其北伐军形成强大的牵制作用，各地赞成迎汪的国民党人声势日渐浩大，必然会对蒋介石造成极大的压力。正因为如此，鲍罗廷虽然事后也曾一度忐忑不安，担心自己的做法过于唐突和冒险，会太过损伤蒋的自尊心，暗托宋子文等对蒋表示歉意，甚至声言今后愿与蒋一同随军行动，“不问中央事”[1]，但他却并没有停止推动剥夺蒋党政权力的斗争。

蒋介石在迁都问题上前后不一，强令暂以南昌为都城的做法，使武汉的国民党左派极为不满。蒋介石刚一离开武汉，国民党左派领袖和共产党人就大张旗鼓地发起“恢复党权运动”，以打倒“昏庸腐朽分子”为名，明批国民党中央常务委员会代理主席张静江，暗批蒋介石，并挤走了不赞同左派主张的十一军军长、武汉卫戍司令陈铭枢。孙科和总政治部主任邓演达等人公开发表文章，影射、抨击蒋搞个人独裁。孙科指责国民党二届二中全会设立常务委员会主席，“不知不觉就成为一个迪克推多”[2]。邓演达的文章认为当前的斗争是封建与民主之争，革命与妥协之争，成功与失败之争。文章尖锐地提出：“不应再把政权操到其他反革命人们手上。”[3] 为根本消除蒋对党政的控制权，武汉国民党左派决定利用人数优势，于3月召开二届三中全会，重定党政军领导体制。他们显然没有想到，在中国，不仅政权要靠枪杆子来取得和维系，而且社会上的所谓阶级分化也远未达到他们所希望的那种程度。不要说中间阶层所占人口比例极大，就是共产党人最为重视的工人群众，政治上也与广州工人的情况不相上下，通常处于分散的甚至是分裂的状态，很多工人不仅不能为共产党人所掌握，甚至可能站到相反的立场上去。换句话来说，蒋介石未必会真的陷于孤立，其区别于共

[1] 《困勉记》卷六，1927年2月6日条。
[2] 《为什么要统一党的指导机关》，《汉口民国日报》1927年2月20日。
[3] 《现在大家应该注意的是什么》，《汉口民国日报》1927年2月23日。

产党人的政策主张，这时不仅可以得到相当部分军人的支持，而且也同样会具有相当的社会基础和群众基础，足以与共产党人相抗衡。

在这方面，最典型的是蒋介石的军队所经过的江西、福建、安徽、浙江等省，社会中上阶层所表现出来的拥蒋热情。在这些地区，共产党人和左派国民党员通常都影响着相当一批工人群众，并掌握着省市一级的党部，但运动中出现的种种过激行为，却在倾向平和、渴望安定的社会中间阶层中间造成很大的恐慌。蒋介石到来后，为抗拒共产党人和左派国民党人，往往会借助于本地倒戈的军事领袖，或选派政治上区别于激进派的亲信，另立党政机关，以控制地方。由于这些人明显地倾向于沿袭旧体制和旧秩序，因而自然会受到习惯于旧体制、旧秩序，而恐惧激进革命的社会中上阶层的欢迎。对于这些地方的工人、店员和农民群众，凡与共产党工会农会不合者，他们都会积极予以扶植。纵使找不到合适的扶植对象，他们也能够找到青红帮组织伪造工会团体，与共产党人的工会组织相对抗。对此，久已习惯于用强力解决问题的蒋介石，其实并不反对。结果，就出现了诸如总政治部副主任郭沫若这时在蒋的总部中所看到的那些让他倍感吃惊的情景：蒋对其亲信支持、指使拥蒋的工人、店员，甚至是青红帮分子，在众目睽睽之下冲击共产党人和左派分子领导的各地国民党党部、工会等机关团体，甚至大打出手，造成流血冲突等，常常是睁一眼闭一眼，时而默许，时而干脆就是变相鼓励。[1]

在这里需要指出的是，蒋介石开始不择手段地来与跨党分子争夺地方和群众，是与他所感受到的权力失落的威胁程度密切关系的。直到 1927 年 3 月之前，一直跟着蒋工作的郭沫若虽然对蒋在个别地方工人运动问题上的处置手法心存疑问，却并未发现蒋有明显异常的表现。但在 3 月上旬之后，当蒋被迫同意中央党部和国民政府迁鄂，紧接着武汉又召开了旨在削弱其权力的二届三中全会，郭沫若才意外地发现蒋介石开始大踏步地转向极端。很明显，蒋因中央党部和国民政府迁鄂而产生的权力失落感和政治恐惧感实在是

[1]　参见郭沫若：《请看今日之蒋介石》（1927 年 4 月 9 日），《近代史资料》1954 年第 2 期。

太大了。困兽犹斗，有过“三二〇”经验的蒋介石当然知道自己应该怎样做。

还在1927年2月下旬，即在蒋还没有下决心动手之前，他其实就已经不断地公开放话了。当时，他仅仅是受了鲍罗廷言语威胁的刺激。他公开警告说：不要试图让他走开，“总理在生的时候，我无论对那一个同志，或者有一句话与我不对，或者有一点得罪了我，我马上就要跑开”，“现在可不是了。如果我一走开的时候”，“中国革命根芽从此就要断绝了！”谁也不要想让他放弃责任，因为，“我只知道我是革命的，倘使有人要妨碍我的革命，反对我的革命，那我就要革他的命！”[1]当时，蒋介石掌握的是军权，武汉国民党左派掌握的是党权和政权。在旧中国，军权大于一切，武汉国民党二届三中全会企图以后者取消和限制蒋的权力[2]，其后果应当是可想而知的。

六、“四一二”：血腥的开端

蒋介石决心与共产党人翻脸，当始于二届三中全会召开前夕。3月3日，即蒋在南昌召集中央政治会议，意外发现谭延闿、何香凝、陈公博等均已动摇，决心去武汉参加二届三中全会，即同意将中央党部和国民政府迁往武汉之际，蒋内心就已经充满了恐惧与恼怒。表面上，他只能表示同意多数人的意见，背后却愤愤然曰：“见人面目，受人气焰，羞辱情况，令人难堪！”[3]一连数日，蒋心境恶劣异常，因而曾连电前敌总指挥何应钦：“谓共产派在武汉破坏军事更烈，非克复南京自立基础，决难立足。”[4]此电表明，蒋确是在过去所据以号令全党的二届广州中央及政府脱离其掌控之后，开始暗中考虑与武汉分庭抗礼、另立中央的可能性的。恰在此时，江西赣州

[1] 《总司令部特别党部成立大会演讲词》，《蒋介石言论集》，第四集，第124—125页。

[2] 这些决议包括废除主席制和军校校长制，军委实行主席团制，主席团之决议及命令须有四人签名方能生效，总司令、前敌总指挥及军长须由中央委员会任命等。参见《中国国民党历次代表大会及中央全会资料》（上），第316—317、321—324页。

[3] 《困勉记》卷六，1927年3月3日条。

[4] 转见《邵元冲日记》，第310—311页。

工会委员长、中共党员陈赞贤被亲蒋的国民党军队所捕杀，所有蒋介石率领的军队所在之地，均很快发生了夺取地方党政权力的流血事件。这无疑成为蒋介石一派人决心与共产党翻脸的一个重要信号。

当然，另立中央，蒋必须握有足以号召全国的政治资本。在他看来，能否顺利拿下上海和南京这两大中心城市至为关键。因此，在上海、南京未夺取之前，蒋的态度仍旧犹豫不决，即使是对武汉中央的二届三中全会也不敢公开指责和否认。何应钦、蒋伯诚、顾祝同、潘宜之、杨虎等蒋之重要部属早就对共产党强烈不满，“以半年来之努力奋斗，其结果不过为造成共产党扰乱地方之基础”，谈起来“多激昂唏嘘”。但这时将领们多次对蒋提起此一不满，蒋却时而愤而应和，时而痛加训斥，让他们往往不知所措。何应钦就明确讲：对党务问题，非蒋自己拿定主张始有办法，他人都不敢十分表示自己的主张。因为蒋“屡次游移，且事后每由他人受过”。[1] 但夺取南京刚有眉目，张静江就明白告诉邵元冲、蔡元培等人说：“介石对于与共产党分离事已具决心，南京定后，即当来宁共商应付。”[2]

1927 年 3 月 24 日，张静江、邵元冲、蔡元培、蒋梦麟、马叙伦等同车去上海，随即赴龙华前敌总指挥部与白崇禧、潘宜之、黄郛、吴稚晖、李石曾等见面，“共商应付党务事宜”。而就在张静江等从杭州动身前往上海的当天，刚刚被占领的南京城就发生了有组织的排外抢劫事件。部分在江右军总指挥程潜率领下的国民革命军官兵，从上午 8 时开始，对城内各处外国领事馆、侨民住宅和外国教堂、商店、学校大肆抢掠，直至午后 5 时才逐渐停止。因各国驻在南京的海军官兵人数甚少，无法与抢劫者正面冲突，因此停在长江上的美、英军舰遂从下午 3 时左右开始炮击南京，直至抢劫行动被制止才罢休。蒋得到消息后，虽然在公开场合蒋并没有把南京事件归结为共产党人的阴谋，但其内心明显地怀疑有“奸党”在借故挑拨

[1] 《邵元冲日记》，第 310 页。
[2] 同上，第 312 页。

自己与列强政府的关系。[1] 因此，蒋于27日急忙将吴稚晖、李石曾、蔡元培、张静江、蒋梦麟、邵元冲、马叙伦等一并邀入总部行营，秘密“开会讨论与共产党分裂之办法”，并显然倾向于吴稚晖的主张。吴的主张是：“由中央监察委员会提出弹劾共产党员及跨党分子谋危本党，动摇后方及卖国之行为，其证据则根据数星期前陈独秀对稚晖之谈话，谓共产党于二十年内必可实行共产，又去年双十节共产党在湖北秘发之传单阴谋破坏国民党者以为证，然后再由监察委员会召集中央执行委员之非附逆者开会商量以后办法，而开除及监视一切附逆及跨党之首要等，听候代表大会裁判云云。”[2]

此时，蒋介石与共产党确已形同水火，再难相容。这里面除了他认为武汉中央种种做法的背后其实都是鲍罗廷和共产党人在起作用外，他还担心共产党人随时可能采取行动冲击租界，引发外国干涉。北伐公开宣示的政治目标是反帝，而反帝最直观的效果就是取消列强各国在中国的特权并收回租界。1927年1月北伐军胜利夺取湖北和江西后，直接导致的群众性自发反帝行动，就是攻击并占据汉口和九江的英国租界。蒋介石本人在1926年双十节也曾发表过一个《敬告全国民众》书，雄心勃勃宣告：北伐之使命，就是要完成总理遗志，“对内扫荡反革命之恶势力，使人民得解放而谋自治，对外代表国家利益，取消不平等条约”，收回治外法权，并取消租界，进而消灭帝国主义在中国之势力。[3] 他到上海后，曾多次对中外记者表示：“现在

[1] 蒋3月26、27、29日对各报记者谈话称，抢劫及射击外人者，实“为着国民军制服、制帽之北兵所为”，与国民革命军无关。蒋介石：《对〈申报〉记者谈话》（1927年3月26日）、《对上海中外各报记者谈话》（1927年3月27日）、《对日本〈日日新闻〉记者谈话》（1927年3月29日），以上见《蒋介石言论集》，第四集，第193、195、197页；《困勉记》卷六，1927年3月25、27日条。

[2] 《邵元冲日记》，第313—314页。另台湾国民党党史会藏档2—6.1/6号，有所谓“中国国民党第二届中央监察委员会第三次全体会议第一号会议录”，日期为1927年3月28日。到会委员为“蔡元培、吴敬恒、张人杰、古应芬、李煜瀛”。查邵元冲当日之日记可知，本日古应芬并未出席，据记“介石谓湘芹（即古应芬）处已去电促其即来”。29日并记：“程颂云、古湘芹、何敬之等皆来共商”。且据邵元冲27、28、29三天日记内容亦可了解，这次会议参加者身份复杂，有监察委员身份者初仅4人，最后一天才加入古应芬。所谓“中央监察委员会第三次全体第一号会议录”，显系日后所编。

[3] 蒋介石：《敬告全国民众》，上海《民国日报》，1926年10月10日第一版。

租界情况，实予人以难堪。”“外舰外兵一日不撤，中国人民的愤激就一日不能消灭。”[1] 但是，蒋并不赞成武汉、九江夺取租界的做法。注意到汉浔事件后英、美、日、法各国政府全力保护其在上海利益的态度，把军事胜利视为一切之首的蒋介石，在对列强问题上不得不表现得格外小心谨慎，极力与列强各国政府的代表周旋应付，避免造成外力干涉的严重局面。而当他决意与武汉分庭抗礼和清除党内之共产党人之后，就更不能不关心失去苏援后，能否取得列强的同情与承认。在这种情况下，蒋当然不能提出租界问题，甚至还要公开声明确保各国租界的安全，以取信于各国政府。[2]

这时的上海，谣言蜂起。特别是各个外国租界里躲避着大量从武汉、九江以及其他国民革命军占领区逃亡避祸而来的外国侨民和中国人，他们对于两湖、江西等地激烈的工农运动充满恐惧，生怕国民革命军占领上海后会重现汉口、九江下层民众冲击租界的情景，因而更是人心惶惶。鉴于自己在上海工人中的号召力，和共产国际执委会第七次扩大会议提出的要超越民主革命界限的要求，在上海的中共领导人这时也显得相当振奋，反复强调：我们党“已到夺取领导权的时期”，因此力主公开打出自己的旗帜。说“要在群众中宣传 C. P.，或用公开代表形式，或指定同志在群众会议时故意问 C. P. 是什么，藉此宣传 C. P.”。[3] 既然要夺取领导权，上海共产党人自然要指挥总工会四处冲击国民党右派组织，并积极筹组上海特别市临时政府。3 月 22 日前敌总指挥白崇禧初到上海时，对共产党领导的总工会态度还好，还同意各工会的武装纠察队统归总工会管辖，对共产党推动组建的市政府也未加反对，但第二天态度立即转了一百八十度，扬言“将设法

[1] 蒋介石：《对上海外报记者谈话》（1927 年 3 月）、《对上海中外各报记者谈话》、《招待上海外报记者演词》（1927 年 3 月 31 日），《蒋介石言论集》，第四集，第 192、195、205 页。

[2] 有关列强与蒋这时接触及交涉之经过，可参见杨天石：《中华民国史》第二编第五卷，第 347—355 页。

[3] 《中共上海区委召开活动分子大会记录》（1927 年 3 月 19 日晨九时）、《中共上海区委行动大纲》（1927 年 3 月 19 日）、《中共上海区委各部委书记联席会议记录》（1927 年 3 月 23 日）、《中共上海区委各部委产总联席会议记录》（1927 年 3 月 23 日），以上见上海档案馆编：《上海工人三次武装起义》，上海人民出版社 1983 年版，第 338、348、369、374 页。

根本消灭武汉风潮之再现于上海”。次日白“请市党部等吃饭，独不请 C. P. ”，且马上就有种种传说，称市政府为 C. P. 所组织，蒋介石亦坚决反对。[1]

蒋介石、白崇禧等人的担心，并非全无根据。在准备夺取上海之初，中共上海区委确实没有马上收回租界的打算。它曾明令“罢工工人不准打外国人，不准捣毁机器”；并要求工人纠察队切实“维持一切治安，禁止流氓、土匪乘机骚扰与抢劫”。包括对店员问题，也曾再三强调“现在广州、汉口已经闹坏了，这个问题很复杂”，一定要与商人接洽，“注意条件，不要太高”，避免闹出乱子。上海总工会甚至有声明给英国巡捕房总巡先生，以安其心。[2]但 3 月 24 日以后，共产党方面的态度却有了明显的改变。当天，总工会下达复工令，外资厂主却拒绝工人复工，租界巡捕因此武装阻止工人进入租界，致使一些想要复工的工人与巡捕房发生对峙和冲突。一时间，总工会将要攻击巡捕房，或工人纠察队将要猛扑租界的谣传四起。面对这种情况，基于武汉、九江的经验，上海中共领导人内部已经开始提出尽快收回租界的设想。除少数人强调还要避免发生冲突以外，相当一部分人的意见是主张对外国资本家下最后通牒，对租界亦不能示弱，对方越界筑路，我可自由拆除铁丝网，准备做收回租界的总罢工。总工会委员长汪寿华根据中共区委指示，甚至公开在全上海工人代表大会上宣布：工会今后在政治上的责任，第一条即为收回租界。[3]

工人方面的反应马上就引起了蒋介石一方的高度警觉。25 日，当外国记者据此询问东路军前线总指挥白崇禧时，白公开强硬地表示，工人一旦有扰乱，驻军必将负责缴械。他并且当即下令，将与闸北上海总工会关系密切

[1] 《中共上海区委各部委书记联席会议记录》；《中共上海区委各部委产总联席会议记录》、《特委会议记录》（1927 年 3 月 25 日晨七时），以上见《上海工人三次武装起义》，第 368—269、372、375、385 页。

[2] 《上海总工会在第三次武装起义前给英捕房的声明信》（1927 年 3 月），《上海工人三次武装起义》，第 404 页。

[3] 《特委会议记录》（1927 年 3 月 25 日晨），《上海工人三次武装起义》，第 386 页；并见《全上海工人代表大会记》，《申报》1927 年 3 月 28 日。

的闸北驻军薛岳部调开，而调刘峙部接防，以便对设在那里的上海总工会严加防备。这种情况又引起共产党方面的反弹。立即召开群众大会反对，并派人质问白崇禧，坚决反对调离薛岳。同时还通过市政府致函租界工部局，限三日内“正式表示不复阻止复工”，否则将再行总同盟罢工，此后发生一切问题概由工部局负责。[1] 不仅如此，中共上海区委还要求所有党员必须公开宣传这次革命是在 C. P. 领导下，大开门户，吸收党员，三个月要征收五万党员，不仅要“造成工商政府，由 C. P. 操纵”，而且要准备“公开取政”，“包办革命”。[2]

中共中央显然支持强硬的对抗态度。陈独秀在上海特委会上直截了当地鼓动说：中国革命如不把代表资产阶级的武装打倒，中国就不要想革命。只有把此武装打倒，资产阶级才能服从革命的力量。现在上海的资产阶级和国民党右派已经与党军勾结在一起了，“我们如果情愿抛弃上海，就很容易，如果争斗，就要马上动作”。即“右派军队来缴械，我们就与之决斗，此决斗或许胜利，即失败则蒋介石的政治生命［也］完全断绝”。[3]

这时上海总工会属下的工人纠察队其实只有两三千人，“党群众化五万”，受其影响组织的工人约二十五万，占上海工人总数之比并不大。但也正因为如此，共产党人更高度重视这支武装。因为它是共产党人控制工人运动，进而控制上海的关键所在。上海区委明确讲：“上海工人［有］有力武装，上海工人的政治地位与一切行动都有保障，同时 C. P. 也跟随有力。如果工人武装被解除，则工人又将入于过去黑暗之域。因此，维持工人武装为目前最重要的问题。”[4] 26 日，上海共产党人得到消息，江西赣州总工会委员长陈赞贤被军队所杀，南昌、九江国民党左派控制的市党部均被捣毁

[1] 《上海特别市临时市政府为复工问题给法租界公董局的函》（1927 年 3 月 26 日），《上海工人三次武装起义》，第 405 页。

[2] 《中共上海区委召开扩大活动分子会议记录》（1927 年 3 月 25 日），《上海工人三次武装起义》，第 398、400 页。

[3] 《特委会议记录》（1927 年 3 月 25 日晚），《上海三次工人武装起义》，第 389 页。

[4] 《中共上海区委召开扩大活动分子会议记录》；《中共上海区委召开活动分子会议记录》（1927 年 3 月 26 日下午六时），《上海工人三次武装起义》，第 397、399、401、406 页。

和解散，因而情绪更加激愤。上海区委正式决定：目前最主要策略就是："反对反动的新军阀，积极响应宁案，举行反英大罢工，达到收回租界的目的。我们要随时随地准备武装与右派军队发生总决斗。"他们确信："如果上海工人把右派打倒，租界收回，在革命的前途非常伟大。"[1]

这边蒋介石磨刀霍霍，那边共产党血脉偾张，双方流血冲突已不可避免。然而，此时，中共上海区委收到了莫斯科3月27日的来电。来电提出："我们认为，长时间地举行总罢工要求归还租界，在现阶段是有害的，因为这可能使上海工人处于孤立状态并便于当局对工人采取新的暴力。最好是组织示威性的罢工，抗议在南京的暴行，而租界问题要同国民政府商量。"中共中央复电申诉，联共（布）政治局28日又再度来电，强硬表示："请你们务必严格遵循我们关于不准在现在举行要求归还租界的总罢工或起义的指示。请你们务必千方百计避免与上海国民党及其长官发生冲突。"[2]据此，陈独秀不得不稍加变通。在收到电报当天，他函告中共上海区委，要求他们"表面上要缓和反蒋、反张，实际准备武装组织"，对总同盟罢工，也"要国民党及老蒋同意"。[3]有陈独秀的指示，中共上海区委决定于第二天，即29日，召开上海市民代表会议举行临时市政府就职典礼时邀请蒋介石出席，以示缓和，并观察蒋之态度。

29日，蒋介石没有出席这场典礼。他不仅不出席，而且致函临时市政府，要求其"暂缓办公，以待最后之决定"[4]。蒋公开否认已经得到武汉中央明令认可的上海临时市政府，不仅表明了决心与武汉中央抗衡的态度，而且预示着双方冲突已迫在眉睫。中共中央因此再电莫斯科，强调准备抵抗的必要。联共（布）中央政治局仍旧坚不同意。它一方面致电在武汉的鲍罗廷，要

[1] 《中共上海区委召开活动分子会议记录》(1927年3月26日下午六时)，《上海工人三次武装起义》，第406—409页。

[2] 转见《联共（布）中央政治局秘密会议第93号（特字第71号）记录》（1927年3月31日），《共产国际、联共（布）与中国革命档案资料丛书》（4），第168—169页。

[3] 《中共上海区委主席团会议记录》（1927年3月28日），《上海工人三次武装起义》，第428页。

[4] 蒋介石：《致上海特别市临时市政府函》（1927年3月29日），《蒋介石言论集》，第四集，第196页。

求他考虑“对蒋介石作出某些让步以保持统一和不让他完全倒向帝国主义者一边”的可能性；一方面电示上海中共中央称：“(1) 在群众中展开反对政变的运动；(2) 暂不进行公开作战；(3) 不要交出武器，万不得已将武器藏起来；(4) 揭露右派的政策，团结群众；(5) 在军队中进行拥护国民政府和上海政府、反对个人独裁和与帝国主义者结盟的宣传。”[1]

恰在这时，汪精卫意外地从国外回到上海，从而使得尚未下定最后决心的蒋介石一度放慢了与共产党破裂的脚步。据邵元冲日记：“此间日内正拟以断然手段处置者，乃不得不暂行延搁。”因“精卫以为武汉诸人，非不可以理喻，故仍拟约彼等来宁，以会议方式解决之云”。[2] 慑于汪精卫在党内的威望，蒋为表示不偏不倚，并为自己留有余地，于 4 月 3 日公开发表了一则通电。声称今后将“专心军旅，戮力北伐”，“所有军政、民政、财政、外交诸端，皆须在汪主席指挥之下，完全统一于中央”。[3] 但就在第二天，他就直言不讳地告诉第一、二师的同学们说：有人要我承认武汉中央执行委员会的决议案，我们身为党员，对于本党中央的决议案当然要承认，但也不能盲目。因为本党是有监察委员的，若监察出会议手续不合，或违反主义党纲，就可以宣告无效。“监察委员的特权，我们不能抹杀的。”[4] 蒋的这番讲话当然是有备而发的。因为就在蒋介石发表通电的头一天晚上，吴稚晖等几位监察委员已经秘密开会，通过了弹劾共产党案，决定提请各军警机关将辖区内之共产党人“分别看管监视，免予活动”。[5]

对于吴稚晖等人 2 日晚的秘密会议及议案，汪精卫并不知情。3 日上

---

[1] 《联共（布）中央政治局秘密会议第 93 号（特字第 71 号）记录》。

[2] 《邵元冲日记》，第 315 页。

[3] 蒋介石：《与汪精卫会晤后通电》（1927 年 4 月 3 日），《蒋介石言论集》，第四集，第 209 页。

[4] 蒋介石：《对第一二师同学训话》《蒋介石言论集》，第四集，第 211 页。

[5] 参见《中国国民党第二届中央监察委员会第三次全体会议第二号会议录》（1927 年 4 月 2 日），台北中国民党党史会藏档，2—6.1/6。注：此件档案与党史会所藏历次监委会，包括二届三次会议第一、三号等之形式明显不同。历次监委会会议录均为内容简单之“议事录”，并无速记录，独此件吴敬恒一人之发言为速记，并另附各项文件。故其真实性令人怀疑。此件是否为事后补录补编，尚待查考。

午蒋介石、吴稚晖、李石曾、蔡元培、李济深、李宗仁、白崇禧、黄绍竑、邵元冲等人一同往孙中山故居与汪会晤。谈到清党问题时，吴稚晖直言相告：“此次监察委员会提出对共产党之弹劾案，必将采断然之处置，故只系通知而非商榷。”汪听罢“怫然”，半晌不语。黄绍竑、李宗仁等急忙出面转圜，一致请汪提出解决良策。“最后乃共依汪精卫氏之主张，暂时容忍，出于和平解决之途。其主张办法，即于四月十五日召集中央全体执行监察委员联席会议于南京，以求解决。在未开会以前，汪精卫氏赞成暂时应急之法数条如下：一、汪精卫负责通告中国共产党首领陈独秀君，立即制止国民政府统治下之各地共产党员，应即于开会讨论之前暂时停止一切活动，听候开会解决。二、对中央党部及国民政府迁鄂后因被操纵所发命令，不能健全，如有认为妨害党国前途者，于汪同志所拟召集之会议未解决以前，不接受此项命令。三、现在各军队及各省之党部团体机关，认为有在内阴谋捣乱者，于汪同志所拟召集之会议未解决以前，在军队应由各军最高级长官饬属暂时取缔，在各党部各团体各机关，亦由主要负责人暂时制裁。四、凡工会纠察队等武装团体，应归总司令部指挥，否则认其为对政府之阴谋团体，不准存在。并闻在会议中提及所有汉口发表之决议案及命令，由中央监委审查，在未审定以前，不能有效。”对此，蒋介石等人均认为可以接受，故“决定暂照此条件进行”。[1]

基于上项应急办法，汪精卫于会后马上找到了陈独秀，转达了蒋介石等人要求共产党员暂停一切活动的提议。陈独秀在百般解释之后，为澄清事实，力辟谣言，当即起草了一份声明书，并力劝汪精卫联名发表。这份由汪、陈合署的宣言 4 月 5 日即公开刊登在上海的报纸上。宣言声称，无论是共产党将组织工人政府、冲入租界、打倒国民党，还是国民党将驱逐共产党、压迫工会、解散工人纠察队，所有这类说法，都纯属谣传。国共两

[1] 上海《民国日报》1927 年 4 月 8 日。另可参见《广州民国日报》1927 年 4 月 9 日第二版；并见《邵元冲日记》，第 315—316 页。

党将仍本孙总理的联共政策，亲密合作。[1]

汪精卫与陈独秀的联合宣言，并未达到劝说共产党人暂停一切活动的初衷，反而让蒋“不胜惊异”，因为汪陈宣言中不仅丝毫没有提到要共产党员暂停一切活动的问题，而且汪居然代表国民党保证没有制裁共产党的任何意图。这些无疑与蒋汪等 3 日商定的暂时应急办法大相径庭。[2]

这时，武汉国民政府又有训令要蒋“克日离沪赴宁，专任筹划军事”，并威胁蒋若一意孤行，定将免职除名，决不姑息云云。注意到武汉中央公开宣布决定迁都南京[3]，蒋再也沉不住气了。因为，武汉中央如果真的迅速动身迁来南京，无论政治上还是军事上蒋都将陷入投鼠忌器的困境。甚至今天听命于蒋的各路将领，到时候也难免会首鼠两端。何况汪陈宣言已经证明汪的承诺绝不可靠。考虑到这一危险的后果，蒋自然不能照 3 日所定方针，等汪劝说武汉诸位来宁开会了。在发现汪不打招呼悄悄遁迹之后，蒋更是马上公开发表了与汪精卫的谈话要点，以防汪“巧言惑众”。之后，蒋于 9 日一早转赴南京，表面上是遵从武汉训令，实则双管齐下，准备照江西等地的办法用强力来夺取南京和上海的党政权力。

9 日中午，拥护武汉中央的江苏省党部和南京市党部相继被蒋派组织所捣毁，其工作人员非打即捉。[4] 与此同时，蒋下令查封了直接受武汉邓演达领导的上海总政治部机关，指责其“假借名义，潜植反动势力，妨碍北伐进行，甚至嗾令党羽，引起暴乱，丧失本军之信用，阻碍北伐之大计”。[5] 三天后，即 4 月 12 日，新成立的淞沪戒严司令部正副司令白崇禧、周凤岐，在蒋密令下，以制止械斗为名，再度成功利用青红帮做前锋，在一天之内顺利地缴了纠察队在各处的武装。等到次日总工会组织示威游行，罢工罢市时，

[1] 《国共两党领袖联合宣言》，《申报》1927 年 4 月 5 日第三版。

[2] 《困勉记》卷六，1927 年 4 月 5 日条。

[3] 《中国国民党第一、二次全国代表大会会议史料》（下），第 908—910，925 页。

[4] 《中国国民党中央执行委员会政治委员会第十六次会议速记录》（1927 年 4 月 27 日），台北：中国国民党党史会藏，00—2/3。

[5] 蒋介石：《查封上海总政治部布告》（1927 年 4 月 9 日），《蒋介石言论集》，第四集，第 223 页。

白崇禧等干脆下令军队开枪。失去了武装工人凭藉的上海共产党人，已然成为蒋的俎上肉了。

时至于此，蒋介石不能不公开打出反共的旗号了。4月15日，他正式发布了《清党布告》，宣布了与共产党决裂的决定。布告称：“照得此次中国国民党中央监察委员会举发共产党连同国民党内跨党之共产党员等有谋叛证据，请求中央执行委员会各委员在所在各地将首要各人就近知照公安局或军警机关，暂时分别看管监视，免予活动，致酿成不及阻止之叛乱行为，仍须和平待遇，以候中央执行委员会开全体大会处分等因。”[1] 蒋随即电令各军师长，立即拘捕“总政治部主任邓演达、副主任郭沫若及军政治部主任李富春、朱克靖、林祖涵、彭泽湘、廖乾五等以及在师团连各党代表及政治部指导员之跨党分子”。此后，被公开指名通缉的共产党人更达到近二百人之多，鲍罗廷、陈独秀等首当其冲。[2]

当然，这里的所说“和平待遇”，不过是对外的一种说辞而已。对强力政治之运用已得心应手、驾轻就熟的蒋介石，既然将共产党人目为“叛乱”分子，自然也就不会在意下面的人用什么方法去“待遇”了。当有部属来电说明“所拘叛徒此间同志多主严办”时，蒋一纸“叛徒严惩”的批复，便轻易地开启了对政治对手的血腥杀伐之门。[3]

---

[1] 《蒋介石言论集》，第四集，第225页。

[2] 《总司令蒋致南京何总指挥、贺军长、鲁代军长、广州李总参谋长、上海白总指挥、周军长等电》（1927年4月），台北“国史馆”藏，蒋中正档案，特交文电16010245；并见《四·一二反革命政变资料选编》，人民出版社1987年版，第115—116页。

[3] 《陈群致蒋总司令电》（1927年4月17日），台北“国史馆”藏，蒋中正档案，特交档案160478。

第五章

武汉国民党的“联共”和“分共”

蒋介石发动“四一二”政变，其矛头所指，首先是共产党，其次就是国民党左派。这正是为什么南京国民政府发布的公开通缉“共产党首要”197名的名单中，竟会赫然列出当时在武汉的著名国民党领导人徐谦、陈其瑗、詹大悲、邓演达、顾孟余、张曙时一干人等。[1]

南京国民党人因反共而必欲扯上武汉国民党人，理由自然是认定这些国民党人已经与共产党人同流合污。而无论“四一二”事变前，还是事变后，武汉国民党人也的确与共产党人同仇敌忾，甚至已经开始公开把前此的“容共”主张，变成了实际的“联共”政策。只是，宁汉之间在对待共产党人态度上的这种对立，只持续了不过三个多月的时间。7月15日，已经身陷困境的武汉国民党人竟自断臂膀，宣布“分共”，与共产党人分道扬镳，进而很快亦反目为仇。历史发展之戏剧化，莫甚于此。[2]

一、国民党左派的初次结合

国民党之有左、中、右派之分，缘自于1924年国民党“一大”实行改组。改组后的国民党显然形成三股力量，一是新近加入国民党的政治上相当激进的共产党人，其人数虽然有限，但多半被赋予组织上的重任，颇为活跃和积极；一是以廖仲恺、汪精卫、胡汉民为代表的中间力量，他们也是通过这次改组而成为国民党的领导核心的，因而高度忠实于孙中山及其三民主义；一是自同盟会以来，始终位居核心地位，但在此次改组过程中，却因为思想渐趋保守，跟不上国民党组织变革的新思路，而被孙中山边缘化的居正、

[1] 《国民政府通缉共产党首要令》（1927年4月15日），罗家伦主编：《革命文献》，第十六辑，台北：中国国民党中央委员会党史史料编纂委员会，1957年，第54—55页。

[2] 关于这方面的研究值得提到的有刘继曾、毛磊、袁继成撰稿的《武汉国民政府史》（湖北人民出版社1986年版）；王宗华主编《中国大革命史》（人民出版社1990年版），以及李云汉的《从容共到清党》和杨天石主编的《中华民国史》第二编第五卷（北伐战争与北洋军阀的覆灭）（中华书局1996年版），等等。但就武汉国民党分共政策形成经过所做研究最为深入的，仍属蒋永敬的《鲍罗廷与武汉政权》（台北：传记文学出版社1967年版）。

谢持等一批老一代国民党人。这三股力量的出现，不可避免地要在国民党内逐渐形成不同观点、立场以及不同利益上的矛盾以至于冲突。当然，中共自从计划加入国民党之日起，就试图在国民党内扶助和支持起一个由国民党人自己构成的左派势力来。而事实上中共党员以个人身份加入国民党之后很快就发现：所谓国民党内的右派，其实都是些反共分子。如果说国民党里还有一些左派，其实都是我们自己的同志。过去认为孙中山和一些领导人算是左派，现在看来，他们也都只能算是中派，并非左派。“所谓国民党左右派之争，其实是我们和国民党右派之争”。[1] 正是因为注意到这种情况，为了避免自己影响下的民众会受到国民党内右翼分子的影响，中共中央一度甚至决定：“凡非表示左倾的分子，我们不应介绍他入国民党。”[2]

1925 年 3 月孙中山的突然去世，使情况发生了某种变化。处于边缘化的老一代国民党人开始另立中央，形成所谓“西山会议派”。继续留置中央的原被孙中山视为核心力量的中生代领导人，或被杀，或被逐。剩下一个汪精卫，势单力孤。被苏联顾问捧起来的蒋介石虽然得以跻身两大领袖之一，其在国民党内的人望及基础都还相当薄弱。如此领导人，对苏联及其苏联顾问一时过度依赖，并表现左倾，实不可免。与此相映照的是，五卅运动爆发以及省港大罢工等运动的兴起，共产党不仅在组织上迅速壮大，在国民党内日渐居于主动地位，而且因其公开打出自己的旗帜，宣传上咄咄逼人，其影响和声势也空前扩大，从而导致共产党人在四分五裂的国民党内地位空前提高，影响大幅加强。即使应国民党方面的要求，中共中央承诺把自己在国民党中央执行委员会和中央监察委员会里的中共党员人数限制在三分之一，1926 年 1 月国民党“二大”召开后，共产党员还是占据了国民党

[1] 《共产党在国民党内的工作问题议决案》（1924 年 5 月），《中共中央文件选集》，第 1 册，中共中央党校出版社 1989 年版，第 230 页；《陈独秀致维经斯基信》（1924 年 7 月 13 日），《共产国际、联共（布）与中国革命档案资料丛书》（1），第 507 页。

[2] 《中央通告第十五号》（1924 年 7 月 21 日），《中共中央文件选集》，第 1 册，第 282—283 页。

实权机构中央党部一个处和八个部里面几乎全部的领导岗位。[1] 这也就难怪，连共产国际也会表示担心“共产党的影响太大了”。我们“是否应该使国民党摆脱共产党的影响享有更多一些自由呢？”[2] 反对“包办”，主张更多扶植国民党左派力量的提议由此而生。

共产国际的担心，很就被“三二〇”事件的发生和“整理党务案”的出台所证明了。但是，这一切也并没有影响中共对国民党地方组织的实际控制程度。在省一级地方党部以及大量基层国民党组织中，共产党人仍占据着多数领导地位。广东、上海、北京、湖南等几个重要地区的国民党基层组织，几乎还是在共产党人的主导之下。不少地方在国民党内负责的共产党员，甚至为了抵制蒋介石，不接受国民党中央的指挥，不与国民党上级党部发生关系，不经过国民党的组织手续直接按照中共的策略方针行事。即使是中共中央，也习惯成自然地在自己的文件中径行要求各地国民党省党部市党部尤其是上海党部，应如何如何，并具体指示行动的要点。[3] 正是因为共产党这时的作用太大，蒋介石虽推动通过了《整理党务案》，力图严格限制共产党员在国民党内的行动，同时却也不得不力主成立国共两党联席会议，在公开承认“两党合作”的条件下，希望能够通过这一联席会议，协商解决两党之间的纠纷，“改善中国国民党与共产党间的关系”。[4]

---

[1] 其中最关键的秘书处、组织部、宣传部、农民部和外事部，全部为共产党员，即秘书处谭平山、林祖涵、杨匏安；组织部谭平山，秘书杨匏安；宣传部代理部长毛泽东，秘书沈雁冰；农民部部长林祖涵，秘书彭湃；外事部部长彭泽民，秘书许甦魂。其余青年部、工人部、商业部、妇女部四个部的部长为国民党人，但事实上工人部部长胡汉民被送去苏联，工作由秘书冯菊坡主持；其他三部的日常工作亦由共产党员的秘书负责，他们分别是黄日葵、黄乐裕和邓颖超。转见《中国国民党全国代表大会暨中央全会资料》（上），第 227 页。（关于彭泽民的中共党员身份，仅据该书之说明。）

[2] 《共产国际执行委员会主席团会议讨论中国问题的速记记录》（1926 年 2 月 10 日），《共产国际、联共（布）与中国革命运动档案资料丛书》（3），北京图书馆出版社 1998 年版，第 44、60 页。

[3] 有关这种情况，王奇生的著作有详细的分析。转见王奇生：《党员、党权与党争——1924—1949 年中国国民党的组织形态》，上海书店出版社 2003 年版，第 79—80 页。

[4] 《整理党务第一决议案》（1926 年 5 月 17 日）；《联席会议组织大纲案》（1926 年 5 月 17 日）；《整理党务第二决议案》（1926 年 5 月 17 日），荣孟源主编：《中国国民党历次代表大会及中央全会资料》（上），第 231—234 页。

很显然，和1925年孙中山去世后的情况相比，“三二〇”事变造成了一种更为复杂的局面。随着西山会议派另树异帜和胡汉民等中派被逐，以汪精卫和蒋介石为首的国民党领导层原本已趋向左倾。如今汪、蒋再度分裂，而汪不辞而别，蒋公开“限共”，刚刚左倾的国民党因蒋的强势而迅速形成一个握有实权、特别是握有军权的“新右派”。但蒋的基础亦不稳固，一方面，国民党这时的军队绝大部分又都是由军阀武装改编而来，基于利益的关系，与蒋介石及其第一军的关系亦十分微妙；另一方面，以蒋之资历，特别是以其军人身份出掌党政大权，不可避免会引起党内相当多的人不满。即使在蒋介石身为校长的黄埔军校中，共产党人的影响也已相当深入，许多年轻学生均是共产党员领导的青年军人联合会的成员，他们也很难接受蒋介石的做法。如此五味杂陈，蒋固然一时左右了局面，却在客观上催生出一个敌对的松散联盟出来。鲍罗廷清楚地看到了这种情况，并明确提出用汪精卫的旗号来组织这支力量的策略。用他的话来说：“在这个时候汪精卫的名字可以把蒋介石的所有对手都联合起来。”[1]而这样做的一个重要原因，也是因为《整理党务案》把共产党员排挤出了国民党中央的实权部门，且在相当程度上约束了各级共产党员的言论行动，中共已不适宜继续以国民党左派的面貌出面，同以蒋介石为代表的“新右派”进行斗争。在国民党内扶植左派，恰好又是共产国际所反复要求的。如果能够把国民党内不满蒋介石的力量统合起来，不论其是否可以算得上左派，至少也可以便利中共抑制蒋介石一派人的斗争目标。

在经过了将近三年的实际工作之后，中共这时要在普通国民党员和比较年轻的国民党军人当中来组织左派，并不是一件很困难的事情。而考虑到新的斗争形势的需要，中共这时认定左派的标准，也不像过去那样凡事均以是否赞同中共中央的各项具体政策为准。经过一段时间的酝酿，新的左派标准这时已经逐渐形成，这就是否赞同孙中山的三大革命政策，即“联

[1] 《共产国际、联共（布）与中国国民革命运动档案资料丛书》(3)，第371页。

俄”“联共”“拥护工农”。赞同者，即为左派，亦即是革命的；反对者，即为右派，亦即是反革命；对此怀疑动摇者，即为中派，或是新右派。[1] 据此，中共中央这时的基本策略，就是打出“迎汪复职，继续总理联俄联共扶助工农三大政策”的旗号，最大范围地造成和组织左派力量。[2]

但是，真要想形成一股能够对抗国民党新右派的左派势力，仅仅靠左倾的青年军人和激进的年轻党员是远远不够的。尽管中共中央再三强调：没有左派，造也要造出左派来[3]，事实上要造成几个能够被推出来代表左派党员讲话的领导人，也并非易事。正如陈独秀所言：“无领袖的群众又何能成为有组织的争斗？”[4] 问题是，公认的左派领袖汪精卫远适异国，不知踪迹，“一般左派领袖”，政治上与中共亦同样颇多隔阂，故共产党人亦多看不上眼。[5] 他们认定：这些人“对我们虽表示愿与合作，但另一方面不免怀疑 C.P.，觉得 C.P. 可怕”，因而暗含排拒心理。[6] 故他们今天认为某某表现尚可，明天就可能看法大变。如对陈公博，9 月 20 日中共中央的报告中还认为陈属于左派领袖，只是属于“右倾的左派领袖”；一周后在给湘区的信中就强调：“陈公博此人十分不可靠，为要做官可以作出许多无耻卑贱的行动，我们有适当机会必须打倒他。”[7] 对丁惟汾，9 月 20 日还认为与陈公博一样，一个

---

[1] 时任江苏省党部执行委员和宣传部长的柳亚子最先在 1925 年 12 月就已经做过近似的概括。“三二〇”事变后的 1926 年 3 月 30 日，他又进一步将此三点明确化。随后，上海特别市党部所发宣言，以及黄埔军校黄埔同学会等，亦先后公开宣传了同样的观点。转见杨天石：《关于孙中山“三大政策”概念的形成及提出》，《近代史研究》2000 年第 1 期。

[2] 《陈独秀关于国民党问题报告》（1926 年 11 月 4 日），《中共中央文件选集》，第 2 册，第 426 页。

[3] 参见《中共广东区委致党中央的信》（1926 年 10 月 21 日），广东省档案馆编：《广东革命历史文件汇集（1921—1926）》（中共广东省委文件），第 387 页。

[4] 《陈独秀关于国民党问题报告》（1926 年 11 月 4 日），《中共中央文件选集》，第 2 册，第 426—429 页。

[5] 《中央局报告（九月份）》（1926 年 9 月 20 日），《中共中央文件选集》，第 2 册，第 342—343 页。

[6] 《粤闻杂记》（1926 年 10 月 7 日），广东省档案馆编：《广东革命历史文件汇集（1921—1926）》（中共广东省委文件），第 362 页。

[7] 《中央局报告（九月份）》（1926 年 9 月 20 日）；《中央复湘区信》（1926 年 9 月 27 日），《中共中央文件选集》第 2 册，第 342、363 页。

多月后就指其为中派。[1] 对顾孟余，中共中央在正式的报告中虽然把他也列入“左派领袖”之列，在内部议论里却毫不含糊地断言：“顾等是很少希望的”，他们“已不是什么左派、中派，全是右派”，不过在反蒋中有作用罢了。[2] 即使是这时共产党几乎一致认为是“最好的左派”的国民党中央农民部部长甘乃光，只因为其在对待农民运动问题上与共产党人态度有所不同，也很快就被排斥在左派领袖之外了。[3] 这也就难怪，广东的共产党人再三讨论，也找不出谁是真左派，只能把那些看起来摇摆不定的国民党领导人定义为“准左派”。认为对这些人，只能“表面尊重他的独立，但实际上我们要有领导左派群众的实权”，否则难保其不会转而成为中派或右派。[4] 对此，鲍罗廷一言以蔽之：所谓左派，只有国民党名义下的各界民众可以算得上。认为现在上层某人某人为左派，是极其滑稽和靠不住的。[5]

1926 年 10 月，国民党在广州召开中央及各省联席会议。这次会议出席中执监委员 34 人，各省区党部代表 52 人。[6] 中共中央一本前此方针，明确指示各地“多派可靠、赞助汪的代表去出席”，“实在不得已时再派我们同

[1] 《中央局报告（九月份）》（1926 年 9 月 20 日）；《中共中央文件选集》，第 2 册，第 342 页；《KMT 中央地方联席会议经过情形》（1926 年 11 月），广东省档案馆编：《广东革命历史文件汇集（1921—1926）》（中共广东省委文件），第 418—419 页。

[2] 《中央局报告（九月份）》（1926 年 9 月 20 日），《中共中央文件选集》，第 2 册，第 342 页；《秋白由粤回来报告》（1926 年 9 月 15 日发表），《广东革命历史文件汇集（1921—1926）》（中共广东省委文件），第 350 页。

[3] 《中央局报告（九月份）》（1926 年 9 月 20 日），《中共中央文件选集》，第 2 册，第 343 页；《中共广东区委政治报告（2）》（1926 年 11 月 23 日），《广东革命历史文件汇集（1921—1926）》（中共广东省委文件），第 434 页。

[4] 《中共广东区委对于左派问题之讨论》（1926 年 10 月），《广东革命历史文件汇集（1921—1926）》（中共广东省委文件），第 406—411 页。

[5] 同上，第 408—409 页。

[6] 关于会议代表人数有不同说法。据 1926 年 11 月中共方面的《KMT 中央地方联席会议经过情形》的报告，总共为 86 人，而据 12 月中国国民党湖北省汉口特别市执行委员会印行的《中国国民党中央各省区联席会议宣言、会议之经过、会议决议案、拥护中央联席会议宣传大纲》，则为 80 人。查前者所称“候补执委九，监委三，候补监委三”，均与后者公布的与会代表名单相符，而后者名单中却漏掉了与会的顾孟余、丁惟汾、侯绍裘等人名字，故前者数字应较准确。惟前者称共产党员占代表四分之一，理应有 21—22 人之数，从后者公布的 80 人名单中颇难得到证实。转见荣孟源主编《中国国民党历次代表大会暨中央全会资料》（上），第 275 页。

志去”。同时，与会的共产党党团亦规定：共产党员均持妥协态度，“凡事均让左派上前”，尤其是对国民党内部事务，“比较取不参与态度，听左派自决进攻中、右派与否”。但即使如此，以张静江为代表的中派或新右派，在会上仍旧受到相当压制。比如，张要指派人代表未能来人的各省出席大会，遭到否决；张内定大会秘书长由中央秘书长叶楚伧兼，与会者四分之三通过另组大会秘书处；张极力淡化迎汪案，并以不知汪精卫所在何处为由，反对派代表迎汪，更是遭到与会者的嗤笑和否定。[1] 会议并且顺利通过了在鲍罗廷推动下形成的带有左倾色彩的《本党最近政纲决议案》。其中尤其重要的是规定了在农村要实行“二五减租”、农民有组织农民协会及农民武装之自由；在城市工人有组织工会及罢工之自由，厂主应给工人适合之工资，例假休息亦应照给，且每星期工作时间不得超过 54 小时等。[2]

国民党中央及各省联席会议的结果，虽然未必让中共中央满意，它却清楚地反映出共产国际的策略主张是成功的。共产党人在会议期间始终保持低调，并不出面，只“帮助使一部分左派能有一比较固定的联合，每日会商一切”，形成统一意见，然后便由他们去冲锋，就能贯彻自己的意志。对于这种情况，被共产党人视为中派的孙科等人都看得很清楚：不管左派怎样闹，“即（只）要找于树德、毛泽东、恽代英、侯绍裘一疏通，会场中便没有问题了”。[3] 中共中央固然说：“左派仍然没有力量，三月二十日的余威也还存在。”[4] 许多左派分子不可靠，且彼此多不信任，有些人更是投机。[5]

[1] 《KMT 中央地方联席会议经过情形》（1926 年 11 月），广东省档案馆编：《广东革命历史文件汇集（1921—1926）》（中共广东省委文件），第 419 页。

[2] 《本党最近政纲决议案》（1926 年 10 月 21—22 日），《中国国民党历次代表大会暨中央全会资料》（上），第 286—288 页。

[3] 《KMT 中央地方联席会议经过情形》（1926 年 11 月），广东省档案馆编：《广东革命历史文件汇集（1921—1926）》（中共广东省委文件），第 416 页。

[4] 《中共广东区委致党中央信》（1926 年 10 月 24 日），广东省档案馆编：《广东革命历史文件汇集（1921—1926）》（中共广东省委文件），第 394—395 页。

[5] 《KMT 中央地方联席会议经过情形》（1926 年 11 月），广东省档案馆编：《广东革命历史文件汇集（1921—1926）》（中共广东省委文件），第 417—422 页。

如今“无论何事，左派均先问 C.P. 意见，C.P. 不表示，便不敢做。就是此次 K.M.T. 中央与各省党部联席会议，还几乎是 C.P. 包办，C.P. 不包他们便无法办”。[1] 但是，陈独秀等人也不能不承认：一个可以利用来制约蒋介石的左派力量正在形成。特别是由于这次会议上左派不仅取得了优势，而且在中共帮助下有了联合的组织，不论其今后可靠与否，他们“反右拥汪”的斗争勇气和热情必会大增，从而必能促进各地左派分子活跃起来。他们甚至相信，“左派的胜利是有把握的”。[2] 据此，中共中央明确提出：“现在不能拿赞成解决土地问题做真正左派的标准。”实际上，国民党内部的分化，突出地表现在对工农运动的态度上。国民党中一般游移分子，自两湖工农运动突起之后，均“恐怖而表现右倾”。一是害怕工农运动太过激进，伤害城市工商阶级和农村士绅阶层，并刺激列强各国政府，妨碍北伐进行；二是相信民众势力都握在中共手中，民众运动太过发展，等于中共势力不断扩大，结果必然会削弱国民党的地位。在这种情况下，中共中央认为，即使只是扶植起“一些和右派不同不能和右派合作的左派，做我们和右派间的缓冲，也有很大的作用”。故国民党内，凡赞成工农运动者，特别是在农村，赞成“减租减息，组织自由，武装自卫，反抗土豪劣绅，反抗苛捐杂税，这些迫切的要求”者，亦即拥护 10 月联席会议公布的“最近政纲”者，均可视同左派。[3]

10 月联席会议之后，国民党内拥护三大政策和拥护汪精卫的呼声日渐高涨，但正如陈独秀所言：“联席会议的结果，表面是左派胜利，实际议决自议决，实际掌握政权的蒋介石，执掌党权的张静江、丁维汾等浙江派山东派，均藐视决议案而日行其右倾政策毫无所顾忌。”[4] 因此，要想将所谓左

---

[1] 《陈独秀关于国民党问题报告》(1926 年 11 月 4 日)，《中共中央文件选集》，第 2 册，第 425—429 页。

[2] 《KMT 中央地方联席会议经过情形》(1926 年 11 月)，广东省档案馆编：《广东革命历史文件汇集（1921—1926）》(中共广东省委文件)，第 422 页。

[3] 陈独秀：《政治报告》(1926 年 12 月 13 日)、《关于国民党左派问题议决案》(1926 年 12 月)，《中共中央文件选集》，第 2 册，第 561—562、572—575 页。

[4] 陈独秀：《政治报告》(1926 年 12 月 13 日)，《中共中央文件选集》，第 2 册，第 561 页。

派国民党人结合起来，形成力量，根本改变二届二中全会后所形成的带有军事独裁性质的权力格局，就靠鲍罗廷再度运用策略手腕了。因为，只有鲍罗廷有能力利用国民党高层中间已有的矛盾，造成一部分领导人与蒋介石等人之间的对立，从而把那些原本摇摆不定的国民党领导人绑到“反右拉汪”的战车上来。

这个机会很快就被鲍罗廷抓住了。10 月 22 日，蒋介石致电张静江、谭延闿，力主迁都武汉。[1] 鲍罗廷和中共中央最初均不同意，但至 11 月中旬，注意到蒋的总司令部在南昌，广州中央迁移武汉需要一个过程，蒋因下一步军事行动的需要亦不可能改驻武汉等情况，鲍罗廷已经意识到这是一个从蒋介石及其亲信夺回国民党中央权力的大好机会，因而很快改变态度，支持中央党部和国民政府北迁。鲍特意约同徐谦、宋子文、孙科、陈友仁和宋庆龄等，以调查各省党务、政务为名，先行启程北上。到 12 月 5 日，中央党部和国民政府才依据 11 月 26 日中央政治会议临时会议的决定，宣告停止办公，分批北上。正是利用了这一时间差，鲍罗廷组织先到武汉的国民党及国民政府的负责人，以党政核心不能停止运转为由，提议由徐谦、孙科、蒋作宾、柏文蔚、吴玉章、宋庆龄、陈友仁、王法勤，再加上湖北政府委员会主席邓演达、湖北省党部常务委员董必武，组成一个临时联席会议，并于 12 月 13 日正式宣告成立，通过这种方法轻而易举地就把党政权力从蒋介石的手中夺了回来。[2] 直到这时，蒋介石才开始意识到上了鲍罗廷的当。因为迁都是他自己所提议，鲍罗廷等人的理由亦无隙可击，蒋自然不好公开反对。但他还是很快做出了反应。张静江等刚到南昌，蒋即将同行的谭延闿、林祖涵、朱培德、何香凝、顾孟余、陈公博等召集在一起，以中央政治会议第六、七次临时会议名义，宣布党部和政府暂驻南昌，待召开二届三中全会之后再定最后驻地，在武汉则另立政治分会，以取代临时

---

[1] 转见杨天石：《关于孙中山“三大政策”概念的形成及提出》，《近代史研究》2000 年第 1 期，第 134 页。

[2] 《广州民国日报》1926 年 12 月 17 日。

联席会议。但是，蒋介石出尔反尔，理由牵强，且武汉临时联席会议不过暂代中央权力，随着党政领导人陆续抵达，即可取消。再加上其代行中央职权已成事实，诸多内外工作已经展开，突然改变，对国民党自身影响及损失都太大。因而蒋骤改前令一事，备受非议。鲍罗廷乘机再提“三大政策”观点，暗示蒋对联俄、联共、扶助农工“三大政策”态度暧昧，并推动徐谦、孙科等原本即不满蒋军事独裁企图的国民党领导人，发起“恢复党权”运动，这就进一步阻塞了蒋介石前往武汉、再度用张静江等夺回中央权力的可能性。如此一来，蒋介石不仅再无力改变迁都武汉的决定，而且武汉的国民党领导人也多半站到了拥护“三大政策”和拥护汪精卫的旗帜之下。蒋介石用来左右中央党部和国民政府的“浙江帮”，彻底地被孤立了起来。[1]

迁都一旦成为事实，鲍罗廷、共产党和国民党众多领导人第一位的目标，就是马上召集二届三中全会，一改二届二中全会所造成的权力格局。对此，蒋介石自然是痛心疾首，深恶痛绝。[2]但是，蒋并非没有政治头脑。不到摊牌的时候，他不能公开反对召开中央全会。不过，在极强的自尊心的作用下，蒋坚持会议必须等他到武汉后再行召开，即试图以此来显示其不可或缺的权力核心的重要地位。[3]蒋并非不准备参加会议，为此他特别派其亲信陈果夫前去武汉参加会议前期工作，但他告诉陈：“他们能等我，等到 3 月 12 日开会，就相信他们有诚意。”[4]

对此，武汉方面自然不会毫不知情。在 3 月 7 日谭延闿等带着蒋介石口信来到武汉，在当日召开的会议上，他们再三主张会议延期，并强调不要因为会期问题引起党内分裂。但会议中支持谭者仅李烈钧和陈公博两人而

[1] 参见杨天石：《关于孙中山“三大政策”概念的形成及提出》，《近代史研究》2000 年第 1 期，第 136—143 页。

[2] 《困勉记》卷六，1927 年 3 月 5、6、7、8 日各条。台北国史馆藏蒋中正档案。

[3] 《困勉记》卷六，1927 年 3 月 3 日条。在武汉方面同意将会期由原定 3 月 1 日延至 7 日以后，蒋介石坚持会议至少还要再延至 3 月 12 日才行。

[4] 转见杨天石：《关于孙中山“三大政策”概念的形成及提出》，《近代史研究》2000 年第 1 期，第 148 页。

已，徐谦和孙科的态度明显左右摇摆，既想杀下蒋之威风，又不想真的造成对立。宋庆龄从始至终未作表态。国民党人中仅顾孟余坚持会期不宜再延。结果，事实上起决定作用的还是共产党人。因为其人数居多[1]，态度一致，并且坚持在不足法定人数的情况下投票表决，决定如期开会。[2]

1927 年 3 月 10 日，国民党二届三中全会在蒋介石缺席的情况下，于武汉正式召开。出席会议者执行委员 18 人，候补中委 11 人，候补监委 4 人。国民党二届三中全会显然满足了众多武汉国民党领导人改变二中全会后权力格局的愿望。而中共中央公开致函国民党中央，斥责蒋介石公开扬言制裁共产党，质疑国民党中央为何不"明白制裁"蒋之言行[3]，更是极大地推动了会议通过一系列针对蒋介石的决议。如会议通过的《统一领导机关案》，取消了二中全会以后实行的带有独裁性质的主席制，决定在中央执行委员会闭会期间，由常务委员会对党、政、军事行使最终议决权，并设立政治委员会和军事委员会审议政治、军事问题，交中央执行委员会指导国民政府执行。[4] 会议通过的《军事委员会组织大纲》则规定，军事委员会必须由中央委员中军事人员与文职人员两部分人组成，并设立主席团，主席团之决议和命令须 4 人签名方能生效，总司令、前敌总指挥及军长等，必须由军委会提出报中央委员会任命。[5] 与此同时，会议还通过了《统一外交决议案》、《统一财政决议案》等，严禁个人干预外交与财政。[6] 所有这些决议案

[1] 关于出席会议人数，该日会记录记为 25 人，但从发言的情况看，记录似漏记了唐生智，同时多记了经亨颐等 7 人。见《中国国民党历次代表大会暨中央全会资料》（上），第 742 页。另外，当天与会的国民党人仅 7 人，即：徐谦、孙科、顾孟余、宋庆龄、陈公博、谭延闿、李烈钧；共产党员却有 9 人，即恽代英、吴玉章、于树德、林祖涵、彭泽民、董必武、毛泽东、许甦魂、江浩。

[2] 《中国国民党第二届中执会第三次全体会议预备会记录》（1927 年 3 月 7 日），中国第二历史档案馆编：《中国国民党第一、二次全国代表大会会议史料》（下），第 742—754 页。

[3] 《中国共产党中央委员会致中国国民党中央委员会函》（1927 年 3 月 13 日），台北党史馆藏档，汉 13750。

[4] 《中国国民党全国代表大会暨中央全会资料》（上），第 316—317 页。

[5] 同上，第 321—324 页。

[6] 同上，第 318—320 页。

的矛头所向，都非常清楚地指向蒋介石，并旨在剥夺蒋通过二中全会所取得的种种特殊的权力地位。而为了限制蒋介石的“封建思想”[1]，会议甚至通过决议，取消了军事政治学校的校长制，改为委员制，意在阻止蒋介石利用校长身份和权力培植私人势力。[2] 与此同时，会议还通过了《统一革命势力决议案》，主张立时召开国共两党联席会议，讨论“由共产党派负责同志加入国民政府及省政府”，“共同担负政治责任问题”。[3]

二届三中全会改选了党政军领导机构。张静江被全面排除在党政领导机构之外。蒋介石仅当选中央常务委员、政治委员会委员、军事委员会委员和军事委员会主席团成员，未能当选政治委员会主席团和国民政府常务委员。相反，跨党的共产党人谭平山、吴玉章、林祖涵等再度进入党政领导核心。而与在党、政、军三方面均高票当选，并进入最高领导机构的汪精卫、徐谦、谭延闿等人相比，蒋之权力失落极其明显。这种情况显示，武汉的国民党人，已经于不期然中开始成为了左派的大本营，并且从蒋介石手里夺回了党政的最高权力。

二、武汉国民党政策的左倾

作为国民党“左派”的大本营，武汉方面这时最突出的表现，就是对民众运动，特别是对中共领导下的工农运动，采取了相当开放的态度。

1926 年 10 月 10 日武汉占领后，中共随即宣告组成湖北全省总工会，进而推动各级工会如雨后春笋般产生出来。受国共两党宣布的工农政策影响，武汉地区要求提高工资、缩短工时、改善待遇的罢工运动顿时此伏彼

[1] 孙科语，见《中国国民党第二届中执会第三次全体会议速记录 · 第一日速记录》（1927 年 3 月 10 日），《中国国民党第一、二次全国代表大会会议史料》（下），第 809 页。

[2] 见《关于军事政治学校之决议案》（1927 年 3 月 17 日），《中国国民党全国代表大会暨中央全会资料》（上），第 326 页。

[3] 转见《中国国民党一、二次全国代表大会会议史料》（下），第 774 页。

起。仅据不完全统计，10 月间武汉工人罢工平均一日尚不足一起，11 月中旬以后已达一日数起。两个月多一点的时间里，竟发生罢工一百五六十起，参加人数二十多万。[1] 这样一种情况也不是中共计划中的事情。中共湖北党组织最初只是针对英资企业收买工人、开除工会领袖的情况，提出了煽动英资企业工人罢工的斗争方法，但明确规定“对中国资本家取外交的手腕”，事先调停协商，非万不得已不应罢工。中共湖北党组织没有想到，由于工人原本的工资太低[2]，各企业工会又相互攀比，不管英资、日资，也不管外资、中资，纷纷以追求最大幅度的生活改善为目标，从而使武汉工潮渐渐失控，很快就出现了“商店歇业，工厂停机，市面萧条”局面。[3]

除了到处发生工潮以外，湖北省总工会还模仿香港海员大罢工时的经验，组织起拥有 3000 人规模的武装工人纠察队，每日持械巡街，“纠察工贼”，维持秩序。在这一过程中，逐渐出现“左”倾错误。例如代替政府职能，“随便逮捕人，组织法庭监狱，检查轮船火车，随便断绝交通”，动辄以武力制裁敢于反抗的厂主、店主，封闭乃至于“没收分配工厂店铺”等。[4] 又如郭聘伯案。郭早年追随孙中山，后加入共产党，中共组织湖北工团联合会并发动京汉铁路大罢工时，曾积极参与，并担任工团联合会机关报《真报》社长，大力宣传过马克思主义和俄国革命经验。“二 · 七”惨案后，《真报》被封，郭渐渐回归国民党，于 1923 年 11 月被开除党籍。[5] 后因协助国民党人覃振

---

[1] A.B. 巴库林著，郑厚安等译：《中国大革命武汉时期见闻录》，中国社会科学出版社 1985 年版，第 26—30 页。

[2] 据国民党人的讲演和武汉工会方面的说法，一般工人的工资水平都是在七八年前定下的标准，而这些年来物价却已上了三倍之多。参见《蒋总司令忠告武汉工商界》，上海《民国日报》1926 年 12 月 21 日第一张第三版；《武汉店员总工会整饬工会纪律宣言》，《汉口民国日报》1927 年 2 月 8 日第三张第一页。

[3] 《中央局报告（十、十一月份）》（1926 年 12 月 5 日），《中共中央文件选集》，第 2 册，第 536—537 页；《上海荣宗敬联合同业致汉口劳资仲裁委员会函》（1926 年 11 月 30 日），《纺织时报》，1926 年 12 月 13 日，转见刘继增等《武汉国民政府史》，湖北人民出版社 1986 年版，第 118 页。

[4] 《刘少奇致洛甫信》（1937 年 2 月 26 日）、《湖北全省总工会第一次代表大会宣传大纲》（1926 年 12 月 31 日），以上见曾成贵等编：《中国近代工人阶级和工人运动》，第六册，中共中央党校出版社 2002 年版，第 116—118、142—145 页。

[5] 《中国共产党党报》第 1 号，1923 年 11 月 30 日。

组建汉口执行部，与同时受命组建汉口国民党执行部的共产党人刘伯垂等发生冲突。其后，郭仍在武汉从事工人运动，北伐军夺取武汉时，意图另立工会系统，在武汉占领后不久即被省总工会逮捕，送交总政治部要求严惩。罪名是勾结军阀，破坏国民党汉口特别市党部，导致刘伯垂等入狱，并组织假总工会与武汉各工会冲突。由于总政治部一时取证困难，且无法可依，使此案迁延多时。总工会再三催促，公开限令政府必须在某日某时之前，将郭等“绑赴济生三马路执行枪决”。否则，将召集武汉所有工友向政府请愿，不达目的不止。[1] 国民党省市党部“为应付环境”，临时组织人民审判委员会，将郭等依总工会宣布罪状处死了事。[2]

湖北省总工会及其下属工会此时权力之大，已远非广州的省港罢工委员会可比，因而也早就引起了国民党内蒋介石一派人的严重不安。留守广东的总参谋长李济深率先在广州采取措施，限制工人罢工及工会的权利。[3] 1926 年 12 月初，蒋介石召集政治委员会第三次临时会议，就武汉工运提出几点要求：(1) 不许工会擅自拘人；(2) 严厉禁止持械游行；(3) 工人不得擅自封锁工厂、封闭商店；(4) 工人不得向工厂或商店强取一切什物。会议提出对军工业、金融业、交通业以及与公共生活有直接关系之其他事业，当工人和企业间发生纠纷时，必须绝对服从仲裁委员会之裁判。[4] 时为武汉卫戍司令的陈铭枢也曾通令湖北全省总工会，要求其约束工人擅自逮捕，以至处决人犯等不法行为。然而，总工会显然没有把陈铭枢放在眼里，

[1] 《湖北全省总工会公函》(1927 年 4 月 14 日)，台北党史馆藏档，汉 11444。

[2] 党部在总结此一事件时曾说明：当时组织人民审判委员会处决郭聘伯等，仅为“应付环境”，故办事不免“太过草率”。《湖北省党部、汉口特别市党部过去九个月之工作报告》(1927 年 6 月 5 日)，台北党史馆藏档，2.4/44。

[3] 正式规定包括不得官厅准许不得成立工会，更不准征收会费及组织纠察队；“工会工人未得政府之许可不得滥捕工人商人或犯及他人身体”；“不得没收商店工场之商品及器物”；“不得封锁工场或妨害商人自行作业”；“工人不得携带武器棍棒等作示威游行”，等。上海《民国日报》1926 年 12 月 31 日第一张第三版。

[4] 转见蒋永敬：《鲍罗廷与武汉政权》，(台北) 传记文学杂志社 1972 年版，第 214—215 页。

委员长向忠发对此曾复函严加驳斥。[1]

其实，对于武汉工人运动中出现的种种严重情况，中共中央、共产党湖北地方组织也十分清楚。[2] 为安抚国民党人，中共领导的湖北省总工会也受命不止一次地公开声明和做出承诺。如 1926 年 12 月总工会召开第一次代表大会时，在宣传大纲中就专门针对大批手工业工人和店员迫于生活压迫而要求加薪，造成中小商人极端困难的情况，专门解释过，说 ：“我们知道中小商人是很困苦的，然而这是因为帝国主义和军阀压迫剥削的结果，不能因此遂不以工人店员之最低生活要求为然。”大会希望双方能够相互体谅，共渡难关。[3] 又如，湖北省总工会领导人之一，共产党员李立三在 1927 年 1 月中旬更特别向各界说明最困难的阶段已经过去了，说 ：“武汉的工人是为中国革命利益而奋斗，他们决不违反这个原理，有过分的希望。但是有几点事实，亦是要请大家谅解的 ：第一点工人要能安心革命，生活上之困难不能不要求减少。第二点，工人要参加革命，对于每日二十小时工作时间，不能不要求缩短。第三点，工人要能自由参加革命工作，不能不要求改良待遇。在久被压迫状况之下的湖北工人，有此三种最低限度的要求，平情论之，当不为过。所以在以往一月之间，不断的发生工潮，亦即为此。”但是，他保证 ：由于各界，特别是党部给予了援助和指导，故并未发生重大问题。且“刻下此项情形已经平稳的过去了。现在谨诚恳的报告，我们的党及党的领袖对于这个问题，可以不必耽（担）心”。[4]

严格地说，中共中央这时在工人政策上的方针，与武汉国民党人并没有太大的分歧。武汉工潮所造成的影响，至少在经济也还没有表现得特别

[1] 其函称 ：本工会并无私擅逮捕之情事发生，各工会虽有出于“工人之革命积极表示”，扭送工贼请求惩办各案，均“证据确切”，且“在手续上并无有不当，在革命上且为必要之行为，安能视为擅自逮捕，不法行为？”函中并讥讽陈铭枢道 ：“贵司令……是否无地用武，必须向工农团体示威？”《湖北全省总工会致武汉卫戍司令部函》，天津《大公报》1926 年 11 月 28 日第七版。

[2] 陈独秀 ：《政治报告》（1926 年 12 月 13 日），《中共中央文件选集》，第 2 册，第 560—568 页。

[3] 转见曾成贵等编 ：《中国近代工人阶级和工人运动》第六册，刘明逵主编，中央党校出版社 2002 年版，第 142—145 页。

[4] 《汉口民国日报》1927 年 1 月 16 日第一张第一页。

严重[1]，因此，武汉国民党人这时多半也都相信这种情况只是一时的现象，逐步可以恢复常轨。由于这时武汉国民党人对内的首要任务是“恢复党权”，对外的首要工作是解决因 1927 年 1 月上旬汉口、九江事件所引发的收回租界运动，这些在在都需要工农民众的理解和撑腰，故他们对共产党人领导下的武汉工运的情况，暂时还没有表现出特别的不安。

武汉国民党人初期对湖南工农运动的态度也大致如此。湖南最为引人注目的是农民运动。1926 年年底，已有七十多个县建立了农民协会，有组织的农民发展到五十余万人。[2] 湖南农民在支援国民革命军北伐的过程中，表现出了高度的热情。就连十分害怕工人运动的蒋介石，这时也明确主张乡村农运应当发展。[3] 故军事行动甫一结束，湖南农民就以同样的热情投身到建立农民协会，组织农民自卫军和打倒贪官污吏、土豪劣绅，以改造乡村政权的斗争中去了。而由于湖南各地县政府多半并未改造，团防一类地方武装仍掌握在旧势力手中，因此，各地农民一旦起来，不免会与掌握团防的豪绅地主及当地官厅发生冲突。据报道 :“打倒土豪劣绅已成普遍口号,捉了送省政府的,送县政府的,捉了戴高帽游乡的层出不穷。”[4] 甚至“有直接击毙或处罚土豪劣绅的，有逼迫县长执行枪决的，有向县署提出要求，县署办不到，动辄聚众包围县署的”。[5] 故运动伊始，就出现了“华容民众打死土豪、资兴县部驱逐知事，茶陵拘警所所长游街等”轰动全省的事件。

如同湖北一样，湖南省总工会和省农协也是掌握在共产党人的手中，甚至就连省党部委员主要也是跨党的共产党人。因此，尽管是在国民党省党部和省政府的眼皮之下，共产党人还是经常在长沙大张旗鼓地公开显示

---

[1] 据报，到 1927 年 1 月中旬，物价较武汉占领之日，平均上涨约七成左右。《汉口民国日报》1927 年 1 月 21 日第二张第二页。

[2] 《两大会联席会之第六日》（1926 年 12 月 13 日），湖南省博物馆编 :《湖南全省第一次工农代表大会日刊》，湖南人民出版社 1979 年版，第 186 页。

[3] 《中共中央文件选集》，第 2 册，第 562 页。

[4] 《湖南农民要求乡村政权之迫切》，《汉口民国日报》1927 年 1 月 25 日第一张第一页。

[5] 初民:《什么是农民运动目前实际需要的政纲》,《汉口民国日报》，1927 年 3 月 7 日第一张第二页。

自己的力量。1926 年 11 月 7 日，即十月革命纪念日当天，湖南有数十个县份发起举办纪念活动，长沙四十多个支部到处张贴"第三国际万岁！""中国共产党万岁！"一类的标语，近郊五千多农民扛着大旗，高呼口号，进城参加庆祝活动。12 月，中共发起召开湖南全省第一次工农代表大会，"工人农民群众二十余万人"[1]，声势浩大地齐集长沙省教育会前坪做开幕式。会场内外大幅张贴着马克思、列宁的头像，大会日刊也是连日以马克思、列宁的画像做封面。[2]

对此种种，无论是武汉国民党中央，还是湖南省党部及省政府中人，都表现出相当宽容的态度，且努力予以配合。[3] 其重要原因是，中共这时的方针很明确地也是以国民党联席会议的政纲来作为解决目前农村中问题的依据的。只赞成打倒农村中的土豪劣绅，反对扩大打击面到一般地主，也反对动辄加人以反革命名目。[4] 不仅如此，一旦工农运动发生较大问题，湖南的共产党领导人还会主动去对国民党人进行解释工作，并商量解决的办法。故湖南的国民党领导人与共产党人之间的关系颇为融洽。党政部门对农民运动的态度也较为积极。如省民政厅即配合各地农会与团防斗争激烈的情况，发文要求各县组织民众团体，改选团防局正副局长，"以免土豪劣绅专政"。[5] 省党部亦向省政府提议："一、各县纠纷（即是民众同土豪劣绅冲突）不是坏现象，应认为是革命过程必有的现象，政府当站在民众方面，使民

[1] 20 万之数恐系夸大，此种夸大当时已成风气。据冯玉祥记，孙科、徐谦 1927 年 5 月见冯时，即抱怨"每一次的开会，总说到了二十万人，或是十多万人，而实际到会的人众连一万也不够"。见冯玉祥：《我的生活》，岳麓书社 1999 年版，第 519 页。

[2] 日刊总共出 24 期，20 期封面均为共产党人（包括社会主义青年团员）的画像，其中 6 期为马克思，3 期为列宁，3 期为卢森堡，另外黄爱、庞人铨、黄静源、汪先宗各 2 期。国民党人仅孙中山有 3 期，廖仲恺有 1 期。并见《湖南全省第一次工人农民代表大会开幕纪盛》，《湖南全省第一次工农代表大会日刊》，第 22 页。

[3] 国民党中执委农民部、湖北省党部、湖南省党部、湖南省代主席、建设厅、民政厅等，均有贺电贺信或致词。《湖南全省第一次工农代表大会日刊》，第 28—30、47、170—171、226—229 页。

[4] 《湖南（十月份）民校运动报告》（1926 年 11 月下旬），《中共中央文件选集》，第 2 册，第 321—323 页；谢觉哉：《国民革命与工农阶级》（1926 年 12 月 6 日），《湖南全省工农第一次代表大会日刊》，第 140—146 页。

[5] 《湘政府严防土豪劣绅》，《汉口民国日报》1927 年 1 月 11 日第三张第三页。

众得到胜利。二、对反革命处置，不可姑息或妥协，革命和反革命不能并存，我不攻彼，彼必反噬。三、处置反革命不适用普通法律（因政府有将土豪劣绅送法院惩办之事），宜用革命手段。”[1] 据此，即使对杀人一事力主持慎重态度的湖南省政府，也于1月4日正式成立了审判土豪劣绅的特别法庭，试图在规范各地反土豪劣绅斗争的同时，也表明支持这一斗争的态度。它主张：今天惩治土豪劣绅，并不是对付其个人的罪恶，其目的是要打倒造成土豪劣绅的罪恶制度和环境。故其方针是“惩一儆百”，“如果现在已服从革命，以前罪恶可不追咎（究）”。与此同时，它亦明白宣称：凡“故意与民众为敌，希图反动势力复苏，那就应当绝对不姑息的处治”。[2]

这时候，社会上已经出现两湖工农运动“过火”之说。当湖南各地越来越多的著名士绅和地主被捉、被杀[3] 之后，这种非议更有所发展。但1926年11月底，斯大林和共产国际执委会鲜明地提出了“土地革命”的方针，断言中国革命已经发展到必须要提出土地问题的阶段。鲍罗廷等人因此提出，湖南农民革命其实还不够激烈。他公开告诫武汉国民党人：对以中小地主为代表的中国反革命的社会基础，绝不能取温情主义。他说：因为军阀及其军队阻碍革命，我们从广东到武昌的路上杀了很多，可是对于农村里那些剥削农民、同样阻碍革命的大人先生，我们拿一个指头去碰一碰他们都不敢，“公道与正义何在？”他明确主张：“对于剥削农民的用刺刀去刺死他，刺死反革命的基础，如像刺吴佩孚的军队一样。这样国民党才不

---

[1] 《土豪劣绅之末日》，《汉口民国日报》1927年1月13日第三张第四页。

[2] 同上。

[3] 仅据报载，到1927年1月，湖南农民已捕毙著名地主士绅数十名。如：“宁乡的杨致泽，岳阳的周嘉淦，华容的傅道南，孙伯勋，乃农民与各界督促政府枪毙的。如湘潭的晏容秋，乃农民与各界强迫县长直接枪毙的。宁乡之刘昭，乃农民直接打死的。如醴陵之彭志蕃，益阳之周天爵，曹云等，则正待‘审判土豪劣绅特别法庭’审判后处决。”另外如华容张荫祚、宁乡的彭伯阶均被农民打死，罗昌、傅道南、孙锐义被捉起待杀；汉寿农民捉了梅实，要求县署枪决；南县夏炎、浏阳娄绍德、嘉禾王泽民、华容姜子林等，亦在待判之中，农民并要求处决湘阴的左炳生，湘乡的罗楚德，郴县的曹游龙。见《汉口民国日报》1927年1月13日；前引毛泽东《湖南农民运动考察报告》，《战士》第35—36期合刊，1927年4月；1927年1月28日《湖南民报》（八）。

至于落后。”[1] 为此，他甚至提出 ：“农民受压迫过久，稳健分子不易起来。是要痞子、流氓做先锋，真正农民才得起来。”[2]

共产国际执委会第七次扩大会议决议明显地对中共领导人产生了影响。1 月 20 日，毛泽东时任中共中央农民运动委员会书记，他在湖南全省第一次工农代表大会讲演，还在宣传中共中央此前的农村政策的主张。强调：“我们现在还不是打倒地主的时候，我们要让他一步”，现在是国民革命，“在国民革命中是打倒帝国主义军阀土豪劣绅，减少租额，减少利息，增加雇农工资的时候”。[3] 一个半月之后，在得知了共产国际决议，并亲身去湖南省几个县进行了实地考察，观点发生了根本性的改变。他以空前的热情肯定农民的革命性，极力称赞农村中那些“踏烂鞋皮的，挟烂伞的，打闲的，穿绿褂子的，赌钱打牌四业不居的”出来做“革命先锋”，赞成农会“有土必豪，无绅不劣”的口号，支持“将地主打翻在地，再踏上一只脚”。他并且倡言 ：“革命是暴动，是一个阶级推翻一个阶级的暴烈的行动”，“每个农村都必须造成一个短时期的恐怖现象，非如此决不能镇压农村反革命派的活动，决不能打倒绅权，矫枉必须过正，不过正不能矫枉”。[4]

毛泽东的考察报告也迅速得到了中共中央政治局委员瞿秋白的高度重视，不仅推荐发表，而且亲自作序宣称 ：农民要的是政权，是土地，他们自然要触犯绅士先生和私有财产，“他们要不过分，便只有死，只有受剥削！中国农民都要动手了，湖南不过是开始罢了”。[5]

这个时候，受到上述观点影响的，也有不少是国民党人。1927 年 2 月以后，武汉国民党人对农民运动的态度就明显地变得激进起来了。邓演达、

[1] 《鲍顾问在省党部第四次代表大会之演说》，《汉口民国日报》1927 年 1 月 8 日第一张第四页；《鲍顾问在湖北省党部第四次代表大会上之演说辞》，《汉口民国日报》1927 年 1 月 23 日第一张第一页。

[2] 转见长沙《大公报》1927 年 2 月 22 日第七版。

[3] 《湖南全省第一次工农代表大会日刊》，第 339—340 页。

[4] 见《战士》第 35—36 期合刊，38、39 期，1927 年 3—4 月。

[5] 转见《瞿秋白文集》政治理论编（4），人民出版社 1993 年版，第 572 页。

孙科等均纷纷表态，或赞扬当今农民“在乡村中从事打倒反革命的土豪劣绅，为国民政府除去心腹之患，并且为将来民主社会的建设奠定了一个坚固的基础”；或宣传必须要解决土地问题，才能真正解放农民，最终成就国民革命。[1] 他们宣称：如果因为要实现最近政纲中的要求不得不围县署、杀土豪，根本说不上是什么“暴动”或“反常”。[2] 甚至公开演讲称：农民兄弟“多打一个土豪劣绅，就是多做了一件革命工作”。[3] 以甘乃光为部长的国民党中央执委会农民部发表宣传大纲，一面批驳农会是所谓土匪、农民运动是所谓痞子运动的说法，一面主张：第一，要解决农民的痛苦，必须实行“耕者有其田”；第二，“土豪劣绅贪官污吏和种种反革命势力不能够用和平的方法打倒，我们要用我们的锄头镰刀爽爽快快地把他们压服下来”。[4] 而唐生智等湖南省的国民党领导人，这时也公然宣称：“现在对地主、对资本家正是进攻时期”，甚至还异口同声地赞同鲍罗廷关于“痞子流氓做先锋”的观点，声称“专靠做农运的几个人，是不成功的”。[5]

在这样一种气氛下，原本主张“惩一儆百”，不咎既往的湖南省政府，在其制定《惩治土豪劣绅暂行条例》时，也没有将这一方针写入其中。该条例认定：凡凭借政治经济力，或其他特殊势力（如团防等），在地方有下述行为者，均应以土豪劣绅治罪。（一）反抗革命或阻挠革命者。（二）反抗本党或阻挠本党及本党所领导之民众运动者。（三）勾结逆军盗匪蹂躏地方者。（四）杀害人民及纵火决水强奸掳掠者。（五）压迫平民因而致人有死伤或损失者。（六）苛索民财或假借名义敛财肥己者。（七）擅理民刑诉讼，或包揽词讼压迫平民者。（八）破坏或阻挠地方公益者。（九）侵蚀公款者。

---

[1] 孙科：《国民革命中之农民运动—为湖北省农民协会第一次全省代表大会作》，《汉口民国日报》1927 年 3 月 6 日；邓演达：《现在大家应该注意的是什么？》，《汉口民国日报》1927 年 2 月 18 日第一张第一页。

[2] 初民：《什么是农民运动目前实际需要的政纲》，《汉口民国日报》1927 年 3 月 7 日第一张第二页。

[3] 《湖北农运之困难及最近策略》，《汉口民国日报》1927 年 6 月 10 日第二张第三页。

[4] 中国国民党中央执行委员会农民部：《总理逝世两周年纪念对农民宣传大纲》，《汉口民国日报》1927 年 3 月 7 日第二张第一页。

[5] 《省农民协会昨日欢迎顾问纪事》，长沙《大公报》1927 年 2 月 22 日第七版。

凡犯以上第一款至第四款之罪者处死刑、无期徒刑，或一等有期徒刑。凡犯第一款、第三款、第四款之罪者，并得没收其财产。凡犯第五款、第七款之罪者处死刑、无期徒刑、或二等以上有期徒刑，并得没收其财产一部或全部。凡犯以上第八款之罪者，处三等以上有期徒刑。凡犯以上第九款之罪者，未满500元者，处四等或五等有期徒刑，或拘役并科千元以下之罚金；500元以上，未满千元者，处二等至四等有期徒刑，并科2000元以下之罚金；千元以上，未满3000元者，处一等或二等有期徒刑，并科6000元以下之罚金；3000元以上者处死刑或无期徒刑，并没收其财产。[1] 而后湖北省推出的《惩治土豪劣绅暂行条例》，也照样搬用，只是稍稍细化了相关的内容。反抗革命或阻挠革命者一条，加上“作反革命宣传者”；勾结逆军盗匪蹂躏地方一条，在“地方”之后又加上了“党部及党部人员”；将杀害人民及纵火决水强奸掳掠一条，改为“与匪通谋坐分赃者”；压迫平民致人死亡或损失者一条，分做致人死亡和致人有伤害或损失者两条；擅理民刑诉讼或抱揽词讼压迫平民者一条，改为挑拨民刑诉讼，从中包揽，图骗图诈者。同时增加两条，一是包揽乡间政权，武断乡曲，劣迹昭著者；一是欺凌孤弱，强迫婚姻，或聚众掳掠为婚者。其刑罚力度大致相同。[2]

由以上条例内容可以看出，这时两湖地区的国民党人，对定性“土豪劣绅”并无严格和客观的标准。尤其是第一款反抗革命或阻挠革命，及作反革命宣传者；第二款反抗本党或阻挠本党所领导之民众运动，全凭指控者主观认定。其他像包揽乡村政权，劣迹昭著，和破坏或阻挠地方公益诸条，也都极易引起争议。如前湖南省议员程子枢，只因过去一直反对女权运动，反对女子应享有继承私产和受教育的权利，此时即被省总工会捉起来送去特别法庭，指为反革命，要求枪毙。特别法庭经审议后，虽然认为仅以其身为省议员期间公开反对女子应享有继承私产和受教育的权利一事，就处

[1] 《湖南省惩治土豪劣绅暂行条例》，长沙《大公报》1927年1月29日第六版。
[2] 《湖北省惩治土豪劣绅暂行条例》（1927年3月10日），台北党史馆藏档，汉1573。

以死刑过重，但仍认定其曾经触犯惩治土豪劣绅暂行条例第二款，即阻挠过本党所领导之妇女运动，最后判处10年有期徒刑。[1] 又如曾做过清朝吏部主事，实为一顽固守旧文人的叶德辉，这时亦被省工会送特别法庭，指为反革命，要求枪毙。特别法庭审议后，认为要求合理，故宣布“罪无可逭”的罪状五条：(一) 前清时即仇视革新派，戊戌政变残杀革命人物，为内幕主张之人。(二) 充筹安会会长，称臣袁氏，促成袁氏称帝。(三) 赞成吴佩孚武力统一，并主张赵恒惕受北京政府任命。(四) 军阀迭予要职，利用其封建思想发表封建式之文字，为反动之宣传。(五) 为省城著名反动派领袖及著名土豪劣绅。叶因此被当众处决。法庭援引判处叶死刑的依据，就是《湖南省惩治土豪劣绅暂行条例》第一款及第二款之规定。[2] 然而其所举5条罪状中，有实质内容的4条不仅多为陈年旧事，罪不及死，而且指叶为惨杀谭嗣同等“内幕主张之人”，也没有根据。

当然，最足以表现武汉国民党人支持工农运动的，还是他们在工农运动受到打击时所表现出来的积极赞助的态度。这时最典型的有两个事件。

一是阳新惨案。1927年2月28日，湖北省阳新商会会长朱仲炘等以反对农协劈祖宗牌位、掘祖宗坟墓为名，煽动百余人，将省农民协会特派员成子英、县农协秘书谭民治、区农协负责人王德水、县工会组织部长曹树元等九人，绑架到城隍庙前，淋上洋油，当场烧死。[3] 省党部为此激烈致函中央执行委员会称：“近来关于惩治土豪劣绅案件几于无县无之，而贵会历次覆文均谓须依法审判。半年以来，除经广大民众直接打倒之土豪劣绅外，迄未见贵会依法惩办一人。所谓依法审判，亦仅徒闻斯语。是政府方面对于土豪劣绅过于优容，适予自辈以反动之机会，因之阳新、监利、汉川、麻城、夏口、钟祥、潜江等县，捣毁党部，焚杀党员之惨案，遂接踵而起，风声所播，蠢蠢思动者，乘机爆发，将更演于不可收拾之势。此种责任，应由政府负之。

[1] 《大公报》1927年4月27日第六版、1927年5月1日第六版。
[2] 《叶德辉判死刑》，《汉口民国日报》1927年4月14日第二张第二页。
[3] 《阳新惨案之前因后果》，《汉口民国日报》1927年3月16日第一张第一页。

如不急图补救，实足以摇动革命之基础。……望此后勿违反广大民众之请求，勿授此辈反动之机会，速将已经捕获或急待捕获之土豪劣绅，一律以革命手段处置，务于最短期间肃清反革命之下层势力，以遏乱源。”[1] 国民党二届三中全会随即通过《阳新惨案处理决议案》，并委派邓演达、吴玉章、毛泽东为委员，与湖北省党部、湖北省政务委员会、省农民协会开联席会议。会议决定指令农民部派专员带两连军队前往阳新查办。结果，县长被撤职，公安局长被拘捕，捕获杀人凶手 20 余名，在公审大会上处决了其中的 7 名。随后还抓住了外逃的朱仲炘与另两名主犯余老三和冯心斋，将 3 人一并处决。而随后阳新各乡农民一举处死了 45 名绅士，并没收财产达 100 万元。[2]

二是武昌血花世界事件。3 月 10 日，向忠发致函国民党中央党部称：“敝会本日下午一时在血花世界总理纪念堂开纪念总理逝世二周年各工会宣传队全体会议将完毕之际，突有自称中央军事政治学校学生百余人蜂拥冲入会场，将宣传队员肆行乱打，并捕去宣传队员四人，重伤者十余人，失踪者尚未查明数目。”[3] 经查，当日中央军事政治学校与工会会员均在血花世界开会，军校同学误入工会开会会场，恰好听到场内有人高呼“打倒军事独裁！”“提高党的威权！”“一切权力属于党！”等口号，因部分军官和同学不能接受有人公开反对蒋介石的行动，于是当即拘捕工友 4 人，押送去公安局及总司令部。因两单位均拒绝收受，不得已又押回学校。发觉此事后，学校当局立即组织学生连日召开党部及直属组长联席会议，做出决定：派代表赴总工会道歉；派代表慰问被捕工友；集合全校同学欢送被捕工友；并登报声明解释误会，和将反动分子开除党籍学籍。[4] 经过一系列调查与会议，最终经由国民党中央执行委员会常务委员会第五次扩大会议讨论批准，

[1] 《省党部请严办土豪劣绅》，《汉口民国日报》1927 年 3 月 10 日第一张第一页。

[2] 《维经斯基在共产国际执行委员会主席团会议上的报告》（1927 年 6 月 22 日），《共产国际、联共（布）与中国革命运动档案资料丛书》（4），第 328—329 页。

[3] 《向忠发致中国国民党中央党部公函》（1927 年 3 月 10 日），台北党史馆藏档，汉 11743。

[4] 《军校反动分子扣留查办》，《汉口民国日报》1927 年 3 月 15 日第三张第一页。

除已潜逃者请通缉13人外，决定开除反动军官和学生20名。总计开除党籍学籍者24人，开除党籍1—3月并由校当局记大过1—2次者19人，警告者38人，无罪者3人，诬告反坐者1人。[1]

三、工农运动与军队的反动

国民党二届三中全会召开时，工农运动在各地占据绝对优势。各地都先后出现了激烈反抗的情况。1927年2—3月间，仅据报载，在湖北一地，就先后有汉阳、阳新、监利、新堤、麻城、汉川、夏口、钟祥、黄冈、天门发生了捣毁国民党党部和农协，残杀国民党员和农协会员的严重事件。在武汉，工会的势力虽然依旧占据着绝对的优势，但是经济形势变得十分严重，企业倒闭者日渐增多，总共9个纺织厂，一个歇业，一个厂主跑掉，其他减产均在30%左右，营业全部亏损，金融财政状况更是变得十分困难。武汉政府的财政预算要1200万元，而各省自顾不暇，政府只能就湖北一地来取得收入，但湖北的收入还不到300万[2]，故政府不得不一面靠大量发行国库券凑数，一面开始通过盐斤加价、煤油特捐和集中现金等办法，向百姓进行征发来维持财政了。在这种情况下，要求限制工农运动的声音自然逐渐高涨起来。为此，中共中央也明令两湖地区党组织采取措施，防止“过火”。因此，从2月开始，共产党人已经在接连发布文件，开始约束工人运动。

最先采取行动的是中共湖南区委。1月下旬，常德工会借反英运动，领导所有外国资本的企业以及教会学校、医院等职工，发起罢工运动。工会要求规定最低工资不得低于20元，并以此为基础按比例增加所有职工的工资；职工遇有婚丧喜事应预支半年工资；没有正当理由辞退职工，应发给3年工资的退职金；每年应发给15个月工资；实行八小时工作制；为职工提

[1] 《中央执行委员会致中央军事政治学校函》(1927年4月5日)，台北党史馆藏档，汉13072。

[2] 参见《中国国民党第一、二次全国代表大会会议史料》(下)，第1024—1028页。

1923年8月14日，孙中山与永丰舰官兵合影。永丰舰即后来著名的中山舰，以该舰之名命名的著名事件即为1926年的“中山舰事件”（又称为“三二〇事件”）

1923年10月，孙中山在广州召开中国国民党党务讨论改组计划，共产党员谭平山、李大钊分别被指派为临时中央执行委员会委员和和候补委员。图为与会者合影

1924年1月，国民党第一次全国代表大会，共产党员连同社青团员人占大会代表的四分之一，国共两党由此开启了党内合作的历史

国共合作推动了国民党地方组织的发展。图为1924年5月国民党上海执行部成立后举行庆祝孙中山就任非常大总统三周年纪念会时留影。前排左起：邓中夏、喻育之、孙铁人、茅祖权、张继、胡汉民、汪精卫、谢持、叶××、向警予；中排左二周颂西、左三韩觉民、左四叶楚伧、左五王荷波、左七何世桢；后排左起：刘伯伦、毛泽东、向昆、沈泽民、葛健时、×××、罗章龙、恽代英、邵力子、周佩箴

国民党在苏联帮助下创建了黄埔军官学校，开始培养自己的军事干部。图为1924年6月16日孙中山主持黄埔军校典礼，前排孙中山右边的军人为黄埔军校校长蒋介石，左边戴眼镜者为胡汉民

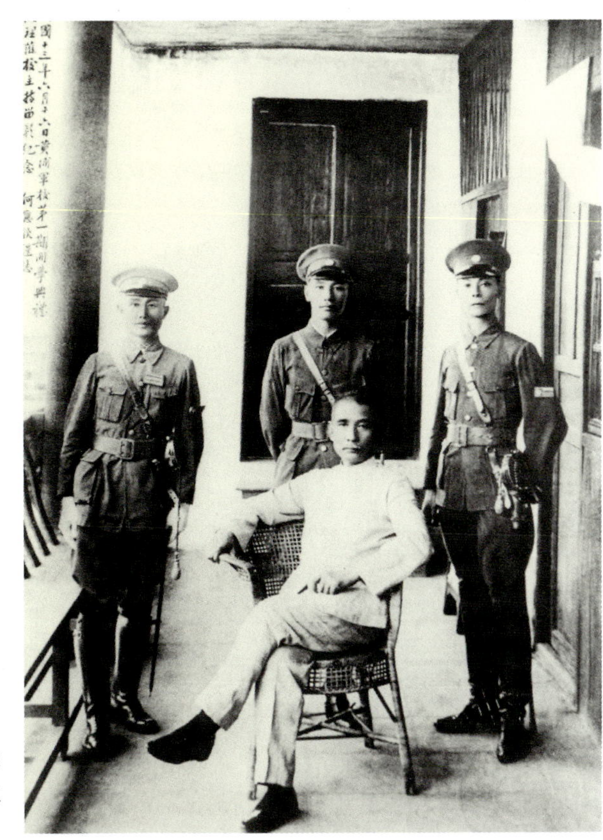

1924年6月16日，蒋介石（中立者）在黄埔军校与孙中山合影。图中左立者为何应钦，右立者为王柏龄

1925年7月1日，广州国民政府成立。台阶上前排左起：二为许崇智（军事部长）、三为汪精卫（政府主席），四为胡汉民（外交部长）、五为孙科、六为廖仲恺（财政部长）、七为林森

1925年11月23日，国民党半数中执委及中监委在北京西山举行会议，决议反对“联俄容共”，史称“西山会议”

孙中山的得力助手，也是孙中山容共政策的积极支持者廖仲恺，于1925年8月20日遇刺身亡，引发国民党内部的进一步分化

廖仲恺手迹：不问动机，但观结果；杀身成仁，死得其所

1925年8月因廖仲恺遇刺，苏联顾问鲍罗廷力推汪精卫与蒋介石合作，汪精卫、蒋介石从而成为国民党政治、军事两大领袖

1925年3月12日孙中山突然去世后，苏联政治总顾问鲍罗廷一度成为群龙无首的国民党中央的“太上皇”

議組織國民黨共產黨之聯席會議、其組織大綱別定之、總期兩黨黨員不再有違背規約之行為、而後革命集團之合作、得臻於圓滿焉、

△整理黨事之第二决議案

(一)凡他黨黨員之加入黨本者、各該黨應訓令其黨員明瞭國民黨之基礎、為總理所創造之三民主義、對於總理及三民主義、不得加以懷疑或批評、

(二)凡他黨黨員之加入本黨者、各該黨應將其加入本黨黨員之名冊、交本黨中央執行委員會主席保存、

(三)凡他黨黨員之加入本黨者、在高級黨部、(中央黨部省黨部特別市黨部)任執行委員時、其額數不得超過各該黨部執行委員總數三分之一、

(四)凡他黨黨員之加入本黨者、不得充任本黨中央機關之部長、

(五)凡屬於國民黨籍者、不許在黨部許可以外、有任何以國民黨名義召集之黨務集會、

(六)凡屬於國民黨籍者、非得有最高級黨部之許可、不得別有政治關係之組織及行動、

(七)對於加入本黨之他黨黨員、各該黨所發之一切訓令、應先交聯席會議通過、如有特別緊急事故、不及提出通過時、應將此項訓令、請求聯席會議追認、

(八)本黨黨員未受准許脫黨以前、不得加入其他黨籍、既脫本黨黨籍而加入他黨者、不得再

1926年5月15日，国民党二届二中全会通过蒋介石等人提出的限制、排挤共产党的“整理党务案”，蒋介石迅速崛起，开始集党政军大权于一身

1926年7月，国民政府开始发动北伐战争，国民革命军总司令蒋介石在北伐誓师典礼上演讲

1926年北伐战争期间江西农村组织起来的梭镖队

1927年年初，在北伐军的推动下，湖南省在共产党人的努力下创立了全省农民协会，图为协会出版的《农民画报》

1927年年初，中共领导下在上海组织起来的工人纠察队

1927年3月10日，国民党二届三中全会在汉口召开，会议通过了限制蒋介石权力的决议

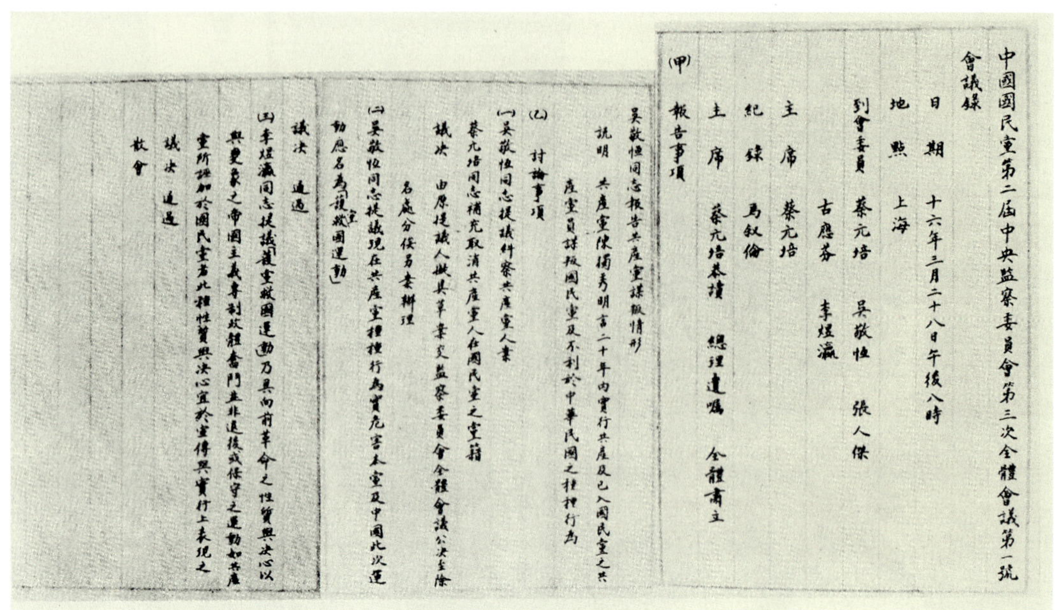

中國國民黨第二屆中央監察委員會第三次全體會議第一號

會議錄

日期 十六年二月二十八日午後八時

地點 上海

到會委員 蔡元培 吳敬恒 張人傑 古應芬 李煜瀛

主席 蔡元培

紀錄 馬叙倫

主席 蔡元培恭讀 總理遺囑 全體肅立

(甲)報告事項

吳敬恒同志報告共產黨謀叛情形

說明 共產黨陳獨秀明言二十年內實行共產及已入國民黨之共產黨員謀叛國民黨及不利於中華民國之種種行為

(乙)討論事項

(一)吳敬恒同志提議糾察共產黨人案

蔡元培同志補充取消共產黨人在國民黨之黨籍

議決 由原提議人擬具草案交監察委員會全體會議公決並除名處分俟另案辦理

(二)吳敬恒同志提議現在共產黨種種行為實危害本黨及中國此次運動應宜名為「護黨救國運動」

議決 通過

(三)李煜瀛同志提議「護黨救國運動」乃具向前革命之性質與決心以與變象之帝國主義專制政體奮鬥並非退後或保守之運動如共產黨所誣加於國民黨者此種性質與決心宜於宣傳與實行上表現之

議決 通過

散會

1927年2月28日，国民党中央监察委员吴稚晖等发起“救党护国运动”，决议取消共产党人在国民党之党籍，实行清党

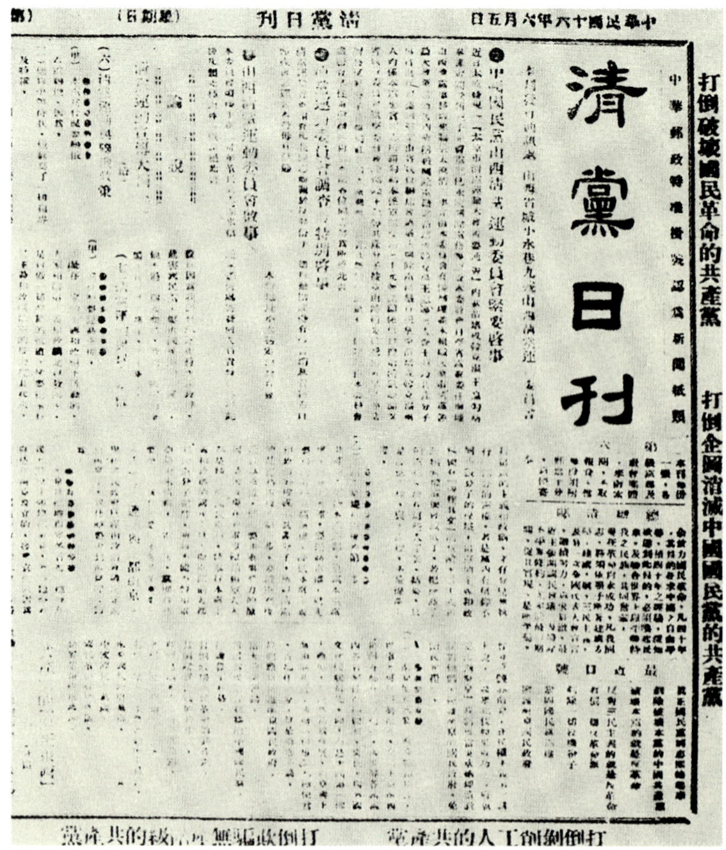

中華民國十六年六月五日 清黨日刊

清黨日刊

中華郵政特准掛號認為新聞紙類

打倒破壞國民革命的共產黨

打倒企圖消滅中國國民黨的共產黨

中國國民黨山西清黨運動委員會緊要啟事

打倒剝削工人的共產黨 打倒欺騙無知農民的共產黨

1927年6月开始发行的以“打倒共产党”为目标的国民党《清党日刊》

1927年4月18日，蒋介石为首的一批国民党人另立国民政府于南京，开启了南京国民政府的时代

1927年6月10日，武汉国民政府主席汪精卫等前往郑州会晤冯玉祥，试图影响冯的国民军站到武汉政府一边来

1927年6月20日，南京国民政府主席蒋介石来到徐州，会晤冯玉祥，冯决定与南京方面合作

1927年7月15日，“革命的汪精卫”最后也不能不宣布“和平分共”了

1927年国共关系破裂后，中共举起苏维埃革命的旗帜，靠“打土豪分田地”的口号吸引贫苦农民投身革命。图为红军的宣传标语

红军总政治部在江西中央苏区出版的《红星画报》，经常介绍宣传苏联的成就

进占苏区的国民党军政工人员在清除共产党的宣传标语

围剿江西苏区的国民党军在临川至南丰的要道上设立碉堡

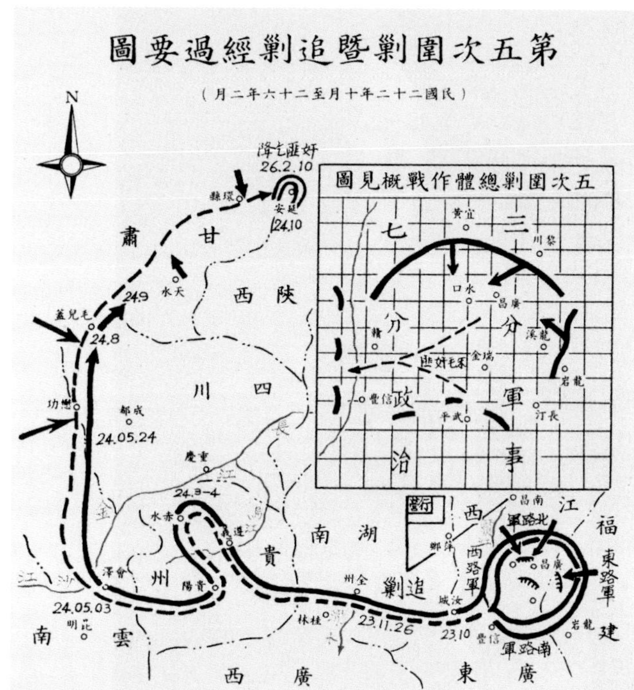

蒋介石指挥的针对江西苏区的第五次“围剿”迫使中共中央和中央红军撤出了南方根据地，向西转进寻找落脚点。图为国民党方面绘制的“追剿”路线图

1934年10月占领中共江西苏区后，南京大张旗鼓地举行所谓“剿匪”胜利庆祝会

1930年代中期，即将成就国家统一的蒋介石，志得意满

经过艰难跋涉，辗转来到陕北的毛泽东，身形削瘦

供住房和伙食，或者每月发给十元钱房贴和伙食费；每年给假一个月，另春节放假半个月，元旦放假3天，一切革命节假日均应放假并保留工资，等等。由于外国人不能接受这种要求，工会即派出纠察队包围了所有工厂企业和学校、医院等，“甚至包围了洋人的私宅，不准洋人同外界随便联系。洋人陷于一片张惶失措的境地”。各国领事集体抗议，并命令所属国民全部离湘。[1]此事闹得沸沸扬扬，难以收场。2月6日，中共湖南省委率先发布了关于城乡工人运动的原则的通告。指出：过去对各地工人运动“我们取的放任态度，未能积极管理，以致有些地方闹得很糟。等到发生问题时，我们想去管理，又无一个普遍的原则，于是零碎应付，困难丛生，甚至与农民运动与商人都起冲突。我们现在在国民革命过程中，亟需一个各阶级的联合战线，不仅要巩固此一联合战线，而且还要极坚强、极妥善地运用此一联合战线。若是照上面的情形听它延长下去，是再危险也没有的”[2]。两天后，湖北省总工会也发出严整纪律21条规定，明令工人在工作上应受工厂或店家管理人之正当指挥，并应遵守工厂之正当规则；工会不保护违犯正当厂规之工友；工人受工厂或店家管理人之压迫与虐待，应即报告工会，先用和平方法交涉，不得擅自争打暴动；工人与厂主店东之间如发生争执，非经两次之和平交涉，不可有罢工等行动；纠察队不得有任意打人抓人及其他违犯纪律之行动；严禁工人一切敲诈勒索等非法行为；严禁工会绑人游街；严禁工人打工人。[3]

然而，这个时候两湖的工农运动，事实上已经处于某种无政府的状态之中了。武汉国民党中央也曾试图指导和约束工人运动，但除了政府出面组织的湖北劳资委员会能够起到一些调解作用以外，所发文件通常都是一纸具文。如1月26日临时联席会议就曾经明确提出：汉口各人民团体应约

[1] A.B. 巴库林著，郑厚安等译：《中国大革命武汉时期见闻录》，第65—66页。

[2] 《中共湖南区委关于“乡村工人运动的原则”的通告》（1927年2月6日），湖南省总工会等编：《湖南工运史料选编》，第二册，1984年版，第462—466页。

[3] 《湖北省总工会严整纪律的二十一条规定》，转见《中国近代工人阶级和工人运动》，第六册，第162—163页。

束会员，不得自行捕人及其其他越轨行动。[1] 几天后，临时联席会议也发布通告，“禁止人民个人或团体自动处罚”。[2] 结果是决议也写了，通告也发了，马上就有工会给国民党中央来了一个下马威。汉阳机器工会因与周恒顺机器厂和胡德顺木样厂厂主发生矛盾，竟派纠察队封闭了两家工厂，将一家厂主五花大绑置于工厂空地上，将另一家厂主关进厕所，同时把两家厂主的家眷，连同婴儿一并监禁起来，禁绝饮食，甚至不许哺乳。此事虽经汉阳机器联合会紧急函告武汉国民党中央，国民党中央执委会也转请省总工会出面调解，但汉阳机器工会还是将两家厂主及其家眷关押了数天，直逼对方做出让步，并交上罚款，才算了事。[3] 其实，不要说下层工会，就是总工会，也常常是各行其是。如 3 月间，水电公司就发觉燃煤即将用尽，于是开了一张 1.3 万两银子的支票去向日本三井洋行买煤，结果却被正缺经费的总工会得知后拿去，说是派有别的用途。尽管此举可能导致整个汉口发生停电，但在外交部长陈友仁将此事提出于国民党中央政治委员会时，却没有人能奈总工会何。[4]

因为无政府主义在工人运动中流行，各级工会往往只考虑工人自身的利益，不可能从政府和全局的角度来约束工人的要求，就是对总工会也时常阳奉阴违，各行其是。结果就形成了经济形势越困难，工人要求改善生活的标准越高，越是满足工人的要求，经济情况也就愈加恶化的一种恶性循环。

仅这时武汉的情况为例。经过一个多月的罢工和政府出面组织的劳资仲裁委员会的调处之后，到 1926 年年底，武汉各行各业工人店员的工资都得到了较大幅度的提升。据总工会报告称：“原有之最低工资者已提高到一倍半，其次亦加到一倍，最少者亦加到三成”；工作时间也较前大为缩短，“最高者十二小时，有一二特殊情形者亦应限制不得超过十四小时，普通者多

---

[1] 蒋永敬：《鲍罗廷与武汉政权》，第 236—237 页。
[2] 同上，第 259 页。
[3] 《汉阳机器联合会致蒋总司令张谭二主席函》（1927 年 2 月 4 日），台北党史馆藏档，汉 11349。
[4] 《中国国民党第一、二次全国代表大会会议史料》（下），第 1042 页。

系规定八九小时”。在其他待遇方面，工人店员等均“取得星期休息、例假及医药死伤抚恤等，如女工产前后之休息，照给工资，童工学徒增加工资与改良待遇”等。[1] 然而，由于种种原因，包括劳动成本大幅增加等，进入1927年1月以后，物价又有进一步上扬，在一定程度上抵消了部分工人店员刚刚得到的实惠。于是，各个工会的要求，以及劳资仲裁委员会的解决标准也随之提高。[2] 尽管政府方面以至于共产党人都曾强调要照顾到中小资产阶级的困难，但工人店员方面并不理解。他们甚至一面依据省总工会的要求宣布整饬纪律，一面却公开为自己要求进一步提升工资待遇而进行辩白。声称 :“说某店管事因工友要求条件吞烟毙命，就是说某店因店员要求加薪，而致折本。要知工友要求，不外加资减时，究与管事何干，甚至而吞烟呢？”更何况，工友“今日所求，亦不过望店主少赚一点给我们以些少牙慧，又何至因此而折本！”如果真有折本，那也要怪“交通梗塞，帝国主义的经济操纵所致……只能归咎帝国主义者及军阀吴佩孚、张作霖等逆与本省之一切反革命派的骚扰破坏，绝不能说是我们要求加薪的原故”。[3] 由此不难了解，工人和厂主、店主，乃至于和政府之间对问题的理解，差距何其之大。因此，即使是总工会，也不能不进一步提高工人工资的要求条件。如总工会1927年1月下旬就进一步规定：最低工资不得低于每月13元，每日工作时间不得超10小时，特别工作时间（指必须两班倒者）最多不得

---

[1] 《湖北全省总工会第一次代表大会宣传大纲》(1926年12月31日)，转见《中国近代工人阶级和工人运动》，第六册，第142—145页。

[2] 如劳资仲裁委员会1926年12月所定提高工资标准，与1927年1月实际推行的提高工资的标准，就有很大出入。原定每月6元者提高为12.2元；7元者提高为14.1元；8元者提高为18元；9元者提高为17.1元；10元者提高为18元；11元者提高为18.7元；12元者提高为19.2元；13元者提高为19.5元；14元者提高为21.5元；15元者提高为21.75元；至1月时已改成6至15元者一律加12元。16元以上原定最多加7元，越高者加得越少，21元以上至30元者仅加3元，30元以上者仅加2元；至1月的标准，16元至20元者均加11元；21元至25元者均加10元；26元至30元者均加9元；31元至35元者均加8元；31元以上者均加7元。参见A.B.巴库林著，郑厚安等译 :《中国大革命武汉时期见闻录》，第18—19页；《劳委会最近解决之条件》，《汉口民国日报》1927年2月9日第三张第一页。

[3] 《武汉店员总工会整饬工会纪律宣言》，《汉口民国日报》1927年2月8日第三张第一页。

超过 12 小时。[1]

当然，各个企业劳资纠纷解决情况因具体环境会有所不同，很多工厂工人工资的改善其实并未能达到上述标准，然而不少店员工会则迫使商家做出了高于总工会规定的水平的让步。但还需要注意的是，工人店员经济收入的提高，也并不仅仅体现在增资减时上，相当一部分改善是体现在几乎所有劳资纠纷中都会碰到的其他待遇问题上的。如工人店员病假、休假、探亲、女工产假与哺乳，企业得负担工资；工人店员因伤病失业之养老、因工伤死亡之抚恤，企业亦得支付相当费用；而且企业还得向工人提供伙食费、工装费、探亲交通费，以及一定的教育费等，阴历年底还应分红或发双薪。除了工资待遇大幅提高以外，工人店员休假也较前大大增加了。除每周得休息一天外，全年还得以享受元宵、端午、中秋、五一、国庆等各放假一天，春节放假三天或一周。再加上政府、工会等频频有集会游行之事，2 月一个月即有初四、初五、初九、十一、十五 5 天集会和游行，如此全年不工作天数就已超过 100 天了。即使不考虑工资等金钱方面的改变，仅据对武汉几家纺织厂调查的劳动时间和生产效率方面情况，已可以很清楚地看出厂家这时如何不亏本。据统计，2—3 月间，工会平均每月要举行罢工游行 4 次，昼夜便损失 8 个工；过去每 10 天休息一天，吃饭不停工，现在每 7 天休息一天，每班吃饭休息 45 分钟，如此昼夜又损失 4 个工；因病假要给医药费并照发工资，每一名工人请假，厂方即须请一人替班，如此厂方等于要付出差不多三个工人的工资；而因为厂方无监督检验可能，一些工人没病佯称有病，一千多人的工厂，经常有几十人，甚至上百人请病假不上班，其损失程度更是可知。至于革命以来工厂普遍发生的怠工问题，因厂方无辞退权，工会又必定为工人袒护，自然也是愈演愈烈，以至“纱断不绝，休息吃烟，借上厕所中彼此坐谈，暗地偷睡等怪状，层现迭出”[2]。对于这种情况，

[1] 《湖北全省总工会第一次代表大会宣言及决议案》（1927 年 1 月 21 日），转见《中国近代工人阶级和工人运动》，第六册，第 154—155 页。

[2] 中央执行委员会工人部：《武汉纺织业生产及营业概况报告书》，台北党史馆藏档，汉 13157。

就连武汉国民党领导人也有亲身感受。据孙科、徐谦讲：“他们在衣铺定做两套衣裤，过了约期，老是取不到手。质问老板，我们现在都是处在打而不倒的境地，工人每天出去游行示威，工作连天地停顿着。他们仅只回店来吃饭，吃完饭，又出去开会或是游行。我们本要停止营业，可是停业又要受工会的处罚。现在勉强开着，事实上等于停业。你们做的衣服不要说两个星期不能交货，就是再过两个月，还是不会做的出来。”[1] 大批工厂商店陷到如此困境之中，再加上因战争关系和租界冲突，导致长江上下游和南北铁路交通几近中断，武汉的经济形势日趋恶化，已是必然。

经济和金融形势进一步恶化，引起了武汉国民党领导人的重视。实际上，二届三中全会提出并通过的《统一革命势力决议案》，虽然包含着两党之间进一步密切合作的意向，同时却也从一个侧面反映出武汉国民党人希望改变中共包办工农运动的一种心理。决议之所以会把解决与共产党“共同指导”民众运动，“特别是农民与工人运动”的问题，放在第一条，显然不是共产党人自己的主意。[2] 当然，这也并不等于说，武汉国民党人已经开始在工农运动的基本政策上与共产党人发生了怎样重要的分歧。甚至，邓演达等人还在想着如何进一步深入革命的问题。根据他的提议，国民党中央批准由徐谦、顾孟余、邓演达和共产党员谭平山、毛泽东组成中央土地委员会，试图立即着手准备解决土地问题的方案，就是最明显的例证。邓演达明确指出：中国革命要真能成功，非得到中国最大多数的农民拥护不可。但是要农民群众拥护我们革命，非要解决土地问题不可。故“应由此会确定一个实行分给土地与农民的步骤，以做成乡村间普遍的革命现象”[3]。也正因为如此，尽管武汉国民党人未必想要与蒋介石一派人公开破裂，事实上，二届三中全会召开之后，双方走向全面冲突，已经不可避免了。

---

[1] 见冯玉祥：《我的生活》，第 519 页。

[2] 《中国国民党第一、二次全国代表大会会议史料》（下），774 页。

[3] 《中央执行委员会常委会第五次扩大会议速记录》（1927 年 4 月 2 日），《中国国民党第一、二次全国代表大会会议史料》，第 914—915 页。

3 月 16 日，被蒋委以负责江西省执行委员会的段锡朋，在“呈准总司令部”后，即组织人员先是封闭了左派报纸《贯彻日报》，进而冲击受命于武汉中央的九江市党部。次日更一举捣毁了市党部、总工会、第六军政治部、农民协会等处，导致左派国民党人死伤二三十人。[1] 3 月 23 日，总司令部特务处副处长温建刚等人又在安庆组织与武汉任命的党部对立的分子，殴伤出席国民党安徽全省代表大会代表数十人，并捣毁安庆市党部等处。3 月 30 日，武汉任命的浙江省党部及其所属民众团体亦被捣毁。次日，参加共产党人及国民党左派在重庆组织的反英大会的民众，亦遭军队开枪射杀，导致大批人员伤亡。4 月 9 日、宁波、厦门、南京均同时发生蒋系势力以武力夺取党政权力的事件。

面对这一新的紧张形势，武汉国民党人最初显然仍旧想在不失尊严的情况下寻求一种政治解决的途径。因此，武汉国民党领导人对各地发生的这些情况一般均持慎重态度，除了下令调查外，最多不过是否决蒋介石任命的各地党政组织，而另委他人。即使个别地方党部对蒋系势力发起反击，也仅仅是因为当地有拥护武汉中央的驻军在幕后支持，且发起者均为共产党人。如 4 月 2 日共产党人与左派国民党人携手在江西南昌捣毁蒋任命的省党部等，夺得党权，即是因为同情武汉中央的地方军事领导人朱培德受命重组江西省政府，共产党人朱德又是南昌市的公安局长。但是，武汉国民党人的愿望显然无法实现。4 月 11 日中央政治委员会会议上汪精卫带来的蒋介石等决心在南京开中央全会并必定另组政府的消息，使武汉国民党人意识到，破裂已经迫在眉睫了。[2] 两天后，武汉方面又进一步得到上海发生“四一二”事变，工人纠察队被缴械的消息。就在汪精卫等气愤地大叫“简直是反了！”之后不几天，就又传来了蒋介石等人在南京已经另立中央和政府，以及广东李济深亦公开附和南京的消息。武汉国民党人对此表现

[1] 转见杨天石：《关于孙中山“三大政策”概念的形成及提出》，《近代史研究》2000 年第 1 期，第 361 页。

[2] 《中国国民党第一、二次全国代表大会会议史料》（下），第 1049—1050 页。

得异常愤慨。汪精卫公开演讲说：“自从蒋介石创办黄埔陆军学校以来，民众、国民党人、共产党人，都拿自己的血来帮助他，完成国民革命。做梦也不会想到蒋介石会将民众、国民党人、共产党人的血如此流法。……如今还集合一班反革命的人来打击国民党左派。在国民党左派中的共产党人不用说，是他所欲得而甘心的。纯粹国民党左派的人呢，加上一个勾结共产党的头衔，去之惟恐不尽。”但我们是不会听任蒋介石这样做下去的，“革命是永远前进的，在往前进的时候，遇着阻碍，只有毫不游移的将他扫除”。[1]但无论武汉国民党人怎样慷慨激昂，蒋介石南京政府的成立，毕竟使本来就已经深感困难的武汉政府，更是彻底地陷入到四面受敌的境地之中了。

形势已经如此恶劣，武汉国民政府却还面临着一个更大的麻烦，即与列强之间的关系这时高度紧张。因为，3月26日刚刚发生了南京事件。北伐军进占南京后出现抢劫外侨现象，导致英美炮舰施以炮击，并将威胁的矛头指向在武汉的国民政府。紧接着，就在武汉政府所在地的汉口，又发生了“四三”事件。事情是因为一名叫刘炳喜的车夫与日本水兵发生纠纷被刺伤，引发群众暴动，与大批登岸的日本水兵发生冲突，多名中国民众在冲突中被日水兵射杀，而日租界亦被群众围困，日人工厂、商店均被迫停工歇业。这无疑又将武汉与日本政府之间的关系弄得高度紧张。而这边“四三”事件刚刚发生，那边湖南省总工会等民众团体，激于对南京事件的义愤，又自动实行对英罢工、强行接收青年会和封闭外国工厂，进一步引发英美新一波抗议。与此同时，一直得到武汉政府支持的外国银行行员等外国企业员工的罢工斗争，因罢工方要求过高，迟迟不能达成妥协，也成

[1] 转见《国闻周报》第4卷第28期，1927年7月24日。

了加剧与英美之间紧张气氛的一种因素。[1] 面对如此困难和复杂的形势，特别是面对列强进行武装干涉的可能性，武汉国民党领导人显然已经有些手足无措、应接不暇了，他们开始抱怨民众运动，并找共产党人来想办法。汪精卫明确讲：目前“反帝国主义的运动太自由了，适足以逼得他们形成一条联合战线”。谭延闿说：过去在广东外交办得很好，就是因为不对外国人加以个人的攻击。而现在却时常发生攻击外国人的现象，如何能好？孙科亦坦言：“这简直是自杀，把一些工厂都逼得关了门，政府又没有几多钱来救济，试问他们吃什么？”据此，汪精卫提议：“鉴于近来的形势，有解决两个根本问题之必要。一是国民党与共产党的问题；一是国民党员与共产党员如何合作的问题。”必须召集一个所有中央执监委员参加的谈话会，一次不够两次，两次不够三次，“总要充分的讨论，把各人的经验都贡献出来，求得一个圆满解决的方法”。[2]

恰好在这个时候，中共中央领导人陈独秀从上海来到武汉。因此，汪精卫和谭延闿率先与陈独秀交换了意见。谈话中，汪精卫明确认为：“帝国主义最怕的是工农运动”，“因此，工农运动也许不应当那么激进”。谭延闿也告诉陈独秀：唐生智特别讲过，他支持工农运动，但他的军官们不同意。他们反对农民夺取他们的土地和财产。如果现在湖南农民运动的这种发展趋势不改变的话，他将很难管住军队。同样，宋子文原本也是赞成工农运动的，但是他的职责要求他不能不从政府的角度考虑问题，设法约束工人过高的要求，以稳定财政状况，结果一些工人对他恨之入骨，使他找了个借口不再返回武汉了。汪精卫也告诉陈独秀，他刚刚收到一封由五十余人

[1] 其要求包括行员自行辞职时，凡工作满一年者银行应当给最近薪数三个月，每多一年递加一月，并给旅费；行员一律服中山装，第一年费用由各行供给，以后每年按时价津贴半数（每年春夏秋冬四季，每季两套大衣、皮鞋及零件，均属之）；行员每年应给假四十天（路程例假病假在外）；行员薪金不论多寡，每月以百分之十储蓄行中，该行应照原数加一倍收账，月息一分，退职时并享受红利每年百分之三；膳费每月每十五元，宿费每月每人二十元；凡行员婚娶及父母妻室丧亡时，给假一月，并补助二百元；行员已成婚者或成婚时每月津贴二十元，等。《汉口银行行员工会外国银行要求改良待遇条件》，1927 年 1 月 15 日，台北党史馆藏档，汉 11844。

[2] 《中国国民党第一、二次全国代表大会会议史料》（下），第 1053—1055 页。

签名的信，信中对共产党人包办工农运动的动机表示怀疑。汪、谭都对工农运动完全不受国民党控制表示了不满的态度，希望共产党在任何问题上都要同国民党进行讨论，并一致行动。[1]

严格地说，中共这时很清楚武汉政府所面临的形势如何。因此，在鲍罗廷的建议下，陈独秀等中共领导人也明显地赞同进一步约束工农运动的做法。但是，他们的这种态度，显然与莫斯科的要求有着很大的差距。受命前来贯彻共产国际执委会第七次扩大会议精神的共产国际代表团负责人罗易，这时就特别致电共产国际执委会政治书记处，说明陈独秀和中共中央多数委员，只是表面上接受了共产国际执委会第七次扩大会议关于中国问题的决议案，实际上他们并不同意它。[2] 只不过，在共产国际代表团的监督和指导之下，随后召开的中共第五次代表大会还是不能不做出一些相当激进的决议，以显示其决心贯彻共产国际执委会第七次扩大会议决议的态度。会议并且通过《土地问题议决案》，宣称“共产党将领导农民从事于平均地权的斗争，向着土地国有、取消土地私有制度的方向，而努力进行”。其新的国民革命农民政纲，也将原先向会议提交的“没收大地主、军阀、劣绅及国家、宗祠的土地，归给农民”[3]，进一步修改为“没收一切所谓公有的田地以及祠堂、学校、寺庙、外国教堂及农业公司的土地”，并“没收地主租与农民的土地”，“交诸耕种的农民”。[4] 而在《职工运动议决案》中，会议也按照共产国际执委会第七次扩大会议决议案的精神，提出了中国的资产

[1] 《中共中央执行委员会中央局会议记录》（1927 年 4 月 20 日），《共产国际、联共（布）与中国国民革命运动档案资料丛书》（4），第 205—208 页。

[2] 罗易为此甚至提议应当将陈独秀尽快召去莫斯科，以免其影响共产国际决议的贯彻。《罗易和多里奥给共产国际执行委员会政治书记处的电报》（1927 年 4 月 20 日），《共产国际、联共（布）与中国国民革命运动档案资料丛书》（4），第 209—210 页。

[3] 《中国共产党关于农民政纲的草案》（1926 年 11 月 4—5 日），《中共中央文件选集》，第 2 册，第 436—437 页。

[4] 中共五大：《土地问题议决案》（1927 年 5 月），《中共中央文件选集》，第 3 册，第 66、70 页。当然，按照罗易的说法，会议的中共代表中还有更激进的要求没收小地主土地的主张，但被会议否定了。

阶级已经背叛革命，因此“要极力从政治上经济上向资产阶级勇猛的进攻，一直到要求没收一切银行、矿山、铁路、轮船、大企业、大工厂等归国有的实现”；“要求参加国有产业的生产管理，监督生产，使国有产业能向非资本主义的路线发展”；“要求政府实行高度劳工政策，颁布劳工保护法、工厂法，规定八小时工作制，及最低限度工资等，使工人生活水平线能随时提高”等方针。包括对小资产阶级，也明确规定不能因为联合战线的关系而消极让步，必须继续给手工工人和店员的斗争以积极的拥护。[1] 会议的公开宣言甚至明白宣布，工农小资产阶级的国民党，固然是国民革命的指导者，但是“为着强健这个同盟，无产阶级要在革命斗争中行使领导权”[2]。

中共“五大”的相关决议案及其宣言，显然不能让汪精卫等人看到解决两党关系问题的前景。“五大”召开期间，就接连发现湖南民众团体擅自赶走长沙、岳阳海关外国职员，并拒绝财政部派员接收，自行将两关收入挥霍一空；航行湖北宜昌至四川重庆间福川轮船到宜昌时，被工会扣留，且随便翻拿东西，弄得四川的货不能下来，湖北的货不能上去；湖南审判土豪劣绅特别法庭在未报中央的情况下，已经处死四五十人。这些情况，让汪精卫等人颇感气闷。应邀出席中共“五大”，听到对共产国际执委会第七次扩大会议决议的解释后，汪感觉国共两党还可以合作，但徐谦则指出：理论是理论，事实是事实。说中国革命要保护小资产阶级，而许多小商店都是因为店员工会的缘故，弄得开门也不好，关门也不行。就理论上来说，工会是共产党领导的，何以共产党并不能完全指挥工会呢？又有什么办法能使工人了解商民在国民革命进行中所处的地位和作用呢？再如理论上国民革命要保护小地主，事实上在湖南不管大地主小地主，都要交出田产，何来保护？汪精卫也承认：“不顾事实一味的左倾，也就会发生‘左，左乃陷大泽中’的危险。例如主张激烈的工人运动，弄得许多工人失业，没有

[1] 中共五大:《职工运动议决案》（1927 年 5 月），《中共中央文件选集》，第 3 册，第 74、76—77 页。
[2] 《中国共产党第五次全国代表大会宣言》（1927 年 5 月），《中共中央文件选集》，第 3 册，第 105—106 页。

办法。再如农民运动，把一般地主都赶跑了，农民自己没有资本耕种，也是没有办法。又如我们占据了外国人的财产房屋，又没有作同他们宣战的准备。这些危险是几（怎）样的大？”[1]

“五大”刚一结束，汪精卫就与徐谦一道，再度找到陈独秀，就以下四点提出质疑：(1) 1927 年 1 月 3 日占领英国租界的行动，不是根据国民党的指示采取的，而是在共产党人宣传鼓动的影响下进行的。(2) 何时提出“打倒蒋介石”的口号，国民党对此一无所知。这是共产党人未向国民党通报的情况下提出的。(3) 存在两个党组织是不合适的，如果领导权属于国民党左派，共产党人跟随他们，那就不需要共产党；如果是另一种情况，领导权在共产党人手里，那就不需要国民党。(4) 苏联在唆使中国人民同帝国主义做斗争，并在这一斗争中作残酷的自我牺牲，但是苏联自己却不积极参与这种斗争。汪精卫明确告诉陈独秀：朱培德等将领专门来电，明确表示反对共产党及其领导的工农运动。他随即提出：现在问题的症结在于：“谁领导谁？群众跟谁走？跟国民党走还是跟共产党人走？”他进而将所有责任都加到共产党身上，指责“国际关系和军队状况的恶化，无论过去还是现在都是共产党人的过错”。[2]

还在“五大”开会前，鲍罗廷其实就已经提出了战略“退却”的总方针，并且取得了陈独秀等人的积极赞同。鲍罗廷已经看出：要国民党同意着手解决土地问题并不十分困难，问题是，目前形势下武汉政府不可能“以政府名义用法令规定有关土地问题的激进措施”。因为，“一方面目前国民政府同蒋介石处于对立状态；而另一方面军队在向北京方向推进，军队的指挥人员多数是土地占有者”。鲍罗廷明确表示，国民党人的顾虑是有理由的，他强调：“关于土地问题的方案和决议中不能无视军队”，且“目前不应以政府和国民党的名义发表宣言和在土地问题上采取激进措施，以避免

[1] 《中国国民党第一、二次全国代表大会会议史料》（下），第 1104—1108，1115—1116，1155 页。

[2] 《中共中央政治局和共产国际执行委员会代表联席会议记录》（1927 年 5 月 12—13 日），《共产国际、联共（布）与中国国民革命运动档案资料丛书》（4），第 248—249 页。

指挥人员和军队发生分化”。他同时也不同意泛泛地把资产阶级列为革命对象的做法。他认为：如果说上海的资产阶级已经成长为自为的阶级，并且被革命吓破了胆，但是中国其他地区的资产阶级还是自在阶级，在国民政府势力范围内的地区，我们现在还可以领导这个资产阶级，而不应当把他们当作革命的对象来进行打击。那种在两湖地区推进激进的社会改革的做法，是根本不对的。[1] 正是基于这样一种观点，在汪精卫等人把两党之间所发生的问题摊在中共中央面前之后，中共中央政治局马上就开始着手制定一系列抑制工人店员过激行为的具体政策。如规定“调和店员过分的要求，规定营业管理权，保证店员不干预营业”；“对帝国主义的商业不禁止、不阻挠”；“商民享有政治和公民的权利”。并且规定店员不得怠忽工作，工会不得拘捕非工人；纠察队调动必须征得卫戍司令部同意；非十分重大政治示威，总工会不得下停工令，各工会亦不得单独通告全体工人停工参加大会，需要参加的普通纪念大会应以三分之一之人数轮流参加，等等。[2]

鲍罗廷和中共中央的政策，遭到了莫斯科的反对。联共（布）中央政治局为此专门召开会议，坚决要求立即开展土地革命。它显然大大高估了中共控制工农运动和左右国民党的能力。电报称：“实际上，没收土地的口号对于被强大的土地运动席卷的省份，如湖南、广东等省是非常及时的。舍此便不可能开展土地革命。”在国民党批准没收土地之前，共产党人应当积极推动农民实际没收土地。当然，需要保护指挥人员的财产和分给士兵土地。与此同时，“现在就应开始组建 8 个或 10 个由革命的农民和工人组成的、拥有绝对可靠的指挥人员的师团。这些师团将是武汉在前线和后方用

---

[1] 《鲍罗廷关于中国政治局势的报告》，1927 年 5 月初，《共产国际、联共（布）与中国国民革命运动档案资料丛书》（4），第 225—228 页。

[2] 《关于小资产阶级问题——共产党与国民党的关系》（1927 年 5 月 13 日）；《工商联席会议决议案》（1927 年 5 月 22 日）、《工人政治行动议决案》（1927 年 5 月 21 日）、《中共中央文件选集》，第 3 册，第 117—118、121—125、134—135 页。

来解除不可靠部队武装的近卫军。此事不得拖延”。[1]

莫斯科一厢情愿的指示还没有被传送到武汉，武汉国民党中央就已经否定了着手解决土地问题的动议。有关土地问题的讨论，武汉国民党人已经进行了二十次左右。土地问题委员会急于着手解决土地问题，除考虑到保护革命的民众基础这一点以外，另一个关键的考虑，就是希望能够解决政府财政亏欠太多的问题。因为，他们发现，两湖农民自革命以来，即不再交租交税，从而使政府财政遇到很大难题。[2] 邓演达据此于 5 月 9 日向中央政治委员会报告了土地委员会讨论后形成的解决土地问题和革命军人土地保障法等项决议的内容，提议大地主的地可以先行没收，委托财政部同农政部设立一个地税局统一管理；农民政权须由农民自己武装起来保护，要兵工厂拨发百分之五至百分之十的枪交中央农民部、国民政府农政部和全国农民协会去分配。但即使邓演达也相信：“解决土地问题决议案同革命军人土地保障法条例，因为客观的环境不允许，公布了反而不好，对我们的政策有妨害。”陈友仁更直言了当地指出：“土地问题的影响大而且远，应由全国代表大会来讨论，尤其是关于大地主方面的，更应当费思索。在俄国，有几百万英亩的大地主；在中国，除了张作霖之外，没有几个够得上称为大地主的。不过并不是要讨论这个问题的根本原则，只是要讨论施行这个政策的手段。如果实行分配土地，帝国主义者更要说我们是共产，蒋介石以及他的爪牙更有辞可藉。当此军事、外交紧急的时候，于我们很是不利。国民政府曾表示过不是共产的政府，若是将这样的议案通过了，则有口也说不清。”有鉴于此，会议通过投票进行了表决，赞成通过而不公布者，仅邓演达和两名共产党员，即林祖涵和吴玉章，其余包括宋庆龄在内的八名国民党人，均支持将解决土地问题决议案暂时保留。[3]

---

[1] 《联共（布）中央政治局秘密会议第 102 号（特字第 89 号）记录》（1927 年 5 月 13 日），《共产国际、联共（布）与中国国民革命》（4），第 252—253 页。

[2] 蒋永敬：《鲍罗廷与武汉政权》，第 290—293、293—297 页。

[3] 《中国国民党第一、二次全国代表大会会议史料》（下），第 1137—1138，1150—1152 页。

解决土地问题的议案被否决，马上组建工农武装的设想更立即就被夏斗寅和许克祥的叛变所打碎。夏乃独立十四师师长，这时驻守宜昌，负责拦阻已经倒向南京的川军杨森部顺江东下。因长期不满共产党领导的工农运动，又受到南京国民党“清党”运动的影响，夏于 13 日通电。声称共产党人“夺主喧宾，跨籍冒名，使吾党蒙垢。专横肆恣，夺去政权，妄分左右，教唆农工，排除异己”，“我两湖人士受祸尤酷”[1]，云云。夏部率部东下，至 18 日已推进至距武昌仅二十公里的纸坊。杨森部也随之而动，大举进至新堤一带。武汉三镇兵临城下，一时全城震动，人心惶惶。因部队大部北上，武汉政府急调叶挺率新组建的二十四师两团兵力迎敌，并将中央军事政治学校学生组成第一独立师，以一团参战，一团守城。参战的学生团虽然已经受过多时的军事训练，上阵后还是乱成一团。据随团作战的共产党员教官高语罕报告称：因平时作战事训练身上不带子弹，骤然加了三十多斤的重量，走路且感困难，何况打仗？因平时没有打过或很少打靶，上阵后枪声一响，就乱放一气，把自己的长官打伤不少，团长也因此受伤。因未经实战训练，战斗打响后只顾自己，不知协同，军官们刚毕业，胆子小，不是躲着找不到人，就是藏到士兵的后面，部队一会儿就败下阵来。叶挺情急之下亲自上前阻止，差点儿也被退下来的学生开枪打伤，不得已连毙数人，才把学生赶回阵地，但已全无战斗力了。包括叶挺的二十四师，也是临时凑合起来的部队，自己打伤自己的也不少。好在夏斗寅部战斗力极弱，对叶挺和黄埔军闻风丧胆，再加上民众对之极为反感，很快就败退而去。否则情形将十分危险。[2]

许克祥叛变发生于 5 月 21 日，史称“马日事变”。许为唐生智所属何键第三十五军三十三团团长，这时负责长沙防务。他于当日晚率部一举捣毁了省党部、省总工会和省农协等机关团体，解散了农工纠察队，事后并成立了

[1] 转见李云汉：《从容共到清党》，第 694—695 页。

[2] 《中国国民党第一、二次全国代表大会会议史料》（下），第 1186—1187 页。

湖南救党临时主席团和救党委员会，并以唐生智等名义发表通电，宣称：“三湘七泽，已成群魔乱舞之场；城市乡村，尽陷鸡犬不宁之境”，非厉行清党，开除冒牌国民党员不可。[1] 发动马日事变的直接原因，据许克祥自己后来回忆，关键是得到消息称，中共已经准备利用扩编工人纠察队和农民自卫军的办法，在湖南编组七万军队，并且其太太无意间偷听到中共准备于 25 日发动事变的密谋。[2] 许关于其太太无意间偷听到中共密谋的说法，明显地太过戏剧化，且得不到任何史料的支持，当可不计。但其关于有消息称中共准备在湖南编组数万军队的设想，却可以在某种程度上得到前述联共（布）中央政治局来电的印证。尽管此举与中共中央无关，但这一话题却未必不曾被其湖南的共产党人谈论过。注意到被国民党中央政治委员会明确否决未能通过的解决土地问题决议案，“居然在五月中旬的《长沙日报》中由国共两党联席会议宣布了”[3]，湖南军队的军官们大都极为担心家中土地财产受到侵犯，此一消息的公布，再加上这时省政府决定成立土地厅[4]，事变前一天市面上更盛传农工纠察队要缴驻军的械，就可以知道湖南的军官们会何等神经过敏了。

四、国民党的右倾与中共内部分歧

马日事变，是湖南军队与农民运动矛盾冲突激化的结果。湖南的军队基本上还是旧军队的那一套。士兵是就地招募、抽丁或雇佣来的，大多数人当兵就是为了找一个吃饭的地方，并勉强养家糊口。因此，士兵们发了饷，多半都是把钱寄回家去，供养家中老小。而军官们，尤其是团长以上的军官，则都是军官学校毕业，或毕业于日本士官学校，或毕业北京陆军大学，或毕业于保定军官学校。因为报考军校，均需要经过相当程度的文化考试，故凡

[1] 《湖南救党委员会唐生智等通电就职》，上海《民国日报》1927 年 6 月 8 日第二张第一版。

[2] 许克祥：《马日事变回忆录》，转见：http://www.hoplite.cn/Templates/hpzc1nz0086.html。

[3] 《中国国民党第一、二次全国代表大会会议史料》（下），第 1233 页。

[4] 许克祥：《马日事变回忆录》。

能考入军校者，大都家境较好，读过私塾或上过学堂。而大凡军官学校毕业的学生，做军官多年之后，更是小有积蓄，不仅买地造房，而且多数雇人耕种，成为地主。自太平天国以后，湖南历经战乱。民国以后，拉锯式的军阀战争更是造成了对农民的盘剥升级，使农村中土地关系的变动日趋严重。[1] 因此，湖南农民又是北伐战争的最广泛的群众基础。自唐生智改编为国民革命军第八军，参加北伐以来，“农民必担茶担水，以相慰劳；跋涉险阻，以为向导”。故军队和农民的关系一时相当密切。唐生智等就公开说：“我们这次革命的成功，完全是农工群众的力量”，是“得着农工群众的帮助，才得狠顺利的杀却敌人”。[2]

随着湖南军队主力北上，农民运动迅猛发展，其攻击的矛头，开始指向农村的富裕阶层，大批军官家属不免陷于恐怖之中，影响到相当一批军官开始对农民运动发生不满。但这一运动开始时，甚至直到 1927 年 1 月前后，无论是共产党人，还是农民群众，都还没有提出土地问题。所要求者，主要还是减租减息，废除苛捐杂税。对土豪劣绅的打击固然使富裕家庭人人自危，但农会这时一般还只是基于政治标准进行打击，其对象也还只是少数地方头面人物。因而直到 2 月唐生智回到长沙时，他还在称赞农民协会功不可没。[3]

但是，随着运动持续发展下来，基层农会骨干自身的素质问题就日益

[1] 近代以来，湖南自耕农的数量减少加剧，尤以沿铁路线附近地区的自耕农减少最快。以 1926 年底的统计，靠近长沙的湘乡地区已经基本上没有自耕农了，佃农的比例达到 45%，雇农占到了 30%；同在铁路线上，离长沙较远的衡阳地区，自耕农的比例也只有 7%左右，佃农也达到了 45%的水平，雇农占到了 15%。而离粤汉线较远的平江、邵阳地区，自耕农的比例则分别是 17%和 16%；更远一些的常德地区，自耕农的比例仍高达 31%。这种情况反映出近代以来军阀政治的一个重要特点，即新兴的军事政治官僚因为集中在主要城市和交通要道上，因此对土地的需求也主要集中在这附近的地区。转见 A.B. 巴库林著，郑厚安等译：《中国大革命武汉时期见闻录》，第 216—219 页。

[2] 转见《第一次国内革命战争时期的农民运动》，人民出版社 1953 年版，第 15 页；《唐总指挥在长沙对农工之重要讲话》，《汉口民国日报》1927 年 2 月 19 日第二张第一页。

[3] 转见金冲及：《从迅猛兴起到跌入低谷——大革命时期湖南农民运动的前前后后》，《近代史研究》2004 年第 6 期。

明显地暴露出来了。

这时一般乡下农会到底是什么样子？《湖南民报》4 月初刊登过一个读者的短文。文称：作者因访友到岳麓山附近一个乡下去，当时正值春耕春播季节，但进到农会的院落里时，仍看见一大群无所事事的农友吆五喝六地在围在一起赌牌。随后看农会开会，才知道这个会议竟只是因为何家丢了猪，怀疑为梁家所偷，于是大家便被召集来。主席大声宣布开会后，何讲述了丢猪的情况。梁辩解说，他那天进城去了，并不知情。因为梁是外乡迁来的，故主席说：“即使你没偷，也要赔他几块钱。”梁不服。何声言要驱逐梁出乡。梁赶忙求主席：“假使能准我入农会，赔钱也是不妨事的。”旁边一个穿大褂子，一看就知道是主事的人，粗声粗气地喝了一句：“先把钱赔来再说！”梁表示现在实在没有钱。主事的怒目道：“那就写一张字条。”这时围观的农民不知谁低声说了一句：“唉，梁家真是冤枉。”主事的马上大吼起来：“谁说的？抓出人来，游围！”梁不禁颤声哭了。作者出来时，只听见里面主事的下了最后通牒：“限你七天搬开！”[1]

正是因为部分基层农会掌握在痞子流氓和一些素质很低的农民手中，很多事情自然也就难以得到理性的结果。[2] 比如像湖南各地农协阻禁谷米之举，除了能够满足本地贫苦农民保有粮食在手的心理以外，对各方均无好处。但不论省政府、省党部、省农协如何号召、训令，各方如何反感，却始终解决不了。比如前方军队欠饷数月，军心不稳，县、省乃至中央政府财政亏空严重，虽反复设法及动员，各地农协却不仅鼓动农民对地主抗租，而且听任农民对政府抗税。相反，为求得农会自身的开销，动辄对富户罚款罚粮，有不顺从者，即以土豪劣绅名之，游乡示众。仅常德一地，土豪劣绅被镇压者就达 18 人，被游斗者 134 人，被关押者 7 人，被罚款罚粮者

[1] 雨云：《河西的一个农协》，《湖南民报》1927 年 4 月 3 日。
[2] 关于基层农会基本上没有共产党员和国民党员的情况，可参见金冲及前引文。

118 人，被以其他形式斗争者 39 人，占到当地地主总数的 82%。[1] 而由于自 1926 年七八月以来，湖南许多地区受到战争和农运影响，生产废弛，粮食歉收，本地豪强，除了逃走的以外，不是被“吃大户”吃光了，就是一次次清算弄得再没有什么油水了。逐渐地，如果不动军官家属，就很少有可没收的对象；如果不截扣士兵的汇款，农会就无从获得足够的活动经费。因此，进入 1927 年春天前后，侵犯军官士兵个人财产的情况也就愈发多了起来，并且一发而不可遏制。

5 月 25 日凌晨武汉国民党中央和国民政府从唐生智的来电中得知马日事变的消息。唐生智来电也只是转述其参谋长兼代省长张翼鹏等电报，声称长沙农工纠察队同驻防军发生冲突，不仅抢枪，而且揭出打倒三十五军红旗，虽经反击，恢复秩序，但情形仍然严重，要求设法消除工农运动流弊。唐电已下令驻长各军统归张代主席指挥，并讨论办法云云。故国民政府常务委员接电后连夜开会，决定请军队维持治安，要农工纠察队不得报复。25 日晨主席团又开会，决定请农政部部长谭平山与国民党中央工人部部长陈公博、政治部主任彭泽湘，和唐生智的部下周鳌山、邓绍汾 5 人组成中央特别委员会，前往湖南长沙查办此事。当天下午，政治委员会召集特派员彭泽湘、周鳌山面授机宜时，彭、周已经提出此行之困难：第一，政府现在没有力量制止军队的自由行动。第二，湖南的军官多有些产业，要维护自己的财产，如果扶助军人，则以后各处的民众运动都要受摧残。[2]

湖南是武汉政府除了湖北以外几乎唯一可靠的后方根据地，同时更是武汉政府最主要的军事力量的来源地，湖南一旦落入反共力量的手中，不仅国共合作将彻底破裂，就是武汉政府也难以维持了。因此，中共中央政治局得知消息后，紧急通过了两个决议，明令矫正一切幼稚行动，发还没收之军人的产业，除非军官们保持中立和左派领袖能够支持，否则即使对

[1] 《常德农民运动史略》，1980 年，转见杨天石：《关于孙中山“三大政策”概念的形成及提出》，《近代史研究》2000 年第 1 期，第 225 页。

[2] 《中国国民党第一、二次全国代表大会会议史料》（下），第 1202—1204 页。

大地主的土地也暂时不宜没收，而以建立乡村政权为现时农民革命运动之主要点。[1] 鲍罗廷也自动请缨，随团前往长沙，帮助解决问题。结果，一行人走到岳州，就得到消息许克祥有“密令截杀中央所派的特别委员”，于是只好退回。但特别委员会提出了五点意见：(1) 改组湘省政府；(2) 改组湘省党部及农协、工会；(3) 裁制越轨军人，由唐生智所部三十六军副军长周斓负责调查；(4) 命令停止军队与农工之军事行动，不听者严厉惩办；(5) 其余善后问题听中央办理。武汉中央常委会除决定湖南省政府暂维现状和其余善后事宜均归特别委员会办理外，其他 3 条一概照准。[2] 显而易见的是，指望靠唐生智的一个属下去惩办另一个属下的这种办法，注定了是不可能成功的。而更为重要的是，武汉国民党中央对此其实并非不清楚，只是他们相信，除此之外，别无选择。有关这种心态，在这个时候政治委员会的讨论中已经表现得再明显不过了。他们显然开始相信，不能再寄希望于农工政策和依靠民众了，武汉国民党中央及其国民政府的命运，现在只能取决于军队。

5 月 30 日，政治委员会会上，主席宣读了唐生智来电，说明贺国光军长转报信阳六县民众控诉县党部祸害民众，致使当地民众厌恶国民党。孙科当即愤然表示：“现在简直是要激成民变。湖南的事，难道真是许克祥一个人的意思？成天的嚷无产阶级领导革命，那里有这一回事？如果真是无产阶级在领导革命，上海、广东、长沙各地的工农运动，也不会一下子就被军队压下去了。”对此，顾孟余虽提出异议，但观点上并无不同。他指出：“所谓无产阶级，并不是指没有裤子穿的人。”“现在不是无产阶级能不能领导革命的问题，乃是现在的革命是否就是无产阶级之运动的问题。”[3] “现在

---

[1] 《关于湖南工农运动的态度》(1927 年 5 月 25 日)、《关于湖南事变以后的当前策略的决议》(1927 年 5 月 26 日)，以上见《中共中央文件选集》，第 3 册，第 136—139 页。

[2] 《中国国民党第一、二次全国代表大会会议史料》(下)，第 961—962 页。

[3] 关于无产阶级领导的问题，汪精卫在 6 月 23 日的演讲中也明确地表示了怀疑态度，并反对照搬俄国革命的办法。见《国闻周报》第 4 卷第 28 期，1927 年 7 月 24 日。

枪毙人民的报告天天有，是否所谓赤色恐怖对付白色恐怖？”“革命是一种事业，不要作得不好引起了反动。”他特别举出河南的例子，称“总政治部到河南去的宣传列车，还没有出发的时候，大家兴高采烈，以为这是学的俄国的办法，一到河南不知就要收几样大的效果。谁知到了那边，没有一件事受人民的欢迎。列车被打毁了，东西也被抢光了，他们所带去了标语，也完全不适用。例如‘打倒压迫农民的地主’，在北方，普通都是地主，佃农不过只占三四成。再如‘打倒土豪劣绅’，红枪会就是农民同所谓土豪劣绅的联合组织，而且是以豪绅当领袖。还有‘反共产就是反革命’，细细研究起来，可以说是不通。还有‘打倒压迫农工的军阀’，使魏益三他们听了何以为情？‘废除一切苛捐杂税’，也只是一句空话，徒惹起其他军队的反感”。要知道，那里的军队完全靠地方供给，“假定河南出一点，杂色军队定要一致来反对我们”，因为“他们都是靠河南吃饭，我们不能打破他们的饭碗”。[1]

而这个时候发生在江西的礼送共产党人出境的事件，更进一步印证了他们的这种看法。武汉政府对江西的影响力，纯粹是靠了摇摆于南京与武汉之间的朱培德在某种程度上把武汉中央视为正统。因此，江西的得或失，几乎完全系于朱培德的一念之间。但是，朱培德也面临着和唐生智等湖南将领几乎一样的难题，即如何能够在工农运动的强烈冲击之下，确保自己手下的军官们继续忠实于自己。因为，军官们明显地对国民党在前方打天下，而共产党在后方坐天下的前景心有余悸，以至于不断地提出我们“究竟是为国民党作战，还是为共产党作战”的问题。特别是夏斗寅叛变以及马日事变的发生，更是极大地刺激了他手下的军官。5 月底其所部第三军按计划向赣南开拔，竟有不少军官公然告假。细询之下，原来是第十四军军长赖世璜有电报称他的家被抄，许多士兵也抱怨他们寄回湖南的饷钱竟被农民协会所扣，以至弄得军心涣散，士无斗志。鉴于此，朱培德不能不下决心用和平的方法，礼送共产党人离开江西，以此来向军官们表态，取得

---

[1] 《中国国民党第一、二次全国代表大会会议史料》（下），第 1223—1226 页。

他们的信任。他通告称：“凡共产党员应完全退出（江西），个人之身体财产，政府当负责保护；省内一切农工运动着暂时自行停止，听候中央指导；各民众团体及民众对于共产党及代表农工运动之人，不得寻仇报复，有胁迫强暴行为，并不得轻以共产党员名目诬陷他人，违者以军法从事。”[1] 对此，武汉国民党中央很自然地站在同情理解朱培德的立场上。汪精卫明确讲：“我们知道朱同志之为人，如果中央不能体谅他，他马上可以走。他一走之后，江西的局面马上就可以起变化。”故谭延闿更称赞道：“朱同志之苦心孤诣确是不可埋没。”总工会将有对江西的表示，须设法制止。[2]

湖南的军队，无论军官和士兵，大都来自农村。许多军官的土地财产乃至家属受到侵犯不算，不少地方竟然连士兵们寄回家的那点儿养家糊口的钱都要截扣没收，这种情况，连主张激烈土地革命的共产党人也深感沮丧。毛泽东这时就明确承认，所以会发生这种现象，根本在于湖南不少地方的农民协会是在哥老会的把握下，完全不听指挥，不仅侵犯军人家属，截扣士兵寄回家的钱，而且连自耕农的土地也要平分。[3] 对此，汪精卫等国民党人自然更是怒不可遏。针对湖南各界民众团体不断请愿，要求明令讨伐许克祥，甚至枪毙许克祥，特别是共产国际代表团团长罗易（M. N. Roy）坚决主张用武力解决的情况，汪在 6 月 13 日讨论解决马日事变办法的政治委员会会议上，明确表示：这次事变的当晚，确是军队向农民协会进攻，并不是农民协会去抢军队的枪。问题是，军队为什么要向农协进攻？是因为农协侵害军人家属在先。他说：“毛泽东同志说得很详细，农民协会确有扰害军人家属的举动”，“从前不曾查得清楚，据毛泽东同志报告，才晓得农民协会有哥老会在内把持。他们既不知道国民党是什么，也不知道共产党

[1] 杨天石：《关于孙中山“三大政策”概念的形成及提出》，《近代史研究》2000 年第 1 期，第 569—570 页。

[2] 《中国国民党第一、二次全国代表大会会议史料》（下），第 1236—1239 页。

[3] 参见毛泽东在土地委员会及军事委员会上的发言，《湖南农民运动资料选编》，人民出版社 1988 年版，第 689 页。

是什么，只晓得作杀人放火的勾当”。汪认为：许克祥是唐生智的部下，越过唐去对长沙军队诉诸武力，难免不会引起纠纷。同时，武汉政府正在河南、长江下游、鄂西、鄂北各处用兵，不如让唐生智本人出面来解决这件事情。当湖南请愿代表辩称农运绝对没有超出轨道以外时，汪顿时发火道：“我们知道有反动派在造工农的谣，但同时农工自己也须承认在过去的行为中多少有些错误。如果农工以为自己毫无不是之处，那就不得了！你们说湖南党部同各民众团体绝对服从中央的命令，请问，中央讨论了二十多次，最后决定暂时保留的土地问题决议案，为什么湖南国共两党联席会议竟擅自在5月中旬的《长沙日报》上把它宣布了呢？”[1]

鉴于“毛泽东也承认不用武力的办法是对的”[2]，可知这个时候共产党人方面多数也是赞同和平解决马日事变的。当时，唐生智的部下已经与唐有分裂的现象，何键即明显地倾向于独立，因此唐很难诉诸武力。陈独秀就明确表示：现在的局势非常严重，不仅不是提出和推动土地革命，以及组建自己武装的时机，而且也不具有诉诸武力来解决问题的条件。来自共产国际的罗易坚持诉诸武力，声称长沙的叛乱分子只有两千人的兵力，在长沙与武汉之间同情许克祥的部队也不过两千人左右，而他从各种来源得到消息称，有两万以上的用火枪和长矛武装起来的农民集结在长沙以南三十英里的地方，想要占领长沙。对于谭平山以国民政府部长的身份，前往长沙调处冲突，以及其他各种用和平方法解决问题的意见，罗易都明确反对，认为这只会“使反革命合法化”。他为此向汪精卫反复说明了必须诉诸武力的理由，并激烈地质问汪：“国民党究竟是支持革命还是支持反革命？”结果汪仍旧敷衍了事。汪精卫最关心的，只是他向莫斯科提出的提供1500万

[1] 《中国国民党第一、二次全国代表大会会议史料》（下），第1232—1235页。
[2] 同上，第1233页。

元贷款的要求，为什么迟迟得不到答复。[1]

恰在这时，莫斯科再度发来电报，支持了罗易的主张。内称：“必须同过火行为做斗争，但不能动用军队，而要通过农会。我们坚持主张从下面实际占领土地，罗易对谭平山之行的担心是有一定道理的。”“不进行土地革命，就不可能取得胜利。不进行土地革命，国民党中央就会变成不可靠将领手中的可怜的玩物。”当然，“只应没收大、中地主的土地，不要触及军官和士兵的土地。如果形势需要，暂时可以不没收中地主的土地”。但是，“应从下面多吸收一些新的工农领导人加入国民党中央。他们的大胆意见会使老头们变得坚决起来，或者使他们变成无用之人。应该改变国民党目前的构成，务必要更新国民党上层人士，充实在土地革命中脱颖而出的新领导人，而地方机关应当依靠工农组织中的数百万人加以扩大”。“应当消除对不可靠将领的依赖性，要动员两万共产党员，再加上来自湖南、湖北的五万革命工农，组建几个新军，要利用军校学员做指挥人员，要组建自己可靠的军队，现在还不晚。”“要成立以著名国民党人和非共产党人为首的革命军事法庭，惩办和蒋介石保持联系或唆使士兵迫害人民、迫害工农的军官。”[2]

莫斯科的来电，迫使中共中央做出了一些强硬姿态。比如，中共中央6月4日发出致国民党书，强调革命军在客观上应当是一个土地革命的军队，不能反对农民的解放，更不应敌视土地改革。并且坚称对长沙事变只能下令讨灭，决不能和许克祥等妥协，否则“国民党的历史、国民党的主义、国民党的政纲，都将推翻，将在国民党政治的生命发生非常严重的影响”。[3]在具体做法上，也秘密组织了一个湖南特别委员会，布置军事人员潜往湖

[1] 《罗易给联共（布）中央政治局的电报》（1927年6月2日）、《罗易就湖南局势给联共（布）中央政治局的电报》（1927年6月5日），《共产国际、联共（布）与中国国民革命运动档案资料丛书》（4），第300—301、304—305页。

[2] 《联共（布）中央政治局会议第107号（特字第85号）记录》（1927年6月2日），《共产国际、联共（布）与中国革命档案资料丛书》（4），第298—299页。

[3] 《中国共产党致中国国民党书》（1927年6月4日），《中共中央文件选集》，第3册，第169—171页。

南，准备必要时实施军事手段，夺回长沙等处。[1] 而在实际上，陈独秀依旧毫不妥协地告诉共产国际说:武汉政府的“国民革命军百分之九十是湖南人，整个军队对农民运动的过火行为都抱有敌意。夏斗寅叛变和长沙事变就是这种普遍敌意的表现”。而“军官们家里的土地和财产被没收，亲属被拘禁，一些平民被扣留和罚款，禁止运粮，强迫商人摊款，农民私分粮食，吃大户，士兵寄回家的小额汇款被农民没收和瓜分。这些过火行为迫使出身于中小地主阶级的军人与土豪劣绅结成反共反农民的联合战线。那些家中遭到冲击的军人，更是愤怒”。“在这种情况下，不仅是国民党，就是共产党也必须采取让步政策，必须纠正过火行为，节制没收土地的行动。”“否则，将立即引起与大部分反动军队和冲突，与国民党发生分裂，而我们将变成一个反对党。”陈独秀称：我们完全同意你们的指示，但在短时期内不可能实现建立民主专政的任务，用改组的办法驱逐汪精卫和单独建立自己的军事力量更不可能。“当我们还不能实现这些任务的时候，必须与国民党和国民革命军将领保持良好关系。”[2]

显然，莫斯科的指示并不能导致中共中央和鲍罗廷改变他们的政策。由于湖南的大部分县一级政权均已落入反共军队和团防之手，湖北的情况也在急剧恶化中。因为天旱和经济状况弄得很坏，农民大批脱离农会，各地旧势力蜂起报复，地方党部、工会、农会骨干被杀已达数百人。原可控制的五十个县，如今只剩下三个县还在掌握中。[3] 在这种情况下，中共中央除了秘密做些准备以防万一外，自然不相信有组织反击和使汪精卫等贯彻

---

[1] 蔡和森：《党的机会主义史》，中央档案馆编：《中共党史报告选编》，中共中央党校出版社 1982 年版，第 117—118 页。据蔡和森讲，当时计划改了又改，但俄国人始终不拨款，最后更认为条件不成熟，以至于中共党内负责此一计划的周恩来与共产国际代表团中负责此一计划的罗易大闹一场。

[2] 《陈独秀根据政治意见致共产国际电》（1927 年 6 月 15 日），罗伯特 · 诺斯等编，王淇等译：《罗易赴华使命——一九二七年的国共分裂》，中国人民大学出版社 1981 年版，第 324—325 页。

[3] 《中共中央常委会第十八次会议》（1927 年 6 月 6 日）。另据詹大悲在国民党中央政治委员会第 31 次会议上说：在湖北各地，“将近不到一个月之内，被害的人竟有三千到四千之多。”《中国国民党第一、二次全国代表大会会议史料》（下），第 1270 页。

共产国际指示的可能。

这个时候，坚持农民运动丝毫也不过火，且力主既不破裂与武汉国民党人的关系，又能用武力讨伐反动军队的，大概只有罗易一个人了。他不能不把目光转向了在他看来可能更愿意听取莫斯科意见的国民党领袖汪精卫。他悄悄地把莫斯科的密电拿给了汪精卫看，试图以此来让汪精卫明白国民党左派的出路何在。结果可想而知。汪精卫丝毫没有改变对工农运动不满和坚持和平解决马日事变的态度。在6月15日国民党中央答复中共中央的公开信中，国民党人依旧坚持：对马日事变的解决办法还是既定的原则，即（一）对武人越轨行动，必须制裁；（二）对农协幼稚行动，必须纠正。[1]不仅如此，莫斯科的来电，恰好从一个侧面印证了前不久接连发生的北京和伦敦的严重外交事件。当时，北京政府袭击了苏联大使馆，随后宣布查出大量苏联阴谋活动的文件；英国政府随后也突袭了苏联驻英国的商务代表团大楼和英苏贸易公司，进而以苏联人员从事间谍活动和反英宣传的名义，同苏联断绝了外交关系。[2]这使得汪精卫不能不对莫斯科的幕后作用开始恐惧，进而在国民党中央提议，解除了鲍罗廷等人的顾问职务。对于这一严重后果，不论罗易如何为自己辩解，他也绝难得到鲍罗廷等人的谅解了。根据鲍罗廷的强烈要求，联共（布）中央政治局被迫取消了罗易的代表资格，并将其立即召回了莫斯科。[3]

考虑到“丧失武汉这个独立的中心，就是丧失某个革命运动的中心，丧失工人自由集会的可能，丧失共产党公开存在的可能，丧失公开出版革命刊物的可能，一句话，丧失公开组织无产阶级和革命的可能”，斯大林明确主张，为稳住汪精卫和武汉国民党人，苏联应该给武汉追加300万到500

[1] 《国民党对中国共产党公开信的答复》(1927年6月15日)，转见《罗易赴华使命》，第339—340页。

[2] 参见C.Ю.维戈兹基等：《外交史》。第五卷（下），北京：三联书店1982年版，第664—665、672—673页。

[3] 《共产国际执行委员会政治书记处秘密会议第30号记录》（1927年6月22日），《共产国际、联共（布）与中国国民革命运动档案资料丛书》（4），第344页。

万卢布的援款。[1] 据此，联共（布）中央政治局临时动议：1500 万元贷款暂时无法满足，但可以“再给武汉政府拨款 200 万卢布”，并不拒绝以后重新讨论贷款的问题。[2] 与此同时，联共（布）中央政治局还要求共产国际总书记布哈林以共产国际执委会的名义直接致电汪精卫，说明共产国际给中共中央密电的旨意所在，以减少汪精卫的恐惧心理。[3]

五、从和平分共到武力清党

用提供金钱和武器的方式来笼络住国民党人的做法，几乎马上就被证实是毫无作用的。6 月 21 日，武汉方面寄予最大希望的盟友，第二集团军总司令冯玉祥，与武汉最大的敌人蒋介石等人在徐州举行了会谈。冯玉祥及其国民军自 1925 年以来一直得到苏联的大力援助。从经费、到武器、到顾问，苏联政府援助冯的力度甚至在某些方面都超过了给国民党的援助。直到 6 月 16 日，联共（布）中央政治局还决定再拨给冯玉祥 3000 支步枪，50 万发子弹，5000 发炮弹和 4 门炮。[4] 但是，冯玉祥并不因此就听命于苏联或由共产国际扶助的共产党。他这时已经开始对造成内部种种矛盾冲突的党部与农协发生了反感。在与武汉国民党人在郑州的会晤中，以及随后与南京国民党人在徐州的会晤中，他进一步得到印象，共产党鼓动“一般党员，借打倒土豪劣绅，提倡劳工神圣为口号，煽惑工人殴打厂主，店员殴打店主。每日除开会要求增加工资，缩短工作时间外别无他事，以致工厂、商店相继倒闭”；造成了“任意破坏秩序，杀害人民，没收财产，以致稍有资产者逃避

[1] 《斯大林给莫洛托夫和布哈林的信》（1927 年 6 月 27 日），《共产国际、联共（布）与中国国民革命运动档案资料丛书》（4），第 365—366 页。

[2] 《联共（布）中央政治局会议第 113 号（特字第 91 号）记录》（1927 年 6 月 27 日），《共产国际、联共（布）与中国国民革命运动档案资料丛书》（4），第 364—365 页。

[3] 《联共（布）中央政治局会议第 112 号（特字第 90 号）记录》（1927 年 6 月 23 日），《共产国际、联共（布）与中国国民革命运动档案资料丛书》（4），第 345—346 页。

[4] 《联共（布）中央政治局会议第 111 号（特字第 89 号）记录》（1927 年 6 月 16 日），《共产国际、联共（布）与中国国民革命运动档案资料丛书》（4），第 315 页。

一空”的惨状。[1] 据此，冯毫不犹豫地于徐州会议当天即致电汪精卫、谭延闿，提出：以目前两湖情形，“社会根本动摇，四民无一安宁”，非宁汉双方共释前嫌，通力合作，不能“救吾民于水深火热之中”，并成就国民革命之大业。因此，他建议立即送走鲍罗廷，武汉政府与南京政府“合而为一”。[2]

冯玉祥甫一回到驻地，就采取了分共的做法。其具体办法是，虽然与朱培德一样是和平礼送，政治上却学习了南京清党的一些经验。他这时公开告诫军政人员要认清主义，摆脱共产主义影响，并明令其所辖河南、陕西、甘肃三省政府：1. 不准跨党；2. 共产党跨党领袖一律解除职务，开除党籍，必要时得以严重监视；3. 在国民革命时期，不准以共产党名义活动，亦不准假国民党名义做共产党工作，违者按反革命条例治罪。[3] 冯玉祥并专门召集政治人员宣布：凡共产党员，愿意走者，发给川资；不愿走者，必须宣言脱离共党。[4] 之后，冯将全军两百多名政工人员统统集中起来，赠以川资，遣送出境了事。

冯玉祥公开分共“清党”，以及武汉中央随后默认唐生智“许克祥记过一次”，湖南“党部及民众团体着即停止活动”的处理办法，不可避免地鼓舞了军队中的反共和反工农的情绪。6 月 28 日，第三十五军军长何键率先发表宣言，指责“两湖地方，民众团体，时常发现越轨行动。而湖南各县闹得更是极糟”。宣言完全抹杀工农运动的正义性和取得的各项成就，集中拼凑种种“极糟”现象，并加以歪曲、夸大：“指有饭吃有衣穿的人为土豪，指有学问有道德的人为劣绅。私擅逮捕，任意残杀，勒禁罚钱，敲骨打髓。小民因之家倾产，服毒悬梁者不知凡几。又勒烧祖宗主位，并毁其祠堂，捣毁寺庙佛像，并收其财产。中央本无废止祀孔命令，总理亦无反对孔教

[1] 《冯玉祥日记》（II），江苏古籍出版社 1992 年版，第 343 页。
[2] 转见《国闻周报》第 4 卷第 25 期，1927 年 7 月 3 日。
[3] 杨天石：《关于孙中山“三大政策”概念的形成及提出》，《近代史研究》2000 年第 1 期，第 577 页。注：杨书注释此一引文来自《冯玉祥日记》6 月 28 日条，但查该书并无此项内容，应为注释有误。
[4] 《冯玉祥日记》（II），第 339、343 页。

宣言，竟将孔庙毁去，焚其牌位。关岳千古精忠，人人钦敬，乃至杀其神像。不问农工如何紧急，强迫到会，逆者处罚，以会场为刑场，以杀人为儿戏，不报告姓名，不宣布罪状，迫令民众举手，不举手者即为反革命。妇女运动有不要亲夫翁姑的标语，学生运动有仇父仇母的口号。佃户压迫田东，店员压迫店主，农不耕田，工不做事，商不营业，士不读书，提价兽化，毁弃人伦，天昏地黑，人人自危。古来大乱，未有如此。至于截夺军米，阻碍招兵，打毁税收机关，杀害军人家属，禁止谷米出境，闹成米荒，保护坟宅的树木，强令砍伐，猪不能喂，犬不能畜，犹其余事。”宣言称：“从前咸以为农工运动幼稚，工作过火，发生错误，系国民革命过程中必经之阶级。迄今考察，乃知不然，纯系共产党中暴徒之策略，并非幼稚过火之错误。不过藉此名词，以掩其阴谋耳。”[1]

何键的宣言，再加上社会上开始迅速流传工人纠察队将缴三十五军械的谣言，武汉也已经山雨欲来风满楼了。据蔡和森回忆，这一天谭平山报告，武汉国民党人中最鲜明地赞同工农运动的邓演达已弃职而走，行前特别告诫共产党注意，汉口的马日事变即将来临，何键一定开刀无疑。据此，张太雷当即提出，纠察队、童子团问题今天一定要解决。考虑到自夏斗寅叛变以后，工人纠察队人心已散，队员纷纷逃跑，留之亦无大用，且给军队政变以口实，故经周恩来请示中央军部和省委军部后，决定“宣布解散纠察队，实际编入张（发奎）军”。然而，解散之说刚一传出，原本早就人心惶惶的纠察队及其办事人员马上“弃枪弃职，逃走一空”。[2] 而受到何键宣言鼓动的三十五军及卫戍司令部的部队得知纠察队解散，转眼就派兵去抢占全国总工会和省总工会的房子。由于中共解散纠察队之举全未和国民党打过招呼，以至第二天国民党政治委员会开会时，一些与会者还不明所以。当然，注意到共产党此举乃为避免更大的误会与冲突，会议明确通过决议，

---

[1] 转见《国闻周报》第 4 卷第 29 期，1927 年 7 月 31 日。

[2] 蔡和森：《党的机会主义史》，《中共党史报告选编》，第 129、134—135 页。

表示赞赏，并下令严禁匪徒骚扰或损害工会。因此，虽然有少数行业工会的办公处受到了士兵的扰骚，甚或被占领，但武汉的各级工会大都还是保全了下来，一些纠察队员又被招集回来，只是手中不再有武器了而已。[1]

实际上，尽管形势发生了很大的变化，武汉国民党人和中共中央也并没有马上放弃和国民党合作的努力。汪精卫一再表示自己两边受气，这边共产党各行其是，“似不与之合作”，那边军队将领公开威胁取缔工农运动，逼迫中央分离共产党。有鉴于此，中共中央为减轻汪精卫等人的压力，要求谭平山、苏兆征两人分别辞去了刚刚任职不久的国民政府农政部长和劳工部长的职务，同时决定每周与汪精卫等开两次联席会议，以便于国共两党随时协商。[2] 瞿秋白随后受命起草了《国共两党关系决议案》，规定了在肯定国民党领导地位的情况下两党关系的基本原则。进入7月份以后，谭、苏两位共产党员退出国民政府，但国共两党也仍旧继续和往常一样，一起在中央执行委员会常委会和中央政治委员会中共事，两党领导人也还在定期召开联席会议。同样，湖北省总工会也依旧在继续行使权力。包括其属下的纠察队，这时又有以武力干涉外国工厂的情况。据7月13日中央政治委员会的讨论，可知纠察队再度包围了英美烟公司组织的团丁，引起英国领事的抗议。当然，这个时候的国民党人，对工农运动干扰外交、经济的情况，包括不听政令的种种举动，已经更多些反感。孙科在这一点上表现得尤其明显。他不仅扬言：“工会这样妨害国民政府的策略，简直是不承认国民政府。我们就放弃武汉，另外找一个地方，大家滚蛋，请他们来！”而且力主动用军队严厉制止工会纠察队目无政府的非法行为。不过与会者大多尚能冷静处之。为了避免再度发生类似事件，会议决定，由政治委员会警告总工会，并由保安队制止纠察队的行动。同时为避免再度发生滥杀无辜的情况，会

[1]《中国国民党第一、二次全国代表大会会议史料》（下），第1296—1297、1323页；《中华民国大事记》，第二册，第640页。

[2]《中共中央常委会第33次会议记录》（1927年6月30日）。

议规定，今后审查土豪劣绅也由政府负责，农民协会毋庸过问。[1]

不过，要长期保持这样一种不死不活的合作关系，实际上已经不大可能了。首先莫斯科方面就无法容忍。可以肯定的是，斯大林始终相信，保持这种合作关系对共产党有利。因此，“只要能利用武汉的上层人士时，我们就要利用他们”[2]。有关这一点，从斯大林在罗易和鲍罗廷关系问题上表面上赞同前者，事实上却支持后者的情况，就可以看得很清楚。很显然，罗易是联共（布）中央激进的土地革命方针和相关指示的最有力推动者，相反，鲍罗廷则是最有力的抵制者。罗易多次提出要求撤换鲍罗廷，任命自己负责与国民党的关系。结果，莫斯科始终是口惠而实不至，最终也不肯撤换抵制激进政策，对维持两党关系有自己办法的鲍罗廷。但是，斯大林为什么还必须在口头上保持激进呢？这是因为，联共（布）中央这时的权力斗争十分激烈，包括在联共（布）党内有着深厚基础的托洛茨基和季诺维也夫等人，都是激进革命的有力主张者，并据此攻击斯大林的退让策略。单纯地从苏联自身的利益来制定对国民党的灵活政策，不符合这个时候绝大多数党员的思想认识。因此，为了适应党内斗争的需要，斯大林只能用这种首鼠两端的办法来使自己保持主动地位。

不过，随着武汉工人纠察队宣告缴械，和唐生智枪毙反对马日事变的标语张贴者的消息传到莫斯科，本来就在攻击斯大林主导的中国政策的联共（布）党内反对派们，马上就开始发动了对斯大林政治上的进攻。他们于7月7日致函共产国际执委会主席团，明确认为：两湖工农运动遭到镇压的事实，证明斯大林“指望武汉政府成为‘有组织的革命中心’的政策遭到了彻底失败”，有必要马上召开会议纠正共产国际前此指导方针的错误。[3]

---

[1] 《中国国民党第一、二次全国代表大会会议史料》（下），第1327—1328页。

[2] 《斯大林给莫洛托夫的信》（1927年7月8日），《共产国际、联共（布）与中国国民革命运动档案资料丛书》（4），第399页。

[3] 《武约维奇、季诺维也夫和托洛茨基给共产国际执行委员会主席团的信》（1927年7月7日），《共产国际、联共（布）与中国国民革命运动档案资料丛书》（4），第396页。

面对这种情况，斯大林不能不改变策略。他宣称：他只是刚刚知道武汉工人纠察队被解除武装和唐生智在长沙枪毙主张为工农申张正义者的消息。既然如此，当然"应该抛弃他们"。[1] 联共（布）中央据此召开了紧急会议，抢先一步发出指示称："尽管我们一再提出忠告，但是国民政府实际上不仅不支持土地革命，而且还放开了敌人的手脚。解除工人武装、讨伐农民、进攻武汉工人组织，唐生智在长沙枪杀革命者，这些行动都是反革命的公开表演。武汉以唐生智为首的主要武装力量事实上已成为同蒋介石半结盟的，也可能是直接结盟的反革命分子的工具。国民政府和国民党上层却在掩盖这一切，这样它们就转到工农的敌人的营垒里去了。在这种情况下，共产党人不能留在政府里。"但"退出国民政府并不意味着退出国民党。共产党人必须留在国民党内，并在国民党的一切组织中和在它的群众中，为改变国民党的政策和改组其领导机关人员进行坚决的斗争"。当然，从现在起，就应当秘密召开紧急代表会议，纠正党的领导所犯的根本性错误，组织党的地下机关，将受到威胁最大的工作人员转入地下。[2]

莫斯科此举造成的影响可想而知。7 月 13 日，共产国际执委会政治书记处通过了根据联共（布）中央 8 日政治局会议精神起草的，有关中国问题的决议草案，并把这一文件公开发表在联共（布）中央机关报《真理报》上。该决议除了重申联共（布）中央政治局会议的决定以外，甚至号召"中国共产党党员起来反对中央的机会主义"。[3] 据此，中共中央迅速进行了改组，陈独秀辞去了书记的职务，另外成立了由张国焘、周恩来、李维汉、张太雷、李立三 5 人组成的中央常务委员会，决定在张发奎的军队中组织军事暴动；

---

[1] 《斯大林给莫洛托夫的信》（1927 年 7 月 8，9 日），《共产国际、联共（布）与中国国民革命运动档案资料丛书》（4），第 398—399、405—406 页。

[2] 《联共（布）中央政治局紧急会议第 116 号（特字第 94 号）记录》（1927 年 7 月 8 日），《共产国际、联共（布）与中国国民革命运动档案资料丛书》（4），第 397—398 页。

[3] 《共产国际执行委员会政治书记处会议第 34 号记录》（1927 年 7 月 13 日），《共产国际、联共（布）与中国国民革命运动档案资料丛书》（4），第 411 页；《共产国际执行委员会关于中国革命目前形势的决定》（1927 年 7 月），《中共中央文件选集》，第 3 册，第 627—628 页。

在湘、鄂、赣、粤几省组织秋收起义。

7 月 14 日夜，汪精卫等得知中共中央态度有变，紧急召开了政治委员会主席团会议。决定：派遣重要同志赴苏联讨论切实联络办法，并准备在一个月内召集二届四中全会。汪精卫表示：“对于本党内的 C.P. 同志，应有处置的方法，一党之内不能主义与主义冲突，政策与政策冲突，更不能有两个最高机关。”[1] 次日，武汉国民党人进一步召开常务委员会第二十次扩大会议。汪精卫此前一直没有把罗易私下向他透露的莫斯科密电的内容通报给国民党中央执行委员会，但这时他必须和盘托出了。他在介绍了莫斯科密电的五点内容后强调：“我们可以看出这个电报有五层意思，都是厉害的。（1）没收土地不要国民政府下令，须由下级没收。怪不得湖南闹成这个样子！有一班同志还说农工的行为并不幼稚，原来他们是照着第三国际的训令在那里做。（2）在中央委员之中，增加工农领袖……试问有什么方法可以增加？如何能干涉代表大会的权限？这简直是破坏本党的组织的，要我们违背总章。（3）国民党现在的构造必须改变。这是何等的大事，中央委员有什么方法可以改变，而且又改变成一个什么东西？（4）由二万武装的 C.P. 同志及五万工农分子组织新的军队，消灭旧的军队。我们的军队向来不分 C.P. 不 C.P.，为什么单单要二万武装的 C.P. 同志组织军队？这是根本动摇我们的军队，完全变成 C.P. 的军队好了！（5）组织特别法庭，处分反革命派，不要 C.P. 同志参加，由老党员组织。这就是说，让国民党来做刽子手。综合这五条而论，随便实行哪一条，国民党就完了。”[2] 因此，“现在不是容共的问题，乃是将国民党变成共产党的问题，国民党的同志想起来，能不痛心！”孙科听后愤愤然称：“我们容纳共产党，真是太过信他们了！我们现在要下一个决心走第三条路。”会议最后通过了政治委员会主席团提出的办法。

根据会议的决定，武汉国民党中央于 7 月 16 日公布了限制共产分子的

[1] 转见杨天石：《关于孙中山“三大政策”概念的形成及提出》，《近代史研究》2000 年第 1 期，第 587 页。

[2] 转见刘继增：《武汉国民政府史》，第 512—513 页。

训令。宣称：“检阅已往之工作，纠正以前之错误，深觉非厉行党的专政，提高党的权威”不可。但“此种提案，完全根据于革命利益，执行纪律，并非妨害共产同志之个人身体自由，凡我同志务须体喻此意”。与此同时，鉴于已有军队开始捣毁和抢占工会及学联办公处，国民党中央亦发布了训令，告诫全党各机关：“农工政策，在本党之历史有其长远之时期，在本党之主义，有其确切之基础，并非因容纳共产分子而始有农工政策之主张；亦并不因制限共产分子而停止农工政策之活动。”若有违背党义摧残农工团体者，“本党唯有执行革命纪律，决不宽贷”。[1] 因此，武汉国民党中央这时还明令发布了“二五减租”的训令。

武汉国民党人采取限制共产党员的办法，而没有如朱培德、冯玉祥等断然下令分离共产党员，对此，汪精卫解释道：共产党的“那个决议案实在使我们太难堪，C.P. 同志中明白的人都应该能够原谅我们。何况是多年的老同志”。而且“我们没有说凡是列名 C.P. 的都不要，（吴）玉章同志有二十年同盟会的历史，其实可以不走”。“那怕是 C.P. 的同志，只要写信来声明，以后切实信仰本党的主义，切实遵守本党的纪律，我们并不愿意多计较。”然而，事情已经无可挽回了。一方面，自得知中共准备脱离武汉国民政府的决定之后，武汉军方几乎马上就开始了针对共产党人的行动。限制令刚一发表，包括吴玉章等人在内，住处大多均被捣毁了。另一方面，中共中央已经散发了《中国共产党中央委员会对政局宣言》，公开谴责国民党中央多数领袖赞助反革命军官，宣布将不对国民党中央现时的政策负责，“不能放任背叛革命的军人以及犹豫骑墙的政治家冒充国民党，假借孙中山先生的旗号以自文饰”。[2]

7 月 18 日，国民党中央政治委员会主席团发表《容共政策之最近经过》一文，公布莫斯科密电等内容。该文件在《汉口民国日报》头版连载了三天，

[1] 《汉口民国日报》1927 年 7 月 16 日第一张第一页。

[2] 《中国共产党中央委员会对政局宣言》（1927 年 7 月 13 日），《中共中央文件选集》，第 3 册，第 204—207 页。

意在表明“谁是极意保持革命联合战线，谁是任意诿过他人，藉端攻击”。[1]几天后，中国共产主义青年团中央又散发《告全国劳苦青年群众书》，断言武汉国民党已经在屠杀民众，故不仅不再是全国劳苦青年的朋友，而且已经成了他们的敌人。

7 月 25 日，汪精卫在的政治委员会第四十次会议上，强烈不满地讲:“我们几时杀过人？他们为什么要这样凭空造谣？虽说是限制共产党员，但最大问题还是要等第四次全体会议决定。军队有侵占工会的,马上要他们搬出，我们也屡次告诫我们的党员，不要对共产党肆口谩骂。就是今天的纪念周，本席也再三的说，共产党自有他们共产党的立场，不要当作他们的阴谋看待。我们苦心孤诣维持到现在，并不是不敢翻脸。只要稍微放松一点，哼！看有没有屠杀！他们这样毫无道理的随便造谣，向我们进攻，简直是有心逼得我们翻脸。在国民党的权力下，是由他们这样胡闹还是怎么办？应当对共产党提出警告，再这样乱闹，莫怪我们翻脸了！”[2]

据此，武汉中央通过了《统一本党政策决议案》，规定：凡列名国民党之共产党员，自即日起声明脱离共产党，否则一律停止职务；在国民革命期内，共产党员不得有碍国民革命之活动，并不得以本党名义，做共产党之工作；本党党员未经本党中央许可，不得加入他党，违反者以叛党论。[3]同时，武汉国民党中央发表《告中国共产党书》，强硬表示：“我们明知共产党的方法不能适应于中国，共产党的同志决计不受本党的指导，我们为中国整个革命前途计，为全国的贫苦人民的利益计，对于共产同志不能不加以制裁。然而犹复承认共产党为革命的友党，不惜迭次训令保护其身体自由，以表示本党依然认共产党在革命上立于友党之地位。现在迭次发现共产党对于本党攻击的文件，捏造事实，备肆诋毁，我们很诚恳的愿接受

[1] 《汉口民国日报》1927 年 7 月 19 日第一张。

[2] 《中国国民党中央执行委员会政治委员会第四十次会议速记录》（1927 年 7 月 25 日），台北党史馆藏档，00—2/3。

[3] 《汉口民国日报》1927 年 7 月 26 日第一张第二页。

别党的批评，但决不能忍受别党的污蔑。如果共产党尚承认中国国民党革命的必要，及尚承认共产党还须努力于革命，则共产党应即自憬，放弃其近日对于本党敌视的态度。否则，本党为革命利益计，不能不执行相当的纪律。”[1] 武汉国民党军事委员会亦随之发表训令，要求“各军长官务必于最短期间，查明所属军队中军事负责及政治工作各人员，其有共产党员已经知名者，分别切实劝导即与共产党脱离关系，专心致志为本党忠实武装党员，否则即行停止职务。至于共产党之未知名者，应随时留心查察，禁止一切秘密会议，并考核其言论行动，如有违反本党主义及政策者，立予惩办，切勿瞻徇玩忽，以致酿成巨祸”。[2]

然而，还没有等武汉国民党中央及其军事机关采取行动查明军队内的共产党员情况，8 月 1 日共产党人就在南昌组织了武装起义，公开揭起了与武汉国民党中央对立的“中国国民党革命委员会”的旗号。中共并以宋庆龄、邓演达等人名义，发表《中央委员宣言》，指责“武汉与南京所谓党部政府，皆已成为新军阀之工具”[3]。面对这一突如其来的政变，武汉国民党显得十分狼狈。汪精卫在大发脾气后，甚至还不得不出面来承担责任。

8 月 3 日，武汉国民政府发布通令，第一次严厉规定：对共产党徒一经拿获，决不宽恕。[4] 5 日，武汉国民党中央执行委员会常务委员会扩大会议决议：“共产党徒已在南昌举兵叛乱，中央为肃清内部起见，对于中央党部职员中 C.P. 分子应迅予处置。”[5] 6 日，汪精卫公开发表题为《错误与纠正》的文章，声称前此和平分共处置不当。文称：“我们为什么一直等到共产党员快要消灭国民革命，我们才不容他，这真是我们极大的错误。”[6]

---

[1] 《中国国民党中央执行委员会告中国共产党书》（1927 年 7 月），台北党史馆藏档，汉 13225。

[2] 《军事委员会之重要训令》，《汉口民国日报》1927 年 7 月 26 日第一张第一页。

[3] 杨天石：《关于孙中山“三大政策”概念的形成及提出》，《近代史研究》2000 年第 1 期，第 595 页。

[4] 《汉口民国日报》1927 年 8 月 3 日第一张第一页。

[5] 《中国国民党中央执行委员会第二届常务委员会第二十三次扩大会议决议录》（1927 年 8 月 5 日），台北党史馆藏档，2—4/5。

[6] 汪精卫：《错误与纠正》，《汉口民国日报》1927 年 8 月 6 日第一张第一页。

8 日，武汉国民党中央政治委员会开会，决议：“谭平山、林祖涵、吴玉章、恽代英、高语罕等，均着即开除党籍，并褫夺现职，与张国焘等一并缉拿讯办。用中央执行委员会名义下令。”“杨匏安、毛泽东、董用威、邓颖超、许甦魂、韩麟符、于树德、江浩、夏曦等，一律开除党籍并褫夺现职。”会议并通过清党决定四项，即“（一）各级党部暨国民政府各行政机关任职人员一律登记声明有无跨党，以凭考核而定去留。（二）有共产党嫌疑者令其于三日内登报声明反对共产党或发表文字反对共产党。（三）如有共产党分子潜伏各级党部各行政机关，既不退出又不声明脱离共产党者，以反革命论。（四）著名共产分子应由地方军区严重监视，如反革命行为应即拿办。”[1]

至此，武汉国民党人也走上与南京国民党人同样的道路了。

[1] 《中国国民党中央执行委员会政治委员会第四十四次会议速记录》（1927 年 8 月 8 日），台北党史馆藏档，00—2/3；《中央执行委员会致农民部函》（1927 年 8 月 9 日），台北党史馆藏档，五部档 4135—3；《汉口民国日报》1927 年 8 月 9 日第一张第一页。

第六章

南京国民党的“清党”运动

还在武汉“分共”之前，即在1927年春天，以蒋介石为代表的南京方面的国民党人，就发起过一个大规模的“清党”运动。此一运动的展开，以“四一二”事变为标志，前后两期，持续到9月，大部告一段落，历时不过半年左右时间。[1] 南京政府取得较晚的其他省区，开始也晚，结束亦迟，是为余波或尾声。[2]

“清党”运动的最大特征，就是它的血腥。它开创了中国20世纪历史上，夺取政权者用暴力，并辅之以群众检举的办法，在全国范围残酷地清除异己的先例。

“清党”运动的结果，是它成就了一个南京政府。没有“清党”的举措，南京的国民党人就难以独树一帜，自诩正统，更难以名正言顺地夺取各地的党政权力。也正是因为他们有了这样一个政府，牢牢地掌握了所占地区的权力，并且从此主导了国民党乃至于中国政治以后的发展。

一、“清党”发起之反复

“清党”运动，名为清除国民党内的共产分子，但其直接起因，却是由于蒋介石与苏联顾问鲍罗廷及武汉方面国民党左派矛盾冲突的公开化。由于鲍罗廷及其武汉方面意图通过召开二届三中全会的办法取消蒋介石掌控党权和政权的种种资本，从而迫使蒋不得不考虑夺取上海和南京，以便利

[1] 对国民党的“清党”运动的次数和经过时间，在学界有不同的说法。如黄金麟即根据居正《清党实录》（中国国民党中央执行委员会1928年印行）之观点，认为“清党”运动发生过三次，第一次为1924年6月，即中央监察委员张继、谢持、邓泽如等力主弹劾共产党，引发国民党一届二中全会通过一相关训令了事。第二次为“西山会议派”于1925年11月所发动，结果与广州中央形成分裂与对抗。第三次则为南京国民党人发起的全国性的运动。见《革命与反革命——“清党”再思考》，《新史学》第11卷第1期，2000年3月。但此说略嫌牵强。对此，笔者同意李云汉的说法，即张继等弹劾共党案、各地孙文主义学会的组织，以及西山会议的召开，包括中山舰事件，都可看作1927年“清党”运动之酝酿与发源。见李云汉：《清党运动的再评价》，《中国国民党党史论文选集》，第四册，（台北）近代中国出版社1994年版，第702页。

[2] 南京国民党“清党”运动开始时，两湖、江西及长江以北大部分省份尚不在其控制之中，一些省份甚至基本上还没有国民党的党组织。

用江浙和上海的资源，另起炉灶，与武汉分庭抗礼。[1]

为此，就在武汉方面决定召开三中全会的1927年2月21日，蒋介石所在的南昌方面即相应召开会议。蒋介石手下陈果夫、陈立夫、温建刚等少壮派，在蒋的默许下做出决定，一面全力夺取其军力所及之各地的党政权力，一面加紧准备与武汉破裂的种种条件。其中关键一步，就是要从法理上取得北伐军所经过的各地的党权和政权。正是在这种情况下，这次南昌会议召开后，即相继发生了原本共产党和国民党左派占据优势的江西各地国民党部均被人捣毁的系列事件。身为共产党员的江西省总工会执行委员、赣州总工会委员长陈赞贤，亦于3月6日被蒋介石指挥的军队所枪杀。这股夺权的风潮，由江西，而安徽，而福建，而浙江，随着蒋介石指挥的军队向北向东推进，迅速扩展开来。

但是，相对而言，蒋介石这时军事上的进展毕竟是第一位的，因此其有限的军队不可能长时间驻留在占领的地方，结果往往是其部队前脚开拔，共产党人和左派国民党人后脚就推翻了亲蒋的国民党党部。再加上蒋的这种夺权由于还不具备合法性，做法相当迂回曲折，一些部队指挥官或政治部人员也并不十分赞同，因此，蒋介石此举并没有能够有效地达到其夺权的目的，不少地方党政权力的争夺只是愈演愈烈而已。

随着北伐战争的进展，从中央到地方，国民党人的内讧愈演愈烈，许多原本就对国共关系现状极端不满的老资格的国民党员，都倍感焦虑，坐卧不安。对于他们来说，武汉国民党人的态度倒在其次，共产党人全面控制国民党的危险更是迫在眉睫。时任国民党中央青年部部长的邵元冲这时的日记，清楚地记述了他们一辈国民党人，以及蒋介石手下的军官们，这时因焦虑、激愤以至于暗中串连，急于推动蒋介石对共产党人采取断然行动的情形：

---

[1] 关于蒋介石与鲍罗廷及武汉方面走向分裂之经过，可参见拙作《蒋介石从“三二〇”到“四一二”的心路历程》，《史学月刊》2003年第11—12期。

2月18日，访蒋梦麟谈，对杭州收复事已全证实，惟对于此后浙局整理办法殊难有望，而内部之不一致尤为可虑，殊不知所届也。

2月26日，访梦麟一谈，对于干部及各地之纷纠多所讨论，颇以为虑。余以历史上之关系，讵宜坐视。不日拟赴浙及赣中相机规诫，以尽微责，至于能悟与否，则听之而已。

2月27日，午前访（吴）稚晖、（钮）惕生等谈。稚晖对于两党间之轇轕及（张）溥泉之态度，有所讨论。……明日拟赴杭一行，与敬之有所接洽。

3月4日，九时至杭州，寓西湖饭店。午后访何敬之，兼晤蒋伯诚、王达天、顾祝同、鲁咏庵、潘宜之等……对于党务问题，敬之等意须（蒋）介石能拿出主张，一切始有办法，且谓介屡次游移，且事后每由他人受过，故现在不敢十分自己表示主张云云。

3月5日，午前访敬之，再以各方情形与之切谈，并望其对介石有所建议。

3月6—10日，在省垣与军界当轴及党务同志磋商此后救济之办法，同人等皆切望有一具体之步骤计划，并望余有所主张，余遂为草订一进行计划大纲，预备于南京收复后，即由军界同志请介石来宁商决大计，以期根本整理党务，军界同志以半年来之努力奋斗，其结果不过为造成共产党扰乱地方之基础，故多激昂唏嘘，此问题不解决恐军心解体矣。

3月11日，白健生自嘉兴返省垣与敬之会商总攻击计划，予亦以各方情形及此后抵沪后之措施有所陈述，健生亦以为然。[1]

由上不难看出，从南昌陈果夫、温建刚，到上海邵元冲、蒋梦麟、吴稚晖、钮永建（惕生），到杭州何应钦（敬之）、蒋伯诚、王俊（达天）、顾祝同、潘宜之及白崇禧（健生），即从蒋之亲信，到国民党元老级人物，一直到蒋

[1]《邵元冲日记》，上海人民出版社1990年版，第306—310页。

手下的高级将领，这时都把矛头指向共产党，摩拳擦掌，只等蒋一声令下了。

3月6日，即在邵元冲前往杭州串连何应钦、白崇禧等高级将领之际，受命组建上海临时政治委员会的吴稚晖，与同被授为政治委员会委员的钮永建、杨铨与共产党领袖陈独秀、罗亦农约在钮永建办公室见面，试图商谈整理上海党务问题。结果，双方意见颇难一致，陈独秀并有不出二十年中国即将实行列宁式共产主义的说法。吴转而找到同为监察委员的李石曾和蔡元培，怒气冲冲地转述了陈独秀的说法，结果“石曾最是慷慨激昂，蔡孑民也很愤愤不平”[1]。鉴于一届一中全会有“监察委员一人亦可行使监察职权”，“有二人以上到会即得开会”的规定[2]，12名正式监察委员中，已有7人可以断定立场，故吴等显然有意再开监察委员会会议来弹劾共产党了。[3]

在这种情况下，一切的一切，都要看蒋介石的最后决心了。

蒋介石15日离开南昌，16日江西省党部捣毁了左派掌握的南昌市党部，并随即封闭和解散了共产党及左派领导下的各种报刊和民众团体。蒋16日到九江，次日九江市党部及总工会等即被捣毁。蒋20日到安徽安庆，23日安徽省市党部及其领导下的民众团体亦遭捣毁。不难看出，在武汉方面坚持在3月10—17日召开了二届三中全会，通过一系列限制蒋介石个人权力的决议[4]同时，蒋毫不犹豫地纵容手下贯彻其2月21日南昌会议夺取各地党政权力的既定方针。其方法，很大程度上就是依靠仅有的少数骨干分子，利用地方帮会势力，通过“打”“砸”“冲”，或干脆挑起左右派的“械斗”，

[1] 转见《清党运动之概论》，上海中山书店1927年6月版，第30页。

[2] 《第一届第一次中央全会关于监察委员会之决议案》，1924年1月，荣孟源主编：《中国国民党全国代表大会及中央全会资料》（上），光明日报出版社1991年版，第65页。

[3] 12名监察委员中，这时可以确定立场的除吴稚晖、蔡元培、李石曾外，还有陈果夫、张静江、古应芬、邓泽如，合共7人。8名候补监察委员当中，已知可以站在反对武汉一方的，也有黄绍竑、李宗仁、李福林3人。国民党二大选举的中央监察委员名单可见于中国第二历史档案馆编：《中国国民党第一、二次全国代表大会会议史料》（上），江苏古籍出版社1986年版，第377页。

[4] 会议通过了包括《统一党的领导机关案》、《统一革命势力决议案》及《军事委员会组织大纲》等15个文件，决定实施集体领导，限定总司令只是军委委员之一，包括军官任免、出征、动员等都须经军委会集体决议，再提交中央执行委员会通过后，才能交由总司令执行。蒋介石的军委会主席、军人部长和黄埔军校校长等职务亦被取消。

来区分“敌”“我”，进而组织自己的力量，夺取权力。[1]

但是，值得注意的是，蒋介石一路暗中支持下属夺取地方党政权力，甚至自行任命地方党政高官，却从未有过与武汉翻脸的任何公开的言论。因此，其手下也始终要借助于地方帮会势力来协助自己的夺权行动，不能合法地动用军警政等力量。且蒋在公开场合也还要表示中立，对所发生的一切佯装不知。不仅如此，自出发之日起，他一直在就武汉方面的各种批评和指责做出回应和进行辩解，却也都是在尊奉武汉方面为“中央”的口气下出之。包括 3 月 26 日到上海之后，其在公开场合服从武汉中央及国府的态度亦未稍改变。很显然，正如何应钦等人所言，蒋介石对公开打出清除共产党的旗号，以至于与武汉公开分裂，另立中央，尚在犹豫动摇之中。说蒋这时已决心“清党”，恐非准确的说明。[2]

蒋介石的决心如何下定？据邵元冲日记，3 月 21 日他正准备离开杭州之际，恰好张静江从南昌来杭，当晚约邵与这时也到杭州的蔡元培等谈话。张因了解蒋认可南昌会议并纵容部下在各地夺权的情形，故声称 ：“介石对于与共产党分离事已具决心，南京定后，即当来宁共商应付。”受此鼓舞，邵等于次日上午遂进一步与张静江商量“此后应付事宜”。当日得知上海已经克复，张静江、蔡元培、邵元冲、蒋梦麟、马叙伦等当即同车赶往上海。

25 日上午，张静江一行抵沪后，即约集吴稚晖、李石曾同至前敌总指挥部晤白崇禧、潘宜之等驻沪高级将领，“共商应付党务事宜”。吴稚晖明确认为“非分裂不可”，李石曾态度“亦激昂”。因得知蒋 26 日晚到上海，27 日众人便一并迁入蒋介石总部行营内，与蒋“开会讨论与共产党分裂之

---

[1] 关于因搞不清谁是自己人，以至于四处发动械斗来分清敌我和利用帮会势力来夺权的情况，可参见陈立夫 ：《成败之鉴——陈立夫回忆录》，（台北）正中书局 1994 年版，第 96—100 页。

[2] 前人习惯据当事人之一白崇禧的口述为证。《白崇禧访问录》（上）有云 ：蒋总司令自九江乘舰抵达上海召见我，面示清党之决心。给人印象，蒋到上海时已决心清党。然此说并无相关文献可予证实。鉴于上文下接“并召集薛岳之第一师，及刘峙之第二师各级干部训话”之语，查蒋之训话为 4 月 4 日，已去蒋到上海之日一周以上，可知白此说时间跨度甚大，不可简单做蒋到上海之 3 月 26 日或 3 月底理解。《白崇禧访问录》（上），台北 ：“中央研究院”近代史研究所，1989 年，第 37—38 页。

办法”。讨论中，吴稚晖力主以中央监察委员会名义提出弹劾共产党员及跨党分子谋危本党、动摇后方及卖国之行为案，“然后再由监察委员会召集中央执行委员之非附逆者开会商量以后办法，而开除及监视一切附逆及跨党之首要等，听候代表大会裁判云云”。[1]

公开打出清除共产党的旗号来否定武汉中央的权威，因为涉及与苏联，特别是与这时在军事行动中起着重要作用的苏联军事顾问的关系问题，故蒋介石一时还有所犹豫。由邵元冲日记可知，27 日的会商并未决定出任何具体办法，故 28 日不得不“继续讨论”。到 28 日，又因东路军总指挥何应钦、江右军总指挥程潜等均未到，且还必须要等江左军总指挥李宗仁、政治部主任黄绍竑和总参谋长李济深到后，才能决定实施分裂的可能程度，会议仍未形成最后意见，“拟待彼等到后，再行决定”[2]。故说本日晚监察委员数人曾单独召开清党之预备会议，令人质疑。[3]

29 日，何应钦、程潜和古应芬等到会，但程潜的态度显然十分摇摆，会议还是没有得出结论。次日因李宗仁等仍未到而休会。4 月 1 日李济深等到会，对分裂主张表示赞同。“惟同时得朱益之（培德）致介石函，劝介石一切慎重以退为进等语，介石又为踌躇。”邵元冲记曰 ：“连日工人纠察队

[1] 《邵元冲日记》，第 313—314 页。

[2] 同上，第 314 页。

[3] 台北中国国民党党史馆藏有该次会议之会议录（罗家伦主编《革命文献》第十七辑第 128—129 页），但其一，据会议记录：当晚“到会蔡元培、吴敬恒、张人杰、古应芬、李煜瀛”共 5 名监委，对照邵元冲日记，可知此记录不实。因古应芬当日似未到会，邵元冲当晚日记有“介石谓湘芹处已去电促其即来”，次晚日记有“程颂云、古应芬、何敬之等皆来共商”。其二，据雷德华（朱华）早有之考证：《民国日报》1927 年 4 月 29 日有报道称：“江苏特别委员吴稚辉（晖），昨日（二十八日）因事乘车（上午十时零七分——引者）赴杭，闻不日即行返沪。”可知当晚吴亦不可能返回上海参加会议。（见雷德华 ：《国民党中监委会全体紧急会议记录是赝品》，《档案与历史》1986 年第 4 期）其三，该日之会议录存有两种不同版本，一为罗家伦公布的“中央监察委员会第□次常务委员会会议纪录”；一为“中国国民党第二届中央监察委员会第三次全体会议第一号会议”（档案号 2—6.1/6）。不仅名称各异，而且内容文字也各异。可见，此一会议录恐系事后补造之物。虽然邵元冲日记也有多处填错日期之处，可知邵之日记也未必没有事后补记的情况，但比较吴稚晖 28 日上午已赴杭，事后却在当日日记中记为：“入住道署，开监察会”，以及其会议录之作伪，笔者宁可信邵所记更为真实一些。（原藏台北党史馆的《吴稚晖日记》的相关片断，为杨天石教授所提供。）

等以武力猛扑租界等消息日剧，而当局者总迟日无所表示，疑事无成”，倍感焦急。[1] 可知连日讨论中，蒋始终不置可否，没有明确地表示过意见。

如此反反复复，延至 4 月 2 日，又意外得知汪精卫经由苏联远东已回到上海。因国民党内无论武汉派及非武汉派，一向公开都表示拥护汪精卫在党内的魁首地位，故汪回对两方面影响均甚为重大。考虑到汪的态度可能影响双方党众，蒋介石自然倾向于做争取汪的工作。结果，邵元冲当日记称：“此间日内正拟以断然手段处置者，乃不得不暂行延搁。”[2]

众人 4 月 2 日花了将近一天时间与汪精卫座谈，纷纷告以武汉近来之作为，特别以共产党控制上海工人武装纠察队，随时可能学武汉以武力收回英租界，引起列强干涉为虑。但十分明显，由于并未形成确定的意见，故无论是蒋，还是吴稚晖等，当日都未将正在讨论中的“清党”意向告知汪精卫。故汪对众人所言并不以为意，他只是主张约请武汉诸人来宁，以会议方式解决问题。在这种情况下，说本日监察委员们正式开会并通过了弹劾共产党人案，正式议决清党，亦大可怀疑。[3]

如能将武汉国民党人约来南京，事情自然也就有了转机。3 日当天蒋介石、汪精卫、吴稚晖、李济深和蔡元培等商谈结果，就连态度激烈的吴稚晖也转趋赞同汪精卫的意见，希望汪出面能请动武汉方面的国民党领导人前来南京共商妥协之策。蒋在这一天的日记中即有记述称：今天“稚老甚

[1] 《邵元冲日记》，第 314—315 页。

[2] 同上，第 315 页。

[3] 一般史书所据“中央监察委员会第□次会议纪录”，亦存在与“中央监察委员会第□次常务委员会会议纪录”相似的问题。因此一时期监察委员会议录均为议事录，向无速记录，却惟独此一记录有吴稚晖个人发言的完整速记，显然不合逻辑。且党史馆所藏“原档”（档案号 2—6.1/6）与罗家伦主编《革命文献》第十七辑第 129—134 页收录之“原件”，还是两个不同的版本。除开始程序及吴稚晖主发言内容大体一致外，其他内容之文字，包括会议的后半议程，都不相同，几乎看不出是同一次会议。此亦足以见其为补造之物。关于 4 月 2 日可能并未召开过正式监察委员会会议并通过了清党决议的理由，还可参见当事人之一黄绍竑的说法（《四一二政变前的秘密反共会议》，《四 · 一二反革命政变资料选编》，第 443—450 页），以及雷德华（朱华）的相关考证（雷德华前引文；朱华《再谈四一二政变前国民党中临会会议记录的真伪》，《档案与史学》1991 年第 4 期）。

愤激，谈言甚多，然其结果，乃欲与共党暂时妥协，惟请在武汉中央委员回南京来耳”[1]。可以想见，蒋内心虽并不十分看好这一设想，但总算是一种解决办法。故蒋亦匆匆发表通电，声明：“自汪主席归来以后，所有军政、民政、财政、外交诸端，皆须在汪主席指挥之下，完全统一于中央。中正唯有统率各军，一致服从。”[2]

然而，4日一早，不知何处得来消息，说武汉方面已免了蒋介石总司令职。[3]包括蒋介石在内，众人一早便又来到汪精卫住处。这回大家均相当愤怒，痛斥鲍罗廷及共产党。在众人的推举下，吴稚晖“始言此次监察委员会提出对共产党之弹劾案”。且说明，依此方案，对共产党人“必将采断然之处置”。至于对武汉方面，因此一行动必须严格保密，“故只系通知而非商榷”。

没想到，汪精卫原本就认为上海众人的种种怀疑太过离奇，听到吴等不仅准备全面破裂，而且打算动用军队和警察拘禁共产党人，当即“怫然”。对此，黄绍竑、李宗仁等急忙在一旁转圜，并提出：“如精卫有良策，不妨共商。”汪精卫明白提出三点：“（一）若此时同人认为共产党破坏国民党之情形急迫，且亟谋破毁租界，则彼可负责告独秀使其制止；（二）武汉此时如有负于摇动军政之命令，可以不受；（三）各地共产党及工人纠察队如有反动情形，可以随时以非常手段处置之。”上海众人这时用以指责武汉方面及共产党人，且倍感焦虑和担心者，实不过此三方面问题而已。汪精卫的办法在不公开破裂与武汉及共产党关系的同时，给予了蒋等极大的临机处置之权，众人一时自无话可说，最后“众乃决定暂照此条件进行”。[4]不过，从蒋介石当天对上海驻军黄埔生训话的情形可以了解，其心态当天已发生

[1] 见台北“国史馆”藏蒋中正档案，《困勉记》卷六，1927年4月3日条。

[2] 蒋介石：《与汪精卫会晤后通电》（1927年4月3日），《蒋介石言论集》，第四集，中华书局1964年未刊稿，第209页。

[3] 汪精卫对此也有过说明，说是“有一天谣传中央免了蒋介石同志的职。问他们这个消息是从什么得来的，他们说是从中国银行得来的”。见《中国国民党中央执行委员会政治委员会第十一次会议速记录》（1927年4月11日），前引《中国国民党第一、二次全国代表大会会议史料》（下），第1036页。

[4] 《邵元冲日记》，第315—316页。

了极大的改变。蒋介石一反以往讲演中极力强调武汉方面的指责纯属诬陷的方法，第一次开始公开扬言：“一切自有监察委员审察处理”，只要监察委员认定武汉中央的决定违反主义党纲，就可以宣告其无效。[1]

在蒋介石等人于午后一时离开后，汪精卫马上就找到陈独秀，向其说明蒋介石等人的严重担心。中共这时因早有共产国际的指示，因此陈自然表示绝无其事。[2] 结果，汪、陈联名起草了一个联合声明，陈独秀代表共产党宣布：赞同国民政府不以武力收回上海租界的政策，亦赞同以阶级合作政策组建上海市政府；汪精卫则代表国民党宣告：所谓国民党将驱逐共产党，压迫工会与工人纠察队云云，均系谣言。[3]

《汪精卫陈独秀联合宣言》当天送报，次日一早即刊出。蒋介石、吴稚晖、李济深、李宗仁等见报后大哗，又一并对汪提出指责。吴稚晖尤为激烈，他斥责汪在宣言中使用“联共政策”和“两党合作”字眼儿，声言：“‘联共’二字，本不见条文，我们国民党之条文上，止有容纳共产党员入国民党而已。”依照总理遗训，“止有老实不客气说，治理中国止有国民党，没有联了共产党来共治的可能”。如果共产党坚持共治，甚或想要独治，威胁到国民党的目标，国民党自不得不予以“相当之制止”。[4]

据蒋介石日记和汪精卫自己回忆，此次会面中，吴稚晖激愤之中，时

[1] 参见蒋介石：《南昌总部第十六次总理纪念周演讲词》（1927 年 3 月 7 日）、《告中央军事政治学校全体同志书》（1927 年 3 月 12 日）、《对第一二师同学训话》（1927 年 4 月 4 日），《蒋介石言论集》，第四集，第 160—165、170—174、211—212 页。

[2] 联共（布）中央政治局 3 月 28 日即决定向上海的中共中央去电，要求中共不准在现在举行要求归还租界的总罢工或起义，且千方百计避免与上海国民党及其长官发生冲突。31 日又做出进一步决定，即使蒋介石发动政变，工人也不得公开与之作战，而应将武器藏起来。见《联共（布）中央政治局秘密会议第 93 号记录》（1927 年 3 月 31 日），柏林自由大学、俄国科学院远东研究所编《共产国际、联共（布）与中国国民革命运动档案资料丛书》（4），中共中央党史研究室第一研究部译，北京图书馆出版社 1998 年版，第 167—169 页。

[3] 《汪精卫陈独秀联合宣言》（1927 年 4 月 5 日），《中共中央文件选集》，第 3 册，中央党校出版社 1989 年版，第 593—594 页。

[4] 《昨日国民党员会议席上之重要谈话》（1927 年 4 月 6 日），上海《民国日报》1927 年 4 月 6 日第一张第三版。

有辱骂之辞，令汪相当气闷。[1] 十分明显，汪在上海本来就倍感压迫，又受到此番刺激，也难怪会于次日不告而别，就转去武汉。

鉴于汪精卫行前有信给张静江，仍强调惟有开第四次会议于南京以解决纠纷，实无出路，故他决心赴汉争取武汉多数同志之同意云云[2]，邵元冲等均以为此前的计划已经搁浅。因为相信蒋介石“关于党务事犹有所犹豫”，故汪离沪次日，邵元冲即亦心灰意冷地“与孑民、湘芹、稚晖、石曾、梦麟、夷初等共同迁出外间”，离开了蒋介石在丰林桥的总部行营所在。[3] 他们不了解的是，汪精卫跑去武汉，蒋介石其实备受刺激。因蒋声明拥汪，一个重要前提就是汪精卫必须留在宁沪，在众人的包围之下。以他的经验，汪只要去了武汉，一定会站到武汉方面的立场上去。蒋也曾明确地向汪精卫表示过自己的这种担心。不料，汪最后还是一走了之。故蒋会有“连日欢谈始知其为伪”的强烈感慨。[4] 而随着汪精卫悄然离开，蒋介石深恐汪以其政治的号召力影响国民党各级党部和党员，故不能不先发制人，破釜沉舟，公开将汪提出的三条改为四条，公诸报端。用他的话来说，这是“发表与汪兆铭重要谈话之点，使彼不得藉以造谣”[5]。

8 日，在上海《民国日报》等报纸上，出现了一则《国民党连日会议党务之要点》的报道。宣称：“连日国民党要人在上海莫利爱路孙总理遗宅及总司令部，因党事纠纷开重要谈话会。与会者汪精卫、蒋介石、李济深、李宗仁、黄绍竑、甘乃光、柏文蔚、白崇禧、宋子文、蔡孑民、古应芬、李石曾、吴稚晖等十余人，讨论近日国民党被人把持情形。所有汉口之命令，上海及各地之行动，均极颠倒离奇，各有建议。最后乃共依汪精卫氏之主张，暂时容忍，出于和平解决之途。其主张办法，即于四月十五日召集中

[1] 《困勉记》卷六，1927 年 4 月 5 日条。
[2] 见李云汉：《从容共到清党》，第 619 页。
[3] 《邵元冲日记》，第 316 页。
[4] 《困勉记》卷六，1927 年 4 月 6 日条。
[5] 《困勉记》卷六，1927 年 4 月 7 日条。

央全体执行监察委员联席会议于南京，以求解决。在未开会以前，汪精卫赞成暂时应急之法数条如下：(一）汪精卫负责通知中国共产党首领陈独秀，立即制止国民政府统治下之各地共产党员，应即于开会讨论之前暂时停止一切活动，听候开会解决。(二）对中央党部及国民政府迁鄂后，因被操纵所发命令，不能健全，如有认为妨害党国前途者，于汪同志所拟召集之会议未解决以前，不接受此项命令。(三）现在各军队及各省之党部团体机关，认为有在内阴谋捣乱者，于汪同志所拟召集之会议未解决以前，在军队应由各军最高长官饬属暂时取缔；在各党部各团体各机关，亦由主要负责人暂时制裁。(四）凡工会纠察队等武装团体，应归总司令部指挥，否则认其为对政府之阴谋团体，不准存在。”[1]

有了这一名义，蒋介石也就自然可以采取下一步的行动了。蒋下一步行动想如何做？四条中已经说得十分清楚了。这就是：第一，共产党员停止一切活动；第二，不受迁鄂后的中央党部及国民政府的各项命令；第三，各党政军负责人有权取缔和制裁捣乱分子；第四，凡工会纠察队等武装团体，除归总司令部指挥者外，一律取缔。

国民党之所谓“清党”，即由此而逐渐展开。

二、从非法到合法的经过

相对于 1927 年 5 月上旬国民党清党委员会成立后进一步发起之“清党”运动，此一期“清党”当为第一期。蒋介石此时的“清党”行动较前在各地夺权之最大不同，就是开始公开动用军队和警察的力量，以取缔共产党及其影响下的机关团体，逮捕杀害共产党员、著名的左派国民党人和异己的工会领袖等。如 4 月 8 日，东路军前敌总指挥部首先就查封了听命于武汉方面的总政治部。不仅蒋介石毫无顾忌地公开发布布告和通电，声明因政

[1] 《国民党连日会议党务之要点》，上海《民国日报》1927 年 4 月 8 日第一张第三版。

治主任邓演达“唆令党羽，引起暴乱，丧失本军之信用，阻碍北伐之大计”，故不得不“下令封禁”，而且下令部属逮捕政治部首从。[1] 总政治部后方留守主任孙炳文 13 日从香港与广州国民革命军总司令部军医处处长褚民谊一同登船，褚即已得知蒋令。故 16 日下船时，褚即引导巡捕将孙逮捕，随即被害。[2] 而一些远离舆论中心的地区，如福州、厦门、杭州、宁波等地，此时驻军亦时有直接或间接参与取缔和镇压亲武汉的党部与民众团体的情形。

但是，蒋介石以总司令的身份，动用军队取缔军事单位的总政治部尚可，查封或取缔党部与民众团体则名不正、言不顺，仍有非法之嫌。故考虑到政治影响，蒋介石自身的言行还不能不比较谨慎。结果，4 月 9 日夺取江苏省及南京市党部权力的行动，因为蒋人在南京，手下仍只能暗中支持帮会势力组建劳工会，组织劳工会分子实施打砸和抓捕。可是，因为帮会分子的权威不足，虽有命令指名要抓江苏省党部常务委员张曙时、侯绍裘等，而张却依旧能够依仗其老资格几进几出，并直接闯到总司令部问罪，温建刚乃至蒋介石则因密令不能公开，亦不敢当面捕张。就连侯绍裘也是次日转去上海，在上海才被秘密逮捕和杀害的。[3] 同样的情况，蒋介石 4 月 12 日取缔上海总工会纠察队，也不得不由白崇禧派人出面去找上海的青红帮，请帮会提供帮助，包括伪装工人去冲击工人纠察队，然后驻军再乘机以制止工人械斗为借口，实施包围和收缴武器，查封纠察队各个办公地点。[4]

然而假借名义，并不能减少非议和纠纷。取缔上海工人纠察队的行动，

[1] 转见《四·一二反革命政变资料选编》，第 124—125、132 页。

[2] 《孙纬坤致中国国民党中央党部书》(1927 年 7 月)，台北党史馆藏档，汉 12286。

[3] 《中国国民党中央执行委员会政治委员会第十六次会议速记录》(1927 年 4 月 27 日)，前引《中国国民党第一、二次全国代表大会会议史料》(下)，第 1091—1096 页。

[4] 有关“四一二”事变驻军借口工人械斗实施缴械的史料甚多。可参见《四·一二反革命政变资料选编》，人民出版社 1987 年版，第 141—146 页。但陈立夫及白崇禧等均承认他们当时不得不借助于帮会的帮助。陈立夫并且指明总部行营特务处长，蒋指定负责上海“清党”行动的两大干将之一的杨虎，即是青帮头领。见陈立夫《成败之鉴——陈立夫回忆录》，第 101—103 页。白崇禧亦回忆，因取缔工人纠察队的缘故，不得不“派员与上海帮会首领杜月笙、黄金荣等密商，借得工会之符号衣服，分给采取行动之人员化装成工人混入工厂，以便策应外面包围之部队”。《白崇禧先生访问纪录》(上)，台北中研院近史近，1985 年，第 54、75 页。

就引来上海市党部、上海临时市政府以及上海市民代表大会等纷纷发表函电抗议或质疑。总工会不仅公开号召大罢工，而且工人纠察员更自动启封被封的纠察队总部，入内办公。12、13两日，市党部、总工会、学联会等更接连举行群众大会，发起请愿运动。13日的请愿群众游行至刚刚由孙传芳五省联军浙军改编而成的第二十六军二师司令部时，竟至于发生了军队射杀示威群众的严重流血事件。开枪十几分钟之后，士兵还闯入附近里弄居户，“捕得青布短衣之工人，即在路上枪毙”。仅据驻军单方面的统计，当场死伤者也已在百人以上。[1] 蒋介石身为总司令，号称以打倒军阀为职任，部属却发生如此恶行，自不免更是受到广泛谴责。身居事发地点附近，亲眼目睹事件经过的文化青年郑振铎、冯次行、胡愈之等，愤而联名致信上海临时政治分会委员蔡元培等，对他们翘首以迎的“人民之军队”，“今乃演此绝灭人道之暴行”，表示异常震惊。[2] 甚至就连“清党”运动的最早发起者西山会议派，亦电斥其非。其电称：“日前以军警收缴武装纠察队枪械，目为工友冲突，掩耳盗铃而曰天下皆愚而我独智，宁有是理！”[3]

值得注意的是，西山会议派之电报，拍发日期为4月14日，内中披露吴稚晖13日已受命联络邹鲁，商议两派联合共同“清党”的情形。而西山会议派对吴所提建议，断然拒绝，原因竟是因为吴所提办法，即所谓“清党已有决心与办法，但表面仍称联俄容共，打倒西山会议派”[4]。西山会议派

[1] 《时事新报》两次公布死伤数字，一次显为军方发布之消息，称军队死两人，伤三十余人，工人死三十余人，伤四十余人，死伤数字应不下于一百一十人。一次未显示倾向，仅公布死伤人名一百零三人，其中军队死十二人，受伤五人，余为工人及民众。但两次公布之死伤名单（第一次公布了二十八名伤者名单），除个别人可对上号以外，余均不相同。且所谓军方死亡者，只标明由缴械司令部收殓，显未让报道者查验死因。而凡能查验伤情之士兵，则均非枪伤。鉴于军方在缴械问题上公然造假，以及死者不公布死因，和伤者均非枪伤等情，推断可知军方发布的所谓游行者先放枪，第二师为自卫而还击，及士兵因此死伤等消息，亦多属虚构。转见《时事新报》1927年4月14、17日。

[2] 《郑振铎等为四一二惨案致上海临时政治分会书》（1927年4月13日），前引《四·一二反革命政变资料选编》，第187—189页。

[3] 居正：《梅川谱偈》（下），第280页。

[4] 《秘书处致法驻总支部书》（1927年5月29日），《梅川谱偈》（下），第280页。

所以明知蒋已实施反共，仍旧恶言相向，其原因当或在此。

说在发动了夺取上海工人纠察队武器的“四一二”事变之后，蒋介石等计划“表面仍称联俄容共”，颇有些令人疑惑。但蒋介石等想要利用西山会议派在各地的组织，却暂时不敢马上承认西山会议派为同道，甚至还没有正式决定废止联俄容共口号，却显而易见。[1] 这也就难怪，包括蒋介石委以重任，负责上海行动的杨虎、陈群二人，在具体实施了蒋的一系列行动计划之后，也弄不清楚蒋的新方针究竟是什么。其14日当天还在电询蒋介石：“现在是否仍容纳共产党，对捣乱分子如何处置？”[2]

眼看与汪精卫约定的时间已到，武汉方面诸人已注定不可能来南京开会。汪精卫与武汉方面国民党人不到南京来，蒋介石等人就没有办法施加自己的影响，反而还不得不继续受制于武汉中央。故蒋介石非破釜沉舟，独树一帜不可了。为了使自己的行动合法化，将前此讨论过的监察委员会的弹劾案程序化的问题即被提上了日程。

监察委员们显然是几易其稿，多次讨论，最终补齐了程序上必需的会议录和相关文件。[3] 为了使整个过程看起来合理，他们以3月28日为第一讨论的时间，而以4月2日作为正式决议的时间。考虑到4月2日决议后延至十天以上迟不发布，颇不合逻辑，他们还有意在“会议录”里写上了一段暂不发送的讨论。其文为：“黄委员绍竑：咨送中央执行委员会议决案，何时发出？吴委员敬恒：待决裂后发出。李委员宗仁：吴委员言甚是。武汉方面种种行为，意在挑衅，故宜少加容忍，待其爆发，然后对付，庶效力

[1] 蒋介石此时在公开讲话中仍有对西山会议派的斥责之语，白崇禧也有通电宣布西山会议派在环龙路四十四号之中央为“非法机关，应即查封”，曾引起西山会议派强烈反感。同居正：《梅川谱偈》，第280页。

[2] 《杨虎、陈群致蒋总司令电》（1927年4月27日），台北“国史馆”藏蒋中正档案，《革命文献》，第25册，第80页。

[3] 从罗家伦公布的会议录标明“此系原件但未注明会议次数”，和笔者在党史馆抄得的1927年3月28日、4月2日、5日、8日、14日、15日会议录等均标明“中国国民党第二届中央监察委员会第三次全体会议第＊号会议录”的情况，亦可知此系两种不同的拟稿。只是其或分由不同人所拟，或曾几易其稿。

更大。主席：现在可暂保存，至必要时发出。”[1] 但多半是考虑到如此太不正式，且刚刚开会形成决议，尚未成文，就当堂决定推延发出，太不合乎逻辑，于是再易其稿，将原拟之议推迟三天，至 4 月 5 日再拟一“会议录”，专门就此做一决议。同时将原本准备突出其临时及紧迫性质的无序号之“会议录”，分别标注第一号、第二号、第三号字样，以示正规。其拟就的第三号会议录内写道：“中央执行委员会要求将本会本月二日议决之请办覆党卖国之共产党案暂行保留案。议决：俟适当时再集会议决定发送。”[2]

监察委员会弹劾程序的各项文件应当是在 14 日左右补充齐整的，因蒋介石当天已将监察委员会举发咨文及吴稚晖举发呈文转发李济深，并询问李是否可以与他联署复电以示拥护。蒋当天亦下令将咨文和呈文分发给各报馆，准备刊出，其本人也在起草告全党同志书等。[3] 与此同时，蒋介石一面开始积极准备另立中央党部和国民政府的行动，一面已陆续开始采取行动正式实施“清党”了。

4 月 14 日下午一时，白崇禧受命率部封闭了听命于武汉中央的上海特别市临时政府，东路军总指挥部政治部主任陈群、秘书主任潘宜之等则武装接收了国民党上海特别市党部。当天被捕者据称有千余人，一律押至龙华总指挥部讯办。[4] 陈群当众宣告称：“因从前市党部被共产党及跨党分子把持，吾人今作清党运动，对于共产分子当然势不两立！”[5]

与上海几乎同时，李济深也在广州采取了行动。因为广州共产党机关及其受影响的团体甚多，李济深等当天下午做了周密部署，于当晚全面实

[1] 前引罗家伦主编：《革命文献》，第十七辑，第 134 页。

[2] 《中国国民党第二届中央监察委员会第三次全体会议第三号会议录》（1927 年 4 月 5 日），前引台北党史馆档案，2—6.1/6。另关于待适当时机发送一点，罗家伦公布的文件中则是在 4 月 2 日会议录中以会议讨论的形式提出的。

[3] 多半因顾虑到广州实施搜捕的突然性会受到影响，蒋介石 15 日又急电白崇禧临时通知各报馆“暂缓发表”。《蒋中正致上海白总指挥电》（1927 年 4 月 15 日），台北“国史馆”藏蒋中正档案，特交档案 160882。

[4] 转见李云汉：《从容共到清党》，第 629 页。

[5] 转见《四·一二反革命政变资料选编》，第 249—250 页。

行了突然袭击。从当夜12时起，广州工人代表会、省港罢工委员会、中华全国总工会、济难会、妇女解放协会、铜铁工会、海员工会、河南驳载工会、酒楼茶室工会，以及黄沙粤汉路、广三路、石围塘、广九路、大三路等几方面的工人纠察队，均被军队和机器工会有组织的武装工人所包围和攻击。纠察队方面虽有些微抵抗，但均被攻破，死伤工人上百名，被捕者不下千人。[1] 15日，广州市公安局发布告称：此次行动，乃奉总司令训令，准中央监察委员会咨，对各地共产党首要分子实行非常紧急处置。广州政治分会同日决议：在全省肃清共产党，通告限期十天，共产分子自首免罪，并要求各机关密报共产分子。[2] 但对共产党影响甚大之黄埔军校，因蒋这时尚无明令，故此时广州方面除当晚派舰监视和全体缴械外，并未立即采取捕人行动。黄埔军校教育长方鼎英亦明电蒋介石：虽由李济深处“得悉前方情况，惟处置方法未明了”。蒋16日才正式批复：“彻底清党，不可再允共产分子在校，以维党国。”[3]

显然，到这个时候，无论如何都必须要公开宣示“清党”的方针了。17日，蒋介石分别发布了“清党”布告和通电。其通电称：“顷奉中国国民党中央监察委员会咨内开：经四月二日全体紧急会议议决：举发共产党谋叛证据，并知照以非常紧急处置，姑将首要诸人照附来名单，及经党部举发者，就近知照公安机关，暂时分别看管监视，免予活动，致酿成不及阻止之叛乱行为，仍须和平待遇等因，准此。事关叛乱党国，自应严为防范。除呈覆遵照外，合令各军一体知照，饬属严为侦察。如有上项情事，应即依案执行，以维治安而遏乱萌。”[4]

---

[1] 林忠佳等编：《申报广东资料选辑》（十一），广东省档案馆，1996年，第443—444页。另有报道称当夜被捕者“合计二千余人”。见《大公报》1927年4月27日第六版。

[2] 《广州公安局关于“清党”之布告》（1927年4月15日），前引《四·一二反革命政变资料选编》，第265页。

[3] 《方鼎英致蒋校长电及蒋中正批示》（1927年4月16日），台北“国史馆”藏蒋中正档案，《革命文献》，第25册，第81页。

[4] 转见《四·一二反革命政变资料选编》，第248页。

4 月 18 日，经过一系列的准备之后，蒋介石等人通过召开中央政治会议的办法，勉强解决了定都南京和成立政府等各项法理上的难题，南京政府亦宣告组成。进而监察委员会举发共产党谋叛咨文得以正式发表，蒋介石等则以中央执行委员会、监察委员会、政治会议等名义发表通电和宣言，历数中共“罪行”，要求文武将士、革命同志及全国国民，一并驱除共产党分子。[1] 南京政府也以接受政治会议议决案通电的形式，表示拥护，同时发布了秘字第一号令，宣布通缉共产党人和国民党左派 197 名。命令称：“此次逆谋，实以鲍罗廷、陈独秀、徐谦、邓演达、吴玉章、林祖涵等为罪魁，以及各地共产党首要、次要危险分子，均应从严拿办。”[2]

南京国民政府和中央党部的建立及其各项声明、宣言和通缉令的发出，使“清党”行动从此披上了一件合法的外衣。其所控各地国民党人及其军政当局再也不必拐弯抹角地利用帮会势力靠“打”“砸”“冲”的办法，来逮捕跨党分子、取缔共产党组织及其亲武汉的党政机关与民众团体了。而南京国民党人与武汉方面公开分裂的结果，使得以武汉中央为正统的江、浙、皖、闽、粤、桂几省的左派国民党人和共产党员，瞬间失去了合法抗争的基础，只能四散离去，或转入地下。其党政及民众组织相应亦大部瓦解，甚或销声匿迹。这些情况的出现，自然也就使得前此一度频繁出现于城市街头的大规模斗殴流血事件迅速消失，以发型衣着乱捕路人的恐怖情形也相应减少。

但是，南京国民政府的成立，虽然可以为“清党”提供合法的形式和条件，避免前一阶段打乱仗所造成的极端血腥的局面，却仍旧不可能避免滥捕，特别是滥杀的情况。

按照这时发布的监察委员会咨文，可知凡因涉嫌被通缉或经党部举发而

[1] 《中央执行委员会政治会议宣言》(1927 年 4 月 18 日)，《蒋中正总统档案：事略稿本》(1)，台北“国史馆”2003 年版，第 270—283 页。

[2] 《国民政府接受中央执行委员会政治会议议决案通电》(1927 年 4 月 18 日)，前引《事略稿本》(1)，第 284—286 页；并转见杨天石：《中华民国史》第二编第五卷，第 413 页。

被捕者，不仅各执行“清党”的党政军部门“仍须和平待遇”，而且其命运也要“召集全体中央执行委员会共议处分”才能决定。[1] 事实上，各地开始实施夺权行动的过程中，就已经普遍发生滥捕滥杀的现象了。较典型者如福州“四三”事件。报载，当日右派举行示威大会时，“突有左派分子、新编军第二师某部代表方毅威等三人登台，力斥其非”，结果，“即有右派分子胡澌等登台，厉色声言方某等扰乱会场秩序，喝令绑下台，以待闭会后惩诫。当被逸去二人，仅剩方毅威一人，乃将其军装剥下，穿一单服，背插纸旗，上书‘共产党’三字，于会散后随同游街示众。至万寿桥时，由胡澌用手枪将方毅威击毙，掷尸闽江，逐流而去”。[2] 监察委员会咨文公布后，当街杀人的情况虽有改善，但各地不经审讯随意杀人的现象依旧十分普遍。这显然也与蒋介石等人的纵容和鼓励不无关联。

监察委员会的咨文原本就是蒋介石等人用来掩人耳目者，他们自然不会把咨文中“和平待遇”之类的要求当一回事。尤其是蒋介石此时军务、政务忙不胜忙，也无暇多顾。凡下属报来之案件，他向来问也不问，即信以为真。如陈继承奉命撤换第二十二师内跨党分子，其因对六十五团团长印象较好，故特别关照，后电蒋称：“六十五团长傅维钰本共产分子，经职问其态度，云绝对拥护校长，并可登声明，要否更换乞示。”蒋当即批复：“傅维钰另调工作，各营连共产分子应一律撤换可也。”新编第一师师长张与仁报称：赣州工人要求将谋杀工人领袖陈赞贤的军官曹厚清立予枪决，虽经劝止，但该工人等还是勾结市厅人员于当晚将已经被押之曹厚清拉出杀毙。蒋亦电示：“工人擅自捕杀军官曹厚清。如此横暴何堪设想！仰该师长即将该工会改组，其职员全部缉拿照律严惩，切勿延误。”[3] 陈群因连日来捕得包

[1] 《中国国民党中央监察委员会致中央执行委员会咨文》(1927 年 4 月 18 日)，前引《事略稿本》(1)，第 230—233 页。

[2] 《福州通信》，《大公报》1927 年 4 月 14 日第六版。

[3] 《新编第一师师长张与仁致蒋总司令电》(1927 年 4 月 17 日)、《蒋介石致广州李总参谋长请转令赣州张师长吉安叶师长电》(1927 年 4 月 18 日)，台北国史馆藏蒋中正档案，特交档案 160479，筹笔 001—007/ 卷别 3/0483。

括孙炳文等在内的一批国民党左派分子，深为厌恶，也电蒋希望枪毙。电称：“所拘叛徒此间同志多主严办，如何处置乞钧示遵行。”蒋亦毫不含糊地批复：“叛徒严惩。”[1] 显而易见，蒋对杀戮习以为常，只是其处置此类事件之态度，很大程度上会受部属的态度及其报告的倾向性的影响。

因为有蒋介石的这种态度，可想而知各地主持“清党”行动的军政要员捕杀异己通常都相当放手。只要上报，均无不批。据报，福建被捕之省党部筹备处人员黄素云、林梧凤、朱铭庄、郑尚衡、郑长宣、方尔敏、陈景中、徐琛、罗扬才、林峥、金哲贞等，几审过后，连是否跨党分子都未完全弄清，就已笼而统之报为首要，要求名正典刑，以示儆惩。然而因该人等许多事实尚未清楚，家属及亲朋还在多方活动力保，于是福建当局不得不乘夜将人用马车拉到郊外，每人轰了一二十枪了事，事后既“无宣告罪状的文告”，亦“未知系奉何人命令执行”。[2]

而多半是因为有蒋介石凡共产党一经讯实、立予正法、不必久押的指示[3]，受命在上海指挥“清党”的陈群、杨虎，则更是常常独断专行，连党部都不经过，更谈不上必要的手续和审批。以至于全面“清党”开始后，除了枪毙共产党要犯还公布消息外，枪毙一般共产党人、国民党左派人士以及其他人等，经常连消息也不发布。当时即有报道称：上海“连日深夜在特务处处决共产党人不少。预置空棺枪决后即抬埋，姓名罪状概未宣布”。这也难怪舆论界这时对上海“清党”议论纷纷，并惊呼“恐怖”了。[4]

但严格说来，在国民党各地直接参预“清党”行动的人员当中，也并非都是杀戮政策的主张者。任职于陈群手下，身为东路军前敌总指挥部政治部情报股长的李公朴即公开向报界透露说，就杀伐问题他曾专门向陈群

---

[1] 《上海陈群致蒋总司令电及蒋批示》（1927 年 4 月 17 日），台北“国史馆”藏蒋中正档案，特交档案 160478。

[2] 《福州枪毙共产党七人》，《大公报》1927 年 5 月 8 日第六版。

[3] 转见北京《晨报》1927 年 5 月 9 日第三版。

[4] 《呜呼恐怖时代，空前未闻之东南党祸》，《大公报》1927 年 4 月 26 日第二版。

谈到过自己的意见。按照他的观点：“吾人对于共产党之态度，[当] 非若武汉方面鱼肉国民党员，动辄加以杀戮。吾人殊不愿出此残忍举动。盖吾人之所以疾首痛心者，为破坏革命工作，扰乱后方治安。故对其主要人物，先加警告，限期离开上海，前往武汉，否则逮捕之后，吾人并不认为某党某派但以破坏革命工作论罪。而对走狗式之附和人员，亦加警告，使与反动派脱离关系，否则令其离开上海。两俱不听，当亦不再客气矣。惟即逮捕之后，亦必侦查确凿，方加处置。”[1]

上海第三区第二十区分部执行委员李次山、谭毅公、黄焕升及全体党员，眼见“清党”过于血腥，也集体上书上海临时政治分会、特别市党部、南京中央执监委联席会议、国民政府、蒋总司令等，提出《清党建议案》，明确认为：“老子说：‘民不畏死，奈何以死畏之。’我们当革命党的人，早把死生置之度外，共产党当初是我们革命的同志，他那不怕死的精神是和我们一样，或许更进一步。我们在清党运动中，和清党成功后，决不可用过分的高压手段对付他们。”我们国民党要反对他们，只能在消灭阶级斗争上做工夫，在消灭无产阶级上做工夫。我们要叫无产阶级的人都有饭吃、有书读，都好过日子，慢慢地实现“劳工资本化”“贫农地主化”，使他们都变成小资产阶级。只有到那个时候，阶级才能消灭。也只有消灭了阶级，他们一阶级的共产党也才能失其根据，也就不愁他们不罢手了。“这是我们反对共产党唯一的方法。”[2]

逃离广州来到武汉的共产党人韩麟符，和此时的《大公报》记者等，也都介绍过广东国民党要人之间在这个问题上的分歧。根据所介绍的情况，可以了解到，在广州“四一五”事变当中许多被枪杀的工人，或是在抵抗中被打死，或是因为武装抵抗导致军队伤亡，被捕后被杀红了眼的军队擅自拉去白云山等隐蔽处秘密枪毙。但对捕到之人，李济深主张，此次搜捕

[1] 《李公朴谈对于共产党态度》，上海《民国日报》1927 年 4 月 24 日第三张第一版。

[2] 李次山等：《清党运动建议案》（1927 年 4 月 22 日），中国第二历史档案馆藏档，一（2）144；并参见清党运动急进会：《清党运动》，第六部，1927 年 6 月，第 153—156 页。

共产党未尝非一痛心之事，故除首要者外，其他能具悔过书者，自不应过甚处置。古应芬、钱大钧、李福林、邓彦华等则主张将共党分子彻底肃清，抓来的一般均应枪毙，工农组织当一律解散。而曾养甫，特别是陈孚木等，对杀人问题则主慎重，对工农团体更是强调保护。陈孚木并且马上出面保释了十余人。[1] 结果，广州“四一五”捕人虽多，开始甄别也早。仅两三天之后，广东当局就以军政督察委员会的名义开始了这方面的工作，并且凡有相关部门或人士可以作证者，均通知到场陪审和作证。如该委员会 19 日即有公函给广州中山大学通知次日开审该校被捕学生，要求中大派员陪审。该校亦随即选派教授前往，并请知情的学生出席作证。[2]

然而，杀机既开，又如何会因为少数人之呼吁或一两地之稍有收敛而根本改变？南京国民党人此时为动员“清党”，三天一小会，五天一大会，各级军政官员四处讲演鼓吹，党内但能舞文弄墨者亦随之撰文宣传，以至于弄得普通国民党员群情激愤，就连国民党各团体在上海举行五四运动纪念大会，也变成了声讨异己分子的场所，甚至群起“议决通缉著名学阀章炳麟、黄炎培、沈恩孚、张君劢、蒋维乔、郭任远、朱炎、胡敦复、殷芝龄、袁希涛、张东荪、阮尚介、刘海粟、沈嗣、凌鸿勋等，俾警反动而申党纪案”。就连南京中央联席会议也感觉过分，不得不申斥曰：“所称反动，并未举出何等实据，不得仅因群众一时激昂，辄予通缉。”[3]

幸而这时国民党尚未一统天下，故还有天津的《大公报》敢于发出抗议之声。其社评称：“今宁汉分裂，且已动杀，此后因军事之变迁，地方势

[1] 《中国国民党中央执行委员会第二届常务委员会第十一次扩大会议速记录》（1927 年 5 月 13 日），台北党史馆藏档，2—4/12。并见《大公报》1927 年 5 月 4 日第六版。

[2] 《军政督察委员会函中山大学朱家骅委员函》（1927 年 4 月 19 日）、《中大委员会委员长戴传贤复军政督察委员会函》（1927 年 4 月 20 日），广东省档案馆藏档，20—3—21。当然，此种甄别的效果其实很值得怀疑。半年之后，就仍有 47 名中山大学被押学生联名请求“保外候讯”。《中山大学校长戴季陶函呈广州特别刑事法庭庭长函》（1927 年 11 月 26 日），广东省档案馆藏档，20—3—23。

[3] 《中央执行委员会常务委员及各部长第一百零一次联席会议》（1927 年 6 月 24 日），台北党史馆藏档，2.3/122。

力每一变更，即须流血寻仇报复，必无已时。……呜呼！吾人诚厌闻所谓左右国共之争，而实不能不代吾全国青年请求保障。夫不论左右国共，除其中少数奸猾野心之徒外，彼一般青年之从事其间者，宁非为救国救民来乎？纵心思幼稚，局量偏浅，手段凌杂，而指导者之过也。至不在党之学生，亦甚多矣。夫新中国之建设，终须赖全国有志青年奋斗，而非自私自利之寄生阶级所能办。则对于各方杀机之开，势不能不大声疾呼，极端抗议！”[1]

三、第二期“清党”及其争论

第一期“清党”，实为自 3 月以来各地靠打乱仗夺权之延续。南京政府成立，短期内无法整合各地各系统的党、政、军、警各部门，对“清党”的范围、方法、要求也没有具有可操作性的文件规定，其乱象迭出，可想而知。

一方面，依靠突然袭击的办法，以夺取各地党政权力和打压共产党与左派国民党势力为主要目的的“清党”行动，很快就达到了预期的目标，继续延续此种做法已不大可能；另一方面，跨党分子及左派国民党人，并非都是活跃人物。大家都在国民党内，并且过去许多言论观点又大体相近，“如何找出谁是共产党”[2] 并将其清除出去，就成了一件非常困难的事情。由大规模武力“清党”，转向群众性的，以揭发、检举兼及政治审查为主要内容的“清党”运动，就成了一个必不可免的结果。

但是，前一期的混乱和滥捕滥杀，已经造成了极大的思想冲击。很少有人不理解蒋介石及其南京国民党领导人“清党”的核心目的，是出于维护其权力地位，从而保持其对国民党的绝对掌控的一种政治需要。问题是，前一期的“清党”已经明显地暴露出一种极其危险的情况，即由于共产党

[1] 社评：《党祸》，《大公报》1927 年 4 月 29 日第二版。
[2] 陈立夫：《成败之鉴》，第 97 页。

人过去在基层的工作相当深入和广泛，又都是打着国民党的旗号，因此在许多地方，不仅工、农、学、妇等群众组织中的活动分子大都与共产党人走得很近。就是国民党组织中人，往往也受到共产党人的影响。“清党”行动不可避免地要殃及这些人。而事实上，这些人中相当多数只是一些热血青年罢了，他们不仅不是共产党员，而且思想上也认同国民党的主张。过去，由于他们的存在，地方上土豪劣绅，甚至帮会势力都受到了压制。如今，“清党”清到他们头上，一些地方的豪强势力遂乘机东山再起，甚至摇身变成国民党员；那些地方帮会势力，更是因为帮助蒋介石手下夺权有功，重又开始在地方上为所欲为。

对此，广东的陈孚木就公开批评说：今天“清党”，许多人兴高采烈地同室操戈，排斥异己，不仅动辄要打杀以前与共产党接近的人，甚至“以共产党所说与我们相类似而变易了我们的政策”。要知道，为什么有那么多同志接近共产党？就是因为国民党内有人打着反共的旗号，“所做的工作，一向无非是拼命替共产党‘赶水捉鱼’”。因为，“在他们蓝色眼镜下，一切与群众接近的人物，一切理论清楚，做农工运动，反对帝国主义的人物都是共产党，不然也至少是共产党的走狗。由于这种错觉，他们简直不把这些同志认为同志，讥笑怒骂，排挤倒轧，无所不用其极。于是这些同志有为的被压迫得彷徨无主，而共产党却又乘机威逼利诱，只好将错就错，入了共产党的牢笼”。陈文指出：这已经是这几年最让人痛心的事情了，而他们如今还想把那些与共产党接近的人统统杀掉，把工农团体统统解散，把革命政策统统改变，试问：“如果说这些同志以前是和共产党接近的，便就可杀，那么推算上去，还怕要把孙总理拿出来鞭尸三百。这不是反动极了吗？”他们的这种做法，“试问如何不令工农运动朝气正盛的同志，绝望愤激，拂袖而走，与共产党为伍？”[1]

[1] 陈孚木：《如何使共产党没有反攻能力？》（1927 年 4 月），《清党运动》，中央军事政治学校政治部，1927 年 5 月 8 日，第 131—138 页。

陈孚木的激烈批评，与广东的情况密切相关，很大程度上是指向古应芬等人的。但他所提出的问题，显然在其他地方也普遍存在，故亦为其他许多国民党人所担心。只是，一般党员看得不如其深邃，表达方式不能如其直率而已。但至少相当多的国民党人已经在发出类似的呼号了。他们强烈地要求："凡执行清党的人员，应当认清自己的同志，不要听土豪劣绅乱指，说是某某是跨党，某某是共产党员。总之贤愚不等，在清党的时候，应当认清了才是，不可冤枉忠实同志，免得继续努力者寒心。"[1]"我们这次清党，虽然把亡党卖国共产党‘清’了出去，可是引了一般贪官污吏土豪劣绅洋行买办……‘清’了进来，这岂是我们‘清’党的本意吗？不是！不是！绝对的不是！"[2]

包括一些地方军政要员，虽然没有公开批评“清党”弊病，但也不能听任自己管区内政出多头，特务政工恣意横行，滥捕滥杀，无法无天，造成社会持续不安。[3] 如制造了“四一二”事变的白崇禧、周凤岐即联名向蒋表示了对上海“清党”现状的强烈不满，要求加以规范。其电称："近月以来，因清党运动，往往有任意拘押人犯，迳行审判……情事。值此时期，事权混乱，物议沸腾，将何以彰德意？职等为统一事权，慎重人命计，特照戒严法组织临时军法处，请派专员秉公办理并通令淞沪军警及各团体，此后不得任意拘人。即应捕获之罪犯，其与军事有关者，亦应于廿四时以内送该军法处办理，以一事权而免物议，是否有当？"[4]

事实上，蒋介石这时也已经发现前一段“清党”的弊病了。5月8日，注意到各界对陈群、杨虎的物议甚多，就连坚决支持武力“清党”的张静

[1] 严露清：《清党废话》，上海《民国日报》1927年5月6日第一张第三版。

[2] 杨志行：《对于“清党运动”的意见》，《国民党清党运动论文集》，上海新中国社1927年版，第113页。

[3] 据上海建设委员会代电，可知上海此时情形之混乱。电称："现在各军部各师部各政治部以及特别军法处绥靖处、特务处、谍报处、稽查处、警察厅等均得逮捕人员，机关既多，政令不一，人权或失保障，民众不免危疑。"中国第二历史档案馆藏，国民政府档，一（2）143。

[4] 《白崇禧、周凤岐致蒋总司令电》（1927年5月22日），台北“国史馆”藏蒋中正档案，《革命文献》（二），第31—312页。

江也看不下去了，电蒋称：“除重要及阴险分子之外”，应待全国代表大会发落，务令陈、杨二人“毋得过事杀戮，致招反感”。[1] 而黄埔军校学生因不满“清党”中的种种做法而接连不断地来信来电，对于身为校长的蒋介石尤其不会毫无作用。

黄埔军校，自蒋下令“彻底清党，不可再允共产分子在校”之后，于4月18日开始逮捕。凡“学生中平日言行不正，思想不纯或经官长之考察，或经本人之自首，或经同学之举发而皆经多数同学公认者，计共剔除共产捣乱分子百七十余员名，均于是日寄押于奉令来埔协助之中山兵舰附近”。至5月初，前后连同校部及分驻各地之入伍生，“逮捕之员生约四百人之谱”。[2] 结果是许多黄埔学生大呼其冤，认为：“这次广东清党运动中有一些反动分子乘机而起，藉公报私，排斥忠实同志……更有乘机报复，加以杀害、侮辱，在军阀帝国主义铁蹄之下亦所罕见。”有学生甚至直截了当地写信给蒋，认为李济深“对黄埔学生特别残酷”，说每天公安局用铁甲车运出的死尸中都有被害的黄埔同学。李不过是在利用“清党”排斥黄埔生及外省军队，暗中培植他的势力罢了。[3] 结果，蒋不得不特别指示各方：“凡黄埔学生有共产嫌疑者，请交黄埔同学会审查，而后再定罪状。”[4]

对于“清党”所造出的种种恐怖，就连再三强调“清党，就是要消灭中国共产党”的南京国民党中央政治会议主席胡汉民，也是摆首连连。他这时曾经这样形容“清党”意义之大走样。他宣称：“清党，清党，许多罪恶，借之而生。土豪劣绅，弹冠相庆，攘臂大呼曰：清党。清党把许多健全忠

[1] 转引自杨天石：《中华民国史》第二编第五卷，第416页。

[2] 《军校教育长方鼎英致蒋校长电》（1927年5月7日），台北“国史馆”藏蒋中正档案，特交档案，160558。

[3] 《第四期学生李钟美呈校长书》（1927年5月19日），台北“国史馆”藏蒋中正档案，特交档案，160672；《第六期入伍生一团十七连学生孙洪禀呈秘书长转呈校长书》（1927年5月），台北“国史馆”藏蒋中正档案，特交档案，160675。关于李济深在“清党”过程中对黄埔军校异常严厉，导致军校学生大批逃跑的情形，还可参见刘光琮：《我所亲历的黄埔军校“清党”和北迁》，《文史资料存稿选编》（军事机构，下），中国文史出版社2002年版，第428—429页。

[4] 转见前引《事略稿本》(1)，第414页。

实的少年同志，一网而尽。绅士皆大笑。试问：他们自己不是党员，以何资格来清吾之党？真正之 C. P.，亦振臂大呼曰：清党，清党，打倒 C. P. 分子，于是党员皆大惧，偶语有罪。C. P. 大笑，党员大哭，国民党之基础乃大危。”[1]

有鉴于此，南京国民党人不能不考虑开展第二期“清党”，全面规范各地行为。第二期“清党”的作用，按照蒋介石的想法，就是要在已经打倒了共产党之后，求根本消弥之方。用他自己的话来说：“第一期之清党，为紧急处分，其时共产党徒谋叛正亟，非各地同时采用极严峻之手段无以遏抑乱萌。第二期则为根本整理，肃清共产党徒之根株，勿使复活，此必有待于缜密统一之方案。第一期清党，自打倒共产党领袖及其著名活动分子入手，此等人之罪状皆甚明显；第二期则须遍及一般跨党分子，其证据比较难得，挟嫌诬陷者易施其伎，办理稍有不慎，将增加人民之恐怖，断丧社会之元气，而党务进行亦大受其影响，此不可不注意者也。”蒋特别说明：“吾人对于跨党分子苟非捣乱谋叛具有证佐者，只须停止其党籍，限制其自由，予以警告，促其自新，无论湘鄂共产党徒仇杀国民党员如何惨暴，吾人绝不必存报复之念，效其所为，对敌人固不宜慈悲，亦不必如共产党徒之残酷也。”他并且告诫说：“若夫怀挟私怨，攘夺权力，诬人以莫须有之罪名，则尤其是非本党同志所宜出，不幸有之，则清党之结果不特将治丝益棼，且有摘瓜抱蔓之忧矣。”[2]

1927 年 5 月 5 日，南京国民党中央执行委员会常务委员会及各部长第八十八次联席会议正式通过的《清党委员原则六条》，除了指定邓泽如、吴倚伧、曾养甫、何思源、段锡朋、冷欣、郑异组织中央清党委员会外，还决定要加强对党员质量的控制。不仅对所有党员都要经过三个月审查，尤其要在“清党”时期停止发展党员入党，以防不良分子乘机混入。文件第一次明确规定：“土豪劣绅贪官污吏投机分子反动分子及一切腐化恶化分子，

[1] 《胡汉民同志演讲不要再上共产党的当》（1927 年 5 月 16 日），浙江省清党委员会：《中国国民党清党运动》，1927 年，第 65—66 页。

[2] 《蒋总司令对于第二期清党之意见》（1927 年 5 月），前引《中国国民党清党运动》，第 67—72 页。

前曾混进本党者一律清除。”[1] 随即，中央清党委员会依据“原则六条”，拟定了组织大纲和“清党”条例，并经第八十九次联席会议通过。[2] 紧接着，中央清党委员会先后指派了各主要省市的清党委员，制发党员审查表、党员半月工作报告表及党员登记册等，交由各省市清党委员会分发各党员照式填写，严密清查。省市以下则或停止党部活动，候命审查；或指派特派人员实地考察监督，但一律明令规定8月底清查完竣，9月30日以前将各地审查结果报告中央。[3]

在把土豪劣绅等列入清除对象的同时，南京国民党中央则公开把西山会议派引为同志，宣布：“因纯粹反共而开除党籍之同志林森、张继、谢持、居正、邹鲁、石瑛、覃振、石青阳、茅祖权、沈定一均应先行恢复党籍，俟第三次全国代表大会开会时追认。”[4] 不仅如此，包括对于此前与国共两党观念上冲突甚多的国家主义派，胡汉民等亦公开宣布：“打倒国家主义派”的口号应当废止，主张对国家主义派当“包涵之，纠正之”，因“彼有何罪？”。[5] 而新加入之清除对象，即所谓“土豪劣绅贪官污吏投机分子反动分子及一切腐化恶化分子”，按照中央清党委员会随后之解释，恶化分子仍是指共产党，腐化分子则是指土豪劣绅、贪官污吏等。[6] 换言之，第二期“清党”，已将原本在第一期就未受到打击的西山会议派及国家主义派公开排除出打击对象，所增加者，不过更强调要打击“土豪劣绅”和“贪官污吏”而已。

---

[1] 《清党委员原则六条》（1927年5月5日），上海《民国日报》1927年5月7日第一张第三版。

[2] 《中央清党委员会组织大纲》（1927年5月8日），转见《清党运动特刊》，国民革命军北路军总指挥部兼三十七路军政治部印，附录14页；《清党条例》，上海《民国日报》1927年5月10日第三张第三版。

[3] 《中央清党委员会委任各省各市清党委员》，上海《民国日报》1927年5月27日第三张第四版。

[4] 《中国国民党中央执行委员会常务委员及各部长第九十七次联席会议纪录》（1927年6月7日），转见李云汉：《“上海中央”与北伐清党》，《中国国民党党史论文选集》，第四册，第694页。事实上，自“清党”运动开始，蒋介石等即不曾以西山会议派为对手。其所谓封闭环龙路四十四号西山会议派中央之宣布，亦从未实施过。转见居正：《清党实录》，第280页。

[5] 前引《胡汉民同志演讲不要再上共产党的当》（1927年5月16日）。其实，第一期“清党”因其范围不过沪宁及苏、浙、皖、闽、粤数省市，其部分党员虽反感国家主义派，一度有鼓噪和乱扣帽子的情况，但亦未见有组织地采取过直接针对国家主义派的行动。

[6] 《中央执行委员会常务委员及各部长第一百零四次联席会议》，台北党史馆藏档，2.3/122。

那么，第二期“清党”是否着力清除过土豪劣绅和贪官污吏呢？显然没有。因为再明显不过的是，此时南京国民党连谁是共产党都弄不清楚，只能靠检举、揭发和有无过激言论来定性，所谓“土豪劣绅”“贪官污吏”，更是毫无标准可循，不过便利于内讧与自残，徒增无穷纠纷而已。

如安徽郎溪县前县党部夏雨初、祁光化、韩仁举等，“清党”前办党，动用县款举办种种活动，并指乌惠南、王景周等为土豪劣绅，发动民众，将其打倒。“清党”发生后，县党部停止活动，乌惠南、王景周等遂在县府支持下，指夏、祁、韩等假办党之名，贪污挥霍县款，实属贪官污吏，不仅将祁、韩等投入监狱，通缉在逃的夏雨初，而且要夏、祁、韩等家属全额赔付。[1]

如广东南雄县县长邓惟贤，因与县党部王成章等矛盾重重，相互指责，纠纷已久。邓被迫离开南雄，受命赴赣东办理招抚事宜，王成章等即以贪污罪名控告邓畏罪潜逃，监察院亦随即下令通缉。邓不服，控告王成章为“共党”，王之同伙县教育会会长邓功伟等为土豪，而南雄县党部又被停止职权。但南雄县党部亦绝不接受，发动民众举行抗议行动，又是通电，又是上书，罗列事实，为自己正名，闹得沸沸扬扬，不可开交。[2]

又如江苏东台县，党部控告缪步青侵吞公款，是为劣绅，由县拘捕。驻军二十六军一师随即出动士兵一连包围县署，从狱中将缪劫去，旋奔党部，由缪步青帐房张宝山等指示绑走党部特别委员蔡悔予、职员叶华、朱璧、缪楚佩四人，指为反动分子，解赴南通，且沿途拷打，并准备不日处死。东台县特派员急报南京中央联席会议，会议只能议决：请总司令转令该师

[1] 《前安徽郎溪县党部执行委员夏雨初上国民政府函》，1927年6月），南京中国第二历史档案馆藏，国民政府档，一（2）145。

[2] 《邓惟贤呈文》（1927年7月7日）；《中央执行委员会秘书处致国民政府函》（1927年7月14日）、《广东省党部复南雄县党部电》（1927年4月5日）、《南雄各界大请愿宣言》（1927年7月）等，以上见南京第二历史档案馆藏，国民政府档，一（2）179。

师长放人，并将缪案送南京审理。[1]

由上不难看出，南京国民党人以武力夺权，原本对内对外矛盾纠葛就多，提出“土豪劣绅”“贪官污吏”的罪名，反而便利了地方上各种势力之间，在找不到证据将仇方打成共产党的情况下，又多了种种便于将仇方置于死地的借口。更何况，“清党”以前，原本地方上借助于北伐军兴向当地统治阶层兴师问罪的激进青年就多，南京国民党地方或党、或政、或军，又往往是靠帮会组织乃至于地方豪强来夺取权力、维持秩序和保证田赋租税之收入的，其间的谅解通融，甚或狼狈为奸更多。不仅清除土豪劣绅之类不易为，而且凡曾有过与地方旧势力冲突之行为者，不论党员或党部，此时亦多遭不测。

正是基于地方豪强秋后算账，导致“清党”前积极投身工农运动者多遭打击报复的情况过于严重，南京国民党中央政治会议第九十九次会议特别批准了吴稚晖、叶楚伧两委员的一项提案。该提案提出：“本党在四月十五日未清党以前，各地往往受共产党之暗示，执本党打倒土豪劣绅之标语，有出轨举动。迨清党以后，到处又绳以常法，诸多牵累，甚有不安生业之情状。此近于不教而诛。”故“凡惩办土豪劣绅之案，党人曾有自动行为，除其本人实系共产党，仍归清党机关请该管官吏办理外，其余事犯在四月十五以前概令具结保释。其未到案者免予捕拿，以安生业”。根据政治会议的书面解释，这就是说，凡在 4 月 15 日以前为打倒土豪劣绅而有出轨举动者，不论所犯结果轻重皆属无罪，即经判决亦当为无效。[2] 但很显然，在地方党、政、军关系紊乱，特别是地方权力正在借着“清党”之机重洗牌的情况下，这种规定几乎是不可能奏效的。

“清党”运动之所以会诱发各种矛盾冲突，根本原因就在于它极大地刺

[1] 《中央执行委员会常务委员及各部长第一百十次联席会议》(1927 年 7 月 29 日)，台北党史馆藏档，2—3/122。

[2] 《中央执行委员会政治会议函》(1927 年 6 月 1 日)，南京第二历史档案馆藏档，国民政府档，一 (2) 143。

激了各种势力之间以及人与人之间的争夺权力的欲望。

北伐战争第一次打破了旧有的地方权力格局与秩序，造成了第一波权力洗牌的情况。只是在当时条件下，情势来得过于突然，多数人尚未能够适应新的权力形式，如党部、省市县政府以及迅速介入地方权力关系之中的军队等。因此，以民众工作为己任的共产党人及其受影响的左派国民党人便捷足先登，很容易地控制了许多地方上的权力。

随之而来的蒋介石与武汉之间的矛盾冲突，导致了第二波权力洗牌的发生。由于这一次的夺权行动采取了暴力的形式，并且被迫借助于军队和地方旧势力，结果不仅使许多军队直接或间接地成为地方权力的受益者，而且在很多地区重新恢复了旧有的统治关系，或造成了新旧杂处，互相攻讦的内讧局面。

第二期“清党”的发动，特别是为了进行政治审查停止地方党部活动的指令，再度引发了第三波权力洗牌。这是因为前两次权力更迭积累了太多的利益冲突和恩怨纠葛，许多上台未久的地方党部都因此而受到冲击。再加上因为军事上的关系，一些地方军队发生调动，新的军队往往又会因为“清党”等种种关系，卷入到地方矛盾中来，从而形成新的纠葛。一些党部因扶助民众团体或利用前期的夺权和“清党”为所欲为，所造成的党政之间的矛盾冲突，自然也随之暴露无遗。何况，国民党省一级党与党之间，党与政之间，其实也多处在权力洗牌过程之中，领导人走马灯似的换来换去。对市县以下各种权力关系的变动的影响，当然也不可小视。[1]

南京当局并不是不了解可能出现的这种复杂情况。但是，它这时能够找到的解决问题，确保公正的办法无他，只有请担任各级清党委员者做如

[1] 关于各省党部频繁变动情形，前引王奇生文中亦有介绍，并可参见雪崖：《省党部的地位问题》，《中央日报》1928 年 3 月 30 日第四版。内称：安徽一省自去年 3 月到现在，为期不过一年，省党部已经变更五六次；浙江一省也变更三四次；此外如湖北、湖南、江西各省也常有变更省党部的事情。每更换一次人员，势必发生一次纠纷，结果是因为省党部变更频繁，互相争夺，演成甲兴乙起，丙去丁来的局面，致使“党内无派”的理想不能实现。

下之宣誓：“余等誓以至诚拥护三民主义，服从中央命令，于最短期间努力肃清共产分子、铲除土豪劣绅、贪官污吏及一切投机腐化恶化分子，以固党基”云云。[1] 此种办法，自然效力甚微。因为，清党委员会除在少数城市中外，对权力洗牌斗争最为尖锐的县以下地区，只能依靠党部或相关部门，选派职员前往检查监督。其不仅不能保证这些职员会否公正不阿，且无法指望这些特派员凭借个人的能力就能解决地方上的权力冲突问题。

关于其特派员的素质良莠不齐的情况，只要看下述一例即不难了解。

江苏睢邑县农民协会、商民协会、教育协会等电告南京政府称：睢邑地方土豪劣绅与贪官污吏相勾结，试图捣毁党部，被报告军警，将其重要分子捕获。徐州清党委员会委托警备司令派其副官王某来睢办理此案。王“始住县党部，继住天主堂，人甚奇离。自言为包黑子第二，可以断万古含冤之案。又其嗜好颇深，昼则吸食鸦片，夜则挟妓同宿。入民国以来，从未见有委员如此。且其言语甚不一致，忽言被捕之人冤枉，令其各具诉状；忽言要开市民大会，以便取决。因而反动分子又均蠢蠢欲动，讵反动派之党徒及其家属竟于十八日率领戚族仆佃来城暴动之说。吾民众日受惊惶，莫知所措”。[2]

而上级党部所派人员，无论能力如何，均无力解决地方纠纷，偶有尝试者，甚至还会遭遇牢狱之灾的情况，亦不鲜见。如江苏省特派员李亚飞赴泰兴县调查冤诉，认定公安局长陆文凤贪诈取财，为土豪劣绅；陆文凤则反诬李亚飞为共产党。结果，双方都召集民众，发表通电宣言，互不相让。最后引发两派人员冲突，造成严重流血事件，除有人被打死外，李亚飞等党部人员也被“打得一身的血”。最后两人双双被捕，并于 7 月 10 日被送去他处看押。虽“经省党部竭力营救”，亦因内部情形复杂，中央联席会议亦无从做出决定。鉴于各地党部多有职员被当地军政机关遽行枪毙之事，故

[1] 《上海特别市清党委员会就职典礼》，上海《民国日报》1927 年 6 月 5 日第二张第四版。

[2] 《睢宁县农民协会商民协会教育协会等致南京国民政府代邮快电》（1927 年 7 月 22 日），南京中国第二历史档案馆藏，国民政府档，一（2）151。

省党部不得不活动“由省政府纽永建厅长致电将李同志等五人及反动派陆文凤等八人共十三人一并押来宁”,避免地方先斩后奏。“嗣以此事关系党务,牵涉甚多,遂决计向中央党部请示办法。中央方面当经议决,归中央清党委员会核办。”直至8月中旬,李亚飞才经中央清党委员会裁决,得以脱险。[1]又如上海杨虎、陈群派往宁波协助“清党”之黄埔生陈芝范、蒋孝先和孟卿等人,因积极改组当地团体,而惹恼了地方势力,竟至被诬为共产党而遭省党部驻甬办事处钱学壬等拘禁。幸亏蒋介石亲自过问,才得以解脱。[2]

对各级清党委员会来说,最容易引起社会各界非议的,严格来说还不是其人员公正与否的问题,而是其几乎同样存在着滥捕滥杀的嫌疑。这是因为,虽然清党条例明文规定,缉拿人犯应通知该地军警或行政机关[3],事实上各级清党委员会几乎都成立了专门捕人的便衣队,并自行审讯。一旦得到线索,不经侦查核实,即先行拘捕审讯。而这种审讯,更经常是采取刑讯逼供的方式。在这方面,上海特别市清党委员会虽然有着特务处滥捕滥杀招致众怒的教训,但他们的所作所为,也同样令人发指。该委员会甫一建立,就宣布所有共产党员、贪官污吏、土豪劣绅及反动恶化分子,甚至“学阀”之类,均可告发,并可代告发人保密。只要得知消息,不论真伪,即可立即配合军警前往缉拿。[4]其滥捕滥捉,且自设公堂刑讯逼供的做法,自然同样引起市民的恐惧。

有上海市民控诉称:“查上海市清党委员以清党为名,行残民之实,恃无上之威权,草菅人命,藉军警之势力,陷害无辜,听分部之偏言,遒良民于囹圄,逼招勒供滥用毒刑,公报私仇,全无证据。”“甚至指名逼招,

[1] 《句容县党部特别委员会为泰兴反动派陆文凤等摧残党务诬陷忠实同志,请吾党诸同志一致声讨通电》(1927年7月26日),南京中国第二历史档案馆藏,国民政府档,一(2)145;《中央执行委员会常务委员及各部长第一百零九次联席会议》(1927年7月26日),台北党史馆藏,2—3/122;《泰兴党案告一段落》,上海《民国日报》1927年8月17日第二张第二版。

[2] 《陈芝范等致南京蒋总司令函》(1927年7月6日)、《蒋中正致宁波王警备司令蒋公安局长函》(1927年7月9),台北“国史馆”藏蒋中正档案,特交档案160735。

[3] 前引《清党条例》。

[4] 转见韩信夫等:《中华民国大事记》,第二册,中国文史出版社1997年版,第634页。

希图诬陷，未得确证，擅行判决，致被判者究不知其罪名之何自而来。断狱之离奇、黑暗，求之吾国数千年之历史中，洵无如是者。”[1]

南京当局自然也清楚前此之滥捕滥杀造成恐怖，影响国民党威望损毁太大，因而也极力设法树立一种讲求法制和公平的形象。为此，中央清党委员会成立不久就组织了中央和各省的清党审判委员会。中央清党审判委员会由总司令部军法处胡逸民牵头组织，他公开对报界说明：“溯自清党运动开始以来各处土豪劣绅均乘此机会大肆活动。凡曾努力于革命之青年，鲜不加以共产头号，以图一笔抹杀。……长此以往，国民党之元气不伤于共产党之捣乱，亦将伤于土豪劣绅之手矣。”组织清党审判委员会，就是要将种种案件“公开审理，庶使真正三民主义之信徒不致断送于清党时期中”。[2]

5 月 28 日，清党审判委员会第一次开审。中央政治会议主席胡汉民亦亲自出席，并邀集“总政治部、黄埔同学会清党委员会、中央军事政治学校留宁官生办事处、总司令部军法处、江苏第一监狱署代表委员会……在第一监狱署开始审理”。当日审判的“姚钟鼎、文善在两人均黄埔学生，确无反动嫌疑，实系被人诬告，当宣告无罪”。为告诫泛滥不已的诬告之风，审判结束后，胡汉民还特别提出：“此后无论何方，如无根据之告发，原告人须负相当之反坐罪。”[3] 而实际上，仅就中央审判委员会所审之人犯，十之八九不是滥捕，就是被诬，亦未见胡汉民等要求追究诬告之人。以第九次审判之五名黄埔生为例，不过因为或从武汉跑来，或从南昌跑来，或不肯毫无证据地签名枪毙从武汉跑来的同学，就被诬为反动分子，当堂审判者

---

[1] 《上海市民海华等呈为清党委员横行不法逮捕善良陷害无辜仰祈立予查明从严纠正事》（1927 年 7 月）、《上海市民陆一飞、姚子谦、高玉山等一百六十人函》（1927 年 7 月 20 日），南京中国第二历史档案馆藏，国民政府档，一（2）534。

[2] 《南京清党审判委员会开幕第一日》，上海《民国日报》1927 年 6 月 7 日第二张第三版。

[3] 同上。

无一人对如此诬控表示愤怒和提出质疑的。[1]

南京中央成立清党审判委员会，虽只能每日或隔日一审，每堂审理之人数也十分有限，但多少也还是使一些青年免受了牢狱之灾，甚或挽救了个别无辜青年的性命。问题是，这种示范对地方上其实并无多少影响。上海清党委员会行事血腥，然而由杨虎任警备司令[2]的警备司令部及其特别军法处断案处刑更不讲理。陈群、杨虎虽同为上海清党委员，却对上海党部，乃至于清党委员会也绝无商量。[3]上海特别市党部职员洪东夷及二区十六分部党员钱淳，已经清党委员会审查，认定为“本党忠实同志”，却又被人向警备司令部举发，“不幸横遭诬陷”。虽经清党委员会再三向军法处交涉，该处均置之不理。之后，很快将二人分别判处徒刑15和5年，即押入漕河泾第二监狱去执行刑期了。[4]上海交通大学学生、市党部工农部秘书张君毅，亦同样被莫名检举，遭警备司令部密捕。市党部虽一再向警备司令部交涉，请其释放，均遭拒绝，终被枪杀。且不仅罪状未宣布，就连尸身也不知去向。此事终于引起南京中央联席会议的强烈不满，以致当堂“议决：张君毅为上海特别市党部职员，即有罪犯嫌疑，何致遽行枪毙，实属滥权擅杀，不顾党纪，仰该总司令严行查办并复”[5]。由此可知南京国民党之“清党”，虽

---

[1] 报载第七次审判，11人犯被审，其中3人并无违法行为，5人一时受人鼓惑，毫无共产行为，另外3人干脆就是路过受罪，无证可指，结果统统开释或保释。《清党审判委员会开幕第七日》，上海《民国日报》1927年6月20日第二张第二版。《中央清党审判委员会开幕后之第九天》，上海《民国日报》1927年6月25日第二张第四版。

[2] 总司令部特务处迁往南京后，另设国民革命军警备司令部驻上海，杨虎6月15日转任警备司令。

[3] 经中央清党委员会先后任命的上海清党委员有陈德征、陈群、黄惠平、潘宜之、冷欣、冷隽、俞国珍、高方、陈超、周致远、桂崇基、杨虎等共13人。而经南京中央执行委员会常务委员会任命的上海特别市临地执行委员（即市党部委员）则有陈德征、陈群、黄惠平、潘宜之、冷欣、冷隽、俞国珍、吴倚沧、汤济沧、张晴川、周志逸等11人，多数人都是两边兼任，可知一般史书所引陈立夫关于“清党委员会系由陈群、杨虎二人负责，市党部无权过问”的说法，并不准确。参见《三全大会中之上海特别市党务总报告》，上海《民国日报》1927年3月23日第四张第一版；《中央清党委员会委任各省各市清党委员》，上海《民国日报》1927年5月27日第三张第四版；陈立夫：《成败之鉴》，第104页。

[4] 《清委会严正声明》，上海《民国日报》1927年8月31日第四张第四版。

[5] 《中央执行委员会常务委员及各部长第一百零五次联席会议》（1927年7月8日），台北党史馆藏档，2—3/122。

有统一机构指导，政出多门的情况并无改变，清党委员会远不能左右各地的“清党”行动，甚至连它自己的人也保护不了。

上海特别军法处与特务处一样，终因过于专断，且杀戮过甚，而被蒋介石撤掉。但其残暴名声却成为南京国民党挥之不去的阴影。就连上海市党部的人员也承认：除党部人员无辜被害外，“无辜人民之遭害者更不计其数，言之至为痛心”[1]。《大公报》对此曾专门有评论批评称：“政治刑事犯而付军法，且特立机关，执行杀戮，此种制度为任何文明国家所不许，亦古来专制政体下所从无有之。惟民国后之中国耳。”“民元二年，北京有陆建章之军政执法处，恶探遍都，陷害杀人之事，不可胜记。”但“民元之军政执法处，实无法无天，而却无刑讯。故冤死虽多，而生不受辱。”不想，上海从特务处到特别军法处，不仅嗜杀成性，而且每每刑讯逼供。以至于“平日畏恶共产党极甚者，对于上海之处置党案，莫不认为惨酷”。此诚为“南京政府数月间之第一污点”。[2]

上海毗邻南京中央，又为舆论中心，从特务处到特别军法处，乃至于清党委员会，尚且能如此残酷，远离中央和一般不在舆论视野之内的地方上，这样的情况就更是可想而知了。如温州肄业于浙江第十中学校师范部年轻党员蔡雄，曾与数十人联名呈控王超凡、戴英、林益等“朋比为奸，武断乡曲”。“适遇清党时机，王超凡以指导员名义带领谢越尘、戴英、林益等盘据温州公安局，串通局长叶林森，诬指蔡雄为共逆，提案刑讯，煨红铁链，用尽苦肉滥刑，逼令将当日联名呈控诸人牵连诬枉，希图一网打尽。由是大兴党狱，四处捕人，藉端索扰闾里不宁，甚至不电省请示，假借市民公判，竟于前月二十三夜将蔡友擅行枪决。案延一月，状尚未宣布，尸骸又不准领。”[3]类似情形，实不胜枚举。

---

[1] 陈立夫：《成败之鉴》，第 104 页。

[2] 社评：《上海之特别军法处》，《大公报》1927 年 8 月 18 日第二版。

[3] 《浙江县永嘉县公民王定慧呈国民政府书》（1927 年 6 月 20 日），南京中国第二历史档案馆藏，国民政府档，一（2）145。

当然，捕杀清除共产党人，无疑还是第二期“清党”的中心所在。所不同者，一期“清党”时尚有监察委员会“和平待遇”的表面文章，而二期“清党”则高举“消灭中国共产党”之大旗，再不必避讳这个“杀”字了。包括不少普通国民党人，也“老实不客气地”主张：“真正的共产党员要杀”。[1]甚至身为文人的监察委员吴稚晖，也毫不含糊地主张杀一儆百。得知陈独秀之子陈延年落网后，吴尽管听到传言称陈已“作悔过书一通”，却还是专门致函杨虎要其将陈处死。函称：“如此之巨憝就逮，佩贺之至！陈延年之恃智肆恶，过于其父百倍……尤属恶中之恶。上海彼党失之，必如失一长城。故此人审判已定，必当宣布罪状，明正典刑，足以寒通国共党之胆。”[2]

南京国民党滥施杀戮来寒共党之胆的做法，其效力这时也还是受到了相当的怀疑。尽管5月底中共在上海的江苏省委及上海总工会等机关一时被国民党当局捣毁殆尽，陈延年、赵世炎、安友石等众多领导人被杀，但两月之后，中共即重新恢复了在上海的组织活动。9月，中共杭州市委被破获，累及中共浙江省各县及特支书记三十余人被捕杀，但两三个月后，中共不仅重又恢复了在浙江的工作，而且还发动了一连串的武装暴动。因此，除众多国民党人自己闭目塞听地宣称不仅“本党内部的敌人已经肃清”，且“苏、浙、粤、桂、闽、皖、晋、蜀诸省之共产分子，皆一律肃清”外[3]，多数中心城市以外的民众所看到的却是，共产党不仅依然存在，而且还开始以“红色恐怖”的手段，还之以颜色。

对于这种情况，一些党外之士竟早有预见。浙江永嘉县的几位82至88岁高龄的晚清举子，二期“清党”伊始就联名致函国民政府提出了这种看法。其函称：政府因治安关系，对“坏法乱纪之共党，不得不宣布罪状，明正典刑，惩其一以儆其首。此先哲所谓生道杀民，虽死不怨是也。至于各省州县之

[1] 《我对于清党委员进几言》，上海《民国日报》1927年6月21日第四张第一版。

[2] 《共党巨憝陈延年正法》，上海《民国日报》1927年7月5日第二张第一版。

[3] 《蒋中正警告同志——对三全代会的感想》，上海《民国日报》1929年3月16日第一张第三版；《国民政府告两湖民众书》，前引《清党运动》第六部，第299—302页。

共党，未有犯法之事实发生，不得因其居中把持即与两湖党员相提并论。解散之则可，拘禁之则不可；训斥之则可，滥杀之则不可。《书》之‘歼厥魁首，胁从罔治。旧染污俗，咸与维新’，诚哉是言”。“况民生主义即共产主义，先总理讲之又讲，遗书俱在，妇孺皆知，亦何怪无识少年之误入歧途也。祸有由起，情有可原。若不度理揆情，而滥用刑威，累及无辜，窃恐国党杀共党，共党亦杀国党，明杀暗杀，自相残杀，循环报复，宁有穷期？势必将双方有用之人才，同归于尽而后已。”[1]

《大公报》这时则公开对国民党在全无法律依据和公平审理程序的情况下，任由民众检举进而任凭党人肆行杀戮的做法，深表不满。其评论曰：“上海、广州大清党之时，杀人殊多，犹可诿为非常之变。今历时数月，而恐怖未减。上海特务处常有刑人之事，所犯罪状概不宣布，杀者何人亦秘不宣。共党诚与宁政府大不利，然凡共党是否俱应处死，国民党之党化的法律中有无此项规定？即曰有之，而南京当局何以知各地藉清党杀人者之必无冤诬？且解释清党之义，不过驱跨党分子而出之耳，何以动辄死之？”特别“其普通分子，多为青年男女，薄受教育，若依法律，亦多不至死。况处置共党者，名义耳，共党未必能捕，捕者未必为共。况若再有诬陷之行为，对于欲捕者或所仇者，而辄以共党目之，甚至有藉此诈财之事，至发生资本家共产党与无产者共产党之奇谈。国民革命之名，败坏尽矣”。[2]

对于任由党人杀戮共党，特别是任由军队介入“清党”，滥捕滥杀的做法，其实一些普通的、但多少具有一些法律观点的国民党人，也早有担心。如有作者6月即公开撰文，委婉地“奉劝革命军旗帜下的武装同志”：“逮捕和杀戮，在可能的范围以内，应由正式法院去执行，不要因便宜而自滥用。免得共产党人要加你们一个‘有枪阶级’的徽号，作为宣传的资料。也免

[1] 《呈为党狱繁兴祸机四伏佥请各属免予株连以庇人材而延国脉事》（1927年6月9日），南京中国第二历史档案馆藏，国民政府档，一（2）145。

[2] 社评：《党治与人治》，《大公报》1927年7月3日第二版；前引社评《上海之特别军法处》。

得民众因不平的缘故，发生共产主义的感染性。”[1]

“清党”的目的究竟是什么？是否“清党”唯一的目的真是像蒋介石、胡汉民所言，就是要“彻底消灭中国共产党”？是否靠拘捕、关押、杀戮就能够达到彻底消灭共产党的目的？这个问题实际早就萦绕在众多国民党人的脑际之中，且始终困惑不解，挥之不去。仅以上海特别市党部的努力为例。用其领导人之一陈德征在 1929 年 3 月国民党三大报告中的说法：上海党部自 1927 年 4 月 15 日正式从共产党人的手中接收过来之后，整个工作均集中于清共，“举凡对外宣传及整理党的内部工作，均以清共为唯一之目标”。包括清理下级党部，清除跨党分子；侦查及协助清党委员会拘捕共产党徒；努力于反共宣传和主持反共后之民众运动，唤起民众对于革命与反革命之认识等。但是，对共产党的活动，仍“有防不胜防之慨”。[2] 事实上，更让上海国民党人头疼不已的是，反共之后，上海党组织原本就受到极大削弱，特别是能独当一面的党员很少，结果因为种种派系矛盾和由“清党”检举所造成的相互猜疑诬陷，以致不少党员竟陷于牢狱之灾，甚至惨遭枪杀。而各种机关中，投机分子则乘机浑水摸鱼，以谋私利。党、政、军、警等各部门，也是派系林立，结党营私，故相互掣肘。上海特别市清党委员会宣告结束工作之际发表的宣言，就最清楚地反映出他们对这种情况义愤填膺，却又徒唤奈何的复杂心理。

其宣言称：“本会自成立工作以来，已逾三月，结束在即。回顾三月来之工作，因种种障碍，进行艰难。诚如白崇禧同志之言，假革命之流，充塞本党，在本会以外，借清党之名，行勒索之实。一时市民怨声载道，敢怒不敢言。即忠厚同志，亦皆兢兢然以明哲保身为戒。嗟呼，清党运动固如是耶？本会初成立际，原欲本总理大无畏之精神，集中全市清党工作，使假革命之流无从凭藉。讵料土豪劣绅之被检举者，本会正欲严究，则从

[1] 乃器：《怎样铲除共产党的潜势力？》，上海《民国日报》1927 年 6 月 21 日第四张第一版。
[2] 前引《三全大会中之上海特别市党务总报告》。

而包蔽；共产分子之被告发者，本会正欲惩办，则从而轻处；忠实同志之被诬陷者，本会正欲营救，则从而投狱，或竟罹杀身之祸。其惨毒至于如斯，全市党员在刀锯鼎镬之下，愤慨叹息，莫可名状。最痛心者，本党自去岁北伐以来，到处民众之欢迎，箪食壶浆，惟恐未至，正有东征西怨之慨。乃今年去四月，克复江浙，假革命者冒充忠实，竟将本党令名几付诸流水。嗟呼！清党运动固如是耶？”[1]

对“清党”运动倍感失望的，自不止于上海党部一家。事实上，随着7月中旬武汉实行“分共”，进而于8月以后也开始实施“清党”行动，两湖地区及江西、河南、山西等省也先后实施“清党”。因“清党”队伍的骤然扩大，特别是因为原本被视为清除对象的武汉国民党人，以及只是形式上挂着国民党旗号的冯玉祥、阎锡山等地方军阀的加入，所带来的认识混乱以及人们对“清党”运动所发生的不满，自然也就更多了。

由于武汉政府改弦更张，国民党内主张宁汉合流、重归统一的呼声骤然升起，蒋介石被迫于8月15日通电辞职，以示其决心促成统一之愿望。[2]而随着蒋介石坚辞下野，南京国民党中央人事大幅变动，“清党”运动依据原案业已到期，故中央清党委员会及所属各地清党委员会，亦多半自行消解，或结束了工作。虽然，变动中的国民党中央仍以中央清党委员会名义一度发布通告，说明：“以时局影响，交通阻滞，各省市多有不能依期竣事者，自应延期，继续办理。”[3]但事实上，自中央到各地，统一的“清党”组织工作已不复存在。作为一种由南京国民党中央所发起和领导的政治运动，“清党”运动本身事实上就此已告一段落了。

[1]　《清党会发表宣言》，上海《民国日报》1927年9月1日第四张第四版。

[2]　转见前引《事略稿本》(1)，第659页。

[3]　《中央清党委员会通告》，上海《民国日报》1927年9月20日第一版。

第七章

国民党的白色恐怖与“剿共”战争

国民党的“清党”，并没有也不可能达到消灭共产党的目的。随着共产党人开始举起武装暴动的旗帜，国民党就不得不在各地疲于应付。因此，“清党”运动很快也就转变成持续的镇压行动。这种镇压，从最初主要集中在城市中实行所谓“白色恐怖”，到逐渐转入偏远乡村进行“剿共”战争，整个过程持续了十年之久。在这十年时间里，国共两党相互报之以血腥和暴力，双方斗争呈现你死我活的局面，因此而死亡者实不知凡几。执政的国民党凭借着其在政治、军事、外交和经济上的巨大优势，克服了内部纷争和外敌入侵的种种牵制，步步逼紧，几乎取得成功。将近十年之后，除了在甘北荒僻之地共产党人还占据着一小块地方，于饥寒交迫中艰难地维持着一支几万人的部队以外，在全国绝大部分地区，已经看不到共产党人有组织活动的踪影。[1] 就国民党对共产党斗争的历史而言，这毫无疑问是其最成功的时候了。

一、“白色恐怖”和中共城市组织的瓦解

南京国民党的“清党”运动，不仅不足以消灭共产党，而且逮捕、杀人全无法律依据和严格的标准，以至造成整个社会的惊恐不安，国民党人自己也是批评之声不断。为了改变形象，也为了把反共斗争持续进行下去，从 1928 年起，在谭延闿的主持下，南京国民政府开始着手制定和颁布刑法，其中也包括主要针对共产党问题的刑事特别法《暂行反革命治罪条例》。以“反革命”为名，对异己者施以镇压手段，严格说来是自武汉政府始。1927 年 3 月 13 日，武汉政府在共产党人推动下，就曾经颁布过一个《反革命罪条例》。这个条例在中国第一次明定有所谓“反革命罪”，并具体规定了治罪的办法。只不过，由于当时更为通行的是惩治土豪劣绅和贪官污吏等条例，

[1] 据毛泽东称，当时“白区损失百分之百，苏区损失百分之九十”，见毛泽东:《关于人的认识问题》（1964 年 8 月 24 日）。

故依据这个条例治罪的情况并不十分普遍。但对于南京国民党来说，利用反革命的罪名，把具体针对党的系统的“清党”办法，以刑事特别法的形式推广到社会上去，却是一件颇具心计的做法。因为，这样不仅更便于打击共产党及一切异己分子，而且于法有据，师出有名。

《暂行反革命治罪条例》于 1928 年 3 月 9 日正式颁布，其中规定：任何意图颠覆中国国民党及国民政府，或破坏三民主义而起暴动者，或与外国缔结损失国家主权利益或土地之协定者，利用外力或外资勾结军队而破坏国民革命者，均得处以死刑。凡以反革命为目的，而破坏交通，引导敌人，侵入国民政府领域，刺探之重要或秘密消息交付敌人，制造收藏贩运军用品，以款项或军用品接济反革命者，均可处以死刑、无期徒刑，或二等（即 10 年）以上有期徒刑。凡“宣传与三民主义不相容之主义及不利于国民革命之主张者，处二等至四等有期徒刑”；“凡以反革命为目的组织团体或集会者，其执行重要事务者，处二等至四等有期徒刑并解散其团体或集会”。[1] 这种把刑事犯罪与反革命目的联系起来加重惩罚，乃至于以思想意图作为定罪标准的做法，在中国近现代司法制度上，算得上是开先河了。

除了颁行《暂行反革命治罪条例》，南京国民党中央这时还接连通过了《制止共产党阴谋案》和《防制共产党案》等几项专门针对共产党问题的重要决议案。其中《防制共产党案》甚至搬出了相当严厉的连坐法，规定：区分部发现共党，事前无报告者，解散区分部并查办其执委及介绍人；县党部所辖有两个区党部以上发现共党，将县党部解散。[2] 而每逢红色节日，如“五一”劳动节、“八一”反帝日，包括广州起义纪念日（12 月 11 日）等，国民党中央和相关省市，还会专门发布一些临时性的防共训令。如 1930 年 11 月 17 日，国民党“中央即密令下级党部工作人员及全体党员，严密注意与防范共党十二月十一日之事件（按：指广州起义）”。为此要求“全国各

[1] 《中华民国六法理由判解汇编》[C]，第 779—781 页。

[2] 转见《国闻周报》第 5 卷第 42 期，1928 年 10 月 28 日。

学校各工厂主管人员应注意，在十二月一日至十二月廿日期中，不准学生及职工藉故请假，其不假外出或更参加上项活动者，迅报当地军警处理之”。“全国各铁路管理局得密令各分局、各站、各厂，自十二月一日起至十二月廿日止，不准职工藉故请假，其逃工或放工后有上项活动之情形者，得逮捕之。”“在十一月至十二月期间之一切请假分子，销假后即予以十分注意，并注意其往来之人物。”“由国府分电沪汉粤津，令于十二月三日起检查各关口、各旅店、各车站、各码头一切往来之旅客，并于三号起特别注意一切公私集会及多人聚谈之会议形式，并定制止之。”[1]

但是，仅仅有防范和治罪的办法，显然不足以解决问题。自“清党”以来，南京方面大兴逮捕与杀戮之风，不可谓不严厉、不恐怖。结果是国民党搞“白色恐怖”，共产党报之以“红色恐怖”，在各地大举暴动。接二连三的武装暴动，使占尽优势的国民党手忙脚乱，四处灭火，却始终未能将共产党反抗的气势彻底打下去。鉴于历代王朝对付异己势力恩威并施、剿抚并重的经验，南京政府这时也渐渐醒悟到抚的必要了。因此，注重法制建设的胡汉民等出洋考察回到南京后，几乎马上就主导颁布了《共产党人自首法》。该法令 10 月 24 日正式颁行，其中规定：犯有《暂行反革命治罪法》认定之罪，于发觉前自首者，得减本刑三分之一或二分之一。如检举其他共产党人，因而查获人犯及证据者，或未犯各该条之罪而自首者，均得免除其刑。自首人犯执行刑期已逾二分之一，行状善良，悛悔有据者，应准保释。免刑之共产党人得由法院交保，或移送反省院。[2] 这之后，南京国民政府又进一步颁布了《反省院组织条例》，其所控各省均先后有反省院或感化院之设立，专门用来关押和收容被认为有自首表现的共产党人。

国民党针对共产党的剿也好，抚也好，在 1928—1930 年的两三年里，对中共个别地方组织破坏较大，但对中共中央机关的破坏作用却不十分明显。

[1] 《防范共党办法》（1930 年 11 月 17 日），南京中国第二历史档案馆藏档，一（2）468。
[2] 《共产党人自首法》（1928 年 10 月 24 日公布，1930 年 4 月 26 日修正），台北中国国民党党史馆藏档，特 009/19。

国民党地方军政部门这时对中共地方组织的破坏，尤以江西省委组织的两度破获引人注目。

据南昌卫戍司令张辉瓒1929年12月18日报称：因上任前已多方打探，故受命以后“运用种种方法及手腕，从已捕获之共犯口中侦察其及余党”。包括派人入狱伪装共党之被捕者，借以探询扣押“共匪”之口气；每破获一共党机关，即派员蹲守，以俟其余党自投罗网等。结果“先后破获共党省委赣西交通机关一，省委赣东北交通机关一，省委总交通机关一，省委机关一，南昌市区委机关一，省委第一监狱支部一，近郊区委机关一，又共党主义青年团省委机关一，团南昌市区机关一，团交通机关二，团第一监狱支部一，团近郊区委机关一。计拘获共产党江西省委书记沈剑华一名，省常委胡紫绶一名，省委兼秘书长刘企勋一名，省委总交通舒心伦一名，省委中央交通何润生一名，省委赣西交通李一彬一名，省委赣东北交通高文龙一名，南昌市区委书记万洪山一名，省委第一监狱交通萧冠宇一名，省委赣东巡视员王立生一名，抚州县委书记廖之萍一名”。“至共产主义青年团则拘获省委兼书记欧阳焜一名，省委兼宣传部部长陈长荣一名，省委秘书长兼代组织部部长庞（彭）云飞一名，南昌市区委书记龙飞一名，省委交通郭荣宗、张治禅二名，省委秘书处技术书记李正芳、赵克植二名（按：赵曾任九江县委），第一监狱支部交通张焰一名。其他党团员及其群众合共达数十名之多。”[1] 最后是刘企勋、舒心伦等被害，欧阳焜、陈长荣、彭云飞等自首反共。[2] 江西省委因此破坏殆尽。连带赣西特委、东北特委、樟树、德安等地县委，亦先后遭到破坏。

为恢复江西省委工作，中共中央迅速重新部署，另建机关。因南昌城小，叛变者较多，旧面孔难以活动，新面孔又易被注意，故决定将新省委

[1] 《南昌卫戍司令部破获共党机关概况报告书》（1929年12月29日），南京中国第二历史档案馆藏档，一（2）503。

[2] 《冯任同志给中央的报告》（1929年12月26日），江西省档案馆等编：《中央革命根据地史料选编》，上册，江西人民出版社1983年版，第563页。

建在九江。然而，时隔数月，张辉瓒却再度利用自首的共产党人，发现线索，迅速组织新的破坏行动。其随后报告称，自南昌所有机关被破获后，中共中央又在九江秘密建立起新的省委机关。因本部耳目早有所闻，故一经落实，即派执法处长于5月23日驰赴九江，先查得中共警察支部线索，随即逐一突破。最终，接连“破获九江县委机关一，江西省委机关一，九江县委所属支部九，省委县委交通机关各三，中共中央交通机关一，青年团省委机关一。所有重要共犯，均被捕获，几无一漏网者。总计为时不过六日，即破获共党机关十余处，捕获共犯百余名之多”。且缴获大量中共机密文件，由中共江西省委赣字通告第一号中更获知“共党阴谋夺取湘鄂赣三省政权之计划”全部内容，并且得到了中共江西省委对全省工作的总布置等重要情报。[1] 与此同时，“据省委书记张国康供出上海共党中央通讯处及接头处”共十二个地点，“通信方法如用白药写，则用洋信签，如用米汤写，则用中国信签”。其中“麦德赫司特路爱文义路永吉里六七号或七六号刘医生”为李立三等联络点；“上海共产青年团中央通讯处上海邮箱一六四六号李觉斋收”。[2]

与国民党军政当局在地方接连破获共产党秘密领导机构的情况恰好相反，继1927年下半年“清党”运动和中共暴动的高潮过去之后，中共中央重要骨干被捕被杀的情况却日渐减少，而中共中央更是得以继续坐镇上海，设置各种机构，一面指挥一切，一面频繁接待转运国内外干部。它甚至还能够在巡捕房和国民党人的眼皮底下，举行具有相当规模的全国苏维埃代表会议和反帝大同盟会议等较大型会议。造成这种情况的一个很重要的原因，是因为当时国民党在上海等地用来对付共产党秘密工作的，主要还是公安局或警备司令部等机构。特别是在租界区，它更是主要只能借助巡捕

[1] 《南昌卫戍司令部破获共党机关概况报告书》(1930年6月22日)，南京中国第二历史档案馆藏档，一（2）503。

[2] 《南昌卫戍司令张辉瓒致南京蒋总司令电》（1930年5月31日），台北“国史馆”藏蒋中正档案，特交文电19009833。

房的力量。[1] 但是，这些机构工作性质复杂，不可能都集中精力来对付共产党。而国民党这时的特务组织，即最先组织起来的中央组织部党务调查科，也才刚刚开始建立，不仅组织上十分薄弱，人员也鲜有专业训练。何况，在这段时间里，南京国民党中央的主要精力还要放在统一国民党各派力量的问题上，从蒋桂战争，到中原大战，大规模战争接连不断。因此，调查科不能不分出大量精力去对付第三党、改组派、国家主义派，以及地方派系和其他异己的民众团体等，它能够用在侦察破获共产党组织方面的力量自然非常不够。也正是因为这种情况，眼见共产党的力量从城市到农村恢复发展十分迅速，而南京国民党被派系战争搞得焦头烂额，自顾不暇，以向忠发和李立三为首的中共中央，在 1930 年甚至紧急锣密鼓地准备发动全国性的武装暴动，想要一举推翻南京国民党的统治。

随着中原大战宣告结束，中共和红军对南京国民政府的威胁就凸显了出来，蒋介石和南京国民政府自然开始把相当多的精力迅速转过来对付共产党。1931 年 1 月 31 日，国民政府进一步颁布《危害民国紧急治罪法》，以取代容易因何为“反革命”问题而引起争议的《暂行反革命治罪法》。此一新的刑事特别法总共 11 条，规定：以危害民国为目的而扰乱治安、私通外国或勾结叛徒，图谋扰乱治安，或煽惑军人不守纪律、放弃职务，或与叛徒勾结者，均处死刑。以危害民国为目的而煽惑他人，扰乱治安或与叛徒勾结，或以文字图纸或演说为叛国之宣传者，均处死刑，或无期徒刑。以危害民国为目的而为叛徒购运军用品，或以政治军事上之秘密泄露于叛徒之宣传者，均处死刑或无期徒刑。以危害民国为目的，而为叛徒购运军用品，或以之秘密泄露于叛徒，或破坏交通者，均处死刑、无期徒刑，或 15 年以上有期徒刑。以危害民国为目的，而组织团体或集会，或宣传与三民主义

---

[1] 在此期间国民党方面破获的最大一起共产党人案件，就是中共军委秘书白鑫向上海公安局特派员范争波密报了中共军委开会时间和地点，范通过法租界巡捕房，于 1929 年 8 月将中共中央政治局候补委员彭湃、杨殷，以及颜昌颐、邢士贞等几位中共军委的主要干部抓获。

不相容之主义者，处5年以上15年以下有期徒刑。[1]

这个时候，不仅调查科已经羽翼丰满，而且蒋介石还开始起用黄埔六期生戴笠来负责从军事角度收集情报。党政军几方面高度重视对付共产党的结果，不可避免地给共产党在中心城市中的组织机构，造成了巨大的破坏。仅在1931年间，国民党特务机关破获的涉及中共中央最高领导层的重大案件，就有5起之多。

1931年1月17日，国民党特务机关在上海东方大旅社破获共产党人的一个秘密集会，逮捕了包括何孟雄、李求实、胡也频、柔石、冯铿、殷夫等二十多位共产党人重要领导人，进而于2月7日将他们几乎全部处死。

4月25日，中共中央政治局候补委员兼中央特科负责人顾顺章在武汉被捕。顾的叛变造成了中共在上海国民党特务机关安插的重要线人杨登瀛等人被捕，以及中共重要领导人恽代英和蔡和森的被害。

6月15日，共产国际执委会联络局派驻上海的负责人牛兰夫妇被捕。

6月22日，中共中央总书记向忠发被捕，三天后被杀。

7月25日，中共中央宣传部领导人罗绮园、杨匏安等被捕，杨于8月上旬被杀。

8月，中共中央军委委员、江苏省军委书记李超时被捕，并于9月19日被杀。

随着1931年一连串大破坏之后，中共中央众多干部已转去苏区根据地，留在上海的干部由共产国际代表指定回国不久的留苏学生博古、张闻天等，于9月下旬组成临时中央，代行中央职务。虽然临时中央基本上都是一些生面孔，但是国民党特务机关还是很快找到侦破的线索。从1931年底到1933年夏，国民党又接连捕获了中共中央政治局候补委员兼全国总工会执委会党团书记徐锡根等；苏区中央局委员余飞等；全总宣传部长黄平；中共中央政治局委员兼全总党团书记卢福坦等；少共中央总书记胡均鹤、

[1] 《中华民国六法理由判解汇编》，第4册，779—781页。

少共江苏省委书记袁炳辉、反帝大同盟组织部长朱爱华等；新任少共中央总书记王云程、组织部长孙际明、秘书长陈卓闻、发行部长范迅赤、交通科主任蒋平等；中共新任全国总工会党团书记罗登贤、全总秘书长王其良、海员总工会党团书记廖承志等；中共中央秘书长杨天生、江苏省委委员赵林、苏华、李默农等；赤色互济会全国总会党团书记邓中夏，以及中国共产党非常委员会负责人罗章龙等。这一系列沉重打击，不仅使中共临时中央再难在上海立足，被迫退往江西中央苏区，而且随着李竹生、盛忠亮等两届上海中央局领导人相继被捕，和河北、陕西、河南、山东等省省委各机关一再被捣毁，中共城市工作的基础几乎已不复存在了。

值得注意的是，国民党这一阶段所以能够对中共城市工作屡屡成功地施以打击和毁灭，除了其特务机构日益健全和扩大之外，其更多改取鼓励自首和发表反共宣言的政策，凡肯自首者，不再轻易使用严刑拷打和杀戮的办法，也起了一定的作用。[1] 国民党开始使用这一手法，应当是从捉到徐锡根和余飞开始的。徐、余两人于1932年底先后被要求发表自首宣言，并因此获得自由。紧接着，卢福坦、袁炳辉、胡均鹤、王云程、孙际民、黄平等前中共领导人，也都走上同样的道路。所有这些宣言，都重复着几乎同样的意思，即共产主义和阶级斗争的办法，不适合中国；中国现在唯一的任务，是民族革命，取得民族独立，特别是摆脱日本帝国主义的侵略与压迫。与此同时，这些宣言中也几乎毫无例外地透露出自首者对中共这个时候党内斗争，尤其是对让初出茅庐的留苏学生执掌大权，“坐汽车，吃大菜，住洋房，穿漂亮衣服”，“使奴唤婢”现象的强烈不满。[2] 持续的大张旗鼓地将这些共产党领导人的自首宣言广而告之，自然产生了一些效果。1932

[1] 据黄平回忆，当他被捕后在狱中遇到袁炳辉等人时，很奇怪为什么他们都没有被非刑拷打，袁告诉他：“国民党的政策现在改了，只要你写篇自首书就行了，否则，就要处刑。”黄平：《往事回忆》，人民出版社1981年版，第86页。

[2] 转见中国国民党中央组织部调查科编：《中国共产党之透视》，（台北）文海出版社1962年版，第308—391页。

年 10—11 月间，国民党特务机关在上海接连破获共产党机关赤色互济会、上海区委、江苏省委、省军委、失业工人委员会和纺织工会等机构十几处，逮捕中共各相关负责人等六十余人。结果是破获一处，得到一批供词；再破获一批，再得到一批供词，如此中共在城市中各个秘密机关遭到巨大的破坏。[1]1933 年 1 月 31 日国民党特务机关破坏共青团中央机关，也是一个供一个，最后陆续捕获共党青年团中央总书记兼共党中央政治局委员王云程、青年团中央组织部长孙际明、中央宣传部长秘书于桂生、中央秘书长陈卓文、中央交通科主任蔡平、中央文书科长刘永清、中央发行科长邱迅赤、湘鄂赣省委书记蓝乔、闽西少队主任郑荣光等三十余人。[2] 而这个时期国民党特务机关破获中共各种机关的数字还不是最多的时候，据不完全统计，自 1931 年至 1933 年秋，不到三年的时间里，被捕自首的共产党人数为 276 人，平均每年不足一百人。国民党最具成效地捕获地下共产党人和破获其机关的时间，是从 1933 年秋至 1934 年秋，亦即红军南方根据地全面失败的时期。在不过一年时间里，各地共产党人被捕者即达 4505 人，自首者竟达到 4213 人。[3] 这也足以见国民党这时的自首政策，对被捕的共产党人影响极大。

二、国民党的军事围剿与受挫

与城市里面国共两党较量明显不同的是，国民党在农村地区对付共产党，就远不是那么顺利了。共产党人在城市中难以立足和生存的一个重要原因，是因为城市的区域过于狭小，毫无回旋余地。要想应付国民党的镇压，他们只能从事秘密工作，甚至是单线联系。不仅无法真正让绝大多数民众

[1] 《吴铁城致蒋委员长电》（1932 年 10 月 24 日，11 月 4、5、10、27 日，12 月 2 日），台北“国史馆”藏蒋中正档案，特交文电 21021384，21021375，21022527，21022630，21023020，21024904，21025584。

[2] 《陈立夫致南昌蒋委员长电》（1933 年 2 月 8 日），台北“国史馆”藏蒋中正档案，特交文电 22054734。

[3] 王健民：《中国共产党史稿》，第二编，台北中文图书供应社 1974 年版，第 154—158 页。

理解自己的主张和政策，不能给城市居民带来任何实际利益，而且因为秘密工作的需要，再加上国民党的反共宣传，共产党人不仅和绝大多数城市居民“老死不相往来”，甚至在情感上和思想上也难以沟通，很容易被周围居民告发。因此，为了避免出现人多嘴杂、被人告发的危险，高级领导人往往不得不躲进租界，装成阔佬，住洋房，雇用人，与世隔绝，以为掩护。[1]即使一般工作人员，也多半要选择居住条件稍好，环境适宜出行和较易隐蔽的处所，而不能住到贫民区或工棚的下层群众中去。当然，就是在这时的上海工人当中，赤色工会的力量其实也十分薄弱，不可能担负起掩护或支持共产党的作用。据熟悉工会工作的胡钧鹤、袁炳辉等人被捕后在公开的自首书中说：“所谓赤色工会除上海外，全国各地没有一个有群众的工会组织。”即使是上海，所谓群众的规模也非常小。以共产党认为最得意的真正有群众的纱厂赤色工会为例，开工会代表会时，名义上到了七十多名代表，而党员团员数量就占到六十多，代表工厂二十九个，所代表的群众不足七百人，平均下来一个厂的赤色群众不足二十五人。[2]

在农村的情况就完全不同了。中共从 1927 年 8 月以后，接连在各地发动了上百起武装暴动。包括规模较大的南昌暴动、秋收暴动和广州暴动，最终都归于失败。战败的暴动领导人，不得不将原本计划占领或进攻城市的武装，转入到农村里去，以求将剩余的力量保存下来。让国民党人，同时也是让绝大多数共产党人没有想到的是，退入偏远农村去的这些武装力量，却得以利用各省国民党军阀割据，军队集中在大中城市和交通要道，偏远农村统治力量薄弱的特点，逐渐创建了自己的农村根据地。在这个时候建立起来的农村根据地中，以赣西南井冈山和赣东北弋阳两块根据地较

[1] 此亦即当时中共领导人每月生活费 27—35 元左右，而博古成了临时中央负责人之后为了布置洋房花费了 1300 余元的原因所在。参见《前共党中央政治局委员卢福坦王云二人宣言》(1933 年 3 月 4 日)，转见前引《中国共产党之透视》，第 338 页。

[2] 《前共党中委胡均鹤、胡大海、袁炳辉、陈亨洲等告中国共产党青年团全体党团员书》(1932 年 12 月 16 日)，转见前引《中国共产党之透视》，第 347 页。

为有名。到 1929 年前后，由这两块根据地聚集或发展起来的工农红军，其活动区域已经遍及江西省边缘地区，甚至发展到赣西北和赣东南，以毛泽东和朱德为首的红四军，干脆经由赣南发展到福建的闽西地区去了。

中共红军在江西省偏远农村地区获得长足发展的一个重要原因，是靠“打土豪分田地”吸引了相当多的贫苦农民。正是这种情况，使得红军不仅在农村中容易立足，而且像滚雪球似的越滚得远，就越滚得大。再加上这时国民党在农村中的策略是“清乡”，即通过清乡委员会，“对凡列名农会者，概加拘罚，未列名者亦行之。且一人罚至三四次，一案之事，县署、清委、团局累拿之”[1]。同时力图通过“清查户口，整理团防，检验枪枝造具，联保连坐，切结实行邻县连环联防办法”，来阻遏共产党势力的发展，严密控制农村。[2] 结果，在农民运动曾经较为活跃的地区，只能引起农民中间更强烈的反抗。中共红军与这些地区农民间的结合，也就不可避免了。

国民党最初对中共在偏远农村中的武装，因为其对中心城市和交通要道威胁不大，因此并不十分重视，仅以当地驻军加以打击。但地方驻军或因省籍各异，往往得不到应有的支援；或因属地不同，往往不能轻易跨界作战。再加上这时国民党内讧不断，各省军队内部亦有亲蒋军和反蒋军之分，动辄反目，因此国民党这时“进剿”的效果十分有限。1929 年年初，湘赣两省国民党军成立了以何键为总司令的“剿匪”总部，以优势兵力联合发动“会剿”，虽然夺取了井冈山，朱毛红军主力却迅速转进闽西，不仅摆脱了湘赣两省军队的追击，而且在闽西建立起新的根据地。3 月 26 日，南京国民政府下令讨伐桂系，何键就任讨逆军第四军军长，讨桂战争随即爆发，湘军撤离江西，江西省的国民党军队也大部被抽调参战，江西各地红军当即抓住这一机会迅速发展。6 月中旬，鉴于讨桂战争取得阶段性胜利，蒋介石注意到红军在闽西的发展势头，旋又任命金鼎三为“会剿”总指挥，着

[1] 转见《湖南省志》第 1 卷，湖南人民出版社 1959 年版，第 572 页。

[2] 《行政院院长谭延闿呈国民政府蒋主席》（1930 年 2 月），南京中国第二历史档案馆藏档，一（2）587。

令赣、闽、粤三省集结军队于闽西地区参加会剿。但此举很快被紧接着爆发的中东铁路事件，特别是冯玉祥、唐生智、张发奎各部响应桂系，共同揭旗反蒋的战争所打断。这场讨桂战争直打到年底才告结束。这种情况自然极大地便利了红军在江西的发展。

据江西省政府1930年1月报告，当时方志敏、邵式平、王道、孙志清、匡龙海、邹琦、李烈等，率众逾万，快枪将及千支，土炮、鸟枪无数，以上饶、横峰、弋阳、德兴接界之磨盘山及弋阳属之漆工镇、黄沙岭、吴家墩、周坟等处为根据地，组织信江苏维埃政府及军事政治学校、农工妇女等训练所，为时三载，范围涉及十余县。据称：“加入人数愈众，蔓延日广，历次军队‘进剿’，不但不能肃清，往往为其挫折，损失武器，增其势力。于是势益猖獗，时而上饶河口，时而弋阳贵溪，时而余江万年，时而乐平德兴，到处侵扰，焚杀劫掠”。[1]

这时，方志敏领导的红军一部约三千支枪，在赣东北占据着弋阳、德兴、乐平、贵溪间大片地区；黄公略等一部约三千支枪，在赣西北占据着铜鼓、万载、修水、平江、浏阳等县边境；袁文才等一部约五六百支枪，在赣西占据着永新、宁冈、遂川等地；段月泉、李韶九、胡竹笙等部约枪千余支，占据着吉水、永丰、南丰、乐安间之地区；朱德、毛泽东一部约枪七千支，由闽西西进，由连城入宁化，连取广昌，乐安、宁都、永丰等地。按照江西省政府报告的说法，此中最有势力者为“朱毛红军”：“红军第四军军长朱德、经济（政治）委员毛泽东所辖共四纵队，每纵队辖三支队，每支队分三大队，每大队分三中队，每中队辖三分队，每分队计有快枪十二支，子弹八九十发，并有机枪四挺。此次朱德探得江西兵力单薄，将率一、三、四纵队由闽边宁化进犯广昌，毛泽东率第二纵队及宣传队由小道抄袭并指挥独立第二、第四两团约三千余人，同时并进，意图扰害赣局。其第一纵队司令为

[1] 《行政院长谭延闿呈国民政府蒋主席》（1930年1月31），南京中国第二历史档案馆藏档，一（2）587。

林彪；第四纵队司令为傅柏翠。本月十六日晚占领广昌，先头部队进至甘竹，并有少数出没于白舍、枫林之间。截至廿一日止，该股完全出广昌，进至洽村新丰市东陂一带。李韶九等则向宁都窜，但二十二日复由宁化方面窜来股匪二十余人，攻陷广昌，缴去靖卫队枪支甚多，各机关人员多被掳去。”[1]

据江西省政府报称，此外，彭德怀率一部三千余支枪仍在莲花、永新、遂川、万安等地活动，并于1月20日晚攻陷万安。袁文才、刘作述等部则占据永新、宁冈一带，1月18日攻陷遂川等。国民党虽然再度组织了赣、湘、鄂三省“会剿”，但均未达到效果。其对朱毛红军的作战，反而因农民对“进剿”部队封锁消息，以致损失了上千兵力。故江西省政府颇有些无可奈何地指出：江西历经水旱刀兵，元气难复，因此“愚民为生计所迫，共匪又从中利诱威胁，以故盲从日多，为患滋甚”。“属省各县多被共匪盘踞，人民中毒太深，不乏盲从附和者。而各属地方团体，无论公法团体、交通机关，均有此辈溷迹其间。甚至妇人、幼童，亦各缠红布臂章为匪作势。而各地民众之稍有知识及有身家者，又相率不敢发言，畏匪寻仇。其大多数则对剿匪部队漠不相关，不肯协助。故虽用重兵镇剿，对于持枪之股匪一时似已消灭，偶或军队他调，又复啸聚。一波未平，一波复起。”“此剿彼窜，兵去匪来，国军及地方自卫军无不疲于奔命。”“加以防区阔大，防守进击，兵力实感不敷，殊难应付。”[2]

1930年2月以后，国民党内部再度爆发中原大战，反蒋派另组北平国民政府，与南京国民政府分庭抗礼，双方各自动员了上百万军队投入作战，整个战争前后历时近七个月之久。这种情况，不能不再度给红军提供了绝好的壮大机会。到1930年7月，江西红军主力已经开始按照中共中央的要求，大举向江西省会南昌逼近。7月中下旬，江西省主席鲁涤平接连向蒋介石告急，一会儿报“朱毛先头已迫近吉安神冈山，正在激战，乞飞援”；一会儿

[1] 《行政院长谭延闿呈国民政府蒋主席》（1930年1月31），南京中国第二历史档案馆藏档，一（2）587。

[2] 参见《行政院长谭延闿呈国民政府蒋主席》（1930年2月）；《国军编遣委员会委员长蒋中正等呈国民政府》（1930年2月），南京中国第二历史档案馆藏档，一（2）587。

称“赣省形势颇危，如不增加军队，将不免波及大局”。“请允许于不得已时放弃赣南及吉安，巩固南浔”，并“请速派队增援”。[1]

然而，这边面对江西告急尚未及做出决策，那边何应钦更急电报称：长沙27日夜被红军彭德怀部乘虚攻陷，省府起火，岳阳、长沙电报不通，湖南军队均在汨罗、新墙、平江、浏阳各处参加对反蒋派的战争，何键总指挥“不知下落”[2]。另据各方报告：红军并无久占长沙之意，故几天后何键得以顺利地夺回长沙。从缴获文件中得知，中共此举，意在“先夺取湖南政权为根本地后，扩大红军，组织进取武汉，再合湘鄂赣皖豫力量，夺取五省政权，促成全国总暴动，推翻全中国国民党，建立全国苏维埃政权。故以红一、三、五、八等军入湖南，红四军入赣，红六军入鄂皖之潜桐霍安，粤之开平以及京沪闽浙等处皆隐伏积极准备暴动”[3]。8月底，红军各军受命再攻长沙时，国民党方面更形紧张。但因长沙方面兵力充足，工事坚固，又有海空军和铁甲车队增援，虽经六昼夜激战，双方损失数千人，红军仍未能攻克长沙。[4]

1930年10月，中原大战以南京方面胜利宣告结束。鉴于中共和红军势力空前强大，已经开始直接威胁到南昌、长沙等中心城市，并有围攻武汉，推翻南京国民政府的具体行动计划，蒋介石等不得不开始把军事重心转向剿共战争。11月初，武汉行营主任何应钦，下令第九路军主力由上高、高安、樟树、丰城地区沿赣江向西南进击，后并调第六路军和第十九路军入赣协剿。鲁涤平被委兼任第九路军总指挥，以第十八师、第二十四师、新编第十三师、第五十师、第七十七师、新编第五师和独立第十四旅，编成三个纵队，以张辉瓒、谭道源、罗霖为第一、第二、第三纵队司令。第六路军以朱绍良为总指挥，辖毛炳文第八师，许克祥第二十四师，张贞第四十九师，刘和

[1] 《鲁涤平致蒋总司令电》（1930年7月17，25日），台北“国史馆”藏蒋中正档案，特交文电19022498，19021446。

[2] 《何应钦致蒋总司令电》（1930年7月28日），台北“国史馆”藏蒋中正档案，特交文电19023069。

[3] 《何键致蒋总司令电》（1930年8月5日），台北“国史馆”藏蒋中正档案，特交文电19023973。

[4] 《何键致蒋总司令电》（1930年9月9日），台北“国史馆”藏蒋中正档案，特交文电19026134。

鼎第五十六师及一个独立旅。第十九路军以蒋光鼐为总指挥，辖蔡廷锴第六十师，戴戟第六十一师，马昆第十二师三十四旅。此次作战采取的是分进合击的战术，向袁水两岸推进，力图消灭朱德、毛泽东这时领导的红军第一方面军于清江至分宜段的袁水流域。此即为国民党对中共江西中央根据地的第一次“围剿”。

战争初期，国民党“进剿”军一再捷报频传，红军主力且战且退，至12月底，已探得红军大部开始在宁都黄陂、小布一带构筑工事。故鲁涤平30日下达作战命令：要求第十九路军在赣州蔡廷锴师本日即急进雩都，抄袭宁都，防止红军“南窜”；戴戟师抵兴国后即经古龙冈向宁都侧袭，期收“合歼根绝”之效；第六、第九两路军协同歼敌于黄陂、麻田各处，再行收复宁都。具体部署是：毛炳文师以两团向胡岭咀，两团向东关寨，夹击罗炳辉所部；许克祥师除以一部向东关寨攻击外，由现地洛口前进，堵击麻田之敌；谭道源师以一部协同许师攻击麻田之敌，主力协同张辉瓒师向小布、黄陂之敌攻击前进；张师应迅歼龙冈附近之敌，进占君埠、五门岭，以一部经上阳斋左援谭道源师，向黄陂挺进，以一部协同公秉藩师扫除小布之敌，继向黄陂攻击。公师着由南坑经白公圩港口向黄陂、麻田前进，以一部协同张师扫除小布之敌。“各师统限于元旦拂晓由现地攻击前进。”[1]

但鲁涤平部署的攻击行动即将开始的前一天，竟突然传来张辉瓒率五十二、五十三两旅30日在龙冈遭攻击受损，张本人在作战中“由右翼冲走未见踪迹”的消息。本为后援的五十四旅因怕红军奔袭，慌忙从南垄退回东固，再撤至富田，致“师长张辉瓒参谋长周纬黄旅长王捷俊团长李月峰被虏。又旅长戴岳自戕未死”[2]。得此噩耗，鲁涤平不得不马上调整部署，

---

[1] 《鲁涤平致蒋总司令电》（1930年12月30日），台北“国史馆”藏蒋中正档案，特交文电19015692。据冯都考证，电文中五门岭应为黄竹岭之误。见冯都：《第一次反围剿十个问题考辨》，中共江西省委党史资料征集委员会等编：《中共苏区第一次反围剿》（《江西党史资料》第十七辑），第287页。

[2] 参见《鲁涤平致蒋总司令电》（1930年12月31日，1931年1月5日），台北“国史馆”藏蒋中正档案，特交文电19015674，20000143。

下令公秉藩师迅速撤回富田、东固之线，谭道源师由沅头东移，向洛口之许克祥师靠拢。但是，原本刚在中原大战中受创，兵员不足的谭师两旅四团，在撤退途中却被熟悉地形和情报通畅的红军主力迅速抓住。谭师抵抗将近一天，终遭击溃，损失逾半。据前往增援的毛炳文、许克祥两师报告：“增援部队到达永乐洛口时，谭师已被匪突破，只将该师彭团及文团两团一部收容到洛口，谭师长及其他两团情况不明。”[1]

张辉瓒和谭道源两师惨败，已使国民党方面此次“进剿”计划完全被打乱。随即，广昌、南丰两县暨各机关又迭电告急，称“朱毛共匪约五千余人由闽之宁化经石田窜入广昌属东南之白水镇，离城仅五里，请迅派大军驰援”。这使得总指挥鲁涤平更加变得手忙脚乱起来，急电蒋介石，强调“目前广昌、南丰一带仅有防军一营，省垣亦仅留兵两连，余均出剿，无兵应付”，要求“顾念赣民痛苦，立赐抽派一师以上之兵力入赣，大举痛剿”。[2]

此番作战虽然担任主攻的第九路有两师失利，但其余各师建制完整，且第六、第十九路军均已陆续到达原来指定位置，仍有续战可能。故 1 月 29 日，蒋介石令何应钦以湘鄂赣闽四省“剿匪”司令的名义，代理总司令职权，亲赴江西，进一步调集四省军队，部署“围剿”行动。到 3 月中旬以后，何应钦已重新组织了“进剿”的部队。除第十九路军原有编制不变以外，另外增调了王金钰的第五路军（辖公秉藩的第二十八师、郭华宗的第四十三师、上官云相的第四十七师、郝梦龄的第五十四师、罗霖的第七十七师），孙连仲的第二十六路军（辖孙连仲兼师长的第二十五师、高树勋的第二十七师、关树人的骑兵师），并重组了朱绍良的第六路军（辖胡祖玉的第五师、毛炳文的第八师、许克祥的第二十四师、张寺孝的新十三师）。另外，参战的还有韩德勤的第五十二师、香翰屏的第六十二师、刘和鼎的第五十六师、张

[1] 《朱绍良致蒋总司令电》（1931 年 1 月 5 日），台北“国史馆”藏蒋中正档案，特交文电 20000010。

[2] 《鲁涤平致南京蒋总司令电》（1931 年 1 月 16 日），台北“国史馆”藏蒋中正档案，特交文电 19001934。

贞的第四十九师和周志群的独立旅等部。何在西起赣江，东至建宁的漫长战线上，布下了一条弧形阵线，并于 4 月 1 日下达了总攻击令，要求各部注意“稳扎稳打，步步为营”，“于月内克复各县，会师广昌，于国民会议开会前肃清朱毛”。[1]

此次作战的具体部署是，以第五路军为右路，分两个纵队分别从吉安、吉水、永丰南进，“扫荡”东固、龙冈，会攻宁都。以第二十六路军为中路，由宜黄、乐安分两路“扫荡”进占洛口、南团之线，会攻宁都。以第六路军为左路，以主力夺取广昌，并以一部进占头陂、新安、白水（今赤水）之线，俟右路军“扫荡”东固、龙冈后，会攻宁都。以第十九路军为南路，由兴国出发，攻占龙冈、城冈、江背之线，策应右路军会攻宁都。由于此次投入兵力二十万以上，是正规红军的六倍以上，加以装备火力优势明显，因此开始也相当顺利。一个半月后，四路大军已经推进至江背、桥头江、沙溪、头陂、白水之线了。但由于红军坚壁清野，再加上地形不熟，情报不灵，“进剿”军对对手的情况一无所知。

何应钦显然并没的接受前次“进剿”失败的教训，眼见部队进展顺利，即限令右路第五路军 5 月 15 日前占领东固。该路军第四十七师一三九旅和第二十八师公秉藩部，遂分别受命由富田和固陂圩出发，开始搜索前进，结果再度钻进了红军布置好的口袋阵中。公秉藩师全军覆没，公本人也一度被俘，只因冒充营书记，未被发觉，后被释放。但该师副师长王庆龙、旅长柴乔松、参谋处长朱子奇、团长吴宗周以下官兵死亡就达两千余人，全师上万人，五天后只收容到一千五百人左右。与此同时，右路军第四十七师王冠英旅由富田进至九寸岭、观音崖一带，亦遭红军伏击，全旅被俘即近三千人。而右路军第四十三师进至九寸岭时遭遇阻击，迅即退回白沙，被红军追上并击溃，被迫退向永丰县城。两部损失校官十五，尉官三百余，

[1] 转见李以邸：《第二次围剿国民党军惨败经过纪要》，《中央苏区第二次反围剿》（《江西党史资料》第十八辑），第 212 页。

士兵约七千，步枪四五千支，机枪三十六挺，山炮三门，迫击炮三十余门。[1]

鉴于公秉藩师等失利，南昌行营即令右路军第五十四师向右翼增援。但该师师长郝梦龄注意到各部惨败情形，深知增援途中必遭伏击，故假报18日晚“在沙溪与匪激战”，然后借口援助不到，独力难支，自行向永丰退去。至此,整个右路军实际上已基本失去了作战能力。听到部队惨败的消息，王金鈺于5月23日向蒋介石恳请处罚。电称：“祝旅长本午自吉水报告，郭师损失一半，谷陈两团长被俘，李团长被俘，今日藩由匪区归来，唐旅王团损失大半，于朱两团损失多半，于朱两团损失十之七八，朱团长在富田阵亡，其营长以上伤亡被俘甚多，正在调查中。郝师损失十之三四，本军三师除祝旅外，均损失甚大，非大加整顿补充无进攻力量，请钧座从速设法调后方修养训练，以便再用等语。闻之惶恐万分，病益加剧，务恳将该师调至相当地点补充整理为祷。职治军无能，遭此惨败，请迅以明命免本兼各职，以示惩戒。”[2]

右路军如此，中路军的情况也相差无几。高树勋率第二十七师进入苏区后，一样如坠云雾中，完全不明敌情。5月18日勉强进至南团，受命驰援藤田的郝梦龄师，前进至中村，先头第八十一旅即遭伏击，王广田团失去战斗力，团长亦告阵亡。高率师部直属队和池峰城旅部增援至中村，被红军和游击队团团围住。高树勋最终丢掉部队才得以逃脱，此役第二十七师伤亡官兵两千余人，除两团外，均被打散，“池旅之杜团，王旅之黄团，施旅之王团均损失殆尽，余亦多有损失。池王两旅之手枪队战死者各在三分之二，约计全师损失人近五千，步枪三千余，机构廿余挺，迫击炮十余门，阵亡团长二，营长七，下级军官甚多”。[3]

[1] 《王金钰致南京蒋总司令电》（1931年5月27日），台北“国史馆”藏蒋中正档案，特交文电20007314。

[2] 《王金钰致北平蒋总司令电》（1931年5月23日），台北“国史馆”藏蒋中正档案，特交文电20007088。

[3] 《何应钦转报第二十七师师长高树勋来电》（1931年5月27日）；《何应钦致蒋总司令电》，1931年5月27日，台北“国史馆”藏蒋中正档案，特交文电20007335，20007357。

孙连仲因此也不得不一边电告作战失利，一面自请处分。电称：“敝部奉命向沙溪前进，号（19日——引者）日高师先头王旅行抵石马浔南中村以西地，遇枪匪主力，激战终日，初意其为农匪，继而愈演愈烈，至马戌（21日19—21时——引者）匪力已达两万余人，将我王旅围困，经我高师极力增援，始得解围。是役以该旅王团损失较大，被我击毙之匪不计其数。查五路郝师于数日前已弃藤田汀溪，匪现直攻敝路并以大部绕进侧背。”[1] 鉴于目前形势，已令第二十五师退至萧田、横石、东陂一带，令高树勋师退向东陂北之黄陂，“职拟转进宜黄”。鉴于自己“指挥无方，致受重创，上无以对党国，下无以对官兵，应请钧座依法惩处，为以惩戒”。[2]

对于此次失败，代理总司令之权的何应钦也是一头雾水。他一面向蒋介石诉苦，抱怨有关将领不听指挥，一面也不得不自认“统驾失効”。其电称：“查当铣（16日——引者）日匪攻五路之初，蒋部蔡师即已到达城岗圩，五路相距不过数十里，为防五路独当其冲，即严电蒋部迅攻东固。迨富田被陷，复令进攻富田，乃均未遵行。……又巧（18日——引者）晚郝师在沙溪与匪激战，孙部高师即已进抵南团，此际判断匪之主力必渐东移，为防郝师有失，并趁机歼匪计，即电孙总指挥令高师及孙师均向沙溪速进包抄匪之侧背。高师进至中村地盘源一带与匪激战时，孙总指挥未照迭次电催令孙师速进助援，并云地形不便转行撤退，至高师孤立，被迫无力支持。”“似此孙部后退，六路自难独进。已电朱总指挥迅集兵力于广昌附近或甘竹洽村墟一带固守，与孙部切取连络，防匪绕袭。又电蒋总指挥观察情形，势如能迅占富田自善，否则恐匪速集大部转趋富田，即仍将所部集结于兴国附近待命。此盖因各部已失协同，不得已之处置之。”“现查公郭两师各失枪在三千余，唐师失枪一千余，各师机枪迫击炮及高师之损失如何，尚未

[1] 《朱绍良致南京蒋总司令电》（1931年5月23日），台北“国史馆”藏蒋中正档案，特交文电20007158。

[2] 《何应钦致蒋介石电》（1931年5月29日），台北“国史馆”藏蒋中正档案，特交文电20007477。

据报。匪势必因而愈大。则此后虽令第十师参加，亦恐难期效果也。”[1]

右路和中路相继失败，南路第十九军虽进至富田，亦不得不回师兴国，又撤返赣州。红军于是得以进一步集中主力，围攻广昌城。战斗于 27 日打响，当晚即攻占广昌。守城第五师遭受重创，师长胡祖玉重伤后死亡。进而，进占建宁的刘和鼎第五十六师，也在 5 月 31 日遭到红军围攻。其“八千子弟兵”，最后连同被红军放回的，一共只收容得五百多人。[2]

围剿江西苏区接连失败，不能不使蒋介石倍感沮丧。他当即召集陈诚等重要将领总结教训，并策划第三次“围剿”作战。陈诚 5 月 30 日赶至南昌，经过数日调查后明确电蒋称：此次失利原因有三：一是“顿军久驻，兵疲将殆，且各存观望，图保实力”；二是“军纪废弛，民怨甚深，失我增援”；三是“五路军原系孙传芳之旧部，对于江西人民素怀恶念，且共匪亦利用此弱点，对民众宣传”；四是个别军官指挥失当。他建议，应将第五路军调出江西，并对个别将领予以处分。如此，虽“大寐必有一觉。惩前毖后，来日方长，最后胜利自属于我。亟祈稍释忧虑”。[3]

刚刚赢得了中原大战胜利的蒋介石，自然不会甘心于这次的失败。他很快就于 6 月 6 日发出告全国将士书，称：“中正行将出发鄂赣，督率各军围剿赤匪，信赖我总理之威望，人民之助力，诸将士之忠诚戮力，必能于最短期间，清除共祸，奠安国族。”[4] 随后，蒋介石亲抵南昌，召集会议，研究部署，并为胡祖玉师长举行隆重的葬礼，还亲往医院去看望受伤的官兵，以为部队打气。[5] 与此同时，吸取上次作战部队互相观望，且时有临阵退缩情况的教训，蒋特别经由参谋处通令前线官兵，此次作战实行连坐法。“师

---

[1] 《何应钦致蒋总司令电》（1931 年 5 月 24 日），台北“国史馆”藏蒋中正档案，特交文电 20007145。

[2] 前引李以劻：《第二次围剿国民党军惨败经过纪要》。

[3] 《陈诚致蒋总司令电》（1931 年 6 月 2 日），台北“国史馆”藏蒋中正档案，特交文电 20007744。

[4] 《大公报》1931 年 6 月 7 日，转见《中央苏区第三次反围剿》（《江西党史资料》第十九辑），第 219 页。

[5] 《申报》1931 年 6 月 28 日，转见《中央苏区第三次反围剿》（《江西党史资料》第十九辑），第 220 页。

长未退旅团长先退者，杀无赦；旅长未退，团营连长退者亦同。余以类推。”[1]

7月1日，蒋介石亲下“第三次剿匪总攻击令”：“（一）以第二路进击军陈诚部之第十一师及第十四师分由南城、黎川向宁都攻击前进。（二）以第一路进击军赵观涛部之第六师及预备军第十师卫立煌部由南城、南丰向广昌地区之头陂攻击前进。（三）以第三军团朱绍良部之第八师及第二十四师分由南丰、新丰向黄陂攻击前进。（四）以第四军团蒋鼎文部为左翼集团军预备队，于临川、南城间集结相机策应第一线作战。”[2]

第三次“围剿”同前此一样，开始时部队进展相当顺利。当时报纸接连报道作战成功的消息，或称红军“已失战斗能力，旦夕可下”；或称红军“枪炮均无子弹，故大队前往，并无迎战之事”；或称固有抵抗，“我军除以大炮炸弹猛轰外，并由飞机掷弹燃烧”，再加上“我军前赴后继，奋勇猛冲”，红军亦断无支持可能。据报，仅从7月30日起至8月4日止六天之内，空军就在兴国及高兴圩一隅之地，投掷120—160磅炸弹共五百枚以上。5、6、7等日，每日掷下的220—260磅的炸弹，都在一百枚以上。以至于飞机过处，“血肉四溅”，“匪尸狼藉”，“臭不可闻”。[3]

鉴于此，蒋介石还在7月23日就已经公开告称：他本人“于本月二日，由南昌出发，巡视前线，并进驻南丰，亲督各军，积极进剿，乃于四日克复黎川，十三日克复广昌与石城……当即乘胜穷追，十九日遂攻克赤匪据为总巢之宁都……赤匪屡经我军跟踪猛击，其漏网残余者，本已不及万人，其向会昌汀州狼狈溃窜时，又被沿途民团袭击截堵，所剩更属无几，预计本月以内，必可全部歼灭”。[4] 到8月中旬，他更是充满乐观地下令：“限五

[1] 《申报》1931年7月7日，转见《中央苏区第三次反围剿》（《江西党史资料》第十九辑），第221页。

[2] 蒋介石：《下第三次剿匪总攻击令》（1931年7月1日），《先总统蒋公思想言论总集》卷三十七，第30页。

[3] 《申报》1931年7月23、31日，8月11、12日，转见《中央苏区第三次反围剿》（《江西党史资料》第十九辑），第225—229页。

[4] 蒋介石：《告全国同胞一致安内攘外》（1931年7月23日），《先总统蒋公思想言论总集》卷三十，第149页。

日内将收复区散匪肃清，月底将赣各匪彻底消灭，俾军事早日结束，人民安居乐业。”[1]

蒋介石发出限期肃清的命令，是因为有战报显示，红军主力已陷于“进剿”大军的包围之中。在此之前，红军因第二次反围剿作战后既未休息，也未得到补充，以致仓促应战，虽“绕道集中”，试图调动敌人，却不断被敌发现，往返奔波，“弄得十分疲劳”。[2] 好不容易在8月7—11日抓住战机，接连在莲塘、良村和黄陂重创上官云相的第四十七师和郝梦龄的第五十四师，一度取得了主动地位。[3] 但很快，红军主力就又在8月16日落入到国民党军的重兵包围之中。用中共苏区中央局自己的说法：“两月奔驰，全无休息，疲困已极，疾病甚多。既入兴国，仓卒应战，初向富田，折回兴国，由西向东，深入黄陂，又疾驰五百里。在约三个星期中，出入敌军重围之中，争取良村、黄陂两役胜利，至八月十六日二次被敌包围，是为一年来三次战争中最艰苦的时节。”[4] 由于山高林密，地形复杂，国民党军并未能抓住此一战机，结果是红军主力于8月底竟又再度脱险，又一次跳出了国民党军的包围圈。

红军主力为改变被动局面，于9月7—15日之间，利用国民党大军因宁粤冲突、做战略收缩之际，抓住机会，与蒋鼎文的第九师、韩德勤的第五十二师在白石、张家背一带，和第十九路军蔡廷锴的第六十师、戴戟的

---

[1] 《汉口民国日报》，1931年8月16日，《中央苏区第三次反围剿》（《江西党史资料》第十九辑），第229页。

[2] 毛泽东：《中国革命战争的战略问题》（1936年12月），《毛泽东选集》（竖排合订本），人民出版社1964年版，第207页。

[3] 此两役作战结果，据红军方面的统计，俘虏军官708名、士兵3193名，缴枪炮7080件；自己阵亡军官30名、士兵246，伤942名。《红三军团莲塘、良村战斗情况统计表》（1931年8月16日）、《红三军莲塘、良村战斗情况统计表》（1931年8月17日）、《红三军团黄陂战斗情况统计表》（1931年8月18日）、《红一军团第四军八月七日战斗结束统计表》（1931年8月22日）、《红七军莲塘、良村、黄陂战斗情况统计表》（1931年8月22日）、《红一军团第四军八月十一日战斗结束统计表》（1931年8月24日），见《中央苏区第三次反围剿》（《江西党史资料》第十九辑），第90—96页。注：统计数字中因部队战后未能打扫战场，故没有毙伤敌军的数字统计。

[4] 《苏区中央局致中央电》（1931年10月3日）。

第六十一师在高兴圩地区发生激战。但两战结果却大相径庭。

前者据蒋鼎文报称：独立旅“主力激战至晚损失十之八九，廿六旅之两团与赤匪反复冲击肉搏七八次者，死伤亦多，赤匪之死伤尤倍于我方，骸骨狼藉遍山皆是”。因“赤匪向我猛攻，并左侧右侧包抄我掩护部队伤亡颇大”，故已不能按计划与蔡廷锴部取得连接，而被迫向敦田、长径一带撤退。[1] 韩德勤也有报告称：“赤匪侦知职师与九师向东固前进，遂以全力向老营盘方面星夜东移，向我袭击。职师苦战竟日，率以弹尽援绝至遭惨败。”[2] 另根据接战的红军部队战斗结束后统计，此役俘虏军官 71 名、士兵 3187 名，缴获各种枪支 2690 支，自己阵亡军官 7 名、士兵 56 名，伤 234 名。[3] 不难看出，两方资料均证明，此战红军确实取得了胜利。

而与第十九路军作战的情形却另呈一种局面。陈铭枢报称：“自七月份以来我剿赤各军围攻匪区，匪利用地形与赤化民众为保护，惯用其诡避巧袭隐蔽战术以疲劳我军而免决战。最近匪乘我各军分途移动游击兼以阴雨兼旬，飞机不能侦察之际，竟抽移全部匪军于兴国之西北险要地带埋伏。本月虞辰我十九路军及第九师在兴国之西劲高兴圩益田长迳口墩田老营盘一带与匪第三、四、五、七、八、十二等军朱、毛、彭、黄、林、罗、李等全部五万余人遇战，亘两昼夜，剧烈异常。自虞夜至庚未，匪更以主力密集部队反复向我高兴圩之六十师冲锋肉搏二十余次。蔡军长廷锴亲率部队迎战，均将匪击退，匪横尸沟积流血河红，于佳辰将匪全部击破。计在高兴圩一带，匪遗尸七八千具，伤者不知其数，夺枪数千及匪高级司令旗数面。计我各军自围匪以来，此为第一次之决战，而匪之凶悍与其死亡之

[1] 《何应钦、熊式辉致蒋总司令电》（1931 年 9 月 9 日），台北“国史馆”藏蒋中正档案，特交文电 200010439。

[2] 《何应钦致蒋总司令电》（1931 年 9 月 28 日），台北“国史馆”藏蒋中正档案，特交文电 20011280。

[3] 《红军第一军团第四军九月十五日战斗结束统计表》（一、二）（1931 年 9 月 18 日）、《红三军团及七军九月十五日战斗结束统计表》（1931 年 9 月 19 日），见《中央苏区第三次反围剿》（《江西党史资料》第十九辑），第 114—117 页。注：统计数字中因部队战后未能打扫战场，故没有毙伤敌军的数字统计。

可惊，亦为战役中所罕见。匪经此大创，当不能复振矣。”[1]

陈电系公开通电，无疑带有宣传色彩。此时红军主力全部兵力也不过3万人，投入黄陂战斗的部队仅第一军团之第四军，和第三军团，另加一个第七军，合计兵力不过1.8万人左右。[2]但据接战的红军部队战斗结束后统计，此役俘敌兵仅20人，红军阵亡军官90名、士兵689名，负伤军官193名、士兵793名，失踪被俘官兵180名，损失各种枪支约1200余枝。如此伤亡被俘总数几达两千人。[3]故不论陈电水分如何，可知在此一作战中，红军确实遭受了重大损失。

整个第三次“围剿”，与前两次相比，国民党方面基本上控制着战场局面。虽有损失，亦不足以影响全局。而红军在国民党大军“围追堵截”之下，却显得极为被动，甚至接连受到挫折。但是，这次“围剿”却仍以国民党方面自行退出苏区以至无疾而终。其原因何在呢？

其一，是因为自蒋介石与胡汉民矛盾激化，断然软禁了胡之后，宁粤即公开分裂。5月初，汪精卫通电反蒋。随后，广东第八路军总指挥陈济棠等众多将领和粤桂籍国民党中央执行委员，亦公开通电要蒋下野。在蒋拒不妥协的情况下，汪精卫等在广州另立国民政府。到9月1日，粤桂联军下入桂动员令，并联合反蒋的唐生智军队，开始进兵湖南。此举不可避免地造成了南昌行营的震动，因而马上于4日做了暂时收缩兵力，就地监视红军的部署。

其二，是因为9月18日发生了日本入侵东北的重大事变。蒋介石为平

---

[1] 《陈铭枢致南京中央国府、总副司令、各党政军旅、各报馆电》（1931年9月9日），台北“国史馆”藏蒋中正档案，特交文电20010676。

[2] 据8月26日红一方面军人员武器统计，第四军战斗及非战斗人员合计6417人，第三军团合计9781，第七军合计2050人。《中央苏区第三次反围剿》（《江西党史资料》第十九辑），第112页。故毛泽东在《中国革命战争的战略问题》一文中，亦特别指出此役失利原因在“吃了兵力不集中的亏”。《毛泽东选集》，第220页。

[3] 《红军第一军团第四军九月七、八日战斗结束统计表》（一、二）（1931年9月11日）、《红军第一方面军第三军团及第七军九月八日战斗结束统计表》（1931年9月19日），《中央苏区第三次反围剿》（《江西党史资料》第十九辑），第110—113、118页。

息宁粤冲突，也为完成此次剿共作战，7 日公开声称此次作战已获大胜，如粤省不出兵进犯湘境，不久即可完全解决，他数日后亦将“再赴赣督师”[1]。尤其得知韩德勤部遭重创后，蒋即于 18 日再赴江西督战。不意就在其动身当晚，就发生了“九一八”事变。为了应付这一事件，蒋介石不得不于 21 日又赶回南京，密切观察事件的发展情况，并着手准备应对之策。而为防止日本可能由海上入侵，更不得不从“进剿”军中抽调部队加强海防。如此，继续部署“剿共”作战具体计划之事即告停顿。特别是随着宁粤和解，宁方接受了粤方关于蒋介石必须下野，和以粤军陈铭枢部为京沪警备部队的建议。因此，“进剿”军主力第十九路军很快亦调离江西剿共前线。蒋介石也为宁粤和解，被迫于 12 月 15 日上书中央执行委员会请辞，并于 22 日上午出席过四届一中全会开幕式后，经上海转返浙江奉化老家，以示下野。因此，继续此次剿共作战的计划，自然彻底被搁置下来了。

当然，即使没有上述形势变动，这次“围剿”作战成功的希望也不很大。因为，蒋介石等人这时基本上还是在重复着前两次的“剿共”思路，不仅政策上无甚调整改变，军事上也仍旧在重犯以往的种种错误。特别是在不熟悉山地作战和不顾后方补给的情况下，盲目指挥军队跟着红军四处乱跑。这种情况下，就连平时训练较为严格、一向看不起其他部队的陈诚手下的军官们，都已经难以忍受了。

陈诚第十四师某军官 8 月间在一封信中写道：“我们自从经过宁都以后，走的地方都是不见人烟，吃的东西也无处可买，总是上顿不接下顿，不过顶感困难的还是没有油盐，有时连水都没有吃的。……我们每天都要跋涉山川，东奔西跑。无论白天晚上，天晴落雨，总是没有停止的。到了一个地方，还要驻在山上，日晒夜露，风吹雨打，晚上也不能安寝。这一月以来，都是在这个情形里面过日子，总是在这个无人之境转来去（因为这是土匪最多的地方）。你想，一个人都是肉做出来的，像这样滋养不足，日晚劳苦，

[1] 转见韩信夫等编：《中华民国大事记》，第三册，中国文史出版社 1997 年版，第 232 页。

还加之风飘雨打，日晒夜露，无论精神身体，都是日益萎糜[靡]。所以这一月来,无论官兵,差不多没有不病的。肥的拖瘦,瘦的拖死。至于山高路险,跌死的人马，以及因病落后，被土匪杀死的官兵，总和起来比较出发时候的人数，差不多要少三分之一。谁也管不了谁，不知冤枉死了好多。真是匪没剿灭几多，自己却损失了不少。眼看到这种情形，真是欲哭无泪。”[1]

由于相信与红军作战取得根本胜利的可能极少，更极大地影响了部队官兵的作战信心。关于这种情况，我们也可以从该部另一位军官的信中看得很清楚。他这时写道：“现朱毛彭黄集中永丰县属匪区，他们的行军力和纪律实在很好。同时匪区的组织很完善——如乡有乡政府，村有村政府，区有区政府，故我们很不容易得到他们的行踪。他们呢？我们一举一动都知道了。他们能得到百姓的帮助的缘故，因为匪区的民众都是分了田地。他们的战略——坚壁清野。就是将老百姓一律上山，将粮和器具藏于山洞。真厉害，我们现在都觉得吃饭恐慌。（他们的）战术：一、麻雀阵；二、跳梁阵；三、两手撮合阵；四、钻山阵。”这个军官表示：我们要想得到关于红军的消息，几乎没有可能。因为“一到什么地方，百姓都没看见”。“我们走够了路程，然而剿匪的结果是没打伤朱毛好多。”“我们不晓得那天能转回武汉！”因为，对朱毛红军，“消灭恐怕无期”。[2]

三、蒋介石策略的调整与成功

1931年是中共在红军和苏工及其政权建设方面取得重要进展的年头。经过三次反“围剿”战争之后，仅江西中央苏区就形成了以瑞金为中心，包括四个县区，拥有数十万人口和近五万主力红军的相对稳定的农村根据

[1] 《乃大致仲函》(1931年8月23日),《中央苏区第三次反围剿》(《江西党史资料》第十九辑),第237—238页。

[2] 《超致世桢函》《超致树基哥函》《超致镇中弟函》《超致衡兄函》(1931年8月16日),《中央苏区第三次反围剿》(《江西党史资料》第十九辑),第238—241页。

地。[1] 与此同时，闽浙赣、湘赣、湘鄂赣、鄂豫皖及湘西根据地，也得到了相应的发展。全国红军已达到十万兵力以上。正因为如此，第三次反“围剿”胜利之后，中共就在 11 月 7 日于江西中央苏区的瑞金县城中，宣告成立了中华苏维埃共和国，决心以它来取代国民党的中华民国。但是，这个时候中共在南方农村中生长的环境其实已经越来越困难了。

仅以江西中央苏区三次反“围剿”战争的情况为例，第一次红军伤亡约两千人，第二次增至四千人，第三次更达到六千人，前后总计一万两千人次。其中死亡约两千人，残废约一千余人。第一次作战时，士兵每天尚有 0.15 元的伙食标准，月发生活费平均不足 1 元，加上医院费用，总计开支可达 25 万元。因伤病大增，兵员急需扩充，筹款及物资却日渐困难，以至士兵每天的伙食标准降至 0.1 元乃至 0.08 元，生活费完全停发，月耗总计已不足 18 万元。[2] 其后，因为经济益形困难，更是只能“每日发米一斤，钱菜盐均无”[3]。即便如此，加上地方政府及赤卫队经费亦须补助，情况也颇难维持。而因为战争需要民众支持，且造成生产停顿或破坏，故只能免征土地税，地主土豪更早已打光，在苏区根本无款可筹。维持政权及武装全部要靠红军在国民党军“围剿”间隙之际，通过到国民党区域里去打土豪才能获得。结果是，红军和苏区要生存，就必须要向外扩张；而其越发展，越要威胁到国民党控制的交通要道及其主要中心城市，国民党就越会投入

[1] 大陆一般史书认为，至红军第三次反围剿战争获胜后，江西中央苏区即已扩大到 21 个县，拥有 250 万人口（见戴向青等：《中央革命根据地史稿》，上海人民出版社 1986 年版，第 354 页）。但查苏区中央局 1931 年 10 月 3 日给中共中央的电报可知，此时“除瑞金全县赤化外，石、汀、雩、会四县大部尚是白色”。其他如会昌、寻邬、安远、信丰、宁化、清流、归化等，还全在国民党手中。电报称：对这些地区“须用一长时间去争取他”。结合欧阳钦 9 月 1 日报告，亦可看出，此时除瑞金外，周围各县多还处于拉锯状态，一时并未成为真正的根据地。

[2] 见杨奎松：《中间地带的革命——中国革命的策略在国际背景下的转变》，中共中央党校出版社 1991 年版，第 235—236 页。

[3] 《徐庭瑶致南京蒋委员长电》（1932 年 7 月 19 日），台北“国史馆”藏蒋中正档案，特交文电 21001214。至 1933 年因苏区扩大，经济情形略好，又恢复至每人每日 0.15 元的伙食标准。进入到 1934 年，因国民党军开始实施封锁，一度减至 0.12 元。后更进一步又改为发谷米，行军时每人每日一斤四两，驻军每人每日一斤。见杨岳彬：《匪情实录》（1933 年 10 月 22 日），福建龙岩，赣粤闽湘鄂剿匪军东路军总司令部参谋处印，第 14 页。

更多的兵力来“消灭”红军。另一方面，战争越打越大，红军对兵员和粮食物资的需求也就越大，而由于苏区经常处于战争之中，难以满足战争所需，也必须向外发展。如此循环的结果，势必要导致国共双方军事总决战的到来。1931 年 11 月 7 日中华苏维埃共和国在江西苏区宣告成立，更是加速了这一决战到来时间。

由于 1931 年“九一八”事变之后日本迅速占领了全东北，进而又在上海发动了“一 · 二八”事变，南京国民政府及其国民党中央，一时完全没有力量顾及中共红军和苏区的问题，从而使中华苏维埃共和国建立之后的红军和苏区，一度获得了重要的发展机遇。仅仅到 1932 年 4 月间，江西中央苏区的面积就已经跨有十八个县的范围，并占有七个全县及县城，控制人口约二百四十万左右。加上闽西苏区近十个县，控制人口已在三百万人以上。与此同时，鄂豫皖苏区、湘鄂西苏区和闽浙赣苏区，也都获得了相应的发展。这种情况自然极大地刺激了国民党。国民党在对日问题上稍有松动，就调转枪口，来对付共产党了。

1932 年 5 月 5 日，中日两国正式签订了《淞沪停战协定》。16 日，双方进一步签字认可了经过修订的中日文协定副本。上海事变就此告一段落。6 月 15 日，因上海事变又重掌军政权力的蒋介石在庐山召开鄂豫皖赣湘五省“清剿”会议，会商第四次“围剿”红军计划，决定首先肃清鄂豫皖三省红军。蒋亲兼三省“剿共”总司令。会议并决定，此次“剿共”，应以军事与政治相互配合，齐头并进。随后，国民政府就在庐山召集鄂豫皖赣湘五省民政建设会议，着重研究了政治和建设配合军事作战的各种相关的措施。而为争取农民，安抚过去跟过共产党的贫苦农民，会议明确要求占领苏区后，不仅胁从不究，而且必须推行“二五减租”。[1]

国民党第四次“围剿”作战，所以要把鄂豫皖三省红军和根据地作为首

[1] 韩信夫：《中华民国大事记》，第三册，第 380 页；《蒋中正致安徽省主席吴忠信电》（1932 年 7 月 19 日），台北“国史馆”藏蒋中正档案，特交文电 21029784。

要目标，其原因就在于鄂豫皖和湘鄂西这两个苏区所处的地理位置恰好在武汉一东一西。鄂豫皖苏区，以及湘鄂西苏区的发展势头，严重威胁了作为中国这时南北东西交通枢纽的武汉三镇及平汉铁路和长江航道的安全。6 月 29 日，鄂豫皖三省“剿匪”总司令部在汉口正式成立。30 日，蒋正式任命各路司令官。蒋兼任中路军司令官，以刘峙为副，下辖六个纵队。一纵张钫，二纵陈继承，三纵马鸿逵，四纵张印相，五纵上官云相，六纵卫立煌，总预备队指挥官为钱大钧。右路军司令官李济深兼，王均为副，下辖三个纵队，一纵徐庭瑶，二纵王均兼，三纵梁冠英，预备队指挥官为阮肇昌。左路军司令官为何成浚，徐源泉为副，下辖四个纵队，一纵万耀煌，二纵萧之楚，三纵张振汉，四纵刘培绪。另以王陵基为长江上游总指挥。以上中、右两路分别从平汉和津浦线向鄂豫皖苏区夹击，左路和王陵基部则负责清剿湘鄂西苏区。

由于此前军事形势较好，鄂豫皖苏区的红军第四方面军在国民党军“围剿”作战开始前，不仅没有休整待机，以逸待劳，反而受命夺取麻城，进逼黄陂，威胁武汉。而与此同时，国民党军右路一纵徐庭瑶部已于 7 月 7 日从东线开始进攻霍邱城，并于五天后拿下该城。中路二纵陈继承部和六纵卫立煌部，也从 7 月 10 日起，先后由罗山和孝感地区向东推进。等到 8 月上旬，红军仍未攻下麻城，而国民党中右两路进剿军却已经全部部署到位，因而于 8 月 7 日开始发起总攻击。鄂豫皖中央分局此时仓卒下令撤围麻城，并命令红军以主力迎击突向根据地中心红安以西之卫立煌部。因红安地区地势平坦，无险可守，红军面对强敌自然处于不利态势。8 月 13 日，红安陷落。为取得主动，红军主力迅速转向靠近山地的七里坪一带，与负责主攻七里坪的陈继承部展开激战。但因卫立煌部随即北出，分别向游仙山、古风岭推进，与陈部形成夹击之势，红军主力不得不再度向新集方向转移。而随着中路一纵张钫部和六纵卫立煌部与二纵陈继承部很快对红军主力形成三面合围之势，新集也已无据守可能。于是，鄂豫皖分局因此决定向东转移。新集、商城、独山、麻埠、罗田、英山、金家寨等均被国民党军所占领，鄂豫皖苏区实际上已不复存在，红军只能在乡村和山地与国民党军进行周旋。最终，在强敌追堵之下，红四方面军只得于10月中旬脱离根据地，越过平汉路向西转移。但此举亦未能摆脱国民党军的围攻，红军因此被迫越过秦岭，经过关中，然后南下汉中，渡过汉水，进入陕南地区。长途跋涉三千余里，才最终摆脱了国民党军队的围追堵截。进而，红四方面军于1932年12月翻越巴山，进入国民党统治较为薄弱的川北通江地区，最终才落下脚来。[1]

在分别摧毁了鄂豫皖苏区和湘鄂西苏区之后，蒋介石开始把重心转到围剿江西中央苏区方向上来。但1933年1月初，日军突然攻取山海关，打开了通向热河和华北的通道。此举迫使蒋不得不集中精力安排应付日本攻占热河时的种种办法。而与此同时，何应钦也一再报告江西中央红军攻势甚猛，接连攻取黎川、建宁、泰宁、将乐、邵武、顺昌、资溪、清流、归化、连城等。其中，周浑元和吴奇伟两师更遭挫败。据报，自1月4日起，周浑元师在黄狮渡，“第十三旅廿五廿六两团及独立旅第三团被匪部伪一二五军团围击激战两昼夜，终以弹尽援绝向南城方面突围而出，伤亡甚巨，计损失迫击炮两门，机关枪十五挺，七九步枪一一四八支”。[2] 当时蒋虽然有过“今日之事，应以对倭为先”的想法，但在吴奇伟师遭到重创之后，他还是下决心“先行赴赣，布置就绪，再转而北行，以免将来兼顾不遑”。[3]

1月29日，蒋介石再度到南昌，并再设行营。尽管这时已有消息称，日本必欲占领热河，蒋却已下定决心，既来之则安之，“余惟卓立不动，以贯澈攘外必先安内，抗日必先清匪之政策，先巩固革命基础，整顿革命阵容，再与倭决战，以雪此奇辱”[4]。故蒋介石这时公开对参加剿共的官兵训练称：“先安内而后攘外本是我们既定的方策，然而现在的外患实在太严重、太紧急了，我们已走到存亡绝续的最后关头。故对内剿匪的工作，必须于最短

---

[1] 参见中国工农红军第四方面军战史编辑委员会编：《中国工农红军第四方面军战史》，解放军出版社1989年版，第180—213页。

[2] 《何应钦致蒋总司令电》（1933年1月18日），台北“国史馆”藏蒋中正档案，特交文电22000625。

[3] 台北“国史馆”藏蒋中正档案，《事略稿本》，1933年1月21日条。

[4] 台北“国史馆”藏蒋中正档案，《困勉记》卷二十四，1933年2月12日条。

期间完成，乃可使我们能用全国力量，一致御侮，然后才有胜算。”[1]

据此，蒋宣布自兼江西省“剿匪”总司令，以陈诚的中路军为主攻部队，辖三个纵队，一纵罗卓英，指挥第十一、五十二、五十师；二纵吴奇伟，指挥第十、十四、九十师；三纵赵观涛，指挥第五、六、九、七十九师。分别集结于乐安、宜黄，抚州以及金溪、浒湾一线。并以蔡廷锴的左路军和余汉谋的右路军分别从福建和赣南，从三个方面对苏区形成合围之势。

然而，蒋介石尚未及开始督战，就传来热河省主席汤玉麟面对日军进攻，弃守承德，率部逃跑，将热河拱手让予日本的消息。热河失守，立即引起全国震动，蒋介石不能不马上于3月5日由南昌飞往汉口，当晚即乘车北上石家庄，与何应钦、张学良等会商局势。随后即决定将汤玉麟褫职查办，并免去张学良军事委员会北平分会委员长职，以军政部长何应钦暂代。

而就在蒋介石离开南昌前不久，即2月28日，“进剿”部队就再度受挫。据报，“此次第一纵队五二、五九两师由乐安并头向宜黄南之黄陂、东陂集结，上月感日（28日——引者）行至霍源固岗，猝遇赤匪一、三、五军团、廿五军并两独立师，血战数昼夜。幸十一师由宜黄赶到，将匪击退，救出五九师两团（欠一营）。此役匪方伤亡甚多，我五二、五九师伤亡及损失亦不少。计师附陈时骥被虏，李明受伤遇害，旅长杨得良受伤，现丁方靖受重伤，傅仲芳生死不明，团长以下更多。五二师收容无几”。[2]

两周之后，“进剿军”更是再遭重创。据报：“刻接辞修（陈诚——引者）电话，昨（21日）十一师附五九师一旅在东陂、黄陂以西，第九师在东陂以南地区，与赤匪主力激战终日。十一师长旅长均受伤，团长受伤三，阵亡二，第五九师温旅旅团长均受伤，部队情形未详。第九师颇有伤亡，拟同撤守五都，已否到达，尚未据报。吴奇伟纵队计十、十四、九十、第五各师，原拟由洽村、甘竹折转北向夹击，又以新丰市地形险恶，给养困难，

---

[1] 《事略稿本》，1933年2月14日条。

[2] 《贺国光致南京军委会林蔚文副主任电》（1933年3月8日），台北“国史馆”藏蒋中正档案，特交文电22036961。

现改道甘坊向客黄集结等语。”陈诚并称：“似此我进剿军两受挫折，士气大受影响，进剿已不可能，而匪方气焰大张，实力更行增大。应请密陈益孟诸公转商中央当局，抗日固属重要，剿匪更宜注意。如统师、兵力、补给诸项，速宜切实妥筹，以维大局。”[1]

显然，由于此次作战发动仓促，兵力增加不多，不少参加过第三次围剿的部队因没有离开江西前线，在当地又找不到兵源，故减员问题尚未解决；原本就不足的补给问题，更是因为此前宋子文掌管财政大权，只肯把不多的钱用在抗日方面，以致蒋虽希望推动“剿共”战争，拿到的钱连部队的欠饷都应付不了，似此都对部队士气产生了不利影响。[2]

对中央苏区的第四次“围剿”，还没有展开就告失利，这件事对蒋介石刺激颇大。他在给陈诚的手谕中曾表示：“此次挫失，惨凄异常，实有生以来唯一之隐痛。”[3] 恰好，这时为防止日军进一步攻入长城关内，他已调派四个师的中央军北上，并已投入在长城各口之抵抗作战。其内心原本即担心此举会招使日军“在平津作正式之战争”，“如余再北上，则且必扰及长江矣”。[4] 尤其在和德国顾问交换看法后，更确信不宜主动攻击[5]，故长城抵抗看似告一段之后，他很快于3月24日返回了南京。

蒋介石回南京不久，就接到江西省主席熊式辉的告急电。内称：“最近一月以来，有第五十九、第五十二、第十一各师之挫败，计师长死伤四员，旅长六员，团长十六员，步枪损失当以万计。……现在匪势益张，昨复扰

[1] 《贺国光致南京军委会林副主任电》（1933年3月22日），台北“国史馆”藏蒋中正档案，特交文电22037195。

[2] 有关蒋宋之间此时围绕财政开支重点应在抗日还是在剿共问题上的争执，可参见吴景平：《宋子文评传》，福建人民出版社1993年版，第180—184、209—221页。

[3] 转见戴向青等：《中央革命根据地史稿》，上海人民出版社1986年版，第469页。

[4] 《困勉记》卷二十五，1933年3月1日条。

[5] 因免去张学良职，理由为抗日不力。故热河虽失，蒋曾一度考虑通过主动出击，收回部分失地，以付民意。然而德国总顾问却详细分析利弊得失，认为中方准备不足，而日方却随时可以扩大战争，中方不宜主动进攻。《佛采而总顾问陈述攻击侵入热河日军之意见》（1933年3月24日），台北“国史馆”藏蒋中正档案，特交档案026卷，51113。

及新淦、赣东、赣西，小股逐渐蔓延，坐视其大而莫能制。资溪、黎川为赣闽浙间要地，失陷数月迄不能收复，近且进扰南城、金溪，赤化民众，如火燎原。赣南大股攻城略地更无可奈何”，乞蒋速筹办法，调派得力部队并立派大员到赣“督剿”。[1] 熊电到后两天，新淦和金溪即告失守，蒋介石急忙于 4 月 5 日赶往南昌，准备亲自督战，继续组织“进剿”。

不料，蒋介石刚刚返回南昌，日军又对长城各口发动了大举进攻。不足半个月的时间，日军就先后夺取了古北口、喜峰口、界岭口、冷口等关隘，进而于 15、16 两日占领了秦皇岛、滦阳和昌黎县城，从而不仅大举进入关内，而且占领了河北滦河以东的大片地区，直接威胁到了平津地区的安全。

日军大举攻入关内的情况，引起了国内舆论的强烈反响，也激起了本来就对在江西“剿共”颇多牢骚的军队官兵的抗日热忱，纷纷要求北上抗日。蒋介石两面受敌，一面通过外交途径阻止日军进一步推进，一面则不得不公开督令各将领，声称：“本总司令此来决与我赣中诸将士共生死，同荣辱，殄灭赤氛，以安党国。如再有偷生怕死，侈言抗日，不知廉耻者，立斩无赦。”[2] 为杀一儆百，他很快奏请国民政府军事委员会批准，以“骄矜自擅，不遵意图”为由，给中路军总指挥陈诚降一级，记大过一次；以“指挥失当，决心不坚”为由，给第五军军长罗卓英革职留任；以“骄矜疏忽”为由，给第十一师师长萧乾记大过一次。他还密令浙江省政府主席鲁涤平，将奉令入赣剿共，却因为不服调遣、擅离前线回到杭州的第二十一师师长刘珍年逮捕，随后以“破坏法纪，违抗命令”为由，明令将刘褫职查办。[3] 在这种情况下，并由他亲自督战，陈诚等部终于鼓足勇气，夺回了新淦和金溪。但尽管如此，以这个时候进剿军的情状，蒋要迅速恢复进剿的努力实际上也已无从实现了。

为鼓舞“剿共”军的士气，蒋介石这时再三做“攘外必先安内”的讲演，

[1] 转见韩信夫：《中华民国大事记》，第三册，第 486 页。

[2] 转见韩信夫：《中华民国大事记》，第三册，第 488 页。《先总统蒋公思想言论总集》（卷三十七，第 69 页）收有同样内容但文字略有不同的《勖勉各将士专心剿匪电》（1933 年 4 月 6 日）。

[3] 转见韩信夫：《中华民国大事记》，第三册，第 489，500—501 页。

反复说明“外侮实为内乱所招致”，国不统一不能御侮的道理。[1] 并亲自撰写“剿匪”要诀歌，开头即有所谓“赤匪凶横真心痛，假借共产骗农工，杀人放火如禽兽，祸国害民卖祖宗”，试图以此来激起官兵反共的欲望。[2]

1933 年 5 月 6 日，蒋介石已准备好再度发动“进剿”。国民政府因此批准了蒋的任命令：任命陈济棠为赣粤闽湘鄂“剿匪”南路总司令；何键为赣粤闽湘鄂“剿匪”军西路总司令；刘峙为赣粤闽湘鄂“剿匪”军北路总司令。但是，此次进剿行动尚未及全面部署完毕，日本关东军即以中国军队威胁“满洲国”为借口，再次进犯滦东地区，并且开始渡河向滦河以西进攻。守军伤亡惨重，被迫后撤。5 月 22 日，日军已进抵通县、牛栏山，并于次日攻占怀柔，进逼高丽营，北平已陷于日军三面包围之中，整个平津地区均危若累卵。在这种情况下，蒋介石不得不再度集中精力应付此一事件，直到 5 月 25 日交战双方签订“觉书”，中方承诺撤退军队至延庆、昌平、高丽营、顺义、通州、香河、宝坻、林亭口、宁河、芦台之线以西以南，尔后不再越线，日方则承诺不越线追击，此一事件方才算暂时告一段落。随后，中日双方于 5 月 31 日在塘沽依据上述条件，正式签订了停战协定。

然而，一波未平一波又起。就在 5 月 25 日中日签订停战“觉书”的第二天，冯玉祥就在察哈尔树起了抗日同盟军的旗号，并通电反对与日本签订停战协定，声明愿“率领志同道合之战士及民众，结成抗日战线，武装保卫察省，进而收复失地，求取中国之独立自由”[3]。已开至福建参加剿共的第十九路军将领，亦公开表示反对塘沽协定，部分军队且已挥师北上，决心抗日。其后蔡廷锴虽接受了国民党中央的解释，力劝部属归回节制，但他明告南路军总司令陈济棠，十九路军已难以担负“剿共”任务。其电称：各部虽已

[1] 《蒋介石在崇仁总指挥部对中路各军连长以上官长训话》（1933 年 5 月 8 日），台北“国史馆”藏蒋中正档案，特交档案 002 卷，51079。

[2] 《蒋中正致南昌贺参谋长电》（1933 年 5 月 21 日），台北“国史馆”藏蒋中正档案，特交文电 22056962。

[3] 赵谨三编：《察哈尔抗日实录》，上海军学社 1933 年版，第 204—207 页。

回闽，但士兵不愿回师“剿匪”，纷纷退伍，北上四个团返抵源潭时，已仅余两个团。[1]

冯玉祥的察哈尔抗日同盟军和蔡廷锴的第十九路军的行动，都极大地牵制了蒋介石新的“剿共”军事计划。因此，蒋介石这时的用兵重心，不能不转向这些异己的地方实力派军队。他在日记中接连写道：“杂军之无道义，一有弱点可乘，即起而背叛，故不先处置杂军，断难消灭赤匪也。”“赤匪不除，无以制俄而攘倭；杂军不清，无以制倭而攘俄。”但蒋在这种内外夹击的情况下，也显得有些一筹莫展。日记称：“冯玉祥负隅察省，和战莫决；西南叛变消息时至，而陈济棠又摇惑不定；赤匪北窜不退，而何键则观望不前，此时虽有快刀，难斩乱麻，忧惶曷已！”[2]

6月20日，冯玉祥任命吉鸿昌为北路前敌总指挥，邓文为左副指挥，李忠义为右副指挥，并派方振武为北路前敌总司令，兵分三路北上，准备对日作战。22日，同盟军先头部队张砺生部进逼康保，经过激烈战斗，消灭伪军崔兴武一部，收复康保。23日，吉鸿昌率部直趋宝昌，李忠义率部挺进沽源，两地先后克复。7月7日，吉鸿昌率部三路进攻多伦，至12日，最终迫使日伪军残部从东门逃出，收复多伦。多伦的收复，在全国引起了热烈的反响，欢呼声四起。国民党高级将领李烈钧、程潜、蒋光鼐、蔡廷锴、李宗仁、李济深、陈铭枢等，也先后致电祝贺。冯玉祥受此鼓舞，于27日在张家口公开成立“收复东北四省计划委员会”，声称将全力以赴，收复东北。此种情况显然使国民党中央十分被动。然而，恰在此时，正在与冯玉祥秘密合作的中共河北前委，却受命“对冯等不应有丝毫幻想”，开始在同盟军内部争取士兵和激进军官，力图将同盟军引向兵变，以创造北方新苏区。[3]与此同时，冯玉祥所寄予希望的苏联政府，也公开表态斥责冯及其同盟军

[1]　韩信夫：《中华民国大事记》，第三册，第517页。

[2]　《困勉记》卷二十六，1933年6月7日，7月6、24日条。

[3]　《中央驻北方代表田夫致中央信第15号》（1933年6月27日）；《中央给北方代表田夫同志的信》（1933年7月3日）。

有意想要挑起苏日冲突。在这种情况下，国民党中央一面以大军相逼，一面答应让冯旧部宋哲元回察主持军政大局，冯玉祥遂于8月5日通电收束军事，将察省一切交宋哲元办理，然后撤销了抗日同盟军总部，辞去总司令职，离开张家口。此后，虽仍有一部同盟军在中共推动下，由方振武、吉鸿昌等率领，转移至张北附近，揭出革命军事委员会的旗号，甚至不惜以“讨贼”的名义向北平方向进发，但坚持到10月中旬，终在国民党重兵包围下归于失败。

在此期间，蒋介石虽暂时无法调集足够兵力实施“剿共”，但他仍旧日夜在考虑“剿共”的办法。如命令下属组织专家破译中共电码，以便获取中共行动的种种情报，同时鉴于历次“围剿”江西中央苏区失利的教训，提出了“三分军事，七分政治”的“剿匪”方针，并且专门在庐山组设军官训练团。由陈诚主持，请德国军事顾问团及意、美军事教官等上百人，向调来培训的赣粤闽湘鄂各路军官，传授适合于“剿共”的军事战术和政治观念。

关于破译中共密电码的工作历经两月，宣告失败。受命负责此项工作的黄季弼报告称：“职股对于赤匪电报迭经逐日分类悉心研究，时经两月，毫无头绪，实属无从着手。察其情形，匪方对于电报之打法译法与及密本之编制法，均属精细周密，甚有心得。细查所得赤匪各报，其内容自首至尾均用密码，似系以号码数目替代密本之名称，其译电法似系引用复译法编成表式，百数十张随时按表将密本之大小码变换。其表式则系由0000号至9999号，一万号之中任便抽用，随时变更，发电人及收电人彼此均有此表对照，故密本究竟共有若干种，每种用若干时日，及何时更换，均无从分析。”“七月三十日发现电报一张，计九百余字，征诸以往之经验，如用书肆所售之密本简单编成密码者，若有七八百字则对于此本密码即不能窥其全豹，亦可得其半数，即抄过之密本若有一千个字左右，尚可视其抄法之程度如何得其若干之意思。乃此九百余字之电报竟苦心研究时逾旬日，而结果毫无所得。且截至本日止，再未尝发现该类电报。由以上各点观之，赤匪内部对于电报甚为注意，而且甚有研究也。职与全体人员再三讨论，咸认为无法办理此事。”[1]

从密电码方面无甚收获，但其突出政治工作，却有相当进展。根据几度开会研究的结果，蒋介石这时已经制订了一套政治工作的方法。包括：凡军事推进之处，其社会、政治、教育、产业及老百姓概须军事化，要以军队的精神去办理一切，受军事计划所支配，使军队成为当地政治和社会的核心或主体；由各师党部整顿地方团队，由军队供给武器，训练军事，务须平时能执行宪兵警察之职务，以保卫地方治安，战时而为国家之征兵；由各师党部遵照《农村土地处理条例》《农村合作社组织条例》等，宣传二五减租，办理土地登记，组织农村合作社等，以推行农村改良；由军队党部人员会同县长，负责采办民食，办理平粜，发放医药，招抚投诚，实施救济，组织感化等，以转化民众心理；根据行营颁布的《剿匪区内招抚投诚赤匪暂行办法》和《胁从与自新分子办法纲要》等，由各师党部会同县政府、区公所办理自新自首。除行营或省设感化院外，各部队设临时战地投诚俘虏收容所，地方设感化班、劳动团，以推行心理瓦解战术。[2]

军官训练团更为蒋介石高度重视。训练团开办当天，蒋就到场宣布：“此次训练唯一目的，就是要消灭赤匪，一切设施，皆要以赤匪为对象，一切训练的方式动作以及各种战术，统统要适合剿匪战术的需要，统统要针对土匪的实际情形与匪区的实地的地形来作想定并实施训练。”[3] 第一期军官训练团开学仪式上，蒋更亲自告诉来参加训练的军官们说：“我们以后能不能剿清赤匪，与整个革命的成败，党国的存亡，以至各个人的生死，统统都看这次训练能不能发生效力。所以我们希望各位教官和学员认清这次训练

[1] 《黄季弼报告》（1933 年 8 月 24 日），台北“国史馆”藏蒋中正档案，特交档案 003 卷，50945。

[2] 参见《蒋介石致汪精卫电》（1934 年 7 月），蒋介石：《推进剿匪区域政治工作的要点》（1933 年 6 月 12 日），转见熊尚厚：《对蒋介石第五次“围剿”中央苏区的准备之考察》，《民国档案》1992 年第 1 期。

[3] 蒋介石：《庐山军官训练的要旨与训练的方法》（1933 年 7 月 11 日），《先总统蒋公思想言论总集》卷十一，第 274 页。

的重大意义，晓得这一次训练，不是通常所办的什么训练班或军官团，而实在是我们自己个人的生死关头，也是我们的党和国家以及整个民族的生死关头。”[1] 此次训练团共举三期，受训营级以上军官达七千五百多人。由于这次训练着重于培养部队之间的统一意志、协作团结精神，强调长官士兵化和军民合作，并且侧重于练习山地战、游击战、险路战、伏兵战及夜战等战术，因而在相当程度上提高了部队的士气，加强了战略战术运用的自觉性和互助协调的作战意识。

察哈尔抗日同盟军事件刚刚告一段落，蒋介石就迅速开始调集兵力，准备“进剿”了。其 8 月 16 日给军委会的电报明确提出，准备以 9 月 21 日为期完成一切“进剿”准备。电称：北路军“进剿”准备务限九月二十日前一律完毕。其战斗序列总司令刘峙前敌总指挥蒋鼎文其下拟分三个或四个纵队，以卫立煌、薛岳、陈诚、赵观涛各指挥一个纵队。[2] 蒋介石为显示此次行动之决心，要求军委会下令“各总指挥军师长，剿匪必须擒斩其匪首之各路最高将领为目的，如其匪首将领尚未就首，则剿匪任务即使匪区肃清，亦不能作为完成。并将各路匪首姓名指明，例如赣南朱毛鄂西贺龙、赣东方邵以及鄂东豫南赣西各匪首姓名，指明公布并定其擒与斩各种赏格。其数大约以十万至三十万为度”。[3]

9 月 25 日，国民党“进剿”军周浑元部首先开始向黎川挺进。因黎川守军不足百人，只能弃守而去。随即，国民党军和红军之间开始围绕着黎川地区展开了激烈的争夺战。然而，恰在这时，担任东线“进剿”任务的第十九路军将领，却开始秘密与红军进行谈判。双方 10 月 26 日甚至成功签署了《中华苏维埃共和国临时中央政府及工农红军与福建政府及十九路军

[1] 蒋介石：《庐山训练之意义与革命前途》（1933 年 7 月 18 日），《先总统蒋公思想言论总集》卷十一，第 283 页。

[2] 《蒋中正致军委熊主席、贺厅长电》（1933 年 8 月 16 日），台北“国史馆”藏蒋中正档案，特交文电 22052582。

[3] 《蒋中正致熊主席、贺厅长电》（1933 年 8 月 18 日），台北“国史馆”藏蒋中正档案，特交文电 22055262。

抗日作战协定》（即《反日反蒋的初步协定》）。其主要内容是：(1) 双方立即停止军事行动，暂时划定军事疆界线；(2) 双方恢复输出输入之商品贸易，并采取互助合作原则；(3) 福建方面立即释放政治犯；(4) 福建方面赞同其境内革命的一切组织之活动，并允许出版、言论、结社、集会、罢工之自由；(5) 福建方面应发表反蒋宣言，并立即进行反日反蒋军事准备；(6) 双方互派常驻代表；(7) 双方给予代表发护照通行证，保护安全；(8) 双方对于协定交涉应严守秘密；(9) 双方及早另订具体作战协定；(10) 双方贸易关系，另订商务条约。[1] 随即，陈铭枢、李济深等于 11 月 22 日在福州正式宣告成立了“中华共和国人民革命政府”。以李济深为政府主席兼军事委员会主席，陈铭枢为政治部主任，黄琪翔任参谋团主任，蔡廷锴任人民革命军第一方面军总司令兼十九路军总指挥。经济委员会主任余心清，下设劳动、土地、商务三个委员会，分别由蒋光鼐、章伯钧、许锡清任主任。文化委员会主席陈铭枢。外交部长陈友仁，财政部长蒋光鼐，最高法院院长徐谦。此外设国家保卫局，由李章达主持。彭泽湘任政府秘书长。此一事变的发生，再度打乱了蒋介石计划中的“剿共”部署。

由于蒋介石已经估计到红军并不会为了援助十九路军和福建事变而主动采取牵制行动[2]，故他毫不犹豫地从进攻中央苏区的主力中抽调了九个师，并从南京、杭州抽调了两个师，合计十一个师约十五万人，分三路向福建进攻。其中蒋鼎文为第二路总指挥，率李玉堂第三师、李延年第九师，由江西南城转进闽北浦城；以张治中为第四路军总指挥，率王敬久第八十七师、孙元良第八十八师，由南京、杭州进抵闽北浦城、建瓯一带；以卫立煌为第五路军总指挥，率冷欣第四师、李默庵第十师、宋希濂第三十六师、刘戡第八十三师、汤恩伯第八十九师，分批从江西抚州经邵武、顺昌，与原

[1] 见《福建事变档案资料》，福建人民出版社 1984 年版，第 195—196 页。

[2] 蒋估计：“闽逆欲与赤匪联合，以制中央，然赤匪未必急助闽逆也；赤匪知粤军不敢外出，故亦必不南移防粤，其将在闽北赣东间，以阻我对闽行动，而以消极助闽逆乎？”《困勉记》卷二十七，1933 年 11 月 29 日条。

驻闽北的刘和鼎部会合。另以毛邦初为空军指挥官，以陈绍宽为海军指挥官，从空中和海上配合地面部队进行侦察、封锁和轰炸。蒋介石则自任“讨逆军”总司令。

面对国民党中央军十五万人三路大军，福建十九路军能够作战的部队不过五万人，不仅处处设防，形势上极其被动，而且各级将领中对与中央军作战态度消极者甚多，影响部队战力甚大。随着1934年1月5日中央军顺利夺取闽北重镇延平，7日攻陷水口，十九路军已无法据守福州，而不得不立即向闽南撤退，试图争取背靠广东与苏区。但是，1月12日，福州重要屏障古田被攻占，闽北尽失，十九路军和福建人民革命政府当晚分路退向漳州和泉州，李济深、陈铭枢等纷纷离开福建，十九路军将领间亦随即发生分化。第二军军长毛维寿在戴笠所派特务的策反下决心脱离人民政府，十九路军的抵抗已经不复存在。1月30日，中央军占领泉州，南京方面宣布取消十九路军番号，任命毛维寿、张炎为第七路军总副指挥。福建事变即告失败。

“剿”平十九路军后，蒋介石又陆续把讨伐十九路军的部队调回原驻地，并派蒋鼎文部进驻闽西，与北路军联成一气。从1934年3月起，国民党“进剿”军以蒋鼎文为东路军总司令，以顾祝同为北路军总司令，以何键为西路军总司令，以陈济棠为南路军总司令，形成对江西中央苏区的合围之势。因为此次作战中红军采取“御敌于国门之外”的寸土必争的防御战法，正好适应了“进剿”军边推进、边筑堡，步步为营的战法。对此一战法，蒋介石这时有明确的要求，即“土匪用种种巧妙的方法来骚扰我们，我们只有先集结兵力，坚筑工事，用一个呆笨方法自己固守起来！以后再找好的机会来消灭他！土匪用声东击西，摇旗呐喊，以及种种虚声恫吓装模作样的巧妙方法来骚扰我们耳目，打击我们的精神，从而讨取便宜，我们只有一概不管，自己实实在在准备自己的实力，强固自己的工事，拿我们一切实在的东西，来对付土匪一切虚伪的花样，这就是所谓‘以拙制巧，以实击虚’”。“匪区纵横不过五百方里。如我军每日能进展二里，则不到一年，可以完全占领匪区。”[1] 这样，红军在具有优势兵力和优势火器的国民党军面前，其形势就十分严峻了。[2]

据国民党东路军报称：两军 3 月 11 日至 15 日已在三溪圩、五都寨、白舍、甘坊一带发生激战，综计各部队缴获步枪六四八枝，重机枪六挺，轻机枪六挺，手提式枪一支，自来得枪二二支，白郎林枪三支，俘虏伪官六员，匪兵六三四名，“投诚”士兵二十名，“伤毙”约四千余名。国民党军方面则阵亡官长一六员，士兵一七七名，负伤官兵五二员，士兵六九四名，失踪官兵一员，士兵七六名，损失步枪六一支，轻机枪五挺，迫击炮一门。[3]

在随后的作战中，中共中央更是为力保苏区北大门广昌不失，前所未有地集中了一、三、九军团全部和第五军团之三师，并各独立师，以及公略步兵学校学生等，对国民党军节节抵抗，虽受重大损失亦在所不惜。红军在此一作战固然也使用过大胆穿插的战法，但由于国民党军在坚持稳步前进、持久消耗总方针的同时，也能够在相互协调配合的基础上主动出击，因而红军穿插战术反而容易使自己陷于被动挨打的境地。在几度穿插战术不能得手的情况下，红军只能更加依赖于阵地战，来确保“国土”不失了。

在广昌，红军大量构筑工事和碉堡，决心与强敌一拼死活。中共中央领导人集体组成前方委员会，亲赴广昌附近头陂督战。红军总司令朱德并亲至前线，严令红十三师师长陈伯钧和十四师师长张顺清顽强固守，不准撤退。对于红军如此战法，就连国民党方面也深感奇怪。直到 4 月 28 日广昌陷落之后，国民党方面才开始从俘虏口中确认红军作战方针真的已经改变了。[4]而这种改变，毫无疑问让国民党方面更加放心大胆地运用自己的战术了。

---

[1] 蒋介石：《主动的精义与方法》，《庐山训练集》，第 196 页；《蒋介石 1933 年 10 月 17 日战字二一三号训令》，《赣粤闽湘鄂北路剿匪军第三路军五次进剿战史》（上），第三章，第 12 页，转见黄道炫：《第五次反“围剿”失败原因探析——不以中共军事政策为主线》。

[2] 国民党军此次构筑碉堡的数量十分惊人，仅北路军第六路军在赣南作战几个月，就筑堡 830 个之多。见薛岳：《剿匪纪实》，（台北）文星书店 1962 年版，第 24 页。

[3] 《陈诚致蒋总司令电》（1934 年 3 月 19 日），台北“国史馆”藏蒋中正档案，特交文电 23019177。

[4] 三路总部参谋处编印：《广昌附近诸战役俘匪口供汇要》，1934 年 6 月 3 日（油印），第 2 页。

广昌一战，红军主力损失达5500人之谱。而这种损失对红军显然是致命的。据在此前后投诚或自首的红军干部讲：由于红军的战力全赖乎党团员之努力，目前部队损失太大，补充和扩充过快，因此新兵太多，以致每次作战干部和党团员的损伤都差不多要占到士兵损伤之半数，干部和部队骨干严重匮乏，战斗力已大不如前。也由于干部及“党员中坚分子现不及十分之一二，其余全是苏区农民，无相当训练，一临火线，不战自溃，故不得不利用以前国军被俘之士兵，但此辈多貌合神离……自无诚心与国军抗战”。[1] 在此情况下，红军本应改变战法，但依旧是分兵把口，节节抵抗，处处固守。建宁之战，红军再遭败绩，损失上千人。打到8月间，红军又接连在高虎垴、高兴圩和驿前等地与国民党进剿军展开激战，又损失2300余人，各部队基层干部所剩无几，因而元气大伤。[2] 自此之后，红军士气转趋低迷，仅8、9两个月里，弃械逃亡的士兵就有数千之多。[3] 事至于此，中共和红军第五次反围剿作战之失败，已经是不可避免了。

四、红军长征与国民党军的围追堵截

1934年10月3日，刚刚向国民党投降的前中共中央革命军事委员会所属军委总参谋部第五局局长兼军委动员武装部部长杨岳彬提供了一条十分重要的情报，南昌行营当即报送这时正在北平的蒋介石。杨说明：中共中央军委面对不利的军事形势，早做好了三种应变的准备，其一是集结全部力量在瑞金、石城之间或在瑞汀附近与国民党军决战，以图保数年所积聚之军用器材和中央苏区及其中央政府。此为上策。其二是如若决战失败，

---

[1] 红军第三十九团参谋长王严，第十三师三十七团连指导员李和生等语。见前引《广昌附近诸战役俘匪口供汇要》，第4、8页。杨岳彬：《匪情实录》，第4页。

[2] 仅高虎垴一役，红军伤亡就达1373人，另有40人失踪。其中第五师原来是两千多人只剩下不到一千人。驿前一役，又伤亡两千多人。参见谢振华：《第五次反“围剿”中的高虎脑战斗断忆》，《军史资料》1985年第7期。

[3] 转见《申报》1934年10月13日。

除以一部化整为零散布闽赣各处以牵制国民党军外，全部主力军将经安远、信丰、三南一带转进湘南，往四川或滇黔边境，与徐向前、贺龙两部会合，以图四川。“此议史达林（即斯大林——引者）实主之，以为中国各省四川最好割据，不畏经济封锁。若向新疆、外蒙发展，可取得苏俄直接帮助云。”今春中共中央曾派湘南籍干部多名潜回湘南各县布置交通路线，并闻有从湘赣边区抽调一部红军编为湘南游击队进兵湘南之说。在红军中上级干部以湘蜀人居多，“可知其在日暮途穷时当必实行此种企图。此为中策”。其三是如果南去之被陈济棠南路军防堵严密，不能通过，“则将兵力分成数股窜扰闽南闽北闽中及粤之东原等处，牵制国军，以保存赣南之零星匪区及伪中央后方，为将来根据地。此为下策”。[1]

很显然，杨彬岳所报，恰为中共中央此时之行动计划。而红一方面军也正是按照这一计划，在决战失利的情况下，采取了经过陈济棠部控制的安远、信丰地区转进湘南的行动方案。但是，这时正在北上视察途中的蒋介石，似乎并没有及时地得到这一消息。因为，他并没有及时地通知陈济棠这一情况。结果，陈济棠竟秘密与红军达成妥协，使红军 8.6 万人的庞大队伍，连同大批挑夫，于 10 月 20 日秘密渡过于都河后，轻轻松松地就借道陈部的防地，经过粤北，转入了湖南的湘粤边一带。等到 24 日陈诚发现红军已经西去时，即已清楚此时“进剿”军已“追不可及”，只能就近另调部队在湘南准备迎头痛击。[2]

蒋介石得此消息时，已至月底。他显然颇感意外。震惊之余，他于 31 日明令陈济棠、何键、顾祝同三人：“务将西窜匪徒聚歼于湘江以东地区，勿使漏网。如果堵剿不力，以后再任匪踪在其防线之内窜过，以邻为壑，则贻害党国甚大，不问其情形如何，当概以纵匪论。令出法随，决不宽假。除

[1] 《贺国光致北平蒋委员长电》（1934 年 10 月 3 日），台北“国史馆”藏蒋中正档案，特交文电 23049604。

[2] 《陈诚致开封蒋委员长电》（1934 年 10 月 24 日），台北“国史馆”藏蒋中正档案，特交文电 2304936。

西路与北路各军如前电部署追堵外，切望南路军抽出廿团以上兵力，限十一月十日前集中郴州以北地区与西北两路军协力兜剿，以期克奏全功也。”[1]

由于红军入湘，何键态度至关重要，蒋介石很快即任命何为追剿总司令，事先还特别密请与何键私交较好的驻外公使刘尘苏密往长沙，以为推动。他在电报中对刘称：“现赣匪主力溃围西窜，将达湘边已至最后之生死关头。吾人应运其全力，不惜牺牲，务于湘江以东歼灭之故，湘中部署不可备广力分，专以消极的防匪保境为目的，应多留活动力与赣中追击部队积极同负进击与兜剿之责，而以纵匪过境以邻为壑为奇耻。桂军方面尤宜切实与之联系，泯其畛域，释其疑虑，使湘桂与中央之合作关系从此愈臻圆满。凡此均为芸樵兄所应特别努力者。中亦期待甚殷，尚盼相与透切言之，失今不图，不特匪势坐大，湘桂川黔受其胁威，永无宁日，且党国前途实亦不堪设想矣。”[2]

随后，蒋介石一面宣布取消五省“剿匪”东南西北各种军暨预备军等战斗序列，一面拟订《湘水以西地区剿匪计划大纲》，要求湖南、广西、贵州各省“为防西窜之匪一部或其残部流窜湘、漓以西，国军应以不使该匪能长驱入黔，会合川匪及蔓延湘西与萧、贺合股之目的，围剿该匪于黎平、锦屏、黎阳以东，黔阳、武冈、宝庆以南，宝庆、永州、桂林以西，桂林、龙胜、洪州以北地区，以消灭之”。其具体部署：着湘军和北路军派出之追击队“以黄沙河（不含）以北沿湘江经永州至宝庆沿资江上游经武冈至黔阳沿清水河至瓮洞（不含）为其守备区域”。“应先完善冷水滩、郦家坪、宝庆、塘渡口、桃花坪、黄桥铺、武冈、峡口（高沙西北卅里）、安阳、黔江各据占工事。”黔军“以瓮洞沿清水河上游之黎汛经中潮至洪州为其守备区域”。“应先完善永洞、远口、锦屏乡、黎平两地，控置有力部队。”桂军“沿黄沙河漓水上

[1] 《蒋中正致南昌熊主席、贺厅长电》（1934 年 10 月 31 日），台北“国史馆”藏蒋中正档案，特交文电 23056029。

[2] 《蒋中正致南京外交部转刘公使尘苏兄电》（1934 年 11 月 4 日），台北“国史馆”藏蒋中正档案，特交文电 23030967。

游至桂林经义宁、龙胜、古宜（龙胜西）至洪州（不含）为其守备区域”。“除巩固漓水上游原防外，须先完善义宁、龙胜、古宜各据点工事。”“匪如窜过湘、漓以西时，除防其回窜外，应协黔军拒止其入黔并截击之。”[1]

但是，这个时候，地方军队各有各的算盘。何键深怕江西红军会与这时湘西苏区的贺龙、萧克所率领的红军会合，因此极力想要把朱毛红军挡在湖南以外。而桂系这时只有三万左右正规军，防广兵缺，难以和红军大队相抗衡，担心红军会进入广西腹地，只想让红军借道西去，因此对拦阻红军于广西境内的湘江东岸聚歼的计划不感兴趣。在这种情况下，湘军和桂军虽有协防约定，然而，当白崇禧发现红军出广东省境进入湖南后，经临武、蓝山，南下江华，有龙虎关进入广西腹地之态势，他马上就把主力调往龙虎关和恭城一带布防，而把通向湘江的灌阳、界首、全州一带让开了。

桂军让开过江通道，意味着红军势必要渡江进入湘西南地区，因此何键不得不一面要求中央军薛岳部跟进零陵、黄沙河，一面命令第一路追剿司令刘建绪伸入全州、界首地区。11 月 29 日，刘部章亮基师和陶广师终于进抵全州西南，正好与正在渡江的红军主力遭遇，并展开激战。由于中共中央及中央红军仍有约八万人，再加上有大批辎重骡马，因此，从 27 日开始过江，到最后全部主力通过，花了几天的时间。故红军作战部队不得不在渡江口以北的五里牌一线，与湘军激战将近四个昼夜，伤亡官兵数以千计。仅 12 月 1 日一天，被刘建绪缴获的各种枪枝即达三千余支。[2] 再加上红

[1] 《蒋中正致南京、广东、南宁、桂林、衡州、龙岩、抚州各总司令电》（1934 年 11 月 19 日）、《蒋中正致张代总司令、南京委会朱主任、唐主任、衡州何总司令，南宁李主任并译转桂林白总指挥，贵阳王军长等急电》（1934 年 11 月 18 日），台北“国史馆”藏蒋中正档案，特交文电 23029470，23029461。

[2] 追剿军第二路司令薛岳幕僚李以劻在其回忆录《薛岳率军追堵红军的经过》（《围追堵截红军长征亲历记——国民党将领的回忆》上册，中国文史出版社 1990 年版，第 48 页）一文中，称刘建绪所部参与湘江边激战者为陈光中师和章亮基师，查薛岳《剿匪纪实》所录 11 月 28 日所部梁华盛师长电，参战两师应为章亮基师和陶广师。另据刘建绪 27 日部署电，亦可知陈光中师这时被要求集结太平铺待命，李觉师被要求集结全城西北端待命。又据 12 月 1 日何键电，可知章、陶师尚未脱离战场之际，刘健绪已令陈光中师赶赴城步堵截，令李觉师赶去咸水跟追已过湘江的红军大部。

军大部通过后，断后部队又遭到北上桂军的进攻，以至此次湘江之战，整个中共中央和红军损失过半，不仅所运资财大部丢掉，而且过江后只剩下了三万多人。

红军大部队渡过湘江后，蒋介石马上致电何键，为其打气称："匪之先头部队既在勾牌山、咸水圩一带渡过湘江，则其先头部队必掩护其后续部队渡河，其主力亦将循此西渡。我军应集结刘、薛两路西岸之部队，于其主力半渡之际向其掩护阵地及窜路猛烈侧击。同时令东岸之周、李各纵队截其后尾。若广西部队能约期协同夹击更好，否则只须我湘方部队努力侧击与追剿并行，亦不难将匪聚歼也。"[1]

由蒋电亦不难看出，蒋介石这时最希望的，还是不使红军经过湘西南再深入贵州境内。至少，应当在湘西、黔东交界地区将其歼灭。因为蒋最担心的，是江西红军经黔东北上四川，"连合川匪及萧贺等股，以遂其打通西北国际路线之企图"。因此，12 月 16 日，蒋又进一步发布命令，要求各部全力追堵，务求将红军歼灭于四省交界地区。其拟订的《湘桂黔川边区剿匪计划大纲》规定："应于匪未窜锦屏、黎平之前，于玉屏、清溪镇、无石、思南、遵义、贵阳、黄平、榕江、永从、古宜、龙胜、绥宁、黔阳、天柱、邛水、台拱、朗津线上赶筑工事，先将重要城镇构成据点，然后逐渐加强增密之。""一旦匪若窜入黔境，湘桂两军即迅就预定之地域，相机堵剿。"务必"集合全力围剿该匪于黔阳、天柱、邛水以南，邛水、台拱、朗津、榕江以东，榕江、永从、古宜、龙胜以北，龙胜、绥宁、黔阳以西地区，严密封锁，捕捉其主力而聚歼之"。[2]

蒋介石的这一追堵计划，显然没有赶上红军西去的步伐。何键也乐得看到红军进入贵州，因此湘军对于贯彻蒋的意图并不积极。红军实际上在

[1] 《蒋中正致南昌熊主任电》(1934 年 12 月 1 日)，台北"国史馆"藏蒋中正档案，特交文电 23056083。

[2] 《蒋中正致武昌张代总司令巴县刘总司令南昌行营熊主任邵阳何总司令邑宁李主任桂林白总指挥贵阳王军长电》(1934 年 12 月 16 日)，台北"国史馆"藏蒋中正档案，特交文电 23056054。

12 月 14 日就已越过湘黔边境，进占了黎平。而黔军的情况更加糟糕，其内部原本即四分五裂，各部只求自保，更不可能按照蒋介石的部署行事。故红军轻而易举地于 22 日夺取台拱，25 日攻陷镇远，28 日又连下余庆和瓮安，迅速突破了蒋预定的防线。面对红军的大步推进，贵州省政府主席王家烈把他的军队全部撤到了重安江以西，让开了西北方向，巴不得让红军去四川与川北苏区的红军会合，因此红军很快就甩掉了后面中央军的追兵，得以在 1 月 7 日进占遵义，然后一边开会解决其内部指挥权问题，一边让部队好好休整了十二天。

红军因不断地受到围追堵截，再加上马不停蹄地翻山越岭已经将近三个月之久，伤亡、逃跑和因累饿寒病而掉队者，数量巨大。到达遵义时，整个部队加上中央和政府机关非战斗人员，已经只剩下不足两万人了。而红军所以能够在遵义停留如此长的时间，与国民党内部的种种矛盾有关。这个时候作战力最强的中央军薛岳部，并没有把主要的目标放在进攻红军的问题上，他在给蒋介石的电报中对此说得十分明白，即“职对黔粤桂均用极诚恳态度应付，务使我军确实把握贵州，以为西南军事据点”。蒋对此亦高度肯定，称“处理得宜，无任欣慰”。[1] 因此，薛岳所部周浑元、吴奇伟两个纵队，在跟追红军到黄平、瓮安、余庆后，并不是向西北的遵义方向推进，反而是大举转向西南，进驻到贵阳周围地区，进而在贵阳鸠占鹊巢，反客为主了。薛岳还被任命为贵阳绥靖主任，王家烈原来用来防卫贵阳的主力却被调过乌江，推向了逼近遵义城的刀靶水、老君关前线，贵阳很快就成了中央军的囊中之物了。

中央军目的如此，已经追出湖南地界的湘军自然对继续参加“进剿”也不会十分积极了。刘建绪部因此停在乌江东岸的石阡、印江、思南、沿河一线，不再前进。何键更是反复请求蒋介石批准将湘军调回。桂系原本就和王家

---

[1] 《贵阳薛岳东辰贵机电》（1935 年 2 月 2 日），台北“国史馆”藏蒋中正档案，特交文卷亲批文件第四十一册，总 2930 号。

烈惺惺相惜，同病相怜，这时更是极力为王出谋划策，试图帮助王免去被蒋介石吞并的命运。因此桂军廖磊部进到贵州境内，不仅不去找红军作战，而且还成了中央军控制贵州的一大妨碍，以至于蒋介石很快就厌烦桂军在贵州的存在了。他不惜电请粤、桂方面撤退援黔部队，说是有中央及川、湘、黔等省军队进剿足矣。

这个时候对在贵州境内剿灭红军表现最积极的，只有川军。刘湘调集了14个旅、43个团的兵力，在上自屏山下到泰节，长达七百余公里的长江线上进行设防，并以宜宾到重庆的长江两岸为重点。不仅如此，因为害怕朱毛红军进入四川，威胁重庆，或与川北红军合股，刘湘还特别积极地响应蒋介石出兵援黔的部署。川军郭勋祺、袁治、潘佐、廖泽及章安平四五个旅的兵力已陆续开进黔北。[1] 基于与黔军交手的经验，再加上15日红军一部亦曾在松坎与川军有过交手，并击退了对方，因此，重新调整后的中共红军指挥机关并未对突破川军防线的难度给予足够的估计。1月19日，红军主力离开遵义，分三路向西北方向的土城、赤水进发。红军这时的作战计划是：“由黔北地域经过川南，渡江后转入新的地域，协同四方面军，由川西北方面实行总的反攻。”为此，要迅速渡过赤水，夺取兰田坝、大渡口、江安之线的各渡河点，然后争取从川南的泸州或宜宾两地的长江上游渡江北上。[2] 不料，从26日开始与川军遭遇，接连打到28日，红军不仅未能突破川军的防线，而且伤亡惨重，损失达1500人。

土城战役的失利，使红军不得不放弃由泸州长江上游渡江北上的计划，改从元厚直接渡过赤水，进入川南。但入川之后，攻叙永城不克，至2月6日才得以占领珙县。而川军转瞬之间即蜂拥而至，北上宜宾的通路已被堵

---

[1] 参见《南岸剿匪总指挥部潘文华部与中央长征红军在川黔边境战斗详报》（1935年1—3月），南京中国第二历史档案馆藏档，（25）818；胡羽高编著：《共匪西窜记》，贵阳羽高书店1936年版。

[2] 《渡江的作战计划》（1935年1月20日）、《中央政治局及中央革命军事委员会为红军主力入川给四方面军电》（1935年1月22日），中国人民解放军政治学院党史教研室编：《中共党史参考资料》，第七册，国防大学出版社1986年版，第168—169、171页。

死，红军被迫又折向滇东北的扎西地区，以摆脱川军的追堵。红军虽然南下，目标却仍旧是北上，再加上川军和滇军这时已从北南两个方向压来，考虑到只有黔军最好打，红军因此突然杀了一个回马枪，沿着川黔边，再渡赤水河，打回了遵义地区，并且乘王家烈部毫无防备之机，再下遵义城，还顺势重创了中央军吴奇伟一部。[1]

对王家烈和吴奇伟部作战的成功，使红军对立足黔北开辟新的根据地一度又开始有了一定的信心。为此，红军以九军团在桐梓和遵义间吸引川军，以主力转进鸭溪试图打击位于仁怀、鲁班场的中央军周浑元部。然而，此役未能取得成功，红军不得不放弃立足黔北的设想，转而于 3 月 16 日经仁怀三渡赤水河，再向川南古蔺、叙永方向前进。而红军此举再度使国民党方面怀疑红军又要北上渡江，因而调动川军和中央军等从桐梓以北地区西向，并调滇军向毕节集结，准备入川堵截。其实，红军此举只是虚晃一枪，因其 17 日即有决定，准备主力“南移寻求机动”，以求跳出国民党军的包围圈。因此，红军西渡后突然又调头回师黔北，于 3 月 21—22 日四渡赤水河，穿过鸭溪、枫香坝地区，于 31 日南渡乌江，佯攻贵阳，然后先南后西，以急行军速度迅速通过黔西，进入云南境内，佯攻昆明后即于 5 月 9 日北渡金沙江，此后又于 5 月下旬抢在川军封堵的援军赶到之前，渡过了大渡河。接着，6 月上中旬，从江西长途跋涉而来的中共中央和红一方面军，与从川北根据地前来会合的红四方面军，在达维镇会师了。

当然，会师后的红军也并没有能够真正跳出国民党军的围追堵截。由于红四方面军这时放弃了川北根据地，红军仍旧面临着在哪里立足的问题。中共中央这时因所率红一方面军兵力大大少于红四方面军，以至备受四方面军张国焘等人的挟制。因为张国焘坚持南下边远的西康等地建立根据地，拒绝接受中共中央等向北接通苏联外蒙，以取得接济的主张，最终，在毛

[1] 晏道刚：《蒋介石追堵长征红军的部署及其失败》，《文史资料选辑》第 62 辑，第 17—18 页；《彭德怀自述》，人民出版社 1979 年版，第 195—196 页。

泽东的力主之下，两支主力红军会师三个月之后，中共中央于 9 月 10 日乘夜秘密带领自己的数千部队脱离了四方面军，单独北上了。

第八章

以政治方式解决“共党问题”

就军事力量对比而言，1935年秋冬至1936年秋冬，国民党可谓占尽先机和优势。蒋介石及其南京政府正是这段时间里，成功地实现了统一中国的梦想。包括过去偏远的西南各省，以及长期与南京对立的两广势力，几乎都被中央化了。而中共领导的红军，也一度被赶到甘北一隅之地，陷入极度危险之中，随时有被消灭的可能。然而，形势迅速发生变化，先是日本发动华北事变，迫使南京不得不以相当力量来应付可能出现的灾难性局面，甚至不能不冒险争取与苏联结盟，并为此开始谋求政治解决共产党问题的途径。紧接着是中共中央胜利北上，在陕北找到立脚点，重新接通与莫斯科的关系，进而形成新的统一战线政策，很快在西北地区成功地联络了张学良和杨虎城的东北军与十七路军，使南京的统一形成新的缺口。它不仅为中共自身的生存赢得了条件，而且为进一步发生西安事变，根本破坏蒋介石的军事“剿共”政策，奠定了基础。

一、“莫斯科路线”中途搁浅

两支红军队伍发生分歧以至分裂的过程，恰好也是日本在华北制造华北事变的同时。蒋介石此时虽在西南指挥调度川军和中央军继续追堵红军，却也不能不集中相当精力来应付华北所出现的危机局面。在日军的步步紧逼之下，中方步步妥协，中央势力，乃至于中央军、国民党部及蓝衣社组织等，亦被迫撤出河北，具有反日倾向的河北省主席于学忠和察哈尔主席宋哲元均被迫辞职。国民政府并应日方要求，发布“睦邻敦交令”，要求国人对于日本“不得有排斥及挑拨恶感之言论行为，尤不得以此目的组织任何团体，以妨国交”，“如有违背，定予严惩”。[1]

蒋介石内心里对此其实是颇多无奈。他这时在给何应钦的电报中明确讲：“冀于既去，察宋又撤，党部取销，军队南移，华北实已等于灭亡。”“吾

[1]　韩信夫等：《中华民国大事记》，第三册，中国文史出版社1997年版，第796页。

人以国力未充之故，不得不撤兵丧权、失地忍辱。此在革命时代，实无所谓，即天下后世亦能深谅，惟所求者乃在始终保持独立民族之人格，只要不遗点滴墨迹于对方之手，即使国亡种灭，亦可安心瞑目。”[1] 但即便如此，面对日本必欲变华北为第二个“满洲国”的现实，蒋介石仍旧不能不开始认真考虑从外交上来寻找帮手的问题了。而这个时候，美英这些大国对日本都采取明显的绥靖政策，绝不可能与中国结盟，唯一与中国一样同样感受到日本的严重威胁的，只有一个大国，就是苏联。

苏联和国民党政府之间，早在 1927 年共产党被打入地下以后，双方的关系事实上就已经破裂了。特别是 1927 年 12 月 11 日发生的广州暴动，苏联外交官甚至直接参与其间，导致暴动被镇压后，国民党人不顾国际条约，杀害了五名直接帮助共产党暴动的苏联外交人员，并宣布与苏联绝交。进一步，随着 1929 年中东路事件爆发，中苏之间兵戎相见，两国更全面断绝了外交关系。[2] 但是，“九一八”事变发生后，特别是接连向国联提出申诉，却无法达到制裁日本和逼迫日本收束其行动的目的之后，蒋介石就已经想到应当利用接近苏联来设法牵制日本不致发动更大规模的侵略的策略了。因此，在 1932 年年底，中苏两国经过外交接触之后，又恢复了邦交。只不过，这种情况并没有消除蒋介石对苏联高度戒备的心理。两国关系并没有因此而发生实质性的改变。只是到了 1934 年夏天，即当国民党的第五次围剿作战已经取得了决定性的胜利之际，蒋这才派遣其私人代表蒋廷黻，以访欧途经莫斯科的名义，与苏联方面进行了较直接的接触，以探询苏联对他和南京国民政府的真实态度。[3]

华北事变发生，蒋介石自然又一次想到了苏联。他在日记中写道：“倭

[1] 《蒋介石致南京何应钦电》，1935 年 6 月 22 日，台北“国史馆”藏蒋中正档案，《革命文献》，第 25 册，第 110—112 页。

[2] 由于南京国民政府宣布对苏绝交时尚未占领北京，因此苏联仍旧保留着驻华使领馆，并未完全撤离中国。即使南京的军队占领北平之后，苏联也仍旧在中国东北保持着领事馆。

[3] 见蒋廷黻口述，谢忠琏译：《赴俄考察与欧洲之旅》，台北《传记文学》第 31 卷第 5 期。

寇之目的：甲、欲我承认伪满；乙、华北之经济与军队受其支配管辖；丙、欲我共同排俄，而使我中央守战皆非，进退维谷”，且“使我永其奴隶也”。而“倭寇之所最畏者：甲、我抗战；乙、我联俄”。[1] 因此，就在日本人逼迫南京国民政府承认了所谓《何梅协定》《秦土协定》几天后，蒋就暗中指示行政院副院长孔祥熙亲去苏联大使馆，拜会苏联驻华大使鲍格莫洛夫，一面告诫苏联，日本制造华北事变的目的包含有进攻外蒙古的企图；一面委婉地向苏方提出询问：“是否打算与中国签订互助条约？”[2]

10 月初，日本加紧策动华北“自治”，唯一在中国有较多利益的英国又在埃塞俄比亚问题上陷于与意大利的冲突之中，蒋介石估计“英更无余力以问远东局势，则倭更横行”[3]，于是不能不考虑借助于苏联之力和准备对日作战的问题了。他在日记中写道：“倭寇强迫必至，战争准备应从速完成矣。”[4] 为此，蒋很快从成都返回南京。10 月 18 日，蒋派孔祥熙前往苏联大使馆，约苏联大使秘密到孔宅与他会面。在当天晚上的会见中，蒋介石亲口提出：苏联政府是否愿意考虑与中国签定一个秘密的军事互助协定？孔祥熙对此解释说，日本人正在要求南京与它缔结反苏军事同盟，以便于对苏开战，而中国人对日本人恨之入骨，不管中国政府向日本作出什么样的承诺，一旦日本与第三国开战，他们都将迫使政府抗日。因此，中苏两国预先结为同盟实有必要。[5]

对于蒋介石来说，联合苏联的最大障碍就是中共。据川军将领刘文辉等人报告，川康红军已经只剩下 1.5 万人左右[6]；另据这时被派去甘肃兰州、

[1] 《困勉记》卷三十六，1935 年 10 月 2、3 日条。

[2] 《鲍格莫洛夫致苏联外交人民委员部的电报》（1935 年 7 月 4 日），转见李玉贞译：《中苏外交文件选译》，《近代史资料》总 79 号，第 218—219 页。

[3] 《困勉记》卷三十六，1935 年 10 月 1 日条。

[4] 《困勉记》卷三十六，1935 年 9 月 20 日条。

[5] 《鲍格莫洛夫致苏联外交人民委员部的电报》（1935 年 10 月 19 日），转见李玉贞译：《中苏外交文件选译》，《近代史资料》总 79 号，第 219—222 页。

[6] 《刘文辉等致蒋介石电》（1935 年 11 月 23 日），台北“国史馆”藏蒋中正档案，特交文电 24031307。注：刘文辉所报川康红军数字，与后来出川时红军的实际数字相比，有很大出入。

天水一带驻防的第五十一军军长于学忠报告，北上之毛（泽东）彭（德怀）红军仅余六个团，每团步兵三连，外加一机枪连，总共不过三四千人。[1] 另外，贺龙部这时也已丢掉湘西的根据地，所剩不过几千人。且红军行动，多行山路，一旦遇到飞机轰炸，即无处躲避，动辄被炸得人仰马翻，损失惨重。[2] 因此，到1935年年底，蒋介石确信，共产党的威胁已无足轻重，下一步的战略重心应当放到抗日方面来。他在日记中写道：“本年驱逐毛泽东主匪于川滇之外，使西南不受其害，川中朱、徐残匪虽尚未肃清，然已封锁于川康大金川不毛之地，不使其窜扰宁远，而鄂西萧、贺亦不能负隅老巢，穷窜湘西黔东，此皆剿匪胜利之特点也。至陕北之匪，虽猖獗未杀，此乃东北军不行之故，决非赤匪强也。总之，今后中心工作为剿匪，可说已达到七分成功，明年则可以抗倭为中心，对匪仅着力于清剿可也。”[3] 但是，蒋介石很清楚，第一，要想彻底消灭各地红军，还需要相当时日，而中日之战可能等不到那一天；第二，如果红军乃至中共问题没有彻底解决，一旦中苏结盟，中日战争，苏联施以援助，结果很可能会出现苏联公开援助国民政府，而暗地里扶植中共和红军，使之东山再起的危险情况。因此，蒋在设想争取苏援的问题上，不能不首先设法解决共产党的问题。

蒋介石这时用以解决共产党问题的办法，分为两步。其一，要求苏联政府支持中国政治上的统一，为此，他告诉苏联大使：“他决不反对共产党的存在，并认为共产党像其他政党一样，有权表达自己的见解。但因为共产党以推翻中央政府为号召，所以他不得不采取严厉措施。”言外之意，如果共产党能够放弃武装暴动方针，服从中央政府，他将可以允许共产党合

[1] 《于学忠致蒋介石电》（1935年9月30日），台北“国史馆”藏蒋中正档案，特交文电24022390。

[2] 刘文辉等即电称：“匪军甚惧飞机，日内前伪二百六十五八两团被炸毙两连多人。昨（马）轰炸光坡山亦中匪要害，匪首现禁白昼炊，并禁士兵传说被炸毙者，否则立杀。匪首多匿狭小民房办公，以避飞机。我如以飞机散发传单说明投降可不杀并以四川桑梓观念动之，匪部必瓦解。”前引《刘文辉等致蒋介石电》。

[3] 《困勉记》卷三十六，1935年12月31日条。

法存在。[1] 其二，就是综合中共驻共产国际代表团团长王明这时所发表的支持建立抗日民族统一战线的国防政府和抗日联军的公开文章，和苏联政府同意与中国政府讨论缔结互助条约问题的种种迹象，判断中共很可能已经受到苏联方面的压力，准备与国民党进行妥协，因此一方面派驻苏武官邓文仪返回莫斯科秘密接触中共驻共产国际代表团，说明国民党方面的解决方案，争取达成协议；一方面指示陈立夫等在国内通过各种方法，寻找共产党线索，争取直接与中共中央进行接洽，利用红军的严重困境，迫使中共接受其谈判条件。

蒋介石这时解决共产党问题的基本方针，包括下述四点：(1) 取消苏维埃政府归顺南京；(2) 取消红军改编为国民革命军；(3) 共产党可以存在，或共产党全部加入国民党；(4) 改编后的红军全部开赴内蒙前线地区驻防抗日。[2] 但是，无论是在莫斯科，还是在国内，要想让共产党人马上接受上述条件，显然都是不可能的。这是因为，共产党这时虽然依据共产国际第七次代表大会的建议，重新开始奉行统一战线的方针，争取联合一切可以联合的力量，却还没有完全放弃“反蒋”的立场，仍旧是“抗日”与“反蒋”相提并论；同时它还不能不根据共产国际“七大”决议的精神，号召各党各派共同建立全国的“国防政府”和“抗日联军”，断难承认以南京政府为中央政府，而把自己置于国民党一党政府的领导之下。也正因为如此，这时的苏联政府在得知蒋介石的条件之后，也毫不犹豫地通过苏联大使告诉蒋介石：苏联不能扮演调停国共冲突的角色。尽管蒋介石再三向苏联大使解释，苏联必须利用自己的威望劝说红军承认中央政府和总指挥的权威，否则中国就无法集中国力进行抗日战争，然而，鲍格莫洛夫根据莫斯科的指示，回绝了蒋介石的这一要求。可想而知，得不到苏联方面的明确保证和帮助，蒋介石只好把与苏联结盟的问题暂时搁在一边了。再加上华北事

[1] 《鲍格莫洛夫致苏联外交人民委员部的电报》(1935 年 12 月 19 日)，转见李玉贞译：《中苏外交文件选译》，《近代史资料》总 79 号，第 224—225 页。

[2] 《潘汉年与邓文仪 1936 年 1 月 13 日谈判情况纪要》(1936 年 1 月 13 日)。

变的危机一时得以缓解，蒋介石于是又腾出手来，军事政治双管并下地来解决共产党的问题了。

12月中旬，蒋介石授意驻苏武官邓文仪和国民党中委、CC系头子陈立夫先后前往苏联驻华使馆会晤鲍格莫洛夫，一面强调南京政府决心联苏的意图，一面从侧面探询苏联政府对中共新政策及国民党政治解决共产党问题的具体意见。陈立夫还特别暗示说，国民党方面有意派一名中央委员前往莫斯科与各方面进行直接的联络，也愿意与中共驻莫斯科的代表进行政治接触。

12月19日，鲍格莫洛夫拜会蒋介石，带来了令人兴奋的消息：苏联政府同意与南京政府就军事互助协定一事进行具体的讨论。蒋介石对此自然颇为兴奋，他马上不失时机地提出，请苏联协助中国政府实现国家的统一。他表示：过去中苏之间发生了一系列误会，特别是在对中国共产党的问题上。他解释说，并不反对共产党的存在，并认为共产党像其他政党一样，有权表达自己的见解。只是共产党以推翻中央政府为号召，所以他才不得不采取严厉措施，对此他很遗憾。他完全明白，只有实现中国的统一，才能保证顺利地抵抗外国侵略。没有统一，中国将永远不会强大。因此，如果苏联政府能够帮助促进中国的统一，他将会非常高兴。而鲍格洛莫夫的答复更让蒋介石确信他的看法是对。因为鲍格莫洛夫反复讲：他同意蒋介石的意见，没有政治上的统一，中国就不能抵抗外国侵略，因此，苏联将欢迎中国得到统一。[1]

鲍格莫洛夫的谈话，证实了蒋介石的猜测。他深信莫斯科已经认定只有他的南京政府才有资格统率全国，赞同他的统一政策。据此，两天之后，即12月21日，根据蒋介石的命令，邓文仪马上搭乘苏轮经海参崴（符拉迪沃斯托克）赶回莫斯科。三天之后，已被指定负责政治解决共产党问题的

[1] 《鲍格莫洛夫致苏联外交人民委员部的电报》（1935年12月19日），转见李玉贞译：《中苏外交文件选译》，《近代史资料》总79号，第599—600页。

陈立夫也化名李融清，连同俄文秘书张冲（化名江淮南），以新任驻德国大使程天放随员的身份，悄悄地转道欧洲，先往柏林，准备一旦对中共问题的谈判取得进展，即前往莫斯科，商定政治解决原则，并代表南京政府与苏联政府谈判两国间签订军事互助条约的问题。

1936 年元旦过后，邓文仪回到莫斯科。他一到使馆就立即直接写信给共产国际执委会秘书处，请其转交中共驻共产国际代表团团长王明，要求与王明直接会面。但此举未能产生效力。随后，邓文仪遇到原十九路军流亡将领设在香港的抗日反蒋组织——中华民族革命同盟驻莫斯科的代表胡秋原。他清楚胡秋原与中共代表团有联系，因而大胆转托胡秋原帮助他与王明联络，果然取得成功。中共代表团得到邓文仪急于找中共代表接触的消息后，先派潘汉年出面来了解邓文仪的意图。

根据潘汉年事后的追记，1 月 13 日晚，潘按约定时间来到胡秋原的寓所，经胡秋原介绍与已经等候在那里的邓文仪见了面。经过短暂的寒暄之后，邓文仪首先主动介绍了他此次寻找共产党谈判的原因。据邓说：他这次来莫斯科，完全是受蒋先生之托，一定要找到王明同志讨论彼此联合抗日的问题。他们曾经在上海、南京等地找寻共产党关系，进行了一个礼拜，毫无结果。后来蒋先生看到王明在共产国际第七次代表大会上的讲演以及在《共产国际》杂志上的文章，才改派他来莫斯科找王明谈彼此如何合作的问题。可以说，南京政府联合共党的原则是已经决定了。关键是要解决统一指挥和取得苏联援助的问题。

潘汉年表示：只要诚心抗日，这些问题应该不难解决。问题在于，共产党怎么能相信蒋介石真的会抗日呢?

邓文仪答复说，其实蒋先生早有抵抗准备，不然日本为什么总是不放过蒋先生，一步步威迫他？现在的情形已经很迫切了，华北已经闹得不可开交了，日本人可能只容许中国有三个月的时间来准备，而国民党和共产党还在打仗，国民党的部队还不能掉回头来与日本作战，这是很危险的。他认为，南京与红军停战之日，即为与日本宣战之时，所以他希望能早日与共产党人谈妥。[1]

蒋介石如果真的有意抗日，他的妥协条件究竟是什么呢？在潘汉年向代表团报告了与邓文仪的谈话内容后，代表团内部对南京政府的意图仍旧有些摸不透，因而见解不一。但既然大门已经打开，王明还是决定与邓文仪作进一步的商谈。

1 月 17 日，王明与这位当年莫斯科中山大学的老同学开始了第一次商谈。按照王明的要求，邓文仪明确转达了蒋介石关于两党合作的具体建议。据邓文仪说：蒋先生的意见，第一，关于政府，取消苏维埃政府，邀请所有苏维埃政府的领导人和工作人员参加南京政府；第二，关于军队，红军应改编为国民革命军，因为要抗日一定要统一军事领导。当然，红军也许不能接受南京政府派去的指挥官，但政府和红军应该交换他们的政工人员。第三，关于党的问题，蒋先生考虑了两个办法，或者是恢复 1924—1927 年两党合作形式，或者共产党独立存在。这个问题可以在以后逐步解决。如果这些问题能解决，红军目前的困难南京政府会帮助解决的。当然，考虑到日本人可能经察哈尔、绥远向外蒙古进攻，政府准备派红军到内蒙古地区去担负抵抗日本进攻的任务。如果两方面合作的问题能够解决，邓文仪明确表示，希望中共能够积极促进苏联来援助中国，因为这个问题非常急迫。[2]

国民党这时解决共产党问题的基本方针就是要求中共实行政府改制、红军改编，问题是，中共 1935 年夏天根据共产国际第七次代表大会的精神，虽然提出了统一战线的主张，但其核心内容，却是要成立各党派、各军队平等参加的“国防政府”与“抗日联军”[3]。显然，蒋介石国民党这时所提出

[1] 《潘汉年与邓文仪 1936 年 1 月 13 日谈判情况纪要》。

[2] 《王明与邓文仪谈判记录》（1936 年 1 月 17 日），原件藏莫斯科俄罗斯当代文献保管与研究中心，全宗号 495，目录号 74，卷宗号 276。并见 The Main Contents of the Talk between Wang Ming and Deng, January 17, 1936, *Chiese Law and Government*, vol. 30, no. 1, January-February 1997, pp.79-93.

[3] 《为抗日救亡告全体同胞书》（1935 年 8 月），《救国报》1935 年 10 月 1 日第一版。

的条件，远不是王明和中共代表团所能够答应的。好在苏联党和共产国际都主张谈判，并坚持不能在莫斯科讨论决定中共与红军的命运问题，要求必须要有中共中央的代表直接参加谈判，因此，尽管王明对邓文仪的说法多少有些将信将疑，他仍旧明确提议，愿意派代表与邓文仪或邓文仪手下王志文一同回到国内，一起促成国共具体商谈。当然，他坚持：第一，邓文仪必须出具一份签字盖章的书面保证，保证中共代表的人身安全；第二，莫斯科去的中共代表只负责国共两党的联络工作，“有关的具体条件你们必须去和毛泽东及朱德同志谈”[1]。

22 日，邓文仪第二次见王明，表示他已经就偕同中共代表返回南京继续谈判问题请示了蒋介石，取得认可，因此，双方进一步具体商定了出发的时间表和所需要的各种证明文件的解决办法。一切都那么一帆风顺，却不料第二天事情就突然有了变化。

根据台湾保存的蒋中正档案，可知邓文仪见王明、潘汉年后，这一天曾给南京蒋介石发去了消息。内称：“一、职文返俄，寒又应陈、潘接洽。彼方坚持须职缮具书面保证，始可令潘与王志文归国。职未允。因复文约再商。故潘、王仍未启行。二、潘昨又约职晤谈，言明中共代表团对保证人员甚重视。加之见我政府告国民书极为反共文字，益形疑虑。彼个人向职表示，谓不写保证似可另筹办法。如找加仑证明或由职私人具函保证，再不然则由职继续负责接洽具体问题，或派另一代表前来亦可。彼方固深望早有结果云。三、职意由职私人备函，仅说明介绍潘归国晋谒立夫先生接洽统一战线问题，予以安全保障，似尚可行。因此人员影响甚巨，久延时日似非得计，而谁负俄人证明亦不相宜。至由职继续接洽，或候李先生至再谈，似以后者为宜。”[2]

而莫斯科保存的档案则显示，1 月 23 日，邓文仪急匆匆地打电话要求

[1] 《王明与邓文仪谈判记录》（1936 年 1 月 17 日）。

[2] 《邓文仪电涤电》（1936 年 1 月 22 日），台北“国史馆”藏蒋中正档案，特交档案（四）50621 号。

与王明见面。刚一见面，邓文仪就马上表示道歉，宣称他后天不能和中共代表一同出发去海参崴了，因为他必须马上到柏林去。王明闻后不禁疑窦丛生，责问邓文仪：是不是根本就没有什么谈判，没有什么蒋介石的委托，一切都是“在耍手腕”？邓文仪连连解释，说“没有什么手腕”，他确实已经准备好后天出发，没想到刚才突然得到蒋介石的电报。说着，邓文仪还把电报译稿交给王明过目。电报内容大致是：一是说邓文仪前电内容不清楚，有些字不能读，以后涉及此类事不要发电报，要派信使或利用外交邮件；二是要求邓文仪马上动身到柏林去，参加由李融清主持的秘密谈判。[1] 邓文仪解释说：“有关这封电报，我不能再说什么，不过有一点我可以肯定地告诉你，即这个人不但要和德国人谈判，而且还要和苏联人谈判。”他转而又透露说，不管你们怎样考虑应当回国谈判，以及到苏区去签协议的问题，“蒋先生的想法完全不同，他坚持我们应当在这里达成协议，然后再拿着协议到苏区去”，因此，我们确实需要在这里就具体的条件进行谈判。[2]

邓文仪出尔反尔，无疑使王明以及代表团有一种受骗上当的感觉。但实际上，邓文仪也确实不清楚蒋介石态度变化的原因。他这时更不清楚，蒋介石要他去柏林其实也是虚晃一枪，直到他走了一遭之后才发现，根本就没有什么柏林谈判。这一切都是蒋介石耍的手腕。问题是，在蒋介石看来，自己也是受骗者。

蒋介石又何以会感觉受骗呢？原来，蒋最初对莫斯科进行的这一次接触还是满意的，对邓文仪与王明商量进一步派代表来南京谈判也并不反对。他确信，既然莫斯科那样痛快地表示说想要与南京订立军事互助协定，就

---

[1] 此 1 月 23 日蒋电未查得中文原件，台北“国史馆”蒋中正档案中保存有蒋 25 日给邓的另一封电报，内容如下：“莫斯科邓文仪武官：李君带来信今已收到，如此要函不译密码，即用明信，且带由日转，可谓不知秘密，愚拙之极。函中报告与谈话录皆失体态。今接养电，文意仍多不通，可叹。王陪潘来已有保证，何必再要函件。若彼不信，亦无须勉强，如其愿来，则王可陪来。以后与彼方谈话切不可作请求状态，及勿可以代表名义自居为要。中正敬辰。”台北“国史馆”藏蒋中正档案，特交档案 263 册 250080 号。

[2] 《王明与邓文仪谈判记录》(1936 年 1 月 23 日)。并见 *Chinese Law and Government*, vol.30, no. 1, January-February 1997, pp.98-100.

说明它确实需要与中国合作来共同遏制日本的侵略野心。既然如此，它一定会愿意从背后给中共施加压力，不怕共产党人不屈服。他无论如何也没有想到，就在他批准邓文仪偕同中共代表回南京谈判的次日，即1月22日，鲍格莫洛夫却代表苏联政府，明确拒绝向中共施压。鲍格洛莫夫表示，苏联政府希望了解：第一，关于拟议中的互助抗日条约南京政府有什么样的具体考虑；第二，南京政府是否有具体的抗日计划和抗日准备。同时，苏联政府相信，南京政府的军队有必要与中国红军建立军事统一战线，否则苏联政府很难相信南京政府能够真正有效地进行抗日战争。据鲍格莫洛夫当天给苏联副外交人民委员斯托莫尼亚科夫的电报报告说，双方就此所进行的讨论大致如下：

蒋介石说，他认为向他提出的问题中最重要的是最后一个，即关于红军的问题。如果我们能就这个问题达成协议，其他问题也就迎刃而解了。他十分明白，共产党可以公开存在，但是任何一个国家都不允许一个政党拥有自己的军队。苏联必须利用自己的威望劝说红军承认事实上的政府，那时中国政府就能抗日了。我回答说，苏联政府对中国红军没有任何影响。……这应由中国人自己去完成。蒋介石又开始阐述他关于一国之内不允许有其他政党拥有军队的观点。谈话有陷入僵局之虞，为打破僵局，我指出，不久前陈立夫同我谈话时说到希望派国民党中央委员会的代表到莫斯科去进行各种会晤，我问这是否符合蒋介石的愿望。蒋介石对我的话没有反应，继续热情地论证苏联政府与中国政府和国民党建立友好关系的必要性，说如果苏联政府就中国红军承认中央政府权威一事向红军施加必要的压力，那么苏联政府就可以此表示对南京的真诚态度，并赢得南京政府这个忠实的同盟者。我看到谈话继续朝僵局发展，便斩钉截铁地声明，我们绝不能扮演他讲话中说的任何居中调解人的角色，这是中国内政。蒋介石同孔（祥熙）商量后说，他认为可以据以下原则同中国共产党达成协议：红军承认中央政府和总指挥的权

> 威，同时保留其现有人员参加抗日。我重申，按自己的意向同红军谈判，这是他的内政。蒋介石说，尽管如此，他要求向苏联政府转达这个想法。我回答说，我当然会把他的话报告我政府。历时二小时的会谈有八十分钟被用来谈这个内容。[1]

从鲍格莫洛夫的上述报告当中，我们可以十分清楚地看出，蒋介石这时虽然急于与苏联订立军事互助协定，但他更加关注苏联方面在中共问题上准备扮演什么样的角色。他越是急于想与苏联签约，就越是急切地想要苏联就此做出明确承诺。推动苏联政府出面来压迫中共屈服，已经成为蒋介石权衡能否与苏联结盟的重要关键。苏联方面在这个问题上的态度，显然让蒋介石十分意外和扫兴。从蒋介石的角度来看，这无疑意味着苏联方面并没有放弃暗中支持共产党的打算。这也就是为什么蒋当机立断，第二天就打电报给邓文仪，让邓离开莫斯科前往柏林。因为，他事实上已经取消了走莫斯科路线的计划。在他看来，利用红军目前的困境和颓势，直接在国内找中共中央谈判政治解决方案，也许还会更容易些。蒋介石这时的态度十分明显，即只要苏联仍有可能暗中支持中共，就绝不能轻易与苏联缔结军事互助协定。而为了能够放心地与苏联缔结军事互助协定，他不得不下决心尽快找到与中共中央沟通的办法，以便能够通过谈判来根本解决共产党问题。也正是出于这样一种担心，他对政治解决共产党问题的办法也或多或少地发生了改变。原先语义含混的合作方式，即被邓文仪误认为可以采用的1924—1927年那种容共的方式，已经被蒋介石明确否决了。他在日记中明白写道：“可联俄，决不可容共！”[2]

---

[1] 《鲍格莫洛夫致苏联外交人民副委员斯托尼亚科夫的电报》（1936年1月22日），《近代史资料》总第79号，第227—228页。

[2] 《困勉记》卷三十六，1936年2月20日条，台北“国史馆”蒋中正档案。

二、蒋介石的左右摇摆

1935 年 12 月底，陈立夫手下的曾养甫通过谌小岑找到了华北地区的中共地下党组织。中共北方局经过研究，决定派周小舟及吕振羽前往南京，与国民党进行秘密接触，以探询对方真实意图。

1936 年 1 月，即邓文仪在莫斯科与中共代表团的代表接触之际，周小舟、吕振羽也与谌小岑进行了多次接触。谌小岑根据陈立夫和曾养甫的意图，首先拟就了一个具体的意见书，要求中共及红军放弃阶级斗争和暴力革命，承认蒋介石和南京政府的权威，赞助其统一中国的努力，以便最终实现合作抗日。而周小舟等则根据中国共产党 1935 年《八一宣言》（即《为抗日救亡告全体同胞书》）中所列十大纲领提出对案，并特别要求国民党方面首先做到以下四项：（一）立即发动抗日战争；（二）开放民主自由；（三）释放政治犯；（四）恢复民众组织与活动，保护民众抗日爱国运动。[1]

在这次接触中，谌小岑明确表示可以考虑承认共产党在组织上的存在与独立，乃至释放政治犯等。在谌小岑拟就的书面意见中，他甚至表示可以划定一个特别区域来供共产党人实验诸如“集体农场”之类的理想。[2] 但其核心的要求还是很明确的，这就是：共产党必须同意（一）协助联苏；（二）红军改编，苏维埃改制；（三）帮助蒋先统一，后抗日。

蒋介石的“统一”与“合作”的条件及其形式，在这里也反映得十分清楚。这就是：“红军改编，苏维埃改制”。而改编改制的标准，只能是依据国民党的军队和政权的形式，把共产党的军队和政权统统“统一”到国民党领导的军队与政权中去。由于这时共产党人所坚持的还是经过共产国际“七大”公开宣示过的“国防政府”与“抗日联军”的方式，谌小岑所提出的这样一种“统一”与“合作”的建议，自然要引起共产党代表的不满。周小舟

[1] 《周小舟给中共中央的报告》（1936 年 8 月 29 日）。

[2] 参见谌小岑：《西安事变前一年国共两党关于联合抗日问题的一段接触》，《文史资料选辑》第 71 辑，第 7—10 页。

在会谈之后的报告当中甚至干脆认为：“很明显的，他们想要借苏联的力量以要挟日帝，以作投降的条件，也即是取得奴才的地位；又要借抗日的无耻的欺骗，以完成其法西斯的统一。”[1]

以曾养甫直接负责，由谌小岑出面与中共北方局代表周小舟、吕振羽所进行的这次接触，至 1 月下旬告一段落。周小舟当即返回天津向北方局进行汇报。尽管这次晤谈一无结果，但双方还是交换了通讯联络的方法，为以后的进一步接触做了准备。

蒋介石这时在国内寻找共产党线索的工作不限于这一条线索。在南京方面秘密寻找共产党线索的工作中，格外引人注目并且取得了成功的，还有董健吾和张子华这两条线索。

1936 年 1 月，南京方面的领导人之一宋子文及陈果夫兄弟等分别通过宋庆龄等人先后找到原来属于中共特科系统的董健吾和张子华，并且分别于 1 月中旬和 2 月中旬委托董、张二人经西安转入陕北苏区，以便与中共中央直接建立联系，转达蒋介石政治解决两党关系的意图。

1 月中旬，董健吾受宋庆龄之托，化名周继吾，由孔祥熙从财政部给了一个“调查员”的名义，携宋庆龄用以慰劳红军的一大包云南白药及宋庆龄电台的呼号密码，赶赴西安，准备进入陕北苏区。但因一时雪大路阻，董在西安耽搁了四十余天。在此期间，张子华也于 2 月 10 日左右受覃振、谌小岑的委托，前往陕北。张并带有毛泽东和林伯渠的老乡、时任南京政府司法院院长覃振亲笔写给林伯渠的一封信。这封信不长，但内容颇让人寻味，故全文照录如下：

迈园吾兄：别久思深，如何可言。目前吾人所负之责任日趋严重，而环境日益险恶。唯一认识，就是谁敌谁友；唯一办法，就是一抗一联。此真千钧一发之时机，不容再误者也。弟与兄虽地角天涯，而革命精

[1] 《周小舟给中共中央的报告》（1936 年 8 月 29 日）。

诚自信彼此一贯。某同志前来，切盼兄与润兄等决定大计，完成孙先生之国民革命。弟不敏，当赴汤蹈火以从。书难尽意，诸乞亮照不备。弟鸣手启[1]

这封信写于1936年1月，这时距离1937年7月抗日战争全面爆发还有大约一年半的时间，但国民党上层中团结抗日的呼声日趋高扬的情形由此已略见一斑。覃振并非蒋介石核心圈子中人，其信并无多少实质性内容亦可知。但信中所谓"谁敌谁友"、"一抗一联"，毕竟曲折地反映出，即使在南京政府高层中，相信要把"攘外"问题摆在首位的领导人，已不在少数了。

张子华于2月中至西安，恰与董健吾不期而遇。在西安剿总代司令张学良电询南京蒋介石证实二人使命后，董、张二人即由张学良用专机送至延安，然后再由东北军原六一九团团长高福源陪同，通过东北军的封锁线，于2月27日晚抵达陕北苏区中共中央所在地瓦窑堡。在当晚的谈话当中，董、张二人再度印证了国民党中央内部意见分歧的情况。据二人称：此次使命的主要策划者是宋子文、孔祥熙、孙科等，但实际负责的全是CC系曾养甫及其背后的陈果夫、陈立夫兄弟。目的在于了解中共可能"输诚"的条件。若中共肯于向南京政府输诚，则蒋可同意："甲、不进攻红军；乙、一致抗日；丙、释放政治犯；丁、武装民众；戊、顷（倾）蒋尚有款。"同时，二人认为，南京国民党内部目前正在发生分化，CC系陈果夫等主张联共反日，曾扩情等则反对联共；政学系黄郛、王克敏等亲日，反对联合苏联与共产党；其余如冯玉祥、陈诚、孙科、张群、于右任、翁文灏等，则主张联共抗日。故形势对共产党颇为有利。[2]

严格地说，董、张此行虽然初步建立起了国共双方高层沟通的渠道，但对两党间的妥协与接近，并未起到任何直接的作用。中共中央此时并非

[1]《覃振致林伯渠函》（1936年2月9日）。
[2]《博古关于南京来人谈话结果致洛甫、毛泽东等电》（1936年2月27日）。

不知道蒋介石关于“输诚”和“统一”的要求的实质内容，在李克农不久前与张学良的秘密接触中，中共中央已经清楚地知道：“蒋介石的策略，即取消苏维埃红军，纳入三民主义的轨道，引进共产党代表于国民大会，在共赴国难口号下取消苏维埃制度与暴动策略，接受南京节制，以最后瓦解红军。”但它同样受限于共产国际“七大”所规定的统一战线策略方针，必须坚持国防政府和抗日联军的合作形式，因此它的对案也相当强硬。即强调：对方提出取消苏维埃，我则提出取消南京政府，主张“全国人民公决”，并成立抗日救国代表大会，在大会中就取消双方政府，建立人民公意的政府进行初步的讨论；对方提出取消暴动，我则提出取消国民党一切压迫制度、封建剥削，实行全国抗日，说明如此则自无暴动之必要。“否则，以暴动战争对付日帝与卖国贼是中华民族的神圣事业。”[1]

董、张陕北之行没有能推动国共两党的接触和接近，很大程度上还在于董、张自上海、南京相继出发后，中共红军突然大举越过黄河，攻入山西境内，并扬言要打进河北。

这个时候的几支红军，几乎都处在国民党“追剿”军的围追堵截之下，唯有蒋介石在1935年年底的日记中所提到的陕北红军，“猖獗未杀”，不仅有根据地，而且还不断主动出击，对负责“围剿”的国民党军予以打击。仅1935年10月间，不过五六千人的陕北红军第十五军团就连续两次与这时负责陕甘“围剿”任务的国民党军主力东北军交手，一次几乎全歼其第一〇一师，击毙该师师长何立中和参谋长范驭州；一次全歼其第一〇七师六一九团，外带六二一团一个营，生俘六一九团团长高福源。恰在这时，北上而来的中共中央和红一方面军，也意外地发现了这块根据地，两支红军迅速会合一起，于11月初再次出击，一举歼灭东北军第一〇九师，外带一〇六师一个团，一〇九师师长牛元峰自杀，红军仅俘虏就捉了两千多人。

[1] 《中央及军委给李克农的训令》（1936年2月21日），《毛泽东年谱》（上），人民出版社1993年版，第514页。

这样一来，整个陕北红军的兵力已达到了1.5万人左右。其不仅震慑了苏区周边的国民党各地方实力派的军队，而且利用刚刚得到的实行统一战线政策的指示，先后迫使高桂滋的第八十四师、张学良东北军的第五十七军，以及杨虎城所部第十七路军等，与之秘密签订了书面的或口头的互不相犯协定。[1] 在此背景下，红军于1936年2月下旬更大举渡过黄河，发起了东征山西的战役，横扫山西十余县，取得了大量补给和兵员，后因国民党中央军的参战，又被迫退回了陕北。

陕北红军如此活跃，自然让蒋介石深感担忧。毕竟，陕北苏区紧临山西、绥远，是日本人必欲染指之处。日本军方已多次要求国民政府共同防共，借以控制中国的整个华北地区。如今红军不断侵扰山西，威胁河北和绥远，势必会给日本一方提供口实，逼迫中方接受其共同防共要求，因此，从军事上消除红军的这种进攻威胁，就再度列入蒋介石的议事日程之中。但是，由于中央军兵力有限，除了部署在各战略要点和重要交通线上的部队以外，可以用来机动的兵力，大部还在西南协同川军等追堵川康红军。红军东征山西，阎锡山告急，要求中央军增援，何应钦即明告阎中央一时尚无多兵可调，须待以时日，才可能设法抽出一两个师进行增援。[2] 但主要靠阎锡山、张学良、杨虎城等地方实力派的军队来“围剿”红军，显然不切实际。

阎锡山一向坚持自己经营山西，从不让中央势力介入。因而让处在日本直接威胁下的冀察两省军政官员倍感恐慌，冀察政委会委员萧振瀛专门上书蒋介石，深恐阎锡山无力抵抗，却又不愿中央军入晋增援，会酿成大祸。疾呼：“晋军积弱，决不足以自卫。三晋沦匪，不但华北立危，陕甘青

[1] 1935年年底红军先后与高桂滋部、东北军沈克部达成了互不相犯的约定，并与杨虎城取得了联系。口头约定维持原防，互不侵犯，1936年1月则进一步与东北军王以哲部建立了联系，取得了相应的默契。双方在3月初达成了书面的协议。参见杨奎松著：《西安事变新探——张学良与中共关系之研究》，（台北）东大图书公司1995年版，第22—49页。

[2] 何应钦电称：目前只能暂抽第二十五师入晋，而从徐海防务另调两团兵力填二十五师原防。且二十五师亦兵力单薄，暂时只可担任后方防务。须待另外设法抽调一二师增援，方有胜算也。《何应钦致太原阎主任电》（1936年3月12日），台北“国史馆”藏蒋中正档案，特交档案250100。

宁均不可保，危亡之患莫急于此务。宜乘匪喘息未定，急派现驻陇海西线之中央得力部队三五师由晋南北趋迅速扑灭，以防燎原就势。”稍事迁延，“非至全晋溃裂自误误国不止”。[1]问题是，阎锡山虽然不得已要求蒋派中央军增援，蒋也乐得急调关麟征之第廿五师前往山西增援，但他却又生怕晋军保存实力，致使关师孤军深入，遭遇损失。结果是这边阎锡山急催关师参战，那边蒋介石却坚持“廿五师入晋人生地疏，且兵力单薄，暂时只可令其担任后方防务”。弄得阎锡山大为不满，不仅扬言：“若关师只在后方，不加入前线，诚恐奸人藉端造谣，致启中外疑虑，别生枝节”，而且明言：若不乘匪受挫之时迅速将其击灭，山西财政本月即无办法，届时将更难支持。据此，蒋才下令关麟征“应绝对服从阎副座命令”，参加前线作战。[2]

其实，红军东征的最主要目的，不过是要解决人烟稀少、贫瘠荒凉的陕北所不能解决的粮食补给和兵源的问题。当遭遇强大抵抗之后，红军自然要再度退回陕北。问题是，这个时候负责西北“剿匪”的东北军也在相当程度上畏惧红军，不愿冒险去占据黄河西岸只剩下少数地方红军护卫的主力红军的出发地。关于这种情况，台湾保存的档案中记录得很清楚。早在红军主力东渡后，陕西国民党高桂滋师就报告说：“毛（泽东）彭（德怀）徐（海东）林（彪）各匪主力约两万以上完全渡河。”蒋据此专门电示西北剿总代总司令、东北军统帅张学良：“匪主力过河既已明了，晋亦不望派队增援，则我军应速向北推进，封锁黄河西岸各渡口。此机万不可失。”而张学良却告诉蒋说：“查陕甘边区股匪极为活跃，匪区民众赤化甚深，殊未可轻视，如不先行肃清，势必危及我军侧背，破坏交通，阻绝补给，影响进剿至巨。此间俟各部队就准备位置后即令大举进剿，限期肃清，俾得转用

[1]《萧振瀛致南京军事委员长蒋极密电》（1936年3月3日），台北“国史馆”藏蒋中正档案，特交档案25009742号。

[2]《何应钦（蒋拟稿）致太原阎锡山电》（1936年3月12日）、《蒋中正致灵石关师长电》（1936年3月15日），台北“国史馆”藏蒋中正档案，特交档案（五）军事剿共007卷51379号；民国廿五年264册250106号。

优势兵力向东北扫荡。”蒋再三要东北军迅速推进至黄河西岸，张学良却始终不为所动，坚持“良接近前线，闻见较确，对于匪我情形当然详密考虑，凡可以摧灭匪股肃清匪患者，自应竭力赴之，决不敢趑趄逡巡，贻误戎机也”。[1]结果，当红军受到中央军和晋军联合压制，被迫退回陕北时，其西渡黄河的行动，丝毫未受到来自东北军的牵制或妨碍。

当然，张学良上述种种理由，大都是一种避战的托词。东北军畏惧与红军作战，根本上是因为1935年10—11月间的惨败，张学良对此心痛不已，从此对“剿匪”军事消极处之，期望能够政治解决共产党问题。正当他开始秘密与陕北红军接洽，寻求妥协办法之际，意外发现南京方面也在派人寻找中共进行谈判，自然更加强了他要与红军妥协的决心。红军2月20日东渡黄河时，距张学良与中共代表李克农在洛川第一次秘密接谈已整整一个月时间。红军成功进入山西后，在张学良的同意下，东北军第六十七军军长王以哲并与李克农达成了两军互不侵犯、互通有无的口头谅解。张学良并在3月5日凌晨再度飞抵洛川，秘密会见李克农，甚至直截了当地提出希望中共帮助介绍他的代表前往苏联商谈合作抗日的问题。到4月9日晚，根据张学良的要求，中共中央副主席周恩来更秘密潜入东北军控制的延安城，与张学良直接进行高层会谈。鉴于中共中央明白许诺愿助张在西北建立稳固局面，进一步助其回平津和东三省，并可设法帮其解决军饷、械弹，甚至有意推举张担任未来“国防政府首席及抗日联军总司令”，而南京方面却取消了被红军歼灭的东北军一一〇、一〇九师的番号，并拒绝张要求特恤两位阵亡师长家属各十万元的要求，这不能不使张学良对国民党心生厌恶，转而开始向中共靠拢。[2]在这种情况下，张学良寻找各种借口不去切断

[1]　《阎锡山致南京蒋委员长电》（1936年2月27日）、《蒋中正致西安张代总司令电》（1936年3月4日）、《张学良致南京委员长蒋电》（1936年3月4日、1936年3月9日），台北“国史馆”藏蒋中正档案，特交档案25007278号；民国廿五年264册250089、25012273、25008953号。

[2]　有关张学良这一段时间与中共发生关系及思想转变的情况，可参见《西安事变新探——张学良与中共关系之研究》，第一章第三、四节，第二章第一节等。

红军的退路，是再正常不过的了。

事实上，蒋介石并非不了解张学良与中共秘密接触的情况。还在3月15日，戴笠手下的特工人员就已经发现张学良和东北军将领与中共秘密联络的情况。在洛川第六十七军军部担任副官的复兴社分子刘宗汉即报告说：张学良有与中共合作的倾向。其密电所举均为事实，如“1、六十七军前三日曾接匪电令购大批书报。2、匪中央曾派来伪外交部部长李克农来洛川与王军长协立多项口头协定，宗汉窃视伪李部长发与匪中央之电，内云‘略有协定，彼此不相攻打，采买给养可随意，但我军（匪自称）可着便服，以掩外人耳目。大体须俟张来后，始决定’等语。3、该伪部长李克农于本（五）日回伪中央部，携去大批文电与地图。4、此次匪与张部之接近谈判，系壹零柒师陆壹玖团被俘团长高福源所为。5、李匪皖人，目力不佳，谈锋极健，对外界活动力颇强，常有函致沪平两地学校，其来洛川已三次矣。6、现六十七军一般人对剿匪颇黯淡，处处表示一种反领袖与中央之意态”。[1]

蒋对地方实力派为保实力而暗通红军的消息，早已见惯不怪，但他亦意识到，非动用中央军参加防堵作战不可。特别是注意到“赤匪首脑在晋陕，如晋陕之匪歼灭，则川滇边区之小股一面以政治方法剿抚之，一面仍以兵力封锁压迫之可也”[2]，蒋自然开始考虑要转移“剿共”重心了。他当即电令岳州汤恩伯，密调第十三军第四师限期开潼关，军部及直属队开运城；调第一师、第二师一部及第十九师入晋，调第九十七师直运安阳为林、涉各县方面之预备队，并电令河南刘峙，调武汉第五十八师与第八十九师，派陈诚前往山西指挥；令卫立煌抽调一师北上，皆归刘峙指挥，部署于“武、涉、林各县之黄泽关、壶口关、东阳关、虹梯关、玉峡关等隘路口，以及清化

[1] 《戴笠转报洛川六十七军副官处副官刘宗汉（复兴社同志）三月五日报告》（1936年3月13日），台北“国史馆”藏蒋中正档案，特交档案—特件—政治—51579号。

[2] 《困勉记》卷三十七，1936年4月9日条。

通晋城之各关隘……一筑碉严密封锁各关口……使赤匪不能窜入豫境”[1]，与此同时，他开始三番五次催促张学良在陕北，乘红军主力东渡，苏区空虚，亲自督剿，“务限四月哿（20）日以前建成封锁黄河西岸任务”，不使红军回陕。[2] 蒋介石的计划很简单，红军在山西无法立足后，只能有回陕西和去河南两途，如今河南已部署中央军严密封堵，张学良、杨虎城若能封锁黄河，不使红军回渡，则红军必无处可去而被全歼。

然而，蒋介石不知道的是，就在 4 月 9 日夜里，张学良已经秘密地与中共中央领导人周恩来在陕北延安进行了会晤。张学良明确表示：红军目前经山西出河北太早，最好争取出绥远，以绥远为根据地，靠近外蒙古。红军如果担心黄河西岸的根据地，可在关中韩城设法牵制杨虎城部，在陕南向蓝田、雩县活动，威胁西安，使他有借口拖延东北军的行动。[3] 到 4 月下旬，张学良的态度发生了更大的变化，开始设想必要时反蒋的问题了。他明确地对中共派驻在他身边的联络员刘鼎表示：再等半年，只要苏联方面能够接纳他抗日的主张，愿意援助，而蒋仍不抗日，他就不惜和蒋翻脸，“要干就彻底干！”[4] 在这种情况下，可想而知蒋介石的封堵黄河西岸的计划是不可能被执行了。

发现张学良、杨虎城迟迟不能完成封堵计划，蒋介石对此非常不满。他在给张学良的电报中训斥道：“闻延长延川尚未如期占领，而兄与虎城犹互相推诿，彼此观望，不敢前进，未知革命究为何事，国家养兵之多，人民痛苦之深，而对区区残匪保持实力不敢前进。吾人何以为人表率。”“兹

[1] 《蒋介石致武昌陈诚参谋长岳州汤恩伯军长电》（1936 年 3 月 14 日）、《蒋介石致开封刘峙主任、商震主席电》（1936 年 3 月 20 日）、《蒋介石致一师胡宗南师长电》（1936 年 3 月 22 日），台北“国史馆”藏蒋中正档案，特交档案 250103、250118、250123、250127。

[2] 《蒋介石致西安张学良代总司电》（1936 年 3 月 25 日），台北“国史馆”藏蒋中正档案，特交档案 250197。

[3] 参见张友坤等主编《张学良年谱》（下），中国社会科学出版社 1996 年版，第 989 页。

[4] 张友坤等主编《张学良年谱》（下），第 999 页。

再展半月之期限，兄负责收复延长延川勿得再误。”[1] 但几天之后，张学良即电告蒋称：封堵计划已无从实现，因“迭据各方暨飞机侦察报告，毛彭徐刘各股迭经我中央及晋方各军围剿，于江日夜由黄河东西两岸之于家咀清水关一带渡河西窜。其大部已到清水关西之牛圈山劳石杨家山一带，一部尚在续渡中”。“职指挥无方，未能达到封锁黄河西岸任务，有负钧座谆谆指示之殷，劳师无功，似请明令处分，以重军令。”[2]

张学良、杨虎城的虚与委蛇，使蒋介石决心在晋西或陕北“剿灭”红军的计划完全无从实现。不仅如此，陕北的红一方面军还开始联络红四方面军和贺龙、萧克所部，召其北上，并挥师西进以迎，试图共同打通国际路线，以接取苏联援助。国民党方面虽不能确切了解红军的意图，但对于短期内实现各个击破的“剿灭”任务，也极感困难。西北“剿匪”总司令部参谋长晏道刚5月底即有电诉苦称：“陕北股匪由晋回窜，其精锐虽有损失，然侦其在晋发所掠财物及裹胁之壮丁尤多，现其匪数与枪支并未减少。该匪……显有窜扰甘青模样，料其将来窜逃途径当以经定边、环县方面出甘、宁毗连地带之公算为最多。近闻朱、徐股匪亦有向西北窜青、新企图，其内部疲困不堪，衣食两缺，本不难追剿。惟以该方面人烟稀少，交通不便，粮食缺乏，大军行动极感困难。现只有不顾一切遵照委座意旨设法将陕北毛、彭股匪堵其西窜，以求在陕北歼灭之。然以军队复杂，战斗力量及粮食、运输、经费均有力不从心之感。”[3]

其实，蒋介石这时也并非不想采取其他办法来解决中共问题：比如，他就想到“祸水北引”这一着，想让红军到外蒙古边境去导火日苏冲突，当陕北红军在中央军和晋军联合进攻的压力下不得不于5月初退回到陕北地

[1] 《蒋介石致西安张学良代总司令电》（1936年5月1日），台北“国史馆”藏蒋中正档案，特交档案250338。

[2] 《张学良致南京蒋委员长电》（1936年5月6日），台北“国史馆”藏蒋中正档案，特交文电25008943。

[3] 《晏道刚致南京何应钦部长、朱培德主任电》（1936年5月30日），台北“国史馆”藏蒋中正档案，特交文电25008938。

区之后，蒋就一面继续指挥中央军越过黄河跟进追击，一面则重新对政治解决方案开放绿灯。在5月15日曾养甫与周小舟、吕振羽的秘密谈判过程中，国民党方面第一次明确地提出了四项具体条件，即：

一、停战自属目前迫切之要求，最好陕北红军经宁夏趋察绥外蒙之边境。其他游击队，则交由国民革命军改编。

二、国防政府应就现国民政府改组，加入抗日分子，肃清汉奸。

三、对日实行宣战时，全国武装抗日队伍自当统一编制。

四、希望党的领袖来京共负政治上之责任，并促进联俄。[1]

国民党的四项条件，在统一军队和政权的形式问题上，字面上较前灵活，然而其中心内容不过是想要红军北去外蒙边境。谌小岑就此有过一番解释，他说：四条件中之“国防政府应就现国民政府改组，加入抗日分子，肃清汉奸”，是因为“目前南京当局，自审其在国际上之地位，对于国防政府与抗日联军之组织，在表面上势难赞同”。“兄等尽可求其实质，而不必求其表面与名义。苟中日战争爆发，则现政府之组织势必有所变更，而加强其国防的性质，自不待言。”对“对日实行宣战时，全国武装抗日队伍自当统一编制”一条，他则解释说：“军队编制与番号，自必重新组织，亦所当然之事实。欢迎抗日分子之参加，乃势所必然。”故红军参加抗日必须与国民党军队统一编制。对“希望党的领袖来京共负政治上之责任”一条，他的解释是：“苟合作成立，民主权利份属当然。惟党与军之行动，或须有所分别。”也就是说希望共产党能够放弃对红军的控制。对“最好陕北红军经宁夏趋察绥外蒙之边境”一条，他则坦率地解释为：红军“最好另辟新土”去外蒙边境，不要留在陕北和国内其他地方。因为“今日之问题，在如何方能发动此战事耳。

[1]　《周小舟给中共中央的报告》（1936年8月29日）。

就现势以观，欲求避免目前国内之矛盾，（红军）最好另辟新土”。[1]

蒋介石、国民党这时所以会想出这样一着，实在也是蒋在日俄“两害”之中权衡利弊无以释怀的心病使然。蒋这时之心病到如何程度，只要读一下蒋这一段时间的日记就可以看得很清楚。

2 月，因不知如何消弭日本对华北的阴谋，蒋总是心神不宁，“忧郁之至”。想要具体开始对俄交涉，订立协定，却又担心其“果能使倭屈服乎？抑反强其速攻乎？”忽然间 26 日日本国内发生政变，蒋顿时兴奋不已，相信“敌国内变，资我以复兴之机”，然冷静下来却又发现:“倭变为叛者胜利，达成其少壮派之目的，则侵略必益烈。”因而忧心忡忡，哀叹“对倭策动之运用未得其道，思虑无已，心神觉劳矣”。[2]

进入 3 月间，蒋几乎全身心地投入到避免与日本新上台的强硬派冲突的外交谋划之中。一心希望这些强硬派能“促成倭俄战争可使其关东军向俄挑战”，认为这样中国就可以奉行“中立原则”，进而在“不妨碍倭之抗俄程度之内与之谈判”了。随后得知日本广田内阁有对苏联实行强硬方针的消息，蒋更是倍感庆幸，相信如此则日本必对我“渐变和缓”，从而使我获得“唯一难得之时期”。据此，蒋介石甚至又开始怀疑联俄之必要了。特别是风闻苏联与外蒙古擅定互助议定书，他从 17 日开始已经在反复研究对俄外交利害，强调对“甲、共匪之消长，乙、倭寇之影响，丙、内忧之大小，丁、民心之向背，国际之关系，……己、主义之异同，庚、最后之祸福，皆应彻底究穷之也”。几天后，他已得出某种结论，称 :“若不先自立，而徒希冀求人协助，是倚赖寄生之奴隶性。此奴隶性若不矫去，则民族前途可危甚矣！呜呼！一般书生文人，皆以为非联俄不能生存，青年无知者从而附和之，非痛加惩创，不能使之觉悟也。”在这种情况下，当他于 25 日得知日本又在向华北增兵，自然大惑不解。他虽然暗中希望“此其为倭俄作战而在华北布置

[1] 《谌小岑致翔宇函》（1936 年 5 月 14 日）。

[2] 《困勉记》卷三十六，1936 年 2 月 1—6、26—29 日条，台北“国史馆”藏蒋中正档案。

之准备”，却又自觉不甚合理，于是整夜“心烦不定，夜不能眠”。次日研究来研究去，终于发现日本增兵华北似与对俄作战无甚关系，于是又不能不暗自里为自己打气称：“倭知我之有备与决心，及其对俄之利害，故不得不向我求妥协也。”只是，蒋终究不相信日本真的会放过苏联而把矛头对准中国，因此仍旧希望能够把日本这股祸水引到苏联那边去。其在 31 日的日记中反复盘算：“俄蒙协定宣布之日，容即倭俄战局完成之时，俄之狡诈疑忌，倭之狭隘横暴，决不能长此隐忍而不破裂也。”“如果倭决一致对俄，则对我或转缓和。但必先用压力以试之。如我不为其威胁所动摇，则彼乃无可如何，不得已而求我之中立乎？”若事能如此，则日本为求我中立，或能“还我满洲主权”。而我则可借机“先与商谈对俄协定，此为最大之希望。其次则取消塘沽协定与冀东察北战区，则允其资源之接济。不然，概作为悬案”。[1]

计算到这一层，又得知苏蒙公开了互助议定书，蒋难免会把一肚子的愤懑倾泄到俄国人和共产党头上去。4 月初，蒋在日记中几度大骂苏联“卑劣毒辣，一如乡间之土霸无赖，可恶之极！”断言“倭之狭小，俄之短忌，侵略主义者之横暴，诚无独有偶，倭满协定之启其端，俄蒙协定之结果，倭俄之战争，以理测之当在眉睫矣”。进而决定：“一、俄态日露，已逼我无依违两可之余地，更不可有乘机取巧之观念，惟有以事实与我革命主义为重，似无所用其徘徊也。二、外蒙之领土与主权，非使俄承认不可！三、中共非解决不可！”[2]

三、两党谈判条件之趋近

对于蒋介石这时提出的四项条件，中共中央并不买账。不仅如此，5 月 8 日，由于对张学良统战取得巨大成功，中共中央政治局还专门开会，讨论

[1] 《困勉记》卷三十六，1936 年 3 月 2、3、4、9、17、18、21、25、31 日条，台北“国史馆”藏蒋中正档案。

[2] 《困勉记》卷三十七，1936 年 4 月 2、3、7、8 日条，台北“国史馆”藏蒋中正档案。

通过了联合东北军，接通外蒙古、苏联，争取实现西北各地方实力派的反蒋大联合，建立西北国防政府和西北抗日联军，进而像外蒙古那样，与苏联结成联盟的宏大反蒋计划。[1] 随着 5 月底两广爆发反蒋事变，中共中央对于实现西北大联合计划更是雄心勃勃，他们对两党谈判的要价也明显升高。当 6 月中旬看到董健吾和北方局先后转来国民党的四条件之后，中共中央的态度显然十分不满。毛泽东在给前线彭德怀的电报中明确宣称：曾养甫等人的信件及条件，“满纸联合抗日，实际拒绝我们的条件，希望红军出察绥外蒙边境，导火日苏战争”。[2]

当然，反感归反感，中共中央也仍旧采取两手策略，即一边鼓动反蒋派反蒋，一边则继续与蒋介石南京政府接触。用周恩来的说法就是，共产党人至少可以借此“千载一时之机”，“利用蒋现时之弱点，抓住他找我之一环，向全国各方活动，并得与全国群众见面”。[3] 而事实上，中共中央这时也注意到国共两党实力上的巨大差距，有心与蒋介石巧为周旋，以获取更多的生存空间。在这种指导思想之下，中共中央领导人一面利用董健吾、张子华等来往于南京与陕北之间的有利条件，给国内各界的头面人物写信，宣传自己的主张，一面也致函国民党谈判代表，邀请曾养甫及谌小岑等“惠临苏土，商讨大计”，“或更纠合同道，就便参观”，表示愿意与国民党谈判代表一道，“推动各方，共促事成”。[4] 而较容易得到莫斯科消息的中共北方局，干脆捷足先登，在 6 月下旬向国民党方面提交了针对四条件的对案。对案的最大特点在于，它在某种程度上突破了中共中央前此关于要以国防政府和抗日联军为“根本主张”的原则规定。它根据国共两党实力对比悬殊的现实情况，含蓄地表示，中国共产党并不计较国防政府和抗日联军的名称，甚至也并不反对在将来必要时考虑取消苏维埃与红军之名称，它并且赞成

[1] 《毛泽东关于今后形势与战略方针的报告》（1936 年 5 月 8 日）。
[2] 《毛泽东致彭德怀电》（1936 年 6 月 28 日）。
[3] 《周恩来致张闻天、毛泽东》（1936 年 3 月 5 日）。
[4] 《周恩来致谌小岑函》（1936 年 5 月 14 日）。

国民党在新的统一战线组织中占据指导地位。

对案称：“在K方（即国民党方面）承认并确行第一条各项政策时，C方（即共产党方面）放弃敌对K方的行动，K方停止围剿与封锁红军和苏区。”“C方确认抗日战争须要有统一的领导与指挥，C方提议在最近期间召集全国各党及人民团体（不论已立案否）共同讨论具体实现抗日联合战线之一切问题，例如国防政府与抗日联军的名称，红军及其一切抗日部队当然要服从这个政府的指挥。在K方决行第一条各项政策时，C方赞成K方在国防政府及抗日联军中占有指导地位。”“C方在今天无意考虑取消苏维埃组织及红军之提议，C方也不要求K方及愿意抗日的其他各派变更原有的政治军事地位。但在将来，依据抗日战争的需要，C方赞成全中国真正民主的统一。”[1]

在这里，所谓提议在最近期间召集全国各党派及人民一切团体共同讨论具体实现国防政府和抗日联军的名称，很明显地意味着它已不再继续坚持“国防政府”与“抗日联军”的口号了；而所称目前无意考虑取消苏维埃组织及红军，但将来依据抗日战争的需要将会赞成全中国真正民主的统一云云，同样在某种程度上暗示它有可能在一定条件下放弃苏维埃与红军的形式。正是基于这样的考虑，中共北方局的条件里没有坚持两党必须平等合作的要求，而是第一次坦率地表示，在将来政府中可以由国民党占指导地位。中共北方局的这一文件，无疑为国共双方进一步接近提供了相当重要的基础。

果然，国共双方的商谈迅速取得进展。经过几天具体交换意见，国共两党代表破天荒地第一次形成了一个共同的“谈话记录草案”。内称：“KC双方一致确认，为求得民族之生存，须立即实现民族之联合战线，共同抗日。”“C方提议组织国防政府和抗日联军，K方在原则上接受此提议，但C方须承认K方之主导权，C方代表认为K方在原则上接受此提议后，现形势下应该而且可能成为抗日之主导力量。”根据上述原则，“K方将在事

---

[1]《周小舟给中共中央的报告》（1936年8月29日）。

实上以秘密方式停止围剿红军，红军亦停进攻的军事行动。同时在C方停止反K方之行动与宣传的条件下，K方承认立即停止破坏C方组织，及逮捕C方人员与群众，并于暗中保护爱国运动（指在K方权力范围以内，冀察不在此限度内）。之后C方公开发表宣言要求K方一致抗日”。在完成上述步骤后，国共双方将“共同组织一混合委员会，讨论具体实现抗日联合战线之政治形势及统一经济、军事、外交等问题（例如在国防政府成立后，C方须改变苏维埃之政治形式而统一于国防政府之下），以及联俄诸问题”。[1]

由上可知，在这次商谈中，至少在形式上双方代表都作了较多让步，以至取得了一个得到双方代表共同认可并且正式签字的谈判文件。其中最为关键的让步在于，谌小岑在形式上接受共产党方面关于国防政府和抗日联军的提议，而共产党方面则承认国民党方面之主导权和实际上的主导地位，同时准备放弃苏维埃之政治形式。当然，在与曾养甫商量之后，谌小岑进一步起草的准备提供讨论的正式协定条款的草案中，其原先的承诺已经发生了某种程度的改变。

为便于比较谈话记录和以后由陈立夫修订的协定条文，这里不妨将谌小岑起草的这个协定草案的内容照录如下：

一、K方为集中民族革命力量，要求集合愿意参加民族革命之一切武装力量，不论党派，在同一目的下，实现指挥与编制之统一。

二、C方如同意K方之主张，应于此时放弃过去政治上一切足以引起国内阶级纠纷之活动，K方可承认苏维埃主要区域在民主政府指挥之下作为特别实验区。

三、K方在C方承认全国武装队伍统一指挥与编制的原则时，即行停止围剿，并商定其武装队伍之驻扎区域，予以其他国军同等之待遇。

四、K方在C方决意接受K方之上述军事政治主张之原则下，执行（一）

[1] 见杨奎松《关于1936年国共两党秘密接触经过的几个问题》，《近代史研究》1990年第1期。

抗日民族革命之民主自由，但其限度以不反党国为原则；（二）红军之驻扎区域采商定方式，依双方之同意而决定；（三）苏维埃政权取消系指苏维埃独立于中央政府而言，其他地方组织形式可适当保留；（四）C方之表示与K方所负之义务应在同时实行，其实现方式由双方协议后实行之。[1]

由上述内容可知，作为国民党方面级别较低的联络代表，谌小岑实际上并不负有谈判的责任。他对中共关于国防政府和抗日联军提议的承诺，起不到任何作用。经与曾养甫讨论后，这一条就被代之以为集中革命力量，必须以国民党方面为中心实行统一指挥与编制了。即使是这样改动之后，还是不能让陈立夫满意。在曾养甫将此一草案上报陈立夫之后，陈进一步将国民党方面过去的要求具体化了。他在7月初对此一文件做了两点最重要的修改之后，于4日通过曾养甫和谌小岑正式提交给了中共代表。经过陈立夫修改的国民党方面最终的文件内容如下：

一、K方为集中民族革命力量，要求集合愿意参加民族革命之一切武装力量，不论党派，在同一目的下，实现指挥与编制之统一。

二、C方如同意K方上述之主张，应于此时放弃过去政治主张，并以其政治军事全部力量置于统一指挥之下。

三、K方在C方承认全国武装队伍应统一指挥与编制的原则时，即行停止围剿，并商定其武装队伍之驻扎区域，与以其他国军同等待遇。

四、K方在C方决意放弃苏维埃政权的条件下，即以K方为主体，基于民主的原则，改善现政治机构，集中全国人才，充实政府力量，以负担民族革命之任务。[2]

---

[1]　《周小舟给中共中央的报告》（1936年8月29日）。

[2]　同上。

这里的修改主要表现在第二条和第四条，即强调了共产党方面必须以其全部政治军事力量置于南京政府的统一指挥之下，和放弃苏维埃政权，承认并参加以国民党为主体的，只是经过改善的现政权。这就在事实上否认了中共的国防政府和抗日联军的主张。

由于种种原因，经过陈立夫亲自修改的国民党方面的新的谈判条件，中共中央直到8月下旬才得以见到。而在此之前，先是潘汉年接奉中共驻共产国际代表团团长王明之命进入陕北苏区，向中共中央传达共产国际有关统战问题的新指示。接着共产国际于8月15日专门发来政治指示电，要求中共中央放弃前此奉行的“抗日反蒋”方针，彻底改变联合反蒋派策动反蒋事变的方针，“认定南京为进行统一战线之必要与主要的对手”，准备在过去与南京谈判的基础上，在忠实进行抗日准备、实行国内民主与实行停止“围剿”的前提下，承认与之谈判苏维埃红军的统一问题。[1]

依据共产国际的政治指示，中共中央于8月25日开始起草并发表了《中国共产党致中国国民党书》，随后还起草了《国共两党抗日救国协定草案》。明确表示：愿意“在任何地方与任何时候派出自己的全权代表，同贵党的全权代表一道，开始具体实际的谈判，以期迅速订立抗日救国的具体协定”，实现“两党重新合作共同救国”。[2]

27日，中共方面负责与国民党秘密接触的联络员张子华到达陕北中共中央所在地，带来了国民党电台呼号密码和陈立夫手下曾养甫及谌小岑的信件。为了促成国共双方高层谈判，周恩来于8月31日和9月1同也分别亲笔致信曾养甫和陈果夫、陈立夫等，首次表示愿意外出商谈。[3]

由于两广事变和平解决，陈济棠被迫下野，南京取得了对广东的控制权。

---

[1] 《共产国际执委会书记处致中共中央书记处电》（1936年8月15日），载《中共党史研究》1987年第2期。

[2] 《中国共产党致中国国民党书》（1936年8月25日），《中共中央抗日民族统一战线文件选编》（中），第235—245页。

[3] 转见《周恩来统一战线文选》，人民出版社1984年版，第17—18页。

紧接着，蒋介石又通过逼迫白崇禧等离开广西、到南京任职的办法，解决了广西的问题。除去长期威胁着南京中央地位的两广敌对势力，蒋介石解决共产党问题的态度不免又开始趋于强硬。在见到周恩来的亲笔信之后，时在广州的曾养甫就明确告诉张子华，国共两党必须在陈立夫所提之四条件基础达成妥协。他并明确强调：两党并非“合作”关系，军队也必须改编。[1]当然，曾养甫欢迎周恩来外出谈判，并说明，蒋介石已专门关照出任陕甘晋绥四省“剿匪”总指挥的陈诚，要他致电西北“剿匪”总部，为周恩来外出放行。

这个时候，由于莫斯科为帮助红军在陕甘黄土高原生存下去，同意为红军提供军事援助。而红四方面军，以及贺龙、萧克所部改编的红二方面军两个方面军也北上甘北，与红一方面军会合，开始参加为接取苏援而发动的宁夏战役。然而，红军三个方面军的会师，并没有对红军打通国际路线带来太大的帮助，相反，倒引来了中央军的大队追兵。尽管红四方面军有几个师成功地西渡黄河，但其他部队以及红一、二方面军却被截在黄河以东，使得两支红军各不能相顾，军事形势变得相当紧张。

面对中央军的步步紧逼，中共中央一方面信不过蒋介石的谈判诚意，不愿意派周恩来外出谈判，另一方面也不能不考虑做更大的让步。毛泽东这时即明确讲：照蒋介石处理广西的办法解决，我们是可以接受的。这也就是红军基本不动，服从中央，改叫国民革命军，只调个别人（如白崇禧等）去南京做官。这与国防政府、抗日联军表面上不同，但表面得不到，我们应准备重实际，应该承认现实。[2]据此，从莫斯科回国不久的潘汉年被任命为中共中央的谈判代表，带着《国共两党抗日救国协定草案》，前往南京和上海，准备与陈立夫进行谈判。[3]

---

[1]　《张子华关于与南京国民党谈判情况的报告》（1936 年 10 月 18 日）。

[2]　《毛泽东在中共中央政治局会议上的讲话》（1936 年 11 月 13 日）。

[3]　《中共中央致张子华电》（1936 年 10 月 24 日）；并参见杨奎松：《西安事变新探——张学良与中共关系之研究》，（台北）东大图书公司 1995 年版，第 237 页。

四、战争形势的意外影响

所谓《国共两党抗日救国协定草案》，指的是9月下旬中共中央根据共产国际8月15日发来的有关统一战线的“政治指示”，开始起草的一个正式表述中共方面谈判条件的文件，原“准备恩来带往谈判”。因形势改变，现在只能由潘汉年带往了。该草案很明显地是参考了中共北方局送来的他们在此前与国民党方面在南京谈判时所提出的各种文件，以及国共双方曾经形成的谈话记录草案，从而更具体地说明了中共中央关于实现两党合作的基本设想和基本条件。该草案的主要内容为：第一，在国民党停止进攻红军，给予适宜的根据地，和一切必需品并保证兵员的补充的条件下，中国共产党方面“承认在抗日作战时在不变更共产党人员在红军中的组织与领导之条件下，全国军队包括红军在内实行统一的指挥与统一的编制，红军担负一定之防线与战线”。第二，在国民党承诺改革现行政治制度，释放政治犯及被捕之共产党员的条件下，中国共产党方面“承认停止以武力推翻国民党政权之言论与行动，承认在全国建立民主共和国与召集根据普选权选举的全国国会时苏维埃区域选举代表参加此国会，苏区实行与全中国一样的民主制度”。第三，“中国国民党与中国共产党共同承认，为着实行真正的对日武装抗战，有迅速建立统一全国的军事指挥机关（军事委员会与总司令部），及由此机关采取真正对日抗战的一切实际军事步骤之必要。中国国民党承认，红军军事委员会及总司令部有选派代表参加全国的军事委员会与总司令部之必要，并保证该代表等顺利进行其工作；中国共产党承认，中国国民党人员在此种机关中占主要领导的地位”。

草案同时主张，两党中央应“各派出同数之代表组织混合委员会，作为经常接洽与讨论之机关”，并在忠实执行此协定的同时，“双方均保持其政治上与组织上之独立性”。[1]

---

[1] 《洛毛致朱张徐等同志电》（1936年10月11日），《中共中央抗日民族统一战线文件选编》（中），第287—290页。

与前此中共中央历次所提的谈判条件相比，《草案》的让步是显而易见的。它不仅明确同意改编红军，承诺在适当条件下实行苏维埃改制，而且直截了当地承认国民党在全国军事指挥机关中占据主要领导地位。考虑到蒋介石前此条件的核心就在于红军改编、苏维埃改制、以南京政府为中央政府，不难看出，国共两党的谈判条件已经相当接近，有进一步具体磋商的可能了。

值得注意的是，这个时候，国民党内上层人物中主张恢复孙中山“联俄联共扶助工农三大政策”，统一抗日的意向也有所表现。宋庆龄、何香凝等于 10 月下旬正式提出建议书，征求附议签名，得到了孙科、冯玉祥等国民党重要领导人的响应。而蒋介石也明白告诉冯玉祥，对于同中共的关系，他考虑了很久，认为根本上只有三点：(一)“人的问题，这好解决，从前大家在一桌子吃饭，一屋子开会，现在变成对打的冤家”，“如妥协成功，仍在一起对外，并无不可”。(二) 党的问题，“这好办，待我们实行宪政时，各党派都可参政，共党当然不能例外”。(三) 军队问题，“这是最不易解决的问题，谁敢去领导他们的军队呢？何况现在他们不答应改编，我想还是送他们到外蒙古去吧！”不过，他同时也还是希望冯玉祥和其他人能够想到办法，使红军“能够服从统一与服从领导”。[1]

蒋介石出于对红军作用的担忧，不愿简单照搬解决广西地方实力派的办法，是显而易见的。他这时尤其担心中共与苏联之间的联系问题。其 10 月 18 日日记即称：“防共问题，更为重要，否则不能与俄交涉矣。”[2] 红军宁夏战役失利，再度给蒋带来了根本解决共产党问题的极大希望。

红军宁夏战役的失利，主要是因为一、四两个方面军未能有效地达成军事上的配合，致使担负渡河任务的四方面军在胡宗南部队的追击下很快丢掉了渡口，被胡军截为两部分，约两万人过了河，剩下的部队只能与一、二方面军协同，边打边撤，远离渡口，退往盐池、定边方向，生存条件极

[1] 见《小 K 给东天来博诸兄的报告》(1936 年 11 月 1 日)。
[2] 《困勉记》卷三十九，1936 年 10 月 18 日条，台北“国史馆”藏蒋中正档案。

其艰难。鉴于国民党前线捷报频传，蒋介石信心倍增，态度突然强硬起来。他当即指示中央党部发表公开言论，批驳中共中央发表之《中国共产党致中国国民党书》，蒋称：“对于共党致本党书，应正式辟其谬妄，对人民阵线之说尤应反驳。”“即使其为真抗日，亦必为国际主义者之傀儡，而以中国供人牺牲品。如对外抗战而不照一个政府与命令原则之下行动，必招灭亡。”他要求针对中共所提办法，提出国民党条件，“使一般人民晓然于共党之虚伪与其责任之所在，而非吾党不允其投降，并说明其投降无保证”。[1]

政治上既如此宣言，国民党的谈判方针自然难免会发生改变。11 月初，陈立夫等人受蒋旨意四处找潘汉年谈判。10 日，双方终于取得联络，确定在上海沧州饭店举行正式商谈。

关于这次谈判的情况，目前可以看到的只有潘汉年事后的报告。据潘汉年报告说：他 10 日晨抵沪，在沧州饭店与陈立夫晤谈，并将周恩来致陈果夫、陈立夫兄弟及致蒋介石的信亦顺便交他。陈立夫一上来就问：你是代表周恩来个人呢，或是代表中共？潘汉年当场回答说，我是代表整个苏维埃与红军来与南京政府及中央军谈判的，并非代表任何个人。陈立夫紧接着要潘汉年先将中共方面的合作条件告诉他。潘汉年于是便根据《国共两党抗日救国草案》讲了一个大概，之后问陈：南京对我们提议有何意见。陈立夫当场表示，既然中共方面表示要开诚合作，那么我也就好提任何条件了。我们的意见是，第一，对立的政权与军队必须取消。第二，目前可保留三千人之军队，师长以上领袖一律解职出洋，半年后召回按才录用，党内与政府干部亦可按才适当分配南京政府各机关服务。第三，军队能如此解决，则你们所提政治上各点都好办。陈立夫特别强调，他的这个答复意见是代表蒋委员长的，并不是他个人的。

潘汉年听后当即提出异议，称：这怕是蒋先生站在剿共立场的收编条

[1] 《蒋中正致中央党部叶秘书长电》(1936 年 10 月 28 日)，台北“国史馆”藏蒋中正档案，特交档案—民国廿五年 270 卷 251070 号。

件吧，不能说是抗日合作的谈判条件。请问陈先生，当初邓文仪在苏联活动，以后曾养甫派人去苏区，所谈的均非收编而是讨论合作，蒋先生为什么目前会有如此设想！这样来磋商合作条件，恐怕不大合适。陈立夫对此解释说：在目前这种条件下谈判确实一时难于有所成就。但如果周恩来能全权代表军事出来与蒋先生面商，保留军队数目的问题或还有商酌的余地，比如可以考虑从三千扩大为一万之数。

鉴于双方立场相差太远，潘汉年不再与之谈整个解决之条件，转而提出：能否先谈停战问题？对此陈立夫断然否定，称：这决无可能，因“能否停战，蒋先生意思要看你们对军事问题能否接受来决定，而军事问题双方谈了必须负责，因此必须双方军事直接负责人面谈”。总之，他告诉潘汉年：“蒋先生中心意旨，必须先解决军事，其他一切都好办。你我均非军事当局，从旁谈判也无结果，可否请恩来出来一次，前[周]有电给养甫说可以去广州，所以已派张子华带着护照回去了，你想他能不能出来呢？……蒋答应如周出来，他可以和周面谈，或者那时蒋先生所提条件不致太苛刻，也难说。”[1]

11月11日，潘汉年将陈立夫的建议电告中共中央。12日，中共中央复电潘汉年，对国民党方面谈判条件突然变得如此苛刻表示不解，要求潘汉年弄清楚“南京对红军究能容纳至何限度”。这是因为，中共中央刚刚得到从广州回来的张子华的报告，报告丝毫没有显示国民党方面要价陡然提高的情况。相反，中共中央电称：“据张子华谓，曾养甫云：一、党可公开活动；二、政府继续存在；三、参加国会；四、红军改名受蒋指挥，照国民革命军编制与待遇，个别变更红军原有之组织。”曾养甫所提这四点，与中共中央起草的那个《草案》相比，有一明显不合之处，《草案》坚持红军可以改编，苏维埃可以改制，但其党政组织仍得保持独立，而曾养甫所提，则必欲变更红军之组织，这种做法较毛泽东所愿意接受的广西方式都更为苛刻。

[1] 《潘汉年致中共中央电》(1936年11月11日)；《潘汉年关于与国民党谈判情况给毛泽东等的报告》(1936年11月13日)，《党的文献》1993年第5期。

然而考虑到目前形势，毛泽东明确表示可以就此作出让步，即“为一致对外，我们并不坚持过高要求，可照曾（养甫）谈原则协定”。问题是，陈立夫所提条件几乎是一种收编的办法，与中共中央所设想的情况完全不同。对此，毛泽东不能不表示说：若照目前彼方所提，周恩来去谈也无益，因为即使周恩来出去，这种条件也“无法接受”。[1]

潘汉年收到中共中央来电后，很快又与陈立夫进行了商谈。根据张子华转述的条件，潘汉年指责陈立夫等人出尔反尔，转而按照中共中央的要求，提出先谈停战再谈军队，但陈立夫明确否认他们曾请张子华传达过类似的条件。他在 19 日与潘汉年的谈判中称，张子华所说四条“纯属子虚”，除再度重申 10 日所谈的原则外，并说他自上次谈判后，已去洛阳见过蒋介石，希望蒋在保留红军人数上能够有所松动，但“蒋坚持原提各点，无让步可能”，军队问题不解决，其他一切都谈不上。潘汉年据此进一步报告说：陈立夫坚持，军队问题不先解决，无从讨论停战问题。[2]

鉴于谈判陷入僵局，张冲于当晚 10 时去找潘汉年，对他解释说：上次所提红军保留三千人的问题，可能理解上有误会。其实蒋所说的保留三千人，指的是将多数红军部队交南京方面编遣的同时，还可有三千人保留红军番号。但张冲却不能解释为什么蒋介石要如此安排。他只是说：坚持 10 日所谈原则，实在是蒋先生的意思，陈先生个人也是左右为难。但他相信，如果周恩来能与蒋先生亲自面商，条件或有松动的可能，而且蒋先生也是坚持要求周恩来出来谈判的。据此，潘汉年当晚又通过南京国民党方面的电台电告中共中央称：“据陈先生转达蒋先生意见：一、红军可缩编至三千人，其余由宁方编遣；二、师长以上官佐由宁资遣出洋考察，半年后回国按材录用；三、可派代表参加国会及各军政机关工作，但须先由我方提出适当名单，由彼酌量任用。如以上各点能解决，至释放在狱之共党及以后停止

[1] 《中共中央致潘汉年电》（1936 年 11 月 12 日）。

[2] 《潘汉年关于与国民党谈判情况给中共驻共产国际代表团的报告》（1936 年 11 月 21 日），《党的文献》1993 年第 5 期。

逮捕共党等，当不成问题云。”[1]

中共中央这时已经看出蒋介石的用心，明白在这种条件下要想谈出结果也是枉然。何况共产国际这时也有电报指示中共中央，要求它务必要在国民党实际停止进攻的前提下才能进行两党间的谈判，谈判的结果必须能够“保存我们的绝对领导、组织系统和军官成分，并且绝不允许国民党干涉红军内部任何事情”。与国民党的关系，也要坚持“在对日武装斗争的条件之下，才可以同意成立统一的指定蒋介石作总司令的总司令部，服从其指挥。且统一只是指在一定的战线上，为完成总的对日作战计划而服从统一指挥这个意义以内而言的”。[2]因此，在11月下旬接到潘汉年的这一报告后，中共中央即接连两电潘汉年，明确表示：“红军在彼方忠实的与明确的承认其参加抗日救亡之前提下可以改换抗日番号，划定抗日防地，服从抗日指挥。在这些上面我们并不坚持形式上的平等，也不须用两个政府出面谈判。但是必须两党（不是两政府）平等的签订抗日救亡之政治军事协定，红军不能减少一兵一卒，而且须要扩充之。离开实行抗日救亡任务，无任何商量余地。”“然如皓电所言，殊不见有任何之诚意，无诚意则失去谈判基础，只好停止以待他日。”因只要蒋介石尚有“剿灭”红军之可能，彼必步步进逼，要价日增，实无谈判之可能。故中共中央决定，先从各方面造成停止进攻红军的运动，酝酿一处，发动一处，到处响应，“以此迫蒋停止剿共，此是抗日统一战线的中心关键”。[3]

这个时候，经过精心部署和有东北军王以哲部的配合，红军已于11月21日在甘北山城堡找到了一个机会，给了国民党中央军一次沉重的打击，一举歼灭了胡宗南部丁德隆师的一个多旅，该师死伤被俘总数超过一千二百

[1]《潘汉年致毛朱张周同志电》（1936年11月19日）。

[2]《国际书记处致中央书记处电》（1936年11月20日）。

[3]《杨子任致潘汉年电》（1936年12月9日）；并见《毛泽东年谱》（上），第612页。

人。[1] 这一仗不仅使蒋“进剿”的锐气大为受挫，而且也极大地影响了张学良对蒋介石坚持“进剿”的观感。

刚一得到中央军受挫的消息，蒋就急电胡宗南，要其将“丁师损伤实情速直接实报，但对其他各处不必详报或报并未损失亦可”，生恐会动摇军心。他严令胡宗南马上“鼓励士气，集中实力，勿使因此颓丧。丁师当留驻适当地点整理补充，其余部队前进时应集结一气，行进时对于左右两翼之搜索正面愈广愈安”。与此同时，蒋要求胡注意：“下午三时以后不准行军，必须于三时前集中宿营地内，一面构筑抵抗线工事严防夜袭”；“无论宿营追击，凡到达一地，非先筑成防御阵地不得休息。”“各师旅团指挥部必须在部队阵地中间，且要严密搜索，恐民房内住民通匪响影，切不可在后方被匪袭击”；“无论如何勿得撤退，否则杀其主管。”不仅如此，此役后，蒋明令中央军和东北军都暂停“进剿”，延缓数日，以便休整部队并重新部署。

蒋介石这时正在推动绥远抗战，自 11 月 15 日绥远战争打响，到 25 日傅作义部队取得百灵庙大捷，全国抗日情绪正在高扬之中。在这种情况下，毗邻绥远的甘北“剿共”战争稍有差池，不仅会影响到绥远抗战，而且难免动摇整个华北的军事部署。因此，蒋介石不得不军事政治双管齐下，力谋迅速解决共产党问题。恰好这时日本关东军有出兵干涉绥远战争的迹象，而阎锡山等又极力反对下一步扩大战事，蒋亦乘势转过头来解决共产党问题。他于 12 月初率领众多军政要员亲赴西安，摆出全力部署和动员“剿共”战争，必欲争取“最后五分钟”军事胜利的架势，而另一方面，他也暗中派遣陈立夫再度约见潘汉年，告之可以改变过去保留红军三千人，其余全部收编或遣散的条件，说明红军大部目前可以不交南京编遣，仍实行改编，人数可以保留至三万人。[2]

[1] 《胡宗南致蒋委员长电》（1936 年 11 月 27 日），台北“国史馆”藏蒋中正档案，特交档案—民国廿五年 271 册 251293 号。

[2] 转见杨奎松：《西安事变新探——张学良与中共关系之研究》，（台北）东大图书公司 1995 年版，第 285 页。

不难看出，蒋介石这时兴师动众地拉开“剿共”战争架势的目的，也未必真的就是想要一战解决问题。其内心中的真正目的，怕只是想要尽快了结共产党问题而已。或者将红军赶往黄河以北，驱逐到外蒙古边界上去；或者诱而降之，再徐图分化瓦解。蒋在日记中反复思忖：“紧剿乎？缓剿乎？”“欲使匪渡河北窜，则非余进驻西安不可！盖形成紧张，增进局势，匪自不敢久踞矣。”抑或“将计就计，待其诈降以后较易消灭乎？”[1]

五、西安事变与停止“剿共”

蒋介石想要尽快了结共产党问题，共产党同样也希望与国民党达成妥协，然而，双方这时却找不到任何可供直接接触的有效途径。几万红军集中甘北，粮食被服极端困难，宁夏战役失利后，中共中央无法再指望与国民党谈判成功，因此已经不得不在 11 月 13 日通过了一项决议，决心跳出陕甘国民党军的包围圈，来一次新的长征。而毗邻省份绥远爆发的抗战，却使不愿意看到红军这样离开陕甘的张学良心生想法，因此他一面极力向南京政府要求调东北军前往绥远抗日，一面电告中共中央，称：从各方面看，一二月内定有变动，红军只要能设法牵延一二月，则西北之联军可成矣。[2]

张学良这里所说的“西北之联军”，理应是指几个月前中共中央与张学良密商的那个计划中的西北抗日联军。只是，没有人知道张这时内心里是否想到过与蒋翻脸的问题。客观的事实是，张学良为争取派东北军援绥前往洛阳见蒋，力陈东北军只能抗日不能“剿共”的理由，结果是蒋不仅拒绝了张学良的要求，而且干脆乘势前往西安督战，最终逼使早与中共秘密结盟的张学良、杨虎城等于 12 月 12 日发动了震惊中外的西安事变，一举扣留了蒋介石及其各路军政大员数十人。

---

[1] 《困勉记》卷四十，1936 年 12 月 1、4 日条，台北“国史馆”藏蒋中正档案。

[2] 转见杨奎松：《西安事变新探——张学良与中共关系之研究》，第 273 页。

西安事变的爆发，使蒋介石计划中的大规模“剿共”计划和把红军赶往外蒙边界的设想，一时间再无实行的可能。而东北军、十七路军和红军的公开结盟，更使蒋发动一场军事“剿共”战争，迅速以强力解决共产党问题成为泡影。国共两党最高层的谈判在一种完全出乎意料的情况下发生了。

中共中央对西安事变的政策经历了一个变化的过程。12日得到张学良和王以哲的通报后，中共中央在当晚做出决定：“（一）周恩来、张学良、杨虎城组织三人委员会，以叶剑英为参谋长主持工作。（二）在西安召集抗日救国代表大会，准备半个月内召开会议。（三）组织抗日联军，以红军、东北军、十七路军、晋绥军四支军队为主，争取陈诚领导的蒋系军队加入其中，抵抗日本之可能的进攻。（四）以林森、孙科、冯玉祥、宋子文、于右任、孔祥熙、陈立夫等暂时主持南京政府，防止和抵抗亲日派勾结日本进攻上海与南京，准备成立革命的国防政府。（五）争取蒋介石全部军队。”[1]到13日召开政治局扩大会时，毛泽东在报告中更进一步提出：应考虑以西安为中心来领导全国，控制南京，因此，“在我们的观点，把蒋除掉，无论在哪方面都有好处”。当然，考虑到共产国际反复强调过的不应把抗日与反蒋相提并论，以及必须以南京为谈判主要对手的观点，会议最终把自己的方针归结为“又要反蒋又不反蒋”和“又要政府又不要政府”，实际上推动“要求罢免蒋介石，交人民公审”的做法。[2]

然而，一方面南京政府几乎马上就采取了十分强硬的立场，“褫夺张学良本兼各职”，并兴兵讨伐；另一方面，尽管中共中央明确要求莫斯科“在世界舆论上援助我们”，随后收听到的来自莫斯科的消息却公开指责了张学良，这些都使得中共中央不能不谨慎行事，停止宣传蒋介石罪恶和要求审判蒋介石的做法，转而公开做出第三者的姿态，呼吁并着力于事变的和平解决。17日，周恩来到达西安后，更进一步了解到蒋介石的态度已有松动，

[1] 《中央书记处致国际书记处电》（1936年12月12日）。

[2] 转见张培森等：《张闻天与西安事变》，《党的文献》1988年第3期；参见《中共党史研究》1988年第4期。

其姻弟宋子文将亲来西安谈判，中共中央对蒋的策略自然也就要发生改变了。

宋子文于20日飞抵西安，周恩来根据毛泽东的电报，马上提出要与宋见面。张学良告诉周说，宋子文对中共确有好感，惟担心南京方面知道，不好见面。不过，宋子文此行，到底使蒋的态度有了进一步的软化，据宋云：蒋已同意，“张杨主张交蒋提三中全会，东北军可援绥，陕西交杨”[1]。宋子文随后即飞返南京，把宋美龄接来西安。22日再到西安后，他即说服宋美龄同意他次日与周恩来等进行会谈。而之后的情况大大出乎中共中央的意料之外。据宋子文告诉张学良、杨虎城和周恩来说，经过宋子文、宋美龄的种种劝说之后，蒋介石已经表示可以在政治上做出某种让步，比如，“蒋暗示宋，改组政府，三个月后开救国会议，改组国民党，同意联俄联共”。正是基于这一所谓“暗示”，原本就对蒋过去的对日政策有所不满的宋子文，转而开始大胆地提出他的改组政府设想。他建议说：可先组织过渡政府，三个月后再改造成抗日政府。目前先将何应钦、张群、张嘉璈、蒋鼎文、吴鼎昌、陈绍宽赶走，推荐孔祥熙为院长，宋子文为副院长兼长财政，徐新六或颜惠庆长外交，赵戴文……长内政，严重或胡宗南长军政，陈季良或沈鸿烈长海军，孙科或曾养甫长铁路，朱家骅或俞飞鹏长交通，卢作孚长实业，张伯苓或王世杰长教育，如此等等。[2] 而西安方面，即张学良、杨虎城和周恩来三人的条件则是：

一、停战、撤兵至潼关外。

二、改组南京政府，排除亲日派，加入抗日分子。

三、释放政治犯，保障民主权利。

四、停止剿共，联合红军抗日，共产党公开活动（红军保存独立组织领导，

---

[1] 《周致洛、毛、博、朱、张电》（1936年12月21日），《文献和研究》1986年第6期。

[2] 《周恩来选集》（上），第71页。

在召开民主国会前，苏区仍旧，名称可冠抗日或救国）。

五、召开各党各派各界各军救国会议。

六、与同情抗日国家合作。[1]

在西安方面提出的六条件当中，第一次明确地包含了对中共和红军处置的具体方案。而24日据张学良转告说，蒋对六条件已有正式答复，此即：

（子）令东路军退出潼关以东，中央军决离开西北。

（丑）委托孔、宋为行政院正副院长。责孔、宋与张商组府名单。蒋决令何应钦出洋，朱绍良及中央人员离开陕甘。

（寅）蒋先回京，后释放爱国七领袖（即11月27日被捕之救国会领袖沈钧儒、章乃器、沙千里、邹韬奋、李公朴、史良、王造时，时称“七君子”——引者）。

（卯）联红容共，蒋主张为对外，现在红军苏区仍不变，经过张暗中接济红军，俟抗战起再联合行动，改番号。

（辰）蒋意开国民大会。

（巳）他主张联俄联英美。[2]

在这次谈判过程中，虽然没有直接讨论到改编红军的人数等问题，但确定了红军改编的意向和大致时间，从而正式承认了和平改编的原则。潘汉年与陈立夫几次谈判不能解决的停战问题，最终得到了解决。值得注意的是，蒋介石自事变发生即认定“此事症结在共党”，因此深恐中共从中作梗。所幸中共代表为蒋当年之部下周恩来，而蒋始终对周有较好印象，待宋美龄到后，蒋即“令宋子文与之相见，察其态度如何再定对付方针”。[3] 而周、

[1] 《周恩来选集》（上），第71页。

[2] 《周恩来、博古致中央书记处》（1936年12月24日），《文献和研究》1986年第6期。

[3] 《困勉记》卷四十，1936年12月23日条，台北“国史馆”藏蒋中正档案。

宋会谈结果显然使蒋对周有了更深的好感，因而当23日周提出见蒋时，蒋抱病于晚10点让周入见略事寒暄。次日，当周再度要求蒋能当面承诺不再“剿共”时，蒋虽十分不愿，最后也还是允许周恩来于上午10点进见，他告诉周说：“此语此时决不能说！若尔等以后不再破坏统一，听命中央，受余指挥，且与其他部队一视同仁。”周恩来当即答复说：“红军必受命，决不破坏。”蒋遂表示：“此时不便多言，余事与汉卿详谈可也。”[1] 周恩来在得到蒋的这一委婉承诺之后，马上电告中共中央称：蒋已同意在“统一中国，受他指挥”的条件下，“停止剿共，联红抗日”。并表示，他回南京后，周恩来仍可直接去谈判解决具体问题。[2]

12月25日，蒋介石在张学良陪同下返回洛阳，然后转赴南京。西安事变由此得到和平解决，而无论蒋介石意愿如何，其“剿共”战争也意外地因之而被迫结束了。蒋介石获得自由之后，马上开始着手分化西北三位一体的工作，除扣押张学良，不使其返回东北军以外，其最重要的一个步骤就是积极谋求中共在南京政府处置东北军和十七路军时保持中立的态度。为此，蒋一回到南京，就决定了对共产党的两手策略，即“应与共党以出路，而以相当条件收容之。但须令其严守范围”[3]。他随即通过陈立夫转告共产党代表潘汉年：西北之善后南京决取政治方式解决，希望中共置身事外，“以免外交发生困难及不利于双方谈判之进行”。他并委托张冲前往西安，接周恩来“从速秘密来京见蒋先生，面商一切”。[4] 惟红军必须“顾念国家艰难，为整个民族着想”，力劝杨虎城接受中央建议，如此中央当视同一体，同意红军驻延长、延川、延安、淳化、鄜县、庆阳及凉州等地，并参加政权。否则，“不仅周与蒋所谈一切无从实现，且蒋亦不能制止南京讨伐行动矣”。[5]

---

[1] 《困勉记》卷四十，1936年12月25日条，台北“国史馆”藏蒋中正档案。

[2] 《周恩来统一战线文选》，第34页。

[3] 《困勉记》卷四十一，1937年1月5日条，台北“国史馆”藏蒋中正档案。

[4] 《汉年致毛、周电》（1937年1月4日）。

[5] 《汉年致毛、周电》（1937年1月20日）。

虽然，中共中央于西安事变后一度力图继续保持西北三位一体的军事政治格局，但是，考虑到中央军大军压境，东北军群龙无首，十七路军内部分化，周恩来等明确认为目前不宜与南京对抗。潘汉年亦来电表示：“西北问题不可久持，盖西北问题一日不决，整个抗救计划无以实现，徒予日人以共同防共之藉口。我方当本对内和平团结，对外一致抵抗之初衷，力劝杨、张部队负责者从整个御侮救亡着眼，勿持私见以阻碍整个之实现。”[1] 经反复讨论，中共中央最终决定采取劝告西安方面接受南京统一方针的政策，因而在事实上放弃了坚持三位一体的态度。在进一步得到宋子文所转达的蒋介石关于红军的“给养补充概由中央负责”的口头承诺之后，毛泽东和周恩来即联名电蒋，保证：“我们的政策是与蒋一道团结全国（即反对分裂与内战）共同对日，以后许多事情均愿与蒋商量，一切有利日本与汉奸而有损国力与两党合作之事，均当与蒋一道坚持反对之”。[2] 此举不可避免地在东北军和十七路军官当中引起了强烈的反感。据周恩来报告称：“此间左派群情激愤，主战”，杨虎城“恐让步后西北被分化，亦有战意”，“东北军军长除缪澄流外均主作战”。如坚持要两军接受蒋之条件，东北军和十七路军之左派势必铤而走险，而右倾者必倒向蒋介石一边，如此我们将尽失同情，亦无法掌握其军队；如拒不接受，则只有打仗，惟战胜的把握很少，各方响应更少，一旦失败，东北军和十七路军仍将分化，到头来我们也只能得到少量军队而已，而与蒋的关系却难免恶化。在如此进退两难，又无从把握南京真实意图的情况下，毛泽东显然还是寄希望于与南京的关系不致再度破裂，故他不能不再三要求潘汉年就此做出判断：“据你观察，蒋与南京是否确有不继续战争的诚意，此种诚意建立在什么基础上？”[3]

---

[1] 转见杨奎松：《西安事变新探——张学良与中共关系之研究》，（台北）东大图书公司 1995 年版，第 400 页。

[2] 《毛泽东年谱》（上），第 644 页。

[3] 转见杨奎松：《西安事变新探——张学良与中共关系之研究》，（台北）东大图书公司 1995 年版，第 406 页。

27 日，国民党代表张冲亲自致电毛泽东和周恩来，代表蒋确认：

（甲）关于防地问题，照贵方与张、杨两部合并提案内所要求之地点，延川、延长、肤施、鄜县、庆阳、西峰一带及凉州以西，除陕南外，蒋先生一概承认。给养问题，蒋先生已答应与中央军同一待遇，以军队之多少决定军饷的数目。三中全会前一切接济由杨虎臣将军暂时负责，蒋先生亦允许。

（乙）关于保障和平，解决后不再攻打红军，已由宋子文先生向贵方代表直接声明，代表蒋负责保证。

（丙）派人参政事，蒋先生亦已允诺。

以上几项均为中央苦心维系和平之诚意，予贵党以转圜之时机，取舍进退，望先生等明断。请当机立断，勿再犹豫，速予复知。[1]

据此，中共中央在当晚做出决定：对南京让步。毛泽东、朱德等于这天晚上专门致电这时在外的中共中央政治局各负责人称：“无论从那一面说，主要的从政治方面说，均应对南京让步”，故现“应全力说服左派实行撤兵”。[2]

由于中共态度明显改变，蒋之西安行营主任顾祝同又发出最后通牒，东北军高级将领态度分化，终于激起了西安方面内部兵变。东北军少壮派军官于 2 月 2 日枪杀了赞同中共主张的六十七军军长王以哲等，致使东北军内部严重分裂。西北三位一体至此全面瓦解，蒋之西北善后工作最终达成了预期的目的。

---

[1] 《张冲致毛、周电》（1937 年 1 月 27 日）。

[2] 《毛泽东、朱德、张国焘致洛甫、周恩来、博古、王稼祥、彭德怀、任弼时各同志电》（1937 年 1 月 27 日），《文献和研究》1986 年第 6 期。

六、国民党谈判策略的变化

西北善后问题在中共方面的协助下得到相当解决，却并不意味着蒋介石对共产党真的就有了好感。根据蒋这一时期的日记可知，蒋对中共其实仍旧疑心重重，几乎西北方面的任何风吹草动，蒋都会把它们与共产党的阴谋挂起钩来。

注意到西北善后共产党作用极大，蒋介石在 1937 年 1 月 18 日明确得出结论 :“陕乱症结仍在共党”。发现西安同意接受其善后方案，蒋又猜测“此或共党愿乘机示诚之所致也，否则，陕事无如此速了之可能”。25 日得知西安方面又提必须先给张学良以名义的要求后，蒋又马上怀疑“名为东北军下级官长要求张学良回部，其实受共匪操纵而捣乱也”。29 日，得顾祝同电，曰“陕逆又言愿就范听命矣”。但蒋依旧认定 :“共匪在西安逆军中其捣乱挑战之谋恐仍将层出不穷也。”30 日，再得周恩来、于学忠、杨虎城及顾祝同、刘峙各电，了解到红军已经决定按照他的要求，从陕南商县地区北撤至陕北，蒋依旧将信将疑，怀疑“此其表示投诚之意乎？”而联想到头天晚上渭南与华县间电话不通，于是猜度“此必被共匪剪断，使其撤兵时免为中央军所侦悉也”。当然，得知“东北军不再要求张学良回陕，而愿无条件撤退，杨虎城惟多要款项，亦无其他要求”，蒋亦深感庆幸，反复思量 :“此皆共匪不想作梗之明证乎？”或“共党虽从中操纵作梗，亦不敢明目张胆，而且中央对共党已有相当示意，勿使其失望，料彼亦终于屈服也”。据此，他暗自猜测 : 共产党之如此让步，或因为“彼于苏俄既无接济，而于主义又难实行”。在这种情况下，“若其果有民族观念，不忘为黄帝后裔，则于其穷无归时而收服之，未始非一良机也”。故而相信 :“对于共匪之处置，应慎重考虑”。[1]

[1] 《困勉记》卷四十一，1937 年 1 月 18、23、27、29、30 日，2 月 1 日条，台北“国史馆”藏蒋中正档案。

蒋介石这时暗中拟订的解决共产党问题的方案，大致分为两个步骤。一是组织上同意红军改编，采取“先监视后统制”的过渡办法，但要求共产党必须首先做出公开的保证；二是在思想上要渐次根绝“共党非人伦不道德的生活，无国家反民族的主义”。用蒋介石这时给顾祝同的电报来说就是：“对恩来除多说旧感情话以外，可以派亲信者间接问其就抚后之最低限度之方式，与切实统一之办法如何，我方最要注意之点，不在形式之统一，而在精神之统一。一国之中，决不能有性质与精神不同之军队也。简言之，要其共同实行三民主义，不做赤化宣传工作。若此点同意，则其它当易商量。”[1]

为了取得蒋介石和国民党人的信任，中共中央这时也在考虑做出公开保证的问题。随着2月8日中央军宋希濂部开入西安，次日顾祝同及行营也顺利入主西安城。国民党谈判代表张冲和中共代表潘汉年也于同日抵达。10日，张冲首先与周恩来进行接触。张冲当面提出了两种解决办法，这就是：

（甲）先按指定区域调防、派驻联络人员并予以接济；

（乙）然后将苏区改为特别区，试行社会主义；红军改编为国军，维持原有领导，但加派政训工作联络员；各边区武装则编为地方团队。

至于接济，张冲表示至多只能六十万。对此，周恩来根据与中共中央商定的意见答称：日前与顾祝同所谈只是交换意见，因顾祝同不能解决基本问题，改变制度名称是尊重蒋介石的意见，故仍须见蒋方能解决。而对改编问题，周恩来提出应编四个军十二个师组成一路军，照中央军待遇，如目前缓改，每月接济至少百万。否则，须送粮百万并增加清涧、宜川、中宁、预旺四县驻防贷粮。第二天，双方再谈，周恩来根据中共中央10日关于致

[1] 《困勉记》卷四十一，1937年2月9、13、18日条，台北“国史馆”藏蒋中正档案；见秦孝仪主编：《中华民国重要史料初编》，第五编（一），台北中国国民党中央委员会党史委员会印，1985年，第262页。

国民党三中全会电精神进一步作出明确表示。周说明，中共中央的主要意见如下：

（一）共产党过去被捕人员应分期释放，以后不再逮捕和破坏，到适当时并应公开；
（二）共产党今后不再实行暴动政策与没收地主土地，而实行抗日纲领；
（三）同意苏区政府取消改特区，实行民主制度；
（四）同意红军改为国民革命军，其番号、编制、饷额、补充照国军待遇，政训处派人联络，但军官保持领导不变；
（五）其他边区过千人者集中陕甘，千人以下者改为团队；
（六）中共政府及军队代表应参加国民大会、国防委员会或军委会，但暂不参加政府。[1]

同时，周恩来再次提出增加金积、灵武为防地，并主张以中宁等地与陕南交换。

中共中央这时在致国民党三中全会电中明白地做出了四项政治保证，这就是在要求：(一) 停止一切内战，集中国力，一致对外；(二) 保障言论、集会、结社之自由，释放一切政治犯；(三) 召集各党、各派、各界、各军的代表会议，集中全国人材，共同救国；(四) 迅速完成对日抗战之一切准备工作；(五) 改善人民的生活。在此前提下，郑重保证：

（一）在全国范围内停止推翻国民政府之武装暴动方针；
（二）工农政府改名为中华民国特区政府，红军改名为国民革命军，直接受南京中央政府与军事委员会之指导；
（三）在特区政府区域内，实施普选的彻底民主制度；

---

[1] 《中华民国重要史料初编》，第五编（一），第 262—263 页。

（四）停止没收地主土地之政策，坚决执行抗日民族统一战线之共同纲领。[1]

毫无疑问，这一重大的原则性让步其实正是蒋介石国民党人所希望得到的，因此它对国共双方达成最终谅解，具有重要意义。

1 月 12 日，周恩来再度与顾祝同进行正式磋商。在周恩来提交了中共中央致国民党三中全会电之后，双方达成了一项协议草案。规定：

（一）共产党承认国民党在全国的领导地位，停止武装暴动及没收地主土地，故应坚决实行御侮救亡的统一纲领，国民政府允许分期释放在狱共党，不再逮捕和破坏，并容许适当时期公开。

（二）苏维埃制度取消，现时苏区政府改为中华民国特区政府，直受国民政府领导，实施普选制，特区内行政人员由地方选举，中央任命。

（三）红军改编为国民革命军，接受军事委员会与蒋之统一指挥和领导，其人员编制饷额补充同国军待遇，其领导人员由军委会任命，其政训工作人员自任，以中央党派少数人员任联络，其他各边区赤色部队改为地方团队。

（四）共党得派代表参加国民会议讨论，军队得派代表参加国防会议。

（五）希望三中全会关于和平统一团结御侮、容许民主自由、改善人民生活，有进一步的主张和表示。[2]

双方一致同意以此为解决国共关系问题的基本办法，同时进一步就驻地及给养等具体问题交换了意见。之后，顾祝同于 13 日致电蒋介石报告了此一协议草案的内容，并称：如此一基本的办法一时不便施行，“拟请定一

[1] 《中共中央致国民党三中全会电》（1937 年 2 月 10 日），《中共中央抗日民族统一战线文件选编》（中），第 385—386 页。

[2] 《中华民国重要史料初编》，第五编（一），第 262—263 页。

临时办法即暂划一地区俾其驻扎，每月酌予接济”。至于接济数目，顾祝同在电报中称，据说以中共现有全数官兵，每人每月至少 7 元以上不能生存。[1]

对于国共两党代表在西安这时达成的这一协议，双方似乎都不十分看重。周恩来告诉中共中央说，即使现在蒋介石同意他去南京，也“一时谈不得结果”，因为蒋介石“始终不承认国共合作，而看作红军投降，似无共产党独立地位”，因此，他主张不抱幻想，反而应降低交涉规格，派刘伯承来与其旧交顾祝同的参谋赵启禄具体商谈临时防地与接济办法。而蒋介石也确如周恩来所料，因为他以为解决了东北军和十七路军问题，即可使红军再陷孤立，因此他这时的态度较 2 月 8 日他指示顾祝同只要中共不做赤化宣传，一切都好商量的态度，已经明显地强硬了许多。他明确认为，政治问题已不甚重要，重要的军事问题了，现在应当做到“编共而不容共”，以控制中共军队为第一位。[2] 在 2 月 16 日给顾祝同的复电中，他告诫顾祝同：

> 对于第三者（指共产党）处理方针，不可与之说款项之多少，只可与之商准留编部队人数之几何为准。当西安事变前，本只允编其三千人，后拟加为五千人，但五千人之数尚未与之明言也。今则时移情迁，彼既有诚意与好意之表示，中央准编其四团制师之两师。照中央编制，八团兵力已在一万五千人以上之数，不能再多，即可以此为标准，与之切商。其余人数，准由中央为之设法编并安置。但其各师之参谋长与师内各级之副职，自副师长乃至副排长人员，亦皆应由中央派充也。此仅对军事而言。至其他对于政治者，待军事办法商妥后，再由恩来来京另议可也。[3]

要让共产党接受蒋介石这样一种条件，这时就连顾祝同也颇多怀疑。

[1] 《中华民国重要史料初编》，第五编（一），第 263 页。
[2] 同上，第 264 页。
[3] 同上。

因此，在顾祝同接到蒋介石16日的电报之后，直到19日他才派其参谋赵启禄约刘伯承谈话，言语间闪烁其词，说是据何柱国转达口信和蒋鼎文电话，知道蒋介石希望中共能转而信仰三民主义，及军队只编一万五千。而到第二天夜，赵启禄再度拜访刘伯承，又一次非正式的告诉刘，经何柱国之传话和蒋鼎文的电话可概括为三点提议，即（1）党取消，都信仰三民主义；(2)特区实行民治；(3)红军编两个师八个团一万五千人。不难想象，这种提议自然要引起共产党方面的反感。

2月21日，国民党三中全会通过了《关于根绝赤祸之决议案》，正式提出彻底取消红军与苏维埃政府，根本停止赤化宣传及其阶级斗争的解决共党问题的所谓“最低限度之办法”。[1] 两党谈判的问题重新又集中到政治问题上来了，这使得中共中央不得不重新考虑对策。

24日，周恩来向中共中央提出进一步谈判方针，很快得到了中央的赞同。这就是：

（一）可以服从三民主义，但放弃共产主义信仰绝无谈判余地；

（二）承认国民党在全国的领导，但取消共产党绝不可能，惟国民党如改组成民族革命联盟组织，共产党可整个加入这一联盟，但仍保持其独立组织；

（三）红军改编后人数可让步至六七万，编制可改四个师，每师三个旅六个团，约一万五千人，其余编某路军的直属队；

（四）红军改编后共党组织饰为秘密，拒绝国民党组织，政训人员自行训练，可实施统一的政训纲领，但不辱骂及反对共产党；

（五）苏区改特别区后，俟共党在非苏区公开后，国民党亦得在特别区活动。[2]

[1] 荣孟源主编：《中国国民党历次代表大会及中央全会资料》（下），光明日报出版社1985年版，第433—435页。

[2] 参见《周恩来年谱》，人民出版社1989年版，第353—354页。

同时，周恩来亦准备于不得已时对谈判采取拖延政策，并主张，在无法妥协时应以断然行动自动取消苏维埃及改变红军名义与编制，使国民党骑虎难下，争取主动。

共产党的反应多少产生了一些反响。26日，张冲于见蒋后又受蒋命由南京飞返西安，再度参加与周恩来的谈判。在次日的谈判中，张冲首先即转达了他向蒋介石汇报后所得印象。据他说，蒋介石的意见大致如下：

（一）共党服从三民主义；

（二）政治犯分批释放，共党现时秘密，宪法公布后公开；

（三）特别区因与中央法令不相合，可名行政区；

（四）国民大会共党代表人数俟周恩来来宁后商定；

（五）对各党派早不歧视，周恩来来时可带来加入政府做事之共党人员名单；

（六）国防会议俟组织后共党可参加；

（七）政治问题已相距不远，周恩来与顾祝同将军事问题大体商定后即可去宁，至改编人数可加倍，两师八团可改为三师九团。

张冲告诉周恩来，他此行见蒋政治上可以说相当成功，且三中全会秘密讨论数年内收回冀东、察北，恢复华北主权案；积极外交联合英、美、苏案；准备以一年为期加强国防案以及容共案，说明目前南京抗日容共的空气已经展开，正是双方妥协的大好时机。至于国民党三中全会关于根绝赤祸的决议之类，措辞确有不妥，“尚希谅解”。但至少国民党内取消共产党的主张已经失败，蒋介石也认为目前两党间政治问题已“相差不多”，只要军事问题能够达成一致，两党谈判即可告成功。[1]

张冲带来的消息无疑让周恩来感到宽慰许多。周报告中共中央说：据

[1] 《周恩来致中央书记处电》（1937年2月27日）。

张所谈，一切均趋好转，容共之基已定，惟军事上须与顾祝同商办，恐拖时日。但据张说，他已明告蒋介石，红军人数确实较多，原来两师八团的编制确无法解决，因此蒋介石已表示人数加倍亦无不可，可改两师八团为三师九团。故张冲认为，最后谈到编三四个师估计问题不大。

鉴于蒋介石已同意红军改编人数可由两师八团改为三师九团，这样一来改编后的红军人数可以较国民党原方案几乎增加一倍以上，周恩来相信双方的谈判又有了进一步接近的可能。周恩来当即表示：对于国民党三中全会宣言决议的某些措辞，中共将保留日后声明的权利，但双方今日确有政治上的接近与成功，故希望国民党不要怕红军，应看到红军是可用以促成全国统一团结及努力抗战的力量。周恩来同时称：国民大会人数及组织选举法须赴宁后再商；至红军改编，若番号名称易于刺激，可以考虑将军改为师，只是总人数不能差得太远，且应首先裁减老弱，改地方部队为团队，先发遣散费。次日，双方再谈，周恩来更具体提出红军改编六个师，每师三团，总指挥部在外，至少六七万人的建议。但张冲“极诚意”地告诉周恩来：蒋介石一味压缩编制，并非轻视红军，只是无能为力，怕其壮大，故估计最多只能编四个师四万人。由于双方在部队编制及人数上相差甚远，周恩来自然只能表示无法接受，因而依据原定方针转而托其先代为解决临时接济给养及河西、陕南部队问题。[1]

张冲与周恩来的这次谈判，使中共中央对蒋介石的谈判意图有了较深入的了解。由于这个时候双方谈判的焦点已集中到核心的军队问题上来，军队的编制与人数自然至为关键。红军前此三个方面军加上地方部队，人数确有六七万之多。但因此时红军西渡黄河的两万余西路军大部失利，红军实际人数只有四万人左右，接近国民党可能接受之数，因此，中共中央很快决定再度调整谈判条件，不提过高要求，以利谈判成功。3月1日，中共中央电告周恩来：

---

[1]《周恩来致中央书记处电》（1937年2月27日）。

> 关于谈判方针：（一）红军编五万人，军饷照国军待遇，临时费五十万，以此为最后让步限度，但力争超过此数。（二）二十七、二十八、二十九、三十各军及地方部队不在五万人之内，均改保安队及民团，在特区行政经费内开支。（三）要求遣散老弱，收回苏票之善后费。[1]

由于中共中央转而同意限制改编红军人数不超过五万人，双方在军队人数上分歧已渐趋接近，这无疑使得两党谈判有了迅速突破的可能。于是，双方军事谈判开始急转直下。

3 月 1 日，顾祝同、张冲与周恩来正式商谈，同意先接济三十万元，并允许为正在困境中的河西及陕南部队送款。对于改编数，周恩来提六师二十四团，顾祝同答应三师十二团，张冲则私下建议四师十六团，主张其余两师改为两个徒手工兵师，由经委会出钱修路。张冲的建议立即得到中共中央赞同，张闻天与毛泽东致电周恩来，称：我们今天的中心是在谈判成功后，我们在南京政府下取得合法地位，使全国各方面的工作得以开始。因此，"红军主力编为四师十六个团及两个工兵师，共六万人的提议，一般的可以接受，把红军数目夸张太大，使对方恐惧，对于我们亦不利"。[2]

3 日，南京方面复电顾、张，只同意三师九团。4 日上午顾、张商量改为四师十二团，随即由张通知周。根据中央指示精神，周恩来当即表示赞同，并与张就军事问题达成如下协议：

> （一）将现有红军中之最精壮者，选编为四个步兵师，计容四万余人，四师并设某路军总指挥部；

[1] 《毛泽东年谱》（上），第 657 页。
[2] 同上，第 659 页。

（二）将现红军中精壮者，选编为两个徒手工兵师，计容两万余人，指定工程，担任修筑；

（三）原有红军军委直属队,改编为统帅四个师的某路总指挥部的直属队；

（四）原有红军的地方部队，改编为地方民团、保安队及特别行政区的警卫队，经费另定；

（五）原有红军学校保留，办完这一期后结束；

（六）原有红军的医院、工厂保留；

（七）编余老弱残废由中央负责解决，给资遣散；

（八）以上各项经费由中央统筹。[1]

4 日，顾祝同、张冲将以上结果电告南京，但南京次日复电仍坚持三师九团。5 日，顾、张联名再电，至 6 日午始得复电同意十二团之数，但仍只允编三师。当日张冲与周恩来再谈，张冲提按国防师编三师六旅十二团，每师可编炮兵、交通、特务各一营。周恩来对蒋介石的态度明确表示不满，并且当面指责张、顾失信。这使得张冲颇感焦急与不安，他再三解释，每师两旅四团另加炮兵、交通、特务三营，加起来亦等于三师十六团之数，同时一面致电蒋介石要求批准，一面致电中共中央领导人请求谅解。实际上，周恩来谈话之后也已意识到“编国防师（一师两旅四团）确较编整理师一师三团为好”，因整理师四师“在装备组织上，恐不及（国防师）三个师”，何况国防师每师一万二千人，加上总指挥部四千人，三师已达四万之数。据此，周恩来致电中央建议接受此项条件。经研究,中共中央虽考虑到红军分为第一、第二、第四三个方面军和一个西路军，编四个师较理想，因而仍主张争取编成四师,但毛泽东给周恩来复电时也表示:“如蒋坚持三个师时,亦只得照办。”至此，周恩来与顾祝同在西安进行的谈判大体上告一段落。

[1] 《周恩来关于与张冲谈判向中央的报告》（1937 年 3 月 4 日），《中共中央抗日民族统一战线文件选编》（中），第 421 页。

七、改编与收编之争

张冲所带来的谈判方案是否都与蒋介石一一商量过,似颇可怀疑。因为,就在国共两党正准备就各项问题达成具体妥协之际,蒋介石却左思右想,"夜不能寐"。考虑到"目前最大问题为对共党之处置能否得当",蒋明显地希望能够乘此时机一劳永逸地解决问题。由于对国民党来说,共产党最大的威胁在于其掌握着自己的军队,因此蒋考虑来考虑去,最终决定不惜拖延谈判,也要设法剥夺共产党的军事指挥权。用蒋自己的说法来说就是:"只可收编其部队,决不许其成立军部或总指挥部,但于其高级将领与编余人员,当尽量予以安置也。"[1]

蒋介石的这种担心,实际上也是国民党许多人的担心。只是他们更多地还是从政治上考虑问题,希望能够通过协议,使共产党彻底臣服输诚,不致再起"扰乱"。因此,眼看协议将成,蒋又指示编后军队中须加派副佐人员,包括政训人员,顾祝同特别是贺衷寒等人自然也难免想要插上一手,把协议修改得更加符合蒋的愿望。

3月8日,周恩来、叶剑英与顾祝同、张冲、贺衷寒会谈。周将一月来之谈判结果形成了文字,准备通过电报报告给蒋。这一文件的主要内容如下:

〈甲〉政治问题:

(一)中国共产党承认服从三民主义的国家及国民党在中国的领导地位,彻底取消暴动政策及没收地主土地政策,停止赤化运动,要求国民政府分批释放共产党,容许共产党在适当期内公开。

(二)取消苏维埃政府及其制度,现红军驻在地区改为陕甘宁行政区,执行中央统一法令与民选制度,其行政人员经民选推荐,请中央任命,行政经费请由行政院及省政府规定之。

[1] 《困勉记》卷四十一,1937年3月1、8、10日条,台北"国史馆"藏蒋中正档案。

（三）红军取消，改编为国民革命军，服从中央军事委员会及蒋委员长之统一指挥，其编制人员给养及补充，统照国军同等待遇，其各级人员由其自己推选，呈请军委会任命，政训工作由中央派人联络。

（四）政治方面，请求参加国民大会。

（五）军事方面，请求参加国防会议。

〈乙〉改编问题：

（一）改编现有红军中之最精壮者为三个国防师，计六旅十二团，步兵团及其他直属之工炮通信辎重等部队。

（二）在三个国防师之上，设某路军总指挥部，其直属队为特务营工兵营等。

（三）红军原有之骑兵三个团及一个骑兵连，共约一千四五百人马，拟编骑兵一个团。

（四）改编后的经费、给养补充，统照国军同样待遇。

〈丙〉善后问题：（略）[1]

对于周恩来形成的这一协议的文字，贺衷寒最不满意。贺这时有一秘密报告给蒋，详细地说明了他对解决西北共产党问题的基本设想。其报告称：“赤匪年来穷凶极恶，深为国人所厌弃，现因日暮途穷改变其杀人放火之办法，以求达其阳为效顺阴实待机之目的。今虽钧座本宽仁之大德及予人为善之至意，予以怀柔收抚，后患实最堪顾虑。盖此辈野性已深，难保其从此即能驯顺。今后处理拟请：一、将悔之部队指定驻在国军行动及配备上最有利之地区；二、此种地区之行政人员务由中央遴选，万恳勿准其用民选推荐之办法，使其政治上负责之人员与部队绝缘，而可有监督整理，使日就范之一线希望。若任其自成风气，则不但有破坏国家政令之倾向，且

[1]《周恩来关于一月来与国民党谈判结果向中央的报告》（1937 年 3 月 8 日），《中共中央抗日民族统一战线文件选编》（中），第 424—426 页。

必难免有死灰复燃之后患。三、此种地区之地方团队必须由政府选择干员前往训练，万勿准其编组变相之队伍；四、改编各师之经费人事必须直接中央，万勿准其由指挥机关代领转发，致任其形成一牢不可破之集团恶势力；五、改编后部队之干部必须由中央军校分期调集训练，再行派遣，其现在所办之军政学校及鲁迅大学必须令其即行停办，将所有员生分别考送军校予以训练或编为改编各部之军士队（据周叶二君谈此辈员生程度极低）；六、政工人员必须将其现有者分期调出或同时调出，予以考核训练，再行与新派人员一同回部工作；七、各地共匪之活动仍须严厉制裁，以杜其伺机为乱之阴谋，而其畏威怀德之心理；八、对输诚自新分子仍须加以组织训练，以范围其思想，笼罩其精神，监视其行动，同时并设法予以适当之安置，务绝其恶化之倾向而免养痈之恶果。”[1]

从这样一种心态出发，贺衷寒自然要对周恩来的文字大加删改，使之具有他所希望的收编的性质了。经过贺衷寒修改后的条文主要内容如下：

（一）中国共产党今后服从三民主义的国家及中国国民党的领导，彻底取消暴动政策及没收地主土地政策，停止赤化运动，请求国民政府分批释放共产党，容许其在适当期内公开各节，可面报领袖候核。

（二）取消苏维埃政府及其制度，改编军队，指定现在之地区，遵照地方行政区之规划，执行中央统一政令，其行政人员得由地方及中央任命。

（三）取消红军，改编为国军三个师（编制如附表，一四二四人），服从军委会及蒋委员长一切命令。

（子）各级军政人员第一步得由部队长保荐呈请军委会任命；

---

[1] 《贺衷寒致蒋委员长电》（1937年3月10日），台北“国史馆”藏蒋中正档案，特交档案一民国廿六年277册260114号。

（丑）各级副佐人员由中央改编后逐渐派遣；

（寅）政工工作由中央召集原有政工人员加以训练，与新派人员一同回部队工作；

（卯）现有骑兵改编问题及设指挥部一节，候请示后再定。

（四）请求参加国民大会及国防会议，由中央决定后通知。

（五）部队改编后应积极整理，以备国防上需要及随时调动至前线参加作战。

（六）各事接洽妥善，望将中国只能实行三民主义而不能实行共产主义之真谛宣告国人。[1]

国民党方面态度的反复使周恩来深感不满，依照新的条文，不仅苏区将被一分为三，民选制度不能提，就是军队指挥、人员任用等，中共也失去自主，编制也被压至三万，这无论如何难以让共产党人接受，甚至张冲也觉“太不够格”，一再劝顾祝同不要太苛刻，顾自然强调责任在贺衷寒，但他其实也同样希望行政区按省划分，指挥机关只能设临时的，副佐及政训人员一定要派。再加上蒋10日有电令“彼方如允减为十二个团，分为三个师则可照编，但不可准其三个师以上成立一军部或指挥部之总机关。此万不可能”[2]，顾对军队指挥权问题也无可奈何。对于这种情况，共产党人特别是军事领导人完全没有思想准备，因而不能不感到愤慨。为此，中共中央召集了专门会议，决定要求周恩来采取强硬立场。中共中央电称：“贺顾所改各点，太不成话，其企图在于欲使我党放弃独立性，而成资产阶级政党之附属品。”“彼方所提如：一、划去民选，二、分裂苏区，三、派遣副佐人员，四、取消政治工作人员，五、缩小红军至二万余人，六、地方部队由行营决定，七、改要求为请求，八、服从一切命令，九、置西路军不提等，均须严拒申明无从接受。

[1]　参见《周恩来年谱》，第357页。

[2]　《蒋中正致顾主任电》（1937年3月10日），台北“国史馆”藏蒋中正档案，特交档案—民国廿六年277册260115号。

我们的最后限度：一、三个国防师组成某路军领导不变，副佐不派，学校必须办完本期，政工人员不变，每师人数一万五千余，编制表自定，服从国防调动，西路军立即停战；二、苏区完整，坚持民选，地方部队不能少于九千人。”同时，“抗战准备”“民主制度”“改善民生”“释放政治犯”“民意的国民大会”等，“必须与苏区问题同时解决”。中共中央的电报还主张停止西安谈判，“要求见蒋解决”。[1]13 日，中共中央再度经周恩来转电张冲：“顾贺提案完全不能接受，因其带有侮辱性，已经引起我方干部极大愤慨”，“周提十五条，关于国民党方面，我们认为不满意，关于共产党方面，亦当须部分修正”，“故谈判须重新作起，两星期内周回延开会”。

14 日早，周恩来得到中共中央来电，直接抄送顾祝同和张冲，并准备立即返延。中共中央此举顿时使西安的气氛紧张起来。顾祝同不得不请张冲转告周恩来，称“此事实为贺（衷寒）所弄坏”，要张冲根据原案再谈，张冲也来向周恩来说明贺案作废，但周恩来根据中共中央关于应停止西安谈判的指示明确加以拒绝。周恩来称：“贺案作废固好，原案作基础我方仍有意见”，如每个国防师人数至少一万二千，骑兵要求一个团，地方武装人数亦应有规定，河西问题须有办法，等等，这些均须回延讨论。[2]

16 日，周恩来返回延安。之后，于 19 日携中共中央已经草拟好的谈判条件回到西安。20 日，周恩来将该文件示以张冲，它明显地增加了对国民党方面的要求，并提出了较过去要强硬的条件。它要求国民党保证：

一、实现和平统一团结御侮的方针，全国停止“剿共”。

二、实现民权，释放政治犯，在全国各地分批释放共产党员，不再拘捕共产党员，容许共产党在适当时期公开。

三、修改国民大会组织法及选举法，使各党各派、各民众职业团体、

---

[1] 《中央关于与国民党谈判方针给周恩来的指示》（1937 年 3 月 12 日），《中共中央抗日民族统一战线文件选编》（中），第 427—428 页。

[2] 《毛泽东年谱》（上），第 663 页。

各武装部队均能选派代表参加，以制定民主的宪法。

四、修改国防会议条例，使国防会议成为准备与指导对日抗战的权力机关，使共产党亦能参加。

五、实行准备对日抗战工作及改善人民生活的具体方案。

并且在继续承认“拥护三民主义及国民党在中国的领导地位”；“取消暴动政策及没收地主土地政策，停止赤化运动”；“取消苏维埃政府及其制度，现在红军驻在地区改为陕甘宁边区，执行中央统一法令与民主制度，其行政人员，由地方推荐，中央任命”；“取消红军名义，改编为国民革命军，服从中央军委会及蒋委员长之统一指挥……其编制人员给养及补充，统照国军同样待遇，其各级军政人员由部队长官推荐，呈请中央军事委员会任命”的前提下，坚持要求将“红军中之最精壮者，为三个国防师，计六旅十二团，及其他直属之骑兵、炮兵、工兵、通信、辎重等部队，在三个师上设某路军总部”。声明“红军改编后之总人数，不少于四万三千人”。而且“原苏区地方部队改编为地方民团及行政区的保安队，编余的精壮人员改为徒手工兵队，担任修路工程，老弱残废由中央给资安置，红军学校俟办完本期后结束。红军中的医院工厂保留”。[1]

对于中共中央的这一新方案，张冲自然感到有些难以接受，为了便于使周恩来面见蒋介石起见，张冲劝周不必把新方案全文拿给顾祝同看，以免因顾祝同不满而走不脱。因此，当日见顾祝同，周恩来只是反复强调河西问题，对这一新方案只概括为如下五点告之，即：

（一）陕甘宁行政区可改为边区，民选改为地方推荐。

（二）红军改编后人数须见蒋后定。

[1] 《中央关于与国民党谈判条件问题给周恩来的指示》（1937年3月16日）、《中共中央关于与蒋介石谈判经过和我党对各方面策略方针向共产国际的报告》（1937年4月5日），见《中共中央抗日民族统一战线文件选编》（中），第429—431、447—453页。

（三）总部目前不能提临时的。

（四）派副佐人员目前甚困难。

（五）政训人员只能谈到联络。[1]

其实，张冲这时的担心多少有些多余。因为蒋介石这时也急于想要根本解决共产党问题，因此特别电约周恩来 3 月 22 至 25 日间赴沪相晤。顾祝同即使对中共新方案有所不满，也未必会加留难。[2]

根据蒋电，周恩来 22 日与张冲同机飞往上海，并很快转赴杭州。24 日，周恩来先将中共对修改国民大会组织法和选举法的意见以信函的方式递交蒋介石。25 日，周得以再晤宋美龄，又向后者提交了带去的中共十五条书面意见。26 日，周恩来面见了蒋介石。据周事后报告称，他一上来就声明：中共愿意“拥护蒋委员长及国民党，一、领导全民族的抗日，保证领土主权完整，达到民族独立和解放；二、实现国内和平统一、民主自由，达到民权主义为成功；三、改善人民生活，发展国民经济，达到民生的幸福”。同时强调：“一、中共非投降，红军非改编，而是为民族国家利益愿意拥护蒋委员长的统一领导和指挥，这种合作立场完全是诚意的、互信的，愿意坚持到底的；二、中共这种大的改变，必须给以解释的机会与时间，并望谅解其困难”，因此有些问题必须声明和解决，如：(一) 苏区改成边区（十八县）；(二) 红军改编三个师后，人数请容许在四万人以上；(三) 请设立指挥总部；(四) 中央军政人员只任联络；(五) 学校办完这一期；(六) 增加红军防地。“三、以后一切都预力求就成一片，向心的而非离心的，并愿以拥护统一及抗日之精神影响各省。”

蒋介石当即答复说：这些小节不成问题，即使未谈好，也不会再打。国民大会、国防会议，几个月后可以参加。行政区可以是整个的，惟为应

[1] 《周恩来致中央书记处电》（1937 年 3 月 20 日）。

[2] 《蒋中正致长安顾主任转张冲同志电》（1937 年 3 月 16 日）。

付各方，须由中共推一南京方面的人充当正的，副的以下均归中共。军队可以成立四万余人三个师及考虑设总的指挥部。接济粮食等，均可告顾祝同解决。他决不会派人破坏，只是联络而已。蒋介石特别谈到过去的两党合作，称过去合作的失败双方均应检讨，要保证永久合作，就要不只图目前，而且要计及将来。中共有民族意识和革命精神，是新生力量，几个月来的和平运动影响很好，只要坚守新政策，必能达到成功。但他要求中共不要宣传什么国共合作，主要是与他个人合作，他希望中共这次改变政策，能够说话算数，做到与他永久合作。他特别突出强调了纲领与领袖两个问题，特别是共产党组织与蒋介石个人和与共产国际的关系，以及如何服从他个人权威的问题，要求中共中央商量出具体办法，然后再派周恩来出来见他。[1]据蒋自己所记，他当天谈话中最核心的问题其实只是后面这个问题，即“要求共党改正组织，决定政策，并承认谁为领导者”。[2]

八、取消中共军权的尝试

3 月 30 日，周恩来返回西安，随即回延安汇报了杭州谈判结果。4 月 9 日，周直接致电蒋介石，称：“归肤施后述及先生合作诚意，均极兴奋，现党中正开会计议纲领及如何与先生永久合作问题。”会毕即南下晤蒋。而根据蒋介石的建议，中共中央开始草拟《御侮救亡复兴中国的民族统一纲领》、《民族统一联盟组织规约》，并讨论修改国民大会组织法与选举法。但是，中共这些积极的响应，却因紧接着传来渡过黄河的红四方面军徐向前、陈昌浩部（即西路军）全军覆没的消息而倍受打击。当 4 月 15 日蒋介石再派张冲赶赴西安，催促中共中央迅速弄好“双方合作纲领及编制人事等”，中共党政军领导人却正因蒋介石、顾祝同等见死不救极端不满。周这时有电

[1]　转见《中共中央抗日民族统一战线文件选编》(中)，第 449—450 页。
[2]　《困勉记》卷四十二，1937 年 3 月 26 日条，台北“国史馆”藏蒋中正档案。

报声称：“归来与毛朱张彭林贺肖诸同志谈及河西事，据云红军中特别是四方面军中干部极为愤恨，认为兄方对河西红军见危不救，似属故意使其消灭。前当西安急难时，我方毫未念及旧仇，且用全力促成和平，乃入于和平之后，对河西红军竟取此残酷无情态度，殊失中央风度。”[1] 最典型地反映出国民党人这时心态的，是顾祝同就此一问题于 4 月 18 日和 19 日所发出的两封电报。

其 4 月 18 日电是代成功歼灭红军西路军的地方军阀头子马步青、马步芳向蒋请功，其电称：“查马部此次剿匪成绩似应优予奖叙，但现正收编（共军过程中），不宜对外宣扬，并虑其实力膨大，尤不宜给予军长名义，拟请酌发宣慰奖金数万元，饬其将所获枪支呈缴，另行照章给奖。并以马步青指挥有方，汇授勋章，用示奖恤。”而其 19 日电则是为完成蒋催促周动身南下之命，来与周恩来虚与委蛇的，其电声称：西路军一事早已积极代转尊意，无奈马氏兄弟向不听命。“弟心力能尽之处始终无不竭尽棉薄”，希望“贵方诸同人仍本初衷，体念全般，顾全事实，勿因局部关系而于无可奈何中多生愤慨”。[2]

西路军的失败已成定局，国共谈判却不能因此停顿。故周恩来随后还是受命再赴西安，于 28 日与顾祝同、张冲会谈。顾祝同这时极端重视改编问题，希望 5 月 10 日左右即可解决。周则表示，和平基础虽然已经确定，但仍须将共同纲领加以确定，延安方好发表宣言与名义，并开会解释，此事往返时间较长，改编至少要在 6 月才能开始。并且，红军的人数也必须达到四万五千之数，为此可能还须面见蒋介石才能解决。周恩来同时将《御侮救亡复兴中国的民族统一纲领草案》交给了顾。当天，顾祝同就打电报给蒋介石说明了这一情况 [3]，周恩来也于同时打电报给蒋介石询问见面时间。蒋则

[1] 《顾祝同致蒋委员长电》(1937 年 4 月 18 日)，台北“国史馆”藏蒋中正档案，特交档案 26028833 号。

[2] 《顾祝同致周恩来电》(1937 年 4 月 19 日)、《顾祝同致蒋委员长电》(1937 年 4 月 18 日)，台北“国史馆”藏蒋中正档案，特交档案 26029091 号。

[3] 《中华民国重要史料初编》，第五编（一），第 265 页。

以“近日病体未痊，驻址未定”，强调“须待十日后方能确定会地约期相晤”。[1]

因为一时见不到蒋介石，周恩来只好再与顾祝同和张冲商谈有关事宜。5月3日，顾祝同和张冲依据蒋的电报指示表示，共同纲领不论由何方提出，均非一时所能解决，故应由共产党首先发表宣言以便5月中即可实行改编。顾祝同称，关于这一点其实是蒋先生的意思，中共无论如何要接受这一提议并让他事先了解中共宣言的内容，否则他难以答复蒋先生。对此，周恩来认为，“如与商妥纲领，发表宣言并非难事，否则无所根据”。中共中央也于5月5日指示周恩来：“坚持两党发共同宣言为有利，此宣言在共同纲领确定之后发表，宣言大意不外共同纲领草案上所说的。向张、顾说，如他要我党单独发，则第一，彼党须同时发宣言，第二，我党宣言中不得不驳复三中全会宣言及根绝赤祸文件中我党及人民不能忍受之许多东西。”[2]

这时，国共双方在政治方面实际上仍有很多分歧。特别是中共在刊物上公开发表对国民大会法规之修改意见后，蒋介石立即表示不满，他迅速打电报给顾祝同称：“共党近日对实行草案等之宣传及其对国民大会选举修正意见仍以反对本党为唯一对象，毫无异于过去之行动”，“如其果故[有]诚意合作，应嘱即予彻底改正，从速停止此项宣传”。[3] 对于蒋介石的批评，周恩来却不以为然，他以书面意见特别告诉转达意见的顾祝同说：“甲、自贵党三中全会各项决策发表以来，贵党对共党之文字攻击与谩骂致[之]散见各报，[竟]其持论与前无异，共党同志阅之屡受刺激”；“乙、对国民大会选举法的修改意见，共党所提与贵党中央会所修改者确有原则上之差别，共党本其所见继续要求，此乃自由发表政治意见，早应为民主政治所许”；“丙、以上各事共党言论并未足[超]越民主政治范围，贵党同志果欲以实

[1] 《蒋中正致顾主任电》（1937年4月30日），台北“国史馆”藏蒋中正档案，特交档案—民国廿六年277册260217号。

[2] 《毛泽东年谱》（上），第673页。

[3] 《蒋中正致长安顾主任电》（1937年5月4日）。

施政策为天下倡者，则以实现共党之要求为最能合于民主自由”。[1] 同时，根据中共中央指示，周恩来同时还两次致电蒋介石，坚持改编程序必须按照如下顺序，即“一、确定共同纲领；二、发表边区政府及师长以上名义；三、实行军队改编，中央实行释放政治犯；四、目前先由周发表书面谈话”。[2]

鉴于在西安就此程序问题进行交涉难于解决问题，张冲于5月8日打电报给蒋报告协商结果，主张就此告一段落，与周恩来同返南京面见蒋介石。张冲电称：

（一）关于军队数目，结果勉强商得削至十五个团之数，编成三个国防师，统率于一个指挥部，受行营节制，详情由顾主任报告。

（二）关于匪区善后问题：

（1）编余老弱请中央给资遣散。

（2）编余精壮改为徒手工队，请中央指定工程，担任修路。

（3）原有该军地方部队改为民团保甲或行政区保安队。

（4）原有学校限本期办完结束。

（5）医院及工厂请予保留。

（6）以上费用请中央发给。

此乃系初步商酌，应先派一视察团调查后再核办法。[3]

5月9日，蒋介石电示顾祝同，同意派团视察及见周恩来，决定过几天去洛阳时，再就近约期与周恩来会面。蒋介石在电报中又要顾祝同就纲领及改编以外之中共要求等事先与周恩来进行磋商，并谈妥一切。因此，第二天，在张冲要求下，双方代表在西安再度进行商谈，周恩来进一步具体介绍了中共关于组织“民族统一联盟”及改组国民党问题的意见，并递交

[1] 《周恩来致淮南兄并转墨三主任函》（1937年5月7日）。
[2] 《毛泽东年谱》（上），第674—675页。
[3] 《中华民国重要史料初编》，第五编（一），第266页。

了早已拟就的《民族统一联盟组织规约》，同意与顾祝同交换意见。但顾祝同这时却急于首先解决派团视察陕北苏区的问题。根据中共中央的指示，周恩来于15日同意国民党派团视察，不过同时声明：第一，不能称为视察团，应为考察团；第二，不能让康泽及共党叛徒进入苏区。18日，双方商定视察团改名为中央调查团，于23日出发，由叶剑英陪同。该调查团26人分为四组，第一组旨在了解中共最近活动，及其对合作之意向；第二组旨在了解红军情况，及有无改编意图；第三组旨在了解红大和教育机关，看其有无违反三民主义之处；第四组旨在了解地方行政和民众状况，看其是否真要取消苏维埃。

这个时候，国共两党双方的谈判已有了一个大致的结果，根据顾祝同的报告，双方已经谈到公布谈判结果的具体程序问题了。即：“（一）目前即由周恩来代表共党发表书面谈话，声明取消各项伪号，其内容系前次在杭面呈之件。（二）周进谒钧座商定纲领。（三）发表宣言说明共党新政策之转变并包括新纲领。（四）中央发表边区及部队官长名义。（五）编遣军队与正式点验，同时请中央分批释放共党人犯。关于纲领问题，周表示，如该纲领仅属共党，则将来宣言由彼方单独发表，否则作为各党派在领袖领导之下共同纲领，则将来宣言必须共同发表，其合作办法则为：(1) 各党派取消原有政治主张，归纳在一个共同纲领之下，推其一个领袖为各党派所合组之委员长。(2) 改组国民党容纳各党派参加。兹事体大，彼谋将来面陈。”[1]

由于谈判进展到商谈两党具体的组织合作事宜，蒋介石自然要开始在打共产党组织的主意了，希望能够借此一并消弭其政治上的影响力。用他的话来说，就是今后对共产党，“甲、应使其取消名称，改编组织；乙、应使其誓行三民主义；丙、应使其承认领袖之地位与权责；丁、应改编其军

---

[1] 《顾祝同致蒋委员长电》（1937年5月13日），台北“国史馆”藏蒋中正档案，特交档案（四）政治防共50669号。

队为国军”。可“宽纵其经济”，甚至政治亦可从宽，惟应“严限其军额”，“区域则宜严”，总之“不能使之独立”。只有在这种情况下，才可以考虑共产党公开活动的问题。而且“国民大会前其宣传与组织均应停止活动”，以后“共党如其要公开，则应取消其党名”，不准其用“各党各派”字样，应承认领袖之权责，“否则不准其公开活动”。[1]

为了设法实现这一目标，蒋介石于22日电告顾祝同，要顾通知周恩来，他日内将赴牯岭，周月内来沪后可约会期。[2] 在与中共中央电报往返后，周恩来亦决定27日飞沪再转往庐山牯岭。周这时也拟就了希望能够与蒋介石商谈的几方面问题的腹稿。他所拟就的关于两党关系方面准备讨论的问题包括有：两党共同纲领问题；两党组织结盟或改组国民党容纳共产党问题；释放被捕中共党员及爱国人士问题；发表共同宣言或共同声明、以及发表边区名义及其委员会（以林伯渠、张国焘、秦邦宪、董必武、徐特立、高岗、郭洪涛及张冲、杜斌丞为委员）问题；改编红军、发表名义（以朱德、彭德怀、林彪、贺龙、徐向前、刘伯承为正副司令及各师师长）问题；正规军经费60万，学校5万，地方行政及武装15万，遣散及善后60万，收回苏票120万等问题。与此同时，周恩来还计划与蒋讨论修改国民大会选举法、修改宪法草案及中共参加国会和国防会议等问题。

27日，周恩来飞抵上海，之后于6月4日经南京转庐山。蒋介石这时已上庐山多时。因此，周恩来一到牯岭，立即就准备商谈的问题向蒋介石提交了一份书面提纲，要求尽快会谈。提纲包括两方面内容，共18个问题，而最主要的问题有8个，即：

一、纲领及组织问题；

二、停止剿共，释放政治犯及整理各边区问题；

[1] 《困勉记》卷四十二，1937年5月12、17、25、29日条，台北“国史馆”藏蒋中正档案。

[2] 《蒋中正致顾长官墨三转恩来电》（1937年5月22日）。

三、边区政府组织问题；

四、改编红军为三或四个师，计四万五千人，学校五千人，地方部队约一万人，工兵约一万人，遣散约一万人，共计八万余人；

五、经费正规军队每月约六十万元，学校五万元，地方行政及部队经费约十五万元，临时费、遣散及善后约六十万，收回苏票约一百二十万元，红军驻地亦请增加；

六、修改国大选举法，至少宣布重选，国民党及各党派要规定名额由其自选，学生会及文化团体亦要有代表名额，并给人民以选举自由，发展对宪法草案的讨论等；

七、召集国防会议，划分军区，积极布置国防，整理军队等问题；

八、提议召开各党各派各界各军会议，磋商国是及讨论宪法草案原则。

6月8日，在仔细研究过周恩来提交的书面提纲和《民族统一联盟组织规约》等文件之后，蒋介石开始与周恩来进行正式谈话。实际上，还在刚上庐山之初，蒋就与张季鸾、张群、陈立夫具体商讨了对共产党的方针问题。决定：“甲、经济从宽；乙、政治次之；丙、军事必严定限制；丁、主张坚绝不能迁就；戊、行动须令一致；己、区域与军官仅施监察亦可；庚、勿准联合各党各派主张。辛、勿准宣传共产主义；壬、改党名，暂行三民主义；癸、承认领袖权责。”坚持“最要者使共党与第三国际断绝关系，应令共党明了中国抗倭须以中国为本，并非为其他国家抗倭也”。[1]在周恩来上山之后，蒋更基于各方报告，相信必须要严格限制共产党目前的活动，强调“应警告共党：甲、不能提不必做之言不能做到之事。乙、绝对服从与一致，不得擅自宣传。丙、不得任意活动与组织。丁、应限制与第三国际联络”。[2]

在这样一种心态的影响下，蒋介石对周恩来所提各点自然不会满意。

[1] 《困勉记》卷四十二，1937年6月1日条，台北“国史馆”藏蒋中正档案。

[2] 《困勉记》卷四十二，1937年6月5日条，台北“国史馆”藏蒋中正档案。

他明确提出：

一、共党根据以前申明，发表对外宣言。

二、政府在上项宣言发表后，即发表三个师的番号，并委任师长，三个师仍照十二个团编制，人数可容至四万五千人，其编制办法与顾商定。三个师以上设政治训练处指挥之，朱、毛两同志须出来做事。编就后部队可移防。

三、陕甘宁边区政府，仍由中央方面派正的官长（可由共方推择中央方面的人），边区自己推举副的，可由林伯渠担任，事情可由边区政府自己办。

四、经费，照军队人数编制的一般规定发给，行政经费亦照规定发给，善后费用可由中央另发。

五、各边区由共方派人联络，经调查后实行编遣，其首领须离开。

六、在狱共党，可由国方开始分批释放。

七、国民大会之二百四十名指定名额中，可指定共党出席代表，但不以共党名义出席。

八、国防会议尚未规定会期，开会时可容共党干部参加。

九、对其他各党派不必谈合作，由中央尽量收容，最近庐山训练班，即拟收容各方面人员训练，陕北如有人来受训亦可。此外并欲拟召集各方人来庐山谈话。

十、凡有破坏合作及与共党为难者，由蒋自负责任解决，但为避免国内外恐惧与反对，共党应避名干实，不必力争目前所不能实现之要求。[1]

---

[1] 参见《中共中央关于与蒋介石第二次谈判情况向共产国际的报告》（1937年6月17日），《中共中央抗日民族统一战线文件选编》（中），第515页。

针对周恩来提出的成立民族统一联盟的建议，蒋介石也更进一步提出了他上次所强调过的“彻底合作”问题。如何“彻底合作”？他的意见是：根据国民党高层内部已经商定的国民革命同盟会组织方案行事，即“甲、组最高干部会或团，各派五人至七人。乙、手续各先取消原有党籍，重填盟约誓书。丙、领袖有最后决定权。丁、干部先推定，后为圈定制”。[1] 蒋介石对周恩来讲得很明白：所谓“彻底合作”，其关键就是国共两党组织上要统一。他认为，成立统一的民族统一联盟的设想是可取的，但不如干脆叫国民革命同盟会，而且不能如中共所提规约那样只是一个松散的民族统一战线组织。他具体提议：

一、成立国民革命同盟会，由蒋指定国民党的干部若干人，共产党推出同等数量之干部合组之，蒋为主席，有最后决定之权；

二、两党一切对外行动及宣传，统由同盟会讨论决定，然后执行，关于纲领问题，亦由同盟会加以讨论；

三、同盟会在进行顺利后，将来视情况许可，扩大为国共两党分子合组之党；

四、同盟会在进行顺利后，可与第三国际发生代替共党关系，并由此坚固联俄政策，形成民族国家间之联合。[2]

蒋介石的谈话许多地方使周恩来难以接受，特别是在关于实行组织合作的原则及边区政府组成等问题上，周恩来均表示了不同意见。关于军队指挥与人事问题，周恩来更是与蒋介石“争论很久”，他无论如何难以理解蒋介石何以上次明确表示三师以上可以设立总的指挥部，他只派人联络，这次不仅不同意设立总的指挥部，而且还坚持要边区及各地红军的领袖统

[1] 《困勉记》卷四十二，1937 年 6 月 5 日条，台北“国史馆”藏蒋中正档案。

[2] 参见《中共中央关于与蒋介石第二次谈判向共产国际的报告》（1937 年 6 月 17 日），《中共中央抗日民族统一战线文件选编》（中），第 514 页。

统离开部队。但争来争去，蒋介石最后只让步到可在三师之上设一政治训练处代行指挥之权。用蒋日记中的话来说，就是“共党必欲将收编部队设一总机关，自为统率，此决不能允许，应严拒之”[1]。对此，周恩来十分不满，接连与宋子文、宋美龄及张冲“往返磋商”，请代为转达意见，“仍不能解决”。蒋介石并且还托宋子文转告周：“（1）共党目标不要太大，易引起外间恐惧；（2）共党要首先取得全国信用；（3）共党不要使蒋太为难，以便将来发展。”[2]

九、抗战爆发下的国共妥协

对于这次庐山谈判，中共中央总的来说还是肯定的。这时中共首先看重的是国民党的合作诚意。在中共中央看来，蒋介石在庐山的谈话是表现了某种合作的愿望的。其次，中共中央更为注重的是保持自身组织上的独立性问题，争取实现边区和红军自办，这对共产党是最重要的。因此，其他问题在中共中央这时看来只是形式问题，是应当争取但并非不可做某些妥协的。故周恩来回到延安后，即电张冲表示：“归来转达蒋先生领导合作诚意，党中同志极感兴奋，目前正在磋商一切具体办法并起草宣言，一俟拟就即当首途南来。”[3]

中共中央这时态度上之积极，可以从他们迅速表示接受蒋介石关于成立国民革命同盟会的提议，并很快拟就组织原则草案上报共产国际一事清楚地看出来。从中共中央6月26日给共产国际的电报可以知道，这一新的组织构想与他们原先提出的那个民族统一联盟已有重要不同。民族统一联盟是包容全国一切抗日政党及人民团体的民族统一战线组织，而革命同盟会正如蒋所要求的，只是国共两党合作的组织；民族统一联盟之主席应由

[1]《困勉记》卷四十二，1937年6月8日条，台北“国史馆”藏蒋中正档案。

[2] 同上引。蒋介石在日记中的考虑是，成立国民革命同盟会，两党各派代表五人。《困勉记》卷四十二，1937年5月31日条，台北“国史馆”藏蒋中正档案。

[3]《周恩来致张淮南电》（1937年6月22日）。

各党派代表推选，推选出来的主席也没有任何特殊权利，而革命同盟会却明确规定以蒋为主席，并肯定了蒋依据共同纲领有最后决定之权。当然，由中共起草的这个组织原则草案，仍旧明确规定了同盟会内两党必须保有各自组织上的独立及政治批评的权利，规定同盟会不得干涉两党内部事务。看起来，中共中央特别感兴趣的是，成立这样一个同盟会，将能够依据共同纲领使国共两党之间的合作成为事实，并有助于解决两党之间的问题，以便真正改善两党关系。[1]

承认国民党事实上的领导地位，依照国民党政府的要求进行改编改制，包括承认蒋介石所提合组革命同盟会的条件及其最后决定权，这些对中共来说都不是太难的事情，因为中共这时所谋求的最主要的目标，就是要保持自身组织生存发展的独立性。而要保持自身组织生存发展的独立性，军队指挥权问题就成了重中之重，非争不可的问题了。周恩来回延后为此再三致电张冲及蒋介石，称：虽然各项重要原则问题已经接近于解决，“惟总的指挥机关及主持人选，此间同志均认为非有此实无法进行改编，尤以朱同志去留影响极大”，故“请予改变处置”，以“渡此难关”。[2]

蒋介石既然刻意提出指挥权问题，自然深知此一问题之关键。他这时未必打算乘机夺取中共军队，但自西安事变以来停止“剿共”，有一个问题必须有所解释，这就是，来自共产党的威胁是否真正被消除了？蒋既不能收编或遣散红军，红军的继续存在本身，就意味着某种威胁还存在，蒋无论如何难以向党内反对势力加以解释。如果能够把红军的指挥权掌握在自己的手中，这个问题自然也就不难解释了。这正是蒋别出心裁地坚持不允许红军自设总指挥部的重要原因所在。张冲、顾祝同等身为国民党人，自

---

[1] 见莫斯科俄罗斯当代历史文献保管与研究中心档案，全宗号 514，目录号 74，卷宗号 279。

[2] 《周恩来致张淮南电》（1937 年 6 月 22 日），周同日有《致牯岭蒋委员长侍从室钱主任转蒋夫人（顺密）蒋先生电》，内中此段文字为“惟三师以上之指挥机关及主持人选，党中同志佥认如有此实无法进行，尤以朱同志去留影响极大，务请鉴察此间实情，改变处置为至幸”。见台北“国史馆”藏蒋中正档案，特交档案 26031011 号。

然也乐得如此，周虽极力要求张冲代为进言，张冲却几度来电表示，既然蒋坚持己见，周也曾再三与宋美龄、宋子文磋商交涉而无结果，目前似不宜力争，不如争取改日再见蒋介石时再行商谈。顾祝同这时也复电周恩来，转达蒋介石的意见说，蒋“以环境关系及现时事实上之困难”，对此实难让步，还望“转告贵方诸同人体念委座处境之苦”，不必斤斤计较于此“区区小枝节”。[1]

还在 6 月 25 日，中共中央就已经根据“国共合作渐趋明朗化”的形势，内定了更加积极的统战方针。中共中央决定，第一，利用蒋介石准备在庐山召集各界人士谈话会的机会，设法推动各方参加者在谈话中提出积极的民主救亡主张，同时进行宪政促进运动，争取修改宪法草案和增加国民大会中的抗日左倾分子。第二，努力促成国民革命同盟会，并且对蒋介石关于以后视情况由同盟会扩大为国共两党分子合组之党，以及由同盟会与共产国际发生关系代替中共与共产国际关系的提议，“可不加反对（不使之成为合作之障碍）”，争取“运用同盟会使之成为政治上两党合作的最高党团”。第三，开始具体进行改编准备，于 7 月底以前基本完成每师一万四千人上下的三个师的各种改编工作，于 8 月 1 日正式宣布改编。根据上述精神起草的谈判方案规定：

［甲］两党合作问题：

（一）原则上同意组织国民革命同盟会，但要求先确定共同纲领，以便奠定同盟会及两党合作之政治基础。

（二）同盟会组织原则，在共同承认纲领的基础上，可同意国共两方各推出同数干部组织最高会议，并以蒋为主席，承认其依据纲领有最后决定之权。其组织原则，由我方拟出草案与蒋商定。

（三）关于同盟会将来发展之趋势及与第三国际关系问题，我们可不加反对，但目前应着重保持共党之独立组织及政治宣传和讨论之自由。

[1] 《顾祝同致叶参谋长转恩来电》（1937 年 6 月 26 日）。

（四）我们运用同盟会使之成为在政治上两党合作的最高党团。

［乙］目前具体问题之解决：

（五）准备七月中发表宣言……

（六）在宣言发表后，如蒋同意设总的军事指挥部，红军即待其名义发表后改编，否则即于“八一”自行宣布改编，采用国民革命军暂编军师名义，编三个正规师，共四万五千人……总部编三千人，另外地方部队编一万人……

（七）陕甘宁边区民主选举在七月内自动实行，并向蒋推荐张继、宋子文、于右任三人择一人任为边区行政长官，林伯渠同志为副长官。其下各行政部门由我方推荐负责人选，将来由边区参议会推出，请行政院任命……

（十一）朱、毛出外问题，力争朱为红军改编后的指挥人，军事或政治名义可不拘，原则上毛不拒绝出外做事，但非至适当时机，则托故不出。[1]

不过，仅仅两三天后，由于蒋介石亲自来电坚持前议，并声称中共无论如何要作让步，否则自7月起将不能接济部队粮饷，为不使谈判破裂，中共中央又进一步考虑对上述方案进行修正，准备在保证独立指挥权的条件下，在取消红军政治委员制度、改编后的部队不设总部而以政治训练处指挥部队、朱德和毛泽东出外做事等问题上再作让步。中共中央电告共产国际说：“我们认为只能让步到：甲、可以用政治机关名义指挥军队，但必须有等于指挥机关的组织和权能。乙、力争朱为政治主任，万一争不到，即自行改编。如蒋委彭而不委朱，朱亦决出去，毛亦然。”与此同时，考虑到国民党方面已经预先提出同盟会最高会议的成员（即蒋介石、宋子文、

[1] 《中央关于与国民党谈判的方案问题致彭德怀、任弼时、叶剑英电》（1937年6月25日），《中共中央抗日民族统一战线文件选编》（中），第517—519页。

陈立夫、陈诚、邵力子），中共中央也决定，以毛泽东、朱德、周恩来、博古、林伯渠为中共方面的代表。

7月7日，根据中共中央的决定，博古、林伯渠与周恩来一道应蒋介石之邀经西安飞至上海，准备转往庐山，参加同蒋介石的下一阶段谈判。想不到，当天刚好爆发了卢沟桥事变，这使得国民党在谈判中的地位迅速发生了逆转。

中日战争战端初开之际，局势尚不明朗，蒋介石在军事指挥权等问题上仍旧锱铢必较，毫不让步，并不急于立即解决红军改编问题。当14日周恩来等到达庐山后，首先得知的，就是蒋介石仍不同意中共军队独立指挥权的消息。蒋介石这时提出，红军改编后“各师须直接隶属行营，政治机关只管联络”。尽管张冲告诉周说：周恩来等在上海提交的中共宣言已得蒋介石“阅正”，所陈同盟会纲领也已“承允讨论”，但蒋介石明言不许中共有军事指挥权的态度，使周恩来倍感尴尬与困惑。[1] 正如周次日在致蒋亲函中所言：“缘上次在庐，承面告三师以上不能设指挥总部时，来即陈说在改编后不能无统率机关以管理人事经理教育指挥等事的困难。先生当答以可由政治机关如政治主任来管理联络。来彼时曾反问，政治机关如何能指挥军事，先生曾说：我要你们指挥，你们亦实能指挥，这是没有问题的。面谒后，来以政治名义管理军队究极不妥，曾向子文先生及蒋夫人再三陈说三个师以上的统率机关应给以军事名义，因先生坚持未允，来乃归陕北磋商，中间并一度来电重申前请”，至不得已时，才“据此再三向党中军中诸同志解释”，取得了谅解。此次反复，“与来上次在庐所面聆及归陕向党中诸同志所面告者，出入甚大，不仅事难做通，且使来一再失信于党中同志，恐碍此后各事之进行”。[2] 周恩来同时提出了关于谈判的十二条意见，要求蒋介石同意发表中共宣言，发表陕甘宁边区政府名义，划定十八县之疆界，

[1] 参见《周恩来年谱》，人民出版社1989年版，第371页。
[2] 同上，第371页。

共同派人赴南方联络与传达两党合作方针，以改编红军游击队。[1]

---

[1] 据国民党方面6月5日调查报告所得，中共在南方的游击队等各种武装人数，仅约四五千人，而中共所报的人数则超出一倍。详见《各边区伪匪实力查考表》（民国二十六年六月五日军事委员会委员长西安行营第一厅调制）：

<table>
<tr><th colspan="2" rowspan="2">匪首及实力
地区</th><th colspan="3">我方所搜集情报</th><th colspan="2">伪方代表所报情形</th><th rowspan="2">判断</th></tr>
<tr><th>匪伪军番号及匪首</th><th>人数</th><th>枪支</th><th>领导人</th><th>人数</th></tr>
<tr><td rowspan="2">豫鄂皖边区</td><td>豫鄂皖边区</td><td>伪廿八军军长高俊亭</td><td>约五六百</td><td>五六百</td><td>高俊亭</td><td>二三千人</td><td rowspan="2">一、伪方所报高俊亭股系属确实，但人数浮报甚多。二、豫鄂边区领导人想系伪方隐而不报</td></tr>
<tr><td>豫鄂边区</td><td></td><td></td><td></td><td></td><td>一千余人</td></tr>
<tr><td rowspan="4">湘鄂赣边区</td><td>湘鄂赣边区</td><td>伪十六师师长方步舟</td><td>约千余人</td><td>约八百</td><td>傅秋涛</td><td>一二千人</td><td rowspan="4">一、查傅秋涛系伪湘鄂赣军区政委，方步舟系伪十六师师长，判断伪方代表所报傅部即是方部。二、谭股已有二百余人加以旷股似有五六百人，周弘三股系伪方代表所报，似为属实。三、湘鄂边区领导人想系伪方隐而不报。</td></tr>
<tr><td></td><td></td><td></td><td></td><td></td><td>一千余人</td></tr>
<tr><td>湘赣边区</td><td>伪湘赣边区独立团团长谭金保</td><td>约二百余人</td><td>约二百余支</td><td>旷彪
谭余保</td><td>五六百人</td></tr>
<tr><td>湘赣粤边区</td><td></td><td></td><td></td><td>周弘三</td><td>数百人</td></tr>
<tr><td rowspan="2">豫鄂陕边区</td><td></td><td>张瞎子 周斗娃股</td><td>二百余人</td><td>约百支</td><td></td><td></td><td rowspan="2">张周任各股当系“土匪”非伪军</td></tr>
<tr><td></td><td>任桂庭 股</td><td>约四五百</td><td>约二百余</td><td></td><td></td></tr>
<tr><td rowspan="4"></td><td rowspan="3">闽浙赣皖边区</td><td>伪闽北军政委员长黄立贵</td><td>约五六百</td><td>约三百余</td><td>黄立贵</td><td>二千余人</td><td rowspan="3">一、伪方所报黄立贵股似属确实，惟人数浮报颇多。二、刘吴两股想系归黄立贵统辖，三股合约千余人。</td></tr>
<tr><td>伪闽北区政委刘 英</td><td>约五百余</td><td>三百余</td><td></td><td></td></tr>
<tr><td>伪七军支队长吴 育</td><td>约二百余</td><td>百余支</td><td></td><td></td></tr>
<tr><td>闽西南边区</td><td></td><td></td><td></td><td>张鼎丞</td><td>约千人</td><td>张鼎丞股我方未据报，伪方所报该股盘踞杭永岩各县似属实</td></tr>
<tr><td rowspan="5">川鄂黔边区</td><td></td><td>龙华轩 股</td><td>人数未详</td><td>未详</td><td></td><td></td><td rowspan="2">龙田两股想系土匪</td></tr>
<tr><td></td><td>田子青 股</td><td>人数未详</td><td>未详</td><td></td><td></td></tr>
<tr><td>川　南</td><td></td><td></td><td></td><td>余泽洪</td><td>未详</td><td rowspan="3">伪方所报欧阳股及余股似为属实</td></tr>
<tr><td>湘　南</td><td></td><td></td><td></td><td></td><td>少数游击队</td></tr>
<tr><td>黔　西</td><td></td><td></td><td></td><td>欧阳荣唐</td><td>三四百人</td></tr>
<tr><td colspan="2">粤东江</td><td></td><td></td><td></td><td>古大存</td><td>未 详</td><td>人数伪方隐瞒未报</td></tr>
<tr><td colspan="2">桂西</td><td></td><td></td><td></td><td></td><td>千人以上</td><td>伪方所报人数似虚报甚多，其领导人想系隐而不报</td></tr>
<tr><td>附记</td><td colspan="7">我方搜得伪军实力系根据广州行营及豫鄂陕与闽浙赣皖两边区主任公署最近情报记载之。</td></tr>
</table>

见台北“国史馆”藏蒋中正档案，特交档案—军事剿共第3卷51078号。

蒋对周信的反应是:“此事令人愤怒,但不能不强忍之。”[1] 17日,周恩来、博古、林伯渠与蒋介石、邵力子、张冲等会谈,双方对政治问题没有太多争论,军事指挥问题仍谈不拢。蒋介石虽略有让步,从“政治机关只管联络”,让步到“政治主任只能转达人事指挥”,却仍坚持“三个师的经理教育直属行营”,且三个师的参谋长由南京派,政治主任要周恩来或林伯渠,最后甚至提到可要毛泽东任副主任,总之坚持不要军人。鉴于双方观点相左,一时难以沟通,共产国际又坚持红军与苏区必须全权由自己包办不应让步,周恩来等于“力争无效”之后,不得不返回宁沪“暂观时局变化”。[2]

时至于此,中共中央已无路可退,决心“采取蒋不让步不再与谈之方针”,要周恩来等干脆返回延安。[3] 在这个问题上,朱德、彭德怀等众多红军将领显然态度最为坚决。他们坚持认为:“蒋介石对红军改编所提条件,超过我们统一战线最低限度原则,如果接受其条件有瓦解危险。我们改编三个国防师一军部及若干地方武装,是最低限度的原则与要求,否则(应)拒绝谈判。”他们相信,“只要利用现在有利形势,立即自动的改编为三个师一个军部,向全国公布”,蒋介石将没有理由宣布谈判破裂,即使他以经济和粮食来封锁红军,一面向共产国际请求接济,一面广泛募捐,也不难应付。显然,由于中日战端已开,中共中央相信蒋介石已失去进一步讨价还价的资本,不仅独立指挥权问题,就是成立独立的总指挥部或军部的问题,“因抗日战起”,都有解决的可能。[4]

果然,7月27日,蒋介石沉不住气了,在反复考虑要不要给红军番号令其改编出动之后,到底还是电催共产党人照庐山所谈在10日内改编完毕,明示南京将发表三个师的番号,及各师旅团长与政治主任名单,并建议以

[1] 《困勉记》卷四十二,1937年7月16日条,台北“国史馆”藏蒋中正档案。
[2] 《博、林、周致洛、毛电》(1937年7月21日)。
[3] 《洛、毛致周转林》(1937年7月20日)。
[4] 《中央书记处致朱德、彭德怀电》(1937年7月27日)。

康泽为副主任，同意不再加派各级副职人员。[1] 但中共中央这时已不满足于用政治机关代行指挥权的前议了，而是明确提出非有独立指挥机关不可。中共中央强硬地表示：“（一）八月十五日前编好，二十日出动抗日；（二）三个师以上必须设总指挥部，朱正彭副，并设政治部，任弼时为主任，邓小平为副主任（不要康泽），以便指挥作战；（三）三个师四万五千人，另地方一万人，设保安正副司令，高岗为正，萧劲光为副，军饷照给；（四）主力出动后集中作战不得分割；（五）担任绥远方面之一线。”[2] 随后，中共一面申请各种补助，一面即下令迅速集中红军主力于三原进行改编，同时决定借此机会设立总指挥部，并“不管南京承认与否，实行在军委领导下之全权指挥”。[3]

7 月 31 日，南京下达了三个师的番号，并同意照中共所提之人数及编制改编。8 月 2 日，蒋鼎文转蒋介石电，邀请周恩来“约同朱毛诸先生即来京面商大计”。[4] 3 日，蒋介石再电周恩来，要红军立即向绥德、榆林及延安集中，以便出发抗日。4 日，蒋介石正式颁布了红军改编后的师旅团番号，并经蒋鼎文电告中共中央，在指挥权问题上已经明显地开始让步了。蒋鼎文的电报称：“顷奉委座面谕：（一）限期贵部能于八日迟至十日出动，本月二十五日集中大同完毕工作”；“（二）正副总指挥及宣言仍须得抗日实现时发表；（三）政训主任及师旅团长均已照单发表，惟参谋长仍由中央选派”。[5] 显而易见，因战争关系，蒋介石虽仍然力图干预，但已不能再纠缠于指挥权不放，只得承认其设立总部了。

8 月 9 日，应蒋介石邀请，中共中央派朱德、周恩来、叶剑英等飞往南京，参加南京政府组织召开的国防会议，同时准备提交中共对于国防问题

[1] 《蒋中正致长安蒋鼎文电》（1937 年 7 月 27 日）；康泽：《我在国共谈判中扮演的角色》，载台北《传记文学》第 61 卷第 1 期。

[2] 《毛泽东年谱》（中），第 6 页。

[3] 《毛致朱、彭、任诸同志并告剑英电》（1937 年 7 月 28 日）。

[4] 《蒋鼎文致肤施周恩来兄电》（1937 年 8 月 2 日）。

[5] 《蒋鼎文致周恩来兄电》（1937 年 8 月 4 日）。

的各项意见，并与国民党谈判红军改编出动等各项具体问题。但在 11 日出席了国民政府军事委员会军政部召集的谈话会之后，在隔日与康泽、邵力子、张冲的会谈中，却再度发生冲突。因为，康泽将中共起草的为公布国共合作的宣言大加删改，削去中共初稿中有关政治纲领、国共谅解与合作等条文与字眼儿，并且连共产党三个字也统统删去不提，同时继续坚持派参谋长和政治部副主任等。朱德等当场与康泽发生激烈争执，据康泽自己说：当时“差不多到了拍桌子的程度”[1]。

康泽是国民党复兴社的书记长，自 7 月被蒋召来主持对中共政治谈判以来，极力要想把国民党人的看法强加给中共，因而与中共代表在很多问题上都谈不拢。朱德等 13 日致电中共中央，痛斥“康泽捣乱，并勾结西安改组分子为难”我们，认为对康泽的修改“无论如何不能同意”。但考虑到宣言应当早日发表，以便立即改编，争取主动，因此他们仍建议在文字上可将民主改民权，国共两党等字眼儿删去，与国民党获得谅解改为与中央获得谅解或号召全国同胞共赴国难等。而毛泽东显然不认为有必要做如此让步。他坚持形势不利于蒋而有利于共，因而坚持在国共合作等字句上不仅不应让步，反而应该进一步加上中共新提出的抗日救国十大纲领，强调“宣言可以修改，但决不能照康泽提案”，在国难如此严重的情况下，国民党“没有理由提出把国共团结等语改变”。主张宣言“不忙于要求发表”，部队也“不忙于迅速出动”，“欲速不达，缓则有济”。[2]

1937 年 8 月 13 日，由于日军开始大举进攻上海，战争形势严峻，国共双方的态度都不能不转趋软化。中共代表最终参考康泽的意见修改了宣言稿，删去了原稿中所有关于“国共合作”“民族统一战线”之类的字眼儿，康泽也不再要求删去原稿中中共关于自己政治主张的那些说明。当然，关于发表宣言的时间问题，蒋介石仍坚持要等到中共军队出动达到前线之后

[1] 康泽：《我在国共谈判中扮演的角色》，载台北《传记文学》第 61 卷第 1 期。
[2] 《洛（甫）、毛（泽东）致朱（德）、周（恩来）、叶（剑英）电》（1937 年 8 月 14 日）。

才有可能。

由于全面抗战这时已经展开，蒋介石已直接电令红军参加作战，中共也以国民革命军第一一五师第一旅为先遣兵团依照蒋令向前线运动，国共两党之间的军事合作实际已经开始，政治形式上的分歧已不能成为两党关系的重大阻碍。因此，中共中央最终同意在宣言问题上做出某些让步，除坚持党的近期奋斗目标必须写上外，凡国共合作与两党亲密团结之类的话均可依照国民党方面的意见统统取消。但中共中央仍坚持：（一）发表我党宣言，同时蒋发表谈话；（二）发表边区组织；（三）发表指挥部；（四）发给平等待遇之经费；（五）发给平等待遇之补充器物；（六）红军充任战略的游击支队；同时拒绝政治副主任，只接受联络参谋。[1] 国民党方面也很快同意中共中央派人去南方以改编各地游击队，并开始部分释放在狱之中共党员。至18日，蒋介石终于正式发表朱德为第八路军总指挥、彭德怀为副总指挥，于是，拖延甚久的指挥部问题遂告解决。

军队指挥权问题解决之后，宣言及边区政权问题重又变得突出起来。由于对日作战在即，红军有生力量的保存关系到中共和边区的生死存亡，再加上在半年多的谈判过程中中共领导人深感蒋介石怀有某种对红军不利的企图，因此，毛泽东颇感不安，明确表示担心会出现红军落入蒋手甚至苏区被取消的极端被动局面。故中共中央此时在部队出动问题上仍十分谨慎，在第一一五师向南京军委指定地点前进后，又派出第一二〇师及八路军总部向前线集中，但对第一二九师则决定“非把国共间各主要问题弄好后决不出发”。尽管，南京方面对红军出动缓慢颇有怨言，蒋也以此为由拖延发表宣言，甚至红军将领和中共政治领导人中都有人对这种做法表示疑问，但毛泽东等坚持认为：国民党阴谋将红军全部送上前线，分路出动使不集中，“出动后即变为蒋之属下，彼以命令行之，彼时党的问题与边区问题由彼解

[1] 《朱（德）、周（恩来）、叶（剑英）致中共中央电》（1937年8月13日）。

决，甚至将不许发表宣言，并取消苏区”。[1] 因此，为迫使国民党让步和确保问题之解决，中共中央目前的“部署是完全正确的，不要听信国民党一部分人之无理浮言，而自乱其步骤”[2]。

8 月 30 日，康泽通知中共代表：边区政府已决定以丁维汾为正、林伯渠为副；八路军政治部已决定周恩来正、李富春副；两党关系宣言则必须在中共部队全部出动抗日之后才能发表。据说，南京政府这时还确定了派驻红军的高级参谋人员。得此消息后，中共中央当即表示反对，并致电自己的谈判代表称：“丁维汾是过去反共首领，苏区民众决不承认他为长官，必以林伯渠为长官，张国焘为副长官”，以任弼时、邓小平为政治部正副主任，国民党给周恩来的委任状必须退还。同时，中共中央强调：对南京所派“高级参谋前方实行挡驾，不许踏进营门，理由是南京应该信任红军，不应该破坏红军，但外面传说高级参谋是康泽等派来破坏红军的，因此不敢欢迎，如改为联络参谋并改派红军同意之人选则不拒绝”[3]。

据此，周恩来于 9 月 2 日向康泽等强硬表示：

（一）中共宣言与蒋先生谈话请照庐山原案，同时签定即日发表；

（二）边区政府请即以林伯渠同志任正长官、张国焘任副长官名义发表，以便早日取消苏区实行改制并办善后；

（三）八路军总部及各师高级参谋其任务系在连络，务请受命者认识清楚，免生误会；

（四）八路军政治主任弟方久已推荐任弼时、邓小平两同志分任，今颁命周、李，恕难接受，请即改任任、邓，以利团结。

---

[1] 《毛泽东年谱》（中），第 13 页。

[2] 《洛（甫）、毛（泽东）致博（古）、林（伯渠）、彭（德怀）、任（弼时）电》（1937 年 8 月 18 日）。

[3] 《洛（甫）、毛（泽东）致西安、前总、周（恩来）、博（古）、林（伯渠）、朱（德）、彭（德怀）、任（弼时）电》（1937 年 9 月 1 日）。

> 凡上所述烦即转陈蒋先生，请对弟方人员部队予以绝对信任。弟敢言合作大计既定，长期抗战已起，共党红军除在民族战线上努力外，无异意也。因之一切人事提议请以整个团体者信之，各事必将迎刃而解，否则徒增弟方不安耳。[1]

由于战争形势异常危急，蒋介石对中共种种要求，“此时惟有顺受之”[2]。9月之后，国民党方面一再催促共产党的军队尽快出动。为表示抗日诚意，自中共中央8月下旬在陕北洛川召开政治局会议后，中共中央也已经派出两个主力师转赴华北前线，但仍留一个师不动以为迫蒋让步之手段。中共中央的目的已很明确，即要蒋介石立即发表中共宣言，承认中共合法，边区坚持林正张副，“不要国民党任何人”，甚至南京派来的高级参谋和政治部副主任，也“全部坚决拒绝，不许其进入营门一步”。中共中央确信：只要宣言发表，我们取得合法地位，其他问题暂时不能解决均“无大妨碍”，我们完全可以“一切自行组织，不管国民党如何”，“就大势看，再过几个月，此层可以办到”。[3]

果然，国民党内部也已经开始有不同意见了。由于南京国民政府这时直接面临日本在华北和华东两条战线展开的进攻，兵力严重不敷分配，军政部副部长黄绍竑受命考察华北战局过程中，即明确提出：“山西方面所有部队仅足布防，惟恃第八路军作为机动。但闻该部行动迟慢，其原因为中共宣言未发表及边区问题未决之故。职意当此紧急时期，上述问题似宜解决，以免碍及军事行动。”[4]第二战区司令长官阎锡山也期待中共军队能够如数开拔，参加山西抗战，故对宣言和边区主任两事同样颇多同情，希望蒋能予

[1] 参见《周恩来年谱》，第380页。

[2] 《困勉记》1937年8月27日条，台北国史馆藏蒋中正档案。

[3] 《洛甫、泽东致博、叶并告周、朱、彭、任、林电》（1937年9月20日）。

[4] 《黄绍雄致南京蒋委员长电》（1937年9月19日），台北“国史馆”藏蒋中正档案，特交档案26034164号。

通融。其电称：“至宣言与边区两事，据称宣言系中国共产党宣言，正主任人选，仍应由中央派定，但彼方拟请中央由彼前在南京提出名单中选派就职等。观察该路军抗敌情绪兹为积极，当此用兵之际，其所请两事应予照准。俾彼将士各得安心早日加入前线，扩大战果。”[1] 有鉴于此，再经博古、叶剑英与康泽等进一步交涉，国民党方面终于不得不做出新的让步，同意照中共意见重新修改宣言，以同时发表中共宣言与蒋之谈话来宣布共产党之合法化，确定高级参谋为联络性质，同时对边区政府组织以丁维汾暂不到职，由林伯渠代理正职的方式表示妥协。这样一来，中共中央所争取的目标实际上已经基本上达到了。

9 月 22 日，经过反复磋商之后，国民党方面终于同意公开发表中国共产党的宣言了。中共在宣言中宣称：

（一）孙中山先生的三民主义为中国今日之必需，本党愿为其彻底的实现而奋斗。

（二）取消一切推翻国民党政权的暴动政策，及赤化运动，停止以暴力没收地主土地的政策。

（三）取消现在的苏维埃政府，实行民权政治，以期全国政权之统一。

（四）取消红军名义及番号，改编为国民革命军，受国民政府军事委员会之统辖，并待命出动，担任抗日战线之职责。[2]

次日，蒋介石也公开发表谈话承认共产党的存在，并表示愿意不计前嫌。谈话称：

余以为吾人革命，所争者不在个人之意气与私见，而为三民主义之

[1] 《阎锡山、黄绍雄致南京蒋委员长电》（1937 年 9 月 20 日），台北“国史馆”藏蒋中正档案，特交档案 26035169 号。

[2] 《解放》（周刊）第 18 期，1937 年 10 月 2 日。

> 实行。在存亡危急之秋，更不应计较过去之一切，而当使全国国民彻底更始，力谋团结，以共保国家之生命与生存。……对于国内任何党派，只要诚意救国，愿在国民革命抗敌御侮之旗帜下共同奋斗者，政府自无不诚接纳，咸使集中于本党领导之下，而一致努力。中国共产党人既捐弃成见，确认国家独立与民族利益之重要，吾人唯望其真诚一致，实践其宣言所举之诸点，更望其在御侮救亡统一指挥之下，以贡献能力于国家，与全国同胞一致奋斗，以完成革命之使命。总之，中国立国原则为总理创制之三民主义，此为无可动摇，无可移易者。中国民族既已一致觉醒，绝对团结，自必坚守不偏不倚之国策，集中整个民族力量，自卫自助，以抵暴敌，挽救危亡。[1]

中共宣言得以发表及蒋介石公开发表谈话承认接纳共产党，终于结束了这场耗时 21 个月之久的曲折接触和艰苦谈判的过程，国民党到底还是用政治而非军事的方法一时解决了共产党问题。尽管这种解决与蒋介石早先所设想的情况相差甚远。就国共两党此后长达数年的磨擦冲突和交涉的历史而言，这仅仅是一个开头，但它毕竟为中国的全面抗战赢得了一段可贵的内部和平时期，从而成就了一种前所未有的国内统一与团结的局面。

---

[1] 《中共中央抗日民族统一战线文件选编》（下），第 823—824 页。

imaginist

想象另一种可能

理
想
国
imaginist

杨奎松 著

国民党的“联共”与“反共”

下

广西师范大学出版社
·桂林·

第九章

抗战开始后的妥协与磨擦

西安事变结束了国共之间的战争，但是，蒋介石并没有因为共产党人在事变中所起的调解作用，就忘记了对红军的恐惧。尽管蒋并没有食言，也没有采取“将计就计，待其诈降以后较易消灭”的设想，甚至在事变后不久，就批准通过西北“剿总”按月向红军提供经费，帮助红军维持生存所需的主要开支，但他对周恩来再三要求他帮助解救在河西走廊遭到马家军围攻的两万红军西路军一事，却显然无动于衷。而为了使共产党人的武装不致再度成为国民党的威胁，蒋更是想方设法要剥夺共产党对红军的实际控制权。仅仅是因为日本发动了“七七”事变，并且大举入侵，蒋介石才因为华北抗战前线的现实需要，而不得不允许共产党人继续指挥自己的军队。结果，国共两党之间虽然实现了妥协，双方却都对对方高度戒备与防范。这种情况不能不极大地影响了两党关系的走向。

一、军事合作与政治防范

国共两党围绕着红军改编问题的艰难交涉，再清楚不过地反映出彼此之间的强烈防范心理。但是，在相当一段时间里，这种心理却很少直接表现在军事关系上，特别是在前方战斗部队当中就更是如此。换言之，就对日作战而言，共产党领导的八路军，开始还是能够认真贯彻蒋介石和其顶头上司第二战区阎锡山司令长官的意图和指令的。最能够证明这种情况的，就是 1937 年 9 月的平型关战役。

八路军第一一五和一二〇师 8 月下旬先后出动，一一五师 9 月 5 日由候马车运山西原平，准备依照蒋给八路军的第一号训令，出至涞源、广灵、灵丘地区。不意连日大雨，铁路又遭轰炸，推进受阻。对此，负责在军事上与中共保持联络的蒋鼎文再三电蒋，解释说：“连月多雨，道途沮滞而黄河水涨流急，渡河均感十分困难，确属实在情形。”[1] 阎锡山亦电告蒋称：与

[1] 《蒋鼎文致南京蒋委员长电》（1937 年 9 月 5、6 日），台北“国史馆”藏蒋中正档案，特交文电 26012404、26012399。

周恩来、彭德怀等会面，“其言正大，拥戴钧座甚表诚意，对敌御侮尚为积极，林贺两师决连续北开”[1]。为此，阎甚至再三催促蒋对中共所提宣言和分布边区人委任状两项要求，“应予照准，俾彼将士各得安心早日加入前线，扩大战果”[2]。

由于刘汝明和汤恩伯部10日退出阳原、蔚县，日寇跟追占领，威胁到一一五师预定前进地区，但该师依旧依照原令出至灵邱境内。9月20日，蒋发布第二号训令，要求“第八路军速进出涞源、蔚县，击破该方面之敌，该集团此后归第二战区阎长官指挥”，“第二战区以主力固守晋北现阵地，以有力一部协力第八路军之攻势，另以一部固守集宁”。[3] 当时，一一五师尚未进入涞源、蔚县，日军已突向平型关，第二战区被迫组织平型关战役，阻扼日军推进。22日，国防部副部长黄绍竑电请阎锡山：“请令八路军派出一部向该方（平型关）以北之山地游击侦察。”[4] 23日，阎锡山电令朱德：“我决歼灭平型关之敌，增加八团兵力，明拂晓可到。希电林师夹击敌之侧背。”[5]

朱德接令后，当即电令林彪率一一五师兼程赶赴平型关北侧进攻之敌的侧背，准备加入战斗。24日因大雨造成山洪，部队四团仅渡过两团半，但仍赶至指定作战地点。25日晨进入阵地，9时许，原准备配合平型关正面守军夹击关前进攻的日军第五师团第二十一旅团部分兵力，却发现头一天运兵至关前的日军两个汽车中队开始返回灵丘，进入关前沟口；而几乎同时，从灵丘县城南来运送补给的日军第二十一联队的辎重大队，也由相

---

[1] 《阎锡山致南京蒋委员长电》（1937年9月8日），台北“国史馆”藏蒋中正档案，特交文电26013593。

[2] 《阎锡山致南京蒋委员长电》（1937年9月20日），台北“国史馆”藏蒋中正档案，特交文电26035169。

[3] 《南京蒋委员长尚密一作效酉电》（1937年9月20日），台北“国史馆”藏阎锡山档案，微卷号97，1715—1717。

[4] 《石庄黄部长轩密养子石电》（1937年9月22日），台北“国史馆”藏阎锡山档案，微卷号97，1721。

[5] 《阎锡山致五台朱总司令漾申行一电》（1937年9月23日），台北“国史馆”藏阎锡山档案，微卷号97，1724。

反方向从另一头进入关前山沟。八路军一一五师据此临时改变部署，在平型关前的山沟里设伏击敌。几个小时后，一一五师两个团全歼了敌辎重队，并重创了敌汽车队，烧毁汽车 74 辆。同时，一一五师还与从关口回援的日军第二十一联队第三大队四个中队（实为三个中队的兵力）步兵展开战斗。[1]当晚 9 点，林彪发给军委的电报称："敌原分布于东西跑池、关沟、辛庄一带，小部在小寨村"，"我自晨至夕激战终日，关沟、辛庄一带阵地完全夺取，并将东跑池以北之一八八四高地占领，东跑池以南阵地亦夺取，敌陷于我包围中，目前正夺取小寨"。"现战况已成对峙中，能否解决要看晋军能否出力。"[2] 只因当天凌晨平型关守军在东跑池附近的重要阵地被日军袭占，导致团城口在内的一线阵地丢失，负责前线指挥的傅作义总司令等几乎没有能力顾及与八路军的作战配合问题。直到当天傍晚才调集好兵力，开始组织反击，以夺回阵地。因为平型关守军与一一五师之间缺乏电讯联络，尽管日军救援部队已受命掉头回防，一一五师因天晚亦不明就里，没有出击。坚持到次日凌晨，才悄悄撤出了战场。不难看出，尽管这次伏击作战两军配合仍旧存在一些问题，但八路军明显地是按照作战命令并积极贯彻蒋、阎的作战意图的。

正是因为国共两军初战合作顺利，因此，阎锡山这时还曾将与八路军相邻部队交予朱德辖制指挥。在随后的忻口战役时，八路军亦遵命担任拦阻日军的任务。如一一五师在山西省平定县南广阳至松塔间之伏击作战，一二〇师在雁门关以南黑石头沟的伏击作战，一二九师在平定县城以东七亘村和昔阳县以南黄崖底的伏击作战，都是积极执行第二战区指挥的表现。晋南战役时，"一一五师陈光部一度策应卫长官，结成好感，确认为晋南作

[1]　参见 [日] 步 21 会:《滨田联队史》,第 97—104 页,日本（未见出版单位）1973 年 11 月版;儿岛襄:《日中战争》，日本文艺春秋社 1984 年版，第 122—125 页。

[2]　《林聂致朱彭电》，1937 年 9 月 25 日。

战有唇齿相依必要”[1]。这种情况影响到这时国共两军上层将领之间的关系一般也较为融洽。朱、彭等经常向阎锡山和南京军委会提出作战建议与设想，而国民党将领亦重视八路军的装备武器补给等问题。如第十四集团军总司令卫立煌就对八路军印象颇佳，因此对朱德等所提开展华北敌后游击战的建议深感兴趣。他在 11 月 29 日给蒋介石的电报中，特别转报了朱德的建议：“昨朱德、彭德怀来部研讨：(一) 今后在战略上须将广大华北划分多数游击战区，发扬军民共同行动，发动其战斗意志，以使到处受我打击。(二) 所有公路铁道悉行切断，小敌则围歼之，大敌则绕击其侧背，使其疲于奔命。(三) 积极武装群众，确实做到坚壁清野，城市纵失，资产全无，日久敌必自困。”同时，他亦对八路军作战两月，兵员损失和武器老旧等问题颇为关心，故代为转报蒋，请予通融整补。”[2]

国共两党这时上层将领关系不错，也影响到一些地区两党军政人员间关系不差。如阎锡山就委托共产党员帮助他组建山西青年抗敌决死队等（后被称为山西新军），武士敏所部一六九师亦受命归朱德辖制和指挥，与八路军关系密切。另外像山西总动员委员会主任兼保安司令续范亭、山东省第六区专员兼保安司令范筑先等，都和共产党人过从甚密。一直到 1938 年，进至河北敌后的八路军一二九师与国民党冀察绥平津党务指导专员办事处、军委会河北民军总指挥部及冀西民训处之间，仍能保持密切合作关系。他们当时在地方政权、农民合理负担、武装民众、红枪会、军事配合和除奸等许多实际问题，都能相互协商与沟通。国民党特派员就明确肯定双方合作的意义重大，一二九师师长徐向前和政委张浩也明确承认，八路军是国民革命军的一个组成部分，“八路军所到之处，即为中央政权所到之处”，也即是国民党所到之处。他们甚至主张在蒋介石和战区司令长官命令和意

---

[1] 《第一战区司令长官司令部函戴雨农面呈委座亲启》，1942 年 2 月 5 日，台北“国史馆”藏蒋中正档案，特交档案 50604。

[2] 《卫立煌致南京蒋委员长电》(1937 年 11 月 28 日)，台北“国史馆”藏蒋中正档案，特交文电 26013282。

图的原则下，建立以县为单位的可以配合行动的联合指挥机关。[1]

当然，与军事上的合作相比，国民党在政治上对共产党的防范心理，依旧起着主导作用。

抗战刚一爆发，时任第三十六师师长兼西安警备司令的宋希濂就有电报给蒋介石，力陈自“剿匪”军事停止以来，中共“利用进机整理训练，发展组织，扩大宣传，设立抗日军政大学，以训练干部诱至[致]青年。最近所发刊物，如《解放》《沙河》《沧浪》《西北生活》《救国旬刊》《救国教育》等多至十余种”，等种种情况，称其“言论多系宣传赤化”。特别是卢沟桥事变发生后，中共“更乘机鼓惑民众”、“散布谣言”，“谓中央已对日妥协，划黄河为界，将以二十九军为牺牲等语”，“若不急谋根本解决之计，抗日前途必多窒碍也”。[2] 还在中国共产党宣言发表不久，戴笠也向蒋通报称：“中共密电各地高级干部电八点，其最要者为在国民党中央未实现民族统一战线与政治未达民主化以前，各地共产党员不得参加任何行政机关及各种委员会之组织；共产党在苏区及游击区应绝对保有领导地位。”[3] 蒋鼎文更是不止一次地电告蒋介石说：“朱、毛部队虽已大部开出，就职观察，一切绝对无诚意，不过藉此扩张其势力。”“查共党表面虽为归顺中央，一致抗日，然自始至终毫无诚意。庐山所决定者，并不确实履行。派往之政训副主任、高级参谋，则绝对拒绝派往。传达命令之参谋，亦婉拒不见。本行营派往陕北之视察组，亦来函拒绝，谓恐保护难周。一二九师则迟不开拔，种种要索则几同命令，若面与交涉，则又纯用狡猾敷衍之手段。职之观察，彼方绝无诚意。不过藉此公开扩张其势力。”[4]

---

[1] 《华北游击战士的宝贵经验——国民党冀察绥平津党务指导专员办事处、第八路军第一二九师、军委会河北民军总指挥部及冀西民训处联席会议》（1938年）。

[2] 《宋希濂致牯岭蒋委员长电》（1937年7月15日），台北“国史馆”藏蒋中正档案，特交文电26031353。

[3] 《戴笠致蒋委员长电》（1937年10月5日），台北“国史馆”藏蒋中正档案，特交文电26022521。

[4] 《蒋鼎文致委员长蒋电》（1937年10月1日、4日），台北“国史馆”藏蒋中正档案，特交档案26022521、26021767号。

蒋鼎文这里所说的政训副主任及高级参谋等问题，是抗战期间国共两党磨擦的最初表现形式之一。由于蒋介石始终想要监督和控制中共军队，因此坚持要向八路军各师派驻高级参谋。而这些所谓的高级参谋，大都是国民政府军委会别动总队康泽手下的高级特工人员，是以监视八路军为任务的。国民党中央党部也没有忘记把握这一机会，根据延安方面这时驻西安办事处主任林伯渠所获得的情报，它曾明确通知各级党部称，收编红军的目的主要是“不许其投靠苏俄”，各地应借机“调查共产党个人与组织情形”，并提出应“利用威吓利诱分化共产党内部”。[1] 中共中央原本就坚持“军队干部与原有系统，不能改变”[2]，侦知国民党方面的企图后，它自然会极力阻拦。而这种阻拦又极大地刺激了国民党人，被派往第十八集团军做政治部副主任却被拒之门外的李秉中即愤愤然曰：综观中共拒绝中央派员，扩张地盘，巧妙宣传以争取民众，“可断言（其）此次投诚毫无诚意，现正大规模作夺取政权之准备”。他强烈要求蒋介石和国民党中央除以“暂缓发饷”的方法压迫中共务必接受中央派员直接监督外，还应实行严格的新闻检查制度，严禁有为中共张目之宣传报道，国军更应加强补充，争取抗战结束，“亦能镇压反动”。[3]

李秉中提到新闻宣传问题，固以西安地区为主，但也涉及到全国各地。在李看来：“西安出版物匪党占绝对多数，大型报纸有西北文化日报，小型者近更风起云涌，整个社会，皆有被笼罩之势。”他认为，西安青年普遍都接受中共的看法，“此次对日抗战，无论胜败，将来政权一定归匪党掌握，因本党系资产阶级的代表，且富妥协性”。但更让李恐惧的是，中共的影响力已经扩展到全国各个地区，甚至连中央社也在为其张目。如“平型关之战，全国报纸皆为鼓吹，且纷纷刊出贺电，中央社又有‘今日之朱彭’之通信稿，

[1] 《林伯渠致毛、洛电》（1937 年 9 月 18 日）。

[2] 《张冲与周恩来谈话概要》（1937 年 5 月），《中华民国重要史料初编》，第五编（一），第 267 页。

[3] 《派任第十八集团军政治部副主任李秉中呈蒋委员长报告中共多方拒绝到职并缕述共党诡谋》（1937 年 10 月 24 日），《中华民国重要史料初编》，第五编（一），第 320—323 页。

致增加其号召力”。[1] 李秉中被派至中共军队中做任职，却依旧沿袭着内战时期的思维方式，一口一个“匪党”，并且明显对中央的政策有所不满，于此足见国民党中下层干部中对共产党的敌视程度可能较高层更甚。

其实，国民党陕西省党部等也并非如李秉中所说毫无作为，它们也一直在做防范共产党影响的各种工作，只是其手段简单粗暴。据毛泽东电告，陕北中共退出的地区，均接到当地驻军和党部的通告，“凡过去已分的土地，务必交还地主。今年庄稼应以三分之二归还地主。如有不遵，即行逮捕监禁枪杀，并在绥德吴堡一带组织富农联合会及善后委员会等，假抗日名义，任意乱征民夫。尤对过去当过红军者强行抽拔，以致激动公愤”[2]。同样，对于过去在张学良、杨虎城等人影响下组织起来的所有民众团体，省党部也明令，除非归入国民党组织的名下，否则一律取缔。中共领导下的西北抗日救国会（简称西救）这时也被迫并入国民党名下的“抗日救亡会”，从而激起国共两党地方党部最早的一场争论。中共陕西省委为此公开致函国民党陕西省党部，批评国民党陕西省党部“借‘统一’之名，取缔救亡团体，假借‘合法’之权，压迫救亡运动”。该函历数国民党陕西省党部禁止学生运动的错误，如“青年学生在街上募捐，党部不准；青年学生演救亡戏剧，党部禁止；青年学生到乡下宣传，党部骂他们是‘自由行动’；青年学生组织战地服务团，党部不准他们开会；青年学生在街上讲演，党部派便衣队跟在他们后面；几十种救亡前进书籍杂志，党部下令禁止销售；若干存有救亡书籍的青年学生，党部查出加以逮捕；若干教育界的抗日分子，党部授意撤职了！”[3]

国民党粗暴地实行统制政策，原本已经招致众多激进知识分子和青年

---

[1] 《派任第十八集团军政治部副主任李秉中呈蒋委员长报告中共多方拒绝到职并缕述共党诡谋》（1937 年 10 月 24 日），《中华民国重要史料初编》，第五编（一），第 320—323 页。

[2] 《康泽致南京蒋委员长电》（1937 年 9 月 26 日），台北“国史馆”藏蒋中正档案，特交文电 26021772。

[3] 《中国共产党陕西省委致国民党陕西省党部一封公开的信》（1937 年 10 月 10 日），《解放》第 24 期，1937 年 11 月 20 日。

学生的反感，中共陕西省委的公开信一出，自然会得到西安各校的响应。10月23日，学生代表向省党部、教育厅集体要求，允许学生往各县编组宣传抗日。遭到拒绝后，各校学生千余人次日即群集民众露天剧场，以纪念鲁迅的名义，向省府教育厅公开请愿示威。

学生、教师一示威，自然也就进一步引起国民党陕西省党部和西安行营的高度紧张。他们马上召集各种会议商量对策，又是设战时青年服务训练班，又是建战地青年临时训练所，又是组织西北民运工作指导团，又是整顿充实陕西省抗敌后援会，又是派出别动队担任难民和伤兵的指导员，将其统统迁移到距离中共所在的陕北较远的地区去，竭尽全力来防止共产党在学生、难民、伤兵以及失业知识分子中继续扩大自己的影响。[1]

但更让国民党人感到不安的，还是中共在原属国民党控制的区域内渐形扩展其影响。戴笠发现阎锡山利用牺盟会和公道团人员替换山西各县县长，“实则各该团之主要干部，大都多左倾，不啻为共党建立政治基础。苟太原一旦失陷，则山西政权必立即完全操诸共党之手，毫无疑义也”。[2]

总而言之，尽管1937年9月蒋介石公开宣布了“开诚接纳”共产党“共同奋斗”的态度[3]，但国民党人，包括蒋介石在内，对共产党的怀疑戒备依然如故。从蒋介石就中共宣言发表谈话之后一连串的日记，就足以看出其中对中共疑惧和不满之强烈程度。如对中共要求定边区为特区，以林伯渠为行政长官，范围包括27个县区等[4]，蒋视之为“乘机要胁”。对八路军一二九师一再延迟出动，逼蒋承认林伯渠为边区主任，同时中央政工及参谋人员又被拒绝进入部队，则断言：“共党违约势所必然”，称：“此种无信

[1] 《康泽致委员长蒋电》（1937年10月24日）、《蒋鼎文致委员长蒋电》（1937年10月30日），台北“国史馆”藏蒋中正档案，特交档案第26035606、26015966号。

[2] 《戴笠致南京蒋委员长电》（1937年10月25日），台北“国史馆”藏蒋中正档案，特交文电26036725。

[3] 《蒋委员长为中共共赴国难宣言发表谈话》（1937年9月23日），《中华民国重要史料初编》第五编（一），第285页。

[4] 《中共中央书记处致伯渠电》（1937年9月27日）。

义之徒，决不能成业也。”用他的观点：“共党与军阀，只须多给权利，再动之以正义则可矣。”[1] 随着淞沪战场形势急剧恶化，蒋心情渐趋沮丧，对中共的观感也变得更加恶劣。他不仅暗自慨叹：“军事失利，反动派逐渐猖狂，共党尤为跋扈，呜呼！外患未消，内忧日增矣！”而且开始估计，进入长期抗战后，很可能会出现几种最坏局面，其中对“共党乘机捣乱，夺取民众与政权”，尤为焦虑。他特别担心：“俄国在抗战期间必不使共党反叛乎？”[2]

1937 年 11 月底，原驻共产国际中共代表团团长王明等中共领导人从莫斯科回国，带回共产国际关于“抗日高于一切”的指示，促使中共中央开始对前此统一战线工作进行检讨。中共中央随即决定改变对国民党过于防范的一些做法，包括主张在边区名称及长官人选方面做出让步，同时允许派驻联络参谋，不拒绝国民党派团参观边区，对于区域要求也以保证边区安全及需要为主，不着眼于扩大，惟行政制度坚持民选，经费力争每月五万，至少三万元，遣散及善后费要求三十万元，南方游击队改编为新四军力争两个纵队，并争取国民党同意共产党人在国统区公开办报。[3]

由于这时中国抗战正处于困难阶段，需要苏联直接援助的呼声甚高，王明恰与共产国际和苏共领导人有着一种特殊的关系，一心希望取得苏联直接援助来抗击日本军队的蒋介石对于王明的回国颇为重视。他为此曾暗中盘算：“对共党方针，放任乎？统制乎？保守乎？”如何能在有效控制共产党的前提下，通过谈判“放宽共党”，“使之尽其所能”，“以期合作抗倭”？[4] 在这样一种思想的主导下，蒋介石接连向延安发出邀请，请王明前来武汉晤谈。

12 月 20 日晚，王明、周恩来等在武汉与蒋介石见面。王明除转达苏联方面的某些建议外，着重说明中共中央的政策主张。博古则代表中共中央

[1]《困勉记》卷四十五，1937 年 10 月 1、5、25 日条，台北“国史馆”藏蒋中正档案。
[2]《困勉记》卷四十五，1937 年 11 月 2、4 日，12 月 7 日条，台北“国史馆”藏蒋中正档案。
[3] 转见《失去的机会？——战时国共谈判实录》，第 65—66 页。
[4]《困勉记》卷四十五，1937 年 12 月 10、11、21 日条，台北“国史馆”藏蒋中正档案。

就前此谈判中的边区政府人选、联络参谋、国民党参观团等问题表示了共产党方面愿意妥协的态度。周恩来也进一步就密切两党关系以及改进抗战政策等问题提出具体建议，这包括成立两党关系委员会，决定共同纲领，出版报纸，建立国防军事机关、征兵委员会，扩充并改造军队，协助政府组织，扩大国防参议会为民意机关等。对此，蒋介石一本其固有的态度，只是敷衍地表示说:“所谈极好，照此做去，前途定见好转。”“外敌不足虑”，“(日本)愈前进困难愈多，军事虽失利，并不足虑，只要内部团结，胜利定有把握。”他要王明等人与陈立夫就两党关系等问题“共商一切”。[1]

12 月 26 日，在蒋介石的同意下，国共两党成立“两党委员会”，并召开第一次会议。国民党方面的正式代表为陈立夫、刘健群、张冲及康泽，共产党方面的代表为周恩来、王明、博古、叶剑英。会议决定每五天会商两次，并同意中共代表的要求，起草一个大家可以共同遵守的政治纲领，推定由周恩来与刘健群共同担任起草工作。表面看来，国共两党的关系进入到了一个相当积极的新时期，但实际上远非如此。陈立夫等人并不真的想要和共产党共同商讨什么共同纲领，刘健群根本就没有参加纲领的起草工作。由中共单方面起草的名为“中国人民抗日救国纲领”的草案于 30 日提交给两党委员会讨论时，国民党代表的兴趣明显地不在这个文件上，而是在苏联出兵的问题上。中共代表清楚地了解苏联不会出兵，当然无法满足国民党方面的要求，结果等到 1938 年 1 月 24 日再度举行两党委员会时，陈立夫等人再不见了心平气和的样子，康泽、刘健群当场就开始批评八路军不贯彻中央军令，游而不击，说中共应该学国民党广西派的样子，把军队交给中央，把延安的军校变为中央分校，使军政及教育、经理、人事与中央统一，主张中共重要的领导人应离开军队到中央来服务，他们甚至提出八路军应当与中央军交换干部，并强调应当分散使用八路军。[2]

[1] 《陈、周、博、叶致洛、毛并中共中央政治局电》(1937 年 12 月 21 日)。

[2] 《陈、周、博、董、叶致书记处并前方朱、彭、任电》(1938 年 1 月 24 日)。

国民党人这时感觉最麻烦的一个问题，就是公开接纳中共的军队和政权，会给人以政府已经放弃党国体制和统制政策，承认党派合法化的印象。加上共产党人这时的宣传更是以“国共合作”为号召，强调两党的平等地位，并且主张多党政治，一些强硬的国民党人自然深为不满。曾经身为共产党省级领导人、后投向国民党的叶青这时发表的《关于党派政治》一文，即反映出这批国民党人的观点。文中断言：“今天国民党以外的一切党派，都没有独立存在的理由。不止今天，就是将来也没有独立存在的理由。”[1] 受命处理共产党问题的陈立夫因得到不久前叶剑英在东北救亡总会工作讨论会上的谈话摘要，了解到中共必欲破除国民党之“党治”和改变 CC 系把持党政的决心，也马上得出结论并上报蒋介石称：“共党之参加抗日，其步骤有三：(1) 以联合阵线之名，取得参战之一员，虽居我下亦甘之如饴。(2) 以国共合作之口号，期取得平等之地位，以自身取得法定公开之保障，为其他各党各派作护符。(3) 俟实力既充与我对峙作正式战，而以各党各派担任游击，使我腹背受敌，内外夹攻，而致溃败。”在强调中共“其计至毒”，令人“不寒而栗”之后，他明确建议国民党人必须树“自信”，建“互信”，而强“共信”。[2] 所谓共信者，在他看来，就是要大力鼓吹“一个主义”“一个领袖”“一个政党”“一个军队”的主张，以便为根本取消共产党“封建割据”式的政权和军队，制造舆论的压力。就在陈立夫建议前后，国民党即利用《扫荡报》等报刊开始大张旗鼓地宣传鼓吹“一个主义”“一个领袖”“一个政党”“一个军队”的主张，进而更含沙射影地把共产党及其领导下的陕甘宁边区和八路军，斥责为妨碍和破坏国家统一的三大因素。[3] 此举就连力主与国民党缓和关系的王明等中共领导人也认为不能不做出反应，遂以毛泽东的名义发表答记者问，公开表明了共产党人的不同立场。[4]

---

[1] 叶青：《关于党派政治》，《血路》1938 年 1 月 22 日。

[2] 《陈立夫呈蒋委员长函》（1938 年 2 月 1 日），《中华民国重要史料初编》第五编（一），第 325 页。

[3] 参见《武汉日报》1938 年 2 月 6 日；《扫荡报》1938 年 2 月 7 日社论。

[4] 《（毛泽东）与新中华报记者其光先生的谈话》，见《新华日报》1938 年 2 月 9 日第二版。

蒋介石利用共产党推动苏联出兵不成，自然就更加担心持久战争中共产党割据壮大的危险，认为必须找到一种办法能够使共产党真正纳入到其党统和法统之下。他这时想到的一个办法，就是设法劝说共产党同意组织上两党合并。用他的话来说就是：“内求国共合并，外与俄再进一步合作”，始足以应付最近国际形势之变迁。[1] 而要想劝说共产党同意两党合并，自然不是借助于陈立夫等人的刺激文章所能奏效的。因此，蒋见到毛泽东答记者问，马上就约见周恩来，表示：这样一件小事用毛泽东的名义发表专门谈话，是小题大做，谈话中把十年内战中的事情拿出来，更是没有必要。他声称：(1)对主义信仰，不欲限制各方，尤对孙中山所说三民主义与共产主义并不矛盾，任何人不能修改或反对。(2)对各党派亦无意取消或不容其存在，惟愿溶(融)成一体。(3) 对一党政权之说亦不赞成，仍主张延请各方人才参加政府。(4)对《扫荡报》等言论，认为不能代表国民党和他个人。

蒋介石特别举例说，像共产党就可加入国民党成为一个派别，取消共产党的组织。他声称，两党存在总免不了冲突与竞争，你们共产党讲策略，共产党隐蔽在国民党内来发展不是好策略吗？将来在国民党内，最革命最能干的就会成为国民党的基础。当然，国民党也可以改变名称，各党统统取消加入进去成为一派，党内可以有派嘛。对于这一点，周恩来的意见是：党不能取消，国共两党都不可能，两党之间的问题只有从联合中找出路。蒋介石对此未加反对，表示可以研究，并且要周恩来与陈立夫等进一步商谈。而在随后周恩来与陈立夫的谈话中，鉴于周恩来依旧明确地表示了自己在这个问题上的态度，陈立夫也不加争辩。相反，陈立夫主动提出一项新的建议，问可否在两党以外组织一个三民主义青年团，国共两党共同加入。[2]

2 月 10 日之后，因蒋介石的直接干预，国民党人关于取消共产党的议

[1] 《困勉记》卷四十六，1938 年 2 月 25 日条，台北“国史馆”藏蒋中正档案。

[2] 参见《陈、周、博、叶、董致中央书记处并朱、彭、任电》(1938 年 2 月 10 日)，中共湖北省委党史资料征集编研委员会、中共武汉市委党史资料征集编研委员会编：《抗战初期中共中央长江局》，湖北人民出版社 1991 年版，第 156—157 页。

论和宣传暂时告一段落，虽然问题尚未解决，但一时间笼罩于两党之间的紧张空气表面看上去算是烟消云散了。27 日，中共中央也开始召开专门的政治局会议，讨论两党关系的解决办法。显然，一个大党的主张得到了中共中央的重视。在 2 月底 3 月初举行的政治局会议上，中共领导人具体提出了三种合作办法，即（1）实行共同纲领；(2）恢复大革命时期的国共合作方式；(3）组织包括各党派在内的民族革命联盟。会议显然倾向于“建立一种包括各党各派共同参加的某种形式的民族革命联盟”，并主张这种联盟的建立应当依据下列三点：“(一）各党、各派、各团体拟定一统一战线纲领，作为各方宣传行动共同遵守的方针；(二）由各方代表组成一自上而下的，即中央与地方的统一战线组织，以规划抗日救国的大计和调整各党派、各团体间的关系；(三）参加此联盟之各党派，仍保存其政治上和组织上的独立。”[1] 3 月 24 日，王明等以中共中央名义致送《对国民党临时全国代表大会的提议》时，正式向国民党提出此一设想。[2]

共产党人此时所主张的民族革命联盟，与国民党人“融为一体”的组织形式，其实并没有多少共同之处。蒋介石这时在国民党临时全国代表大会上就明确讲：共产党不仅应当服从国民党的领导，而且必须消融于三民主义之下。他说：“本党是创造民国领导革命的唯一大党”，“共产党过去因为不察国情，企图消灭本党以致遭受许多事实的教训，他们察前思后，一定已经知道他以往为中国革命造成多少严重的错误，使中国革命力量无故受了多少的牺牲，他们当不是全没有理智的，现在中国的环境怎么样？国际形势怎么样？我想他们总能够度势识时，履行他对本党的宣言”。作为当政的唯一大党，“如果本党今后能日趋健全，日益充实，负得起革命建国的责任，不仅共产党要

[1] 王明：《三月政治局会议的总结》（1938 年 3 月 11 日）。
[2] 《中共中央对国民党临时全国代表大会的提议》（1938 年 3 月 1 日），实际交给国民党的日期为 3 月 24 日。

尊重本党，服从领导，国内现存一切党派，都必然消融于三民主主义之下”。[1]具体到合组大党的问题，蒋介石这时授权策划应付共产党办法的陈立夫等人明显地不感兴趣。他们的想法很简单，国共两党既然不能合并，国民党就必须要想办法根本解决共产党与国民党争夺民众，特别是争夺青年的问题。对于民众及舆论，国民党的办法是组织国民参政会，吸收各方面人士参政议政，使各行各界都纳入到政府的轨道上来。而对于脱离于社会各界名流和工商人士之外的学生和青年，则考虑建立一个国民党控制的三民主义青年团，以此来达到垄断青年组织乃至“消融”各党基础的目的。

蒋介石对抗战以来大批青年和学生拥向延安极感不安。早在1938年1月29日他就有电报要蒋鼎文和陕西省政府主席孙蔚如密查共产党“收容各省学生等实情”[2]。蒋之所以会支持陈立夫等人在4月国民党五届四中全会上通过设立三民主义青年团的议案及《三民主义青年团组织要旨》，就是基于要同共产党争夺青年的强烈愿望。对于这种情况，中共中央似乎估计不足。由于有组织各党派参加的民族革命联盟的提议在前，且国民党未将组织三民主义青年团的具体设想公之于众，因此，延安的中共中央领导人毛泽东等相信国民党的这一举动将有助于民族革命联盟的实现，因而准备明确表示“赞助……三民主义青年团的成立”[3]，强调应当“使三民主义青年团实质上成为各阶级各党派广大革命青年的民族联盟”，并“经过三民主义青年团去改造国民党，一方面以青年团的力量推动国民党进步，另一方面经过它使大批革命青年加入国民党，发展与巩固国民党内部的革命力量”。[4]毛泽东公开表示，国共两党要想真诚合作，确实应当设法统一起来。“两个不同

[1] 蒋介石：《临时全国代表大会闭幕讲词》（1938年4月1日），转见“国防研究院”、中华大典编印会编印：《蒋总统集》，台北，1968年，第1037页。

[2] 《蒋委员长致西安行营主任蒋鼎文陕西省政府主席孙蔚如电》（1938年1月29日），《中华民国重要史料初编》，第五编（一），第413页。据不完全统计，仅1938年5—8月三个月时间里，经西安进入延安的青年和学生，就有将近两千人之多。

[3] 《中央关于国民党临全大会宣言与纲领立场的指示》（1938年4月18日），《中共中央文件选集》，第11册，第491页。

[4] 《任弼时代表中共中央向共产国际报告大纲》（1938年4月14日）。

的政党要统一起来就要有一个桥梁，组织一个委员会，无论什么名称都可以，国共两党都参加进去；或者另外组织一个党，共产党参加，国民党也参加，两个办法都成。"[1]

但是，驻武汉的中共代表王明、周恩来等对蒋介石、陈立夫的想法显然有更多的了解。他们指出：三民主义青年团还未成立，其领导者就已经利用它来作孤立和反对共产党的工具，故第三党、国社党、国家主义派、救国会诸人及进步青年团体一致拒绝加入。况且有关三青团本身性质、组织内容及任务，国民党内部尚在争论中，"如照此现状成立，且有变成新的特务机关的趋势，似此现在我们即表示赞助青年团的建立，似嫌太早，且政治上不利"[2]。为此，中共领导人内部明显地发生了意见分歧。毛泽东等人坚持认为："我们党对国民党一切口头上要做的好东西，如扩大国民党、成立三民主义青年团，都应该采取积极赞助的态度，使全国最大多数人民与国民党中一切进步分子看到共产党同国民党合作的诚意。"因此，中共中央仍旧指示王明和周恩来等应主动赞助三青团的组织工作，一方面承认三青团为国民党的青年团组织，为国民党候补党员性质的组织，另一方面努力"使三青团成为各阶级各党派广大革命青年的民族联合团体"，争取"经过三青团去改造国民党"。他们建议，应向国民党方面提议：三民主义青年团的范围不可太小，"凡接受本团宗旨之青年，不分性别、阶级、职业、民族、信仰皆得为本团团员。团体会员亦可加入，但各团体除执行青年团的各项决议决定外，仍应保持其本身的组织"。至于同国民党的关系，"本团除接受蒋总裁的领导外，各级国民党党部可经过其在青年团工作的党员实现其政治领导，不妨碍本团组织上的独立性"。[3]

这样的提议在蒋介石、陈立夫等人看来自然不会感兴趣。成立三青团的目的本来就是为了统一所有青年组织，防止共产党利用青年发展自己的势

---

[1] 毛泽东：《两党合作的问题》（1938年4月5日）。
[2] 《陈、周、博、凯致中央书记处电》（1938年4月22日）。
[3] 《毛、朱、康、陈、刘致陈、周、博、凯电》（1938年5月12日）。

力，共产党要求允许团体会员，同时还允许保持各自组织的独立性，这与蒋介石、陈立夫等组建三青团的目的完全是南辕北辙。事实上，其内定的“组织训练要旨”已经明确规定：本团是在国民党领导之下，以三民主义为皈依，凡加入本团者“必须脱离其原有的党派组织关系”。随后公布的团章更具体规定加入者必须遵守的纪律七项，其中也特别强调了“不得加入其他任何党派”，“不得发表有背本团宗旨之政治主张”和“不得在本团内有任何小组织”等严格限制团员政治信仰和政治自由的惩罚性条文。而其惩罚的方式，甚至还包含有刑事方面的严厉处分，如“劳役”、“禁闭”及“特别裁判”等。[1]这样一种严密控制团员的青年组织，当然不是共产党人所希望的有利于对国民党展开统战的民族联盟。结果，到 1938 年年中，蒋介石既没有能够实现“国共合并”的目的，共产党也没有能够推动国民党同意成立统一战线的各党派遵守共同纲领的民族革命联盟。三民主义青年团的建立，不过使国民党又多了一种与共产党磨擦的手段。

二、国共磨擦升温与防共办法出台

1938 年 4 月初，就在国民党临时全国代表大会和五届四中全会先后召开之际，国共两党之间发生了两件引人注目的事件。一是中共中央政治局常委、陕甘宁边区政府代主席张国焘逃离延安，跑到西安，很快脱离共产党，投向国民党一边。其 5 月 2 日公开发表的《告国人书》，公开批评共产党只是形式上改编红军，取消苏维埃，停止土地革命，“实际上仍然因循其固有错误思想与派别成见，严格维护其小组织之利益”，“保存实力，保持边区政府与某些游击区域的特殊地位，以徐图发展”，“抗日合作不过为达到此

[1] 《三民主义青年团组织训练要旨》(无日期)、《三民主义青年团团章》(1938 年 6 月 16 日)，林泉编：《中国国民党临时全国代表大会史料专辑》(上)，中国国民党中央委员会党史委员会，1991 年，第 613—614、708—709 页。

目的之宣传手段”。[1]

几乎与此同时，国民党人还找到了一二九师政委张浩数月前对内解释共产党改换策略理由的一个小册子，经蒋指示广为印发，分送给国民党临全大会代表，意在为国民党人敲警钟。[2] 张浩在报告中明确讲：当初提出改变新策略的时候，费了很多思索，“因为我们党与苏维埃红军，与反革命苦战十年。在这十年的仇恨中，而提出与反革命合作，真是难过万分，尤其是对于反革命头子蒋介石，更是誓不两立的”。只是因为过去的道路走不通，因为目前必须储存力量，因为只有共同抗日才不脱离群众，才可以有效地掩护我们的秘密工作之发展，便于争取广大群众。“因为党是世界革命的策略的政党，必须将眼光放大些，所以才与反动的各阶层合作。因为这样，才能过渡到无产阶级专政，才能达到社会主义的社会。”张浩认为：与国民党合作，丝毫也不会影响我们坚持阶级斗争和土地革命的既定方针。目前是抗日在前，土地革命和阶级斗争放在后面，但“见到革命到了高涨的时候，我们的策略，马上就要改变”。[3]

国民党本来就有来自不同层级和渠道的各种有关共产党问题的情报，这些情报有些直接取材于中共内部文件，有些则完全是捕风捉影，道听途说。但所有上报到国民党中央的这类情报的共同特点，都意在强调中共“别有用心”“图谋不轨”。而今又有张国焘的现身说法和张浩的秘密报告，国民党中央自然更加坐实了对共产党人的怀疑。

1938 年 4 月 23 日，国民政府军事委员会武汉行营，连同湖北省政府、

---

[1] 《张国焘敬告国人书并与中共同人商榷抗战建国诸问题》（1938 年 5 月 2 日），《中华民国重要史料初编》，第五编（一），第 354—355 页。

[2] 有关张浩报告的真实性问题，可证之于王明等人 1938 年 4 月 3 日给书记处的电报。内称：“（一）国民党某派大印去年张浩在抗大之讲演，散发临时大会代表，作为反对之材料。（二）请在抗大陕公等处公告国共合作成立前之一切旧材料无效，并收集焚毁。（三）张浩同志勿来武汉，即返退。（四）一切各校出来学生，绝不能带出任何讲演或笔记，现在已发现很多所谓抗大讲义印卖，引起许多政治误会。”关于蒋对张浩此一报告之重视程度，可见万亚刚：《国共斗争的见闻》，（台北）桂冠图书股份有限公司 1995 年版，第 130—131 页。

[3] 见张浩《中国共产党的策略路线》，台北中国国民党党史馆藏档，特 9/16—17。

国民党湖北省党部等，就密令各党政军机关严密监视中共领导下的，在武汉地区十分活跃的抗日民众团体“蚂蚁社”、青年救国团、战时乡村工作促进会等，强调凡未经省党部省政府准予备案登记之团体，一律不准活动。同时并特别下令查禁中共宣传品及其近似书刊 42 种。[1]

1938 年 5 月 10 日和 6 月 21 日，国民党五届中常会第七十九次会议又通过《对党外各种政治团体及其分子之态度的决议》，国民政府军事委员会也发布了第 3080 号和第 4229 号训令，都清楚地显示出国民党中央加强防共措施的趋势。其七十九次中常会决议明确指示各级党部务必严密防范共产党等党外政治团体及其分子，必要时可以严予取缔。决议称：“(一) 党外各种政治团体及其分子,凡符合下列标准者应推诚相见。1、放弃其原有主张，确认本党三民主义为最高准绳。2、服从本党及本党领袖。3、恪遵国法，严守军纪。4、遵守本党抗战建国纲领,为国家之统一与民族之复兴而奋斗。(二) 凡有违背上列标准或阳奉阴违者应严予取消。(三) 党外各种政治团体之分子，如脱离原隶政治团体，请求加入本党为党员者，应尽量容纳其优秀分子。如加入本党为党员，而仍未脱离原隶政治团体者，应严予取缔。(四) 秘密政治团体及身份不明分子，其政治活动应严予取缔。(五) 二三四各项规定严予取缔之政治团体或其分子，本党各级党部及党员应随时严密防范并调查其活动情形报告上级党部。”[2]

其实，进入 1938 年以来，国共两党间的磨擦早已呈现出按下葫芦又起瓢的状况了。在陕甘宁边区，共产党坚持 23 县，国民党至多只同意给 18 县，地方省政府还依据国民党中央的要求，坚持要对边区行使权力，双方各派各的县长，结果弄出不少双重政权。只是在边区，共产党的力量占据明显优势，因此磨擦冲突国民党方面往往占不到多少便宜。但在南方各省，共产党人就难免要吃亏了。在 1937 年下半年的国共谈判中，国民党方面为了

[1] 湖北省档案馆藏，LS3/1/261/8—14。
[2] 见台北中国国民党党史馆藏档，特 9/16—8。

集中共产党留在南方的少数红军及其游击队，以利于对整个南方省份的控制，同意在八路军之外，另外由中共领导组建新四军。这些红军及其游击队集中为新四军四个支队和一个特务营陆续调离原地，集中到皖南和皖中指定地区后，其所设立的以照顾官兵眷属为目的留守处，就成了国民党地方当局防范的重点。因为这些留守处事实上又多负有中共在当地的组织联络宣传之责，从事着“秘密吸收党员发展党组织，介绍青年参加新四军或投奔延安”之类的工作，最易引起国民党地方当局的敌视与嫌恶。而在河南、安徽、江西、湖北、湖南、福建这些国民党占据绝对优势的地方，新四军留守人员备受压制几不能免。国共两党之间为了南方共产党人和新四军留守人员的问题，常常出现纠纷，往往是“一面解决又一面逮捕”[1]。

国民党七十九次中常会通过严厉取缔异己政治团体及其分子的决议之后，国民党各地党部对防范和压制各地共产党及其外围组织，多数态度自然更加坚决。各地都相继出现了解散救亡团体，封闭机关，没收各种激进书报，逮捕民众运动领导人的事件。[2] 对少数贯彻困难的地方，国民党中央都极力推动，坚持非恢复国民党领导民众地位不止。如河北省政府主席并党部主任委员鹿钟麟即报称：“本省前以处特殊环境之下，党务中断已久，各地民众团体以领导无人遂于无形中停顿解散。本部抵冀后，各县民运共产党早着先鞭，其组织系统县区村各设民族革命战地动员委员会……另组民众团体，难免发生磨擦。今共党将领导权完全交出，(亦) 绝非共党所愿。”对此，国民党中央社会部就明确主张:“应以军政全力争取民众”，基于现状，可先“设法与八路军会商设立联合干部统一冀省民运之指挥”，否则即应考虑“由冀省军事机关根据中央关于人民团体组织之法令，强制统一军政力

[1] 《徐特立在湘十个月的工作报告》(1938 年 9 月)，湖南档案馆：《抗日战争时期湖南地下党历史文献选编》湖南人民出版社 1985 年版，第 12 页。

[2] 参见《周恩来选集》，上卷，第 219 页。

量所及地区之民众组织，总以防止共党势力之扩张为主”。[1]

国民党中央的这种强硬态度，也刺激了下层干部的反共心态。道听途说、加油添醋的虚假情报亦颇为盛行。8 月 21 日，蒋鼎文密报，中共已派干部两批二百余人随战地服务团赴武汉地区，渗入各种训练班或救亡团体，企图以武汉、重庆、西安为中心参加各部门正常工作，甚至深入军队工作，意图扩展势力。[2] 10 月，国民党中央社会部更得到夸张其辞的假情报称，延安 8 月 2 日开党员大会，决议（1）防范中央人员在边区之活动及言论；(2) 派特工人员化装潜入国统区扩大组织；(3) 通令全边区努力生产、扩大红军，准备战后对国民党之斗争。国民党中央执委会不加分辨，信之甚笃，除立即通令各地严加防范外，还特别指示社会部拟具办法，“秘密组织情报网，严密监视共党及其党徒之活动”。[3] 正是出于对共产党在民众中，乃至于在国民党内影响的恐惧，在这一波行动中，蒋介石甚至也曾亲自出马，秘密批捕了前黄埔军校学生、中共陕西省委重要负责人宣侠父，最终导致宣被国民党特务秘密绑架、杀害，并沉入枯井中。[4]

这个时候的中共中央对国民党正在秘密推动的防共限共计划，尚欠了解。它还在积极谋求推进国共合作的过程中。鉴于二战区司令长官阎锡山开始严重担心共产党，毛泽东等特别提醒隶属二战区的八路军领导人务必要全力帮助阎锡山扩军，“严格通知在各公开机关团体与之部队中工作的同志多说阎的话，在文件口号宣传上多用阎之按劳主义的术语，少用马列主

[1] 《鹿钟麟代电》(1938 年 10 月 17 日)、《国民党中央社会部签注》(1938 年 12 月 2 日)，南京第二历史档案馆藏档（十一）1025。

[2] 《蒋鼎文致武昌蒋委员长电》(1938 年 8 月 21 日)，湖北省档案馆藏档，LS1/4/3839/26—27。

[3] 查 1938 年 8 月 2 日延安并未见有其情报所称之两千人党员大会召开。当日仅见毛泽东对抗大三个大队学员毕业讲话，内容亦与情报所称无关。且此时恰在中共全力争取与国民党全面合作，准备停止在国民党内招收党员、组织秘密支部之际，所谓多派特工化装潜入国统区扩大组织和准备战后对国民党斗争之说，也不合逻辑。《国民党中央执行委员会代电》(1938 年 10 月 17 日)，南京第二历史档案馆藏档，国民党中央社会部（十一）4943。

[4] 蒋介石在 8 月 3 日见周恩来时亲口承认宣侠父是他下令捕的，后蒋鼎文在同西安八路军办事处林伯渠的谈话中也承认宣是蒋下令捕的，只是当时他们都没有承认宣已被其杀害。

义的术语”，以“减少阎的怀疑”。[1] 对蒋介石，中共中央的态度也相当明确：决不乘人之危。毛泽东等电告王明等称：“在抗战过程中巩固蒋之地位，坚持抗战，坚决打击投降派，应是我们的总方针。”为此，他们坚决主张劝告蒋介石，在武汉不可守时，“不惜断然放弃之”。“因目前许多军队的战斗力远不如前，若再损失过大，将增加各将领对蒋之不满，投降派与割据派起而乘之，有影响蒋之地位及继续抗战之虞。”[2]

正是由于中共中央这时的这样一种心态，它还没有把两党磨擦加剧的情况同国民党上层的态度变化联系起来。共产党人这时在《新华日报》上批评国民党的话，更多地也只是指向国民党的地方当局的。它在历数各地两党磨擦，共产党人备受摧残的情况，要求国民党惩办凶手，赔偿损失，禁止乱捕乱杀，颁布保障救亡团体的法令外，仍公开认为：“这些现象的发生，当然主要的原因是由于地方政治的黑暗”，国民党中央的问题只是“缺乏采取坚持实现自己的法令和纲领的步骤和具体方案”。[3] 正像毛泽东告诫陕甘宁边区留守兵团首长时所说的：现在的问题是国民党还有些腐化势力存在着，他们至今还怀着仇恨，对他们我们应该有警觉性。今天边区保留少量驻兵，就是为此。因为总有些人“还是东磨西擦的，今天磨掉一个乡，明天磨掉一个区”。但是，你们今天的任务，主要还是对付日本帝国主义，而不是对付友军。因为国民党今天基本上是进步的，友军多数也是好的。“对于好人却不该记着过去的仇恨。”[4]

为了有效地改善两党关系，解决两党之间目前存在的严重问题，中共中央在9、10月间召开的中共中央政治局会议和六届六中全会上，再度提出了加强两党组织上合作的极端必要性。毛泽东明确提出：目前的合作方式“对于长期合作是不利的”，“这种形式太不密切，许多问题不能恰当的及时的

[1] 《毛、洛、胡致朱、彭等电》（1938年7月14日）。
[2] 《洛、陈、康、王、胡、毛致陈、周、博、凯、叶电》（1938年8月6日）。
[3] 见《新华日报》1938年6月9日。
[4] 毛泽东：《对留守兵团各首长的演讲》（1938年7月16日）。

得到解决”，因此有必要把“国民党本身变为民族联盟，各党派加入国民党而保持其独立性”，或者“各党共同组织民族联盟，拥戴蒋介石先生作这个联盟的最高领导人，各党以平等形式互派代表组织中央以至地方的各级共同委员会，为着执行共同纲领处理共同事务而努力”。他主张“正式向国民党同志申明：我们停止在你们内部作招收党员组织支部的活动，不管统一战线采取何种的共同形式，我们都是这样做”，而一旦合作实现，所有加入国民党的共产党员还将向国民党提交他们的名单。[1]

10月1日，按照毛泽东的指示，周恩来于六中全会尚未结束之际就急忙返回武汉，于4日向蒋介石递交了毛泽东和王明给蒋介石的信，并转达了中共中央的上述有关提议。同时提出希望根据实际状况扩编八路军（即第十八集团军）为三个军，每军各辖三个师，每师各辖三个旅，每旅各辖三个团；希望允许徐向前部去山东，允许林彪部去华中；希望三青团改变章程，成为各党派参加领导，或国民党领导、各党派领导的青年团体均可参加的青年联合团体，等等。[2] 根据蒋介石的要求，周恩来又于8日以书面的形式进一步说明了中共中央的建议，包括“保证长期合作办法”“赞助三民主义青年团”“保证军队的统一与巩固”等多项意见。

周恩来的书面说明，被蒋介石马上分别交给了陈立夫、朱家骅、康泽、徐恩曾等研究和讨论。陈立夫等人研究讨论的结果，除在要不要适当修改三民主义青年团组织办法，允许其他党派青年个人加入这一点上略有不同意见外，其他意见大体一致。这些意见由陈立夫概括起来就是：“吾人应坚持下列方针：(一）不取两党混合方针，(二）不予以公开合法之凭藉，(三）不与之作平等之谈判，不许在一个组织内有两个信仰，不许一人跨两个组织。”与此同时，陈等还宣称：“共产党党员正式脱离党籍，奉行三民主义而愿参加本党为党员者，本党表示欢迎。”“本党为巩固革命政权，有派员

[1] 毛泽东：《论新阶段》（1938年10月12—14日），载《解放》第57期，1938年11月6日。

[2] 《向国民党交涉合作统战活动的十大事项》（1938年9月）。

参加任何政治组织及民众团体之权利。”[1]

14 日，蒋介石约周恩来谈话，表示中共加入国民党及三青团的问题必须由国民党常委会进行讨论，但是他认为三青团可以修改章程允许中共党员参加，只待进一步研究后即可考虑实行。[2] 但此后由于战局危急，广州及武汉先后失守，这次交涉未能取得结果。到 12 月 6 日，蒋介石再约周恩来谈话时，其态度就已经改变了。他宣称：跨党的办法讨论后大家不赞成，大家认为，共党既信三民主义，最好合成一个组织，力量可加倍发展。如果这种办法可以谈，他拟于不久到西北后即约毛泽东等面谈，如全体合并做不到，可否一部分党员加入国民党而不跨党，因为大家害怕共产党的“革命转变”。周恩来答称：共产党相信三民主义，不仅因其为抗日出路，而且也因其为达到社会主义的必由之路，国民党员自然不会如此想，因此国共终究是两个党。跨党并改变名称正是为了取得互信，但如果认为时机未到，也可采用其他办法，至于少数人退党而加入国民党，不仅失节失信仰，而且于国有害无益。对于周恩来的意见，蒋介石当然不能赞同。这次谈话双方均无所获。[3]

六天后，蒋介石再约周恩来及王明等谈，态度不仅没有松动，反而变得更为坚决。蒋介石不顾周恩来等人的种种解释和提议，强硬地表示：“共产党员退出共产党，加入国民党，或共产党取消名义将整个加入国民党，我都欢迎，或共产党仍然保存自己的党，我也赞成，但跨党办法是绝对办不到。我的责任是将共产党合并国民党成一个组织，国民党名义可以取消，我过去打你们也是为保存共产党革命分子合于国民党，此事乃我生死问题，此目的如达不到，我死了心也不安，抗战胜利了也没有什么意义，所以我

[1] 《朱家骅、徐恩曾、康泽、陈立夫等四人对于“中共政治局所讨论的及六中全会所要讨论的一些主要问题”签注意见摘要》（1938 年年底），台北“国史馆”藏蒋中正档案，特交档案（四）第 50679 号。

[2] 《周恩来关于同蒋介石谈判情形致中央书记处电》（1938 年 10 月 14 日）。

[3] 《周致中央书记处电》（1938 年 12 月 6 日）。

的这个意见，至死也不变的。”甚至当周恩来等谈到目前双方至少可以独立存在共同发展时，蒋介石干脆直截了当地表明了他的忧虑之所在，他说：“共产党不在国民党内发展也不行，因为民众也是国民党的，如果共产党在民众中发展，冲突也是不可免。”因此，蒋介石这时对于周恩来等谈到的其他合作方式，当然认为无用，他声称：“根本问题不解决，一切均无意义。”[1]

相对于陕甘宁边区、新四军后方留守处，以及共产党影响下的各地民众或青年团体，对国民党人刺激更大的，应该说还是八路军及其敌后根据地的迅猛发展。因为，在国民党人看来，八路军纯粹是在国民党和日本的战争中唾手而得渔翁之利，结果是国民党“失地愈多该党发展愈速”，“本党统治之土地，将一失而不易复得”。[2]

国民党的担心并非没有根据。八路军是在 1937 年 8 月下旬改编，随即先后出发至华北抗日前线。三个师出发时的确实人数约为 3.4 万人，9、10 月间因行军作战等原因且出现减员。10 月以后开始着重于扩兵发展，经过两个月左右的时间，到 12 月底已扩军到 9.2 万余人，还发展了游击队 2.5 万人。1938 年年底，八路军进一步扩展到 16 万人左右。[3] 在此期间，八路军先由陕北一隅之地，按照蒋令加入阎锡山第二战区，进入山西地区参加对日作战。后山西大部沦陷，八路军遂留在敌后农村建立根据地，立稳脚跟后即开始分兵跨出战区，以游击方式进至河北、绥远，随后更进入山东敌后农村，创建根据地，这时已开始准备着手向华中敌后地区发展。由于它完全针对敌后空虚的情况自由行动，不受战区约束，不受进入省份原省府的管辖，自行组建诸如冀中、冀南行政公署和晋察冀边区政府等名义上隶属于中央政府，实际上独立自主的地方政权，发动民众，建立民众武装，因而

[1] 《陈绍禹等关于一个大党问题与蒋介石谈判情况向中央的报告》（1938 年 12 月 13 日）。

[2] 《沦陷区防范共党活动办法草案》；《第八路军在华北陕北之自由行动应如何处置》，转见中国人民解放军政治学院党史教研室编：《中共党史参考资料》，第 8 册，第 323、325 页。

[3] 《任弼时关于八路军情况的报告》（1938 年 2 月 18 日）；并见张廷贵、袁伟、陈浩良合著：《中共抗日部队发展史略》，解放军出版社 1990 年版，第 503 页。

很快在华北敌后取代了国民党的地位，成为除了日本占领军以外最具影响的力量。

中共军事力量据有地区一年增加数倍，这不能不引起蒋介石和国民党的高度紧张。为阻止八路军进一步扩张，蒋曾下令不许部队跨越战区，并特别选派在河北有相当人望的鹿钟麟担任省主席，设法逼八路军退出河北，归还第二战区。西安行营更召集陕甘宁边区国民党委任的县长联席会议，要求他们大胆组织保安队并行使权力。如此种种造成许多磨擦，却丝毫无助于解决问题。相反，双方控告对方蓄意磨擦的报告和电报更明显增多起来，尤其国民党一方倍感紧张，国民党中央执行委员会以及国民政府行政院均不断提醒和责令各级政府严密注意和防范共产党，并要求各地不惜依据“抗战建国纲领”和“战时民众团体整理办法”[1]，“取缔共党非法活动，并对业经整理之社会团体严密监督领导，以免行动越轨，或被共党渗入煽惑”。[2]

12月下旬，眼见国民党在各地捉人及阻禁中共活动的事件骤然增多，中共中央通过八路军副总指挥彭德怀向蒋请求根本解决华北指挥关系等问题，并通过周恩来向蒋说明“各地反共捉人事”，要求蒋予以查处。蒋介

[1] 该办法规定：各地民众团体均应服从军事委员会政治部监督领导，并归各战区司令长官司令部政治部主持办理登记和整理事宜，凡未经批准登记的一律不许活动，凡有违反三民主义及抗战建国纲领或足以妨碍地方治安之行动者，均应依法改组或停止活动，必要时得由军警机关强行取缔和解散。转见湖北省档案馆藏档，LS31/2/402/28—29。

[2] 已知1938年12月间行政院就按照国民党中央执行委员会秘书处的指令，几度下文给各地省政府，注意防范中共扩张。如12月17日国民党中央执委会秘书处特别通报中共豫西工委有报告给中共中央称：“已把握到的武装群众五万人以上，一俟敌骑入境，即可实现建立‘晋陕豫边军区’之计划。”且已吸收军委会战时干部训练团第四团第二总队青年干部和联保主任不少人参加民先队，有些更加入共产党。据此，行政院明令鄂豫等省“严密注意”。23日中央执委会秘书书又发出通报，说明中央宣传部密报近数月来中共在渝、沪、港各地舆论界活动甚为积极，“表面上拥护统一，拥护抗日，拥护最高领袖，但常曲解事实，攻击本党之设施以及党政之言行，动摇人民对于本党之信仰”，因而不得不采取措施予以处分的种种情况，要求各地均应采取同样措施“严予防范，切实取缔，以弭后患而利抗战建国大业”。29日国民政府军委会委员长桂林行营密令：中共已改变策略，“今后将实行化整为零，以使共产党员实力遍布全国及失陷地内重要城镇。现如陕甘豫冀晋诸省游击队之普遍发展，民众组织在共党领导下扩大，皆系抗战中所造成之势力云云……希特别注意，严密设法防止为要”。转见《湖北省政府密令》，1938年12月—1939年1月，湖北省档案馆藏档，LS31/2/402/15—23。

石自然认为所有责任均在中共行动越轨，故表现出极不耐烦的态度。[1] 其在日记中慨叹道：共产党“或以此为其时已到乎？呜呼！目前急患不在敌寇，第一在共党之到处发展，其次则沦陷区游击队之纷乱，各边区土匪之充斥以及兵役制度之多纠纷，皆应确定切实对策，以消弭殷患”。[2]

1939 年 1 月 21 日，国民党召开五届五中全会，会议初始就基于共产党迅速发展的现实，集中检讨国民党自身的种种不足。由于对共产党的发展充满恐惧，不少国民党人响应蒋介石的建议，纷纷自省。[3] 事实上，蒋介石建议的目的，固然是希望激励国民党人自省和发奋，但这一建议更是希望能够找到抑制共产党人的办法。他在大会上不仅公开提出要共产党取消组织，统统加入国民党的办法来解决共产党问题，而且在内部更明确主张：对共产党必须“以严正的态度来教训管理他”。他说：共产党捣乱是必然的，民国十五六年是如此，今天也是如此。“拿十五六年时候的教训，同现在中国共产党的现状来看，可以决定我们对于共产党的态度。共产党当然有他的策略，看过他的党的建设，可以知道的，他对于中国国民党自然没有好意。他所以要和我们合作，不过是一种策略而已。”他一方面表示：“我们对于共产党不必有恐惧的心理，我们是一个执政的大政党，是中国一切民众的褓姆，负有作三军之师的责任，教之治之，使他走入正途。”另一方面却告诫代表们说：“以严正的态度来教训管理他，他 [便] 不敢越出我们的范围以外的。如果想要去利用他，他便要和你起斗争。”“共产党是讲斗争的，

[1] 中共中央这时对指挥权的要求是：凡八路军占优势而主力的地区，一切军队，包括友党之游击队及地方自卫队，应归八路军指挥；凡友军占优势的地区，一切部队概归友军指挥。所谓地区应以战略区域为单位，不照过去省界，依游击战之形势定之，军事指挥与政权应该合一，故应争取委朱德为一个战区的副司令长官，某些省区及其所属各县之行政长官应要求委任八路军将领及政工人员充当。蒋若同意，中共可放弃某些地区如冀中、冀南及平原之一部给其他友军，八路军保证退出后不再去发展武装力量。《中共中央对彭德怀与蒋介石谈判内容的指示》（1938 年 12 月 23 日）。

[2] 《困勉记》，1939 年 1 月 6 日条，台北“国史馆”藏蒋中正档案。

[3] 《中国国民党五届五中全会第三次会议速记录》（1939 年 1 月 25 日），台北中国国民党党史馆藏档，5.2/159。

你见他就怕，他格外要得寸进尺，正中着了他的希望。假如你拿出了有进无退的革命办法，来对付他，他便赶快缩回了去。”[1]

如何才能拿出“有进无退的革命办法”来“教训管理”共产党呢？这个问题在会议上引起相当一部分代表的反响。国民党中央宣传部就此介绍了斗争的经验，说：“本党应付方针，可分积极的消极的两方面之言。在积极方面根据本党党义与国策，分别编撰丛书小册子，以独立出版社发行之，并对于出版界新闻界切实加以指导。又如每周宣传要点之颁发，党报社论之撰拟，以及各种联络指导等属之。在消极方面，除对新闻纸早已采取检查制度外，图书杂志部分已出版书刊在去年一年中，受查禁处分者凡一百二十一种，其未出版者则采取原稿审查办法，所有发行之图书杂志，均须经审查后方准出版。此外更拟订《印刷所印刷不送审查图书杂志原稿取缔办法》，以杜绝秘密发行之流弊。自汪（精卫）案发生后，一切分化偏激之言论，均经删改，故出版界言论均尚平妥。可见消极的防止工作，已收相当效果。”[2]

但是，仅仅在会上交流与共产党斗争办法显然是不够的。

根据大会代表们的要求，并经蒋同意，国民党中央执行委员会秘书处很快起草并拟订了《防制异党活动办法》，并于会议甫一结束即迅速下发执行。该训令称：“应由各省市路等党部与三民主义青年团各团部各省市政府及其他有关各机关，切实执行。”“即希查照密令各省市政府及其有关机关主管长官，遵照办理，并饬严守秘密，指定承办人员，实际运用。”[3]

国民党中央执行委员会制订的“有进无退的革命办法”是什么呢？就是要学共产党的做法，用严密的组织手段来对付共产党。《防制异党活动办法》开宗明义即提出：“共产党在本党权力所及之区，犹能猖獗活动，长足

[1] 《总裁在五中全会讲演：外交趋势与抗战前途》（1939 年 1 月 26 日），台北中国国民党党史馆藏档，5.2/159。

[2] 《宣传部书面答复苗委员培成质询》（1939 年 1 月），台北中国国民党党史馆藏档，5.2/159。

[3] 《院长孔祥熙令》（1939 年 3 月 3 日），台北中国国民党党史馆藏档，特 005/25.13。

发展，考其原因，虽非一端，而本党组织工作之不健全，而予人以可乘之机，实为主要因素。目前共产党控制下之陕北，彼能无论男女老幼悉纳于各种组织之中，而由该党分子予以切实之领导与控制，遂造成今日形同铁桶之陕北特区，不但外人不易轻入，即入内亦难立足，更无论有所活动。本党目前防制异党活动之方，亦唯有采取此种坚强组织之办法，方能奏效。盖即所谓以组织对付组织之意义。”至于如何“以组织对付组织”，《办法》提出了“积极”和“消极”两种办法。“积极”办法就是要调动各地党政机关，全面加强对学生、民众及其群众团体的引导和控制，对异党活动最烈的地区，更“应实行联保连坐法，使人民不敢与异党分子接近而受其利用”。至于“消极”办法，就是要求各地党部及军政机关，对于异党活动要严格防制，如“任何假借共产党或八路军与新四军等名义擅自组织武装队伍者，当地驻军得随时派兵解散，不得有误”；对未立案即擅自活动之青年、文化、救亡各团体要“切实取缔”，发现立案各社会团体中有异党分子，主管党政机关应勒令所属社团“取缔其团员资格，并强制其服务之机关、学校或工厂等开除其职务，藉以警戒其他分子”；“对内容反动及违反抗战建国纲领之各种宣传刊物，如图书、杂志、报纸、小册子、壁报等，应随时检查禁，若经一再查禁而仍秘密发行者，应从严制裁，以儆刁顽”。《办法》并明确提示称：“纵因此而发生磨擦，设非出于本党之过分与不是，亦应无所避忌。”[1]

国民党中央拟订《防制异党活动办法》，仅仅是就其“权力所及之区”制订出应付办法，它同时还要求各地各部门分别就各地各部门的特殊情况，拟具出切实适合于各地和各部门需要的应付异党之对策与办法。当然，考虑到“团结御侮”的抗战大环境，蒋介石等也不能不十分谨慎，要求各地具体准备方案时要切实保守秘密。为此，中央执行委员会秘书处曾于 4 月 15 日专电各省市党部及政府提醒称：“本党应付异党之对策与办法，在此团

[1] 《防制异党活动办法》（1939 年 2 月），南京中国第二历史档案馆馆藏国民政府社会部档案，（京）53。

结御侮时期关系极为重要，应以绝对保守秘密为原则，倘不慎而泄漏，入于异党分子手中，则不仅易滋误会，甚且发生磨擦。为防患未然计，嗣后各地方党政机关关于应付异党之对策与办法，必须层层负责，尽量避免书面传递之方法。各机关拟具对策时，亦应根据地方事实环境立言，不可辄用中央口气，或翻印中央所颁布之原则。至必须保存之文件，亦应指定忠实可靠人员严密保管，以免泄漏。"[1] 密令下达一个半月后，为保密起见，还曾有令限期缴还销毁。[2]

有国民党中央的指令和拟具的办法，各地各机关国民党人自然闻风而动。

国民党中央党政军联席会报会拟具的《共党问题处理办法最高原则》、《对某党应取态度之原则》等秘密文件，主张"不宜全般破裂"，但"赞成各地方之局部斗争"；强调"在中央立场上对各地方之磨擦冲突均视为地方事件，采取个别处理之方式"，要求"各战区之国军于暗中划一地境线，不许十八集团部队自由越境，若不服制止，即将其侵越之部队剿灭之"，"对十八集团之游击行动只给予临时任务及攻击目标，不划给固定或永久区域，保持中央军队对任何地方均可开去"，"默许各机关战区及沦陷区之国军采取任何方法肃清其内部之不良分子"。[3]

国民党中央秘书处拟具《战区（省）党政军联席会报组织办法》，要求各战区及陕西、广西、贵州、西康、福建、浙江、江西省政府和重庆卫戍总部及成都行辕等 18 个单位，均要组织战区（省）党政军联席会报，以便对中共问题之处理能做"力量集中、行动统一"[4]。

[1] 《中国国民党中央执行委员会代电》（1939 年 4 月 15 日），南京中国第二历史档案馆馆藏国民政府社会部档案，（京）53。

[2] 《湖北省政府快邮代电》（1939 年 11 月 3 日），湖北省档案馆藏档，LS31/2/402/39。

[3] 《共党问题处理办法最高原则》（1939 年 9 月 27 日）、《对某党应取态度之原则》（1940 年 2 月 1 日），台北中国国民党党史馆藏档，特 009/16—12、15。

[4] 《战区（省）党政军联席会报组织办法》（1940 年 2 月），台北中国国民党党史馆藏档，特 9/16—19。

军事委员会拟具《处理河北问题六项办法》，授予鹿钟麟军政全权，以收回落入八路军和共产党人之手的河北军事、行政和民众团体等各项权力。[1]

宣传部拟具《纠正共党不法行为宣传办法》，明令封锁国共军事冲突消息，不许刊登共产党方面关于各地惨案之调查报告。[2]

战地党政委员会拟具《异党问题处理办法》，提出动员国民党人以秘密方式深入共产党控制地区，发展组织或分化破坏异党团体。[3]

天水行营和陕西省政府则分别拟具《处理异党实施办法》和《陕甘两省防止异党活动联络办法》，主张利用一切办法“逐步削弱伪边区”，“地方绝对强硬不稍退让”，“省府秘密策动借资缓冲”。[4]

另外，国民党中央组织部等还分别拟具了《运用保甲组织防止异党活动办法》《共党活动情形及本党之对策》《防止异党兵运方案》《防止检举后方奸谍方案》《沦陷区防范共党活动办法草案》《第八路军在华北陕北之自由行动应如何处置》等秘密防共文件，力主“打入共产党各级组织，从事内线工作，刺探其内情”，最好能在其中“起党团作用，分化其组织，并夺取其领导权”。[5]

为了在宣传上造成声势和取得各界同情，国民党各地党部还迅速着手搜集资料，编写出一系列揭露中共和八路军、新四军“阴谋”与“暴行”的小册子。如《共党阴谋及其对策》《河北省四十三县八路军暴行实录》《共党二年来在各地破坏抗战之非法行动纪实》等。依照国民党人在华北地区

---

[1] 《处理河北问题六项办法》（1939 年 4 月 10 日），台北中国国民党党史馆藏档，特 9/16—14。

[2] 《纠正共党不法行为宣传办法》（1939 年 5 月 17 日），台北中国国民党党史馆藏档，特 9/16—18。

[3] 《异党问题处理办法》（1939 年 12 月），转见中国人民解放军政治学院党史教研室编：《中共党史参考资料》，第 8 册，第 329 页。

[4] 《处理异党实施办法》（1939 年 11 月）；《陕甘两省防止异党活动联络办法》（1939 年 12 月），转见《中共党史参考资料》，第 8 册，第 330—332 页。

[5] 《沦陷区防范共党活动办法草案》（1939 年），转见《中共党史参考资料》，第 8 册，第 323—324 页。并见台北“国史馆”藏蒋中正档案，特交档案（四）第 50591 号；台北中国国民党党史馆藏档，特 9/16-13。

的调查，据说从1939年1月至1940年2月，八路军与国民党方面较大的冲突就有数十起，除晋西事变夺取山西新军以外，还有像1939年2月20前后歼灭史省三、周朝贵所属的河北保安第二、三旅；4月26日重创河北民军王子耀之第十五团；4月28日围歼张敬元之第十四团；6月21日重创河北民军第二军分区乔明礼部；8月中旬围歼河北民军第十一旅王志和部；同月并围歼第二战区第三游击师张诚德等部；10月消灭白志沂部；11月消灭山东保安第二中队；12月初消灭河北游击第三支队孙仲文部；1940年1月2日歼灭河北民军第七纵队赵侗所部；1月10日消灭胡安烈部；1月11日消灭夏维礼纵队之李本卿部和侯如墉部；1月12日消灭乔明礼部；1月22日消灭王学礼部和於珩部；2月9日至11日重创石友三部，并消灭孙良诚部一团，1月底至2月初全歼山西金宪章部，2月下旬消灭第九七军朱怀冰部，等等。自1938年12月下旬至1939年8月29日，张荫梧所部河北民军已先后被歼，张被迫只身离开河北。山东省自1939年9月至1940年1月亦先后有博兴保安八旅、鲁东第九梯队、招远保安第二十七旅，以及莱芜、东平、峄县及郓城等县的保安队被八路军所歼灭。按照上述资料的统计，说是这一年零星被消灭或打死的国民党人，仅有名有姓的士兵就有747人，连同军官和其他党政人员共有1026人。[1]

三、局部"剿共"与危机初起

国民党中央推动各地及各党政军机关拟具防共办法，不可避免地使本来就已经充满磨擦的国共紧张关系更趋白热化。自1939年春天起，先是在陕甘宁边区，然后是湖南平江，接着是河南确山竹沟，两党之间以往的磨擦和冲突严重升级。国民党人的防共措施明显地由一般性的查没报刊、封闭社团、逮捕人员，急剧地走到了大规模的军事冲突和武装驱逐对方军政

---

[1] 《共党二年来在各地破坏抗战之非法行动纪实》，1940年3月印行，第42—55页。

人员的地步，由此而造成的中共方面的人员伤亡明显增多。

但是，两党关系走到军事冲突的地步，一切政治的措施都势必会转化为两党军事力量的较量。在国民党占据军事优势的地区，国民党防共、限共的办法自然容易奏效，共产党方面难免要遭受损失。如在平江和确山，两地的新四军留守机关人数寥寥，受到国民党地方势力围攻，不免死伤惨重。[1] 在双方力量势均力敌的地区，对抗的结果却只能妥协解决。如在陕甘宁边区陇东方面的镇原和宁县，原本就是个双重政权的地区，国民党任命的镇原专员公署依照上级指令“自动恢复权力”，“绝对强硬不稍退让”，指使保安队“到处搜捕捣乱分子”，捕去八路军三八五旅工作人员六名，意图逼走八路军，结果引起三八五旅的报复。双方你捕我的人，我捕你的人，终于引发军事冲突，国民党镇原县长、专员及其保安大队均被赶出镇原县城。与此同时，邻近之宁县亦发生相同情况。毛泽东据此曾明确提出“采取强硬态度”，坚持镇原、宁县、庆阳等五县“全归边区管辖”，但国民党方面调来一六五师武装介入，形成军事对峙，最终双方也还是只能相互妥协，承认一切恢复原状了事。[2]

让国民党人深感到头疼的，还是共产党占据军事优势的地区。因为在这样的地区，推行防共限共政策的结果，就是国民党自己吃亏了。而对这种情况，国民党中央显然缺少足够的思想准备。在山西，阎锡山抗战初期为改造旧军队依靠共产党人的帮助组建了新军，不想新军建成却渐渐八路军化，阎自然早有夺回新军恢复权力的想法。随着国民党中央发出防共、限共文件，阎锡山一度试图以武力夺回其失去的对新军的控制权，结果引发晋西事变，新军在八路军秘密支持下，占据了晋西北，大部公开脱离了阎锡山的统辖，事实上成为八路军之一部。

---

[1] 据报平江新四军通讯处被坑杀六人；确山新四军第八团队留守处死伤上百人。

[2] 《中央书记处致恩来、博古、凯丰、必武电》（1939 年 5 月 3 日）、《陇东三八五旅制造之镇原宁县事件报告书》（1939 年 7 月）、《朱绍良报告陇东镇宁事件解决经过情形电》（1939 年 7 月 17 日），南京第二历史档案馆藏档，国民政府军令部战史会档案（廿五）11619；国民政府行政院档案（二）7121。

而在河北省，省主席鹿钟麟1938年9月到任后，即试图取消共产党人主导的冀中、冀南行政公署。经第一战区司令长官程潜批准后，鹿即通令撤销两行署，并另行任命各县县长。[1] 由于河北民政厅长张荫梧另有背景，也乘机自行任命，日伪也在拉锯区任命县长，这就使两行署范围内一个县一下子开始出现了两个甚至三四个不同背景的县政府，相互之间自然要发生激烈冲突。对此，八路军迅速做出强烈的反应。除组织民意代表向各方请愿外，并以武力压制鹿钟麟等任命的县政府。鹿随即也利用张荫梧、乔明礼的民军[2]，和受命陆续调入河北的国民党正规军石友三、朱怀冰、庞炳勋等各部，与八路军进行对抗，并要求八路军归还第二战区。[3] 然而，鹿统辖之下的这些部队，大多属于杂牌军性质，战斗力并不如八路军。为达到河北以为我主的目的，八路军经统一部署后，于1939年4月下旬起开始集中兵力，对国民党各部队实行各个击破。几个月连续作战，使国民党在河北的军队，不是惨遭歼灭，就是被赶出河北地界，少数走投无路者，则投靠日本人。而“为了照顾国共合作统一战线关系，说明消灭张荫梧这一仗是张荫梧挑起的”，当时参战的八路军吕正操部马上就用“第一战区游击第一支队”的名义，分别向蒋介石、第一战区、十八集团军总部、重庆东北救亡总会等发出通电，提出控诉，宣称张荫梧率河北民军向我攻击，并杀害我人员造成惨案，不得已乃出于抵抗。[4]

---

[1] 《第一战区司令长民程潜呈报处置中共冀南行政主任公署原则电》（1938年10月5日）、《河北省政府主席鹿钟麟呈报中共冀南行政主任公署已令行撤销电》（1938年11月11日），《中华民国重要史料初编》，第五编（二），第131—132页。

[2] 张荫梧兼河北民军总指挥，乔明礼为民军司令。

[3] 石友三部1938年由山东调入，朱怀冰等部则是因张荫梧要求“派遣党国正规军队如朱怀冰辈来冀，以壮声威而慰望”而调入。张断言：此间人等均视共党为寇仇，“倘朱部及职部民军配合，振臂一呼，如响斯应”。《河北民军总指挥张荫梧呈蒋委员长报告八路军在冀专横情形电》（1938年12月20日），《中华民国重要史料初编》，第五编（二），第251页。

[4] 一些史书中所记载的“深县惨案”，即由此而来。实际上，吕电称6月21日深夜12时半张荫梧率部包围我刘家庄驻军，并杀害四百余人，次日黄昏始撤围，恰与八路军发动围歼张荫梧部的时间重合。参见吕正操：《冀中回忆录》，解放军出版社1984年版，第109页；李达：《磨擦与反磨擦的斗争》，《近代史研究》1982年第2期。

其实，国民党的《防制异党活动办法》甫一下达，即为中共中央所侦悉。中共中央代表周恩来 1939 年 6 月 3 日即致函蒋介石称：近来各地磨擦日益加剧，“考其原因，地方幼稚，举动失常，固为肇事近因，但自国民党五中全会后，中央发有防制异党活动办法之通告，实予地方上以极大之刺激。因是，各地磨擦渐趋普遍，武装冲突者有之，中共党员被暗杀者有之，被捕者有之，被骂为汉奸者有之，其所出版之书报多被查禁，其所参加之团体多被封闭，其所来往之友朋多被怀疑，其所从事之工作多受限制。盖以为如是，可以防制共党之活动，可以缩小边区之范围。殊不知愈恃压力，愈不足以服人之心，愈难收预期之效果”[1]。

国民党人不了解的是，其限共方针出台之际，恰逢中共中央政策转变之时。1939 年 5 月底，共产国际鉴于斯大林有意改变对德政策，将战争祸水西引，开始要求各国共产党提防资产阶级政党及其政府翻脸。毛泽东因此在 6 月上旬的中共中央书记处会议上开始提出：要做国民党乃至蒋介石叛变的思想准备，为此要严密党的组织，每省准备一个到几个根据地，保存精干，准备一切都要自力更生，必要时打游击战争。[2] 不难看出，共产党人随后在山西、河北应付磨擦的强硬态度，明显地是其准备根据地的重要措施之一。当然，为了避免根本破裂两党关系，中共中央也采取了一些缓和的姿态。比如通过周恩来致函陈诚等，要求划定范围，以求根本解决陕甘宁边区等地的军事磨擦问题；发表致国民党书，呼吁合组两党或各党之共同委员会，商讨整个敌后党政军大计；在力量明显薄弱的地区，则与国

[1] 《周恩来致蒋委员长函》（1939 年 6 月 3 日），台北“国史馆”藏蒋中正档案，特交档案（四），第 50683 号。

[2] 《毛泽东关于形势和任务的报告》（1939 年 6 月 8 日）。国民党方面在内部通报中将这时周恩来与第三战区商定的妥协办法，片面概括为以下四点：（1）停止本战区内中共之一切非法行动，并切实禁止，以后不得再有发现非法行动之事实。（2）在本战区各部队、保安团、壮丁队等以及各级军政机关内，中共均不得有组织及派员秘密活动。（3）新四军之后方办事除经准予设立之通讯处，专事军事运输及联络外，应切实撤销其公开秘密之一切办事处、留守处、通讯处、联络员等，及类似名目，并禁止以后再利用新四军名义掩护共产党之活动，而制造违法事实。（4）撤销各种未核准之训练机关，以后不得再有类似事件。湖北省档案馆藏档，LS31/2/402/44。

民党人商定具体妥协办法，避免冲突等。[1] 对共产党人政策上的这种转变，国民党方面毫不知情，只是继续坚持强硬态度，毫不妥协。双方在政治上和军事上磨擦升级并形成对抗局面，几不可免。

1940 年年初，国民党高层干部上书蒋，明白提出："倭寇、汪逆、中共三者，已均为我之敌人"。"倭、汪为我绝对之敌，中共则横陈于敌我之间，其所处形势，比倭、汪尤难对付"。"假定中共势力继续膨胀，各地冲突继续发生，尤以中共活动范围漫无限制，我既不能消灭之，又不能调整运用之，徒加以不生效果之防止，即所谓以磨擦对磨擦，则久而久之，到处滋漫，对消我之抗战武力，扰乱我之社会秩序，动摇我之政治基础，不特为敌伪造机会，且将引起国际误会，而陷外交于僵局"。该函提议，鉴于当前局势，似应本各个击破之法，划清国共两军作战界线，即"将冀察战区给予中共，发表朱、彭为总副司令，而将黄河以南以及长江流域所有中共部队强制调赴北方，并示意只准向东四省发展，不准向南进出，在黄河以南尤其是长江流域，任何地方不容丝毫客气，雷厉风行，禁绝并剿灭中共一切活动分子，确保国民党之统制态势，则情势转变，可望发生如下之效果"："免去中共部队与国军杂处之状态，并坚固自己阵容"；"使中共转向其锋，与倭寇及伪组织直接冲突"；"肃清华中华南之中共势力"；"抗战胜利后，我可根据华北人民之请求，单独处置中共，并可乘东四省之极度骚乱，相机收复全部失地"。据此，他们提出：目前应"先成立一肃清黄河以南中共势力之计划案（此计划案须绝对硬性并以强力实施）"。以八路军及新四军完全调赴该战区为条件，发表朱彭为冀察战区总副司令和冀察两省省府主席，"其不服调动者，即认为贼匪，一律剿灭之"。[2]

进入 1940 年以来，国共两党明显地进入到针锋相对的时期。中共中央通过将近一年的"反磨擦"斗争，取得了空前的成就，其通报说："晋西北

[1] 《周恩来致陈诚函并陈诚签注》（1939 年 6 月 7 日），台北"国史馆"藏蒋中正档案，特交档案（四）第 50684 号；《中国共产党致国民党书》（1939 年 7 月 7 日），《解放日报》1939 年 7 月 7 日第一版。

[2] 台北"国史馆"藏蒋中正档案，特交档案（四）第 50643 号。

顽固势力已全部肃清，（河北）石、高已溃败，残部退山东之菏泽，朱怀冰一个师大部被消灭，鹿、朱退（河南）辉县”，“在华北特别在汾离公路、白屯公路、长治、磁县、大名之线以北，我们已占绝对优势，山东境内我顽两方尚在对峙中，惟我有政权之县份已达四十县”。[1] 因此，中共中央更加雄心勃勃地制定了新的发展目标，要“将整个华北直至皖南江南打成一片，化为民主的抗日根据地，置于共产党进步势力管理之下，同时极大发展鄂中与鄂东，以便与全国工作相配合”。且要力争在最短的时间里能够达到扩军百万的目标。[2]

共产党不断扩大根据地，且决心继续扩军的态势，自然愈加引起国民党人的严重不安。国民党内强硬主张用军事手段恢复权力者自然也日渐其多。晋西事变后，第二战区于1940年年初迅速拟订报复计划，准备在两三个月之内调集五个军，并配合中央军三个军，向晋东南、晋西北的八路军“同时发动攻势作战”。[3] 军人如此，无职无权，被人称为“好好先生”的叶楚伧这时也上书蒋，主张“默许各机关战区及沦陷区之国军采取任何方法肃清其内部之不良分子”，并力主“各战区之国军于暗中划一地境线，不许第十八集团军部队自由越境，若不服制止，即将其越境部队剿灭之”。[4] 军令部长徐永昌则暗自盘算曰：“余初亦思及今后，因此对削抗倭力量或竟演变至更窘地步。继思共党之欲断送中国，较汉奸为甚，其背景亦较倭寇为险。欲免其祸，迟早必出于一战。”再迟恐更不利也。[5]

鉴于党内要求军事反共的呼声日高，蒋介石显然也跃跃欲试。他在日记中甚至相信，由于日军攻势已停，自己已经具备了“抗倭剿共，尽可双管齐下”的实力。当然，他了解，对共产党在这个时候还“不宜全般破裂”，

[1] 《中央书记处致中共中原局电》（1940年3月14日）。
[2] 《中央及中央军委关于目前形势和任务的指示》（1940年2月10日）。
[3] 台北国史馆藏蒋中正档案，特交档案（四）第50573号。
[4] 《事略稿本》，1940年2月1日条，台北“国史馆”藏蒋中正档案。
[5] 《徐永昌日记》，第五册，台北中研院近史所，1991年，第477页。

只宜“先取守势”和“局部斗争”。[1] 因此，蒋不同意展开大规模的“剿共”战争，而是倾向于各个击破的战法。考虑到华北八路军已经占据相当优势地位，国民党在敌后难有作为，蒋这时最关心的其实还是华中地区。他对中共军队进入山东，并开始向华中敌后转进的情况高度警觉。得知新四军有化整为零，“迅速完成各地游击根据地，江北以潜山青苔关一带，豫鲁皖边区以永城夏邑一带，江南以茅山并以一部相机占领天目山以为浙西之根据地”的计划，即严令下属：对“第三战区内之新四军以及其他共党之行动，应严密注意防范，如其有越规行动，应不稍留情，从严制裁”。[2] 而对军令部拟具《关于肃清淮河流域及陇海路以南异党军队的指导方案》，他只是不同意调动李品仙、韩德勤各集团之一部进出于淮南路以东及洪泽湖以南地区，以李仙洲军（附骑兵一师）与韩德勤之一部进出于淮河以北地区，将该地区内之中共军队压迫于大江以南或相机剿灭之的做法，称“此用［种］正式作战，用大规模进剿办法，必难奏效，应以政治工作为主，再配属正规军特种训练多数之小部队……如此进剿方能有效也”。[3] 蒋介石的意见是稳扎稳打，各个击破，力求局部剿肃成功。因此，他要求第三战区逼迫新四军江北部队退回江南，密令李品仙、韩德勤等选编精干部队肃清淮南路两侧及蒙（城）、涡（阳）、宿（县）、永（城）各附近地区之中共军队及其各级组织，尔后相机迅速进出于洪泽湖南北附近地区，协力将中共军队压迫于大江以南，或一举剿灭之。[4]

1940 年 5 月以后，国民党高层就如何根本解决国共磨擦冲突问题逐渐达成共识，划界谈判的工作开始提上日程。按照国民党方面拟订的方案，

[1] 《困勉记》，1940 年 1 月 5、27 日条，台北“国史馆”藏蒋中正档案；《对某党应取态度之原则》（1940 年 2 月 1 日），台北中国国民党党史馆馆藏档案，特 9/16—15。

[2] 《顾祝同致重庆军委会委员长蒋密电》（1940 年 2 月 16 日）、《蒋中正致顾长官祝同电》（1940 年 2 月 27 日），台北“国史馆”藏蒋中正档案，特交档案第 29015110、29061163 号。

[3] 《关于肃清淮河流域及陇海路以南异党军队的指导方案》（1940 年 3 月 22 日），南京第二历史档案馆藏档，国民政府军令部战史会档案（廿五）979（7）。

[4] 《蒋介石致李品仙电》（1940 年 3 月 28 日）、《蒋介石致韩德勤电》（1940 年 3 月 28 日），南京第二历史档案馆藏档，国民政府军令部战史会档案（廿五）2357。

八路军和新四军应“全部开入旧黄河河道以北（指自山西介休、平遥、太谷、长治，河北邯郸、馆陶，到山东齐河以北）之冀察两省和晋东北及冀鲁交界地区”。[1] 7月16日，经蒋批准后，国民党谈判代表正式拟就《中央提示案》，并于21日送达中共谈判代表周恩来手中。

中共中央并不反对军事划界的办法，但却无法接受冀察两省的狭小区域，提出必须以华北五省为八路军和新四军的作战区域。[2] 蒋介石对此根本拒绝，甚至周恩来提出只增加山东及绥远之一部为中共战区范围，各地游击部队仍留原地作战的建议，蒋亦毫无通融的余地。他声称：“如果八路军、新四军不能开至黄河北岸，则一切问题都不能解决。”[3]

在国民党人看来，“共党三年来由三万扩大到五十万，再一两年定不止一百万，那时还有国民党活路？”特别是随着共产党1940年在华中地区的兵力不断增加，10月间，苏北最主要的国民党军桂系韩德勤部竟在黄桥镇被陈毅的新四军一举击溃，华中国共两党军事优劣的对比明显易手，这不能不使蒋介石和多数国民党将领更加坐卧不安了。

这里所说的华中地区，主要是指日本占领下的江苏和安徽两省区。因为该两省区不仅位于中国最心脏地区，而且京沪铁路、京杭国道、江南铁路（京宣线）和长江航道，纵横交错，因此一直以来就被国民党视为最关键的地区。此前，虽然中共领导下的新四军，因改编自南方游击队，仅四个支队，一万人左右，故得以留在此一地区，受第三、五两个战区统辖，并曾经得以在江苏南京、武进、常熟、无锡、金坛一带，安徽芜湖、宣城、青阳一带，和桐城、无为、舒城一带进行游击，军部驻皖南云岭地区。进入1939年，国民党人已经开始意识到新四军扩张的威胁，很快派出游击部队进入苏南地区，并明令新四军第一、二支队退出武进、江阴等铁路以东的苏南地区。1939年5月以后，第三战区更开始贯彻防共办法，不仅秘密成立“防制异

[1] 南京第二历史档案馆藏档，国民政府军令部战史会档案（廿五）973。

[2] 见《中国共产党复案》，1940年8月。

[3] 《周恩来致中央书记处电》（1940年8月28日）。

党活动委员会”，并秘密颁布《防制新四军活动办法》，规定“将新四军区域内及其附近之一切已编未编之游击队，设法诱开，调至后方整编”；将与新四军接壤的各县“暗中划为特别工作区”，“遴选本党忠实精干同志”分别担任县长、乡长、镇长、军训教官。[1] 鉴于苏南地区国民党军队已经站稳脚跟，故第三战区第二游击区 1940 年 3 月 5 日下令苏南新四军必须退至溧（水）武（进）公路以北，长江以南，高资、东昌街、行香镇、上马场之线以西。[2] 由于第三战区规定的地区地形不利于游击作战，又紧靠南京，终日受日军扫荡，实难生存，故陈毅遂率领苏南新四军主力，不顾第三战区的命令，于 7 月 8 日渡过长江，进入了苏北地区。

苏北此前已有一支新四军第六团以“江南人民抗日义勇军”（简称“江抗”）的名义，在日占的扬州、泰州、泰兴三点之间的吴家桥、大桥一带活动。因“江抗”未进入国民党军所控制的地区，双方一度相安无事。但在 5 月中旬，因日军扫荡吴家桥地区，“江抗”被迫退入国民党军防区，遂引起国共两军的冲突。叶飞领导的这支部队成功地在郭村击退了国民党李明扬部的进攻，进而又发起反攻，进占塘头，一直打到李明扬老巢泰州城下。蒋介石这时正在考虑军事划界，即全盘解决与中共之间的冲突问题，故他对李明扬的求援电回复说：“对十八集团军及新四军，中央正谋整个之调整，为避免冲突，目前应暂缓实施（增援）”，劝李“静候解决为要”。据此李明扬被迫承认叶飞部所占的地盘。

叶飞部在苏北的胜利显然极大地鼓舞了正在为第一支队难以在苏南立足而头疼的陈毅，使他看到苏北才有最好的发展条件。因此，陈毅部不仅以主力渡江，而且很快就东进黄桥，在泰兴、靖江、南通、如皋之间建立起新的根据地，决心与苏北的国民党军一较高下。对此，江苏省党部深为

[1] 《防制新四军活动办法》（1939 年），安徽省档案馆编：《皖南事变文电选编（国民党部分）》，1985 年内部版，第 1—2 页。

[2] 《冷欣致新四军电》（1940 年 3 月 5 日），转见张衡：《新四军江南指挥部成立及其组成》，江苏省史学会编：《抗日战争史探索》，上海社会科学院出版社 1988 年版，第 43 页。

惶恐，电称：“本省异党活动日趋激烈。现运河以西地区，我军已不能立足，淮河以北各县，无不遭受甲、乙两军之压迫，盘踞江都、吴家桥等处之新四军，近来节节向泰州及樊川侵犯，上月俭日经鲁苏皖边游击总指挥部第四纵队陈司令中柱及驻樊保安第三旅旅长张星炳两同志率部猛予打击，激战九日，稍戢凶焰，刻仍相持于泰州近郊。异党阴谋企图于本年完成苏北抗日民主根据地。我方部队，多数缺乏消灭共党之诚意，士兵训练，亦感不足，一经临阵，往往被其麻醉，（失）却战斗情绪，而指挥不统一，意志不集中，尤为养成异党坐大之主因。苟不及早图谋对策，则苏北武装部队十万人，不消灭于敌寇之手，将为异党各个击破无余矣。”[1]

苏北敌后，是江苏省主席韩德勤的防地，他当然不会听任新四军前来夺取。8 月下旬，他一面下令所部准备从 9 月 2 日起向黄桥地区攻击前进，一面请求鲁苏战区司令长官于学忠从山东派霍守义部南下增援。[2] 尽管于学忠婉拒增援请求，韩德勤仍旧下定决心要将陈毅部赶走。而陈毅这时也信心十足地准备迎战韩德勤，他一面电告中共中央，建议八路军部队“迅速南进，主力在省韩未攻我前先行占领盐城之线”，一面建议新四军在皖东的第五支队占领平桥、宝应之线，准备“一举解决苏北问题”。[3]

韩德勤于 9 月 3 日发起最初的进攻之前，即电告蒋介石称：“中共确有于最短期间由南北两路攻取盐（城）、兴（化）、东（台）、泰（兴），利用苏北资源，以作赤化苏鲁皖豫，反抗中央之根据地（的企图），极为明显”，惟苏北“基干部队有限，不敷分配，且弹药缺乏，独立支持，实无把握，拟恳钧座迅派大军增援，并携大批弹药，以挽危局”。[4] 果然，韩部初一行动，就遭败绩，以至蒋介石亦不能不考虑增援问题。他于 9 月 10 日分电安

[1] 《朱家骅关于苏北新四军活动等情密函》（1940 年 8 月 28 日），中国第二历史档案馆编：《中华民国史档案资料汇编》，第五辑第二编政治（二），江苏古籍出版社 1998 年版，第 359 页。

[2] 《江苏省政府主席韩德勤呈蒋委员长报告已派八十九军政治部主任李云霈飞渝晋谒恳赐训示电》（1940 年 10 月 1 日），《中华民国重要史料初编》，第五编（二），第 426—427 页。

[3] 转见《陈毅年谱》（上），人民出版社 1996 年版，第 294 页。

[4] 《韩德勤密电》（1940 年 9 月 2 日），《中华民国史档案资料汇编》，第五辑第二编政治（二），第 361 页。

徽省主席李品仙和山东省主席于学忠，要求他们按照军令部的方案支援苏北。但是，无论是李品仙，还是于学忠，这时自顾都不暇，哪还有可能把部队派到苏北去？韩德勤等到 9 月底不见动静，终于忍无可忍，电告蒋“无论环境如何恶劣”，“决率基本部队为主义为国家奋斗到底”。之后于 30 日下达了总攻击令。结果亦可想而知。韩所部独立第六旅惨遭全歼，其看家的第八十九军军部被歼，军长李守维坠河溺死，总共 1.1 万人被消灭。陈毅部迅速占领海安、东台。而南下增援的八路军黄克诚部，也突破韩德勤部的防线，连克东沟、益林、阜宁等地，并于 10 月 10 日攻下盐城，进而与新四军会师于东台。眼看国民党在苏北敌后经营多年的根据地，就此即将像河北一样易手于共产党了。

面对新四军在苏北的大举进攻，蒋介石初时尚能克制。其原因在于，苏北冲突全面展开之际，正好是国民党中央计划整个调整对八路军和新四军的限制方案之时。在此之前，国民党人对新四军在华中地区遍地开花式的发展，兵力增长十倍以上，已经深为恐慌。[1] 蒋介石于 3 月 25 日曾电令新四军军长叶挺，“将江北部队全数移至江南服行作战任务，不得故意延宕”。有意将新四军全部集中到皖南泾县新四军军部附近地区，以避免中共在华中重演夺占华北敌后的一幕。为此，蒋介石甚至批复了军令部起草的《剿灭淮河流域及陇海路东段以南附近地区非法活动之异党指导方案》。[2] 但由于此后日军分路进攻皖南，进占南陵，并向青阳、太平等皖南腹地推进，蒋的这一计划一时无法执行。很快，在一些国民党要人的建议下，蒋介石和军令部根本改变了原来的方案，决定八路军新四军全部调赴旧黄河以北，集中到冀察两省区去。而为顺利实现这一计划，蒋并不希望双方在苏北大打出手。因此，即使发生了黄桥战役，韩德勤部遭到惨败，包括得知八路军北上苏北，蒋也还是没有实施报复作战的意图。

[1] 这时新四军已经发展到六个支队，外加数支游击纵队，广布于苏南、苏北、皖南、皖中、皖东、豫鄂边、豫皖苏边、豫东等广大地区，兵力已发展到十万人以上。

[2] 转见刘岳化、尤亮：《从国民党文电看皖南事变真相》，《近代史研究》1990 年第 4 期。

10月19日，依据《中央提示案》，并参酌苏北的形势，参谋总长何应钦及副总长白崇禧联名致电第十八集团军朱总司令、彭副总司令与新四军军长叶挺，指责八路军新四军：(一) 不守战区范围，自由出动；(二) 不遵编制，各部自由扩充；(三) 不服从中央命令，破坏行政系统；(四) 不打日人，专事军事吞并。故决予纠正外，命令第十八集团军及新四军之各部队，“限于电到一个月内，全部开到中央提示案第三问题所规定之本地境内，并对本问题所示其它各项规定，切实遵行”。[1] 为配合这一最后通牒式的通告，国民党这时停发了八路军和新四军的军饷，军令部并且秘密拟具了《剿灭黄河以南匪军作战计划》，于11月14日上报蒋介石批准。

中共中央对蒋介石和重庆高层的动向，这时也并不清楚。毛泽东虽然力主由周恩来出面与蒋取得妥协，不希望苏北再战，但是，由于这时于学忠派出的增援部队霍守义部已逼近黄克诚部所占据的益林、东沟一线，苏北方面力主先发制人，以免受到两面夹击。经过反复考虑，特别是有消息称胡宗南部集中了四个师准备向关中八路军占据的囊形地带地区进攻，毛泽东最终批准刘少奇等人的意见，只是强调不打东北军霍守义部，不打兴化，并限电到5日内准备攻击。[2]

11月26日，刘少奇和陈毅发出攻击的命令，以消灭韩德勤主力为目标的苏北曹甸战役就此打响。然而，这次作战并没有达到预期目的，而且还极大地刺激了蒋介石和国民党。

---

[1] 《何应钦、白崇禧致朱彭总副司令、叶挺军长电》(1940年10月19日),《中华民国重要史料初编》，第五编（二），第504—506页。

[2] 转见中国新四军和华中抗日根据是研究会:《新四军的组建与发展》，军事科学出版社2001年版，第233页。

1937年国共两党谈判达成妥协，中共宣布“四项保证”，接受改制改编。图为毛泽东（中坐者）、朱德（左一）在欢迎中央考察团的大会上与中央考察团团长涂思宗（右二）在一起

1937年8月卢沟桥事变后，周恩来（左一）、朱德（右一）、叶剑英（左二）在南京参加最高国防会议后，与国民党代表张冲（左三）、邵华（左四）合影

中華軍委會命令

一九三七年八月廿五號：

南京已經開始對日抗戰國共兩黨合作初步成功為着實現共產黨中央與國民黨三中全會紅軍改名之保証使紅軍成為抗日民族戰爭的模範創造一抗戰成為全民族的抗日革命戰爭以爭取最後的澈底勝利特依據與國民黨及南京政治談判結果宣佈紅軍改名為國民革命軍第八路軍着將：

前總指揮部改為第八路總指揮部以朱德為總指揮彭德懷為副總指揮葉劍英為參謀長左權為副參謀長。總政治部改為第八路政治部以任弼時為主任鄧小平為副主任。

第一軍團十五軍團及七十四師合編為陸軍第一一五師以林彪為該師師長聶榮臻為副師長周昆為參謀長羅榮桓為該師政訓處主任蕭華為副主任。

二方面軍二十七軍二十八軍獨立第一第二兩師及赤水警衛營總直之一部等部合編為陸軍第一百二十師以賀龍為師長蕭克為副師長周士第為參謀長關向應為政訓處主任甘泗淇為副主任。

四方面軍二十九軍三十軍陝甘寧獨立第一二三團等部改編為陸軍第一百二十九師以劉伯承為師長徐向前為副師長倪志亮為參謀長張浩為政訓處主任宋任窮為副主任。

以上各部改編後人員委任照前總命令行之各部改編為國民革命軍後須加強黨的領導保持和發揚十年鬥爭的光榮傳統堅決執行黨中央與軍委會的命令保証紅軍在改編後成為共產黨的黨軍為黨的政策及戰略而奮鬥爭完成中國革命之偉大使命。

中央革命軍事委員會

主　席　毛澤東

副主席　朱　德

　　　　周恩來

1937年8月25日，中共中央革命军事委员会发布红军改编为国民革命军八路军的命令

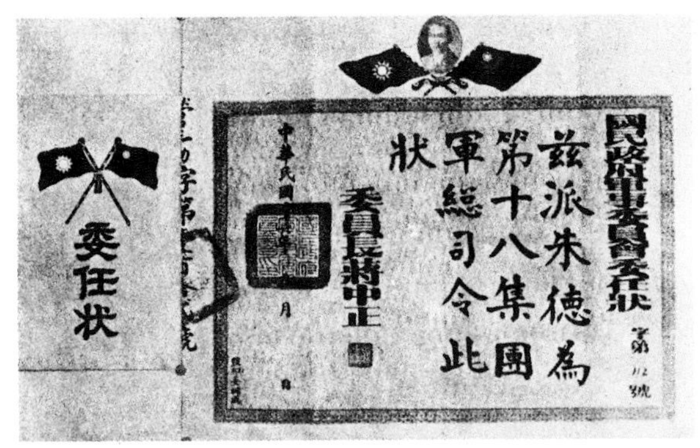

委任狀

國民政府軍事委員會委任狀

字第　號

茲派朱德為第十八集團軍總司令此狀

委員長蔣中正

中華民國　年　月　日

委任狀

國民政府軍事委員會委任狀

字第　號

茲派彭德懷為第十八集團軍副總司令此狀

委員長蔣中正

中華民國　年　月　日

蒋介石以国民政府军事委员会委员长的资格，任命朱德、彭德怀为第十八集团军总副司令的委任状

1937年8月，红军主力改编为国民革命军第八路军后，在延安举行抗日誓师大会

1937年12月，国民党同意中共南方各游击队统一改编为国民革命军新编第四军，以叶挺为军长。图为中共军委副主席周恩来前往设在皖南泾县的新四军军部，与新四军领导人叶挺、陈毅、粟裕等合影

1937年11月底，王明率驻中共中央共产国际代表团成员乘苏联飞机回到延安，参加中共中央的领导工作。图为12月中共中央政治局会议与会者的合影。左起，前排：项英、何凯丰、王明、陈云、刘少奇；后排：康生、彭德怀、张闻天、张国焘、林伯渠、秦邦宪、周恩来、毛泽东

1938年7月6日，国民政府为广集民意，正式成立国民参政会。图为国民参政会第一次大会开幕时与会代表合影

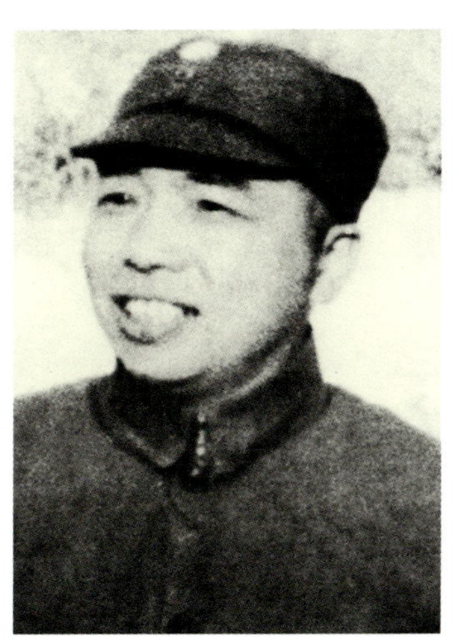

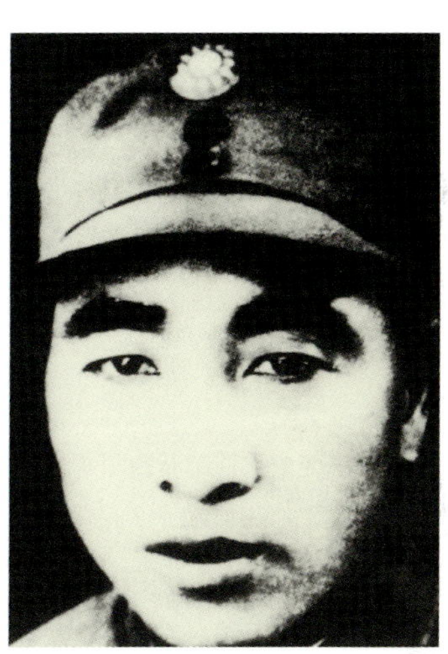

图为抗战开始后中共中央主要军事领导人：军委主席毛泽东、军委副主席周恩来、第八路军总司令朱德、第八路军副总司令彭德怀、第八路军参谋长兼第一二九师师长刘伯承、第八路军一一五师师长林彪、第八路军一二〇师师长贺龙、新四军军长叶挺

1941年1月从安徽泾县云岭在向苏北迂回转移中被国民党军队歼灭于茂林地区的新四军军部人员共有七千人左右

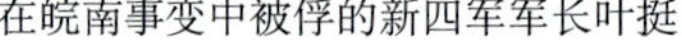

在皖南事变中被俘的新四军军长叶挺

因皖南事变被警卫员所害的新四军政委、副军长项英

负责指挥歼灭新四军军部军事行动的第三战区司令长官顾祝同

1941年1月，周恩来为抗议国民党发动皖南事变，发表在《新华日报》上的题词

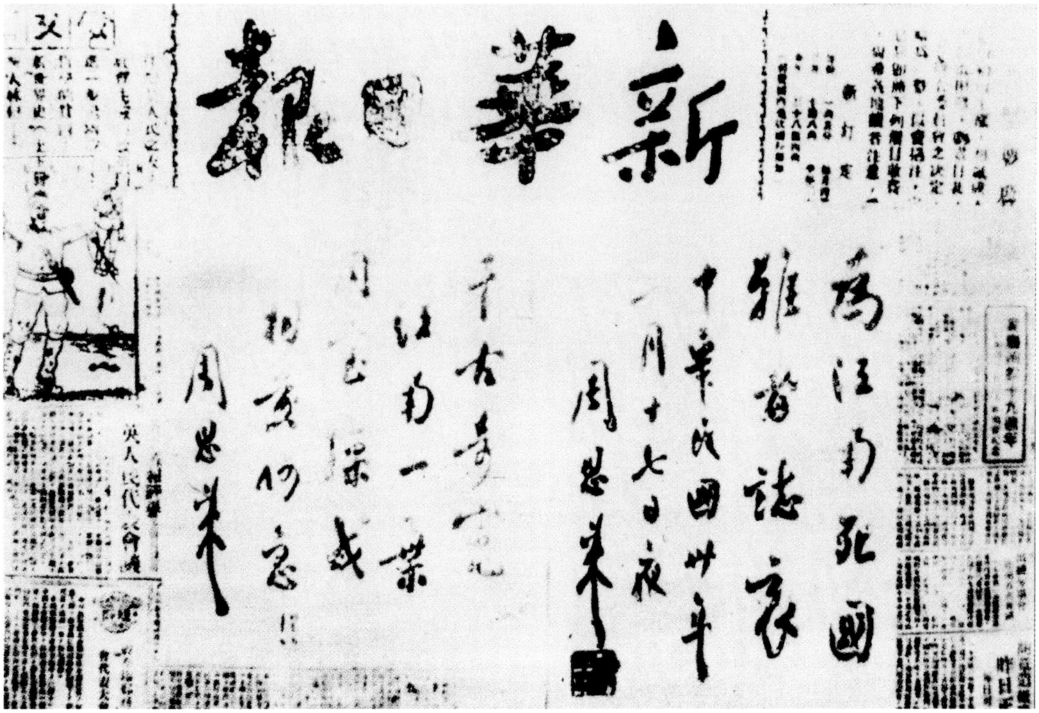

新華日報

爲江南死國
難者誌哀
中華民國卅年
一月十七日夜
周恩來

千古奇冤
江南一葉
同室操戈
相煎何急
周恩來

1941年皖南事变发生后，晋察冀边区军民为抗议国民党发动反共高潮举行游行示威

1941年1月20日毛泽东为中革委起草的重建新四军军部的命令

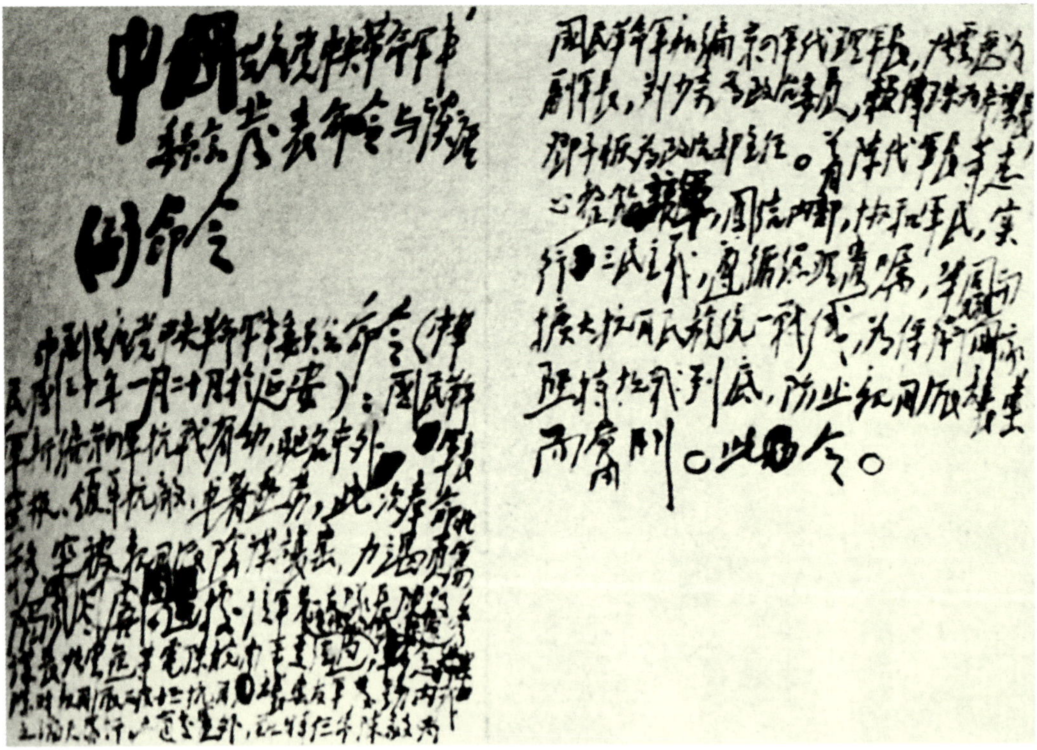

第十章

皖南事变及其善后

抗战期间国共两党关系发生重大变化，从皖南事变开始。在此之前，两党纵有磨擦冲突，仍属局部问题；在此之后，双方剑拔弩张之程度，离全面破裂以至发生大规模内战，实仅一步之遥。事变最后虽然不了了之，但双方关系已经难以修复。一方面，蒋介石下令解散新四军，而共产党则我行我素，继续高扬新四军旗号，充分显示八路军、新四军已经彻底脱离了国民政府的指挥系统；一方面国民政府不再为陕甘宁边区政府和八路军、新四军提供经费，促使共产党另立银行、发行边币，自行收税，再不与重庆发生请示、汇报关系，更是在政治上全然脱离国民政府的统辖。皖南事变之影响到战争后期，乃至于战后两党关系的走向，由此不难想象。

一、苏北冲突与军事解决方案的出笼

国民党内以武力清除黄河以南八路军、新四军的主张开始占据支配地位，是在 1940 年秋国共两党关于划界问题的谈判陷入僵局之后。10 月 19 日，参谋总长何应钦及副总长白崇禧联名向中共发出最后通牒，限期一月，要求黄河以北的八路军（即第十八集团军）和新四军全部按照 7 月 16 日《中央提示案》的规定，开赴旧黄河以北。八路军总司令朱德等 11 月 9 日发出佳电，只同意将长江以南之新四军部队移到江北。[1] 军令部随即迅速在何应钦、白崇禧示意下拟呈《剿灭黄河以南匪军作战计划》，于 11 月 14 日上报蒋介石，要求批准执行。

蒋介石这时的基本目的，只是要把八路军和新四军驱赶到旧黄河以北的冀察两省去，限制共产党军事和组织的扩张与发展。采取军事手段根本解决问题，并非是蒋介石这时想要达到的目的。在此之前，国共双方军事上虽有相当多的磨擦与冲突，但都仅限于局部，其影响两党关系比较有限。

[1] 《何应钦、白崇禧致朱彭总副司令叶挺军长皓电》（1940 年 10 月 19 日）、《朱、彭、叶、项复何应钦、白崇禧佳电》，中央档案馆编：《皖南事变（资料选辑）》，中共中央党校出版社 1982 年版，第 83—98 页。

《剿灭黄河以南匪军作战计划》要用武力解决遍及黄河以南的河南、山东、安徽、江苏和浙江几省交界地区的八路军和新四军，等于发动大规模的“剿共”战争，这不仅有碍抗战，而且在国、共、日三方交错牵制的情况下，亦未必能够达到目的。这也是为什么后来蒋再三叮嘱准备实施此一计划的部队，一定要“以游击战要领，避难就易，避实就虚”地进行作战，万勿因指挥失误而影响大局的原因。[1] 故军令部呈文最初到后，蒋一直拖着不签。

而这个时候，中共方面也正在为皖南新四军军部北移问题伤脑筋。这是因为，新四军北渡，通常只有两条路线好走，第一条路线直接由泾县向北，于铜官和繁昌间北渡长江去皖东，是为北线。但此线有两大障碍，一是沿江为日军控制，江面亦时有日军舰艇巡逻，上万人的部队要想不被日军发现，顺利渡江，几乎没有可能；二是江北为桂系所控制，而江北皖东地区又恰为新四军第四支队活动区域，备受桂系军队的重视，正集中部队加以“清剿”，对江南部队北渡无疑会极力阻击。第二条路线是由泾县往东，经苏南转经浪溪、溧阳、金坛、武进渡江，去苏北，是为东线。此线因经过苏南新四军活动区域，而且渡江后即进入新四军苏北黄桥根据地，较为安全，惟泾县以东，特别是宣城至郎溪一带为第三战区国民党部队驻地，有两师兵力之多，要走此线必须得到第三战区的同意。显然，从 11 月正式提出北迁问题开始，新四军军部就相信，最理想的方案就是走东线。这一方案最初也征得了第三战区的同意，当月皖南新四军军部就派出北移先遣队 1700 人，经过国民党军五十二师和一〇八师驻地，由苏南实现了北渡。

但是，第三战区允许皖南新四军从苏南北渡苏北，并非想要两支新四军合为一股，而是要新四军进一步再从苏北向北移过旧黄河河道，去冀察战区。此前 10 月间新四军江北陈毅部对韩德勤部发动的黄桥战役，重创了国民党坚持苏北敌后的主力，已经极大地刺激了国民党军事高层领导人。只因蒋

[1] 国民政府军令部战史会档案（廿五），979（7），(3) 52；《蒋中正致李长官电》（1941 年 1 月 6 日），《皖南事变资料选》，上海人民出版社 1983 年版，第 121—122 页。

寄希望于江北新四军仍能遵命限期北上，故对黄桥战役没有公开做出反应，且未禁止皖南新四军继续走东线。然而，曹甸战役的爆发，使情况发生了重要的改变。

曹甸战役的发起，是因为霍守义师从山东进至苏北沭阳地区，直接威胁到进至淮阴、涟水以北的黄克诚部。为避免黄部受到以兴化为省府的韩德勤部和霍守义部的夹击，刘少奇等人决心要夺取兴化与淮安之间的“宝应、射阳镇以北之曹甸、车桥、平桥一带韩部据点，控制淮安、宝应段之运河，得手后相机南攻兴化、沙河，彻底解决韩部”，使黄桥根据地北扩至射阳湖以西与运河之间，“集中全力在皖东决战后再相机向西大发展”。[1] 此一计划虽经毛泽东反对，决定保留兴化、高邮不打，但其到底直接威胁到兴化，会阻断了苏北国民党军与皖东、鲁南国民党军之间的联系，因此不能不激起国民党人的强烈反应。

11月29日，曹甸战役打响。次日，毛泽东复电对此忧心忡忡的叶挺、项英：“苏北动作不碍大局，只在淮安、宝应间打一缺口，以便隔断韩、霍，打通苏皖，顾、韩会要叫几声的，你们敷衍一下就完了。”“日蒋决裂，日汪拉拢，大局从此有转机，蒋对我更加无办法，你们北移又让他一步，以大势判断，蒋、顾是不会为难你们的，现在开始分批北移，十二月底移完不算太迟。”[2] 没想到，三天后，军令部就做出激烈反应，要求命汤恩伯部迅速东进增援。而军政部长何应钦则进一步批示称：“可令汤恩伯东进，但仍恐缓不济急。故对在江南之 N4A（新四军——引者）不准由镇江北渡，只准由江南原地北渡。或另予规定路线，以免该部直接参加对韩德勤部之攻击。若江北异军竟敢

[1] 转见《陈毅年谱》（上），第 318—319 页。

[2] 《毛泽东、朱德关于同意皖南新四军行动布置致叶挺、项英电》(1940 年 11 月 30 日)，《皖南事变(资料选辑)》，第 105 页。

攻击兴化，则第三战区应将江南新四军立予解决。”[1]

参考何应钦的意见，军令部长徐永昌 12 月 4 日拟就正式呈文报蒋称：“二十九日淮安、宝应、临泽之敌与保 7B 及 33D 等部激战，有犯兴化企图。三十日东台匪伪三团向我保 6B 猛犯，盐城匪伪五千余向兴化北 89A 徐旅进攻，另一部与我保 3B、10B 激战中；我各部伤亡甚大，弹药消耗殆尽。查敌匪东西策应，相互夹击，断难维持。”韩德勤“拟令 89A 主力 112D 霍守义师、李明扬、陈泰运各部分向盐城、海安出击，作死中求生之计。务恳速派大军增援，派机送款、弹，以挽危局等情”。军令部意见：“1. 拟令汤恩伯即日率部东进，并请将前次签呈之剿灭匪伪计划早次（日）核准办令。2. 汤部东进仍恐缓不济急，故对江南之 N4A 拟不准其由镇江北渡，只准由江南原地北渡，或由顾长官另予规定路线，以免该部直接参加对韩德勤部之攻击。3. 若江北匪伪竟敢攻击兴化，则第三战区应立即将江南 N4A 予以解决。4. 派机送款接济一项已令军政部速办。”对此，蒋当即批复照办。[2]

曹甸战役并没有达到消灭韩德勤主力的目标，新四军反因伤亡甚大，被迫撤出战斗。[3] 但受到此一作战影响最大的，则是江南新四军军部。因为北移路线只剩下北线可走，从而极大地增加了新四军北移的难度。新四军政委项英得到此一消息即深感不妙，电告延安称：“近顾忽令我军改道，而桂李在江北之军事布置，皖南顽军之暗中调动，对我包围、阻我交通，并故意对弹药遣散费之推诿，如此情形，是否彼等有意阻难我们，而便于进攻江北，然后可再借口对付皖南？”在他看来，原地北渡，鲜有可能。因“李品仙在江北布防堵截，皖南顽军复暗中包围，阻我交通，南岸须通过敌人

[1] 《何应钦关于解决江南新四军的亲笔函件》（1940 年 12 月 3 日），《中华民国史档案资料汇编》，第五辑第二编政治（2），第 416、426 页。注：关于新四军北渡改线的意见，是何应钦批示在前，还是徐永昌呈签在前，颇难判断。因《汇编》中仅何相同批示即有两件，一为 12 月 3 日，一为 12 月 4 日，4 日者有徐永昌呈文，3 日者无呈文。

[2] 《徐永昌关于规定北移路线及解决江南新四军致蒋介石签呈》（1940 年 12 月 4 日），《皖南事变资料选》，第 111 页。

[3] 参见《韩德勤关于进攻苏北新四军八路军溃败情形密电》（1940 年 12 月 2—22 日），《中华民国史档案资料汇编》，第五辑第二编政治（2），第 408—415 页。

封锁线，江中须避敌艇袭击，非假以时日分批北渡则不能渡，（届时）势将进返两难”。[1]

毛泽东并非不知道皖南新四军北移困难重重，但他根据各种情报，相信继续留在皖南，部队的危险更大。因此，从 12 月初起，他就坚决主张部队要迅速北移，并力主兵分两路，即由铜、繁间北渡的同时，争取分兵经苏南渡江。毛虽再三催促，项英等身处险境，左右为难，始终担心部队受损，对北移路线拿捏不定。

事到如此，国民党方面也开始加紧“剿共”军事部署。12 月 7 日，蒋介石正式批准军令部报批的《剿灭黄河以南匪军作战计划》。但他仍旧表示：“此部署与计划可照办”，惟须“暂缓下令”，“待本月下旬再定实施时间”。[2] 8 日，何应钦、白崇禧致朱、彭、叶、项电，重申前令。蒋介石则于 9 日亲下手令，要求八路军和新四军务必在 12 月底和明年 1 月底分别移至黄河以北，而新四军皖南部队则必须在 12 月底以前先开到长江以北。[3] 次日，蒋更进一步明令顾祝同：“（一）查苏北匪伪不断进攻韩部，为使该军江南部队不致直接参加对韩部之攻击，应不准其由镇江北渡，只准其由江南原地北渡，或由该长官另予路线亦可。（二）该战区对江南匪部应按照前定计划，妥为部署并准备，如发现江北匪伪竟敢进攻兴化，或至限期（十二月卅一日）该军仍不遵命北渡，应立即将其解决，勿再宽容。”[4]

由于蒋介石的手令具体规定了八路军和新四军最后北移的时间表，军令部部长徐永昌第二天就以“现已届十二月中旬，如迟不下达，恐各部队准备不及”为由，再度呈送《剿灭黄河以南匪军作战计划》要求批准。[5] 与

[1] 《皖南事变资料选》，第 108 页。

[2] 转见《徐永昌拟订反共的剿灭黄河以南匪军作战计划及歼灭江南新四军致蒋介石签呈》（1940 年 12 月 10 日），《皖南事变资料选》，第 114—115 页。

[3] 《蒋委员长令》（1940 年 12 月 9 日），秦孝仪主编：《中华民国重要史料初编》，第五编（二），台北：中国国民党中央委员会党史委员会，1985 年，第 521 页。

[4] 《蒋介石密令顾祝解决江南新四军电》（1940 年 12 月 10 日），《中华民国史档案资料汇编》，第五辑第二编政治（2），第 427—428 页。

[5] 《徐永昌呈蒋委员长函》（1940 年 12 月 10 日），《皖南事变资料选》，第 114—115 页。

此同时，军令部次长刘为章（刘斐）也报送与中共代表周恩来、叶剑英谈话要点，说明周、叶对八路军、新四军北移问题全无具体答复及表示，新四军皖南部队同意开过长江，其用意也在增厚鲁苏方面该军之实力，故“尔后除按既定计划，以武力实际行动以观后果外，口头上之谈判，似无继续必要”。[1]

针对国共关系现状和蒋介石、军政部、军令部所作部署，国民党中央党政军联席会报会这时也相应地制定了《对特种问题党政军联合行动纲要》。规定：“对中共分子及 18AG、N4A 与其变相部队之一切非法行为，党政军各机关应配合一致，逐步施以纠正，以达到其确实履行二十六年九月二十二日之宣言，并恪遵政令、军令为目的。”“若中共公然背叛中央，破坏抗战，即断然制裁之。”为此，“目前无论党务、政治、军事各方面，均以二十九年七月十六日中央提示案为准，促使中共就范”。包括对利用法律地位“组织民众”“擅立政权”“滥发纸钞”的八路军和新四军，“依情况中央处置可局部表面化（例如明令取消不遵令北移之该军等番号）”。为防止中共实行全面破裂，会议要求参加联席会报之党政军各机关除必须高度保守秘密外，应特别注意肃清中央及地方各机关各部队各学校各工厂和民间各社团中的中共分子，并设法改组或解散中共在后方各地之一切社团组织。“对于前后方一切有捣乱行为之中共分子，应援用现行法令《非常时期维持治安紧急处置办法》惩治之”。并应“扩大‘转变’运动，运用秘密与公开各种方式，争取中共及 18AG、N4A 内部之动摇干部及犹疑分子，造成广泛的自新脱党潮流”。[2]

这些情况表明，国民党军事高层这时在用军事手段达成逼迫八路军、新四军北移的问题上，态度要比蒋介石更为急迫，也更为强硬。正是他们

---

[1] 《军令部次长刘斐呈蒋委员长报告与周恩来、叶剑英谈话内容》（1940 年 12 月 12 日），《中华民国重要史料初编》，第五编（四），第 234 页。

[2] 《对特种问题党政军联合行动纲要》（1940 年 12 月 26 日），台北中国国民党党史馆藏档，特 009/20。

强烈地催促着蒋早下决心，早做准备。

手令既下，时限已定，已成骑虎之势，蒋介石继续硬着头皮往前走。12月10日之后，蒋正式批准了军令部关于实施《剿灭黄河以南匪军作战计划》的要求。但从整个抗战大局考虑，他这时的态度与部分军事领导人仍然略有区别。如，就在上报针对新四军的《剿灭黄河以南匪军作战计划》的同时，徐永昌还拟就了针对八路军的《华北作战计划》，提出应立即在华北地区做好应战部署，必要时应同时采取攻势作战。胡宗南这时也有密电给蒋介石，说明已拟订《对肤施攻势作战计划》，要求蒋乘正面敌情"甚和缓"之机，"调整战略配置"，增调部队到陕甘，以便"实施直捣肤施之攻势作战"或"应付非常事变"。[1] 白崇禧这时亦扬言："此次对于军事已有把握，不至再败"，对军事解决办法，表现得相当自信。[2] 然而，蒋介石这时却仍旧力主应尽可能避免采取军事解决的办法，强调："一面则准备军事，一面则仍主政治方法解决，不使全面破裂。"[3]

蒋介石这时的主要担心，除了军事上尚无十分把握以外，更主要的还是不想因此造成两面对敌的局面。为此，在他批准了军令部的作战计划后，不能不高度关注苏联方面的态度。因为在他看来，中共在国共关系问题上的政策，很大程度上要取决于苏联的意志。而苏联与日本这时关系紧张，对国民政府则相当友善，因此他多少有些安慰，相信即使发生战事，至少"中共当不致扩大叛变"[4]。但也正因为如此，他才不同意军令部所报《华北作战计划》和胡宗南所报进攻延安的作战计划，主张其他地方必须暂取守势，而对实施《剿灭黄河以南匪军作战计划》，也希望一旦战事爆发，应局限在《中央提示案》所规定的部队移动范围之内，以便师出有名。至于对八路军部队如不遵命限

[1] 《胡宗南致重庆蒋委员长电》（1940年12月22日），前引《中国现代政治史资料汇编》，第3辑。
[2] 《中央书记处致关贺聂彭等电》（1940年11月1日）。
[3] 《困勉记》卷六十三，1940年12月25日条，台北"国史馆"藏蒋中正档案。
[4] 《事略稿本》，1940年12月31日条，台北"国史馆"藏蒋中正档案。

期北移，只是主张“一面发动全国舆论制裁，一面以军事压迫，促其就范”[1]。

在上述计划批准后，眼见新四军仍无按期北移的决心，蒋介石明显地担心事情会闹大。12 月 25 日，他特地召见了中共代表周恩来，以“极感情的神情”告诉周说：“你们一定要照那个办法，开到河北，不然我无法命令部下。苏北事情闹大了，现在谁听说了都反对你们。他们很愤慨，我的话他们都不听了。”他特别暗示周，再不听令怕难免一战，说：我也不愿意内战，不愿意自相残杀，问题是新四军“如果非留在江北免调不可，大家都是革命的，冲突决难避免，我敢断言，你们必失败”。[2]

《剿灭黄河以南匪军作战计划》经蒋批准后，第三战区司令长官顾祝同即于 12 月 20 日和 26 日密令所部，分途向皖南新四军驻地集结包围，构筑碉堡，准备“彻底肃清”“匪巢”。[3] 第三十二集团军制订的《进剿匪军计划》规定：“任皖南方面进剿队，应于十二月三十一日以前，秘密推进至南陵、泾县、茂林村、铜山徐、小河口、水东翟、包村、乔木湾、钱家桥、丫山镇之线……随时防止匪军乘隙逃窜……务于长江南岸歼灭之。”[4] 但实事求是地说，第三战区和第三十二集团军得令后，迟至 27 日才在徽州开秘密军事会议研究进剿部署，29 日负责实施进剿的第三十二集团军才最后拟订出《进剿匪军计划》，这之后再开始发布指令调动部队进入指定位置，要想在 12 月 31 日以前完成对皖南新四军的包围，已经不可能了。之所以会出现这种情况，除了军令部的命令下达过迟以外，一个更重要的原因还在于对蒋唯命是从的顾祝同等这时其实也不希望真的与新四军开战。一个重要的根据是，明明这时新四军距离蒋所规定的北渡时间已经十分急迫了，当叶挺等强调实际困难，甚至要求展期时，顾祝同等不仅没有严辞相逼，而且还在努力

[1] 《对十八集团军不遵命北移之最高方针》（1940 年 12 月），台北中国国民党党史馆藏档，特 009/21。

[2] 《周恩来关于和蒋介石谈话情况给毛泽东并中央书记处的报告》（1940 年 12 月 26 日），《皖南事变（资料选辑）》，中共中央党校出版社 1982 年版，第 121—122 页。

[3] 《第三十二集团军进剿匪军计划》（1940 年 12 月 29 日），前引《中国现代政治史资料汇编》，第 3 辑。

[4] 转见《皖南事变资料选》，第 168—169 页。

向重庆转达，请蒋尽量通融。

12月27日，叶挺、项英在向顾祝同说明经费、弹药、冬服等存在极大困难，要求展期至1941年1月8日出动。对叶项所提各项要求，特别是北渡长江必须“划定皖北泸江县境为职部临时集结境地”，“并请指定庐江六安以北路线，庶可以防止与皖北友军无谓之误会与冲突”的提议[1]，顾祝同当即就表示可以商量，并电第三十二集团军总司令上官云相随即派员前往新四军军部，向叶挺等具体了解新四军方面的意图。

28日，顾祝同在给蒋介石的电报中说明了他准备答复叶挺来电的内容。称：“（一）关于开拔时间仍应遵照本部宥辰扫召电指示，一面陆续开拔，务须依限于本年十二月底北开完毕。（二）关于该十月份、十一月份欠发经费及冬服代金，准如数发给，至开拔费及恤金转请核发。（三）关于交通路线，准增改为二线，一为泾县杨柳镇、孙家铺、姚村、小节渡、寿城镇、梅渚镇、南渡镇、竹篑桥道，一为南陵、宣城、毕桥镇、飞鲤桥、郎溪、安兴、上沛埠道，并准划定竹篑桥、南渡桥、汤家桥、进寺里、安兴、上下芝山、藕塘、上兴埠中间地带区，为该军临时集结地区，至该军经敌区北移时之区域及境界线，仍同宥辰扫召电所示。（四）关于友军位置，查皖南苏南各部队位置乃系依据敌情及我军任务所定部署，并已命令驻军及皖南江南二行署，予以协助，该军移动时，当能切实协助。（五）关于行军序列及渡江部署，该军北移应在指定路线以一团或一营为单位，逐次跃进，乘敌不意，迅速渡江，不宜以（行军经——疑衍，引者）过长之梯队行进，尤不宜以大部队在临时集结地区之所通过，致被敌发觉，而误期限，至于渡江应以秘密潜渡为原则，不得已时则以绵密之部署，施行强渡。（六）关于补充，除十月十一月积欠经费及冬服代金已于一项指示外，至弹药一项应俟该军江南部队北渡半数后，准即查案补充，由该军后渡部队携带过江。上六项

[1] 《叶挺项英致渝蒋委员长参谋总长何副参谋总长白电》（1940年12月27日），台北“国史馆”藏蒋中正档案，特交文电29030571。

除饬即并本部宥辰扫召电切实遵办具报外，并另发该军开拔费各五万元，俾令迅速开拔。谨电鉴核备案。”[1]

不难看出，除开拔日期顾祝同没有松口外，对于新四军的其他要求，顾都有所变通，并尽可能为便利新四军军部北渡设想办法。不仅如此，为了解除中共这时对北渡后可能遇到的桂军拦击的问题，顾祝同也促使江北李品仙来电做出承诺。李于12月30日电称：“（一）黑沙洲至姚沟为该军上陆地点。（二）姚沟（沿河名河东）至无为以东地区为该军集结地点。（三）由集结地点沿长江北岸东下，经和县、南浦口、津浦路东（为该军北移路线），但应连续集结，不得借故逗留。”[2] 实际上，由于蒋介石12月12日明令第二十一集团军应配合新四军于12月底之前由皖南移江北之行动，李品仙也确在具体部署为新四军军部北渡让路。如电令向皖东开进的第一三八师“对匪应暂行停止攻击并缩小正面”，“俟新四军态度明了再定处置”；应一面让“其北渡后再令移运河西岸，续开鲁北”，“一面宣传送新四军赴黄河北岸抗战”。[3] 李还电令负责江边地带守备的第一七六师，对新四军北渡开赴河北作战一事，“各团政工人员会同当地党部切实宣传，毋使潜滋”[4]。

但是，新四军军部这时却并未获知桂系江北让道的消息。[5] 相反，由于曹甸作战失利，刘少奇等准备让原在皖东津浦路以西的新四军第四支队撤回路东，让彭雪枫的游击支队撤过涡河以北，以此为让步与桂系谈判。[6] 这

[1] 《第三战区司令长官顾祝同呈蒋委员长报告已限令新四军于十二月底北开完毕电》（1940年12月28日），《中华民国重要史料初编》，第五编（二），第520页。

[2] 《陆军第一七六师三十年元月份至三月份机密作战日记》，《抗日战争时期国民党军机密作战日记》（中），中国档案出版社1995年版，第759页。

[3] 《陆军第一三八师莫德惠部在皖东地区机密作战日记》（1940年10—12月），《中华民国史档案资料汇编》，第五辑第二编政治（二），第337页。

[4] 《第一七六师郑沧溶部机密作战日记》（1940年7月—1941年3月），中国第二历史档案馆编：《抗日战争时期国民党军机密作战日记》（中），第753页。

[5] 《叶挺项英关于新四军北移延迟原因及请友军让道致蒋介石等电》（1941年1月5日），中国人民解放军历史资料编审委员会编：《新四军文献》（2），第101页。

[6] 《刘少奇对于执行中共中央关于争取桂系策略的意见》（1940年12月15日），南方局党史资料征集小组编：《南方局党史资料·军事工作》，重庆出版社1990年版，第94页。

样一来，原来还指望安徽一带的新四军部队能够对桂军有所牵制的新四军政委项英，明显地对就地北渡更无信心了。他电告毛泽东称："因苏北霍（守义）师及韩（德勤）部不能解决（曹甸未下），张云逸、罗炳辉无信心坚持皖北，胡服（即刘少奇——引者）已决定放弃路西，使我们将来无法过皖北。"结果现在是"无论走苏南或渡皖北皆不容易"。[1]

就是因为担心李品仙会袭击北渡的新四军，中共中央和新四军军部反复去电重庆，要求桂军明令让道。在无法确保安全的情况下，直到12月30日，叶挺还在受命要求展期北移。[2] 顾祝同知道蒋的限期至12月31日为止，否则"应即解决，勿再宽容"[3]，但仍于1月3日致电蒋介石称："深察叶挺对于北调命令，已有决心奉行。此次与之磋谈亦颇具诚意，一再嘱职请求钧座，谅其苦衷，得使江南部队顺利北调。"而且明确认为："关于经费部分所请廿万元，既包括一月份经费在内，似可照发，弹药拟即先发，步机弹十万发饬分批具领。惟丙项要求展限一月，仍候转请核示。"[4]

1941年1月2日，虽然限期已过，叶挺又来电报提出：决定"先派一个团于虞（七）日经前指定路线进入苏南，转至敌后，分路北渡，余仍待临时费及弹药补给后，再就原地设法北渡，如万不可能时，仍恳准予转经苏南"。顾祝同接电后也还是表示同意，他在5日给蒋介石的电报中认为："为贯彻前令，防止其以主力由苏南北渡，增援苏北起见，除复饬仍以主力就原地北渡外"，似可允许其先派一团走苏南并补给临时经费及弹药。[5] 而蒋介石得讯后也明显地对皖南新四军的北移抱以期望，除坚持经费和弹药等补给"俟到达指定地点，即行核发"外，他还具体指定了新四军军部的北移路线，

---

[1] 《叶挺、项英关于交涉补给情况及请示行动方针致毛泽东等电》（1940年12月16日），《新四军文献》（2），第67页。

[2] 《顾祝同致重庆军委会委员长蒋电》（1941年1月3日），台北"国史馆"藏蒋中正档案，特交文电30020887。

[3] 《蒋介石密令顾祝同解决江南新四军电文》（1940年12月10日），《皖南事变资料选》，第401页。

[4] 《顾祝同致重庆军委会委员长蒋电》（1941年1月3日）。

[5] 《顾祝同致渝委员长蒋电》（1941年1月5日），台北"国史馆"藏蒋中正档，特交文电30020894。

要叶挺指挥部队在铜陵、繁昌之间渡江后，“在无为附近地区集结，尔后沿巢县、定远、怀远、涡河以东睢州之线，北渡黄河，遵照前令进入指定地区，沿途已令各军掩护”。[1]

新四军军部北移问题，一直拖延到最后一刻，项英等还是拿不定主意。虽然主力就地北移已是大势所趋，但当周恩来依据情报来电强调直接北渡长江太过危险之后，本来就对这一方案犹豫不定的项英等马上又改变了主意。依据周电，报经毛泽东及中共中央认可，新四军军部终于选择了另外的路线，并下决心迅速开动了。

周恩来的这封电报是 12 月 30 日发出的，其内容是：“江南部队分地渡江有危险，皖北让路，蒋虽口头答应，但让出巢、无、和、含四县恐不易，李品仙已在布置袭击我的阴谋，仍以分批走苏南为好。”[2]

周恩来此电中所指“李品仙已在布置袭击我的阴谋”，估计是指 12 月 25 日第二十一集团军上报的分区清剿计划。该计划部署一部守备大别山脉根据地，一部扫荡皖中以东地区，“如十八集团军及新四军不遵中央命令，延留滋扰，则进出淮南路以东地区廓清之”[3]。此一计划其实仍是为准备新四军北渡后不依照命令北上“延留滋扰”而设计的。然而，既有此一计划，周恩来就难以放心，因而坚持最好走苏南。因为东线这时已被第三战区否定，经苏南径去苏北早已是此时国民党之所忌，项英等人自然也不可能去设想通过攻击横阻在东去苏南必经之路上的国民党第五十二师和第一〇八师，夺路东进。因此，直接北渡的方案既遭否定，东去苏南又行不通，项英等也只有向南一条路好走了。所谓向南，就是经茂林绕道三溪，转天目山脚下，即绕过横亘在通往苏南路上的国民党第五十二师和第一〇八师驻地，目的还是要经苏南

[1] 转见《皖南事变资料选》，第 74 页。

[2] 《毛泽东、朱德关于皖南新四军应分批走苏南致叶挺、项英电》(1940 年 12 月 30 日)，《皖南事变(资料选辑)》，第 125 页。

[3] 《陆军第一七六师三十年元月份至三月份机密作战日记》，《抗日战争时期国民党军机密作战日记》(中)，第 756—757 页。

实现北渡。由此不难看出，一般所说皖南新四军 1 月 4 日南下茂林是蒋介石、顾祝同指定的路线[1]，或说蒋、顾有意逼诱新四军南行，显然是不准确的。[2]

走南线，等于是向第三战区国民党军的防地深入，毫无疑问也有很大危险，而且与北渡命令在方向上更是南辕北辙，极易引发误会。因此，此一方向不能不在新四军军部领导人中间引起争议。尽管 1941 年 1 月 1 日前后军部已经就南线问题作出决定，叶挺仍然没有放弃争取合法走东线的最后希望。[3] 他认为，只要能够争取到顾祝同同意部分队伍，如一个团经苏南北渡，即可以铜繁北渡遭遇日军或桂系拦截为由，名正言顺地要求分批走苏南。为此，叶挺明确电请顾祝同批准"主力到苏南"。深知苏北局势的顾祝同当然不敢同意叶挺的要求，但他也知道由铜繁北渡的困难，故还是同意新四军可以有一个团经过苏南北上。[4] 叶仍不死心，1 月 2 日再电顾祝同，提出："先派一个团于虞日经前指定路线进入苏南，转至敌后，分路北移，余仍待临时费及弹药补给后，在就原地设法北渡过……如万不可能时，仍恳准予转经苏南。"对此，顾显然未能同意。[5] 只是鉴于这种情况，叶挺才不能不服从走南线的决定了。

1941 年 1 月 4 日，皖南新四军军部秘密出动，南下茂林。对此，无论顾祝同，还是蒋介石，显然都毫不了解。由于叶挺 2 日还有要求分兵走苏南的提议，他们甚至还在考虑要不要同意新四军部分部队改走苏南，和要不要适当再度展期的问题。

---

[1] 王辅一：《项英传》，中共党史出版社 1995 年版，第 447—448 页。

[2] 李良明：《项英评传》，经济日报出版社 1993 年版，第 196 页。

[3] 有研究者均认为 12 月 28 日皖南新四军召开过军分会，会上已确定要走南线。但已知 1940 年 12 月 31 日和 1941 年 1 月 1 日叶项才致电中共中央说明部队决定全部移苏南的决定，故笔者相信 12 月 28 日纵有会议讨论，应还没有做出最后的决定。参见《赖传珠日记》，第 264 页；《新四军决定皖南部队全部经苏南北移致毛泽东等电》（1941 年 1 月 1 日），《新四军文献》（2），第 93 页。

[4] 《项英以新四军军部名义致毛泽东、朱德、王稼祥并陈毅、胡服电》（1941 年 1 月 1 日），《新四军文献》（2），第 93 页。

[5] 注意到事变发生后叶挺曾明确讲过他对北移路线的选择有不同意见，这一交涉或可反映出叶挺行动前对选择北移路线的倾向性意见。

二、皖南事变与国共全面对抗

项英等人并不是不知道第三战区这时已经在为限期以武力驱赶新四军军部北渡进行军事部署。这显然也是他们匆忙于4日出动南下的重要原因。因为他们明显地寄希望于三溪镇一带国民党军尚未完成其围堵线。即使知道上官云相正在将第四十师调来，他们也还是相信，突破一个刚刚调防上来，尚未完成防御体系的第四十师的防线，到底比原地北渡或直接东去苏南，而与第五十二师和第一〇八师作战，安全系数要大得多。

项英在确定行动路线后当天给中共中央的电报称："现彼方军队正调动，布置尚未完毕，并增七九师、四〇师以太平、旌德一带，其计划为封锁围歼我……我们决定全部移苏南，乘其布置未完即突进，并采取游击作战姿态运动，发生战斗可能性很大，我们如遇阻击即用战斗消灭之，遇强敌则采取游击绕圈，至万不得已时分散游击。"项英并具体说明了他们的意图，"是先对南面包围我之顽军佯示威胁，吸引顽方注意，然后突然东进，转向苏南"。[1] 对于此一行动方向和计划，中共中央于1月3日，即皖南部队开始北移的前一天，给予了明确的肯定，称："你们全部坚决开苏南并立即行动，是完全正确的。"[2]

新四军军部4日离开云岭后，即浩浩荡荡经湾滩、章家渡渡河，向茂林集结。国民党第四十师方日英部受命于12月27日交出溧阳、宜兴一带防务后，师主力于1941年1月2日午后抵达三溪镇附近，并开始构筑工事。5日，上官云相得报新四军主力已开拔，遂电令第四十师派有力部队星夜向湾滩、章家渡、茂林一带搜索。6日上午9时，一一九团搜索部队在麻岭与新四军

---

[1] 转见《云岭》第28期，第45页；《中共中央军委参谋部关于皖南事变的军事教训的总结》（1941年1月20日），《皖南事变（资料选辑）》，第270—271页。

[2] 《毛泽东、朱德关于皖南新四军立即开往苏南致叶挺、项英电》（1941年1月3日），《皖南事变（资料选辑）》，第127页。

遭遇，短暂开火后退回。[1] 当天，消息报至顾祝同处，顾当晚下令上官云相称："叶挺、项英不遵命令以主力由皖南渡江就指定位置，乃擅率驻皖南所部于支（4日）晚开始移动，企图窜据苏南，勾结敌伪，挟制中央，似此违背命令，自由行动，破坏抗战阵线，殊堪痛恨。为整饬纪纲，贯彻军令，对该军擅自行动部队决予进剿，仰贵总司令迅速部署所部开始进剿，务期于原京赣铁路以西地区彻底加以肃清，并严督党政方面配合军事积极工作，俾绝根株。"[2]

1941年1月6日，第三十二集团军发布命令，令左翼军以主力于次日向茂林、铜山徐方向攻击，并以一部守备章家渡方向；令右翼军以主力展开展于后山、湾滩、李庄、溪里凤、东流山之线，于次日向茂林方面攻击。7日，战斗打响。第四十师首当其冲，战斗主要发生在榧岭、山口、坦里口、高岭、麻岭以东。第五十二师一部奉命于当天傍晚抢占椰桥河及其以东高地和戈村，封锁了新四军东去路线。[3] 第七十九师和第一四四师亦各以一部连夜攻击麻岭、山口至榜山一带新四军之侧背。这时的新四军虽有一万人左右，但非战斗人员较多，按照第三十二集团军司令部的通报，即是"匪以乌合之众不过五千人，枪二千余枝，缺弹无炮，窳败实不堪一击"[4]。而国民党军参战部队却有八个师的番号，实际达五六个师的兵力之多。[5] 因此，战斗展开后不久，面对四面八方拥来的国民党军，新四军就处于极端被动的状态，渐无还手之力了。

[1] 《陆军第四十师方日英部在皖南围击新四军军部战斗详报》（1941年1月4—15日），《中华民国史档案资料汇编》，第五辑第二编政治（2），第429—435页。

[2] 《陆军第三十二集团军上官云相部围击皖南新四军军部战斗详报》（1941年1—2月），《中华民国史档案资料汇编》，第五辑第二编政治（2），第531页。

[3] 《国民党军第五十二师刘秉哲部围攻新四军军部战斗详报》（1941年1月）《皖南事变资料选》，第240—241页。

[4] 《陆军第三十二集团军上官云相部围击皖南新四军军部战斗详报》（1941年1—2月），《中华民国史档案资料汇编》，第五辑第二编政治（2），第532页。

[5] 计有第四十师、第五十二师、第六十二师、第七十九师、第一〇八师、第一四四师、第一四八师、新七师。

战斗进行到9日，新四军大部已被打散。随后，项英等擅自脱离部队，部队更加混乱，在各处山林中各自为战。至14日下午4时，叶挺在鹿角山以西山冲中被第五十二师一五六团陈营俘获。当天战斗全部结束，除傅秋涛率一部及早突围外，项英等被叛徒所杀，政治部主任袁国平19日死于国民党军的“清剿”中，整个新四军军部有七千余人被消灭或者被俘。

从上述情况可知，皖南事变的发生，并非第三战区，或负责围堵的第三十二集团军，预先针对好新四军军部南进茂林，而在茂林以南山地设好陷阱，一网打尽。实际上，直到6日新四军与刚刚到达三溪镇的国民党军四十师的搜索部队遭遇后，第三战区才得知新四军南下的确切消息。而根据台北保存的大溪档案和“中研院”近史所刊布的《徐永昌日记》，可知蒋介石及国民党军令部得到皖南冲突的正式报告，已经又是两天之后事情了。顾祝同在6日晚发布命令，7日战斗打响，8日上午整个战场情况清楚后才通过电话正式报告蒋介石及军令部部长徐永昌，说明新四军不遵指定路线北渡，“非向镇江一带渡江，参加攻击我韩德勤军，即系绝不渡江准备窜扰后方”[1]。据此，蒋介石9日才得以开始和白崇禧等具体讨论应付办法，并决定要“积极肃清”。而其做出此种决定的一个重要前提，仍旧是因为他相信：纵使有战事发生，亦不致造成两党关系全面破裂，因“中共决不敢在此时有所叛乱也”[2]。

自8日顾祝同来电话后，第三战区不断有捷报传来，重庆军事高层中许多人兴高采烈，白崇禧等因此极力主张扩大战果，乘势向陕北、华中，乃至华北等地的八路军、新四军全面“进剿”。但这显然不符合蒋介石的想法。他不仅明确地表明不同的意见，而且在日记中直截了当地批评白崇禧称：“坚欲在此时消灭共党军队，此诚不识大体与环境之谈。明知其不可能而必强行之。”他再三表示：“对中共决以消灭其组织为主，而对其武力次之。”包

[1] 《徐永昌日记》，第六册，1941年1月8日条，第6页。
[2] 《困勉记》，1941年1月9日条，台北“国史馆”藏蒋中正档案。

括对已经被包围的皖南新四军，蒋依据以往的作战经验，也并没有对顾祝同和上官云相的“围剿”作战抱以多大的期望，反而担心“围剿”不成会逼其分股流窜后方，留无穷祸患。因此，他得到皖南事变消息后，虽赞成“积极清剿”，但却明确表示：“对皖南新四军，余只求其遵命渡江。”“只要其求饶而能从命”，则尽可放其北移。[1]直到顾祝同随后来电说明已全歼新四军军部，俘虏军长叶挺等之后，蒋才不再有其他表示。惟在军委会开会时，蒋对善后处置的态度仍与多数与会者的强硬态度不尽相同。与会者这时均赞同白崇禧的意见，主张“取消该军番号，叶挺交军法（审判）”[2]，蒋却因顾虑中共的反应而相当犹豫。

据徐永昌日记，1月15日上午在军委会会议上，除军委会办公厅主任贺耀祖和政治部部长张治中“恐与共党全面破裂主妥协怀柔”外，余均同意白崇禧的主张。下午3时再度讨论时，多数人的意见仍坚持强硬。徐永昌即明白宣称：只要不是军事上全面破裂，“政治上全破裂与国家有利。一、共党今日系以国民党打国民党，以中央法令制服地方人民。尤其能公开的活动，其阴谋与煽惑青年。破裂则当难再假借利用矣。二、共党两年来之行动早不因未破裂而少有顾忌。彼不以大兵加于中央军者，正为其假借中央法令也，正为其假借抗战以争取民众也。三、果不破裂，再假以一二年假借利用时间，其势力必至可以接受俄国正式接济，可以与敌伪正式停战媾和。今日已迟一年半，再迟恐不堪设想”。对此，蒋介石从始至终均未表态，会毕仍表示：“再考虑一夜”再说。[3]以后又经过一整天的反复斟酌，到16日晚才最终下定决心，同意照白崇禧的意见行事。他的理由是：“此虽违反我意，但事既如此，则应撤销其番号，将叶项交军法会审，彻底解决，以立威信，而振纪纲。”因此时“若无最后制裁决心，则以后中共看破我心理，彼更可藉外力要胁，而俄国之已允拨武器者，其亦必以此作为容共之要求。

[1]　《困勉记》，1941年1月12日条，台北“国史馆”藏蒋中正档案。

[2]　《徐永昌日记》，第六册，第11页。

[3]　同上，第12页。

以后我之国权全操之于人矣。故乘俄械将运到未到之时，以表示我对中共制裁之决心，决不因俄国有大炮二百门、飞机二百五十架等大量武器接济之故而有所迁就”。[1]

1 月 17 日，国民党以军委会发言人的名义，宣布新四军“违反军纪，不遵调遣，且袭击前方抗战各部队，实行叛变”，故撤销新四军番号，将新四军军长叶挺交军法审判。[2] 然而，这却并非蒋有计划的部署与行动。相反，这只是事到临头，蒋为安抚强硬派军人，和刻意表现强势，担心被中共“看破心理”的一种应变措施而已。对此，亦可以证之 1945 年 11 月 7 日张治中呈蒋书中对此事的回忆。张当时劝蒋不宜对中共动武时特别提到皖南事变，称：“三十年春间解决‘新四军’事件时，以职之判断，党钧座对当时之措施实未必赞同，事实上等于事后之追认。”[3] 由此可知蒋此时确对事变缺少准备，并清楚地知道此举有可能破裂两党关系，他虽不得不追认结果，表现强硬，内心里却并不想扩大事态。

说蒋介石没有袭击新四军军部的精心计划，事变后亦不曾想扩大事态，破裂两党关系，这时的毛泽东自然不会相信，还在皖南事变前，中共中央其实就已经对强硬地推行限共政策的蒋介石国民党颇多怀疑了。但基于抗日的大局，中共中央对蒋介石的国内政策，还没有往最严重的方面考虑。虽然不断有国民党准备“剿共”的消息传出，中共领导人也多次做过最坏的打算，毛泽东甚至一度怀疑蒋之北移命令包含有与日本勾结，两面夹击八路军、新四军的重大阴谋，准备破釜沉舟与蒋死拼，但与共产国际反复交换意见的结果，最后还是认定国民党的“剿共”只能是局部的，“只要蒋介石未与日本妥协，大举剿共是不可能的”。认为“实则他们很怕内战，很

[1] 《困勉记》1941 年 1 月 16、17 日条，台北“国史馆”藏蒋中正档案。

[2] 《国民政府军事委员会发言人谈话》（1941 年 1 月 17 日），《中央日报》，1941 年 1 月 18 日。

[3] 《张治中呈蒋总裁函》（1945 年 11 月 7 日），台北“国史馆”藏蒋中正档案，特交档案（四）第 50855 号。

怕根本破裂国共合作，故其决心仍有动摇之可能”。[1] 正是由于一直相信只要蒋未与日本妥协，国民党在抗战中就不会主动破裂两党关系，突然发生皖南事变这样的惨剧，对毛泽东刺激之大亦可想而知。

国民党发动皖南事变目的何在，是毛泽东和中共中央事变之初必须要做出准确判断的一个关键性问题。新四军选择南下，事先显然曾报请中共中央批准。部队秘密潜往茂林次日，也曾向中共中央通报过具体位置，而后即失去联络。11 日经中原局接通电讯后，国民党第三战区的聚歼计划已部署完毕，次日即发起总攻，新四军无论粮弹和地形均已难以坚持抵抗。鉴于此，中共中央迅速于 12 日电告重庆的周恩来，要其向国民党提出严正交涉，即日撤围，以证明国民党并非有意破裂。中原局刘少奇等也曾气愤地致电中共中央，提议 :“请朱、陈、罗准备包围沈鸿烈，我们准备包围韩德勤，以与国民党交换（停止围攻皖南新四军）。”[2] 毛泽东显然认为这是解围皖南新四军一个可行的办法，故 13 日即复电刘少奇等，表示 :“同意胡、陈十二日电，苏北准备包围韩德勤，山东准备包围沈鸿烈，限十天内准备完毕，待命攻击。”“我全国政治上、军事上立即准备大举反攻。”“以答复蒋介石对我皖南一万人之聚歼计划。”“如皖南部队被蒋介石消灭，我应坚决彻底干净全部消灭韩德勤、沈鸿烈，彻底解决华中问题。”[3]

13 日当天，周恩来、叶剑英紧急找到刘为章，陈述皖南事变情况，说明华北、华中中共部队“气愤填膺，几不可遏，只有迅速解除对新四（军）

---

[1] 《毛泽东给季米特洛夫、曼努伊斯基的信》（1940 年 11 月 4 日）、《毛泽东致周恩来等电》（1940 年 11 月 21 日）、《周恩来致毛泽东并中央书记处电》（1940 年 12 月 26 日）、《中共中央关于粉碎蒋介石进攻的战略部署的指示》（1940 年 12 月 31 日），前引《皖南事变（资料选辑）》，第 101、122、127 页。

[2] 《毛泽东、朱德、王稼祥关于新四军应速谋突围致叶挺、饶漱石电》（1941 年 1 月 12 日）、《刘少奇、陈毅关于在苏、鲁发动军事攻势向毛泽东等的建议》（1941 年 1 月 12 日），《皖南事变（资料选辑）》，第 136—137 页。

[3] 《毛泽东、朱德、王稼祥关于皖南事变中我之对策给刘少奇、陈毅的通报》（1941 年 1 月 13 日）、《毛泽东、朱德、王稼祥关于在苏、鲁发动军事攻势以答复皖南事变的指示》（1941 年 1 月 13 日），《皖南事变（资料选辑）》，第 139—140 页。

围攻，才能免危机于万一”。刘答复周、叶称：蒋昨夜已要贺耀祖用电话告诉顾祝同，“只要新四（军）确实北渡，你们应予帮助，不应为难”。且对周提北渡只能走苏南，不能走皖北问题，蒋通过刘表示，可以走苏南，但“部队过江后，不得打韩德勤，且过江后不得盘踞，须遵命继续到河北去”。[1] 次日，周恩来又再度通过张冲向蒋抗议，张报告蒋后特别转告周、叶说：蒋特别要求周、叶转电中共中央，“勿将事件扩大”。而蒋的态度很明确：“（一）新四军北开中央决不留难，此次冲突，听说是新四军先开枪。（二）希望新四军继续向北开。（三）如此路不通，转向皖北开亦可，命令李品仙勿留难。（四）我已下令新四军过江后发弹十万并饷。”周因此颇感乐观，要求马上询问叶、项：“采取那条道路折进苏南，以便作更具体的交涉。”[2]

但至14日，已有消息称：“上官云相十三日未时解决我七千余人，另有千余人已命坚决解决。”毛泽东深知情势危急，因而致电周恩来称：“现在不是走何路线问题，而是救死问题，如不停止攻击，即将全军覆灭，请立即要蒋下令停战撤围。”[3] 时至于此，毛泽东等对事变性质的估计已经开始发生根本性的变化，因当天毛泽东、朱德和王稼祥曾有电要求除苏北、山东部队准备消灭韩德勤、沈鸿烈外，还特别提出：“中央决定在政治上军事上迅即准备作全面大反攻，救援新四军，粉碎反共高潮”。“我华北各部须遵前令，提前准备机动部队，准备对付最严重事变”。[4]

15日晨，周恩来再找张冲催问停火令事，张以电话向蒋报告，蒋答复称：12、13日已有两令给顾，或许下达迟延，但顾不会不听命。周可电告

[1] 《周恩来、叶剑英关于与蒋介石交涉情况给中共中央的报告》（1941年1月13日），《皖南事变（资料选辑）》，第142—143页。

[2] 《毛泽东、朱德、王稼祥关于周恩来、叶剑英与蒋介石交涉情况给刘少奇、叶挺的通报》（1941年1月14日），《皖南事变（资料选辑）》，第144页。

[3] 《毛泽东、朱德、王稼祥关于国民党解决我七千余人情况给周恩来等的通报》（1941年1月14日）、《毛泽东关于向蒋介石交涉立即停战撤围致周恩来、叶剑英电》（1941年1月14日），《皖南事变（资料选辑）》，第145页。

[4] 《毛泽东、朱德、王稼祥关于政治上军事上准备反攻的指示》（1941年1月14日），《皖南事变（资料选辑）》，第146页。

叶、项放心东进，他可再发一电给顾要他停战解围。叶剑英当日询问刘为章，刘也是同样说法。但周这时已得知上官云相和何应钦关于皖南战况的电报内容，知道国民党军并未停止作战，因而愤然电告毛称："恐蒋、刘等所说的是鬼话。"[1]

得知国民党并无停战解围意图，进而听说叶挺被俘，毛泽东怒不可遏。在 15 日的政治局会上，他痛斥项英"在政治上早已成为俘虏"，是"抗战以来一部分领导同志的机会主义"的代表，"只知片面的联合而不要斗争，不要独立自主的政策"。接到周恩来电转述蒋已数令解围和要叶、项放心东进电报，又得知孙科、冯玉祥力劝中共中央顾大局勿施报复的意见，他更加愤然，复电周、叶称："蒋介石一切仁义道德都是鬼话，千万不要置信。""中间派孙、冯等调和退让论是有害的，只有猛烈坚决的全面反攻，方能打退蒋介石的挑衅与进攻，必须不怕决裂，猛烈反击之，我们'佳电'的温和态度须立即终结。"[2]

毛泽东这时的反攻主张，当然是出于义愤，而不是针对蒋介石国民党的行动所采取的一种未雨绸缪的应对措施。因为这时还看不到蒋及国民党有全面破裂两党关系，向八路军、新四军大举进攻的迹象。用他的话来说，问题在于"叶项被俘，全军覆没，蒋介石无法无天"，"如何办？"[3] 总不能听之任之，忍下这口气。

在这一点上，刘少奇和周恩来这时显然比毛泽东更冷静一些。15 日当天，刘致电毛泽东等称："现叶、项已被俘，皖南新四军已全部歼灭。中央决定在政治上、军事上准备作全面的大反攻，这里的同志于义愤之余，亦有立即举反攻之主张，然根据各方面情况，平心静气一想，我们却有下列意见，望中央细心考虑：一、全国局面，国民党未投降，仍继续抗战，对

[1] 《周恩来、叶剑英、董必武关于蒋刘粉饰皖变我拟揭发真相致毛泽东电》（1941 年 1 月 15 日）。

[2] 《毛泽东关于政治上、军事上准备全面反攻致周恩来、叶剑英电》（1941 年 1 月 15 日），《皖南事变（资料选辑）》，第 147 页。

[3] 《毛泽东致周恩来、叶剑英电》（1941 年 1 月 15 日）。

共党仍不敢分裂，且怕影响对苏联的关系，在皖南消灭我军，蒋亦曾下令制止，即证明蒋生怕乱子闹大。在此时，我党亦不宜借皖南事件与国民党分裂。何应钦下令只说严防我军报复，未说即此在全国乘机进攻我军。二、目前华中我占领地区很大，兵力不够，仍不能巩固。皖东北敌伪匪猖獗，已全部成游击区，原来巩固地区均已丧失，淮海区亦不能支持，盐阜区土匪亦蜂起，黄桥已被敌占，海安亦有被敌占领可能。我们部队尚须休整补充。故以华中来看，能在半年、一年之内不发生大的战斗，肃清土匪，巩固现有地区，对我为有利。”据此，他的意见是 ：“在全国主要的实行政治上全面大反攻，但在军事上除个别地区外，以暂时不实行反攻为妥。”因为：“一、目前能在军事上向国民党实行反攻者，大概有下列几着 ：1. 打韩德勤、沈鸿烈。2. 华中主力集中，经雪枫地区过新黄河出击。3. 陕北部队向西兰大道出击。4. 华北部队向河南或向绥远出击。5. 全国各地党部实行武装起义。除此以外就只有个别小军事反攻之可能了。二、上述各着，均无胜利把握，亦无大利可图，且系进攻性质，对人民、对部队、对统战朋友均无充分理由。在目前向国民党实行这种反攻和破裂，不独将引起中间分子的非议，即自己部队亦难长期在精神上维系不发生动摇，如果再遇挫折，则对我更有极大不利，那时，反共高潮更难压制，国民党更可借此向我大举进攻，故实行全面军事反攻，对我不利，且有极大危险。”刘阐明：政治上反攻则较易行，如向国民党抗议并发宣言，提出释放叶、项及所有被俘人员及全国所有被捕党员，不得杀害一人，赔偿所有损失及抚恤死伤，枪决上官云相等肇事凶手等要求 ；且宣布在皖南事件未彻底解决前，华中我军决不再考虑北移之命令，国民党再向我华中进攻，即认为正式与我党破裂等。[1]

周恩来不反对报复作战，但他基于曹甸战役的教训，认为不宜打韩、沈，而应打李品仙和李仙洲。他在 16 日的电报中说明 ：“打韩、沈，在政治上为

[1] 《刘少奇关于主要应从政治上进行反攻问题向毛泽东等的建议》（1941 年 1 月 15 日），《皖南事变（资料选辑）》，第 148—150 页。

报复，在军事上为攻坚，易于持久，消耗弹药，为敌增援，且可引起胡宗南在西北报复的藉口。”“如准备打李品仙或李仙洲，则政治上为自卫，军事上为以逸待劳，易于求得速决的运动战，且可获得补充，使韩、沈更孤单，使顽固派军队更胆寒，更可教训蒋、白。”因为“我们一出手，以能打得响、打得快，而仍争取抗战继续为有利。如拖和延长，消耗大，陷于被动，而造成不得不扩大局面，是不利的”。[1]

然而，1 月 17 日蒋介石批准军委会发言人公开发布的取消新四军番号的命令再度使毛泽东坚信蒋介石国民党发动皖南事变是有备而发，是准备大破裂的信号。在 18 日的政治局会议上，毛泽东明确讲：“国民党准备与共产党大决裂”，“证明了（其）决心反共”。“国民党干出这件大事，定有帝国主义的指使，这或者是英美，或者是德义（意——引者）”，“现在国民党准备大举进攻华中部队，一网打尽，大捕共党，捕杀各办事处，因此我办事处必须实行自卫式的撤退”。在这种情况下，“资产阶级中间派让我让步，顾全大局，实际上是有利于国民党而不利于我们”的。[2] 书记处据此密电周恩来等，“国民党宣布新四军为叛军，审判叶挺，证明国民党准备破裂之决心。而重庆谈判中证明蒋纯以鬼话欺骗你们。在重庆环境日险，作用日小，因此应立即设法借故离渝返延。渝办干部设法分批回延，仅留三数人敷衍门面”即可。[3]

20 日，周恩来报告毛泽东称，白崇禧已下令对华中决以四个师扫荡，另以一三八师和一七三师扫荡淮南路以东。如八路军南下增援，仍以新四军看待，惟战术上应避开八路军主力，专门消耗其弹药，以游击战对游击战。战斗后对上级报告，则说八路军打政府军。周分析：蒋的策略是要分区剿共，各个击破。[4] 毛泽东因此更加印证了自己的估计，他在这一天的政治局会议上提出，要“从根本上考虑”国共关系问题。“自蒋十七日宣布新四军为叛

[1] 《周恩来关于军事行动策略的建议致毛泽东电》（1941 年 1 月 16 日）。

[2] 《毛泽东关于国民党取消新四军番号后形势与对策的报告》（1941 年 1 月 18 日）。

[3] 《中央书记处关于设法借故离渝返延给周恩来、董必武、叶剑英的电报》（1941 年 1 月 18 日）。

[4] 《周恩来、董必武、叶剑英关于蒋计划分区剿共各个击破给毛泽东的电报》（1941 年 1 月 20 日）。

逆后，我们是否能承认国民党为上司？！实际上蒋已准备得罪我们，得罪苏联，已准备全部破裂的开始……要挽救时局，实现好转，必须取消十七日国民党的谈话，不取消这种文件，我们决不能与蒋及军事委员会有公文来往。自蒋十七日发表公开破裂文件后，表示蒋首先破裂，因此一切同情与理由都在我们方面，皖南失败的代价是值得的。”[1] 据此，毛泽东当天致电周恩来、刘少奇等称：“蒋介石已将我们推到和他完全对立的地位，一切已无话可说。”“现在这样的国共关系，已对我们、对革命没有任何利益，并且破裂是蒋发动的，对我们甚为有利。”[2] 中央书记处并再度要求“恩来、剑英、必武、颖超及办事处、报馆重要干部于最短期间离渝”[3]。

又经过几天的缜密观察，中共中央于23日再度召集政治局会议，毛泽东进一步得出结论称：一周以来的种种事实都证实，中日实际上已经休战，不议而和，全国破裂已经开始。“我们与蒋合作已经没有好处，对我们没有好处，对蒋因日本停止进攻，也没有好处，因此这种合作已无存在之可能。”“如果日军与国民党反共军配合，那我党有很大危险，将会受到损失。”在当天给刘少奇的电报中，毛泽东更清楚地说明了他对事变性质和后果的看法。他指出：“蒋介石一月十七日命令是全国性突然事变的开始，是全面投降与全面破裂的开始，我们在十二月十七日以前的估计不适用了。”[4]

中共中央的形势估计和应对方针，这时遇到的最大问题是与莫斯科方面认识不同。

莫斯科对皖南事变的发生，亦深感不安。仅据蒋介石日记，从1月17日军委会发言人宣布新四军为叛逆，并取消其番号之后，苏联驻华军事总顾问、驻华大使，就频频造访，对国民党的做法提出种种批评，弄得蒋不

[1] 《毛泽东在中央政治局会议上的发言》（1941年1月20日）。

[2] 《毛泽东关于蒋介石发布“一·一七”命令后国共关系的变化及我之对策致周恩来、彭德怀、刘少奇电》（1941年1月20日），《皖南事变（资料选辑）》，第183—184页。

[3] 《中央书记处关于在重庆的重要干部应在最短期间离渝的指示》（1941年1月20日）。

[4] 《毛泽东关于“一·一七”命令后形势的估计给刘少奇的通报》（1941年1月23日），《皖南事变（资料选辑）》，第187页。

胜其烦。而苏联外交人民委员更以拒绝出席国民政府驻苏大使宴会的方式，显示了苏方的强烈不满。[1] 据周恩来报告称，苏联驻华武官兼军事总顾问崔可夫刚一得到事变发生的消息，就秘密会见周恩来和叶剑英，提议“皖南主力应坚持北上，另在江南地区视情况约留一小部干部和武装，埋伏在民间。如国民党质问时，（可）作为此次被包围攻击后的散兵”。“到江北后国民党将继续迫你们北上，那时可以答复他，鉴于皖南事件，如要继续北上，必须先将江苏境内国军全数离开江苏，应求得安全北上的保障。这样仍能拖延。”考虑到国共内战可能爆发，他特地请中共中央“迅速调查兰州到延安间各种情况（道路、碉堡、驻军、民众、粮食等）”，包括西北五马及傅作义部的情况，以备万一援助之需。并称：“国民党如继续内战，余有权暂时停止援华军火于哈密途中。”[2]

但是，莫斯科并不赞成毛泽东对形势的估计和所设想的对抗措施。还在事变爆发前夕，即 1941 年 1 月 4 日，共产国际总书记季米特洛夫就曾针对毛泽东对国民党的激烈态度，在电报中提醒过他：“不该将破裂作为出发点”。[3] 事变的发生，使毛泽东相信自己以前的估计和态度并没有错，错的其实是莫斯科。因此，他一再向党内各领导人强烈地表示对莫斯科的不满。刚一得知新四军全军覆灭的消息，他就愤然致电周恩来，要周质问苏联驻华武官兼军事总顾问崔可夫：“蒋介石无法无天至此，请问崔可夫如何办？”但苏联大使和武官都表示，目前局势须有全局的观察和布置，尤其要从各方面探查，蒋介石是不是与日本有秘密联络，或有新的谈判。要判断蒋是否有意破裂，不仅要注意华中国民党军，也要注意胡宗南或其他方面的国民党军的动向。虽然必须积极加强军事准备，“今天的工作中心，仍是求得抗战继续”。[4] 苏方虽如此说，但毛泽东仍坚持认为，蒋就是蓄意破裂。20 日，

[1] 《困勉记》，1941 年 1 月 20—25 日条，台北“国史馆”藏蒋中正档案。
[2] 《周恩来、叶剑英关于与苏武官崔可夫谈话内容致毛泽东电》（1941 年 1 月 14 日）。
[3] 《季米特洛夫致毛泽东电》（1941 年 1 月 4 日），转见《中共党史研究》1988 年第 2 期。
[4] 《周恩来、叶剑英、董必武关于苏美英等大使对皖南事变态度致毛泽东电》（1941 年 1 月 16 日）。

他在电报中干脆告诉各方领导人：现在的“问题是远方的政策与我们所想的相左，三个月来几经往复，尚未解决”。[1] 23日政治局会后，毛泽东更是尖锐地批评苏联继续寄希望于国民党的做法。他明确地告诉周恩来：“朋友们的意见是错误的，请对朋友们说，蒋介石一月十七日命令是中国全国性突然事变的开始，是全面投降全面破裂的开始，要他们停止接济，准备后事，不然要上当的。”[2] 25日，毛泽东看到周恩来转达的苏联大使等各方的意见，强调蒋并非真要破裂，认为延安的估计有些过激等，当即明确表示：“人家已宣布我们叛变，我们决不能再取游移态度，我们决不能再容忍，我们决不能怕破裂，否则我就要犯严重错误，因此延安命令及谈话的全部，包括文字在内是完全正确的。我们表明态度之后听凭蒋介石去处置，或者他执行我们的十二条，两党重归妥协，或者实行全面破裂。你们应向各方表示，蒋介石已将我们推到对立地位，除非蒋介石取消十七号命令及实行其他必要步骤，我们是只有和他对立一途，因为我没有别的路走。”[3]

可是，毛泽东不满归不满，莫斯科的态度仍旧不能不重视。这是因为，毛泽东对形势严重的估计，使他不能不考虑在军事上采取主动或及早准备反攻的问题。可是中共军事上，尤其是在装备和武器弹药方面，困难极大，与国民党军完全不能相比。毛泽东为此曾特别询问过指挥华北军事的彭德怀：三个月内华北能抽出多少兵力？“能集中多少有效炮兵及炮，有把握打破较坚固之碉堡否？”因为“如立即取攻势，即须调动华北兵力，而一经调动即须有决心打到四川去（非打到四川不能夺取陕甘），即须有决心同蒋介石打到底”。彭的答复显然不能令毛满意。毛随后明确告诉军事领导人说，仅军事一项，由于“我们缺乏重武器及使用武器的技术人员”，就无法实现

[1] 前引《毛泽东关于蒋介石发布“一·一七”命令后国共关系的变化及我之对策致周恩来、彭德怀、刘少奇电》（1941年1月20日）。

[2] 《毛泽东关于蒋介石“一·一七”命令是全国性突然事变的开始致周、董、叶电》（1941年1月23日）。

[3] 《毛泽东关于对蒋介石应取对立态度不怕破裂致周恩来电》（1941年1月25日），《皖南事变（资料选辑）》，第190页。

夺取西南西北几个重要省份的战略目的。而如果不能夺取西北，控制中苏西北交通枢纽，就无法取得苏联的援助。没有苏联的援助，要同时对付蒋、日两个敌人，就会极其危险。正是考虑到这种情况，毛泽东相当反感苏联继续援助国民党，明确讲："苏联如再接济重庆武器甚为不好，请要武官设法停止"，因为"蒋介石反革命是确定了的"。当然，毛泽东也不能不同意苏联武官关于应当尽可能延长蒋介石抗日时间的说法，称："苏武官延长时间的意见是对的，事实上我出兵至快在半年后，目前只打防御战。"问题是"何种时机他们可以公开援助我们？""五月后他们有何办法援助我们夺取兰州？""如没有飞机及攻城部队夺取兰州及甘、凉、肃三州是不可能的，而这一问题迟早必须解决。"[1]

莫斯科的态度显然极大地约束了毛泽东的反攻计划。而正在这时，日本集中几个师团的兵力，乘国民党抽调兵力向华中对付共产党军队的机会，对河南突然大举进攻，这一情况也证证实了莫斯科的看法，进而动摇了毛泽东前此关于中日已告休战，蒋介石即将叛变的形势判断。在这种情况下，1 月 29 日，中共中央政治局召开会议，虽然通过了毛泽东起草的《关于目前时局的决定》，告诫全党要做好与蒋介石分裂的准备，称：蒋介石已经从革命走到反革命，国共破裂的前途已经确定了，"对于以蒋介石为首的反动了的大地主大资产阶级，我们过去一面斗争一面联合的两面政策，现在已经不适用了，对于他们，我们现在已不得不放弃联合政策，采取单一的斗争政策"。今后的斗争方向，就是要"动员全国人民，孤立与克服大地主大资产阶级及其首领蒋介石的反动，使一切主张抗日与民主各阶层的人民代表去代替反动了的大地主大资产阶级，组织抗日民主的国防政府"。但是，它同时也不能不承认，由于日、蒋尚未公开妥协，以及受到各方力量的牵制，国共目前未完全破裂。因此，当前的策略仍然应当是政治上坚决反攻，

---

[1] 《毛泽东关于时局发展情况给周恩来的通报》（1941 年 1 月 30 日）、《毛泽东关于请问崔可夫苏联何时可以公开援助我们给周恩来电》（1930 年 1 月 30 日），转见杨奎松：《中共与莫斯科的关系（1920—1960）》，（台北）东大图书公司 1997 年版，第 462—463 页。

而军事上须取守势。[1]

三、从政治攻防战到再度妥协

蒋介石国民党这时并不了解中共中央内部围绕着政治反攻，还是军事政治同时反攻所展开的上述讨论过程。但是，中共中央的激烈反应和对国民政府的公开抵制，以及由此而引发的国民党内部的意见纷争，和国内外舆论的强烈批评，还是让本以为自己的处置一定能够“发生有效而良好的反响”的蒋感受到了巨大的压力。[2]

自皖南事变发生，周恩来等就以重庆为基地组织宣传攻势，严厉批评国民党的内战行径。虽然在国民党严格的新闻检查制度压制下，此种宣传对一般民众影响有限，但却在国民党内和国际舆论方面引起了极大反响。发动剿灭黄河以南中共军队的计划，主要是国民党内军事领导人鼓动和坚持的结果，国民党内多数高层干部直至事变发生都被蒙在鼓中。因此，包括事变期间一直紧张地在蒋介石与周恩来之间担任联络的张冲，当着周恩来的面也唉声叹气，表示“没有脸见人”。宋庆龄、何香凝、柳亚子等更联名上书蒋介石和国民党中央，痛切陈词。冯玉祥也转告中共代表，暗中表示同情，并断言此定为何应钦之阴谋。孙科得知消息后，虽对人表示他对此不能有所作为，但也深表忧虑与愤慨。在 1 月 16 日讨论处置新四军问题的国民党党政各机关专门会议上，文职官员与军事领导人明显地发生意见分歧。直至准备发布取消新四军命令的当天上午，王世杰还赶赴蒋介石的寓所，恳切说明如此处置，不仅有促成大规模内战之危险，而且对有关援

[1] 《中共中央关于目前时局的决定》（1941 年 1 月 29 日），前引《皖南事变（资料选辑）》，第 198—199 页。

[2] ［日］古屋奎二著，中央日报社译：《蒋总统秘录》，第 12 册，（台北）中央日报社 1977 年版，第 115 页。

助国之观感及沦陷区人心均不免有重要的负面影响。[1]

为争取社会及国际舆论，国民党中宣部还在事变发生前，就明令重庆各报务必发表文章、社论，痛责新四军不听命令，擅自行动。一些报纸为生存计，或措辞含混，或私下里向中共表示歉然。国内各小党派更是对国民党的这种做法表示反感。据周恩来报告说，基于对国民党的严重不满，章伯钧、左舜生等拟发起成立民主联合会，以团结各党各派无党无派和国民党左派，与中共合作，共同进行民主和反内战运动。第三党亦因当局压力日渐左倾，提出了以联苏联共为中心，与中共更密切合作的建议。[2]

最让国民党人感到不安的，是国际上的舆论。在华苏、英、美等国外交人员的倾向性不用说了，光是封锁事变消息一事，就在重庆的外国记者中间引起极大不满，纷纷向负责国际新闻宣传的董显光提出质问。苏联《真理报》公开发表消息，声称皖南事变并非偶然，其他中共军队亦将被国民党所解决。美国记者斯诺（E. Snow）和与罗斯福（F. D. Roosevelt）关系密切的前海军陆战队少校卡尔逊（I. Carson），也前后在美国报纸发表言论，抨击国民党制造皖南事变，扬言中国将会爆发严重内战。英国援华总会这时也致电蒋介石，要求给新四军以正当待遇。甚至事变后不久，美国政府也公开表示对国共冲突严重关切，这时来华考察的美国总统特使居里（L. Currie）甚至告诉蒋介石，他所希望的美国援款及其他财政帮助，在国共纠纷未解决之前事实上难以有任何进展。驻美大使胡适也报告说：“新四军事件，美国人士颇多疑虑……其左倾者则公然批评我政府。”[3] 事实上，事变后的海外华人舆论几乎一致在批评国民党。仅一个半月左右，仅有据可查的发给国民党中央的其海外党部和各有关华人团体的批评电就在数十通以上，

[1] 《宋庆龄等致蒋总裁暨中央执行委员、监察委员诸同志》（1941 年 1 月 12 日）、《新四军事变后的各方动态》（1941 年 2 月 7 日），《皖南事变（资料选辑）》，第 254—255、257—258 页；《王世杰日记》，第三册，台北：“中央研究院”近代史研究所 1990 年版，第 5—11 页。

[2] 转见《周恩来年谱（1889—1949）》，人民出版社、中央文献出版社 1989 年版，第 489 页。

[3] 转见《周恩来传》，人民出版社 1989 年版，第 491 页；《美国外交文件》（FRUS），1941，Vol.5，pp.610-611；中国社会科学院近代史所编：《胡适驻美大使期间来往电稿》，第 101 页。

其间充满惋惜激愤之词。

自1月17日军委会发言人宣布国民党处置新四军事件的决定之后，蒋介石就试图就事论事，尽快息事宁人，故强调要"以指斥新四军为限"，"应不涉及共产党或第十八集团军"，避免使事态进一步扩大化。[1] 18日，即《中央日报》发表撤销新四军番号令的当天，周恩来不顾国民党的新闻封锁，通过《新华日报》刊出"千古奇冤，江南一叶，同室操戈，相煎何急"的抗议题词。这一针锋相对的大胆举动，对国民党中一些人刺激颇大，他们强烈要求立即查封该报。白崇禧专门为此事打电话给刘为章，要其转呈蒋，坚决封闭《新华日报》和八路军办事处。商震亦专门上书蒋介石，要求给《新华日报》停刊五至七天的严厉处分。据此，宪兵队抓去了新华日报营业主任。可是，蒋介石并没有批复白崇禧和商震的呈文，而且下令特务机关一律不准以武力进入新华日报社。在周恩来跑去向张冲大吵要求放人后，蒋还做起了和事佬，声称："对于共党，在军事方面须严，政治方面不妨从宽。"[2] 结果，不仅《新华日报》的营业主任第二天即被放出，《新华日报》也照出不误。

正是根据蒋的意见，国民党中宣部23日受命秘密指示各宣传单位，对皖南事变之说明要严守范围，即此仅为军事问题，不是政治问题；是内政问题，不是外交问题；是局部问题，不是全国性问题。25日，蒋在接见苏联大使潘友新时，也明确表态说："这绝非政治或党派问题。"八路军如能遵照政府令如期北调至冀察地区，则中央仍将以国民革命军之一部待之，一视同仁。至27日，蒋介石更进一步发表谈话，公开强调此次对新四军"纯然是为了整饬军纪，除此之外并无其他丝毫政治或任何党派的性质夹在其中"[3]。

---

[1] 《王世杰日记》，第三册，第11页。

[2] 《困勉记》，1941年1月20日条。

[3] 《王世杰日记》，第三册，第14页；蒋介石：《整饬军纪加强抗战》（1941年1月27日）；《蒋介石与苏联大使潘友新谈话记录》（1941年1月25日），《蒋总统秘录》，第115—117页。

但是，不管蒋介石做何解释，中共中央也无法接受国民政府军委会发言人1月17日宣布的对新四军的处置办法。1月20日，中共中央为争取政治上的主动，已要求周恩来向国民党提出皖南事变善后办法十二条，要求国民党停止挑衅，撤退华中“剿共”军，平毁西北的封锁线，惩办事变祸首何应钦、顾祝同、上官云相，撤销十七日命令，恢复叶挺自由，及交还全部被俘人枪等。[1] 至25日，中共中央更进一步扩充了这十二条的要求，要求周恩来将此解决皖南事变、挽救时局危机的十二条办法，经张冲转交国民党中央。其内容为：一、悬崖勒马，停止挑衅；二、取消一月十七日的反动命令；三、惩办皖南事变的祸首何应钦、顾祝同、上官云相三人；四、恢复叶挺自由，继续充当军长；五、交还皖南新四军全部人、枪；六、抚恤皖南新四军全部伤亡将士；七、撤退华中的反共军；八、平毁西北的封锁线；九、释放全国一切被捕的爱国政治犯；十、废止一党专政，实行民主政治；十一、实行三民主义，服从总理遗嘱；十二、逮捕各亲日派首领，交付国法审判。[2]

中共中央的上述条件，明显地是政治反攻的一种手段，并不真的期待国民党会接受它。毛泽东不止一次地解释说：所以采取这一策略，根本上是因为以此“可以对付两种情势中之任何一种：如蒋业已准备全面破裂，我们便是以破裂对付破裂；如蒋并未准备全面破裂，我们便是以尖锐对立求得暂时缓和”[3]。不过，注意到毛泽东20—23日反对再与国民党发生任何公文往来，声称对蒋已无话可说，25日又正式提出十二条办法，通过张冲转交国民党中央，并说明在蒋不准备全面破裂的情况下，中共之策略仅限于“以尖锐对立求得暂时缓和”，“不断绝和他们来往”，不公开反对蒋及整

[1] 转见《周恩来年谱》，第488页。

[2] 同上，第489页。

[3] 《中共中央军委关于皖南事变后八路军新四军紧急工作的指示》（1941年1月20日）、《毛泽东致彭德怀、胡服并周恩来电》（1941年1月25日）、《中共中央关于目前时局的决定》，前引《皖南事变（资料选辑）》，第185、191、198—199页。

个国民党，这说明中共的态度其实也存在着适时调整的某种可能性。当然，十二条的核心要求是废除 17 日令，围绕着这个问题，国共双方一时都难以做出真正意义上的妥协。因此，即使在 25 日以后，毛泽东也反复强调：“我们领导的军队已被宣布为叛变，我们已无任何可能再与蒋介石发生关系”，“除非蒋介石取消十七号命令及实行其他必要步骤，我们只有和他对立一途，因为我没有别的路走”，就连谈判的余地也“已被蒋剥夺干净了”。“如要转弯，除非蒋介石取消一月十七号命令及作其他必要表示，否则我们决不能转弯。”不仅不能转弯，而且还应该“要求他们发护照，立即回延”，以示强硬。仅仅是由于周恩来权衡利害，力主撤退也要采取逐步的办法，不好一下子走光，弄成破裂的样子，中共的主要代表才在事变后得以继续在重庆留了下来。[1]

1 月下旬，日军突然对国民党正面守军发起大规模进攻，张冲找到周恩来，提出国共必须找到妥协办法，而他提议以华中中共军队展期北移和将新四军归入八路军增编一军的办法，使双方矛盾得以缓解。尽管张冲声明此纯为私人意见，但中共方面显然将其视作蒋介石示弱的一种表现。与此同时，由于日军继续进攻国民党军，显示出前此中共把事变的发生与国民党投降可能相联系，并无根据，毛泽东也迅速提出：“日蒋矛盾仍是目前的基本矛盾”，估计“反共高潮可能下降”，因而重又开始设想恢复国内团结的可能性。从中共中央 2 月 2 日给各地领导人的指示中可以看出，中共虽然仍旧明确要求坚持十二条，“目前绝不松口”，但它事实上已经提出准备“在适当条件下不拒绝妥协”的问题。[2] 随着蒋用于包围陕甘宁边区的中央军部分东调增援，华中地区国民党军队处境困难，毛泽东明确讲：“东条公开说：‘华北是日本人的根据地，蒋介石要驱逐华中共产军去华北，破坏日本利益。’这一点我们过去却没有估计到。”进而他又估计：“蒋介石原知一、二、三

[1] 《毛泽东关于对付蒋介石的方针致周恩来电》（1941 年 1 月 27 日），《皖南事变（资料选辑）》，第 193—194 页。

[2] 《中共中央关于日军进攻河南及我党对于时局方针的指示》（1941 年 2 月 2 日），《皖南事变（资料选辑）》，第 202—203 页。

月内敌人要进攻的，他之所以发动皖南事变，发表'一·一七'命令及部署大军进攻淮北、皖东、鄂中新四军，均是想以反共停止敌人进攻。……岂知日本人的想法是另一样。"既然如此，那么可以想见，国民党对共产党的军事进攻自然不会继续了，其"剿共计划已经根本打破了"。因此，他又重提1940年朱彭佳电中的观点，强调可以据以发挥，说明中共早已看到鹬蚌相争的严重后果。且相信"敌人攻得如此之急，'一·一七'命令如此丧失人心，他的计划全部破产，参政会又快要开了，（蒋）非想个妥协办法，（否则）更加于他不利"。[1]

面对即将召开的参政会二届一次会议，采取何种态度，对国共两党关系影响甚大。由于参政会自1938年以来一直是国共合作的一个重要场所，中共领导人毛泽东、王明、周恩来、林伯渠、董必武、邓颖超等共七人均为参政员。但这个时候出席参政会，势必会给国民党和外界一种示弱的印象，故周恩来不赞成参加本次会议。他接连给毛泽东去电，除同意毛泽东的形势分析外，明确表示不同意现在与国民党求得妥协。接周电后，毛泽东亦复电称："估计是一致的，反共不会变，高潮可能下降，剿共可能停顿。""但对蒋让步则危险（如你所说），目前是迫蒋对我让步时期，非我对蒋让步时期，熬过目前一关，就好办了。"因"蒋从来没有如现在这样受内外责难之甚，我亦从来没有如现在这样获得如此广大的群众（国内外）"。值得注意的是，毛泽东虽然注意到此次中央军损失不大，"他们仍能布置对付我们"，且陕甘宁边区五道封锁线，国民党集中了八个师加两个旅，随时有进攻的危险，但他依旧还是承认，过去估计蒋要投降而试图采取军事攻势，若实行，确实是"极错误政策"，因为"会妨碍蒋之抗日"。而后来决定采取军事守势政治攻势是完全正确的，因为这样"只会迫蒋抗日，不会妨蒋抗日"；"只会拉拢国共，不会破裂国共"。至于善后十二条要求，毛泽东这时的态度也

[1] 《毛泽东关于对蒋介石政治动向的估计给周恩来的通报》（1941年2月7日），《皖南事变（资料选辑）》，第206页。

很清楚明了，即“我们目的，不在蒋承认十二条或十二条之一部分，他是不会承认的（当然对党内外群众都不如此说，仍是要求蒋承认），而在于以攻势打退攻势”。[1]

基于这样一种策略考虑，周恩来在与各小党派协商后，明确提出应将十二条提到参政会上要求讨论，表面上“以期恢复国共团结，重整抗日阵容，坚持对敌抗战”，实际上意在扩大政治攻势，造成国民党更大的被动，逼其让步。对此，中共中央考虑后复电表示同意。[2]19 日，周将中共七参政员致国民参政会公函送交王世杰，声明在中共中央所提十二条未得政府裁夺之前，中共参政员碍难出席本届参政会。王接函后当即托张冲转告周恩来：“如此做法，只能促成破裂，决不能威吓中央，盼其将来电撤回。”张冲对此更是十分担心，从 19 日晚开始，反复通过电话和信函形式，要求周恩来暂行收回公函，以便他从中奔走，请蒋约周谈话。他明白告诉周说：十二条虽已提出一月，举国皆知，但均为对外宣传，尚非正式公文，他也从未转交给蒋，“今向参政会提出，势必付诸讨论，而其中有取消‘一·一七’命令，取消一党专政，蒋是吃软不吃硬的，结果必致翻脸”。对此，周严词拒绝，指出：“翻脸已半翻脸了，现在所能做的，不过是讨伐令，全国清党，逮捕办事处人员，封闭《新华日报》等等，我们已经准备着了。至于见蒋，必不能得结果，仍是撤过黄河那一套。”在请示延安后，周再告张冲，致参政会公函不能撤回，如国民党同意商谈，但认为不宜在参政会讨论，自可在会外谈判。只是在没有取得满意结果之前，我们不能出席参政会。[3] 双方为此反复交涉，未得结果。

坚持十二条，中共中央之目的只“在于以攻势打退攻势”，因为国民党

[1] 《毛泽东关于在国共关系僵局中对国民党的策略致周恩来电》（1941 年 2 月 14 日），《皖南事变（资料选辑）》，第 207—208 页。

[2] 《周恩来年谱》，第 492 页；《中央书记处致恩来同志电》（1941 年 2 月 14 日），《皖南事变（资料选辑）》，第 212 页。

[3] 《王世杰日记》，第三册，第 27—28 页；《周恩来年谱》，第 493 页。

局部地区仍有加强反共的趋势。当然，毛泽东这时已明确地不赞成部分地方军事领导人乘国民党之危而实行报复措施的想法了，他强调："目前政策的中心出发点是利用日蒋矛盾"，"我党领导的一切武装部队，包括新四军在内，目前对反共军基本上只应该打防御战，不应该打进攻战，不应该企图在大后方发动反蒋的游击战争。""必须抑制部队可能发生的急躁情绪，必须使部队高级人员懂得，一方面要准备对付可能的突然事变（全面破裂），一方面又要在自己的行动上避免引起过早的破裂。要知道破裂愈迟愈有利，愈早愈有害。"[1] 而只要不在军事上进攻，不妨碍蒋介石抗日，他相信就不会有大问题，蒋"不投降不会宣布全面破裂"。因此通过政治攻势把国民党打到防御地位，是唯一的缝合国共关系裂口的办法，一旦使他不能再进攻了，"国共好转的可能性就有了"。[2]

张冲出于对国家前途的强烈担忧，再三找周恩来做工作。25、26、27接连三天，张冲向周"苦苦哀求"，甚至不惜"为了国家"愿跪下恳求中共撤回公函。因为他认为"十二条中，取消命令，取消一党专政，今天实做不到"。他并告诉周说，蒋介石这时也再三提到中共出席问题，表示同意选周恩来为主席团成员。各小党派更是积极介入，乃至提议组织特种委员会，以蒋为主席，周为副主席，在参政会内外共同讨论解决国共关系问题。蒋也满口应允。但中共中央26日已明确指示周恩来："张冲所提条件不能接受。七参政员公函不能撤回。""如彼方有诚意解决问题，则应：（甲）参政会延期两个月开会；（乙）在两个月内解决十二条及一切悬案；（丙）派机送恩来回延开会，以便讨论彼方意见。"[3]

面对中共中央的强硬态度，蒋介石明显地感到不耐烦了。他说：如中

[1] 《中央军委关于皖南事变后我军军事方针的指示》（1941年2月17日）。

[2] 《毛泽东关于国共关系僵局中对国民党的策略给周恩来电》（1941年2月14日）。

[3] 《周恩来关于同张冲谈拒绝出席参政会问题给毛泽东的报告》（1941年2月26日）、《中共中央关于不出席参政会问题给周恩来的指示》（1941年2月26日），《皖南事变（资料选辑）》，第219—220页。

共参政员“决定不出席，惟有根本决裂”。结果各小党派倍感紧张。眼看3月1日参政会开幕在即，27、28两日各小党派代表接连与周恩来、董必武等商谈至半夜，力劝中共设法出席，并强调说蒋已同意成立各方面委员会以讨论各项有争议的问题。[1] 28日，各方更星夜等候来自延安的答复。各小党派领导人齐集张君劢家等至半夜始散。梁漱溟离开张家后又在黄炎培家与黄整整等了一夜周恩来的电话。救国会沈钧儒、陶行知、李公朴、史良、沙千里等也开会至半夜讨论中共出席之利弊。蒋介石的待从室这天夜里也几次打电话问王世杰消息。第二天一大早，各党派电话不断，一些人更亲自跑至曾家岩办事处来，恳求中共代表出席大会。[2]

鉴于撤回十二条绝无可能，而对中共友好之各小党派态度恳切至极，为表示“仁至义尽”，中共中央最终决定提出临时办法十二条，不提取消蒋令、取消一党专政以及惩办何应钦等国民党无法办到的要求，只要求承认中共两个集团军共六个军；承认边区及敌后抗日政权的合法地位；华北、华中、西北防地维持现状；释放叶挺及所有被俘干部等。中共中央指示周：可以周或董个人名义向张冲提出，“在以上各点见之明令及事实后，我党可以出席参政会”。[3]

周恩来3月1日凌晨得到延安电报，一早就和董必武往见张冲，示以中共新条件，并说明必须使参政会延期两周才有商量解决这些问题的可能。张冲当时即打电话给蒋介石，蒋在电话中要求张转告周，无论如何先请董必武、邓颖超先出席当天的参政会，参加选举主席团。周再见黄炎培、江问渔、梁漱溟等，说明必须延期之理由，但黄等表示无法做到。随后张冲、黄炎培、沈钧儒、左舜生、梁漱溟四人又先后奉蒋之命前来曾家岩请董、

[1] 《周恩来、董必武关于各小党派提议组织各党派委员会问题给中共中央的报告》（1941年2月27日），《皖南事变（资料选辑）》，第220—222页。

[2] 黄炎培1941年2月27、28日日记，《黄炎培日记》，第49册（1941年），中国社会科学院近代史所藏。

[3] 《中共中央关于提出临时解决办法十二条问题给周恩来的指示》（1941年2月28日），《皖南事变（资料选辑）》，第222—223页。

邓出席，均被董、邓所拒。如此这般劝说一早，当天的参政会开幕式也被迫拖后一小时。据事后黄炎培说，蒋到会讲话“无精打采”，国民党参政员也因事先打过招呼而一反常态地“鸦雀无声”，“任各小党派代表提议”。结果，各小党派代表动议延期一天选举主席团，以待再劝中共参政员出席。会后，张冲及各小党派负责人又纷纷来劝。对中共的临时办法十二条，张冲诚恳表示，多数都可设法，但扩编军队为两集团军六军难以做到；维持防地问题基本精神仍须遵守“中央提示案”，敌后政权须照新县制设置和组织，等。[1]

注意到这种情况，在重庆的中共代表都感到“此次参政会我们得了大面子，收了大影响”。周恩来兴奋地报告说：“蒋亲提主席名单，昨夜今朝连续派两批特使迎董、邓，一百多国民党员鸦雀无声，任各小党派代表提议，最后延期一天，蒋被打得像落水狗一样，无精打采地讲话。全重庆全中国全世界在关心着、打听着中共代表究否出席，人人都知道延安掌握着团结的人是共党中央。毛同志的威信，在两个参政员及我们的态度上表现出来了。……一切胜过我们的万千言语。”“参政会的文章已做到顶点，应该转个弯了。”考虑到“现在全重庆都在等待我们消息，盼望我们出席”，周恩来等显然倾向于就此下台阶。他们因此建议：“将停止军事进攻、政治压迫十项要求（共有二十多件）于开会前直接见蒋，并当面交他，请蒋立刻负责解决，其他基本问题，在参政会开会时讨论。”他们唯一感到犹豫的是：“一切谈判均无保证，而且还未具体化，如出席，太便宜（蒋介石）这个大流氓。”如硬到底，“在蒋这种历次摇尾乞怜状态下，人心是不能不受影响的，而蒋也有流氓的一着”。然而，中共中央并不认为已经到了该下台阶的时候，于3月1日再电周恩来等，明确指示：“临时办法无结果，无明确保证，绝对不能出席，必须坚持我们的原则立场。”毛泽东并具体解释说：经过反复讨论，书记处一致认为，蒋正发动一切压力迫我屈服，我若出席，则过去有理有

[1]　《周恩来关于与张冲谈判情况给中共中央的报告》（1941年3月1日）；《周恩来关于出席参政会问题给中共中央的报告》（1941年3月1日），前引《皖南事变（资料选辑）》，第224、225页。

利的政治攻势完全崩溃，立场全失，对我一切条件他可完全置之不理，一切文章不能做了，因此决不能无条件出席，因为蒋是决不会给以明令保证的。“只要熬过目前一关，就有好转可能，在半年内能解决善后条件，我仍准备出席九月间的二次参政会。”[1]

中共参政员到底没有出席二届一次参政会，蒋介石也并没有实行“根本决裂”。但是，由于受到党内的压力，蒋在会议召开之初就秘密召集国民党参政员，向他们解释说：国共最终总要分家的，对此用不着担心，单从军事上，三个月就可以消灭共产党，问题是目前还不是时候，目前政治上还只能是防御。[2] 当然，在公开场合，蒋的讲法又是一样。他在 3 月 6 日的参政会上一边公开批评中共所提两个十二条都是“信口雌黄，颠倒黑白”，声称军事早已国家化，中共不应将八路军、新四军视为“一党所私有的军队”，一边重申“剿灭”新四军并非“剿共”，他不仅“决不忍再见所谓剿共的军事，更不忍以后再有此种剿共之不祥名词留于中国历史之中”。因此，他恳切希望中共能本着“兄弟阋于墙，外御其侮”的精神，与国人“精诚团结，共赴国难”。[3] 重庆国民党的《中央日报》这时的社论也同样保证说：“只要中共不脱离抗战阵线，事件不致扩大，而剿共事实亦不至发生。”[4]

对于蒋之演说与参政会通过之涉及中共军队及政权问题的提案，周恩来肯定其仍为防御性的，毛泽东则称其为“阿Q主义，骂我一顿，他有面子，却借此收兵，选举（董）必武为常驻参政会员及近日西安放人，似是这种收兵的表现”。然而，蒋既然仍是一打一拉的两面政策，毛亦主张继续其一打一拉的两面政策，把这种拉锯式的斗争继续下去，“直到我们的临时办法

[1] 《中共中央关于不出席参政会问题给周恩来、董必武、邓颖超的指示》（1941 年 3 月 1 日）、《毛泽东关于坚决不出席参政会问题致周恩来电》（1941 年 3 月 2 日），《皖南事变（资料选辑）》，第 226、228—229 页。

[2] 转见孟广涵主编：《国民参政会纪实》（下），重庆出版社 1985 年版，第 834 页。

[3] 蒋介石：《政府对中共参政员不出席参政会问题的态度》（1941 年 3 月 6 日），转见《国民参政会第二届第一次大会纪录》，国民参政会秘书处编印，1941 年 10 月。

[4] 重庆《中央日报》1941 年 3 月 9 日社论。

各条实际上被承认（主要是扩军、防地、《新华日报》及路上少捉人）”。[1]

蒋介石在参政会上的讲演和毛泽东随后的指示，再清楚不过地表明国共两党这时都在设法缓和。而尤为引人注目的是，毛前此所说的以半年为期“解决善后条件”，中心盘子已由两个十二条，减少到同意扩编军队、维持现有防地、保证《新华日报》正常发行，和不得在进出边区的交通线上随意捕人这四点。由于避开了蒋介石极为敏感的皖南事变善后及17日令等问题，双方之间的交涉明显地变得容易了许多。14日，蒋介石与周恩来的谈话中，也不再提起中共军队北移问题了，明确讲：“只要听命令，一切都好说，军队多点，饷要多点，好说。”至于不得压迫《新华日报》，以及释放前此扣留的进入边区的中共有关人员和发放通行护照等事，蒋都满口答应下来。据此，周致电毛泽东提出：可否先解决这些小问题？毛当即表示同意。至4月26日，毛更明确指示周恩来说：可以向蒋“表示我党愿意同国民党继续团结抗日，惟望国民党改变对内政策，并对八路发饷，合理解决新四军问题”。[2]

至此，因皖南事变引起之两党全面对抗局面，至少在形式上算是告一段落。尽管此后中共一度又提到新四军问题，但仍只限于要求同意整编其“余部”及给予经费方面，再未提出取消蒋令及释放所有人员枪弹等问题。[3] 5月，日军进攻中条山，蒋介石要求八路军出动配合作战，中共中央也公开表示了愿意出动八路军策应的姿态。至11月参政会二届二次会议召开之际，中共方面甚至更将条件降低到只要“放叶发饷”做到一件即可参加。[4] 最后，

[1] 《毛泽东关于目前政治、军事形势的估计给周恩来的通报》（1941年3月12日），《皖南事变（资料选辑）》，第232页。

[2] 《周恩来关于同蒋介石谈判问题给中共中央的报告》（1941年3月15日）；《中共中央关于同蒋介石谈判问题给周恩来的指示》（1941年3月15日）；《毛泽东关于国共继续团结抗日问题致周恩来电》（1941年4月26日），《皖南事变（资料选辑）》，第235—236、237、240页。

[3] 5月间中共曾特别提到国共和解条件三点：即（1）停止逮捕共党人员，及反共军事和交通封锁；（2）继续发给八路军各月份经费及弹药被补充；（3）新四军余部尚有八九万人应即编整至移防。《陈宏谟致重庆军令部徐部长电》（1941年5月7日），《中国现代政治史资料汇编》，第3辑。

[4] 《中央书记处关于放叶发饷必作一件方能出席参政会致周恩来、董必武电》（1941年11月11日）。

国民党一件未做，中共权衡利弊还是派董必武和邓颖超参加了这次会议。这意味着，皖南事变之“善后”工作已不复存在，国共两党因为事变所引起的破裂危险，业已消弭于无形之中了。

不过，皖南事变所引起的国共党关系的重大改变，却不是两党形式上的这种妥协所能消弭的。国民党虽然不顾一切地摧毁了七千新四军并宣布撤销了其番号，但新四军照样存在，并且所占地区及兵力越发扩展与壮大，其在新四军范围内的国民党军队反而一一被驱逐或消灭，国民党其实一无所得。更为重要的是，皖南事变根本破裂了两党之间的感情联系。从蒋介石在参政会密示国民党参政员国共一定要分裂，和国民党军委会办公厅3月18日发布的改“某党”为“奸党”令等事实看[1]，国民党在事变后显然已经正式决定把中共视同“汉奸”，必欲加以“剿灭”。同样，从前述毛泽东对蒋介石的判断，和中共中央所作出的有关决定看，中共方面对与国民党真诚合作，也不再抱有任何幻想。于是，皖南事变自然成了抗战期间国共关系逆转的一道分水岭。事变前，中共军队虽然已经在独立指挥、自行发展，但它仍旧隶属于国民政府之下，至少名义上仍随时呈报并请领军费补充，形式上仍旧使用着统一的货币和遵守着统一的政令、法令。国共之间军事上的磨擦冲突也仍可通过正常途径反映或协商。因此蒋之命令或要求，一般总还具有一定的约束力。事变之后，国民政府断绝对中共军队的一切供给与补充，切断了自己与中共军队的一切关系，结果反使自己威信扫地。中共政权与军队从此断绝与国民政府之间的一切上下级关系，自设银行，自发货币，自定法规法令，各行其是，完全脱离国民政府而自行存在，蒋也失去一切命令之权。调和两党关系之困难，也就可想而知了。

当然，抗战期间的国共关系也仍旧是受着抗日战争的大形势制约的。即不论国共两党利害关系有多大的不同，国民党如何看不起中共的武装，中

[1] 《谷正纲部长准发军事委员会办公厅关于改“某党”为“奸党”令》（1941年4月7日），南京第二档案馆藏国民党社会部档案，（十一）4953。

共如何看不上国民党，它们最终还是要暂时将自身的利益服从抗日的利益需要。因此，即使国民党内相当一部分领导人早就心存“剿灭”中共的想法，但无论事变前，还是事变后，他们都不能不把自己的行动保持在有限的范围之内。同样，中共在遭受了重大损失之后，它本可采取更加激烈的对策，但也不能不顾及到争取国民党继续抗日这个事实，因而极力地限制自己实行报复政策和对抗政策的范围。由此可知，在抗战期间，民族矛盾终究是高于两党之间的矛盾的。国共两党不论闹到何种地步，也还是不能不走向妥协。

第十一章

国共两党攻防态势的转换

皖南事变后的国共关系固然走向全面紧张和全面对抗，但随之而来的苏德战争和太平洋战争的相继爆发，使中共中央被迫再度调整自己的政策。由于美、英和苏联结成战时同盟，毛泽东很清楚，这种情况下战后来自国际的压力势必要求中共与国民党进行妥协。为了争取最好的妥协条件，毛泽东甚至一度提出拜会蒋介石的提议。尽管由于党内的反对，毛泽东放弃了这一计划，他还是派林彪前往重庆去与蒋介石联络感情。而后更郑重其事地派出陕甘宁边区政府主席林伯渠前往西安和重庆，与国民党进行正式商谈。只是，由于共产国际很快宣告解散，国民党人相信共产党已经失去国际靠山，因而过高地估计了自身的优势，反而使双方关系再趋紧张。紧接着 1944 年日军发动“一号作战”，国民党军一溃千里，美国人开始重视中共，坚持向延安派出美军观察组，中共遂又转入强势地位。对于国际国内形势如此频繁急速的变动，蒋介石和国民党人显然没有足够的思想准备。

一、蒋毛会见计划的流产

1941 年 1 月皖南事变发生前后，国民党内在对共产党问题上主要有三派意见。一派以白崇禧为代表，力主乘中日形成僵持局面，马上开始实施军事“剿共”计划，不怕与共产党关系破裂。一派以贺衷寒、张治中为代表，反对采取军事办法，主张通过谈判化解双方的感情对立，具体问题具体解决。对这两方面的观点，蒋都不以为然。蒋介石比较倾向的，是以胡秋原为代表的另一派观点。他们相信和平解决共党问题已无可能，但“目前非武力解决共党之时”。其理由是 :“(一) 敌人大军尚压国境，一旦武力冲突，将与日寇以可乘之机。(二) 本党军力虽优于共党，但尚不能一举而击溃之，一旦旷日持久，可生他变。(三) 共党问题为一政治问题，不能全恃军事解决。过去总裁在剿共时期曾有三分军事、七分政治之名言，今日本党政治虽有进步，但现有之政治，如无军事之掩护，尚不足以应付共党。(四) 共党以其宣传策略在社会上、在民间仍博得一部之信望。(五)海内外民众惟恐内争，一旦武力对共，必引起人民之恐慌。（六）苏俄与共虽非一体，但苏俄愿见共党势力强大，则不成问题。我国今日虽不倚赖苏俄，但苏俄友谊仍为必要。一旦武力对共，苏俄有停止对我供给，及与敌人妥协可能。（七）英美虽不愿中国共党势大，但亦不望中国此时内战，一旦武力对共之事发生，足影响国际对我之观感。”因此，他们的观点是：“制裁共党最良时期为对日大反攻之时”。此前可以“争取时间，充分准备”，并“于接近共党之区，建立碉堡，防止共党之扩张，且为他日缩小包围圈与推进据点，逼共军与日军冲突，或可收一石二鸟之功”。到对日反攻时，“以排山倒海之力追击日寇，乘时将共军加以扫荡，最为适当”。[1]

胡秋原等人这时显然不了解，蒋介石其实已经开始在陕甘宁边区附近尝试用“建立碉堡”的办法来对付共产党的扩展，并做以后必要时推进之据点了。不仅如此，蒋实际上还展开了对中共各个根据地，特别是对陕甘宁边区的全面封锁，力图隔断中共与外界的一切联络。只是，建立碉堡也好，全面封锁也好，只能达到部分效果。因为国民党军除了能对陕甘宁边区采取筑碉和封锁的政策外，对共产党在敌后的各个根据地可以说根本就无能为力。皖南事变发生，共产党彻底摆脱了蒋介石和国民政府的政令、军令束缚，独立自主，各行其是，甚至敢于公开挑战几年来已经得到全国公认的蒋介石的领袖地位，蒋介石硬不得，软不得；剿不得，抚不得，自然倍感头疼。

让蒋深感庆幸的是，在皖南事变后不到一年的里时间，世界上竟接连发生了两件对中国国内政治具有重大影响的事件。一是6月德国对苏联发动突然袭击，苏联西部防线土崩瓦解，莫斯科无暇东顾，被迫停止对华军援，全力抗德。二是12月日本偷袭珍珠港，美国被卷入第二次世界大战，出于牵制日本的目的，美国开始成为中国最大的援助国，不仅国民政府及国民

[1] 《胡秋原呈对共方针及政策》（1941年1月7日），台北“国史馆”藏蒋中正档案，特交档案（政治防共）50647。

党从此地位无虞，而且中国很快摆脱了苏联的影响，转而成为美国在亚洲最主要的援助对象和同盟者，这让一直对继续暗中支持中共的苏联充满反感的蒋介石倍感释然。在蒋看来，苏德战争使苏联自顾不暇，也意味着共产党失去了国际支持，短期内不再可能危害国民党了。

让蒋介石印证了自己判断的，是太平洋战争爆发 21 天后在苏联治病的原第八路军一一五师师长，他过去的学生林彪突然回国，并且一到新疆迪化（今乌鲁木齐），就专门经过新疆督办盛世才向蒋介石报到。蒋马上就意识到这里面一定有苏联人的意图在里面，因为苏联很可能是急于要缓和国共紧张关系，推动中国抗战，以确保日本不会乘机配合德军从东线发起进攻。蒋自然认为这里面大有文章可做，因而他对林彪回国也表现出很大的兴趣，当即通令西安、兰州党政军在严密监视下一律不得留难，并应极力加以影响。

1942 年 1 月 5 日，林彪飞抵兰州，即受到国民党当地军政负责人朱绍良等热情款待。16 日，林彪抵达西安，更是备受重视。不仅国民党党政军各方分别宴请和谈话，而且蒋介石的嫡系将领胡宗南还专程由前方赶回西安，与林彪晤谈。果然，林彪一回国就大谈国共合作，乃至共同建国的必要性。在 1 月 31 日的谈话中，林彪断言："只要求得抗战胜利，不再内战，而采取各国新机器与技师，建立非帝非社之三民主义国家，则不出数十年，不但能由半殖民地而一跃为独立国，且可成为世界上头等强国。"他说，两党间之分歧，主要为两点，即如何实行三民主义和如何在公平的基础上实行军令、政令之统一，共产党并非怀疑三民主义，并愿意在公平的基础上实行统一军令、政令。对此，胡宗南频频示以同情，称之为"新言论"，甚至当场表示愿意重新调整与陕甘宁边区的关系，可以考虑为八路军补充作战武器，让其干部到战区医院治疗，进而还专门派军医处长到第十八集团军驻西安办事处，为共产党的干部看病，并亲自押车为林彪送来大批军事书籍，以示其诚意。[1]

---

[1] 《林彪关于返国后情形给周恩来的通报》（1942 年 3 月 3 日。）

莫斯科这时的态度显然多少影响了中共中央对国民党的政策。[1] 林彪回国后，国共关系明显地进入较为缓和的时期，双方固然仍未恢复前此各种联系，但不仅军事磨擦明显减少，就是中共过去政治上的进攻，也完全停止下来了。即使是发现 6 月间国民党曾召集军事会议讨论对八路军新四军的布防和行动问题，一直强烈主张进攻的毛泽东，也主张力谋缓和。[2] 据此，7 月初，中共中央开始公开发表纪念抗战五周年的“七七”宣言，宣布说：“我们愿尽自己的能力来与国民党当局商讨解决过去国共两党间的争论问题，来与国民党及各抗日党派商讨争取抗战最后胜利及建设战后新中国的一切有关问题。”[3]

毛泽东决定采取缓和政策，除了莫斯科方面的原因外，也还因为这个时候中共的秘密工作出现了严重的破绽。自 1941 年底开始，国民党军统特务组织成功破译延安与中共驻重庆代表团之间往来的密电。戴笠几乎逐日向蒋介石提供延安与重庆之间来往电报的内容。很显然，这一情况直到 1942 年 1 月下旬才被苏联情报人员发现，并通知了莫斯科和中共中央，但已经泄露了大量机密，并使中共在国民党区域内的一些重要组织机构被连续破获。[4] 这种情况显然让中共中央和其重庆代表团深感紧张和被动。

另一件让中共中央倍感不安的事情，则是八路军驻洛阳办事处处长袁

---

[1] 季米特洛夫 1941 年 12 月中致电毛泽东称：“我们认为，毛泽东必须直接和蒋介石联系，以消除国共之间存在的误会，加强中国人民的团结，使中国的武装力量能够统一起来，组织起反对日本军队的具有决定性的进攻行动。共产党应当表现出最大程度上的理智和果敢。”《季米特洛夫致斯大林、莫洛托夫电》（1941 年 12 月 13 日），转译自 *Chinese Law and Government*，Vol.30 No.1-2，1997，Jan.-Feb.，Mar.-Ari。

[2] 周恩来 6 月 17 日曾密报蒋开以讨论对共军事行动的军事会议，胡宗南部正在做军事准备，蒋西北剿共决心已定的消息。毛当天即复电要周“即找刘为章作和缓运动”。

[3] 《中国共产党中央委员会为纪念抗战五周年宣言》（1942 年 7 月 7 日），《解放日报》，1942 年 7 月 7 日。

[4] 苏联在重庆方面的情报人员报称：“中国中央政府情报机关头子戴笠掌握了中共和八路军在重庆的代表的电台工作用的暗号、密码和发报时间。”“所有中共电台的位置均已被戴笠的机关查到了，电报被截获和破译。1942 年有超过 60 份电报被破译，导致好几位重要的共产党人被捕。”《鲍尔沙科夫致季米特洛夫电》（1942 年 2 月 6 日），转译自 *Chinese Law and Government*，Vol.30，No.1-2，1997，Jan.-Feb.，Mar. -Ari。

晓轩的自首叛变。袁乘蒋鼎文1942年1月12日接任第一战区司令长官之际，于2月3日偕其妻前往自首，当即供出前司令长官卫立煌与中共八路军领导人秘密往来的情况。袁并同时供出了其在洛阳所知道的中共秘密党员的姓名、住址等。袁还供称：中共中央目前的策略原则是："打击顽固力量，争取中间力量，组织进步力量"；自卫方针是"一打一拉，一拉一打，连拉带打"；军事方针是"不准放弃现有阵地一步"，在华北着重"清除异己力量"，在华中着重"巩固阵地"，"共党五十万扩军计划，因军事装备已超过供给力之饱和点，故其武装数量上不得不遭此限制"，现在晋冀豫兵力五六万，冀察晋兵力约五万，山东十万，热察约两万人，察绥约万余，陕甘宁连同地方武装约七万，华中约六万。在大后方和国民党军队内部均采取"隐蔽埋伏"的办法。[1] 袁并声称：他于1939年冬之后即两度向卫立煌表示想要脱离中共投效卫，均被卫婉拒，并似将消息转告给了中共方面，致袁被投毒和跟踪。[2]

更严重的打击是中共南方工作委员会的破获。还在1941年7月，国民党已破获中共江西省委，被捕人员自首后经过国民党特务机关的训练，继续以原来身份与其上级机关南方工委保持工作关系。1942年2月23日，国民党江西省党部上报行动方案称：除准备利用已自首之中共赣省委人员破获中共南方局外，并准备利用省委中有湘、鄂、粤、闽诸省线索者，"打击其高级组织"；利用省委中有出身闽西者，解决闽西中共武装；以省委中过去部属已为新四军长官者，"瓦解伪新四军实力"；利用此次捕获的经验丰富，并熟悉各省情形的中共武装战斗员三十余员，"经训练后，多数编为行动队，即将开去赣闽边境，对付曾镜冰部，如酌量予以配备，亦能潜去皖省，进攻伪新四军"。[3] 随后，不知底细的中共南方工委派组织部长郭潜到曲江交通

[1]　《袁晓轩重要供词录》，1942年2月23日印，台北党史馆藏档，581/370。

[2]　《第一战区司令长官司令部密函戴雨农面呈委座》（1942年2月5日），台北"国史馆"藏蒋中正档案，特交档案50604。

[3]　《冯琦关于伪赣省委破获后扑灭东南各省奸伪实力刍见》（1942年2月23日）、《吴铁城、朱家骅复函》（1942年3月10日），台北党史馆藏档，特—21.10。

站，与江西省委和粤北省委接洽工作，于5月26日被捕，郭在要求生活与生命安全和秘密自首等要求被答允后，即于当晚叛变。郭并带领特务人员于29日抓捕了粤北省委书记李大林和省委组织部长饶富君及交通、译电员等十五人。紧接着，江西广东两省的特务人员在郭潜的引导下，赶赴广东乐昌，于30日密捕了这时化名周织的中共南方局负责人之一廖承志。几天后，南方工委宣传部长涂振农、副书记张文彬等二十五人，与县委一级四十余人亦告被捕。7月9日，郭潜还带领国民党特务人员前往桂林，逮捕了广西省工委副书记苏曼等三十余人。[1] 这一连串打击，使中共在大后方主要的省一级秘密机关几遭毁灭。中共中央被迫正式决定放弃在大后方发展武装斗争的方针，解散省一级党的机构，并且取消南方工作委员会。中共中央明确电示：“鉴于浙江、江西、广东三个省委破坏的教训，秘密党内必须取消省委特委的组织，只保留县委，如某些县委也不能保留者，则只保留支部。”[2]

当然，无论是莫斯科的态度，还是中共秘密工作连遭破坏，都并不是中共中央这时决心采取缓和国共两党关系的主要原因。促使中共中央相信有必要采取此种步骤的，根本上还是国际大势。因为太平洋战争爆发，一向被视为国际反动势力的美、英与苏联结成了反法西斯联盟，预示着战后国际政治格局也必定会是一种妥协的局面。因此，毛泽东相信，只要苏、美、英三大国结为一气，国共关系就不可能继续紧张下去。特别是美国参战，战争很可能会很快结束，现在就必须要考虑到战后不得不继续与国民党合作的情况。这也就是说，必须估计到日本战败从中国撤退时，新四军及黄河以南部队都须集中到华北去，甚或整个八路军、新四军须集中到东三省

[1] 分见《李汉魂致中央调查统计局密呈蒋总裁电》（1942年6月1日）、《江西省党部委员梁栋致吴铁城、朱家骅电》（1942年6月3日）、《破获奸伪南方局暨粤省委组织简报》（1942年6月4日）、《破获奸伪南方局暨粤省委组织续报》（1942年6月20日），台北党史馆藏档，特009—21.5、9、11。

[2] 参见《周恩来关于南委工作的意见致毛泽东和中共中央书记处电》（1941年10月27日），《南方局党史资料（党内建设）》，重庆出版社1986年版，第46—47页；《南方局党史资料（大事记）》，第196—197页。

去，方能取得国共继续合作的条件。[1] 不难看出，苏联和英美之间关系的改变，最直接地推动了中共中央策略的转变。中共方面此时已不能不开始考虑战后实行国民党前此提出的《中央提示案》的必要性和可行性的问题了。这样一来，一度成为国共间严重障碍的国民党的划界方案，又渐渐成为可供讨论的基础。

1942 年 7 月 5 日晚，中共中央驻重庆代表董必武遵照中共中央电示，与国民党代表王世杰谈话约两小时，表示希望政治解决国共纠纷之意，并强调仍将坚持 1937 年 9 月 22 日宣言拥护蒋委员长，服从三民主义的承诺。[2] 11 日，国民党高层讨论后，再派张治中与周恩来及董必武晤谈。周、董主要表示了以下几点意向：(一) 抗战胜利中共有坚定信心；(二) 在取得胜利前必遭空前困难；(三) 克服困难办法主要是国共合作，障碍两党团结的军事政治问题总可谈得解决办法。这是因为，(1) 中共军队在委员长领导下抗日，其历史不同，有其自身特点，想把它一下子变成另一种特殊势力，绝难做到，在真正民主共和制下，共产党并无永远保持特殊军队之意；(2) 政权问题，共产党人虽有局部的和临时的政权，但为抗日需要，共产党人至今尚无与中央政权对立的全国性政权系统，这与内战时期另有中央政权是不同的；(四) 请联络参谋速归延安；(五) 请中央指派人员和共产党代表经常接洽；(六) 请中央了解中共中央“七七”宣言所表明的政治态度。同时，周恩来、董必武都先后提出请国民党释放叶挺及廖承志的问题，并要求见蒋。对于请国民党派回联络参谋事，王世杰、张治中都满口答应，至于中共中央要求见蒋事也同意转达，只是他们一再强调军政统一问题，称此为解决两党关系之症结。故而王世杰与张治中一面要周恩来、董必武考虑具体办法，一面则明确提出进一步商谈是否仍应以何、白皓电即《中央提示案》为基础的问题，要求周恩来等郑重考虑。而在商得结果之前，他们一致认为不

[1] 《毛泽东致董必武电》(1942 年 7 月 2 日)。
[2] 《王世杰日记 (手稿本)》，第三册，台北“中央研究院”近代史研究所，第 325—326 页。

好转达释放叶挺等事。[1]

7 月 21 日，蒋介石亲自接见周恩来。蒋对派回联络参谋事及指定代表与共产党谈判事也都一口答应，并当即指定张治中、刘为章与共产党人谈判，指定卜士奇任日常联络，原来的联络参谋继续去延安工作。蒋介石的态度表明，他也在期待着苏德战争和太平洋战争爆发，共产党的态度能够有一个较大的转变，从而能够通过政治的方法，而不必通过军事的方法，使共产党真正回到国民党的体制当中来。特别是新疆盛世才这时突然开始改变过去依赖苏联的态度，转而归顺重庆中央政府，且西北回民骚动亦得以顺利解决，蒋介石自然更加渴望将共产党问题也一并加以解决。为此，蒋介石于 8 月 14 日再度约见周恩来，告诉他说:“目前战争正殷，敌人不会自撤，中国须自身弄好，则敌人不足惧，国内问题应好好解决。”为此，他明确提出，准备一周后去西安约毛泽东同志一晤，要周电告延安方面答复意见。[2]

蒋介石主动约毛泽东商谈国共关系，显示他对解决两党关系问题这时相当重视。而毛泽东这时看上去也有同样的热情。毛泽东提出：由于“目前英美不愿中国内战，美国表示援华军火不得用于反共，丘吉尔七七致蒋贺电中有抗战五年由于坚持统一战线的话”，国民党态度正在好转。“国民党内部过去有一部分人倾向武力解决，但始终未下决心，现因国内外情势变化及我们坚持合作政策，他们已有改取政治解决的表示。”据此，中共现在也可以向国民党表示：“在战后或反攻阶段具备了北上条件时，我黄河以南部队可以开赴黄河以北。”因此，毛泽东对蒋介石的约谈十分重视，当即复电周恩来：“毛现患感冒不能启程，拟派林彪同志赴西安见蒋，请征蒋同意。”当周恩来去电兰州，向正在兰州视察的蒋介石报告后的第二天，毛泽东再度又电周，称：“依目前局势我似应见蒋，我感冒已十日，过几天要动也可以，惟既已电兰请示，已不好变更，或俟蒋复电后再说。”可见，毛泽

[1] 《董必武关于与张治中谈判经过给毛泽东的报告》(1942 年 7 月 11 日)。
[2] 《周恩来关于蒋欲约毛在陕晤谈事致毛泽东电》(1942 年 8 月 14 日)。

东是很想利用这一机会去见蒋介石的。

8月22日，中共中央政治局会议决定先派林彪去西安见蒋，看情况再定毛泽东是否见蒋。周恩来这时尤其不摸蒋的底细，一再劝毛不必表示见蒋愿望。然而毛泽东却鉴于英美苏日益接近，世界大势已为之一变，影响到中国政治前途，国共两党势必要做长期合作的打算，因而确信自己有见蒋的必要。周恩来不得不于9月5日再电毛泽东，强调“见蒋时机尚未成熟”，并详述其理由称：（一）蒋介石这时虽趋于政治解决，但他之所谓政治，是要我们屈服，决非民主合作；（二）蒋介石对我党我军的观念，仍为非合并即大部消灭；（三）蒋介石对人的观念仍包藏祸心，不可不防；（四）国民党对于国际局势的看法与中国共产党相反，他们多认为英美苏此时正需要中国拖住日本，这正好便利于他们解决西北及国内问题；（五）对于中共中央主张缓和两党关系的“七七”宣言，蒋介石实际上以为是由于苏联让步，而中共不得不屈服；（六）在这种情况下毛泽东出来见蒋，蒋正可利用此一机会打击地方势力和民主势力，而陷我于孤立。他特别以自己屡次要求回延、蒋置之不理一事提醒毛说：一旦蒋介石“藉口留毛长期驻渝，不让回延（此着不能不防）”，“于我损失太大”。[1] 然而，毛泽东仍旧坚持认为：“目前不在直接利益我方所得大小，而在乘此国际局势有利机会及蒋约见机会，我去见蒋，将国共根本关系加以改善，这种改善如果做到，即是极大利益，哪怕具体问题一个也不解决，也是值得的。”[2] 当然，依照政治局的决定，毛泽东同意暂不见蒋，但他坚持：（一）林彪见蒋时，关于我见蒋问题应说我极愿见他，目下身体不大好，俟身体稍好即可出来会见，惟可不确定时间；（二）何应钦、朱家骅及CC系都将在国共谈判时起破坏作用，地方势力及某些小党派亦不愿国共好转，故应告蒋对上两部分人须极力警戒，不听他们挑拨的话。他相信：国内关系总是随着国际关系为转移，自苏德战起，

[1]《周恩来关于蒋毛会谈问题致毛泽东电》（1942年9月5日）。
[2]《毛泽东关于见蒋为改善国共根本关系致周恩来电》（1942年9月3日）。

英美苏好转，直到今天，国共间都没有大的冲突，特别是英美苏订立具体的同盟条约和滇缅路断后，蒋已下亲苏、和共决心，我们估计这个好转的总方向是定了，目前任务是促成谈判，促成解决具体问题。故在此接近国共解决悬案相当恢复和好时机，对于国民党压迫各事，应极力忍耐，不提抗议，避免一切枝节问题，以求悬案之解决与和好之恢复。[1]

9月初，共产党方面得到国民党正式通知，林彪可于日内赴西安见蒋。由于山洪冲坏公路，林彪于14日才得以在国民党联络参谋周励武陪同下乘车出发，17日才到达西安。而蒋已不及等待，于日前离开西安返回重庆了，但留话要林彪转往重庆面谈。据此，毛泽东指示林彪在西安与国民党各方接谈后即应转赴重庆。林彪此后因蒋介石过于忙碌没有时间见林，而不得不在西安停留近一个月，先后与李宗仁、胡宗南、范汉杰、谷正鼎等洽谈，并与蒋介石指定的与共产党接谈的国民党代表张治中见了面。张治中特别对1940年划界谈判中国民党方面的意图进行了解释，他声称：何、白皓电他是起草人之一，当时国民党方面并无驱逐共产党军队于华北绝境之意，且当时华北敌情也并不严重。至于边区磨擦，张治中断言蒋介石向来没有以武力压迫陕北之意，或许有个别人有此主张也难说，但不是蒋。张表示欢迎中共中央“七七”宣言中表现的合作诚意，强调国共关系应当在根本问题上求得接近，否则枝节问题仍是谈不通的。对于林谈到的战后共产党军队愿意北移一事，张当场表示：战后中共军队另划地区是适合时代潮流的，但也绝不可形成国中有国的现象。[2]

10月7日，林彪到达重庆，进而于13日在周恩来陪同下面见蒋介石。双方寒暄后，林彪首先告诉蒋介石，说毛泽东本拟亲自来见蒋，只因当时有病未能前来，待身体康复后仍愿来与蒋一晤。蒋介石问林彪：“汝此次来渝，毛润之先生有何意见转告余否？”林彪称：“我未动身以前，延安方面接得

---

[1] 《毛泽东关于暂不见蒋问题致周恩来电》（1942年9月11日）。

[2] 《林彪关于与张治中会谈情况给毛泽东的报告》（1942年9月23日）。

校长电报，毛先生即提出中共中央会议讨论，并约我数度谈话，其所指示者，大抵系根本问题——如中共对于抗战建国之观察，与国内统一团结问题，以及对于委座之期望等。”接着，林彪围绕如何抗战建国与团结统一，以及两党争论问题谈约一小时。林彪特别转告毛泽东的意见，希望国共两党今后“应彼此接近，彼此相同，彼此打成一片”，称“此三句口号已成为中共普遍成熟之思想，见之于中共七七宣言，且已成为政治上全党所一致遵从之行动，谁也不能动摇。因此，就中共言，不仅现在决不采取违反此种思想之畸形政策，即到将来亦必如此；不仅现在要拥护委座，即到将来亦必拥护”。林彪最后批评国民党“一部分人总是希望挑起内战”，强调“中国社会之特点，决不容国内再发生战争，否则，必为全国社会之所反对”。蒋介石对于林彪的谈话，初则频频点头，而至听到林彪批评国民党有人主张内战时，则一再看手表，明显地不愿再听了。谈话遂就此而止。[1]

林彪此行明显地起到了缓和两党关系的作用。到重庆后，他先后会见了几乎所有国民党在重庆的军政要员，如何应钦、白崇禧、孔祥熙、孙科、冯玉祥、陈诚、张治中、刘为章、康泽、贺衷寒等，及众多黄埔生。据林彪的看法，多数人“对国共关系态度，较党棍公平得多”。毛泽东对这种情况显然相当满意，因而仍对亲去与蒋谈判深感兴趣，要求林彪“到第二次见蒋请提出征询他关于会面的时间地点等”[2]。但周恩来仍旧坚持表示不同意见。周指出：“蒋及国民党负责诸人（连何应钦、康泽在内）均倾向于政治解决中共问题，以代替全面军事破裂，可是，第一，他们并不急于解决，因为他们认为时间愈长愈好”，时间愈长则我们困难愈多；“第二，他们所认识的政治解决，乃是我们听命（服从调遣、统一编制、奉行法令等）于他们的领导下，决非民主的合作和平等的协商；第三，他们政治解决的中心，仍以军事为主，而以能否服从调遣、变更防地为前提，将一切其他问

[1] 《周恩来关于林彪见经过的报告》（1942 年 10 月 27 日）；《蒋委员长召见第一一五师师长林彪谈话纪录》（1942 年 10 月 13 日），《中华民国重要史料初编》，第五编（四），第 236—242 页。

[2] 《毛泽东关于向蒋征询时间地点等致恩来转林彪电》（1942 年 10 月 25 日）。

题归之于不听调遣，便无法改善关系；第四他们决不先提要求……要看我们能做什么让步”。周恩来估计，与蒋介石进一步谈判只能出现以下结果：（一）如不解决具体问题，则目前可在表面上缓和，而实际上绝不放松压迫；（二）如愿解决问题，必须我先让步（必须是军事上而且是防地上让步），我将没有具体收获；（三）如我们只作口头上让步（如表示愿听调遣，但实际困难一时尚难移动），他们亦照样口惠而实不至；（四）如我们能做某些让步（如广东东江游击队改编，湖北撤退等），他们亦可实行某些让步，但不会实现我们全部要求；（五）如林向蒋始终不提全部要求，口头上表示愿听调遣，申明困难，请求接济，蒋高兴时或可答应给点药品之类；（六）如林向蒋提全部要求，而不提愿听从调遣事，蒋必默默不语，且使关系弄僵，不利于目前形势之缓和。鉴于此，周恩来提议：目前应重在缓和两党关系，重开谈判之门，而不应急于解决问题。在步骤上应先谋缓和，只谈大的原则，不及具体，于见蒋时亦可表示愿听调遣，但说明困难，请求停打并准予接济；于见张（治中）时除要求停打外，说明愿听调遣但有困难，某些防地或可移动，惟必须首先解决许多困难。[1] 考虑到蒋与林彪谈话中没有再提约毛谈的话，周恩来的意见亦不无道理，毛泽东于10月28日复电周恩来称：“同意所提方针，重在缓和关系，重开谈判之门，一切不宜在目前提的问题均不提。林在二次见蒋后即回延。”[2] 至此，毛泽东最终接受了周恩来的意见，同意了周对蒋介石国民党的估计，决定暂时不去见蒋了。

二、重回政治解决的轨道

周恩来对蒋介石国民党心态的分析，虽有其依据和道理，但是，1942年正是共产党敌后各个根据陷于极端困难的时期，再加上苏联撤出，美国

[1] 《周恩来关于蒋介石国民党对内外形势的认识致毛泽东电》（1942年10月26日）。
[2] 《毛泽东关于同意所提谈判方针给周恩来的电报》（1942年10月28日）。

进入等因素，预示着战后中国政治情势微妙，因此中共中央急于尽快稳定两党关系，希望能够找到一个可以长期相安无事的解决办法。正是基于这样一种心理，当蒋介石于11月中旬派遣其中央委员郑延卓专赴陕甘宁边区发放赈济款，以示善意时，毛泽东等立即给予高度评价。11月12日至27日，国民党五届十次中央全会召开，通过特种委员会关于《今后对共产党政策之研究结果案》，公开表示："对共产党仍本宽大政策，只要今后不违反法令，不扰乱社会秩序，不组织军队割据地方，不妨碍抗战，不破坏统一，并能履行二十六年九月二十二日共赴国难之宣言，服从政府命令，忠实的实现三民主义，自可与全国军民一视同仁。"[1] 这更引起了中共中央的高度重视。中共中央明确认为："十中全会的这一决议，对于从一九三九年到现在四个年头的国共不良关系，做了一个总结，是对我们今年七七宣言的回答，开辟了今后国共两党继续合作及具体地谈判与解决过去存在着的两党争论问题的途径"，"它是严厉的，但却是表示时局好转的开始的"。"至于今后不允许我们再组织军队，我们可以这样做。关于国民党允许给我们以公民应得的权利及自由，我们应表示欢迎，要求实现。"[2]

据此，毛泽东首先向仍在延安的郑延卓透露了中共中央关于具体解决两党关系的主要意见。即边区区域维持现状，人员加以委任，军队则请编四军十二师，此外"停捉停打停封，发饷发弹发药"。而整编完成时，待条件许可，中共军队可以遵照命令渡过黄河。战后宪法实施，共党合法存在，得有保障，不致被消灭时，中共党军亦可取消。他进而称赞蒋介石是全面人才，说国民党大有希望[3]，随后，毛还亲自致函蒋介石，说明情况称："前承宠召，适染微恙，故派林彪同志晋谒，嗣后如有垂询，敬乞随时示知，自当趋辕聆教。郑委员延卓兄来延宣布中央德意，惠及灾黎，军民同感，

[1] 《中国国民党历次代表大会及中央全会资料》（下），第793—794页。
[2] 《中共中央关于国民党十次全会问题的指示》（1942年11月29日）。
[3] 《毛泽东致周恩来、林彪电》（1943年1月1日）。

此间近情已具告郑兄，托其转陈，以备采择。”[1]

共产党的积极反响，同样颇为国民党方面所重视。12 月 16 日，蒋介石再度召见周恩来与林彪，说明：统一团结问题，国民党是诚意的，不是政治手段，希望能真团结，大家在政令下工作。为此，各政治团体要集中起来，所有问题应求解决，并要整个解决，很快的解决，越快越好，不要拖拖沓沓的零碎的解决。蒋声称：只要他活一天，就决不会让中共吃亏。他也称赞中共是爱国的、有思想的，是国家的人才，强调国家是爱惜人才的。但蒋介石在谈话中对于共产党方面所提军队数目，乃至其组成、地区及干部使用等，明显地有不同意见，对于如何解决边区与中央关系问题，也还没有具体办法，对取消新四军问题则绝不让步。当林彪谈话中提到新四军时，蒋介石更断然予以制止，称：“你们既然拥护政府、委员长，而又提新四军，在报纸上、文章中皆是新四军，承认新四军等于不承认政府，今后切勿再提新四军。”[2]

鉴于中共中央的积极态度，周恩来这时亦致电中共中央，主张“主动的找张治中谈下列问题”：(1) 中共要求合法化，也欢迎国民党至边区和敌后组党办报；(2) 军队扩编一定数目，实行统一军制；(3) 边区改行政区，人员不动，实行中央法令，华北各省政府改组，并划行政区；(4) 作战区域战后重新划分，目前可依情况作适当调整。18 日，中共中央复电说明：(1) 在允许合法化条件下，可同意国民党到边区及敌后办党；(2) 军队要求编四军十二师，新四军在内；(3) 边区可改为行政区，人员与地境均不动；(4) 黄河以南部队确定战后移至黄河以北，但目前只能做准备工作，不能实行移动，此乃完全为事实所限制，绝对无法移动，惟东江部队在适当情况下，目前可加以调整。

12 月 24 日，周恩来与林彪正式向国民党代表张治中口头提出了中共方

[1] 《毛泽东致介石委员长函》(1942 年 12 月 1 日)、《郑延卓报告》(1943 年 1 月 3 日)，台北国史馆藏蒋中正档案，特交档案第 50577。

[2] 《林彪关于与蒋介石谈话经过给中共中央的报告》(1942 年 12 月 16 日)。

面的谈判方案。二人同时声明：如果国民党方面认为这些条件可谈，即请委员长指示林师长留此继续谈，如认为相差太远，则请委员长指示他的具体方针交林师长带回延安商量。

周恩来与林彪所提条件内容如下："一、党的问题：在抗战建国纲领下取得合法地位，并实行三民主义，中央亦可在中共地区办党办报；二、军队问题：希望编四军十二师，请按中央军队待遇；三、陕北边区：照原地区改为行政区，其他各地区另行改组，实行中央法令；四、作战区域：原则上接受中央开往黄河以北之规定，但现在只能作准备布置，战事完毕保证立即实施，如战时情况可能（如总反攻时），亦可商承移动。"[1]

其实，国共之间此时的分歧与以前并无二致，国民党五届十中全会的决议并未丝毫改变其必欲于事实上取消共产党之军队、政权的目的。所谓对共产党"可与全国军民一视同仁"，不过是在共产党"不组织军队割据地方""不破坏统一"的前提之下，并非只要共产党撤离某些地区或将军队限制在一定的数量之内。在国民政府军令部研究后经何应钦呈报蒋介石的书面意见中，我们不难看出双方条件差距之大。

对于共产党要求合法化问题，该意见书明确表示反对，声称："如准其取得合法地位，则尔后不但对其公开分子之活动难于防制，即对其潜伏分子之防制，彼亦可于受到清查时立即公开，以取得法律上之保障，且其党既取得合法地位，则不便绝对禁其于前后方各地（尤其是学校）设立机关，吸收党员，结果将使防制工作完全失效。"对于共产党要求编四军十二师问题，该意见书也持反对立场，认为"我如允予考虑，即使将来不再作更多之要求，而名义饷款给予之后，彼在军政上是否即肯收束，在军令上是否即肯听命，殊无把握"，如此"无异多予以几个擅自扩军之工具，一经彼等在沦陷区内加以配置，则此十二个师所分布之地方，将变成十二军区，彼

---

[1] 《林彪、周恩来与张部长谈话后所提要求四项》（1942 年 12 月 26 日），《中华民国重要史料初编》，第五编（四），第 248 页。

等既有正式国军名义，即可发号司令，并征丁征粮，所有地方合法政府均难以拒绝，且番号既多，扩充更易，其尔后实力将更见扩张”。对于共产党要求承认边区现状问题，该意见书同样表示反对，因据说共产党在陕甘宁所占地区已达29个县区之多。至于共产党所说战后开赴黄河以北问题，意见书则以该命令“乃系一作战命令，并非分割疆土”为由而不予赞同，断言：“战后军队即须复员，再开往黄河以北有何用处，且此项命令久未遵行，已失时效，应即取消，藉使将来分散制裁，更易收效。”基于上述，该意见书明确认为：“一、判断林、周等此次所提四项要求，系根据本党宽大政策而来，其目的在对于党政军各方面取得合法地位，不能认为有悔过诚意；二、本党宽大政策之真正作用，应为瓦解中共，绝非培养中共，故林、周所提四项，不能做为商谈基础。”“如须商谈，则应以下列原则为基础：（一）中共不应有军队，其军队须由各战区长官各就驻在于战区内者，切实点验，编遣整训，并指挥其作战，不得再自立系统及保留变相武装；（二）中共不应在各地方擅立非法政府，其各地非法政治组织须一律取消，由各该省府派员接管，恢复原有行政系统及区划；（三）以上两项办到后，始可予中共以合法地位。”该意见书认为：目前情况已与1940年制定《中央提示案》时有较大不同，“当时因国际环境关系，对中共重在羁縻，现则中共绝对不能造反，我如能解决即解决之，如其时机未以，则不妨使其停止于非法地位”，“以期动摇其内部，增加其苦闷，俾便将来解决”。[1]

当然，以上意见在国民党当权者中也并非都认为适当。至少在蒋介石看来，这时仍应有折中的办法。在蒋召开的干部会上，张治中等认为党和政府两项应该可以考虑，军队不能编太多，驻地必须限期开动，然而多数干脆认为，共产党方面所提四项条件与中央希望相距较远，与何、白皓电，即《中央提示案》精神也相距太远，没有讨论余地。一些人更主张提出整

[1] 《参谋总长何应钦呈蒋委员长就林彪周恩来所提要求四项排列并附具研究意见列表签呈鉴核》（1942年12月31日），《中华民国重要史料初编》，第五编（四），第243—246页。

个解决方案，要求共产党交出军队。对此，蒋没有表示意见，要求张治中开小组会进一步研究答复意见。小组会最后决定，仍以《中央提示案》为基础，军队移动问题必须解决，且正式谈判仍由何、白出面主持。1943 年 1 月 9 日，张治中将这一决定告诉周恩来、林彪后，周当场解释说，四项条件与《中央提示案》精神并无不合者，所谓距离亦仅军队数目与移动时间而已，但张治中表示不能接受。[1]

国民党方面坚持要照《中央提示案》解决问题，并且必欲限期移动军队，显然出乎共产党人的意料之外。毛泽东反复考虑后，于 16 日复电周恩来表示不解，称："彼方提出以前年提示案为谈判基础，及何、白为主持，除面子问题外，是否还有藉以拖延之目的？"毛表示："我向陈宏谟、向郑延卓几次表示，部队目前绝对无法移动，不是不愿移，而是无地方无路走。于学忠于两年前派一个团至开封以南接弹药经费，经两年之久不能回去，最后勉强回去，受敌截击，所余无几。去年敌对封锁沟墙加密加严，只容少数人员秘密通过，少奇抵延所述经验千真万确。一一五师师部去秋因鲁南顿不住，曾决定移至苏北，后因扫荡稍缓勉强未动，仍时有覆灭之忧。苏北现亦大不如前，陈毅、饶漱石、曾山等人已于十二日避至皖东。因此种种，李先念部队决难移动，我若向彼松口，表示可与于学忠对调，一则事实上办不到，徒然引起彼方幻想；二则于学忠系中央的人，我方如此提法，是否会引起彼方不满，认为我方有意为难，讨价还价？似宜一口咬定铁一般的事实，暂时不动，将来必动为有理有利。"[2] 对此，周恩来亦表示说："我们答以何、白皓电精神为谈判基础，并非估计他们条件可接近，目前可解决，而是为了更站在有理的地位，不使谈判弄僵，一方面套出他们的具体条件，使林抓住此条件返延，另方面证明不是我们弄僵，而是他们故意为难。"[3]

由于看来"目前条件不会接近"，周恩来显然是在以这样一种方式来结

---

[1]　《周恩来、林彪关于与张治中进一步谈判给中共中央的报告》（1943 年 1 月 10 日）。

[2]　《毛泽东关于目前解决问题时机未到给周恩来、林彪的指示》（1943 年 1 月 16 日）。

[3]　《周恩来关于目前谈判条件不会接近的估计给毛泽东的电报》（1943 年 1 月 21 日）。

束此次谈判了。对此，中共中央也自然不能不表示某种程度的赞同。只是，在中共中央2月初给周恩来的复电中，它仍旧表示希望能够以自己的让步来使谈判取得进展。它为此甚至愿意在军队数目上以减少一两个师来进一步表示诚意。可是，这种让步绝不是这时的国民党人所能够接受的。据报，国民党特别会报年内工作计划，仍以肃清中共黄河以南部队，肃清大后方隐藏分子，加强自首运动为主。显而易见，国民党高层中赞成采取强硬态度者仍占大多数。而随着何应钦出访印度，国民党方面再无主动接触之表示。其特种委员会并通过决定，强调在目前情况下原则上不宜解决问题，一切留待以后再说。故3月何应钦虽然回到重庆，也在28日接见了周恩来与林彪，却丝毫没有解决问题的愿望。就连周恩来等试探着提出是否要以《中央提示案》作为讨论基础，何也不置可否。[1]

蒋介石和国民党不想通过谈判解决问题，很大程度上是注意到自1941年以来，中共在敌后处境异常困难。虽然4月间发生了韩德勤部被新四军几乎全歼，韩本人被俘而又被放的局部失利，国民党在陕甘宁边区的磨擦作战中却占据着优势地位。再加上日军这时停止进攻，蒋判断日本有进攻苏联的计划，美国军援的规模越来越大，国民党的军力反而大大增强。因此，包括蒋介石在内，都自觉不自觉地幻想着寻找机会，一劳永逸地解决共产党问题。两个月之后，这个机会似乎就来了。

5月22日，作为各国共产党最高领导机关的共产国际突然宣告解散。这一消息使国民党人受到极大鼓舞。还在2月间，驻兰州的第八战区司令长官朱绍良，就曾以绝密件向负责封锁陕甘宁边区的副司令长官胡宗南及该战区所属驻宁夏的马鸿逵、驻青海的马步芳等，下达了经蒋审定的《对陕北奸区作战计划》，指令有关部队“于现地掩蔽，作攻势防御”，一旦“转

[1] 《三十二年三月二十八日何总长与周恩来、林彪谈话纪要》（1943年3月28日），《中华民国重要史料初编》，第五编（四），第248—251页。蒋介石对何应钦关于此次谈话情形的签报上指示称：“必须其对中央军政军令，有服从事实之表现，方可与之具体谈话，照现时情形无从谈起，如其不来谈，则可不必再复。”前引书，第247页。

取攻势”时，当“先迅速收复囊形地带（指陕甘宁边区关中分区——引者）”，必要时得“收复陕北地区”。胡宗南据此已秘密将三个集团军按计划部署完毕。共产国际解散的消息传来，蒋立即提出，应争取使共产党“将军权、政权统一于中央”。张治中据此与周恩来、林彪谈话，委婉劝说中共交出军队。[1] 与此同时，国民党宣传情报部门受命鼓动其主持下的各种社会团体群起致电毛泽东，要求中共解散组织、放弃政权和武装，统一到国民政府军令、政令之下。6 月下旬，胡宗南也有乘机夺取囊形地带的意图并将进攻时间定在 7 月 28 日。对此，蒋批示：“切实准备，但须俟有命令方可开始进攻。”[2] 而根据中共中央的情报，胡宗南已赶赴洛川召开军事会议，密令各参战部队准备于 7 月 9 日发起作战，攻占囊形地带。[3]

由于中共中央及时得到情报，朱德于 4 日直接致电胡宗南发出警告，中共中央更是将此视为“第三次反共高潮”[4]，又是开大会，又是发通电，公开抗议国民党准备袭击边区，闹得沸沸扬扬。据毛泽东事后告诉八路军总部称：“不但七日外国记者纷纷质问张道藩，而且引起英、美、苏各大使开会，根据朱致蒋、胡电，警告蒋不得发动内战，停止援助，更因延安紧急动员，使蒋害怕不得不改变计划，十日令胡停止行动，十一日蒋、胡均复电致朱，无进攻意，十二日胡下令开始撤退，一个师及两个军部（第一军及九十军），内战危机似可克服。”[5]

蒋之所以紧急刹车，是因为他这时的基本方针仍旧是要政治解决共产党问题。赞同胡宗南秘密部署，仅着眼于胡所计划的“收复囊形地带”即夺取长期控制在中共手中，直接威胁到西安的关中地区。[6] 蒋并不想因个别

---

[1] 唐纵：《在蒋介石身边八年——侍从室高级幕僚唐纵日记》，群众出版社 1991 年版，第 359—360、366 页。

[2] 同上，第 366 页。

[3] 熊向晖：《地下十二年与周恩来》，转见《中共地下党现形记》，台北传记文学社 1997 版，第 15—17 页。

[4] 共产党人所指称的三次“反共高潮”，前两次是指 1939 年底的晋西事变和 1941 年初的皖南事变。

[5] 《毛泽东关于蒋胡内战阴谋破产致彭德怀电》（1943 年 7 月 13 日）。

[6] 关中地区，这里指的是以栒邑城北马栏镇为中心的淳化、栒邑、正宁、宁县、镇原 5 县。

地域的争夺，激成重大冲突。还在共产国际宣布解散的第三天，蒋就曾召集其亲信“力陈两点：(一）对中国共产党问题，我应尽力向政治解决之途为最大之努力；在宣传上尤不可造成政府准备以武力解决之印象。(二）对苏联应强烈表示亲善，以促其对华政策之继续演变”[1]。因此，对中共中央如此大张旗鼓地宣传国民党准备进攻延安，蒋自然十分恼怒，怀疑共产党此举是有意要激成事变。他在日记中写道：“共匪猖獗之目的，在引起内乱，破坏抗战局势，减低政府威信与丧失国家在国际上之地位。”“我如被激怒，而向匪进攻”，一旦“迁延不决，则匪势更张，国际舆论对我更劣；如我速战速胜，则匪不过迁移地区，不能根本消除其匪党，而我国内战争既起，复不能根本解决，则国家威信仍有损失，无论胜与不胜，而一经用兵追剿，则彼目的达矣！”既然相信共产党别有阴谋，他只好改变策略，决定“对匪决策仍取守势，围而不剿，必须用侧面与非正面方法以制之，万不宜用公开或正面的方式以求解决也”。他随后更进一步总结道：“处置共匪只有待时，时间未到，只有十分隐忍……不可小不忍以乱大谋。”[2] 蒋因此明确指示称：对中共应侧重揭发其“少数人之罪恶”而启迪多数人之觉悟；“对外发言，不必说决不致有内战，根本无所谓内战”。[3]

蒋介石这时的“大谋”，就是要取得美国政府的高度信任。因为这不仅是国民党及其政府继续坚持抗战到底的一项重要条件，而且也是蒋提高自身以及中国的国际地位，向美英等国讨价还价的一个重要筹码。因此，当他得知美国外交官对共产党人的宣传极为不安时，竟不得不向美国人做出保证，声明对共产党虽必须“加以制裁”，“但决不加以武力讨伐”。[4] 与此同时，他利用国民党十一中全会，一面公开批评共产党“破坏抗战，危害国家”，

[1] 《王世杰日记》，第四册，第 78 页。

[2] 《省克记》卷二十三，1943 年 7 月 24 日条，台北“国史馆”藏蒋中正档案；《蒋总统秘录》，第 13 册，第 59—60 页。

[3] 唐纵：《在蒋介石身边八年》，第 369 页。

[4] 《先总统蒋公思想言论总集》卷三十七，第 268 页。

一面再度表示："此为一个政治问题，应用政治方法解决"[1]，表明了国民党不会制造大规模武装冲突的态度。

这一时期的国共磨擦，除了共产国际解散引发国民党军事、政治攻势和共产党反宣传的一个热点以外，还有另一个热点，那就是围绕着蒋介石公开发表的《中国之命运》的小册子，中共中央公开进行的批驳宣传。

蒋的小册子是四五月间面世的，中共中央最初并未做公开批判的准备。然而，随着共产国际解散，国民党发动政治军事攻势，各地参议会、新闻、文化、妇女团体致电延安，要求解散中共，国民党中央社亦发表相关社论，毛泽东马上把蒋《中国之命运》的发表同国民党所发动的"反共高潮"联系起来，指示秘书陈伯达撰写署名文章，进行政治反攻。

7 月 21 日，毛泽东电告驻重庆的中共代表董必武称："我为彻底揭穿其阴谋并回答其自皖变以来的宣传攻势计，除已发之通电及《解放》社论外，并于本日公布陈伯达驳斥蒋著《中国之命运》一书，以便在中国人民面前从思想上理论上揭露蒋之封建的买办的中国法西斯体系，并巩固我党自己和影响美英各国、各小党派、各地方乃至文化界各方面。"为此，毛泽东要求董收到此文的广播后，要设法秘密印译成中、英文小册子，在中外人士中散布，同时搜集各方面的反响。[2] 至 8 月 11 日，毛泽东仍在组织批判蒋《中国之命运》的各种文章，"拟于八、九两月发动反中国法西斯主义的运动，通电全国，主张取消各种特务组织、严禁传播法西斯主义思想，以揭穿蒋记国民党实质，并教育自己。"[3]

面对共产党方面对其呕心策划之作毫不留情的抨击，蒋介石的心情可谓复杂已极。其 8 月 1 日记称："本周心气平和，对横逆与诬陷之来，皆能

[1] 《中国国民党历次代表大会及中央全会资料》（下），第 840—841 页。

[2] 毛泽东：《关于公布评〈中国之命运〉一文致董必武电》（1943 年 7 月 21 日），《毛泽东文集》，第三卷，人民出版社 1996 年版，第 49—50 页。

[3] 毛泽东：《关于发动反对中国法西斯主义的宣传运动给董必武的电报》（1943 年 8 月 11 日），《毛泽东文集》，第三卷，第 64 页。

克己强忍，思虑亦较能深入，应益勉之！”[1]

6日，蒋得知董必武竟当着美国人的面批评自己，当即大怒，日记称：“共匪与美国陆军代表以及美国军事评论家福温等对余侮蔑异甚，殊非人所能忍受。”而后，蒋得宋子文自美国来电，美国陆军参谋长马歇尔（G. C. Marshall）急电劝告国民党，不应在此战争期间对中共动武，又见延安报纸接二连三发表长篇批判文章，蒋的内心难免再受刺激。[2]

23日，蒋介石思前想后，仍不得不暗自劝告自己：“对于共匪解决之决心与计划，不敢出以孟浪。”[3]

但8月25日，蒋介石还是按捺不住，暗自拟订了一个直接捣毁中共中央所在地延安地区的行动方案。蒋给自己的理由是：“中共问题不能不有解决之方案，如果始终要用十军以上兵力防制陕北，则不如肃清陕北，可抽出兵力在后方各地，分别肃清。”至于行动时间，蒋其实并未考虑周全，只是认为必须在德苏战争未了之前。而具体的行动办法，蒋亦无一定之法，再三讲要“宣传重于军事”，要“力争不战而胜，或少战而胜”，自己方面一加压力，对方就会分化瓦解。说到底，蒋因“中共对余《中国之命运》第七章，最近乃露骨攻讦”，气恼至极，断言“对于政治方法之解决，完全绝望，乃不得不准备军事”。有“冒大险，赌存亡”之心，实际上却依旧下不了决心。[4]

这时，蒋介石在对付共产党问题上的苦恼，在给时在美国的宋子文的电报中有更为直率的坦露。电称：“关于中共最近悖乱挑战、倒行逆施日甚一日之态度，实为从来任何时期所未有，令人百思莫解。以共党今日之势力，决不足以对抗中央也。”他认为中共如此嚣张，怕是“仍受原有第三国际某国之主使”。其用意一在使中国抗战加速崩溃，则以后中国完全为其所操纵；

[1] 《省克记》卷二十三，1943年8月1日条，台北“国史馆”藏蒋中正档案。
[2] 《省克记》卷二十三，1943年8月6日条，台北“国史馆”藏蒋中正档案。
[3] 《省克记》卷二十三，1943年8月23日条，台北“国史馆”藏蒋中正档案。
[4] 见《总统蒋公大事长编初稿》卷五（上），第361—364页。

二在此四强协商未成之前，必使中国发生内乱，藉此以延宕协商时期之理由，而达成其防制中美合作之阴谋；三在利用美国强制中国政府对中共勿用武力制裁，同时借助美国之同情而大事宣传，蛊惑民众。“此种国际阴谋实为中梦想所不及”。蒋介石要宋向美国当局口头密告：中共“目前各种叛逆与侮蔑行踪，已暴露无遗。中央如不加以制裁，则国家纪律与民族精神完全丧失，中央对军民之威信甚难保全，以后再不能行使职权，如此抗战亦等于失败。故不得不用纪律处治以明功罪”。“但我中央对中共本无武力制裁之意，始终一以容忍感化为怀。”“惟美国在华之军事长官，今日对此事之态度更使共党鸱张无忌，而使我政府对中共之处理更增困难，不惟不能阻止共党之内乱，适足以奖励我国之内乱也。此又不能不密告美国当局使之特别注意。”[1]

蒋介石所称“美国在华之军事长官”助长中共气焰事，实指美国所派中印缅战区司令官史迪威（J. W. Stiwell）。当年9月6日，国民党五届十一中全会开幕之际，史迪威忽然向蒋递送“备忘录”，主张调动第十八集团军及胡宗南、傅作义、邓宝珊所部，向山西出击。蒋认为：史迪威此举，“受共党所主使”无疑。“故其语含威胁之意，且名为备忘录，乃欲于将来制裁中共时证明曲在我也。”对此，蒋愤恨不已，暗中痛骂史氏，“诚最卑劣糊涂之小人哉！”[2]

蒋介石与史迪威的矛盾，是因为中国军队的指挥权问题，并非由共产党问题而起。因此，蒋借中共问题向美国军方状告史迪威，更多的只是以此备忘录为借口而已。当然，中共中央这时前所未有地加强了对蒋介石和重庆国民政府的批判火力，指名道姓，痛加斥责，毫不顾及其权威与颜面，依蒋之性格，他无论如何都难以容忍。问题仅仅在于，抗战期间，前有日寇，后有美国，虽敌友有别，却都得小心应付，不能凭一己之爱憎而鲁莽行事。

---

[1]《蒋中正致宋部长电》（1943年9月8日），台北“国史馆”藏蒋中正档案，特交档案50790。

[2]《困勉记》卷八十，1943年9月6日条，台北“国史馆”藏蒋中正档案。

因此，国民党十一中全会开幕前后，蒋几乎每日都在盘算如何就中共问题表态及决策。

9月1日，蒋指示军令部长徐永昌“准备进攻延安边中共”的军事方案。[1]

9月3日，他告诉陈布雷和王世杰称：“应由军委会或政治部正式宣布共匪之罪状，使中外人士皆能明了其奸谋，如此则共匪自绝于国家，不能再借抗战名义以眩惑世人矣。”

5日，胡宗南到重庆，蒋告胡称：“中共在美国宣传已使罗斯福及其左右迷误难醒，此为最大之困难。然吾人对共匪已取得主动地位，无论其运用外力如何胁制，我决不为所动。惟准备实力与实施时机，应特加注重！”“中央对‘共区’与‘共军’亦应明白隔离，不再承认其为中国军队，更不承认其为作战团体。”[2]

8日，蒋下定决心“对共不用武力讨伐”，其解释是：“对共用兵无异割鸡而用牛刀，若果持久不能解决，徒长其焰，而与敌寇以复活之机。”中共如今“腐化专制，骄侈偷安”，内部“离心离德”，已“无扰窜之勇气”，只消封锁即可使之自溃自灭。[3]

9日，蒋召集文武干部协商十一中全会关于共产党问题的决议草案。据王世杰记：“该草案内容，系一面暴露共党种种罪行，一面表示取消第十八集团军番号并以方法防范共党之叛乱。蒋先生询王亮畴（即王宠惠——引者）、戴季陶诸人意见时，均称甚善。龙云似不甚赞同，但不作明白表示。余人无表示。当蒋先生询及予之意见时，予则力称（一）此一文告之发布，必然造成一种很普遍的印象，即内战将即发动之印象；（二）国际局势正在激剧变化之中，英、美、苏之关系乃至中英、美、苏之关系在二三个月内均将明朗化，我党与政府如于此时造成一种上述印象，于我及盟邦均不利；

[1] 《徐永昌日记》，第七册，1943年9月1日条，第157页。

[2] 《困勉记》卷八十，1943年9月5日条，台北“国史馆”藏蒋中正档案；《总统蒋公大事长编初稿》，卷五（上），第369页。

[3] 《总统蒋公大事长编初稿》卷五（上），第370页。

(三)共党近日行动显有苏联背景,去年蒋先生对于新疆事变不公开宣布共党罪行,或苏联操纵挑拨之事实,一面容忍,一面为一切必要之政治措施,遂使新疆局势转危为安,今日仍宜采取此种慎重态度。”会上,刘斐反驳王世杰的主张,孔祥熙、陈诚则对大体赞同王的意见,最后,蒋决定删去草案中取消共军番号及封锁共党一段。当晚,蒋在日记中写道:“隔绝匪区与取消第十八集团军名号二点,在今日国际环境与战争局势而徇之,尚非其时,故决定暂不加以制裁,惟宣布其罪恶全部以明功罪与是非而已。”[1]

10 日,蒋对“中共问题苦思甚切,以其关于各方面甚复杂而重要,不容丝毫疏忽也”。[2]

11 日,蒋邀约国民党高层干部谈话,明确表态称:“中共猖狂之目的,在引起内战,以破坏我抗战局势,减低我政府威信,丧失我国家在国际之地位也。故彼策略在激怒我,使我不能容忍,用兵向彼进攻。”而“一经用兵,无论胜与不胜,则彼之目的达成,故应采取守势,围而不剿,用侧面与非正式方法以制之为宜”。[3]

既然蒋认定对中共只能“用侧面与非正式方法以制之”,自然要设法打消国民党人中立即“剿共”的思想。在 9 月 13 日国民党五届十一中全会闭幕的会议上,秘书长吴铁城做了有关共党“不法行为”的报告,但决定不予公布,而会议关于共产党问题的决议案“毫无刺激性”。蒋介石并且重申“中共问题是一个纯粹的政治问题,因此应该以政治方法来解决”的观点,强调“这是这次大会在努力解决这一问题时所应遵循的原则”。[4]

国民党五届十一中全会的决议和蒋介石的谈话,显示出国民党中央的态度显示出明显变化。尽管在 9 月 21 日的参政会上,两党还是发生了一次冲突。

[1] 《困勉记》卷八十,1943 年 9 月 9 日条,台北“国史馆”藏蒋中正档案。

[2] 《困勉记》卷八十,1943 年 9 月 10 日条,台北“国史馆”藏蒋中正档案。

[3] 《困勉记》卷八十,1943 年 9 月 11 日条,台北“国史馆”藏蒋中正档案。

[4] 蒋介石:《在国民党五届十一中全会上关于反共问题的指示》(1943 年 9 月 13 日),见中国人民解放军政治学院党史教研室编:《中共党史教学参考资料》,第九册,1988 年,第 298 页;《王世杰日记》,第四册,第 150 页。

当时，何应钦在军事报告中指责八路军袭击国军，以及非法种植罂粟，生产鸦片，董必武起而反驳，国民党参政员遂群起攻击，董当场退席以示抗议。但是，国民党公开的反共社论及要求中共解散的各地通电毕竟还是销声匿迹了。而且国民党多数参政员亦对何应钦的报告和少数国民党参政员当天的做法，表示不满。“意谓本党既主张以政治方法解决中共问题，不应对于会中一个中共参政员施行攻击，致令退席。”[1] 国民党代表王世杰明白告诉蒋介石：“决不可对共党问题采取漂流政策，听任事势自然演变”，而应该“采取勇敢果决之决定，约束本党同志，并采取适当办法，以使局势之缓和”。如：“一、严令国军一面须对共党严加防范，一面务须绝对避免挑起战事，否则均以违抗命令论罪。二、告知共党（或面告董必武），共党应立即停止反政府之宣传，中央亦将停止对共党之攻击，俟此点实行，一二个月后再行磋商解决办法。”[2] 蒋介石显然接受了王世杰等人的建议。不仅如此，蒋介石还在国民党参政员谈话会上唱高调，批评所谓一党制决不可变的观点，声称非有竞争不能保持党的革命性。“本党以外如无他党存在，则久而久之，本党必腐化，以至崩溃，其影响将不堪设想。”[3]

10 月 2 日，蒋介石请王世杰向董必武询问改善目前国共关系的方法。当晚，王即向董转达，董当即提出两点：（一）中止相互攻击；（二）放松对陕甘宁边区的包围与封锁。[4] 对此，中共中央做出了积极的反响。在发表了最后一篇公开批评国民党十一中全会决议的文章后，10 月 6 日，各报刊于一夜之间全面停止刊登批判蒋介石和国民党的稿件。用毛泽东的话来说，就是要“风平浪静以示缓和”。毛泽东并要董必武告诉国民党：中国共产党不相信国民党政治解决具有诚意，“但延安欢迎政治解决，不愿破裂”。[5]

[1] 《王世杰日记》，第四册，第 160—161 页。
[2] 同上，第 158—159 页。
[3] 同上，第 169 页。
[4] 同上，第 166—167 页。
[5] 《毛泽东关于欢迎政治解决问题致董必武电》（1943 年 10 月 5 日）；《王世杰日记》，第四册，第 173 页。

三、从西安到重庆的激变

1943 年 11 月 12 日，蒋介石于宪政实施筹备会开幕时找董必武谈话，邀请周恩来来重庆，以便商讨解决两党关系的具体办法，并且说："请他出来什么都好谈些。"[1] 这个时候，周恩来刚刚回到延安参加整风运动，毛泽东对马上派周回渝不以为然。他复电董必武称："周三年在渝无事可做，在国民党未真想合理解决问题以前不拟出来，各事可由董谈判，如至真能合理解决问题时，周可以出来。"[2]

其实，蒋介石找董必武说些和解的话，更多的不过是为去开罗与美英首脑会谈前，对中共做一些和解的姿态而已。几天后，蒋介石一行飞往开罗。11 月 27 日，离开开罗，返回重庆。蒋介石此行得以与美国总统罗斯福、英国首相丘吉尔（W. S. Churchill）一起，联名发表《开罗宣言》。宣言公开宣告，战后日本自甲午战争起侵占的台湾、澎湖列岛以及东北四省等，均应归还中国。毛泽东最初对蒋此行并不看好，但事实上，蒋此行颇为成功，中国已跻身于美英两大列强之中，不仅给积贫积弱的中国赢得了荣誉，而且也预示着蒋及其政府已经得到美、英等大国的强有力支持。再加上 12 月 22 日前共产国际总书记季米特洛夫从莫斯科发来电报，再度强调改善国共关系的必要，因此，毛泽东自然不能不考虑再做实质性的努力，以缓和与国民党的关系。

1944 年 1 月，国民党联络参谋郭仲容正式向毛泽东提出，希望派林伯渠、朱德及周恩来赴渝，谈判边区和军事问题，并再度提出实行何、白皓电。毛泽东答称：林、周或可先后赴渝，并可以何、白皓电为基础。中共中央随即决定先派林伯渠于 3 月 12 日之后前往重庆，"晋谒委座"，并于 2 月 17 日正式通知郭仲容。显而易见，在国民党主动采取了实际的缓和步骤

[1] 《董必武关于与蒋谈话内容的报告》（1943 年 11 月 12 日），并见《王世杰日记》，第四册，第 190 页。
[2] 《毛泽东关于在国民党未想真正合理解决问题前周恩来不拟出来致董必武电》（1943 年 11 月 13 日）。

之后，共产党也开始同意与国民党在某种程度上重开谈判。毛泽东认为:“观察今年大势，国共有协调之必要与可能，而协调之时机，当在下半年或明年上半年，但今上半年我们应做些工作，除延安报纸力避刺激国民党，并通令各根据地采取谨慎步骤，力避由我启衅外，拟先派林伯渠于春夏之交赴渝一行，恩来则准备于下半年赴渝。”毛泽东这里所说的“大势”，指的就是年内国际局势的可能发展趋势。在毛泽东看来，战争有可能很快结束，战后苏、美、英合作的情况一时不会改变，结果必然会促使中国走向和平与统一，对此必须有所准备，并影响各方，以争取有利前途。因此，中共中央在公开表示“我党拥蒋抗战与拥蒋建国两项方针，始终不变”的同时，又开始着手与国民党再开谈判了。[1]

对于林伯渠的到来和即将开始的谈判，国民党方面之重视几乎到了空前绝后的程度。军统局率先提出报告，断言 :“延安拟先派林祖涵来渝试探中央态度，如情势和缓，则同中央谈判，凡中央所不能接受之条件，均全部提出，意在拖延时间，若无结果，即藉中央有意为难，使数十万红军无法参战并鼓动盟邦人士代为宣传。”[2] 3 月 2 日，中央党政军联席会报第五十八次会议讨论修改《林伯渠来渝后我方应付对策》及《中共问题政治解决方案》，提交中央宣传部部长梁寒操、行政院秘书长张厉生、社会部部长陈立夫、侍从室二室主任陈布雷、国防部参谋次长刘斐等审查。[3] 由国民党中央秘书处草拟的《应付对策》，除强调“林氏此来不必希冀有何良好结果”外，中心在于要求中统、军统两局密切监视林在西安和重庆的种种活动，要求中宣部、新闻检查局加强对舆论的控制与“不露痕迹”之反宣传，并要求各方推举出与林过去有私谊的党内人士，通过密切接触，“于无形中以大义相劝其来归”。该“对策”经联席会报秘书处修改后，突出强调“奸伪一切决策，操之在毛泽东”；“奸伪在现状下一切动荡不宁，故藉机国共间关系之

[1] 《毛泽东、周恩来关于拟派林伯渠赴渝一行致董必武电》（1944 年 2 月 8 日）。
[2] 《蒋总统事略稿本》，1944 年 3 月 7 日条，台北“国史馆”藏蒋中正档案。
[3] 《郑忠华致吴铁城函》（1944 年 3 月 10 日），《民国档案》1994 年第 2 期。

缓和”，惟“奸伪野心在逐步夺取政权，欲放弃既拥之武装及侵占割据之地盘，真正服从军令、政令，势不可能”。除继续主张监视和策反之外，还特别强调要派精通外语及有政治修养的干部，随林出入，控制其与外人接近。[1]《政治解决方案》规定中共须将“军权政权交回中（央）之接管”，同时“应以衷诚之态度向国内外宣告服从中央，并保证永无岐贰”。修改后的文件则增加了陕甘宁边区改为陕北行政区后，可以确定绥德等 18 县范围，十八集团军可扩编为两军六师及一独立旅，但不准另设支队及其他名目部队的内容。[2]

对于国民党中央的上述意见，蒋介石在 3 月 10 日批示，共党此次派员来渝交涉，目的不外“要求取得正式名义，承认其合法地位，企图以后之出路与发展”。“如交涉不成，彼乃藉口政府无诚意收容，以表示其直在彼而曲在我也”。故此次“交涉方针”应把握：“（一）政治放宽，军事从严；（二）政治可划定区域，军事不能指定专区；（三）其正规军数量必须加以限制，但可酌增之人数最多不得超过一倍，而以服从命令、遵守纪律以及经理、参谋通讯人员必须由中央派遣为最低条件；（四）游击队数量可以放宽，但必须依照编制与成案，不得任意扩充以示相当限制。”[3]据此，蒋于 3 月 15 日专门在联席会议上就林伯渠来渝等问题加以“训示”。要求“对林祖涵来渝后谈话次序与日程，皆应事先排定，妥为准备应付。至谈话要点，我方应首先提出之最重要者为军政、军令之统一，中共方面必须遵守。彼如承认此点，则我方更应具体举出中共过去与目前种种破坏军政、军令统一之行动事实，指明其错误之所在，要求其以后切实改正，以试探其态度究竟如何。我方与之谈话，应始终坚持此项原则，而各负责人每次与林祖涵谈话情形与谈话内容，可逐日予以公开发表”。与此相配合，蒋尤其强调对国际之宣传，要求国际宣传处注意三点：“（一）说明中共之国际性，使欧美人士明了其阴险可怕，实不同于欧美各国之共产党；（二）指出中共系百分

[1]　《林伯渠来渝我方应付对策（草案）》（1944 年 3 月），《民国档案》1994 年第 2 期。

[2]　《中共问题政治解决方案（草案）》（1944 年 3 月），《民国档案》1994 年第 2 期。

[3]　《蒋总统事略稿本》，1944 年 3 月 10 日条，台北“国史馆”藏蒋中正档案。

之百的实行共产主义，其所谓奉行三民主义者，纯系挂羊头卖狗肉之伪装；（三）切实说明中共军队完全为乌合之众，实不堪一击，其到处招兵买马，添购枪炮，无非欲借数量之扩充，以补质量之低劣，以造成外籍记者知其如何可恶，而无足重视之心理。"[1]

1944 年的这个时候，由于开罗会议的成功，国民党人对自己的前途十分看好，因此对中共则不免态度又转趋强硬。唯一使蒋介石等人不能不有所顾虑，甚至不满的，就是他注意到美国的舆论对国民党有颇多批评，而对共产党则颇多同情。这种情况不仅影响到史迪威有借重中共军队之意，甚至连美国总统罗斯福也相信，在中国要打败日本人，必须要取得敌后八路军、新四军的配合，因而不顾蒋的反对，明确提出要派遣美国军事人员去延安视察，并与华北敌后抗日武装建立联系。[2] 在重庆的外籍记者，因此也四处游说，群起效尤，要求国民政府停止新闻封锁政策，允许他们去陕北及华北敌后实地采访。蒋对此极为头痛，深恐此种采访进一步张大中共力量，反过来会使美国官方更加重视共产党。因此，他在不得不同意允许少数外籍记者赴陕北之后，还不得不周密布置，规定要慎选精练干达、确有把握、确能胜任者充任陪同，不露痕迹地加以引导和暗示，同时还要求途经地区军政长官，召集并组织共产党方面的叛逃者，和国民党组织之下的各地教授、学者、知识分子与民众青年，"令其事先预备材料，提出事实，详述其耳闻目击奸党在沦陷区各省县袭击友军、破坏抗战、违反政令、法纪、残杀军政教育人员及各地无辜民众等罪行"。[3]

蒋介石一向颇为自负，且极端仇视中共，这使他内心里虽忧惧中共的发展壮大，公开却极力否认。他对国际舆论同情、重视中共总是感到不可思议，相信纯为中共宣传伎俩作祟。他对幕僚们起草的针对共产党的文件，

[1] 蒋介石：《关于外籍记者赴延安及林祖涵来之准备注意事项》（1944 年 3 月 15 日），《民国档案》1994 年第 2 期。

[2] 《中华民国重要史料初编》，第三编（一），第 164 页。

[3] 蒋介石：《关于外籍记者赴延安及林祖涵来之准备注意事项》（1944 年 3 月 15 日）。

总是极端不满，指责其“大半为共党所张目”。即使对共产党问题头痛已极，反复研究、思索，也还是不断地给自己打气，要与共产党斗争到底。他断言：“共党之组织与要素：（一）暴力（即压迫）残杀；（二）特务（即控制监视）束缚。共党之训练宗旨：（一）消灭民族性，发展世界性（毁灭本国历史与伦理）；（二）消灭人性，发展兽性（强分阶级，使之怨恨斗争）。共党之宣传技俩：（一）欺骗国际，伪装民主；（二）挑拨社会，诬蔑政府为专制，为贪污。共党之最后目的：（一）准备中央反攻时在要求反攻武器与保障民主政权之口号下，采取渐进之政治攻势，以突变为全面之叛变；（二）欧洲对德战争结束以后，俄国利用日寇之困斗以疲敝我中美之国力，使东方局势之混乱，中共乃乘机为全面之叛变，以共党认为混（乱）即是其革命之资本也。”既然如此，蒋理所当然地得出结论：不必担心共产党目前在敌后的扩张。因为无论其占据怎样多的敌后根据地，也必“不能持久，只要我军队到达其地，民众必欢迎我之解救也。即其对党员与干部之控制严密，如果我军与之接近，彼等遇有机缘，来归者亦必多”。[1]

对共产党问题严重焦虑的结果，甚至使蒋介石对夜梦之事也会浮想联翩，信之不疑。3 月 15 日，他在对联席会议训话后，当夜做了一梦。次日在日记中满怀惊喜地记述：“昨夜梦独驾轻舟，操纵自如，安登彼岸，登陆之前，在舟中见有毛虫一尾，其形短而粗。余恶之，以足践踏之，陷于他物之中，状似已毙，即使不毙，当亦已负重伤不能复起作祟矣。此或上帝佑我中华，示我以共毛必灭之预兆乎！”多半受到此一梦境的影响，蒋一面研究如何应付林伯渠来渝的问题，一面却又马上开始考虑提前进行“剿匪”的可能性了。他在日记中写道：“关于剿匪行动，必须郑重出之，第一次须待平汉路夏季会战，敌寇被我击退以后开始清剿。此为第一时机。其次为宜昌克复驱除武汉敌寇以后，此为第二时机。若在滇缅路打通或美军在我

[1] 《蒋总统事略稿本》1944 年 1 月 20—21 日条，台北“国史馆”藏蒋中正档案。

沿海登陆，中美运输直接联系以后，则为最妥当、最良好之时机也。”[1]

共产党人这时对于两党谈判，虽然不抱多少幻想，但中共中央仍旧内定了具体的条件。3 月 12 日，周恩来根据中共中央的决定，公开发表《关于宪政与团结问题》的长篇谈话，提出应当“从民主途径解决国共关系”。他明确提出，实行民治，反对党治，强调国民党必须首先保障人民的民主自由，开放党禁，实施地方自治。要求禁止非法搜查、非法逮捕、秘密刑讯、秘密处死，以及强迫集训和严格限制人民的各种自由，反对把各党各派看作“奸党”“异党”，禁止其活动，并时时企图消灭他们。同时，他也提出了关于国共关系政治解决的原则和条件。这就是：解决办法“应该是双方的与公平合理的”，共产党坚守 1937 年的四项诺言，国民党则应当（一）承认共产党在全国的合法地位；（二）承认边区及各抗日根据地为其地方政府；（三）承认八路军新四军及一切敌后武装为其所管辖所接济的部队；（四）恢复新四军的番号；（五）撤销对陕甘宁边区及各抗日根据地的封锁和包围。[2] 而中共中央这时给林伯渠的具体谈判条件，则主要为承认陕甘宁边区现状；编八路军、新四军为六军十八师，至少四军十二师，照中央军编制和待遇，战后移防黄河以北，以及发饷、发弹发药等。[3]

4 月 6 日，胡宗南报告林伯渠将于 12 日动身，取道西安去重庆。眼看林伯渠将到，蒋介石于 16 日亲自改定了中央党政军联席会报秘书处拟定的《中共问题政治解决办法草案》，并交国民党谈判代表张治中、王世杰参照办理。“办法”坚持：“国家军令、政令必须统一”，包括军令、纪律、人事、编制和军需以及军队教育等，都应照中央法规和训令实施。另同意十八集团军可编为二军六师。陕甘宁边区应改为陕北行政区，行政机构改称陕北

[1] 《蒋总统事略稿本》，1944 年 3 月 15、22 日条，台北“国史馆”藏蒋中正档案。蒋介石 5 月 14 日亦记述梦境曰：“昨夜梦见天上星月皎洁，光明异常，此或上帝示我在黑暗中发现光明之象征乎？”同前引注，1944 年 5 月 14 日条。

[2] 周恩来：《关于宪政与团结问题》，《解放日报》1944 年 3 月 12 日。

[3] 转见杨奎松：《失去的机会？——战时国共谈判实录》，第 322 页。

行政公署。所辖区域包含绥德、米脂、吴堡、葭县、清涧、延长、延川、延安、保安、安定、安塞、甘泉、鄜县及定边、靖边之各一部（定边县城不在内），甘省之合水、环县及庆阳之一部（县城不在内），以上共十八县。如中共对此均能确实遵办，政府可准予中国共产党之合法地位。[1] 比较双方之条件，可知并不存在迅速达成妥协的可能。

5 月 2 日，林伯渠及王若飞等到达西安。而为便于左右在重庆的谈判，避免中共借势在陪都进行宣传起见，国民党方面代表张治中与王世杰等，也应蒋要求于同日飞抵西安，以期事先了解共产党方面此次谈判的具体意图，控制谈判进程。

5 月 4 日，双方在西安正式接触，张治中首先表示，他们是代表国民党中央及蒋先生来欢迎的，因为郭参谋电报中说林伯渠先生有病，须乘飞机赴渝，而飞机每月只有 2 日和 16 日两次，故蒋介石派他们先来西安，商量一个具体解决问题的轮廓。但当林伯渠说明中共中央的意见去年周恩来、林彪等已谈过多次，不得要领，要求国民党方面首先提出一个解决问题的具体办法时，他们却又一再表示他们不能提办法，现在亦不能向蒋介石请示，坚持要林伯渠提新方案或电询毛泽东。林坚持仍照周、林案，此次接触即告结束。[2]

6 日，双方再谈。张治中不得不出示其去年所记的林彪所提四项条件，要求林伯渠表示意见。林伯渠则提出，周恩来《关于宪政与团结问题》的谈话可作为中共中央的意见。张、王当即反对，称：周恩来所提五条太抽象，特别是谈话中的“恢复新四军番号”及“共产党抗击百分之五十八的敌人”之类说法太刺激，不能用作讨论基础，甚至林彪提案今天也不应再做讨论基础。他们主张先就军事问题交换意见。结果张提三军八师，林提

---

[1] 《蒋委员长批示参谋总长何应钦〈关于中共问题政治解决办法草案〉希照改正办法办理》（1944 年 4 月 16 日），《中华民国重要史料初编》第五编（四），第 255—256、257—259 页。

[2] 《林伯渠关于与张、王谈判经过的报告》（1944 年 5 月 10 日）；《王世杰日记》，第四册，第 303—304 页。

六军十八师，双方争论不下而终。7、8 两日双方再谈，张治中最终提议以林彪提案四军十二师为限，林伯渠同意以此作为最低条件向中共中央请示。而对于军队作战区域、人事、经济、边区及党的问题等，亦原则上交换了意见，张、王事实上倾向照林彪提案解决。[1]

9 日，随张、王同来西安的参政会副秘书长雷震将国民党代表整理的关于四次商谈的初步意见以书面形式送交林伯渠，请其签字认可，声称好上报蒋介石。由于该文件不能完全反映林伯渠的意见，也不能作为双方认可的初步意见，故林伯渠于当日在此书面意见的基础上进行了认真的修改，说明“尚有若干点彼须再请示延安”后，于 11 日签字后亲自送予张、王二人。据王世杰记述，林“意愿将该记录中所列条款视为予及文伯（张治中——引者）同意之条款，予谓此一记录系以彼所提出或同意之点为范围，予等之意见须俟返渝后始能提出。彼亦无异议，遂认此一记录系专记彼所表示的意见之文件”。经林伯渠修改后的记录内容大致如下：

> （甲）关于军事者：（一）第十八集团军暨原属“新四军”之部队服从军事委员会之命令；（二）前项部队之编制，最低限度为去年林彪所提出之四军十二师之数；（三）前项部队经编定后，仍守原地抗战，但须受其所在地区司令长官之指挥，一俟抗战胜利后，应遵照中央命令移动，以守指定活动之防地；（四）前项部队改编后，其人事准由其长官依照中央人事法规定呈报请委；（五）前项部队改编后，其军需照中央所属其他军队同等待遇。
>
> （乙）关于陕甘宁边区者：（一）名称：可改称为陕北行政区；（二）该行政区直属行政院，不属陕西省政府管辖；（三）区域：以原有地区为范围，由中央派员协同勘定；（四）该行政区当实行三民主义和《抗战建国纲领》及中央法令；（五）该行政区预算当逐年编呈中央核定；（六）

[1] 《林伯渠关于与张、王谈判经过的报告》（1944 年 5 月 10 日）；《王世杰日记》，第四册，第 306—308 页。

该行政区及十八集团军等部队经中央编定发给经费后，不得发行钞票，其已发行之钞票由财政部决定办法处理；（七）该行政区内，国民党可以去办党、办报，并在延安设电台，同时，国民党也承认中共在全国的合法地位，并允许在重庆设电台，以利两党中央能经常交换意见；（八）陕甘宁边区现行组织暂不变更。

（丙）关于党的问题：依照《抗战建国纲领》之规定，予中共以合法地位，停止捕人，停扣书报，开放言论，推进民治，立即释放因新四军事件而被捕之人员及一切在狱之共产党员，如廖承志、张文彬等（包括新疆被押人员在内），并通令保护第十八集团军及新四军之军人家属不受损害和歧视。

（丁）其他：（一）中共表示继续实行四项诺言，拥护蒋委员长领导抗战并领导建国，国民党表示愿由政治途径公平合理的解决两党关系问题；（二）撤销陕甘宁边区之军事封锁，现在对于商业交通予以便利；（三）敌后游击区的军事、经济、政治问题服从国民政府及军事委员会的领导，一切按有利抗战的原则去解决。[1]

张治中、王世杰整理的初步意见，原本就是用来探中共的底牌的。林伯渠亲加修改，更砸实了林所掌握的基本条件不出上述范围。就林而言，其所携来的谈判条件核心在军队数量，四军十二师虽为最低限度，但应当已得到了张、王两人的认可，这较一年前林彪的交涉有明显进步，林伯渠当然愿意将其以书面形式确定下来。与此同时，林对此种谈判亦经验不足，以为签名认可此这一初步意见，不过“是他们准备承认的基础”，而且要“双方共同签字各自向其中央请示，再作最后决定”，没有想到它在国民党人看

[1]　《政治部长张治中中宣部长王世杰自西安呈蒋委员长报告与中共代表林祖涵商谈情形电——附自五月四日至同月八日的会谈中所表示的各项》（1944 年 5 月 12 日），《中华民国重要史料初编》，第五编（四），第 258—259 页；并见《林伯渠关于双方商定的初步意见致毛泽东电》（1944 年 5 月 12 日）。

来，只是共产党方面的出价，国民党还可以据此来讨价还价。[1] 据王世杰日记，张治中、王世杰当时就告诉林说：“此一记录系以彼所提出或同意之点为范围，予等之意见须俟返渝后始能提出。”故二人 5 月 12 日给蒋介石的密电亦明确指出，此件乃中共方面提出的基本谈判条件。[2] 值得注意的是，作为国民党内在国共关系问题上的“温和派”，张治中等此举其实也是力图通过这种压低共产党条件，然后上报蒋介石争取基本认可的办法，来在国民党造成一种解决问题的气氛。在返渝后面蒋汇报时，二人就极力主张此次务必达成若干初步解决办法，届时“或可促毛泽东做进一步解决之商谈”。据王世杰观察，“蒋先生似亦以予之意见为然”。[3]

然而，无论蒋介石，还是张治中、王世杰，都没有料到以后的情况会发生翻天覆地的大变化。

4 月中旬，日军发动豫湘桂战役，首先由开封附近攻取豫中。守备河南的国民党汤恩伯部四十余万人不堪一击，溃不成军。一时舆论大哗，民怨沸腾，以致随着国共谈判开始，世人多开始瞩目于共产党。延安此时不断得到情报，国民党统治区人民或寄希望于国共合作，或相信“只有准备小红旗欢迎八路军了”，而国民党军则不是钩心斗角，就是贪污腐化，花天酒地，令人发指。连美国在华人员也明显地开始重视共产党的军事力量，并有意派员进驻延安。这种情况的出现，确为中共中央早先所未能料到。

国民党在政治上和军事上的失败，自然是共产党加强自身力量的大好时机。5 月 6 日林伯渠致电毛泽东，报告与国民党代表头一次正式接触情况，毛泽东就已经意识到，前此条件应当有所变更，特别电告林伯渠，林彪前提四点不应再作为谈判基础。其后，林伯渠实际上仍旧根据前定林彪所提条件的精神与国民党代表达成“初步意见”，毛泽东对此显然不能接受。毛当即决定，根本变换谈判角度，重提谈判方案。

[1] 《林伯渠关于已同张、王达成初步意见致毛泽东电》（1944 年 5 月 10 日）。
[2] 《张治中、王世杰致蒋介石密电》（1944 年 5 月 12 日），《民国档案》1994 年第 3 期。
[3] 《王世杰日记》，第四册，第 315—316 页。

在毛泽东看来，形势已经变化，国共之争还没有定局，将来就看谁有力量，事实上国民党“因为没有民主，进行反共教育，使部队完全失去战斗力”，现在最强的只有八路军和新四军了。因此，“中央的方针是坚持发展自己，不受限制”，在国民党焦头烂额之际，应当提出更高条件，迫使其让步。“即国党不答应也不要紧”，能解决党的合法化、承认边区政府、军队扩编和防地战后移动这几点，也是好的。据此，毛泽东于 5 月 15 日致电林伯渠、董必武等，提出全面解决国共关系的二十条新方案。该方案强硬主张：“（一）请政府实行民主政治，与言论、出版、集会、结社及人身之自由；（二）请政府开放党禁，承认中共及各抗日党派之合法地位，释放爱国政治犯；（三）请政府允许实行名副其实的人民地方自治；（四）根据抗战需要、抗战成绩，及现有军队实数，应请政府将中共军队编为十六个军，四十七个师，每师一万人，为委曲求全计，目前至少给予五个军十六个师的番号；（五）请政府承认陕甘宁边区及华北、华中、华南敌后各抗日根据地民选政府为合法的地方政府，并承认其为抗日所需的各项设施；（六）中共军队防地，抗战期间维持现状，抗战结束后另行商定；（七）请政府在物资上充分援助十八集团军及新四军；（八）同盟国援助中国之武器、弹药、药品、金钱，应请政府公平分配于中国各军，十八集团军、新四军应获得其应得之一份；（九）请政府撤销对于陕甘宁边区及各抗日根据地的军事封锁与经济封锁；（十）请政府停止对于华中新四军及广东游击队的军事攻击；（十一）请政府通令取消‘奸党’‘奸军’‘奸区’等诬蔑与侮辱共产党、十八集团军、新四军及抗日民主地区的称号；（十二）请政府停止特务人员对于共产党、十八集团军、新四军及抗日民主地区的破坏活动；（十三）请政府饬令党政机关释放各地被捕人员；（十四）请政府禁止在报纸、刊物上发表对中共造谣诬蔑的言论；（十五）又据确息，西安一带特务机关，准备于外国记者团到西北时，沿途伪装各种人物与伪造各种证件向外国人告状，藉达破坏中共信誉之目的……请政府予以制止；（十六）请政府允许中共在全国各地办党、办报，中共亦允许国民党在陕甘宁边区及敌后各抗日民主地区办党、办报；（十七）请政府停止对重庆中共《新华日报》之无理检查、破坏发行、威胁订户、扣押邮寄等情事；（十八）请政府发还在三原被政府军队扣留之英、美援助十八集团军的药品一百零一箱；（十九）请政府允许恢复重庆、西安两处电台，以利通讯；（二十）请政府允许中共代表及十八集团军办事处人员有往来于渝、延间及西、延间之自由，及允许西、渝两办事处人员有在该两地居住与购买生活物品之自由。”[1]

对于如此激进的要求，毛泽东尚不认为已经足够了。他指出，我“四十七万精兵”只编五军十六师，“实际上对我没有好处”，但关键是“有理”，以便借机解决一些问题，并可在“判明彼方毫无诚意时，准备对外发表”。为此毛泽东告诫林伯渠及董必武：“林（彪）案已被何应钦否决，年来情况亦大有变更，故须另提新案。”而上述方案中，有几点必须坚持，如“军队决不能少于五军十六师”；“边区应正名为陕甘宁边区，以符实际”；“边区及敌后各根据地应请政府允许发行地方纸币”；“边区及敌后各地之民主设施，不能变更”；“彼方承认中共可在全国各地办党办报”，等。[2]

中共中央的新方案及指示电，因林伯渠与张治中等转宝鸡，飞重庆而未能及时收到。5 月 19 日，林伯渠在重庆见蒋，亦未提及此案。至 21 日看到电示后，才在 22 日晚约张治中、王世杰见面，转达中共中央的意见。为不致过于刺激张、王，林在转达中共中央二十条时删去了要求开放党禁、实行民主的前三条，但张、王看过十七条后仍极表愤怒。认为中共中央意见的全文是宣布罪状精神，完全没有实践诺言及拥蒋表示，张、王说，这说明你们无决心解决问题诚意。此条件与西安谈判内容不符，为何又不以林彪案为谈判基础，是否我们这样欢迎你，以为示弱可欺？林伯渠答称：十七条全部都是要实事求是解决问题，西安初步之谈判意见，约定各自向

[1] 《毛泽东关于向国民党提出二十条谈判意见致林伯渠电》（1944 年 5 月 15 日），《毛泽东文集》，第三卷，第 131—134 页。

[2] 《毛泽东关于请照二十条精神谈判致董必武转林伯渠电》（1944 年 5 月 15 日），《毛泽东文集》，第三卷，第 130—131 页。

自己中央请示，并非最后决定，且前曾提六军十八师，现提五军十六师，已有让步。十七条内容字句在此地无研究修改余地。双方争辩达两小时，最后张、王商量后表示坚决拒绝接受。[1]

这时国民党正在召开五届十二中全会，鉴于政治军事连连失败，英美舆论批评甚多，其内部明显地发生严重意见分歧，党的威信日跌。特别是河南惨败，充分显示其军队之无战斗力已至极点。据中共中央方面所得到的情报：4 月 17 日前，整个一战区花天酒地，4 月 17 日敌有蠢动，当日洛阳长官部完全紊乱，战区司令长官蒋鼎文及高级将官纷纷抢运眷属赴陕，计敌机炸死于洛阳至潼关铁路线者达千人。渑池失守时，敌掳去官太太小姐等即达三百余人。洛阳此次损失粮食两千万包以上，一战区汽车三百五十余辆被敌完好开走，守城之刘茂恩部六千人被歼，四千人投敌，余皆散尽。孙蔚如部系一战区所剩最完整者，也损失半数以上，仅余万人。汤恩伯部十五个师，只剩两万，步枪不足一万。一战区全部重武器、大炮、重机枪、弹药仓库等统统损失殆尽。就连蒋鼎文率长官部由洛阳出逃至洛宁时，竟只剩一个司机和雇用的两个农夫，后收容十一个士兵作卫队，也被民众攻散。“其溃散紊乱情况之狼狈，实抗战以来所仅见。”[2] 面对这种情况，中共中央无疑不愿再听任国民党以中央自居，颐指气使，也不再担心由于自己过于强硬而破坏和平局面了。

5 月 31 日，毛泽东致电林伯渠称：“请向张、王声明，拥蒋及执行四项诺言等，屡经申明，故未重述于上次文件中，为尊重他们意见，故将其加入于此次文件。又二十条均属事实，请求政府解决极为必要，为尊重他们意见，改为十二条，其余八条作为口头要求，仍请政府考虑解决。”显而易见，中共中央已决心不做退让，坚持进攻态势，只不过出于策略考虑，而将形式略为变换而已。

---

[1] 《王世杰日记》，第四册，第 317—318 页。

[2] 转见杨奎松：《失去的机会？——战时国共谈判实录》，第 324 页。

6月5日晚，国共两党代表再度商谈。林伯渠提出中共中央修改后的十二条书面意见，张、王仍旧坚持拒收，同时却提出经二人草拟，并经由蒋介石核定的《中央政府提示案》，要林转达中共中央，双方几经争执，在张、王被迫同意将中共中央十二条留下“参考”之后，林伯渠才同意转达国民党的这一提案。次日，林伯渠将国民党的提示案电告中共中央。该案内容与双方以西安时商定的初步意见出入不大。关于军事，同意第十八集团军及其在各地之一切部队，合共编为四个军十个师，此外不得另设纵队、支队或其他名目，人事、教育按相关法规办理，并应服从军委会命令，限期集中使用；关于边区，定名为陕北行政区，行政机构称为陕北行政公署，行政区以其现有地区为范围，但须经中央派员会同勘定；关于党，抗战期内依照《抗战建国纲领》之规定办理，在抗战结束后，依照中央决议召开国民大会制定宪法，实施宪政，中国共产党与其他政党，遵行国家法律，享受同等待遇。[1]

比较国民党前定之政治解决腹案，并联系到将近两周前国民党已接到的中共中央的新条件，不难看出，国民党方面的这一提示案较前已有相当让步。根据前此历次谈判经验，国民党在这种情况下，通常早就放弃谈判努力了，然而这次不仅在中共中央突然全面提高讨价还价筹码的情况下没有跳起来，而且放弃原定腹案，在一向锱铢必较的军事数量和边区范围等问题上，承认自己不止一次坚决否定过的条件，这无疑是温和派张治中、王世杰力争的结果。只是，在蒋介石一方而言，这又多少可能是一种斗争策略。因为早在林伯渠来渝之前，陈布雷就有过主张，认为至谈判已见不成之端时，应反示以主动和宽大，以利宣传。[2] 而文章实际早已作在其中，如四军十师以外之中共军队必须“限期取消”，编后军队要“限期集中使用”，中共不得发行钞票，陕甘宁以外之中共政权须交国民党“接管处理”等。国

[1] 《三十三年六月五日中央政府提示案》(1944年6月6日)，《中华民国重要史料初编》，第五编(四)，第269—271页。

[2] 《陈布雷拟定之〈林祖涵来渝事件应付之要点〉》(1944年3月)，《民国档案》1994年第2期。

民党清楚地知道这些条件是中共不能接受的。如此，自然可使自己取得主动，而陷中共于被动。

不过，国民党做出如此大的让步，却是与美国副总统华莱士（H. A. Wallace）即将来华考察这一特殊政治背景密切相关的。5 月 21 日，蒋介石得知罗斯福确定派华莱士访华，因而忧心忡忡，怀疑罗斯福有意通过华莱士，试探他对美国派人入驻延安一事的态度。故其在日记中愤愤然称："彼竟想利用共党以牵制我政府！"[1] 为造成政府宽大仁厚而中共"蛮横无理"的宣传效果，国民党人可谓颇费心思。只是，这个时候，不论国民党如何动作，对于共产党人已经毫无意义了。

6 月初，中共中央召集会议，明确提出今后要由共产党，而不是由国民党来担负起解放中国的责任问题，主张对国民党在政治上虽暂时不提出打倒它，但要使其大大削弱，自己则要大大发展；策略上目前还要实行攻势防御，而在组织上则不与国民党发生任何关系。如果蒋介石对美国作反共宣传，中共将不惜"下大雨"[2]。换言之，共产党人这时已经对与国民党谈判，请求其给予自己某些权利的做法不感兴趣了，它甚至已经做好了与国民党翻脸的准备。这意味着，国共之间的继续交涉，已经名副其实地成了一场宣传战了。

四、国民党的内敛与应对

6 月 6 日，林伯渠以信函的形式对张、王 5 日拒绝转交中共中央《关于解决目前若干急切问题的意见》（即十二条）一事，提出异议，指出：(1) 国民党中央的提示案虽与中共中央十二条相距甚远，但仍允将提示案转交中共中央，故请将中共中央十二条转交国民党中央考虑；(2) 国民党方面

---

[1] 《蒋总统事略稿本》，1944 年 5 月 21 日条，台北"国史馆"藏蒋中正档案。

[2] 《毛泽东在中共中央七中全会第二次会议上的发言》（1944 年 6 月 5 日）。

提示案称此案系“以林代表祖涵在西安表示之意见为基础”，与事实不符，西安草签者只是“最后共同作成的初步意见”，“约定各自向其中央请示再作最后决定”，故应以中共中央正式意见为准。[1]

8日，张、王复函称：林伯渠5日交来中共中央条件时，已明确表示拒绝转交中央，林伯渠最后请留下参考方允留下，而西安谈判纪录系林伯渠亲笔增删修改并缮清签字的意见，自然转呈中央并示为林伯渠之意见。11日，林伯渠再函张、王就此提出抗议，表示“谈判是两党的公事，非个人的私事”，前者“我未坚持自己主张，同意以两先生所提最低限度之数目向我党中央请示”，如今中共中央意见有所“出入”，则应以我中央意见为准，“不让贵党中央了解我党中央方面意见，只片面的要求我个人接受贵党中央提案，试问我个人如何能够作主，谈判如何能够进行，两先生又如何能够负责？”[2]

张治中、王世杰鉴于拒收中共中央所提要求不利，不得不于15日致函林伯渠称：“关于六月四日所附中共提出《关于解决目前若干急切问题的意见》一件，以未便一再拂先生之意，业经转呈中央。顷奉中央指示，‘中央于六月五日已以提示案交林代表转达中共，凡中共方面意见，中央政府所能容纳者，该提示案已尽量容纳，希望中共方面接受’等因，特以转达。”至于中共中央十二条，“对于自身如何实行中央之军令、政令，改善措施，整编部队之点，均未提及，而所提者，均为片面要求，此种态度，均非对中央政府应有之态度”。[3]

在此之前，中共中央鉴于张、王拒绝转交十二条，曾由毛泽东致电林伯渠，提出：“张、王既然不愿考虑我党中央所提意见，又不愿将此意见转

[1] 《林伯渠致张治中、王世杰函》（1944年6月6日）。

[2] 《六月十一日中共中央代表林伯渠为国民政府代表张文伯、王雪艇两先生拒绝接收我党意见书转报该党中央事致张王的抗议信》（1944年6月11日），《国共谈判重要文献》（1944年），第12—13页。

[3] 《张治中、王世杰复伯渠先生函》（1944年6月15日）。

交蒋，又不承认我党合法地位，又不以平等地位对我党中央，而片面地提出所谓提示案，我党中央坚决不能接受，望立即将所谓提示案退还张、王。”在张、王同意转交十二条以后，毛才改变策略，提出可以要张、王来延一谈，并指示立即将十二条及国民党之提示案，秘密提交正在重庆访问的美国副总统华莱士，和在中间人士及记者中传观。显然，中共中央已决心以此来影响各种中间势力乃至美国政府的政策，争取时局进一步向有利于自己的方面转变。

利用谈判来争取舆论和美国政府的同情，也是国民党早已拟定的目标。在刚刚向中共中央提交了显示中央“诚意”的提示案，宣布允许中共编四个军并照现在区域划定陕北行政区之后，蒋介石即劝告已经来华的美国副总统华莱士相信：“（一）中共无意与政府再谈判解决纠纷；（二）中共已放弃对日作战之任务，展开夺取政权之阴谋，并企图乘国难时机，完成其必备条件；（三）中共展开之阴谋，非一孤立问题，而为国际共党世界革命阴谋之一部，且获国际共党之支持，有既定之步骤与预定之目标，非到达终点，不半途废止；（四）政治谈判与军事行动同为共党争取利益、达到目的之手段，决不以政治谈判予对方为解决纠纷之途径；（五）除非国民政府统治中国之政权交其掌握，则纠纷永无止境，而内战难免爆发。以此，吾人对解决中共问题之方法，认为须重新考虑，由谈判妥协之决策，已失时效，而非对症之药。”他甚至断言，国民党之所以“士气沮丧，军事失利”，均因政府不予中共以严厉制裁，反与谈判而起，故扬言：“倘中共继续行动越轨，以武力实现其阴谋，中国政府为伸张纪纲，而无法避免用武力时，将被迫予以军事制裁。”[1]

对照蒋介石十个月前生怕动用武力而中中共激将法的日记，可知此时蒋已再不能耐。他在日记中痛斥“此时共匪之气焰嚣张极矣”[2]。只要美国

[1]　张九如：《美国介入国共和谈的第一步——蒋主席与美国副总统华莱士三次会谈纪录》，载台北《传记文学》第34卷第4期；并见《蒋总统秘录》，第13册，第145—148页。

[2]　《蒋总统事略稿本》，1944年7月26日条，台北“国史馆”藏蒋中正档案。

表示同情，蒋势必决心对共产党施以军事打击。但无奈华莱士对蒋介石的说法颇不以为然，反力主调和，且对中国共产党不无好感。这种情况意味着蒋介石争取美国政府理解的努力仍旧一无所获，仍得与共产党继续周旋，争取舆论的工作还得继续做。

7月26日，国民党中宣部长梁寒操依据前定关于“混乱”中共宣传的策略，故意发布关于谈判的“乐观消息”，声称“国共关系已有改进”，“政府的观点和共产党的观点事实上并无严重分歧”，“国共问题已经有了一部分的解决”，说问题的症结只是由于中共言行不一。张、王随即致函林伯渠，再度“剀切敷陈”，说明难于接受中共十二条的原因。[1] 当然，王世杰和张治中倒并非纯粹是基于国民党内预定的宣传策略而作此解释的。王世杰坚持，“对中共交涉宜继续采取宽和政策”，尤应避免谈判拖延下去，以致破裂或停顿。因为“在目前举国乃至中外注目于此一谈判之时，此种破裂殊多不利”。[2] 他认为，对付中共的办法，关键在于要给中共以政治上的压力。“政府应从改革政治方面造成有利于政府之国内外新环境。此新环境即是对中共之压力，此其一。第二，我对中共政策，应预想到二三个月后苏联参加远东战事，中共军队与苏联连合时之状态。我应预采一种办法，防止苏联届时承认中共政治组织，或接济其军火，使与政府对抗。”[3]

对梁寒操谈话作出反映的，首先是周恩来。他于8月13日发表公开谈话，逐条批驳，斥责梁寒操歪曲事实。[4] 8月30日，林伯渠也复信张、王，详论中共前此要求之公平合理，批评国民党提示案只从“一党一派一己的私利”出发：“（一）关于我方所恳切要求解决的实行民主政治，承认各党合法，释放爱国政治犯，释放叶挺等被捕人员等项，一字未提；（二）编军数目，只承认四个军十个师，且不顾抗战需要及敌后游击战争环境，要将

[1] 《王世杰、张治中致林祖涵先生函》（1944年8月10日）。

[2] 《王世杰日记》，第四册，第368页。

[3] 同上，第390—391页。

[4] 《周恩来关于国共谈判问题答记者问》（1944年8月13日）。

十个师以外数十万正在抗战的军队‘限期取消’,并要将十个师‘集中使用’;(三)对边区政府,只要求实行国民党中央之法令,不提三民主义,不承认为抗日所需要并且已经实行大见成效的现行各项民主设施与民主法令;(四)对抗日根据地人民选举的各民主政府,要求取消。”[1]

蒋介石这时对共产党已完全束手无策。对内政治解决毫无希望,对外无以对付“无孔不入”之共党国际宣传,美国方面又处处干涉,坚持要派美军观察组进驻延安。蒋虽多方反抗,但为借此抵制美军方要为八路军分配军援之动议,最终仍不得不屈从就范。以蒋之个性,他显然已忍无可忍,以至于几乎无时无刻不在设想破釜沉舟之计。他在日记中痛苦万状地写道:“美总统罗斯福藉举我为四强之一之虚名,以示惠于我,使我受其控制,并藉此要胁吾以遂其所欲,吾乃享虚名而受实祸也。”“我政府恐美国不谅解,乃事事有所顾虑,对内不能制共,灭损我政府之声威,对外依附于人,不能有所主张,徒作他人之傀儡,丧失我革命独立之精神。”他虽然坚信中共“虽有国际之背景与阴狠之奸谋,彼亦必有终无出路之一日”,但他仍然不能不强烈担心自己忍耐的限度,因而暗下决心:“若至不得已时,惟有以快刀斩乱麻处之。”1944 年 8 月,他秘密条谕胡宗南,详尽“指示进取延安匪巢及围剿陕北奸匪要旨”。要求胡注意:“(一)匪部主力及其重点似在鄜县附近,其薄弱点似在三边;(二)我军丁部如能由豫旺直取安边与宁条梁山,与横山榆林高部取得联系,然后再南下转攻米脂绥德,以断其北窜之路,则整个包围之势已成。以后即易处置矣。(三)我军南路主力可否用在宜川,直取延安,而对鄜县方面作为助攻,务使延安能于进剿半月内切实占领,此为整个计划惟一之要领。其他方面可照前两条之主旨周密设计,总使进剿时间能尽量缩短,务于三个月能完全肃清也。”[2]

蒋介石如此,共产党人也在准备采取一种更为激烈的对策。正当国民

---

[1] 《林祖涵致王世杰、张治中的信》(1944 年 8 月 30 日)。

[2] 《蒋总统事略稿本》,1944 年 8 月 11、18、31 日条,台北“国史馆”藏蒋中正档案。

党密谋利用9月召开的参政会全面公开谈判过程，以显示政府之“光明磊落，开诚相与”，指责中共毫无诚意之际，中共中央却也在准备对国民党发起致命的攻击了。

还在5月中旬提出新的条件之后，中共中央就已经在相当尖锐地攻击国民党的一党专政。在中共新的二十条和6月初进一步修改提出的十二条中，第一条就有“请政府实行民主政治”的文字。[1] 但是，要根本否定国民党的一党专政，同时又不给人以共产党想要根本推翻中央政府的印象，避免损害国共之间统一战线的基本关系，对于当时的中共中央来说，还是一个颇难解决的问题。恰在这时，传来了美国人关于联合政府的设想与提议，它显然适合中共中央谋求以新的统一战线政权形式替代国民党一党专政的现实需要，因而迅速开始成为中共中央新的斗争口号。

联合政府的设想最初是美国总统罗斯福提出来的。1943年11月开罗会议期间，罗斯福在谈到中国内部纷争时曾向蒋介石提议：国民党“应该在战争还在继续的时候，同延安的共产党成立一个联合政府”[2]。对于罗斯福的这一建议，蒋介石当然不会加以理睬，美国方面此后也只能将其束之高阁。美国方面重新提出这一设想，也是震惊于国民党军队在日军打通大陆架作战中的节节败退。6月前后，美国驻华大使高思（C. E. Gauss）开始在大使馆范围内提出，“由委员长召集（包括共产党在内的）所有派别，和他一起组成军事委员会或最高统帅部”，以便大家共同承担责任，确保中国尚存地区不致进一步落入日本手中。这项建议得到其他外交官的一致认同，也迅速得到美国国务院的认可。国务卿赫尔（H. Hull）甚至直接打电报给高思称：总统和我已仔细考虑了你的意见，我们赞同使中国政府成立一个强有力的并具有广泛代表性和宽容精神的政府的一切努力，而“一个代表中国所有有影响的党派并在蒋介石领导下拥有全权的委员会或某种机构，将是实现

[1] 《中共中央向国民党提出的十二条意见书与委托林祖涵提的八条口头意见》（1944年6月4日），《中共中央抗日民族统一战线文件选编》（下），第702—705页。

[2] 埃利奥特·罗斯福：《耳闻目睹》，纽约，1946年，第249—250页。

这个目的的最有效的形式”。据此，7 月 4 日，艾切森代办在与立法院院长孙科的谈话中第一次正式向中国政府官员提出了这一建议。之后，高思同外交部长宋子文以及考试院院长戴季陶也进行了类似的谈话，并且亲自向蒋介石正面提出了这个问题。[1]

考虑到蒋介石对自身地位的过分敏感，高思以及美国政府这时更多地还是从军事方面着眼，建议立即在蒋介石领导之下组成一个有职有权的联合军事委员会或联合最高统帅部，以便团结全国各党各派，共同承担战争责任，解决目前军事方面的严重困难。高思明确告诉蒋介石，他并没有设想过立即改组政府，尽管他相信，在目前这种危机时刻，组成有各党派代表参加的联合政府也许不失为有效办法。但是，不论高思这时如何考虑，对于那些明显地同情共产党而反感国民党的年轻外交官来说，根本改组现行政府，组织联合政府，多半是一种更好的选择。随着 7 月下旬美军观察组进驻中共中央所在地延安，一向对国民党政府持批评态度的美国年轻外交官谢伟思（J. S. Service）也受命一同前往执行任务。正是在这种情况下，在中国组织联合政府的问题，很自然地成了谢伟思与中共领导人热心讨论的重要话题之一。

中共中央最早公开提出废止国民党一党专政的要求，是在 8 月 13 日。周恩来这一天就国共谈判发表公开讲话，一面继续表示拥护蒋委员长与国民政府，一面却直截了当地要求国民党必须放弃一党统治与限制、削弱和消灭异己的方针，强调国共关系的症结，根本就在于此。[2] 但是，周恩来这时还没有谈到应当以何种形式来取代国民党的一党统治的问题。四天之后，即 8 月 17 日，当在重庆的董必武电询周恩来是否应当赞同民主党派领导人张澜、左舜生扩大参政会的主张时，毛泽东才开始提到联合政府问题。毛泽东在董必武的电报上批示：“应与张、左商各党派联合政府”。根据毛泽东的提议，周恩来在第二天的复电中请董必武、林伯渠考虑，目前如果向

[1] FRUS, 1944, Vol.6, pp.116-117, 120, 124-126, 132, 561, 567-569.

[2] 《周恩来关于国共谈判问题答新华社记者》（1944 年 8 月 13 日），《中共中央抗日民族统一战线文件选编》（下），第 724 页。

国民党要求提前召集各党派及各团体代表会议，改组政府，然后由此政府召开真正民选的国民大会，讨论反攻，实行民主，能否引起大后方各党派的响应和各地方实力派的同情？不难看出，这是中共中央对联合政府的最早考虑，对可行性还存着某种疑问，因此叮嘱重庆方面的代表先行在民主党派领导人当中暗中征询意见。[1]

中共中央注意到联合政府这样一种形式，毫无疑问与随同美军观察组来到延安的谢伟思有关。毛泽东曾讲过这件事情的由来。9 月 1 日，毛泽东第一次将联合政府问题提到中共中央的重要会议上进行讨论，征询各主要领导人的意见。[2] 他当时特别解释说：是谢伟思告诉他说，美国政府有训令给高思大使，要促成中国的联合政府，谢伟思问我的意见如何实现？我说：召集各党派代表会议，成立联合政府，共同抗日，将来建国。显而易见，在得到了谢伟思的这一消息之后，毛泽东对联合政府的提法很感兴趣，但最初并非毫无顾虑。[3] 就在几天前，即 8 月 23 日毛泽东与谢伟思第一次长谈时，他就已经开始把矛头指向国民党的一党专政体制了，但他当时并没有明确提出联合政府的主张。他只是尖锐批评国民党的中央政府不合法，断言蒋介石的主席地位也只是一个政党的仅仅 90 个特殊党员举手举出来的，已经失掉了中国人民的信任与支持，提出国民党的一党政府必须改组而已。[4]

中共中央最初的顾虑不是没有理由的。它这时对国民党的态度，一方面是针锋相对地进行斗争，争取自身的平等地位，另一方面仍旧要继续保持与国民党的统一战线。而这样一种策略的确定，必须适合于自身的实力，右了达不到目的，左了又难免激怒国民党，破裂合作关系，甚至失去中间势力的同情。考虑到国共两党这时力量对比的实际状况，毛泽东在直接提

---

[1] 《周恩来年谱》，人民出版社 1989 年版，第 580 页。

[2] 《中共六届七中主席团会议》（1944 年 9 月 1 日）。

[3] 同上。

[4] 转见约瑟夫 · W. 埃谢里克编著，罗清、赵仲强译：《在中国失掉的机会——美国前驻华外交官约翰 · S. 谢伟思第二次世界大战时期的报告》，国际文化出版公司 1989 年版，第 251—255 页。

出与国民党联合执政的问题上最初还是有所保留的。正因为如此，他在决定打出联合政府的旗帜时，表现得十分谨慎。事实上，中共中央未尝没有过与国民党共同承担领导责任的想法。还在1937年12月政治局会议上，它就根据共产国际的意见，提出过国共两党“共同负责，共同领导”的政治主张，并且有意派人参加国民政府，其实这也是一种联合政府的设想。但一方面共产国际相信加入国民政府对共产党没有好处，另一方面也因为当时两党力量悬殊太大，国民党方面充其量只会在个别部门吸纳中共人员以为点缀，故这一设想并未能实行。[1] 如今这样的时机是否已经成熟了呢？一向自大主义十足的蒋介石，是否能够接受与共产党分享政权的事实呢？[2] 很明显，注意到国民党军事上的惨败和美国政府的干预，中共中央这时已确信可以提出废除国民党一党专政，建立联合政府的问题的时机已经到了。

9月4日，中共中央致电林、董等提出：“目前我党向国民党及国内外提出改组政府主张时机已经成熟，其方案为要求国民政府立即召集各党、各派、各军、各地方政府、各民众团体代表，开国是会议，改组中央政府，废除一党统治，然后由新政府召开国民大会，实施宪政，贯彻抗战国策，实行反攻。”中共中央估计：“此项主张国民党目前绝难接受，但各小党派、地方实力派、国内外进步人士，甚至盟邦政府中开明人士会大加赞成，因此，这一主张应成为今后中国人民中的政治斗争目标，以反对国民党一党统治及其所欲包办的伪国民大会与伪宪。”[3]

9月12日，鉴于决定在15日的参政会上，由国共两党代表就谈判问题进行报告。王世杰考虑到上一届参政会何应钦报告指责中共，国民党参政

[1] 1938年1月，因得到国民党有意拉共产党代表加入政府的消息，共产国际专门电示中共中央：不应参加国民党政府。中共中央六届六中全会据此明确决定不参加国民政府。转见《洛毛致朱彭任电》（1938年1月14日）；《新华日报》1938年1月18日。

[2] 谢伟思7月22日到延安，四天前，即7月18日，毛依然承认国民党政府的合法性。他对外国记者说：我们的政府是国民党政府下属的地方政府；我们的军队是国民党军事委员会下属的国民革命军的一部分。见《在中国失掉的机会》，第211页。

[3] 《中央致林、董电》（1944年9月4日）。

员群起攻击董必武，导致董当场退席的教训，“力向蒋先生言，林祖涵十五日在参政会报告国共谈判经过时，本党参政员不宜发言，以共党参政员仅二人，我如以人多言激之形式逼之，将失第三者之同情也。蒋先生深以为然，并予本党参政员以甚严之指示”[1]。蒋甚至还内定，由参政会主席团提议，组织冷遹、胡霖、王云五、傅斯年、陶孟和等参政员，组成中立性质的视察团，赴延安视察，并于返渝后提出解决中共问题的建议。[2]

9月15日，林伯渠利用报告国共谈判的机会，公开提出“希望国民党立即结束一党统治的局面，由国民政府召集各党、各派、各抗日部队、各地方政府、各人民团体的代表，开国是会议，组织各抗日党派联合政府”的主张。[3] 国民党参政员因为有蒋令在先，未做任何激烈表示。“最后，主席团提议组织延安视察团。会场除中共参政员林、董二人外，均举手赞成。”而蒋介石在次日的讲话中，亦委婉地回应林伯渠的主张，说明政府已有实施宪政决心，并准备提前推行。[4] 由于对此次参政会采取了相当开放的政策，会议发言、提案等，不论拥护或批评，均公开透明，刊布于报端，因此，林伯渠的报告亦没有能够造成中共中央预期中的轰动效应。

[1] 《王世杰日记》，第四册，第397—398页。

[2] 同上，第399页。

[3] 《林祖涵同志在参政会上关于国共谈判报告》（1944年9月15日），《国共谈判文献》，七七出版社1944年印行，第10—15页。

[4] 《王世杰日记》，第四册，第400页。

第十二章

抗战结束前后的和战选择

眼看欧洲战场已经大踏步向胜利迈进，美国在太平洋战场也开始步步逼近日本本土，中国战场形势却如此严峻，这不能不使作为盟国的美国政府焦虑万分。在多数美国人看来，中国问题的症结，首先就在于国共关系紧张。共产党因为受到国民党的封锁和牵制，不能集中兵力用于抗日；国民党则害怕共产党坐大，一心保存实力，准备战后和共产党算总账。由于美国这个时候击败日本的军事战略，需要在中国的沿海地区实施登陆作战，因此，美国政府不能不高度重视中共的抗日力量，特别是关注中共在华北和华东沿海地区的敌后根据地。这种情况,促使美国军方不顾蒋介石的反对，向延安派出军事观察组。就在毛泽东雄心勃勃地准备利用美国来和蒋介石抗争的时候，美军跳岛作战的成功，却使美国军方不再需要利用中国沿海地区攻击日本了,因此,美国政府的对华政策发生了急剧的改变。这种改变，导致美国出于战后在亚太地区战略利益的考量，不能不急于帮助蒋介石解决共产党问题。美国总统特使赫尔利（P. J. Hurley）就是在这种情况下卷入到国共谈判当中来的。但是，赫尔利既对中国事务极度隔膜，同时又只能坚定地站在维护国民政府统治的立场上，自然不可能达成目的。

一、赫尔利调处的失败

1944 年 7 月 28 日，美军观察组正式进驻延安，它清楚地表明，美国政府和军方在对日战争中不仅需要中国政府,而且需要中国共产党。这种情况，促使中共领导人相信，美国人需要共产党在沿海地区的武装力量是确定了的，因此，要求分得美国的援助物资，并要求一党专政的国民党开放政权，建立联合政府，与共产党及其他党派分享政权，也是天经地义的。

但是，就在林伯渠在国民参政会上强硬地提出联合政府的政治主张后不久，在美国与国民党人之间就发生了一件极具象征意义的事情。这就是与蒋介石在军事指挥权以及使用中共军队等问题上充满矛盾的中缅印战区司令官史迪威将军，被罗斯福解除职务，中缅印战区同时被取消。注意到美国这时在太平洋上跳岛作战顺利推进，美军利用中国大陆进攻日本本岛的必要性迅速失去，美国对中国在对日战争中军事作用的估计正在发生重要的变化。很显然，美国政府已经不再寄希望于借助中国来打败日本了，它迅速把目光从战时移向了战后。权衡战后国共两党在中国政治生活中的实际作用，罗斯福总统开始把对华政策的重心重新放在支持蒋介石政权上。也正是因为考虑到战争结束后需要稳定以蒋为首的中国政权，刚刚负责调解完蒋介石与史迪威矛盾问题的美国总统特使赫尔利，转而介入国共关系，试图利用美国的威望来迫使国共两党达成一种真正意义上的妥协。

远在赫尔利有意介入国共两党谈判之前，美国在华的外交官们就曾经通过各种渠道向其政府提交过有关国共两党关系的种种报告。这些报告在很大程度上都只是在重复一个近似的话题，即国民党和共产党的冲突正在导致一场内战，就其相互关系而言，日本实际上只不过是一个次要的敌人。蒋介石的目的在于封锁、孤立乃至消灭共产党，而共产党迫于压迫也只好保存实力，以国民党为敌。由于蒋介石政权独裁、腐败、失去人民拥护，而共产党享有民众的支持，并且廉洁奉公，两强相争的结果必定使蒋介石只好不顾一切地把美国拖入一场新的战争的泥沼，从而把共产党完全推向苏联一边，最终导致美苏之间的严重冲突。为避免出现这种情况，美国最好从现在起就开始与中国共产党发生关系，以阻止其倒向苏联，同时对蒋介石政权施加压力，以谋求中国政治民主化。[1]赫尔利与其他美国在华外交官的想法严格说来没有多大差别。问题仅仅在于，其他美国外交官更多地怀疑继续全力支持腐败的蒋介石政权对美国究竟是好事还是坏事，而赫尔利根据罗斯福的新的对华政策，相信首先是要确保蒋介石地位的巩固，然后才是如何推动国民党进行必要的改革的问题。

注意到美国政府的这种立场，蒋介石很快就意识到可以利用美国的压力尝试着逼迫共产党人就范。由于蒋通过赫尔利在处理史迪威事件时的表

[1]　FRUS, 1942, China, pp.99-101, 207-2211; FRUS, 1943, China, pp.25-29, 193-199, 258-266, 397-399.

现，深感赫“特别富有人情味”，故专门致电罗斯福总统：“余深望赫尔利将军派充阁下较长时期之个人代表，且授以相当广泛之训令，俾于中美军事关系之诸般重要问题，得与余合作，例如余正赖以助余与中国共产党谈判，彼已与共产党会商，盖余意欲将共产党军队编为中国正规国军，乃此时抗战最重要之一任务，余完全信任赫尔利将军，且因其异常谙达人情，又了解此问题之观点，似亦能与共产党领袖相周旋。”[1]

在得到罗斯福同意后，国民党方面立即建议赫尔利“同目前在重庆的国民参政会中共参议员林祖涵、董必武两先生举行一次会谈”，以“陈述美国和苏联政府对于中国共产党的态度，并强调共产党立即与中国政府达成协议的必要性”。很显然，他们相信绝对可以借助于这位对中国事务毫无了解，又热心于这项使命的美国特使，来达成自己的目的。因此，他们明确地要赫尔利：“向林、董询问，共产党是否愿意由赫尔利将军进行斡旋，从而与政府达成一项解决办法。也可以向他们表明，如果延安愿意接受赫尔利将军的斡旋，而且赫尔利将军又能事先从中国政府得到不反对他采取这一行动的保证，他将提出一项解决问题的建议。”当然，这种建议不应超出政府可能的界限。他们为此专门替赫尔利拟具了一份文件，包括中共军队应切实执行中央政府一切命令；中共军队可以编为几军几师；中共军队的枪械弹药补给经中央派员查明后提请蒋委员长核发；三个月内中央驻陕北边区之部队与中共在陕甘之军队一律开赴前线执行抗日任务，等。[2]

10 月 12 日，赫尔利正式开始调处工作。他在这一天向蒋介石提出“改造中国”的“十点建议”，其中最主要之点在于改善中苏关系以巩固国民政府之地位，同时在蒋介石的领导下统一军队，并在民主的基础上实现政治统一。[3] 由于赫尔利来华之前曾预先访问过苏联，并得到苏联外交人民委员

[1] 《蒋总统事略稿本》，1944 年 10 月 9 日条，台北“国史馆”藏蒋中正档案。

[2] FRUS，1944，China，pp.650-651；《拟于下次赫尔利来晤时谈话之要点》（1944 年 10 月），台北“国史馆”藏蒋中正档案，特交档案（四）第 50714 号。

[3] FRUS，1944，China，p.259.

莫洛托夫（M. Molotov）关于苏联与中国共产党没有任何关系的保证，故赫尔利对于严重困挠着蒋介石的所谓“国际共党之阴谋”不以为然。他一来到中国，就首先将这个消息通知蒋介石，并且因此对巩固蒋及国民政府的地位和解决共产党问题充满信心。在他看来，只要蒋介石能够设法与苏联搞好关系，并在民主化问题做些让步，实现军事及政治的统一并不是一件十分困难的事情。

值得注意的是，蒋介石13日意外得到消息称：“赫尔利之副官上周私自飞赴延安，一宵即返，手中并持有中国信件二包。”这不免让蒋如堕五里雾中，反复思索，总觉得“以赫尔利平日之言行，对我方皆极尊重，似不应私派其副官往延安也”[1]。此事再度使蒋疑心重重。当晚转侧难眠。次日一上午又“考虑赫尔利与共匪勾结之因果颇久”。他一面反复告诫自己，此事不必过于重视，一面却又再三思量，以至相信“美国必欲由其从中调和国共，以为操纵中国干涉内政之张本，形势可谓危险与恶劣极矣”[2]。

10月17日，赫尔利主动约请中共在重庆的代表林伯渠和董必武去其住处会谈。林、董在首先陈述前此两党在政治军事等问题上的严重分歧和中共中央对于解决两党关系的既定主张之后，赫尔利表示：他和林、董谈话是蒋介石允许的，蒋介石甚至也允许他必要时前往延安，因此他认为这表明蒋的态度已变缓和了。他声称，中共武装组织训练都好，力量强大，已成为决定中国命运的一种因素。而中国现政府确不民主，需要改进，但蒋介石现在为抗日的领袖，这是全国人民公认的事实。因此，国共两党仍应加强团结，他就是代表罗斯福总统来帮助中国团结的。他决不会偏袒任何一方。次日，赫尔利又约林、董吃饭，双方再度进行会谈。赫尔利进一步称：蒋介石15日与其谈话时专门说，他个人对共产党的观点已完全改变，但部下还不明了。并说林、董和他一样爱国家，赫尔利可以信任他们并与之交谈。

[1] 《蒋总统事略稿本》，1944年10月13日条，台北“国史馆”藏蒋中正档案。

[2] 《蒋总统事略稿本》，1944年10月14日条，台北“国史馆”藏蒋中正档案。

故赫尔利认为蒋介石的态度已经变好，可以在此基础上谈判实现合作。国共合作后，中共应取得合法地位，有言论、出版、集会等自由，在军事领导机关中也应有中共党员参加，分配军事物资也不应偏于那一党派。他计划先约张治中、王世杰与林、董谈，得出初步结果后由他同蒋商量，蒋同意后他便到延安去和毛主席谈，求得双方合作的基础，最后蒋介石、毛泽东见面，发表宣言，实现合作。[1]

赫尔利关于蒋介石已改变对共产党态度的说法，究竟是赫尔利的一厢情愿，还是蒋介石虚与委蛇之言，无从查证。但有一点是肯定的，即蒋介石这时对共产党的态度并没有丝毫变化。就在赫尔利向中共代表保证蒋已转变态度两天之后，蒋即发布手令，要沦陷区的国民党人迅速发展武装与共产党斗争。随后，蒋更暗自计划于战争结束前后消灭各地共产党的种种方案。"……积极准备（一）无形清剿（不用剿共名义），反攻倭寇时一面扫荡伪组织，一面肃清当地共匪之不听命令者，反攻军之组织应增加此任务；（二）抗战结束后召开国民大会，代表全国公意，成立决议案，取消共党之军政与边区，实行统一。（丙）预防其阻碍我反攻。（一）沿海接应美军；（二）夺占各重要都市；（三）在我后方之暴动；（四）争取伪军。"[2]

10 月 21 日，蒋介石将国民党方面的解决方案交给赫尔利，赫尔利当即发觉蒋的态度仍旧过于苛刻。用赫尔利后来告诉中共代表的话来说，此一方案的内容就是："叫你们在前面打，他在后面打，意思就是要消灭你们。"故赫尔利不得不当场退回，并说："如果我是共党，我也不会接受。"他问蒋：为何不能与中共军队并肩作战？蒋答复说：无适当人指挥。赫尔利称自己愿意去充任两军的联络。赫尔利并告诉林、董说，他当时甚至劝蒋应该当机立断，要实行民主就实行，要释放政治犯就释放，不能再等云云。[3]

10 月 28 日，赫尔利不能不直截了当地提出他自己的方案。这一被称作"协

[1] 《林伯渠、董必武与赫尔利谈话记录》（1944 年 10 月 17、18 日）。
[2] 《蒋总统事略稿本》，1944 年 10 月 27 日条，台北"国史馆"藏蒋中正档案。
[3] 《董必武、林伯渠致毛主席电》（1944 年 10 月 24 日）。

定的基础”的方案分为下列五点：

一、中国政府与中国共产党将共同合作，求得国内军队之统一，以便迅速打败日本和解放中国；

二、中国政府及中国共产党均承认蒋介石为中华民国的总统及所有中国军队的统帅；

三、中国政府及中国共产党均拥护孙中山之主义，在中国建立民有、民治、民享之政府，双方将实行各种政策，以期促进和发展民主政治；

四、中国政府承认中国共产党为合法政党，所有国内之各政党，均予以平等、自由及合法之地位；

五、中国只有一个中央政府和一个军队，所有官兵不论属于中共军队还是属于政府军队，均将根据其等级得到同等的待遇，各部队在装备及供应的分配方面，均将得到同等对待。[1]

赫尔利的这一方案，借用当时正在延安的美国年轻的外交官谢伟思后来所说过的一句话，就是：“赫尔利好像从未明白他试图拉到一起的两个党在根本上是水火不相容的。”他完全是按照美国的法律公式和政治原则在考虑问题，而对自己正在陷入的那个泥沼地的地理情况却几乎是一无所知。[2]11月7日，蒋介石将一个经过实质变动，已经是国民党的方案交给赫尔利，赫尔利竟然没有充分意识到它们之间的本质区别。蒋的方案内容如下：

一、中国政府与中国共产党将共同合作，求得国内军队之统一，以便迅速打败日本和重建中国；

二、中国共产党之军队应服从并执行中央政府及其军事委员会之命令；

[1] FRUS, 1944, China, p.659.

[2] 约·斯·谢伟思：《美国对华政策（1944—1945）》，第104页。

三、中国政府及中国共产党均拥护孙中山之主义，在中国建立民有、民治、民享之政府，双方将实行各种政策，以期促进和发展民主政治之程序；

四、中国只有一个中央政府和一个军队，中共军队经中央政府整编后，其官兵的薪奉和给养按等级享受与政府军队同等待遇，其各部队装备和军需品之分配亦将得到同等待遇；

五、中国政府承认中国共产党并将使之为合法政党，所有国内之各政党，均将得到合法之地位。[1]

新方案把原方案之“解放中国”改为“重建中国”，其意显然在肯定国民党的法统地位；把双方“承认蒋介石为中华民国的总统及所有中国军队的统帅”，改为单方面要求中共军队“应服从中央政府及其军事委员会之命令”，其意明显地是否认共产党与国民党具有平等地位，并重申军令政令应统一于国民党一党专政的国民政府；其强调中共军队经中央政府整编后始得平等待遇，更是突出表明了其必欲取得中共军队指挥权的强硬态度；至于把“促进和发展民主政治”改为“促进和发展民主政治之程序”，取消原案中给予各党派“平等、自由”的规定，同样清楚地说明了国民党并不打算改变其一党专政的态度。

11月7日，赫尔利乘专机飞抵延安。次日上午10时半，双方开始正式谈判。赫尔利强调，蒋曾向他表示，愿意与中共取得谅解并承认共产党的合法地位，甚至同意考虑吸收共产党人参加军事委员会，及在公平的基础上成立统一机构等问题。在此基础上，赫尔利宣读了由国民党修改过的方案，希望能够“很自由、公开、坦白的”就此进行讨论。[2]

下午3时，双方继续谈判。毛泽东在表示欢迎赫尔利来延安后，即批

---

[1] FRUS，1944，China，p.666；《美国赫尔利将军携呈蒋委员长有关国共协议之基本条件建议》（1944年11月7日），《中华民国重要史料初编》，第五编（四），第289页。

[2] 《赫尔利与毛泽东、朱德、周恩来谈话记录》（1944年11月8—10日）。

评赫尔利上午所宣读的方案中有关由国民政府改编中共军队的条款，说:“这一条主要的恐怕是蒋先生自己写的。我以为应当改组的是丧失战斗力、不听命令、腐败不堪、一打就散的军队，如汤恩伯、胡宗南的军队，而不是英勇善战的八路军新四军。”赫尔利稍做辩解后，就提出请毛泽东对方案加以修改或补充。因为他相信：“蒋委员长已同意改组军队，已同意改组他的政府。他并说他希望共产党帮助他实行孙中山的三民主义，使民主程序的发展成为可能。”因此，只要在此基础上，应该不难妥协。[1]

经过几天磋商，双方最终按照中共中央提议的协定草案达成一致意见。11月10日上午12时45分，毛泽东和赫尔利分别在协定上签字。下午2时许，赫尔利乘飞机返回重庆，周恩来亦同机前往，以继续与国民党方面的谈判。

赫尔利与中国共产党达成的协定草案内容如下：

一、中国政府、中国国民党与中国共产党应共同工作，统一中国一切军事力量，以便迅速击败日本，重建中国；

二、现在的国民政府应改组为包含所有抗日党派和无党无派政治人物的代表的联合政府，并颁布及实行用以改革军事政治经济文化的新民主政策。同时，军事委员会应改组为由所有抗日军队代表所组成的联合军事委员会；

三、联合国民政府应拥护孙中山先生在中国建立民有、民治、民享之政治原则，联合国民政府应实行用以促进进步与民主的政策，并确立正义、思想自由、出版自由、言论自由、集会结社自由、向政府请求平反冤抑的权利、人身自由与居住自由。联合国民政府亦应立即实现下列两项权利，即免除威胁的自由和免除贫困的自由之各项政策；

四、所有抗日军队应遵守与执行联合国民政府及其联合军事委员会的

[1] 《赫尔利与毛泽东、朱德、周恩来谈话记录》(1944年11月8—10日)。

命令，并应为这个政府及其军事委员会所承认，由联合国得来的物资应被公平分配；

五、中国联合国民政府承认中国国民党、中国共产党及所有抗日党派的合法地位。[1]

这一协定由于明确肯定共产党与国民党的平等地位，根本上否认国民党的一党专政，对于共产党人无疑是一种空前的胜利。故毛泽东在协定签订当天致罗斯福总统的感谢信中，明确宣称："这一协定的精神和方向，是我们中国共产党和中国人民八年来在抗日统一战线中所追求的目的之所在。"[2]同样，多半是由于从美国民主政治的观念来理解这一协定在统一和团结中国两大政党问题上的意义，赫尔利也极其兴奋地陶醉于自己所取得的胜利之中。他断言，毛泽东为解决这一最困难问题而表现出来的"光辉的合作精神"及其"智慧和热忱"，"是对于统一中国的福利及联合国家的胜利的贡献"。[3] 在赫尔利看来，"在修正草案中的基本原则几乎全是我们的"[4]。因为他成功地使毛泽东承认了"所有抗日军队应遵守与执行联合国民政府及其联合军事委员会的命令"这一重要条件，而联合政府等等不仅符合民主政治的原则，而且又丝毫无损于蒋介石的领袖地位。

兴冲冲地返回重庆的赫尔利刚下飞机就被浇了一头的冷水。当宋子文看到赫尔利与中国共产党达成的协定草案时，立即气急败坏地赶到赫尔利的寓所，指责他被共产党人的旧货单子欺骗了。[5] 张治中与王世杰则批评赫尔利不提军队数目，更不应在协定中将国民党与共产党相提并论。而在随后赫尔利与蒋介石的交涉中，蒋也明白告诉他：承认这一协定，将意味着

[1] 《外交部抄呈蒋委员长关于赫尔利将军送来〈国共协定稿〉译文》（1944 年 11 月 10 日），《中华民国重要史料初编》，第五编（四），第 291 页。

[2] 《毛泽东致罗斯福总统函》（1944 年 11 月 10 日）。

[3] 《赫尔利致毛泽东函》（1944 年 11 月 10 日）。

[4] FRUS，1944，China，p.699.

[5] FRUS，1945，China，p.195.

他和他的党完全失败。不仅如此，如果接受这一协定，必然导致中共控制政府。[1] 赫尔利对此颇不理解，但是，他所负有的支持蒋介石政府的使命使他不能与蒋介石讨价还价。

21 日，赫尔利接受国民党方面提出的复案，并同意转送共产党代表。他为此亦大发脾气，对张治中和王世杰称：这个建议中没有一个字是他的，也没有一个字表现他的公平调解思想。他告诫说：政府显然仍无解决问题之诚意，且无视美国之善意。“美国之意，在防止苏联于加入远东战事后，承认中共政府为对手，而中国政府则藐视此危机。”[2]

张、王走后，赫尔利在他的办公室里接待了周恩来，并向后者用英文宣读了国民党提出的这一修正案。其内容是：

> 一、国民政府为达成中国境内军事力量之集中与统一，以期实现迅速击溃日本，及战后建国之目的，允将中国共产党军队加以整编，列为正规国军，其军队饷项军械及其他补给，与其他部队受同等待遇，国民政府并承认中国共产党为合法政党；
>
> 二、中国共产党对于国民政府之抗战及战后建国，应尽全力拥护之，并将其一切军队移交国民政府军事委员会统辖，国民政府并指派中共将领以委员资格参加军事委员会；
>
> 三、国民政府之目标本为中国共产党所赞同，即为实现孙总理之三民主义，建立民有民治民享之国家，并促进民主化政治之进步及其发展之政策。除为有效对日作战之安全所必须者外，将照《抗战建国纲领》之规定，对于言论自由、出版自由、集会结社自由，及其他人民自由加以保障。[3]

---

[1] FRUS, 1945, China, pp.180-181.

[2] 《王世杰日记》，第四册，第 451—452 页。

[3] 《中央宣传部长王世杰奉命提交赫尔利将军转交周恩来修正国共协议之条件三项》（1944 年 11 月 21 日），《中华民国重要史料初编》，第五编（四），第 294 页。

赫尔利在宣读后即向周恩来解释说：在你们所提的方案中，我认为最重要者，就是承认共产党的合法地位，以及参加决策机构。他们认为承认共产党合法地位是违反孙中山的原则的，我已经争过了。蒋委员长现在到底还是表示可以承认共产党的合法地位，只是不愿承认其他党派的合法地位。他们开始也不愿意你们参加中枢机构，因为这是神经中枢，一切军队调动和外国物资的来源与分配都要经过那里。我也说服他们接受了。至于联合政府，他们是怕你们插进一个脚趾，会把他们挤掉，我叫他们不要怕，他们认为我从延安回来就被共产党包围了，所说的都是共产党的话。但蒋介石最终仍然告诉我：他将允许你们参加政府，但不愿写在这个建议上。赫尔利说，我原来不知道实际情形，所以在延安时，毛泽东提出意见后我也添上一大堆，现在看来，也许他们这个建议才是谈判的基础。赫尔利的意思很明白，即他试图告诉周恩来，他已经为共产党争到了所有目前可以争到的东西。而周恩来则告诉赫尔利：国民党的这种许诺都是骗人的。只参加军事委员会而不参加政府，结果仍然不能参加决策。因为军事委员会的委员都是挂名的，不但没有实权，而且从不开会。[1]

当天下午，在具体研究之后，周恩来与董必武再度拜会赫尔利，以了解进一步商谈的可能性。周恩来接连提出几个问题，其一，赫尔利将军是否仍同意我们为实现中国团结必须以组织联合政府为前提的主张？赫尔利答称：作为一个见证人而不是当事人，他不能使用同意这个字眼儿，但他认为联合政府的主张是适当的和民主的，问题在于国民党不能接受“联合”这个字眼儿，而他也不能单方面表示同意共产党方面的意见，所以他只能转而劝说共产党与政府间取得谅解。其二，周恩来问：参加政府是否说我们只能处于观察者的地位，而不能有实权？赫尔利答称：是的，参加政府并不等于有实权，但事在人为，你们可由此求得政策的改革。其三，周恩来又问：这次参加军事委员会怎样才能行使委员的权力？赫尔利答：这次

[1]　《周恩来同志与罗斯福总统代表赫尔利将军谈话纪录》（1944 年 11 月 21 日上午 11 时半）。

委员应该行使权力，而且能够行使权力，因为军事委员会将成为最高统率机关，有国民党参加，有共产党参加，也有美国方面参加，并最好设置一个同盟国的统帅，你们难于受国民党的指挥，国民党也难于受你们的指挥，有一个同盟国的统帅便能以公平的态度指挥双方。最后，赫尔利声称：“我要劝你们赶快参加政府，你们一步一步地干，咬东西不能一口咬掉，要一口又一口才能咬掉。”他同意周恩来等带此复案回延安商量，但要周恩来走前先与国民党代表交换一下意见。[1]

22 日上午 11 时，周恩来和董必武应邀再次到达赫尔利的住处，与国民党方面的宋子文、王世杰等会谈。周恩来直截了当地表示：“我这次代表中共中央出来谈判，目的在实现民主的联合政府，以谋全国团结、抗战胜利和友邦合作，而国民党方面的协定草案，则没有这个精神，我们是不同意和不满意的。”周称：就个人而言，我们愿意从双方的建议中，找出共同点，以便求得为达到这个民主政府的初步解决，同时也为民主政府奠定准备工作。而他最感兴趣的是国民党对承认中共为合法政党，以及容许中共参加政府一事的真实态度。王世杰答复说，政府或将制定政治结社法，规定政党承认手续与活动范围。至于党外人士参加政府工作，国民党原无排斥之意，惟在法律上国民党如宣告结束训政或党治，则事涉孙中山先生建国大纲之变更，非经党代表大会不能决定。

由于王世杰等从周的态度中感觉到某种解决问题的愿望，蒋介石即于当天傍晚召见周、董，表示他希望周此行回去能得到延安方面的答案，大家重新合作。周答称：我们对民主联合政府的主张，仍是坚持的，并愿为它奋斗到底。现在国民党还不肯接受民主政府的主张，而提出另外三条，我这次回去，要与我党中央商量，看是否可以此为我们实现民主政府的一个共同点来做准备步骤。但蒋坚持认为：“我做的就是民主。不要要求，我自会做的。如果要以要求来给我做，那就不好了。人家说我不民主，我不

[1] 《周恩来、董必武同志与罗斯福总统代表赫尔利将军谈话纪录》（1944 年 11 月 21 日下午四时半）。

愿辩驳，但政府的尊严、国家的威信，不能损害。”[1]

进入到 1944 年 11 月下旬，整个欧洲的战场形势已经发生根本的变化。意大利早已投降，英美盟军在实现诺曼底登陆后迅速向欧洲内陆推进，苏联红军更推进到波兰、罗马尼亚、保加利亚、捷克斯洛伐克、匈牙利和南斯拉夫，逼近德国本土，眼看德国法西斯即将垮台。受到这一胜利形势的鼓舞，成功地坚持抵抗运动的各国共产党，包括法国、意大利、南斯拉夫和希腊等国的共产党游击队，都先后开始谋求在本国建立自己的政权组织。在这方面，南斯拉夫、阿尔巴尼亚、希腊等国共产党人组建的解放委员会和人民解放军尤其引人注目，南斯拉夫和阿尔巴尼亚共产党都先后剥夺了流亡政府的权力，公开宣告自己是国家最高立法和执行代表机构。这种情况显然极大地振奋了毛泽东等中共领导人的斗争精神。他们这时当然不会设想要由美国人来充当国共两支军队的统帅，并继续保持蒋介石和国民党的统治地位。因此，毛泽东一得到周恩来的电报，就要求周等立即回延，因为中共中央已经开始着手准备成立自己的解放委员会了。毛泽东这时在董必武的一份电报上就批示称：“这次抗战，我们一定要把中国拿下来。”[2]

由于种种复杂的原因和考虑，中共中央随后放弃了马上成立与重庆政府对立的解放委员会的计划，但是，它也没有从 11 月 10 日签订的“五项协定”做让步的打算。何应钦、陈诚等甚至决定允许党外人士参加国防最高委员会及行政院，中共军队亦可先交美国军官整编和指挥。[3] 中共中央也还是不同意派周恩来回渝谈判。

12 月 28 日，周恩来致电赫尔利，提出：“关于国民政府有无可能接受我们提议的建立民主的联合政府方针来进行谈判问题，我们不愿再继续抽

[1] 《周恩来、董必武同志与国民党代表王世杰谈话记录》（1944 年 11 月 22 日）；《王世杰日记》，第四册，第 453—454 页；《周恩来、董必武同志与蒋主席谈话的要点》（1944 年 11 月 22 日下午五时半）。

[2] 见《毛泽东在董必武报告上的批语》（1944 年 12 月 20 日）。

[3] 《王世杰日记》，第四册，第 473 页。

象的探讨。我们特提出下列意见，请阁下转致有关方面，以觇其有否决心实行民主和团结。我们认为国民政府果欲向国内外表示其与民更始之决心，应先自动的实行：一、释放全国政治犯，如张学良、杨虎城、叶挺、廖承志及其他大批被监禁的爱国志士；二、撤退包围陕甘宁边区及进攻华中新四军华南抗日纵队的国民党大军；三、取消限制人民自由的各种禁令；四、停止一切特务活动。诚能如此，则取消一党专政，建立根据人民意志的民主的联合政府的可能性，方可窥其端倪。”[1]

对此，蒋介石视作“趁火打劫”。赫尔利也复电表示“至感遗憾”，“因与吾人原定先谋原则上之同意，再讨论细节之程序相违”。为促使双方能再度商谈，赫尔利不惜征得蒋介石的同意，提议：“一、行政院宋代院长子文、王世杰博士、张治中将军及余本人，同赴延安，作短期之勾留，与阁下面商一切；二、若原则上已获同意，则毛主席及周将军应与吾人同回重庆，以完成协定。”[2] 然而，中共中央对此依旧不予考虑。毛泽东已经认定：蒋之一切布置是搞垮共产党，我们的一切布置是搞垮蒋介石。而赫尔利的使命则是：“阻止国民政府的垮台，维护蒋介石的领导地位，统一中国的军事力量；同时尽可能地帮助政府的自由化进程，促成产生一个自由、统一和民主中国的条件。”[3] 不难想见，在这种情况下，赫尔利的调处必然要失败。

二、国共两党针锋相对

蒋介石当然不会对赫尔利的调处抱太大的希望。借助于美国人的介入，在蒋不过是一种争取美国政府和舆论同情的策略。因此，他并不会因为国共谈判的僵局，而停止其计划中的的一切努力。

---

[1] 《周恩来致赫尔利将军的信》（1944 年 12 月 28 日）。

[2] 《赫尔利将军致毛泽东周恩来对其来电表示遗憾特提议与宋子文王世杰张治同来延安面商一切函》（1944 年 12 月 30 日），《中华民国重要史料初编》，第五编（四），第 297 页。

[3] 参见《中美关系资料汇编》，第一辑，世界知识出版社 1957 版，第 139、147 页。

1945年1月1日，蒋介石发表元旦公告，宣布他将要“还政于民”，准备在战争结束前即召开国民大会，以此来对抗共产党的联合政府主张。随后，蒋约集五院院长商讨组织所谓战时行政会议问题，决定以此来包容各党派代表，显示政府的民主改革姿态。会议决定在国民党原来三点反建议的基础上，再提三项办法，即：

一、在行政院设置战时内阁性之机构（其人数约为七至九人），俾为行政院决定政策之机关，并使中国共产党及其他党派之人士参加其组成。

二、关于中共军队之编制及军械补给等事，军事委员会将指派中国军官二人（其中一人为现时中共军队之将领）暨美国军官一人，随时拟具办法，提请军事委员会委员长核定。

三、在对日作战期间，军事委员会委员长将指派本国军官二人（其中一人为中共将领）暨美国将领一人，为原属中共军队之指挥官，并以美国将领为总指挥官，中国将领二人副之。该总指挥官对军事委员会委员长直接负责，在其所属战地之军令、政令，皆须统一于中央。[1]

蒋介石的这一条件较此前的方案在形式上确有相当让步，但由于国民党及其政府实际上实行的是蒋介石个人的独裁统治，行政院并无实际决策之权，因此，此一条件的要害仍在使共产党交出军队。只不过为造成“责在彼，而不在我”的效果，蒋介石采纳了赫尔利等人的建议，形式上要美国人来指挥军队。

权衡形势之后，1月24日，周恩来再度飞抵重庆。但这并不意味着中共中央准备妥协。在整个国内和国际形势已经发生有利于共产党的重要变

[1]　参见《中华民国重要史料初编》，第五编（四），第294—295页。

化之后，中共确信战后的政治目标原则上已经不可改变。因此，恢复谈判的策略重点也只在于做出妥协的姿态，进一步宣传联合政府的主张，以争取国内外舆论的同情。据此，周恩来一到重庆就强硬地宣布：此次前来仍本既定方针，即“与政府及各方面商讨建立民主的联合政府之具体步骤”，也就是商谈关于“召开党派会议，作为国事会议的预备会议，以便正式商讨国事会议和联合政府的组织及其实现的步骤问题”。“其他一切头痛医头脚痛医脚的敷衍办法，不管其形式如何，决然无补于事。”[1] 而后，周恩来等即在重庆开始同各民主人士和国民党中的民主派进行广泛的接触和游说，公开宣传中国共产党关于必须结束一党专政的主张。

25 日，周恩来会见赫尔利、宋子文、张治中和王世杰。赫尔利称：昨晚同国民政府方面商谈了以下五点意见，即（一）去年 11 月 21 日的三条仍要做；（二）行政院下设各党派参加的战时内阁性的新机构；（三）成立有国民党、共产党、美国各一人参加的整编委员会，整编中共军队；（四）组织中共军队总指挥部，由政府指派一美国军官作总指挥；（五）国民政府承认中共合法。[2] 由于赫尔利在通知中共中央国民党让步条件的内容时，只谈到国民党在政治上准备同意组成有各党派代表参加的战时内阁，而未涉及军事问题，特别是没有谈到美国统帅权的问题，因此周恩来一听到赫尔利的提议就率直地表示不满，当即予以拒绝。

次日，张治中、王世杰再约周谈，周坚持原议，“但云如就彼原提五项略加修改，彼亦可接收。惟联合政府必须是废除党治后之各党派联合政府”。王世杰当场表示：中共不应斤斤计较于“党治”废除之形式，因此事涉孙中山先生建国大纲之修改，国民党还政于民之时，必须以国民代表大会为接受之机关，不能以“各党派会议”为接受者。[3] 尽管如此，国民党人当中

---

[1] 《周恩来抵渝后的声明》（1945 年 1 月 25 日），《中共中央抗日民族统一战线文件选编》（下），第 788 页。

[2] 《王世杰日记》，第五册，第 17 页。

[3] 同上，第 18 页。

却也有公开支持周恩来主张的人。28 日，孙科邀请各党派人士聚餐，痛斥国民党过去因反共而走上法西斯道路，力言国共必须合作，国民党必须容纳中共，最后并明确赞同周恩来所提议的“国事会议”。[1] 注意到中共对各党派，乃至对国民党的影响，身为谈判代表的王世杰等也不免倍感危机。2 月 1 日，蒋介石召集会议商讨中共问题，王世杰明确提出，除非国民党允许共产党公开活动，否则纯赖军队、特务和警察与之斗争，“则成功难而失败易”。[2]

由于中共中央坚决反对国民党所提补充办法，毛泽东甚至将国民党补充办法中的军事条款，归结为“是将中国军队，尤其将我党军队隶属于外国，变为殖民地军队的恶毒政策”[3]，因此，国民党人所设想的方案自然被束之高阁了。在和周恩来反复交换意见后，赫尔利也一筹莫展，深觉国民党不该根本拒绝中共五条。他在对共产党拒绝美国统帅事表示遗憾的同时，明确表示：“你们不接受三条是对的，我到任何时候都愿赞助你们的五条。我要是蒋，只要将五条中联合政府名义改为联合行政院或联合内阁，便可签字。”[4]

这个时候的蒋介石，早已对赫尔利的调处失去耐心。1 月 29 日，蒋介石召集国民党中常委元老、五院院长及党团负责人等谈话，就坦言对赫尔利的不满。蒋称：国共谈判，赫尔利上次由延安带回的五条，完全上了中共的当。中共后来又提四条，又让我们让步。这次周恩来来渝，更无诚意，要价更高，又提出结束党治问题，与我党为难。我受总理之命，以党建国，只能还政于民，决不能还于其他党派，决不能把政权让给别人。赫尔利糊涂，完全以为他们有道理，为他们说话。美国人不懂中国情形，完全说不通。不过蒋认为，美国人最近好了一点，对中共也有点不满了，因为他们本来承认美国人任统帅，现在不承认了。蒋声称：不要怕共产党，我们一定能

[1] 《王世杰日记》，第五册，第 19 页。

[2] 同上，第 22 页。

[3] 《毛泽东关于召开党派会议、国事会议和国民大会等问题致周恩来电》（1945 年 1 月 28 日），《中共中央抗日民族统一战线文件选编》（下），第 789 页。

[4] 《周恩来关于与赫尔利等谈话情况致毛泽东电》（1945 年 2 月 2 日）。

能够消灭他们。等到美国人与中共也谈不通了，也就会讨厌共产党的。[1]

蒋介石这时处置共产党问题的策略，在其日记中记得很清楚。那就是，一切均以争取美国人觉悟为目的。即“如何使美国了解其阴险为第一要务”。对中共种种要求“应表示迁就容忍而使美国知余有诚意，并使美国对共之嫌恶为要旨也”。[2]

为要使美国人了解中共之“阴险”，国民党订有周密的计划。根据特种会报要求撰写的对外宣传材料《中共问题提要》，这时被分送到 27 个驻外机构。内中攻击中共不同于各国共产党，称其在国内全无社会基础，纯依赖国际共党而生存；称中共的新民主主义不过是其共产主义之一伪装，实际上中共绝无民主自由之可言，所谓“三三制”根本就是“一元化”领导下的门面货；称中共抗日是假，保存实力，抢占地盘，袭击友军，阴谋夺取政权是真；称中共现有兵力不过八万人，已全部退至陕北作威胁后方之用，“其余则皆系乌合之众，无组织、无训练，不足称为军队”，“害民则有余，打仗则不足，故非仅不足为抗战中之重要因素，且为抗战之累赘”。“抗战胜利之期愈近，则中共瓦解愈速”，绝无造成内战之资本，战后若不能诚意服从中央，则无论任何时间均将受国民之公平裁判而趋于消灭，断无把握政权及任何地区之可能，如此等。[3]

而为使美国人嫌恶共产党，相信国民党真有诚意，蒋不惜放弃初衷，委曲求全地接受周恩来所提党派会议的建议。只是他坚持不能称为党派会议，而应代之以有各党派和无党派代表参加的“政治咨询会议”。据王世杰表示，国民党同意在这个会议上讨论“结束训政与实施宪政之步骤”；“今后施政方针与军事统一之办法”，以及“国民党以外党派参加政府之方式”等。[4]

对于国民党的方案，周恩来当场声明：王世杰的提议文中没有改组政

[1] 转见《周恩来关于蒋介石在国民党中常会谈话致毛泽东电》（1945 年 2 月 2 日）。

[2] 《蒋总统事略稿本》，1945 年 1 月 7 日条，台北“国史馆”藏蒋中正档案。

[3] 《中共问题提要》（1945 年 1 月），台北党史馆藏，特 005/30.8—9。

[4] 转见《第五次谈判经过大要》，《中华民国重要史料初编》，第五编（四），第 302—303 页。

府的肯定字样，文字表现也不平等，故仍应以共产党提议的文字为讨论基础。王世杰则表示：(1) 以“国民党以外党派参加政府”之表述，实即为改组政府，文字不提改组政府，为的是便于向国民党人解释；(2) 文字还可以修改；(3) 人数不宜过多，无党派人士总要几个；(4) 提出国事会议名称会约束党派会议的商讨，其提案中并无约束中共之处；(5) 所谓“一致结论”，即表示在会议中可不受表决的拘束；(6) 至于公开进行，有发表公报和主张方式行之，平等地位、来往自由等，绝对保证，希望不写在文字上。对此，周恩来说明：他将把国民党人的意见报告延安，关于会议的协定及文字究如何决定，待报告双方中央后再行商榷。周恩来在次日致毛泽东的电报中建议：只要在党派会议协定中我党不受任何拘束，今后仍是拖的局面，故以此作为初步协商，似无不利之处。惟党派代表比例、改组政府之原则、公开进行等，仍须确定，整个文字亦须依平等精神修改。但是，2 月 3 日，毛泽东明确复电周恩来，要求：“除坚持废除党治外，请着重特务、自由、放人、撤兵四条，请直告赫尔利、宋子文、王世杰，如这条不先办到，不能证明废党治行民主不是骗局。”“除非明令废止一党专政，明令承认一切抗日党派合法，明令取消特务机关及特务活动，准许人民有真正自由，释放政治犯，撤销封锁，承认解放区，并组织真正民主的联合政府，我们是碍难参加政府的。至于会议名称、成份及方式，可以从长考虑。”[1]

毛泽东的电报表明，中共中央这时并不在意会议的具体形式及协定，它根本上就不相信国民党会真的放弃党治，转向民主。因此，它这时更多考虑的其实并不是如何推进谈判的问题，而是如何在成功地进行政治宣传之后，结束谈判，陷国民党于被动。

国民党中许多人对这种情况其实也有充分的估计。他们一再在赫尔利面前宣传说：“中共的真正目的不是废除国民党的一党专政。共产党的全部

[1] 《毛泽东关于目前形势及参加政府的条件致周恩来电》(1945 年 2 月 3 日)，《中共中央抗日民族统一战线文件选编》(下)，第 790 页。

策略表明，他们的目的是推翻国民党的统治，使中共获得对中国的一党专政。”“共产党支持民主原则不过是伪装，是企图利用它获得共产党一党专政下的政府权力。”因此，“不论出现什么情况，国民党都有责任在长期的混乱阶段领导中国”。他们甚至已经开始成功地使赫尔利意识到：“中共是不民主的。共产党的目的是在制定宪法或在民主基础上还政于民以前，摧毁国民党统治的政府。”[1] 在这种情况下，周恩来只能明确告诉毛：“据我所知，蒋绝对不会承认结束党治、国事会议、联合政府等”，因此，坚持我提之协定内容，除成分和加入无党派人士、名称可商量外，其他文字不能修改，另以口头要求其实行放人、撤兵、自由、特务等四条会更有利，届时即可胜利回延了。[2] 9日，周即将上述要求通知王世杰，说明准备回延讨论。至此，两党谈判的大门实际上又再度关闭。

10日，赫尔利约宋子文、张治中、王世杰与周恩来再谈。双方一开始就各自阐明主张，周恩来再度声明，必须回延讨论，召开党派会议前必须首先改善环境，实现放人等四项主张。赫尔利鉴于谈判明显地又要前功尽弃，不得不极力转圜，想敷衍局面。他提出，可否发表一个由他和宋子文已经起草好了的共同声明，说明谈判所取得的进展。对此，周恩来断然拒绝，称此声明完全有利于国民党，致使会议不欢而散。次日，赫尔利又找周恩来进行解释，说可以由周恩来自己起草一个有关谈判进展的声明。他同时通知周恩来，自己马上就要回美国一次，愿意告诉罗斯福总统：国共关系已经接近，但尚未得到结果。周恩来当即反对说：(1) 你同意的五条方针，蒋介石基本上未接受；(2) 党派会议蒋介石只接受其形式，连名字都改了，实质也未接受；(3) 四项要求蒋介石要等到协定成立后才能实行，而联合政府的协定又不能达到，这些都说明我此行是失败的，应该以此真相告诉罗斯福。周恩来并且表示，他将写一书面声明，交赫尔利带回去以便于说

[1] 《驻华大使赫尔利致国务卿》(1945年2月7日)，《党史通讯》1994年第8期。

[2] 《周恩来关于坚持讨论结束党治等问题一定不得结果致毛泽东电》(1945年2月6日)。

明事实真相。[1] 对此，毛泽东于 12 日也致电周恩来表示赞同，电称："断然拒绝赫尔利完全正确，我们必须坚持八条（即指周恩来所提的党派会议协定四条和中共中央所提口头要求四项——引者），并先做四条，否则将长独裁之志气，灭民主之威风。"毛指出：在美国明确扶蒋政策之后，我们必须设法攻掉此政策，为此应不怕他们生气，不怕他们大骂。[2]

13 日，在周恩来准备返回延安之前，蒋介石再次召见周，明确表示：必须无条件实行统一，国民党是革命的，它只能以政权交还人民，决不能听由各党派掌权。因此，他不能同意周恩来所提出的党派会议协定。所谓改组政府成立联合政府，实际就是推翻政府。现在的党派都是不合法的，只有在国民大会以后，人民才有权组党。

次日，国民党代表、中宣部部长王世杰受命举行外国记者招待会，单方面宣布国民党在同共产党的谈判中所做出的重要努力和妥协，批评中共拒绝接受政府提议，企图以此影响美苏舆论。[3]15 日，周恩来针锋相对地发表声明，称王世杰的说法"是不坦白和不公平的"。他批评国民党所提出的方案完全以坚持一党专政为目的，不仅以共产党交出军队为条件，而且干脆就拒绝成立民主的联合政府和联合统帅部，对共产党人提出的党派会议，也同样以继续维持一党专政，反对联合政府为前提。对中共中央提出的首先实行释放政治犯等项要求，更是不予接受。因此，自己不能不回延安报告。言外之意，此次谈判之失败，完全是国民党方面的责任。[4]

15 日，周恩来在将书面声明分别递交赫尔利及各国记者之后，乘飞机返回延安。3 月 1 日，蒋介石在重庆宪政实施促进会发表演讲，公开否定党派会议主张，扬言将单方面于 11 月 12 日召开国民大会，国共双方于是更形

---

[1] 《王世杰日记》，第五册，第 27 页；《周恩来关于与赫尔利谈话内容致毛泽东电》（1945 年 2 月 11 日）。

[2] 《毛泽东关于我党必须攻掉美政府扶蒋主张致周恩来电》（1945 年 2 月 12 日）。

[3] 转见《解放日报》1945 年 2 月 17 日。

[4] 《周恩来离渝前的声明》（1945 年 2 月 15 日），《中共中央抗日民族统一战线文件选编》（下），第 791—792 页。

对立。周恩来于3月7日致信王世杰表示：“归延后即向我党中央报告在渝谈判经过，佥认蒋主席当日谈话，其内容与先生所云大有出入。同时，先生所提之政治咨询会议草案，亦与敝党意见相距太远，但尚准备敝党之主张作成复案，送达贵党，以供研讨。忽后蒋主席三月一日之公开演说，一切希望均已断绝。盖蒋主席不仅已向国内外公开声明不能结束党治，不能召集党派会议，不能同意于各党各派和无党派人士合组的联合政府之主张，而且更进一步宣布国民党将于今年十一月十二日召集那个在全国尚无自由，各党各派尚无合法地位，大部分国土尚未收复，大多数人民不能参与等条件下，由国民党一党政府所一手包办的完全儿戏的分裂性质的所谓国民大会。此实表示政府方面一意孤行，使国内团结问题之商谈再无转圜余地。”“敝党方面自无再具复案之必要矣。”[1]

几天后，中共中央发出通知，准备于召开第七次代表大会之际公开宣布组成中国人民解放联合会的主张。[2] 同时，毛泽东提出准备全国胜利问题，主张军队发展到150万以上，人口发展到1.5亿人以上，争取将来政府设在我们的地方。这也就是说，中共中央已不再犹豫，开始考虑战后与国民党分道扬镳的问题了。

三、内战危险一触即发

还在1944年3月林伯渠将要来重庆谈判时，蒋介石就曾经估计中共战后企图是：“（1）受俄指使伪装归诚中央，待取得合法地位与发言资格以牵制中央之外交政策，而后夺取中央政权。此其阴谋之一也。（2）在此一时期内使中央承认其军队并赋予其一方之任务，待占平津或东北，乘机突变

[1] 《周恩来致王世杰函》（1945年3月7日），见《国共谈判文件》（三）。

[2] 《中央关于国际国内形势及准备成立中国人民解放联合会的指示》（1945年3月15日），《中共中央抗日民族统一战线文件选编》（下），第803页。

割据地方，设立伪组织而作俄国之傀儡，以排除美英在东亚之势力也。”[1]

1945 年 2 月，也就是在国共谈判再度搁浅的同时，美、英、苏三国首脑在雅尔塔已经达成共识，在远东战后将支持以蒋介石为首的国民政府统一中国。4 月 2 日，美国驻华大使赫尔利在华盛顿公开发表演说支持蒋介石，并含沙射影地把中国共产党说成是统一中国的障碍。赫尔利的讲话，标志着美国对华政策彻底转为扶蒋抑共。而这毫无疑问，是蒋介石苦心设计的促使美国政府摒弃中共策略的成功。蒋早就向美国人宣称："只要美国不为中共声援或袒护，则俄国亦决不敢以武力助共，故对共问题，我必能自了之。”[2] 斯大林在雅尔塔会议上与罗斯福、丘吉尔同一步调，以及赫尔利的公开讲演，使蒋极为自负。他几乎迫不及待地想和中共秋后算账。在赫尔利公开表态之后的第六天，即 4 月 8 日，蒋断然批准军令部的清剿“奸军”的计划书，要求各战区务必于 7 月以前“集中全力以消灭奸匪之组织及武力”。其具体步骤为：

一、各战区方面军应针对奸军之发展及实际状况、敌我态势、兵力等，划定清剿区域，指定有力正规部队及有剿匪经验之清剿指挥官统一指挥党政军及地方一切武力，巧妙策动伪军使与奸军火并，以利清剿进行，并限于四月底部署完成，实施具报。

二、各战区间应切实严密协同，相互策应，以防奸军流窜。

三、党政方面切实配合军事，使清剿工作易于进展，并随军事之进展，迅速恢复地方之组织，巩固政治基础。

四、极力宣传奸伪之暴行阴谋及力量之虚弱，形成有力之战斗，使达及盟军不受其欺骗煽惑，同时对政府建设民国之艰难伟大对民众宣传。

[1] 《蒋总统事略稿本》，1944 年 3 月 2 日条，台北“国史馆”藏蒋中正档案。
[2] 《蒋总统事略稿本》，1945 年 2 月 16 日条，台北“国史馆”藏蒋中正档案。

五、接近匪区及沦陷区之党政军各级阶层，应极力使之清廉，建树对民众信仰，以争取民众，进而建立防剿奸军阵线，使奸军无法立足。（一）各战区应分别限止缩小奸军活动区域，逐渐围困歼灭之；（二）阻止奸军南窜，勿使南北合流，在黄河以北者勿使窜至长江流域，在长江流域者，勿使窜至沿海；（三）在各地区及沿海者，勿使彼此合流，以期各个孤立乘其立足未稳时，立即进剿各个歼灭之；（四）各区应指定堵击部队及进剿部队，各指挥进剿部队与邻接区应不分畛域，紧密协同，积极进行清剿，均于七月底以前根绝之；（五）预料盟军可能登陆之海岸附近要点，务须各保有之。[1]

蒋介石向来不把中共的军事力量放在眼里。而这时美国军方又已将国民党军队划分为三个补给区而陆续开始按美方设计予以补给，其分三期装备国民党军队的计划也已完成第一期计划的三分之一，即已装备了原计划36个师中的24个师，这更使蒋介石踌躇满志。5月底国民党第六次全国代表大会及六届一中全会结束后，在蒋介石召集的与会高级将领的会议上，他就明白告诉众将领，盟军登陆尚须数月，在此期间国军务必集中全力收复可以收复的失地，同时要放手打击共产党的军事力量，使其无力与国民党争天下，为此甚至可以不必顾虑国际舆论。[2]

自1945年1月以来，国民党军队已经依据军令部的命令，加紧了对共产党武装的压迫与作战。仅据第二战区司令长官部1945年1—7月机密作战日记，即可看出此种趋势的强化倾向。

1月上旬，作战日记所记均为关于“奸军”之情况。而从中旬开始，即陆续有“剿叛战报”。1月7个战报，共报12次战斗，全部是与中共军作战。如13日报一役“计毙叛百五十余”；15日报三役“计毙叛”17名，伤32名；

[1] 参见南京中国第二历史档案馆藏，国民政府军令部战史会档案（廿五），5816。

[2] 《王若飞关于国民党六大情报的通报》（1945年6月29日）。

17 日报两役“计毙叛”6 名，伤 5 名；18 日一役“毙匪十余名，俘匪三名”；20 日报一役“计毙、伤叛各一”；21 日报三役“计毙伤”29 名；22 日报一役“毙叛十九名，伤二十余，俘二名”。2 月 8 个战报，共报 19 次战斗，也是一样，如 3 日报一役“计毙奸军二十五名，伤三十余名，俘叛五名”；5 日报一役“毙叛十名，俘三名”；7 日报一役“毙九、伤七名”；8 日报五役互有伤亡；9 日报两役“毙叛”4 名，伤 4 名，“俘叛兵一名”；11 日报七役“毙叛”7 名，“伤叛”27 名，“俘叛兵”50 名；21 日报两役“毙叛十余”伤 6 名；24 日报两役“毙叛”6 名，“伤叛三名”，“俘叛”13 名。3 月 9 个战报，18 次战斗，情况亦相差无几。惟作战规模开始扩大。如 1 日报三役，一役毙伤人数未详，余两役毙 8，伤 22；6 日报两役，毙 40 伤 27；14 日报四役，毙 21 伤 28；21 日三役，毙 56 伤 30 余；27 日报一役，毙伤 20 余；29 日报三役，毙伤俘约 60。[1]

进入 4 月以后，开始有大部队的作战。如 4 月 7 日报五役，其中一役双方投入兵力各上千，战报称“计毙奸叛参谋长王立中、政治主任戎学东以下百余名（均系遗尸），伤二百余，掳获书籍文件甚多”。5 月 24 日报一役，第二战区投入三个主力师，八路军投入两个团并一个游击大队，战报称“计毙奸伪营、连长以下三百八十余，伤百余，俘奸伪连长以下二十一名”。进入 6 月以后，因双方冲突愈发扩大，第二战区连遭损失，故于 6 月 25 日已下达命令对中共军进行“扫荡”。再加上日军开始收缩兵力，两军随后为争夺敌人退出之城镇亦激烈冲突，以至整个 7 月，二战区之战报已达 20 个，共报战斗、战役达 80 次之多。[2]

第二战区情况如此，其他与中共各边区或游击区有交错或连接处的战区或部队，与中共军队冲突的情况亦大同小异。而至 7 月，多年来一直对陕甘宁边区向西安突出的囊形地带虎视眈眈的胡宗南部，也无所顾忌地分

---

[1] 万仁元、方庆秋主编：《抗日战争时期国民党军机密作战日记》（上），中国档案出版社 1995 年版，第 303—451 页。

[2] 同上。

兵三路，突入淳化地区，深入中共防地 10—34 里不等。国共内战的烽火眼看就要熊熊燃烧起来了。

蒋介石对战后国民党的实力信心百倍，毛泽东其实也对共产党在战后的前途充满自信。在蒋介石发布“剿共”密令的两周之后，中国共产党召开了第七次代表大会。在这次大会上，毛泽东充满自豪地宣布：“我们现在已经具备了这样几个条件：第一，有一个经验丰富和集合了一百二十一万党员的强大的中国共产党；第二，有一个强大的解放区，这个解放区包括九千五百五十万人口，九十一万军队，二百二十万民兵；第三，有全国广大人民的援助；第四，有全世界各国人民特别是苏联的援助。”据此，毛断言，“到了现在，我们的党已经成了中国人民抗日救国的重心，已经成了中国人民解放的重心，已经成了打败侵略者、建设新中国的重心。中国的重心不在任何别的方面，而在我们这一方面。”因此，共产党人当前的工作重心，就是“力争领导权，力争独立自主”，把中国引向光明，而“在中国境内和我们争领导权的，要把中国拖回到黑暗的世界里面去”，“就是国民党的反动集团，大地主、大资产阶级、大银行家、大买办的代表”，这是“国内抗日路线最凶恶的敌人”。[1]很显然，共产党实际已经把蒋介石视为自己“最凶恶的敌人”，确信“蒋之内战方针是确定了的，除非我有力量胜过他，才能制止之”，否则，双方决无调和妥协之可能。为此，中共中央一方面开始公开在政治上攻击蒋介石国民党及美国赫尔利之流，一方面则加紧军事准备，积极向湘南、粤北推进，以便在蒋介石发动内战时可以从南北两翼牵制蒋军，使其不能随心所欲。

不过，从中共中央的军事部署可以看出，它这时虽自信已成为“中国的重心”，但对于和在军事上很大程度可以用美式装备武装的国民党军队进行全面较量，这时尚无太多信心。毛泽东并非不清楚，即使单从人数上看，国民党的军队也是共产党军队的两倍多，何况共产党军队迄今尚无重武器，

[1] 参见《毛泽东选集》（合订本），第 1029—1103 页。

其九十一万军队光徒手就占了相当比例。在这种情况下，中共中央的军事部署在战略上其实主要还是防御性的。它甚至希望以此最终迫使国民党和美国改变政策，并在私下里不得不准备在一定条件下承认“独裁加若干民主”的解决方式。中共中央这时明确指示它在重庆的代表，对美国还必须要促其“觉悟”，即必须让美国人明白：“认为蒋可以打败日本，统一中国，但结果会与其希望相反。日蒋如决战，蒋必再败；日如撤退，蒋必内战，统一无望。美只有扶助中国民主力量，才能战胜日寇，制止内战，取得战后和平。”[1] 在这种情况下，中共自然还不能根本拒绝和平谈判的方式。于是，当某种和平解决的信号发出闪光的时候，中共这时不论态度如何强硬，也必须给予某种程度的重视。1945 年 6 至 7 月间六参政员访延事件，就是发生在这种情况之下的。

由于蒋介石于 3 月 1 日单方面宣布要于 11 月 12 日召开国民大会，中共中央已经决心不再与国民党的中央政府发生关系。5 月间，国民政府宣布将于 7 月 7 日召开四届一次参政会，中共中央即表示抵制。同时，中共中央决定召开久已酝酿的解放区人民代表会议及其筹备会议，以与国民党的国民大会公开抗衡。中共中央的这种态度，立即引起部分中间人士的高度紧张。考虑到抗日战争即将结束，他们极为担心这种对抗将会重新演成大规模内战，从而使人民由衷企盼的和平局面化为泡影。为此，以褚辅成为首的七位参政员主动出面于 6 月 2 日致电毛泽东、周恩来，希望国共继续商谈，以从速完成团结。[2] 16 日，中共中央仍坚持拒绝参加参政会[3]，但在 18 日给七位参政员的复信中却留下了缓和的伏笔，函称：“由于国民党当局拒绝党派会议、联合政府及任何初步之民主改革，并定期召开一党包办之国民大会制造分裂，准备内战相威胁，业已造成并将进一步造成绝大的民族危机，言之实深痛惜。倘因人民渴望团结，诸公热心呼吁，促使当局醒悟，放弃一党专政，

[1]　《中共中央关于对美政策给王若飞的指示》（1945 年 6 月 17 日）。

[2]　转见《解放日报》1945 年 6 月 30 日。

[3]　转见《解放日报》1945 年 6 月 17 日。

召开党派会议，并立即实行最迫切的民主改革，则敝党无不乐于商谈。”复信并主动邀请诸位参政员前往延安，从而表现出愿意达成某种程度和解的姿态。[1] 这自然引起这些参政员的幻想，甚至也引起蒋介石和赫尔利的重视。

面对七位参政员的政治热忱，蒋介石这时也一反其在国民党六大前后极力鼓吹反共的态度，表示积极赞成。其中一个重要原因是，他没有能估计到日本败退会如此之速。这时，罗斯福总统一面命令美空军对日本本岛狂轰滥炸，一面已向日本发出最后通牒，要求日本无条件投降。在中国的日军也已先后退出西南和华南部分地区，并且已通知阎锡山，准备部分退出山西，对日战争随时可能结束。然而，名为中央政府的国民政府这时却只控制着西南、西北部分偏远地区，共产党却因坚持敌后而在华北、华中乃至华南部分地区占尽天时、地利、人和。面对这种情况，蒋介石要想很快通过配合美军，大举反攻夺回失地，同时以武力遏制中共乘日本投降占据各战略要点，已完全失去可能。考虑到这种不利形势，蒋不得不及时调整策略，重新拾起“政治解决”的武器。为了尽量牵制中共，使其不致贸然乘日本战败，在军事上公然对国民党采取对抗行动，蒋这时开始抓紧与苏联进行谈判，促使苏联政府明确表态支持由国民党来统一中国。

蒋介石在6月3日与苏联大使的谈话中特别提出：“如苏联能帮助我国恢复东三省领土完整及行政独立，以后东三省的铁路与商港当与苏联以便利。如有军港需要，则军港亦可为苏联共同使用，决不致于苏联有不利之措施。”[2] 虽然苏联政府很快即根据苏、美、英三国2月份签订的《雅尔塔协定》，提出了十分苛刻的条件，包括租借旅顺港为苏军海军基地，大连商港国际化，共同使用中东铁路和南满铁路，以及允许外蒙古独立等。而在得到苏联政府承诺战后“同意予中国道义上与军需品及其他物资之援助，此项援助当完全供给中国中央政府，即国民政府”的保证后，蒋介石虽然犹

[1] 转见《解放日报》1945年6月30日。
[2] 《蒋总统事略稿本》，1945年6月3日条，台北“国史馆”藏蒋中正档案。

豫再三，也还是基本上接受了苏方的上述要求。[1]

由此可想而知，这个时候，只要有可能阻止共产党利用其在敌后有利地乘战争结束时迅速取得某种军事优势，蒋介石无不极力为之。在这种情况下，七位参政员主动出面调解国共关系，自然受到国民党方面的欢迎与重视。

26日中午，赫尔利首先出面约七人谈话，试图通过七位参政员找到重新介入国共谈判的机会。为此，他一再表示他个人极愿协助谈判的进行，国民党人也极力动员他出来再行调处，如双方请他，他愿参加，但单是一方请他，他则不便出来。下午蒋介石也约见七人，表示赞同他们去延安，并表示他对具体办法全无成见，且绝不会在参政会上利用国民党多数硬性决定国民大会问题。最后，蒋甚至要求七人一一表态，直至七人均表示愿意立即前往延安后，会见始告结束。[2]

7月1日，除王云五因病临时未能成行外，褚辅成、黄炎培、冷遹、傅斯年、左舜生、章伯钧六位参政员，与王若飞同乘美军提供的飞机到达延安。在与中共领导人进行了几天商谈之后，六位参政员并没有能够劝说中共参政员随同返渝，参加两天后即将召开的参政会。相反，他们带回的会谈纪要表明，六位参政员在相当程度上接受了中共中央的主张，即（1）停止国民大会之进行；(2)从速召开政治会议。而政治会议之组织应由国民党、共产党、民盟三方各自推出同数之代表，并由三方各自推出三分之一（其数等于每一方代表数），并经他方面同意之无党派代表共同组成，在公平、平等、自由、一致、有权的基础上研讨关于民主改革、结束一党专政与建立民主的联合政府，以及民主施政纲领和将来国民大会之召集等事项。政治会议召开前，并应释放政治犯。[3]显而易见，这些主张，无论如何也得不到国民党方面赞同。就连温和派如王世杰等人，亦明确认为两党问题关键并不在国民大会问题，

[1] 《中苏友好同盟条约》（1945年8月14日），李嘉谷编：《中苏国家关系史资料汇编（1933—1945）》，中国社会科学出版社1997年版，第643—645页。

[2] 《王若飞关于赫尔利、蒋介石会见七参政员情况的报告》（1945年6月27日）。

[3] 转见《人民政协报》1985年5月25日。

“政府对于政府与中共之妥协既无任何把握，自不能遽将召集国民大会之决定抛弃”。结果，在随后召开的国民参政会上，国民党参政员几乎一致反对停止国民大会之进行。王世杰身为大会主席之一，直言“本会如欲打破中共问题之僵局，自己不可陷于僵局，否则不足以领导国民，督促政府”。在他的推动下，大会以 187 票对 9 票通过国民党人起草的议案。这种情况，不可避免地引起中共中央的愤怒。《解放日报》不仅公开指责蒋介石顽固坚持召开由国民党一手制造的国民大会，完全是因赫尔利的怂恿和撑腰，而且明确指出“独裁制度丝毫未变，内战危险空前严重”。毛泽东甚至断言：现在有铁一般的事实“证明国民党反动派正在较前更加积极地准备发动一个极大规模的内战，借此以援助日本侵略者”。[1]

然而，无论国民党，还是共产党，都没有料到美军 8 月 6 日竟在日本投下原子弹，苏军随后于 9 日突然大举出兵中国东北，结果日本第二天就表明了投降之意。几天后，即 14 日，日本天皇正式下达了无条件投降的命令，并于次日亲自广播投降书。中国的各抗日军队，还没有来得及发动对日军的进攻，战争就结束了。

四、重庆和谈和平无望

面对这一突如其来的抗战胜利，国民党人莫不异常紧张，纷纷急谋应对方案，强烈呼吁蒋为防止“奸伪”乘机进占重要城市与收编敌伪武装，应下令各战区向上海、南京、北平、天津、广州、武汉、徐州、青岛、济南、东北等地迅速推进，向美国交涉空运和海运，同时迅即发表北平行营命令，并先遣要员率小部空运部队早达平津，指挥先遣军及伪军，巩固要点，控制机场及海口。他们并提议应由行营指挥河北、滦东一带归顺的伪军，布防山海关、喜峰口、古北口之线，以防“奸伪”东窜，渗入东北境

[1] 《解放日报》1945 年 7 月 11、23 日。

内，夺取伪械，发展组织。[1] 蒋介石显然也如此想法。他紧急命令各地军政长官“保持镇静”，迅速要求美军动用海空力量，帮助运送后方军队前往各战略要点，秘密联络“沦陷区地下军、各地伪军”，给以先遣军、挺进军名义，包括利用汪伪政权要员如周佛海、袁良等负责维持治安，确保各大中城市不致落入共产党人之手。只是，蒋介石还有更精心的一手。那就是，在《中苏友好同盟条约》宣告正式签字的当天，即 8 月 14 日，他向毛泽东发出公开函，邀请毛来重庆共同商讨“国际国内各种重要问题”。[2] 显然，蒋介石相信，以外蒙古和东北部分权益所做的这笔交易，足以使苏联政府不再支持中共。如此一来，在国内“毫无根基”，依靠苏联秘密支持而存在的中国共产党，从此将完全失去与国民党争夺政权的资本。蒋认为，这个时候打电报给毛泽东，正是使其明了国际形势的这一重大变化，彰显自己的主动和优势，妨碍其夺权计划的绝妙之举。

毛泽东及中共中央其实也还无法完全适应这突然到来的胜利。一直到 8 月上旬，中共中央都认为日本要到一年以后才会因军事上彻底失败而投降，因此还在抓紧部署沿海地区的城乡工作，并努力在华南创造湘粤赣桂边根据地，以便战后与国民党斗争。日本突然宣告投降，这一切战略部署已再难实现。这时又传来盟军总部关于侵华日军必须向蒋介石领导的国民政府军缴械投降的命令，使中共计划中的夺取华北、华中大中城市的计划，受到严重阻碍。《中苏友好同盟条约》在这个时候签字，更使共产党人在战后对国民党的斗争中，处于极其不利的位置。但是，条约签字之时，中共中央尚不知道条约的具体内容，因此，虽然得到蒋介石的邀请电，中共中央马上断定这不过是蒋的阴谋，断言“请毛往渝，完全是欺骗”。中共中央随

[1] 《在蒋介石身边八年——侍从室高级幕僚唐纵日记》，第 686—687 页；《中华民国重要史料初编》，第七编（二），第 318—319 页。

[2] 《抗日战争时期国民党军机密作战日记》（上），第 456 页；《戴笠关于已告周佛海负责维持上海治安电》（1945 年 8 月 11 日），台北“国史馆”藏蒋中正档案，特交档案 066 卷第 47614 号；转见孟广涵主编：《重庆谈判纪实》，重庆出版社 1984 年版，第 21 页。

即以朱德的名义公开提出六点要求，包括“国民党在接受日伪投降与缔结受降后的一切协定和条约时，必须事先与中共商量并取得一致”，和“请立即废止一党专政，召开党派会议，成立民主的联合政府”等，实际上根本拒绝了蒋介石的邀请。[1]

不意六天后，蒋介石再次发出邀请电，把授降权等问题推到盟军总部头上，声称“未便以朱总司令之一电破坏我对盟军共同之信守”，进而再请毛泽东赴渝“共定大计”。[2] 与此同时，美国在华驻军司令魏德迈（A. C. Wedemyer）以及斯大林也都相继来电，劝告毛泽东接受邀请，赴重庆谈判。莫斯科在这个时候来电劝告，毛泽东显然不能置之不理。22 日，毛泽东复电蒋介石，表示将先派周恩来前去接洽。然而，眼看国共两党已经开始为争夺华北一些重要铁路线和战略要地大举冲突起来，毛泽东等似乎还不清楚苏联在中苏条约中做了怎样的承诺，因此对去重庆态度仍不积极。

23 日，蒋介石再度公开致电毛泽东，坚持“惟有先生能与恩来先生惠然偕临，则重要问题，方得迅速解决”。这回蒋终于达到目的。毛泽东鉴于蒋三电相邀和美苏两国政府的压力，不能不于次日复电表示，愿与周恩来“立即赴渝晋谒”。[3] 刚一得到毛泽东决定来渝的消息，蒋介石马上在日记中写道：“毛泽东第三复电温顺已极，前倨后恭，一周三变，匪性固如此也。”[4] 当然，蒋公开场合还是做出很诚恳的样子，指定张治中应随赫尔利同去延安迎接，“表示欢迎毛氏来渝之意”[5]。

毛泽东、周恩来等于 28 日飞往重庆与蒋介石会谈。这一天中午，蒋还在召开会议研讨对谈判的策略，而国民党中央联席会报秘书处根据蒋介石“军事绝对统一，政治尽可能宽大”的原则，进行细密讨论，却已得出如下

[1] 《中央致徐冰、张明同志电》（1945 年 8 月 15 日）；《解放日报》1945 年 8 月 17 日。

[2] 转见《重庆谈判纪实》，第 23 页。

[3] 同上，第 36、37 页。

[4] 《蒋总统事略稿本》，1945 年 8 月 26 日条，台北“国史馆”藏蒋中正档案。

[5] 《王世杰日记》，第五册，第 161 页。

判断和意见。

关于毛泽东来渝的动机。与会者判断：一是中苏同盟友好条约即将公布，此约之订立说明苏联已与美英及其他各国一样，公认国民党领导之政府乃中国唯一之政府，中共梦寐以求造成波兰第二或南斯拉夫之铁托（J. B. Tito）政权，仰赖苏联支持以冀与国民政府相对抗的迷梦，完全打破。二是朱、毛最近通电与致各使馆说贴，造成国际舆论强烈反感，适足说明中共所称发生内战之责任，实在归于中共，而非国民党。从而更说明，中共之能制造内战之因素，其症结乃在中共自己有军队而与各国政党迥然不同。三是朱、毛通电，引起举国民众愤懑与反对。四是中共此次举动，使昔日为其相呼应的各党派，亦不敢苟同，形成孤立状态。五是对收复区之接收办法，美方明言绝对支持国军，应以蒋委员长所派人员与军队接收为有效。六是中共自忖本身实力大不如我，自敌人发布投降消息迄今旬日以来，原企图抢先夺占一二主要城市者，但毫无所得，倘僵持下去当无好处。七是中共尽管气焰高张，装模作样，傲慢无礼，而我领袖始终宽大容忍，仁厚真诚，不能不被软化。

对于毛泽东来渝后之对策。与会者主张：继续保持蒋三次致电毛氏的态度，不予刺激，推诚相待。一切采取主动，应开放者先开放，应措施者先措施，勿待其要求而已先做。宜将每次商谈详情逐日公布，但应充分表露我方委曲求全忍让之苦心，使中外不断对我同情。与会者认为：中共最终目的是由中共统治中国，使中国苏维埃化，目前则希望能平分政权或划疆而治，以便继续保持其对军队的控制和割据状态，因此，它绝对不会有诚意，故我不能不随时准备破裂。中共对我提出许多要求，我方亦不能不对其提出许多要求。除军事统一、政治开放之大原则外，应要求：（1）取消一切非法组织；（2）取消擅发钞票；（3）保证不贩种鸦片。与会者提议，此次商谈仍可请美大使赫尔利参与其事，从中斡旋，但绝不让其他党派参与其间，以避免中共对各党派卖人情和讨好。

至于具体谈判条件，与会者建议：关于军事者，（1）所有中共部队应交给政府，听候整理；(2) 即日起所有中共部队对国军及地方团队停止敌对行为，就地听候命令；(3) 对中共部队之整理，以总裁前所提示组织三人委员会之原则为根据（但此时是否仍请盟友参加，可以斟酌）；(4) 军队整理之数目、配属驻地、人事等，均由委员会合理处置，惟其整编之数，不妨量予提高。关于政治者，政府方面可放弃训政时期之党统政形式，撤销国防最高委员会，采用控制从政党员之方式，即以行政院为类似责任内阁之组织，行政院长对党负责，在宪政实施之前夕，行政院长由我党常会选定，请国府主席任命之。各部长亦然，一切大政方针只是在表面上决定于行政院。因此，行政院可设不管部部长二、三、四人，由共党及各党派或无党派者充任之（与我方之比例应低）。如此，一使反对党可实际参加政府（即收联合政府之实），二在英美人士看起来，我确实已放弃党治，而趋于民主体制。同时立法机关、监察机关，均可容纳中共及各党派若干人员。统帅部俟中共部队实行委员会之整理后，亦可容纳其若干人员。民意机关方面，国民大会可暂缓召集，代表可重新研究或重新改选，增加中共及各党派和无党派名额，但其总和不能超过本党。各省县民意机关，容许任何党派公开竞选。另外，在宪政实施前夕，除戒严地区外，应即日取消新闻及图书杂志之审检制度，以示言论出版之自由，并加速制颁政治结社法，以示集会结社之自由，亦即承认党派之合法地位。[1]

上述意见涉及许多方面，蒋的意见却很简单。29 日，蒋明确指示，不拒绝中共提出的谈判条件，惟所有谈判必须依照以下三原则进行：“一、不得以现在政府法统之外来谈改组政府问题，即其所谓召开党派会议讨论国是，组织联合政府也。二、不得分期或局部解决，必须现时整个解决一切问题。三、归结于政令军令之统一，一切问题必须以此为中心也。”[2] 当天傍晚时分，

[1] 《邹志奋关于毛泽东来渝之研究》（1945 年 8 月 25 日）、《潘公展呈蒋总裁关于毛泽东来渝后我方对中共问题商谈方针与策略之管见》（1945 年 8 月 29 日），台北“国史馆”藏蒋中正档案，特交档案（四）第 50845、50847 号。

[2] 《蒋总统事略稿本》，1945 年 8 月 29 日条，台北“国史馆”藏蒋中正档案。

国民党代表张群、王世杰、张治中、邵力子与中共代表周恩来、王若飞进行初步接洽，商定此次谈判应行解决的问题有三：(一）和平建国大计（一般原则由蒋、毛直接商谈）；(二）目前紧要问题（如受降、进兵、处置伪军等）；(三）一般问题（如军队、地区、政治会议、地方政权及民主自由等）。双方商定，最初三四天为非正式交换意见，9 月 4 日以后转入正式会谈。[1]

2 日晚，蒋设宴招待毛泽东等中共代表，并与毛进行交谈。这一天下午，蒋介石忽然对解决中共问题突生灵感，“觉上帝赐予智能”，心情颇佳。而他想到的办法竟然是：以中共一年前谈判中没有接受的四军十二师为让步条件，以取得中共的满足与妥协。日记称：“此时对共党应以主动与之妥洽，并投其所好，准予整编共军为十二师部队，如其能接受政令军令，则政治上当准备委派共党二人并予以一省之主席，使其满足一时，以观后效。以目前形势，如由我主动为之，实于大局无损而有益也。共党问题如能获得解决，则政治建设当无妨碍矣。”[2]

据此，蒋与毛谈话时，特地慷慨地提出中共可编十二师，并允许中共在国民大会集议、新政府产生时，依法参加中央政府。蒋特别解释军队问题称：“去年张（文白）、王（雪艇）两氏与中共代表林伯渠在西安商谈时，已允予整编为八个师至十个师，嗣后余因顾念事实，后于去年冬国民参政会议席上，允予编组为十个至十二个师。现在抗战结束，全国军队均须缩编，情势已不相同，但余之诺言，仍为有效，不过此十二师之数，乃中央所能允许之最高限度。”毛对此虽未做正面答复，蒋仍觉得自己的主意妙不可言。[3]

不意，第二天上午王世杰等再与毛商谈时，毛泽东却提出了一连串国民党人不可能接受的建议。毛泽东的建议除了放弃联合政府的主张以外，基本上都是过去提出过的。如召开有各党派和无党派代表参加的政治会议；

[1] 《周恩来、王若飞关于与国民党代表初步接洽情况的报告》（1945 年 8 月 29 日）。

[2] 《蒋总统事略稿本》，1945 年 9 月 2 日条，台北“国史馆”藏蒋中正档案。

[3] 《蒋总统事略稿本》，1945 年 9 月 2 日条，台北“国史馆”藏蒋中正档案；《王世杰日记》，第五册，第 164 页；《中华民国重要史料初编》，第七编（二），第 44—45 页。

国民大会代表必须重选；废止现行一切妨碍人民自由的法令；给予各党派以合法地位；释放政治犯并列入共同声明；承认解放区及一切收复区内的民选政权。同时，毛明确提出："中共军队须改编为四十八个师，并在北平成立行营和政治委员会，由中共将领主持，负责指挥鲁、苏、冀、察、热、绥等地方之军队。"[1]

对此，王世杰当场即表示不能完全赞同。称自由问题原则上可以考虑；释放政治犯政府亦准备自动办理，中共可提出名单，惟不必写入共同声明；党派合法问题似宜慎重，因怕小党林立；"解放区"一词不能赞同，此点或可改为"收复区内原任抗战行政工作人员，政府可依其工作能力与成绩，酌量使其继续为地方服务，不因党派关系而有所歧视"。至于军队问题，王世杰重申蒋关于十二师之议，并提醒毛泽东说，政府已于最近裁去八十余师，中共军即编为十二师实无可能。至于北平行营由中共将领主持问题，王世杰干脆拒绝，只同意军委会中可有中共将领参加。[2]

当天下午，周恩来、王若飞依据中共中央原定的"目前紧急要求"，提出十一条书面谈判方案，交给国民党代表。其主要内容包括：赞同实行以1924年国民党第一次代表大会之宣言为标准的三民主义；拥护蒋主席之领导地位；要求承认各党各派合法平等地位；承认解放区政权及抗日部队；重划受降区，中共参加受降工作；结束党治，实施政治民主化、军队国家化；召集党派协商会议，以讨论各党派参加政府、重选国民大会和民主实施纲领等问题；中共军队改编为十六军四十八师并重划军区，实施征补制度；中共军队集中淮河流域（苏北皖北）及陇海路以北地区（即中共现驻地区）；设北平行营政治委员会，由中共推荐人员分任；山西、山东、河北、热河、察哈尔五省主席及委员由中共推荐；绥远、河南、安徽、江苏、湖北、广东六省副主席由中共推荐；北平、天津、青岛、上海四直辖市副市长由中

[1] 《政府代表王世杰与毛泽东谈话纪录》（1945年9月2日，疑为3日），《中华民国重要史料初编》，第七编（二），第37—39页。

[2] 同上。

共推荐；中共并应参加东北行政组织。[1]

不难想象，毛泽东和中共代表提出的上述要求，会使前一天还沉浸在自己的宽宏和妙算中的蒋介石何等恼火。他得到国民党代表报告会谈情况后，当即大发雷霆，怒不可遏，要王世杰连夜向毛泽东表示难以接受。王当即致函毛泽东，“告以如对具体问题要求过甚，则谈判又或僵持。并告以彼与蒋先生在性格及信念上似不能合作”。[2] 蒋当天晚上则怒气冲冲地在日记中写道：“在此万众欢腾之胜利日，而共毛之态度又变，要求无厌，余以极诚对彼，而彼竟利用余精诚之言，反要求华北五省主席与北平行营主任皆要委任其人，并要编组其共军四十八万人，以为余所提之十二师三倍之数，最后将欲以二十四师为其基准乎？共匪诚不可以理喻也。此事惟有赖上帝之力以成全之。痛心极矣。”[3]

次日，即9月4日，蒋介石“五时未晓，起床祷告，愿共毛之能悔悟，使国家真能和平统一也”[4]。然后在双方正式会谈开始之前，蒋介石再约国民党方面代表了解头天傍晚与周恩来、王若飞会谈的情况。蒋当日日记称：“听取其昨夜与周（恩来）共等全部谈话经过，脑筋深受刺激，何天生此等愚劣根性，徒苦人类乃尔耶！以余之意，应将其提议从速公布，而文白等以为太早也。乃嘱彼等继续研究商谈之法。指示各代表对中共谈判要旨。”但他强硬地提出：“中共代表昨日提出之方案，实无一驳之价值。倘该方案之第一、二两条（指实行三民主义和拥护蒋两条——引者）具有诚意，则其以下各条在内容上与精神上与此完全矛盾，即不应提出。我方可根据日前余与毛泽东谈话之要点，作成方案，对中共提出，必要时可将双方所提方案，

[1] 《中共代表周恩来、王若飞提出之谈判要点》（1945年9月3日），《中华民国重要史料初编》第七编（二），第39—41页。

[2] 《王世杰日记》，第五册，第169页。

[3] 《蒋总统事略稿本》，1945年9月3日条，台北“国史馆”藏蒋中正档案。

[4] 《蒋总统事略稿本》，1945年9月4日条，台北“国史馆”藏蒋中正档案。

一并发表，随时将两方谈话情形，作为纪录，通知美国与苏联大使。"[1]

当天下午，国共两党代表开始正式会谈。双方围绕中共的十一条激烈争论，不得结果。

这时谈判分歧的关键，其实还是在军队数目和划定中共管辖的区域问题上。国民党坚持以十二个师为最高限度，驻地问题可以商量，省级行政人员亦可延请中共人士参加，但不能要求政权，形成割据状态。[2]

延至9月13日，谈判仍旧陷入僵局。蒋介石因此"约毛泽东谈话约半小时"，据蒋自称："示以至诚与大公，允其所有困难无不为之解决，而彼要求编二十八师之兵数耳。"[3] 当时，蒋误以为毛已承诺可在二十八师基础上再减半数，因而颇为得计。然而，四天后张群告蒋："（周）恩来向其表示，前毛所对余言可减少其提军额之半数者，实乃指其四十八师之数，已照共匪总数减少一半之意也。"蒋闻此言，气得火冒三丈。怒斥说："共匪诚不可与言矣。以当时彼明言减少半数为二十八师之数字也。其无信不诚，有如此也。"[4]

9月20日，蒋见谈判仍无结果，愤愤然写道："目前最重大的问题为共毛问题。国家存亡，革命成败，皆在于此。俄国对共毛之袒护，几乎以此为奇货，预备制造其傀儡。美国蒙昧，且为之保证，殊为可叹！此时俄是否因此藉口毁灭其盟约义务？促使蒙疆内侵与久踞东北？果尔则国际形势犹能容忍否？又美国舆论与政策是否因之改变，弃绝我国不再予以接济乎？中共因之叛变，其能有成乎？而且共毛对美军承认杀捕其官兵，其对盟约与国法已公开违抗，是其恶贯满盈，死有余辜，然余犹不能不为国相忍，导之以德，望其能悔改也。"[5] 次日，蒋明确告诉赫尔利："军额最大限

---

[1] 《蒋主席指示对中共谈判要点》（1945年9月4日），《中华民国重要史料初编》，第七编（二），第44—45页。

[2] 《两党代表谈判的情况》，《重庆谈判纪实》，第246—253页。

[3] 《蒋总统事略稿本》，1945年9月13日条，台北"国史馆"藏蒋中正档案。

[4] 《蒋总统事略稿本》，1945年9月17日条，台北"国史馆"藏蒋中正档案。

[5] 《蒋总统事略稿本》，1945年9月20日条，台北"国史馆"藏蒋中正档案。

为二十师，如其要求华北各省主席则不能再谈矣。”[1]

其实，在这个时候，国共双方对谈判的前途都不抱幻想，因而都在利用谈判来争取实际利益。中共中央军委即明令全军：“重庆谈判，蒋介石毫无诚意”，“为着促进谈判，推迟蒋军深入华北、东北，争取全部占领察、热，争取东北优势，我必须布置几个有力战役，打退顽军气势”。9月上旬山西上党战役的发起[2]，就是这一命令的直接结果。

同样，国民党军事当局也希望借重庆谈判之机，加紧完成部队的调动与部署，好占据各地交通要道和战略要点。为此，其军事上的进攻不仅没有停止，而且更加猛烈。部队排长以上每人甚至还都发有蒋多年前制定的《剿匪手册》，以激励部队反共内战的决心，并对与中共军队作战加以战术上的具体指导。

与此同时，蒋介石还在考虑还都南京后要不要再迁北平的问题，希望依靠逐渐推进至华南、华中的国民党军队，进一步向自己力量薄弱的华北地区挺进。因此，这个时候国共两党对华北地区的争夺已明显地白热化起来。

不过，对蒋介石来说，这个时候最麻烦的还不是华北，因为华北毕竟还在政府军可以名正言顺地派兵接收的范围之内，国民党军也正在全面推进之中。麻烦的是在苏军占领下的东北地区，因为已有情报显示，张家口、山海关、秦皇岛皆由俄军占领后让给中共，由陆路通往东北地区的主要通道，基本上已经被中共军队封锁。在蒋看来，苏军的这种做法表明：“俄已破坏其盟约，决心掩护共匪侵扰中国。”[3] 这是蒋始料未及的。因为此前蒋费尽心

[1] 《蒋总统事略稿本》，1945年9月21日条，台北“国史馆”藏蒋中正档案。

[2] 上党战役，发生在1945年9月10日至10月12日，地点在山西晋东南上党地区，该地区位于中共晋冀鲁豫根据地的太行和太岳两区之间，抗战结束后为阎锡山部队所抢占。根据中共中央军委的命令，太行、太岳、冀南三部中共军队发起了这一战役，阎部损失达十师之多。此为国共战后第一次大规模的军事冲突。

[3] 《蒋总统事略稿本》，1945年9月8日条，台北“国史馆”藏蒋中正档案。

机，甚至不惜同意让外蒙古通过公民投票的形式来取得独立[1]，归根结底都是希望以此来换取苏联政府战后不援助中共的郑重承诺。结果，苏联人根本不在乎自己说过什么。这意味着，不仅此次谈判不会取得任何实质性的成果，而且今后中共问题也将难以通过政治方法来解决了。

五、诉诸军事的必然选择

这个时期的国共两党谈判，用青年党李璜的说法，就是"谈来谈去，仍是一个先统一军权，一个则先改组政府"，互不相下。归根结底，不仅国民党看不起共产党，就是共产党也看不起国民党，两党都以自己为中国之砥柱与未来，思想上根本不容对方有置喙余地。在中共方面，"到重庆谈判的任务"，就是"表示我们真愿和平"，并不指望真能谈出和平。就国民党方面，对毛泽东在重庆的一言一行，蒋这时几乎都以极端仇恨的心理视之。得知毛泽东对英国路透社记者谈话，自诩"民主""解放"，蒋便怒不可遏地在日记中斥之日："彼以割据沦陷区为'民主'，以敌区为私有……唯恐抗战我军之不速败"，实为"勾结敌军"的"变相之汉奸"，无非"借抗战之名义，而在抗战阵线内以破坏抗战，借'民主'之口号，以污蔑民主国家"而已。"如欲不惩罚汉奸，处置叛逆则已，否则，非从惩治此害国殃民，勾敌构乱之第一罪魁祸首，实无以折服军民，澄清国本也。"[2]

但是，自 9 月 8 日以后，国共谈判仍在继续。到 10 月 5 日为止，双方断断续续已经进行了总共十一次正式会谈。这说明，双方都清楚，目前要想实现自己的战略目标，条件还不够成熟。因此仍有争夺和平旗帜，以影响国内外舆论的现实需要。张治中这时即密告胡宗南称："领袖密示，目前

---

[1] 《李璜自纽约致重庆青年党总部函》(1945 年 9 月 16 日)，Li Huang Collection，Box 1，Rare Books and Manuscript Library，Columbia University，New York. 转引自汪朝光：《中华民国史》第三编第五卷，中华书局 2005 年版，第 502—503 页。

[2] 《总统蒋公大事长编初稿》卷五（下），第 838—839 页。

与奸党谈判，乃系窥测其要求与目的，以延时间，缓和国际视线，俾国军抓紧时机，迅速收复沦陷区中心城市，待国军控制所有战略据点及交通线，将寇军完全受降后，再以有利优越军事形势（和）奸党作具体谈判，彼如不能在军令政令统一原则下屈服，即以土匪清剿之。”[1]

因为要等待“有利优越军事形势”，“不能不为国相忍”，国民党在这次谈判过程中再没有像过去那样盛气凌人，动辄以《中央提示案》向中共发出最后通牒。到10月10日，双方实在谈不下去了，因此一致同意签订一项《政府与中共代表会谈纪要》（即所谓“双十协定”），作为谈判的阶段性成果公开发表。

《纪要》开篇就给人以乐观的印象，称国共双方“迭在友好、和谐的空气中进行商谈”，“并仍将在互信、互让之基础上继续商谈，求得圆满之解决”。其内容则就双方已经达成一致和尚待解决的问题分别具体说明，强调双方已一致认定应在和平、民主、团结、统一的基础上，并在蒋主席领导之下，长期合作，以建设独立、自由和富强的新中国，彻底实行三民主义。双方并认同蒋主席所倡导的政治民主化、军队国家化及党派平等合法，为达到和平建国必由之途径。双方还就召开政治协商会议、保证人民自由、承认党派合法、限制特务机关活动，以及释放政治犯等问题，达成一致的意见。但是，《纪要》也说明：在实行地方自治、惩处汉奸，解散伪军、重划受降地区等问题上，政府方面与中共方面尚有不同意见。如政府方面认为实行地方自治不应影响国民大会召开；惩处汉奸应依法律行之；中共参加受降得在其接受中央命令之后方可考虑。另对国民大会问题，双方未能达到妥协，同意提交政治协商会议解决。对于军队国家化问题，中共提出将部队缩编为二十个师，自八个地区撤出部队至陇海路北和苏北、皖南，政府方面表示此次商谈若能全部解决问题，中共军队及驻地问题可做具体商谈。至于解放区地方政府问题，中共先后提出四种方案，政府方面都因无法达成政

[1]　转见《中央致重庆代表团电》（1945年9月20日）。

令统一而未能同意，中共方面亦表示愿意继续就此进行商谈。[1] 显然，除了一些形式上的妥协之外，关乎两党关系实质的军队和地盘问题，双方并未能有所协议。

10 月 9 日和 10 日，蒋介石与毛泽东话别。蒋当面告诫毛说 ：“国、共非彻底合作不可，否则不仅于国家不利，而且于共党有害。”而要彻底合作，中共“对国内政策应改变方针，即放弃军队与地盘观念，而在政治与经济上竞争，此为共党今后唯一之出路”。因此，“所谓解放区问题，政府决不能再有迁就，否则不成其为国家”。当毛泽东顾虑两党间问题尚未谈出眉目，且政治协商会议未必能照中共意愿阻止国民大会召开，向蒋提出政协会以缓开为宜时，蒋马上在心里大骂 ：“共党不仅无信义，且无人格，诚禽兽不若矣。”至 11 日晨送走毛后，蒋仍一边记事、批阅公文，一边“甚叹共党之不可与同群也”。[2]

《纪要》10 月 12 日正式公布，13 日蒋介石即秘密发布“剿共”密令。内称 ：对共产党“若不速予剿除，不仅八年抗战前功尽失，且必贻害无穷，使中华民族无复兴之望”。并称 ：“此次剿共为人民幸福之所系，务本以往抗战之精神，遵照中正所订剿共手本，督励所属，努力进剿，迅速完成任务，其功于国家者必得膺赐，其迟滞贻误者必执法以罪。”[3] 国民党军委会亦电告各地称 ：“政府与中共会谈纪要文日已在各报发表，其中最主要之军事及政治问题，实际上尚未获具体解决。因中共要求数字庞大之独立军队，目前虽称愿缩编为为廿师，但尚须集中驻地并保持原有官佐系统，更要求将民兵一律编为团队，而企图以‘人民的军队’为宣传口号，不受政府统率指挥。最近中共游击队仍在收复区强拉壮丁入伍，且时时侵占地区，足证其自由扩军，霸占据点之阴谋亦迄未放弃。至于中共所提政治条件，更欲据有华

[1] 重庆《中央日报》1945 年 10 月 12 日。

[2] 《总统蒋公大事长编初稿》，卷五（下），第 845—846、848 页。

[3] 《胡宗南十月二十四日致高树勋电》（此电于平汉战役中为中共部队所缴获并于 11 月 5 日公布），转见《中共党史教学参考资料》，第 10 册，第 55 页。

北各省市政府，要求主席、委员、市长等。并谓须由政府一概承认其所谓‘民选’之省县级政府，倘中央完全接受其要求，则全国即不啻割裂为二，民主统一更将无从实现。”[1]

毛泽东和中共中央对此次谈判结果也同样不看好。但与蒋介石和国民党不同的是，他们相信在美英苏及国内外民众都强烈要求中国实现和平的情况下，国共两党目前的战争势必将是暂时的，不可能持久。因此，现在的关键是要利用这有限的过渡时期，最大限度地用战争的手段争取实际控制华北、东北的大部分地区。正因为如此，《纪要》公布后，中共中央就接连发布指示称：由于解放区这个极端重要的，确保人民的武装和政权能够长期保存下来的问题未能解决，“和平基本方针虽已奠定，但暂时许多局部的大规模的军事冲突仍不可避免”，“全部和平建国的局面即不能出现”。而为着争取有利于我的和平局面，必须集中力量，一面“破路、破车、翻车、袭击、阻击、迟滞顽军前进”，一面发动诸如上党战役那样的大战役，尽可能多地“战胜与大量歼灭向华北、东北进攻的顽军，争取我党、我军在华北、东北的有利地位，迫使顽方不得不承认此种地位，然后两党妥协下来，转到和平发展的新时期”。而争取华北、东北的目的，其实也就是要使已有的胜利果实，即解放区、人民武装，乃至于一枪一弹，今后仍能保存于共产党人手中。因为这是共产党人今后实现“七大”方针，最终取代蒋介石国民党而建立新中国的根本保证。[2]

一方面，国民党要“剿除”共产党，另一方面共产党要确保在华北的优势，并争取控制东北，这就不可避免地造成了《纪要》墨迹未干，国共两党就

[1] 《军委会致南京何兼总司令、上海汤总司令、镇江顾长官等电》（1945 年 10 月 15 日），台北“国史馆”藏蒋中正档案，特交文电 34049218。

[2] 毛泽东：《关于重庆谈判》（1945 年 10 月 17 日），《毛泽东选集》（合订本），第 1155—1162 页；《中央关于双十协定签订后我党任务与方针的指示》（1945 年 10 月 12 日）、《中央关于争取平汉战役的胜利问题给晋冀鲁豫局的指示》（1945 年 10 月 17 日）、《中央关于过渡时期的形势和任务的指示》（1945 年 10 月 20 日），《中共中央文件选集》，第 15 册，第 324—325、359—360、370—372 页。

在华北全面开打的现象。10 月下旬，中共晋冀鲁豫部队针对沿平汉路北上的国民党第十一战区两路四个军共八个师，在冀南漳河一带发起平汉战役，成功策动一个军起义，并歼灭其两个军。与此同时，中共晋察冀部队针对国民党第十二战区试图接收绥远、察哈尔的作战行动，发动平绥战役，一度迫使十二战区傅作义部被迫后撤二百公里，退缩于归绥、包头固守。而为阻止国民党军沿津浦路北上，中共华中军区也组织津浦战役，夺取津浦路济南南万德至徐州北韩庄段、陇海路徐州东新安镇至海州段、胶济路济南东张店至昌乐段，从而将中共山东和华中两大根据地连为一体。

由于在华北地区的作战明显对中共有利，而国民党接收东北的行动也因苏军引入中共武装而受阻，中共方面便因此提高了在谈判中的要求。10 月中旬以后，国民党方面接连找中共代表继续商谈，极力坚持立即召开政治协商会议，以便能够依照蒋 3 月 1 日的演说，如期于 11 月 12 日召集国民大会。

无奈此时国共两党已在华北形成全面开战之势。国民党军非打通前进道路，根本无法接收华北各地的政权。中共中央这时为反对召开国民大会，并且根本拒绝马上召开政治协商会议，于 10 月 22 日提出:“除伪军、受降、解放区三大问题必须提前解决外，国大会期至早只能在明年双十，否则华北东北民选代表无法到会。除国民党统治区代表应当重选外，华北、东北及陕甘宁边区代表必须民选。”[1] 29 日，中共中央更进一步要求：除平、津、青三市以外，八条铁路（加上热河路、沧石路、白晋路、道清路共十二条）不得驻国民党军队，平、津、青八路军须驻一部分；东北、华北、苏北、皖北及边区实行孙中山民选地方自治，中央不得委派人员。中共中央的观点是：“政府所谓和平民主都是骗人的，实际已发动了全国规模的内战，双十协定不过是废纸，政府急于要开政治会议之目的是强迫各党承认旧代表及筹备

[1] 《中央致重庆代表团电》（1945 年 10 月 22 日）。

登极大典。”[1]

一方坚持要进兵华北、东北，一方坚决反对进兵，国共内战的危险一触即发。眼看国民党军在华北推进受阻，且接连受损，国民党内温和派不能不站出来向蒋介石呼吁与中共妥协。国民党谈判代表张治中并且以长函劝告蒋介石，目前无论如何不能诉诸武力解决中共问题。函称：不仅国际大势，而且民心厌战，即“以今日之国军士气与态势而论，亦不能继续作战。各将领在钧座之前，或不敢显然作厌战之表示，甚至或有自告奋勇、坚持以武力解决中共者。然以职所接触之若干将领中，其不愿战争之心理，甚为普遍。且今日多数之国军，实亦不能作战。例如过去陕北之囊形地带，迄未恢复，又如浙江孝丰之失陷，我久练精锐之师，遭遇奸军之打击，损失奇重，迄未克复。最近何总长来渝，曾历数东南民力之凋残实况，认为本良心之主张，今后决不宜再有战争。何总长平日对中共之态度为钧座所素知，今其言如此，似可深长思之也”。函件继称：最为现实的问题是，“现在我军以接受敌降收复失地之故，分布广阔，力量分散，同时奸军分布之地区，亦日形广大，非如江西剿匪之时，其主力仅盘踞赣南一隅，我得集中大军而诛灭，较易于今日十百倍也。故就今日之态势而言，似亦不能轻易言战也”。“今日之事仍当以最大之容忍作最大之让步。我如能委曲求全，则问题未尝不能获得一时之解决，即令国家尊严、政府体制，因此而受到相当损害，但政府为适应人民之愿望，不惜牺牲一切，以迁就容忍，其用心之苦，爱民之重，忧国之切，必将大白于天下，因而普遍获得人民之同情与拥护。而中共则师军阀之故智，分裂国家，危害统一，在我中央宽大政策反映之下，必为人民所共弃，究其结果，未可以一时之得失利害衡是也。”“在正常之民主潮流与国家统一环境之中，中共割据分裂之局势不能无所转移，渐至被迫放弃其现持之策略，预计此一期待之时间，不过一二年而已，必不如用兵之旷日持久。所谓欲速则不达者此也。倘在此一二年之后，中共

[1] 《中央致重庆代表团电》（1945 年 10 月 29 日）。

犹不翻然觉悟，而复逞其野，肆为叛逆，则我经一两年之整备，力量必较现在为充实，民心士气必较现在为昂扬，国际形势之推移亦将对我更为有利，此时再声罪致讨，犹未为晚，且必能迅获解决，无淹时费事之虑也。”[1]

孙科这时也坚决反对蒋介石的武力政策，并因此愤然离渝。吴铁城受命前往劝告，孙明告吴：“如不以军事解决，我可回去开会”，否则回去亦无用。他并且预言称：“亲苏即不能反共，反共即不能亲苏。”以目前做法，苏联势必要把东北交给中共。[2]

王世杰和张群这时也向蒋介石当面提出，必须想办法与中共订一暂时避免冲突办法，否则的话，内战一旦爆发，势将不可遏止。中共势必会借此机会倚苏联为暗援，夺占热察绥，甚或东北三省，进而自成一国。据说，“蒋先生亦以为然，允向中共提办法”[3]。据此，王世杰、张群于 11 月 1 日正式向中共代表提出临时停战办法，包括 (1) 双方下令所属部队暂各驻守原地，不得对他方进攻；(2) 中共在各铁路线之部队，移驻铁路十公里以外，中央对此移撤地区，除由路局警察维持铁路秩序外，不另派兵驻守；(3) 由国民参政会组织交通监察团，推派参政员协同当地公正人士，赴各铁路线检查，随时将事实真相提出报告；(4) 中央军队如在平绥、同蒲、正太、胶济、平汉北段、陇海东段、津浦北段各铁路线有运输之必要时，共同协商定之；(5) 双方当于一个月内对于中共军队驻兵地区及其整编等事，商定根本办法，以利和平建国；(6) 政治协商会议仍照预定计划召开。[4]

这时，鉴于平汉战役中高树勋军两师起义，国民党十三军、四十军正在被围歼中，四十军军部及一〇六师全部另一个团被歼，师长被俘，美械之卅军之炮兵营及两个团亦被歼。侥幸逃出的第四十军副军长电称：因“被

---

[1] 《张治中呈蒋委员长函》(1945 年 11 月 7 日)，台北“国史馆”藏蒋中正档案，特交文档 50855。

[2] 《戴笠致蒋委员长电》(1945 年 11 月 12，13，14 日)，台北“国史馆”藏蒋中正档案，特交档案 47620—47622。

[3] 《王世杰日记》，第五册，第 204 页。

[4] 《重庆代表团致中央电》(1945 年 11 月 2 日)。

刘伯承部奸匪约八万重重围攻，激战三日夜，弹药已告罄尽”。“军长马法五、副军长刘世荣途中遭遇受伤被俘，参谋长李臣熙及军部职员亦多数被俘。职（李）振清及一〇六师副师长赵天兴在前漳激战时负伤。冬卯渡过漳河集结安阳附近，由职暂行维持督饬收容整补，现已到达三分之二以上，现仍继续收容中。职振清以负伤不便指挥，职（司）元恺以远在辛庄救应不及，以致军长被俘，万分悚惶，恭候处分。”[1]

军事形势如此，共产党人对国民党方面的六条妥协建议自然不感兴趣。而鉴于平绥战役晋察冀部队已兵临归绥城下，津浦战役也在顺利展开，东北苏军且要求中共中央最大限度集中主力于东北，毛泽东更是信心百倍，相信可以提出更加有利于自己的条件。他在3日给重庆代表团的电报中提出：“目前形势于我有利，我必须达到下列目的，华北、东北、苏北、皖北及边区全部归人民自治（孙中山主张），仅平、津、青三地可暂时驻一小部中央军，将来亦须退出。其他各地中央军已到者须退出，未到者停止前进；阎锡山、傅作义须免职，民选各省省政府；华北、东北各设政治委员会统一管理各省，中央政府不得违背自治原则派遣官吏，已派者须取消。”并“请警告蒋方，如华北各地受降不归我方，我方是绝对不答应的。东北由东北人民自治军保护治安，中央军不得开入，否则引起内战，由彼负责”。[2]

对于国民党在华北及东北的危险处境，王世杰等看得十分真切。他明确认为：“中共显欲于苏军自东三省撤退前，进占热察绥及东北之大部区域。形势之严重，实属空前。苏联暗中似亦在鼓励，因东北共产党之活动显示受其扶持，政府派赴长春人员则大受苏军之压制。”这种形势及党内高层的情绪，无疑也影响了蒋介石一向自负的心态。11月3日晚间王世杰等与蒋谈中共问题时，发现“蒋先生亦甚悲观，似以为黄河以北一时恐无法收拾，作为今后建国之洁净土”了。王世杰则认为：“中共问题与苏联问题不可分开，

[1] 《第40军副军长兼106师师长李振清，第39师师长司元恺致蒋委员长电》（1945年11月10日），台北“国史馆”藏蒋中正档案，特交文电34028788。

[2] 毛泽东：《华北东北等地须归人民自治》（1945年11月3日），《毛泽东文集》，第四卷，第57页。

今后苏联究将采取与美英合作路线，抑背道而驰，不久当见分晓。在此一问题未决之前，政府对中共问题只可尽力防范其扰乱之范围，不能希望得到根本解决。”[1]

这时东北苏军刚刚拒绝由美舰运输的国民党军从大连港登陆，代表中国政府接收东北主权，要求美舰转经营口运送国民党军上岸。就在蒋、王等讨论中共问题的第二天，即 11 月 4 日，重庆国民党人就得到长春行营的报告称，苏军已向行营声明，中共军队已占据营口，苏军对国民党军在营口登陆将不能保证安全。此种意外情形使蒋介石深为恐慌。

8 日，蒋召集宋子文、张群、白崇禧、吴鼎昌、陈布雷及王世杰等人商议此事。蒋认为应将东北行营撤退至山海关，但声明不放弃东北，使苏联违约之真相大白于世界，我亦不因顾虑东北之收回而与苏联继续敷衍。在座者均无异议。而王世杰则认为：“此一政策在道义上最正当，但其必然的结果为中共及外蒙受苏联之大规模接济与支援，从事大规模及长期之内战。”“若对苏联采取不惜决裂之政策，其结果或与一 · 二八时之战无异。美国尽管有史汀生（H. Stimson）其人者，反对侵略东三省之国家，但恐非五年或更长时间以后，美国不能助我作有效之抵抗，一如一 · 二八以后中日冲突之情形。”[2]

次日，蒋介石与王等进一步讨论东北问题，张群建议蒋应赴莫斯科与斯大林晤谈。王世杰则认为问题的症结在苏俄与中共关系，此事究不便成立任何正式的协定。因此，他不认为赴莫谈判之事可行。他建议：“政府对中共做重大让步，求取和平，在假统一的形式下，暂取分疆而治之策，自亦有许多困难与危险，但比较的大危险程度似尚较小。”王为此再三与各国民党要员讨论，说明目前国际形势下，“对中共不妨于形式的统一之下，暂采分疆而治之政策”的好处。[3] 不难想象，蒋介石和多数国民党高层官员对王、

[1] 《王世杰日记》，第五册，第 207 页。
[2] 同上，第 210—211 页。
[3] 同上，第 212—219 页。

张的观点颇难接受。王世杰还受到了国民党内老党员和被人鼓动起来的一些青年学生的公开抨击。

这时，因为得知苏军突然开始撤退，并引中共军队进入东北大中城市，蒋介石急忙开始利用空运，准备先期占领长春。却不料 11 月 14 日得报，长春机场已被中共占领。眼看接收东北无望，蒋介石最终决定将长春行营撤至山海关，并向美国政府要求干预，通过使苏联在外交上处于被动的办法，来压迫苏军不得阻挠国民党军进入东北接收主权。与此同时，蒋亦准备派蒋经国以其私人代表的资格，前往莫斯科会见斯大林。

但是，无论如何，这一切都需要时间。注意到部队士气不振，官兵厌战情绪强烈，华北及东北兵力严重不足，蒋介石又不得不开始暂时缓和军事进攻，转而在政治解决共产党问题上想办法了。

第十三章

战后国民党人的反共困扰

抗日战争结束后，随着国共两党争夺华北和东北的斗争演化成为公开的军事冲突，国共两党在后方宣传与反宣传、控制与反控制的争斗也日渐激烈。这种情况尤其突出地反映在青年学生和知识分子群中，随着中共地下组织在学生群体中影响越来越大，国民党各级党政军组织也越来越反应激烈，终于形成了战后“前方打仗，后方打人”的奇特政治景象。又由于中共地下组织隐藏得比较巧妙，且每一发动即人多势众，国民党方面亦无法轻易使用捕杀手段，结果就出现了由基层党团员出面、以群殴或打砸的方式来吓阻和惩治对手的所谓“忠党行动”。[1] 这种诉诸武力的“忠党行动”因为对付的是手无寸铁的青年学生和教授学者，一有伤害即会引起国内外舆论的强烈反感。以至于事情一旦闹大，为了不给领袖脸上抹黑，地方上就不得不“为应付环境”，找人出来“牺牲”，“挺胸做烈士”。[2] 结果是共产党没有找到，学生运动越压越大，而国民党内部却渐起分化。云南“一二·一惨案”的发生和处理经过，就相当典型地折射出战后国共两党在国民党统治区学生运动问题上两相较量的情况。

一、“一二·一”惨案经过

云南长期在地方军阀龙云的控制之下，即使在抗日战争期间，它事实上也处于一种半独立的状态。不仅如此，龙云最让蒋介石不能容忍的，还在于他在 1941 年香港沦陷以后，大量接收由香港撤出的左派人士，逐渐把云南变成亲共左派分子的庇护所，特别是“使昆明成为共产主义温床”[3]。这些左派人士在昆明不仅找到安身之所，而且很快在西南联合大学中扩展影响，使大批青年学生转趋激进。随着龙云进一步把国民党极为反感的民主同盟领导人当成座上宾，并且坚持不干涉西南联大学生和教师的言论自由

[1] 唐纵：《在蒋介石身边八年》，群众出版社 1991 年版，第 626 页。
[2] 同上，第 626、634 页。
[3] 李宗黄：《李宗黄回忆录》，台北中国地方自治学会，1972 年，第 215 页。

与集会自由，昆明各大学自然迅速成为抗战后期大后方批评国民党的声音最集中的地方。随着抗战接近胜利，国共两党围绕着政治民主化问题的争论日渐公开化，昆明学界响应中共联合政府号召的言论更如雨后春笋般地生长出来。

1945 年 4 月 20 日，何应钦就曾致电中央党部秘书长吴铁城等，通报西南联大有响应中共联合政府号召、爆发学潮的危险。[1] 蒋介石对此态度极为严厉，迅速指示各地教育部门负责人及各校校长，严禁任何旨在酿成学潮的言行，声称：“如各地学校学生有甘心受人利用，破坏秩序发动学潮者，政府即视为妨害对敌作战、阻挠抗战胜利之祸国行为，必当予以断然严厉之处置，决不稍有姑息。”[2]

然而，由于龙云当政，国民党中央的意志不能有效贯彻。教育部部长朱家骅以“极密”方式分发给各校校长的密电，当天就被一中学校长在西南联大的演讲会上当众宣读，从而引起全场上千学生的极大愤怒。中共云南省工委利用在学生中建立的民主青年同盟（简称民青）及在其影响下的昆明各大中学校社团、系会、级会骨干，展开了对抗行动。经民青支部等组织动员，以五四运动周的名义，组织了各种集会，左派教授如闻一多、吴晗、潘光旦等应邀大讲反独裁、争民主问题，5 月 5 日在云南大学新操场举行了上万人的群众集会，上街游行的几达两万人之多，一时造成了极大的影响。[3]

由于受到龙云掣肘，时任昆明防守司令的中央军将领杜聿明没有能够对学生集会实施“断然严厉之处置”。在和龙云妥商后，他只是电告中央称：已颁令禁止游行，并晓谕校方劝导学生。杜的方针是避免冲突，故将驻在昆明的中央军系统的青年军一律带往郊外旅行，万一学生坚持游行，即“用

---

[1] 《何应钦致中央党部吴秘书长铁城兄并转立夫、骝先、公展诸同志电》（1945 年 4 月 20 日），台北中国国民党中央委员会党史馆藏，特 003—31。

[2] 《教育部部长朱家骅为蒋主席面谕事致各教厅厅长、各大学校长、各专科学校长、各学院院长、各中等学校长电》（1945 年 5 月 4 日），台北“国史馆”藏蒋中正档案，特交文电 4009198。

[3] 见郑伯克：《回顾“一二·一”运动》，中共云南省委党史资料征集委员会、中共云南师范大学委员会编：《一二·一运动》，中共党史资料出版社 1988 年版，第 323—325 页。

宪警以维持保护名义监视之，凡属游行经过街市，劝市民远离”。他估计“不致发生意外严重事端”。[1] 果然，当天也确未发生意外情况。

但是，坚信一党独裁理念的国民党人面对反政府的学生不能实施打击，这使在昆明的国民党内强硬派大为愤怒。8 月抗战胜利之际，昆明中法大学学生自治会等发表国是宣言，各中等以上学校也公开成立学生联合会，蒋介石断定背后必为“奸伪”指使，声言“目前各校，多在动荡不宁之状态中，若纯采消极防制办法，不惟不能收预期成果，且将使全部学生走入反政府路线”[2]。教育部据此拟定相应的策略，但贯彻起来仍颇形困难。故为一劳永逸地解决问题，抗战刚一结束，蒋介石就于 10 月初下令，用武力强行解除龙云在云南的党、政、军职务，由中央军全面接管龙云所部的防务，省主席一职交由民政厅长李宗黄暂代，军事上很快亦改以其嫡系部队第九军军长关麟征为云南警备总司令。

龙云下台之际，国共两党领袖正在重庆进行和谈，举国瞩目，盼望彻底结束战争，改组政府，使国家能开始和平建设。昆明各大学中教授、学生对此也高度关注，热烈讨论，举行各种集会和演讲。不意谈判结束不久，内战先是在华北，接着又在东北开打。政府方面指责中共破坏交通，阻挠接收，割据一方；中共方面则谴责国民党发布“剿共”密令，拒不承认中共地位，且不顾民意，坚持召开国民大会，继续一党独裁。

经历持续八年的抗战之后，重开内战，这不能不引起广大知识分子和青年学生的强烈不满。当时，中共宣传上取哀兵政策，学生们眼中的国民党又原本强势至极，战后不仅毫无检讨内省之意，还公然以武力逐走在云南学界口碑较好的龙云，这就在舆论上更加处于不利地位。尽管中共云南省工委已被迫隐蔽起来，与中共中央和中共南方局联络的电台也已撤退，但在此种情况下仍旧秘密指导下级支部在昆明各大学里鼓动学生响应中共南方局发动的

[1] 《杜聿明致重庆侍从室钱主任转委座蒋电》（1945 年 5 月 4 日），台北“国史馆”藏蒋中正档案，特交文电 34009198、34009221。

[2] 《蒋介石为阻止学生运动给教育部的代电》（1945 年 8 月 23 日），《一二 · 一运动》，第 416 页。

反内战运动。11 月 21 日，延安《解放日报》发出成立反对内战联合会的号召，中共云南省工委立即组织发动各校举行反内战时事讲演会等。“民青”和民盟也迅速予以配合，24 日，仅联大即有十几个团体联名要求联大学生自治会通电反对内战，并提议学联出面组织反内战时事讲演会。[1]

1945 年 11 月 24 日晚，联大支部经民青支部，在学联的组织下，由联大学生自治会与云大、中法、英专三校学生自治会共同决定，次日晚 7 时在云南大学至公堂召开反内战时事讨论会，邀请若干教授演讲。当晚，李宗黄即得到消息，紧急召集了省党政军各机关首长商讨对策。昆明《中央日报》第二天一早刊出的会议公告强硬提出 :“各团体学校一切集会游行，若未经本省党政军机关核准，一律严予禁止，如有此类情事发生，即由各该团体与学校主管人员负责。”[2]

李宗黄等本来就极端厌恶龙云纵容民盟等亲共势力的做法，上台伊始，当然不能听任类似的事情继续发生。为了表现其忠党之心，将可能发生的反政府学潮扼杀于萌芽之中，他从一开始就决定要严厉处置，即动用军队、警察、特务和党团骨干，采用破坏加恐吓的双重手法，使大多数学生心生畏惧，知难而退。[3] 25 日晚，当学生们将会场改在联大图书馆前草坪上继续举行之后，李宗黄等安排好的反制措施就轮番上阵，又是以党团骨干化装成老百姓，上台去唱反调，又是派军警围会场，断交通，并且架起机关枪，做如临大敌状。会议进行中更公然枪炮齐鸣，连扰乱带示威，恐吓学生不准游行。

李宗黄等当晚最怕学生会游行。一位西南联大的教授事先就已经告诉过他们，这种校园集会从来都是很平和的，通常要到深夜才会结束，根本

[1] 郑伯克 :《回顾“一二 · 一”运动》。

[2] 昆明《中央日报》1945 年 11 月 24 日。

[3] 《昆明联大、云大、中法、英专四大学奸党分子鼓动学潮及我方防制经过概要》(1946 年)，《一二·一运动》，第 452 页。

不会有游行发生。[1] 然而，李宗黄等显然更相信谍报人员送给他们的情报。不仅如此，为了掩盖 25 日晚兴师动众地对付学生集会的真相，次日还在报纸宣称当晚系因匪警才出动驻军，鸣枪者并非军队，而是匪徒。正是他们采取这些学生们前所未闻、不可思议的所谓反制措施，进一步刺激了学生。26 日，中共云南省工委迅速部署动员全市学生总罢课，以示抗议。“民青”骨干随即四出串连，各处揭露李宗黄等 25 日晚镇压学生集会的真相。至 28 日，他们已成功动员全市中等以上 31 所学校的学生参加罢课行动。当天，参加罢课的各校学生罢委会联名发出了《昆明市大中学生为反对内战及抗议国民党武装干涉集会告全国同胞书》，明确要求取消禁止集会游行的非法禁令，保护言论及身体自由。西南联大全体教授也联名抗议当局侵害集会自由，民盟昆明支部也声明支持学生的抗议行动。[2]

学生的罢课行动不仅未能使李宗黄等检讨自己的处置，反而使他们坚信，对学生的斗争就是反“奸党”的斗争。身为省党部主委的李宗黄当天下午再度召集会议，决定针锋相对，包括组织反罢课委员会，以传单压倒“奸党”宣传，组织大量党团同志展开反制行动，使“奸党分子”不能顺利集会和游行，等等。[3] 关麟征、李宗黄甚至公开威胁说：如果学生们坚持罢课、游行，破坏秩序，政府将会在“必要时使用武力”，直至“开枪”。总之，不惜流血也要压制这次学潮。[4]

为了达到宣传目的，又不致使学生受到伤害，中共及“民青”推动学联只搞罢课，而不上街游行。此举明显地得到了学生的好感，而李宗黄等派国民党及三青团员在校内组织反罢课委员会，冲击学生自治会组织的相关集会的计划，因此也均告失败。学生们持续罢课，并且在校内、校外继续

---

[1] 《美国驻昆明总领事馆第 76 号快报：昆明大中学生的罢课事件》（1945 年 12 月 8 日），《一二 · 一运动》，第 461 页。

[2] 郑伯克《回顾“一二 · 一”运动》；《国立西南联合大学全体教授为十一月二十五日地方军政当局侵害集会自由事件抗议书》（1945 年 11 月 29 日）、《中国民主同盟昆明支部发言人对昆市大中学生罢课抗议非法的武装干涉集会自由的声明》（1945 年 11 月 29 日），《一二 · 一运动》，第 86—87 页。

[3] 《一二 · 一运动》，第 453—454 页。

[4] 同上，第 465—466、478 页。

宣传反内战、要自由，使李宗黄等如坐针毡，终于决定由被动防御转入主动进攻。11 月 30 日，被组织起来的云南省党部和省三青团支团部职员、军官总队和第五军分校学员，以及部分特工人员，在昆明市区各街道，与出校宣传的学生发生冲突，并有部分党团人员进入校园，强行捣毁义卖的桌凳，撕毁标语，高呼“打倒共产党”之类的口号，并肆意殴打敢于与之争论的学生。12 月 1 日，复有大批党团人员和军官总队学员冲入云南大学、联大新校舍、联大师范学院、联大工学院、联大附中、昆华女中、南菁中学等校，见人便打，公然投掷手榴弹，造成学生 4 人死亡、16 人重伤的空前惨剧。

二、军政当局的过激反应

“一二 · 一”惨案的发生，云南省地方当局党团政军负责人李宗黄、关麟征等人的作用至为关键。关曾经对两位在联大担任教职的英藉教授坦率地谈到，他之所以主张对学生采取严厉措施，其理由如下：(一) 23 日下午 6 点半延安广播了一项声明，说这所大学将举行罢课。谁都知道这所大学是“共产主义的温床”，许多学生都是共产党，就是那些讲演的教授，也是“穿着国民党外衣的共产党”。因此，25 日晚上的集会肯定是共产党人早就预谋好了的。(二) 省政府获悉，共产党人不仅仅搞集会，集会结束时还将举行游行，横穿城区，攻打公共建筑。学生们拥有武器，包括炸药。“他们要把游行安排在黑夜，以便使用枪支和手榴弹”。(三) 学生们不仅仅反内战，他们的目的是反政府，因为“他们在号召工厂罢工，号召农民不要交税和不为政府服役”，意图破坏法纪和秩序。[1] 关在谈话中还说：25 日晚集会时首先开枪的不是他的士兵，而是个叫何聪的共产党学生。后来，云南省党部向上汇报事件经过时也声称：29 日上午“有奸党分子五六人执毛泽东画像，乘吉普车在巫家坝公路上行驶，向行人发问，是否信仰共党领袖毛泽东先生，

[1] 《美国驻昆明总领事馆第 83 号快报附件二》(1945 年 12 月)，《一二 · 一运动》，第 477—481 页。

如不置答，即鸣枪示威”，云云。但是，这些过分离奇的故事，都不曾在云南党政军当局的公开言论中披露，也不曾出现在屡屡发表不实之词的昆明《中央日报》上。关于事情的起因，李宗黄等在内部汇报中讲得很清楚，即是根据谍报人员及党团工作人员的报告，得知“联大等四大学校之奸党分子，拟于明（廿五）日召开时事讨论会，并欢迎各界参加，许自由发言，其目的为举行签字反美游行示威，要求组织联合政府等情”，决定派人操纵会场。[1]即使在公开的场合下，李宗黄的说法也只是，11 月 23 日延安无线电广播指出，昆明学生对改组省政府不满，暗示会有所反应。李由此断言，联大、云大等四校学生自治会 25 日开时事讨论会，“意在游行肇事，以达其政治阴谋”，如此而已。[2]

正是由于效忠党国与领袖的军事将领关麟征及其昆明地区驻军第五军军长邱清泉等人的介入，才会导致军人卷入，发生枪击和投掷手榴弹这样严重的情况。身为军人，头脑相对简单的关麟征对政治事件简单化和暴力化的处理方法，从事件开始就表现得再明显不过了。11 月 25 日，他召开联席会议，布置破坏学生当晚的集会游行。会上，他摆出一副指挥作战的架势，声色俱厉地发令称：“如果今晚不能完成使命，应当自杀。”[3] 次日晚，在省府召集的中等以上学校校长会上，他更坦承 25 日晚士兵开枪是他下的命令。其理由为：“他们有开会自由，我就有放枪自由。”[4] 真到事情弄坏，关一面自请处分，一面后悔不该卷入地方事务。他之所以花几个小时接见“洋人”教授，除了想要宣泄自己的困惑与不满外，更希望有人了解，他并不是 12

[1] 《一二 · 一运动》，第 452 页。

[2] 昆明《中央日报》1945 年 12 月 5 日；《李宗黄对昆明学潮之声明》（1946 年 5 月 3 日），《一二 · 一运动》，第 457—458 页。

[3] 《查宗藩供词》（1951 年 1 月 17 日），《一二 · 一运动》，第 427—428 页。

[4] 云南大学校长熊庆来替本校费孝通等辩白，邱清泉竟当面讥讽熊看事不明，称：“熊校长是忠厚者看事不明，即就熊校长所称费孝通先生学问好一节，即可证之。盖费先生文章不通，余虽武人亦可与之一比。”《华罗庚致朱家骅函》（1945 年 12 月 11 日），台北“中研院”近史所档案馆藏朱家骅档；转见《昆明学生罢联会驳斥十二月三日昆明各报所载中央社消息郑重启事》（1945 年 12 月 3 日），《一二 · 一运动》，第 117—118 页，第 487 页。

月 1 日惨案的策划人，力图说明，在军队方面被推出来主持 25 日以后的联合行动委员会（即反罢课委员会）的，是邱清泉，并不是他。换言之，直接调派军官总队学员参预 12 月 1 日行动的不是他。[1] 当然，他还是竭力想替军人解脱，再三强调李宗黄手下的“秘密警察”才是导致发生重大危险的根源，说所有情报都来自于这些人，而这些人又不在他的管辖之下，因此“他控制不了局势”。[2]

关麟征的抱怨不是没有一点道理。在国民党体制之下，对当地的风吹草动，地方党部的负责人员因为考绩、升迁等切身利害，通常比流动性较大的军人更容易反应过激。李宗黄的情况就更为突出。他不仅是云南本地人，而且早在国民党一大时就已经做到中央执行委员，却从没有取得过实权，这使得他既相当自负，心态上又很容易失衡。再加上其性格桀骜不驯，用他的说法就是“为人刚直耿介，作风大刀阔斧”；“有永远不为恶势力低头的革命精神”。这导致他在事件中始终心态激烈：阴谋分子愈是鼓动左派学生闹事，我就愈要同他们对着干！即使到惨案发生之后，他也依旧刚愎自用地认定：学潮的发生在于龙云的旧势力勾结共产党，意欲阻止其掌控云南，根本就是冲着他来的。因此，他不仅毫无惋惜自责之情，而且利用各种场合宣泄不满。由此不难想见，不是军人的李，比关麟征更加强势得多。

当时，李宗黄认为自己才是接掌云南大权的当然人选。晚年，他在回忆录中透露：1945 年，蒋介石怎样向他许诺，赶走龙云由他“回滇主政”，说蒋最初只给了他一个代主席，是要他暂时隐忍一时，先让龙云手下的卢汉做一段省主席，等到国军反攻结束，卢汉的作用利用完了之后，再免去卢汉，把他推上正位。因此，他才全力以赴，助蒋赶走龙云，并一心想在云南做出成绩，等着蒋兑现许诺。[3] 正因为如此，头一次充任省一级政府大员的李宗黄，非常看重自己做代主席这两个月的“政绩”。不料，卢汉 12 月 1 日上

[1] 见《夏培信供词》（1952 年 11 月 9 日），《一二 · 一运动》，第 425 页。
[2] 《一二 · 一运动》，第 484—485 页。
[3] 李宗黄：《李宗黄回忆录》，第 208—209 页。

任前，学生们 11 月 25 日就公开挑战国民党中央及其一党专政。这难免会被李看成是龙云的旧势力在所谓“奸党”的支持下，想要乘此时机，给他以难堪，使他颜面扫地。李为此恼羞成怒，专门选在卢汉正式就职的当天发动对学生的大规模“还击”，不仅仅针对学潮，而且也是想要给以卢汉为代表的龙云的旧势力一个下马威，让卢汉及其所有龙云的旧势力知道，他们别想在云南还魂复辟。

为了一举将学生的气势打下去，李不仅采取直捣学潮据点的做法，而且沿袭国民党惯用的策略，雇用流氓，大打出手。只不过，由于初掌云南大权，李这时并无多少社会力量可以借用，不得不调动训练有素的军官总队学员、省市县党部人员及担任情报的特勤人员。还在得知学生 11 月 25 日集会消息之后召开的中等以上校长联席会上，他就赤裸裸地威胁道：如果学生们再不听劝阻，必要时将使用武力，不惜流血。12 月 1 日，他又给参与行动的党部人员打气说：“现在，他们又向我们进攻了，这是大家效忠党国的时机，我们要以宣传对宣传，以流血对流血，进行还击。”接着，他吩咐省党部卫兵长，搜集枪支上的通针和刺刀，交给党部人员，藏匿身边，用作打人的武器。[1]

没有证据表明李宗黄或邱清泉曾指示部属去学校杀人，但惨案既出，人命关天，身为军人的关麟征尚且自请处分，自承失职和良心不安，而李宗黄被云南学界口诛笔伐，党内亦受到颇多指责的情况下，却坚持无错可认。直至 12 月 25 日在被蒋调赴重庆之后，他仍上下活动，极力辩白，上书国民党中央执行委员会常委会，要求列席会议，详加报告，听凭核议。函称：“昆明学潮，实为共产党有计划、有步骤之政潮，凡当地腐恶势力，均因之借尸还魂，借刀杀人，一切的一切，无所不用其极。”据此，他反守为攻，声称：“此次学潮，完全为本党与共党、中央与地方、统一与分裂、革命与反革命之斗争。

[1] 《国立西南联合大学教授会为此次昆明学生死伤事件致报界之公开声明》（1945 年 12 月 10 日）、《李宗黄策动“一二 · 一”惨案的一些情况（二则）》（1986 年 7 月 13 日），《一二 · 一运动》，第 138、423—424 页。

若将罪名责任，一律加于军政当局之身，其他毫不过问，实足以长敌人威风，灭自已正气。个人牺牲不足惜，必致为亲者所痛，仇者所快，当为我革命之中央所不愿闻。”[1]

李宗黄究竟在多大程度上相信学潮的发生是共产党在主导，其实很值得怀疑。他事后和晚年一而再、再而三地强调学潮发生，纯因政府派卢汉来接掌云南大权，使龙云旧势力必欲借此机会，赶走中央势力。说是“以我为人刚直耿介，作风大刀阔斧，实已妨碍他们的权位与不法利得”，故而制造学潮，激发惨案，进而“以惨案为奇货可居，作为政争工具，四出活动，百计中伤，诬指我处理学潮不当，因而发生血案”，“非逼我离开昆明不可”。[2]整个事件的实质，其实就是：“阴谋之辈，不逞之徒，以惨案为奇货可居，以学子为政争工具，竟四出活动，百计中伤，不惜颠倒黑白，甚至血口喷人，借刀杀人，极尽穷凶极恶、丧心病狂之能事。”[3]由此不难了解，李宗黄对学潮的态度之激烈，很大程度上是其刚愎自用的个性和必欲彻底打击报复学界中支持龙云的势力的强烈心态在起作用，反共更多的恐怕还是用来实施此种打击报复的一种借口而已。

李宗黄以此种心态处理昆明学潮，惨案自不可免。这也就难怪连蒋介石授意请来协助善后的北大代校长傅斯年在私下里对李宗黄也会痛恨至极了。傅 12 月上旬调查后即明确认为：惨案的祸首就是李宗黄，其目的是政争，其次则是邱清泉；其真相则是：李所组成之联合行动委员会，于 12 月 1 日派大队人分五次打入联大，两次云大，其中一次有人在师范学院放炸弹，死者四人，因伤锯去大腿者一人，还有一人将成残废，此外重轻伤十余人。傅激忿表示：“地方当局荒谬绝伦，李宗黄该杀，邱清泉该杀（第五军军长）。”至于关麟征，他认为是“代人受过”。[4]

[1] 《李宗黄致中央执行委员会常务会议书》（1946 年 1 月 5 日），台北中研院近史所档案馆藏朱家骅档。
[2] 李宗黄：《李宗黄回忆录》，第 246—247 页。
[3] 《一二 · 一运动》，第 458 页。
[4] 《傅斯年致其夫人俞大綵函》（1945 年 12 月），《一二 · 一运动》，第 409—410 页。

三、蒋介石的点火与灭火

国民党地方当局公然冒天下之大不韪，派人跑到校园里投弹杀人，固然并无确证，说明出自蒋介石和国民党中央的指使与鼓励，但蒋在幕后有所纵容与包庇，亦是事实。战后国统区一再发生打杀学生的流血惨案，蒋介石都难脱干系。

还在抗战胜利前夕，蒋得知昆明有学生与中共同声息，公开呼吁组织联合政府时，就密令教育部："我国八年苦战，军民牺牲，历尽险阻艰难，始获奠定抗战最后胜利之初基。今反攻即将开始，而存心破坏抗战之阴谋分子，见胜利在望，乘机思逞，散播谣言，假借名义，肆其煽惑，尤其对于学校青年鼓动利用，无所不至，冀欲酿成学潮，扰乱战时秩序，以削弱抗战力量。政府维持法纪，捍卫治安，责无旁贷。如各地学校学生有甘心受人利用破坏秩序发动学潮者，政府即视为妨害对敌作战、阻挠抗战胜利之祸国行为，必当予以断然严厉之处置，决不稍有姑息。"[1] 蒋介石这里所谓"断然严厉之处置"，说到底其实也就是不惜使用武力的意思。[2]

相信但凡有学生运动，必有中共在背后"鼓惑""操纵"，联系到对中共必欲以武力解决，面对学潮无力遏制时动辄就想要动武，这在国民党一些领导人思想上已经形成为一种思维的惯性。但是，进入 40 年代，即在中国越来越多地被纳入到美国的势力范围，不得不格外注意自己的国际形象之后，蒋介石在处理这类问题时明显地比地方当局要多了一层顾虑和谨慎。依照其思维惯性，他在遇到类似昆明学潮的问题时依然会气势汹汹地要求各地"当予断然严厉之处置，决不稍有姑息"，然而其这时的"断然严厉之

[1] 《教育部部长朱家骅为蒋主席面谕事致各教厅厅长、各大学校长、各专科学校长、各学院院长、各中等学校长电》（1945 年 5 月 4 日），台北"国史馆"藏蒋中正档案，特交文电 4009198。

[2] 关于蒋介石对学生运动不惜动武的心态，也有历史旧案可寻。已知九·一八事变之后和西安事变发生前，蒋都曾经有过准备对学生动武的激烈表示。参见杨天石：《九·一八事变后的蒋介石》；毕万闻主编：《张学良文集》（2），新华出版社 1992 年版，第 1066 页。

处置”，因顾及舆论，多数情况下并不再包含暗杀或开枪之类的内容。只是，地方当局却未必都十分明了这其中的奥妙，更不要说那些有鲁莽军人当政的地方了。因此，只要还允许动武，就难免会出意外。对此，蒋介石亦并非毫无心理准备。一边点火，一边灭火，这在某种程度上其实也是他的一种政治谋略。

11 月 27 日，蒋介石收到关麟征关于昆明发生学潮的电报。关在其中说明了 25 日晚昆明四所大学举行时事讨论会，26 日联大学生煽动罢课等情况，声称学生企图“勾引裕滇纱厂工人，有掀动罢工、扩大全昆明罢课，并大举联合游行示威举动”。关向蒋请示：“除竭尽各种方法严密防范外，如反动情势扩大，实行游行示威，加倍诋毁政府与钧座，应取何种态度对付？”[1]侍从室得电后，即交由次日的官邸党政军会报会处理。会议决定由教育部派人前往，劝导复课，“如开导无效，即不惜解散”[2]。公文尚未发出，就传来昆明发生“一二·一”惨案的消息。12 月 2 日，国民党中央宣传小组会报会有所讨论。侍从室负责情报工作的唐纵会后立即与关麟征通话，于当晚赶写呈蒋报告。3 日上午，蒋特地向唐纵仔细询问情况，当即表示，“对投弹凶手，饬即电令枪毙”。唐马上用电话向关麟征传达。下午，蒋再度询问昆明情形。次日，云南省地方当局开庭“公审”投弹罪犯，宣布陈奇达、刘友治两退伍军官为凶犯，判处死刑，立即枪决；判处从犯陈云楼解渝法办。另外专门画蛇添足地编造了一个离奇故事，宣称陈、刘之行凶，纯为事前在街上偶然遇到的一自称姜凯的共产党员所唆使，手榴弹亦为该人所提供。这一说法连蒋介石也不十分相信。但是，蒋内心里早已把中共妖魔化，因此，他对下级官员所报各种故事，凡涉及中共阴谋者一向并不十分在意其合理与否。对此，他只是强调：“昆明学生惨案之公开审讯消息，公开指明共产

[1] 《关麟征致重庆蒋委员长电》（1945 年 11 月 27 日），台北“国史馆”藏蒋中正档案，特交文电 34030858。

[2] 唐纵：《在蒋介石身边八年》，第 557 页。

党所为一点，颇不妥。该姜凯如何与陈奇达相遇，其详情应予公布。”[1]

“一二·一惨案”爆发之际，恰逢美国总统特使马歇尔即将来华调处国共冲突，国民党一面准备各种指责中共的说辞，一面力谋改善外界对自己的看法。惨案的爆发，不可避免地进一步恶化国民党在国际上本来就不大好的形象，这不能不使蒋介石颇为懊恼，急图迅速灭火，以平息国内外的批评、指责之声。昆明各校学生和教师不接受云南当局的解释和处置。而且，由于国内外舆论哗然，云南当局被迫收手，学生们不仅继续罢课，而且更加踊跃地拥上街头，进行抗议宣传，并与各地学生遥相呼应，声势越来越大。在这种情况下，蒋明显地不耐烦。12 月 6 日，蒋两度询问昆明学潮情形，并且怒气冲冲地直接给卢汉去电话，谓“如不能解决，即应解散其学校，另将学生集训”[2]。但实际上，蒋眼见昆明学潮有蔓延全国之势，所谓解散学校、集训学生，也只是一时气极而已。他紧接着的步骤仍是加紧安抚学生，如下令批准枪决陈奇达、刘友治；以霍揆彰代理关麟征职务，命关赴渝报告；同时亲自发出《告昆明教育界书》，要求昆明各校教职员，“对全体学生剀切劝导，务令即日上课，恢复常态”[3]。并令卢汉全权处理善后。

卢汉遵命很快将陈、刘二犯执行死刑，发文通告，同时以省政府名义，函请云南省警备司令部军法处，抄送相关部门，协助通缉所谓姜凯者。负责审讯陈、刘二犯的军法处深知此中奥妙，复函省政府称：“由于陈奇达只供出有姜凯者，与其约会数次，均在公共处所，并未告其籍贯、年龄、住址，当时口供内亦未回明姜凯之相貌、身长，无法抄送，仍请查照”，将原函退还。[4]对此，蒋也就睁一眼闭一眼。他眼见民愤难平，不得不忍痛牺牲爱将关麟征，暗示关引咎辞职，随即“明令停职，听候处分”。关辞后昆明学界将矛

[1]　唐纵：《在蒋介石身边八年》，第 559—560 页。

[2]　同上，第 560 页。

[3]　《朱家骅致叶企荪电》（1945 年 12 月 10 日），台北中研院近史所档案馆藏朱家骅档；蒋中正：《告昆明教育界书》（1945 年 12 月 7 日），《一二·一运动》，第 437 页。

[4]　《蒋中正致卢汉主席电》（1945 年 12 月 8 日）；《云南省警备司令部军法处致省政府函》（1945 年 12 月 12 日），《一二·一运动》，第 432—433 页。

头直指李宗黄，李却态度倨傲，坚不请辞。蒋碍于自己此前向李所许之愿，难以给李任何处罚，不得不咬紧牙关，暗请傅斯年等向昆明学界疏通解释，要学生们先行复课，再容其逐步解决李的问题；一面发狠威胁，学生若再不复课，将采取最后严厉处置，一律开除学籍。

由于国民党当局未能满足学生们最基本的惩凶要求，复课一拖再拖。眼看杜鲁门（H. S. Truman）总统公开宣示对华政策，要求国民党必须扩大政府基础，容纳国内其他政治势力，实行民主改革，马歇尔亦已来华，蒋介石 12 月 18 日再度限令于 20 日必须复课，重申“有未复课学生应即一律开除”[1]。然而，由于李宗黄问题迟迟得不到处理，国民党当局明显理亏，故教育部并未能严格按照蒋的意旨行事，部长朱家骅等仍在全力斡旋。17 日，马歇尔到达中国，蒋不便采取可能会进一步刺激学生的行动，至 27 日，学生才在傅斯年和学校当局居中反复协调之后宣布正式复课。一个多月之后，即 1946 年 2 月 12 日，蒋亦部分地兑现承诺。说是部分，是因为他固然通过行政院，免除了李在云南的本兼各职，实际上并不想太过打击李宗黄这样一批铁杆忠党分子的情绪。撤去李在云南的民政厅长职务不久，他就通过国民党国防最高委员会，任命李为党政工作考核委员会秘书长。[2] 此虽为虚职，并不能使李满意，但毕竟给李留了面子。

蒋介石对昆明学潮的这种处理方式，再清楚不过地表明，他对地方领导人因防共反共而采取的极端做法，形式上不能不表示反对，其内心里是相当理解的。因此，其处理结果，不仅昆明学界不能满意，李本人以及其他国民党人更不可能从中吸取到任何教训。半年不到，昆明再演血案。李公朴、闻一多两教授只因公开批评政府，蒋派来接替关麟征的霍揆彰就重蹈故辙，指使手下军人暗杀李、闻二人，再度引发全国性的抗议浪潮。蒋自然故态复萌，先是大发雷霆，臭骂霍揆彰，等到听说暗杀者纯系出于对李、闻辱“骂

[1] 《蒋中正致教育部朱家骅部长电》（1945 年 12 月 18 日），台北中研院近史所档案馆藏朱家骅档。
[2] 昆明《中央日报》1946 年 2 月 13 日。

领袖、诬蔑党国”的激愤之情，属“义侠行为”时，又长吁短叹，感慨系之，最后同意免去霍的警备司令职务，将罪责归结为凶手个人的激愤行为，下令枪毙了事。蒋这样做，不仅免除政府官员涉案的麻烦，而且还留下基层党员和军人不能容忍任何人贬损领袖和党国，甚至不惜以死抗之的印象，借以威慑那些反政府人士。[1]

四、受命打人者的邀功与“牺牲”

蒋介石对昆明学潮最极端的指示，是“当予以断然严厉之处置，决不稍有姑息”；李宗黄、关麟征对“断然严厉之处置”的理解，是可以发动党团人员、特务和军人去冲击学校，并带上家伙去打学生。既然上级有令要动手打人，允许使用“家伙”，一线的党团人员和军人会用手榴弹去炸校园里反抗的师生，用刺刀或铁棍去扎死受伤的学生，也就很难避免了。

对上级的指示层层加码，在官僚体制下是一件司空见惯的事情。何况，对于这个时候的党政人员，像这种能够充分表现自己对党国忠诚的机会也不是经常能够碰到。当时，他们的上级宣称：“学生贴标语，让兵士回家，让老百姓不纳粮，共党扒铁路，阻止杜司令接收东北，不是造反而何？我们有阻止或制裁的义务！我们不能听他们这些胡闹！”[2]这些长年受到反共意识形态熏陶的一线党团人员，自然容易受到刺激。他们在现场狂呼“打倒共产党”之类的口号，并把每一个学生或老师都当成共产党来打，当然有仇共心理在起作用。但是，他们的积极参与，很大程度上也有其个人考虑。这是因为，这场斗争中的表现好坏，会直接关系到考绩与升等。同样，对于那些参与行动的军人来说，除了部队严格的纪律约束迫使他们必须无条件地执行命令以外，其在行动中的表现也同样关系到今后的出路与前途。

[1]　唐纵：《在蒋介石身边八年》，第622、626、636页。

[2]　《姚从吾给陈雪屏、郑毅生的信》（1945年12月11月），《一二·一运动》，第413页。

特别是那些军官总队的成员更是如此，他们都是部队整编后被淘汰下来，尚无出路的军人，自然更关心长官对他们的看法。换言之，基层的众多参加者不顾一切地想要在反共斗争的第一线上争表现，显然也是造成事件失控和升级的一个重要因素。

根据已披露的材料，当局对基层党团人员的动员和组织分为两个阶段。头一阶段在11月25日前后，当时的主要目的只是想破坏学生组织的时事讨论晚会，同时用军队远远地包围学校，阻吓学生在会后组织游行，破坏大会的手段也只是想争取通过要求演说的方式来操纵会场。尽管关麟征声色俱厉地下达了动员令，随后参与行动的党团骨干也都表了态，并预先设计好行动的步骤，但因参与行动的党团人员人数太少，结果是“会议进行了许久，党团工作人员仍无举动，亦无演说”，破坏讨论的行动几乎完全流产。不得已，在现场负责的省党部调查室主任查宗藩硬着头皮，假冒关心时事的老百姓，自己要求上台发言。他只喊了几句：“政府不是在打内战，而是在平定内乱。”“天下是委员长打下的，你们也要来讲民主？”就被学生认出是省党部特勤人员，很快被轰下台去了。而包围学校的军队虽然奉命乱放了一通枪炮，以示威胁，但因学生当晚早就取消了游行的计划，故此种阻吓行动反而激起了学生的强烈愤怒，弄成南辕北辙的后果。

11月27日，被激怒的学生开始罢课后，云南当局吸取25日晚党政与军队不能合力的教训，决定由邱清泉为首，成立反罢课委员会，协调党团军政警宪等各个方面，联合行动。委员会下设四个组，省党部调查室负责情报组；军方负责行动组；宪警负责破坏组；三青团负责撕毁组。上层的高度重视，明显地调动了基层党团人员的积极性。[1] 故自27日起，相关各组组织人员上街，与在街上宣传的学生进行冲突时，参与行动的党团人员的战斗精神已大不同于25日晚了，部分学生在惨案发生前即被打伤，原因也在于此。

---

[1] 《夏培信供词》（1952年11月9日），《一二·一运动》，第425页。

30日，省府、警备部、省党部和三青团进一步召开联席会议，决定次日冲击学校的行动计划。12月1日当天被组织起来参加行动的党团政宪警及特务等就有二百余人。据相关人员回忆，当天上午党部几乎所有人都主动要求参加行动，但党员集合到天井里后，李宗黄还专门要人事室主任薛梦如及登记科长杨灿挑选，把年老体弱的留下来，主要挑年轻力壮的去。当时李宗黄还特别叮嘱，将这些人的证章留下来，以免有人被学生抓获后成为证据。根据当时23岁的龚正德的描述，可知冲击学校的人持有各种打人家伙，学生们曾封住大门，试图用石块阻止他们冲入学校。而他们中穿军大衣的人就往校门里丢手榴弹，然后破门而入，见人就打。他就是首先发现被压在门板背后躺在地上已经被炸伤的女生潘琰的，借着当时大家的狂热情绪，他不顾一切地想要表现自己，在明知该女生已经受伤，毫无还击之力的情况下，他还是用铁条对其腹部连戳数下，将其杀死，并一路高呼“打倒共产党！”的口号。他之所以表现得如此歇斯底里，用他的话来说，主要目的就是想完事后好“向行政上报功”，以便能够在年终考绩时评上优等，争取升级。而他也果然在次年春天“升了一级，由二级助理干事升为人事室一级助理干事”。[1]

关于这些党团人员极力在带队的干部面前争相表现的情况，还可以从被打者的叙述中清楚地看出来。西南联大工学院教授马大猷事后亲笔记述说：当天来到工院门口的打人者多着军服和便衣，由一着黑色大衣者率领。工院警卫和传达上前阻拦，当即遭到棍棒打击，黑色大衣者随即制止，驱使打手们进入院内，一路将学校布告栏及教室玻璃打碎。马大猷、钱钟韩两人从宿舍出来想要劝止，即遭围攻。打人者狂呼：“你们是共产党，你们是土匪。”一时间棍棒齐飞，马当即被数名打手打伤。马拼命逃脱，钱却陷于群殴之中，所幸穿黑色大衣者来到，挥手制止，众打手遂呼啸而去。这时，另一群打人者恰遇教员牟之信持一电阻表从实验室出来，当即诬指为

[1]《龚正德供词》(1955年10月11日)，《一二·一运动》，第429—431页。

无线电台，指其为“宣传之共产党”，不由分说也是一通乱打，且边打边把牟揪到穿黑色大衣者跟前报功，幸该人认得此表并非无线电台，挥手放人，驱之令去，牟才算逃过此劫。[1] 由此可见，这些打人者表现出来的狂热劲头，很大程度上并不是那种纯粹自发而难以控制的情绪宣泄，更像是带有很强的个人目的性的一种表演。

由于军人执行命令更为机械，领队的军官不像地方党团人员的领导者会有所顾忌，因此军人打起人来更加凶狠，却很少受到领队者的制止。11 月 30 日，一位军官就曾明确告诉上街的学生：“我们是奉了命令的，命令我们怎样，我们就怎样。”[2] 也正因为如此，当他们中有人被捉住后，也就很容易把责任推到长官身上。一位叫崔俊杰的军人在被学生捉到后，就很快供认自己的军人身份和受大队长之命行事的情况。[3]

不过，被要求挺身做烈士者，却通常被要求表现出慷慨激昂、痛恨共产党的姿态。1945 年 12 月 4 日，惨案中投掷手榴弹的杀人犯陈奇达、刘友治被宣布枪决。他们在被起诉时就曾在法庭上慷慨陈词，指责学生挑衅，且大包大揽，自称失业军人，行动与部队无关，扬言自己是国民党党员，“平时恨共产党，故出面报复”[4]。注意到此后不久在南京发生的“下关惨案”和在昆明又接连发生的李公朴、闻一多两教授被刺杀案，国民党当局的处理手法几乎如出一辙，都是在肯定行动者“忠党行动”的同时，要求“将行动有关人员拘捕，挺胸做烈士”[5]，可知此种做法在民国党中下层这时已成一种风气。只是，做“烈士”却未必真的会送命。李、闻案中两杀人主犯，同为军人的特务营连长汤时亮和排长李文山被审时也是慷慨陈词，指责中共，做忠烈状。但是，二人随后却被秘密转移隐藏起来，而由当局另外从

[1] 《马大猷笔述联大工院被袭经过》（1945 年 12 月 4 日），见台北中研院近史所档案馆藏朱家骅档。

[2] 《暴行目击记录》（1945 年 12 月），《一二 · 一运动》，第 110 页。

[3] 《昆明不生罢联会驳斥十二月三日昆明各报所载中央社消息郑重启事》（1945 年 12 月 3 日），《一二 · 一运动》，第 118 页。

[4] 《“一二 · 一”惨案“凶犯”开审》（1945 年 12 月 6 日），《一二 · 一运动》，第 153—154 页。

[5] 唐纵：《在蒋介石身边八年》，群众出版社 1991 年版，第 626、634 页。

监狱中提了两个死刑犯冒名顶死。[1] 因此，“一二·一”惨案中陈、刘两罪犯是否真的被处死，做了“烈士”，也颇让人生疑。

五、教育当局的居间调和

“一二·一”惨案最终能够和平解决，教育部部长朱家骅的作用不可小视。而他所赖以在昆明居间调处的，先是北京大学代校长傅斯年，后是清华大学校长梅贻琦。

朱家骅曾留学德国，做过北京大学和中山大学的教授，后投身政界，一度为CC系骨干人物，后自成一派，出任过中山大学副校长、中央大学校长，1936年任中央研究院总干事，1940年任中央研究院代院长，并先后担任过广东省教育厅长、浙江省农工厅长、民政厅长、浙江省主席、国民党中央组织部长、国民党中央执行委员会秘书长兼代三青团书记长、军事委员会参军室主任、国民政府考试院副院长、国民政府委员、教育部长。因其资历甚深，做过北大及中大教授，多年担任国民党组织部长，又执掌中央研究院和教育部大权，虽坚决反共，但对知识分子颇有亲和力，因此不仅门徒甚众，即使在各大学教授中执弟子礼者亦甚多。

朱家骅在惨案发生后，第一个反应就是找到正在重庆准备北上的北大代校长、西南联大三常委之一的傅斯年，请他帮忙赶去昆明调处。傅并非国民党员，却和国民党关系密切，且是朱在中研院多年的部属，与朱关系甚好。傅一向敢于讲话，就连蒋介石也要礼让三分，是一个可以周旋于国民党和学界中间的重要人物。

朱家骅多年从事教育工作的经历和与教授们的密切关系，使他比较了解学校里面的情况。因此，惨案一发生，他就相信，造成此一惨案，共产党的作用尚在其次，地方当局过激反应是为关键。故他深知此事的处理绝非

[1] 沈醉：《军统秘闻》，中国文史出版社2001年版，第317页。

易事，明确要求傅斯年等务必坚持将学生复课与惩凶分别办理的原则。他告诉傅斯年、冯友兰、周炳琳和姚从吾 ：“一俟事实明了，凶必严惩，弟可保证。至复课至关重要，务请兄等全力协助，约同其他至友，劝导学生早日上课。”身为教育部部长，他最担心的是 ：“罢课久延或将波及他处，致难收拾。”[1]

12 月 4 日，傅斯年到达昆明，声明“我对于李宗黄等之愤慨不减他人”，要求当局“真正敢作敢为”，同时要求李宗黄、关麟征、邱清泉等出来承担责任。傅斯年的态度，再加上各方面的强烈反响，促使蒋做出某种让步。蒋不仅发表文告，而且迅速决定将关麟征调渝，请卢汉出面主持调查和善后。但私下里，蒋还是大发脾气，扬言要解散学校。朱家骅深知蒋的脾气，生恐学潮扩大会迫使蒋出此下策，故一面再派次长朱经农到昆明，会同处理死伤学生的善后问题，一面致电傅斯年等，强调 ：“主席七日文告，对昆市不幸事件指示公平处理，政府已负责处理，我昆市各校即应恢复常态克日复课。务请诸兄会同各校教授同仁对吾青年学子剀切劝勉，应以学业学校为重，而更应以教育前途及国家荣誉为重。吾人职责贵在善后，一切有利善后之意见及办法，政府无不采纳，然一切有违善后及有碍教育事业之举动，自应摈除。”[2]

傅斯年显然低估了李宗黄在国民党内的影响力，他自然更不清楚前述蒋对李的许愿，因此，接到朱家骅来电后，即于 8 日复电明言，只要政府负责将李宗黄等调离，此间事便不难解决。电称 ：“（一）一面严防另生枝节，一面与卢主席细商办法。（二）卢主席既出面主办，一二日内当为大规模之劝告。（三）如教授能大体联合响应，作复课之劝导，便大有希望。卢与斯年正作此。（四）此事既由李宗黄、邱清泉等弄糟到此地步，又将关总司令拖入。手榴弹案之内幕，此间各地人士所详知，包括美国外交记者在内，

[1] 《朱家骅致傅斯年并转冯友兰、周炳琳、姚从吾电》（1945 年 12 月 5 日），台北中研院近史所档案馆藏朱家骅档。

[2] 转见《中央日报》1945 年 12 月 9 日第二版。

到处宣腾，只有政府先占着地步，然后大多数之教授观念可改。今关总司令既赴渝，李、邱二人可否暂时调开？果能如此，教授可发挥甚大之力量，复课有十九把握。纵不能立即复课，教授必对坚持罢课之员生予以道义制裁，下一步无论如何易于办理。再李宗黄至今仍坚持此次学潮由政府派卢汉来而起，对卢汉及云南多数人士猛烈攻击，此公如不暂离昆明，不特学潮无法结束，即大局亦不了。"[1] 朱家骅注意到蒋宁肯撤换其嫡系将领关麟征，也不动李宗黄，知道其中定有隐情。故他明确电告傅斯年说："李事一时尚难办到，因此延长必生枝节，务请先行上课，恢复常态，一切俟兄返渝面报主座后似无甚问题。"但"务盼劝导学生即日复课，否则后果莫测，弟亦难负责矣"。[2]

李宗黄的问题不解决，不仅说不服学生，就连对教师方面也难有说辞。朱经农到昆明次日，致电朱家骅云："目前最大问题即为学生'抬棺游行'。原拟明日举行，经孟真设法，已允改至十四日游行。有无变化，尚不敢必。倘得五天犹豫时间，或可设法将其打消，否则亦当极力避免冲突。此点党政军方面已均同意。"[3] 这时蒋亦转经朱家骅，接连要求傅斯年速劝学生复课，恢复秩序。但李宗黄不去，傅亦无法可想。他在各校教授和学生会代表间反复周旋后，深知在不能去李的情况下，事情相当棘手，只能暂取"缓兵之计"，于9日复电宽慰蒋称："今日劝导四校学生会代表，彼等已允接受钧座劝谕，早日复课。但时期及丧葬事，明晨由斯年再与彼等细谈。"[4]

既然蒋坚不去李，深知蒋脾气的傅斯年只好转而向学生施压力。但凭白无故死伤这么多同学，政府却只是换了个警备总司令，找出两个编余军官来顶罪，同时还编出一个再荒唐不过的共产党人姜凯幕后指使的故事，《中

[1] 《傅斯年致朱部长并陈布雷先生电》（1945年12月8日），台北中研院近史所档案馆藏朱家骅档。

[2] 《朱家骅致傅斯年并转冯友兰、周炳琳、姚从吾电》（1945年12月7日）、《朱家骅致傅斯年电》（1945年12月8日），台北中研院近史所档案馆藏朱家骅档。

[3] 《朱经农致朱部长函》（1945年12月8日），台北中研院近史所档案馆藏朱家骅档。

[4] 《傅斯年致教育部朱部长转呈蒋主席电》（1945年12月9日），台北中研院近史所档案馆藏朱家骅档。

央日报》更是不分青红皂白，连篇累牍地指责昆明学生被阴谋分子鼓惑煽动，自然无论如何不能让学生们平静下来。学生会坚持政府必须满足四项条件，即（1）追究11月25日晚射击事件责任人；（2）取消11月25日云南党政军联席会议颁布之禁止集会游行之禁令；（3）保障同学身体自由不得随意逮捕；（4）中央社必须更正污蔑学生之报导并道歉。[1] 虽经卢汉、傅斯年等出面担保解决，学生坚持非对李宗黄等做出处理并更正中央社假消息不可。

10日，昆明《中央日报》再度发布假消息，宣告“昆明学潮庆告平息”，并且语多讥讽，再度惹恼了学生。罢委会随即发出《质中央日报》，严辞批驳。[2] 傅斯年对此十分懊丧。11日，傅再度出面劝说学生代表先行复课，再求解决问题，双方意见冲突，不欢而散。次日，学生会代表出于对师长的尊重，向傅斯年道歉，但却明言四项要求不能改变。

傅斯年和学生代表翻脸后，态度转趋强硬，背地里向朱家骅提议，对学生不要轻易让步。电称：只要能劝说教授宣布，学生不复课即行辞职，学生定尽失同情与立场，不愁问题不能解决。目前教授会已被说动大半，问题只在李宗黄一人而已。“李宗黄如能即去，教授心意可以平，彼实为主谋主使，去则政府占着地步，关仅受李之愚而已，但决不可有严厉办法，必俟教授与地方并感学生讨厌，政府免李宗黄占着地步，然后方可考虑。”他明显主张通过曲折的办法来解决李宗黄的问题，给教授们一个说法。而他对教授会的工作则尚须数日时间，“此数日内乞许斯年再作最后之努力”。[3]

蒋介石经过长时间的考虑，找到既不让李宗黄丢面子，又能够缓和学生情绪的解决办法。朱家骅明确告诉傅斯年，可以向教授们透露，李宗黄将被免职，以便于推动教授们予以配合。电称：“李事照弟看法早已不成问题，主席似亦深知其人，（对）此次事件亦知其处理失当，言行不妥。惟因当时

[1] 转见《卢主席招待四大学生代表对我们的要求发表意见》，《罢委会通讯》第十期，1945年12月10日，《一二·一运动》，第236页。

[2] 《一二·一运动》，第239—240页。

[3] 《傅斯年致教育部朱部长电》（1945年12月11、12日），台北中研院近史所档案馆藏朱家骅档。

不能全明真相，已有重要处理做到最大限度，似不能于复课以前再有举动，亦属情理之常。故如能按期复课，此后问题均能顺利解决，因其他重要各方亦如此看法，并都主张将来李应必去。此事弟已与月涵（按：即梅贻琦）兄言之，日来观察更证明李去稍缓无甚难处。兄可将此意暗示教员，以解其忿。"[1] 但傅斯年此时成竹在胸，不愁学生们不听劝告，复电称："彼等只是以四个棺材[2] 拖延日期，似有所待。两大学当局已明白表示，十七日非一律上课不可，月涵到与谈，认为以后我辈当积极行使职权。如近日（仍做）不到，（即）自请解散。"[3]

傅斯年所以信心十足，在于他这时已有了一整套的进攻策略。第一步，先由联大、云大两校当局出面发布必须复课的最后期限；第二步，学生违命不遵，则他与梅贻琦即宣布辞职，逼教授会走上前台；第三步，教授会全体出面做学生工作不成，亦必出以全体辞职一着向学生施压；第四步，学生若再不听，则可断然采取"自请解散"措施，彻底解决问题。

"自请解散"显系釜底抽薪之法。此法多半出于梅贻琦的建议。惨案发生前数日，梅贻琦已到北平。11 日，飞返重庆，12 日晚，赶回昆明。在重庆时，梅曾两晤朱家骅，知道朱因蒋有解散西南联大和云南大学各校之意，相当紧张，因而当面向朱保证，到周末一定争取复课，若"本周末不能安定复课，则与其经政府解散，无宁自请停办耳"[4]。显然，梅贻琦这一建议是有原因的。因为战争结束之后，原由北京大学、清华大学和南开大学三校合办的西南联大即已开始考虑各归原地，复办原校。梅此次北上北平，即为考察复校事宜。傅斯年此次赴渝，原本也是为要去北平考察，不想突遇此事，不得不返回昆明。因此，既然复校为迟早之事，万一政府逼不得已坚持要解散联大，自不如乘机停办联大，三校借此各回原地，早日复办原校。

---

[1]　《朱家骅致傅斯年电》（1945 年 12 月 13 日），台北中研院近史所档案馆藏朱家骅档。

[2]　死去的四名学生此时尚未正式下葬，有的且停尸于图书馆。故傅斯年有此之谓。

[3]　《傅斯年致教育部朱部长电》（1945 年 12 月 13 日），台北中研院近史所档案馆藏朱家骅档。

[4]　黄延复、王小宁整理：《梅贻琦日记（一九四一至一九四六）》，清华大学出版社 2001 年版，第 189 页。

方针既定，梅、傅即联合行动。由于得到重庆密电，听说“十五（日）以后如不复课（蒋）即准备举动”，故他们在 14 日就紧急召集常委会，确定以 17 日为最后复课期限。选定 17 日，不仅因为 15 日是周末，只有周一的 17 日才能看得出有否复课，与蒋介石的要求不相冲突，而且也是因为它是美国总统特使马歇尔抵达中国的日子，学潮结束对政府的形象有利。为了配合校方的行动，卢汉也特地于 14 日前往学生所设的灵堂，亲自吊唁了被难师生，同时以 17 日为限，向学生下了最后通牒。

15 日，梅贻琦与常委会全体召集学生代表谈话，正式宣布校方决定。梅说明学校规定 17 日全体复课的理由，和届时不复课可能招致的严重后果。傅斯年等依次发言，强调学生不仅应顾及到为死难学生伸冤，而且亦应为学校前途着想。然而，学生自治会召开代表大会讨论后，仍表示拒绝。次日，书面答复校方称，经代表大会决议，“在条件未圆满解决前不能复课”。果然，17 日上午梅贻琦与傅斯年巡视学校时发现，教师们均已到校各就各位，而学生“竟无上课者”[1]。

眼看第一步计划落空，17 日下午三时，校方召集诸教授茶话，梅贻琦报告近几日调处交涉经过，明确提出，他和傅斯年对学潮事均已感觉无能为力，解决无望，打算引退让贤。教授们随即开会，一致挽留，决定次日上午由各系主任联合召集学生代表进行劝告，下午再分由各系教授向本系学生进行劝告。如仍不能有结果，则实行“总辞职”。[2]

经过将近半个月时间的努力，傅斯年相信教授们出面亦不可能发生效用，最终最好的办法，就是“自请解散”之一着。故他明确函告朱家骅说：“连日各方均对学生施压力，卢主席严函限期复课，否则另有办法。学生会往谒不见，地方各公团已书面表示，学生会无诚意，无法帮忙。删晨常务委员会训话本校全体学生代表七十余人，梅、傅、冯、陈、潘、周继续发言，

[1] 《梅贻琦日记》，第 191 页。

[2] 同上。

均告学生必于十七日复课。枚荪（周炳琳——引者）并谓吾辈参与联大之人，今日可帮同毁灭之。目下可谓已将万强压力加于罢课者。然明日各教授上课，学生必不能上课，学校当局与教授必纷纷辞职。下一步之办法，最好为联大提前结束，北京大学、清华、南开三校提前恢复。各校组清理委员会，甄别学生，辞聘有作用之教员。此法在政府不居解散之名，而各地关心三校者必表欢迎，政府不致受责，枝节可以减少。然亦必有详细全般计划，乞俟弟到渝面陈后再决定，万勿先下解散令。”[1]

对于梅贻琦和傅斯年关于“自请解散”的意见，朱家骅其实并不十分赞同。他明确告诉傅说，因交通困难，如采取此一措施，势必要使学生们牺牲一个学期而无法学习，届时问题更多，因此必须慎重从事。最好的办法仍是等蒋回重庆后，争取蒋同意将最后期限再度延长。他在15日当天就曾报告蒋说：“联大、云大等校校务会议决议定十七日复课。卢主席与地方人士亦均作最后坚定恳切之表示。但各校情形复杂，能否如期复课，殊尚无绝对把握。如果届时学生仍不就范，各校当局希望在执行最后处置办法之前，能有数日缓冲期间，俾各校负责人及多数教授获有表示最后严正态度之机会，并使学生失其立场与同情，以减少政府责任。”蒋对此未示可否，但反应颇不耐烦，朱家骅因此一面上条陈自责“此事上烦廑虑，职至感不安”，一面仍坚持提出：“昆明事件之处理，似宜以避免引起全国性学潮为原则。十七日如未上课，可否再留数日时间，俾学校当局作最后之努力。”[2]

18日，蒋介石明令学生复课的最后期限可缓至20日，届时“有未复课学生应即一律开除”。注意到蒋介石让了步，朱家骅意识到危机正在过去。他在将蒋令转发昆明后，特地告诫傅斯年以及卢汉和霍揆彰，强调对“如何与何时执行”蒋令，务必“妥慎办理”。言外之意，即使限期已到，也要留有余地，不可仓促行事。因此，他明确要求联大和云大两校当局：“再尽

[1]　《傅斯年致朱部长电》（1945年12月17日），台北中研院近史所档案馆藏朱家骅档。

[2]　《朱家骅致北平行营蒋委员长电》（1945年12月15），台北中研院近史所档案馆藏朱家骅档。

最大之努力，剀切劝导学生即日复课，以重学业，以副期望。”[1]

这边朱家骅全力调和，那边教授会亦积极运作。18 日，梅贻琦以及云南大学校长熊庆来均表示学生三天内不复课，将辞去校长职务。数十位教授讲师亦公开表示将与两位校长同进退。有鉴于此，中共云南省工委迅速出面，通过各支部展开对罢委会学生代表的劝说工作。在此情况下，19 日，教授会公推冯友兰等为代表，面见卢汉，得到卢汉承诺取消禁止自由集会之前令，学生方面开始让步。联大除师范学院外，20 日各班均开始有学生上课了。

有部分学生上课，预示着其他学生也将逐渐分化，因此，这时上至蒋介石，下至校方，反而不好再采取其他措施。如此连拖两日，倍感失落的傅斯年就已经沉不住气了。22 日下午三时，教授会开会，商量如何进一步推动复课，傅明显地“焦躁”，明言“决于明日返渝，校事不欲过问矣”。晚饭后，梅贻琦等均前去访傅，“劝其稍缓返渝”，也“未得谅允”。[2]

傅斯年刚走，李宗黄就被召去重庆，离开了昆明，从而使事情进一步有了转机。由于马歇尔已经来到中国，原来暗中推动学潮的中共一方这时已改换原有的斗争方式，强调要“根据新的情况来及时的适当的改变自己的斗争方式和策略，来适合时宜地发展或结束这一斗争”[3]。因此，李宗黄的离开，更使得他们有了彻底结束鼓动学生罢课的理由。学生罢委会于次日即正式发出了复课启事，昆明学潮至此终于告一段落。

六、国民党教授的严重分化

对于“一二·一”惨案及整个昆明学潮而言，处于漩涡中心的昆明各

[1] 《朱家骅致傅斯年电》（1945 年 12 月 18 日）、《朱家骅致梅贻琦、傅斯年两常委电》（1945 年 12 月 18 日）、《朱家骅致云南大学熊迪之校长电》（1945 年 12 月 18 日），台北中研院近史所档案馆藏朱家骅档。

[2] 《梅贻琦日记》，第 192 页。

[3] 参见林焕成 :《谈青年的斗争》，《新华日报》1945 年 12 月 23 日第四版。

1944年5月，中外记者团到陕甘宁边区和晋绥边区参观考察。图为毛泽东（前排左三）、朱德（前排左五）、吴玉章（后排右二）、杨尚昆（前排右一）在延安和中外记者参观团中的外国记者合影

1944年5月，林伯渠代表中共中央先到西安再到重庆与国民党代表谈判。图为双方合影，左起：邵力子、张治中、雷震、林伯渠、王若飞、王世杰

中共抗战在敌后取得的成就赢得了美国军方的重视。图为1944年周恩来在延安欢迎美军观察组组长包瑞德等

1944年11月，美国总统特使赫尔利飞到延安，前来调处国共两党关系。图为毛泽东、朱德、林伯渠、周恩来在机场迎接赫尔利时留影

1945年7月1日，国民参政会参政员黄炎培、褚辅成等飞抵延安，试图调处国共两党关系。图为毛泽东设宴欢迎

1945年8月28日，毛泽东应蒋介石之邀，在美国驻华大使赫尔利和国民党代表张治中的陪同下，偕周恩来、王若飞等赴重庆会谈。图为毛泽东一行在重庆下飞机时合影

1945年9月28日至10月10日，蒋介石和毛泽东及国共两党代表在重庆举行会谈，研究战后双方关系问题。图为蒋介石、毛泽东与美国大使赫尔利等合影

1945年10月10日，国共两党重庆谈判达成谈判纪要，史称“双十协定”。图为纪要文本的影印件。

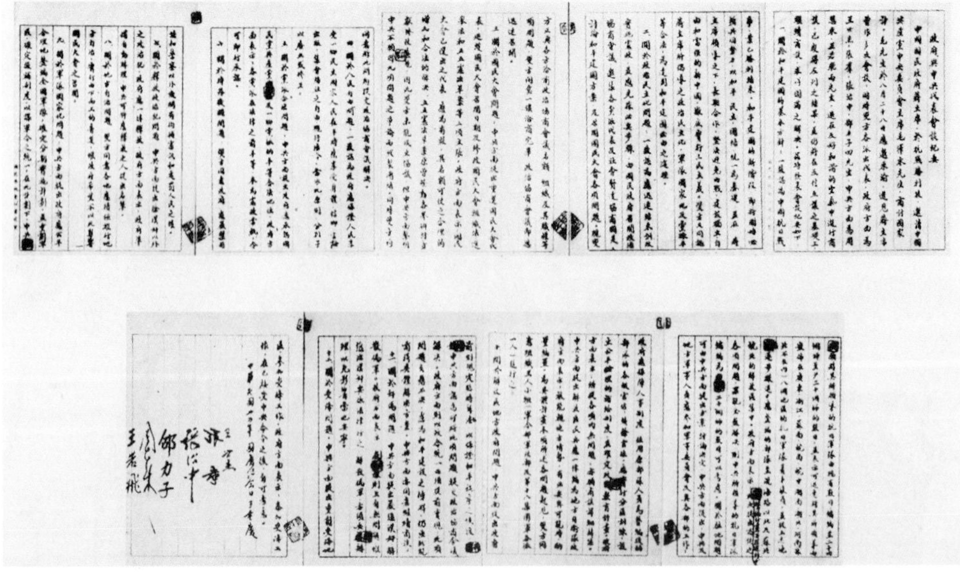

1945年12月21日，美国总统特使马歇尔将军为调处战后国共冲突，经上海抵达南京。图为蒋介石与宋美龄在官邸门口迎接马歇尔时留影

1946年1月初，马歇尔与国民党代表张群（左一）和共产党代表周恩来（右二）组成三人委员会，就国共停战问题展开第一轮的正式谈判。图为谈判前三人在记者前合影

1946年1月10日在马歇尔的调处下，国共两党代表正式签署了停战协定，并约定13日午夜全面生效。为监督停火实施情况，国、共、美三方代表于14日在北平成立了军事调处执行部。图为中共代表叶剑英（左一）、美方代表罗伯逊（中）和国民党代表郑介民（右一）在军调部门前合影

在马歇尔的努力下，国共双方同意召开各党派政治协商会议，解决政治民主化和军队国家化问题。图为中共代表周恩来搭机抵达重庆，政协秘书长雷震（左一）及国民党代表孙科（右一）前往迎接

1946年2月15日，根据国、共、美三方谈判及政协决议的要求，中共代表周恩来（左一）、美方代表马歇尔（中）、国民党代表张治中（右一）谈判达成了有关整编军队问题的初步方案。图为三方在《整军方案》签订的仪式上

1946年3月4日，鉴于政协和整军均已达成协议，马歇尔专程飞往延安面见毛泽东。图为马歇尔及国共谈判代表飞抵延安时毛泽东陪同在机场检阅部队

由于国民党坚持停火令仅限于关内，不承认中共在东北有军事存在的权利，双方在关内实现停战的同时，在东北展开了大规模军事冲突。1946年4—5月间四平街争夺战，成为战后国共全面战争的导火索。图为国民党军从空中拍摄的四平街作战时的场景

1946年4—5月进行四平保卫战的中共东北民主联军装备、火力和弹药在苏军的帮助下已经十分充足。图为四平作战中的中共军队的炮兵阵地

由于国民党拒不接受中共停战及推迟召开国大的要求，民盟与中共被迫一致行动，拒绝参加“国民大会”。图为民盟负责人沈钧儒、黄炎培等与中共代表周恩来、邓颖超等1946年11月在南京梅园新村合影

1946年12月25日，国民党单方面召开的国民大会讨论通过了《中华民国宪法》。图为蒋介石签署宪法

1947年2月，国民党政府强令中共驻上海、南京、重庆等承担谈判联络工作的代表撤离，关闭和谈大门。图为3月7日中共代表董必武撤离南京，有关人士送行

1947年3月13日，国民党军胡宗南部成功袭占中共中央所在地延安。图为蒋介石亲临延安视察

1947年5月20日，南京、上海、杭州等地学生在南京联合举行反对内战的示威游行。图为学生游行过程中与警察冲突的场面

中華民國三十六年六月二十七日　國民政府公報

部令 署令

最高法院檢察署訓令　京字第一九〇六號　三十六年六月二十五日（抄登）

令全國各高等法院首席檢察官

[illegible]院長[illegible]首席檢察官[illegible]，據成匪[illegible]等呈，以毛澤東擁兵倡亂，請依法制裁，以平民憤[illegible]等情前來。查該逆毛澤東，竊據國土，稱兵叛亂，禍國殃民，罪大惡極，自應依法緝辦，除分令外，合行令仰該首席檢察官飭屬一體嚴緝，務獲究辦，以伸法紀。此令。

計發通緝書一件

最高法院檢察署通緝書　他字第一四三號　三十六年度

毛澤東內亂一案

應通緝被告	
姓名	毛澤東
性別	男
年齡	不詳
特徵	不詳
案由	內亂
通緝理由	竊據國土
犯罪年月日處所	[illegible]
解送處所	各地司法機關

1947 年 6 月 25 日，国民党政府以最高法院检察署的名义，以“内乱”罪名下达通缉毛泽东的训令

國民政府公報

015

第貳捌捌壹號
（本號公報一張半）
中華郵政登記認為第三類新聞紙類

編輯 國民政府文官處印鑄局
發行 國民政府文官處印鑄局公報室
印刷 國民政府文官處印鑄局印刷工廠

零售每份一百元
半年一萬五千元
全年三萬元
國內寄郵費在內掛號及國外另加

府令

國民政府令

茲制定動員戡亂完成憲政實施綱要，公布之。此令。

動員戡亂完成憲政實施綱要

第一條 本綱要依國務會議通過厲行全國總動員以戡平共匪叛亂如期實現憲政案及國家總動員法之規定，制定之。

第二條 實施憲政及各項有關憲政之選舉，均應依照規定積極進行。

第三條 戡亂所需之兵役工役及其他有關人力，應積極動員，凡規避徵募及妨礙徵募等行為，均應依法懲處。

第四條 戡亂所需之軍糧、被服、藥品、油、煤、鋼鐵、運輸、通訊器材及其他軍用物資，均應積極動員，凡規避徵購徵用妨礙徵購徵用及囤積居奇等行為，均應依法懲處。

第五條 各業勞資雙方，應密切合作，如有爭議，並應依法調解及仲裁，凡怠工、罷工、停業關廠及其他妨礙生產及社會秩序之行為，均應依法懲處。

第六條 為安定民生，政府對於日用品之交易價格、各業薪俸工資及物資流通、資金運用、金融業務，均得加以限制或管理。

第七條 為維持安寧秩序，政府對於煽動叛亂之集會及其言論行動，應依法懲處。

第八條 對於收復匪區，應由各主管機關鞏固治安，維持秩序，必要時施行貸款俾資賑救，並辦理各項社會救濟及善後救護工作。

第九條 對於由匪區來歸之人民，應由各主管機關妥為救助與安置。

第十條 對於糧食、燃料、紡織、冶煉及有特別需要之工鑛製造事業，各主管機關均應特別指導輔助，其所需資金，如有短缺，應由國家銀行予以貸款，使能積極推進，以裕供應，必要時得由政府對其成品加以管理。

第十一條 凡未被匪亂之區域，均應刷新地方政治，確保社會安寧，並就目前急需之生產運輸及農田水利工程，擇要建設以利民生。

第十二條 增加合理之稅收，限制非必要之支出，以適應戡亂之迫切需要。

第十三條 制定節約消費及增進效率辦法，政府各機關與人民一致遵行。

第十四條 人民基本權利，均應切實保障，除因動員戡亂所必需之各種法令，必須切實施行者外，任何法外侵權行為，均應嚴行防制。

第十五條 關於本綱要之實施，有須另定詳細規程者，由行政院各主管部會擬定辦法，送由行政院核定，分別以命令公布施行。

第十六條 違反本綱要第三條至第七條，或依據各該條所定辦法，違背限制之行為者，依妨害國家總動員懲罰暫行條例懲罰之。公務人員於執行本綱要賦與之職權時，如有違法或失職之行為者，應依法從嚴懲處。

1947年7月4日，国民党发布政府令，决定全国进入战时状态，全面实施“动员戡乱”

中共中央撤出延安后，始终没有离开陕北。九个月后，军事形势全面改观，中共中央于1947年12月25日至28日在陕西米脂县杨家沟重新可以正常开会了。图为毛泽东与工作人员会前合影

1948年春，国民党经由国民大会代表举行总统、副总统大选。当选的蒋介石与李宗仁于5月20日正式举行就职典礼。图为典礼仪式上蒋介石宣读誓词

由于在对共产党的战争中连连失利，损失惨重，蒋介石在国民党内讧中被迫于1949年1月1日发表“求和”声明，并于1月21日宣告引退。图为引退后的蒋介石离开南京前与妻子拜谒中山陵

1948年9月24日，中共解放军成功攻占了第一座省会城市——济南。图为解放军举行入城式

1949年2月，北平守军将领傅作义被迫接受中共围城大军的和平条件，北平和平解放。图为解放军入城时的情景

一九四九年二月廿六日攝於北平六國飯店

1949年2月14日，代总统李宗仁授意颜惠庆等人与中共接触，就国共和谈交换意见。图为北平市长叶剑英和林彪、聂荣臻等为欢迎颜惠庆等在北平六国饭店合影

1949年3月25日，毛泽东率党中央机关和解放军总部抵达北平，当天下午到北平西苑机场举行阅兵仪式。图为毛泽东和前来迎接的各界人士合影

1949年4月1—20日，中共中央接受南京国民政府李宗仁代总统的要求，在北平与国民党代表团举行和平谈判。谈判最终未能达成协议。图为双方代表谈判会场的情形

1949年4月21日解放军发动了渡江作战，并于23日占领了国民党政府的首都南京。图为解放军举行入城式的情形

大学里的国民党籍教授的情况，无疑更为引人注目。由于国民党是执政党，且经营多年，昆明各大学中相当一部分教授早已是国民党员或三青团员。以西南联大为例，该校由北大、清华和南开三校合并而成，三校校长蒋梦麟、梅贻琦和张伯苓都是国民党中央委员或监察委员。联大成立后各院院长及各系主任，不少也已是国民党员，如这时的文学院院长冯友兰、史学系主任姚从吾、教育系主任陈雪屏等。[1] 在上百名教授当中，有国民党党籍或三青团团籍的教授已占 20%左右。[2]

然而，和蒋介石及其国民党地方当局党政军各界的国民党人相比，昆明各大学里有国民党和三青团背景的教授们由于所处环境的关系，绝大多数明显地既不赞成蒋介石的断然严厉之处置，更不赞同李宗黄、关麟征等人所采取的措施，大致可以分为两种倾向。一种人强烈反共，将学运的发生看成中共的挑拨或煽动，但主张分化学生，孤立左倾分子，不赞同激化矛盾；一种人虽基本站在国民政府一边，但因对国民党恨铁不成钢，故对学生抱有一定同情，相信学潮的发生根本在于地方当局的专横与野蛮，如有中共“捣乱”，亦不过乘机利用而已。[3]

联大史学系主任姚从吾显然是具有强烈反共倾向的那一部分国民党籍

[1] 关于联大各院院长大都加入了国民党的情况，可见冯友兰回忆。冯友兰写道：“联大文学院从蒙自迁回昆明后不久，有一天，将梦麟约我们五位院长到他家里谈话。他说：‘重庆教育部有命令，大学院长以上的人都必须是国民党党员。如果还不是，可以邀请加入。如果你们同意加入，也不需要办填表手续，过两天我给你们把党证送去就是了。’当时只有法学院院长陈序经表示不同意，其余都没有发言表态。我回家商量，认为我已经有过被逮捕的那一段事情。如果反对蒋梦麟的提议，恐怕重庆政府说是不合作，只好默认了。过了几天，蒋梦麟果然送来了党证。”见冯友兰：《三松堂全集》第 1 卷，河南人民出版社 2001 年版，第 96 页。

[2] 已知有国民党党籍或三青团团籍的教授即有崔书琴、查良钊、郑华炽、周炳琳、雷海宗、宁榥、张清常、梅贻琦、张伯苓、姚从吾、贺麟、冯友兰、杨西孟、陈雪屏、马大猷、华罗庚、杨振声、伍启元、钱端升、章廷谦、郑华炽、何衍睿、郑天挺、蔡维藩、霍秉权等。

[3] 谢泳先生对西南联大中国民党籍教授有过一段分析，说是“属于国民党反对派的有钱端升等先生；属于国民党批评派的有周炳琳杨振声等先生；国民党开明分子有冯友兰和雷海宗等先生；三青团的有姚从吾和陈雪屏等先生……在联大这许多教授中，有一件可喜的事，就是联大是没有顽固派的分子。”此说似略嫌表面化。见谢泳：《逝去的年代》，文化艺术出版社 1999 年版，第 373 页。

教授的代表。他是西南联大三青团分团部的最早的创办者和主持者，后又曾负责组建联大国民党党部。从事件发生前后他给教育部长朱家骅等人的一系列信件中，可以很清楚地看出他的倾向和当时大学内部国民党组织的应对态度。1945 年 11 月 27 日，即 25 日时事晚会召开后，他就专门去函朱家骅，汇报昆明学潮发生情况和他们所采取的对策。他明确认为，学潮的兴起，根本在于驻军的过激反应。因 25 日晚上的时事集会，“不过骂骂接收人员，藉以讥笑中央腐化，把预备好的抗议书送给外国人而已”。“夜寒道远，参加人少，置之不理则不久即散。”“不意驻军因责任感重，近日又阅报知共军阻挠国军开入东北，义愤难抑，出而干涉。”“又不意驻军谓有匪警，黑夜在联大四周鸣枪示威。”从而导致“联大及各校学生事后思之不胜愤恨，三五聚谈。次晨（廿六日）即未能安心上课。捣乱分子见众怒之可资利用也，乃临时粘贴罢课纸条，而罢课之事竟弄假成真矣”。他认为，罢课虽成，校内毕竟还有党团力量与之相抗，“中立派签名者至廿七日已有八九百人”。在他看来，只要不再过分刺激学生，事情仍有可为。因此他力主：“应与辞修（陈诚——引者）部长即电关、邱诸同志与王政（即云南省教育厅厅长——引者）同志及大学团部负责人，切实联系，将‘结束罢课’与‘防遏反动’分开，以政治为主，军队弹压为附，万勿随意行动。随意刺激群众，无益实际，徒增困难。简言之，不妨及治安者，军人切勿干涉。”“联大事除与学校负责人接触指示之外，应再专函周枚荪、张奚若，请二先生贡献意见，协同处理。因枚荪实具有若干镇压能力，张先生尚得学生信仰。至于端升，坏事有余，易受利用。又 C. P. 为孤注一掷计，自必竭力捣乱，此次压下去或即可永久相安也。”[1]

学校中国民党人的意见显然不能对国民党地方党部及政府发生影响。惨案就在姚从吾等人明确提出告诫之后，仍旧发生了。这一切不能不使姚从吾等党团人员倍感沮丧与不满。他在惨案发生后就有信给当时正在北京

---

[1] 《姚从吾致朱家骅函》（1945 年 11 月 28 日），台北中研院近史所档案馆藏朱家骅档。

的陈雪屏和郑天挺。陈是联大教育系主任、三青团中央直属西南联大分团部干事会长；郑是历史系教授、时任联大总务长，同为国民党人。他在信中具体叙述国民党及三青团人员在学生罢课开始后的尴尬处境与心态：25日晚之后，“同学与教授都很激愤，我们对罢课，不但不能挽救，且只有随声拥护。二十六日，程陶、高乃欣、张锡芝等来了，决定采用分化方略，只将第二项要求，美国撤兵，加上‘苏联不干涉中国内政’九个字，以瞻全校的反应，分头活动，冀有收获。至二十七日上午，签名赞同者已有九百六十余人。下午开大会讨论，因为组织不严密，被捣乱者破坏了。但中立分子的势力仍在增加，学校也决议用全体大会的名义，劝告大家上课。更不幸在这个当儿，李宗黄、关麟征（热心有余，见识太差！）、邱清泉诸公又组织了一个反罢课委员会（由支团与党部等主持，以第五军为后盾），与学生厮打。到了十二月一日，竟打入学校（新校舍、师院、工学院、云大），投掷手榴弹，捣乱者希望的惨案，他们竟代人家造成了！”函中说明：一些团员看到当天“率领参加”打入学校的“祸首”，竟是三青团昆明市书记长高云裳和云南支团部秘书兼宣传股长周绅，联大的三青团员内部更形分化，以至于“事后，党推团，团推党，丑态百出，可笑极了”！面对这种情况，姚从吾等不得不一面“对地方军人的横暴措施表示抗议，且据实呈报上级，俾以公平处置，以平众心”；一面“命令同志停止活动”，而不少人更“主张取消分团，改为秘密活动，以图有所挽救”。姚悲愤地说：“就这次的学潮而说，C. P. 可能完全胜利了！弟身经目睹，不胜气愤！华炽（郑华炽——引者）与我打算特别与倪文亚（三青团中央团部组织处长——引者）一谈，作一详尽的检讨，从此真的要任何事都不过问了！”姚唯一感到庆幸的只是：“幸而教授会于四日全体会议，否决罢教，改为停课七日，算是教授站在政府的方面，学生的气焰才算稍稍好转了。”[1]

由于无法再调动右翼学生出来与左翼学生相对抗，姚从吾、郑华炽等

[1] 《姚从吾给陈雪屏、郑毅生的信》（1945年12月11日），《一二·一运动》，第411—414页。

不能不把主要精力放在教授会上。其策略是以同情学生的姿态出现，在顺应大多数教授心理的情况下，从关心学生和学校前途的角度，努力促使教授会能够通过抑制学潮进一步扩大的各种决议。他们的这一措施显然取得一些成绩。12 月 2 日，即惨案发生的第二天，他们在教授会议上一方面赞同慰问学生，向当局交涉，万一学生举行抬棺游行时，请准予游行的方案；一方面坚决反对闻一多等关于以罢教响应学生的提议，成功地利用党团员教授的支持和工科教授多数不愿扩大事态的心理，以 61 票对 19 票否决罢教提议。[1] 对此，姚从吾、郑华炽等颇为振奋，更加积极地以曲折迂回的方式来做教授会的工作。

两周后，党团工作也渐次恢复起来。他们更进一步组织和动员学生中的三青团员，暗中推动中立学生早日复课。随后，在与朱家骅派来协助平息学潮的傅斯年等人的配合下，他们先是促使教授会出面担保，要求政府满足学生的要求，劝说学生于 17 日复课，继而在复课未成的情况下，则促使教授会通过决议，宣布到本月 20 日学生“如不肯复课，教授同人只好辞职”。[2] 这一宣示明显地发生了效果。20 日，部分学生开始复课。姚从吾对此欣喜异常，特地写信向朱家骅通报。信称：“联大教授坚持二十日不复课，全体辞职。此点极重要。一、教授辞职，则一切抬棺游行，煽动全国学潮，向美特使马歇尔示威等，均无意义。上兵伐谋，此最扼要。二、联大解散，中立学生极恐慌，可使就范。三、廿日为最后关头，教授会把握坚定，可以消释少数奸人阴谋，可以鼓励党团员，可以扶持中立派。此事孟真持之坚，枚荪主之力，若能从此复课，此策实为重要关键。顷闻已有十分之五学生复课，特先奉闻。”[3] 显然，到 20 日以后，姚从吾等再度恢复信心。其原因就是他们看到国民党籍教授在教授会里起到中坚的作用，在相当程度上左右

[1] 参见《西南联大教授会一九四五年第二次至第十次会议记录》（1945 年 11 月 29 日—12 月 26 日），《一二· 一运动》，第 381 页。

[2] 同上，第 384 页。

[3] 《姚从吾致朱家骅先生函》（1945 年 12 月 20 日），台北中研院近史所档案馆藏朱家骅档。

了教授会的态度。用他的话来说就是 :“教授会重心，就此事论，仍以党员为主动。枚荪、芝生（冯友兰——引者)、华炽、霍秉权、蔡维藩、贺自昭（按:即贺麟）等二十余人，均甚努力。而枚荪尤佳。”[1]

当然，那些立场与姚从吾等并无二致的国民党籍教授，其表现亦未必相同。诚如姚所说，前任教育部次长的周炳琳发言在情在理，作用突出，在教授会“几乎受全场的支持”，其本意在阻遏学潮，同情学生的教授们“竟真的把枚荪烘托成正义派了”[2]。但也有个别教授，口头上与姚从吾等同样坚定，内心里却明显地患得患失，生怕学潮牵延，毁了自己的生计。在这方面，最典型者莫过于工学院教授宁榥。他一面极力主张教授会应以全体辞职威胁罢课学生，甚至坚信昆明学潮已难解决，力主当局应“毅然明令联大于本学期结束后解散，三校即日准备搬迁，教职员学生均重新甄审，纵有人抨击此种措施为不民主，则在先遏止乱源，维持学校秩序之下，实不得已”。一面却在私下里写信给教育部长朱家骅，告以工科教授多半对形势悲观绝望，再拖下去，“大部分同仁亦将嗟叹求去”。为此，他恳求朱家骅代谋出路，称 :“晚（按 :自谦之词）曾在航委会服务，菲材薄德，既不足感导后学，拟即另觅报效国家之处。敢恳夫子(按:对朱家骅的尊称)提挈,无任感盼。”[3]而当学生复课后，宁榥的心态复又为之一变，不仅忿忿然声讨一切破坏统一安定之社会秩序者，而且直言文法教授乃为事件祸首，称 :“若无自命名流学者，专事攻讦政府，利用学生，以自高身价之文法教授幕后耸动，则联大可以平静无事，我国人民之普通教育程度及生活水准如此之低，民主从何谈起。晚坚信唯有工业建国，提高国民生计，为任何主义之先决条件。而实施此条件之先，必须有统一安定之社会秩序，破坏秩序者皆为叛国逆贼。”[4]

除了姚从吾等在反共问题上态度坚决，因而把反对和阻遏学潮视同反

---

[1] 《姚从吾致朱家骅先生函》(1945 年 12 月 23 日)，台北中研院近史所档案馆藏朱家骅档。

[2] 《姚从吾给陈雪屏、郑毅生的信》。

[3] 《宁榥致朱家骅部长函》(1945 年 12 月 16、17 日)，台北中研院近史所档案馆藏朱家骅档。

[4] 《宁榥致朱家骅部长函》(1945 年 12 月 27 日)，台北中研院近史所档案馆藏朱家骅档。

共斗争的部分国民党籍教授以外，钱端升、伍启元、华罗庚等众多国民党籍教授的态度则明显中立得多。参加25日讲演的伍启元30日即有信给朱家骅，说明：“时事晚会之举行，在昆明各校原为极平常之事。此次之晚会已为第十余次。过去及此次晚会，均由数教授主持演讲，而由学生听讲，但晚会本身则素由学生团体主办，大约有一半为三青团主办，一半为学生自治会主办。此次之晚会，乃由此间各大学学生自治会联合主办。但由于下列数因，此次晚会甚受地方党政军负责当局所注意：（一）此次晚会乃地方行政改组后第一次之时事晚会。地方负责人或不明了此种晚会乃极平常之事，不免加以注意。且此次论题为‘内战’，故更引起注意。（二）目前学生自治会之负责人员多属左倾之学生，事后据地方负责人言，彼等曾得确实情报学生有游行及发宣言之计划。”“演讲会前数小时，钱端升先生及生均风闻学生将有游行及宣言之举，认为此种办法与过去晚会惯例不合，均曾分别与联大学生自治会代表谈及此事。联大学生自治会代表承认确有游行及发宣言之计划。当时钱先生与生均谓在此种情下不愿赴会演讲。后学生于该晚六时前通知钱先生谓已决定取消游行等事，按照过去惯例，只有演讲，演讲后即散会。至于是否发宣言，则不在晚会中讨论。其后学生于该晚六时半以同样决定通知生，生遂往演讲。”当晚演讲内容除诸教授均倡言用联合政府的办法来解决内战问题以外，并无任何过分之处，不意军警干涉，造成学生情绪不安，“遂予反对政府党派之分子以鼓动之机会，于是在二十六日联大学生开始罢课，并将学潮波及各大中学”。学校当局随后即对学生展开劝说工作，教授会亦决议派代表劝告学生即日复课。半数以上学生均有复课之意，只因学生自治会为左倾分子所主持，结果仍无法上课。30日“学生并出校外鼓动罢工罢市，情势已趋恶劣”。伍启元显然担心学潮扩大，故明确认为必须采取积极措施，他因此建言：“今日主要关键，仍在学校行政当局对使学生复课一事，是否有更积极之措施。如学校行政当局多所顾忌，不能有较积极之措施，而欲靠教授劝导以促使学生上课，恐非一易事。今日昆市学潮随时有传播他处可能，故今日要图，尤在先在渝市及他处设法防阻学潮发生也。”[1]

然而伍启元杞忧未了，惨案即已发生。25 日同赴时事讨论晚会倡言联合政府的国民党籍教授钱端升，一面震惊于地方当局的横蛮暴烈，一面却也积极致书朱家骅，为政府及朱家骅献计献策。其函称："此间学潮不幸之至，根本原因为先生向所洞察，可勿赘述，近因则确为地方所采防遏方法过于操切暴烈。今后如何发展固难逆料，惟鄙意如政府方面无论中央地方，亦无论党方军方政方，如能步骤一致，不紧不驰，则一时总可不致再酿巨变。至言根本治疗，则非政治改进，难收宏效。忆去冬先生方拜新命时，端升一方为大学前途额手称庆，一方深感主持教育工作之不易，而为先生忧。如先生这威权蒙损害，亦即我大学受损害，而北大清华等校尤受损害。故对此次事件，先生究应亲来与否，如亲来应于何时亲来，仍亦应视此威权是否可蒙损害而为定。”[2]

钱端升因在公开讲演中对蒋介石不称“领袖”，而直呼“先生”，且敢直言批评，几乎已经被关麟征等视同为共产党。[3] 在党内同人及校内同事姚从吾等人的眼里，他虽仍被看作国民党员，但却是那种“坏事有余，易受利用”，“表现的最糟”的“国民党左翼”。以钱这样的国民党人惨案后一面同情学生，一面还在尽力为政府分忧，且明确表示与闻一多等左派教授态度不同，其他国民党籍教授此时内心会如何焦虑，亦可想而知了。但是，无论如何，李宗黄等人的暴行还是在相当程度上造成了众多国民党籍教授的失望和沮丧。平素本与政治无涉的数学长才华罗庚教授此时的心态就极具代表性。

华罗庚在惨案发生时正在重庆，返回昆明前，朱家骅特地关照要其代为了解实际情况并积极协助政府平息学潮。华回到昆明后因感冒卧床数日，自 12 月 8 日起在校内奔走两天，基本上弄清事情的经过情形。他无论如何

---

[1] 《伍启元致朱家骅部长函》（1945 年 11 月 30 日），台北中研院近史所档案馆藏朱家骅档。

[2] 《钱端升致朱家骅先生函》（1945 年 12 月 4 日），台北中研院近史所档案馆藏朱家骅档。

[3] 张奚若：《废止一党专政，取消个人独裁！》，《学生报》创刊号，1946 年 1 月 19 日，转见《一二·一运动》，第 272 页。

也不理解，25 日晚一场时事讨论会何以竟会被当局认定是“赤匪”捣乱，竟至动用军队并开枪震慑？他在给朱家骅信中明确表示：当晚五位上台讲演者，除潘大逵教授他不认得，装成老百姓的那个昆明市党部调查统计室主任查宗藩没见过以外，“我敢保证钱、伍、费三位都决不是‘赤匪’”。不仅如此，尤其让他感到难以理解的是，当局调动如此之多的打手驱打赤手空拳的学生和教师，其中并无确定的“赤匪”，相反，被杀被殴者多人甚至原本就是国民党员，有的还是他亲自推荐并请朱家骅介绍入党的。为此，他激愤地表示：“此次事变当局处置似甚失当，死者四人，而吾党党员占其半数，马大猷兄即二年前晚请书我公介绍入党者。此‘一击’之效或优于晚三年来为吾党之宣传也，甚使志士心灰意懒也。”[1]

从姚从吾的“身经目睹，不胜气愤”，“从此真的要任何事都不过问了”；到华罗庚的“此‘一击’之效或优于晚三年来为吾党之宣传也，甚使志士心灰意懒也”，说话者固然地位不同，心态不一，但对国民党地方当局的失望与不满却如出一辙。事实上，随着战后越来越多惨案的发生，像华罗庚这样在学校任教的国民党员逐渐地对蒋介石国民党由失望而感到绝望，几乎不可避免。

[1] 《华罗庚致朱家骅先生函》(1945 年 12 月 11 日)，台北中研院近史所档案馆藏朱家骅档。注：与一般所说两位主要死难者于再和潘琰是中共党员的情况略有区别的是，华罗庚在报告中说明两位死者的身份时称：“于再，浙江杭州人，二十四岁，乡村建设学院毕业，国民党党员，南菁中学音乐教员，独子，未婚。”“潘琰（女），江苏徐州人，廿八岁，曾随第十一集团军参加军队，徐州突围（亦国民党党员）。”比照中共中央组织部 1981 和 1984 年关于两人党籍问题的相关文件，两人当时或属双重身份。参见《中央组织部关于确认于再同志为中共党员的决定》(1984 年 7 月 12 日)、《中央组织部关于潘琰同志党籍问题的意见》(1981 年 2 月 9 日)，《一二·一运动》，第 397—403 页。

第十四章

阻止内战的最后尝试

就在国共两党开始为争取华北和东北的控制权而大打出手的时候，美国总统突然派出他的特使马歇尔将军来华调处国共关系。马歇尔的到来，使国共两党受到了极大的约束，一时间竟然达成了《停战协定》，召开了政治协商会议，通过了整军方案，共产党甚至有意学法国和意大利共产党的榜样，放弃武装，参加政府，改取和平的议会道路了。然而，这样的一种举国欢呼的和平民主新气象，如同它的到来一样，也几乎就在转瞬之间消失。和云南“一二·一”惨案如出一辙的反共打人事件，在重庆较场口再度上演。本来还相信国际国内和平民主大潮流难以抗拒的共产党人，马上就放弃了原本就不多的幻想。尽管马歇尔依旧努力寻求解决办法，然而全面内战却再也不可避免了。

一、马歇尔调停与停战协定

1945 年 11 月，蒋介石明显地开始将军事重心转向东北。除决心以撤退行营的办法来向苏联施加压力外，蒋还命令杜聿明率全副美式装备的第十三军和五十二军“占领山海关而确保之，相机向大凌河之线挺进”[1]。11 月 16 日，国民党军攻占山海关。当晚，杜聿明指挥前线部队沿榆沈公路两侧向绥中迅速推进，三天后占据绥中。随后，杜部分兵沿榆锦公路和北宁铁路，且派一部自公路以北山地迂回，迅速占领兴城、锦西、葫芦岛，进而于 26 日占领锦州。国民党军进入东北的通道就此打开。

但是，杜聿明并没有继续向前推进。这是因为，苏军撤退的日期已经后延，沈阳及其以北尚无接收条件。与此同时，参谋总长何应钦等也不赞成杜部马上北进。考虑到华北的严重局势，他们明确主张杜聿明在继续北进前，应首先回头用兵于热、察一带，以肃清在其侧背且已经营多时的中

[1] 三军大学编：《国民革命军战役史第五部——戡乱》，第 2 册，台北“国防部”史政局 1989 年版，第 474 页。

共武装根据地。[1]

较之国民党更感到困难的是中共。国民党两个军十天推进一百五十余公里，“几乎未遇严重抵抗”，已经使中共中央动摇了此前的雄心。再加上这时曾经暗中帮助中共进入东北的苏军，也因为担心东北问题国际化，从11月17日国民党东北行营撤出之日起，就改变了对中共军队的态度，将其先后赶离城市和交通要道，以便按照条约，协助国民政府接收东北。这就迫使中共不得不放弃原先独占全东北的雄心与计划，准备让出东北的主要交通要道和各大中城市，退到农村和周边的边境地带去。

就在国共双方军事上都感到困难的时候，赫尔利大使突然宣布辞职，美国总统准备派前参谋长联席会议主席、五星上将马歇尔将军前来调处国共冲突。这个消息，无论对国民党，还是对共产党，都明显地不那么合胃口。在国民党方面看来，消灭共产党只是时间问题，美国只要支持自己并提供各种援助就好了，出面调处只能妨碍国民党调整部署，妨碍对共产党各个击破。而在共产党方面看来，美国政府本质上就是扶蒋反共的，在各个根据地无法连成一片，夺取东北又严重受挫的情况下，美国特使直接出面调停，势必会使自己在目前这种十分不利的情况下与国民党达成妥协。但战后国际大势是和不是战，美国又是世界头号强国，中国又在其势力范围之内，无论国共，没有谁这时能够对此提出异议。

杜鲁门总统派遣马歇尔将军来华的目的很简单，美国不想看到中国陷于混乱和内战。它知道依照蒋介石的方式，国民政府只会采取武力解决问题。而美国人丝毫看不到蒋介石使用这种方式会有多大的成功把握。相反，在他们看来，一旦中国爆发内战，只会便利苏联扶助中共在中国浑水摸鱼。不仅如此，美国人始终认为，共产党在中国的壮大，根本原因还在于蒋介石的政府太过专制和腐败，必须要有所改变才能防止形势不断恶化下去。

---

[1] 《何应钦致蒋委员长电》（1945年11月17日），台北“国史馆”藏蒋中正档案，特交文电340298087。

因此，杜鲁门希望能够通过美国干预，促使蒋介石放弃一党训政制度，推动中国的政治民主化，并以此交换中共交出军队，使国共两党军队实现国家化，从而完成中国在蒋介石领导下的统一。当然，杜鲁门并非不清楚蒋介石的性格，他选派马歇尔也正是认为只有此人才有资格去向蒋发号施令。但即便如此，杜鲁门鉴于史迪威事件的教训，也规定了自己的政策底线，即万一蒋介石坚持不与共产党合作，美国政府仍将通过马歇尔，继续给蒋介石政府以支持。[1]

12 月初，中共中央表示愿意“再开谈判之门，并开政治协商会议”，要求国民党方面准备派机前往延安，接共产党的代表到重庆参加政协。国民党对马歇尔来华一事，也早在《中央日报》11 月 29 日的头版发表社论，表示欢迎。不过，蒋介石对马歇尔本人还是多少有些顾虑。因为在史迪威事件中，马歇尔曾力挺史迪威，就此而言，马歇尔未必能如蒋介石所希望的那样，比照赫尔利的态度来看共产党的问题。因此，蒋除了几度电告驻美大使魏道明，劝告美国政府对远东政策必须明朗以外，在 12 月下旬第一次见到马歇尔时，他就尖锐地指责：“中国所以不能统一，乃由中共拥兵割据，仰承苏联鼻息，其同意和谈乃在争取时间，政府必须迅速收复华北，方能促使中共言和。”[2] 由此不难窥见，蒋介石担心马歇尔会妨碍其彻底解决中共问题的心理。

1945 年 12 月 15 日，杜鲁门就中国问题发表声明，对马歇尔来华调停的意图做出公开的说明。17 日，马歇尔飞抵北平，20 日抵达上海，随即赶往南京和重庆，分别与蒋介石、宋子文以及中共代表周恩来和民盟代表张东荪等进行穿梭式的谈话。他一方面说明美国政府对于中国实现和平统一问题的严重关切，另一方面则试图直接了解中国各方面人士对于实现统一与和平问题的基本看法。

---

[1] FRUS, 1945, Vol. 7, pp.606-607, 745-748, 768.《中美关系资料汇编》，第一辑，世界人民出版社 1957 年版，第 626—630 页。

[2] 《总统蒋公大事长编初稿》卷五（下），第 907 页。

马歇尔的任务是调处两党的军事冲突，而要想解决这一问题，按照美国人的思路，根本上必须找到一种能够使军队国家化的办法。而要想将军队国家化，就必须要首先推动两党在政治上走向和解，进而实现政治民主化。马歇尔这时还完全不了解与中国人打交道的困难，他很容易地就相信了中国人在他面前所说的话。[1] 因此，他十分欣慰，无论是中共代表、第三方面代表，还是国民党代表，至少各方在原则上对承认蒋介石的领袖地位，实现政治民主化，以及通过政治协商会议改组现在政府等，都没有太多异议。包括蒋介石本人，当着马歇尔的面也表示，对杜鲁门的声明由衷欢迎。而杜鲁门声明的一个很重要的内容，就是明确主张要扩大现政府基础，“容纳国内其他政治力量的分子”,“修改一党训政”。[2] 既然如此，马歇尔使华伊始，自然会对完成使命颇具信心。[3]

12 月 27 日，国共两党重开已经中断了的谈判。中共代表为周恩来、王若飞、董必武、叶剑英，国民党代表为王世杰、张群、邵力子。周恩来首先提出两项提议，关于政协一项主要是提议先开预备会，然后在 1946 年元旦正式开会，一般会议应予公开，秘书长副秘书长国共双方应各设一人，同时要求释放张学良、杨虎城、叶挺、廖承志等。而关于军事一项，则主要是为实现无条件停战而提出三点办法，即：(一) 下令所属部队，在全国范围内均暂各驻原地，停止一切军事冲突；(二) 与避免内战有关之一切问题，如受降、解除敌军武装、解散伪军、停止利用敌伪、驻兵地区、恢复交通、运兵及解放区、收复区等问题，均应于军事冲突停止后，经和平协商方法解决；(三) 为保证第一项办法之彻底实现及第二项办法之顺利进行，应在政治协商会议指导下，组织全国各界内战考察团，分赴全国发生内战区域

[1] 马歇尔直到来华一个月之后才发觉：“中国人的哲理与欧美人完全不同，欧美人意见怎样，他就怎样去做，中国人意见是意见，做法是做法，这就教人难以测度了！”见唐纵：《在蒋介石身边八年》，群众出版社 1991 年版，第 581 页。马歇尔的这种困惑，曾经担任过国民党政治总顾问的鲍罗廷也曾公开表露过。

[2] 《美国总统杜鲁门对华政策声明》，转见《新华日报》1945 年 12 月 17 日。

[3] FRUS, 1945, Vol.7, pp.794-804, 825-826.

进行实地考察，随时将事实真相提出报告，并公布之。[1]

对于共产党关于政治协商会议的提议，国民党代表在会期、预备会、一般会议公开举行等问题上没有表示异议，对更换代表、设副秘书长问题则持不同意见，对放人、恢复电台等表示可向蒋请示。但实际上，蒋介石并不十分看好政治协商会议。他过去较为重视，是因为可以以此来将共产党的军，并借以使其召开国民大会更加合法化。而如今，他更关心的还是停战问题。

12 月 29 日，莫斯科三国外长会议发表了关于中国问题的协议。美苏两国领导人相互承认对方目前在中国所负有的责任，并一致宣称："必须在国民政府之下建立一个团结而民主的中国，必须由民主分子广泛参加国民政府的所有一切部门，而且必须停止内争。"[2] 注意到这种情况，国民党人深信，如能善用马歇尔使华，必能借助于美英的压力，从外交方面遏止苏联暗中支持中共的危险继续演进。因此，刚一得知三国外长会议协议，国民党方面就加紧磋商应对办法。

马歇尔这时亦表明态度，希望参加国共停战办法的商讨，并建议组织一包括国、共、美三方代表在内的一个三人小组，以讨论停战和恢复交通等问题。[3] 据此，王世杰等于 31 日以信函方式正式提出对周恩来提议的复案。包括（一）停止国内各地一切军事冲突，并恢复铁路交通；（二）因国内军事冲突及交通阻塞等事，与我国对盟邦所负之受降及遣送敌俘等义务有关，所有与停止军事冲突恢复铁路交通及其他与受降有关事项，由政府派代表一人，中共派代表一人，会同马歇尔将军从速商定办法，提请政府实施；（三）由国民参政会驻会委员会推定公正人士五人，组织军事考察团，分赴全国发生冲突区域考察军事状况、交通情形，以及其他与国内和平恢复有关事项，随时将事实真相提出报告并公布。政治协商会议成立时，亦请其推定公正

[1] 《新华日报》1946 年 1 月 1 日。
[2] 《新华日报》1945 年 12 月 30 日。
[3] 《王世杰日记》，第五册，第 237—238 页。

人士参加。[1]

国民党人这一提议的目的十分清楚，就是想乘中共军事计划受挫之际，把停止冲突与恢复交通问题联系起来，并让马歇尔出面来唱主角，使中共不能拒绝。同时把中共所建议的全国各界内战考察团，改为由国民党占绝对主导地位的国民参政会推举代表来组织考察团，不仅便于操纵，而且可以显示公正。不过，国民党人提议的关键，还在于逼迫中共承认让马歇尔作为一方来参加谈判，想借用马歇尔来压制共产党人。故张群当场表态:“只要你们都同意第二项办法，我们就会同意马上停止进攻。”

然而，国民党这个时候是不可能完全停止进攻的。尤其是在东北接收尚无进展的情况下，夺取热河，切断中共从陆路进入东北的主要通道，已成国民党军事上关键之着。因此，杜聿明指挥下的国民党军并不理会两党复谈的情况，继续向热河进攻，并接连攻占阜新和朝阳等地。对此，中共中央当然不能接受，明确要求周恩来等向国民党提出严重抗议。但苏军在东北的态度，三国外长会议的声明，以及马歇尔的到来，都使共产党方面无法再度采取强硬立场。周恩来对此十分明白。他一方面按照中共中央的来电向国民党提出抗议，一方面力主接受国民党提议，同意让马歇尔参加国共谈判。他明确告诉中共中央说：莫斯科外长会议协议已经表明“国际过问国共谈判已在开始”，同时又承认美国对受降、遣俘有其独负的责任，“我如完全拒绝马歇尔参加国共谈判，我将处于不利地位”。而为确保已有的成果，也以设法迅速达成停战为有利。[2]

中共中央明确表示同意周恩来等人的意见，相信“马歇尔参加国共谈判我不能拒绝”，但提议“以夷制夷”，争取苏联和英国都参加。[3] 然而，苏联大使没有参加调处的愿望，他所关心的只是停战协定不应把东北包括在内。在东北，如要运兵及防止冲突，须向苏联交涉，或一起去东北参加另

[1] 《新华日报》1946 年 1 月 1 日。
[2] 《重庆代表团致中央电》（1946 年 1 月 2 日）。
[3] 《中央致重庆代表团电》（1946 年 1 月 3 日）。

外的会议加以解决。[1]

马歇尔这时提出的停战协定草案主要包括下列内容：(一）一切战斗行动立即停止。(二）在中国本部及满洲境内一切军事调动，皆须停止，中华民国国军为重行建立在满洲主权而开入满洲及在满洲境内调动，当系例外。为必须之给养、行动及警备而作之纯粹地方性的军队调动，亦属例外。(三）破坏与阻碍各项交通线之行动，必须停止。并须立即拆除诸陆路交通线之障碍物。(四）在目前一切部队，皆维持其现时地位。而为确保这一停战文件得以贯彻，他并提议组成由国民政府、共产党和美国代表组成的三人执行总部，以美国代表为主席。一切事宜均须三人一致通过始能生效。[2]

对于马歇尔的提议，蒋介石因担心军事上等于为中共解围，因而多少有些犹豫。王世杰力劝蒋应“断然接受美方提议（略予修正)”，因“美国之政策在巩固我政府在东北之地位”。但蒋仍坚持必须要把国民党军正在全力争夺的热河也包括在满洲之内，另在中共威胁下的华北八条铁路线可以规定不得运兵，而秦皇岛、天津、青岛等则不应包括在八条铁路线以内。[3]

对于马歇尔的草案，周恩来的答复是，东北可以有些例外，但在停战办法中应删去涉及东北的文句，因此事应由国民政府直接与苏联办理，写入条文，则成为中共参与此事，而苏联反未包括在内。但除东北问题外，其他地方均不应有所例外，尤其是热河省及津浦路沿线地区冲突极为严重，必须首先停止下来。周恩来具体提出了以下三点建议来作为对马歇尔建议的答复，即：(一）双方下令所属部队，在全国范围内均暂各驻原地，停止一切军事冲突，并恢复一切交通；(二）中共同意政府派代表一人，中共派代表一人，会同马歇尔将军就有关停止军事冲突、恢复交通、受降及遣返日俘等问题，正式商定解决办法，并在一致同意后提交政府实施；(三）提

[1]　《重庆代表团致中央电》(1946 年 1 月 3 日)。

[2]　《马歇尔特使上蒋主席提出国共双方停止军事冲突令稿之备忘录》(1946 年 1 月 2 日)，《中华民国重要史料初编》，第七编（三)，第 63—64 页。

[3]　《王世杰日记》，第五册，第 243、245 页。

议由政治协商会议从全国各界包括国民党、共产党中选定重要人士组成内战考察团，在政治协商会议的指导下分赴全国发生军事冲突的地区和日伪军驻守的地区进行实地考察，随时将事实真相提出报告并公布之。[1]

周恩来赞同马歇尔参加谈判，并同意满洲问题除外，在马歇尔已经相当满足。他并不想一口吃成胖子，他对国民党试图使热河成为国民党军队自由行动区域的方案也没有给予明确的支持，只同意可以把苏军即将撤出的赤峰和多伦包括在停战协定之内。但国民党一旦接收热河的赤峰和察哈尔的多伦，就在相当程度上阻断了关内外的中共相互之间的联络，并会妨碍中共与苏蒙之间的联络，这当然是中共方面所不愿看到的。周明确告诉马歇尔说：赤峰、多伦早已为中共军队所占，根本不存在接收主权问题。事实上，中共这时尚未占据两地，周随即紧急通知苏联大使和中共中央，要求立即开始办理赤峰、多伦的行政交接手续。[2]

1月5日，国共双方已就组成由国、共、美三方代表组成的最高三人会议解决两党军事冲突问题达成原则协议，进而于1月7日召开会议讨论解决办法。经过三天讨论，国民党方面始终不肯在赤峰、多伦问题上做出妥协。为此，王世杰再三劝告蒋“多从政治上作远大之考虑，不可拘泥于一二城市（即赤峰、多伦）之暂时得失”，然而蒋却一直没有松口。直到9日深夜，考虑到政治协商会议次日即将开幕，政府方面坚不妥协有碍形象，蒋才最终在马歇尔的劝说下，同意停战协定中不提出这一问题。[3]

1月10日，国共双方正式签订关于停止国内军事冲突及恢复交通的命令和声明。其要点如下：

[1] FRUS，1946，Vol.9，p.10；另参见《中共代表提出停战办法三项》，《中华民国重要史料初编》，第七编（三），第67页；《停战办法中应删去涉及东北的文句》（1946年1月5日），《周恩来一九四六年谈判文选》，中央文献出版社1996年版，第33页。

[2] 《从八路军手中夺取赤峰、多伦将使冲突不可避免》（1946年1月8日），《周恩来一九四六年谈判文选》，第39页。

[3] 《王世杰日记》，第五册，第246—247页。

一、一切战斗行动，立即停止。

二、除另有规定者外，所有中国境内军事调动一律停止，惟对于复员、换防、给养、行政及地方安全必要之军事调动，乃属例外。

三、破坏与阻碍一切交通线之行动必须停止，所有阻碍该项交通线之障碍物，应即拆除。

四、为实行停战协定，应即在北京设一军事调处执行部，该执行部由委员三人组成之。一人代表中国国民政府，一人代表中国共产党，一人代表美国。所有必要训令及命令，应由三委员一致同意，以中华民国国民政府主席名义经军事调处执行部发布之。[1]

同时协定还规定了两点例外：即国民党在长江以南为实施整军计划而进行的调动，以及国民党为收复主权开入东北和在东北境内的调动，不受上述规定的约束。

依据蒋的命令，停战令于即日起开始实行，迟至 13 日 24 时止务必在各地完全实施。[2] 在此期间，国共两军虽然都曾一度全力抢占地盘，但至 14 日以后，关内的战斗基本上都已停止。停战异乎寻常地顺利“实现”了。

二、政协决议与国共妥协

在停战令发布之前，国民党与共产党虽未宣战，却早已打得不可开交，各地战报频传。一纸停战令，虽然对两军均有约束，但其脆弱，一望而知。仅据国民党方面 1 月 17 日一天华北将领的几则电报，即不难看出停战后的实际情况如何。

1 月 17 日，十一战区驻津、唐、榆代表杜建时报称：“（一）……寒日夜，

[1] 《新华日报》1946 年 1 月 10 日。

[2] 《蒋委员长三十五年一月十日下达停战命令》（1946 年 1 月 10 日），《中华民国重要史料初编》，第七编（三），第 69 页。

匪军将沧县南廿余公里冯家口附近之津浦路铁路破坏约百公尺。(二)因日军撤离，寒日匪军渤海军区司令部所属部队约万余人向东光连镇攻击，企图包围泊头我保安团队，刻正抵抗中。”[1]

同日山东省政府主席何思源报称：“(1)围攻兑州之N4A叶飞部仍继续进迫攻击，并通牒我军投降缴械，并向我军高声宣传，‘和平了，弟兄们快缴械回家吧，勿再作炮灰’，企图乱我军心。(2)子(指1月)删(指15日)晚九时，共军突入泰安车站，将日军小野部队缴械，所有仓库物资抢运一空，并攻击我车站守备部队，另部破坏铁路卅余里。(3)围困聊城之共产军仍继续猛攻，绝无遵令停战模样。(4)共产军五万人将安邱县城包围，已发生接触。(5)铣晨七时，共产军六万余在胶济路鹿耳埠车站山东山西等村构筑工事，企图截断我军之联络。查山东我军早已遵令停战，共产军依然进攻，恳祈迅赐制止以维和平。”[2]

同日吴文化报称：“兖州西南北三关之阵地距城最远者约百米，近者五十米，与我对峙。其所掘之地道，西关将掘至城墙根，西南城角离城约二十米，我正向相对掘挖以期切断，但匪自今早起即由西关分向我城墙四面掘挖交通壕，由其运动容易，若不射击，即无法制止，坐待敌完成攻我之计划，现匪军大事宣传我军破坏停战协定，一面积极增调部队，情势迫切，恳钧座速示有效办法。”[3]

同日孙连仲报称：“匪之71R、72R、87R、82R四个团现向滦城以南柴赵岭集结。……子寒(1月14日)盘踞南皮及铁西石家桥之匪伙同民夫万余袭击汨镇，经我军击退。……子灰(1月10日)平汉路保定至定县间194公里处被破坏，列车出轨。……子真(1月11日)固城至北河库间桥梁被

[1] 《杜建时致参军长商震电》(1946年1月17日)，台北“国史馆”藏蒋中正档案，特交文电35006670。

[2] 《何思源致蒋委员长电》(1946年1月17日)，台北“国史馆”藏蒋中正档案，特交文电35001922。

[3] 《何应钦致蒋委员长电》(1946年1月17日)，台北“国史馆”藏蒋中正档案，特交文电35001942。

地雷炸毁两段。”[1]

同日傅作义报称："本日三时共军三万余山野炮多门，向集宁开始攻击，迄六时集宁三面仍被围攻甚烈。我守军经三日夜激战，伤亡甚重，弹药已罄，祈即空运补充，以免危急。”[2]

在这方面，国民党对中共尤其缺乏信任，不仅并不相信对方军队真的会停战，而且停战之日就已经在做开战的准备。1 月 14 日，白崇禧召集总部后勤部及海空军主官集会，“揭示要点：（一）陆军方面以整训名义，迅速整编充实粮弹，赶运各师武器，并多制游动铁丝网，俾适于北地作战。（二）空军方面应多储油弹于各重要基地。（三）海军方面第一舰队已在渤海口游弋，继续阻绝奸匪海运。（四）安抚伪军在未整编完成以前一律按实有人数发给主副食费，已整编完成者则由一月起按军政部规定给与发给薪饷，免因粮饷告绝而投匪军。以上各项系密为准备，如中共听命，则国军各师固应趁此时机充实整训，如其背信抗命，则我有充分准备宁未雨绸缪亦可毋临渴掘井也”。次日，他在转发停战令后电告蒋介石称："遵委座元十二时停战命令，已由总部转饬各部队遵照，现战斗行动已经停止。查共党要求停战实因数月来在军事上毫无进展，企图攫夺战略要点亦未达到目的，在我军之全盘优势下惟有寻求政治解决之一途，乃系军事挫折必然结果。惟共党狡狯，纵政治协商成功，共军是否服从军令，听命改编与调遣，其所割据地方是否服从政令，将割据之热、察、绥、冀、晋、鲁等省政权归政中央，恐尚须顾虑。因中共之不守信义，将来前途殊难逆料。”[3]

十分明显，国共两党停战能否成为事实，并成为常态，仅仅靠一纸停战协定并不解决问题。因此，在停战协定签订同一天召开的政治协商会议

[1] 《孙连仲致蒋委员长电》（1946 年 1 月 17 日），台北“国史馆”藏蒋中正档案，特交文电 35001917。

[2] 转见《何应钦致蒋委员长电》（1946 年 1 月 19 日），台北“国史馆”藏蒋中正档案，特交文电 35002154。

[3] 《白崇禧致蒋委员长电》（1946 年 1 月 15 日），台北“国史馆”藏蒋中正档案，特交文电 35006654。

就成了世人瞩目的焦点了。

为了在政治上争取主动并显示政府确愿推进民主宪政，蒋介石在政协开幕当天即破天荒地做出四项郑重承诺，宣布：从今以后，各政党在法律之前一律平等，并得在法律范围之内，公开活动；人民享有身体、信仰、言论、出版、集会结社之自由，现行法令，依此原则分别予以废止或修正，司法与警察以外机关，不得拘捕、审讯及处罚人民；各地积极推行地方自治，依法实行自下而上的普选；除政治犯除汉奸及确有危害民国之行为者外，分别予以释放。[1]

受到政治协商会议成功召开和蒋介石公开许诺的影响，中共中央两天后也公开宣称：“全中国人民在战胜日本侵略者之后，为建立国内和平局面所作之努力，已获得重要成果。中国和平民主新阶段将从此开始。”[2]它进而发布内部指示，要求党政军各级对于可能到来的和平民主新局面，要有足够的思想准备。其电报指出：“在武装斗争基本结束以后，政治斗争与秘密的特务斗争必将更加激烈。我们必须学会这些我们所不很熟悉的斗争形式，否则我们就会失败。”[3]

显然，无论是国民党，还是共产党，其高层这时都或多或少地相信，战后和平民主的潮流很难抗拒，停战和改变一党训政制度亦颇难避免。不论喜欢不喜欢，对于停战协定和政协会议，多数政治较温和一些的国民党人大都认为是大势所趋，不得不然。他们这时最关心的，只是中共能否因此交出军队。在蒋介石身边主管情报的唐纵就曾表达过众多国民党人的这种复杂心态。他写道：“政治协商会议有两个特质：一是面临当前的现实困难问题；二是国际的要求。因此政治协商会议不得不开。停止军事冲突，中央开放政权，改编中共军队，以求得交通之恢复，便于政府之还都，人民之还乡。各党各派公开活动，参与政权，国内获一时之安定，国际得广大

[1] 《中央日报》1946年1月11日。
[2] 《新华日报》1946年1月12日。
[3] 《中央关于执行停战命令的指示》（1946年1月16日）。

之同情。如果共党军队不受编，军令不能统一，到彼时人民要求讨伐，国际赞同用兵，则政府只有俯应人民之要求。故此时政治协商会议，希望有成就，而准备共产党之狡赖。”[1]

蒋介石这时的心态也大同小异，他甚至对会议的结果表现得似乎更有信心。会议进行到最后几天，正在养病中的军政部长陈诚因为注意到政协可能通过政治民主化的议案，因而急忙致电蒋提出：“须先军队国家化，然后始能政治民主化，否则，中央政权公开了，而共党军队仍不交出，将为国家无穷之害。”对此，蒋颇不以为然。复电称：会议有我负责主持，不必过虑。[2]

最为典型的，则是在政协召开一周后，即 1 月 17 日，蒋介石即已急忙秘密召见国民党特务头子戴笠，指示他说：“今后政府将要改组，各党各派均将参加，军统局需要取消，要他自己研究一办法，他不负责，而他能实际控制这机关。”[3] 这足以说明，蒋这时对经过此次政协会议，政府必将改组而成为一事实上的联合政府的大趋势，已经不抱太多怀疑了。

蒋介石指定参加政协会议的国民党代表共 8 人，即孙科、吴铁城、陈立夫、陈布雷、王世杰、张群、张厉生和邵力子。从蒋介石所挑选的这些人选可以看出，蒋对在政协会议达成协议也还是相当重视的。因为除了 CC 系的陈立夫以外，在他指定的这些代表中，还是以温和派和中间派为多。正是因为这种情况，再加上在 38 名政协会议代表中，国民党代表绝对居于少数，政协会议不可避免地形成了一边倒的情况。以致不少国民党人很快就发现，会议中国民党备受抨击。即所谓“政府好似在受裁判，其屈辱难堪，令人难受已极，但又无可如何”[4]。

政治协商会议集中讨论国大代表资格、宪法草案修改、改组政府、和

[1] 唐纵：《在蒋介石身边八年——侍从室高级幕僚唐纵日记》，群众出版社 1991 年版，第 578 页。
[2] 同上，第 582 页。
[3] 同上，第 580 页。
[4] 同上。

平建国纲领和军队整编五个方面的问题。其中最核心的，也是争论最大的，是宪法草案修改和改组政府的问题。对国大旧代表的资格问题，周恩来早就提出：如果能在政协会议上商定宪草原则，国大只限于在形式上通过宪法，同时在国大增加中共和各党各界的新代表，旧代表的作用就不大了。因此，这一问题虽然在会议中引起了激烈争论，但在其他问题的讨论取得成果，而国民党方面又同意中共和民盟代表可获得四分之一否决权的情况下，中共方面即劝告民盟等承认旧代表为有效。

中共这时在政协会上主攻的，是宪法草案。因国民党提交会议讨论的仍旧是 1936 年制定的“五五宪草”，其核心是实行总统制和中央集权制，具体做法是将国大作名义上的人民权力机关，而以总统为施政中心，五院从属于总统。为打破这一专门以维护蒋介石的统治权为核心而设计出来的宪法草案，中共支持民盟提出制定西方式国会制和责任内阁制宪法的要求，并为解决解放区的地位问题，力主实行地方自治。根据张君劢设计，并得到包括国民党代表一致通过的新的宪法修正案，不仅肯定了“省得制定省宪”，而且对孙中山和国民党的五权制做了取其形、却抽其髓的改造。修正案决定修改由国民大会代表选民，间接行使孙中山在《建国大纲》中规定的选举、罢免、创制、复决四权，为选民直接投票行使四权，从而使原来架设在五院之上的国大事实上被废除了；它同时在保留国民党所坚持的五院制的基础上，根据西方政制中强调权力制衡的原则，将过去平行的五院做了英式改造，即予立法院以英式国会下院的地位，予行政院以英式内阁的地位，而予监察院为英式上院的地位，从而使中国的政治制度成了国会两院制下的内阁制。不论谁做总统，都无实权；不论谁掌行政院，也都必须面对因为政绩不佳而被倒阁的危险。[1]

关于改组政府问题，是由王世杰代表国民党提出议案，主张取消国防最高委员会，以扩大的国民政府委员会为最高指导机关，委员名额可在原

---

[1] 《宪法草案案》，载孟广涵主编：《政治协商会议纪实》，上卷，重庆出版社 1989 年版，第 482—484 页。

有的36人基础上，由蒋介石指定并“提经国民党中央执行委员会通过”，再增加12人。惟国民党人须占“特定程度多数”，以便“履行领导的责任”，蒋并应拥有相对否决权和紧急处置权，且部会长官任命权则属行政院。[1] 这个提案被中共中央的机关报《解放日报》讥评为是“把现在已经动摇的一党专政，经过三个多月的临时的‘扩大的’一党专政，最后过渡到完全合法的‘宪政’式的一党专政”[2]。因此，就连公开表示不介入中国政治生活的马歇尔也看不过去了。

1月22日，马歇尔悄悄拜会蒋介石，说明自己在改组政府这一问题上的立场，并提交一份由他亲手拟定的《中华民国临时政府组织法》（草案），主张立即成立“临时国务委员会”取代国防最高委员会，该委员会由蒋指定20人组成，其中9人为国民党，6人为共产党，1人为民盟，1人为青年党，3人为无党派人士。蒋可批准或否决该委员会通过的法令，但被否决之法令经该委员会委员14人再次赞同，则立即生效。蒋有权指定军事委员会委员长、五院院长、各部部长以及各部、院委员等，但其中50%为国民党人，30%为共产党人，20%由其他党派和无党派人士担任。另外，热、察、绥、宁、鲁、冀、晋、湘、赣各省主席及平、津、青三市市长应由蒋从临时国务委员会特别委员会共同提名的人员中指定，而该特别委员会须由国民党和共产党各2人组成。草案同时提出，一切妨碍人民言论、出版、集会、结社、迁徙自由，违反人民身体、房屋、钱财和名誉不受侵犯，破坏法律面前人人平等的法令，都必须予以废除。[3] 马歇尔明白告诉蒋介石，成立这样一个委员会，不仅不会削弱蒋的地位，而且将会使他实实在在地成为全中国的总统，而非如现在只是一党的领袖。他声称，美国陆战队不可能长时间留在中国，国民党在西北和东北的地位都已因苏联而严重削弱，如不采取变通办法，目前的中国将很容易受到苏联下层渗透方式的损害，从而使共产党的制度变得强

[1] 《中央日报》1946年1月15日。
[2] 《解放日报》1946年1月19日。
[3] FRUS, 1946, Vol.9, 139-141.

大起来。[1]

马歇尔的干预产生了作用。蒋介石虽极端反感马歇尔的方案，甚至视其“为共党所不敢提者”[2]，但惧于杜鲁门声明的压力及马歇尔掌握着运兵和援助的大权，不得不表示“目前可如此去做”[3]。

26 日晚，蒋介石与王世杰等国民党人反复讨论后，同意在政治协商会议上做出让步。随后，国民党代表正式承认以国民政府委员会为国家最高国务机关，委员选任形式上无须经过国民党中央执行委员会通过，国民党员且不得超过半数。不仅如此，国民党还明确表示，愿意在协议上写上中共代表所提出的“凡收复区有争执之地方政府，暂维现状”的字样。由于此一规定使中共可以合法地控制现有区域，中共方面自然也高姿态地在国民大会代表资格以及整编军队原则等一些重要问题上做出让步。由此，政治协商会议终于就政府组织、和平建国纲领、军事以及国民大会和宪法草案等五个问题达成书面的协议。[4]

根据政治协商会议通过的这五个决议案，国民政府委员会要在国民大会正式召开前进行改组，人数由过去的 36 人扩充为 40 人，其中 20 人为国民党人员，另外 20 人分别由各党派及无党派人士充任，各党派人选由各党派自行提名，但蒋不同意时须另提人选，而无党派人士则由蒋提名，惟蒋所提人选有三分之一委员反对时须另行选任。改组后的国民政府委员会应为政府之最高国务机关，一般议案须有出席委员半数通过，重要议案须有出席委员三分之二赞成始得决议，而蒋对委员会之决议如认为执行有困难时，可提交复议，但复议时有五分之三以上委员坚持时，该案应予执行。[5]

与此同时，在军事上，中共军队将由军事三人小组尽速商定整编办法，

---

[1] FRUS，1946，Vol.9，139-141.

[2] 《中华民国重要史料初编》，第七编（三），第 71 页。

[3] FRUS，1946，Vol.9，142-143.

[4] 《王世杰日记》，第五册，第 255—256 页；《新华日报》1946 年 2 月 1 日。

[5] 《政府组织案》，《政治协商会议纪实》，上卷，第 471—473 页。

国民党军队则应于 6 个月内完成其 90 个师的整编工作。之后，应再将全国军队统一整编为 50 或 60 个师，实现军队国家化。军队实行军党分立、军民分治和以政治军的原则，禁止一切党派在军队内公开或秘密活动，现役军人不得参加党务活动，政党不得利用军队为政争工具；同时现役军人也不得兼任行政官吏，并严禁军人干政；初步整军计划完成，即改组军事委员会为国防部，隶属于行政院，部长不以军人为限。

根据决议，各方同意承认蒋介石的领袖地位，而国民党亦承认确保人民权利。会后并立即组织由国、共等各方人士组成的宪草审议委员会，依照会议确定的宪草修改原则，以两个月为期制成"五五宪草"修正案，以提交第一届国民大会最终制定完成。至于国民大会问题，决议确定大会职权为制定宪法，宪法通过须经出席代表四分之三同意。另外决议承认原有之 1200 名旧代表，但决定增加党派及无党派代表 700 名及台湾和东北代表 150 名，大会召开日期仍照国民党之提议定于 1946 年 5 月 5 日。[1]

在 1 月 31 日政协决议准备付诸表决的当天下午，王世杰等国民党代表将这些与国民党人的观念相差甚远，势必会"造成空前之政治新形势"，甚至可能引起党内反对的决议案，拿到国民党中常会上征得认可时，虽然也有人"反对宪草协议甚烈，至于流泪"，最后也还是意想不到地"通过"了。因此，当晚 6 时政治协商会议召集末次大会，各案没费任何周折，均系一致通过。[2]

在政协会议闭幕式的讲话当中，蒋介石对这次会议及其决议给予了相当高的评价。他在谈到各项决议案时明确表示："本会议所决定的各项方案，本人虽然不能每次出席参加，但是时时刻刻都在注意和研究，觉得各项方案的内容，都是大家竭诚洽商的结晶。我敢代表政府先行声明，政府必然

---

[1] 《军事问题案》、《国民大会案》，《政治协商会议纪实》，上卷，第 473、480—484 页。

[2] 《王世杰日记》，第五册，第 259—260 页。

十分尊重。一俟完成规定手续以后，即当分别照案实行。”[1]

几乎是同样的情况，中共也很快发现政协决议与自己的主张“存在着距离”[2]。不过，中共中央显然认为这已经是目前可能争取到的比较好的结果了。它因此通告全党，重申“中国革命的主要斗争形势，目前已由武装斗争转变到非武装的群众的与议会的斗争”，“从此中国即走上了和平民主建设的新阶段”，“党的全部工作，必须适应这一新的形势”。强调党准备实行军队国家化及“实行军党分立，军民分治”，说明：“我党即将参加政府，各党派亦将到解放区进行各种社会活动，以至参加解放区政权，我们的军队即将整编为正式国军及地方保安队、自卫队等。在整编后的军队中，政治委员、党的支部、党务委员会等即将取消，党将停止对军队的直接领导（在几个月之后开始实行），不再向军队超出直接的命令”。[3] 据此，中共方面很快即提出了参加国民政府委员会的人选，决定以毛泽东、林伯渠、董必武、吴玉章、周恩来、刘少奇、范明枢、张闻天等为委员，以周、董、林、王（若飞）为行政院副院长和两个部部长及不管部部长的人选。同时，中共代表开始与国民党方面协商国府委员中各党派具体比例数及否决权问题，并确定了基本的方案，准备参加整军谈判了。

在经过了无数暴力和流血之后，中国大地上出乎意外地显露出了有通过和平民主道路实现政治民主化和军队国家化的一线曙光。

三、较场口事件及其幕后

政治协商会议于 1 月 31 日宣告闭幕。2 月 2 日，蒋介石在其日记中就

[1] 《蒋介石在政协会议闭幕式上的闭幕词》（1946 年 1 月 31 日），《政治协商会议纪实》，上卷，第 460 页。

[2] 《新华日报》1946 年 2 月 2 日。

[3] 《中央关于目前形势与任务的指示》（1946 年 2 月 1 日），《刘少奇年谱》，下卷，中央文献出版社 1996 年版，第 15—16 页。

开始表现出有所懊恼的倾向了。他写道："本周最感苦痛之事，乃为政治协商会议宪草组未提中常会征询意见，即擅自规定宪草修改原则，益觉孙科之易受人愚弄也。"他相信宪草原则至少应以总理遗教为原则，应取法美国之民主制度。他还注意到"周恩来自延安返渝，态度大变，并高唱'军党分离'与'国共长期合作'之口号，且对马歇尔表示：'中共有亲美而疏俄之意'"。蒋介石怀疑："此中必另有阴谋。"对张治中反映说，周恩来表示对整编计划基本可照政府意见实施，蒋更是认为"此实意外之事，恐他时必多翻覆也"。[1]

对于政治协商会议的结果，马歇尔显然非常欣赏。政协会议刚一结束，马歇尔就趁热打铁，马上推动三人小组开始就整军问题进行接触。他首先提出了一个《整编中共部队与中国政府军合并之基本方案》。该方案正如马歇尔再三向国共双方代表所解释的那样，主要目的就是为了使中国军队能够像西方国家军队那样真正建立在军队与政治分离的基础上。不过，中共中央欣赏的只是"马歇尔所提办法，对于破坏国民党及地方系军队的原来系统是彻底的"，故"应在原则上赞成他的意见"。而对于此一方案试图消除党派对军队的影响等，则明言是马歇尔的幻想，"是今天行不通的"，称"军队中的派系亦将长期存在"，至少蒋介石就不会轻易地放弃对军队的控制。因此，中共坚决反对马歇尔整编军队方案中的一些具体安排。甚至强调："美蒋的目的仍是在政治上让步，军事上取攻势，即最后夺取我之军队。"而中共的办法，是要设法把大部分武装保存到地方部队中去。[2]

而随着政协决议的公布，特别是得知蒋介石对宪草原则已有所批评之后，本来就对停战、政协不满的国民党内强硬派人士，很快就纠集在一起，在许多场合表达强烈反对的态度。"西西、复兴、黄埔军人、中统、军统特务分子及戴季陶、何应钦等均坚决反对政协决议。在政协闭幕前后之中常

[1] 《蒋总统事略稿本》，1946 年 2 月 2、4 日条，台北"国史馆"藏蒋中正档案。

[2] 《中央关于与国民党谈判军队整编的方针的指示》（1946 年 2 月 8 日），《刘少奇年谱》，下卷，第 19 页。

会中，反动派大哭大闹。”[1]

2月4日，据王世杰日记，国民党“中央党部开中央委员谈话会，出席发言之委员大都为党中某一系统之人，均反对政治协商会议之结果，而尤攻击宪草案”。这里所说的“党中某一系统之人”，指的就是陈果夫、陈立夫的CC系一派人。陈布雷随后即有报告称：“本党自政协会议以后，同志之间或则愤激过度，或则消沉已极，或则观望风色另求出路，或则积年怨望，急求发泄。彼一会议，此一叙谈，其状况至为复杂。”“从前党员中虽或有不满于接近领袖之干部，而万事均可得领袖一言以为定，今则已渐渐于不知不觉中脱离此一分际。此一趋势之发展，将促进离心趋势，而有碍于统一之领导。”[2] 他甚至直截了当地要求蒋：“请临崖勒马，另行途径，并劝美国勿误中国并以自误为幸。”因“政治协商会议必无好结果。且无论如何，共党已得到好处，本党已受害”。“中国如行多党政治，照现在党、政、军均未健全之际，颇有陷覆辙之可能。”[3]

国民党内的强烈批评之声，使得温和派如王世杰本人，也开始觉得草案“确多不妥之处”，承认“当时确不免轻忽将事”。[4] 随后，中统局更报告称：政协会后，“多数国军干部咸表愤慨，成都军校学生群情哗然，认为……改组后之国府委员会及国防部即无异中共主张之联合政府与联合统帅部之实现。……各党派高呼拥护蒋主席之口号，恐口是而心非，意在逐渐减消委座权力，以法共对戴高乐（Charles de Gaulles）之手段对委座，是可忍孰不

[1] 《中央情报部关于国民党各派系对政协反映及我之对策给各局、各分局、各纵队的通报》（1946年2月6日）。关于有中常委哭闹的情况，可见政协会决议最后通过五项决议当天，即1月31日王世杰的日记。据王记述，当晚讨论宪法草案修正案时，“谷正纲反对宪草协议甚烈，至于流泪”。《王世杰日记》，第五册，第260—261页。

[2] 《蒋总统事略稿本》，1946年2月20日条，台北“国史馆”藏蒋中正档案。

[3] 徐泳平：《陈果夫传》，第935页，转见汪朝光：《中华民国史》第三编第五卷，中华书局2002年版，第174页。

[4] 《王世杰日记》，第五册，第263页；并见中国国民党河北省党部编：《政治协商会议之经过及有关文件》，1946年印本，第49页。

可忍”[1]。陈布雷所担心的这种离心趋势，在CC系分子身上表现得尤为明显。在这种情况下，重庆发生较场口事件实属必然。

国民党长期一党独裁，CC系在国民党内又是最有势力的派别，多年来一直就有唯我独大的心理。政协决议宣布国民党不再具有独裁地位，今后政府不由党管，政权要与包括中共在内的各党各派以及无党无派人士所分享，引起了他们极大的恐慌和愤怒。CC系骨干张道藩、谷正纲等在国民党党政小组会上甚至将矛头指向蒋介石，声称：“一切失败，均由于不民主，要求党、总裁给予民主！”[2] 由此可以清楚地了解，这些人并不是出于拥护蒋的自发，而是相信这种民主宪政一旦实行，将会夺了他们安身立命的家什。早就习惯了使用暴力的这些国民党人，这时固然不能公然动用警察机关或特务机关来解决他们想要解决的问题，却还是找到了发泄其不满的方式。

还在政协会议进行期间，民盟等非国民党人就组织了政治协商会议陪都各界协进会，并假座重庆沧白堂举行报告会，请政协代表报告会议进行及商谈情况。眼见这些刚刚获得合法地位不久的党派团体对政协召开如此兴高采烈，且公开集会对执政的国民党品头评足，大谈废除一党专制，实行民主宪政，CC系的国民党人自然怒不可遏。重庆市党部因此马上就想到了过去在抗战中经常对中共驻重庆办事处和《新华日报》营业部所采用的捣乱的办法。

据《新华日报》报道，自政协开会以来，拥护政协召开的陪都各界每日晚组织讲演会，邀请政协代表进行讲演，并听取各界民众的意见，一连几天，情形极为良好。不料16日晚第四次夜会举行，由出席政协的代表张东荪、郭沫若两先生讲演时，国民党竟派人在台下起哄。17日晚，国民党方面派出更多人来到会场，“狂呼乱骂”。18日晚，因讲演者有国民党人邵力子，会场上没有发生起哄现象，但散会时一位在会场上发过言的青年，

[1] 《陪都传言国军干部反对政协决议之谣言》（1946年3月12日），转引自汪朝光：《中华民国史》第三编第五卷，第175页。

[2] 唐纵：《在蒋介石身边八年》，第588页。

却在沧白纪念堂门前遭到群殴。19 日，原请国民党代表张群、吴铁城演讲，两人均未到场，故由梁漱溟主讲，会场再度被捣乱，捣乱分子向会场乱掷石子并燃放鞭炮，数度打断梁的演讲。至此，讲演会被迫暂停。至 27 日，协进会举行第八次会议时，虽到场有民众三千余人，讲演人仍旧受到数十个国民党人的起哄和谩骂；离场后，又遭这些人围追哄闹，并被掷以石块。而协进会的工作人员，更是接连遭到国民党人的围殴，以致受伤。[1]

政协闭幕后，由政协陪都各界协进会等 23 家单位发起，计划于 2 月 10 日在重庆较场口广场举行庆祝政协成功大会。因担心“届时对于政府及国民党之弱点，将大肆攻击及加以宣传”，重庆市党部知道消息后，马上就向中央党部秘书长吴铁城“请示对付办法”。[2]

8 日上午，在国民党重庆市党部主任委员、CC 系骨干分子方治主持下，专门召开执委会会议，讨论应付办法。会议专门邀请国民党旗下的重庆市农会、总工会、中医师公会、木作业公会的骨干刘野樵、陈铁夫、李森普、李森荣，以及市警察局局长、警察局督察处长、中统渝调处科员等参加会议。方治在会上明确提出，对政协会议及决议各案，本应突出强调“三民主义为各党派承认至高之建国原则”“本党派深受各党派之推崇，誉为全国第一大党，并愿受本党之领导共赴国建国大业”“本党总裁已受各党派之拥护，承认为全国之领袖”。“本席曾建议中央召开陪都各界庆祝政协成功大会，以宣传本党忍让为国之苦心及上述各点，未蒙照准。现共党外围组织民主建国会等团体，已筹备以陪都各界名义定于本月十日在较场口举行庆祝政协成功大会，或会间将有反动言论及会后将有游行示威，要挟当局立即改组政府等行动。”现在应“共商如何遏制反动言行以戢邪乱”，会议讨论结果，决定“由本市农、工、商、渔、教育、妇女及自由团体负责人持函向大会负责人交涉，请市各界人民团体参加主席团，并设法于大会开始时于与会

[1] 转见《政治协商会议纪实》，上卷，第 559—565、603—605 页。

[2] 《军统渝组就中共及民盟将举行庆祝政协和平胜利大会给渝特区的报告》（1946 年 2 月 6 日），《政治协商会议纪实》，上卷，第 581 页。

群众中选出农会理事刘野樵同志为大会总主席”。“由本党擅长辩论之同志参加讲演”，“于发现反动言论之后即紧接发言予以驳斥”，并“发动党团员及社会服务队队员共六百名参加大会，遇有本党同志发言时鼓掌欢迎，并否定大会一切反动之提议”。会议同时还布置“干练沉毅之同志担任大会司仪”，“控制扩音器”，强调“参加党团员及社会服务队队员应于十日上午八时前到达会场；并环立主席台前”；要求“东方白督察长派警到场维持秩序，遇有捣乱秩序事，迅予逮捕人犯”。[1]

次日，方治犹嫌不够，担心当天政协陪都各界协进会人数太多，六百人起不了作用，于是又进一步召集各区书记紧急会议，要求每区发动平均约一千人，并为党员及团员、团员组、社会服务队、党员组、宣传队，规定互相秘密取联络的暗号，由市党部徐鸣亚、骆继常及中统局党团科王科长等三人联合指挥。宣传队专门反驳中共及民主同盟代表之讲演；服务队及宣传队的行动由军警宪出动保护。市教育、医生、律师、妇女等团体参加大会主席团，以人民身份代表国民党发言，并以刘野樵为主动人。总之，要“以宣传对宣传，予共产党以打击”[2]。

2 月 9 日晚，国民党市党部领导的农会、总工会、教育会等九团体连夜向会议组织者章乃器等接洽，要求参加大会，并加入主席团，得到同意。次日，大会举行，该各团体代表在主席台上根据原定方针，由专人控制扩音器，并自行宣布开会，单方面强推刘野樵为大会总主席，台下国民党人遂齐声鼓噪，予以支持。主席团成员李公朴因不满国民党人行为，愤然上前阻止，在争夺话筒时，遭到对方群殴，被带有凶器的国民党人击伤头部，并推下主席台。台下育才学校学生和劳动协会会员见状，纷纷高声抗议，向主席台拥去，也

[1] 《国民党重庆市党部第二十次临时执行委员会会议记录》（1946 年 2 月 8 日），《政治协商会议纪实》，上卷，第 585—587 页。

[2] 《军统渝组就中共及民盟将在较场口召开庆祝政协胜利大会给渝特区的报告》（1946 年 2 月 9 日）；《军统渝组就市党部紧急会议指示对付庆祝政协会议成功大会给渝特区的报告》（1946 年 2 月 9 日），《政治协商会议纪实》，上卷，第 582—583 页。

立即遭到台下国民党人的扭打。一时间台上台下打成一片。由于有组织的国民党人人数众多，且带有铁尺和石块，协进会一方自然不是对手，不仅李公朴、郭沫若、施复亮、马寅初等均被殴伤，与会的学生、工人和记者也有许多人受伤。大会原先的组织者李公朴等，以及前来参加大会的周恩来等，均不得不离会而去。劳动协会会员退出时，捉了社会服务队第二区队队长谢雅南，从其身上搜出重庆卫戍司令部稽查处信封一个，内装有盗用大会名义油印的传单一叠和赏金 5000 元，随即将其押交重庆地方法院提起告诉。

关于当天会议的混乱情形，军统渝组有专门报告称：当天到会有《新华日报》、育才小学、中国劳动协会、中国经济研究会等团体的大批群众，“中统局及市党部均派党团员组织社会服务队及宣传队出席对抗”。双方代表在主席台上互争主导权，相持不下，迟至 10 时乃由党部布置仪式人员宣布开会，行礼如仪后，刘野樵和陶行知争相报告，但陶当即被多人挡住无法上前。报告称：“中共分子见主权已失，乃由李公朴宣布不开会。退出会场，遂秩序大乱。”刘野樵被育才学校学生哄闹，《新华日报》及社会部劳动协会为之助威，以致社会服务队及宣传队与之冲突，“《新华日报》人员当被哄散，该报工人二名被打伤由警察带走，劳动协会之会旗亦被撕毁”。“育才学生公然向主席台冲涌而来，主席台本党人员见势不佳，遂以凳子向下掷去，育才学生等即退下台。至此章乃器仍向群众演讲，亦被殴打。”[1]

较场口事件发生的当天下午，庆祝大会筹备处就在中苏文化协会举行中外记者招待会，陪都各青年团体亦在当天举行紧急座谈会。第二天，中央社即发布消息，指称当天的混战是由于李公朴不满刘野樵任总主席，阻止刘发言，并夺去扩音器所引起。刘野樵等亦采取恶人先告状的办法，指责劳动协会会员和育才学生首先打人。中央社故意将事件引向“民众互相殴打”的做法，不可避免地引起了社会上相当广泛的不满。不仅各报纷纷

[1] 《军统渝组就庆祝政协成功大会情况给渝特区的报告（一）》（1946 年 2 月 10 日）；《军统渝组就庆祝政协成功大会情况给渝特区的报告（二）》（1946 年 2 月 10 日），《政治协商会议纪实》，上卷，第 588—589 页。

报导记者目击的惨案真相，而且当天在现场的42位记者并联名发出致中央通讯社的公开信，加以谴责。随后，更有221名新闻从业人员联名控告国民党新闻机关无中生有，捏造事实，指暴为善，误导国人。[1] 而重庆各报刊、各工厂工人，以及社会名流和文化人士，也或成立“二一〇”血案后援会，或发表告国人书等，对国民党的野蛮行径同声谴责。其声势之浩大，远远超过国民党方面所组织的反宣传。周恩来亦与张君劢、梁漱溟、陈启天、李烛尘一道亲往国民党中央党部，控告重庆市党部的主使行为。

眼看事件扩大，国民党中央党部秘书长吴铁城不得不将事情经过上报。他在14日的报告中解释称：“本月十日（星期日），中共外围及民主同盟分子章乃器、李公朴等，假藉‘陪都各界’名义，于较场口举行‘庆祝政治协商会议成功大会’，企图进行不利政府之宣传。事前党政小组会议曾详加研讨，佥以其心劳日拙，作用殊鲜，爰决定本党同志不必参加。倘有自由参加者，亦绝对不能发生打架等事端。并嘱重庆市党部主任委员方治同志切实约束。盖参加之后，可能壮其声势，但又不能听其信口雌黄，难免冲突也。”报告坚持当天乃由李公朴抢夺扩音器引起互殴，而只字不提方治送交中央党部的关于“如何遏制反动言行以戢邪乱”和“予共产党以打击”的会议记录。根据党政小组的讨论，报告明确表示：“此事无论如何不能上扰钧座及牵涉党部与国府，应坚决认定为地方之事。”在“催促法院迅速依法解决，其结果断为互殴”的同时，“一方应掌握民众团体，致力适当之宣传，不必有所行动，一方应准备其扩大，将真相随时指示各地，免为反动派淆乱听闻”。[2]

但是，较场口事件所造成的政治风潮，还是引起国民党内温和派的反感。王世杰等马上就知道是市党部方治惹的祸，并深恐党派间于此又起破

---

[1] 《重庆各报记者四十二人致中央通讯社的公开信》（1946年2月13日）；《重庆新闻从业员二二一人关于保障人权，忠实报导的意见》（1946年2月16日），《政治协商会议纪实》，上卷，第593—597页。

[2] 《吴铁城报告较场口事件经过及处理情形》（1946年2月14日），台北中国国民党党史馆藏档，特9/3.2。

裂。[1] 对此，重庆市党部主委方治也不得不出面解释，为自己洗脱。他在给蒋介石的报告中强调，他原拟以陪都各界组织一宣传拥护总裁在政协闭幕时训示内容的庆祝大会，经中央指示 :“此次政协会闭幕市党部不必召集庆祝会，如其他各党派举行庆祝会，党部方面亦不发动群众参加。”后因有所谓政协协进会以陪都各界名义举行庆祝会，重庆各人民团体负责人深恐其借用此名义，“妄发宣言及主张”，遂不得不同意各团体参加该会。但他明显地编造谎话说，党部对各团体参加方式经过“审慎研讨”，“决定不发动各团体之群众赴会，以免引起纠纷，且各理事长如在大会发言，应一本中央宣传之指示，从大处着想，竭力避免刺激各党派。此项决定各团体理事条均一致接受，愿照此进行”。在取得章乃器等同意参加大会当晚，他还再三叮嘱各团体代表刘野樵等，“明日会场发言应特别慎重”。10 日大会新华日报、育才学校、劳动协会等结队而至，“重庆所属各人民团体均未集队前往”。纠纷发生纯因被市商民会代表周德侯推为总主席的刘野樵开始报告，李公朴反对，强推刘并夺去其扩音器，同时台下一彪形大权手持旗杆，跃上主席台，猛击刘野樵所造成。故“本案之发生，李公朴实不能辞其咎”[2]。

很明显，较场口事件是由重庆市党部一手暗中策划的，其策划时虽未明文规定要使用暴力，但下层根据以往执行此类命令的经验，自然会心照不宣地采用极端方式。包括吴铁城等中央领导人，亦深知此举可能酿成“打架等事端”，因而不能不在上报时特别强调自己处置时早有提醒，可见此类问题已成常态。无论中央（吴铁城）还是地方（方治），其实都清楚事情是如何引发的，然而他们还是要冠冕堂皇地把自己摘得干干净净。就连密谋发动各团体群众赴会以便对抗的情况，也要竭力否认。在这件事情上唯一被蒙在鼓里的，其实只有蒋介石一个人而已。

那么，蒋介石是不是真的不清楚这场冲突是怎么来的呢？倒也未必。

---

[1] 《王世杰日记》，第五册，第 267 页。

[2] 《重庆市党部主任委员方治陪都较场口事件报告书》（1946 年 2 月 19 日），台北中国国民党中央委员会党史馆藏档特 9/3.5。

以蒋 1927 年南京政府成立之前在其所控制的安徽、浙江、江苏、福建等地，利用帮会势力，夺取地方党部，“剿”灭工会农会，然后诬指对方挑衅的历史，可知他是熟知这套手法的。CC 系的这类行为，其实正是师法于蒋的结果。方治等所以要瞒蒋，很大程度上不过是基于一种帮会心理，即这种事要敢做敢当。敢做，就是凡在自己范围之内的事，该做的就要大胆去做，以显示自己的能力；敢当，就是出了事也要自己挑起来，撇清与上面的干系，即“无论如何不能上扰钧座”。自然，蒋对这种事情也通常是睁一眼闭一眼，只要事情没闹到出人命，引起公愤，就装作不知道。更何况，这个时候的蒋介石，对政协决议的心态已经发生变化，他自然也就更不会去追究手下人的这种言行。他的做法是，通过吴铁城告诉重庆市党部称：“对本同志及拥护中央之民众团体，善为劝阻，停止扩大宣传，不必再与彼辈计较。”[1]

较场口事件的风潮只持续一周时间就迅速平息了。这里面的重要原因是因为美英报刊公开发表了雅尔塔协定，东北籍人士本来就对苏军在东北的行径不满，这回更是找到了揭露苏联背着中国攫取中国东北权益，以及拖延撤军、掠走东北工矿企业机器当作战利品等种种行径的机会。他们的宣传迅速在青年学生中间发生影响，据国民党情报系统的报告称：“较场口事件发生后，奸伪方面曾派人到沙磁区策动学生起而响应，但不旋踵即为东北问题所淹没，刻沙磁区各大中学之反苏运动已普遍发动中。惟奸伪分子则企图以反英美之题目以代替反苏口号，显不能在群众中发生作用。”[2] 2 月 19 日，南京来电要吴铁城对较场口事件善为处理，吴胸有成竹地复电南京方面称：较场口事件谅不致扩大，因“日来各方对东北问题颇为愤慨，沙磁区学生酝酿罢课游行，反共反苏，党政小组正竭力制止……以现势观察，

[1] 《南京张道藩致重庆中央党部吴秘书长铁城先生电》（1946 年 2 月 19 日），台北中国国民党中央委员会党史馆藏档特 9/3.8。

[2] 《情报：沙梯区学生掀起反苏热潮》（1946 年 2 月 19 日），台北中国国民党中央委员会党史馆藏档特 9/3.7。

只能使其减少反苏成分，全部阻止恐少可能，但无论如何不使发生意外”。[1]

四、国民党六届二中全会

这个时候对政协决议的恐惧与愤怒，已经像传染病一样在国民党人当中迅速蔓延开了。自 19 日开始，重庆学生接连发动声势浩大的游行示威，抗议苏联的行径。刚刚站在政协决议一边，跟着中共高喊反对国民党一党专政口号的青年学生们，转而就因反苏而跟着国民党高喊反共的口号，甚至冲击中共代表团的驻地，捣毁《新华日报》营业部。这一风潮还迅速波及全国各大城市，形成强烈的连锁反应。这种情况的发生，就连外交部长王世杰也明白：它固然与苏军恶行及中共要求限制中央军进入东北的情况有关，而其背后其实还另有原因，即“本党同志之反对政治协商会议者，亦颇思利用群众此种心理，以打击中共并推翻党派之妥协”[2]。

国民党在政协会后如此强烈的反应，显然与蒋介石自己的反悔有关。在政协会期间，直至政协决议最后通过之日，蒋介石都不曾对政协及其决议表现出任何不满的态度。没有他的认可，国民党中常会也不可能通过那五项决议案。他后来辩解称：“颁发停战命令，以及宣布政府关于保障人民自由权利等四项要旨，在现时观之，对于政府乃为不利”，政协各项决议通过后，“政府无论政治、军事各方面，皆处于被动逆势，本党中有所谓左派者，以及所谓民主同盟者，皆为共党张目，至平时所谓无党无派而自名为社会贤达如黄炎培者流，一面受俄国与共党之操纵，一面藉美国与马歇尔为其奥援，煎迫不已”，使人“至感痛苦”。故“政治协商会议集会的三个星期，可以说是我一生中最痛苦的时期”。[3] 但事实上，这不过是他看法改变之后为

[1] 《重庆中央党部吴秘书长铁城致南京张主任电》(1946 年 2 月 19 日)，台北中国国民党中央委员会党史馆藏档特 9/3.8。

[2] 《王世杰日记》，第五册，第 271—272 页。

[3] 《总统蒋公大事长编初稿》，卷六（上），第 13、348 页。

自己找的一种说辞罢了。没有任何迹象表明他在政协开幕式做出四项承诺，和他在闭幕式高度肯定五项决议案，纯粹是出于违心的一种应酬。

蒋介石为什么会肯定政协决议？根本的原因还在于美国的压力，以及在这种压力下蒋被迫承认民主宪政的大趋势，想要树立超越政党的国家领袖的完美形象。由于蒋被迫接受民主宪政已是大势所趋这样一种看法，也就不得不接受马歇尔一再灌输给他的民主化不会削弱他的地位，而且将会使他实实在在地成为全中国的总统，而非如现在只是一党领袖这种观念。并不了解何为民主政治的蒋介石，显然一度把接受现实看成一件并不很困难的事情，他在政协会议期间的种种做法和言论，以及他秘密安排戴笠设计未来掌控特务机关的办法，都显示他确有心去做出某些形式上的改变。何况，对于政协决议，他也并非全不满意。在政协最后的闭幕式上，他盛赞《和平建国纲领》时，就突出地表露了他何以对这次会议寄予期望。那就是，他真心希望通过这次会议，能够彻底解决他长期以来最为关注的两个"统一"，即"政令统一"和"军政军令统一"。[1]

当然，蒋介石对两个"统一"的关注，再明显不过地显示出，他依旧是一个独裁者。当他在向国人宣布给予他们自由和民主的权利时，更多地带有的是一种施舍的心态；他在准备承认民主宪政的政治框架时，首先想到的也是用什么办法能够确保自己过去用惯了的那些权力能继续掌控在自己手中。他显然没有认真地考虑过，宪政的实施可能会动摇他的统治。正因为如此，他事实上并没有认真地研究过政协的五项决议，他甚至没有特别在意宪草修正案对总统、行政院以及国民大会权能所做的那些带有根本性的改变。他固然注意到《宪草修正案》有些内容他难以接受，为此，他在政协最后通过五项决议时特别强调了一点，即："宪草分组报告中所列《宪草修正案》提供国大采纳，对这'采纳'二字并非接受。"[2] 但基于以往的政

[1] 《蒋介石在政协会议闭幕式上的闭幕词》（1946 年 1 月 31 日）。

[2] 《政协会议圆满闭幕通过〈和平建国纲领〉等五项决议案》（1946 年 1 月 31 日），《政治协商会议纪实》，上卷，第 456—457、460—462 页。

治经验，他显然相信，无论通过什么样的决议，最后他都有办法为己所用。

那么，蒋介石又为什么会反悔呢？这一方面是由于国民党内强烈反对政协决议，引发内部四分五裂，蒋不得不开始反省这种让步的代价几何；一方面也是因为受到党内强硬派的激烈批评之后，看到中共及中间党派对宪法草案的分析评价后，他才转而详阅协议条文，开始发觉上当。查 2 月 4 日蒋对外国记者的谈话，与其 1 月 31 日在政协会议最后讨论通过五项决议时所表露的想法，仍颇相似，即他这时仍旧突出强调国民大会的作用，称：将来政府采取何种方式，还须由国民大会来决定。但至 10 日，即较场口惨案当天，蒋的态度明显地发生了变化。

2 月 10 日中午，蒋介石约集五院院长谈话，第一次注意到他凭借来改变政协决议和确立权力地位的国民大会实际上已被取消。他对此相当愤怒，故谈话时"情辞激昂"[1]。称：此次政治协商会议议决之宪法草案等，"余事前未能详阅条文"，以致宪草"对五权宪法则多所改易"，"宪草所决定之原则与总理遗教出处颇多"。如"国民大会不以集会之方法行使四权，而以全体国民各在其住居地点行使选举、罢免、创制、复决之四权"，此为最不妥者。"因我国民情散漫，公民知识更未普及，假设各地人民得不以组织国民大会之方式，而在原地行使四权，设使有人利用此点随时号召各地之选民实行四权，则国家基础即随时摇动，而陷于不安之状态。"又如中央政制决不宜变更，"此在宪政初实行时尤关重要。应顾及我国之国情及事实，不可以若干学者空想之理论拼凑而成，致有扞格难行之处，使政府成为无能之政府，而无法做事"。再如"省得自制省宪，并不见于《建国大纲》，而县为自治单位，则明言于《建国大纲》者。余意省宪之制定，在最近五六年内当不致成为事实，吾人无须重视，但省的地位之确定（如省得兼为自治单位之论）与省长民选之实行，须与缩小省区同时考虑而实行，方不致演成散漫割据之局面"。对此种种，若不能修改，"本党不啻自己取消其党纲，而失其存

[1] 唐纵：《在蒋介石身边八年——侍从室高级幕僚唐纵日记》，第 589 页。

在之地位”，“祸患将不堪言”。故他要求国民党人应借宪草审查委员会开会之际，联合发难，改变政协决议所确定的宪草原则。[1]

基于上述情况，蒋介石对政协决议，乃至对停战协定和召开政协会议本身，都开始感到后悔和屈辱。2 月 16 日，蒋介石在军事会议上训词称：“所以政治协商会议有此失败，所以我们不得不忍耐，不得不避战”，全是“因为军队无力量”。即因为军队疲劳、官兵松懈，士气消沉，纪律废弛，人民和国际舆论又都希望安定，诉诸武力必陷于不利之境地。“平汉路与津浦路各战场剿匪的经过，可以明证。因此我们不能不有一个相当的时间休养整训，来充实我们军队的力量。”[2] 言外之意，如果不是因为军事上的这些问题，又何必同意召开政治协商会议，并受此屈辱呢！

3 月 1 日，国民党召开六届二中全会。黄埔系、CC 系都尖锐提出会议应详细检讨共产党问题。蒋介石亦批示称：“今后究应采取何种方式与异党斗争，确为当前第一急务。希即提出二中全会商拟具体方案为要。”而会议在讨论到政协和中共问题时，许多与会者异口同声地认为，政协是国民党最大的失败与耻辱。政协会的召开，完全是因为自己不能有效地解决共产党问题，以至于要搞这种妥协的办法。用武力不能使共产党交出军队，妥协又怎么能让共产党交出军队来？共产党并没有交出军队，为什么要给它法律上的名义与地位？因此，与会者多半根本反对政协决议。而反对政协决议，自然也就要攻击到参加政协会议的国民党代表头上，进而自然也就要明里暗里地批到蒋的头上。一些人甚至公开发起“革新运动座谈会”，向蒋要求民主，认为是蒋独断专行把国民党引到了今天这种局面。弄得陈诚不得不出面来替蒋说话，“劝大家不可动摇领袖的威信”。[3]

---

[1] 《先总统蒋公思想言论总集》，卷三十七，第 333—335 页。

[2] 唐纵：《在蒋介石身边八年》，第 591 页；《张发奎日记》（1946 年 2 月），蒋介石：《特种兵的任务与努力方向》（1946 年 6 月 7 日），转见汪朝光：《中华民国史》第三编第五卷，中华书局 2002 年版，第 176—177 页。

[3] 唐纵：《在蒋介石身边八年》，第 596 页。

整个六届二中全会围绕着政协决议问题，几乎吵成一团。蒋不得不多次讲话，极力平息党内的不满和分歧。仅仅是由于蒋介石再三辩解，二中全会才没有全盘否定政协决议。但与会者坚持主张：必须要共产党交出军队，否则不能发表共产党的政府名额；五权宪法不能动摇，宪草应交国大讨论，由国大自由采择，不能约束党员代表接受政协草案。在蒋介石主持下通过的《对于政治协商会议报告之决议案》显然接受了这种意见。决议要求中共务须实现“一切停止冲突、恢复交通之成议”；停止一切“封锁、围城、征兵、扩军及军队之调动”。决议同时更公开否定政协通过的《宪草修正案》，声称：“五权宪法乃三民主义之具体实行方法”，“所有对于五五宪草之任何修改意见，皆应依照《建国大纲》与五权宪法之基本原则而拟订，提由国民大会讨论决定”。[1]

国民党的这种态度，不可避免地引起共产党方面的强烈不满。本来，周恩来在政协宪草审议委员会上，因得知国民党六届二中全会上为政协决议问题激烈争吵，为换取国民党对政协决议不再提出其他修改要求，就宪草问题做了三点重要让步，包括同意使无形国大改为有形国大；删去宪草协议中如立法院对行政院全体不信任时，行政院或辞职或提请总统解散立法院之条文，和将省得制定省宪，改为省得制定省自治法。对此，中共中央明确表示反对。称：修正宪草原则三点，“动摇了议会制、内阁制及省之自治地位”，“这是一件有关中国人民命运的原则问题，是中国走民主道路还是走独裁道路的问题”。“我们是决不能容许动摇的，而如果动摇了这些，必给国民党保持独裁以极大便利，国家民主化就没有可能。同时我们现在同意国民党对政协决议的这种修改，在策略上亦给国民党推翻政协决议的企图和斗争以便利，使我们保卫政协决议的斗争增加困难。因此，我们认

---

[1] 《国民党六届二中全会第八次会议速记录》（1946 年 3 月 7 日）；《国民党六届二中全会第九次速记录》（1946 年 3 月 8 日），台北中国国民党党史馆藏档，6.2/6.12-1，6.2/6.19.

为对十五日决定，必须迅速加以挽救。”[1] 毛泽东 17 日更进一步电告周恩来：“如果蒋介石坚决要修改宪法原则，我们便须考虑是否参加政府及是否参加国大的问题。我党国府名单及国大代表名单暂勿提出，民盟亦然，请与民盟商酌。闻二中全会决议很坏，我们应展开批评攻势，针锋相对，寸土必争。”[2]

如此一来，国共两党通过政协决议所取得的，尽管还只是表面上的政治妥协，也不复存在。再加上这时国共争夺东北的战火再度点燃，由停火令和政协召开所带来的国内和平希望，几乎在瞬间就消失了。

[1] 《中央关于坚决反对国民党反动派破坏政协决议给各地的指示》（1946 年 3 月 18 日）；《中央关于不能动摇议会制、内阁制及省之自治地位等重大原则给重庆代表团的指示》（1946 年 3 月 18 日）。

[2] 《中央关于我党参加国府及国大代表名单暂勿提出致重庆代表团电》（1946 年 3 月 17 日）。

第十五章

四平战役与内战爆发

战后中共捷足先登，在苏军帮助下占据四平以北的大半个东北地区。这种情况导致国民党无法按预定方案实现对东北的接收，于是双方军队在东北地区只能诉诸武力。1946 年春，国共两军在四平街展开的一场大规模的决战，直接关系到共产党能不能在东北立足的问题。战力远不如国民党军的中共民主联军，虽成功坚守四平街一月之久，最后仍因损失过大而不得不撤守北满，因此也就被迫放弃了本欲立为自己首都的长春城。但是，这并不等于蒋介石可以遂其所愿，控制东北了。不仅马歇尔因担心过度刺激中共会引发关内战火再燃，因而反对政府军追过松花江，而且国民党也因为北进的兵力不足，又遭到中共在南满的作战的牵制，只好暂时止步于松花江南岸，眼看着林彪的部队在北满建立起牢固的根据地。而为了报复蒋介石非打下长春不接受各停火建议的强硬行为，毛泽东还很快在关内实施了报复作战。此举不仅使马歇尔的愿望落空，而且使蒋介石再难从内地抽兵增援东北。结果是关外的国民党军取胜后只能处于守势，关内的国民党军也日渐开始受到兵力不足的困扰。在这样一种局面下，蒋介石仍旧坚持武力解决共产党的方针，自然难有成功的可能。

一、四平之战的导火索

马歇尔对国共之间出现的急剧变化，最初感觉迟钝。在他看来，政协既然已经就政治民主化达成协议，下面需要趁热打铁的就是军队国家化。只要能够完成整军谈判，国共两党间的实质性问题就可以迎刃而解。自 2 月 14 日起，讨论马歇尔的整军草案，进展异常顺利。国共双方只是在第一期军队缩编比例、开始统编的日期、宪兵的性质和文件的标题等问题有过一些分歧，并没有发生大的争论。19 日，周恩来回延安，取得中共中央的同意。22 日，三人小组很快达成一致意见。[1]

[1]　FRUS，1946，Vol.9，pp.265-289.

25日，经蒋介石和毛泽东批准，整军方案正式举行签字仪式。尽管这在国共两党都不过是在做表面文章，马歇尔却充满幻想。他亲自许诺为共产党设立军事学校，训练军官[1]，以为如此就可以诱使共产党尽快开始整军。谈判中，他坚持写上：自协定公布三星期后，双方应拟具并提交各自所有部队的全部表册，以及保留的部队表册和头两个月复员的次序。他满以为，只要逼得紧，事情就一定会像以前一样顺利进展。他在给杜鲁门的报告中甚至断言：“现在可以准备开始复员和整编工作了”，目前唯一的困难就是作为中间人的美国军官太少。[2]紧接着，他专门去延安，对毛泽东说：现在中国已经到了“必须把政治分歧放在一边”的时候。[3]他没有想到的是，由于东北苏军宣告撤军，国共之间这时争执的重心，已经转到东北问题上去了。

鉴于苏军开始撤军，中共中央明确提出：反对一党包办东北接收机构；承认东北现有抗日民主部队和民主自治政府，限制开入东北的国民党军队的数量等主张。[4]其核心要求，就是想要与国民党分享东北的控制权。然而，蒋毫无通融余地。国民党《中央日报》公开扬言：东北不在军事调处的范围之内。[5]

马歇尔这时对东北问题的解决显然并不乐观。他既不愿看到中共势力在东北存在，又不能允许因东北冲突而使停战功亏一篑。由于他清楚地意识到，蒋介石的力量还远不足以彻底打败在东北的共产党军队，因此他同意中共关于在东北停战的要求。然而他同时也注意到蒋的反对理由，担心由此可能造成中共在东北地位的合法化，故而态度犹豫，摇摆不定。其基本倾向实际还是想最终让国民党完全控制东北。因此，他对周恩来提出的三人小组去东北；停战令适用于东北和军队整编方案也应包括东北在内的

[1] FRUS, 1946, Vol.9, pp.258-259.
[2] FRUS, 1946, Vol.9, pp.510-511.
[3] FRUS, 1946, Vol.9, pp.501-502.
[4] 《新华日报》1946年2月16日。
[5] 《中央日报》1946年2月20日。

提议，拖延不决。相反，他一面积极为国民党向东北运兵，力求加强国民党在东北的军事实力，好控制局势；一面力谋尽快实现中国统一，建立联合政府和恢复交通，并主张尽快撤退驻华美军和让中国军队早日参加驻日同盟国占领军。他相信："由于中国具有国内统一的明确事实，由于美国战斗部队撤退而使龃龉消失，以及由于中国军队参加驻日同盟国占领军而提高了它的地位，中国那时就可以将满洲问题提交远东委员会了。"[1] 他没有意识到，随着苏军的撤离，国共之间在东北的军事冲突将会大规模展开，并直接影响到关内的停战。

自关内停战以来，蒋介石就已经把军事进攻的重心转向关外。1 月中旬，国民党第十三军和第五十二军主力已沿北宁路推进至沈阳附近的新民，一部已进入沈阳市内的铁西区。2 月上旬，新六军海运登陆，车运至锦州、沟帮子线。杜聿明为确保北宁路锦州至沈阳段的安全，命令新六军第二十二师和第十三军第八十九师展开对该段两侧的扫荡作战，由此拉开了国共两党在东北激战的序幕。国共两军 2 月上旬至中旬在秀水河子、勿欢池、沙岭子几乎同时打了三仗，一胜一负一平，没有分出高下。

2 月 22 日，中共东北局报告中共中央称：苏军代表表示：(一) 苏方全力争取在东北插一脚，除大连、旅顺口外，正在与国民党谈经济问题，迫其承认苏方地位；(二) 苏方努力必会受美蒋阻挠，我们应在政治上保持强硬态度，军事上加强进攻，予以有力配合。(三) 不论谈判成功与否，苏方最终目的仍是支持我们确立在东北的主人地位。[2]

据东北局彭真报告称，苏军代表明确表示将尽可能满足中共的要求，有关组建炮兵、坦克部队、设立训练基地等问题，均可做进一步的研究和磋商。苏军代表并且承认，他们过去比较顾虑第三次世界大战，态度上比较软，现在不同了。因为国民党发动反苏运动，显示必欲取消苏联在东北的

[1] FRUS，1946，Vol.9，pp.428-429.

[2] 《东北局致中央电》(1946 年 2 月 22 日)。

特殊地位，美国则试图借门户开放之名，深入东北，但美军很难开到东北来。因此，中共应大批增强东北干部，增调主力，确保对东北的控制。[1] 苏军的这种态度，在其总司令马林诺夫斯基元帅等这时的公开言论中也表现得十分明显。[2]

中共东北局原本就对停战协定没有提到中共在东北地位深为不满。彭真这时明确指出：“国民党不断向东北增兵，我现不能增兵，又不能破坏交通；有时条件对我甚有利，我又不能主动向敌进攻，待敌获得有利时机突然向我进攻，我又被动。”这种局面必须改变。[3] 这时中共在东北已经有了三十万以上的兵力，控制着除主要交通干线及其沿线中心城市和锦州以南之外的大部分东北地区，它无论如何不可能听任国民党否认自己在东北的地位。此前因为有停战协定约束，再加上苏军干涉，它不能自由行动。如今苏军准备撤退，并鼓励大打，它自然要有所作为了。

中共虽然有苏方鼓励，提供便利和援助，但由于有过 1945 年 11 月夺取东北失利的教训，又身处美国调处压力之下，这时并没有独霸东北的想法。其基本方针还是力求通过谈判，取得在东北的合法地位，要求“改组行营及所谓东北政治经济委员会和东北各省政府，尽量吸收各党派和无党派人士参加”“承认并整编东北现有抗日民主部队”“承认东北各县民主自治政府”“限制开入东北的国民党军队的数量”。[4] 当然，在策略上，由于蒋的态度僵硬，因此中共也毫不放松在东北扩军，扩大占领地区，以便将国民党最终逼上谈判桌，并争取使自己在谈判中处于更加有利的地位。刘少奇这时主持的中共中央就明确电令东北局，迅速与苏军交涉，力争让苏军“不要在外交文件上及事实上将东北很多中小城市都交蒋方接收，以免造成我

[1] 《东北局致中央电》（1946 年 2 月 22 日）；《东北局致中央电》（1946 年 2 月 23 日）。

[2] 《徐永昌部长上蒋委员长呈送东北苏军延期撤兵声明及红军节演说研究意见表》（1945 年 3 月 1 日），《中华民国重要史料初编》，第七编（一），台北中国国民党中央委员会党史委员会编印，1981 年，第 186 页。

[3] 《东北局彭真致中央并林彪电》（1946 年 2 月 20 日）。

[4] 《新华日报》1946 年 2 月 16 日。

们在国共谈判中的困难”。[1] 对此，苏军态度非常明朗，撤军日期一拖再拖。3 月 8 日，苏方突然开始撤军，但却不给国民政府任何通报，使国民党无法运送部队，完成接收工作，同时却为中共顺利接收和夺取苏军撤出的各大中城市提供种种便利。[2] 苏军的突然撤退使国民党乱了阵脚，蒋介石急忙找到马歇尔，一改其此前拒不承认东北存在国共冲突的态度，要求马歇尔设法立即派出停战小组，到东北安排国共停战，以便国民党能顺利接收苏撤区。[3] 经过马歇尔修改过的方案主要包含以下几点：(1) 执行小组只管军事不管政治；(2) 执行小组随政府各军行动，与共军保持联络，协商停战；(3) 政府军队有权接收中苏条约规定的长春路，沿途铁路三十公里境内中共军应撤退；(4) 政府有权进驻矿区；(5) 凡政府军接收主权时，中共军队不得阻拦并应撤退。[4]

不难看出，马歇尔修改过的方案并不能为中共代表所接受。不要说允许政府军任意在东北以接收主权名义占领中共已经占领和即将占领的地区，是断断乎行不通的，就是避开政治问题不谈也是中共所不能接受的。周恩来当场表示：把政治和军事分开的办法是不能允许的。自停战以来，共产党在东北军事上一让再让，就是为了争取东北政治上的民主和共产党的地位，否则，仅仅停战让地，国民党到处剥夺人民参政的机会和自由权利，

[1] 《中央致东北局并西满分局电》(1946 年 3 月 5 日)，参见《刘少奇年谱》(下)，中央文献出版社 1996 年版，第 24 页。

[2] 国民政府 1946 年 1 月 29 日、2 月 1 日、2 月 19 日、3 月 6 日反复询问苏联驻华大使苏军撤退时间，均未得到具体答复。苏方直至 3 月 22 日才提出正式照会说明苏军已自沈阳、抚顺等地撤退。而事实上，苏军 3 月 8 日即通知中共东北局：苏军决定从抚顺撤退，政权交当地民选地方政府，吉林亦同；沈阳将于 13 日撤退。并告知中共对沈阳可采取军事行动，在外交上已不受任何限制，而国民党也无法通过长春路运兵前往接收，因凡苏军撤走地区，如有国民党藉铁路运兵的情况，苏军将听任中共自由破坏。沈阳以南之一切地区苏军更不会再向国民党办交接。《外交部为东北苏军逾期未撤退事致苏联驻华大使馆照会》(1946 年 3 月 6 日)；《苏联驻华大使彼得洛夫致外交部部长王世杰通知苏军于四月底撤退完毕照会译文》(1946 年 3 月 22 日)，《中华民国重要史料初编》第七编 (一)，第 187，188—189 页；《东北局致中央电》(1946 年 3 月 8 日)；《彭真致中央电》(1946 年 3 月 9 日)。

[3] FRUS，1946，Vol.9，p.542.

[4] 《周恩来关于与马歇尔谈话情况致中共中央并告叶、饶、罗电》(1946 年 3 月 10 日)。

军事上的反抗仍旧会到处发生。[1]

共产党方面的反应让蒋懊丧已极，他向马歇尔大发牢骚，埋怨杜鲁门不该用改组政府来作为其援华的附加条件，以致使他无所适从；埋怨马歇尔实际上做了中共的保护伞，政治协商会议和整军都使共产党有空可钻。他拐弯抹角地表示，自己所以不愿意改组政府和派停战小组去东北，正是因为看出了共产党人的意图是想乘机渗入政府，控制其外交政策，和使俄国人有机会插手东北问题，因而事情搞到这种地步都是美国方面的责任。他扬言：满洲问题能否解决，现在就要看美国在这方面对苏联能强硬到什么程度了，“任何软弱都将意味着满洲会从中国被分割出去”[2]。

3 月 11 日，马歇尔按计划准备回华盛顿，商洽金融贷款等问题。在登机离去之前，他再度提出一份关于派遣停战小组去东北的指令草案，并马不停蹄地接连与国共代表进行会商。然而，由于草案几乎没有什么实质性的变动，其主要变动充其量只是把周所反对的小组只管军事不管政治改为“小组的使命仅仅与军事事务有关”，中共代表自然难以接受。但马歇尔在登上飞机后到底还是感到有些欣慰，因为他已从周恩来的口中了解到，中共似乎并不准备推翻过去关于同意国民党军队有权进入东北和接收东北主权的许诺。[3]

不过，问题远比马歇尔了解的还要复杂得多。在东北问题上，周恩来的意见并不能够完全反映中共中央的看法，而中共中央的态度又不能不受身处第一线的中共东北局的影响。当时，苏军的态度明显地使东北的中共军政领导人跃跃欲试。3 月 10 日，西满军区的李富春、黄克诚最先提出，应控制四平一线，阻止国民党军队北进。电称：“苏军突然北撤，国民党一时因情况不明，不敢冒进接收，我军应以一部兵力乘机控制长春路沿线城市，以阻止顽军北进，并吸引顽军于长春沿线，你们如同意，我们即派队进占

[1] FRUS, 1946, Vol.9, pp.535-538.
[2] FRUS, 1946, Vol.9, pp.528-529.
[3] FRUS, 1946, Vol.9, pp.541-502.

四平、昂昂溪。”[1]

对此，周恩来明确表示异议，因为他好不容易才争取到让蒋介石承认在东北也有军事调处问题。而蒋的核心要求就是：“政府军有权占领任何必须重建中国主权之地区，特别是占领中苏条约提到的长春铁路线的两侧各三十公里地带。”[2]周恩来的想法是，中共中央已经批准2月25日签字的《关于军队整编及统编中共部队为国军之基本方案》。该方案规定在开始整编的头十二个月里，政府在东北将编为五个军，中共编为一个军；在后六个月统编后则将东北的六个军缩编为五个军，其中一个军内仍保持一个中共师，其他四个军则统编为政府军。[3]依照这个方案，中共抢占长春路及其沿线城市，并没有特别的意义。如能就蒋的条件达成协议，就等于使国民党方面承认中共在东北的合法地位，届时依此向东北派出执行小组，东北问题就可以放到谈判桌上，按照整军方案去解决。周表示：“照东北空气，定不赞成长春路及苏军撤退区归国方接收。如坚决不同意此两点，只有准备破裂。”不仅停战小组去不了东北，而且很可能“会影响国内全局”。[4]

毛泽东自1945年11月中旬苏方态度变化后，即因身体不适病休，由刘少奇主持中央工作，这时才又刚刚开始参加个别重要的会议。但东北问题关系重大，注意到这一千载一时之机，毛泽东马上放弃休养，投入处理东北问题的工作之中。13日，他与刘少奇合拟致周恩来电，说明：东北同志“雄心很大，不了解为什么要让出许多地方给国民党，东北全党全军都是这种心理”。在蒋介石不承认东北停战，拒绝与我们谈判东北问题及不承认我在东北地位时，他们采取比较强硬的政策是好的。只有如此，才能逼蒋与我谈判，承认我在东北地位。如今国民党被迫承认我在东北地位，“你们现

[1]《林彪、彭真致中央电》（1946年3月10日）。

[2] 转见FRUS，1946，Vol.9，p.542.

[3]《关于军队整编及统编中共部队为国军之基本方案》（1946年2月25日），《中华民国重要史料初编》，第七编（三），第82—83页。

[4]《周恩来致中央并毛主席电》（1946年3月11日）。

在可以承认在停战条件下，国军可以接收沈阳至哈尔滨之长春路上各城市(路两旁不在内)”。“我们内心的盘子，长春路的主要部分（即沈阳至哈尔滨）及抚顺、鞍山、本溪、营口、辽阳等数地，是要让给国民党的”。但“不可一般承认国军有权进驻全部长春路及苏军撤退区。因中东路大部、南满路南段应力争由我接管。至于两路以外之苏军驻扎区，大部已交我接管，一部即将交我，其中除抚顺、本溪准备让出外，其余均不能让。如你们答应国民党有权接收苏军撤退区，则安东、通化、延吉、海龙、合江、佳木斯、黑龙江、洮南、通辽、辽源等地及其他广大地区均到过苏军，而我决不能让，将来不好收口。我们并想以让出长春路主要部分及抚顺、本溪交换国方从热河撤兵。自然，在东北保持我们这种地位，须要经过严重的外交斗争，以至军事斗争，我们要以一切力量去争取”。毛泽东这时的估计是：长春全路及东北全境大打内战，美蒋均有顾虑，“不论他的兵力、士气与民心，也不论国际国内环境，都无在东北大打久打与反苏反共到底之可能”。[1]

可以看出，直到这时，毛泽东和中共中央仍旧相信，东北问题最终恐怕仍将要走和平解决之一途，自沈阳至哈尔滨及其整个长春铁路线，均要交国民党军控制。因此，当东北局报告说苏军提出中共可夺取沈阳时，中共中央明白复电说明：“苏军退出沈阳后，我军不要去进攻沈阳城，我军进去在军事上必会陷于被动，在政治上亦将处于极不利（地位）。不仅沈阳不必去占，即沈阳到哈尔滨沿途在苏军撤退时我们都不要去占领，让国军去接收。”[2]

就在这时，东北局有电报说明苏军对中共中央行动迟缓、态度犹豫颇为不满，直言批评中共中央对美国人太客气了，更不应该同意让国民党开五个军到东北来。东北局据此认为，应争取哈尔滨和齐齐哈尔由我驻兵，郑家屯以北之平齐线及吉奉线必须归我。以此为交换，中共“可以让出营口、鞍山、辽阳、四平、长春、法库，及国民党现所占之地区”，“让出大郑线（大

[1] 《中央致重庆代表团并东北局电》(1946年3月13日)，参见《刘少奇年谱》(下)，第26页。
[2] 《中央致东北局、林彪并告重庆代表团电》(1946年3月13日)。

虎山经郑家屯到四平)”一线，并承认“长春路两侧卅华里内，我不驻兵”。而抚顺为南北之连接点，最好能争取国共均不驻兵。但必要时，亦可让出。如此，东北之主要矿区，以及近一半人口，均已交给国民党了，应该可以达成妥协。他们相信：以国民党现有兵力，在东北大打，最终也只能占到这么多地盘。据此，东北局坚持认为：“绝不能允许国党接收整个长春路与矿区。所谓长春路，包括大连至哈尔滨及绥芬河到满洲里，而矿区则遍地皆是。……如国民党驻兵整个长春路及矿区，我不仅完全丧失优势，而存在亦将发生严重困难。”[1]

苏军的意见及东北局的建议显然极大地触动了毛泽东和中共中央。毛特意将东北局的建议批转周恩来,要求周以此为“内心的盘子”与国民党谈判。其后,彭真又突然来电,提出更大胆的建议。他告诉中共中央:苏军代表表示,凡苏军撤退之地,包括沈阳、四平街,我都可以放手大打,并希望我放手大打。为此彭提出：“在军事上可能的条件下，在国民党公开宣传东北军事调动在外,拒绝与我谈判,不承认我之地位的前提下,于苏军撤退时,可否在辰兄（苏军——引者）同情下,消灭四平以北各大城市之顽军,并占领上述各大城市,逼使国民党与我谈判，必要时再让出一部给国民党以换得和平？”[2]

1945年中共七大召开时，毛泽东就一心想在东北背靠苏蒙，建立革命根据地，彭真的上述提议显然具有诱惑力。16日，中共中央终于改变不想突破中苏条约和停战协定束缚的想法，明确赞同东北局的意见。显而易见，对于共产党人而言，整军方案并不是他们所期望的。中共中央仍旧希望能够取得一块背靠苏联的巩固的根据地，故建议：只应“承认政府军进驻沈阳至长春”，长春以北的整个北满，应为中共军队的驻扎地区。

同日，中共中央致电周恩来，委婉地批评周过于顾虑政治上要能自圆其说的问题。电称：这样提，“我在宣传上及外交上是很能讲得过去的，不

[1] 《东北局致中央电》(1946年3月14日)。
[2] 《彭真致中央电》(1946年3月16日)。

是不能自圆其说的。因彼在宣传上、外交上不承认我军任何地位，不解决东北任何政治问题，我自绝对不能再签订一个完全于彼方有利，完全于我方不利的条约。事实上，如彼方不实行停战，沈阳以北之长春路，我亦须进驻，使他不能接收，以逼使彼方停战。如彼方必须规定政府军进驻地区，则必须同时规定我军驻扎地区”。“如彼方不愿意如此作，则内战责任在彼方，不管彼方如何死硬，如何高压，甚至以全面破裂，大打内战相威胁，我们亦绝对不屈服。”[1]

中共中央态度如此，周恩来自然勉力执行。同一天，周在与张治中谈话中发现，张已同意将早先提出的执行小组任务中的丁、戊两项加以修改，即把丁项改为“政府接收东北主权，有权派兵进驻苏军现时撤退之地区，包括长春铁路线两侧各三十公里在内”；戊项改为“凡现时中共部队驻在地区，政府军队如须进驻，应经过商定行之”。[2] 同时同意增加一条“以后东北驻军，以整军方案另订之”。周恩来对此颇感意外，因而判断可能是因为美苏关系转好，蒋亦不能打，目前只想能占多少算多少，才出此下策。根据修改后的条件，“沈阳以南、以东及长春路以北非苏军现时撤退地区，完全可以不受……约束”，由此推测，长春以北各城市似乎也可考虑抢在政府军接收前先拿下来，造成政府军到时那里已不是苏军现时撤退地区的现实。为此，周建议：“长春以北及满洲里至绥芬河线最好苏军不拒绝我接防，使将来更好谈判，我军亦可不必拘束。”[3]

事实上，张治中的提议并未得到蒋的同意。蒋介石很清楚“现时”二字可能会被中共利用来抢占长春路及其沿线城市，故在张、周两人拟妥文

---

[1] 《中央致重庆代表团电》（1946 年 3 月 16 日），参见《刘少奇年谱》（下），第 27 页。

[2] 3 月 11 日马歇尔回国述职前曾与蒋介石就派遣军事调处小组进入东北之事达成妥协，提出了“关于派遣执行小组赴东北授予执行命令草案”五项，其丁项为“政府有权派兵进驻恢复中国东北主权必要之各地区，其对中苏条约中所载两条铁路之两侧各三十公里，有单独管辖之权”；戊项为“为重建主权，政府军所占领地区，包括煤矿区，中共军均须撤出，并不得开入苏军所撤之地区”。FRUS，1946，Vol.9，p.543。

[3] 周恩来：《关于东北问题同张治初步商定六点意见的说明》（1946 年 3 月 16 日），《周恩来一九四六年谈判文选》，中央文献出版社 1996 年版，第 137—138 页。

字上报后，蒋专门将丁项中“现时”两字删去。[1] 然而，周恩来对国民党有可能承认现时中共驻在地区的推断，却明显地影响了毛泽东。

其实，毛也不能接受周、张商妥的协议草案。他提出：丙项“小组随政府军前进及可至中央军访问”也是侮辱中共的规定；丁项所谓政府军“有权派兵进驻苏军现时撤退之地区，包括长春铁路线两侧各卅里在内”一项，则应将“长春铁路线”改为“沈阳长春间铁路线”，以限定其接收范围。另外还必须增加一项，即“政府保证按政治协商会议各项决议之原则，迅速与中共商讨解决东北政治问题”。东北局读到周提出的草案后，更强硬提出：丁项根本不能接受，因为不仅“长春铁路线”几字过于笼统，苏军现在尚未撤离的各地区最近均将撤退，万一国民党到时认定这就是苏军现时撤退之区而派兵接收，于中共不利。[2] 不过对于政治上高度敏感的毛泽东来说，这些文字上的争论已不甚重要了，既然国民党有可能承认中共现时已占地区非经商定不能进驻，为什么不先下手为强，先乘着苏军撤退之际占了北满再说呢？

3 月 17 日，尚未得到中央答复的彭真进一步来电询问：“我可否在辰兄同意下及时夺取四平街、哈尔滨及其他长春路支线小城市，作为将来谈判时让步之资本？这在政治上有无坏的影响？又，对长春是否确定，纵使可以夺取，而辰兄又希望我夺取时，我亦坚决不夺取？”毛泽东此时方针已定，故复电明白表示：“国民党还不停战，沈阳以北长春路沿线之苏军撤退区，同意你们派兵进驻，以为将来谈判之条件，时间愈快愈好。”[3] 当天，毛反复考虑后，又将周恩来的电报批转给东北局，并进一步提出：请“速与辰兄接洽，将整个中东路（包括哈市）让我驻兵，永远占住，不让国民党驻一兵一卒”[4]。

整个中东路，指的是从长春经哈尔滨至满洲里及绥芬河一段的铁路干

[1] 转见王成勉：《从和平到战争——马歇尔使华调处第二阶段之研究》。

[2] 《中央致重庆代表团电》（1946 年 3 月 17 日），《毛泽东年谱》（下），第 62 页；《东北局致中央并林彪电》（1946 年 3 月 18 日）。

[3] 《东北局致中央电》（1946 年 3 月 17 日）；《中央致彭真、林彪电》（1946 年 3 月 17 日），《刘少奇年谱》（下），第 28 页。

[4] 《毛泽东批转周恩来关于与张治中商谈东北问题的报告》（1946 年 3 月 17 日）。

线。可见这时中共的解决办法已根本变化，不仅想占据长春以北整个中东路以利谈判妥协，而且已在设想把整个中东路，即北满永远占住。毛泽东对他这样做的理由解释得很清楚：“宁可战而失地，不可在谈判中失地。”他同意彭真的看法，相信在四平一线坚决拒止国民党军北上，“彼方至多用兵攻占南满路及抚顺、本溪，我尚可保持中东路”。[1]

国共两党在四平展开决战至此已成为一种必然。14 日，苏军从四平街撤退。三天后，即中共中央准备“永远占住”整个中东路当天，中共东北民主联军西满军区武装攻占了这个处于南北满通衢的咽喉要地。国民政府驻长春的东北行营报称：“辽北省政府被万余共军包围，被迫于涤日撤出四平，至撤出方向不明。”[2] 实际上，这位张学良前部下、省主席刘翰东已经成了俘虏了。四平之战由此拉开帷幕。

二、四平开战经过

眼看东北大战将临，身在东北，亲眼目睹中共与苏军关系的国民党人不免忧心忡忡。在他们看来，在有苏联幕后支持的情况下，政府军要想纯粹靠武力来夺取东北，赶走中共武装，实无可能。稍有闪失，即可能导致失败。长春市市长赵君迈和特派员蒋经国秘书高维翰等这时就联名上书蒋经国，请其转劝蒋介石避免使用武力。电称：“目前东北问题之解决不可漠视共军之实力与事实，若一旦发生内战，时间与范围势必扩大，不独地方糜烂，且未必定握胜算，况有某方支持。吾兄一言九鼎，在委座前请力主政治解决、政治协商会议之决定及军事三人小组之工作应将东北包括在内。

[1] 《毛泽东致周恩来电》（1946 年 3 月 21 日）。

[2] 《董彦平致蒋委员长并经国先生电》，1946 年 3 月 18 日，台北“国史馆”藏蒋中正档案，特交文电 35007487。

庶几和平可获，人民免遭涂炭。”[1]

实际上，国民党早就得到情报，苏军秘密援助和支持中共军队。1946年6月，王芃生密报称："……（子）苏方近决由东北迅速撤退正规军，以避免美英及国际舆论之责难，但其暗助中共之办法及对东北之武力监视另有布置。（丑）密传苏方认为苏军退出东北后，将由东北暗斗而导成内战之表面化，虽不敢正面援共，免引起国际纠纷，但已着手暗嗾使藏、鲜、满赤化势力援助中共作战，并在佳木斯、通化、安东等处代中共训练军事干部。（寅）传苏方掳获之军火遗与中共者足供四十个师九个月之用，并供给一部机械化武器及干部训练突击战。”[2]

但是，无论任何劝告或消息，这时都已经不能动摇蒋介石必欲用武力驱逐东北中共武装的决心了。由于蒋调入东北的几乎都是全副美式装备的精锐之师，且主力均曾在缅甸作战中取得过骄人战绩，因此，蒋介石深信靠这些部队足以打垮或消灭"乌合之众"的中共武装。

国民党军这时到达东北的部队已有将近六个军，即新一军、新六军、第七十一军、第十三军、第五十二军及第九十四军一部（其中新一、新六、第十三、第七十一军全部为美械装备），总兵力约二十四万人。[3] 另第六十军正在海运中。这些部队统归东北保安司令部指挥，司令长官为杜聿明（由于杜聿明患病住院，2月下旬后部队归副司令郑洞国指挥，并受东北行营主任熊式辉辖制）。已到东北的部队3月中旬大部主力在沈阳完成集结，19日开始分南、东、北三路展开扇形攻势，准备攻取辽阳、鞍山、营口、抚顺、铁岭、开原、昌图、四平街。仅四天后，辽阳、抚顺、铁岭就依次被攻陷。

[1] 《赵君迈、高维翰、高理文等致重庆主席官邸蒋经国特派员电》(1946年3月18日)，台北"国史馆"藏蒋中正档案，特交文电35007500。

[2] 《王芃生致王世杰部长电》（1946年4月12日），台北党史馆藏档，特005/20.7。

[3] 关于国民党军进入东北的兵力问题始终是国共双方争论的一个焦点。中共方面统计，国民党军在东北的正规部队2月约为20万人，3月约为24.7万人，4月为31.9万人，5月为31.4万人。但据马歇尔解释，依2月25日整军协定，政府军可在东北驻军24万，美方运送至东北的政府军至6月初只有22万多人。转见王成勉：《从和平到战争——马歇尔使华调处第二阶段之研究》。

十天后，对鞍山、海城及开原、昌图的进攻亦相继得手。

国民党军在苏撤区的大举进攻，迫使希望占据中东路全线的中共中央不能不迅速部署四平保卫战。

1946 年 3 月 23 日，毛泽东第一次明确提出，要不惜任何牺牲，以战争换和平。称："坚决彻底歼灭国民党进攻军队，愈多愈好，不惜重大伤亡(例如一万至二万人)"，如此才能"求得大胜以利谈判与将来"。[1] 次日，毛即开始部署四平保卫战。他在给东北局并告林彪、黄克诚、李富春等人的电报中写道：蒋介石必由沈阳出兵，向北和我争夺长春、哈尔滨，"我党方针是全力控制长、哈两市及中东路全线，不惜任何牺牲，反对蒋军进占长、哈及中东路"。西满"黄李部动员全力坚决控制四平街地区，如顽军北进时，彻底歼灭之，决不让其向长春前进"；"南满主力就现地坚决歼灭向辽阳、抚顺等处进攻之敌"。"如作战结果顽军在辽阳、抚顺地域巩固了他们的地位，以至可以抽兵北上向四平街、长春前进时，你们须准备及时将南满主力转移至四平街、长春之间，与黄、李及周保中协力，为保卫北满而奋斗。"[2] 据此，东北局当天就下达了具体的作战任务，并说明："此次作战为决定我党在东北地位之最后一战。"[3]

从中共中央和东北局的电报中，可以清楚地看到中共这时对东北下一步形势发展的估计都是非和不可。因此它在东北大打的目的，不过是为了在和平到来之前得到在谈判桌上难以得到的更大的利益。而要达到这样的目的，它第一必须取得苏军的密切配合，在东北停战到来之前顺利取得长春、哈尔

[1] 《中央致东北局电》(1946 年 3 月 23 日)。

[2] 《中央致东北局并告林彪、黄克诚、李富春电》(1946 年 3 月 24 日)。

[3] 东北局下达的具体作战任务为："(甲) 三五九旅主力及松江省主力担任夺取哈尔滨之任务，其指挥人员与具体由陈 (云)、李 (天佑) 决定。(乙) 由西满派适当部队与嫩江王明贵主力担任夺取齐齐哈尔之任务，其指挥人员与具体部署由李 (富春)、黄 (克诚) 决定。(丙) 杨 (国夫) 师全部立即向长春附近集中，以一部准备协同吉林军区在周 (保中)、张 (启龙)、陈 (光) 统一指挥下及时夺取长春，该杨师主力准备南下作战。(丁) 罗华生旅应立即与林总电台取得密切联络，准备参加长春线之作战，集结地点由林 (彪) 规定之。"《东北局致陈李 (并转杨师)、李黄、周陈张并告中央电》(1946 年 3 月 24 日)。

滨、齐齐哈尔及其中东路全线；第二必须使东北停战生效的时间不早不晚，早则长、哈等地尚未及占领，晚则很可能会被已经增至六个军，并且还在继续增兵的国民党军突破防线。中共中央注意到美方派专机紧急将刚刚返回延安的周恩来接回重庆，协商东北停战问题，因此一再提醒东北局，要赶快设法占领长、哈、齐三市，强调一旦停战达成，“停战小组即将派到这些城市，保证国民党的占领；但如被我控制，小组亦将保证我军的占领，以待整个东北问题的解决”。[1] 毛甚至建议周争取能使停战协议拖后几天再签字。

25 日，即周恩来被美方派专机接回重庆的当天，毛泽东提出：要准备以长春为我们的首都。[2] 这足以反映出毛对东北停战可能很快实现相当乐观，相信国民党军要想在停战协定达成前突破四平之线已没有太多希望。因此，毛除再三叮嘱东北局加强四平一线的军事部署外[3]，特别致电北平执行部中共代表叶剑英等，要求后者在停战协定签订后务必要拖延出发时间，以利“我军进驻长春、哈尔滨等市”[4]。

让毛泽东颇为意外的是周恩来 25 日当晚就来电指出：“从各种可能估计，在目前形势下，我方接收长、哈两市的时机恐已过去。”因为中苏又在重庆开始经济谈判，苏军现在还不交长、哈、齐，可见苏方又在以此来作交换条件。“因此争取我驻军哈、长，恐只能在谈判中求之。”[5] 据此，周恩来没有采取措施贯彻毛泽东推迟数日签字的指示。27 日，国共双方达成关于派遣小组至东北九省调处停战的训令。该训令回避国共争执不下的政府军接收范围和中共军队驻地等敏感问题，只要求小组执行军事调处工作，使国共两军

---

[1] 《中央致林彪、彭真并李富春、黄克诚、程世才、肖华电》（1946 年 3 月 25 日），《刘少奇年谱》（下），第 31 页。

[2] 《毛泽东致彭真并东北局电》（1946 年 4 月 25 日）。

[3] 毛对此格外重视，反复询问：“现占铁岭之顽军兵力及其可能之后备力量共有若干？我方在铁岭、四平街地区兵力共有若干？战斗力如何？能否阻止顽军向北猛进，以利于我党占领长哈？你们估计如何？辰兄态度如何？停战小组以何时到达沈阳为有利？”《中央致彭真、林彪电》（1946 年 3 月 26 日）。

[4] 《中央致叶剑英、罗瑞卿电》（1946 年 3 月 26 日）；《中央致重庆代表团电》（1946 年 3 月 26 日）。

[5] 《重庆代表团致中央电》（1946 年 3 月 25 日）。

达成停战。[1]

东北停战协定的迅速签字和周恩来关于苏联方面可能和国民政府达成妥协的情报，使已经有过教训的毛泽东本能地踩了个急刹车。他于27日当晚致电林彪和彭真，提出即使苏联再度与国民党妥协，你们都应“尽可能争取由我接管三市，否则二市，至少一市”。“如友方为了交换经济上之更大利益，而将一市、二市或三市交与蒋方，我们同志亦不要感觉失望。此点应在将来适当时机向干部作适当解释。”当然，他也注意到：“停战协定只说派小组到冲突地点停止冲突，并未规定全部停战日期，双方再可继续自由行动一时期”，故坚持我军在以次要力量巩固后方的同时，仍“必须阻止蒋军于四平以南，并给以严重打击，方有利于今后之谈判”。[2] 这种情况，在3月底军事三人会议通过派遣执行小组往东北调停的协定之后，毛泽东也曾一度有过要准备让出长春、哈尔滨和齐齐哈尔三市的打算。直到两三天后，毛发现苏军仍在继续帮助中共武装夺取长、哈、齐三市，他才重又下定决心要死守四平，坚决占据长、哈、齐三市。

这时受命负责指挥四平保卫战的，是东北民主联军“前总”司令员林彪。林赶到四平街时，国民党新一军主力已经推进到泉头车站以南地区，占据中长路辽南段，开始向中长路辽北段，即四平街挺进。其前锋离四平街只有三十多公里。

4月6日，毛泽东在得知林彪迎敌计划后，以中央名义电林，同意其部署，并再度强调，要不惜重大伤亡达成目的。电称：“集中六个旅在四平地区歼灭敌人，非常正确。党内如有动摇情绪，那怕是微小的，均须坚决克服。

[1] 训令规定小组之任务，仅限于前往冲突地点或政府与中共军密接地点，使其停止冲突，并作必要及公平之调处。《军事三人会议关于派遣执行小组前往东北调处停止冲突的协定》（1946年3月27日），《新华日报》，1946年3月28日。

[2] 《中央致林彪、彭真电》（1946年3月27日）。显然，蒋介石亦抱同样心态。其3月30日给熊式辉的电令中亦明确提出：虽承认东北停战，“但我方必须坚持停战协定中，政府军队为接收主权进入东北之行动，不受任何之限制之一条”。《蒋委员长为军调部执行小组进入东北事指示东北行营主任熊式辉遵令践约电》（1946年3月30日），《中华民国重要史料初编》，第七编（三），第97页。

希望你们在四平方面，能以多日反复肉搏战斗，歼敌北进部队的全部或大部，我军即有数千伤亡，亦所不惜。去冬邯郸战役，刘伯承、邓小平所部历时十日，伤亡八千，卒获大胜，可为借鉴。”同时，毛亦提出要重视本溪方向的问题，称：“本溪方面亦望能集中兵力，歼灭进攻之敌一个师。”他认为：“上述两仗如能打胜，东北局面即可好转。国民党现有之七个军，包括九十四军及姜鹏伪军在内，此两部或则不齐，或则无力，拟调各军，非半年以上不能到齐，且包括云南龙云部及其他次等部队，大有文章可做。如我能在三个月至半年内，组织多次得力战斗，歼灭进攻之敌六个至九个师，即可锻炼自己，挫折敌人，开辟光明前途。为达此目的，必须准备数万人伤亡，要有决心付出此项代价，才能打得出新局面。而在当前数日内，争取四平、本溪两个胜仗，则是关键。”[1]

毛泽东本来寄希望于达成东北停战协定后，国民党军将不得不停止在东北的军事行动，被迫承认中共对中东路及其沿线城市事实上的占领，然后再通过谈判具体讨价还价，解决两党在东北的势力划分问题。想不到，东北达成停战协定不过四天，蒋介石就公开发表谈话，坚持在政府军完成主权接收之前，东北没有内政问题可言，继续否认国民党军在东北有与中共军队停战的问题。[2] 这意味着，只要中共想要保住长春以北不失，就必须要在四平旷日持久地坚守下去。这种情况无疑不在原来的计划之中，毛泽东提出要准备在三个月至半年内组织多次得力战斗，准备数万人伤亡，已经反映出，他对即将发生的战斗的艰巨性开始有所预料了。

然而，无论中共中央还是林彪，这时对死守四平都没有太大的把握。4月8日，中共中央致电给彭真称：“我应力争保持长春于我手，如我能在四平地区大量歼灭顽军，此种可能性是有的，但目前尚未作最后决定，须看看斗争结果如何而定。在未作最后决定前，你们应作长期保持计划。”[3] 该

[1] 《中央致林彪并告彭真电》（1946 年 4 月 6 日），《毛泽东年谱》（下），第 64—65 页。
[2] 转见《中央日报》1946 年 4 月 4 日。
[3] 《中央致彭真电》（1946 年 4 月 8 日）。

电清楚地反映出，毛泽东和中共中央这时对能否保住长春还是走着瞧的心态。

同样，林彪对打部队所不熟悉的阵地战，且要持久坚持，也没有多少信心。他深知自己所面对的是受过美军训练和指挥的，在国民党军中最精锐的，参加过入缅作战的新一军等中央军。在年初沙岭堡战斗中，中共的部队就曾与具有同等战斗力的新六军遭遇过。一仗打下来，新六军被毙伤俘六百余人，自己却死、伤、被俘达两千一百余人，三倍半于敌。4 月 9、10 两日，林彪亲自指挥近五个旅的兵力与正面进攻之敌展开激战，虽顽强守住了泉头车站和兴隆岭，部队却一战就伤亡了一千七百余人。这样打下去，其前景可想而知。故 11 日，林彪致电中央并东北局说明：“敌新一军卅八师进攻兴隆岭（四平西南六十里），昨日我梁师万毅及罗华生旅配合攻击，将敌击退，消灭敌约两个营，敌伤亡甚重，现该敌已与泉头车站（四平西南七十里）之五十师靠拢，与我对峙。”现泉头与兴隆阵地尚在我手，我伤亡约一千七百人。敌五十师攻泉头车站阵地连攻三日均未得手，伤亡甚重。另法库之敌七十一军所在地点离四平街也仅一天行程。在此种情况下，加上蒋介石继续增兵东北，我固守四平和夺取长春、巩固长春的可能性，及东北和平迅速实现的可能性均不大。因此，“我军方针似以应消灭敌人为主，而不应以保卫城市为主，以免被迫作战。其结果既不能保卫城市，又损伤了力量，而造成以后虽遇有利条件亦不能歼灭敌人。故我意目前方针似应脱离被迫作战，采取主动进攻，对于难夺取与巩固之城市，则不必过分勉强去争取，以免束缚军队行动”。“在敌继续增兵与进攻的条件下，四平之巩固与长春之夺取均无甚把握，因此我建议我军应采取以便利于消灭有生力量为主作为当前行动的基本方针；建议停止对长春之攻击，将一切攻击长春之兵力的极大部分迅速南下，向四平街前进，与此间部队会合，求得我作战兵力之集中，以便作战。同时对四平街的保持应以不造成军队之被动作战为主，使南满方面之行动亦应根据新的情况采取以上方针。其主力亦须准备抽调上来（待本溪战役结束后），与此间会合，组织一大的野战军。”[1]

毛泽东长期指挥军事，当然知道林彪的意见有理。但长春眼看唾手可得，且毛仍寄希望于回国述职的马歇尔很快返回，会压蒋停战，占长春至少也可增加谈判筹码，故其 12 日复电中虽同意林彪的意见，应“以集中力量歼灭敌人为主，不以固守城市为主，并须统筹全局，作长期打算”。但仍坚持对“长春如有可靠之内应及在力量对比上有把握，则占领之”。[2]

这时，马歇尔确已启程来华，因此中共军政领导人多有相同估计。西满军区主要负责人李富春、黄克诚这时就依据美国旧金山广播马歇尔动身来华的消息，判断东北问题可能在此后一周内是决定的关键，因而致电林彪主张：一、四平还应抵抗一时期，准备消灭敌第七十一军一部，停止其前进。二、杨国夫部暂不南调，以全力攻长春，即使不能完全攻占，占领一部分“亦对谈判有利”。[3] 在这种情况下，得知苏军已定于 14 日撤离长春，毛泽东自然力主占领长春，并要求林彪和彭真“守住四平、本溪，以利谈判”。

4 月 15 日，国民党方面第七十一军第九十七师和第八十七师过于前突，在金山堡、秦家窝棚、达子窝棚一带遭林彪所部截断，并包围了八十七师。该师除师长黄炎率少数残部脱逃外，大部被歼。这一仗大大振奋了中共中央和林彪等前线将领的斗志。联系到马歇尔几天后就要回到中国的情况，毛泽东对形势估计再度乐观起来。称：“七十一军一个师被我歼灭后，东北局势已转变到根本上于我有利”，马歇尔 18 日到重庆，“东北停战必很快”。故他要求东北局马上与苏军“交涉速从哈、齐撤退，以利早日占领，愈快愈好”。同时致电重庆代表团，要求后者掌握好谈判尺度，至 24 日苏军撤出哈尔滨前，不要轻易妥协。[4]

[1] 《林彪致东北局并中央电》（1946 年 4 月 11 日）。

[2] 《中央致东北局及林彪电》（1946 年 4 月 12 日），《毛泽东年谱》（下），第 68 页。

[3] 《李富春、黄克诚致林彪电》（1946 年 4 月 13 日）。

[4] 《中央致东北局电》（1946 年 4 月 17，18 日）；《中央致重庆代表团电》（1946 年 4 月 17，18 日），参见《毛泽东年谱》（下），第 69 页。

与毛泽东对东北军事形势的乐观估计不同，四平正面的国民党军并没有因为第八十七师大部被歼而停止进攻。不仅如此，保卫四平一线的各部队伤亡却大大影响了部队的战斗力。仅几天后，刚刚提出四平还应抵抗一时期的李富春、黄克诚就不能不致电中共中央说明：“八十七师消灭后，仍未停止顽军向四平进攻，现新一军已经到距四平七八公里之地方。连日飞机助战，四平已难保持。”“三师部队从 23 日铁岭作战起至今天止，已连续二十七天，伤亡达三千以上。万毅、梁兴初、罗华生部伤亡达二千以上。”目前最大困难是敌有生力量不断增加，而“我则无新力增加”[1]。

面对这种情况，毛泽东依旧鼓励部队再坚持几天。他在 20 日复电鼓励李、黄称：“望克服一切困难，争取胜利，十天之后可能好转。”毛这里讲“十天之后可能好转”，显然是寄希望于哈尔滨等城市拿下后，马歇尔回来迫使蒋介石接受停战，国民党军在整个东北的大规模进攻将不得不逐渐停止下来。

促使毛泽东下此决心的，是中共夺取前伪满洲国首都长春的作战进展顺利。中共武装从 15 日起开始攻击长春市。当天早晨即已占领长春机场。16 日开始攻城。从长春城防司令陈家珍电报中可知，长期靠小米加步枪打仗的中共军队，这时已经从苏军手中获得相当数量的重武器。[2] 进攻且有战车开道，在苏军控制下的长春铁路，亦在为中共运送部队和补给。[3] 一向在对共产党作战中随心所欲的国民党空军，这时也发现“共匪防空火力之稠密及射击之准确，较日寇尤佳，殊出人意料之外，至可惊异。相信其中必有日苏之专门人材，实堪注意”。[4] 进而更“发现类似 P51 式之匪机（按：苏联皿克式驱逐机型似 P51）两架，冒涂党徽散发专对新六军煽惑之大批

[1] 《李富春、黄克诚致中央电》（1946 年 4 月 18 日）。

[2] 《董彦平致重庆副总长白、军令部长徐、张主任委员公权、蒋特派员经国先生电》（1946 年 4 月 17 日），台北“国史馆”藏蒋中正档案，特交文电 35007988、35007989。

[3] 《蒋中正致外交部王部长电》（1946 年 4 月 19 日），台北国民党党史馆藏档，特 005/20.7。

[4] 《王叔铭致渝俞局长济时呈委员长蒋电》（1946 年 4 月 20 日），台北“国史馆”藏蒋中正档案，特交文电 35008019。

宣传品”。[1]

18日，东北局正式通报打下长春，俘虏国民政府任命的长春市长赵君迈等。鉴于此，身为前线指挥官的林彪显然也只能寄希望于马歇尔回来能够压蒋停战了。为了守住四平，只靠手里的六个旅显然不行。他当天即急切地要求东北局迅速调兵增援。他指出："敌昨日已直接开始攻四平，我守军决战至最后一人”，但目前伤亡甚大，“望令攻长春之杨国夫部、曹里怀部及第八旅等有战斗力的部队星夜南下，向四平急进”。[2]

这时，国民党新一军等已进抵四平街城下，分三路猛攻四平及其周围点线，战斗变得异常激烈。由于援兵不至，林彪颇为着急，连电催促。中共中央也清楚地了解，中东路及长、哈、齐三市能否确保，决定于是否能在四平地区挫敌攻势。因而毛泽东明确要求东北局迅速按照林彪的要求增兵四平，并且提出："过去蒋军作战重心放在南面，是因估计长、哈苏军不会速撤。现在蒋军作战重心已经放在北面，以争夺长、哈为目标，故南满我军宜多抽调向北，并须兼程开进，以便集中优势兵力，歼灭大量敌人（至少三四个师），保卫长、哈。一切决定于战场胜负，不要将希望放在谈判上。”毛提出，为此不仅在长春附近的杨国夫师应迅速南下参加四平保卫战，而且在本溪方向的程世才、罗舜初部亦应增援四平。

彭真对此自然不稍懈怠，连电各增援部队，全力督催，同时电告程世才、肖华、罗舜初，说明："现战争中心在沈阳以北，四平战役决定全局，望火速执行林总电示，[派]两个旅到沈北参战。”“你们是林总直接指挥的，而四平以南之战则是决定全局的有决定的战略意义的，而时机至为重要，稍迟，敌增援部队赶到，将来给我以极大之不利，将造成不可挽救的损失与历史的错误，务望兼程赶到清源，搭车北进，切勿迟延。”[3]

[1] 《王叔铭致蒋委员长电》（1946年5月14日），台北“国史馆”藏蒋中正档案，特交文电35008323。

[2] 《林彪致东北局并中央电》（1946年4月18日）。

[3] 《东北局致程世才、肖华、罗舜初电》（1946年4月20，21日）。

21、22 日，国民党军除新一军指挥下的新三十八师、新三十师、第五十师继续担任正面进攻，第七十一军第九十一师和第八十七师残部则由八面城方向实施迂回，刚刚登陆的第六十军第一九五师亦进抵四平西南。四平保卫战的形势更加严峻。林彪于 22 日紧急调整部署，命令四平外围部队转向四平以北附近地域，接近守城部队，一面准备随时应援，一面迫敌分散，以寻求歼敌战机。他知道部队不能无限期死守，委婉地催促中共中央指示周恩来加速马歇尔达成妥协。当夜，毛泽东亲电林彪，强调“死守四平，挫敌锐气，争取战局好转”，同时告诉林彪，马歇尔自 18 日回到重庆后一直在与蒋谈，今日才开始与周谈，“得恩来电后当即告你”。[1]

23 日，即在中共武装进占齐齐哈尔的当天，林彪和毛泽东等人期盼的周恩来的电报终于到了。但来电并没有带来国民党妥协的消息。马歇尔强调，东北的军事政治问题，须到东北了解情况后才能提具体方案。周估计：东北问题非到万不得已，蒋决不愿接受中共的方案。“故我们在东北尚应准备破路大打至数十天，尤其要坚守长春，保住四平街，再消灭几个师”，“争取到我们在政治上地区上绝对占优势”，情况才能根本改变。[2]

周恩来电报中的提议，显然是基于毛泽东对东北战局的乐观通报得出的。但实际上不要说大打数十天，就是再在四平坚守两周都很困难。何况国民党军这时还在大举进攻本溪，本溪方面因程世才部被抽走去增援四平，军事形势也极其危险。

26 日，林彪特意转报第七旅损失情况，提醒东北局和中共中央注意前线部队减员和战斗力下降的严重。该旅报告称：自泉头守备战之后，部队受创甚大，在泉头、双庙、牤牛哨、半拉山门阻击敌人，迟滞敌人前进，虽然给敌人以严重杀伤，但自己本身的伤亡也不下千数。在四平北郊防御战斗中，第二十一团和旅特务营伤亡百余人。第二十团猛攻任家屯之敌，

[1] 《毛泽东致林彪电》（1946 年 4 月 22 日）。

[2] 《周恩来致中央转东北局并饶、李、伍电》（1946 年 4 月 23 日）。

计伤亡过百数。以上屡次战斗伤亡、失联络已达一千七百多人，有的连队进行两连合一，有的仅剩班、排。“同时部队白天与敌激战，夜间加筑工事，休息时间甚少，体力、精神疲劳。因此，部队勇气不像过去那样旺盛。”[1]

但仗已打到这个份上，且马歇尔还在积极调处，毛泽东自然不会轻言放弃。他一面催促周恩来加紧谈判，称长、哈、齐均已到手，“我在东北应力求迅速停战”；一面劝告林彪：据情报称，新一军已自认进展艰难，且“马歇尔已提出停战方案，有停战之可能，望加强四平守备兵力，鼓励坚守，挫敌锐气，争取时间，对四平守军望传令嘉奖”[2]。为此，毛泽东甚至提出了悲壮的“化四平街为马德里”的鼓动人心的口号。[3]

三、四平之战的尾声

中央既然下决心要死守四平几个月，林彪也只能勉力执行。他于接电当天就致电各部队首长，要求坚决执行党中央关于死守四平的电令，争取大量杀伤敌人，挫敌攻势，延误敌人占领时间，以便造成今后作战的有利形势，并挫敌锐气，使之丧失进攻信心。[4] 但是，对于毛泽东提出的采取灵活战术，在十天之内寻机大量歼灭进攻之敌的提议，他则表示实行困难。他报告称：近十日内恰值夜间无月亮，不便我大军夜间作战，又因地形平坦及新一军已构筑阵地，且七十一军及五十二军六十军各一个师已与该军靠拢，故在十日内歼灭或击溃该军全无可能。“进入东北之敌，为国民党最精锐的，新一军又为其最强者。故我军虽奋勇作战，伤亡重大，弹药消耗甚多，但只

[1] 《林彪致东北局电转呈第七旅旅长彭明治报告》（1946 年 4 月 26 日）。

[2] 《中央致东北局并林彪电》（1946 年 4 月 26 日）;《中央致重庆代表团并告东北局、林彪电》（1946 年 4 月 26 日），参见《毛泽东年谱》（下），第 73 页。

[3] 1936 年西班牙内战时以共产党人为主的反法西斯力量死守首都马德里曾长达四个月时间。《中央军委致林彪电》（1946 年 4 月 27 日），《毛泽东年谱》（下），第 73 页。

[4] 《林彪致各兵团首长电并报东北局》（1946 年 4 月 27 日）。

能作部分的消灭与击溃敌人，而难于全部击溃与消灭。”[1]

中共占领长春，成为国共谈判的一个更大的死结。蒋介石坚持中共不退出长春就不停止进攻，周恩来受命不停止进攻、停止运兵就不与蒋谈长春问题，国共两党就东北问题的谈判进一步走入死胡同。

由于军事上坚守困难，中共中央这时已在考虑妥协的办法。28 日，毛泽东电询林彪和彭真：“请考虑打下去为有利，还是迅速停战为有利？”[2] 29 日，民盟提议中共军队退出长春，国民政府只派行政人员和平接收，不派军队进入。同时国共重开政治谈判，依据政协决议和整军方案精神解决东北问题。这一让步符合蒋介石坚持的中共必须先退出长春才可谈停战的条件，且在事实上将长春交还国民党，马歇尔表示认可，周恩来亦倾向于可以接受。中共中央反复研究，亦决定就此妥协。毛泽东当即电告林彪，务必再坚持两天，“望死守四平，寸土必争”，因“时局正在变化，明后日可能签订停战协定”。[3] 不想，蒋介石对这一妥协方案仍旧断然拒绝。

既然没有台阶好下，中共中央不得不破釜沉舟。毛泽东于 5 月 1 日电告林彪：“蒋介石已拒绝马歇尔、民盟和我党同意之停战方案，坚持要打到长春。因此，我们必须在四平、本溪两处坚持奋战，将两处顽军打得精疲力竭，消耗其兵力，挫折其锐气，使其以六个月时间调集的兵力、武器、弹药受到最大消耗，来不及补充，而我则因取得长、哈，兵力、资材可以源源补充，那时便可能求得有利于我之和平。”[4] 而为了便于林彪可以尽其所能地调集东北的兵力，“控制强大机动部队，养精蓄锐”，以彻底挫败国民党军的攻势，毛泽东更明确指示：东北前线一切军事、政治指挥统属于林彪。[5]

四平方向战场自 4 月底以后开始进入到双方对峙的状态，双方均难以

---

[1] 《林彪致中央并东北局电》（1946 年 4 月 29 日）。

[2] 《中央致林彪、彭真电》（1946 年 4 月 28 日），《毛泽东年谱》（下），第 74 页。

[3] 转见《周恩来军事活动纪事》（上），中央文献出版社 2001 年版，第 662 页；《中央致林彪电》（1946 年 4 月 29 日）。

[4] 《毛泽东致林彪电》（1946 年 5 月 1 日），《毛泽东年谱》（下），第 76 页。

[5] 同上。

取得军事上的进展。然而，由于杜聿明病愈复职，发现四平、本溪两点平行进攻效果不好，随即调整作战部署，首先集结主力进攻本溪。[1] 再加上林彪 4 月下旬将本溪方面程世才的第三纵队将近三个旅的兵力调往四平方面，本溪方面防守部队只剩下十一个团的兵力。结果，杜聿明只集中了五个师约八万人，在空军的有力支援下，从 4 月 28 日起发起全面进攻，担任本溪保卫战的中共部队防线遭到突破，终于无法达成死守任务，于 5 月 2 日全部撤出防御阵地。

本溪陷落，国民党军主力之一新六军得以加入四平方面的作战，林彪防守四平的计划受到严峻考验。

这时，辽东军区第三纵队和杨国夫师即将相继赶到四平前线，林彪可以用来保卫四平的兵力已经达到十四个旅之多。由于处在对峙状态的前线一时不必投入如此多的部队，因此毛泽东明确要求林彪考虑，不要轻易使用这支援军，以留到能够根本改变战局的关键时刻让其发挥作用。据此，林彪于 5 月 1 日提出开辟第二战场，造成前后夹击新一军之势的作战设想。考虑以第三纵队主力两个旅插向四平以南，夺取泉头车站，然后向开原、昌图扫荡，切断新一军的粮弹供给线。万一不能展开时，则占领铁岭一段，构筑工事坚守阵地，与四平守军相互配合，用夜战夹击新一军。

毛泽东 3 日已在考虑建立第二道防线的问题了。他提出：除坚持四平阵地外，应速准备公主岭及他处之第二线阵地。[2] 研究了林彪的计划后，毛于 4 日表示同意，复电称："我军准备于双庙子以建立据点，断敌后路，包围四平之敌而聚歼之，这是一个勇敢的计划。"他提出："应估计当我断敌后路时，敌必出死力来争，如我能战胜来争之敌，则四平之敌非全线撤退不可；如我不能战胜来争之敌，则战局仍将成胶着状态，于我不利。为了使我能于双庙子以南确定地战胜来争之敌，引起整个战局变化起见，使用于该方

[1] 《杜聿明致蒋经国特派员电》（1946 年 4 月 22 日），台北"国史馆"藏蒋中正档，特交文电 178 卷，35008063。

[2] 《毛泽东致林彪、彭真电》（1946 年 5 月 3 日）。

面之兵力，似宜多于两个旅，即于南满调来之两旅外，再加一部兵力。这样，我将以强大力量出现于敌后，保证建立坚固据点及歼灭来争之敌（例如歼灭其一个师），则四平之敌必将退走。我于该敌退走之际，举行反攻，可获大胜。”[1]

林彪参考毛的提议，于 4 日夜部署刚刚完成集结的第三纵队第七、第八旅进占双庙子以南地区，夺取泉头车站，并令第三师独立旅向四平以南之昌图、开原进攻，截断沈阳至四平区段铁路交通。另以保三旅主力在开原以南地区配合作战，力图对四平前线之敌形成两面夹击之势。不料此时国民党军正面兵力雄厚，各部衔接紧密，第三纵队南下行动很快即受到国民党军第一九五师的拦截，其第五十师第一五零团随即亦加入作战，再加上原在辽阳、大安平、本溪一线的新六军及第八十八师这时也全面北上，协同担任四平以南护路任务的第一八二师也投入到对中共第三纵队主力的作战中，第三纵队两旅兵力遭受强敌围攻，无法达成任务，林彪开辟第二战场的计划因而落空。

眼看本溪陷落，南满国民党军主力陆续投入四平方面的作战，黄克诚明确提议放弃四平并让出长春。他在给林彪及中共中央的电报中提出：我军“由关内进入东北之部队，经几次大战斗，战斗部队人员消耗已达一半，连、排、班干部消耗则达一半以上。目前虽尚能补充一部分新兵，但战斗力已减弱”。“顽九十三军到达，如搬上大量炮兵及部分坦克用上来，四平坚持有极大困难。四平不守，长春亦难确保。”“如停战短期可以实现，则消耗主力保持四平、长春，亦绝对必要；如长期打下去，由四平、长春固会丧失，主力亦将消耗到精疲力竭，不能继续战斗。故如停战不能在现状下取得，让出长春可以达到停战时，我意即让出长春，以求得一时期的停战也是好的，以争取时间，休整主力，肃清土匪，巩固北满根据地，来应付将来决战。东北如已不可能停战，应在全国打起来，以牵制国民党军向东北调动。东

[1] 《毛泽东致林彪电》（1946 年 5 月 4 日）。

北则需要逐步消灭国民党主力，来达到控制全东北的目的。”[1]

时至于此，毛泽东和中共中央已经不能不放弃四平和让出长春了。5 月 13 日，周恩来在报告与马歇尔商谈的经过之后，明确批评执行部中共方面代表，因谈不拢就对美、国两方代表“事事拒绝，避而不见”的僵硬做法，提出仍须注意谋改善与美方关系，并理直气壮地积极要求解决问题。毛泽东当即表示赞同。15 日，毛起草中央致各局及周恩来、叶剑英等人的电报，明确提出：美国政策除一般扶蒋及助蒋在东北作战外，对全国内战尚不赞成。因此我应采取如下对策：甲、不向国民党挑战；乙、对执行部及各执行小组的工作加以调整，改善对美国人的关系，无论美国人如何偏袒国方，我除据理力争外，只要美国未恢复赫尔利政策，策动全国内战，我即应尽可能争取美国人。最近时期，有些地方对美国人关系弄得不好，这当然是由于美国人态度不好所引起的，但我们的争取工作亦有不足，今后应当注意研究争取美国人的工作。[2]

与此同时，中共中央致电林彪、彭真，说明争取马歇尔之必要，并提出让出长春的建议。电报称：“马歇尔在关内主维持和平，此点马、蒋不甚一致；在东北主收复长春，此点马、蒋一致，但在调整东北政治军事经济等项问题上，马较蒋要开明一点。”鉴于蒋坚持中共军队撤出长春和目前东北的战局，“请你们考虑，军事全局，再打下去是否有利，应否考虑有条件的让出长春，换得其他地区的合法，并取得时间整补部队，以便将来之用？”[3]

当然，中共中央仍旧希望能够在马歇尔的帮助下，与蒋介石来一番讨价还价。在给周恩来的电报中，中共中央即提出：可经过民盟试探下列各点：“停战一星期，以便我东北将领会谈。”“长春双方不驻兵，由三三制民主政府（开始是现政治机构改组的委员会）组中间性警察驻长春，长春市政府

[1] 《黄克诚致中央电》（1946 年 5 月 12 日）。

[2] 毛泽东：《力争东北停战及制止全国内战的对策》（1946 年 5 月 15 日），《毛泽东文集》，第四卷，人民出版社 1993 年版，第 116—117 页。

[3] 《中央致林彪、彭真电》（1946 年 5 月 15 日），参见《毛泽东年谱》（下），第 80—81 页。

由中间人士任市长，国共参加。国方不得派特务入长春，在东北及全国一切政治、军事、经济等重要问题获得解决以前，照马歇尔所提，只由执行部派一部分人驻长，其他的人不去。”[1]

正是基于这样一种情况，虽然已经基本上确定了放弃长春的方案，中共中央在15日当晚仍要求林彪继续坚持抵抗，称：“四平街保卫战支持的时间愈长愈有利。”[2] 可是，就战场形势而言，中共已经没有在谈判桌上继续与国民党周旋的时间了。

18日，国民党军全线猛攻四平，并以陆空火力狂轰滥炸，战斗迅速白热化。林彪当天紧急致电东北局并告中央电称：“四平以东阵地失守数处，此刻敌正猛攻，情况危急。”他为此紧急抽调第三师第十旅前去增援，却不料新六军动作更快，全力围攻四平街东南最高点塔子山，并于当天下午攻占这一制高点。

塔子山的陷落，使国民党军得以居高临下直接轰击四平街守军，并可以从左、右两翼迂回四平侧后，四平保卫战的整个防御体系因此立即动摇。至此，林彪不得不一面组织部队迅速后撤，一面致电中央和东北局，说明：“敌本日以飞机大炮坦克车掩护步兵猛攻，城东北主要阵地失守，无法挽回，守城部队处于被敌切断的威胁下，现正进行退出战斗。”[3]

四平失守其实已在毛泽东等人的预料之中，接到林彪的电报后，他马上致电林彪并告彭真称：“如果你觉得继续死守四平已不可能时，便应主动放弃四平，以一部在正面迟滞敌人，主力撤至两翼休整，准备由阵地战转变为运动战。”“如果采取此项方针，我军必能从目前的被动与不利地位转变到主动与有利地位，而敌则愈前进愈分散，粮弹愈困难，其力量必减弱

---

[1] 《中央致各中央局、分局及周恩来、叶剑英、罗瑞卿、饶漱石、李立三、伍修权电》（1946年5月15日），《毛泽东年谱》（下），第81页。

[2] 《中央致林彪电》（1946年5月15日）。

[3] 《林彪致中央并东北局电》（1946年5月18日）。

下来。”“究应采取何项方针，由林根据情况决定之。”[1] 与此同时，毛泽东致电周恩来、叶剑英说明：“四平已难再守，决定放弃该城，打运动战。”“我在大局上仍忍耐，惟须取局部报复手段。”[2]

18 日当晚，林彪指挥下的东北民主联军极其隐蔽地撤出了四平各作战阵地，迅速北上，与国民党军脱离接触。次日，国民党空军司令王叔铭报告称：“我昨日出动各机之报告，四平街及附近之匪已呈动摇状态，其车辆已开始退却，当及时告熊主任、杜长官，转饬前方中央兵团注意防匪夜间退却，此令闻已转下，但据悉奸匪果于昨夜乘月夜退却，我新一军未能发觉，今晨进四平街时未能俘获一匪，殊为可惜也。”[3]

至此，四平战役告一段落。

四、内战方针下的危机

四平之战中共所以失利，黄克诚在撤出战斗后不几天给中共中央的电报中谈到了两个原因：一是从 3 月下旬起部队一直在作战，伤亡过大，许多营连排骨干都打光了，因此干部情绪不高；一是国共双方武力装备太过悬殊，在近代炮火、坦克和飞机的攻击下，中共的武装无论如何也守不住一个城市。[4]

黄克诚没有谈到的还有两个值得重视的原因：一是部队扩充太快，从关内各根据地来的骨干部队只有十万余人，几个月时间部队就发展到了三十余万人，其中相当多数是伪满的士兵、警察和完全没有受过军事训练的农村青年。由于部队作战伤亡过大，随缺随补，一些部队的战斗力可想而知。

[1] 《中央致林彪并告彭真电》（1946 年 5 月 19 日），《毛泽东年谱》（下），第 83 页。

[2] 《中央致周恩来、叶剑英电》（1946 年 5 月 19 日），《毛泽东年谱》（下），第 83 页。

[3] 《王叔铭致南京俞局长济时兄呈蒋委员长电》（1946 年 5 月 19 日），台北“国史馆”藏蒋中正档案，特交文电 35008402。

[4] 《黄克诚致中央电》（1946 年 5 月 24 日），转见黄克诚：《从苏北到东北》，载中共党史资料征集委员会等合编：《辽沈战役》（上），人民出版社 1988 年版，第 199—200 页。

一是中共军队八年抗战期间基本上是处于分散的游击状态，很少从事正规战的训练与实践，不要说不熟悉阵地战，就是运动战许多指挥员也相当生疏。原东北军军官万毅当了八年八路军，他回忆，到 1946 年年初开始和国民党中央军作战时，他还弄不清楚这运动战应当怎么打，更不曾和装备好、作战力强的敌人打过仗。指挥这样一支被宋子文蔑称之为“乌合之众”的部队，与全副美械装备，受过美国军官的训练，又在史迪威将军的指挥下出色地在缅甸参加过对日战争，而且还拥有大批坦克、大炮，得到空军有力支援的新一军、新六军作攻防战，其困难程度可想而知。

当然，林彪在具体指挥上也有一定的失误，比如没有给予本溪保卫战以足够的重视，过多地抽调辽东军区的兵力，致使本溪很快陷落，国民党新六军得以加入到攻击四平的作战中来；比如第三纵队南下部署不仅未能达成任务，而且极大地削弱了预备队的力量，等等。然而，国民党军的指挥也同样有一定的失误，即如果杜聿明从一开始就担任指挥，像后来那样先集中力量打下本溪，再来打四平，那么，中共在四平的失利也许还要来得早一点。

中共四平受挫后，一度还准备节节抵抗，再守公主岭和长春。但意想不到的是，“前总”作战科副科长王继芳脱逃叛变，致使整个撤退作战计划泄露，使林彪不得不毅然放弃原计划，指挥部队径直北撤，放弃了长春，很快退过松花江。

国民党军 5 月 23 日入主长春，两天后，蒋介石即雄心勃勃地打算一鼓作气，收复整个东北。为了应付马歇尔，他一方面严令杜聿明：进占长春时，“我军只可指派少数军队入城维持秩序，不准各部队擅自进驻。如有违者，以抗命论处”[1]。一方面同意停战数日，惟条件相当苛刻。他要求马歇尔必须让中共保证：“不得阻碍中央政府依照中苏协定接收东北主权之进行”；“不得阻碍中央政府修复全国铁路”；“履行所订之三种协定（即停止军事冲

[1] 《蒋总统事略稿本》，1946 年 5 月 22 日条，台北“国史馆”藏蒋中正档案。

突协定、整军协定与恢复交通协定)”，并须“赋予仲裁者执行部美国代表公断与决定权，并予以解释协定之权”，非如此不同意停战。[1] 实际上，蒋内心的盘算是 ：“东北共军主力既经击溃，应速定收复东北全境之方针，令杜聿明长官部向哈尔滨兼程挺进，必先占领该战略据点，东北军事方得告一段落，然后再策定第二期计划。”[2]

但是，蒋介石的追击计划还是受到马歇尔的牵制。注意到政府军占领长春后并没有停下来，马歇尔深恐此举会激起中共报复，在关内挑起战争。故他在 29 日直接写信给蒋，不仅明确表示反对政府军“继续不断向前推进”，而且反对国民党“独自指定停战条件”。两天后，因蒋未复函，马歇尔再度致函，向蒋施压，声称“政府在东北军队之继续前进，不但使本人之调处急趋困难，即敝人之信用人格，亦已大为动摇。因之敝人特再恳请钧座，立即下令停止政府军队之前进攻击与追击，并请准许调处执行部队前进人员立赴长春”。[3]

马歇尔的再三要求终于发了效用。6 月 4 日，蒋介石在从北平回到南京，即与马歇尔举会谈，最后蒋同意以十五天为限就东北停战问题、恢复交通以及整军等问题与中共进行谈判。

国共两党在东北的军事冲突终于暂时停了下来。但是，严格说来，蒋之最终接受停战建议，并不完全是马歇尔施压的结果。注意一下国民党军事领导人自己对当时东北军事形势的分析就可以知道，蒋介石此一停战背后，已经显露出东北兵力严重不足的困扰了。

还在 5 月 21 日，即打下四平三天后，白崇禧就上条陈给蒋介石，明言必须增兵才能进击北满。内称 ：“欲消灭东北共匪，解决东北问题，必须另筹有效办法，下最大决心集国家全力，在最短期间谋彻底解决。”所谓另筹

---

[1] 《蒋夫人致马歇尔特使申述蒋主席对于停止冲突与恢复和平统一之意见函》(1946 年 5 月 24 日)，《中华民国重要史料初编》，第七编（三)，第 127 页。

[2] 《总统蒋公大事长编初稿》，卷六（上)，第 151—152 页。

[3] 同上，第 164、166 页。

有效办法，一是收编伪军，一是扩充军官总队，一是恢复军工生产，最后才是用军事办法扫荡北满。至于军事进剿,则还是要增兵后方可实行。即“为争取时机消灭共党退据北满之武力,似宜增调精锐国军三军,加强进攻力量,并确保南满收复地区之安全”。白崇禧担心东北兵力不足，害怕部队急追过江，不仅达不到歼敌目的，反而使南满不保。[1]

在四平之战进行过程中，参谋总长何应钦也详细分析过政府军兵力不足这一困难。其报告称：“我军状况，九四军守备沧州、天津、山海关之线不能动。该军第五师归建后须加强开滦,十三军两师加五二军之一师在平泉,一师在朝阳不能动。六十军运到后须完备锦榆地区，保卫葫秦两岛。七一军之一师（八八师）现守备营中，迄鞍山之线亦不能动。”其余新一军三师、新六军三师、七一军两师、五二军两师担负着进攻四平、本溪等方向的任务。而“后续部队五四军、九九军何日运输,尚不能定。九三军虽定本月有日起运,但用登陆船四十艘须一个月始能全部运到。而本月运兵之登陆船则只有廿四艘，下月且将减少。……故目前长春之战所以不敢放胆由沈阳地区抽兵，则向北前进只有五个师，不易保障侧背安全。”如向长春进兵即必须抽出一个军的主力北上作为第二线兵团，以防侧击。因此，他不得不提议：(1)“将国军河北行动计划中第一阶段预期在承德古北口及张家口之两会战取消”；(2)“迅速击灭苏北及豫鄂边之匪，使我陇海线以南兵力能全部活用”；(3)再“抽调三个军（第四军全军、第五军两师、第五三军两师）为东北及华北之战略预备队，并立即准备自行海运”；(4)“对东北作战指导应不以接收多数城镇为目的，而专以击灭匪军为目的”。[2]

何应钦报告之时，第六十军正在陆续运抵东北，一个师参加到北进的作战中去了，其余的部队则用于后方守备。故四平之战结束后，国民党在

---

[1] 《白崇禧致委员长蒋电》(1946年5月21日)，台北“国史馆”藏蒋中正档案，特交档案064卷，47520。

[2] 《何应钦致蒋委员长电》(1946年4月22日)，台北“国史馆”藏蒋中正档案，特交文电178卷，35008060。

东北的兵力实际上几乎没有增加。另外，因本溪正面已没有有力抵抗，故新六军主力得以脱身，北上的部队由五个师增加到八九个师。但一来北攻的部队战斗损失已相当大，就作战力而言，师的数量增加了，作战力整体上并没有得到多大的加强。[1] 再加上从昌图、西丰、四平、公主岭、辽源、西安、长春、德惠、桦甸、九台、农安、吉林、小丰满，国民党军一路进占铁路线二百余百里，大中城市近二十座，不得不留下大批兵力四处担任守备，其北上的兵力更加有限。而更重要的是，国民党军这时在两翼和侧背仍旧受到十余万中共东北民主联军的严重威胁。

民主联军这时在东北有南满、东满、西满、北满四个军区，总兵力三十四万余人。[2] 参与四平（包括本溪）之战并北撤的部队为第一、二、七师、第三、四、七纵队，和第七、八、十旅、保一旅、邓克明旅、独立旅及第三五九旅及第二团，合计约十五万人，还有一半以上的兵力处于半机动状态，随时可能发起作战。如南满军区，在四平之战结束之际，即受命发动鞍（山）海（城）战役。国民党军刚一进入长春，它就于5月24日凌晨发起进攻，并于次日攻占鞍山，歼守城之敌第五五一团。27日再攻海城，成功促使守敌六十军一八四师师长率师部和第五五二团共计2712人宣告起义。进而复于6月3日攻陷大石桥，歼灭守敌五五〇团（欠一营）。此战迫使杜聿明急调正在北攻的新一军主力第三十师、新三十八师，以及第六十军第一八二师（欠一团）、第九十三军暂二十师，和第五十二军第一九五师一个团共计四个师的兵力回援。在这种情况下，国民党军一时当然没有北上追击的可能了。

在兵力不足的情况下，国民党能否利用林彪主力撤退混乱之机大胆追

[1] 据不完全统计，国民党军自3月中旬开始全面进攻以外，已损失正规军部队合计约为四个师。
[2] 《林彪、彭真致中央军委电》（1946年2月23日）。

击？不能。这是因为，林彪主力在四平之战中虽然遭受重大损失[1]，但其多数部队仍保持建制，且撤退过程中一度虽发生过的混乱现象，过松花江后已不复存在，其战斗力并不像后人估计的那样不堪一击。最典型的例证就是部队损失较大的第一、二师在撤退过程中所进行的拉法、新城之战。当时，国民党新六军第八十八师受命于停战令宣布之6月6日当天，攻占连接中共东满和北满军区的战略要点拉法和新城地区。林彪当晚指令周保中及第一、二师坚决设法保住拉法，拒敌于拉法以西。8日凌晨，部队发动突袭，经过激烈战斗，即夺回拉法，次日又进一步夺回新城。打援的部队还出击至老爷岭一带，激战两天，有效地拦截了第八十八师对拉法和新城的增援。此战歼灭国民党军守城部队一个团又一个营，相当振奋了撤退部队的士气，也使国民党追击部队不敢太过轻敌。

总之，四平之战虽以中共失利而告结束，却并没有给国民党提供独霸东北的机会。由于美国的干预，中共在南满作战的牵制，特别是自身兵力不足难以顺利实施北上作战任务，蒋介石不得不暂取停战谈判之策，以求在军事胜利的气势之下，通过谈判达到主宰东北的目的。然而，结果却大出乎蒋介石的意外。

由于蒋介石坚持否认中共在东北的地位，坚持打下长春，促使苏方和中共内部都强烈地主张对蒋报复。当中共东北局要求苏方就国民党军可能进占哈、齐两市及中东铁路提供帮助时，苏方代表严厉反问东北局代表：你们为何不在关内开辟战场，以减轻关外的压力？[2] 同样，在中方将领内部，自四平大战以来，也一直存在着希望关内给予较大牵制的意见。如黄克诚5月12日即明确提出：“东北如已不可能停战，应在全国打起来，以牵制国

[1] 关于损失情况可见于两份电报。一是长春刚刚丢掉时东北局给中央的电报，内称：“自秀水河子、沙岭堡战斗后，我主力连续作战斗未得休整，伤亡已近两万人”。一是一年后东北民主联军总司令部的报告，内称：第七旅只剩三千余人；第七纵队只剩五千人；第一师只剩五千人；保一旅损失近一半。其他各部虽尚能保持建制，也都过于疲劳，悲观情绪导致逃亡现象十分严重。部队损失的总数超过两万五千人。

[2] 《东北局致中央电》（1946年5月25日）。

民党军向北调动。”[1] 毛泽东亦在四平弃守次日致电周恩来、叶剑英说明：“须取局部报复手段”。[2]

对此，蒋介石显然还是估计不足。四平及长春打下后，蒋坚信不会导致更大规模的内战。他公开讲，只要东北共军溃败，关内形势就不会恶化。他曾特别要宋子文劝告在这个问题上忧心忡忡的马歇尔，暂时不要急于调处。他并且认为：“中共除一部分外，本属乌合之众，经此次打击，势必瓦解无疑”。“共果不就范，一年期可削平之。”[3] 其实，毛泽东在这种问题上一向是主张以牙还牙的，他不会不想方设法给国民党以教训。毛早已横下一条心：“我方让步至长春双方不驻兵为止，此外一概不能再让，美蒋要打由他们打去，要占地由他们占去，我方绝不承认他们的打与占为合法。”[4] 而为了使东北成为“未了之局”，他在 6 月 1 日就已经开始根据各方建议，部署关内的报复作战行动了。他为此分别致电晋冀鲁豫和山东军区领导人，要求他们数日内夺取包括泰安、大汶口、张店、周村、德州、胶州、枣庄、考城、长垣、永年、聊城等处；要求太岳区占领太原至临汾间的同蒲线。一时间，国民党山东方面的守军立时四处告急。毛的解释是：“我愈取坚决有力之报复行动，美蒋对我愈有所顾忌，和平可能性愈增。”[5] 因此，即使蒋介石接受马歇尔建议，于 6 月 6 日宣布 15 日休战期，毛泽东也毫不犹豫地采取了“坚决有力之报复行动”。

结果是，四平之战刚刚停下来，关内的战争却打响了。国民党也因此在兵力上更加捉襟见肘，疲于应付，向东北增兵根本没有可能。关于关内政府军这时兵力不足的情况，可见李宗仁 6 月 1 日报告。内称：中共在华

[1] 《黄成诚致中央电》（1946 年 5 月 12 日）。

[2] 《中央致周恩来、叶剑英电》（1946 年 5 月 19 日）。

[3] 《蒋主席致宋子文院长指示面交蒋夫人函予马歇尔特使时相机补充说明要旨函》（1946 年 5 月 24 日）；《宋子文院长上蒋主席报告已转函马歇尔特使并说明政府不能容忍共党缺乏诚意电》（1946 年 5 月 26 日），《中华民国重要史料初编》，第七编（三），第 128—129，131 页；《徐永昌日记》，第八册，第 289 页。

[4] 《中央致重庆代表团电》（1946 年 6 月 12 日）。

[5] 《中央致重庆代表团并东北局电》（1946 年 6 月 12 日）。

北军事威胁甚大，要想解决此种威胁，必须关外、关内同时着力。关外问题一旦解决，即应解决华北的中共武装。他建议：先以东北两军扫荡热河，解除平津北面威胁，隔断张垣与东北联络；再向津浦南北段与胶济路及鲁西北方面四路进军，扫荡山东共军主力；再次以新乡、德州、石门三路进攻磁邯，封锁之于太行山区，打通平汉交通；最后由南口、归绥、大同三方面夹击张家口，打通平绥路，再加师会攻延安，以摧毁其根据地。然此前提是，华北方面必须“迅即增调兵力，平津增两军，青岛两军，石门一军，新乡三军，徐州三军，晋南一军，大同、归绥各一军”。[1]

一直不信中共有多大实力的蒋介石，这时开始注意到关内中共的困扰远比关外要直接得多了。不仅山东夏庄、城阳、张店、周村、即墨、枣庄、胶县，德县、泰安，高密等地先后失陷，济南、青岛、泰安等处也遭到强大武装的围攻。且关内中共军队的装备也明显改善，火力得到很大加强。仅以进攻枣庄的“解八师及新四军第七师廿、廿一两团各一部，共计六个团”的情况来看，据说就有“山炮十门，钢炮六门，机关炮数门，迫击炮廿余门，炮手均日人，步机枪多俄造”。其武器较差者为“枪榴弹、手榴弹、迫炮弹大部土造，多不爆发”，但各种子弹和炮弹明显不是土造，质量较好。[2]

进入到7月中旬，这场“报复”性作战已经扩展到关内其他地方去了。

其实，在兵力到处捉襟见肘的情况下，几乎所有国民党人都很清楚：不要说与中共全面开战，中共“仅就断交通、厄经济一事，即倒政府而有余”[3]。一旦出现这种情况，战后一直十分严峻的经济形势难免会将政府拖垮，使民心尽失。蒋介石对此也并非毫不了解。6月24日，他在日记中写道：“共党策略盖企图在不战不和与似战似和之局面下继续拖延不决，使国家陷于混乱

---

[1] 《李宗仁对目前军政问题之意见》（1946年6月1日），台北“国史馆”藏蒋中正档案，特交档案002卷，51095。

[2] 《薛岳致南京蒋主席电》，1946年6月21日，台北“国史馆”藏蒋中正档案，特交文电35009294。

[3] 《徐永昌日记》，第八册，第290页。

状态，政治动摇，经济破产，以达其颠覆政府，赤化中国之目的，尤其在最近四十日内，即七月底以前之停战期间为重要关键所在也。”但他依旧相信：“我政府必须采速决之方针以应之。如在最近三个月内之危急，能使津浦与平绥、平汉各铁路线畅通，则外交与经济一时之危急，皆不足为虑也。”[1]

为应付关内作战，蒋介石不得不将用兵的重心再从关外转到关内。如此一来，林彪在关外的主力从此得以背靠苏联，成功地在北满这块根据地上发展起来，并很快成为威胁东北国民党守军的最强大的武装力量。而在关内，因为中共军队四处开花，且军力和武器均已相当改善，国民党的政府军虽然陆续投入进攻，依旧还是有兵力不敷的危机存在。国共两党至此可谓全面开打，但是，在这样一种复杂的背景之下，国民党显然很难取得它所期待的结果。

[1] 《蒋总统事略稿本》，1946 年 6 月 24 日条，台北“国史馆”藏蒋中正档案。

第十六章

从“戡乱”走向崩溃

国民党夺取东北的四平、长春之后，国共之间在关内开打成为必然。内战爆发初期，国民党军事上进展顺利，蒋介石、陈诚等显然感觉良好。不料，战争进行了半年左右时间，战场形势就开始发生逆转。蒋介石占领延安的行动并没有能够为国民党人挽回损兵折将的面子。恰恰相反，进入1947年春天之后，国统区经济濒临崩溃边缘，引起学生、民众一波接一波的抗议浪潮。此种风波的暂时平息，又伴随着军事上的节节失利而让众多国民党人扼腕不已。蒋介石因此不得不祭出“戡乱”总动员和总体战的旗帜，试图用强制性的手段，集举国之力与共产党决一死战。但是，持续战争所带来的经济形势恶化，和战后波涛汹涌的投机、腐败之风，远不是靠这种动员令之类的措施所能缓和的。更何况国民党内部的派系斗争，更不会因为一纸动员令就稍形化解。相反，经济形势和政治现状愈趋恶化，国民党内的派别之争以及军队内部的嫡系与非嫡系的区别，也就愈加明朗化。面对这样一种局势，许多国民党的将领们在战场上为自己、为士兵、为国家，各谋出路，几乎不可避免。

一、国共内战全面爆发

关外、关内先后打响之后，蒋介石已经很清楚，国民党非用武力消灭共产党不可了。那么，国民党有没有可能达到目的呢？6月17日，蒋介石在东北对军官们有过一次慷慨激昂的演讲，意图说明国民党很容易战胜共产党。他声言：国民党“最后的敌人是谁？大家都知道，就是中国共产党”。因此，“这一次剿匪的成败，就是本党革命生死的关头”。“今后不是我们消灭他们，就是他们要消灭我们”。他说：有人以为中共问题靠军事不足以解决，此乃大谬不然。“我们在战前之所以不能剿灭共匪，一方面是因为当时我们军队受了地形和武器的限制，一方面乃是因为日本帝国主义者在我们后方不断地侵略，牵制了我们剿匪工作，使我们不能用全力来剿匪。”今天日本已经投降，军事解决实为极容易之事。你们看，“无论在四平街、在本溪湖各战役，共产党的战术和江西时代一样，并无多大进步。只有外壕加深、加宽，同时能就地取材，利用当地钢板和木材，将工事加强，如此而已。由此可知共产党的战术并没有什么进步。他们在东北虽然得了不少的日式武器，但并不知道运用。尤其是他就地新裹胁来的民众，都不愿意共党杀人放火、漫无人道的兽行，因之匪军的官兵大多是离心离德形成了乌合之众，并无什么多大的实力”。“我们有空军，有海军，而且有重武器和特种兵”，“如果能配合得法，运用灵活……就一定能速战速决，把奸匪消灭”。[1]

但是，这个时候，马歇尔尚未放弃调停的努力，故蒋介石亦并不公开发布“剿共”令，只是一面在党内鼓励强硬派表达意志，在军事上秘密部署展开攻势，一面在公开场合仍旧赞同和平。而极具象征意味的，就是这时发生在首都南京的下关惨案和发生在昆明的李闻惨案了。6 月 23 日，由上海人民团体联合会为主，推出马叙伦等十一名代表，组成上海人民和平请愿团，乘火车赴南京向各方请愿停战。该代表团实属中间派性质，并无共产党背景。然而，代表们甫一动身，南京市党部便将事先组织好的打手化装成苏北难民，从镇江上车对代表们实施阻吓行动。车到南京下关后，大批所谓苏北难民即群起对这几个手无缚鸡之力的社会名流辱骂、推搡、纠缠达五个小时之久，各位代表均被打伤，却不见军警出面制止。不过二十天之后，7 月 11 日和 15 日，在昆明较为活跃的反战人士李公朴和著名教授闻一多，又先后被军方指派的军人刺杀身亡。此等事件公然接连发生，足以显示国民党内强硬派已经是有恃无恐了。

6 月 13 日，国防部举行作战汇报，确定“今后作战方针，应关内重于关外。关内首先打通津浦、胶济两铁路，肃清山东半岛，控制沿海口岸”。[2] 五天后，蒋介石下令首先解决位于鄂豫两省交界地区，被围已久的李先念和王震所部，给中共一个下马威。20 日，郑州绥靖公署主任刘峙下达作战计划，预

[1] 蒋介石：《特种兵的任务和方向》（1946 年 6 月 7 日），《先总统蒋公思想言论总集》，卷二十一，第 321—331 页。

[2] 《国防部作战会报记录》（1946 年 6 月 13 日），转见汪朝光：《中华民国史》第三编第五卷，第 510 页。

定各部队 6 月 25 日到达指定位置，6 月底全面进攻。然而，周恩来 19 日就已经得到情报，中共中央当天就命令李先念部准备突围。待 23 日进一步获知国民党方面确切的进攻计划之后，中共中央更严令李部：“立即突围，愈快愈好，不要有任何顾虑，生存第一，胜利第一。”“今后行动，一切由你们自己决定，不要请示，免延误时机，并保机密。”[1] 结果，李部次日秘密集结，在国民党军尚未完全按部署到位之前，分兵突围而去。沿途虽仍遭强敌追堵，减员近三万人，但国民党围歼计划并未实现。

蒋介石既然已经不宣而战，毛泽东也迅速决定，把他的报复作战变成主动进攻。为了变被动为主动，毛泽东要求关内各主力部队准备依照新的作战方案开展攻势。这新的方案就是：(1) 太行区以豫东地区为主要作战方向，集中主要兵力尽可能攻取长垣、考城、民权、兰封、封丘、宁陵、睢县、杞县、陈留、通许、太康、柘城、淮阳、商丘、鹿邑、西华各地，主要着重在野战中消灭敌人有生力量，相机占领开封；(2) 山东区以徐州为主要作战方向，集中主要力量配合苏皖北部各区，攻取黄口、砀山、虞城、涡有、夹沟、符离、宿县、任桥、固镇各点，主要着重调动徐州之敌于野战中歼灭之，相机占领徐州；(3) 以中原突围部队一部出河南，华中一部出江北，配合作战；(4) 上述作战基本目的以占有开封、徐州间及徐州、蚌埠间主要铁路线及上述各城之半数为初步，然后准备主力渡淮河向大别山、安庆、浦口一线进击。同时，毛泽东命令晋察冀部队，在敌攻承德时，准备乘敌北进，集中四个纵队及冀中、冀晋边区主力，举行平汉战役，占领从长辛店至石门整个平汉路，相机占领保定、石门两城。[2] 不难看出，毛泽东的基本意图是准备利用自己军队机动灵活的特点，乘敌全力向北之际，先内线后外线，通过运动战，相机大规模消灭国民党的有生力量，把战争引向国民党统治区，造

---

[1] 《中央致中原局电》(1946 年 6 月 23 日)，《毛泽东军事文集》，第三卷，军事科学出版社、中央文献出版社 1993 年版，第 288 页。

[2] 毛泽东：《全局破裂后太行和山东两区的战略计划》(1946 年 6 月 22 日)，《毛泽东军事文集》，第三卷，第 283—284 页。

成蒋之军事被动。他确信：当时形势极不利于蒋，因此蒋介石是打不了多久的。共产党作战越坚决，蒋介石就越害怕，不怕蒋介石不妥协。[1]

不过，毛泽东的计划尚在与各地军政领导人交换意见的过程之中，国民党方面就进一步发动了打通胶济线的作战。其第二绥靖区分东西两路，于6月23日起对中共山东军区发动进攻。第一阶段先后占领即墨、蓝村、胶县和淄川、博山，打通胶济路西段。之后又进一步发动第二期作战，成功夺取昌邑、高密等县城，打通胶济路全线。

就在第二绥靖区开始实施打通胶济线的作战之后不久，徐州绥署也于7月4日发布作战命令，决心“以确保京沪津浦长江之交通，而达到确实拱卫首都安全之目的，应先肃清长江以北，东台、兴化、高邮、盱眙以南地区，及津浦路南段铁道两侧地区之匪，以利尔后之进剿”[2]。第一绥靖区司令李默庵随即于9日召开作战会议，决定13日发起攻击。不料，其作战计划第二天就被中共方面获得，并“被摆到了调解国共和谈的美国特使马歇尔先生的办公桌上”[3]。苏中中共将领粟裕当即决定“先发制人”，主动出击国民党方面原定担任攻击任务的整编第八十三师位于宣家堡和泰兴两地的两个团，“以错乱敌人的部署”[4]。战斗从7月13日打响，至15日结束，宣家堡和泰兴的两个团除不到一个营脱逃外，基本被全歼。而后，粟裕利用精准的情报，指挥部队与进攻之敌在根据地里东突西奔，六战六捷，以一万六千人伤亡的代价，歼灭了国民党军五个旅四万余人。但是，由于国民党军兵力强大，此举并没有能够阻挡住李默庵部的进攻。到8月下旬战役结束时，国民党军已经基本达到了第一期作战目的，占据了如皋、海安等要地，从而可以确保长江通道的安全了。

[1] 参见《中共中央关于目前形势和方针的指示》(1946年6月28日)。

[2] 谢声溢编：《徐州绥靖概要》，转见汪朝光：《中华民国史》第三编第五卷，中华书局2002年版，第531页。

[3] 李默庵：《世纪之履——李默庵回忆录》，中国文史出版社1995年版，第257页。

[4] 《粟裕军事文集》，解放军出版社1989年版，第258页。

与此几乎同时，部署在淮南的国民党军主力之一，第五军和整编第七十四师第五十八旅，也奉命于7月16日开始进攻淮南的中共武装。两周后即攻占天长、盱眙，进抵洪泽湖，把中共在淮南的华中第二师挤到了苏北淮南交界地区。而淮北的国民党军亦于7月18日发动攻势，先后占领灵璧、泗县、五河、濉溪口、朝阳集、曹八集，使中共陈毅部陷入严重困境。紧接着，徐州绥署以第五军和整十一师进攻砀山、夏邑，以整二十八师进攻碾庄，以整五十九师和七十七师进攻台儿庄，以整六十九师、整七十四师和第七军进攻宿迁。在陆续达成目的后，再令第七军向泗阳推进，掩护整七十四师进攻两淮，以整二十八师和整六十九师跟进宿迁和洋河，以为守备。此次作战中，陈毅部因情报不确，部署失当，导致泗阳防守兵力严重不足，中共苏皖根据地首府淮阴，以及苏北重镇淮安，很快均告失守。到10月底，中共军队被挤压在盐城、涟水、阜宁、沭阳一带狭小区域，继续坚持苏北已无可能。12月3日，国民党军再度发动大举进攻，先后攻占涟水、盐城、阜宁。尽管陈毅、粟裕两部在宿迁以北成功歼灭进攻新安镇的整六十九师三个旅两万余人，师长戴子奇被迫自杀，但是，苏北根据地也全部落入国民党军的手中，中共军队被退过陇海线，进入鲁南。

这个时候中共在各地作战，虽丧城失地甚多，但到底也让国民党军损兵折将不少，唯独在华北战场，晋察冀和晋绥两军区失地多而无斩获。中共战后在华北战场占据着主动地位，因此，内战开打之后，毛泽东亦为华北两军区规定了较高的战斗目标，即要求它们准备用六个月或较多时间，以晋察冀军区主力夺取平汉路北平石家庄段，相机占领保定与石家庄；然后会合晋绥部队夺取正太、同蒲两路，相机夺取太原和大同两城，从而将中共华北各根据地基本连成一片。[1] 为此，两军区为集中兵力，决定先打大同，再战平汉，然后再夺正太路。部队于7月20日开始围攻应县，8月初开始围攻大同，但攻了一个月，始终未能得手。蒋介石将指挥和救援大同

[1]　转见《毛泽东军事文集》，第三卷，第305—306页。

的任务交给第十二战区司令长官傅作义，傅部9月初开始自归绥出兵救援，中共集宁作战严重失利，被迫撤围大同。紧接着傅作义部以主力摆出架势，进攻中共华北区中心城市和连接西北与东北的交通枢纽张家口，却以骑兵避开铁路线，急速奔袭，于10月11日成功占领几乎没有留置部队把守的张家口。而与此同时，中共在热河、冀东和察北的根据地，也先后丧失。整个华北战场，仅鲁西南晋冀鲁豫军区在定陶地区的一次作战，有所收获。

进攻中共晋冀鲁豫根据地的国民党军队数量占绝对优势，仅用于一线进攻的国民党军就有十多万人，而中共晋冀鲁豫军区的主力只有五万人。由于部队刚刚打过陇海战役，损失了五千多人，兵力和弹药都还来不及补充。但因中共方面这时对敌情摸得到位，充分利用了国民党方面指挥系统不统一，战力强弱悬殊，相互协调差，各级长官往往视部队为自己看家本钱，不愿冒险救援的情况，于9月初集中兵力，在定陶以西地区围歼突出的整编第三师，俘获中将师长赵锡田，并乘胜追击，再歼退却中的整四十一、四十七师各一旅，迫使该方向进攻的国民党军队退回进攻的出发地。但是，另一路国民党军则进展顺利，先后进占单县、城武、鱼台、金乡、定陶、菏泽，并沿着菏泽、济宁公路由西向东推进，直逼晋冀鲁豫根据地中心的巨野和嘉祥地区。由于中共军队求歼整十一师未果，主力随后还是被迫退过黄河以北。

此番作战，国民党在夺取实地上可谓占尽风光。以至于参谋总长陈诚公开宣布：如果真的对共产党开战，也许三个月到多五个月便能解决。以国军的力量，对于交通，任何一线均可在两周内打通。[1] 蒋介石亦不顾国共关系全面破裂，马歇尔可能退出调停，单方面宣布限期召开国民大会。随着11月15日国民大会正式召开，马歇尔的使命即告彻底失败。

面对如此形势，就连一向主和的王世杰，也觉得中共是太过自信而自

[1] 《中央日报》1946年10月18日，转见汪朝光:《中华民国史》第三编第五卷，中华书局2002年版，第560页。

讨苦吃了。在得知张家口被占领后，他当晚记称："此事证明中共显已过分高估其抵抗之能力，否则三日前彼方当已接受休战十日之议。"[1] 而当得知政府军将要攻打鸭绿江边的安东时，他和宋子文均担心引起中苏冲突，极力阻止，结果蒋未同意。但他得知安东毫不费力即被打下之后，马上转忧为喜，日记称："中共军队虽号称数万，实则多为乌合之众。"[2] 据此，王世杰已不反对用武力解决东北问题，只是他再三提醒蒋介石和陈诚，无论用什么方法，都必须要快，不能久拖不决。

这个时候，国民党人内部对蒋介石及其政府多半还寄有相当的希望。相当多的人仍旧相信官方的宣传，认为国家和社会所出现的种种问题，主要是因为共产党的军队阻断交通，割据地方，攻击国军，造成国家动荡所致。因此，从正统的观念出发，许多人自然就把不满的矛头指向中共。包括一些与蒋介石中央军之间存在隔阂与不信任的地方实力派将领，这时也激于内乱不止而强烈地批评中共"制造内战，危害国家"。例如，具有相当民族主义思想的傅作义，此时就不止一次地以公开信的形式告诫和批评中共。他这样写道："中国人民经过了坚持八年苦战之后，一致的渴望和平，而毛泽东的路线，却是全面掀起战争，号召人民参战参军，长期战争。""一年以来，国家就在商谈不断而战乱无已的情况下，胜利的光彩褪色了，国际地位降落了，全国人民陷于求生不得求死不能的绝境！这个罪恶的责任，谁应该担负呢？"但是，即使在战况看起来很有利于国民党方面的情况下，也还是有人对国民党军实力受损的情况有所认识和担忧。此点只要看一下前军令部长，时任陆军大学校长的徐永昌的日记即可了解。

如 11 月 14 日，阎锡山对徐永昌等说："共我比较，共得势（能使一部分社会扰我），我得力（美助）。""共军大体环境不如我。""在今日军事上共不如我，政治上我不如共。"徐永昌事后在日记中写道："按阎先生所谓

[1] 《王世杰日记》，第五册，第 405 页。
[2] 同上，第 410—412 页。

共党环境不如我，其实共党之有些精神，亦颇赖其环境恶劣，我之腐化无能，又何尝不缘于环境优良？所以舍绝对不能生存之环境外，一般言，总是栽者培之，倾者覆之，天道好还，全在于人。”[1]

12月3日，徐永昌再写道：“秦绍文转述上官云相据孙仿鲁称，所指挥之十余师数月来剿共损失枪支八千，机（枪）（火）炮称是。又云，山东湮城国军一旅覆没，及最近苏北七十四军之损失等，以为败固败，胜亦不胜。盖每发动一攻势，胜后即将能机动之部队悉供于驻守，则尔后即再无主动能力。今日正入此境中。”[2]

12月9日，徐又记述称：“孙蔚如述，剿共军事由五月至十一月，被共俘将官五十二，其中十八军军长胡某及某军军长赵锡田，团长五十一员。由此以见胜负之况。今日真是官骄兵惰。”[3]

显然，徐永昌所得种种消息，也一样早在国民党军事高层中传得沸沸扬扬。故1946年1月1日傍晚军令部高层聚会时，众人皆愁眉苦脸，均“以为蒋先生暨辞修（陈诚——引者）在（国民）大会时宣称半年内可将华北共匪消灭一切，绝难做到”[4]。

二、从戡乱动员到总体战

1947年1月7日，马歇尔结束他在中国的使命，返回美国。蒋介石因此再无约束。他这时亲下手令，称：“我国军剿匪工作至此已达九仞一篑之时，只要我将领在今后一年期内，淬励精诚，奋发努力，彻底消灭万恶之奸匪，扫除革命之最后障碍，则滔天大祸敉平于一旦，三民主义实现于全国。”[5]

---

[1] 《徐永昌日记》，第八册，第340—341页。

[2] 同上，第347页。

[3] 同上，第350页。

[4] 同上，第360页。

[5] 转见总政治部编：《中国人民解放军战争军事文集》，第2集，中国人民解放军总部编印。

就在马歇尔即将动身，而蒋介石准备放开手脚，推行军事“剿共”政策之际，中共成功地推动了一场声势浩大、波及全国各大中城市的抗议美军暴行的游行示威运动。事件的直接起因，是美国海军陆战队的士兵在北平东单操场强奸北京大学先修班女生沈崇，但其深层背景，却是中国人因抗战、废除不平等条约、跻身世界四强和战胜日本而日渐高昂的民族主义情绪，对战后美军长时间待在中国不走，而且耀武扬威、横冲直撞、为所欲为强烈不满的一次大爆发。中共在各大城市，特别是在各个高等学校中的党团组织充分利用这一机会，从 1946 年 12 月 26 日开始，陆续在全国范围内发动数十万人上街游行示威。国民党亦深知中共在其中的影响，故不得不反其道而行之[1]，以各种高压手段将这场以学生为主的反美抗暴运动镇压下去。但是，蒋介石及其国民政府在这个问题上公开袒护美国的态度，却不可避免地把自己推到了大多数学生和教师的对立面。国民党在民众中威信下降，由此一发而不可收拾。

伴随着反美运动而来的，是经济形势的急剧恶化和国民党贪污腐败现象加剧所带来的影响。自抗战胜利以来，国民党接收大员“五子登科”，摇身一变，个个大发横财，房子、车子、条子（金条）、女子和面子，样样到手，早就引得路人侧目而视。[2] 到 1946 以后，由于物资紧缺，权钱交易盛行，投机倒把，囤积居奇，也成了许多人发财的手段。结果，到年底，上海物价的增长，较战后达 28 倍之多。就连外交部长王世杰都对物价飞涨、政府无能，感到“不胜忧虑”。他在 6 月的日记中写道：“近来一般舆论，对政府均甚觖望，其主要原因为物价高涨，政府财政之前途十分黯淡。”[3] 到 11 月，他又记道：美金兑换法币 8 月底还是 2020 元兑换 1 美元，如今政府价已升到 3350 元，

[1] 蒋介石在 2 月 14 日对美国记者的谈话当中明白断言：“最近之反美运动，乃共产党所制造者，中国人民与青年，除极少数受共产党之影响者外，对美国均有好感！”蒋介石：《中共问题只有中国自己解决》（1947 年 2 月 14 日），《先总统蒋公思想言论总集》，卷三十八，第 223 页。

[2] 姜豪：《“和谈密使”回想录》，上海书店出版社 1998 年版，第 237—239 页。

[3] 《王世杰日记》，第五册，第 341 页。

黑市价则早就超过4000元了，物价指数则干脆相当于战前的一万倍了。[1]

这种情况，正如《观察》杂志这时所评论的那样：“目前一般农民因受战祸、灾荒、黑暗的政治、错误的经济政策和地主土劣层层的压迫，生活早已在饥饿线上。至于战前的中层阶级（公教人员和薪水阶级），则早已因通货膨胀沦为大贫。现在惟一得意的只有包括封建力量、贪官污吏、买办阶级和资产阶级的既得利益集团。”[2]在上述获利者中，最为让人侧目而视的，就是国民党的各级军政大员们了。仅据徐世昌日记所记，当时国民党人自己内部议论的情况，即有：“平津机关，尤其今之河北省府及第十一战区长官部，于接收时欺诈贪污特甚”；“孔院长太太以为金钱万能，所以唯金钱是图。其长子之洋（扬）子公司，次女之嘉陵公司，长女及次子之两公司，亦将出现。盖仰仗孔庸之之力，以窃取国家社会之金钱，今更以此金钱渔利国家、社会之金钱矣。”[3]又记：孙科“卖房产与美使馆，要使馆方面少写价款，以便偷税，使馆方面不允，谓无法转报其政府”。[4]经济恶化已极，而达官贵人还要浑水摸鱼，这也难怪一些人会公开预言：“经济总崩溃之症已成”，再不悬崖勒马，中国将陷入不堪收拾之地步。[5]

然而，身为国家最高统帅的蒋介石，对此却闭目塞听，不以为然。徐永昌就曾亲眼见到向蒋介石对这种事情不可思议的漠然态度。他颇为不解地写道：有人“向蒋先生提及公务人员薪俸既不足自给，公务人员不因为饥寒以死，其出路不外窃国、蠹国，此亟须有以救正之，等等。蒋先生似不甚措意。奇甚”[6]。事实上，蒋介石在这时的公开报告中也清楚地表明了他的这种态度。他宣称：“有人今天喊经济崩溃，实在今年可保险绝无危险。

[1]　《王世杰日记》，第五册，第426页。

[2]　伍启元：《论当前中国经济情势》，《观察》创刊号，1946年9月1日。

[3]　《徐永昌日记》，第八册，第350、367页。

[4]　同上，第457页。

[5]　笪移今：《中国经济危机的出路》，《观察》1946年第9期；《大公报》1947年1月1日。

[6]　《徐永昌日记》，第八册，第367页。

物价高，通货膨胀，为一时现象，中国绝对有办法。”[1]

很显然，蒋介石这时依旧因为1946年军事进展顺利而信心满满。但是，国防部却已经看到作战兵力严重不足的问题了。报告称：“国军因受政略影响及局部状况之诱惑，致将主力逐渐分散于各战场”，“各战场之兵力，均非绝对优势，以各个战场比较优势之兵力，发动攻势，故不能获致重大之战果。同时，散布各战场之兵力，因种种关系，抽调转用，多不自由，以致每每发现良机，而不能捕捉。”[2] 尽管如此，蒋介石在1947年1月的总结中仍相当满意地宣称：“在去年四月以前，由于共产党扰乱的结果，全国几乎没有一条铁路可以通车，东北方面，共产党占据沈阳，控制所有的交通路线，最重要的北宁铁路也受着威胁破坏而不能通车，此外关内各线如平绥、同蒲、平汉、正太、胶济、道清、陇海、津浦、粤汉诸线，都阻塞不通，就是大江以南的京沪铁路，也时时遭遇共产党的威胁。经政府一再努力修复，到去年年底时，除了平汉路北段的十分之一、津浦路北段的二分之一、陇海路东段的十分之一和同蒲路北段之外，其他各主要干线都已渐次修复通车。”“自日本投降，至政府还都南京以前，各地匪患甚炽，甚至邻近首都的苏北即扰乱不安。江苏、安徽大部为共产党所盘踞。山东情形，尤为严重，全省百分之九十五皆为共产党所占领。河北一省，中央力量只及于北平、天津及石家庄等少数城市。山西也是如此。热河、察哈尔全为共产党势力范围。绥远有三分之一为共产党占领区域。东北九省及至我去年五月到沈阳时，大部区域还是由共产党盘踞。但是到了去年年底，安徽已全部收复，江苏只有陇海路以北的赣榆一县，河南只有黄河以北林涉二县尚未收复。河北方面，冀东各县已全部收复，冀南也已经收复三分之一。山东、山西已收复三分之一或二分之一的城市。察哈尔热河已全部收复，热东只

[1] 《大公报》1947年1月14日；并见蒋介石：《上年度党政军工作之总检讨》（1947年1月13日），《先总统蒋公思想言论总集》，卷二十二，第4页。

[2] 国防部第三厅第二处：《绥靖作战检讨》（二），第75—76页，转见军事科学院军事历史研究部编著：《中国人民解放军全国解放战争史》，第2卷，军事科学出版社1996年版，第263页。

有二县尚未收复。东北九省除了松花江以北的北满五省尚未收复外，南满地区已全部收复。新疆的伊宁事件，已签订条款，局势总算粗获安定。”[1]

其实，从 1947 年 1 月初开始，国民党在军事上，特别是在其重点进攻的山东地区，就已经开始面临麻烦。1 月 2 日，从苏北退至鲁南的中共山东野战军突然包围正在向城、傅山口地区的国民党整二十六师和第一快速纵队。仅两天即全歼该敌。然后中共山东野战军又连下峄县、枣庄，再歼整五十一师全部，俘虏整二十六师师长马励武和整五十一师师长周毓英等。蒋介石随即指示陆军总司令顾祝同先集中主力对付陈毅。为此，陈诚亲临济南策划鲁南会战。随后，蒋介石也亲临徐州和郑州督促和部署。1 月 28 日，徐州绥署发出作战命令，国民党军从南北两个方向夹击这时已合编为华东野战军的陈毅、粟裕部队。陈粟采取大踏步后撤的诱敌深入战术，并且主动放弃根据地重镇临沂。对此，北线第二绥靖区司令王耀武怀疑中共军队有北移打击北路兵团的企图，下令过于前突的李仙洲所部全线后撤。不意蒋介石一向喜欢专权，他坚持认为中共已“无力与我军主力作战”，严令李仙洲部大举推进。结果李部第七十三军七十七师首先被歼，李仙洲率第七十三军所余部队和整四十六师被围于莱芜城内。因整四十六师师长韩练成早与中共有秘密联系，故在中共安排下于 2 月 22 日夜临阵出走，使次日突围中的整四十六师失去指挥，迅速解体，一同突围的第七十三军因此很快瓦解。23 日这一天的战斗前后仅进行不过四个小时，李仙洲手下四万多人即如数被歼。李本人及其第七十三军军长韩浚与多名高级将领被俘，两个军（师）覆灭，驻守吐丝口的第十二军新三十六师亦弃城而去，却又遭华野伏击，大部被歼。结果，原已落入国民党军之手的博山、张店等再度被华东野战军夺回，胶济线又一次被切断。

莱芜战役的严重失利，使蒋介石颇为震怒。他亲自飞到济南部署善后，

---

[1] 蒋介石：《上年度党政军工作之总检讨》（1947 年 1 月 13 日），《先总统蒋公思想言论总集》，卷二十二，第 3—5 页。

并将王耀武等大骂一顿，训斥王不该让指挥能力差的李仙洲担当前线指挥，并免去薛岳的徐州绥署主任的职务，撤并徐州和郑州两绥署，设立陆军总部徐州司令部和郑州指挥部，把陆军总司令顾祝同调到徐州司令部来，而以范汉杰为郑州指挥部主任。不仅如此，为了弥补此前兵力还不够集中的不足，交由陈诚集中徐州、郑州两个绥署全部机动兵力，总共二十一个军（师），四十五万人，并编组为兵团，强调统一指挥与协同作战。战术上也强调纵深配备和兵力密集，要求以寻找中共主力决战为主，而不以占领实地为目标。

一切准备停当后，国民党军于 4 月 1 日开始全线推进，中共华野这回只在泰安寻机歼灭了整七十二师，就再也找不到下口之处。但它依旧不急不躁，节节后退，诱敌深入，耐心寻找时机。最终等到汤恩伯部六个师（军）中的整七十四师突出于其他各师，推进到坦阜南，遂马上咬住，以两个纵队从整七十四师两侧插入，强行割裂了它与两翼部队的联系。之后，华野以一个纵队强行军二百余里，袭占垛庄，又封闭了整七十四师的后路，进而以两个纵队从正面展开进攻。如此，华东野战军以五个纵队的兵力于 5 月 15 日完成了对整七十四师的合围，师长张灵甫被迫舍弃全部机械化装备和大部重武器，退踞到东西六七里，南北仅三四里的孟良崮，固守待援。结果如国民党军战报所言：“退守山地之后，饮料断绝，渴不可支，体力渐弱，各种火炮以俯角全失，效力降低，且阵地毫无遮蔽，全受共方火制。而山地概系岩石，匪方射击威力倍增，人马损害更大，尤以我军骡马及杂役兵夫，受敌炮击惊扰奔窜，引起部队混乱，致使掌握困难，匪军因得自各方渗入。”[1]

面对国民党军关内最精良的美械师整七十四师被围的情况，国民党指挥系统一时间说不上是喜还是忧。说喜，是因为蒋介石、陈诚、顾祝同等，大都相信以张灵甫师的装备和战斗力，绝对应当能够坚持数日，从而为一

[1]　《国民党一兵团孟良崮战役战斗详报》，《孟良崮战役》，第 251—253 页，转见汪朝光：《中华民国史》第三编第五卷，中华书局 2002 年版，第 659—660 页。

直求战而不可得的国民党各路大军找到与中共军队决战的机会。5月15日，顾祝同即致电张灵甫："只要贵师站稳，则可收极大之战果，亦即贵师极大之功。"[1] 说忧，是因为张师毕竟是国民党军的王牌师，而国民党军的痼疾之一，就是碰到这种时候，各路援军个个都怕被中共军队围点打援，多半会为了保存实力畏缩不前，万一张师被歼，影响军心就太大了。因而汤恩伯次日在电令各部队增援时，几乎不能不以恳求的口吻加以劝说。其电称："我张灵甫师连日固守孟良崮，孤军苦战，处境艰危，我奉令应援各部队，务须以果敢之行动，不顾一切，星夜进击，破匪军之包围，救袍泽于危困，以发扬我革命军亲爱精诚之无上武德与光荣，岂有徘徊不前，见危不救者，绝非我同胞所忍，亦恩伯所不忍言也。"[2]

但是，国民党内长期派系林立，争权夺利，影响到军队，情形就更加复杂。部队有嫡系和杂牌之分，军官有黄埔系与保定系等等之分。即使在中央军里，也一样有陈诚的土木系、何应钦集团、胡宗南集团、汤恩伯集团、顾祝同集团等等的区别。一些部队原本是甲系统的，后来却归属乙系统，乙系统的指挥官关键时往往要照顾自己原系统的部队，而将来自甲系统的部队置于危险境地。因此，一旦遇到危险，几乎所有的长官首先想到的都是自保。因为部队丢了，不仅看家的本钱没有了，而且会直接影响到自己派系的地位和力量大小。故不论汤恩伯如何命令或恳求，临近整七十四师的各部队依旧小心翼翼，生怕中了中共军队的埋伏。在孟良崮战役进行的一天多时间里，他们最快的也只推进了十余公里。而这一切，又都多少源自蒋之政策。对于这种情况，张灵甫此时就曾于孟良崮投书于蒋称："勇者任其自进，怯者听其裹足，牺牲者牺牲而已，机巧者自为得志。赏难尽明，罚每欠当，彼此多存观望，难得合作，各自为谋，同床异梦。匪能进退飘忽，来去自如；我则一进一退，俱多牵制。匪诚无可畏，可畏者我将领意志之不能统一耳。"

[1] 《国民党一兵团孟良崮战役战斗详报》，《孟良崮战役》，第251—253页，转见汪朝光：《中华民国史》第三编第五卷，中华书局2002年版，第661页。

[2] 同上。

如此“实不足以言剿匪也”。[1]

正是基于国民党军内部这样一种局面，华东野战军以不多的兵力，抓住战机，将整七十四师从国民党整个进攻体系中彻底分离出来，而且于16日发起总攻，当天下午就全歼了该师三个旅三万二千万余人，击毙了该师师长张灵甫和副师长蔡仁杰等。此役充分展现了国共两党军事力量优劣转换的趋势。

整七十四师的被歼，使蒋介石“悲哀痛愤”到极点。为了避免再出现如此惨重失败，蒋被迫将山东的攻势停了下来，把山东的将领召去南京，力求“对整个军队之战术、精神、纪律，作一番彻底检讨，彻底改革”[2]。

让蒋介石“悲哀痛愤”的失利还不止山东一处。3月初，蒋得知美、苏、英、法四国外长将于同月10日在莫斯科开会。为避免外长们又像1945年12月在莫斯科开会时那样，再提出一个干涉中国内争的公报来，蒋特意在外长会议开会的几乎同时，发动了袭击中共中央所在地延安的作战，并且在3月17日一举占领了延安。但是，由于负责进攻延安的第一战区司令长官胡宗南的机要秘书熊向晖是中共地下党员，因此，此次进攻的消息自然事先就秘密告知了中共中央，胡宗南部占领的只是一座空城。同其他战场上的诸多国民党将领一样，胡宗南受此重任，自不能让南京方面失望，只能谎报战果，以示大捷。[3] 得知延安到手，中共中央损失惨重，蒋介石和国民党人一时颇为振奋，再度认定由延安之败足以见“共党战斗力之衰竭”[4]。可是，不到一个月时间，胡宗南部第一三五旅即被歼灭，代旅长麦宗禹被俘。5月2日，胡部后方粮弹补给基地蟠龙镇又被围攻，其第一六七旅六千七百余人被歼，旅长李昆岗被俘，数万套军服、上万袋面粉和上百万发子弹和

[1] 转见《陈诚先生回忆录——国共战争》，台北“国史馆”，2005年，第140页。

[2] 《总统蒋公大事长初稿》，卷六（下），第471页。

[3] 见裴昌会：《胡宗南部进犯延安纪略》，《解放战争中的西北战场——原国民党将领的回忆》，中国文史出版社1992年版，第106—107页。

[4] 《大公报》1947年3月21日。

大量药品落入在陕北地区与胡宗南部周旋的中共西北野战军之手。

不仅如此，由于胡宗南为进攻延安，将驻守晋南的整编第一军董钊部调过黄河，投入陕北战场，晋南顿时兵力不足。中共晋冀鲁豫野战军第四纵队和太岳军区的部队，乘机发动攻势，攻克县城二十余座，控制禹门渡、风陵渡两个重要的黄河渡口，切断了胡宗南部与山西阎锡山部之间的联系，更直接威胁到关中和洛阳地区。

5 月 8 日，已经发展到 45 万人的中共东北民主联军，也开始大举渡过松花江南下，联合南满和东满的部队，发起夏季攻势。不到一个月时间，林彪所部就占领公主岭、开原、昌图、通化、安东、梅河口、通辽、郑家屯、围场、赤峰、昌黎、抚宁等二十多座城镇。原本就兵力不足的国民党东北守军，不得不向蒋求援。而蒋正因关内战争失利苦无良策，倍感兵力不足，自然无兵可派，只能要求东北方面收缩兵力，死守长春、沈阳等地。[1] 国共军事对抗形势，明显地开始对南京不利了。

面对军事进攻明显受挫的情况，蒋介石百思不得其解，“实在想不出他有什么道理！”。他这时再三强调：“比较敌我的实力，无论就那一方面而言，我们都占有绝对的优势，军队的装备、作战的技术和经验，匪军不如我们，尤其是空军、战车以及后方交通运输工具，如火车、轮船、汽车等，更完全是我们国军所独有，一切军需补给，如粮秣弹药等，我们也比匪军丰富十倍，重要的交通据点，大都市和工矿的资源，也完全控制在我们的手中。”“一切可能之条件，皆操之在我，我欲如之何，即可如何。”但“我们何以不能迅速把匪军消灭。匪军何以能用劣势装备而且毫无现代训练的部队来击败我们整师整旅的兵力？”对此，蒋介石总结来总结去，就是找不到自己的决策、指挥和国民党军队的根本问题何在，只能习惯于找下级的毛病。他声称：问题的关键在于，第一、国军长期作战，精神疲惫；第二、国军将领养尊处优，只图自保；第三、各级军官精神萎靡，不研究战术，

[1] 《总统蒋公大事长编初稿》，卷六（下），第 457 页。

不侦察敌情地形；第四、士兵供给不足，饥寒交迫，长官漠不关心，无动于衷，以致指挥每每失当，士兵毫无斗志。[1] 那么，这些问题又当如何解决呢？蒋介石却丝毫没有拿出任何有效的办法来。他再度想起了30年代“剿共”军事失败，1933年开办庐山军官训练班，一举解决了部队协调问题的经验，寄希望于能够用办训练班的办法，创造新的奇迹。殊不知，这个时候的国民党和当年条件下处于民望上升中的国民党，已经不可同日而语了。

由于经济政策严重失误，权力寻租现象全面发酵，再加上内战持续，城市的粮食等资源日渐枯竭，军费的消耗更像无底洞一样吞噬着政府财政，进入5月以后，物价如脱缰的野马狂奔不已，市民据以为生的粮食供应已出现严重恐慌。以上海为例，月初米价还在十三万元一石（约合一百五十公斤），到下旬就涨到将近五十万元一石。按照徐永昌这时的说法：“即一百一二十万加一倍，也颇难持（生活）。”[2] 然而一年前这个时候，上海工人的工资，针织业女工为五万元，机械工为两万元，国有银行男职员月薪约为十一万元，大专院校教授的月薪则只有5.2万元到7.8万不等。[3] 此时虽有所增加，亦只增加不过一倍左右。换言之，这时大学教授的月薪最好也只够买六七十公斤大米，平均每天连四公斤都不到，若养一家四口人，至多也只够吃米饭的钱。相比国民党文武官员五六十万、一百万元上下的收入还不够维持生活，其相距之远可以立见。事实上，这时各大城市大米、杂粮、食油、面粉已迅速供不应求，影响到卷烟、火柴、肥皂等日用品的价格也狂涨不已，终于引发大规模的抢米风潮。

中共上海分局自然迅速抓住这一时机，全力推动备受生活困苦折磨的在校学生和教师首先走上街头，掀起远较年初反美抗暴示威规模更大，影

[1] 蒋介石：《国军将领的耻辱与自反》（1947年6月1日）；《仁和墟与孟良崮两次战役之讲评及教训》（1947年6月6日），《先总统蒋公思想言论总集》，卷二十二，第135—138，163—166页。

[2] 据徐永昌日记，行政院代院长5月间报告称，将军最高的月薪不过63万元，文官最高者将近110万元。《徐永昌日记》，第八册，第411页。

[3] 胡素珊：《中国的内战——1945—1949的政治斗争》，中国青年出版社1997年版，第143页。

响更为深远的“反饥饿、反内战”的示威游行运动。而国民党人既没有办法解决经济危机，也不知道如何应付有共产党在其中推动的学生运动。5月18日，南京国民政府紧急颁布《维持社会秩序临时办法》，蒋介石也一如既往地出面发表强硬谈话，指责学生运动已越出国民道德和国家法律所许可的范围，显系共产党直接间接所指使。[1] 此举不仅不能阻止饱受饥饿折磨的学生们继续上街发泄对当局的不满，反而促成了更大规模的“五二〇”大游行。5月20日这一天，南京、北平等城市大批学生冲破军警包围，走上街头游行。军警强力阻止，激起了更广泛的抗议游行活动。这场运动一直持续到6月上旬，国民党不得不再度使用暴力，除打、砸、烧、抓和用高压水龙冲之外，甚至又一次在校园里开枪杀人和投掷手榴弹。[2] 学生们在中共地下党团组织的引导下，停止了游行示威和罢课斗争，但是，其“反饥饿、反内战”的要求和适时停止对抗的行动，却不可避免地激起知识分子的广泛同情，并且愈益暴露出国民党当局的独裁和暴力的面目，从而不可避免地激起了社会各界的强烈逆反心理。

经济形势恶化至如此程度，社会各界不满至如此程度，而国民党当局却无动于衷，自然也会极大地影响到本来就充满矛盾和不满的军队内部。海军司令桂永清这时就抱怨说：海军上校舰长月薪56万元，而招商局的船长月薪九百余万元；海军士兵月入六七万元，招商局的水手月入一百万有奇。徐永昌则指出：“现在武官最高级月（不）过八十余万（连军米、眷米在内），文官则二百万有奇。但文官一上校级约一百二十余万，尚不如一银行之传达，因其待遇稍多几万（如此政治安得不紊乱！）。”[3] 再加上中央规定地方供应由省担负，军队师长以至士兵不得私自责取，悉由长官部规定供应，而对中央军则不同。于是，地方军队异常困难，士兵副食费月仅1.4万元，实则4万元都不够。中央军的军官们则为所欲为。为养家糊口，“吃空额者

[1] 《总统蒋公大事长编初稿》，卷六（下），第455页。

[2] 转见金冲及：《转折年代——中国的1947年》，三联书店2002年版，第208—209页。

[3] 《徐永昌日记》，第八册，第453页。

有之，向地方诛求，从中贪污者有之，二项并行者有之”。[1] 有师长拖着军饷不发以之生息，月得十数亿元。傅作义并告诉徐永昌说：他附属的中央军某旅旅长，一个人就吃 800 个空额。其侄在无锡某炮兵团，“有连长竟吃空额四十人，民供给之柴草卖与另外之人民，乃伐民树以为柴，骡马则放青，军队之无纪律已成普遍现象云云”[2]。

如此待遇，到底还有钱可发。原来陈诚集中在中央训练团的各种军官，准备用于扩编的部队中，但因蒋推行裁并杂牌军的措施，致使部队编制一时不能增加，该军官等就业无门，养家糊口也发生困难，以至齐集数百人，于 5 月 12 日齐到中山陵前宣读祭文，痛哭失业。阎锡山也忍不住直接上书批评蒋介石称：蒋太过注意将来建国问题，却忽略了现在剿共军事事实上已经失败。如再不改弦更张，终会被共产党所打倒。[3] 反共态度坚决的徐永昌，这时也在日记中一一记下了国民党将领沮丧和不满的种种情况。

还在 1 月间，徐永昌就已经注意到：“今日之弊害：一、缩编整杂之非时；二、选才易风之不能。此外，一、对敌之心不如自利之心切；二、通信不能密，截电不能译；敌测国军如指掌，国军对敌在敷衍。”[4]

2 月间，陈诚频频报告军事形势大好，徐永昌却断言：不论战事眼前如何，“我经济紊乱，几将崩溃，无论军政，到处贪污，其危险且非军事所能补救。况军队战斗力多趋衰弱耶！”[5]

3 月中旬，冯治安、李兴中来谈，哀叹“军队纪律坏、士气坏，且谓士气之坏，中央系是由于贪污，非中央系是由于不公。末谓恐难持一年”。[6]

5 月 20 日，本来公开批评毛泽东和共产党的傅作义，这时却开始怀疑“咱

[1] 《徐永昌日记》，第八册，第 460 页。
[2] 同上，第 457、459 页。
[3] 同上，第 379 页。
[4] 同上，第 362 页。
[5] 同上，第 376 页。
[6] 同上，第 387 页。

究竟为谁打仗？”[1] 声称：“如此政治，如此军队，剿共真不知何年才能告一段落！”纵使政治有少许进步，现在也无济于事了。[2]

5月27日，某主任来谈，称“七十四师之失影响军心颇大。今四十师被困彰德，预料王仲廉无能力救之，即使有此力量，以王之营私舞弊，骄滑性成作风，亦无心救之”。“陈总长（陈诚——引者）排除异己，人咸侧目，今日渐亦低头无法，剿共前途诚属危险云。”[3]

不过，陈诚也有不满。陈公开讲：蒋介石不明白以军队现在之不合理情形，不能随意使用，必须稳扎稳打才行。而他几次都因坚持稳扎稳打而被蒋骂，使他几乎不能干下去，一度提出辞职。[4] 而他之所以深感绝望，也同样因为注意到军队之腐败已成不可遏制之现象了。[5]

眼看军事形势每况愈下，中共在东北的攻势又异常猛烈，国民党人这时已纷纷主张放弃东北，将在关外的精锐之师统统撤回关内。老国民党员萧萱这时给蒋介石的条陈云：“中政会开会结果，大多数委员赞成国军全部撤离东北，俾向全世界暴露苏联与中共在东北密切提携之事实。”张继就在会上大谈：“现在真是江河日下，今日并非不信总裁，不过派往东北军队都是精华，这种精华消耗到不精华，将如何？我们不能尽恃命运。到北方不保，恐南方亦难保。到那时又将如何？莫非真如总裁常说，我们要做白俄么？”[6] 萧萱据此大胆提出：“假使国军必欲坚守东北，战事再扩大与延长，我之损失必巨。如于再多损失之后或后路切断，不能入关，或损失太巨，虽若干入关，而战斗力弱，敌若追蹑我军，而冀东鲁北共军又起，更恐关未易守，而平津亦且危殆，全局更难应付。”“即令东北大军能如预计，且战且却，退入关内，此后东守山海关以及海岸可登陆之处，又须北固热河一带之防，又

[1] 董其武：《戎马春秋》，中国文史出版社1986年版，第237页。
[2] 《徐永昌日记》，第八册，第417页。
[3] 同上，第420页。
[4] 同上，第428页。
[5] 见《陈诚先生回忆录——国共战争》，第141页。
[6] 《徐永昌日记》，第八册，第434页。

须巩固平津，此三任务能应付裕如尚须努力。如再少此大军，诚恐又如昔时淞沪之壮烈牺牲后日寇平行进入南京也。”“我东北大军如能及早优势撤入关内，一可应付关外，二可守卫平津，三可吸引中共北方兵力，不易大举分途南犯。若失此一着，冀鲁豫北共军必更猖披，或再由津浦平汉两路发动攻势，吸住国军，突由晋南豫西，南犯湖北之鄂中鄂北，则在政府既为腹地，兼属后方，又少驻兵，危险之势，直不敢言。”[1]

蒋介石这时也很清楚国民党在军事上和政治上危机严重，为此，他不仅在每日祈祷时经常伤心痛哭[2]，而且在公开场合也承认：“自从去年七月开始剿匪以来，我们前方有若干师旅团部高级指挥干部为匪所袭击，指挥官且被匪俘，这不仅影响一部分的士气，而且使整个战局都受到顿挫。”[3]目前“时局逆转，人心动荡，军、政、经、社均濒危殆。奸党为遂行其推翻政府夺取政权之意图，其在前方则广泛展开武力斗争，攻城略地，着着进逼，而在后方各大都市，则鼓动风潮，扰乱社会，更无所不用其极”。但是，事到如今，除非准备让出半壁江山给共产党，否则蒋又怎么可能把已经发动起来的战争机器停下来呢？不仅如此，他连移兵入关的意见也听不进去，坚持仍要“固守长春，保卫沈阳”，期待不久之后能够在东北翻盘。他更是坚持宣称：军事优势还在国民党一边，只要“用斩钉截铁手段，拨乱反正”，“先肃清后方，安定社会”，即可再图军事上之进展。[4]

6月14日，白崇禧在军事经济专门委员会上提出：“过去我各战线皆优于共匪，今则仅山东一处优于共匪，而士气甚低。其致此之由，实因整编与取消杂牌部队致军队减少，仅能控制点与线（无控制面的力量），士气低落，人心怨上畏匪。为今之计，一、应明令讨伐，恢复战时体制；二、稳定第

[1] 《萧萱呈蒋总裁书》（1946年6月21日），台北“国史馆”藏蒋中正档案，特交档案51389。

[2] 《徐永昌日记》，第八册，第437页。

[3] 蒋介石：《宣读军官团第一期开学训词后讲解》（1947年5月12日），秦孝仪主编：《先总统蒋公思想言论总集》，卷二十二，第105页。

[4] 转见《总统蒋公大事长编初稿》1947年5月24日、6月20日条，台北中国国民党党史委员会编。

一线，与赶快建立第二线兵团；三、信任民众，建立地方武力，并举广西无共匪，全由地方有些武力；四、省主席要有全权，中央不要干涉其人事；五、应停止或延长选举期限；六、经济求自给自足。”[1]

看来，蒋介石接受了白崇禧的提议。他很快决定要实施总动员令，不仅用战时体制来巩固后方，稳定社会，明令讨伐共产党，而且希望能够以总动员的方式，把大多数国人团结起来。他随即一面借最高法院检察署之名，于6月25日公开通缉毛泽东，将毛泽东和共产党指为“窃据国土，称兵叛乱，祸国殃民，罪大恶极”的“乱匪”[2]；一面于7月4日借国民政府名义发布总动员令，以“集中意志，动员全国力量”，完成“戡乱”的目标。[3]

其后，国民党中央专门拟定《戡乱宣传纲领》。9月初，行政院颁布《后方共产党处置办法》，规定：“后方共产党员自愿脱离党籍并声明不再作活动或愿为政府效力者，除本办法另有规定外，其自由及权利与一般国民同受合法之保障”；“依本办法规定办理脱离共产党籍之人，应由当地政府及治安机关妥加监护，于满一年后经考察确无违法背叛情事者，其以前之行为得予免究”；凡共产党员或为共产党工作者，在本办法颁布后仍不能自首者，一律予以逮捕，然后移送有关审判机关，以妨害国家总动员令罪予以从重处罚。[4]10月21日，首都卫戍司令部、南京市政府发出布告：“凡潜伏本市之共产党徒，自应依法申请登记。”并限期至10月31日止为办理申请登记时间，“逾期不履行登记手续，一经查觉，立予逮捕法办”[5]。行政院这时还公布了一系列旨在约束罢工和学生会的条例。12月25日，更公布《戡乱时期危害国家紧急治罪条例》，规定凡破获中共地下党员案，均设专门法庭审判。而后因为总动员令作用不大，蒋介石更进一步规定所谓总体战和

[1] 《徐永昌日记》，第八册，第431—432页。

[2] 上海《大公报》1947年6月29日。

[3] 《国民政府关于通过蒋介石交议励行总动员进行内战提案的训令》（1947年7月4日），《中国现代政治史资料汇编》，第4辑第4册。

[4] 《后方共产党处置办法》（1947年9月），广东省档案馆藏档，2—2—268。

[5] 朱宗震、陶文剑：《中华民国史》第三编第六卷，中华书局2000年版，第159页。

党政军一元化的办法，要求军事、政治、经济三位一体，以军事为主，绥靖区长官统一指挥、监督辖区内之一切，强化保甲制度，号召地方实行“自清自剿自卫自富”之“四自政策”，做到“人必归户，户必归甲，甲必归保，而不遗漏一人，不散失一分力量”，随时抽查户口，随时“痛剿”“共匪”。[1]

三、变局来临前的混乱

国民党既然公开通缉毛泽东，向共产党宣战，1947 年 10 月，中共中央也毫不犹豫公开提出“打倒蒋介石，解放全中国”的口号，并且指挥人民解放军在中原、华东、西北、东北和晋察冀几大战场相继发起攻势。

在反复抱怨各级指挥官平庸无能之后，蒋介石不得不于 6 月 25 日起接手国防部的军事指挥权，彻底地独断独行。此前国民党的高层军事指挥，至少分国防部和行营两条线，国防部制订和下达计划与部署，是名义上的指挥者，实际上蒋时时通过行营加以干涉，或直接插手指挥事宜，结果形成双重指挥体制，使部队常常不知所措，作战备受影响不说，失败责任还都要算在国防部和国防部下属的各绥署头上。独断独行，至少减少了因为指挥意图矛盾或指挥系统混乱给部队带来的困扰。因此，在最初的作战中，国民党的军事确有一些起色。

如在山东战场，国民党军从 6 月 25 日开始全面进攻，虽几度发生晋冀鲁豫野战军攻入鲁西南，华东野战军主力转入进攻部队侧后，调动国民党军改变部署等情况，蒋介石都坚持原定主攻方向，毫不动摇，除三十二师、六十六师和七十二师，以及整五十七师等相继被歼外，成功地达成预期作战目的。10 月初，国民党军先后占领中共山东野战军用来接运驻朝鲜苏军通过南满转运来的各种军用物资的重要港口烟台和威海卫[2]，并且使华东野

[1] 朱宗震、陶文剑：《中华民国史》第三编第六卷，中华书局 2000 年版，第 156—157 页。

[2] 国民党海军及相关情报单位这时经常有情报说明苏方有船舰通过烟台或威海卫运送械弹汽油等给中共军队，并载去苞米、花生油等返回大连。如《徐永昌日记》，第八册，第 469 页，等等。

战军一、三、四纵队遭受到数万人伤亡和被俘的重大损失。而与此同时，晋冀鲁豫野战军按照中共中央的部署挺进大别山，虽然最终实现战略目的，但一路上也被迫丢弃几乎所有重武器，部队减员三万以上，近万人被俘。进入大别山以后，虽然部分牵制国民党军对山东的重点进攻，自己却因为陷入桂军经营多年的地方，部队难以在民众中立足，以至损失严重。[1]

国民党这一轮军事上的成功，使蒋介石的心态再度发生变化。他公开斥责国民党的高级将领“能够发展天才的太少，我可以说十个将领中找不出一个来”，如果“我不严格督导，那我们剿匪军事不知要演成怎样一种局势”。自6月25日独掌军事指挥权以来，“这三个月零六天的时间，可以说是国家转危为安，革命事业转败为胜的关键”。[2]

但是，对于这一轮军事上的胜利，国民党人的看法却颇不相同。参谋次长刘斐话里有话地称：亏得是蒋主席自己指挥，不然一经过陈诚、顾祝同，蒋的命令必然要被打折扣，绝难取得消灭陈毅部十分之六七的战绩。徐永昌则批评说：“回忆军令部时代，第一厅曾表举李仙洲不听命令至一二十次，皆无如之何。似国军已习惯成必然，非受到蒋先生部署命令方生作用。此可一时（用之），殊非国防长久之图。彼自取乐元首，私计得矣，其如国家何？思之悚然。”[3] 蒋介石指责国共力量逆转，“全由于负责人员之失职”，徐永昌与孙蔚如、高培五等却议论说：“其实蒋先生应负十之七八之责任。例

[1] 晋冀鲁豫野战军跃进大别山时，全军（辖第一、第二、第三、第六纵队）共12.4万余人，其中野战军直属队6370人，第一纵队3.3367万人，第二纵队3.1万人，第三纵队2.6468万人，第六纵队2.6322万人。进至大别山时，已仅为9万余人。到1948年3月转出大别山后统计，人员方面只剩下了5.86万人（留在大别山转为军区武装的约有1万多人，后来都严重受损被迫变成游击队了）。此时，野战军直属部队1938人，第一纵队1.7042万人，第二纵队1.2418万人，第三纵队1.3208万人，第六纵队1.4016万人。武器装备损失：轻重机枪1518挺、山炮23门、炮弹1089发，重迫击炮2门、迫击炮74门、炮弹5698发。其他重炮全部损失。参见军事科学院军事历史研究部编著：《中国人民解放军全国解放战争史》，第三卷，军事科学出版社1996年版，第122页。

[2] 蒋介石：《胶东军事检讨会议开幕致词》（1947年10月19日），《先总统蒋公思想言论总集》，卷二十二，第278、285页。

[3] 《徐永昌日记》，第八册，第462—463页。

如若干美国人士评论中国对土地问题无办法，通货膨胀，文武贪污无能，以及人事之无赏罚（如敷衍情面，对不善者不撤换，而另成立半代替之机构，或另调一助手，使二者皆难负责，或撤换而另调于不重要之机关，仅此一例可知其余），此等诸端，虽忧之者不能为讳（就军事言，仅仅希望作战军队不携带家眷之一件，即做不到，遑论其他）。罚不及亲，尤其为蒋先生之短（蒋先生好批示，而不知责以任务，人亦以此欺之，即愈要紧时愈请示，结果有功大家享，有过蒋先生得。事既难于有功，亦无法行赏罚也）。”[1]

白崇禧对蒋取代国防部的做法，也颇表怀疑。称：“从前被坏约四十师，今又一二十师，前后共失枪十数万支，炮三百余门，所得枪不过万余，炮不及百。辞修之错，首为整军与排斥异己等……蒋先生之亲自指挥更属然事。尤其远隔前方，情报不确，判断往往错误。”“蒋先生作风不改，前途不堪设想。”[2]

仅仅几个月之后，一度沾沾自喜于山东烟台和威海卫的克复，断言共产党“已经临到了总崩溃的前夕”的蒋介石，就意外地发现，国民党不仅没有扭转危局，而且在军事上竟然逐渐失去还手之力了。

先是8月20日，国民党胡宗南部属下的整三十六师在陕北沙家店地区被歼。然后由晋冀鲁豫野战军第四纵队为主组建的陈赓、谢富治集团大举渡过黄河，挺进豫西，佯攻洛阳，直下陕县、灵宝、阌乡、卢氏等城，连歼国民党守军约三万人，并利用缴获组建了榴弹炮团。该部随后突然包围了武庭麟的整十五师师部及第六十四旅，并歼灭之。又连克宝丰、鲁山、南召、方城、叶县、临汝、郏县、登封等城，活捉了武庭麟。到12月下旬，经过一系列的作战之后，陈、谢部一举将一直尾追其后的国民党军第五兵团部和整三师全歼于西平和遂平之间，俘虏了兵团参谋长李英才和整三师师长路可贞等。

---

[1]　《徐永昌日记》，第八册，第481页。

[2]　同上，第488页。

其间，山东战场的形势也开始改变。原本被动挨打的中共华东野战军西线兵团通过在沙土集全歼整五十七师，俘虏其师长段霖以下 7500 多人，其东线兵团成功跳出国民党军的包围圈，取得主动。华东野战军西线兵团还根据中共中央命令，进入豫皖苏地区，在 12 月 24 日与陈赓、谢富治兵团会合，夺取许昌、漯河、驻马店等重要城镇，再度切断陇海铁路，直接威胁河南省会开封和国民党战略指挥中心郑州。

几乎与此同时，一直战绩平平的晋察冀野战军发动清风店战役，于 10 月中旬包围胡宗南的嫡系部队罗历戎的第三军。经过三天战斗，歼灭该军 1.7 万余人，俘虏罗历戎以下 1.1 万人。该部随即乘胜夺取孤立的石家庄，全歼守军两万余人。东北民主联军亦从 9 月 14 日起，发动秋季攻势，在辽西走廊歼灭国民党军第四十九军军部和两个师，共 1.6 万人，进而在中长路长春至铁岭间全歼国民党军第一一六师主力和第一三〇师一个团，计两万余人，随后又在义县再歼从华北调来增援的国民党军两个师之大部，于 11 月 5 日结束攻势，转入休整。40 天后，该部再度发起冬季攻势。于 1 月 5 日全歼国民党新五军军部并两个师，俘虏军长陈林达等。之后，连克辽阳、鞍山、开原和四平，全歼守敌第七十一军第八十八师等，迫使吉林守军逃往长春。其间，国民党第五十二军暂编第五十八师师长王家善率部起义。至此，国民党军在东北只剩下长春、沈阳和锦州几个孤立据点，相互交通全部被切断，只能靠空运补给。蒋介石虽极力设法，组织兵力救援，却发觉已经没有足够的机动兵力可用，只能下令东北守军突围南撤，但守军将领明告，全无获胜和安全脱离把握。[1] 这一回，蒋介石再想要将部队退回关内都没有可能了。

中共这时最为困难的是在大别山的刘伯承、邓小平所部，因为无法完成建立根据地的任务，又四面受敌，不得不进行游击战，消耗极大。毛泽东最终意识到前此计划无法实现，遂同意部队暂时离开大别山，以便集结力量作战。刘、邓部跳出大别山后，原先背负着牵制国民党，围攻大别山

[1] 朱宗震、陶文钊：《中华民国史》第三编第六卷，中华书局 2000 年版，第 99—101 页。

根据地使命的陈、谢兵团等部的使命亦告结束，中共在中原战场的作战明显地活跃起来。3月中，华东野战军一部与陈、谢兵团攻取洛阳，歼灭守军青年军二〇六师等部，俘师长邱行湘、参谋长符绍基等。其后主动撤出，复于4月5日再克洛阳，又歼守军一部。此际，中共山东兵团也积极出击，连克张店、周村、淄川、潍县，俘虏整九十六军军长陈金城等。西北野战军则发起宜川战役，一举歼灭国民党援军整二十九军所部两个师四个旅，击毙军长刘戡、师长严明、王应尊、旅长周田之和李达等，占领宜川。随后于4月21日收复延安，25日占领洛川，并且一度攻克宝鸡。此战就连蒋介石也承认对陕西战场影响甚巨。其日记称：“我刘戡军之第二十七、九十两师，昨日在宜川西南二十里之石村地方被匪口袋战术所消灭，此为陕西我军一年来最大之失败。宗南疏忽粗鲁，未能研究匪情，重蹈覆辙，殊为痛心……此一损失，全陕主力几乎损失三分之一以上，维持关中与延安已甚为难。”“西北军事已处劣势，士气低落，人心必更动摇，时局将更动荡，而匪之枭张，亦将尤甚。”[1]

进入5月份后，国民党人忙于总统选举，闹得不亦乐乎。于是，改称中原野战军的刘邓部乘机发动皖东战役，击溃张轸兵团后卫第五十师主力。同月，粟裕所部华东野战军渡过黄河，于22日夺取河南省会开封，进而发起睢杞战役，于29日包围第六绥靖区副司令区寿年率领的，由整七十五师、七十二师、新二十一旅组成的区兵团，歼灭整七十五师和新二十一旅，俘虏区寿年和师长沈澄年等。位于杞县铁佛寺的七十二师因得黄伯韬兵团救援，逃脱被歼命运。这时中共山东兵团也乘机攻克兖州，全歼守敌整十二师。中原野战军则乘汉水流域国民党军兵力空虚，长途奔袭襄樊，歼其守军，并俘虏了第十五绥靖区司令康泽。中共华北部队也在这段时间里夺取临汾，切断平绥、平承、北宁、平汉铁路，并且成功歼灭太原绥署主任阎锡山组织的争夺麦收的南进部队一个总部，四个军部，九个师，两个总队。第七

[1] 《事略稿本》，1948年3月2、5日条，台北“国史馆”藏蒋中正档案。

集团军总司令赵承绶被俘，副司令原日本将领元泉馨伤后自杀。山西省会太原至此成为一座孤城。

眼见军事形势再度急剧恶化，国民党内早已怨声载道，甚至到处冷嘲热讽。最典型的莫过于郭悔吾关于目前盛行“国共合作”的说法。他讽刺说：今年补充枪五十万支，多数已转入于共军之手，“岂非与之合作？”徐永昌更记一例证说：“冯季英来述被停职经过，述及四十师分出之三个团，由鲁西追刘伯承部入大别山，在广济附近被匪消灭。嗣逃出千余人，干部若干。主席嘉其过去功绩，为（之）补充装械炮位，方领到，经许昌时，又全失于匪云云。”[1]

蒋介石对形势的判断固然也不甚佳，但他仍一秉以往态度，拒不承认失败，而是强调种种客观原因，以坚定自己的勇气与信心。他这时在日记中写道：“近日军民心理动摇已极，无人无地不表现其悲观主义之情绪。可说其对剿匪戡乱信心以及对革命与国家之责任心，完全丧失。尤其对领袖之信仰心，亦不存在。此种精神之影响，比之于共匪之暴动阴谋，更为危急。上海同济大学学生击伤市长，舞女结队捣毁市社会局，以及申新纱厂之暴动，皆为共匪在我经济中心捣乱，扰害社会，颠覆政府，作有计划之暴动。虽情势愈急，险象万状，惟余之信心绝未为共匪虚声暴行所动摇，自信尽我人事，不忧不惧，必能打破此一最大最后之难关，而获得最后之胜利与成功也。”[2]

然而，蒋介石这时的话还有多少人信呢？他解释军事上的失利，说是因为政府太爱惜人民，不像共产党那样“横征暴敛”，而是处处都想要保护。只要改变战法，“集中兵力，以匪之法打匪，剿匪之胜利有十分把握，我必定在三个月到六个月以内肃清黄河以南匪之主力”。[3] 但就连一度相信蒋介石有办法用军事手段很快解决共产党问题的王世杰，这时也不相信蒋的说法了。他在日记中写道：“白崇禧等在去年此时力称，六个月内可以武力解

[1] 《徐永昌日记》，第八册，第 510 页；第九册，第 7 页。

[2] 《事略稿本》，1948 年 2 月 3 日条，台北“国史馆”藏蒋中正档案。

[3] 《徐永昌日记》，第九册，第 44 页。

决中共。今则东北之局势固江河日下（安东等处已放弃），山东、苏北之共军依然未消灭，河南已大部为共匪所控制。今则皖北、鄂东、鄂北亦为共匪所侵入。共匪之威胁实数倍于去年此日。”[1]

国民党的高级将领内心里根本就认为这纯粹是蒋介石自己独断专行、任人唯亲的结果。还在 1947 年 11 月，即在军事形势刚开始逆转之初，刘斐就开始尖锐批评蒋称：“共党本无取得整个国家之势与力，但我们政治偏偏迫诱之。而主席大非前比，愈独裁，愈不近人才，同时愈不放心人，愈非私不用，孔、宋不论矣，罗卓英新以贪撤，而复用之东北，似此如何服人！明明江河日下，乃偏甚乐观，每谓匪不至于过江，实则策划于日内实行之进剿大别山匪如不成功，匪之过江可计日待也。”[2]

许多国民党军事幕僚人员这时已经确信，陈诚也好，蒋介石也好，都不足以应付目前关内的军事困局，他们力主将蒋介石极为忌讳的桂系将领白崇禧请出来，至少是主持华中战场的指挥，并给以全权。曾任驻延安联络参谋的徐佛观这时就向蒋直言称：“目前主要战场一为东北，一为华中，现河南已全部糜烂，湖北糜烂五分之三，全般态势皆日趋恶化，已渐至决定最后胜负之边缘。此乃政府今年之生死问题，其他一切利害问题均应从属于此一大利害之巨大问题下而衡量之。”“剿匪系跳火炕（坑）之事，共匪乃无法妥协之敌人，故无人能于剿匪过程中作非份之想。且桂系之政治欲望绝不能向钧座存问鼎之心”，况“任何干部所蓄之政治欲望，在领袖所掌握的大的国家政策之下，均无根本之危险性。此无须过为顾虑者”。“在危急存亡之秋，若钧座对某一重大问题之看法，社会上认为不及另一人之看法，即可减低钧座之威望，而增加另一人之潜力，其影响之大，非言语所能形容。国军干部与陈辞修先生之关系甚深，与白健生先生之关系浅，而辞修先生年来之威望亦远非健生先生所能企及。然职闻去岁上春以来，辞修先生在中训团对军官之

[1] 《王世杰日记》，第六册，第 175 页。

[2] 《徐永昌日记》，第八册，第 507—508 页。

训话之反应，反不如健生先生之良好，此实值得深长思考者。”[1]

徐佛观在呈文中，不仅直言劝蒋，不要太过虑桂系的威胁，明言陈诚的威望已大不及白，而且还特别提到力图维护其“湖北王”地位的何成浚排挤白的不良用心。从中可以很清楚地了解到，即使到了这种时候，国民党人内部相互防范、排斥和不信任的情况，仍旧极其严重。这种情况更直接表现在前线作战的军队指挥官之间。这时被蒋授命负责打通沈阳和锦州交通的冀热辽边区司令范汉杰，就密告蒋在前线的耳目，反映东北剿总司令长官卫立煌不满任命他进驻锦州，分割其权力，因而“处处牵制”。电称“钧座令范汉杰督训正在锦州训练之部队，卫总司令亦不同意，廖耀湘现已另派其副司令舒适存至锦州负督训之责，范不能指挥”。“凡作战、训练、装备等诸般事宜，卫总司令多径下令与孙渡，甚至各军长，但不通知范汉杰。”“并嘱范因其不明全般情况，不得其同意，不可径向钧座报告有关军事问题。”而事实上，东北剿总参谋长“赵家骧、廖耀湘等表面拥卫，暗中各处活动，不惜以种种造谣手段，期使杜聿明重回东北”。范汉杰也采取各种办法拉拢驻锦部队，如组织军官代理人俱乐部，由自己领导，以便时机成熟时能够掌握部队，等等。[2]

国民党人之间为什么会走到近乎四分五裂的状况？这一方面由于国民党历史上派系林立，蒋介石靠收编地方势力维持形式上的统一，另一方面则明显地与蒋介石自身的统治术有关。对于此点，这时就连国民党内众多干部都再也看不下去了。眼见整个军事、政治和经济形势急剧恶化，他们纷纷集会、上书，检讨“病根”，直言蒋独裁统治之错误。他们指出：“国大代表和立委除了极少数人以外都是失意的军人、腐化的官僚政客、封建的土豪劣绅以及资本家投机商人。至于领袖干部，无论团或党，都是以派

[1] 《徐佛观关于华中剿匪问题之意见》（1948 年 6 月 15 日），台北“国史馆”藏蒋中正档案，特交档案 51091。

[2] 《王叔铭呈蒋校长电》（1948 年 6 月 15 日），台北“国史馆”藏蒋中正档案，特交档案“剿匪”003 卷 51074。

系的利益为前提，来决定他们的态度和政策，从来没有见过他们体会领袖（指蒋介石——引者）的意思，真诚的来实行的。有时候照领袖的意思做，那是因为对他们自己有利，藉以利用领袖来攻击对方，巩固自己。总之，他们的斗争到了没有原则，不讲政治道德的地步。”关于共产党问题，多数人也明确认为根子在自己身上：第一大原因在于国民党“平均地权、节制资本均未实行”，而“不能实行民生主义，耕者有其田，不但农工分子离开我们，恐怕连军队都不能与共匪作战了”。第二大原因则在于“共党是党政军一元化，本党则否”，不仅“党的权力集于领袖一身”，“‘专断’‘独裁’”，“只有集权，没有民主”，凡事只“与一二左右亲近者谋之”，以致“堂奥深远，民隐难知，隔绝群众，不悉下情”，县以下完全看不到党的工作，而且领袖从来“重左右，轻党议”；“重政术，轻主义”；“重感情，轻法理”，如此行事，“党众谁复与钧座共祸福成败哉！”他们断言：“夫以‘政术’为制胜一时之计则可，因政术而弃‘党信’，则虽利一时，未有不败于永久。民无信不立，失信于民，即自败其党格，自食其诺言，党复何以自存耶？”他们提出：“恢复党信”，“决意实行民生主义”，声称为事“非钧座有大改革之决心，无以扭转危局也！”[1]

四、军事瓦解的种种原因

还在1947年夏天，国内外舆论就已经纷纷怀疑蒋介石及其领导下的国民政府能不能继续维持自己的统治了。美国的公众舆论早就在提醒政府：“必须考虑中国现政府行将崩溃及在位已久之蒋主席即将失其领袖地位之可

[1] 《干部学校师生座谈会纪录之一》(1948年)，台北中国国民党党史馆藏，特交档案005卷51523；《党员座谈会临时主席方觉慧呈报党员座谈会经过情形及发言结论》（1948年4月20日），台北中国国民党党史馆藏特交档案004卷51502；《吴铁城报告党务座谈会第一日开会情形》（1948年8月3日）、《吴铁城报告党务座谈会第二日开会情形及各同志意见》（1948年8月4日），台北中国国民党党史馆藏特交档案012卷40294、40295；萧铮：《论党务衰败原因并呈“重建本党方案”》（1948年8月28日），台北中国国民党党史馆藏特交档案004卷51503。

能性”，因为“国民政府着手改革，及国军征服共军”，希望渺茫。[1] 当年夏天，与国民党关系甚佳的魏德迈将军受美国总统指派来华考察，竟也开始对蒋介石继续领导的能力表示质疑。他在结束考察回国前夕发表的声明当中就公开说：中国国内形势好转的重要条件之一，还“须有有感召力的领导”[2]。言外之意，蒋已失去领导中国的威望了。领教过蒋介石固执己见，且排斥异己的个性的美国国务卿马歇尔，这时的说法更是直截了当。称：“蒋主席在政二十年，思想陈旧，性复固执，且极易受人之包围，不能发挥有效之力量。故中国政局不能改善之最大责任，实应由蒋主席负之。”他提出：中国的问题要想有所解决，蒋最好“退让贤路”[3]。亲眼目睹中国军事、政治、经济和社会状况一步步恶化的美国驻华大使司徒雷登，这时也一直在考虑如何应付蒋及其中央政权失败的前景。他先是设想，应当支持地方实力派成立分裂的政府，以此抵制共产党的胜利，继而又主张劝蒋退休，以便推动国共和谈，组成联合政府。[4] 美国朝野的态度都如此，国民党内部的分崩离析更是可想而知。

倒蒋毫无疑问一度是又站在反蒋立场上的众多国民党人和中间势力的最重要的政治目标。然而，想要在中国实现非共、非国的第三条道路的努力，在 1947 年仅昙花一现，便偃旗息鼓，消失得无影无踪。现实再明显不过，蒋介石的国民党政权固然难以维系，以共产党的军事力量之强，也断不可能听任另一股力量取而代之。因此，随着中共中央公开宣布愿意与一切民主力量合作，1948 年春天之后，那些与蒋介石离心离德的反蒋派国民党领导人，如李济深、冯玉祥及其所领导的国民党革命委员会等组织，就不能

[1] 《美英对华舆论摘要报告》（1947 年 8 月），台湾“国史馆”藏蒋中正档案，《革命文献》，第 46 册第 49 号。

[2] 《魏德迈中将结束赴华使命的声明》（1947 年 8 月 24 日），《中美关系资料汇编》，第一辑，世界知识出版社 1957 年版，第 770 页。

[3] 《密报》（1948 年 1 月 14 日），台北“国史馆”藏蒋中正档案，特交档案（二）42933。

[4] 司徒雷登态度的这种转变，在 1948 年 10 月下旬以前和以后可以看得相当清楚。参见肯尼斯·雷、约翰·布鲁尔编，尤存、牛军译：《被遗忘的大使——司徒雷登驻华报告，1946—1949》，江苏人民出版社 1990 年版，第 148—256 页；《中美关系资料汇编》，第一辑，第 327—328 页。

不转而密谋与共产党妥协与合作了。而这些在国民党内拥有众多亲朋好友、师生旧属的国民党人参加到共产党对国民党的战争中来，自然会进一步便利中共的情报工作，甚至是推动那些对蒋或对内战不满的将领们，在战场上反戈一击。

国民党革命委员会成立于 1948 年 1 月 1 日。在此之前，中共就很重视对国民党军的情报工作和策反工作。在情报工作方面，最早打入国民党的是钱壮飞等人。1930 年，钱打入国民党中央组织部调查科（中统前身），成为负责人徐恩曾的秘书。1931 年春，因顾顺章被捕，钱截获情报后被迫撤出。此后最有名的大概是 1939 年潜入军统的张露萍及她所发展的情报小组，该小组到 1944 年被破获，没有能对后来的国共关系起到怎样的影响。严格说，中共能够长期潜伏在国民党关键部门内，这个时候仍旧占据着关键岗位的情报人员并不很多。这里应当提到的有南京电信局军话台，包括重要军话台和次要军话台的主要成员，多是中共地下党员，他们自然在一定程度上有助于监控国民党最高军政机构的通话情况。[1] 另外，主动加入共产党，潜伏在孙连仲保定绥靖公署军务处担任少将处长的谢士炎等人，这时也在帮助中共做情报工作，并设有秘密电台，只是仅半年左右即被破获。[2] 传说自 30 年代即开始暗通中共，导致国民党淮海战役等作战失败的国防部参谋次长刘斐，实际上直到国民党退出大陆，都没有确实证据可以证明其与中共在这段时间里建立有秘密关系。[3] 包括曾经有意加入共产党，1948 年受命执掌东北军事大权的卫立煌和身为共产党员的剿总副秘书长兼办公厅主任汪德昭，辽

[1] 王正元：《监听专员见闻录》，上海书店出版社 1998 年版，第 298 页。

[2] 陈融生：《荷枪探路——忆谢士炎烈士》，《崇高的使命——忆战斗在国民党营垒的岁月》（上），军事科学出版社 1990 年版，第 142—150 页。

[3] 有关刘斐与中共建立有秘密关系的情况，近年所传甚广，但根据并不充分。至少依笔者所见文献档案资料，尚未发现刘在其担任国防部参谋次长期间向中共提供过秘密情报。故笔者倾向于相信刘斐自己的回忆。刘自认为 1949 年在香港参加国民党军政人员联名宣告脱离国民党之后，被邀请北上参加新政协，使“历年向往中国共产党的心愿终于实现了”。参见王序平等：《刘斐将军传略》，湖北人民出版社 1987 年版，第 144—146 页。

沈战役期间也都没有资料能够证实他们曾经与中共暗通款曲。[1] 当然，这时在国民党内向中共传送情报者为数不少，但他们大多都是中共各地组织策动或牵线，如汪维恒、张权、史永等，所在部门和职务不特别重要，故其情报的价值也较为有限。[2] 相反，在国民党军队内的中共党组织，这时在情报传递方面反而具有较突出的作用。如国民党第一一〇师中的中共党组织，就一直在秘密将该师所获得的各项重大作战行动情报，传送给中共军方。[3] 汤恩伯部作战科长刘泉溪经策反，则向中共提供了汤部的军事情报。国民党首都警卫师师长、驻浦口的第九十六军军长等，也都先后为中共提供了包括江阴要塞、沪杭沿线国民党军事部署图等。[4] 当然，在整个内战期间，还是有两个极具价值的情报人员需要提到，这就是熊向晖和郭汝瑰了。

熊向晖称得上是典型的情报人员，而他却是周恩来“下闲棋、布冷子”的顺手之作。他打入胡宗南部，还在抗战刚刚开始之际，他当时本是清华大学流亡学生组成的“战地服务团”的成员，恰好赶上胡宗南招收学生，被胡

[1] 因为中共在国民党内的秘密党员多为单线联系，或为长期潜伏的目的相当时间内不发生联系，这都造成一些在国民党内的中共党员并未直接在 1948—1949 年的两党战略决战中发挥作用。

[2] 关于中共情报工作之神奇，明显地被一些纪实文学之类的读物和海外的国民党人所夸大了。如黄仁柯在《沙孟海兄弟风雨录》（上海文艺出版社 2005 年版）一书中称汪维恒是潜伏在军政部部长陈诚身边的军需署长，1948 年 5—6 月到河北、东北视察后即将河北、东北独立团以上的部队番号、长官姓名、兵员实力、驻地部署等绝密情报交给了共产党，使共产党预先了解到东北国民党军的情况一说，就有所不实。实际上汪早在 1924 年就加入中共，后虽担任过西北五省军需局少将局长，但在辽沈战役前就离开军界，就任上海财政局长等职。且即使汪有所谓向共产党提供河北、东北团以上部队番号等情报之事，在当时也丝毫不是什么有价值的情报，因为长春、沈阳被围后国民党守军的情况中共方面早就一清二楚。至于书中所说张权传送情报一事同样有传奇色彩。迄今为止，就连张权此时的身份为何亦是众说纷纭。有说他是联勤总部视察员，有说他是太湖警备区警备司令和总后勤部中将视察员，有说他是国防部中将部员闲职，也有说他是黄河以西警备副司令的。至于张窃取情报一事，有说他在淮海战役进行中窃取了参谋本部作战地图，有说他是在解放军渡江前调查了国民党军江阴要塞江防情况绘制成图交给中共地下党，有说他两者都做了。而实际上，国民政府这时既没有参谋本部，也没有总后勤部。究竟事实如何，尚须研究。见上引书，第 325 页；张锦堂：《“上海起义军”的失败》，《崇高的使命》（上），第 104—105 页；《为上海解放献身的国民党军队将军张权》，上海档案信息网，http://www.archives.sh.cn/hshrw/gmgl/20030/200148.htm。

[3] 冷杰甫：《廖运周率部起义》，《崇高的使命》（上），第 500 页。

[4] 张执一：《在敌人的心脏里》，《中共地下党现形记》，台北传记文学社 1997 年版，第 157—159 页。

看中，报请周恩来同意后，留在胡部，官至胡宗南的机要秘书。由于抗战期间胡宗南负责包围封锁延安，熊的位置对确保延安中共中央的安全至关重要。但是，由于抗战条件下有种种牵制，胡宗南虽然有过这样那样的计划，却都没有实施，故中共中央基本上没有动用熊。熊最重要的作用，即是前述在 1947 年春胡宗南受命攻占延安的那一次。原本这个时候胡宗南已经送熊向晖去美国留学，熊早已离开西安，到上海准备动身。因为蒋介石突然决定进攻延安，召胡到南京，高度机密地部署袭击方案。胡宗南为了做得漂亮，鬼使神差般地把熊向晖临时召至南京，要熊帮助准备占领延安后的施政纲领等文件。这样一来，中共中央自然也就预有准备，及时撤退，确保自身的安全。[1] 不过，延安占领之后，熊向晖就去了美国，其作用也就不存在了。

从这个角度来看，内战爆发后在情报方面对中共军事上帮助最大的，理当是郭汝瑰。郭曾就读于黄埔军校、日本士官学校和陆军大学，以代旅长的身份参加过淞沪抗战，以暂五师师长身份参加过第三次长沙会战，并因有勇有谋而被陈诚看中，先后升任第五十四军参谋长、第二十集团军参谋长，乃至于国防部第五厅副厅长、第三厅厅长。但是，郭和熊向晖不同，他并非中共有意安排潜伏的情报人员。郭和后来相当一部分国民党将领一样，是早年加入过共产党，后来脱党的。郭直到 1945 年抗战结束前，眼见国民党太腐败，相信共产党政治清明，才又萌生“归队”思想，并很快与中共取得联系，进而被安排为中共提供情报。只是，战后初期郭还在军务署任职，1946 年 9 月才进入国防部，任负责编制和训练的第五厅任副厅长，11 月 26 日升任厅长。1947 年 3 月免第五厅厅长职，接任负责作战的第三厅厅长职。但不及两个月即被调任徐州陆军总司令部参谋长，在此前后差不多一年多与中共失掉联络。因此，除了 1947 年 3—5 月间有将近两个月左右的时间直接接触到作战计划以外，直到 1948 年 7 月 7 日，郭重新被任命为作战厅厅长一职之前，他并没有能够提供给中共多少特别有战场价值的情

[1]　熊向晖：《地下十二年与周恩来》，《中共地下党现形记》，第 43—46 页。

报。[1] 而即使在郭就任作战厅厅长之后，其情报的战场价值也仍旧有限。这是因为，国民党的军事指挥系统一向重叠交叉，比较混乱。用杜聿明的说法就是，这时的整个战争都是由“蒋介石的个人独裁指挥，不论大小情况的分析、大小部队的调动，都要通过蒋的决定指示。而蒋本人又不能集中精力掌握全盘情况，每日仅凭所谓‘官邸汇报’来决定指挥部署，或凭他本人‘灵机’一动，乱下手谕。因之一切指示到了前方，不是过时失策，即是主观武断。前方部队长不遵从，即有违命之罪；遵从则自投罗网”[2]。因此，除了部队整体部署的大原则之外，国防部作战厅获批的计划与部署，往往并不会严格地落实到战场上去。何况，郭就任作战厅长后四个月，淮海战役，即徐蚌会战很快即告展开，杜聿明等已经开始对郭有所怀疑，不让郭知道自己的作战方案了。12 月间，蒋亦不要郭再提供作战意见。如果照郭自己的感觉，实际上从这一年 10 月以后，他就已经开始受到监视，不得不小心翼翼，注意保护自己。淮海战役刚一结束，他就不得不辞掉作战厅长一职，于 2 月 4 日飞赴重庆，去担任七十二军军长去了。从上述情况来看，郭在情报上如果起过一些作用的话，也不过是在淮海战役之前的三四个月里，主要是传递出来一些有关辽沈战役的情报。对于淮海战役，无论是从已知中共所得谍报情况，还是从郭当年日记的内容看，都可以看出郭的情报价值不大。甚至，郭本人这时出于自我保护的目的，也很少真会站在中共的角度去设想一切。[3]

---

[1] 郭汝瑰：《蒋总统“红人”郭汝瑰投共始末记》，《中共地下党现形记》，第 249—251 页。

[2] 杜聿明：《淮海战役始末》，全国政协文史资料委员会编：《中华文史资料文库》，第 7 册，第 5 页。

[3] 有关辽沈战役期间中共中央得到来自南京国防部的“谍息”的情况，可以参见中国人民解放军历史资料丛书编审委员会编：《辽沈战役》，解放军出版社 1993 年版，第 96 页，等等；而中共中央党史资料征集委员会主编的《淮海战役》（中共党史资料出版社 1988 年版）中，中共中央的电报数量甚多甚具体，却不见有类似的内容。但即使是辽沈战役期间，由于卫立煌和郑洞国等屡屡抗命不遵，故国防部作战厅的计划亦形同具文，没有多大实际价值。而读郭在淮海战役期间的日记，可以看出郭仍在积极策划有效的进攻和解围计划。其多数难以实现，并非由于郭之计划对国民党不利，多是因为前线指挥官抗不遵行，郭对此亦十分恼怒。参见朱宗震等：《中华民国史》第三编第六卷，中华书局 2000 年版，第 237、282—322 页。

中共军事上战胜国民党的一个重要法宝，严格说来并不是情报工作做得如何出神入化，而是它的策反工作非常到家。据不完全统计，从1946年6月内战爆发，到1950年6月占领整个大陆（除西藏以外）为止，战场起义的国民党军队就达到将近八十五万人，接近被消灭的国民党军总数的九分之一。如果加上接受和平改编的将近三十万人，则占被消灭的国民党军总数将近七分之一。[1]其中较为著名者，如1947年2月25日第五十二军五十八师王家善在辽宁营口率部一万人起义。1948年9月19日济南守军第九十六军军长吴化文率部两万人起义。10月17日第六十军军长曾济生率部两万余人在长春起义。10月31日新编第一军暂编第五十三师师长许赓阳率部在沈阳起义。11月8日第三绥靖区副司令何基沣、张克侠率部两万余人在江苏贾庄、台儿庄起义。11月27日第八十五军一一〇师师长廖运周率部五千余人在安徽蒙城双堆集起义。1949年2月7日第一〇六军二八二师师长张奇率部五千余人在安徽芜湖至繁昌地区起义。4月23日海军第二舰队司令林遵等率舰48艘分别在南京和镇江江面起义。5月15日华中军政长官公署副长官、河南省主席兼第十九兵团司令张轸率部两万余人在武昌起义。8月4日湖南省主席程潜、第一兵团司长陈明仁、长沙绥靖公署副主任唐星、李默庵等率部在长沙起义。9月19日西北军政长官公署副长官、绥远省主席董其武、第九兵团司令孙兰峰等率部在绥远起义。9月26日新疆总司令陶峙岳、副总司令赵锡光及新疆省主席兼新疆保安司令包尔汉等率部在新疆迪化（按：即乌鲁木齐）起义。12月9日云南省主席兼云南绥靖公署主任卢汉率部在昆明起义，西南军政长官公署副长官邓锡侯、潘文华等率部在成都起义，西康省主席刘文辉等率部在彭县起义。12月11日第二十二兵团司令兼七十二军军长郭汝瑰等率部在四川宜宾起义。12月12日国防部挺进军总指挥范绍增率部在川北起义，第十九兵团副司令王伯勋等率部在贵州起义。12月21日川陕绥署副主任董宋珩、副司令兼第十六兵团司令曾

[1] 长舜等：《百万国民党军起义投诚纪实》，下册，中国文史出版社1991年版，第1627页。

甦元等率部在四川广汉一带起义。12 月 22 日川陕边区代主任喻孟群、第二路总指挥许绍宗等率部在四川广江一带起义。12 月 23 日国民党联勤总部第四补给区司令曾庆集等率部在成都起义。12 月 24 日第十五兵团罗广文率一〇八军、一一〇军等，以及第二十兵团司令陈克非、第十五军军长刘平等率部于四川彭县起义。12 月 26 日川陕甘边绥署副主任兼第七兵团司令裴昌会率部于成都北德阳起义，湖北省主席、第三兵团司令朱鼎卿等率部于四川金堂起义。12 月 27 日第十八兵团司令李振率部于四川简阳起义，等等。

由中共秘密策划的战场起义，对于在内战爆发后尚处于优势之中，以及后来在大规模战略决战过程中的国民党军，损害之大，要远远超过郭汝瑰等人的情报的作用。如前述 1947 年 2 月下旬的山东莱芜战役，第四十六军军长韩练成不仅在战役行动中向中共方面提供准确的自己部队行动的情报，而且在中共策划下临阵只身出走，造成全军指挥系统陷于瘫痪，从而为中共军队消灭第七十三军和第四十六军四万余人，创造了重要的条件。1948 年 9 月中旬开始攻打山东省府济南时，中共亦通过策反济南守军之一，整编第九十六军吴化文部，顺利地控制了国防部加紧空运援兵必须要利用的济南机场，并且在济南城防撕开大口子，彻底动摇了济南守军的防御决心。原计划要一个月打下来的济南，只用了一周时间就攻克了。攻城的华东野战军仅以十四万人就全歼守军十一万人，第一次夺取了具有强固防御工事的中心城市，还俘虏了第二绥靖区司令官王耀武等大批高级将领。10 月 17 日，被围达数月之久的长春守军之一，第六十军军长曾泽生率部倒戈，向中共东北野战军交出防地。第六十军此举，也是中共长期对这支滇军部队进行统战工作的结果。而它退出防守，当即使东北剿总副总司令郑洞国手下的守城主力新七军彻底瓦解，被迫也于两天后放下了武器。11 月 6 日，淮海战役打响，两天后，第三绥靖区副司令，身为共产党员的张克侠和何基沣，率领第五十九军两个师和第七十七军一个半师两万余人实行战场起义，不仅为华东野战军打开了通往徐州的东北大门，而且使华东野战军就便切断了正急于西撤的黄伯韬兵团的退路，使中共方面毫不费力地就实现了包围黄兵团的初步作战目标。战至22日，黄伯韬兵团被彻底歼灭，黄本人自杀，五个军十个师的高级将领大部被俘。其后，在包围黄维兵团的战役行动中，共产党员廖运周率领的第八十五军第一一〇师假意担当兵团突围的先头部队，通过中共中原野战军的防线后，即告起义，从而使黄维后续的突围部队陷入混乱，突围计划完全失败。一一〇师的起义，影响到第八十五军第二十三师不受黄维信任，在中原野战军的围攻下宣布投降，致使协防的第十军受到牵连，很快于12月11日被歼灭，军长熊绶春战死。如此一来，黄维兵团只好下令各自突围。15日，黄维兵团亦全部覆灭，黄维及副司令吴绍周、第十八军军长杨伯涛、第十军军长覃道善等均被俘虏。

国民党军将领这时所以会大批起义或倒戈，显然与中共地下组织的成功策反分不开。1945年秋的平汉战役中，高树勋率新八军及河北民军上万人起义，导致战后国民党第一次有战区副司令被俘，第三十军、第四十军两万余人被歼，就是因为中共自抗战爆发前开始，至整个抗战期间，都始终没有放弃做高部的统战工作，并在高树勋身边派有自己的代表。战后蒋介石不允许高部前往敌占区参加受降，反而委任他为第十一战区副司令，要高部参加打通平汉线的作战，高自然不满。这时中共乘机策反，犹豫再三之后，高最终决定倒向共产党一边。[1] 淮海战役中第三绥靖区副司令张克侠、何基沣等部的起义以及第一一〇师的起义，更是直接由长期潜伏在国民党军队内的共产党人领导发动的。第一一〇师内部甚至建有秘密的中共党委会，师长廖运周就是党委书记。[2] 这种部队的起义，是迟早的事情，只是如何选择对打击国民党军最有利的时机罢了。

由于战争本身的需要和国民党自身四分五裂的情势，促使中共各个地下组织几乎都全力以赴地动员各种关系，加入策反工作。到1948年战争形势明显地有利于中共之后，各中央分局，甚至各市级党组织，或建立专门

[1]　王定南：《高树勋将军起义前后》，《崇高的使命》（上），第103—118页。

[2]　冷杰甫：《廖运周率部起义》，《崇高的使命》（上），第498—500页。

的策反工作委员会，或利用城工部展开策反工作。如中共上海局即以该局负责人张执一牵头组成策反工作委员会，先后策反做过蒋介石侍从参谋的段伯宇，并通过段策反其弟，即这时担任联勤总部运输副司令兼吴淞基地运输司令的段仲宇，就便又策反了蒋经国的亲信、做到国防部预备干部局代局长、干训第一总队总队长的贾亦斌。通过段、贾，又策反了蒋介石三个伞兵团之一的刘农峻团。与此同时，该委员会还策反了国民党海军重庆号、长治号、长江舰队和二十余架飞机起义，并且策反了负责死守上海苏州河以北地区的第五十一军军长等。[1] 由于中共这时高度重视国民党军队策反工作，常常是党政军各部门多管齐下，一个对象有多个线索在同时进行，争取力度极大。1948 年，中共派去吴化文部做策反工作的，就有三四拨人马，仅中共济南市委就有两条线索几乎同时在做吴的工作，吴的妻弟因为是中共党员，也中断了在北京朝阳大学的学业，受命前来做吴妻子的工作，最终取得成功。[2] 江阴要塞守军起义，也是同样情况。另外像争取张轸、程潜、陈明仁、唐生智等，也都是多条渠道在同时工作。

这时积极协助中共策反的，还有其他中间党派，特别是和国民党军队将领有众多师生、部属关系的农工民主党以及后来的中国国民党革命委员会的成员。第四十六军军长韩练成被策反，就与中间党派的介入有关。最著名的如国民党革命委员会委员王葆真，在帮助郭汝瑰传递情报时机关突遭破获，王不仅焚毁情报，而且备受酷刑，也没有供出郭汝瑰和他的中共联络人。[3] 国民党西南军政长官公署代理参谋长刘宗宽，则是农工民主党的秘密成员，1949 年初即与中共取得联系，向中共传送情报。[4] 川军刘文辉等

[1] 张执一：《在敌人心脏里》，《崇高的使命》（上），第 153—160 页；段伯宇：《国民党军心脏中的一条秘密战线》，《崇高的使命》（上），第 82—94 页。

[2] 李昌言：《策动吴化文部起义》、辛光：《争取吴化文起义》、林世英：《蹉跎半世获新生——忆我在吴化文起义过程中的工作》，《崇高的使命》（上），第 430—467 页。

[3] 梁佐华：《郭汝瑰起义历险记》，《崇高的使命》（上），第 397 页。

[4] 刘宗宽：《在国民党西南军政长官公署工作》，《崇高的使命》（上），第 333—334 页。

联系倒戈，就是由民主同盟代为引线搭桥。[1] 1949 年 8 月，包括黄绍竑、贺耀祖、龙云、刘斐、刘建绪、李默庵、贾异之、谌小岑、罗翼群、李任仁等 44 名国民党立法委员和中央委员联名发表声明，宣布脱离国民党政权，也有国民党革命委员会幕后策反的作用。

中共对国民党军队的策反工作之所以容易成功，实得益于三点。

第一自然是因为军事形势根本逆转，蒋介石的指挥完全失败，众多军事将领已失去继续作战的信心和勇气，不愿再为国民党作嫁衣裳，白白牺牲自己的部下。中共又严格区分了战场起义和缴械投降的政策界线，起义部队不仅可以基本维持原有编制，而且官兵均可享受不咎既往的待遇，这对处在动摇之中的许多国民党将领也颇具吸引力。多数国民党部队接受策动，宣布起义，都有这种因素在起作用。

第二是国民党军内部派系林立，互相挤轧，特别是杂牌军，包括非嫡系出身被编入中央军的将领，备受不平等待遇，甚至动辄被排挤吞并，造成众多非嫡系部队离心离德倾向严重。如前述高树勋在发动部下倒戈时就公开讲：“我们新八军过去受蒋介石中央嫡系的歧视，大家都清楚。就供给而言，比人家差十几倍，还经常受到他们的监视、分化和吞并。我去西安时，还当面受胡宗南的侮辱，这些年来受气的事是说不完的。”[2] 在这期间率部在战场上倒向共产党者，相当部分都是冯玉祥西北军的旧部，并非偶然。如第三十八军军长孔从洲、第三十八军一七七师师长吕元壁、陕北保安副总指挥胡景铎、第四十六军军长韩练成、第六十八师一一九旅三五六团团长张公干、保安绥靖公署军务处处长谢士炎、第九十六军军长吴化文、第三十军军长黄樵松、第三绥靖区副司令张克侠、何基沣，还有像第八十五军一一〇师师长廖运周所部，接受和平改编的华北剿总司令傅作义、绥远省主席董其武等部也是这种情况。另外大批起义的，还有东北军、滇军和

[1] 刘德等：《彭县起义》，《百万国民党军起义投诚纪实》（下），第 1237—1243 页。

[2] 王定南：《高树勋将军起义前后》，《崇高的使命》（上），第 118 页。

湘军、川军等部队。如起义的第五十二军第五十八师王家善、东北保安第三支队支队长韩梅村等均是东北军旧部；第六十军军长曾泽生及一八四师师长潘朔端、云南省主席兼云南绥靖公署主任卢汉等则属于滇军；湖南绥靖公署副司令刘兴、李觉、副主任李默庵、西北军政公署主任陶峙岳、湖南省主席程潜等则属于湘军；西康省主席刘文辉、前四川省主席邓锡侯、西南军政长官公署副长官潘文华、川东游击司令范绍增等则属于川军。不难看出，国民党非嫡系将领，特别是杂牌的地方派系的军队，与蒋介石及其嫡系军队之间的矛盾隔阂过深，是造成他们普遍容易被策反的根本原因。

第三是有不少将领正义感极强，颇具理想性格，对蒋介石国民党此时的作为和政策极为不满。较典型者如既是冯玉祥旧部，又曾加入过共产党的张克侠，这时就在日记中记有颇多不满现状和向往革命的言论。

他在日记中写道：“北平面粉闻悉已达百万元一袋，如考虑未来有数百万元一袋之可能，则不觉骇然矣！真不知人民如何活下去，当局者如仍能夷然自得，安坐火山口上，其雅度诚不可及。”“近来，物价之跃进，加上天灾及不已的人祸，经济崩溃，命运殆不可免。‘塞翁失马’，为人民之祸乎？人民之福乎！”“鲁西大战益迫，双方皆集中大兵，但国军行动较缓，又闹家务，将领互相攻击，将帅不和，前途可叹也！”“军心、民心、军事、政治、经济日在恶化，直呈一面倒之势，如物价之小落大涨，不可能好转。”“得民者昌，失民者亡，彼以组织死党，胁持大众，威胁利诱以操纵政治者，其能稍悟乎？在肘腋刀剑之下，各种浪潮仍风起云涌，其征象早已显明。”

正是因为张克侠有上述思想，他才敢于公然写信给同为西北军旧部的第三绥靖区司令冯治安，劝其学冯玉祥揭旗反蒋。函称：“现政府之情形，腐化至不可救药，虽有强大武力，终不能幸存。况且，所有武力全系仗美国支撑，自己连力量也没有，卖身投靠活着更没有前途。因此，我觉得为这样政府流同胞的血，支持它的存在，真是悲惨耻辱的事，对不起国家，对不起自己。”[1]

---

[1] 《佩剑将军——张克侠军中日记》，解放军出版社 1988 年版，第 320、339—361 页。

蒋系亲信或嫡系将领中的一些人，后来之所以也选择起义，也多有颇为相似的原因。如蒋经国手下的重要干将贾亦斌，就是因为目睹国民党日渐贪污腐败，巧取豪夺，与早先理想背离，因而对国民党失去信心。只因蒋经国抱负很大，贾一度对蒋经国还抱有希望。不意蒋经国 1948 年 8 月乘国民政府发行金圆券代替法币之际，雄心勃勃地在上海同时实施“打虎”行动，结果打到孔祥熙的儿子孔令侃及其扬子公司一案时，竟因宋美龄和蒋介石的干预而不了了之，此事激起贾的强烈逆反心理，最终对蒋经国和国民党都死了心，从而下决心倒向了共产党。[1]

促成国民党大批将领起义的关键，自然与战争后期人心所向，潮流所趋的大势有关，但不少人选择投向共产党，也有理想主义的因素在起作用。事实上，很多国民党人当年选择国民党，也同样是抱着救国救民的理想。而孙中山的三民主义，无论是民族主义，还是民权主义，甚或民生主义，与共产党人在统一战线时期宣传的政治理念、政策主张和言论宣传，本来就存在着相当多的相似之点。很长一段时间里，两党政治追求上的主要区别，在当年的许多青年人看来，不过一个较为温和，一个更为彻底而已。正因为众多有理想的青年人更倾向于彻底的解决办法，因此也就造成了从黄埔军校开始，国民党旗帜下的学生和青年军官大批加入中共领导的青年军人联合会，许多人更干脆加入了共产党或社会主义青年团。尽管，1927 年两党关系破裂后，中共政策一度转向“左”倾，导致了众多曾经同情甚或加入共产党和社会主义青年团的年轻的国民党军校学生等转向国民党，但是，随着国共两党再度和解，中共政策进行重大调整，重新高唱民族民主革命口号，两者之间在政治上又不可避免地形成了一种竞争的关系。随着国民党自身的弊端日渐暴露出来，不少早年加入过共产党，或与共产党有过关系的国民党将领不免会重新思考自己当年的选择。如张克侠、廖运周、郭汝瑰、侯镜如等，就是在抗战期间或抗战结束时因为对国民党失望，而重

[1] 贾毅等整理：《半生风雨录——贾亦斌自述》，中国文史出版社 1996 年版，第 150—158 页。

新主动与中共发生联系的。而其他一些将领，如何基沣、谢士炎等，则是在此期间因为不满国民党的作为而加入共产党的。还有一些将领，如卫立煌等，也是在抗战期间主动要求加入共产党，只是因为中共中央考虑到方方面面的原因，而未同意其申请罢了。而相当一批黄埔生的思想转变，就更是直接与当年的经历密切相关了。这种情况显示，还在抗战期间，特别是抗战后期，在一些国民党将领的眼睛里，国共两党之间就已经显露出明显的差别来了。等到抗战结束，内战爆发，中共擎起反内战、要民主的大旗，国民党政治上、经济上弊端百出，社会民众和舆论开始强烈不满之后，国民党将领中的离心力自然日渐加大。许多人因为失望而不满，最终纷纷选择站到推翻蒋介石国民党统治的一方去了。国民党军事上的迅速瓦解，这不能不是一个极其重要的原因。

第十七章

国民党对中共的最后一搏

国民党嫡系与非嫡系之间酝酿已久的冲突，终于随着蒋介石军队的主力依次在辽沈、平津、淮海三大战役中消耗殆尽，而公开爆发了。在这一阶段国共内战中几乎毫发无损的桂系势力，显示出了觊觎中央政权的强烈野心。当然，蒋系、桂系，都懂得“螳螂捕蝉，黄雀在后”的道理，李宗仁、白崇禧借力打力，假和平谈判的旗号，到底还是向蒋“逼宫”成功，一时间坐上最高统治者的位置。然而，李、白此举，无论对蒋系，还是对中共，其实都是自毁形象的昏招。一方面，李宗仁根本没有可能真正取蒋而代之，一切党政军经大权依旧在蒋的手里控制着，任何可能损害国民党法统地位的妥协，即使李、白能够接受，也不可能为国民党实权派所接受；另一方面，中共已经宣布战争罪犯名单，并且公布了以彻底废除国民党法统地位为核心的八项严厉条件，其目的就是要彻底否定国民党。接受中共的条件，桂系就将再也无法在国民党内立足，更不要说取得更大的实权地位了。如此一来，国共和谈的结束，就成了李宗仁下台的进行曲，同时也成就了国民党退出大陆前的最后一搏。

一、桂系和共倒蒋密谋

1948 年 9 月 16 日午夜，解放军 14 万人开始大举进攻国民党 11 万重兵把守的山东首府济南。在成功策反原属西北军系统的整编第六十九军军长吴化文战场起义之后，仅一周时间就攻克国民党长期经营、坚固设防的济南城，从而揭开了与国民党战略决战的序幕。而几乎与此同时，辽沈战役也开始打响。东北野战军于 10 月 15 日首先攻占锦州，21 日迫使被围已久的长春国民党守军先后起义和投降，28 日于运动战中全歼国民党廖耀湘兵团，然后于 11 月 2 日先后攻占沈阳和营口，进而再占锦西、葫芦岛和承德，前后不到两个月，就一举消灭国民党在东北的三十三个整师，总共 47 万余人，完全占领东北和热河。紧接着，毛泽东指挥东北野战军迅速入关，完成对平津国民党守军的包围态势。解放军华东和中原两个野战军也根据毛泽东的提议，开始发起以歼灭徐蚌地区黄伯韬兵团为主要目标的淮海战役，并于11月22日全歼黄伯韬的第七兵团，然后又进一步围歼黄维兵团和杜聿明集团。此役总共歼灭国民党军五十六个师55万余人。

自1948年秋天以来，国民党不仅不数月即兵败如山倒，而且经济上更因蒋介石力推币制改革失败，造成金圆券风潮，导致物价暴涨，通货恶性膨胀，经济近乎全面崩溃。蒋介石领导无方的严酷现实，促使众多国民党人纷纷上书，或献策，或批评，个别地方实力派首领更是有心取蒋而代之。如沈阳刚一陷落，蒋的亲信幕僚之一、西北军政长官张治中就致电蒋介石，直抒胸臆，倡言非和平解决国共冲突别无他路。华中军政长官白崇禧亦转电蒋要求立即布告和平之意。[1] 华北军政长官傅作义亦托词电蒋，称两市各界乃至外国商会，一致要求将军队调离市区，以避免两市200万生灵涂炭，及北平古城和天津工业毁于一旦，其因“人事关系过熟，苦难顾应”，“乞钧座将职免职”，“另派大员接任”。[2] 而新当选的副总统、桂系头号领导人李宗仁则在倡言停战议和的同时，强调要想和谈则蒋非下野不可。他告诉司徒雷登（J. L. Stuart）：“委员长继续留在这里，有悖国家的利益和人民的愿望。美国的态度对他有巨大的影响，他应该被告知，美国政府认为，如果他在军事上彻底失败之前，马上离职，并在国家和政府中让位给新的非共产党领导人，那将是对人民最好的服务。”[3]

在蒋介石的中央军主力先后在辽沈和淮海两大战役中遭受覆灭性打击之后，以李宗仁、白崇禧为首的拥有相当军事实力的桂系在国民党内变得举足轻重起来。李、白对蒋的作为向来看不惯，他们很清楚，再让蒋一意孤行下去，国民党必将一败涂地，再无立足之地。为了拯救国民党，也为

---

[1] 《白崇禧致张秘书长岳军、张长官文白转呈蒋总统电》（1948年12月），台北中研院近史所档案馆藏，张岳军卷。

[2] 《北平傅作义致南京蒋总统电》（1948年12月29日），台北“国史馆”藏，蒋中正档案，《革命文献》，第28册第8号。

[3] 转见《被遗忘的大使》，第258页。

了满足自己的功名心，他们不免会想要接过蒋介石手中的这块烫山芋，在政治上做出一番作为。尤其是这时领衔华中剿总司令，统率30万大军镇守华中一带长江天险的白崇禧，显得格外冲动。在他的推动下，湖北省议会议员及地方士绅于12月公开联名发起和平运动。与桂系关系密切的国民党革命委员会主席李济深，这时也从香港发来密电，劝李宗仁、白崇禧、黄绍竑等与反蒋派共同携手，配合共产党。称："革命进展至此，似不应再有所徘徊观望之余地，放下屠刀，立地成佛，至所望于故人耳。""赞成开新政治协商会议，组织联合政府，立即行动，号召全国化干戈为玉帛"，乃当今唯一可行之道。[1]

白崇禧借此乘势首先向直接蒋发难。他于12月24日晚致电蒋介石，立主马上进行国共和平谈判，电称："民心代表军心，民气犹如士气，默察近日民心离散，士气消沉，遂使军事失利，主力兵团损失殆尽。倘无喘息整补之机，整个国军虽不辞任何牺牲，亦无救于各个之崩溃。不仅中国版图变色，我五千年之文化历史将从此斩断。言念及此，忧心如焚。职辱承知遇，垂念余年，当兹国家危急存亡之秋，不能再有片刻犹豫之时，倘知而不言，或言而不尽，对国家、对钧座为不忠，对民族为不孝，故敢不避斧钺，披肝沥胆，上渎钧听，并贡刍荛：(一) 先将真正谋和之诚意转知美国……请美国出而调处，或征得美国同意，约同苏联共同斡旋和平；(二) 由民意机关向双方呼吁和平，恢复谈判；(三) 双方军队应在原地停止军事行动，听候和平谈判解决。"[2]

白崇禧的电报经由张治中、张群转交蒋介石后，蒋与二张、吴忠信再三讨论。在军事和经济双重失败的压力下，蒋深知自己已回天乏术，与其一意孤行，承担一切责任，不如以退为进，把目前这个烂摊子交给李宗仁，自己幕后掌握，反而进退裕如。只是考虑到徐蚌地区会战刚刚展开，中央

[1] 《李济深致李宗仁、白崇禧等电》(1948年12月22日)，见《刘斐将军传略》，第147页。

[2] 《白崇禧致总统蒋电》(1948年12月24日)，台北"国史馆"藏蒋中正档案，《革命文献》，第28册(上一) 第5号。

军杜聿明、黄伯韬及黄维各部正在苦战中，一旦权力易手，军心动摇，影响前线事大，因此蒋还不想马上下野，只是暗做最坏的准备而已。他一面加紧任命一批亲信执掌东南、西南各省党政军大权，密令将国库数以亿计的黄金、白银和外汇移存台湾，一面派张群、张治中、吴忠信等亲信前往李宗仁宅邸，探询桂系对自己要求的底线。

李宗仁左右研究局势和蒋的态度后，力劝李对此应旗帜鲜明地表明立场。他们草拟，并经李同意送交蒋的条件是：

一、蒋先生以俯察舆情，顾全国本，不失其历史立场，主动下野。

二、李先生继承大任，宣布和平主张。

三、和谈以内阁为主体，由大总统赋以全权。

四、和谈事前准备：甲、改组内阁，网罗全国和平民主人士充实和平阵容（阵容人选另案研究）；乙、发动全国民意一致拥护和平主张；丙、运用外交使美苏英法对中国和平取得谅解并予以支持；丁、主动争取香港方面以前之反政府政治团体，勿使为和平障碍。

五、和平宣布时我方的表示：甲、撤销以前颁布之戡乱令，停止敌对行动；乙、部队主动撤离战场（平津沽除外），彼此保持若干距离，以免冲突（军事部署另案研究）；丙、释放政治犯及战俘。

六、和谈时机宜主动迅速，务在平津未失陷，蚌埠敌攻势未发动之前。

七、和谈地点以上海为宜，并作如左［下］之准备：甲、宣布上海为和平都市；乙、军事指挥机关及部队撤离市区，治安由警察维持；丙、保证各党各派的政治自由活动；丁、以和平人士主持市政。

八、和谈条款另案研究。[1]

[1] 《1948年12月28日李宗仁左右呈蒋总统建议书》，台北“国史馆”藏蒋中正档案，《革命文献》，（革）第30册（国共和谈字）第1号。

蒋介石及其幕僚对李宗仁等提出的条件作了修改，其主要为三点：即"一、蒋先生为便于政策之转变，主动下野。二、李先生依法代行总统职权，宣布和平主张"，以及"五、为保证和平谈判之顺利，军事应有严密之部署，尤须巩固军心，团结一致"。[1]

对此，白崇禧坚决反对。他专门打电话要李宗仁的秘书程思远转告李说："蒋下野必须辞职，由德公正式就任总统，不能用代理名义。如果名不正，那就什么事都办不了。"他力主对此无论如何必须坚持到底，不能有所让步。[2] 白崇禧之所以坚持要蒋辞职，显然是基于 1931 年蒋介石下野的教训。那时国民党宁粤两方闹得不可开交，再加上日军侵占东北三省，蒋介石也曾主动宣布隐退，但依旧暗中运作，过了不过一个月，就又重掌大权。因此，白崇禧深知，蒋如果不能彻底离开政坛，只靠自己在华中掌握的那些部队，李宗仁即使在南京坐上了代总统的位置，也难有作为。

1948 年 12 月底，来自国民党内四面八方的劝退电或主和电纷至沓来。白崇禧也不惜再次于 30 日电蒋，告诫"时间迫促，稍纵即逝"[3]。张轸、鲁道源、程潜等亦纷纷或直或曲请蒋"毅然引退，表示政治家作风"[4]。迫于情势，蒋终于不能不出面表明自己的态度。

1949 年元旦，蒋发表文告，第一次公开表示："只要共党一有和平的诚意，能作确切的表示，政府必开诚相见，愿与商讨停止战争恢复和平的具体办法；只要和议无害于国家的独立完整，而有助于人民的休养生息；只要神圣的宪法不由我而违反，民主宪政不因此而破坏，中华民国的国体能够确保，中华民国的法统不致中断；军队有确实的保障，人民能够维持其自由的生活方式，与目前最低生活水准，则我个人更无复他求。中正毕生革命，早

[1] 《蒋总统洁身引退及和谈大计纲要草案》（1948 年 12 月），台北中研近史所档案馆藏，张岳军卷。

[2] 程思远：《蒋介石发表求和声明的经过》，《文史资料选辑》第 66 辑，中华书局 1979 年版，第 77 页。

[3] 转见《文史资料选辑》第 66 辑，第 79 页。

[4] 《张轸、鲁道源致南京蒋总统电》（1949 年 12 月 31 日），《程潜致南京蒋总统电》（1949 年 12 月 31 日），台北"国史馆"藏蒋中正档案，《革命文献》，第 30 册（国共和谈字）第 10、11 号。

置生死于度外，只望和平果能实现，则个人的进退出处绝不萦怀，而一惟国民的公意是从。”[1]

蒋介石真的像他所说的那样对个人的进退出处绝不萦怀吗？当然不是。还在 1948 年 12 月 31 日宣读文告的晚会上，面对在场拥蒋干部的一片激愤之声，他就抑制不住地愤然宣告：并不是我想和谈，也不是我自己愿意下野，“我之愿下野，不是因为共党，而是因为本党中的某一派系”。[2]

进入到 1949 年，国民党已是败象毕露，这一点蒋介石自己也很明白。但是，依蒋之性格，他断不会向中共交枪投降，俯首称臣。元旦文告发布之后，他马上就给前线将领打气称：“要知道政府今天在军事政治经济，无论那一方面的力量都要超过共党几倍乃至几十倍。自从东北作战以来，陆军方面虽然遭遇了许多挫折，但是在数量上和质量上迄今仍居优势，尤其是空军和海军，更非共党战力所能较量。此外就政治和经济的基础来说，亦非共党所能比拟。所遗憾的是，我们政府里面一部人员受了共党恶毒宣传，因之心理动摇，几乎失了自信。……我们今天倡导和平，并非避战求和，乃是可战可和任由共党选择。”[3] 他并告诫那些力主和谈的军政长官们说：和谈固不失为一种出路，然“如何乃可化除共党赤祸之野心，以达成保国保民之和平？如何乃可防止共党翻云覆雨之阴谋，以免战祸再起之害？”况“值此千钧一发之际，吾人如不能孰权利害，团结意志，而先自乱步趋，则适中共匪分化之诡谋，将陷于各个击破之惨局。须知今日之事，可和而不可降，能战而后能和。我族之存亡系于是。兄等自身安危亦系于是”。[4]

蒋介石心态如此，其实李、白也同样不打算降共，不过要取蒋而代之。在他们看来，和谈只是迁就现实，保存实力，与中共平分天下的一种手段。

---

[1] 南京《中央日报》1949 年 1 月 1 日。

[2] 南京《中央日报》1949 年 1 月 1 日；程思远前引文，《文史资料选辑》第 66 辑，第 80 页。

[3] 《总统府参军处致傅作义、陈长捷、杜聿明等电》（1949 年 1 月 2 日），台北“国史馆”藏蒋中正档案，《革命文献》，第 28 册（上一）第 19 号。

[4] 《蒋中正致信阳张主席翼三电》（1949 年 1 月 2 日）、《蒋中正致汉口白总司令健生电》（1949 年 1 月 2 日），台北“国史馆”藏蒋中正档案，《革命文献》，第 28 册（上一）第 16、14 号。

白崇禧复蒋电云："对于和议途径，职意仍本亥敬电（按：即12月24日晚电），尽量运用外交，尤须美国挺身而出，英、法想能一致。美、英、法出面邀请苏联，想苏联似不便拒绝，因中共为国际性组织，我非运用国际力量，不能阻止中共行动。""若苏联依据[莫]斯科三国宣言，不干涉中国内政为辞，则似有纵容中共南渡长江占领京、沪、武汉，使我失去政治、军事重心，再组联合政府，操纵把持，以遂其赤化整个中国之野心。届时我亦应请美、英、法三国担任斡旋，共同发表强硬宣言，并望积极助我，则苏联或许暗中约束中共南渡长江之行动。"与此同时，"我似可将苏联在东北、朝鲜北部缴获日械，接济中共，同时在东北发现日共、蒙共、韩共等国际共产军，因此中国之戡乱，不纯系内战，实际上是与国际共产军作战"等种种理由提请美、英、法考虑，"若美、英、法以不干涉内政为词，我可否向安全理事会控诉，请国际机构联合国仲裁"。总之，"自东北失陷，平津被围，中国关内共军与关外连成一片，直接与苏联之西[伯]利亚、外蒙、北韩均已通达。中共占有外援之优越形势，国军屡挫之余，此刻难以力争。故我应将中共问题变为世界问题，将国共战争变为反共战争，使其变为国际化，庶可得国际援助，渡过难关，再图整理"。[1]

表面上，李、白对蒋仍旧"总统"长"总统"短地叫着，但桂系到底与蒋系隔阂太深，对蒋排斥异已的种种做法和军事指挥上的无能深恶痛绝，因此巴不得利用这种机会逼蒋下野，以根本改变国民党日暮途穷的状况。他们很清楚，要想达此目的，光靠自己的力量不行，非利用共产党的压力不可。这就是为什么，白崇禧虽然坚决反共，却成了这一时期国民党内和共主张的重要推动者。他找来与中共有过关系的刘仲容，请刘经南京前往上海，设法联络中共，共同反蒋，并向李宗仁转陈他的和共计划。他同时还致电南京，召来与李济深有较深交情的桂系头面人物之一黄绍竑，请他

[1] 《白崇禧致总统电》（1949年1月9日），台北"国史馆"藏蒋中正档案，《革命文献》，第28册（上一）第32号。

携亲笔函尽快去香港，会晤李济深，说明桂系愿意联共反蒋的意向，希望李能够代为引见中共代表，切实争取中共的谅解与支持。

1949 年 1 月 3 日晚，刘仲容到上海，会见中共秘密联络人员吴克坚，说明白崇禧的想法，请吴帮忙接通与中共的联系，并告诉他中共方面的态度。当时中共中央对与国民党谈判，尚未确定最后方针，刘在上海多日，却始终没有得到答复。十天之后，黄绍竑到达香港，马不停蹄地赶到李济深宅邸。不想，李已经乘船转去大连，参加中共中央召集的新政协的筹备工作。黄只好打电话给国民党革命委员会的另一位负责人黄琪翔，请黄帮忙与中共驻香港的代表联络。黄绍竑同时交给黄一封信，内称：健兄（即白崇禧）早有反蒋决心，只因时机未熟，不敢发动。上月 24 日致电蒋介石，实际就是为了倒蒋。蒋发表元旦文告，不过想接过和平运动的旗帜，以此卸去好战之责任而继续作战罢了。健兄认为，蒋决不会轻易下野，必须更进一步表示，发表宣言，公布蒋氏罪行，如再不悔悟，则须以武力解决。只是，表示这种宣言，必须有军事行动之准备，事前尤其应当与中共方面取得谅解与合作。因此，他特派黄绍竑为全权代表，负责向任公（即李济深）报告，并与中共驻港负责人洽商连络。请任公向中共中央通告：（一）武汉反蒋经过及以后决心与行动；（二）请中共中央转知华中当局，与武汉当局成立军事谅解，以免误会；（三）商定以后共同作战计划。健兄认为，时机紧迫，早日得到中共答复，宣言即随之发表，军事立刻行动。若迟延时日，蒋得从容布置，殊为不利。健兄并郑重表示：（一）欢迎国民党革命委员会迁入武汉；（二）绝不维护南京宪法、法统，拥护新政协解决国是。[1]

黄绍竑走后，黄琪翔连忙打电话给中共中央驻香港的代表潘汉年，要求潘出面见黄绍竑一次。三天后，二黄见到潘汉年。黄绍竑向潘汉年介绍白崇禧准备反蒋的经过情形，说明白目前与蒋系已成敌对，而桂系军力在华中只及蒋系的三分之一，程潜虽可联合，但如不得中共配合，反蒋仍无

[1] 《黄绍竑致李任潮函》（1949 年 1 月 14 日）。

成功可能。他并说，离开南京前，美国驻华大使司徒雷登的秘书傅泾波曾表示，美国认为蒋不下野，和平不能实现，即美援也不能解决危机，故美国已决心不介入中国内政。因此，桂系反蒋决无美国背景。[1]

中共方面这时对和谈问题尚在犹豫之中。毛泽东始终怀疑国民党人求和，多半“是在美帝、蒋宋指使下来做缓兵计的阴谋”。早在1947年10月，毛泽东就针对国民党人刘航琛组织和平统一大同盟问题告诫党内：这是美帝和蒋介石、宋子文策划的一箭双雕的办法。企图“请蒋暂避，保持现状，维护正统，缩编共军，既不清算，又不惩处。成则可造成拉拢一切对蒋不满的地方势力及中间党派来与我们对立，迷惑人民，孤立我党，待机反攻；不成则退保粤、桂、川、滇、黔、康，在自卫口号下不许我军入境。表面上造成鼎足之势，实际上是为蒋介石反动统治制造缓冲地区和后备力量”。“不但何应钦、白崇禧这类人可以伪装反蒋，就连宋子文、张群、张治中、朱家骅这类嫡系都可出头反蒋，其目的就在混入反蒋阵线，组织拥蒋力量。我们对于这类阴谋只有揭露反对，借以测验反蒋派别及人物的真伪，唤起人民大众更进一层的觉悟，决无利用拉拢之理。”[2] 一年以后，即1948年8月，毛泽东虽然对李济深、冯玉祥等中间派人士的倒蒋活动，主张不要一概反对，但他对国民党内此伏彼起的和谈呼吁依旧持相当强硬的态度。针对国民党内的和平运动，中共中央特别在12月25日公开宣布蒋介石、李宗仁、白崇禧、何应钦等43人为必须惩办的战犯。毛泽东更于新年献词中明白警告说：中国共产党绝不会怜惜蛇一样的恶人，一定要将革命进行到底，即要“坚持彻底干净全部地消灭一切反动势力，不动摇地打倒帝国主义，打倒封建主义，打倒官僚资本主义，在全国范围内推翻国民党反动统治，在全国范围内建立无产阶级领导的以工农联盟为主体的人民民主专政的共和国”[3]。

---

[1] 《潘汉年致周（恩来）、李（克农）并中央电》（1949年1月18日）。

[2] 《中央关于必须将革命战争进行到底反对刘航琛一类反动计划的指示》（1947年10月27日），《中共中央文件选集》，第16册，第575—577页。

[3] 毛泽东：《将革命进行到底》（1949年12月30日），《毛泽东选集》（合订本），第1380页。

蒋介石发表元旦文告后，毛泽东依旧不屑一顾，痛加斥责。1949 年 1 月 14 日，在斯大林的推动下，毛泽东才最终同意抓住和平旗帜，因而改变策略。[1] 这一天，他以中共中央主席的身份，针对蒋的元旦文告，提出和国民党军政势力谈判的八项条件。但毛实际上把这八项条件已变成了一纸降书。其内容如下：

（一）惩办战争罪犯；
（二）废除伪宪法；
（三）废除伪法统；
（四）依据民主原则改编一切反动军队；
（五）没收官僚资本；
（六）改革土地制度；
（七）废除卖国条约；
（八）召开没有反动分子参加的政治协商会议，成立民主联合政府，接收南京国民党反动政府及其所属各级政府的一切权力。[2]

黄绍竑到香港时，恰值毛泽东 14 日文告公开发表。潘汉年这时虽然已经得知毛泽东的声明，但尚未接到任何关于和谈的具体策略指示，因此，他对黄绍竑提出的要求无法具体答复，只是告诉黄：他会将其来意报告中央，有无答复，何时答复，却不能预告。[3] 实际上，中共中央这时所以没有具体指示，一方面是新策略刚刚出台，还没有深入筹划实施办法，另一方面也是因为它正等着看南京政府方面会做何反应。毛泽东显然认为在此条件下，不可能有长时间的和谈。他明确告诉华东野战军领导人说：目前部队暂以

[1] 参见杨奎松：《毛泽东与莫斯科的恩恩怨怨》，江西人民出版社 2000 年版，第 267—269 页。
[2] 毛泽东：《中共中央毛泽东主席关于时局的声明》（1949 年 1 月 14 日），《毛泽东选集》（合订本），第 1394 页。
[3] 《潘汉年致周（恩来）、李（克农）并中央电》（1949 年 1 月 18 日）。

长江北岸为范围，“不要立即渡江”，“等候南京伪政府答复我们的和平建议”。“如果他们同意这些条件，你们即应和平地开入南京，代表中国人民接收南京伪政府的一切权力，听候即将成立的民主联合政府处理。如果他们不同意这些条件，那就证明他们的所谓和平建议不过是一个骗局，你们应命令南京伪政府投降。如果他们又不愿意投降，你们即应歼灭之。”[1]

毛泽东的八项条件，蒋介石自然不可能接受。1 月 19 日，以孙科为首的行政院做出决议，宣称必须先行无条件停战，然后才能协商和平办法。这等于拒绝了毛泽东提出的八项条件。据此，中共中央决定支持李、白反蒋。20 日和 21 日，毛泽东、周恩来等分别起草电报，指示在香港的潘汉年和上海的吴克坚，电称：“望告黄绍竑，只要白有决心，我们可以和白联合对蒋”；中共对时局的态度以毛泽东 1 月 14 声明为准 ；“南京集团是主要内战罪魁。李、白对内战亦负有责任，如欲减免内战罪责，必须对人民解放事业有具体而确实的贡献。如李宗仁尚欲取蒋而代，白崇禧尚欲获得美援反对我军，则将不能取得人民谅解，可以断定无好结果”。电报指示，如白确有诚意，可派人带电台密码波长呼号到郑州，通过市政府介绍至刘伯承第二野战军司令部进行接洽。中共中央同时通知第二野战军政治委员邓小平，准备接待武汉白崇禧派来的代表前往郑州。[2]

与中共中央做出决定，支持李、白反蒋的几乎同时，蒋介石鉴于徐蚌杜聿明等中央军主力大部被歼，北平傅作义已决定接受和平改编，半壁江山已去，上海、南京危在旦夕，终于下决心要把剩下的烂摊子丢给副总统李宗仁了。他于 1 月 19 日“约见李宗仁，商谈时局，表示‘引退’之意”。白崇禧这时正在指使人草拟电报，准备宣布蒋的罪状，接讯后自然停止。21 日，蒋果然召集国民党中央常委会临时会议，宣读了下野文告，宣布“依据中

[1] 《热烈祝贺淮海战役胜利结束》（1949 年 1 月 20 日），《毛泽东文集》，第五卷，人民出版社 1993 年版，第 240—241 页。

[2] 《周（恩来）、李（克农）致汉年电》（1949 年 1 月 20 日）；《周、李致汉年、克坚电》（1949 年 1 月 21 日），转见《毛泽东年谱》（下卷），第 441 页。

华民国宪法第四十九条：‘总统因故不能视事时，由副总统代行其职权’”[1]。次日，蒋介石回到家乡浙江奉化溪口，李宗仁一夜间变成了代总统。

当然，蒋介石走前即要他的侍卫长兼军务局长俞济时，秘密通知电信局重要军话台的负责人：“嗣后凡是李宗仁、白崇禧、黄绍竑等三人经由电话中一切消息，你搜集后，立即通知我。”而蒋到溪口后，军事上依旧每天直接与参谋总长顾祝同、空军副司令王叔铭和京沪杭警备总司令汤恩伯等通话并指示机宜；政治上大至组阁问题，小至地方官员更换，蒋都毫不放手。孙科之后的行政院长，李宗仁推荐居正，蒋反对，李只得改请何应钦；首都警察厅厅长黄珍吾请辞，李宗仁不顾蒋的意见，直接任命自己的特工人员刘诚之接替，蒋马上嘱咐前国民政府机要室主任毛庆祥径函电信局长，不得接近刘诚之，不要为其提供方便。经济上，蒋不理李宗仁等人的强烈反对，硬是命令海军将国库存放的黄金和美钞全部运去台湾。[2]

二、李宗仁、白崇禧发动和平攻势

李宗仁刚一当上代总统，就雄心勃勃地试图兑现自己实现国内和平的诺言。1 月 22 日，上台伊始，李就发表文告称：“只要和平能早日实现，国家能早日步入和平建设之坦途，宗仁个人进退绝不计及。”“中共方面所提八条件，政府愿即开始商谈。兹已派定代表，俟得中共方面答复，和谈即可进行。”[3] 李同时分别致函李济深、沈钧儒、章伯钧、张东荪、宋庆龄、张澜、张君劢、罗隆基、黄炎培、章士钊、陈铭枢等中间派人士，征求他们对和平问题的意见，说明自己求和的决心。[4] 其后，他迅速令饬行政院办理下列各项事宜：（一）各地“剿匪”总部一律改为军政长官公署；（二）取消全

[1] 南京《中央日报》1949 年 1 月 22 日。
[2] 王正元：《监听专员见闻录》，第 275—281 页。
[3] 南京《中央日报》1949 年 1 月 23 日。
[4] 南京《中央日报》1949 年 1 月 23、24 日。

国戒严令（接近前线者俟双方下令停止军事行动，再行取消）；（三）裁撤戡建大队，交由国防部另行安置；（四）释放政治犯；（五）启封一切在戡乱期间因抵触戡乱法令，而被封之报纸、杂志；（六）撤销特种刑事法庭，废止特种刑事条例。他同时还下令释放张学良和杨虎城。[1]

白崇禧本不赞成李宗仁做这个“代总统”，因为一旦形势稍有变化，蒋介石即可重新行使职权。但蒋既然已经离开南京，李宗仁也已取得名义，他也还是多少抱有一些希望。他要黄启汉到南京去，告诉李宗仁，既然已经走上这条路，就一不做二不休，先来个释放政治犯，开放言论自由，争取人心；然后下令将蒋介石的嫡系干将陈诚和薛岳撤职，削其左膀右臂；同时与行政院长孙科商谈合作办法，不行就改组内阁。总之，冒险一搏，假如搞不过蒋，那就与蒋撕破脸。李宗仁显然也试图一步步照此去做，但由于一切实权仍旧操在蒋及其亲信手中，李的大多数命令其实连南京城都出不去。

就在蒋介石宣布下野的第二天，北平傅作义宣布接受和平改编，整个长江以北的广大地区和国民党的将近两百万军队基本落入中共之手，形势对南京更加不利。李宗仁这时的思想也颇为矛盾。他无论如何不想看到南京政府会走上北平傅作义的道路，并且深知他能否很快阻止解放军向南推进，将成为他显示政治能力，迅速赢得党内外广泛支持，最终取代蒋介石的关键。为此，他这时一面秘密派专人送电文给李济深，请其力劝解放军缓和攻势，开始和谈，以符人心，一面秘密派过去为中共工作过的刘仲华与黄启汉同去北平，带信给毛泽东等中共领导人，极力表示自己只求“迅速推动和谈”，“决尽绵薄谋和平之实现，名位权利绝不计及，也绝不为特权做掩护，求外援之支持也”。[2]

对于李宗仁上台，中共中央早就有所准备。但李宗仁上台还是使形势略显复杂，中共中央一时还无法判断蒋介石是否真的能退出政坛，也不清

[1]　南京《中央日报》1949 年 1 月 25 日。

[2]　《李宗仁致毛、朱、周、叶、林、聂函》（1949 年 1 月 23 日）。

楚当上代总统后的李宗仁能否真的赞同毛泽东的八项条件。因此，当南京政府行政院临时政务会议宣布要派邵力子、张治中、黄绍竑、彭昭贤、钟天心等五人为和谈代表后，毛泽东当即起草中共发言人的公开谈话，强硬表示：彭昭贤是主战最力的国民党CC派的主要干部之一，根本就是一个战争罪犯，中共方面绝不接待这样的代表。而我们之所以同意在毛泽东对时局声明的基础上与南京反动政府谈判和平解决的问题，只是因为这个政府手里还有一部分反动的残余军事力量，如果它愿意接受八项条件，那么用和平的方法来解决问题，就可以使人民少受痛苦。问题是“南京反动政府是否愿意接受中共所提出的反映全国人民公意的八个条件，现在谁也不知道”[1]。不仅如此，中共中央还通过陕北广播电台，进一步宣布一份包括蒋经国、潘公展、胡适等人在内的37人的战争罪犯名单，以此来向南京政府施加压力。[2]

鉴于形势尚不明朗，中共中央决定继续从军事解决着手。它电示潘汉年转告黄绍竑，中共中央已同意和白崇禧联合对蒋，要白立即派代表经河南信阳转道郑州，与中共前线负责人联络。黄绍竑当即表示：一定马上打电报给白崇禧，要他派人前去接洽。黄绍竑同时告诉潘汉年，他得知李宗仁代总统的消息之后，就立即电报李，要李务必停止所谓的“戡乱”，取消紧急法令，释放政治犯，恢复言论自由，否则的话无法与中共商谈和平。黄认为，李宗仁当这个代总统也是一个机会，可以利用这个位置把战争停下来。他明确表示，他不想充当南京政府的和谈代表，只愿以私人身份奔走和平。他问道：你们能否设法派人和我一同到北平去，同你们的中央负责人商谈出一个和平基本协议的草案，然后我拿给德公和健兄去考虑？

潘汉年对此表示拒绝，说明：李宗仁如能效法傅作义，先明确接受毛泽东的八项条件作为先决条件，就好具体商谈和平解决方案。如果像李宗仁现在这样，在南京空谈什么议和停战，恐怕什么问题也解决不了。他建

[1] 《中共发言人就和平谈判问题发表谈话》（1949年1月25日），《毛泽东文集》，第五卷，第243—244页。

[2] 《人民日报》1949年1月27日。

议黄还是尽快劝告白崇禧与刘伯承、邓小平洽商军事反蒋。因为如果局部商洽能够成功，将来很容易发展成全面的和平。[1]

第二天，黄绍竑按照与潘汉年的约定离开香港，经广州飞回武汉，向白崇禧报告接洽结果。据黄绍竑回忆，因蒋介石下野，李宗仁上台，白崇禧这时的态度已经有了很大变化。[2] 25 日，白崇禧并没有派他的心腹干部前往人民解放军第二野战军接洽，只是派了身为湖北省社会名流的鄂省和平促进会主席李书城和促进会干事李瀛刚二人，经信阳到漯河解放军刘、邓华东野战军第四纵队所在地。经军委批准，四纵政治委员雷荣天等接见李书城和李瀛刚。李书城称：临动身时，白崇禧一再表示对毛泽东提出的八项条件并无多少不同意见，只是感到中共方面宣布的战犯太多，尤其不应包括他本人在内。据李书城说，白崇禧甚至表示，他不会因此而放弃与中共合作。若得中共同意，他愿意充任江南进攻蒋系军队的先驱。

雷荣天的答复是：白崇禧愿意反蒋，我军欢迎，但白近几年来助纣为虐与中共为敌的事实也不容抹煞。因此，白崇禧应认清形势，尽快放弃一切幻想，如能协助我军解放江南，自然最好，如若不能，像傅作义将军那样，接受和平改编，也可以将功折罪。他希望知道白崇禧有何具体计划。李书城和李瀛刚对白在军事上的考虑显然毫无所知，只是强调白希望能够保全军队，最好是只改变部队名称与指挥系统。根据他们的想法，在以后的联合政府中还应给白以相当的位置。当然，他们也表示，对白还是有必要施加一定的压力，如此估计白也会接受改编军队的条件，只是最好能够讲求方式，酌量缓急适宜，尤其对白应从宽处理，允其立功赎罪。[3]

二李关于白崇禧希望保全军队的一席谈话，多少可以反映出白崇禧这时的心态。在蒋介石下野，李宗仁代行总统职务之后，白崇禧也像李宗仁一样，对于和平问题存在着相当多的幻想。他在给黄启汉的指示中直截了

[1]《潘汉年致周并中央电》（1949 年 1 月 25 日）。

[2] 黄绍竑：《李宗仁代理总统的前前后后》，《文史资料选辑》第 60 辑，第 57—58 页。

[3]《刘、陈、邓致中央军委电》（1949 年 1 月 29 日）。

当地提出，应当争取就地停战，及早开始和平谈判，务必劝说中共军队不要过江，将来以长江为界，暂时南北分治。他甚至在1月22日写给李济深的信中声称：现在李宗仁既已就位，决以最诚恳态度与中共进行和平谈判，就应全力求和，并努力扫除独裁祸根。至于将来国是，则应“由国人公意抉择”。这种态度，清楚地显示他在蒋介石下野后心态上已经发生很大的变化。这也就难怪，他在与黄绍竑争论时会强硬地表示：“如果（中共）迫我太甚，仍然还是打。你知道我们以前是草鞋出身，最后还可以上山打游击同他们拼一下。”[1]

对于李、白心态上的这种变化，中共中央当然不可能十分了解。注意到李宗仁公开表示愿意接受八项条件，毛泽东对按照北平和平解放的方式解决南部中国的问题开始有了相当的信心，因此突出强调要利用李、白与蒋系的矛盾。他特别去电要吴克坚转告在上海的刘仲容，要他转告李、白：应“准备实行和蒋系决裂，和我方配合解决蒋系”，使自己与蒋系有所区别。[2]

就在李书城等密访漯河解放军前线的同时，黄启汉与刘仲华也于26日由南京飞来北平。28日上午，中共新任北平市市长叶剑英根据中共中央的指示与二人谈话约一个小时。黄、刘二人详细介绍李、白两人手下可以掌握的军队情况，说李宗仁交代，他所设想的和平解决办法无非两种：第一是局部和平，并与中共并肩作战；第二是切实在八项条件下里应外合，推动全面和平。李的计划是想等蒋离开后，真正拿到政权再与中共言和。为此，李宗仁要求他们作为李、白二人的私人代表，留在北平，以便成为他们与中共联系的固定中间人。[3]

在北平市委随后举行的碰头会上，与会者对叶剑英介绍的谈话内容都表示不满意，因为刘、黄二人并没有带来多少新的东西。可是，在西柏坡的周恩来读到简报后，却认为黄、刘二人的谈有具体内容，有文章可做。在

[1] 《白崇禧致李济深函》（1949年1月22日）；黄绍竑：《李宗仁代理总统的前前后后》。
[2] 转见《毛泽东年谱》下卷，第448页。
[3] 《彭（真）、叶（剑英）：李、白代表谈话简报》（1949年1月30日）。

周恩来起草的中央复电中，特别批评北平市委对利用桂蒋矛盾重视不够。电报指出："加深李、白与蒋系的分裂，逼其站在我们方面，走上推翻美蒋统治的道路"的方针，对我十分重要。有必要利用一切机会使李、白反美、反蒋，与蒋系火并，以利我各个击破。因此，周具体指示叶剑英下一步谈话的策略办法。这就是，要刘仲华立即返回南京，告诉李宗仁："如其果有反蒋、反美，接受毛主席八条要求的真意，即应迅速与蒋分裂，逮捕蒋之嫡系将领如顾祝同、汤恩伯、俞济时、陈大庆及特务头子毛人凤、郑介民、叶秀峰、郭紫峻、毛森等人，方能站稳脚跟，进行和谈。否则，李、白不扣复兴社和CC系，结果必致李、白为复兴社和CC系的特务分子所暗算，弄得身败名裂，两头失踏。中间道路是万万走不通的。如李、白确愿在行动上有反蒋反美的表示，刘仍可来平，并携带密码呼波与叶接洽，以便建立联络。如李、白托黄、刘转告之言，纯系骗局，则中共便无此余暇与之敷衍。"[1]

2月2日，叶剑英根据中央来电，再度接见刘仲华，转达中共中央电报的内容。刘仲华听后，多少有点犹豫，他说：李太稳重，恐怕不敢作为。昨天上午，自己在电话中曾告诉他，蒋这次公然释放冈村宁次等战犯，他作为代总统，应先把冈村扣起来，听候人民处理，李却以在电话里听不清为由，不置可否。据刘仲华说，李的打算是先分化南京的政治力量，争取一部分军队为其所有，然后再有所作为。如此计不成，李那时或许会回武汉举旗反蒋，与中共并肩作战。但刘估计，李在南京既无力量，也无胆量逮捕中共所提到的那些人。他建议一方面中共应向李进一步施加压力，一方面可考虑抛开李，单独与白崇禧谈判，策动白单独与中共合作。[2]

刘仲华还未动身，就接到李宗仁的电话，李坚持要刘留在北平，协助安排南京所派和谈代表来平事宜。而与此同时，眼看解放军仍在节节逼近长江北岸，国民党主战派重新发出战争鼓噪，李宗仁如热锅上的蚂蚁，惶

[1] 《中央致彭、叶并告林、罗、聂电》（1949年2月1日），并参见《周恩来年谱》，人民出版社、中央文献出版社1989年版，第811页。

[2] 《彭（真）、叶（剑英）、徐（冰）：与刘（仲华）谈话经过电》（1949年2月3日）。

惶不可终日。不得已，他又亲自找到过去曾经和陈毅在苏北有过交往的李明扬，请他秘密前往江北陈毅部所在地，向陈毅解释他的难处，要求解放军南下能缓以时日。

李明扬于 2 月 4 日在南开大学教授姜颖初的陪同下离开南京，秘密渡江北行。行前，李宗仁亲自接见与中共有关系的姜颖初，态度显得异常恳切，激动时甚至声泪俱下，说是从北伐至今，蒋一贯企图消灭桂系，自己却仍受蒋的驱使，当了蒋二十多的走狗，实在痛心之至。而今他确实想与蒋决裂，同中共一起实现全国和平。人家说他这是要投降，但他为了结束战争，减轻人民痛苦，向人民投降，并不算是耻辱。对于他目前的苦衷，还希望中共多加谅解。

5 日，李、姜二人到达淮阴中共军队驻地，随后被送至野战军前线指挥部。根据中共中央的建议，陈毅和饶漱石一起接见了他们。

据李讲，蒋已将嫡系部队及实权机关随同主战分子，一同撤至粤、闽、台，表面上说是政府南迁广州，实际上主要机关和重要物资全部移往台湾，准备解放军渡江后在台湾组织政府，与美、日建立东亚反共同盟，订立军事协定，继续顽抗。蒋介石甚至还有计划，想要建立日本志愿军，释放冈村宁次就是为此。对释放冈村一事，李宗仁表示十分遗憾。他事先并不知情，事后曾命顾祝同将其抓回，但顾假装派人去搜捕，然后用“不知去向”来打发他。现在，蒋介石把江防大部都交给了桂系军队来防守，而让汤恩伯留守京沪。蒋的如意算盘是这次决不能谈成和平，中共非过江不可，那时首先倒霉的必是桂系，而他的嫡系将能够顺利后撤并监视李宗仁的行动。现在李宗仁在南京其实只是光杆司令一个，因此李宗仁对于逮捕在南京的战犯一事，颇感为难，称：“不要说逮捕他们，今天我不被他们捉去已算很好了”。

姜的讲法略有不同。他说，李宗仁临行前曾对他说，在蒋介石的军队中，他已经能够掌握百分之二十，如李延年、刘汝明等部，他有把握可以争取。黄旭初在广西的部队也可以参加反蒋，进兵广东。整个桂系有三十万军队，加上正在广西招募的二十万新兵，可以和蒋一拼。只是现在必须设法把桂系军队一部调至江西，一部调来南京附近，同时逼迫汤恩伯所部十余万军队退出京沪杭防区，另外改组国防部和联勤总部，撤换蒋之嫡系徐永昌及南京卫戍司令张耀明等人。那时候，如果汤恩伯还不听话，他就可以想办法把汤恩伯给解决掉。[1]

还在陈毅等人与李明扬进行谈话之前，李宗仁就在南京那边一个劲儿地给北平的刘仲华打电话，要求中共方面尽快安排南京和上海的代表来平，说是要来北平谈和的人越来越多了，有些老先生甚至闹到总统府来，那些中外记者更是吵着嚷着要来北平。有个“南京人民代表团”早在 3 日就飞到青岛，等着进去了。

2 月初，毛泽东估计“武汉、京、沪、长沙、南昌、杭州、福州、广州均有按照北平方式解决的可能”，因此对和平谈判较前积极。他明确表示：李宗仁、白崇禧，只要能站在有利人民事业的一方面，“依照北平办法解决京、沪、汉等处问题，我们即会以对待傅的态度对待他们”。太原如能照北平方式解决，我们亦可照待遇傅作义那样待遇阎锡山。2 月 2 日晚，毛泽东听到南京电台说，南京、上海都有代表团要来北平为沪宁和平游说。3 日凌晨，毛就起草专电给北平的叶剑英和彭真等，要他们“不要拒绝”，而且要“有礼貌地招待他们，探明来意，报告中央”。[2] 可见，中共中央这时已采取积极推进和平进程的方针，凡以私人资格前来的，几乎是来者不拒。

三、“四老”达成和平使命

4 日清晨，“南京人民代表团”的代表吴裕后拨通北平电讯局的电话，电话很快就转接到叶剑英那里。叶很痛快地表示同意代表团飞来北平，只是规定：(1) 6 日下午 2 时由青岛起飞；(2) 各代表名单、籍贯、经历、现

[1] 《彭（真）、叶（剑英）、徐（冰）：与刘（仲华）谈话经过电》（1949 年 2 月 3 日）。
[2] 《中央致彭、叶电》（1949 年 2 月 3 日）。

任职务，必须先送中共方面，取得同意；(3) 新闻记者不许同来。吴对此一一承诺，并当场将代表情况详加介绍，叶记录后表示认可。对此，毛泽东明确电示：“此种处置是妥当的”，对上海代表团亦可照此处理。[1]

不过，北平方式虽以和平为手段，实质却同样是彻底否定南京政权。因此，李宗仁的亲信甘介侯以南京政府代表自居，于5日对中央社记者发表谈话，扬言他也准备前往北平，且“唯一任务为从事敲门，敦促中共迅速即指派和谈代表并决定和谈之时间地点，以便政府代表团前往开始和平商谈”，这个消息惹得毛泽东大为不满。他当即告诉叶剑英：“我们决不许其来平。如果他混来了，剑英应拒绝接见，并将他驱逐出北平。”不仅如此，毛泽东还很快挥就一篇声明，公开警告说：“甘介侯这类从事‘和平攻势’的政治掮客，他只有资格在南京上海一带出卖其‘和平攻势’牌的美国制造的廉价商品，人民的北平不欢迎这类货色，对不起，请止步。如果甘介侯竟敢混入北平，贩卖私货，则北平人民很可能把他驱逐出境。”[2]

2月6日，以邱致中为首席代表的南京人民代表团一行人，乘坐美式运输机，从青岛起飞。飞临北平上空时，驾驶员应代表团成员的要求，特意在北平上空略作盘旋。没想到，当日上午和中午刚刚发生过国民党战斗机轰炸并扫射南苑机场和朝阳门东的情况，代表团的飞机又比约定时间晚了一个小时，防空部队刚进城，与警备司令部的电话联络还未及架通，结果飞机遭到高射炮的射击。好在驾驶员迅速反应过来并与机场取得联系，虚惊一场。飞机降落后，北平市市委的接待人员立即向代表们表示慰问，并用准备好的大轿车把代表团送到了北平最好的六国饭店。晚上还举行宴会，款待并压惊，叶剑英市长亲自主持。代表们对此深感满意。几位代表甚至面红耳赤地发誓说，不论此次接头有无结果，回去后一定不顾一切迫害，把人民解放军的情形和叶先生坦诚态度反映到南方去，说明共产党是要和

[1] 《中央致剑英并告林、罗、聂、彭电》(1949年2月7日)。
[2] 《中央致剑英并告林、罗、聂、彭电》(1949年2月7日)；《人民日报》1949年2月7日。

平、爱和平的，战争贩子在南方。[1]

第二天，根据副市长徐冰的电话通知，代表团成员留在饭店里写各自的意见。8 日，双方整日进行分别谈话。邱致中等在书面意见中强调：元气大伤，江南不能再战，且战犯远飏海外，打到广州亦无损其生命财产，解放军为民众武力，损耗过大也可惜。何况李宗仁求和心切，利用李、蒋矛盾，则兵不血刃即可获得十省左右之土地及非蒋系的军队。待联合政府成立，明令讨伐蒋系军队及其占据之三五省，必定所向披靡。但是，代表团中人明显地对共产党及其革命到底的决心缺乏了解。吴裕后等在谈话中提出：若和谈不成，国民党内开明分子愿以长江为界，实行分治，彼此以工作成绩争取人心。吴等问：贵党用武力击败国民党，则国家仅有之建设基础势必全部被毁，加重贵党建国之困难，贵党以为如何？代表团提出的所谓“和平谈判纲领”甚至主张：政治协商会议应由国共两党及中间党派、民意机关、人民团体和社会领袖六方各出六人组成；联合政府亦应由上述六方共同组成，主席应由社会领袖担任，副主席由国共各派一人担任。[2]

综合 8 日代表团成员的谈话及书面意见，彭真与叶剑英两人于 9 日致电中共中央报告说：代表们的基本要求是：第一，主张利用蒋、李矛盾；第二，另立新政府，不如通过和谈接收旧政府，便利控制全国和得到国际承认；第三，和谈成功，至少西到宜昌，东到上海，都可解放，那时蒋只剩下台、赣、闽、粤四省，容易解决；第四，和谈策略应注意轻重缓急。我们只表示了善意的欢迎，均未表态。对此，中共中央复电强调：“代表们所谓另立新中央不如利用和谈，占有国际已经承认的旧中央，运用旧中央权力实行对蒋系讨伐等语，是真正代表美国和桂系的意见，在这些方面你们不要表示态度。”但“你们可向和桂系有关的代表暗示，只要桂系今后行动是站在有利于人民解放事业及能达成真正持久和平之目的，我们是不会拒绝他们的”。[3]

[1] 《南京代表团之反映》1949 年 2 月 8 日。
[2] 《和平谈判纲领》（1949 年 2 月）。
[3] 《中央关于对南京代表团谈判的指示》（1949 年 2 月 10 日）。

据此，叶剑英通过电话向代表团转达了中共中央的这一态度。

这边南京人民代表团刚刚离开北平，那边上海和平代表团就到了。

对于这个代表团，中共中央显然更加重视。所谓南京人民和平代表团，不过是被蒋查封的“中国人民和平策进会”的成员，知名度相对来说不高。而这个上海和平代表团，却是由国内享有盛名的四位年事已高的社会名流组成的。他们分别是颜惠庆、章士钊、江庸和邵力子。其中，颜惠庆已73岁，是著名的外交家，历任驻美、德、苏、瑞各国公使或大使，早年当过外交部长和国务总理，后为国民党立法委员，做过联合国善后救济总署远东区域委员会主席。章士钊68岁，是著名的律师兼教育家，早年也担任过大学教授、校长，办过报纸，做过司法总长、教育总长、政府顾问及历届国民参政员。江庸，72岁，早年做过北洋法政学堂教习、学部参事，也当过司法总长、大学校长、京师高等审判厅长，抗战期间任历届国民参政员、是修订法律馆总裁、法权研究会总长。邵力子，68岁，是著名的国民党人，曾任国民党陕西省主席、驻苏大使、中宣部部长等职。这些人在国内外都有相当的地位和影响。因此，代表团到达北平前和到达北平后，中共中央几度电示叶剑英等：在北平的高级军政负责人林彪、罗荣桓、董必武、聂荣臻均应参加接见和宴请代表团，“招待要周到，谈话要恳切”，代表团提出的要求应尽量满足，一般不予限制。毛泽东明确讲：这些代表都是资产阶级及绅士们的代表，其中有些是国民党人。他们处在国民党灭亡在即，我军即将占领全国的形势下，不得不向我们找出路，这是有利于我们发展的现象，故应好好应付这些代表，并由总前委及董、薄、彭、叶共同负责研讨并提出对于南北通船、通航、通邮、通汇诸事的具体办法。因为这些事情做得越好，就越有利于我们在占领南方各大城市时孤立国民党，顺利接收、管理和发展各大城市的生产。据此，毛泽东对交谈方式、参加人员、谈话内容以及迎送办法等都一一做了相当具体的指示。指示甚至具体到谈话措辞和语气、神态，如指出在谈到国民党现已四分五裂，并无统一政府存在，将来究竟找何人谈判颇为困难时，应做出“不胜感叹”的表情之类。[1]

14 日下午 5 时左右，上海代表团抵达北平。徐冰、艾秀峰与刘仲华等到机场迎接，并陪同到六国饭店，安排住宿。同机到达者除颜惠庆、章士钊、江庸和邵力子四人外，还有他们各自的秘书龚安庆、张丰胄、傅树苍和潘伯膺。颜惠庆因身体欠佳，另带有私人医生焦湘宗。同行者还有李宗仁私人代表黄启汉及夫人李素平、为恢复南北通航充任联络工作的电影演员金山和中航公司副主任雷仲仁，以及江庸、刘仲华的家眷等，合计达 25 人之多。

在六国饭店等候住宿的过程中，徐冰顺便问诸位代表：南苑过来，一路上对北平印象如何。众人一致说好。颜惠庆和邵力子当时就提出应当迅速恢复通航、通邮，因为他们这次不得不帮很多人带了钱和信来。徐问：各位打算在北平留多少时间？江庸、章士钊不约而同地回答说“个把礼拜”。颜惠庆也表示，北平有很多亲友，想去看看，希望提供方便。徐冰很痛快地答应下来。徐同时问：这次谈话打算如何进行，是集体谈，还是个别谈？黄启汉在一旁道：大家意见也不完全一致，还是个别谈好。最后，邵力子、刘仲华、黄启汉与徐冰漫谈时，邵力子特意说：我不是捧你们，只要你们力量强，不腐化，站得住，就是愿意战争的人，要打也是打不下去的。[2]

15 日上午，叶剑英前往六国饭店拜访颜惠庆等。寒暄之后，颜惠庆首先表示：我们四人合起来有三百岁了，我还有心脏病，本不适宜坐飞机的，但是还是带着医生来了。此次来北平是个人来的，不是什么代表，是希望全国和平统一，对内对外均好。此意请转达毛先生。邵力子解释说：三位老先生远道而来，负的使命很重大。大家很客气，都说只是代表个人，其实都是代表人民的，来此也是李（宗仁）先生请求的，因为李先生要和平，煞费苦心，处境困难。原来还请了冷老先生，因冷先生的工厂闹工潮，几至不能解决，走不开。后来李先生又请了世界制碱权威、永利化工厂总经

[1] 《中央致彭、叶并告总前委、天津市委、华北局并发各局、各前委电》（1949 年 2 月 15 日），见《毛泽东文集》，第五卷，第 257—258 页。

[2] 《与颜惠庆等谈话情况》（1949 年 2 月 14 日）。

理侯德榜先生、大夏大学校长欧元怀先生和沪江大学校长凌宪扬先生，只因通知北平方面太晚，刘仲华先生在电话里没有提到，所以没有来。所以最后李先生又要我来，虽然我也68岁了，但看到来的三位先生都比我年龄大，我也不能不答应。其实，张治中先生对和平很热心，只是现在回兰州处理中苏贸易纠纷去了，如果和谈开始，我想他还是可以来的。李先生已有电报，同意以毛先生的八条作商谈基础，只是如果八条一点都不折不扣，李先生实在为难。

叶剑英当场表示对各位代表的感谢之意，并说明一定转达他们的意见给中共中央。但他同时表示："李先生感到困难的是第一条，其实第一条我党不提出，人民也必然会提出的。一九二七年以来，由于蒋的反动，使中国历史走了廿年的弯路，人民的死亡，农村城市交通的破坏，人民会追究责任的。……这一责任谁来负，是中共呢，还是国民党？是全体国民党呢，还是四大家族中的少数反动集团？必须明是非，追责任。但是像傅作义本人，以前也列为战犯，因为他过去一样是一贯反人民、反革命的积极负责者，但北平和平解决对人民有功劳，人民就可以重新考虑傅的问题。总之，功是功，罪是罪，我们决不含糊。"

颜惠庆强调：最主要是怎样使人民跟上来。因为人民不能跑的，走到半山，要休息。领袖不能走得太快，要等他们跟上来，否则人民在道德上、知识上都跟不上你们。你们在北平、济南做出样子来，人民就理解你们、欢迎你们了。就好像武戏唱了，唱一唱文戏，于国计民生更有利。

江庸则说：其实哪一党执政都可以。当年我们曾希望过国民党，现在失败了。这个班子唱不好，就换一个班子唱一唱。我不是说空话，现在中国需要改革，什么人能够实现这个改革呢？只有中共了。最希望中共能使人民安居乐业，彻底刷新政治。[1]

经过15—17日连续三天的个别谈话，中共中央已基本了解四个人的态

[1] 《与邵、颜、江、章谈话情况》（1949年2月15日）。

度与意见。在消灭了蒋介石最精锐的美式装备的庞大兵团之后，毛泽东这时最反感有人抬出美国和桂系来吓人。因此，邵力子和章士钊两人再三强调中共多少应当有所让步，以免美国援蒋到底，装备日军来华参战，及桂系被蒋拉去，这都难免引起毛泽东的反感。他明确批示："邵、章很狡猾，是受美国人教示（按原文如此）出来的"。他为此特别要叶剑英等在以后的谈话中，"痛骂美国帝国主义和日本帝国主义，特别要当着章士钊的面骂日本，说如果美国人装备日本军队侵略中国，我们必须并完全有把握彻底干净歼灭之。美国在中国的走狗必须肃清，决不许其存在。要当着邵、章的面痛骂桂系，说桂系的军队比蒋系军队还要野蛮，白崇禧过去是主战最力的人，他是仅次于四大家族的战争罪犯，将来人民法庭审判难免要被枪毙，李宗仁完全是骗子，他一月二十七日给毛主席的电报以'千古罪人'威胁毛主席，完全是做和平攻势。蒋系也是做和平攻势，但蒋系比桂系老实，蒋系始终是凶神恶煞，桂系昨天是凶神恶煞，今天是笑面虎"。他并且指示林彪、聂荣臻唱武戏，董必武唱文戏，叶剑英文戏为主、武戏为辅，去见四人的民主人士也要安排一批左派表示激烈态度。当然，所有这些都应当把握的一个原则，即"对桂系形式上要打，实际上要拉"。[1]

不过，毛泽东也并非完全不重视代表们的谈话。颜惠庆一辈子搞外交，说话十分策略，虽讲得与邵、章并无根本不同，但却让毛泽东听得较入耳。他很重视颜关于"马上得天下，不能马上治之，学唱文戏很重要"，以及中共要得民心，在策略上应该抓住和平的旗帜这些话，明确表示赞同颜所提"先用武力，到一定程度改用政治；政治无效，再用武力。表明中共态度，不是好用武"的意见。毛并且当即与周恩来商定，接受颜惠庆的建议，与南京来一个非正式会谈，作为初步交换意见的方法。为此，毛泽东很快起草了几点意见，准备专门接见几位代表一次，然后交他们带回南京。

20 日，中共中央正式通知叶剑英，同意颜、邵、章、江要求会见毛泽

[1] 《中央致林、罗、聂、薄、董、彭、叶电》（1949 年 2 月 19 日）。

东等中共中央领导人的要求，批准四位代表及颜的私人医生，另外加上傅作义、邓宝珊和北平市委一人，总共八人，于22日经石家庄前往西柏坡村，与毛泽东等中共中央领导人见面。[1]

22日上午10时，颜惠庆等乘机飞往石家庄，转赴西柏坡村见毛泽东等。在不到两天的时间里，双方两次交谈，毛泽东明确表示可以考虑与李宗仁南京政府谈判的问题，但必须“速议速决”，一切以八项条件为基础，谈得成解放军立即过江，谈不成解放军也立即过江。

根据毛泽东所谈诸点，章士钊起草了八项协议，提交讨论。经过简短的讨论之后，双方就协议的基本文字达成妥协。这一秘密协议规定：中共和南京政府各派出同等数量之代表在北平谈判；取绝对秘密及速议速决主义；以中共一月十四日声明及所提八条为基础；一经达成协议，南京政府和平力量即应与中共共同克服困难；迅速召集新政协，成立民主联合政府；南京政府参加新政协及联合政府之人选，由中共及民主人士与南京政府商定之；南方工商业按照原来环境，依据中共城市政策，充分保障实施，并有步骤的解决土地问题，一般先行减租减息，后行分配土地。[2]

劝说中共同意与南京政府举行和谈，这是代表团此行的基本目的。中共方面能够同意和谈，这实在让四位代表兴奋不已。据叶剑英报告：24日下午5时诸代表平安返平时，“均表现喜悦”。殊不知，随后发生的种种复杂情况，使几位老先生的喜悦只持续了不长的时间。

四、国共谈判南辕北辙

2月中旬，名曰下野的蒋介石得到汤恩伯的密报，一个电话就撤了公开主和且密谋和共的浙江省主席陈仪的职，然后又秘密将其从上海逮捕，押

[1] 《毛泽东年谱》（下卷），第460页。

[2] 同上，第461—462页。

往浙江衢州看管。这件事让李宗仁坐卧不安，不得不把他原来的警卫团调进南京保驾。想不到，一波未平，一波又起。3月5日，受桂系影响的南京《救国日报》发表题为《蒋公不出国则救国无望》的社论，像是在舆论界平空甩了一颗重磅炸弹，引起一片喧哗。卫戍司令张耀明当即派军警把该报主笔龚德柏逮了起来。龚在李宗仁与孙科竞选副总统时，曾冒险刊出一篇揭露孙科养“小妾”蓝妮的消息，为李宗仁助阵，立有汗马功劳。况且，这次逼蒋出国，也是李宗仁策动，并亲自透露给甘介侯，甘介侯又转露给龚德柏。因此，李宗仁得知龚被捕，也顾不得许多，两次打电话要张耀明放人。张有CC派、黄埔系帮腔，齐声鼓噪，硬是顶着不办。此事气得李宗仁背地里对下属大发脾气，正在南京的白崇禧也七窍生烟，扬言要调四十六军到南京来。程潜也跑到李宗仁的家里，大骂蒋介石无耻已极，主张无论如何也要逼蒋出国，表示不论和战都支持桂系。这个时候的南京上层，已经是沸沸扬扬，像开了锅似的。

为了稳固住自己的脚跟，李宗仁不得不采取两手策略，一面极力拉住国民党内各方势力，以迫使坚决主战的孙科将他擅自撤到广州的行政院回迁南京；一面千方百计还是想要劝蒋出国，以便能够取得实际权力。为了使府院能够重新统一，李2月20日专程飞往广州，争取粤系将领的支持，并向已到广州的国民党人示好。广州之行，据蒋经国耳目报告称：李宗仁突出强调两点，即“(一）和谈问题须使之复杂拖延，俾有时间整理军事，改进政治，至和谈基本原则，则与白健生所公开发表之意见大致相同，必须全面和平，反对北平式之和平，亦不赞同为共党所控制之联合政府，其最希望者为划江分治，宜在两分治政府之下建立一象征统一的联合组织。此似与美国方面之主张相符合。(二）军队必须彻底整理，减缩兵额”[1]。为此，他明确表示赞同当时部分国民党人提出的《和平方案》。该方案坚持：国共“双

[1]《郑彦芬致溪口蒋经国电》(1949年2月26日)，台北“国史馆”藏蒋中正档案，《革命文献》，第30册第12号。

方代表应以蒋总统引退文告所列两大原则及中共主席毛泽东先生一月十四日声明所列八项条件为和谈之基础”。而条件包括“战争责任问题，应毋庸议”；“现有之国号、国体、国旗、国徽、国历以及人民之基本自由与经济生活等，应予保持”；“中华民国之法统，原则上应予维持”，即须废除亦应列举应予废除之事项；军队应分两期办理整编，议和条款签字后，目前双方保留之兵额应相等；“没收官僚资本，原则上可予同意，但须依法办理”；“改革土地制度，原则上应使‘耕者有其田’，应由新政府制定法律实施之”；同意由“新政府审查现行中外条约，如有损害国家主权者，应即交涉废止或修正之”。[1] 李宗仁此行，终于达成了迫使孙科回到南京的目的。

至于劝蒋出国问题，据说最初还是蒋身边的吴忠信提议的，李宗仁自然赞成，但国民党是以党治国，党在国上，蒋辞去总统，仍是国民党总裁，权力和地位实际还在空头的“总统”和政府之上，没有几个人敢去当这个冤大头。只有当年做过蒋的侍从室一处主任的张治中，才有这个胆量。2月下旬，张从兰州回南京后，果然自告奋勇，愿意到溪口去做说客。即使如此，李宗仁也还是担心，此举会使蒋疑心桂系意在夺权。张治中和吴忠信刚刚离开南京，李宗仁和白崇禧就约好同时写信给蒋介石，大谈“职德薄能鲜，骤膺艰危重任，午夜彷徨，莫可为计，务恳钧座不遗在远，不时指示南针，俾有遵循”之类的话，甚至向蒋保证：“共党企图以局部和平分化我内部，以遂其各个击破之阴谋，各方同志早烛其奸谋，不至再蹈北平覆辙。”[2] 而几天时间张没有电话打来，李宗仁就急得像热锅上的蚂蚁，一个劲儿地担心惹出祸端。7日午后，张治中突然打电话来，说何应钦过两天即由奉化返京，蒋已同意由何应钦组阁，李宗仁又兴奋得不得了。直到程思远问他，才知道，据说是张临走前曾约好，如果劝蒋出国有戏，就打电话过来。而搞倒孙科，改换何应钦，也是李宗仁的提议。因为何与白曾长期共事，关系还

---

[1] 《和平方案》（1949年2月），台北“国史馆”藏蒋中正档案，特交档案20卷53120。

[2] 台北“国史馆”藏蒋中正档案，《革命文献》，第30册第13、15号。

不错，历史上何也曾与李、白联过手，长期指挥军事的何这时在战与和的问题也更倾向于和。再加上除蒋之外，也只有何才能镇得住那成千上万的黄埔生。如果何应钦与李、白联手，蒋介石又听劝出洋，李宗仁的整盘棋就活了。虽然劝蒋出国事实上并没有成功，但能拉上何应钦，李还是有些飘飘然，以为拉住何，就掌握住黄埔系，也就拿住军权，纵使党权在蒋手里，也不致翻船。

中共中央这时高度关注李宗仁的一举一动。它很快就得知，李宗仁要改组内阁。邵力子还在北平时，叶剑英就逐一询问过南京要员的和战态度。邵当时曾再三替何应钦开脱战争责任，说何其实是主和派，但中共中央仍旧把何看成是蒋系的顶梁柱。得知李宗仁准备让何出面组阁，中共中央当即命叶剑英打电话给仍住在六国饭店的黄启汉，要他马上致电李宗仁，让李务必选最能够顺利进行和谈者担当行政院长之职，以免引起各方误会。[1]然而李宗仁显然不为所动，坚持要何组阁。3月8日，孙科内阁总辞职。12日，李宗仁宣布任命何应钦为行政院长。完事之后，他才向中共中央做出解释。

3月13日，即李宗仁正式宣布任命何应钦组阁的第二天，他把刘仲华和刘仲容都找了来，要刘仲容转告毛泽东，说他是诚意和平的，希望中共相信他。他说，蒋现在已经完了，无论军队、政治、经济、党，都崩溃了，大势已去，就是特务也不足虑。这次拉上何应钦就是明证。他希望中共给他一段时间，用政治方法来解决问题，不要在和谈时或和谈前渡江，那样他实在没法交代，只好一走了之。他甚至半威胁半诉苦地说：我很害怕把一个好好的局面搞乱。现在和平民主力量已经有了战胜封建死硬势力的基础，只要不打仗，和平前途绝对可以乐观。相反，如果解放军渡江，那么不要说蒋介石会重新出来，白崇禧也会打的，美国、日本都会放手支持蒋，那样的局面是我所不愿看见的。[2]

[1]　《黄启汉致南京李代总统电》（1949年3月11日）、《白崇禧致总裁蒋函》（1949年3月3日），台北“国史馆”藏蒋中正档案，《革命文献》，第30册第15号。

[2]　《文义致竺声电》（1949年3月16日）。

刘仲华和刘仲容对中共的了解自然比李宗仁深入得多。他们当即告诉李宗仁，中共无论如何不会承认不渡江这个前提条件，中共已表示广州、昆明、台湾、琼崖都要到，因此绝不能提不过江的问题。况且即使解放军渡江，也只会对宁沪杭一带的蒋系军队形成威慑，只会对你及和平有利。而李宗仁仍坚持，和谈期间解放军不能渡江。他对中共中央格外关心的上海和平代表团带回去的条件未置一词。对于让何应钦组阁，他信誓旦旦地向中共保证说："不特渠为一力主和平之人，且因其对黄埔系军人能加以控制，对于今后裁军工作即可望顺利进行，故实为现阶段一极适当之人选，亦即足以增强和平民主之（保）证。"[1] 其实，还在得知邵力子等带回来的条件之后，国民党人就确定了对中共和谈的基本原则，这包括双方谈判地位必须平等，不能接受不体面的条件；不能接受以共产党为统治党的联合政府；不能全部接受毛的八条，必须在两政府共存的条件下讨论八条等。对这些原则，李宗仁不仅没有表示反对，而且为了争取何应钦和黄埔系，李宗仁的态度反而较过去强硬了不少。他明确表示，反对北平方式，主张划江分治，在两分治政府之下建立一象征统一的联合组织即可。[2] 很明显，李宗仁希望与何应钦联手，把国民党团结起来，通过和谈，造成划江而治的局面。如此举成功，不仅可以保住半壁江山，而且可以使蒋介石很快失去影响力，不再有复出的机会。

中共中央当然不会了解国民党高层内部的上述决定。在反复接触和交换意见之后，它这时相信李宗仁是准备与自己合作的。因此，得知蒋系势力肆无忌惮的情况后，毛泽东明显地希望加快推进和谈进程。他于 22 日亲自拟电，要上海方面通过刘仲华转告李宗仁："速以桂系可靠部队一个师守卫总统府，严防蒋系于情况紧急时对李暗算。"同时"速以谈判代表内定人数及名单即日电告，愈快愈好"。他还特别询问，李宗仁本人是否有意于必

[1] 《李宗仁致黄启汉电》（1949 年 3 月 16 日）。

[2] 《李宗仁回忆录》，广西人民出版社 1980 年版，第 941 页；台北"国史馆"藏蒋中正档案，《革命文献》，第 30 册（国共和谈字）第 12 号。

要时与中共当局直接商谈？在毛看来，解放军渡江只会对李宗仁有利，而不会对李宗仁有害，因此他特别强调李“不要惧怕我军渡江”。[1] 对此，李均做了善意的答复，惟对渡江事仍再三表示异议。26 日，李宗仁致电黄启汉电，特别提出：“自宗仁主政以来，为解除人民痛苦，顺应民意要求，曾尽最大之努力，以谋和平之实现。凡遇共军进逼时，我军均节节后撤，避免冲突，致碍和平之进行。事实俱在，中外共睹……正当和平初现，和谈将开之时，中共部队连日向麻城、罗田、英山、望江、安庆、无为、巢县、泰州之线大举推进，迫近江边，致使此间人心惶惶，影响和谈进行甚大，务请从事考虑制止，并酌予后撤，以利和谈，免生枝节，而顺民意。”[2]

这时中共中央对争取李、白颇具信心，注意到李宗仁对解放军逼近长江一事感到为难，毛泽东十分爽快地下令，前线部队暂停向计划中的花园及其以南之孝感、黄陂、黄安、阳罗、黄冈、麻城、浠水等地前进。他在以军委名义给前线指挥员的电报中称：我们决定联合李、白反对蒋党，李、白对此计划已有初步认识，尚待我们深入工作。故决定我军到信阳、武胜关附近时，如守敌南撤则不要攻击或追击，让其退至花园及其以南孝感、黄陂、黄安、阳罗、黄冈等地，亦暂时不要去占，待东北主力到达后再通知白崇禧，连同汉口、汉阳等地一齐有秩序地让给我们。[3]

毛泽东这时之所以对争取白崇禧合作如此乐观，一个重要原因是长期在白崇禧身边做参议的刘仲容来到北平。鉴于白崇禧在华中以及长江防守中的重要地位，中共中央早就寄希望于白崇禧，并多次劝白，派人尽快与华东野战军前线指挥官进行接洽。但以往白崇禧派来的人，大都是一些地方中间人士。这些人与白既无深交，与中共更无关系，难以取得中共中央的信任。刘早年曾留学莫斯科中山大学，回国后曾为中共工作，以后虽投靠桂系，但 30 年代中期又重新与中共接上关系，协助中共做过一些对李、

[1] 《周（恩来）、李（克农）致文义电》（1949 年 3 月 22 日）。
[2] 《李宗仁致黄启汉电》（1949 年 3 月 26 日）。
[3] 《毛泽东年谱》（下卷），第 471 页。

白的统战工作。因此，中共中央早就急欲通过刘仲容来建立与白崇禧的直接电台联系。3月5日，当白崇禧找刘仲容商量，要刘取道武汉进入解放区时，上海地下党负责人就明确指示刘化名王志廉，从武汉，经驻马店，向解放军前线部队接洽。中共中央迅速批准这一计划，要求刘行前向李、白问清楚，他们对颜惠庆、章士钊等人带回去的协议的具体答复，并带来电台呼号波长密码等，以便联络。其后，中共中央不断电询中原局，急切了解刘的行踪，要求中原局立即向驻马店前线部队说明情况，迅速派人接引刘仲容进来，送至郑州，乘火车赶往济南，再转送石家庄。毛泽东亲自批示：“勿误至要”[1]。

由于种种原因，刘仲容直到3月16日才从南京飞往武汉，后由白崇禧用装甲车送至信阳，再由张轸派兵于20日送到驻马店，经中共中原局社会部高洵东、卢声涛二人接引至郑州，再坐火车于27日送至济南。因中共中央这时已经由西柏坡搬入北平，周恩来28日专门致电社会部负责人康生，“派要人在济南接待，并乘汽车附警卫人员护送至德州，转乘火车经天津赶来北平。”29日，济南市公安局副局长凌云受命带警卫人员专程送刘。30日下午，也就是毛泽东决定暂停向花园以南推进的当天，刘仲容已经到达北平，并立即被齐燕铭接到至中南海中央统战部李维汉处住下。[2]

刘刚刚被安排住下还不到一小时，毛泽东就派人用车把他接到西山双清别墅自己的住处去谈话，两人一直谈到晚上。毛泽东对他所介绍的情况看来还比较满意。4月初，白崇禧接连致电刘仲容，强调“目下正当和谈之时，共军在皖则攻击安庆已十余日，而未稍停；在平汉线则向驻马店以南节节进迫，我军已退至花园，似此边谈边打，以往覆辙可为殷鉴”，“今若尤而效之，其何以昭大信于天下！”[3] 白来电明显地带有不满甚至要挟的味道，毛泽东却压下火气，尽量容忍，指示前线指挥员：“安庆既属国防部管

[1] 《毛泽东年谱》（下卷），第468—469页。

[2] 《一九四九年国共和谈的一些内部情况——访问刘仲容同志谈话记录》，1979年12月5日。

[3] 《达观致志廉兄电》（1949年4月4、5日）。

辖，白崇禧自不便令撤，请令前线停止对安庆的攻击，以待和谈解决。"[1] 当然，毛泽东同时也还用解放军参谋部部长李涛的名义，亲自致电白崇禧，说明中共中央的立场和处置方案。电称：来电"所述立场就贵方利益而言，但就人民利益而言，在贵方全部接受八项和平条件并经双方协力在全国范围内完全实现这些条件的时间内，要求人民解放军停止前进是不合理的，因此是不可能的。白先生历次公开言论，我们均不能同意"。"但是为着和李、白二先生建立合作关系之目的，敝方愿意立即实行下列各项处置：(甲) 安庆及其以西直至黄冈（不含）之贵方部队，请迅即撤退，并限四月十日以前撤退完毕。(乙) 黄冈、团风、仓子埠、黄陂、花园、孝感、汉川、蔡甸、黄陵矶一线及其以南地区，包括汉口在内，暂由贵部驻防，维持秩序。该线以北以东各地之贵部，望即向该线撤退。所有撤防各地，不得破坏。该线以西各地，暂维现状。(丙) 整个华中问题的处置，听候双方代表团谈判解决。(丁) 请通知安庆及花园等处贵部负责人员，如遇敝方前线将领派员出来联络，请予接洽，勿生误会。并希各该贵部派员至敝军前线司令部取联络。(戊) 以上各点，敝方业已通知各该地军事首长遵办，希望白先生亦通知贵部照办，并盼见复。"[2]

在接到 3 月 22 日毛泽东关于加快选派代表开始和谈的电报之后，李宗仁就积极开始与何应钦讨论南京和谈人选问题。最初提出的名单包括张治中、邵力子、黄绍竑、章士钊与莫德惠，何应钦报到溪口，蒋嫌章、莫都是党外代表，故删去莫，增加国民党中委兼立法委员李蒸。后又临时决定增加一军事干部，即前军令部次长刘斐。3 月 26 日，名单正式确定后，李宗仁通过黄启汉正式通知中共中央，南京方面和谈正式代表已决定为张治中、邵力子、章士钊、黄绍竑、刘斐、李蒸六人。对此，中共中央表示赞同，并提出自己的代表名单，即周恩来、叶剑英、林伯渠、林彪、李维汉、聂荣臻。

[1] 《毛泽东年谱》(下卷)，第 472 页。

[2] 《李涛致达观先生电》(1949 年 4 月 5 日)，转见《毛泽东年谱》(下卷)，第 474—475 页。

同时通知南京方面，谈判开始时间4月1日，地点北平，且应以毛泽东主席对时局的声明及其所提八项条件为谈判的基础。[1]

南京方面为了与中共进行和谈，整个3月间都在积极准备方案。在李宗仁与何应钦主持下讨论通过的，直接针对毛八条而拟定的谈判腹案，基本上依据前拟《和平方案》。第一条明确要求“战争责任问题不应再提”；第四条要求“军队应分期分年各就驻在区域自行整编”；第八条要求在政治协商会议和联合政府中，国共双方名额相等。但腹案也有不少让步，如同意重订宪法与相应变动法统，同意商订具体条例以没收官僚资本和改革土地制度，同意依据独立自主之精神和平等互惠之原则，审查过去签订的对外条约，修改或废止有损国家领土主权者。南京随后还成立了一个由十一人组成的指导委员会，负责和谈事宜。[2] 然而，即使如此，国民党内反对势力仍十分强大，特别是已经迁往广州的国民党中央执、监委及政治委员会态度强硬。他们在得知南京的决定后，迅速召开谈话会，对腹案提出限制性决定，强调和谈必须坚持下列原则：(甲）国体不容变更；(乙）人民之自由生活方式必须保障；(丙）宪法之修改必须依法定程序；(丁）土地改革应首先实行减租减息，但反对以暴力实施；(戊）战争责任问题应毋庸议。[3] 当然，就李宗仁而言，他这时还是衷心希望能够与中共达成协议。因为只有和下来，他才能在现在的位子上坐下去。因此，他在代表团临行前特别把黄绍竑找去谈了两三个小时，强调他支持和谈成功的态度，说：“此次和谈，必须成功，因为，与其现在破裂，不如在新政协时破裂，与其在新政协时破裂，不如在联合政府时破裂。”“如中共条件真难接受，和谈破裂，我便下野；如中共条件并不太苛，尺度相当的放宽，大家仍不同意签字，因而和谈破裂，我亦下野；另外，不管中共条件如何，只要你们同意签字，即令溪口方面反对，

[1] 《毛泽东年谱》（下卷），第470页。

[2] 其中包括李宗仁、何应钦、孙科、于右任、居正、吴铁城、吴忠信、徐永昌、朱家骅、张群、童冠贤。台北“国史馆”藏蒋中正档案，《革命文献》，第30册第27号。

[3] 《张治中回忆录》（下），文史资料出版社1985年版，第792—795页。

我都可以完全负责。”[1]

4 月 1 日是一个阴天，但是南京机场上却人声鼎沸，华盖如云，热闹异常。原来，这一天是南京和谈代表团离宁前往北平，与中共和谈的日子，包括李宗仁在内的大批政府官员都整整齐齐地列队送行，再加上社会各界的知名人士，代表团的家属和众多新闻记者，场面相当隆重。

南京和谈代表团也是阵容庞大，浩浩荡荡。代表团的首席代表是在国民党内地位显赫的国民党中央常委、行政院政务委员兼西北军政长官公署主任张治中。以下分别是邵力子、章士钊、黄绍竑、李蒸、刘斐。代表团另有顾问四人，即刘仲华、屈武、李俊龙、金山。代表团的秘书长为卢郁文，另有秘书十人、译电员两人及随员五人。仅张治中一个人就带了一个秘书(谢超)，两个速记（余湛邦、袁永竹)，两个缮写（周光宇、任宝华）和一个随员（张立钧)，另加两个译电员，总共八个人。张治中解释说，他带这些人是因为他还要在北平同时指挥西北的军队。

飞机临北平时，已是下午 3 点多，黄绍竑特意要求驾驶员在市区上空盘旋两圈，以示礼貌。代表们都相信北平机场也一定十分热闹，周恩来、叶剑英都会来接。没想到当飞机在南苑机场降落，打开机舱门之后，他们吃惊地发现，整个机场上冷冷清清。不仅如此，住进六国饭店，看到房间里的报纸，发现满篇仍在骂国民党是匪，骂蒋介石是贼，甚至骂张治中是蒋介石的走狗，一些代表自然更是气不打一处来。直到周恩来、林彪、聂荣臻等人来到饭店，并举行丰盛的晚宴，代表们的情绪才又有所振奋。不过，晚宴后周恩来、林彪与张治中、邵力子谈话，以及林伯渠与章士钊、李维汉与李蒸谈话，都清楚地显示，中共中央对代表团不仅不信任，而且态度强硬。周严厉质问张治中，为什么临行前专程去溪口向蒋介石请示报告，这个代表团是代表南京，还是代表溪口？林伯渠对章士钊明确讲，在战犯问题上中共绝不会让步。对此，张治中愤愤不平，说：他们也未免太势利了，过去我三次

[1] 《中社：南京代表团情况》(1949 年 4 月 2 日)。

去延安，毛泽东都亲自来接，后来我们驱逐他们，我还不是一样亲自送董必武到机场？如今我们打了败仗，就接也不接了。晚上周恩来提也不提一句，我真气不过。照这个样子，恐怕就是我们再努力，也难谈成功。章士钊则认为：战犯问题不松口，势必谈不成。此次六个代表，除他之外，均是国民党。如果一定要抓蒋介石，等于让儿子签字抓老子，这个字怎么签？[1]

从 2 日以后，双方代表开始个别交换意见。争执的焦点明显地集中在战犯问题上。多数代表认为，我们是第二号战犯派来的，第二号战犯怎么能办第一号战犯呢？这件事根本办不通。纵然签了字，不仅南京不会同意，而且我们根本就回不了南京。可是，中共代表在战犯问题上毫不松口，只是同意谈判期间军队暂不过江。[2]

中共中央在接连两天个别谈话摸底之后，对南京代表团内部情况和要求已经十分了解。特别是代表团顾问、著名电影演员金山原本就是中共地下人员，每天均将代表团讨论情况及个人表现详细汇报给中共中央。鉴于代表团中相当一部分人都与蒋系有关，南京方面又提出种种限制，中共中央对通过和谈求得根本和平解决已不抱太多幻想。

还在一个月以前，即在 3 月 5 日至 13 日举行的中共七届二中全会上，毛泽东对和谈的原则就已经确定，那就是：不拒绝谈判，但要求对方完全承认八项条件，“不许讨价还价”。交换条件是不打桂系和其他国民党主和派；一年左右不去改编他们的军队；南京政府中的一部分人员允许其加入政治协商会议和联合政府；对上海和南方资产阶级的某些利益允许给予保护，如此而已。[3] 毛泽东已经很清楚，他的八条，说到底就是要国民党承认彻底失败，宣告投降，就国民党本身而言，它是不可能接受的。国民党同意谈判更多地不过是一种缓兵之计。因此，中共这时的策略主要应当用在

[1] 《中社：南京代表团情况》（1949 年 4 月 3 日）。

[2] 转见《黄少谷致蒋经国电》（1949 年 4 月 7 日），台北“国史馆”藏蒋中正档案，《革命文献》，第 30 册第 25 号。

[3] 《毛泽东选集》（合订本），第 1437 页。

分化争取国民党中主和派上，尽一切可能促使李宗仁、白崇禧与蒋系分化，以便于各个击破。为了达到这个目的，毛泽东几度亲自撰写评论文章，公开登在北平的报纸上，激烈批评李宗仁、何应钦的南京政府仍是蒋介石和美国政府的工具，警告他们不要靠向蒋介石一边，也不要试图走第三条道路，以此来向代表团和南京方面施加压力。[1]

毛泽东这时之所以再三公开批评李宗仁，很显然是张治中临行前 3 月 29 日去溪口见蒋一事引起中共领导人对李宗仁的严重不满。因为这个消息 31 日即在南京的报纸上披露出来了。他们怀疑李宗仁的南京政府是否真的摆脱了蒋的控制。张治中等来平后，一连几天周恩来等都在严厉地提出这个问题。[2] 3 日晚，毛泽东特地邀请各民主党派负责人共进晚餐并谈话，言谈话语中也一再批评李宗仁没有完全与战争主犯蒋介石脱离关系。他讲，南京方面对上海和平代表团带回去的条件态度很坏，不谈战犯问题、渡江问题、土改问题，都等到联合政府成立以后再说，而联合政府还要由国民党与中共商量决定。毛说，我都把它们改了过来，而且将来联合政府要由中共与各民主党派来决定。周恩来也说，张治中赴溪口，证明南京并没有把自己与美、蒋分开，看来南京有几靠，靠美帝、靠蒋、靠和平攻势、靠广西军队、靠南京和平官僚，只是这些都不可靠，只有靠中共才有办法。当然，毛泽东和周恩来仍然强调说，中共的政策还是要拉过李、白，孤立美、蒋。毛还建议李济深帮助再做些工作，派代表去宁、汉，设法拉李、白到北平来。李济深当即表示同意，次日即决定派朱蕴山、李民欣两人到南京去，同时各民主党派还共同起草了一封信，邀请李宗仁到北平来。

以张治中为首的南京代表团一天天苦撑，与中共代表和各民主党派负责人反复商谈，说来说去都是一个意思，就是“和约不要像个投降文件，得使我们面子上还过得去”。但经过几天的个别谈话，中共中央注意到代表团

---

[1]　毛这时亲笔写了新华社社论《南京政府向何处去？》，见《毛泽东选集》（合订本），第 1447—1449 页。

[2]　转见前引《黄少谷致蒋经国电》。

内部的态度越来越混乱。经常意见相左，这边吵得不可开交，那边却仰头大睡，鼾声如雷；这个轻描淡写地说什么“既来之，则安之”，那个愤然大叫：“如果明天有飞机，王八蛋不回去。”争来争去，其实只是两个问题，即能不能同意惩办战犯和解放军渡江。中共中央显然不能理解，明明南京政府说好了接受毛泽东的八项条件，为什么代表团却几乎异口同声地表示惩治战犯这一条不能接受，“这是什么话呢？”周恩来为此专门要黄启汉回南京去向李宗仁问个明白：“你们代表团究竟是代表南京还是代表溪口呢？”[1]

4 月 5 日，国民党革命委员会中央代表朱蕴山、李民欣在刘仲容陪同下前往南京，邀请李宗仁亲自来北平进行和谈，南京代表团得讯后一时乱了阵脚，不知道中共意图所在，态度迅速软化下来。他们于 6 日做出决定：第一，战犯应受惩处，只要不正式提名，并且凡赞成和平条款及对人民做有益贡献者，均可酌情减免处罚。第二，同意解放军渡江，但应给南京政府必要的准备时间，不过也不必拖至联合政府之后。7 日，代表团忽然收到何应钦来电，“望代表团本悲天悯人之情，荣辱在所不计”，务必达成和平。[2]给人印象，南京政府方面好像也已放下架子，准备签城下之盟了。这一下，那些始终态度强硬的代表，如李蒸、刘斐等都像泄了气的皮球，而那些极力主张接受中共意见的成员，如邵力子等，则如释重负，脸上神采飞扬。

事实上，这个时候中共中央也决定要在代表团最敏感的战犯问题上做出一些让步。比如，可以不点蒋介石等人的名字。而关于这一点，也正是南京代表们反复强调的困难问题。张治中在与周恩来的谈话当中，就特别援引傅作义通电的例子，提出：为什么傅作义通电不提第一号战犯蒋介石就可以，而我们主张不提战犯的名字就不行呢？邵力子也说，北平的和平十三条，并无战犯一项，中共既然主张全国各地都要以北平方式解决，是否可以考虑在与南京的解决方案中也不必提战犯的名字呢？他并且援引日

[1] 转见《文史资料选辑》第 67 辑，第 26 页。
[2] 《何应钦致黄启汉转张治中电》（1949 年 4 月 7 日）。

本投降签字的例子，说明盟国要日本投降时并未将惩办战犯作为必须的条款，但这并不妨碍它在日本投降后逮捕和惩治战犯。显然，这确实不是一个关键性的问题。

基于这种情况，中共中央开始采取积极步骤推进谈判。8日，毛泽东亲电李宗仁，说明："贵方既然同意以八项条件为谈判基础，则根据此八项原则，以求具体实现，自不难获得正确之解决。战犯问题亦是如此，总以是否有利于中国人民解放事业之推进，是否有利于用和平方法解决国内问题为标准。在此标准下，我们准备采取宽大的政策，本日与张文白先生晤谈时，即曾以此意告之。"[1] 而当天上午，毛泽东也确曾亲自接见张治中。张是由北平城市工作部部长齐燕铭乘专车接往香山双清别墅去见毛泽东的。车到院子前面，周恩来亲自出门将张治中引进院内，然后引见给在院子里等他的毛泽东。

据陪同人员报告说，张治中去时坐在车里不时长吁短叹，但与毛、周谈了四小时后，回来的路上已是眉开眼笑。9日当晚，张治中回到六国饭店召集代表团开会。张的话还没有说出来，有代表就急切地问：你先讲：好，还是不好？张微笑着一连说出四个"很好"，屋子里的气氛顿时变得十分热烈。张详细讲述了他与毛泽东谈话的经过。他声称，毛、周的意见可以概括为以下几点：（一）战犯问题，可以不在和平协定条款中提名，可以不提蒋介石三个字，对南京代表团的处境、困难表示理解，并同意将此问题拖到最后办。（二）改编军队问题，所有国民党军队的数额、番号、官长均可照旧不动，驻地问题可以研究。（三）渡江问题，是否签字后马上渡江，也可以商量。（四）南京政府在和谈至新政协开会，即到联合政府成立前这一段时间内，都要继续负责，不要散了。（五）和谈方案正在草拟，拿出方案正式谈判时，两小时内便可解决问题。将来签字时，如李宗仁、何应钦、

[1] 《毛泽东复李宗仁电》（1949年4月8日），台北"国史馆"藏蒋中正档案，《革命文献》，第30册第31号。

于右任、居正、张群等都来参加最好。张治中最后颇为兴奋地讲：整个谈话过程中，毛先生态度闲畅，对蒋亦称蒋先生，只有一次称蒋介石。可以肯定，按毛主席的谈话精神，和谈是可以成功的，因为从今天谈话看，双方距离不大，甚至于没有距离。争执的焦点为战犯问题，但我们对战犯问题原则上是承认的，所争者只是时间问题、技术问题，主张不必在此次和平条款中提出战犯名单，以减少我们的困难。可把战犯名单拖后到新政协，更为有利。惩治战犯将来由中共领导的新联合政府去，到时要办谁就办谁。[1]

听到张治中的传达，代表团成员都相当兴奋，一致相信中共确有诚意。会议决定，一旦中共和平方案出来，代表团就立即讨论并提出具体办法，派黄绍竑带赴南京报告，争取当天到，当晚谈，请李、何保密，无论如何不能透露给溪口，以免主战派破坏。

当晚，张治中致电李宗仁、何应钦称：今晨毛泽东先生派共方代表团秘书齐燕铭来邀请治中前往其郊外驻地谈话，由九时至下午一时始毕，周恩来在座。所谈要点如下：(一）关于战争责任问题是我们与周恩来交谈中双方最僵持之点，毛表示可不提蒋总裁之姓名，亦可不提任何名单，但仍坚持在条款上必有追究责任之文字。经我强调仍望此点不成为条款之一后，毛虽未表示完全同意，然似已大为让步。(二）毛表示彼方所拟方案完成时，先由双方代表商量妥当后，拟邀请德（李宗仁）敬（何应钦）两公与居（正）于（右任）吴（忠信）童（冠贤）诸公等来平，参加代表团之签字仪式，毛本人及各民主党派重要人士亦参加，以扩大和平运动。毛并询问还有何人可邀，周谓张岳军（张群）先生亦可邀来。我说德、敬两公均来恐有不便，毛谓敬公暂不来亦可，同时毛对立法和监察两院多数主和人士特表重视。(三）军队改编问题，第一期悉照原有番号，原官长、原兵额不予变更，只须商定驻地，希望各得其所。第二期再议改编，毛并表示可慢慢做不急。(四）组织联合政府问题，毛表示和平协定签字后，尚须先开政治协商会议，

---

[1] 李维汉：《回忆与研究》（下），中共党史资料出版社 1986 年版，第 663—664 页。

研究共同纲领，组织法规等准备工作，颇为繁重，联合政府尚需若干时间，甚或延至四五月之久，始能成立。在新政府未成立前，南京政府照常行使职权，希望一定不要解体。（五）军队渡江问题，此亦为数日来双方极僵持之一点，毛询问协定签字后，立即渡江还是过若干时日再渡江，我回答等方案提出后再向政府请示，但此事共方极重视，曾多次坚决表示，无论和战，共军势必渡江。（六）对于将来之外交政策与国际形势等，亦曾谈及。（七）我等到平八日，今天是我与毛氏第一次晤谈，其所表示态度，除渡江一点，毛似都有所让步，显示颇有希望达成和平协议的意思，但其具体方案是否相符，尚待证明。[1]

五、中共条件遭到拒绝

张治中等人这时对和谈前景的估计无疑太乐观了。代表团出发前夕，蒋经国就已经放出话来，断言此次和谈绝不可能成功，因为中共并无诚意。将来做和平梦的人，到死可能都不知道自己是怎样死的。捷克斯洛伐克外长自杀，就是他们将来的榜样。即令将来联合政府能够成立，国民党人也会成立第二个政府与之对抗。他们在军事上将以闽、浙为依据，万不得已时就到台湾去。就是失败，也知道自己是怎样死的。蒋介石这时对和谈尚未公开表示反对，但还在 4 月 2 日，他就密电在广州的国民党中央党部，提出必须把和谈的重心放到阻止中共渡江问题上来。他提出："和谈必须先订停战协定"，"共匪何时渡江，则和谈何日停止"。[2] 态度本来就十分强硬的国民党中央常委会据此通过决议，要求代表团坚持五点：（一）如中共在和谈期内渡江，则宣告和谈破裂；（二）既定之促进国际合作的外交政策应予维持；（三）中共应保证今后人民生活之自由，且需停止一切恐怖暴力的行为；

[1] 台北"国史馆"藏蒋中正档案，《革命文献》，第 30 册第 29 号。

[2] 秦孝仪主编：《总统蒋公大事长编初稿》卷九，1949 年 4 月 6 日条，台北中国国民党中央委员会党史委员会 1978 年印刷。

(四) 整军办法必须双方同意，各就原防自行改编；(五) 只有在保证二、三、四条基础上才可同意组织联合政府。会上，CC 派陈立夫等甚至连未来组织联合政府一项也坚决反对。何应钦虽反复力争，亦未能在条件中写明同意字样。因此，何应钦密电张治中，渡江问题必须坚决反对，因为不要说让解放军渡江，中常会连联合政府问题都争论得异常激烈。[1]

刚刚从中共这边争取到一些让步，何应钦的电报不能不在代表团内部引起一片哗然。与会者一致认为这是蒋介石在背后指使。张治中愤然道:“事情已进展到现在的阶段，这话如何说法，真是莫名其妙！”“什么自由、恐怖，这些话，我们还有脸去同人家说吗？上海现在成了恐怖世界，他妈的皮，真不知耻！”一向态度强硬的刘斐也愤愤然，表示他最痛恨蒋介石的军队。称他几次去故宫，遇到中共军队，四五次从队中穿过，战士们总是很和气，并无不悦之色。如果碰到中央军，早已张牙舞爪，甚至拳打脚踢了。即使不打，骂也将你骂死。至于保证人民生活自由一条，他建议复电南京：平津解放以后，北平八大胡同及舞场，生意仍好，并无人去干涉那里的游客；天津工业界也在中共大力扶助下干得起劲，苛杂废除，正税很轻，投资人没有任何顾虑。甚至此间对中统、军统的特务分子，也只是要求公开登记而已，并未逮捕或枪毙。

4 月 9—11 日，毛泽东、朱德、周恩来先后接见邵力子、章士钊、黄绍竑、刘斐、李蒸、卢郁文等。众代表谈话后均甚表满意，刘斐、黄绍竑等对毛泽东更是赞不绝口，交口称赞毛“极懂得谈话的艺术，轻松而又深入”，“他教训了人，但不使人感觉有教训人的味道。他与蒋先生之官腔，大不相同”，“蒋的领袖是自封的，而毛的领袖是人人衷心拥护的”。一时间，代表团内气氛大变，几乎人人称赞共产党有办法，并且感到和谈大有成功的希望。

---

[1] 台北“国史馆”藏蒋中正档案，《革命文献》，第 30 册第 26 号；蒋经国：《风雨中的宁静》，台北黎明文化事业有限公司 1978 年版，第 273 页。另据谷正纲 10 日致蒋经国电可知，会上陈立夫、贺衷寒等强烈反对同意组织联合政府，何应钦坚持，会议未能形成决议。为此，谷正纲、程天放等先后电告蒋经国，希望通过蒋介石规劝何应钦改变态度。引自《革命文献》，第 30 册第 30 号。

代表团相信，他们与中共已经在下述几点上达成妥协，即（1）战犯名单可以不提；(2）军队整编数额可由南京政府自定；(3）解放军可暂不过江；(4）南京政府仍可过渡，等待政协召开，联合政府成立；(5）联合政府可以组织一个七人军事委员会，中共四人，国民党三人。张治中甚至电告李宗仁称：毛对我总理孙先生仍甚推崇，并谓共党现所推行之政策，亦未超过三民主义之范围，对于与本党合作，颇为重视，并希望本党能实行革新，俾合作之政府发挥力量。关于和谈之协议，毛称对于蒋总裁元月廿一日引退声明所提，使领土主权克臻完整，历史文化与社会秩序不受摧残，人民生活与自由权利确有保障五项，可保证完全做到。“就今日谈话中观察，过去共方所实施抨击我方之各种宣传，系由于不了解我方谋和诚意所致，现经旬日来之交谈，对于我方政府及代表团，似已有相当了解，以后商谈困难或可减少。”[1]

这个时候南京的底牌已经十分清楚，无论中共方面条件如何，只要解放军决心过江，谈判就不可能成功。眼见长江即将进入涨水期，为阻止中共过江，由何应钦主持的南京政府和平特种委员会（即由前述指导委员会改名之组织）决定把9日的条件在形式上略为降低。据此，特种委员会决定复案五条：(一）战争责任问题可依据代表团所谈原则处理；(二）所邀南京参加签约各位，届时再做决定；(三）签约后驻军，第一期最好各驻原防地；(四）新政协及联合政府事，等中共将方案提出后再研究；(五）渡江问题应严加拒绝。[2]

李宗仁和白崇禧这时的态度也早就确定。他们虽然一心想取蒋而代之，但他们越来越清楚地意识到自己与蒋系的矛盾，毕竟还远小于与共产党的矛盾。因为他们在蒋介石的统治下还可能生存，一旦和议成立，解放军渡江，南京政府将不复存在。那时不仅桂系军队将像傅作义的部队那样被改编，

[1] 台北“国史馆”藏蒋中正档案，《革命文献》，第30册第36号。

[2] 《何应钦致张治中电》（1949年4月11日）。

而不复归自己所指挥，就是自己的命运也未必好得过已经被排除在政治舞台之外的傅作义。因此，李、白这时虽然仍明显区别于蒋介石和 CC 派，其态度却与何应钦没有两样。

据刚刚回到北平的刘仲容说，李宗仁固然求和态度不变，但拒绝中共渡江的态度日趋明显，何应钦的电报实际上也正是李宗仁同意的。李的目的，就是想划江而治。按照李宗仁对他所说的来看，所谓执行中共的八项和平条款，都得由他们自己动手解决。同样，白崇禧到南京后，虽仍反蒋，但也不主张与中共局部和平，更反对投降式的解决办法。这也就难怪，注意到中共中央坚持解放军过江和取消南京政府地位，没有丝毫商量余地，李宗仁竟连接向蒋介石去电，声称决心辞职，请蒋准备出山。电称：“观夫共军节节进逼，陈兵江北及所提条件之苛刻，似非使我方作城下之盟不止。职处此境遇，心力交瘁，万一和谈一旦破裂，则实难肩此重任，故决心引咎告退以谢国人。务恳钧座预为筹划应付方案，以免贻误事机。”[1] 惟蒋介石却坚持要李继续在前台“负责领导”[2]。

12 日，张治中宣读了何应钦的电报，代表们一片埋怨之声。他们几乎都清楚地看出南京实际并不承认自己失败，仍旧一味地想要保住半壁江山。张治中等对此大为不满，明确讲：渡江问题是代表团同意了的，不能反悔。李蒸悲观地说：可以想象，中共大军不渡江是不可能的，签字后即行渡江，南京政府也就难以存在了。因此，实际上今天我们只有两条路：一条是彻底靠近中共，向主战派开火；另一条是因此而宣告破裂。邵力子则强调：事到今天，和谈只许成功，不许失败。我们只有尽力争取中共缓渡江，因为缓渡江确对全面和平运动之推进有利。章士钊也赞成邵的意见，称：假李德邻以时日，使其政治力量继续增加而扩大，对李德邻、对中共、对人民均有利。而李俊龙却认为：即使缓渡三两个月，恐怕不能增强南京力量，

[1] 《李宗仁致总裁函》（1949 年 4 月 10 日），台北“国史馆”藏蒋中正档案，《革命文献》，第 30 册第 34、35 号。

[2] 转见台北中研院近史所档案馆藏，张岳军卷。

相反地怕只是加强了溪口力量，为人民计，恐怕还是中共马上渡江的好。尽管意见不一，张治中最后还是请章士钊出面，设法向毛泽东通融，要求中共考虑在和平条约签定后能够暂缓渡江。

毛泽东从刘仲容那里得知李、白的态度之后，决定不再与南京代表团周旋。周恩来很快拿出已经拟好的《国内和平协定（草案)》，于 12 日晚交给南京代表团。《草案》开篇即历数国民党背叛孙中山三民主义及三大政策，发动内战和实行各项反动政策的种种罪恶，指出南京政府必须承担全部责任。其内容更依照毛泽东的八项条件，详尽列出具体实施细则，只是在一些争议较大的条款上做了一些范围上的限定。如第一条“惩办战争罪犯”，不仅没有提到蒋介石等人的名字，而且还特别强调这种惩办只是“原则上必须”，“不问何人，如能认清是非，翻然悔悟，出于真心实意，确有事实表现，因而有利于中国人民解放事业之推进，有利于用和平方法解决国内问题者，准予取消战犯罪名，给以宽大待遇”。[1]

13 日，南京代表团对《草案》进行了一整天的讨论。当卢郁文宣读《草案》时，代表们的情绪沮丧至极，据说张治中一下子好像老了许多。他们一致认为《草案》实为一纸降书，南京方面必不能接受，尤其是在联合政府建立前，南京政府必须听命于人民革命军事委员会一点，更加刺激。当然，在张治中的坚持下，他们还是尽其所能地对文件进行修改，删去那些在他们看来过于刺激的内容和文字。为避免引起南京方面的逆反心理，张治中在给李宗仁、何应钦的电报避重就轻，没有报告过于刺激的内容。电报称：“今晨一时周恩来面交彼方所拟具体方案，标题为《国内和平协定（草案)》，内分八条廿四款。我代表团开会详加研究，其中关于整军及组织联合政府两点，认为距离甚远，无法同意。关于渡江问题，周昨夜复说明其态度理由，并表示态度，为先占两处桥头堡，即苏之江阴、扬中，及皖之至德、东流、贵地、青阳、铜陵、繁昌、南陵、石埭等县，暂时不动，以利将来和平条

[1] 参见《失去的机会？——战时国共谈判实录》，第 294—300 页。

款之实施等语。我坚决表示不能同意，望其从长考虑。”[1]

13 日晚，按照约定的程序，代表团被接到中南海。这是他们到北平后第一次与中共代表团进行正式谈判。周恩来和张治中都各自发表自己的看法，虽有不同意见，但气氛平和。双方分歧主要集中在渡江、整编军队和联合政府的问题上。会后，周恩来与张治中又单独交换意见。最后，张治中心情沉痛地表示说：我衷心地觉得国民党政府应该宣告自己的结束了，让中共来好好干。故中共所提条件应该接受。连日来大家所以争论不休，实因为有两个东西在束缚着我们，第一，我们是代表，一切须听命于政府，我们个人意见受政府权力的束缚；第二，我们是国民党员，国民党不行，集一切坏事之大成，但可惜我们未脱党，还要受国民党的束缚。[2] 考虑再三之后，张最终还是决定将《草案》中难以接受的内容也都电告南京方面。

张电称：“文（12 日）夜二时，周恩来将其所拟《国内和平协定（草案）》交职后，即发现中有数点为我方所不能接受者。例如改编军队条内系将我正式军队‘改隶于中国人民革命军事委员会指挥统辖之下’，并云‘人民解放军向南京国民政府现时所在地区开进和接收和一切事由，中国人民革命军事委员会以命令定之，人民解放军开进时，南京国民政府所属武装部队不得抵抗’。又如我方军队之改编，虽分为两个阶段实施，然皆北平式之改编办法，并云‘如有对改编计划抗不执行者，中国人民革命军事委员会有权命令南京国民政府协助人民解放军强制执行，以保证改编计划之彻底实施’。又如召开政治协商会议一条内有云：‘在国内和平协定签字之后，民主联合政府未成立以前，南京国民政府及其府院部会等项机构，应暂予保留，向中国人民革命军事委员会负责，并接受其领导。’此直将我中央政府置于彼方军事委员会节制之下。其他条文之一部甚具刺激性者亦多类招降文书，而非和平条款。当即坚决表示不能接受。昨（13 日）夜，职与周恩

[1] 台北“国史馆”藏蒋中正档案，《革命文献》，第 30 册第 41 号。

[2] 参见台北“国史馆”藏蒋介石正档案，《革命文献》，第 30 册第 42 号。

来交谈颇久，今晨我各代表复与共方各代表分别交谈，均仍对不能接受各点，坚决表示。现我方对其所提草案经三度研议，逐条修改，将其所有中国人民革命军事委员会及指挥领导等字样概行删去。我军队改编办法亦按南京所定腹案及敬公最近指示原则提出对案。第一期为自行复员整理，第二期为两方合组整编委员会，执行整编。又凡条文之刺激性太重者，概行修改。至共军渡江问题，昨夜周恩来表示，应在和平协定签字后三日内过江，并谓彼之前方士气甚激昂，且转瞬江水上涨，迟恐增其渡江之困难，更有夜长梦多之虞。职当坚决表示，此绝办不到。而为避免国家与人民再受牺牲，防军应有充分准备。此在共方其他代表亦有表示有商量余地之意者，现惟有再行竭力与之切商折冲，期共方能大为让步，获致竣议。如至最后阶段不能竣议时，只好请示核夺。再此电两日来踌躇，不敢发者，深恐一时泄露，刺激人心，影响大局甚重。”[1]

15 日晚，国共两党代表团举行第二次正式会谈。周恩来将最后修订的协定文本交给张治中。而在此之前，中共中央已将协定草案提交给各民主党派的负责人讨论。各负责人几乎一致认为中共已十分宽大，他们尤其对南京代表试图为国民党争得一对等地位极为反感。因此，中共中央的最后修订稿实际上容纳了至少三方面的意见。修订过的协定接受南京代表团的一些意见，取消了一些刺激性的字眼，但实质内容可以说毫无改变。[2] 周当场声明，如果到 4 月 20 日为止还不能获得协议签字，解放军就只好渡江。张治中这时也想开了。他表示：“现在对于这个《国内和平协定》，如果还想字斟句酌地去辩论，等于白费，是不必要的；我们应该把眼光放大些，胸襟开阔些，重新合作，这才是国家民族之福！”刘斐在随后的讨论中感慨地表示：过去我们是南京政府的代表团，与中共交涉，今后我们是中共的代表团了，要去说服南京了。只怕是南京方面会把和平协定，看成是投

[1]　台北“国史馆”藏蒋中正档案，《革命文献》，第 30 册第 43 号。

[2]　见《毛泽东选集》（合订本），第 1453—1458 页。

降协定，心想打也是完，不打也是完，只好打到底了。倒是代表中唯一不是国民党员的章士钊乐观一些，说："过去中共新华社发出八条的电报，内有十六个伪字，南京都答应了，今天一个伪字也没有，如果南京反不答应，那就是有精神病。"[1]

这时，南京政府的代表显然已经与国民党离心离德，准备向自己的谈判对手俯首称臣。张治中在给南京的电报中称：由中共方面改定的协定内容，已多所让步。如原将我方军队与中央政府置于人民革命军事委员会指挥统辖之下，已改易。又战争罪犯之首要重要字样均删去，其他刺激性文字之修改者亦多，计共改二十余处（我方原提修改者四十余处）。统观此文件之内容，仍充满降书及罚状之语气意味，但共方既用最后通牒之态度提出，我方已无争辩商量之余地。只有请求政府核示之一途。故推黄绍竑、屈武携同共方所提最后文件回京面陈核阅。[2]

与此同时，张治中还特别致信蒋介石，说明："职到平以来，共方言论态度意在逼降，对于我方可谓极尽污蔑侮辱之能事。乃至喻吾人为'软体动物'，且'要求南京政府向人民投降'，甚至损及职个人人格。其言有曰：'只有他方和蒋介石关系最密切，据说是因为长沙大火，感蒋不杀之恩，曾拜蒋为义父。所以他可以高谈和平，无所顾忌。当然，他是忠实于他的义父的。临来北平前，他还去奉化请示。由此可见'等语。其为难堪可想见。职对彼等此种无理之态度，随时均予严正之驳斥，僵持直历七日之久。至本月八日晨，毛泽东始邀职往其郊寓晤谈，达四小时许之久。毛之表示对此条已有让步态度，谓可不提钧座姓名及任何名单。但在条款上须有追究战争责任之明文（谓元凶巨恶必须如何如何）。职即表示不能接受，今后仍当竭力争持，以期终必取消此条也。""虽然职态度之坚决具如上述，然而默察大局前途，审慎判断，深觉吾人自身之政治经济腐溃，至于此极，尤其军

[1] 《中社：南京代表团情况》（1949年4月15日）。

[2] 台北"国史馆"藏蒋中正档案，《革命文献》，第30册第46号。

队本身之内腐内溃，军心不固，士气不振，纪律不严，可谓已濒于总崩溃之现象。同时，在平十日以来所闻所见，共方蓬勃气象之盛，新兴力量之厚，莫不异口同声，无可否认。假令共方别无顾虑之因素，则殊无与我谈和之必要，而具有充分力量，以彻底消灭我方。凡欲重振旗鼓为作最后之挣扎者，皆为缺乏自知不合现实之一种幻想。此非怯懦自卑之言，实由我方党政军内腐内溃之情形积渐所致，由来已久，大势所趋，大错铸成。尤其既失之民心，今已不可复得，纵以钧座英明，亦万难将此腐朽集团重新提振，有所作为也。倘吾人知彼知已，即以吾党北伐时期，北洋军阀腐溃失败之经过事实而益可证明。职是之故，惟有钧座及时痛下决心，放下一切，毅然决然，放下一切。能如是则腐朽集团经受剧变之深刻刺激，唤起淘汰作用，产生新机，将来尚有重新提起之一日，而不然者，将使失败之中，遭受更大更惨之失败，而无复再振再起之可言。”张明确提出："钧座虽引退故乡，仍难避免造成混乱之责任"，"惟有断然暂时出国，摆脱一切牵挂，为最有利"。[1]

16日晨，黄绍竑、屈武根据代表团的决定，乘飞机返回南京说明一切。当晚，黄绍竑、屈武向李宗仁当面报告全部谈判情况和代表团集体意见。虽然李宗仁当初曾保证不管中共条件如何，代表团同意他就敢负责，这时却态度全变。白崇禧看到黄绍竑带回来的协定内容后，也气呼呼地表示反对。何应钦也没有了主张，只好将协定原文抄送溪口，并去函向蒋说明："昨晚与德邻（李宗仁）、健生（白崇禧）、季宽（黄绍竑）、岳军（张群）诸兄详谈至晚，犹未作结论，拟今晨再与德邻兄恳谈，预定今日午后召开和谈特种委员会。此事关系极重，请钧座转知觉生（居正）、铁城（吴铁城）、骝先（朱家骅）三兄立即乘原机回京，参加会议，并恳将钧旨谕知，以便遵循。"[2]

19日，特种委员会全天讨论。黄绍竑报告和谈经过及中共提出的协定

[1]《张治中呈蒋总统函》(1949年4月15日)，台北"国史馆"藏蒋中正档案，《革命文献》，第30册第45号。

[2]《何应钦呈蒋总统函》，1949年4月17日，台北"国史馆"藏蒋中正档案，《革命文献》，第30册第47号。

内容。面对与会者的质问，黄只能支吾其词。李宗仁首先表态，认为该协定无法接受，主张致电毛泽东，要求中共迁就事实，另定方案。何应钦等仍寄希望不使和谈破裂，因此不同意直接致电毛泽东表示拒绝。吴忠信则转达蒋介石的意见称：中共拿出叫国民党投降的协定，绝不能接受。“依第三国际看，共方不至渡江，且我们强硬些，共方还是能缓和的。”[1] 当晚，受国民党中央宣传部控制的中央社没有征得李、何同意，就通过广播公开宣布，广州国民党中央执行委员会已经发表声明，明白告诫任何人主和都不得超越元月一日蒋介石发布的文告及国民党中常委 4 月初的有关决定。至此，黄绍竑自知安全难保，决定先行远避香港。20 日，他临行前专门打电话告诉代表团，他已被迫辞去代表职务，南京方面绝不会批准和平协定，和平谈判事实上已完全破裂。

4 月 20 日，李宗仁、何应钦联名致电南京和谈代表团，明确拒绝中共的协定，称“其基本精神所在，不啻为征服者对被征服者之处置”。希望中共方面能够“确认人民利益高于一切之原则，对此项协定之基本精神与内容，重新予以考虑”。广州国民党中央也发表声明，指责中共自抗战以来，违反 1937 年 9 月 22 日四项郑重承诺，运用武装夺取政权策略，损害民国，危害人民之种种，要求中共“切实提议，双方立即同时颁发命令，于和议期间停止战斗行为，以利和议之进行”。[2] 李宗仁为了解释自己实系不得已而为之，随后单独致电章士钊等，说明：昨日立法院开秘密会议，何应钦宣读协定全文后，即使彻底主张和平之立委，亦噤若寒蝉，不敢有所主张。他自己即使同意也无济于事。[3]

国共和谈至此算是走到了尽头。

[1] 《徐永昌日记》，第九册，第 302—307 页。

[2] 《中国国民党对于共产党处分中华民国条款之声明》（1949 年 4 月 20 日），台北“国史馆”藏蒋中正档，《革命文献》，第 30 册第 50 号。

[3] 台北“国史馆”藏蒋中正档案，《革命文献》，第 30 册第 49 号。

六、国共斗争大局底定

还在李宗仁、何应钦等待自己的谈判代表送来中共中央的和平协定之际，南京国防部就已经按照蒋介石的要求，秘密拟订“国军今后作战计划”，报蒋批准。计划以“确保广州与重庆两大陪都”为目的，准备“首先沿浙赣路与湘桂路及其以南地区准备第二抵抗地带，并建立及巩固沿海口桥头阵地，培养战力，加强后方，相机转入攻势。应于三十八年八月底前完成各海口桥头阵地工事，三十九年底前完成反攻准备”。具体部署着重于加强青岛守军实力，意图以此为恢复华北之据点，并牵制解放军南下。另自崇明岛至广州湾各海口建立坚固据点工事，以台湾为补给总枢，支持浙赣路与湘桂路及其以南之各抵抗力量。同时，胡宗南部与宋希濂部、罗广文部由汉中及其以南渐次集结，形成西南重心；以马步芳等部负责西北，逐渐捕捉战机，造成有利态势。[1] 蒋介石得知谈判结果后，马上想到的是坚守上海，争取造成国际影响。20 日，蒋亲自电示京沪警备总司令汤恩伯，要其死守上海高桥、江湾、殷行、吴淞、南翔、闸北六区，并以杨行、大场、彭浦三区为其外围。当然，他也清楚汤未必能够坚守半年以上，故特别指示道：万不得已“预备放弃各区之工事同时，须有彻底爆破之准备，勿使为匪所利用也”[2]。

21 日，解放军大举渡江。何应钦主持行政院发表公报，声称：“政府为谋取全面和平，使人民获得休养生息之机会，派遣代表前往北平与共党商谈停止战事，恢复和平之办法，经过两周有余之折冲，未能达到协议。最后共党竟提出所谓《国内和平协定》，并限期答复全文八条二十四款，完全为征服者对被征服者受降之处置，其目的在施用武力以消灭国家军队，造

[1] 《国军今后作战计划》（1949 年 4 月 15 日），台北“国史馆”藏蒋中正档案，《革命文献》，第 31 册第 15 号。

[2] 《俞济时（蒋拟）至致上海汤总司令电》（1949 年 4 月 20 日），台北“国史馆”藏蒋中正档案，《革命文献》，第 29 册（上二）第 102 号。

成恐慌，以摧毁人民自由与社会安全，一面更发动全面攻击，强行渡江。至此，共党毫无谋和之诚意，而甘心破坏和平，扩大战乱，与国家人民为敌，已大白于天下。”[1]

解放军渡江次日，蒋介石从溪口赶到杭州，召集李宗仁、何应钦、张群、吴忠信等，决议四项方针：“（一）关于共党问题，政府今后惟有坚持作战，为人民自由与国家独立奋斗到底。（二）政治方面，联合全国民主自由人士共同奋斗。（三）在军事方面，由何院长兼国防部长，统一陆海空军之指挥。（四）采取紧急有效步骤，以加强中国国民党之团结及党与政府之联系。”[2]蒋随即电示广州中央党部，要他们做好欢迎南京府院各负责人南下的准备，电称：“现在和谈已告结束，反共作战继续进行。际此空前危难之时，本党同志惟有精诚团结，同心一德，奋斗到底。过去京、穗两地一切误解，务须力求消除。（一）南京情势危急，府院均已下令迁穗办公。中常会应推举一二同志亲往德邻同志所在地欢迎来穗。君佩、铁城两同志似可一行。（二）请余主任、薛主席联名致电李代总统、何院长，表示欢迎之意。（三）中常会可再电阎百川同志来穗。（四）留京中委立委来穗后，务望在穗同志勿作刺激性之言论。以上各节分别转达各常委为要。”[3]

几天后，即4月27日，蒋介石公开出面发表告全国同胞书，态度强硬地声称：“现在共党匪军强渡长江，南京业已撤守，我爱国军民同胞八年血战，从日本军阀铁蹄之下光复的首都，为时未及四年，又沦陷在共产国际铁幕之中。我们今日面对着这一种摧残人民自由，毁灭国家独立，威胁世界和平的黑暗的暴力，每一个国民的生命已经是与整个国家的存亡结成一体而不可分了。……我们知道共产党问题是一个国际问题，不是我们中国所能单独解决的……我们承认过去东北和华北屡次的失败，我们预料当前局势

[1] 转见台北“国史馆”藏蒋中正档案，《革命文献》，第30册第52号。

[2] 同上。

[3] 《蒋中正致广州中央党部郑秘书长彦芬兄电》（1949年4月23日），台北“国史馆”藏蒋中正档案，特交档案20卷53125。

也许更要恶化，但是我们决不气馁，更绝不失望，要知道我们过去的失败，并不是匪军实力怎样坚强，而是我们政治的缺点、经济的恐慌、内部组织的松懈，使共党匪徒有隙可乘……渡江是匪军发展的最高峰，同时就是共党暴露他最大的弱点。换言之，也就是他失败的开始。”[1]

然而，蒋的信誓旦旦并不能使国民党四面楚歌的悲惨局面有一丝改变。由于败象尽显，还在北平和谈过程中，国民党大批军政骨干就已经开始争先恐后地与共产党联络，意图倒戈。除浙江省主席陈仪秘密策动汤恩伯起义，事泄被捕，国民党革命委员会策动的南京卫戍部队和警察起义事被特务破坏外，驻守长江南岸芜湖至繁昌的一〇六军二八二师、奉命开往江阴担任长江江防守备任务的“重庆”号巡洋舰、首都卫戍总司令部所属第四十五军第九十七师、原国防部预备干部局陆军预备干部训练第一总队等，均先后起义。解放军大举渡江，国民党军更是兵败如山倒。4 月 20 日夜，解放军长江下游渡江部队就已经突破国民党军江防，然后迅速推进，攻占繁昌、荻港、铜陵等地。西段部队亦于 22 日占领安庆。东段国民党重兵防守的江阴要塞，于 22 日凌晨被中共地下组织从内部占领，要塞总台长等集合队伍宣布起义，国民党在整个长江下游的防线至此土崩瓦解。23 日晚，解放军已经占领国民党政府的首都南京。5 月初，更占领江浙各重要城市，完成对上海的合围。随后借助于华中军政长官公署副司令长官兼河南省主席、第十九兵团司令官张轸的起义，以东北野战军组成的第四野战军也于 5 月中相继占领武汉三镇，夺取长江中游南岸的广大地区。

军事上已不可守，国民党中央内部政治上依旧你争我夺，互不相让。蒋介石为防止李宗仁再度干扰其政策，和谈刚一破裂，他就提议在国民党中央常务委员会下设立“非常委员会”，凡政府重大决策，必须先在此委员会获致协议，再由政府依法定程序实施。[2] 李宗仁本来就愤愤于蒋介石幕后

---

[1] 《蒋总统告全国同胞书》（1949 年 4 月 27 日），台北“国史馆”藏蒋中正档案，《革命文献》，第 31 册第 18 号。

[2] 《总统蒋公大事长编初稿》，1949 年 4 月 22 日条。

把住权力，自己全无施展空间，如今更不愿被蒋弄成傀儡，充当国民党失败的替罪羊。因此，身为代总统，他离开南京后却坚持不去广州，跑到自己起家的根据地桂林，躲了起来。5 月 2 日，广州方面派居正、阎锡山和李文范三人前往劝驾，李直言相告：所以不愿来广州，原因有二：“(1) 过去三个月，军政经济大权均未能行使，今后若仍如此，安能负责？(2) 非常委员会由主座任主席，孙与李作副，认为无何作用，未便赞同。行政院既对立法院负责，如又对特委会负责，则与宪法抵触。”据《谈话纪录》，李称：“(一) 自宗仁代行总统权后……为顺从民意，针对时弊，决以谋取和平与革新政治为当前两大急务，以冀有所匡救。讵料时经三月，虽殚精竭力以赴，而事与愿违，终致毫无成效。和谈失败固由于中共所提条件过于苛刻，使政府无法接受，不得不毅然拒绝，然我方内部意志之不统一，步骤之不一致，如政府谋和措施之不能执行，未能示人以诚，亦不能不承认为一重大因素。至于革新政治一端，终以形格势禁，难期有所更张。更遑言彻底改革。因之，三个月来之努力悉已付诸虚耗，此皆由于宗仁德薄能鲜，不克建树事功，实应首先引咎自责者。(二) 现共军已渡过长江，首都沦陷，沪杭危急，局势已临万分严重之最后关头，基于以往三个月来事实，证明宗仁实难继续膺此艰巨，更自信在此情形之下，决无转危为安之能力。为今之计，与其使宗仁徒拥虚位，无裨实效，莫若即日起自请解除代总统职权，仍由总裁复位负责处理一切，俾事权统一，命令贯彻…… (三) 如总裁坚持其引退之初志，必欲宗仁继续负责，根据过去三个月来失败之经验……则有数事必先获得总裁之同意，并实行者。兹分列于次：(1) 宪法上规定关于军政人事及凡属于总统职权者，宗仁应有绝对自由调整之权。(2) 所有前移存台湾之国家银行金银、外汇，请总裁同意由政府命令运回，以应政府急需。(3) 所有前移存台湾之美援军械，请总裁同意，由政府命令运回配拨各部使用。(4) 所有军队一律听从国防部之指挥调遣，违者由政府依法惩处。(5) 为确立宪政精神，避免党内人事纠纷，应停止训政时期，以党御政之制度，例如最近成立非常委员会之拟议，应请打消。所有党内决定只能为对政府之建议。(6) 前据居党生先生由溪口转来报告总裁曾表示为个人打算，以去国愈快离国愈远为最好，现时危急，忽需要外援迫切，拟请总裁招携怀远，俾收内外合作之效。(四)以上六项必须能确切做到，宗仁始能领导政府负责，尽其最后之努力，否则惟有自请解除代总统职权，以免贻误党国。”[1]

蒋介石对李宗仁的批评与抱怨自然一概否认。他除指责桂系白崇禧擅自“截留军械，阻止军队，甚至截留现金，不听调度外”，对下令将黄金、武器等运往台湾，下野后仍幕后任意指挥军事的事实也都振振有词。称：“总统职权既由德邻兄行使，关于军政人事，代总统依据宪法有自由调整之，任何人不能违反也。”“中在职时，为使国家财富免于共党之劫持，曾下令将国库所存金银移安全地点。引退之后，未尝再行与闻，一切出纳收支皆依常规而进行，且财政部及中央银行簿册具在，尽可稽考。”“美援军械之存储及分配，为国防部之职责，中引退之后，无权过问，簿册罗列，亦可理核。如中个人果从中把持或擅发一弹，尽可处我以操纵公物之罪。至于款械由台运回一切，此乃政府之事，应由政府自行处理，无关于中之事，而中自无不同意也。”“国家军队由国防部指挥调遣，凡违反命令者，应受国法之惩处，此皆为当然之事。”“非常委员会之设立为四月二十二日杭州会商所决定，当时德邻兄曾经参与，而且共同商讨其大纲，迄未表示反对之意。中乃依据会商结果向中常会提案，今德邻兄既打消原议，中常会自可提出复议，惟民主政治为政党政治，党员对党负有遵守决议之责任，党对党员之政治主张有所约束与训政时期以党御政者自不可混为一谈。如以共党指摘本党之蜚语为自相责难之准据，岂非自毁其党，自毁其历史。此应请德邻兄慎思明辨者。”[2]

蒋介石的上述表示及无心复位的种种表态，自然并非发自内心。因其

---

[1] 《谈话纪录》(1949 年 5 月 3 日)，台北“国史馆”藏蒋中正档案，《革命文献》，第 29 册（上二）第 108 号附件。

[2] 《蒋中正致敬之兄函》(1949 年 5 月 6 日)，台北“国史馆”藏蒋中正档案，《革命文献》，第 29 册（上二）第 109 号。

对李宗仁及其桂系将领早已深恶痛绝，并把近期一切失败算在他们的头上。尽管李宗仁在广州方面的反复劝说之下，已经飞抵广州，重新开始履行其代总统的职责，但蒋暗中仍旧担心李可能会利用美国舆论对自己不利，因而指示秘书周宏涛于 5 月 22 日给在美国的俞国华去电，要其在美国的部下将李、白的罪恶广为告知，并说明国民党正在蒋介石的领导下开始重振。

蒋此电稍长，但从中可以清楚了解蒋对李、白自 1948 年底以来种种恶感之由来，故特别引述如下：

> 去年杪桂系勾结共匪以要求总统下野作为和平条件，于是有所谓和平运动，在李、白主持策动之下，在华中发动。当时徐州会战正酣，华中方面不但按兵不动，甚且阻止中央调遣援军，卒致会战归于失败。此役以后，桂系主和益亟，倡言总统如不下野，则共党不愿言和。总统乃向李德邻、孙哲生、吴礼卿诸同志指明：“中可尊重大家之主张，絜身引退，惟个人引退后，共党将不但不与政府谋和，并将要求政府无条件投降。”自本年一月廿二日，总统毅然引退，由李宗仁代理总统职务后，共匪行径果如所言，初则迟迟不与李、白谈判和平，继则提八条廿四款，迫使政府无条件投降。至是方忍无可忍，群起反对，使李、白无法签降。因之有四月廿二日总统与李、白等在杭州之会商。当时议定，如李、白决心反共到底，则本党当予全力支持，以贯彻戡乱政策。惟此后李、白仍继续与共匪暗通声气，放言如欲再战，必须总统出国。事之不合理者，实无逾于此。盖其意欲逼使总统出国，俾能遂其任意处分国家财产，背叛反共国策，达其所以勾结共匪之目的。目前国内政令纷歧，地方政府分崩离析之情形，有如报章所传。恐今后在现状下继续有恶化之可能。惟一般军民仍属拥戴总统，愿意接受领导，反共到底。吾侪今日必须外抗共产侵略，内振革命阵营。新生力量在此种原则之下，正在总统培养扶植之中。兄等久旅国外，对于此种实情不免隔阂，特专电驰告，请即转达游建文兄转陈并知。惟果、之迈、

宗敌诸仁兄俾作宣传之参考。[1]

周宏涛电中所提在总统培养扶植之中的“新生力量”，其实就是蒋介石这时冥思苦想，希望重建国民党和恢复政权的年轻干部。长期以来，蒋一直抱怨国民党内无人，并且相信所有失败大都与部属的无能密切相关。5月10日，魏德迈致函蒋介石，详细说明撤退现有力量，在台湾建立反共基地之各种必要的政策和措施。他明言：国民党依靠现有的士气和人才已经不可能守住在大陆的任何省份，必须赶紧将有生力量退往台湾。胡适对此曾担心地表示说：“台湾只有七百万人口，台湾的工业又不是可以独立自给的经济基础，台湾是不够做我们复兴的基地的。我们必须在大陆上撑住一个自由中国的规模，维持一个世界承认的正式政府。”[2] 魏德迈则声称：“我若有权，我可以派丁伯曼将军……去中国，由美国筹拨十亿美金为‘周转专款’，并授他全权，可以招集专家（包括在德国挑聘四五千个军事专家）为中国训练新军人。他说，即使国务院根本改变政策，即使此计划可以实行，也需要半年以上或一年以上始可生效力。”魏德迈此说正中蒋下怀。他当即批示并复函称：“所提意见皆至理名言，但事实行动因缺乏现代科学常识之干部，尤其缺乏领导之干部，所以徒有计划，往往结果不良。此非有赖于美国之协助不可。而台湾如欲树立为复兴反共之根据地，关于军事经济政治各项人才亦非借助于美国不为功。”“目前最重要者厥为美国之人才及各种技术对我协助，急于其他一切，未知阁下其能为我设法援手助我一臂之力否？如果阁下能来华助余，因彼此相知有素，无谓之隔膜自可消除，则余相信今后中美合作必能融洽无间。”[3]

---

[1]　《周宏涛致华盛顿俞国华兄电》（1949年5月22日），台北“国史馆”藏蒋中正档案，特交档案10卷54437。

[2]　《胡适致介公总统函》（1949年5月11日），台北“国史馆”藏蒋中正档案，《革命文献》，第29册（上二）第111号。

[3]　《魏德迈致蒋总统函》（1949年5月10日）、《蒋中正复魏德迈函》（1949年5月24日）；台北“国史馆”藏蒋中正档案，《革命文献》，第29册（上二）第110号；特交档案28卷54582。

蒋介石这时一心指望美国政府能够注意到共产党有夺取整个中国大陆的危险，而及时伸出援助之手。但事实上，包括这时在美国求援的宋美龄、宋子文在内，所有蒋之部属都强烈地担心美国可能会抛弃蒋，而选择李宗仁，甚或会因为幻想毛泽东可能走与苏联分离的南斯拉夫共产党领导人铁托的道路，而准备承认共产党政权。蒋介石不顾李宗仁仍代行总统之职，必欲在美国破坏李的形象，其实也是出于这样一种担心。而为了阻止美国政府走向承认共产党政权的趋向，蒋这时更不惜调动一切可能的手段，强调立即援助国民党的必要性。他反复告诫美国人说：“中国反共战争，倘不能获得及时之支援，则民主国家将来须付之代价，恐将不止百倍。我人倘不能在中国防止共产主义，则共产主义必将蔓延及于整个亚洲。如亚洲为共产主义所控制，则另一次世界大战更无法避免。故无论就其代价及民主国家对世界爱好自由各民族之责任而言，余必须指出，倘再坐失时机，而不设法防止共产主义在中国之蔓延，实属危险之至。”“美国认为中共能与莫斯科分裂之幻想，亦与数年前认中共非真正之共产党，信为‘土地改革者’，皆是受共产党诡诈宣传之蒙蔽。”[1]

让蒋介石万万没有想到的是，美援还没有等到，美国政府却于7月底发出美中关系白皮书，把导致共产党在中国胜利的责任完全推诿于蒋介石和国民党。蒋介石在事前即得知消息，紧急动员在美人员，劝告美方切勿给国民党雪上加霜。美国政府公布白皮书后，蒋马上组织力量翻译、研究，告诫党政军不得轻易发表言论，以免造成美国政府的反感，导致更多的损失。结果，国民党人很快发现，白皮书也有积极一面。外交部公开发表声明指出：中国政府对“美国政府对于吾人素所坚持之两个基本观点，已表示相同之意见”甚表欣慰。“其一为中国共产党乃彻底之马克思主义者，且为莫

[1] 《蒋总统接见美国两记者谈话》（1949年6月25日、7月4日），台北“国史馆”藏蒋中正档案，特交档案29卷54548—3、4；《革命文献》，第29册（上二）第156号附件一。

斯科之工具。其二为苏联确已破坏一九四五年中苏条约之条文与精神。”[1] 然而，白皮书到底对蒋和国民党批评太多。为表现自尊，蒋还是在党内严辞驳斥白皮书，声称“美国对华白皮书的发表，为本党最大的耻辱，凡有良心血性者，莫不愤恨，今日非常委员会第二分会成立于革命复兴基地的台湾，大家一定要重建革命信心，恢复革命精神，并痛下决心彻底打破依赖美国的心理”。[2] 他同时致电宋美龄和驻美大使顾维钧，说明：“美国务院现既发表白皮书，如其国会援华案未通过以前，我国不宜再向美政府要求其援华”。不过，值得注意的是，蒋在这里讲的只是现在时。他明显地仍寄希望于美国国会会通过援华法案，因而准备那时“我乃再提出正式要求”。换言之，他并非是真的想要“自力更生，独立奋斗”，靠自己的力量来争取反共战争的胜利。[3] 而事实上，蒋 8 月 9 日电告暂不向美国政府提出援助要求，8 月 15 日，其驻美大使就依据广州国民党政府的电示，向美国政府正式提交总额为 2.87 亿美元的军事援助的请求。[4]

当然，无论美国发表白皮书与否，到这个时候来指望美国人会帮助自己挽回在中国大陆的失败，都已经来不及了。

5 月 24 日，解放军攻克太原。三天后，又攻占上海。毛泽东随即指挥解放军第三野战军向福建推进；指挥第二野战军经营川、黔、康；指挥第四野战军进入湖南，占领两广；并以第一野战军进军甘肃、宁夏、青海，然后分兵两路，一路进军新疆，一路进军川北，与二野协同解决贵州、四

---

[1] 《八月七日非常委员会关于研议白皮书部分谈话纪录》（1949 年 8 月 7 日）、《洪兰友致总裁蒋电》（1949 年 8 月 8 日）、《黄少谷致蒋总统电》（1949 年 8 月）、《对白皮书批评之要旨》（1949 年 8 月 11 日），台北“国史馆”藏蒋中正档案，《革命文献》，第 47 册第 21、28、29 号；特交档案 55 卷 54666。

[2] 《中国国民党中央非常委员会第二分会第一次会议总裁训词》（1949 年 8 月 13 日），台北“国史馆”藏蒋中正档案，特交档案 55 卷 54670。

[3] 《蒋中正致蒋夫人电》（1949 年 8 月 9 日）、《蒋中正致顾大使电》（1949 年 8 月 9 日），台北“国史馆”藏蒋中正档案，《革命文献》，第 47 册第 25、26 号。并参见上引注。

[4] 《顾维钧致草山蒋总统电》（1949 年 8 月 15 日），台北“国史馆”藏蒋中正档案，《革命文献》，第 43 册第 185 号。

川和西康。[1] 在解放军各路大军的强有力进攻下，各地国民党军更加不堪一击。大批省区国民党军政长官宣告脱离国民党广州政府，先后实行起义。而国民党内却更加矛盾重重，争吵不休。据档案记载，至9月各地军事失利后，国民党各种势力各行其是，不听号令的问题已经引起众多人的强烈不满。“李德公恒以胡宗南、马鸿逵不能按原定计划援助马步芳，致兰州沦陷，胡琏不听调度，刘安祺两军不全部调粤，致华南危险为口实，对军事号令纷歧颇多指摘。粤省当局亦同此论调，余（汉谋）迄未肯就华南长官职，薛（岳）则始终表愤懑。”以至于部分国民党人以军事措施不当，责难攻击顾祝同不留余地，甚至要求明令撤其国防部长之职。李宗仁更是临时召开非常委员会，检讨战局，发言中含沙射影指责蒋介石乃此一切混乱之幕后操纵。称“胡琏兵团原在赣南，归华中长官部指挥，不知奉何人命令自己调到广东东江来。据说是东南方面的命令，他明明不属东南指挥系统，而这一命令显然不对……再刘安琪兵团调粤东，总裁上次来穗时说广州要守，既然要守，无非要兵。总裁这次来也说广州兵力不够，并允调刘部，但事实上并不全部调来，岂非矛盾？今后大的决策，应请总裁指示，小的如军队调动等应听国防部命令。总裁说过他领导党，不问政事，曾见诸文告。揆情则此类事件当非总裁之意。其症结何在，责任何属？实难揣测。”[2]

国民党中央系与桂粤湘等地方派系军人互不信任，甚至相互防范和掣肘，蒋习惯性地直接插手军队调动，使一切军事计划形同虚设，都由来已久。在国民党军已成惊之鸟、人人自危的情况下，这种状况不可避免地更加剧了国民党人相互之间的猜疑和不信任。随着8月4日国民党长沙绥署主任程潜、第一兵团司令官陈明仁率部起义，解放军不费一枪一弹进入长沙，华南以至西南，已全部暴露在解放军的攻击矛头之下。不出三月，白崇禧部大部就分别在湖南和广西被聚歼，广东、广西先后为解放军攻克。退往重

[1] 毛泽东:《对各野战军的进军部署》（1949年5月23日），《毛泽东军事文集》，第五卷，第591页。

[2] 《洪兰友致总裁蒋电》（1949年8月1日）、《洪兰友致黄秘书长少谷电》（1949年9月3日），台北“国史馆”藏蒋中正档案，《革命文献》，第31册第132、140号。

庆和西南地区的国民党政府及其军队，也仅撑持到 12 月即告崩溃。除去退往台湾和沿海岛屿上的国民党军队以外，国民党在中国大陆大规模军事抵抗，至 1950 年 4 月即不复存在了。

1949 年 10 月 1 日，中国共产党在北京正式宣告成立新的中央政府，定国号为中华人民共和国，宣告废除中华民国的旧法统。到 1950 年 5 月，解放军又成功地夺取海南岛和舟山群岛。这样，除了台湾岛、澎湖列岛和浙江、福建沿海的个别小岛外，共产党已经解放整个中国大陆。尽管，很快爆发的朝鲜战争使退至台湾的国民党人从此得到了美国的保护，但蒋介石和国民党对共产党的斗争乃至于战争，至此已是彻底失败了。

参考文献暨征引书目

一、档案

中共中央档案馆

中国第二历史档案馆

中国社会科学院近代史研究所档案室

上海市档案馆

广东省档案馆

湖北省档案馆

陕西省档案馆

台北“国史馆”

台北中国国民党党史馆

台北中研院近代史所档案馆

俄罗斯莫斯科当代文献保管与研究中心

美国斯坦福大学胡佛研究所

美国哥伦比亚大学手稿图书馆

二、资料集

U. S. Depatment of State，Foreign Relaitons of the United States（FRUS）
《一二 · 一运动》，中共云南省委党史资料征集委员会、中共云南师范大学委员会编，中共党史资料出版社，1988 年
《八路军（文献）》，中国人民解放军历史资料编审委员会编，解放军出版社，1992 年
《八路军（参考资料）》，中国人民解放军历史资料编审委员会编，解放军出版社，1992 年
《上海工人三次武装起义》，上海档案馆编，上海人民出版社，1983 年
《广东革命历史文件汇集》（1922—1926 年），广东省档案馆编，1984 年
《马林与第一次国共合作》，中国社会科学院马列所、近代史所编，光明日报出版社，1989 年
《马林在中国的有关资料》，王淇等编译，人民出版社，1980 年
《中央苏区第一次反围剿》（《江西党史资料》第十七辑），中共江西省委党史资料征集委员会等编，江西人民出版社，1990 年
《中央苏区第二次反围剿》（《江西党史资料》第十八辑），中共江西省委党史资料征集委员会等编，江西人民出版社，1990 年
《中央苏区第三次反围剿》（《江西党史资料》第十九辑），中共江西省委党史资料征集委员会等编，江西人民出版社，1991 年
《中央苏区第一次反围剿》（《江西党史资料》第二十辑），中共江西省委党史资料征集委员会等编，江西人民出版社，1991 年
《中央苏区第五次反围剿》（《江西党史资料》第二十一辑），中共江西省委党史资料征集委员会等编，江西人民出版社，1992 年
《中共中央文件选集》（1—18），中央档案馆编，中共中央党校出版社，1989 年
《中共中央文件选集》（1—11），中央档案馆编，中共中央党校出版社，1983 年
《中共中央政治报告选辑》（一九二一 — 一九二六），中共中央档案馆编，中共中央党校出版社，1982 年
《中共中央抗日民族统一战线文件选编》，中共中央统战部、中共中央档案馆编，档案出版社，1985 年
《中共党史参考资料》，中国人民解放军政治学院党史教研室编，国防大学出版社，1986 年
《中共党史教学参考资料》，中国人民解放军国防大学党史党建政工教研室编，国防大学出版社，1988 年
《中共党史资料》1982 年第 3 辑，中共中央党史资料征集委员会等编《中国共产党组织史

资料汇编》，王健英编，红旗出版社，1983 年
《中华民国史档案资料汇编》第三辑，中国第二历史档案馆编，江苏古籍出版社，1991 年
《中华民国史档案资料汇编》第四辑，中国第二历史档案馆编，江苏古籍出版社，1986 年
《中华民国史档案资料汇编》第五辑，中国第二历史档案馆编，江苏古籍出版社，1998 年
《中华民国重要史料初编》绪编，秦孝仪主编，中国国民党中央委员会党史委员会，1981 年
《中华民国重要史料初编》第二编，秦孝仪主编，中国国民党中央委员会党史委员会，1981 年
《中华民国重要史料初编》第五编，秦孝仪主编，中国国民党中央委员会党史委员会，1985 年
《中华民国重要史料初编》第七编，秦孝仪主编，中国国民党中央委员会党史委员会，1981 年
《中苏国家关系史资料汇编（1933—1945)》，李嘉谷编，中国社会科学出版社，1997 年
《中国近代工人阶级和工人运动》，刘明逵主编，中央党校出版社，2002 年
《中国共产党之透视》，中国国民党中央组织部调查科编，台北 ：文海出版社，1962 年
《中国国民党历次代表大会及中央全会资料》，荣孟源主编，光明日报出版社，1985 年
《中国国民党临时全国代表大会史料专辑》，林泉编，中国国民党中央委员会党史委员会，1991 年
《中国国民党清党运动》，浙江省清党委员会编印，1927 年
《中国国民党第一、二次全国代表大会会议史料》，中国第二历史档案馆编，江苏古籍出版社，1987 年
《中国现代政治史资料汇编（1919—1949)》，王可风主编，中国科学院历史研究所第三所南京史料整理处油印
《中美关系资料汇编》第一辑，世界知识出版社，1957 年
《四 · 一二反革命政变资料选编》，孙武霞等编。人民出版社，1987 年
《在中国失掉的机会 —— 美国前驻华外交官约翰 · S. 谢伟思第二次世界大战时期的报告》，约瑟夫 · W. 埃谢里克编著，罗清、赵仲强译，国际文化出版公司，1989 年
《申报广东资料选辑》，林忠佳等编，广东省档案馆，1996 年
《辽沈战役》，中国人民解放军历史资料编审委员会编. 解放军出版社，1993 年
《辽沈战役》，中共党史资料征集委员会等合编，人民出版社，1988 年
《共产主义小组》，中共党史资料出版社，1987 年
《共产国际与中国革命资料选辑（一九一九 — 一九二四)》，北京师范学院政教系、上海师范学院政教系选编，人民出版社，1985 年
《共产国际、联共（布）与中国革命档案资料丛书》，中共中央党史研究室第一研究部编译，北京图书馆出版社，1997、1998 年
《共党二年来在各地破坏抗战之非法行动纪实》，1940 年

《苏联共产党代表大会、代表会议和中央全会决议选辑》(1)，中国人民大学，1954年

《苏联阴谋文证汇编》(民国二十七年)，京师警察厅编译会编（沈云龙主编《近代中国史料丛刊》三编)，台北文海出版社有限公司

《抗日战争时期国民党军机密作战日记》，中国第二历史档案馆编，中国档案出版社，1995年

《抗日战争时期湖南地下党历史文献选编》，湖南档案馆编，湖南人民出版社，1985年

《抗战初期中共中央长江局》，中共湖北省委党史资料征集编研委员会、中共武汉市委党史资料征集编研委员会编，湖北人民出版社，1991年

《国共谈判文件》(一 — 三)，1944年

《国共谈判文献》，七七出版社，1944年

《国共谈判重要文献》，1944年

《国民党清党运动论文集》，新中国社，1927年

《国民参政会纪实》，孟广涵主编，重庆出版社，1985年

《国民参政会第二届第一次大会纪录》，国民参政会秘书处编印，1941年

《罗易赴华使命——一九二七年的国共分裂》，罗伯特·诺斯等编，王淇等译，中国人民大学出版社，1981年

《南方局党史资料》(1—6)，南方局党史资料征集小组编，重庆出版社，1990年

《政治协商会议纪实》，孟广涵主编，重庆出版社，1989年

《政治协商会议之经过及有关文件》，中国国民党河北省党部编印，1946年

《革命文献》第8、9、10、15、16、17、18辑，中国国民党中央委员会党史史料编纂委员会编，1955—1958年

《胡适驻美大使期间来往电稿》，中国社会科学院近代史所编印，1990年

《美国对华政策，1944—1945》，约·斯·谢伟思著，中国社会科学院出版社，1989年

《重庆谈判纪实》，孟广涵主编，重庆出版社，1984年

《被遗忘的大使——司徒雷登驻华报告，1946—1949》，肯尼斯·雷、约翰·布鲁尔编，尤存、牛军译，江苏人民出版社，1990年

《清党实录》，居正编，中国国民党中央委员会. 1928年

《清党运动》，中央军事政治学校政治部，1927年

《清党运动之概论》，中山书店，1927年

《淮海战役（综述、文献、图表、大事记)》，中国人民解放军历史资料编审委员会编，解放军出版社，1989年

《第一次国内革命战争时期的农民运动》，人民出版社编，工人出版社，1953年

《湖南工运史料选编》，湖南省总工会等编印，1984 年
《湖南全省第一次工农代表大会日刊》，湖南省博物馆编，湖南人民出版社，1979 年
《皖南事变文电选编（国民党部分）》，安徽省档案馆编，1985 年
《皖南事变资料选》，上海人民出版社，1983 年
《皖南事变（资料选辑）》，中央档案馆编，中共中央党校出版社，1982 年
《维经斯基在中国的有关资料》，中国社会科学院近代史研究所现代史研究室编译，中国社会科学出版社，1982 年
《新四军文献》，中国人民解放军历史资料编审委员会编，解放军出版社，1995 年
《福建事变档案资料》，郑澄桂主编，福建人民出版社，1984 年
《剿匪纪实》，薛岳，台北文星书店，1962 年
《察哈尔抗日实录》，赵谨三编，上海军学社，1933 年

三、文集

《中国人民解放军战争军事文集》（1—5），总政治部编，中国人民解放军总部编印，1949 年
《毛泽东文集》（1—8），中央文献研究室编，人民出版社，1996 年
《毛泽东军事文集》（1—6），军事科学出版社、中央文献出版社，1993 年
《毛泽东选集》（竖排合订本），人民出版社，1964 年
《加伦在中国》，卡尔图诺瓦编，中国社会科学出版社，1983 年
《先总统蒋公思想言论总集》（1—37），台北黎明文化有限公司，1984 年
《孙中山全集》，中华书局，1981—1986 年
《孙中山集外集》，郝盛潮主编，上海人民出版社，1990 年
《孙中山集外集补编》，郝盛潮主编，上海人民出版社，1994 年
《李大钊文集》，人民出版社，1984 年
《周恩来一九四六年谈判文选》，中央文献研究室编，中央文献出版社，1996 年
《周恩来选集》，人民出版社，1980 年
《周恩来统一战线文选》，中央文献研究室编，人民出版社，1984 年
《张太雷文集》，人民出版社，1981 年
《张学良文集》，毕万闻等编，新华出版社，1991 年
《蒋介石言论集》第一 — 四集，中华书局，1964 年（未刊稿）
《蒋总统集》，台北“国防研究院”、中华大典编印会编印，1968 年

《粟裕军事文集》，解放军出版社，1989 年
《瞿秋白文集》（政治理论编 2），人民出版社，1988 年
《戴季陶先生文存》，台北中国国民党中央党史委员会，1986 年
《戴季陶主义研究资料选编》，中国人民大学出版社，1986 年
《戴季陶言行录》，时希圣编，上海广益书局，1929 年

四、回忆录

《三松堂全集》第 1 卷，冯友兰著，人民出版社，1998 年
《马日事变回忆录》，许克祥，http://www.hoplite.cn/Templates/hpzc1nz0086.html
《中华文史资料文库》（1—20），全国政协文史资料委员会编，中国文史出版社，1996 年
《中共地下党现形记》，台北传记文学社编印，1997 年
《中国回忆录》，达林著，中国社会科学出版社，1981 年
《中国大革命武汉时期见闻录》，A. B. 巴库林著，郑厚安等译，中国社会科学出版社，1985 年
《中国国民革命军的北伐》，亚·伊·切列潘诺夫著，中国社会科学院近代史研究所翻译室译，中国社会科学出版社，1981 年
《文史资料存稿选编》，中国人民政治协商会议全国委员会文史资料研究委员会编，中国文史出版社，2002 年
《文史资料选辑》，中国人民政治协商会议全国委员会文史资料研究委员会编，中国文史出版社
《文强口述自传》，文强口述，刘延民撰写，中国社会科学出版社，2003 年
《风雨中的宁静》，蒋经国著，台北黎明文化事业有限公司，1978 年
《风雨五十年》，阳翰笙著，人民文学出版社，1986 年
《世纪之履——李默庵回忆录》，李默庵著，中国文史出版社，1995 年
《半生风雨录——贾亦斌自述》，贾毅等整理，中国文史出版社，1996 年
《包惠僧回忆录》，包惠僧著，人民出版社，1983 年
《白崇禧访问录》，台北“中央研究院”近代史研究所，1989 年
《邓家彦先生访问录》，台北“中央研究院”近代史研究所，1990 年
《成败之鉴——陈立夫回忆录》，陈立夫著，正中书局，1994 年
《西安事变三忆》，大地出版社，1962 年

《西安事变亲历记》，李金洲著，台北传记文学出版社，1976 年
《回忆与研究》，李维汉著，中共党史资料出版社，1986 年
《回顾录》，邹鲁著，岳麓书社，2000 年
《戎马春秋》，董其武著，中国文史出版社，1986 年
《围追堵截红军长征亲历记——国民党将领的回忆》，中国文史出版社，1990 年
《李宗仁回忆录》，李宗仁口述，唐德刚撰写，广西人民出版社，1988 年
《我与共产党》，张治中著，文史资料出版社，1980 年
《我的生活》，冯玉祥著，岳麓书社，1999 年
《国共斗争的见闻》，万亚刚著，台北桂冠图书股份有限公司，1995 年
《“和谈密使”回想录》，姜豪著，上海书店出版社，1998 年
《往事回忆》，黄平著，人民出版社，1981 年
《陈诚先生回忆录》（北伐战争，抗日战争，国共战争），吴淑凤等编，台北“国史馆”，2005 年
《张治中回忆录》，文史资料出版社，1985 年
《张溥泉先生回忆录日记》，（沈云龙主编《近代中国史料丛刊》三编第三辑），台北文海出版社，1985 年
《政坛回忆》．程思远著，广西人民出版社，1983 年
《聂荣臻回忆录》，聂荣臻著，解放军出版社，1983 年
《监听专员见闻录》，王正元著，上海书店出版社，1998 年
《崇高的使命——忆战斗在国民党营垒的岁月》，蔡惠霖等编，军事科学出版社，1990 年
《蒋介石怎样失去大陆》，郑义编，香港文化艺术出版社，2006 年
《彭德怀自述》，彭德怀著，人民出版社，1979 年
《解放战争中的西北战场——原国民党将领的回忆》，中国文史出版社，1992 年
《鹰犬将军——宋希濂自述》，宋希濂著，中国文史出版社，1986 年

五、日 记

《王子壮日记》，台北“中央研究院”近代史研究所，2001 年
《王世杰日记》，台北“中央研究院”近代史研究所，1990 年
《中共教导旅陕北作战日志（1947 年 3 月 22 日—1948 年 3 月 13 日）》，薛月顺编，台北“国史馆”，2001 年

《在蒋介石身边八年——侍从室高级幕僚唐纵日记》，公安部档案馆编注，群众出版社，1991 年
《白坚武日记》，中国社会科学院近代史研究所编，江苏古籍出版社，1992 年
《冯玉祥日记》，中国社会科学院近代史研究所编，江苏古籍出版社，1992 年
《军统秘闻》，沈醉著，文史出版社，2001 年
《李宗黄回忆录》，李宗黄著，台北中国地方自治学会，1972 年
《何成浚将军战时日记》，何成浚著，台北传记文学社，1986 年
《佩剑将军——张克侠军中日记》，解放军出版社，1988 年
《邵元冲日记》，上海人民出版社，1990 年
《徐永昌日记》，台北“中研院”近史所，1991 年
《梅贻琦日记，1941—1946），黄延复、王小宁整理，清华大学出版社，2001 年

六、报刊杂志

Chinese Law and Government
《人民日报》
《人民政协报》
《人民周刊》
天津《大公报》
长沙《大公报》
《广州民国日报》
南京《中央日报》
重庆《中央日报》
昆明《中央日报》
《中国共产党党报》
《中国国民党周刊》
《历史研究》
《文献和研究》
《史学月刊》
《申报》
《向导》

《民国档案》
上海《民国日报》
《汉口民国日报》
《扫荡报》
《传记文学》
《观察》
《血路》
《军史资料》
《武汉日报》
《近代史研究所集刊》
《近代史研究》
《近代史资料》
《纺织时报》
《档案与历史》
《湖南民报》
《政治周报》
《国闻周报》
《战士》
《党史通讯》
《党的文献》
《革命军》
《救国报》
《晨报》
《新中华报》
《新史学》
《新闻报》
《解放》
《解放日报》
《群众》

七、传记、年谱、年表

《中华民国大事记》(1—5)，韩信夫等编，中国文史出版社，1997 年
《中国国民党一百周年大事年表》，李云汉主编，台北中国国民党党史会，1994 年
《中国国民党史述》，李云汉著，中国国民党中央委员会党史委员会，1994 年
《中国的内战 —— 1945—1949 的政治斗争》，胡素珊著，中国青年出版社，1997 年
《毛泽东年谱》，中央文献研究室编，人民出版社等，1993 年
《刘少奇年谱》，中央文献研究室编，中央文献出版社，1996 年
《刘斐将军传略》，王序平等著，湖北人民出版社，1987 年
《近代中国史事日志》，郭廷以编，中华书局，1987 年
《国父年谱》(增订本)，罗家伦主编，中国国民党中央委员会党史史料编纂委员会，1969 年
《周恩来年谱（1889—1949)》，中央文献研究室编，人民出版社、中央文献出版社，1989 年
《周恩来传》，金冲及主编，人民出版社，1989 年
《陈毅年谱》，刘树发编，人民出版社，1996 年
《总统蒋公大事长编初稿》(1—8)，秦孝仪主编，中国国民党中央委员会党史委员会，1978 年
《总统蒋公大事长编初稿》(9)，秦孝仪主编，台北中正文教基金会，2002 年
《蒋介石年谱初稿》，中国第二历史档案馆编，档案出版社，1992 年
《谢慧生事迹纪传》，谢幼田著，台北近代中国出版社，1991 年

八、专 著

《广州国民政府》，曾庆榴著，广东人民出版社，1996 年
《中山先生与莫斯科》，蒋永敬、杨奎松著，台北中山学术文化基金会，2001 年
《中区风云——中央苏区第一至第五次反“围剿”战争史》。黄少群著，中共党史出版社，1991 年
《中央革命根据地史稿》，戴向青等著，上海人民出版社，1986 年
《中共与莫斯科的关系（1920—1960)》，杨奎松著，台北东大图书公司，1997 年
《中共抗日部队发展史略》，张廷贵、袁伟、陈浩良合著，解放军出版社，1990 年
《中华民国史》，第二篇第五卷（北伐战争与北洋军阀的覆灭)，杨天石主编，中华书局，1996 年

《中华民国史》，第三编第二卷（从淞沪抗战到卢沟桥事变），周天度等著，中华书局，2002 年
《中华民国史》，第三编第五卷（从抗战胜利到内战爆发前后），汪朝光著，中华书局，2000 年
《中华民国史》，第三编第六卷（国民党政权的总崩溃和中华民国时期的结束），朱宗震、陶文钊著，中华书局，2000 年
《(剑桥）中华民国史》，费正清主编，章建刚等译．上海人民出版社，1992 年
《中华民国史稿》，张玉法著，台北，联经出版事业公司，1998 年
《中间地带的革命——中国革命的策略在国际背景下的转变》，杨奎松著，中共中央党校出版社，1991 年
《中国人民解放军全国解放战争史》，军事科学院军事历史研究部编著，军事科学出版社，1996 年
《中国工农红军第四方面军战史》，中国工农红军第四方面军战史编辑委员会编，解放军出版社，1989 年
《中国大革命史》，王宗华主编，人民出版社，1990 年年
《中国共产党史稿》，王健民著，台北中文图书供应社，1974 年
《中国国民党党史论文选集》，李云汉主编，近代中国出版社，1994 年
《日中战争》，儿岛襄著，日本文艺春秋社，1984 年
《毛泽东与莫斯科的恩恩怨怨》，杨奎松著，江西人民出版社，2000 年
《从大历史的角度读蒋介石日记》，黄仁宇著，台北时报文化出版公司，1994 年
《从容共到清党》，李云汉著，台北中国学术著作奖助委员会，1966 年
《失去的机会？—— 战时国共谈判实录》，杨奎松著，广西师范大学出版社，1991 年
《外交史》，C.IO. 维戈兹基等著，大连外国语学院俄语系翻译组译，三联书店，1983 年
《百万国民党军起义投诚纪实》，长舜等著，中国文史出版社，1991 年
《西安事变新探 —— 张学良与中共关系之研究》，杨奎松著，台北东大图书公司，1995 年
《共匪西窜记》，胡羽高编著，贵阳羽高书店，1936 年
《近代中国民主政治发展史》，张玉法著，台北东大图书公司，1999 年
《寻求历史的谜底》，杨天石著，首都师范大学出版社，1993 年
《宋子文评传》，吴景平著，福建人民出版社，1993 年
《抗日战争史探索》，江苏省史学会编，上海社会科学院出版社，1988 年
《武汉国民政府史》，刘继曾、毛磊、袁继成著，湖北人民出版社，1986 年
《国民革命军战役史》（1—5），三军大学编，台北“国防部”史政局，1989 年

《国民党派系斗争史》，郭绪印著，上海人民出版社，1992 年
《国民党的新闻宣传与战后中国政局变动（1945—1949）》，高郁雅著，台北台湾大学出版委员会，2005 年
《国共两党关系史》，马齐彬主编，中共中央党校出版社，1995 年
《转折年代 —— 中国的 1947 年》，金冲及著，三联书店，2002 年
《项英传》，王辅一著，中共党史出版社，1995 年
《项英评传》，李良明著，经济日报出版社，1993 年
《革命逸史》，冯自由著，中华书局，1981 年
《美国在中国的失败》，邹谠著，王宁等译，上海人民出版社，1997 年
《海外访史录》，杨天石著，社会科学文献出版社，1998 年
《党员、党权与党争 —— 1924—1949 年中国国民党的组织形态》，王奇生著，上海书店出版社，2003 年
《蒋介石评传》，汪荣祖、李敖著，中国友谊出版公司，2000 年
《蒋总统秘录》，古屋奎二著，台北“中央日报社”译，“中央日报社”，1977 年
《蒋家王朝 · 民国兴衰》，黄道炫著，中国青年出版社，2001 年
《联合政府与一党政治 —— 1944—1946 年间国共政争》，邓野著，社会科学文献出版社，2003 年
《联俄容共与西山会议》，谢幼田著，香港集成图书有限公司，2001 年
《湖南省志》，湖南人民出版社，1959 年
《新四军的组建与发展》，中国新四军和华中抗日根据是研究会，军事科学出版社，2001 年
《鲍罗廷与武汉政权》，蒋永敬著，传记文学出版社，1972 年